Delphi 2005

Aplicações de Banco de Dados com InterBase 7.5 e MySQL 4.0.23

Seja Nosso Parceiro no Combate à Cópia Ilegal

A cópia ilegal é crime. Ao efetuá-la, o infrator estará cometendo um grave erro, que é inibir a produção de obras literárias, prejudicando profissionais que serão atingidos pelo crime praticado.

Junte-se a nós nesta corrente contra a pirataria. Diga não à cópia ilegal.

Seu Cadastro É Muito Importante para Nós

Ao preencher e remeter a ficha de cadastro constante no final desta publicação, você passará a receber informações sobre nossos lançamentos em sua área de preferência.

Conhecendo melhor nossos leitores e suas preferências, vamos produzir títulos que atendam suas necessidades.

Obrigado pela sua escolha.

Fale Conosco!

Eventuais problemas referentes ao conteúdo deste livro serão encaminhados ao(s) respectivo(s) autor(es) para esclarecimento, excetuando-se as dúvidas que dizem respeito a pacotes de softwares, as quais sugerimos que sejam encaminhadas aos distribuidores e revendedores desses produtos, que estão habilitados a prestar todos os esclarecimentos.

Os problemas só podem ser enviados por:

1. E-mail: producao@erica.com.br
2. Fax: (11) 6197.4060
3. Carta: Rua São Gil, 159 - Tatuapé - CEP 03401-030 - São Paulo - SP

William Pereira Alves

Delphi 2005

Aplicações de Banco de Dados com InterBase 7.5 e MySQL 4.0.23

Editora Érica Ltda.
2005 - 1ª Edição

Dados Internacionais de Catalogação na Publicação (CIP)
(Câmara Brasileira do Livro, SP, Brasil)

Alves, William Pereira.
Delphi 2005: aplicações de banco de dados com InterBase 7.5 e MySQL 4.0.23 / William Pereira Alves. -- São Paulo: Érica, 2005.

Bibliografia.
ISBN 85-365-0062-X

1. Banco de dados - Gerência - Programas de computador. 2. Delphi (Programa de computador) 3. InterBase (Sistema gerenciador) 4. MySQL (Sistema gerenciador). I. Título.

05-2118 CDD-005.74

Índices para catálogo sistemático

1. Delphi 2005: Aplicações de banco de dados com InterBase 7.5 e MySQL 4.0.23: Processamento de dados 005.74

Editora Érica Ltda.

Rua São Gil, 159 - Tatuapé

CEP: 03401-030 - São Paulo - SP

Fone: (11) 295-3066 - Fax: (11) 6197-4060

www.editoraerica.com.br

Dedicatória

Em especial, às três pessoas que me têm demonstrado muita compreensão, carinho e amor, mesmo na minha ausência em virtude do trabalho: minha querida esposa Lucimara e meus amados filhos Brian e Liam;

A todos os familiares meus e de minha esposa (diretos ou indiretos) e até mesmo àqueles que já partiram (meus avós e meu sogro).

Agradecimentos

É a DEUS, em quem tanto confio e que me tem dispensado enorme graça na realização de meus trabalhos, que desejo expressar em primeiro lugar meus agradecimentos;

Também não posso deixar de registrar meus sinceros agradecimentos a todo o pessoal da Editora Érica, pois já se vão treze anos de confiança em meus trabalhos;

À Borland, em nome de José Eugênio Braga, que gentilmente cedeu, a título de empréstimo, uma cópia do Delphi 2005, para que este livro pudesse ser concretizado.

> **1:** *Eu te louvarei, SENHOR, com todo o meu coração; contarei todas as tuas maravilhas.*
>
> **2:** *Em Ti me alegrarei e saltarei de prazer; cantarei louvores ao teu nome, ó Altíssimo.*
>
> *Salmos 9:1-2*

Fabricantes

Produto: **Delphi 2005 e InterBase 7.5**

Fabricante: **Borland Software Corporation**

Site: www.borland.com

Endereço no Brasil: **Borland Latin America**

Rua Joaquim Floriano, 466 - 12º andar

Brascan Century Plaza - Edifício Corporate

Itaim Bibi - São Paulo - SP

CEP 04534-002

Fone: (11) 2165-8000

Site: www.borland.com.br

Produto: **MySQL 4**

Fabricante: **MySQL AB**

Site: www.mysql.com

Requisitos de Hardware e de Software

Hardware recomendado para Delphi 2005

- Processador recomendado: Pentium®III - 800 MHz ou superior (recomendado Pentium IV/Athlon XP - 2,0 GHz)
- Memória RAM de 256 MB, sendo recomendado 512 MB para uma melhor performance
- Espaço livre em disco rígido: 2 GB
- Monitor Super SVGA colorido de 15 polegadas no mínimo (recomendado 17 polegadas)
- Modem e acesso à Internet
- Mouse

Software

- Delphi 2005 (distribuições Professional, Enterprise ou Architect)
- Banco de dados MySQL 4.0.23 e InterBase 7.5 (ou versão mais recente)
- Microsoft® Windows Server™ 2003, Microsoft® Windows® XP Professional, Windows® 2000 Professional ou Windows® 2000 Server - todos devidamente atualizados com os mais recentes pacotes (Services Packs) disponibilizados pela Microsoft, com o FrameWork da plataforma .NET instalado e Microsoft XML Core Services 4.0 Services Pack 2

Sobre o Autor

William Pereira Alves é Técnico em Informática, cursou Análise de Sistemas na Universidade de Guarulhos (UnG). Autor de diversos livros desde 1992, já conta com mais de 45 obras escritas, que abrangem principalmente as áreas de linguagens de programação (Delphi, C/C++, Visual Basic), bancos de dados (Access), editoração gráfica (CorelDRAW, Flash e Fireworks), desenvolvimento de sites (Dreamweaver e GoLive) e desenvolvimento de aplicações para Palm/Pocket PC.

Atuando na área de informática desde 1984, trabalhou na CESP - Cia. Energética de São Paulo e na Elektro - Eletricidade e Serviços S.A. no desenvolvimento de sistemas aplicativos para os departamentos comercial e de suprimento de materiais, inclusive com a utilização de coletores de dados eletrônicos e leitura de códigos de barras.

Foi um dos sócios-fundadores de uma empresa de desenvolvimento de softwares sediada em Rio Claro (São Paulo), na qual desenvolveu e implantou um sistema completo de leitura de medidores de energia que utiliza palms, para uma concessionária de energia elétrica. Em meados de 2003 se desligou da empresa.

Hoje trabalha como consultor independente na área de informática, e iniciou o desenvolvimento e implantação de um projeto de sistema gerencial para a Editora Érica.

Sobre o Material Disponível na Internet

O material disponível no site da Editora Érica contém os arquivos de imagens, os bancos de dados utilizados no desenvolvimento do projeto do livro e as respostas dos exercícios.

Para utilizar os arquivos, é necessário que você possua o Delphi 2005 (qualquer das três distribuições), o MySQL 4.0.23 e o InterBase 7.5 instalados em sua máquina.

Nome do Arquivo	Descrição	Tamanho
ImagensGDP.exe	Imagens utilizadas no projeto do livro	238 KB
BancoGDP_IB.exe	Banco de dados InterBase (aplicativo gerenciador e de vendas off-line)	122 KB
BancoGDP1_MySQL.exe	Banco de dados MySQL do aplicativo gerenciador	49,5 KB
BancoGDP2_MySQL.exe	Banco de Dados MySQL do aplicativo de vendas off-line	26,5 KB
Respostas.exe	Respostas dos exercícios do livro	65,5 KB

Procedimento para Download

Acesse o site da Editora Érica: www.editoraerica.com.br. A transferência dos arquivos disponíveis pode ser feita de duas formas:

- **Por meio do módulo pesquisa.** Localize o livro desejado, digitando palavras-chave (nome do livro ou do autor). Aparecerão os dados do livro e os arquivos para download, então dê um clique sobre cada arquivo executável que será transferido.
- **Por meio do botão "Download".** Na página principal do site, clique no item "Download". Será exibido um campo, no qual devem ser digitadas palavras-chave (nome do livro ou do autor). Serão exibidos o nome do livro e os arquivos para download. Dê um clique sobre cada arquivo executável que será transferido.

Procedimento para Descompactação

Primeiro passo: após ter transferido os arquivos para sua máquina, verifique o diretório em que se encontram e dê um duplo-clique sobre o primeiro arquivo. Será exibida uma tela do programa *WinZip Self-Extractor* que o conduzirá ao processo de descompactação. Abaixo da opção *Unzip to Folder*, existe um campo que indica o destino dos arquivos que serão copiados para o disco rígido do seu computador.

C:\Delphi 2005

Segundo passo: prossiga com a instalação, clicando no botão *Unzip*, o qual se encarrega de descompactar os arquivos. Logo abaixo dessa tela, aparece a barra de *status*, a qual monitora o processo para que você acompanhe. Após o término da descompressão, outra tela de informação surgirá, indicando que os arquivos foram descompactados com sucesso e estão no diretório indicado. Para sair dessa tela, clique no botão *OK*, e, para finalizar o programa *WinZip Self-Extractor*, clique no botão *Close*. Repita o procedimento para os demais arquivos.

Prefácio

A versão 1.0 do Delphi foi lançada há dez anos, ainda para Windows 3.1, e certamente cada nova versão é uma enorme surpresa, devido principalmente aos recursos implementados sempre no sentido de melhorar a vida do desenvolvedor.

Não foi diferente com a versão 2005 (na verdade a nona versão do Delphi). Aqueles que já tiveram contato com o Delphi até a versão 7 certamente vão estranhar o ambiente de trabalho ter sido totalmente redesenhado, de forma que até segue um pouco o visual dos ambientes da Microsoft.

Quem já trabalhou com o Delphi 8, está de alguma maneira, um pouco familiarizado, pois os ambientes dos dois são similares.

Mas a primeira característica notável é a capacidade de geração de aplicações para as plataformas Win32 e .NET, algo já inaugurado com a versão 8. Nessa última, o desenvolvedor pode optar pela utilização tanto da linguagem ObjectPascal como do C#. Esta é a segunda característica mais marcante, e até pode ser entendida como um indício de unificação de ambiente de desenvolvimento, independente da linguagem a ser utilizada.

Procurou-se demonstrar no livro, com um projeto de aplicação de gestão de vendas, os passos necessários para o desenvolvimento de sistemas que utilizam banco de dados.

Com o objetivo de atender a um público mais amplo, o projeto foi concebido de forma que fosse possível a utilização de bancos de dados InterBase e MySQL, por isso o livro aborda intensamente o uso do dbExpress, o componente de acesso e manipulação de banco de dados multiplataforma.

Pelo fato de utilizar o InterBase e o MySQL, há uma pequena introdução a esses dois sistemas gerenciadores no início e também uma abordagem dos fundamentos de bancos de dados SQL.

O projeto exemplo abordado prevê os seguintes recursos:

- Cadastros diversos: fornecedores, produtos, clientes, funcionários, usuários, etc.;
- Vendas: pedidos efetuados por vendedores externos e internos; pedidos efetuados por meio do aplicativo off-line;
- Contas a pagar e a receber: lançamentos de contas e controle de pagamentos/recebimentos;
- Emissão de nota fiscal;
- Geração de arquivos para emissão de boletos bancários;
- Transferência de arquivos pela Internet, através do protocolo FTP;
- Recurso de envio de e-mail.

Embora o livro se enquadre em um nível de programação avançada, o leitor iniciante não encontrará dificuldade em entender os assuntos, tendo em vista o emprego de uma linguagem bastante didática.

Vamos à nossa grande jornada!

Índice Analítico

Parte 1 - Introdução

Parte 3 - Vendas e Estoque

parte 1

Introdução

Visão Geral

Antes de iniciarmos o estudo dessa fabulosa ferramenta chamada Delphi, agora em sua nona versão (Delphi 2005), é importante que seja feita uma pequena introdução, na qual são apresentadas algumas informações referentes aos assuntos que o leitor encontrará nesta obra.

O livro apresenta um projeto de aplicação que faz uso de banco de dados padrão SQL. Para esse projeto, foi tomada a decisão de estruturá-lo de maneira que possam ser utilizados os sistemas de gerenciamento MySQL e InterBase. Desta forma procura-se demonstrar as etapas necessárias para o desenvolvimento de um sistema aplicativo capaz de trabalhar com mais de um tipo de banco de dados.

O projeto adotado para estudo está relacionado com uma aplicação de gerenciamento de vendas de uma distribuidora de materiais para papelarias. Os detalhes desse sistema encontram-se no capítulo 10, no qual são descritas a estrutura geral e as operações que devem ser executadas.

Os assuntos abordados durante o estudo são os seguintes:

- **Conceitos de banco de dados padrão SQL**: apresenta uma pequena introdução aos bancos de dados SQL e sua linguagem para manipulação/consulta.
- **Introdução ao MySQL e InterBase**: descreve os dois sistemas gerenciadores utilizados no desenvolvimento do projeto, mostrando como operá-los.
- **O novo ambiente do Delphi 2005**: introdução ao ambiente de desenvolvimento do Delphi 2005, comparando-o com a versão anterior Delphi 7.
- **Estruturação do projeto-exemplo**: explica toda a fase inicial de estruturação do banco de dados e sua criação, além da apresentação da estrutura geral do sistema aplicativo (operações, funcionalidades, módulos necessários, etc.).
- **Definição do módulo principal**: apresenta a criação do módulo principal do sistema (tela de menu) e rotinas auxiliares. Aborda também a forma de acesso a banco de dados com a utilização de componentes dbExpress.
- **Módulo de cadastro**: trata das funcionalidades do módulo de cadastro (produtos, fornecedores, clientes, etc.) e sua criação.
- **Módulo de vendas**: apresenta os três modos de venda disponíveis (telefônico, por vendedor e aplicativo off-line) e a criação dos formulários para esse módulo.
- **Módulo de controle de estoque**: mostra as operações de emissão de nota fiscal e baixa do estoque.
- **Módulo financeiro**: traz as funcionalidades do módulo financeiro, responsável pelo gerenciamento das contas a pagar/receber e da geração de arquivos para emissão de boletos de cobrança por bancos.
- **Módulo de controle de acesso**: descreve a criação do cadastro de funcionários, usuários e os seus perfis de acesso.
- **Relatórios**: criação de relatórios necessários ao sistema.
- **Recursos da Internet**: transmissão de arquivos por FTP e envio de e-mail.

Uma característica interessante a se destacar é que o projeto completo do sistema prevê também o desenvolvimento de um aplicativo especial, a ser instalado nos clientes da distribuidora, e que lhes permite efetuar pedidos e transmiti-los utilizando a infra-estrutura disponível na Internet.

Esse aplicativo faz uso de recursos existentes no próprio Delphi para se conectar a um servidor de arquivos FTP da distribuidora e efetuar a transferência do pedido. Há ainda, um recurso específico no módulo de vendas para acessar esse servidor FTP e recuperar as informações do pedido do cliente.

O sistema de gestão também é responsável por enviar aos clientes, por esse mesmo servidor FTP, a tabela de produtos e preços atualizados. Automaticamente, uma mensagem é enviada por e-mail aos clientes informando a disponibilidade desse arquivo de atualização.

É importante salientar que o projeto do livro possui apenas um objetivo estritamente didático, embora possa ser futuramente adaptado conforme as necessidades do leitor. Ele também só deve ser utilizado pelo leitor durante o estudo deste livro, podendo ser tomado como base no desenvolvimento de seus projetos pessoais. Entretanto, é terminantemente proibida a comercialização do sistema proposto como exemplo, da forma que se encontra apresentado em sua plenitude, sob pena de violação das leis que regem os direitos autorais.

Deve-se considerar também que o desenvolvimento de uma aplicação para uso comercial implica dispor sempre de um grande volume de material de apoio e de informações técnicas, capazes de auxiliar o programador na realização de suas tarefas.

Assim como os programas desenvolvidos e comercializados pelas grandes empresas, por mais que o projeto-exemplo deste livro tenha sido testado e depurado, pode haver alguns erros tanto na lógica quanto na escrita dos códigos. Apenas com a exaustiva utilização é possível detectar tais erros e corrigi-los, fato comum entre todos os fabricantes de software. Desta forma, fica claro que o projeto didático exposto não está livre desses erros, ficando o autor isento de corrigi-los, cabendo ao leitor, com os conhecimentos adquiridos, efetuar as devidas correções.

Pré-requisitos Necessários

É importante ressaltar que para um melhor aproveitamento por parte do leitor, é imprescindível ter instalado o Delphi 2005 numa das três distribuições disponíveis: Professional, Enterprise e Architect.

Uma segunda exigência diz respeito ao sistema operacional, que deve ser o Windows XP Professional, Windows 2000 (Professional ou Advanced Server) ou Windows 2003 Server. A versão adotada neste livro pelo autor é o Windows 2000 Professional. Sendo assim, caso o leitor possua o Windows XP ou Windows 2003, deve consultar a documentação do produto, no caso de eventuais diferenças no que diz respeito a alguma configuração no sistema operacional que seja necessária.

Também é preciso ter instalados o InterBase 7.5 (ou versão mais recente) e o MySQL 4.0.23 (ou versão superior), além de acesso à Internet.

O leitor também deve ter conhecimentos de lógica de programação, linguagem Pascal/ObjectPascal, Delphi e programação orientada por objetos, InterBase, MySQL e criação de relatórios no Rave Reports. Caso não possua conhecimentos de uma dessas áreas, existem vários livros disponíveis no mercado, alguns listados nas referências bibliográficas.

Introdução ao MySQL 4.0.23

Assuntos abordados neste capítulo

- *Apresentação do MySQL*
- *Download e instalação*
- *Ferramentas gráficas auxiliares*
- *Instalação do driver MyODBC*

2.1. O MySQL

O MySQL é um gerenciador de banco de dados padrão SQL que se tornou muito popular entre os desenvolvedores e até mesmo empresas de ferramentas de desenvolvimento (como é o caso da Borland). Um dos motivos (se não for o principal) é o fato de ser gratuito, enquadrando-se na política de código aberto (open source). O segundo motivo é que ele se encontra disponível para várias plataformas (Windows, Linux, Solaris, FreeBSD, OpenBSD e até MacOS).

Ele é produzido pela empresa MySQL AB, fundada em 1995, por dois suecos (David Axmark e Allan Larsson) e um finlandês (Michael Widenius). Uma característica interessante é que ele é bastante enxuto, ocupando pouco espaço do disco rígido e podendo ser rodado até mesmo no Windows 95. Além disso, possui um bom desempenho mesmo em máquinas menos robustas. Hoje é utilizado por inúmeras empresas e em especial no desenvolvimento de sites de comércio eletrônico. Entre algumas dessas empresas, encontram-se nomes de gigantes, como Yahoo!, Silicon Graphics, Motorola, NASA, Google, HP, Sony Pictures, Lucent Technologies, Cisco e Xerox.

Sua interface-padrão é em modo caractere, mas podem ser encontrados no site do fabricante ou em sites de produtores independentes vários ambientes gráficos para criar e dar manutenção às bases de dados.

É importante salientar que neste livro são apresentados apenas os fundamentos básicos do MySQL, tendo em vista que existem bons livros que se aprofundam neste assunto e trazem maiores detalhes. O leitor pode consultar na bibliografia os títulos sugeridos para leitura.

2.2. Como Baixar o MySQL

Como o MySQL é totalmente gratuito, você pode baixá-lo da Internet, no site www.mysql.com (março/2005). Sendo assim, acesse esse endereço e verá a tela da figura 2.1. Clique no link **Downloads** e uma nova tela aparece em seguida (figura 2.2). Note que estão disponíveis vários links, cada um representando uma ferramenta específica.

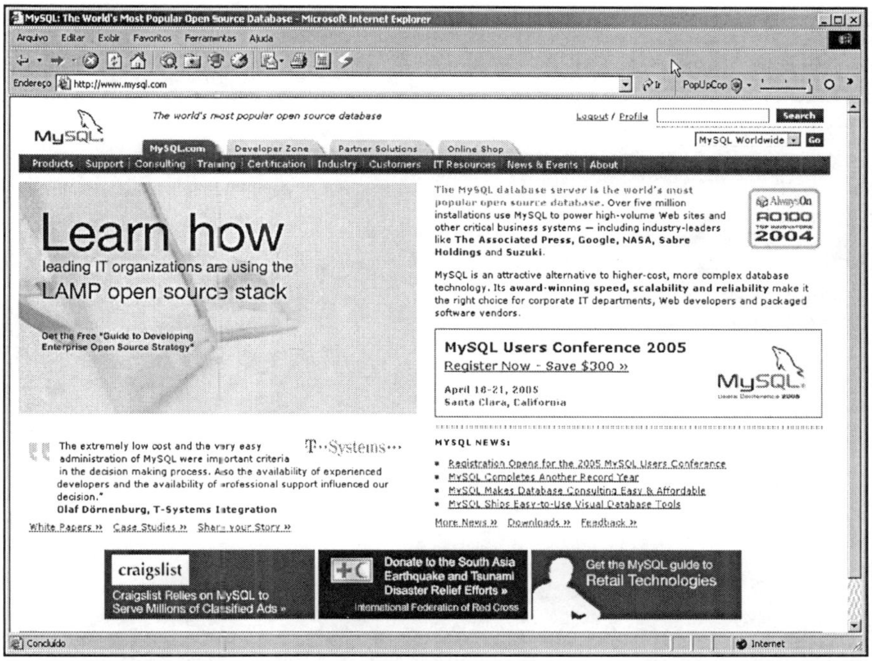

Figura 2.1

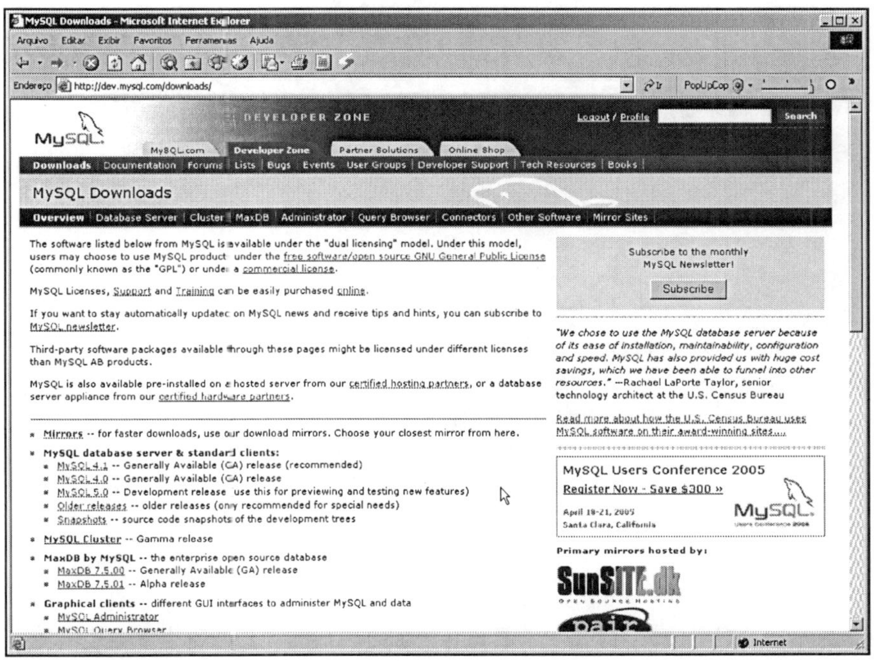

Figura 2.2

Na época da publicação deste livro, encontravam-se disponíveis as versões 4.0.23, 4.1.10a e a 5.0 (ainda em desenvolvimento, na versão **alpha**). Para baixar o MySQL, clique no link MySQL 4.0 (ou MySQL 4.1). Na tela seguinte, avance a página até a seção **Windows Downloads**. As figuras 2.3 e 2.4 mostram, respectivamente, as telas para baixar as versões 4.0 e 4.1. Neste livro será utilizada a versão 4.0.23, devido ao fato de ser a mais estável até o momento de seu lançamento.

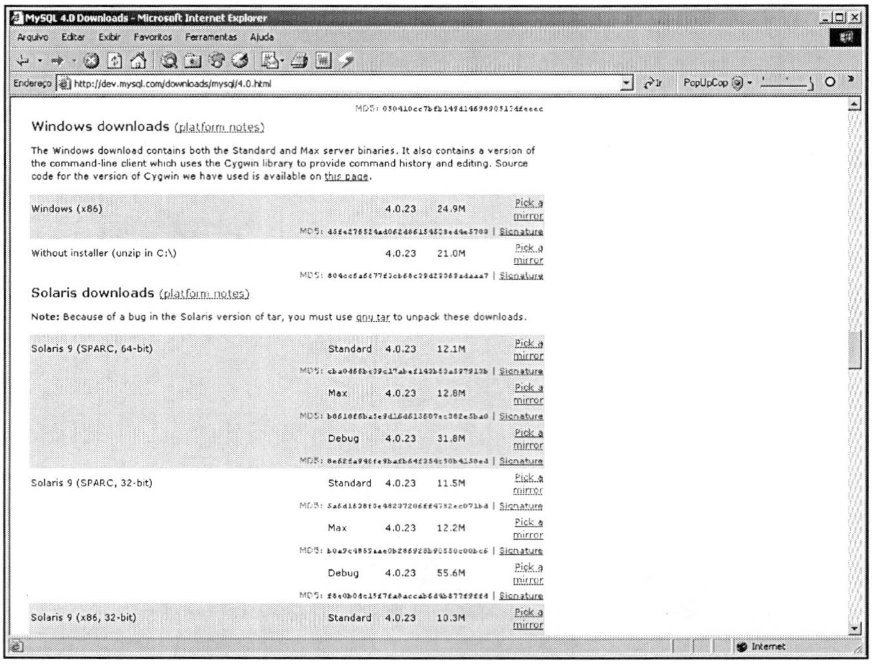

Figura 2.3

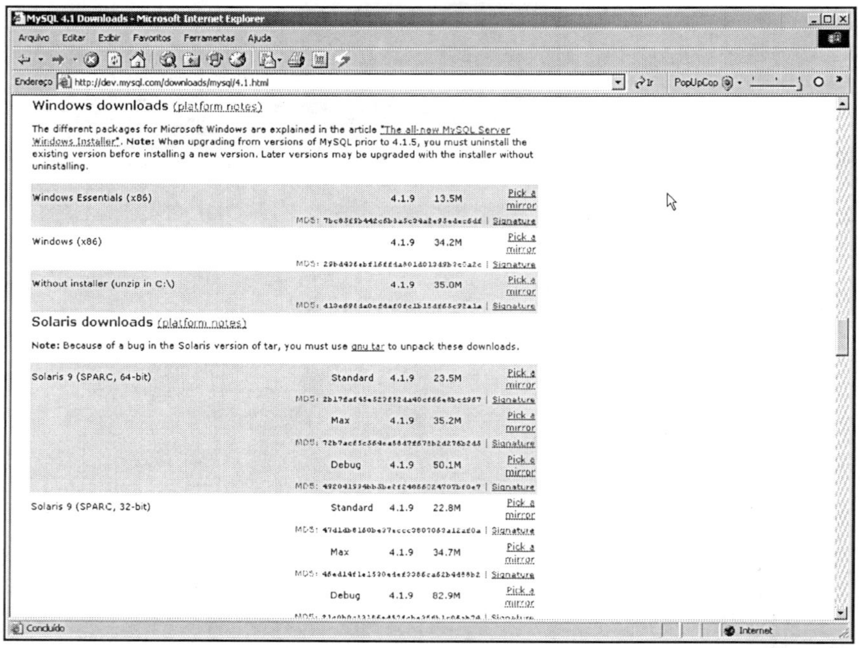

Figura 2.4

Clique no link **Pick a Mirror** e escolha um dos sites espelhos que contém o arquivo do MySQL. A cópia então se inicia.

Devido ao tamanho do arquivo (para a versão 4.0.23 são 25MB) é aconselhável utilizar um gerenciador de downloads, como o *Download Accelerator*, *GetRight* ou o *Go!Zilla*.

2.3. Instalação do MySQL

Depois de ter efetuado a cópia, descompacte o arquivo numa pasta temporária qualquer e execute o programa **Setup.exe**. A tela da figura 2.5 será apresentada. Clique no botão **Next** para avançar e uma nova tela com mensagens aparece (figura 2.6). Clique outra vez em **Next**.

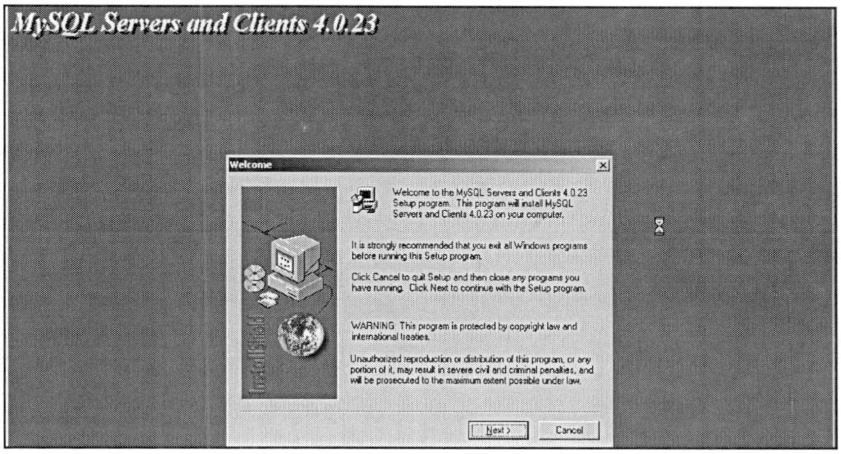

Figura 2.5

A tela seguinte (figura 2.7) apresenta a pasta em que será instalado o programa. Se desejar alterar (embora não seja recomendável), clique no botão **Browse** e especifique outra pasta do seu disco rígido. Clique no botão **Next** novamente.

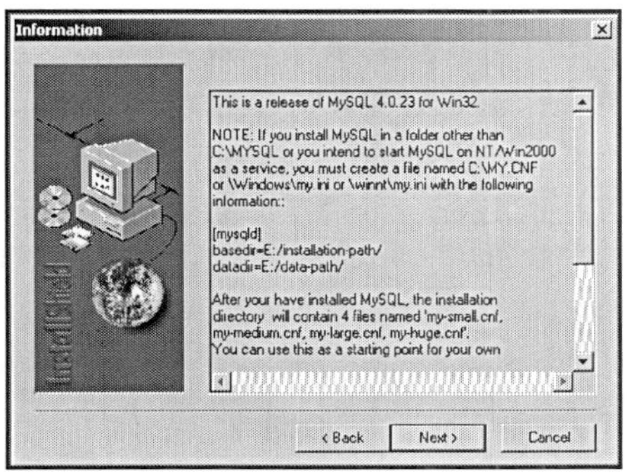

Figura 2.6

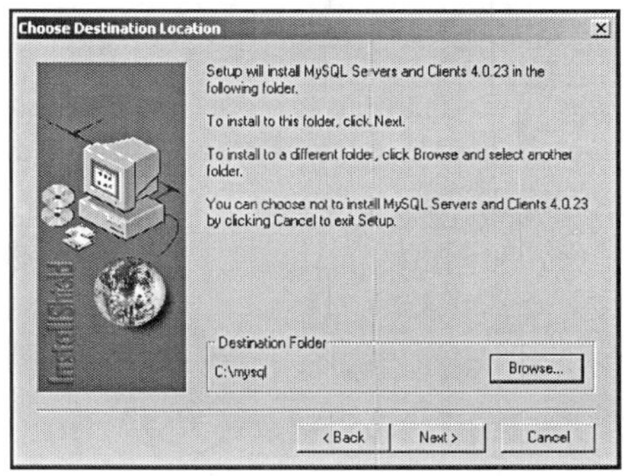

Figura 2.7

Na próxima tela (figura 2.8) você deve selecionar a opção de instalação. É recomendável escolher **Custom** e marcar todas as opções da tela seguinte (figura 2.9). Assim você estará na verdade fazendo uma instalação completa.

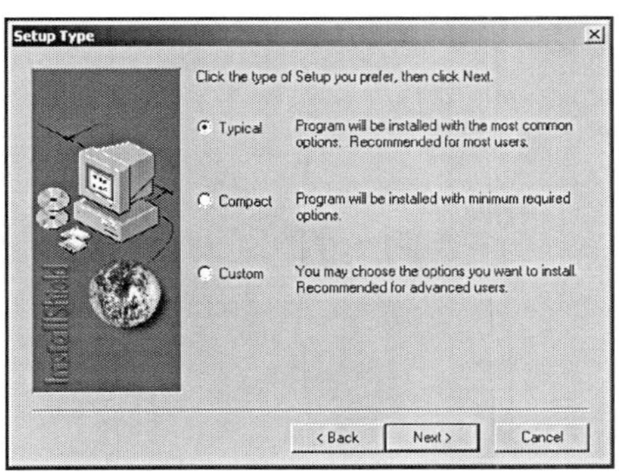

Figura 2.8

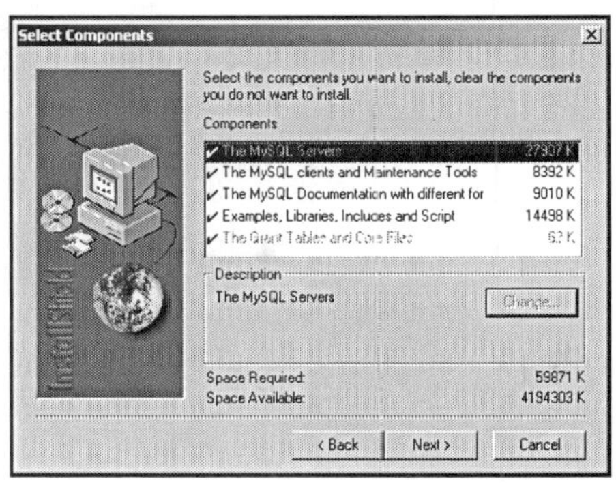

Figura 2.9

Após clicar no botão **Next**, a instalação propriamente dita tem início (figura 2.10).

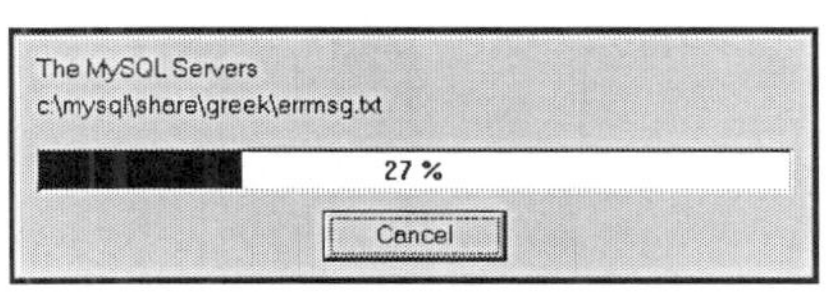

Figura 2.10

Por fim teremos a tela mostrada na figura 2.11 quando a cópia de todos os arquivos estiver encerrada. Clique no botão **Finish** e seu MySQL está pronto para rodar.

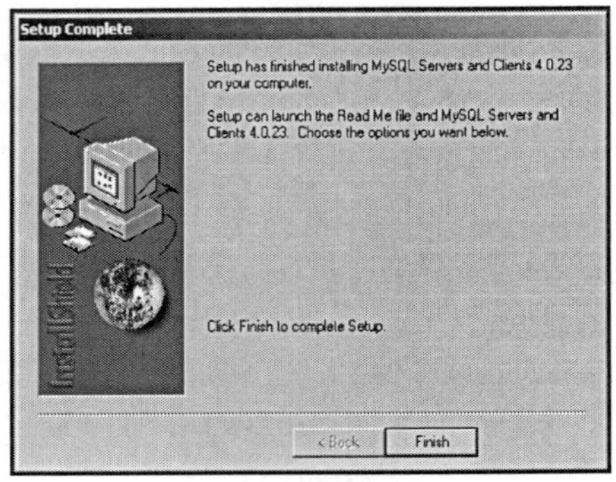

Figura 2.11

2.4. As Ferramentas Gráficas

Como foi dito no início do capítulo, embora o MySQL possua como padrão uma interface em modo caractere, há boas opções de interfaces gráficas para manipular as bases de dados criadas com ele. Algumas foram desenvolvidas pela MySQL AB, outras são de desenvolvedores/programadores independentes.

Como principais ferramentas gráficas, podemos citar *MySQL Administrator*, o *MySQL Query Browser* e o *MySQL Control Center*. Todas elas podem ser baixadas a partir do site da MySQL AB.

Já um bom exemplo de ferramenta de programador independente é a *DBTools Manager*, desenvolvida por Crércio O. Silva. A última versão disponível na Internet é a 3.0.2, liberada em janeiro/2005. Um fato interessante é que ela também oferece suporte à base de dados PostgreSQL.

2.4.1. Instalação do MySQL Administrator

O *MySQL Administrator* encontra-se disponível na versão 1.0.19 (janeiro/2005).

Baixe o arquivo a partir do site www.mysql.com. Para iniciar a instalação, dê um duplo-clique no arquivo **mysql-administrator-1.0.19-win.msi**. A tela da figura 2.12 é então mostrada.

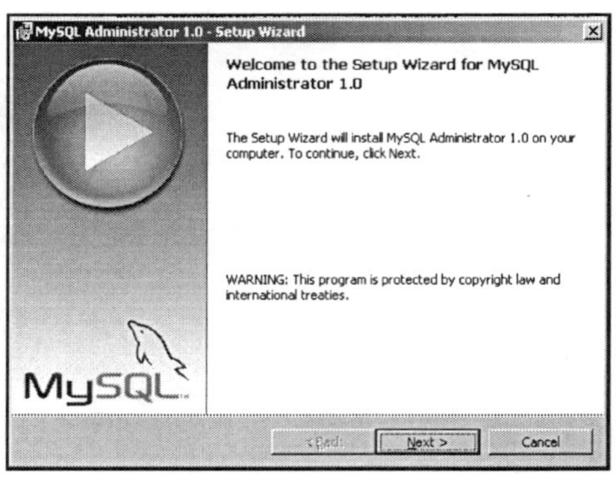

Figura 2.12

Clique no botão **Next** e a seguir escolha a primeira opção da tela da figura 2.13. Clique em **Next** para que seja apresentada a tela informando a pasta para instalação do programa (figura 2.14).

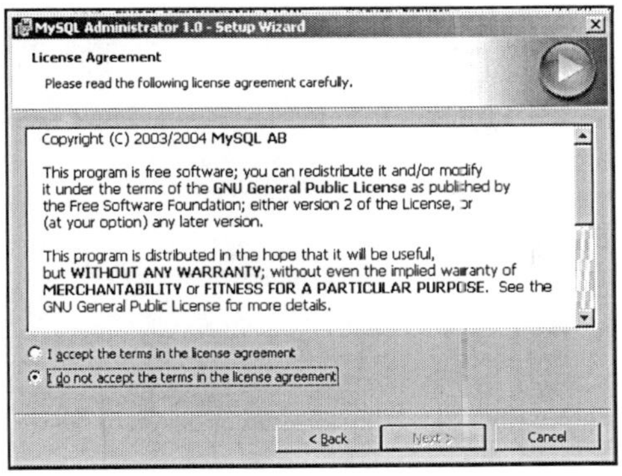

Figura 2.13

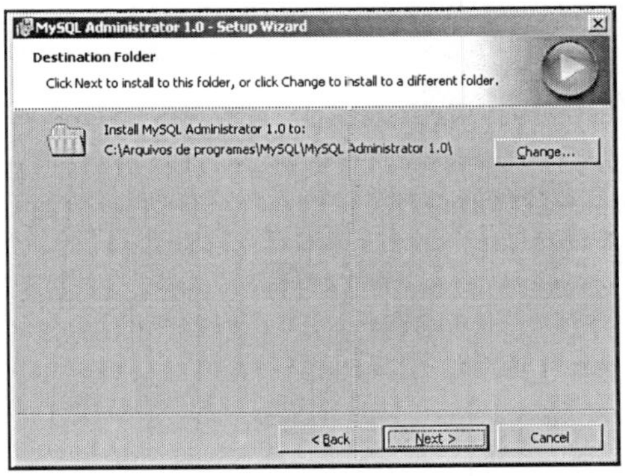

Figura 2.14

Novamente clique no botão **Next** e a seguir deixe selecionada a opção **Complete** (figura 2.15). Mais uma vez clique em **Next** e depois em **Install** (figura 2.16). Com isso a cópia dos arquivos começa a ser feita (figura 2.17).

Quando terminar, surge a tela da figura 2.18, a partir da qual deve-se clicar no o botão **Finish**.

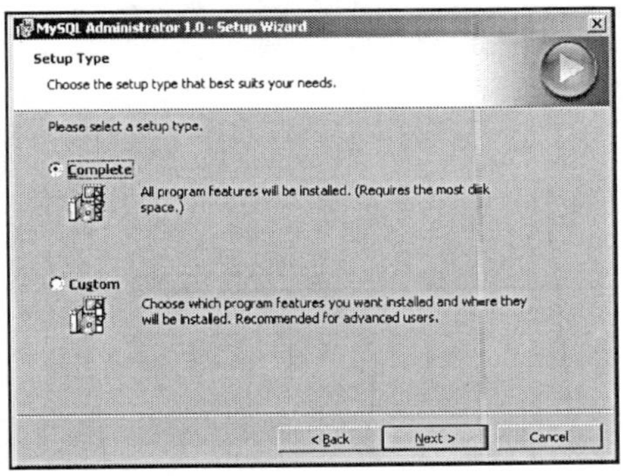

Figura 2.15

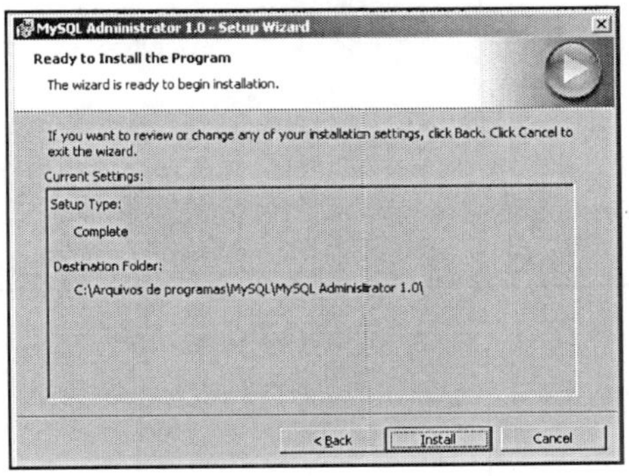

Figura 2.16

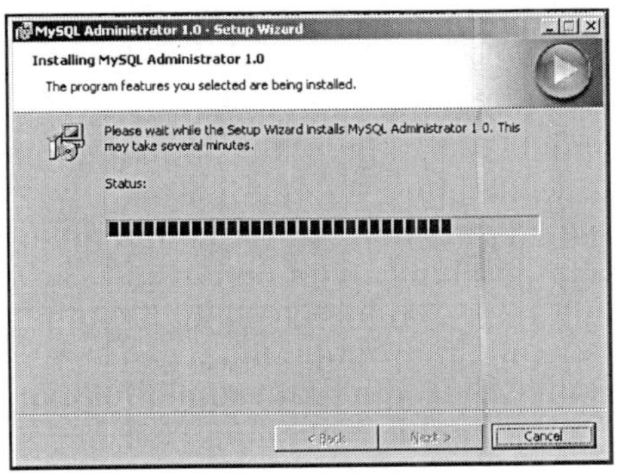

Figura 2.17

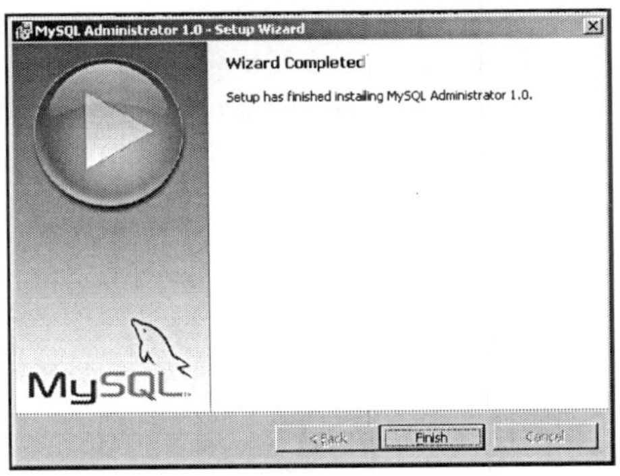

Figura 2.18

2.4.2. *Instalação do MySQL Query Browser*

Baixe o arquivo de instalação do *MySQL Query Browser* a partir do site da MySQL AB. A seguir execute o programa **mysql-query-browser-1.1.5-win.msi** para dar início à instalação. Este é o arquivo para a versão 1.1.5, disponível em janeiro/2005. A tela da figura 2.19 é então mostrada. Clique no botão **Next** e escolha a primeira opção na tela da figura 2.20. Clique em **Next** nessa e na próxima tela (figura 2.21). Na tela exibida na figura 2.22, deixe selecionada a opção **Complete** e clique novamente no botão **Next**.

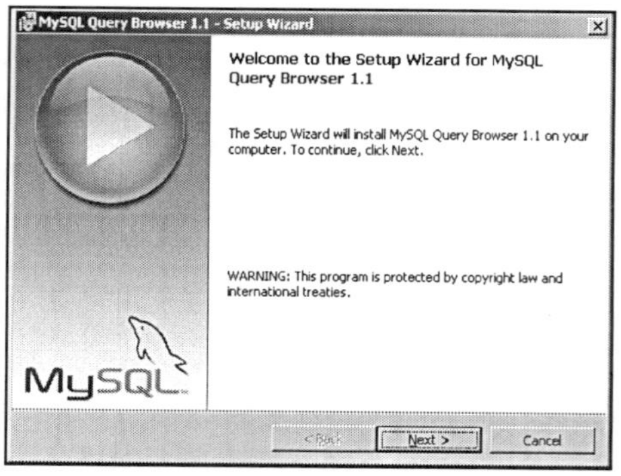

Figura 2.19

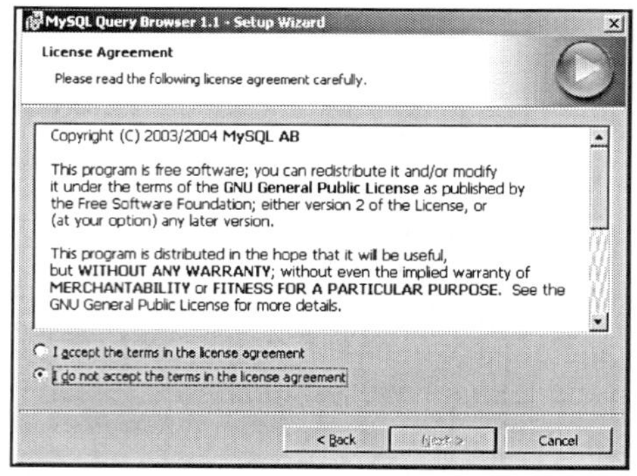

Figura 2.20

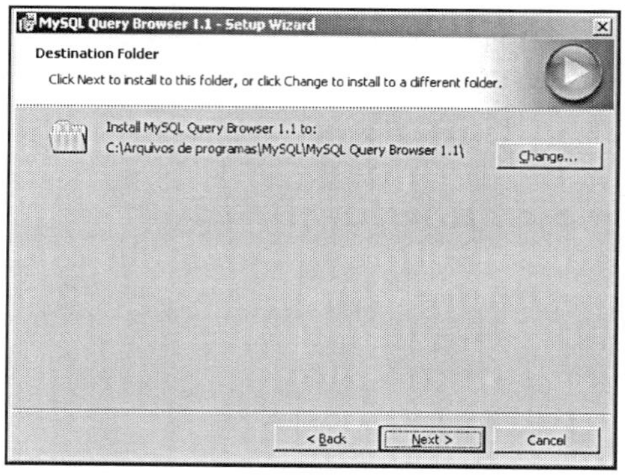

Figura 2.21

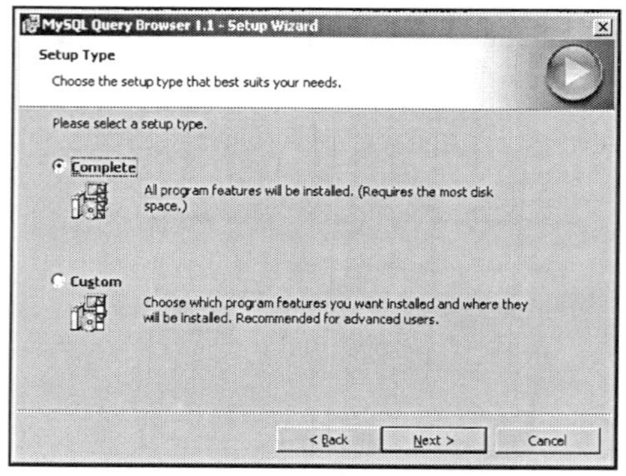

Figura 2.22

Uma nova tela surge contendo um botão denominado **Install** que deve ser clicado (figura 2.23). Os arquivos começam a ser copiados logo em seguida (figura 2.24). Quando estiver terminada essa cópia, uma tela é mostrada com uma mensagem (figura 2.25). Clique no botão **Finish**.

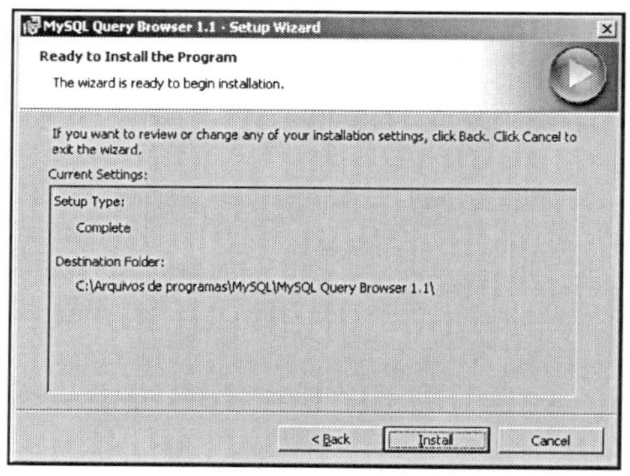

Figura 2.23

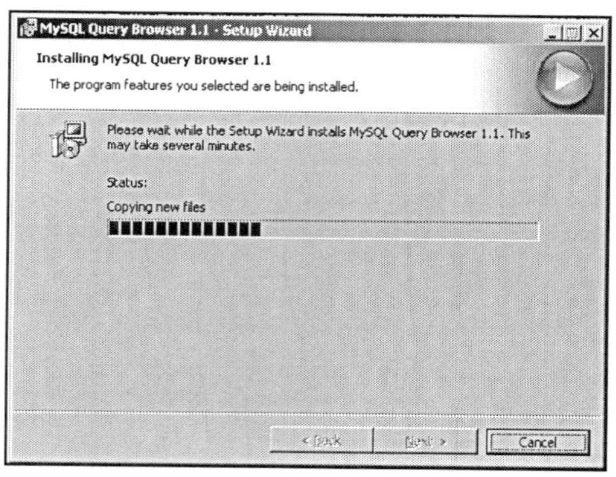

Figura 2.24

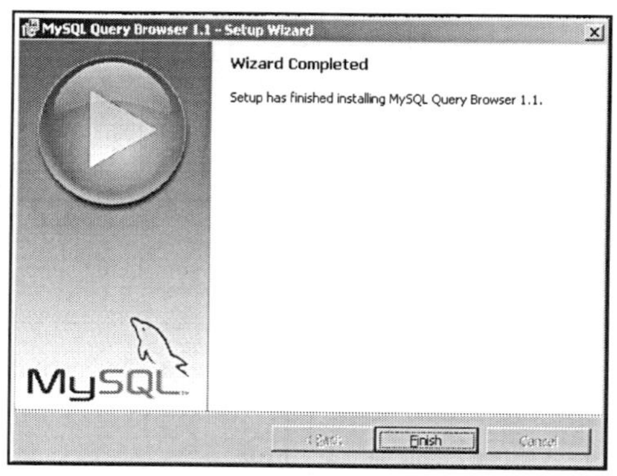

Figura 2.25

2.4.3. *Instalação do MySQLControl Center*

O próximo utilitário a ser instalado é o *MySQL Control Center*. Como veremos no capítulo 3, ele é uma ótima ferramenta gráfica para administração de bases de dados. Baixe o arquivo disponível no site (**mysqlcc-0.9.4-win32.zip** em janeiro/2005) e descompacte-o para dentro de uma pasta temporária.

Em seguida execute o programa **Setup.exe** e a tela da figura 2.26 aparece. Clique no botão **Next** e selecione a primeira opção da tela mostrada na figura 2.27. Clique outra vez no botão **Next**.

Figura 2.26

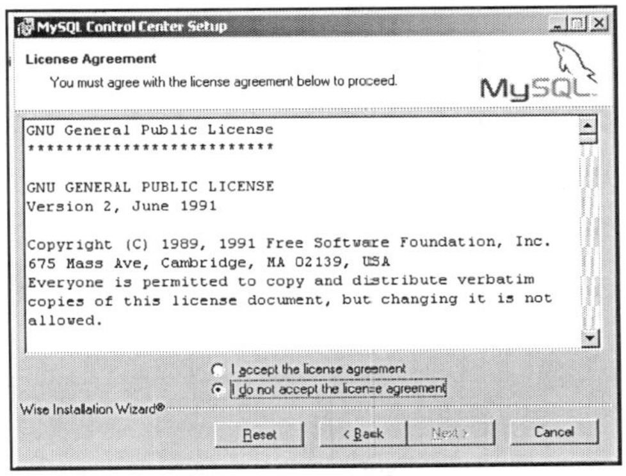

Figura 2.27

As figuras 2.28 a 2.31 mostram as demais telas apresentadas pelo programa de instalação. Já na figura 2.32 é possível ver o processo de cópia dos arquivos. Ao fim desse processo, a tela da figura 2.33 surge.

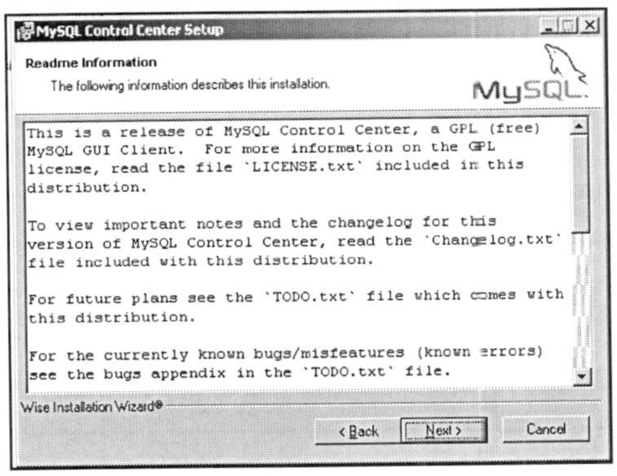

Figura 2.28

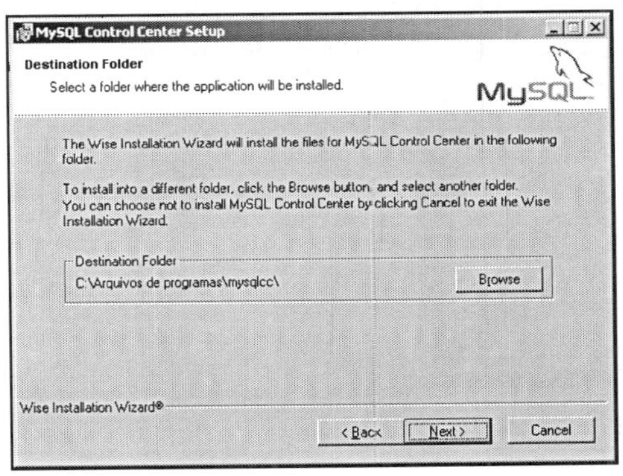

Figura 2.29

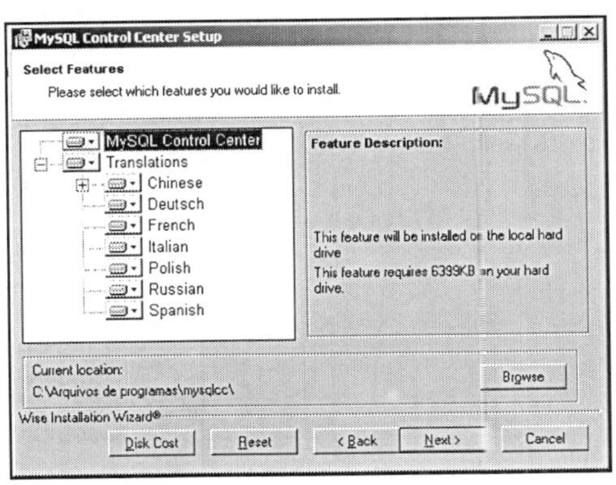

Figura 2.30

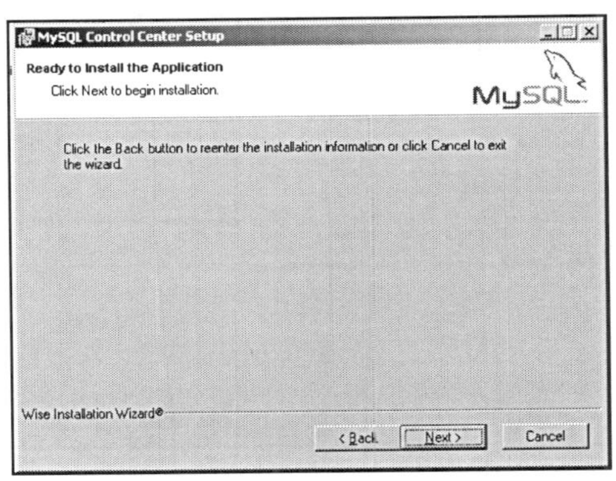

Figura 2.31

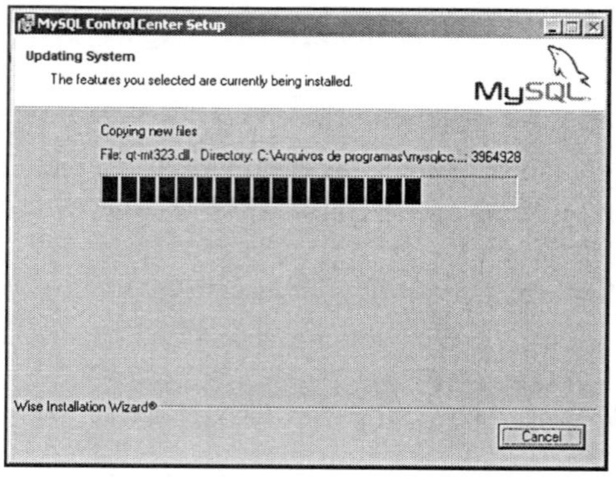

Figura 2.32

Figura 2.33

2.5. O Driver ODBC para MySQL

Ainda no site da MySQL AB é possível encontrar o driver ODBC que permite a qualquer ferramenta de desenvolvimento/linguagem de programação que ofereça suporte a essa tecnologia, acessar a base de dados MySQL.

No caso específico do Delphi, é possível desenvolver aplicações com acesso à base de dados MySQL utilizando o driver ODBC ou por meio dos componentes dbExpress. Essa última opção foi a escolhida para o projeto deste livro.

Depois de baixar o arquivo **MyODBC-3.51.10-2-win.exe**, dê um duplo-clique nele para executá-lo. A tela da figura 2.34 aparece em seguida. A partir de então basta seguir as instruções exibidas nas demais telas (figuras 2.35, 2.36 e 2.37).

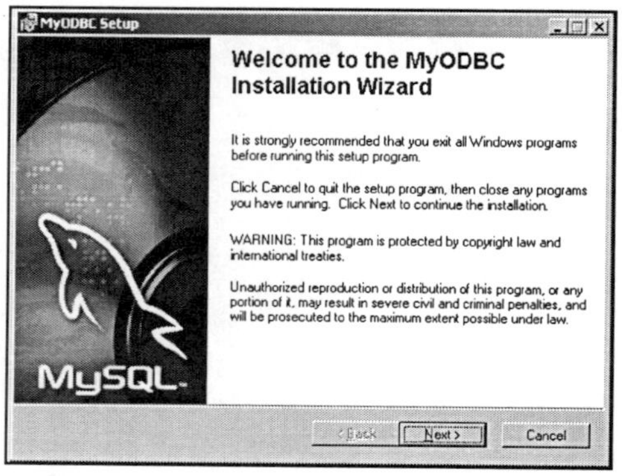

Figura 2.34

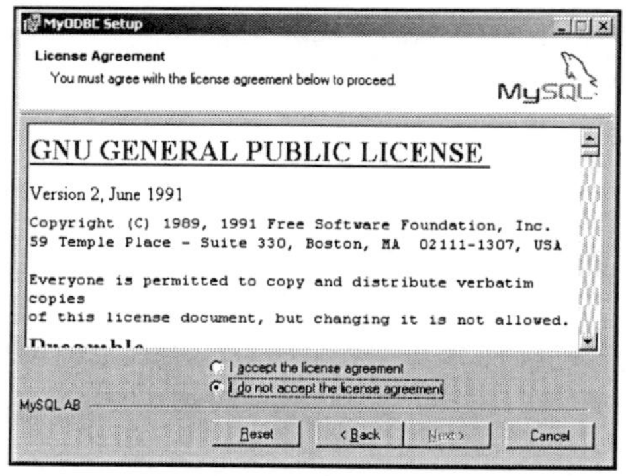

Figura 2.35

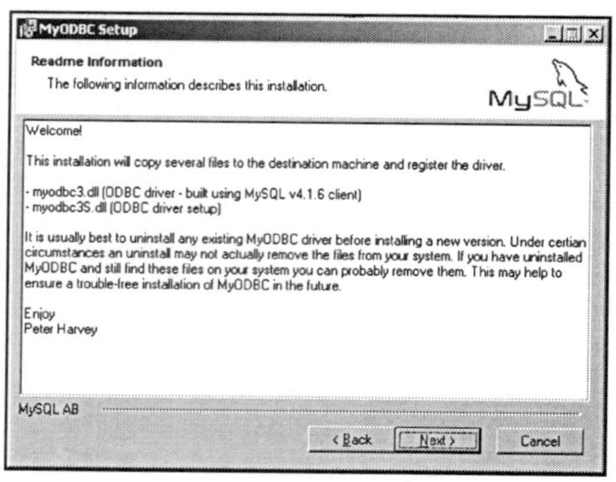

Figura 2.36

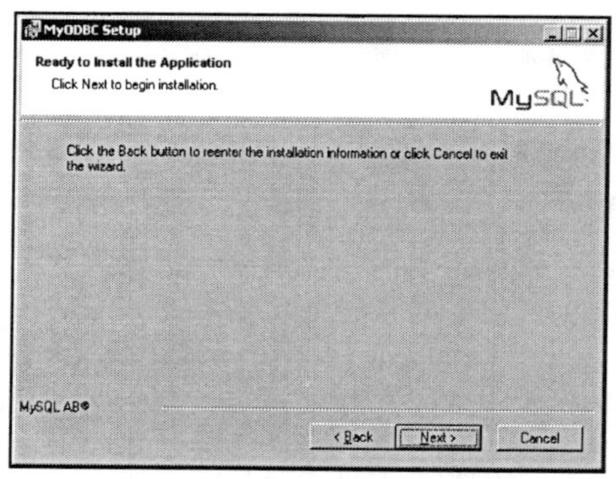

Figura 2.37

A figura 2.38 mostra o processo de cópia dos arquivos e na figura 2.39, observe a tela de finalização da instalação.

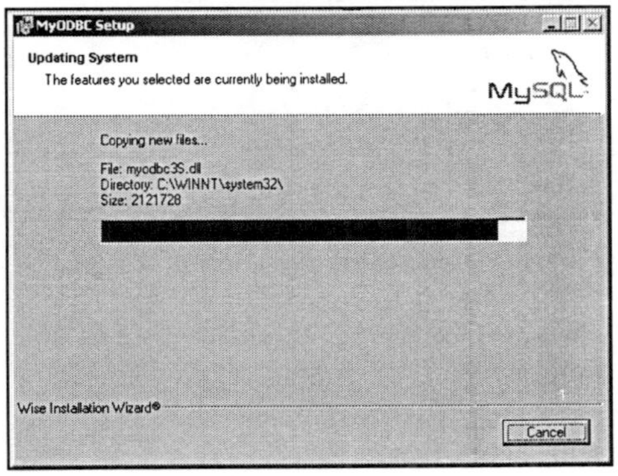

Figura 2.38

Figura 2.39

Veremos como utilizar essas ferramentas e o *WinMySQLadmin* no próximo capítulo.

capítulo 3

As Ferramentas do MySQL 4.0.23

Assuntos abordados neste capítulo

- *MySQL Control Center, WinMSQL Administrator, MySQL Query Browser e WinMySQLadmin*
- *Criação de novas bases de dados*
- *Adição de tabelas a um banco de dados*
- *A interface em modo caractere*

3.1. Utilização do MySQL Control Center

Até algum tempo atrás, somente dispúnhamos, além da interface em modo caractere, das ferramentas gráficas *EMS Manager* e *MySQLGui*, desenvolvidas por empresas parceiras da MySQL AB. Hoje existem outras opções, sendo o *MySQL Control Center* a principal.

Ela permite que sejam executadas todas as tarefas de administração e manutenção de bases de dados MySQL e possibilita criar novos bancos de dados, gerenciar as informações contidas neles e efetuar consultas.

Para executar essa ferramenta, escolha o item **MySQL Control Center** do grupo de programas **MySQL Control Center**, ou clique no ícone com essa legenda existente na área de trabalho do Windows. A tela da figura 3.1 é então mostrada.

A janela principal apresenta-se dividida em duas colunas, sendo a da esquerda responsável por listar os diversos bancos de dados já criados e permitir o gerenciamento de usuários. Na coluna da direita, são apresentadas informações referentes aos itens selecionados na primeira coluna, como, por exemplo, a estrutura das tabelas.

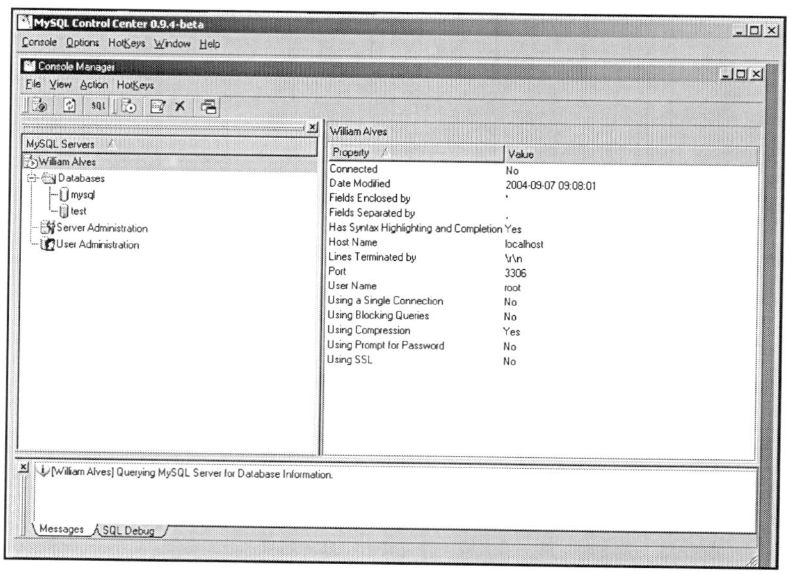

Figura 3.1

3.1.1. *Criação de Usuários*

Para criar um novo usuário, clique com o botão direito do mouse sobre o item **User Administration** e escolha a opção **Connect** no menu exibido (figura 3.2). Isso faz com que sejam listados todos os usuários já cadastrados (figura 3.3).

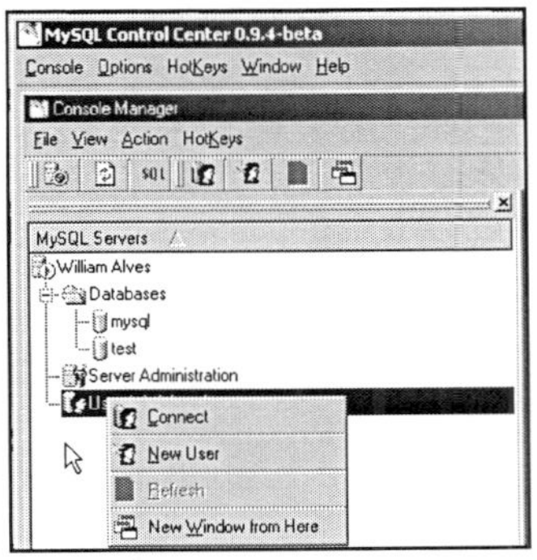

Figura 3.2

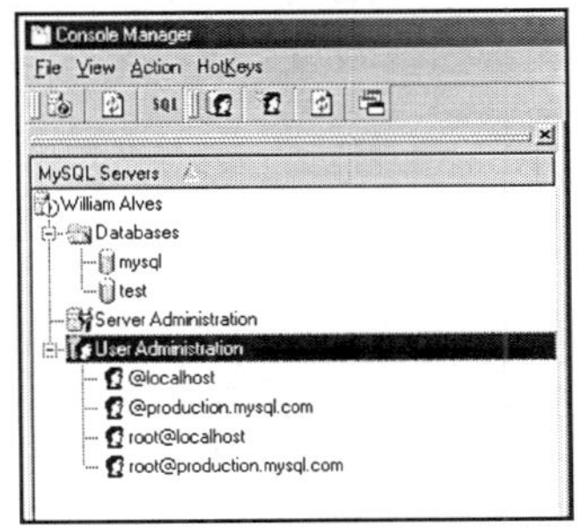

Figura 3.3

Clique novamente com o botão direito do mouse e escolha a opção **New User**. A tela da figura 3.4 aparece em seguida. Digite as informações pedidas na parte superior e clique na opção **All Privileges** para designar todos os privilégios ao novo usuário. Se isso não for feito, você não terá direitos de execução de várias operações, inclusive o de abertura de banco de dados.

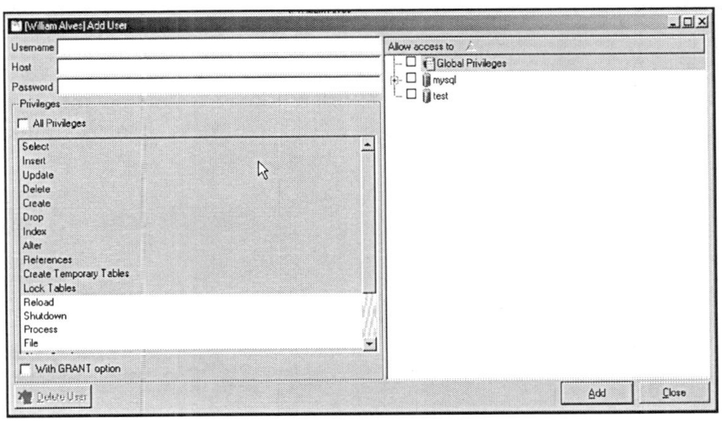

Figura 3.4

Marque também a opção **Global Privileges**, localizada à direita. Isso significa que o usuário tem privilégio global em vez de específico para um banco de dados.

Depois de clicar no botão **Add**, feche a janela clicando em **Close** e a janela **Console Manager** do *MySQL Control Center* é reapresentada com o novo usuário (figura 3.5).

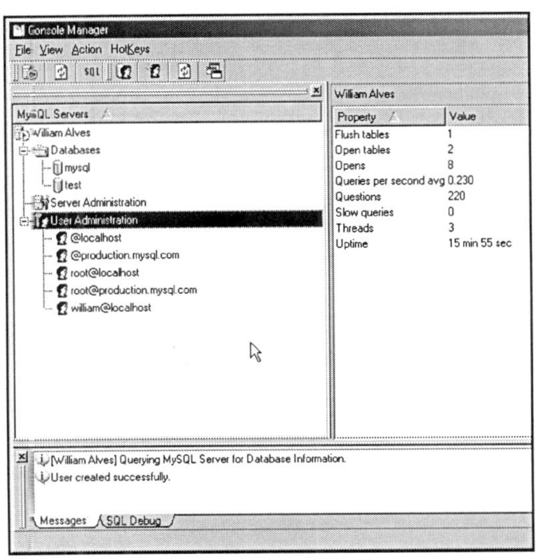

Figura 3.5

Figura 3.6

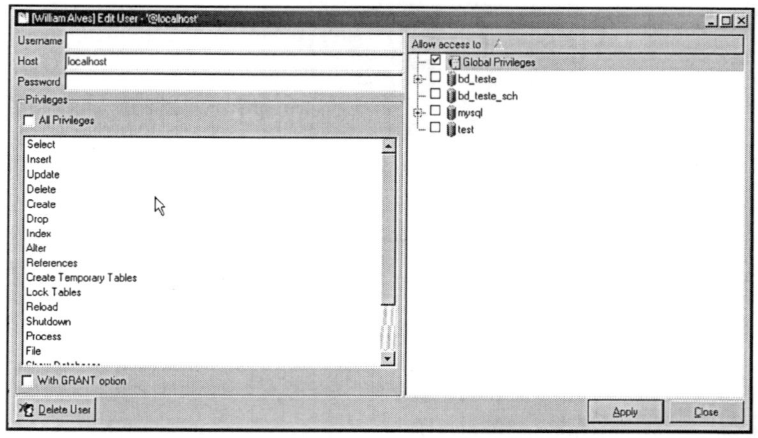

Figura 3.7

3.1.2. Criação de Bancos de Dados e Tabelas

Para criar um banco de dados, clique com o botão direito do mouse no item **Databases** e então escolha a opção **New Database** do menu aberto (figura 3.8). Na caixa de diálogo apresentada em seguida digite um nome para o banco de dados que deve ser criado. Para o exemplo digite a expressão caractere "BD_Teste". A figura 3.9 mostra esse novo banco de dados já adicionado.

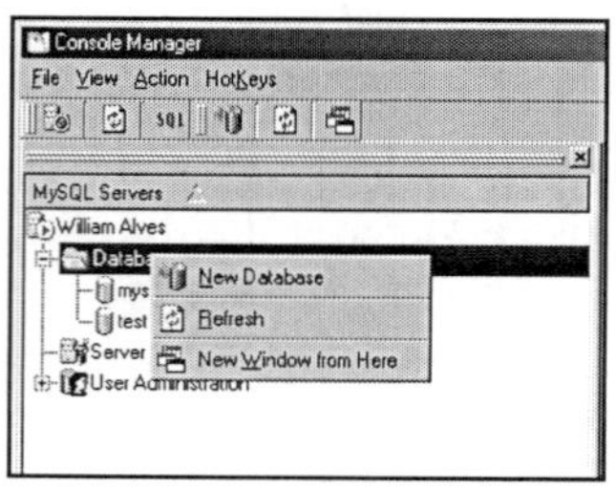

Figura 3.8

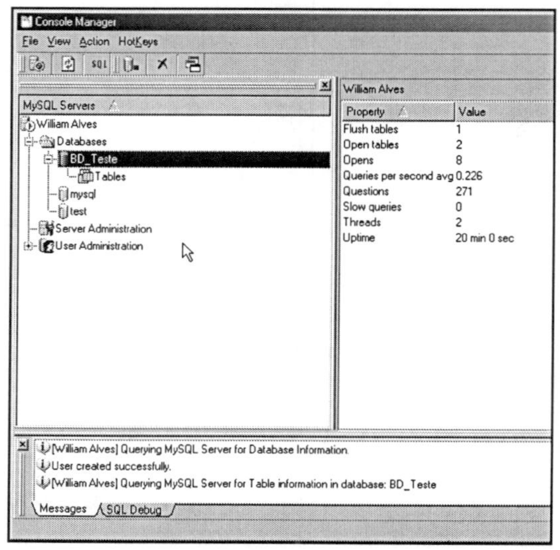

Figura 3.9

Para adicionar tabelas a um banco de dados, clique novamente com o botão direito sobre o item denominado **Tables** e selecione a opção **New Table** (figura 3.10). Com isso surge a tela da figura 3.11 na qual podemos especificar a estrutura da tabela (nome de campos, tipo de dados, tamanho, etc.).

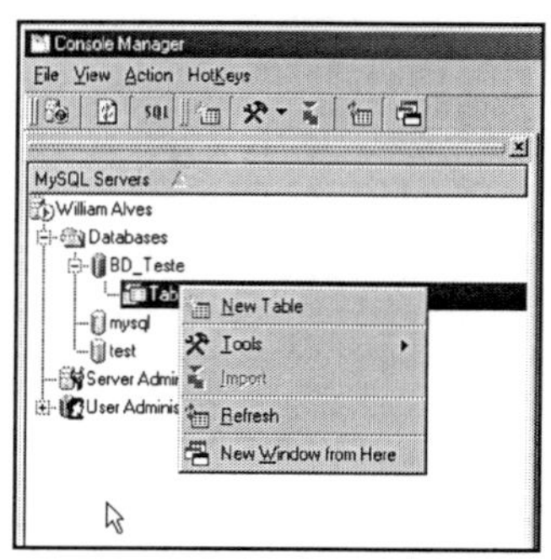

Figura 3.10

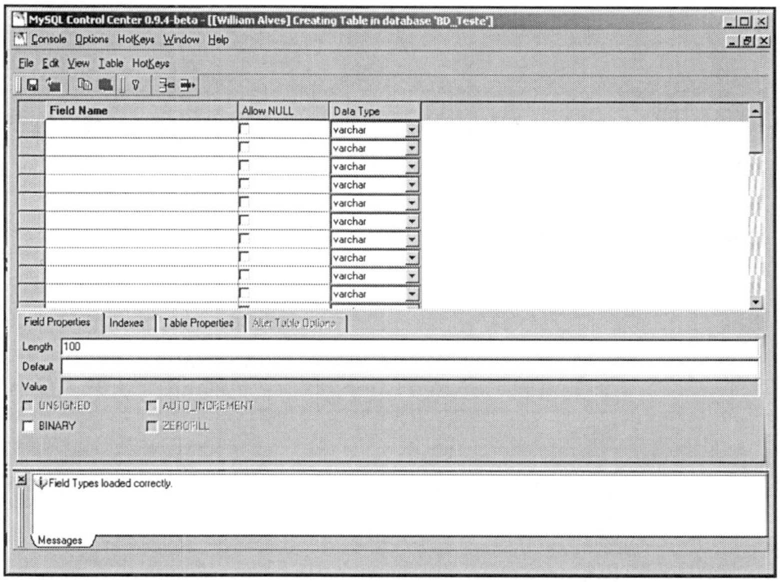

Figura 3.11

Por exemplo, digite na primeira coluna (identificada como **Field Name**) a expressão caractere "Codigo". Clique na caixa de combinação da coluna **Data Type** e escolha a opção **integer** na lista da figura 3.12.

Acima da seção para definição da estrutura da tabela existe uma barra de botões. Clique no botão de criação de chave primária ( ) e você poderá ver que um pequeno ícone de chave é apresentado à esquerda do campo. Clique ainda na propriedade **AUTO_INCREMENT** (figura 3.13). Desta forma o valor para esse campo é gerado automaticamente pelo MySQL para os novos registros adicionados à tabela.

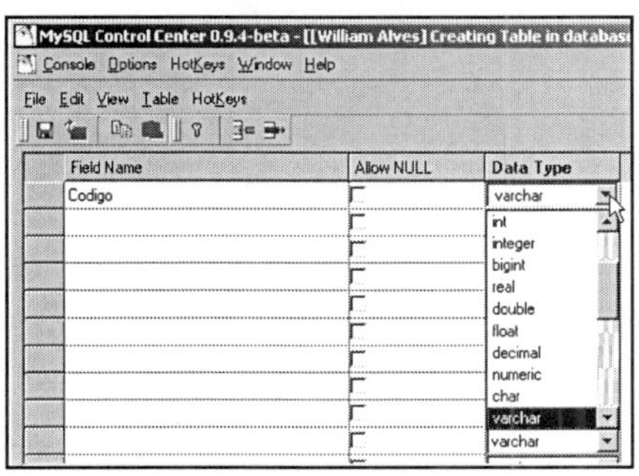

Figura 3.12

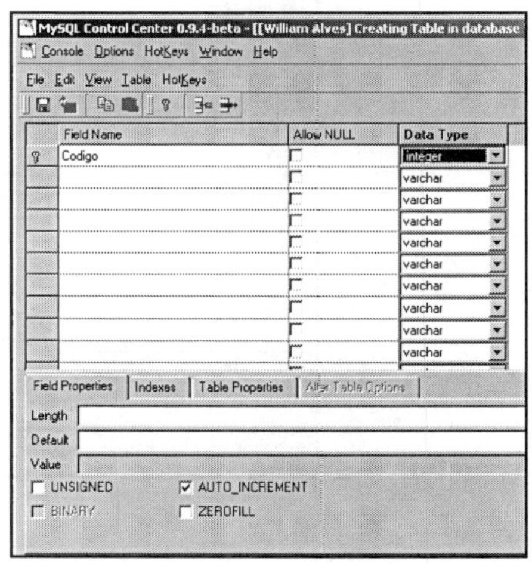

Figura 3.13

Na segunda linha, digite como nome do campo a cadeia de caracteres "Nome" e selecione o tipo de dado **varchar**. A seção inferior da janela contém uma caixa de entrada denominada **Length**, na qual podemos especificar um valor numérico que designa o tamanho do campo. Digite o valor 50, o que significa que o campo terá um tamanho de 50 caracteres.

Adicione dois campos com as seguintes especificações:

Nome do campo (Field Name)	Tipo de dados (Data Type)	Tamanho (Length)
Endereco	Varchar	50
Numero	Smallint	5

Para o último campo clique ainda na coluna **Allow NULL** para marcá-la (figura 3.14). Com essa propriedade assinalada, o campo pode ser deixado em branco, ou seja, sem valor nenhum.

Para os demais campos as configurações devem ser as seguintes:

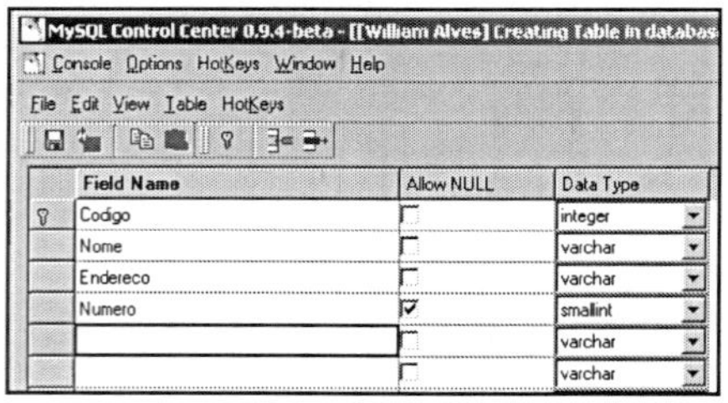

Figura 3.14

Nome do campo (Field Name)	Tipo de dados (Data Type)	Tamanho (Length)
Bairro	Varchar	40
Cidade	Varchar	40
Estado	Char	2
CEP	Char	9
RG	Char	8
CPF	Char	12

Veja na figura 3.15 a estrutura completa dessa tabela.

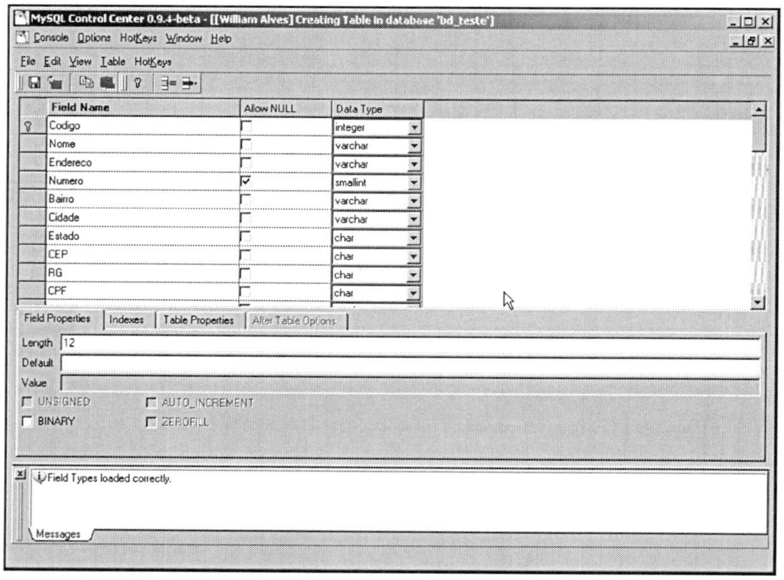

Figura 3.15

Uma chave primária já define automaticamente um índice especial para a tabela. No entanto, podemos adicionar outros índices secundários para agilizar as consultas. Selecione a aba **Indexes** na parte inferior da janela e você poderá ver a tela da figura 3.16.

Clique no ícone  para adicionar um novo índice. Digite o nome do índice na caixa de diálogo da figura 3.17. Selecione o campo **CPF** e clique no botão  para especificá-lo como campo do índice. Escolha também o botão de opção **UNIQUE**, como mostra a tela da figura 3.18.

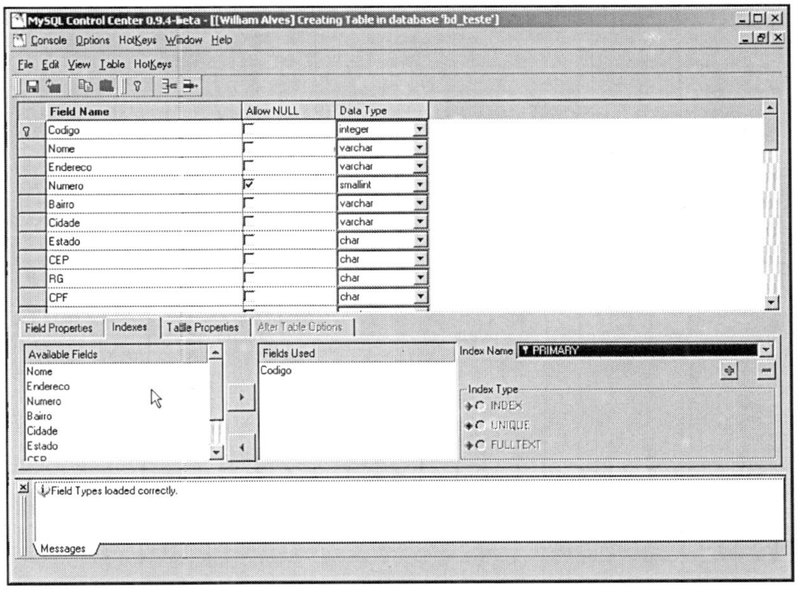

Figura 3.16

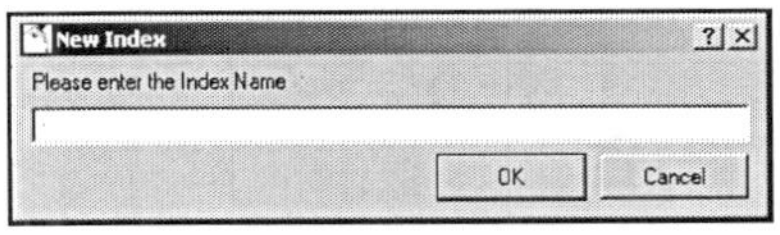

Figura 3.17

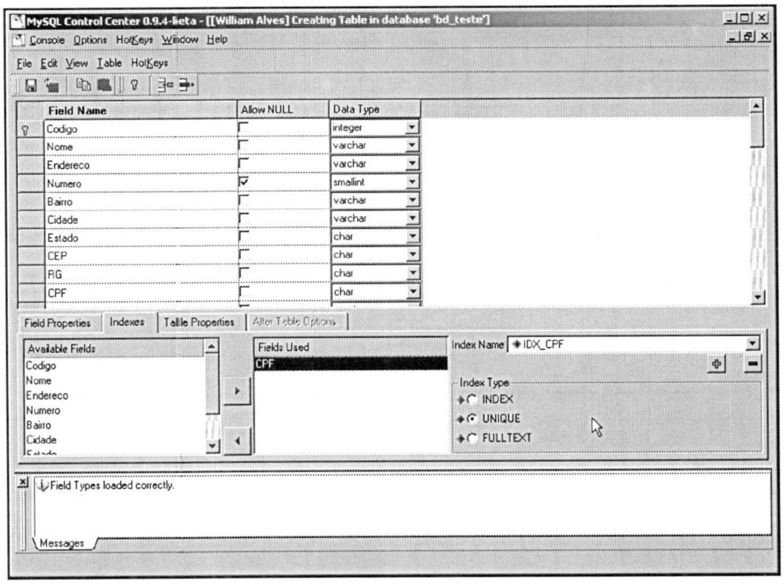

Figura 3.18

Clique no botão de salvamento (💾) e entre com um nome para a tabela na caixa de diálogo da figura 3.19. Para nosso exemplo, digite "tbl_clientes". A tela da figura 3.20 é retornada logo em seguida.

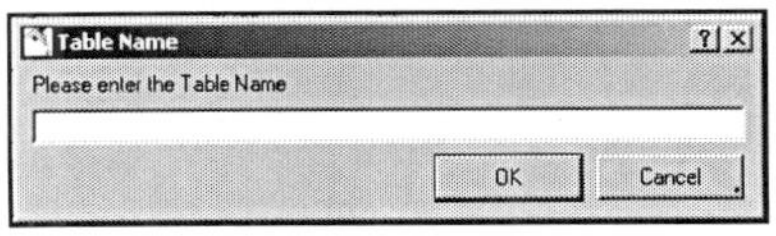

Figura 3.19

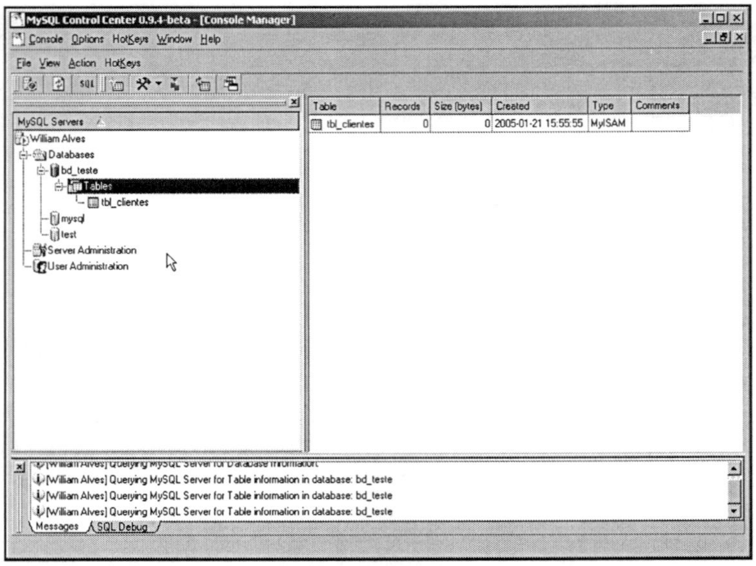

Figura 3.20

Se você selecionar a tabela, o *MySQL Control Center* mostra sua estrutura completa na área à direita (figura 3.21).

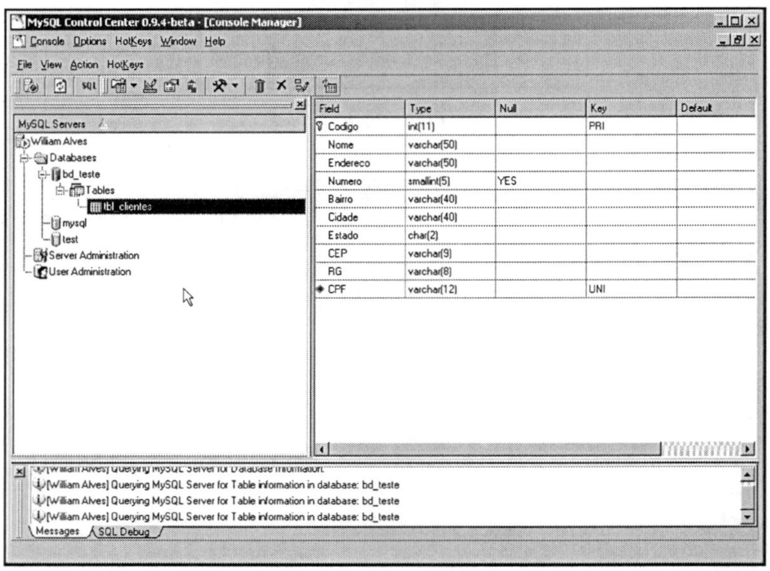

Figura 3.21

Com o *MySQL Control Center* também é possível executar comandos da linguagem SQL para fazer consultas à base de dados. Para isso, clique no botão com a legenda SQL (SQL) e a tela da figura 3.22 é mostrada.

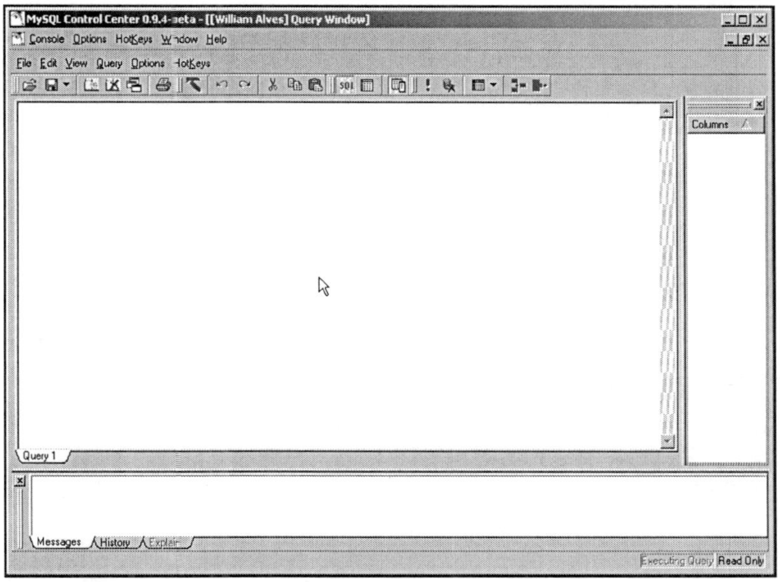

Figura 3.22

Digite o comando "show databases;" e clique no botão de execução de comando (!). O resultado pode ser visto na figura 3.23. Note que são listados todos os bancos de dados já definidos.

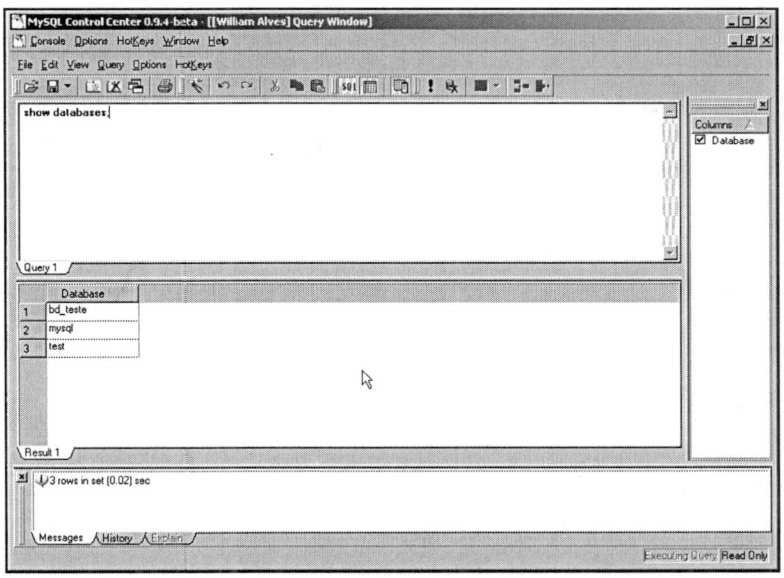

Figura 3.23

Apague o comando anterior e digite o comando listado a seguir:

```
insert into Tbl_Clientes (Nome,Endereco,Numero,Bairro,Cidade,Estado,CEP) values ('JOSE CARLOS
ROBERTO','AV. DA SAUDADE',31,'CENTRO','SAO PAULO','SP','01010-010');
```

Veja a tela da figura 3.24. Após executar esse comando, feche a janela e dê um duplo-clique no nome da tabela. Com isso você abrirá uma tela semelhante a uma planilha contendo os dados (figura 3.25).

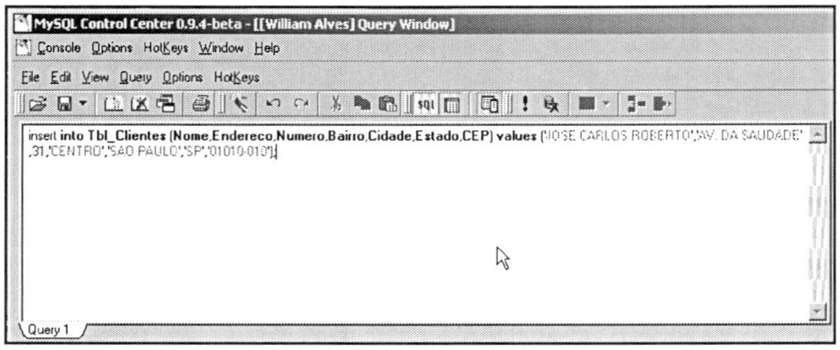

Figura 3.24

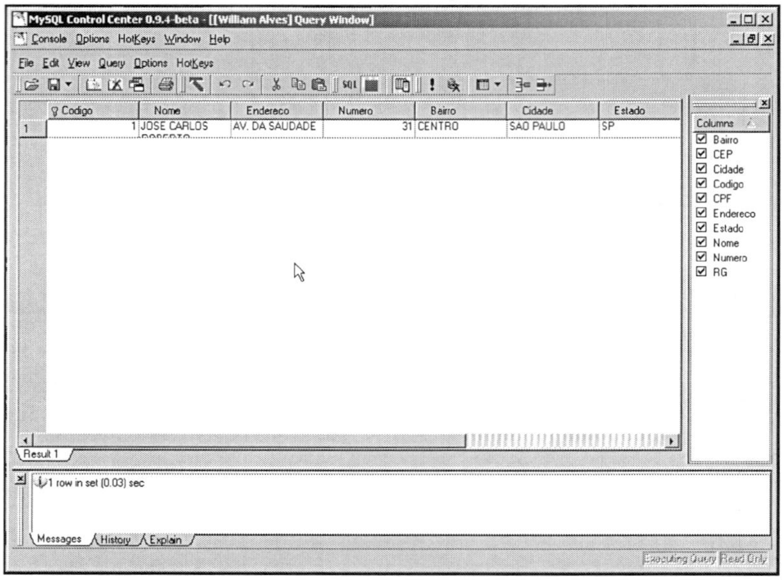

Figura 3.25

Na seção denominada **Columns** você pode marcar as colunas que deseja visualizar na grade.

3.2. O MySQL Administrator

O *MySQL Administrator* é outra ferramenta muito importante que possibilita a execução de operações administrativas, como configuração, monitoramento de estado e ativação/desativação do servidor. Outras tarefas que podem ser executadas são o gerenciamento de usuários e a cópia de segurança (backup e restore).

Para executá-lo, clique no respectivo ícone no ambiente de trabalho do Windows. Surge então a tela da figura 3.26.

Figura 3.26

A partir da caixa de combinação **Stored Connection** é possível selecionar uma conexão criada anteriormente. Caso não existam conexões, clique no botão com reticências (...) para abrir a tela da figura 3.27. Clique no botão **Add new Connection** e então preencha os campos com as informações solicitadas. Veja o exemplo da figura 3.28.

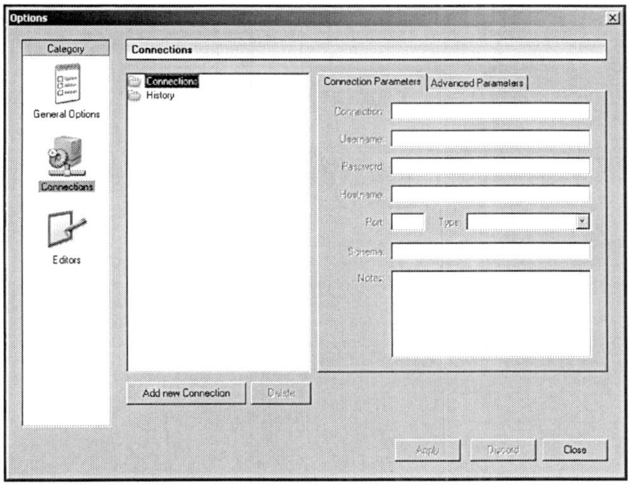

Figura 3.27

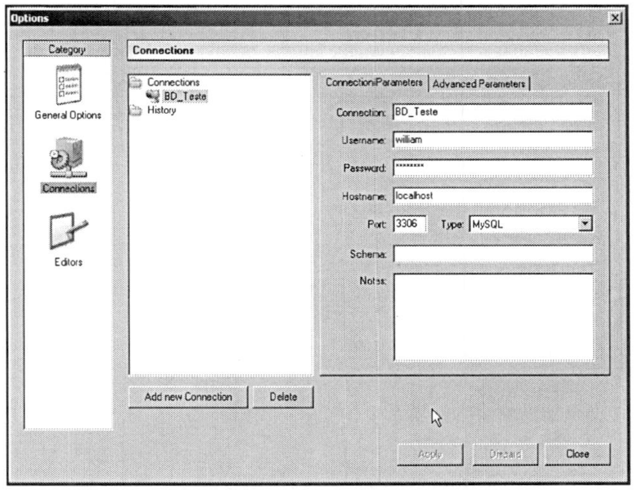

Figura 3.28

Após finalizar a adição da nova conexão, a tela de entrada exibida anteriormente é retornada. Selecione a conexão que acabou de ser criada, entre com a senha do usuário (definida na criação da conexão) e clique no botão **OK**. Com isso deve surgir a tela da figura 3.29.

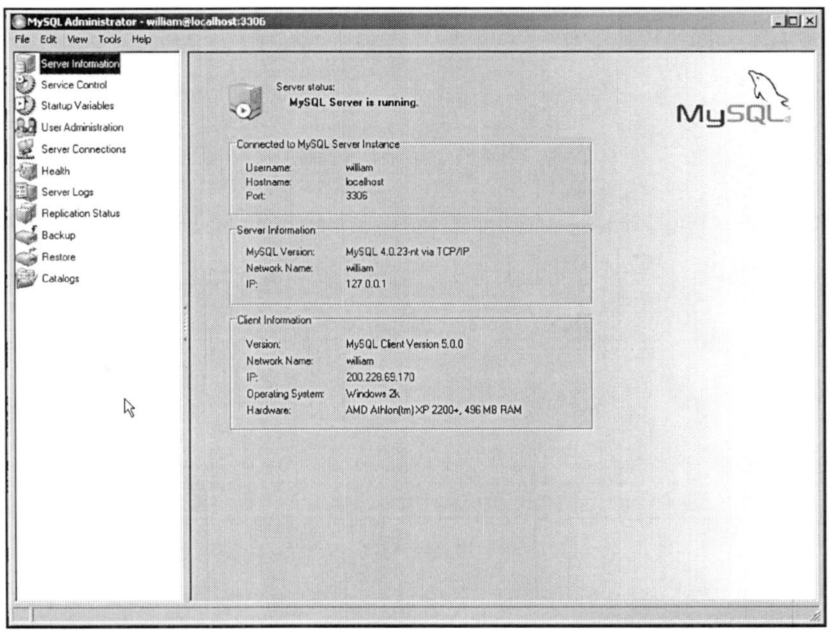

Figura 3.29

À esquerda temos vários ícones que, ao serem selecionados, apresentam informações e/ou opções na área à direita da tela.

A opção **Service Control** mostra duas abas (figura 3.30). Na primeira é possível parar ou reiniciar o servidor. A segunda aba (figura 3.31) apresenta algumas opções de configuração do servidor por meio do arquivo **win.ini**.

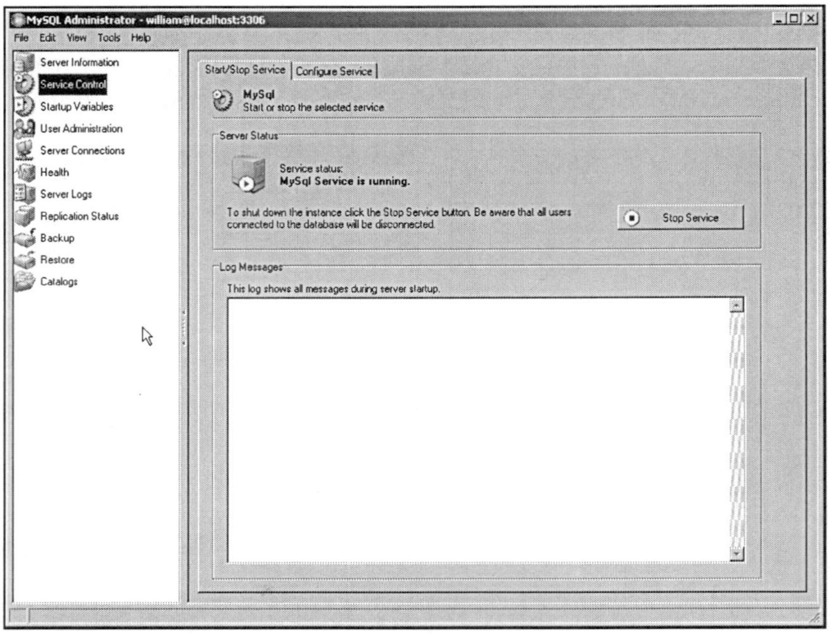

Figura 3.30

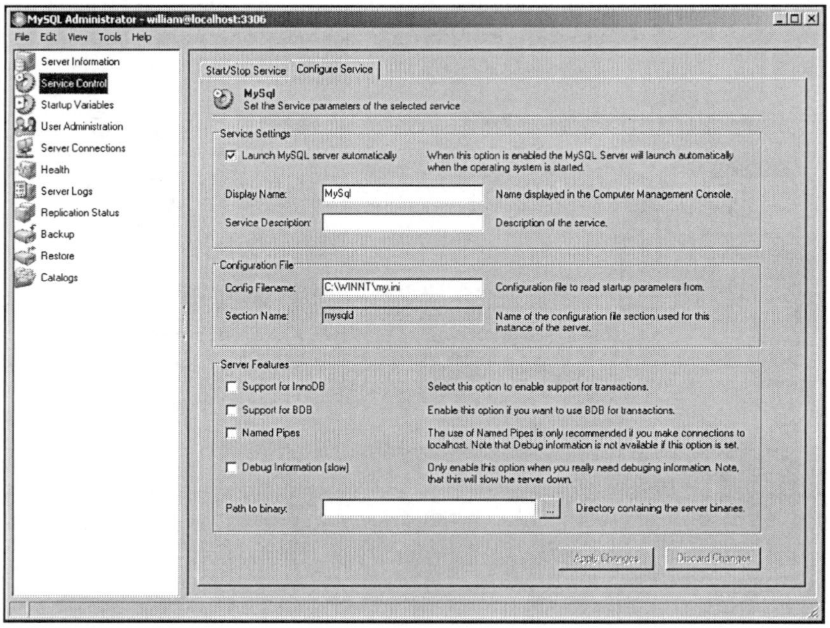

Figura 3.31

Com a opção **Startup Variables** selecionada podemos visualizar ou mesmo alterar os valores de diversas variáveis de inicialização do servidor. Veja a figura 3.32.

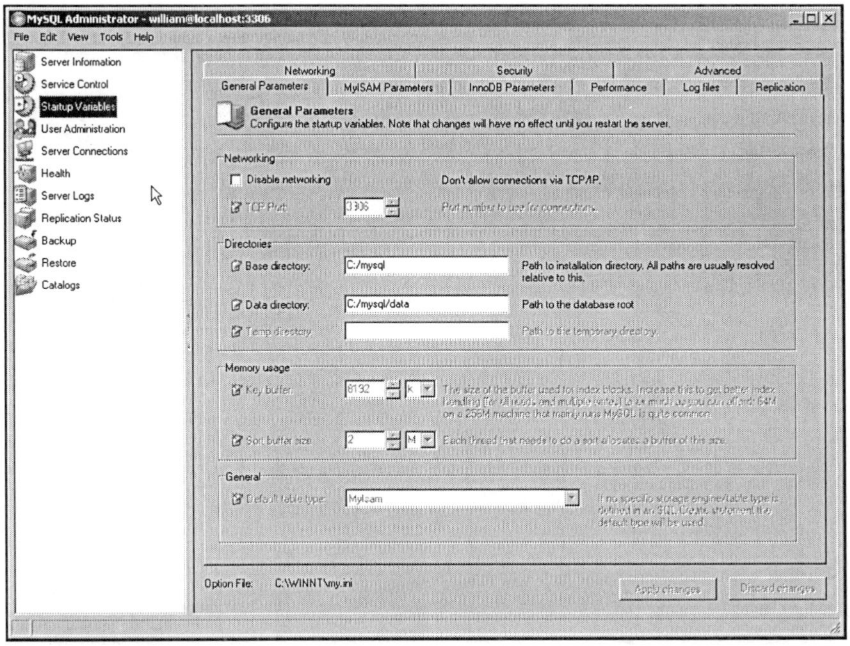

Figura 3.32

Em **User Administration** podemos especificar os privilégios de acesso para cada usuário cadastrado no servidor. Na seção do canto esquerdo inferior aparecem os usuários. Selecionando um, as respectivas configurações são mostradas à direita (figura 3.33).

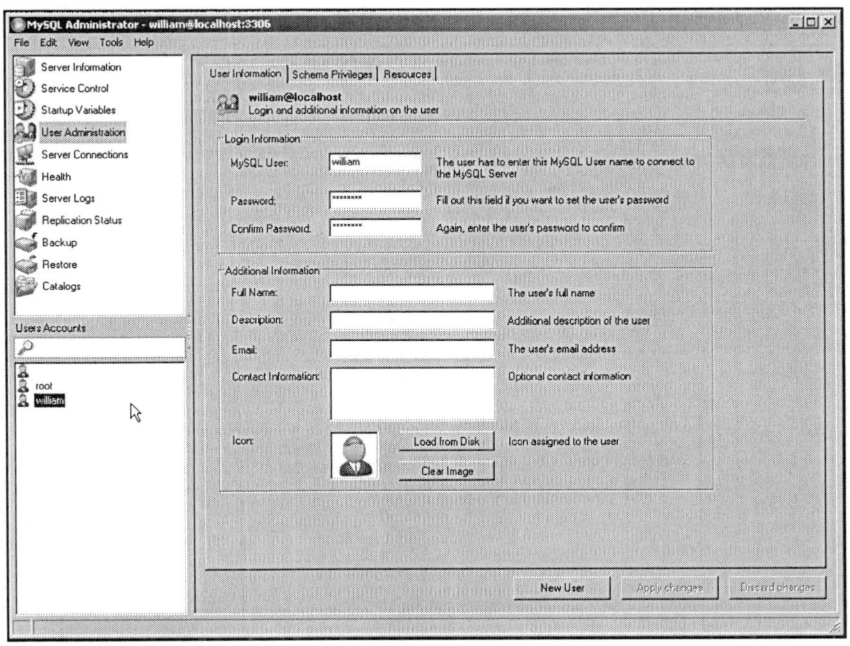

Figura 3.33

Na primeira guia é possível mudar a identificação e a senha do usuário. Já a segunda permite a configuração dos privilégios, ou seja, as operações que o usuário pode executar no banco de dados. Veja um exemplo na figura 3.34.

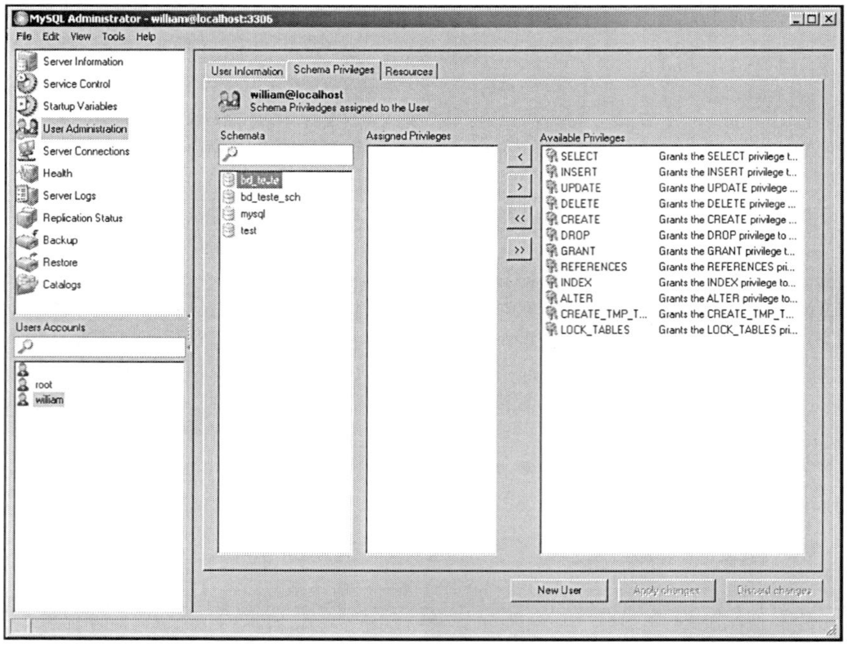

Figura 3.34

A figura 3.35 mostra a tela da opção **Server Connections**, ou seja, as conexões que atualmente estão ativas Já na figura 3.36 podemos ver que o *MySQL Administrator* mostra informações relativas ao catálogo do sistema. Na parte inferior encontram-se listados os bancos de dados e à direita, as tabelas referentes ao banco selecionado.

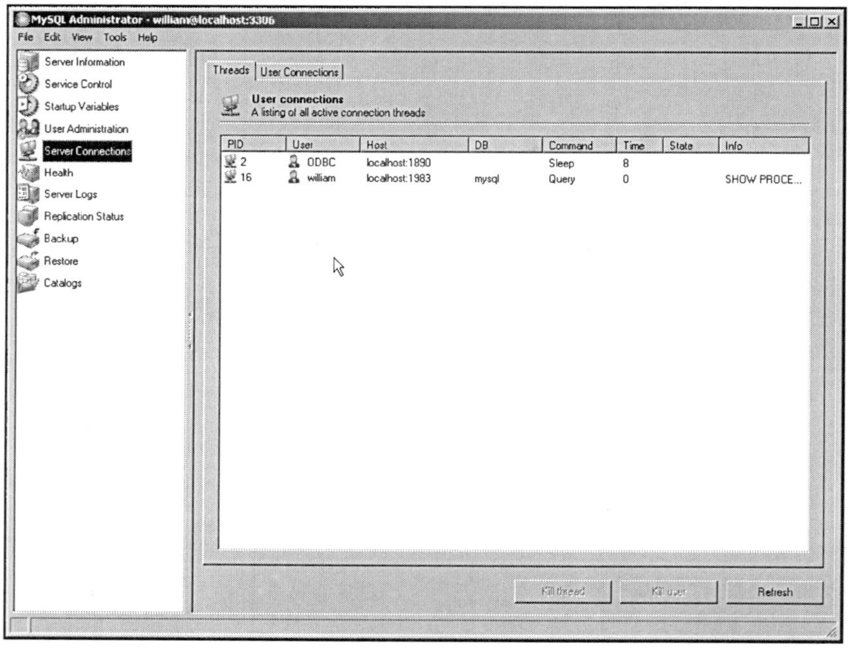

Figura 3.35

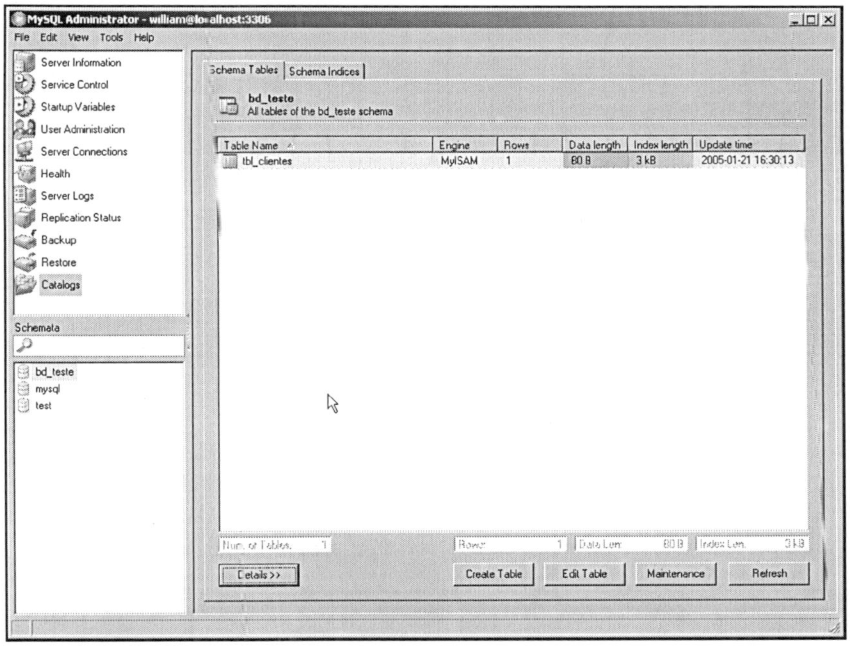

Figura 3.36

Clicando no botão **Details**, a parte inferior da área é expandida, mostrando mais informações sobre a tabela de dados selecionada (figura 3.37). A aba **Schema Indices**, por outro lado, lista todos os índices (primários e secundários) definidos para a tabela selecionada (figura 3.38).

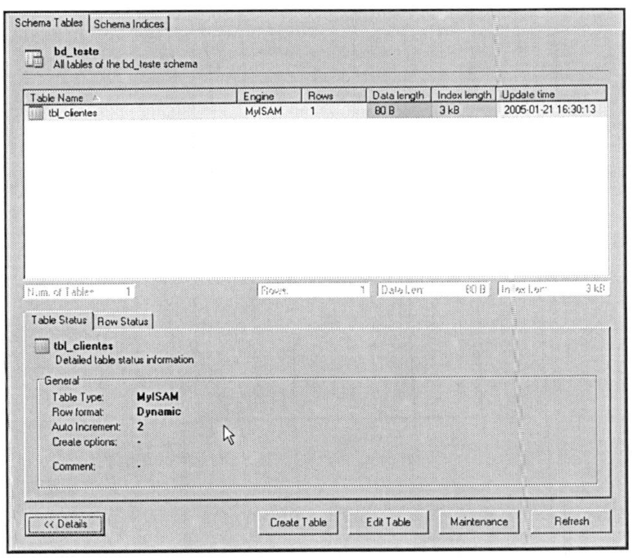

Figura 3.37

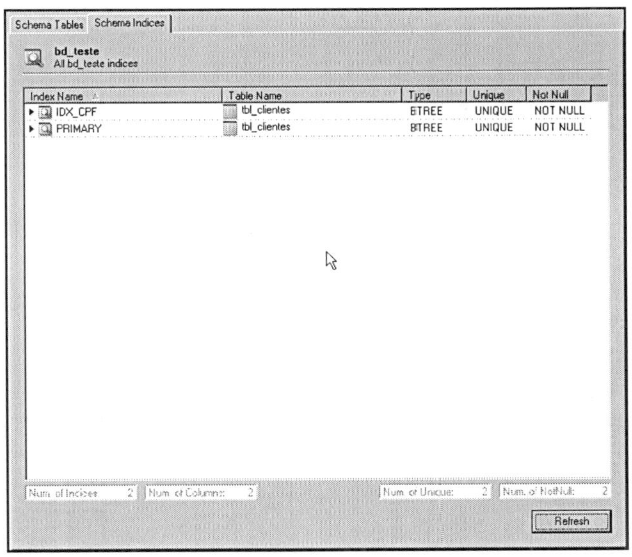

Figura 3.38

3.3. O MySQL Query Browser

Com essa ferramenta gráfica podemos criar, executar e otimizar consultas de uma maneira bastante interativa e de fácil aprendizado.

Clique no ícone apresentado no ambiente de trabalho do Windows e em seguida a tela da figura 3.39 aparece. Você deve selecionar uma conexão a partir da caixa de combinação. As conexões listadas nela são as mesmas criadas por meio do *MySQL Administrator*. Entre com a senha e com uma cadeia de caracteres para o parâmetro *Default Schema*. Se não for especificado esse valor, a mensagem da figura 3.40 é mostrada após um clique no botão **OK**.

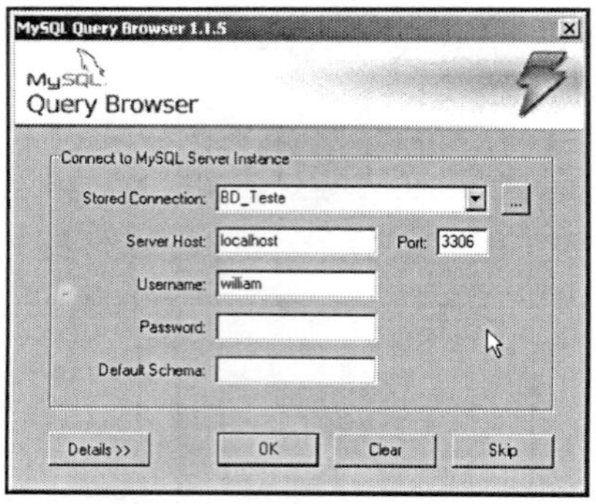

Figura 3.39

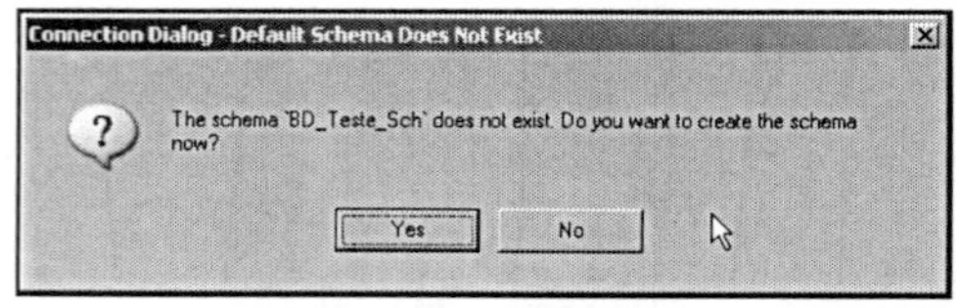

Figura 3.40

Na figura 3.41 é possível ver a tela principal do programa. Na parte superior podemos digitar os comandos da linguagem SQL. Esses comandos podem ser construídos interativamente. Para isso você pode selecionar a tabela, a partir da lista mostrada à direita da tela (figura 3.42), e arrastá-la para a área de digitação, ou dar um duplo-clique no nome dela. Note que após o nome da tabela é acrescentado o primeiro caractere do próprio nome, definindo com isso um alias para a tabela.

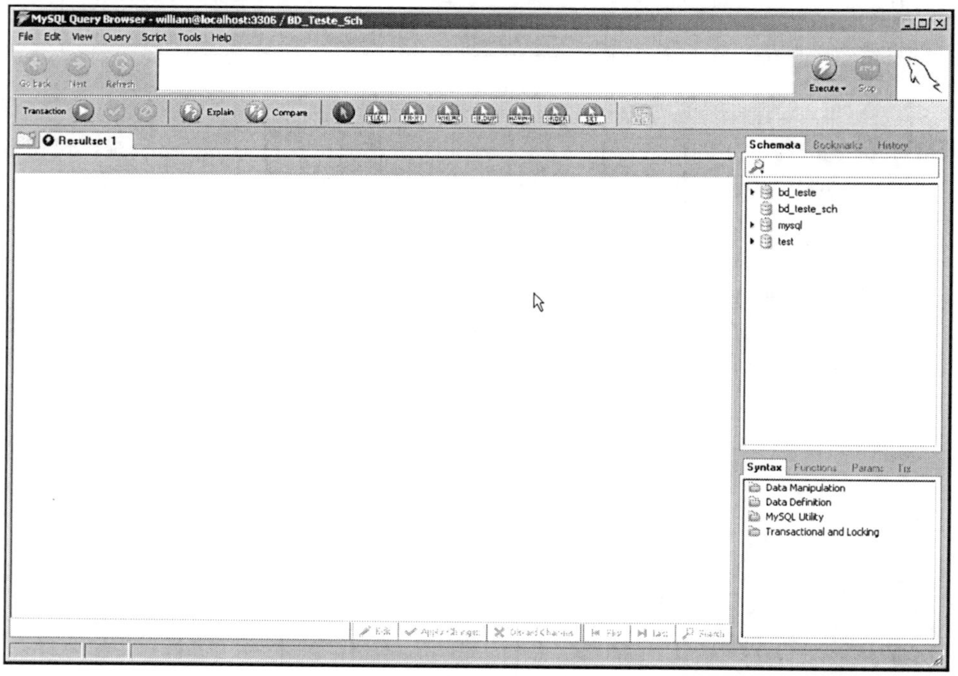

Figura 3.41

Figura 3.42

Clique no botão com a legenda **Execute** para executar o comando. A figura 3.43 mostra o resultado que se deve obter.

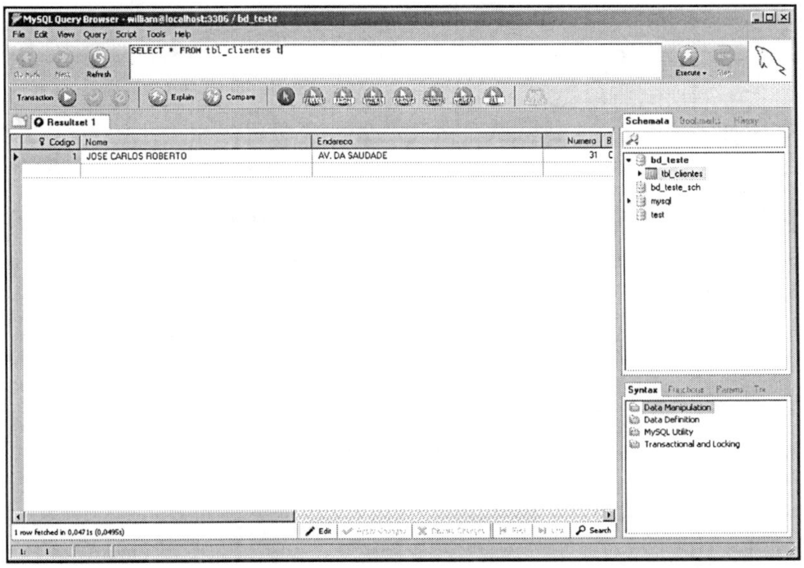

Figura 3.43

Na parte inferior à direita encontra-se uma espécie de guia de referência rápida. Você pode expandir as pastas, que representam categorias de comandos, e clicar numa das opções (figura 3.44). Isso faz com que seja apresentada uma descrição da sintaxe completa (figura 3.45).

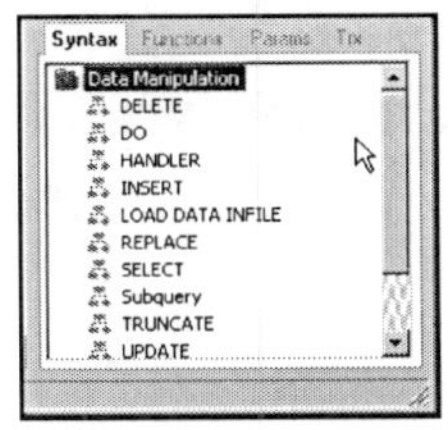

Figura 3.44

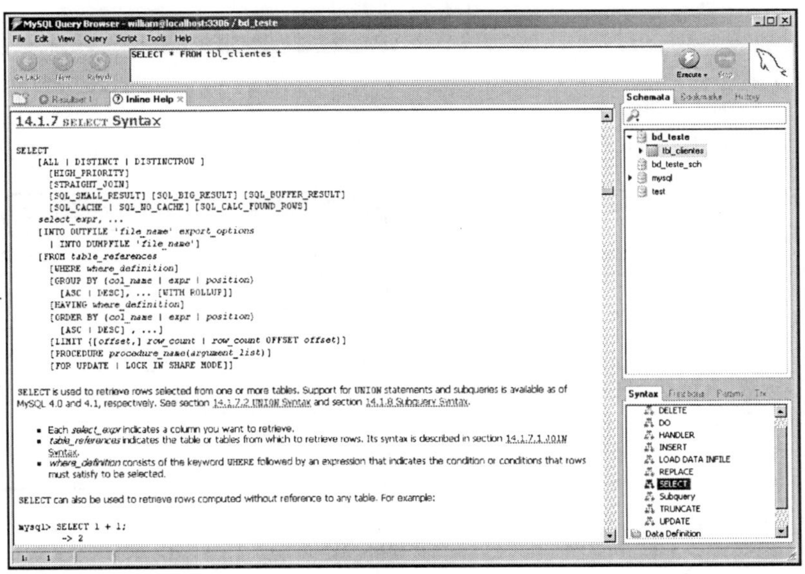

Figura 3.45

3.4. A Interface em Modo Caractere

Com as novas ferramentas gráficas, torna-se praticamente dispensável o uso da interface em modo texto do MySQL, tendo em vista que elas suprem todas as necessidades em termos de execução de operações.

Mesmo assim, vamos dar uma pequena olhada nesse modo de trabalho. Para entrar no MySQL modo texto, abra uma sessão do *prompt* de comando e então digite "cd\mysql\bin". Estando nesse diretório, execute o programa **mysql.exe** digitando "mysql" e teclando <ENTER> (figura 3.46). Você deve ver uma tela similar à da figura 3.47.

Para saber a versão do MySQL que está instalada, digite o comando "select version();" e tecle <ENTER>. Todos os comandos que você digitar no MySQL devem finalizar com o ";" (ponto-e-vírgula).

Figura 3.46

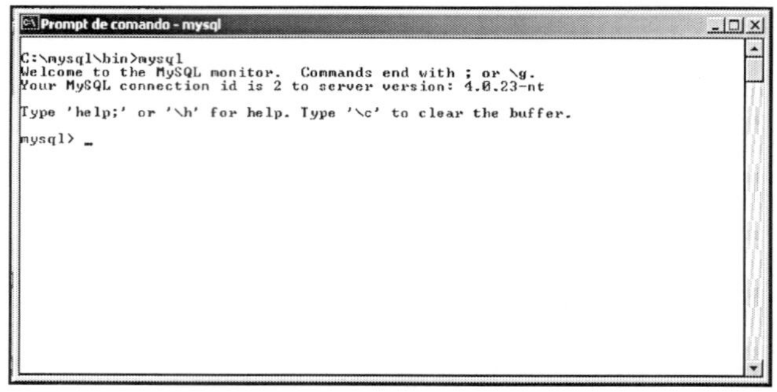

Figura 3.47

Vamos agora abrir o banco de dados **BD_Teste**, criado anteriormente. Para isso é preciso executar o comando "use bd_teste;" (figura 3.48). Assim, o MySQL abre a base especificada e mostra a mensagem **Database changed** (figura 3.49).

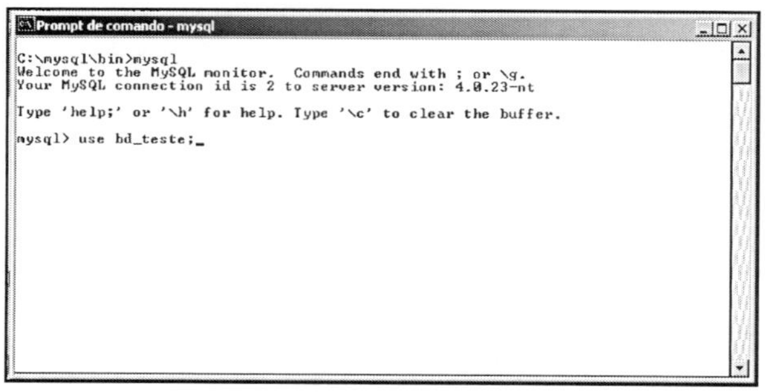

Figura 3.48

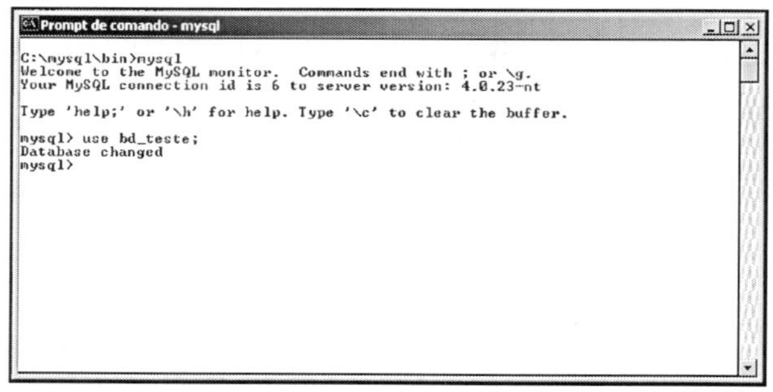

Figura 3.49

Para visualizar os registros dessa tabela, digite "select * from tbl_clientes;" (figura 3.50). O resultado pode ser visto na figura 3.51.

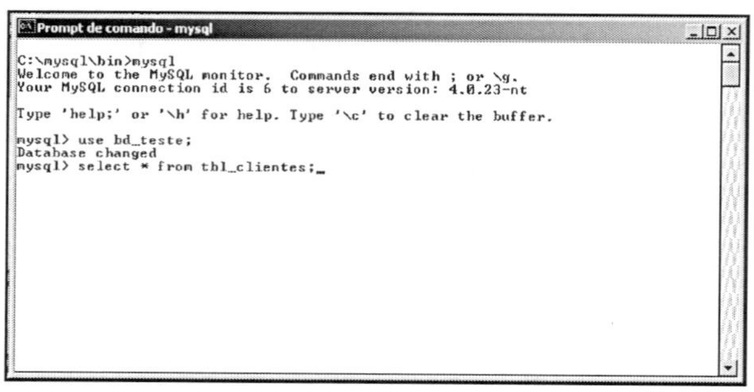

Figura 3.50

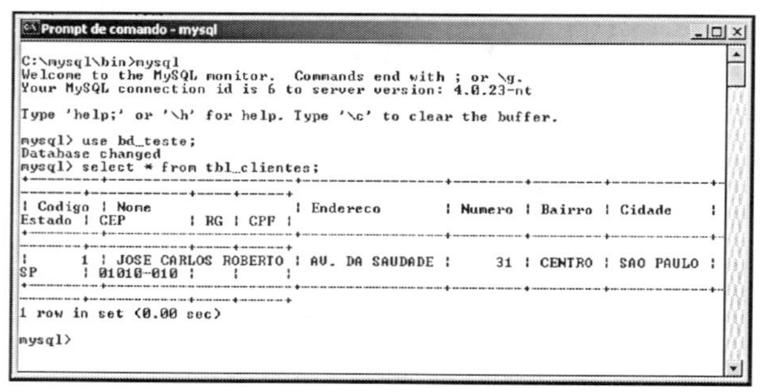

Figura 3.51

Para sair do MySQL, é necessário digitar o comando "quit;" e teclar <ENTER>.

3.5. O WinMySQLadmin

Com o *WinMySQLadmin* podemos visualizar informações relacionadas com as configurações do ambiente e o estado do servidor MySQL. Ele permite também alterar o arquivo de configuração **my.ini**.

Para executá-lo, abra o Windows Explorer e dê um duplo-clique sobre o programa **winmysqladmin.exe**, ou selecione a opção **Executar** do menu **Iniciar** do Windows e então digite na caixa de diálogo a expressão caractere "c:\mysql\bin\winmysqladmin.exe".

Se não houver o arquivo de configuração **win.ini**, o programa apresenta uma caixa de diálogo pedindo para serem informados o nome e a senha do usuário. Fornecidas essas informações, surge em seguida um novo ícone na bandeja do Windows (figura 3.52) identificando que o programa está ativo.

Clique com o botão direito do mouse sobre esse ícone e um menu de opções é mostrado (figura 3.53). Escolha a opção **Show Me** para que assim a tela do aplicativo de administração do servidor apareça (figura 3.54).

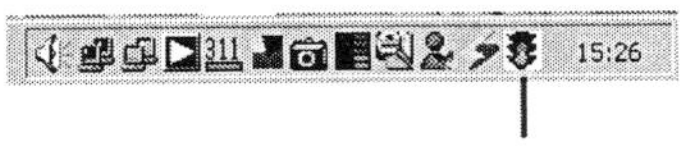

WinMySQLadmin ativo

Figura 3.52

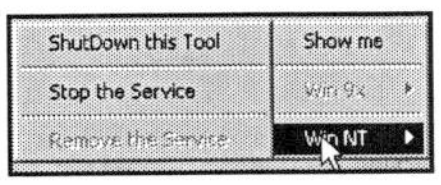

Figura 3.53

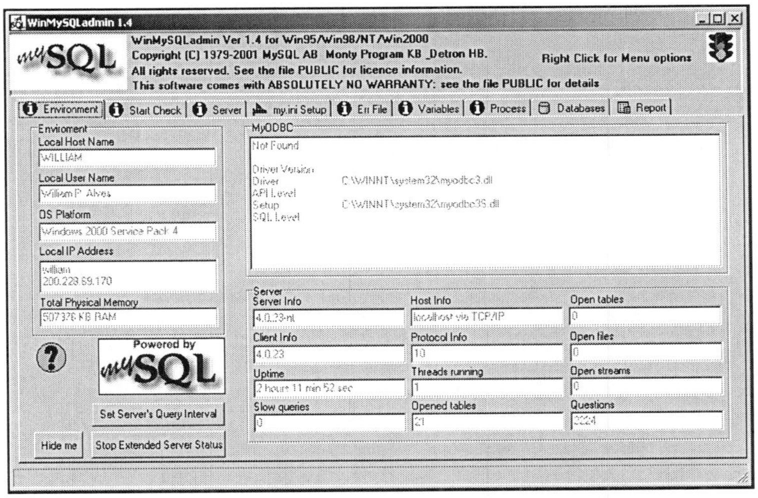

Figura 3.54

Nessa primeira aba são apresentadas diversas informações referentes ao nome do *host*, usuário local, número de IP e sistema operacional. A versão do ODBC, se houver algum instalado, também é mostrada na seção à direita.

Na guia **my.ini** (figura 3.55) encontramos o conteúdo do arquivo de configuração denominado "my.ini". Essa tela permite que os valores das variáveis de inicialização sejam modificados. Depois de feita a alteração, é necessário clicar no botão **Save Modification**.

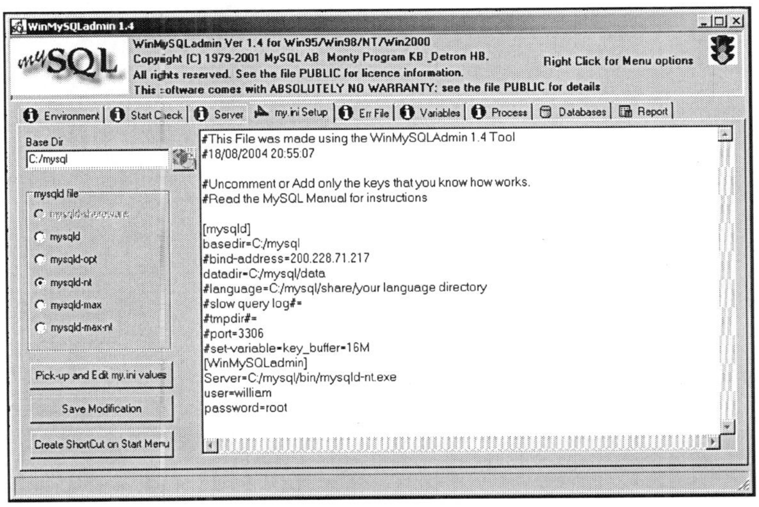

Figura 3.55

A aba **Databases** lista todas as bases de dados previamente criadas. Selecionado um banco de dados, as respectivas tabelas são apresentadas na seção à direita. Ao ser selecionada uma tabela, sua estrutura aparece na parte inferior da tela, como mostra o exemplo da figura 3.56.

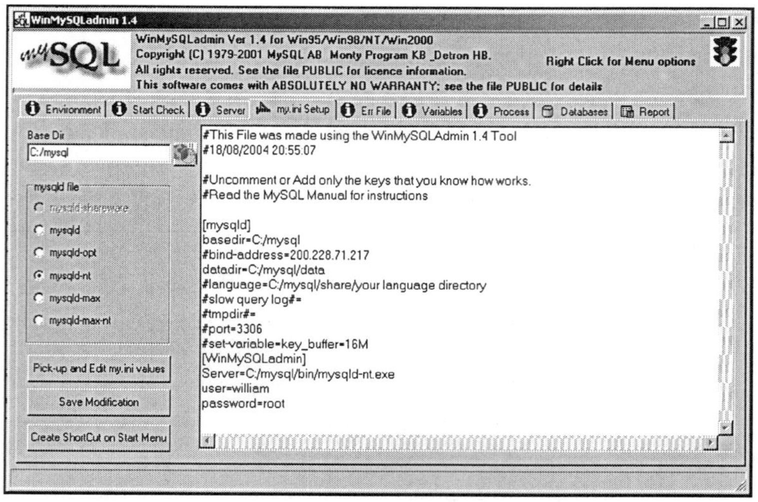
WinMySQLadmin 1.4
WinMySQLadmin Ver 1.4 for Win95/Win98/NT/Win2000
Copyright (C) 1979-2001 MySQL AB Monty Program KB _Detron HB.
All rights reserved. See the file PUBLIC for licence information.
This software comes with ABSOLUTELY NO WARRANTY; see the file PUBLIC for details
Right Click for Menu options
Environment
Start Check
Server
my.ini Setup
Err File
Variables
Process
Databases
Report
Base Dir
C:/mysql
mysqld file
mysqld-shareware
mysqld
mysqld-opt
mysqld-nt
mysqld-max
mysqld-max-nt
Pick-up and Edit my.ini values
Save Modification
Create ShortCut on Start Menu
#This File was made using the WinMySQLAdmin 1.4 Tool
#18/08/2004 20:55:07
#Uncomment or Add only the keys that you know how works.
#Read the MySQL Manual for instructions
[mysqld]
basedir=C:/mysql
#bind-address=200.228.71.217
datadir=C:/mysql/data
#language=C:/mysql/share/your language directory
#slow query log#=
#tmpdir#=
#port=3306
#set-variable=key_buffer=16M
[WinMySQLadmin]
Server=C:/mysql/bin/mysqld-nt.exe
user=william
password=root

Figura 3.56

Introdução ao InterBase 7.5

Assuntos abordados neste capítulo

- *Apresentação do InterBase*
- *Configuração do servidor*
- *Criação de servidores, bancos de dados e tabelas*
- *O IBConsole*

4.1. Apresentação

O InterBase é um gerenciador de banco de dados relacional (SGBDR) padrão SQL, poderoso e ao mesmo tempo simples e enxuto, sem ocupar centenas de megabytes no disco rígido e exigir uma plataforma altamente robusta. Isso significa que ele pode ser executado perfeitamente num equipamento mais modesto, como o que você possui em casa, rodando até mesmo o Windows 98. Obviamente, quanto melhor a configuração da máquina, melhores serão os resultados obtidos.

Ele foi desenvolvido por um grupo de engenheiros de sistemas, em 1985, sob o nome de GDS (Groton Database System). Com esse projeto eles buscaram oferecer recursos extras em relação aos sistemas já existentes. Em 1992, por meio de uma negociação, foi adquirido pela Borland e teve seu nome mudado para InterBase.

Desde que foi lançado, o Delphi é acompanhado pelo InterBase, com exceção da distribuição **Personal** (disponível a partir da versão 6) que pode ser baixado gratuitamente da Internet. Essa parceria certamente tornou possível ao desenvolver em Delphi projetar aplicações com base de dados SQL, sem precisar recorrer a sistemas caríssimos.

No ano de 2001, a Borland adotou uma estratégia muito bem pensada, aderindo ao projeto open source (código-fonte aberto) e tornando disponível para *download* o InterBase 6. Essa postura acabou inclusive resultando no projeto de um outro gerenciador compatível com o InterBase: o Firebird, que se encontra na versão 1.5 (janeiro/2005). Infelizmente essa idéia foi posteriormente abandonada no lançamento da versão 6.5. no ano seguinte.

Essa versão open source do InterBase não tinha restrições quanto ao número de usuários que podiam acessar uma base de dados ao mesmo tempo, ao passo que a versão disponível com o Delphi 2005 Professional é monousuária e a do Delphi 2005 Enterprise/Architect está limitada a 20 usuários no máximo, sendo necessário adquirir licenças adicionais para expandir esse número.

Até janeiro/2005, a versão open source ainda se encontrava disponível para download no endereço:

- http://info.borland.com/devsupport/interbase/opensource.

Uma outra característica muito interessante do InterBase e que o torna bastante atraente para o desenvolvedor é o fato de estar disponível para diversas plataformas, como Windows, sistemas UNIX (Solaris, SCO, AIX e HP-UX) e as várias distribuições Linux (Red Hat, Mandrake, SuSE, Conectiva, etc.).

4.2. Configuração

Este tópico demonstra como efetuar algumas configurações no InterBase para que seja possível criar e manipular uma base de dados.

Após ter finalizado a instalação, você notará que na bandeja do Windows 98/Me encontra-se um pequeno ícone denominado **InterBase Guardian** (figura 4.1). Isso significa que o servidor está em execução. No Windows XP, 2000 ou 2003, o InterBase Guardian é rodado como um serviço, assim o ícone não é mostrado na bandeja do sistema.

Abra o menu de programas **InterBase 7.5** e selecione a opção **InterBase Service Manager.** Assim a tela da figura 4.2 será apresentada em seguida.

Figura 4.1

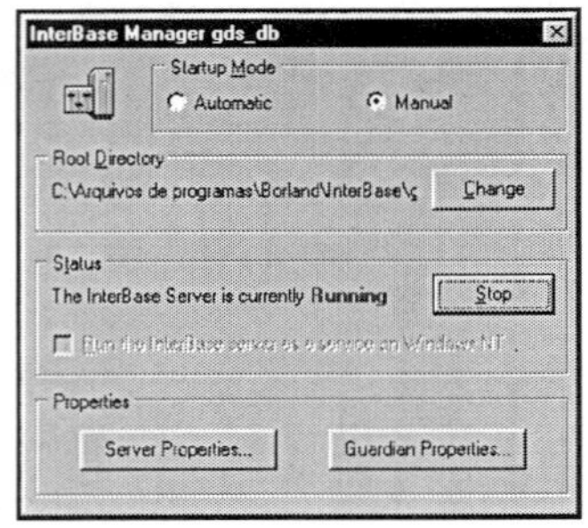

Figura 4.2

Clicando no botão **Guardian Properties**, surge a tela da figura 4.3, que apresenta algumas informações sobre número de versão e quando o InterBase foi iniciado. Se você clicar no botão **Server Properties**, verá a tela da figura 4.4. Note que é apresentado o número máximo de usuários aceitos. Selecione a aba **IB Settings** para ver as opções da figura 4.5.

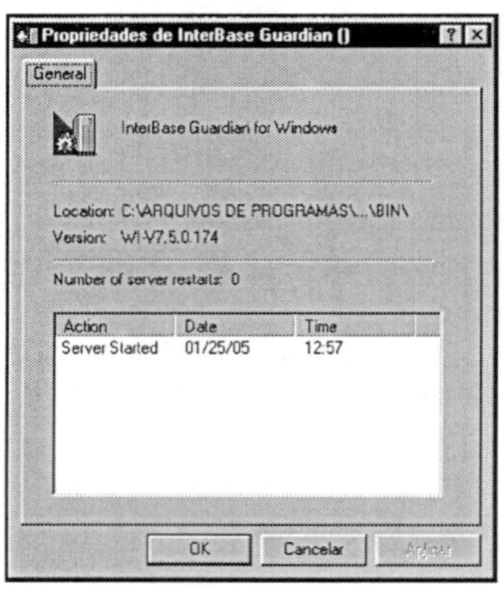

Figura 4.3

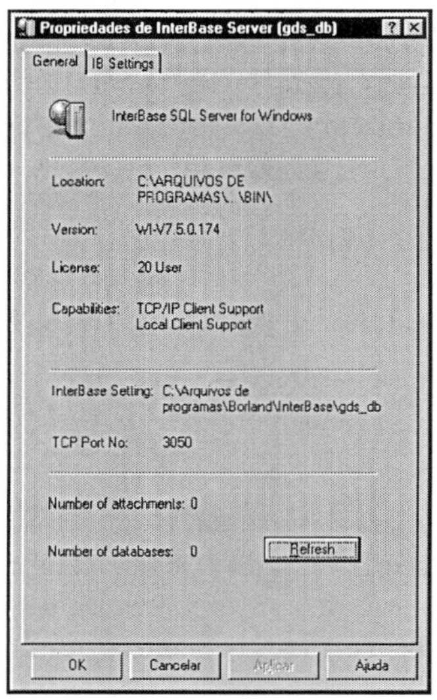

Figura 4.4

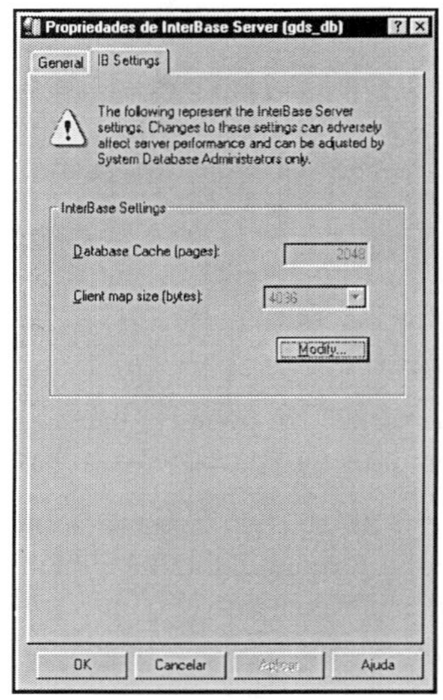

Figura 4.5

Agora escolha a opção **IBConsole** do menu de programas **InterBase 7.5** para que seja mostrada a tela da figura 4.6. Nesse aplicativo podemos registrar diversos servidores de base de dados, nos quais é possível criar vários bancos de dados.

Veremos a seguir como criar um servidor do tipo local (Local Server) e um servidor remoto.

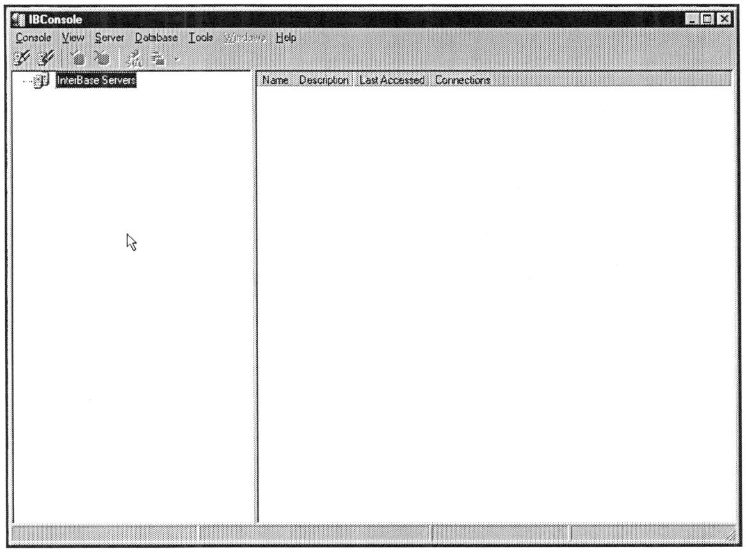

Figura 4.6

4.3. Criação de Servidores

Um servidor local não permite que as bases de dados vinculadas a ele sejam colocadas à disposição das demais estações da rede. Assim, esse tipo somente é útil para tarefas relacionadas a testes realizados com a aplicação na mesma máquina em que se encontra a base de dados.

Selecione a opção **Register** do menu **Server** e a tela da figura 4.7 aparece em seguida. Deixe selecionado o botão de opção **Local Server** e digite o texto "Servidores InterBase Locais" na caixa de entrada **Description**. Em **User Name** informe a cadeia de caracteres "**SYSDBA**" e na caixa **Password** entre com "masterkey". Tome o cuidado de digitar da forma como está apresentada, ou seja, com letras maiúsculas e minúsculas respectivamente. Veja a figura 4.8.

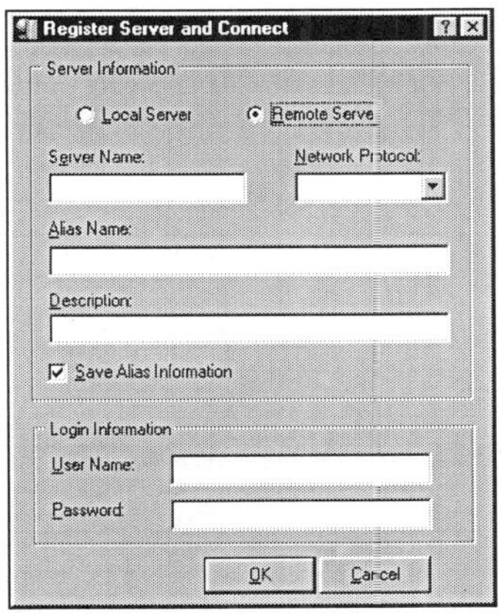

Figura 4.7

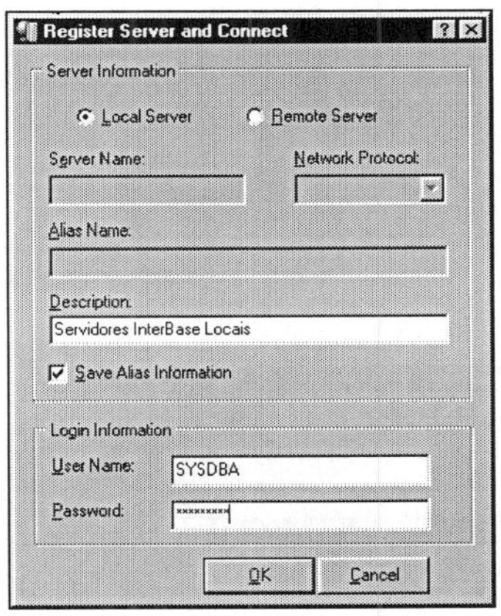

Figura 4.8

Com isso é mostrado um novo item, chamado **Local Server**, abaixo de **InterBase Server**. Clicando no ícone com o sinal "+", esse item é expandido e apresenta diversas opções (figura 4.9). Depois do registro de um servidor, é necessária a criação das bases de dados. Para isso clique com o botão direito do mouse sobre o item **Databases** e selecione a opção **Create Database** ou selecione **Database/Create Database** do menu. Assim surge a tela da figura 4.10.

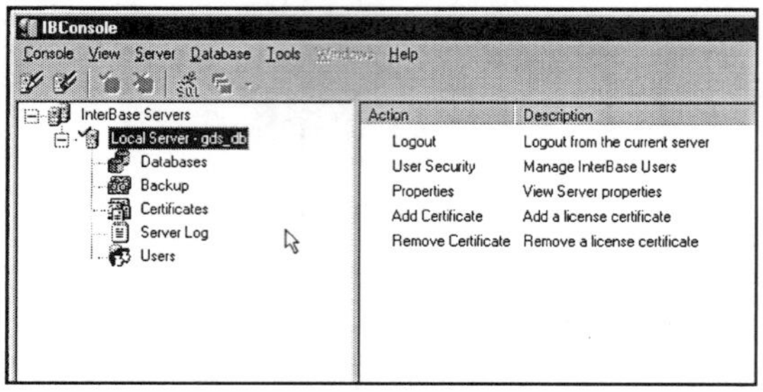

Figura 4.9

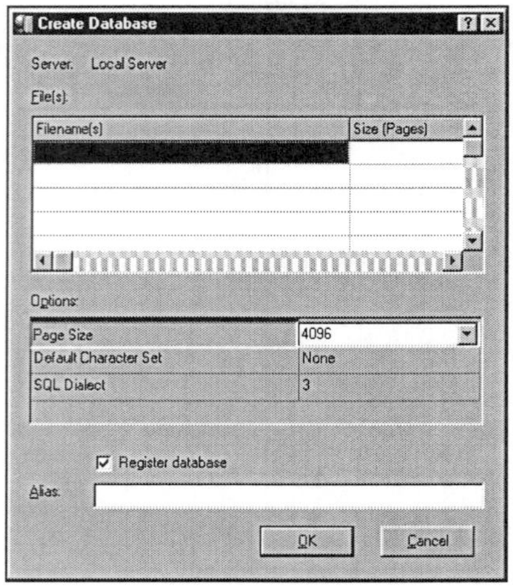

Figura 4.10

Na coluna denominada **Filename(s)** deve ser especificada uma cadeia de caracteres que representa o caminho completo do arquivo do banco de dados. Crie uma pasta na qual o exemplo será criado.

Digite, por exemplo, "C:\ProjetoDelphi2005\BaseDados\BancoExemplo.IB". A partir da versão 7 o InterBase aceita como extensão para os arquivos de banco de dados as expressões ".IB" e ".GDB".

Podemos criar vários arquivos para uma mesma base, separando as informações conforme suas características. Por exemplo, todas as tabelas relacionadas com a área financeira podem ser agrupadas num arquivo com o nome "Financeiro.IB". Da mesma forma, as tabelas da área de recursos humanos seriam agrupadas no arquivo "RH.IB".

Por meio da caixa de combinação **Page Size** podemos definir o tamanho da página de dados. Em **Default Character Set** é possível especificar o conjunto de caracteres a ser adotado. E por fim temos **SQL Dialect**. Essa última propriedade apresenta somente as opções 1 e 3 na versão **Server** do InterBase, e as opções 1, 2 e 3 na versão **Client**.

O dialeto 1 permite grande nível de compatibilidade com bases de dados criadas em versões anteriores à 6. A versão 2, como mencionado, somente está para os clientes InterBase. Já o dialeto 3 permite total acesso aos novos recursos da versão 6 ou superior.

Na caixa de entrada **Alias** devemos entrar com uma cadeia de caracteres que será utilizada como um apelido para a base de dados. Esse apelido não pode se repetir dentro de um mesmo servidor. Digite a expressão "Banco de Dados Exemplo". Veja a figura 4.11.

Após clicar no botão **OK**, devemos ter a tela da figura 4.12. Selecionando o item **Databases,** é possível visualizar todas as bases de dados já criadas (figura 4.13).

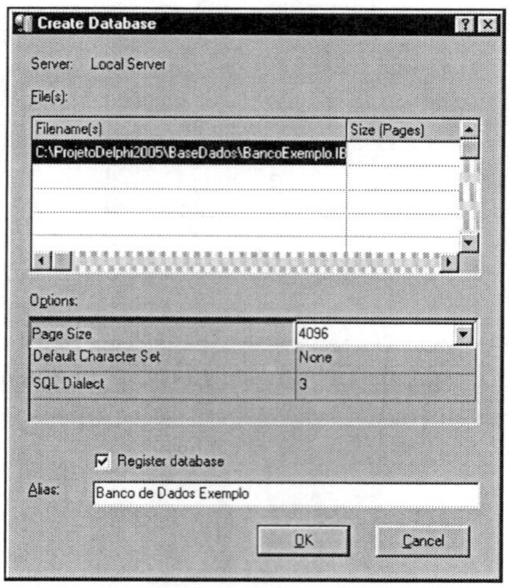

Figura 4.11

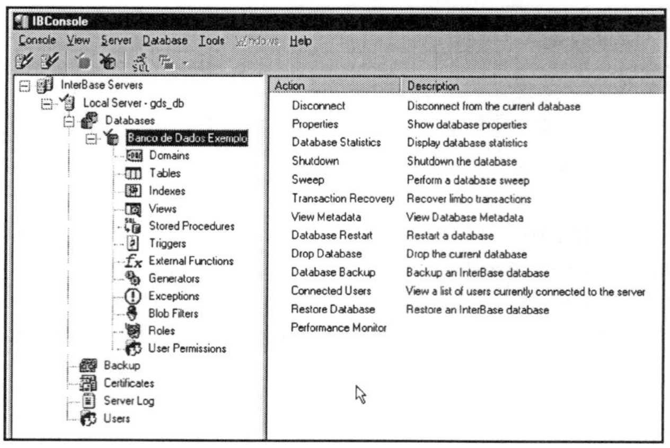

Figura 4.12

Clique com o botão direito do mouse sobre o nome da base de dados que acabou de ser criada e escolha a opção **Properties** do menu apresentado (figura 4.14). As figuras 4.15 e 4.16 mostram as opções existentes nas duas abas disponíveis na caixa de diálogo aberta em seguida.

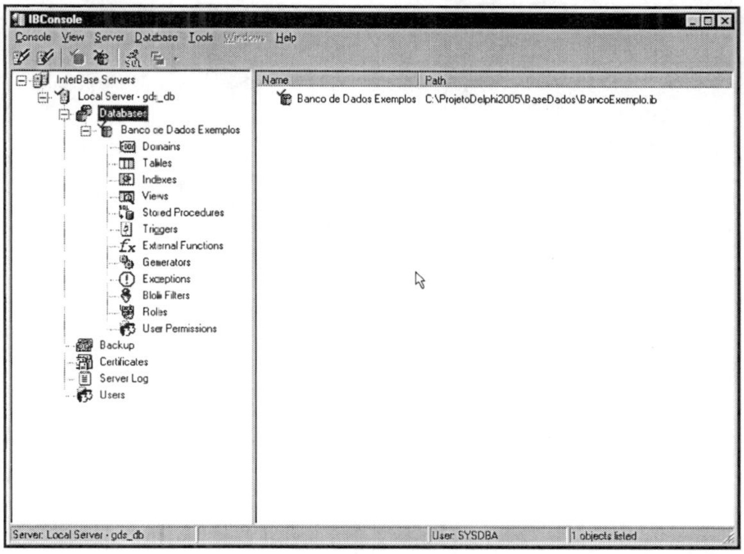

Figura 4.13

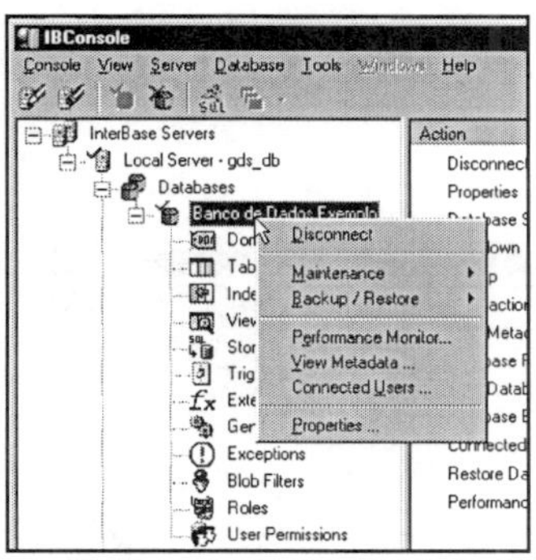

Figura 4.14

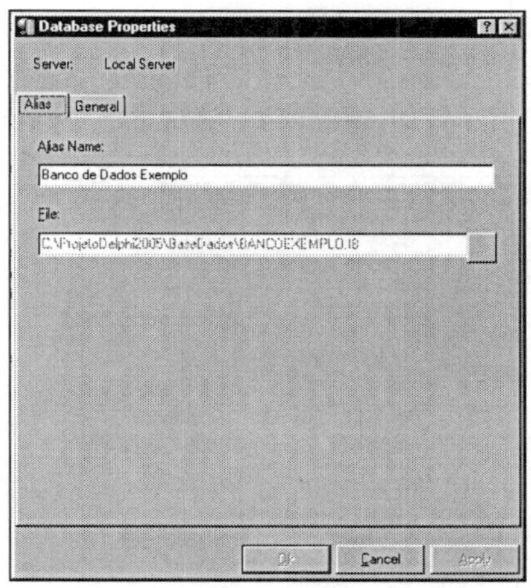

Figura 4.15

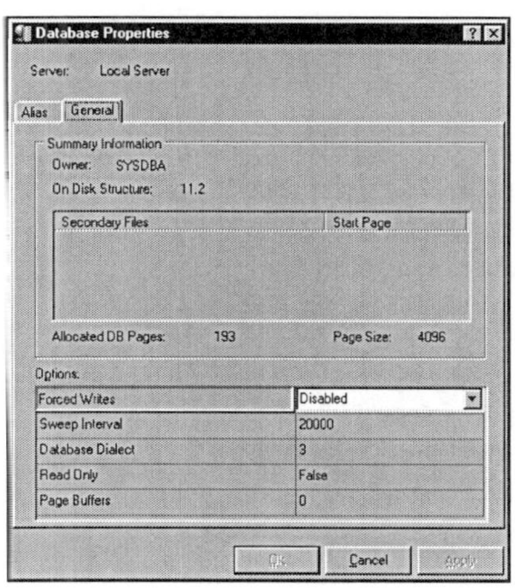

Figura 4.16

Se você clicar com o botão direito sobre o item **Local Server** e selecionar a opção **Properties**, verá uma caixa de diálogo que apresenta duas guias. As informações dessas guias podem ser vistas nas figuras 4.17 e 4.18.

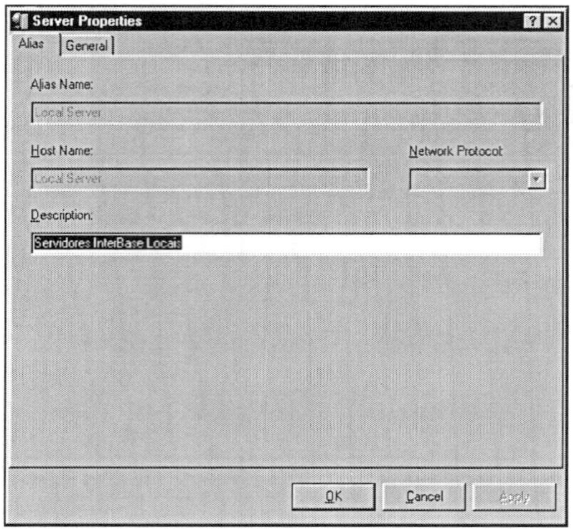

Figura 4.17

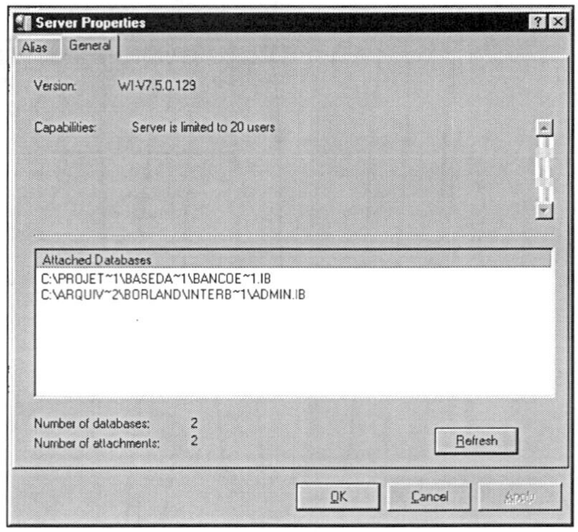

Figura 4.18

Para desativar um servidor (efetuar um logout), selecione a opção **Logout** do menu. Assim você verá que o servidor apresenta um "X" em vermelho, indicando que ele está desativado. Se for selecionada a opção **Un-Register**, o servidor será excluído por completo.

Se houver um banco de dados já criado previamente e você deseja registrá-lo no servidor local, escolha a opção **Database → Register**. A tela da figura 4.19 é mostrada em seguida. Clique no botão contendo reticências (...) e escolha a pasta/arquivo do banco de dados (figura 4.20). Entre com as demais informações pedidas na caixa de diálogo e clique em **OK**.

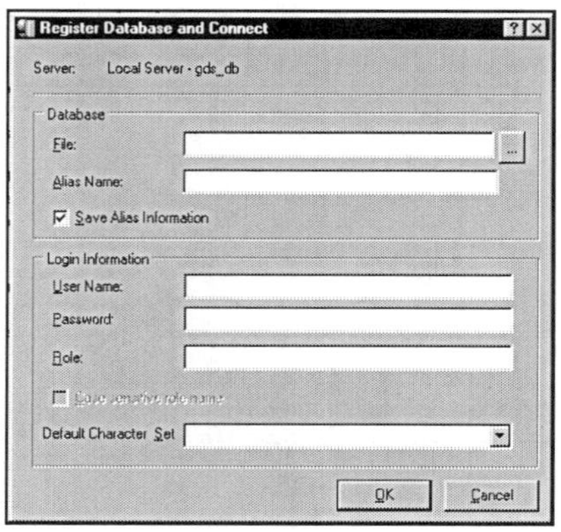

Figura 4.19

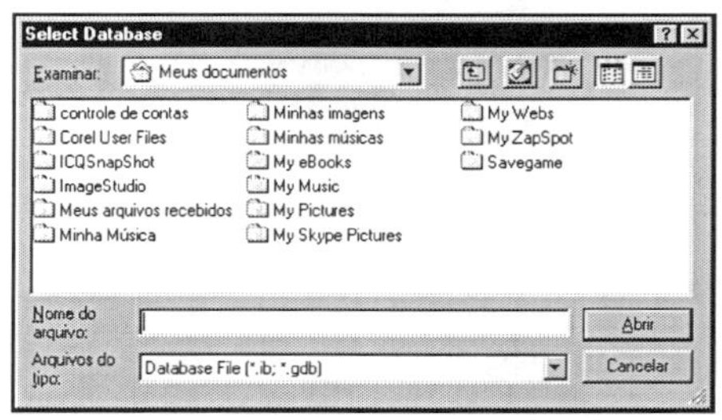

Figura 4.20

Para criar um servidor remoto, selecione a opção **Register** do menu **Server**. A caixa de diálogo da figura 4.21 aparece em seguida. Note que, quando já existe um servidor local, não se encontram disponíveis as duas opções mostradas anteriormente.

Digite na caixa de entrada **Server Name** o nome de identificação do computador dentro da rede, que é o responsável pelo armazenamento do banco de dados InterBase. Selecione também o protocolo (geralmente é TCP/IP) e forneça as demais informações pedidas.

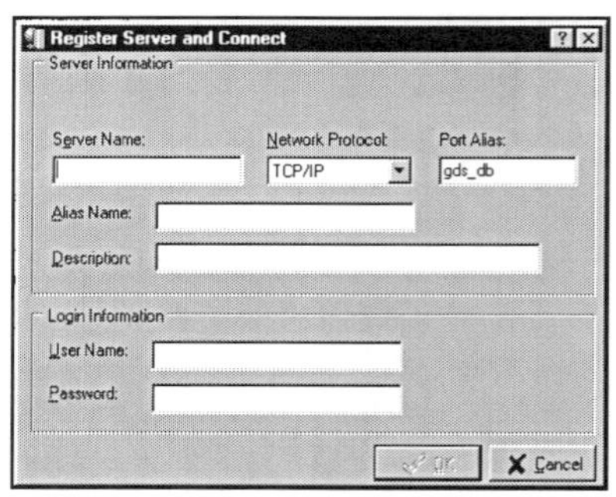

Figura 4.21

A figura 4.22 mostra um exemplo de servidor local e remoto já adicionados ao IBConsole. Para registrar um banco de dados dentro de um servidor remoto, você precisa digitar o caminho completo do arquivo, uma vez que o botão com reticências não se encontra habilitado nessa situação. Veja um exemplo na figura 4.23.

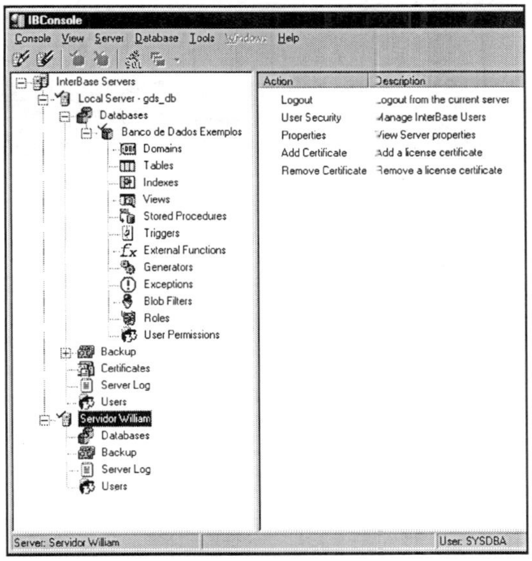

Figura 4.22

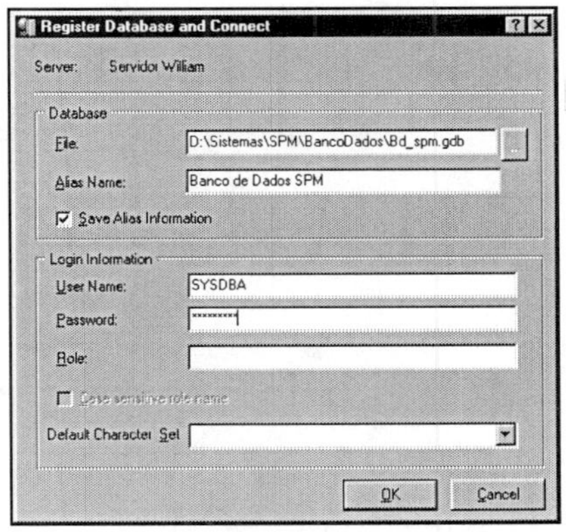

Figura 4.23

Já a figura 4.24 apresenta o servidor remoto com uma base de dados já registrada.

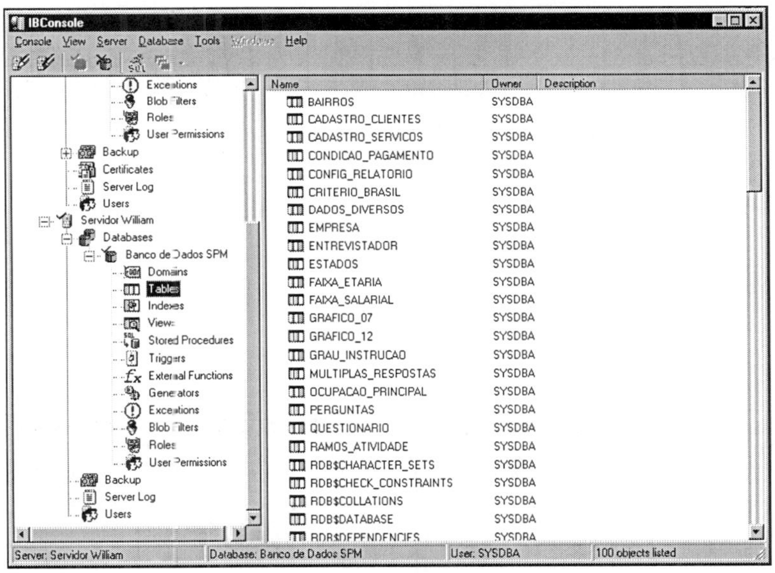

Figura 4.24

IBConsole na Prática

Assuntos abordados neste capítulo

- *O Interactive SQL*
- *Criação de usuários*
- *Gerenciamento de licenças*
- *Backup e Restore*

5.1. O Interactive SQL

O **Interactive SQL** é uma janela do **IBConsole** que permite a execução de comandos da linguagem SQL e a visualização dos dados da base. Para abrir essa janela, clique no botão da barra de ferramentas que contém a expressão "SQL" (SQL). A tela da figura 5.1 será então apresentada.

Podemos notar que a tela se divide em duas seções. A seção superior é reservada para a entrada de comandos da linguagem SQL, que são executados após um clique no botão que contém o ícone de um raio amarelo denominado **Execute Query** (⚡?). Na parte inferior temos três guias. Na primeira são apresentados os dados da tabela referenciada no comando SQL que fora executado (como, por exemplo, o comando **SELECT**).

Digite o comando listado em seguida (não se preocupe em entender seu funcionamento por enquanto). Veja a figura 5.2.

```
create table Produtos
(Codigo integer not null primary key,
 Descricao varchar(30),
 Categoria char(2),
 Valor decimal(12,2));
```

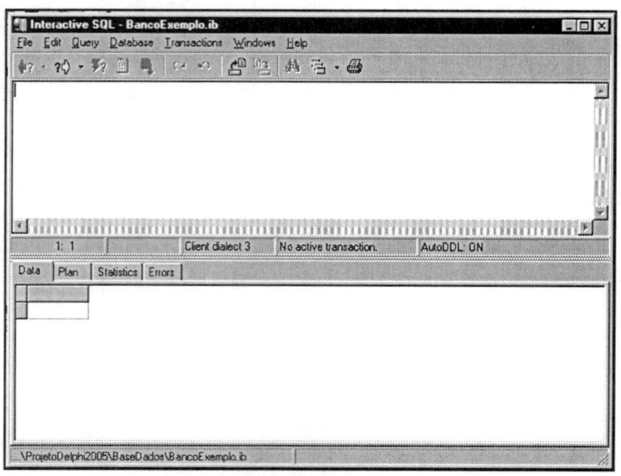

Figura 5.1

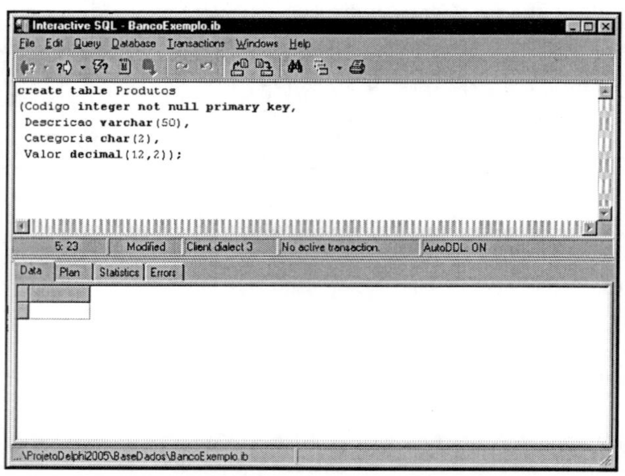

Figura 5.2

Esse comando cria uma tabela denominada "Produtos" dentro da base de dados atualmente ativa. Clique no botão **Execute Query** ( ) e verá que nada de anormal acontece. Feche essa janela para retornar à tela principal do **IBConsole**. Selecione o item **Tables** e a tabela pode ser vista (figura 5.3).

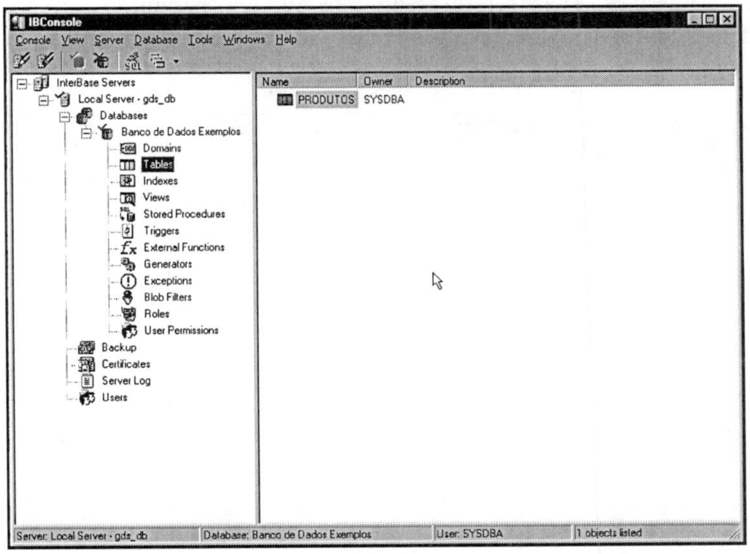

Figura 5.3

Dê um duplo-clique sobre essa tabela e surge a tela da figura 5.4. Na guia **Properties** é possível visualizar a estrutura da tabela (campos com seus atributos). A aba **Metadata** (figura 5.5) mostra o comando SQL responsável pela definição dessa estrutura.

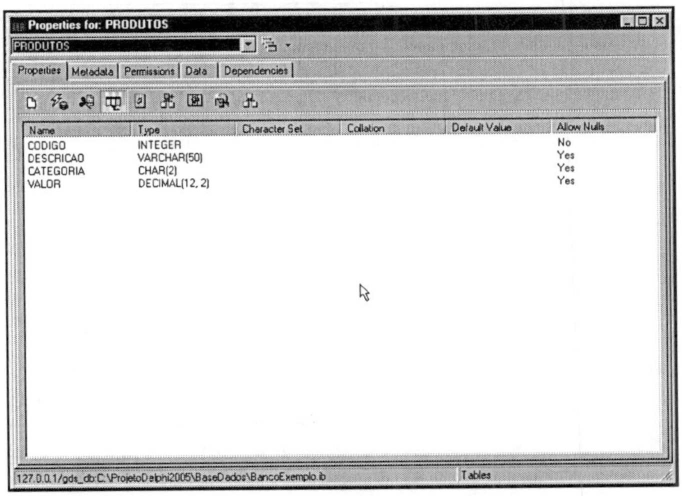

Figura 5.4

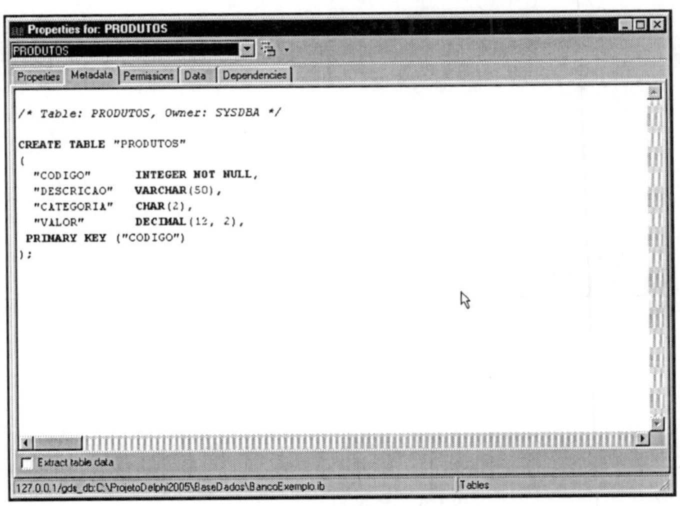

Figura 5.5

Em **Permissions** temos a lista de usuários que têm permissão para acessar a base de dados (figura 5.6). Já na aba **Data** podemos tanto visualizar quanto alterar os dados da tabela (figura 5.7). Digite como exemplo as informações apresentadas na figura 5.8.

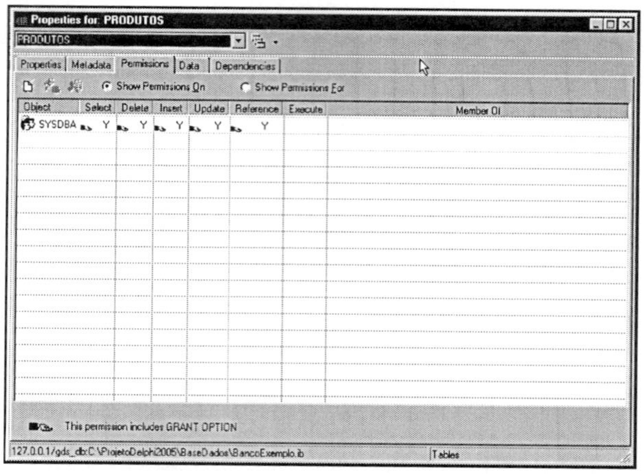

Figura 5.6

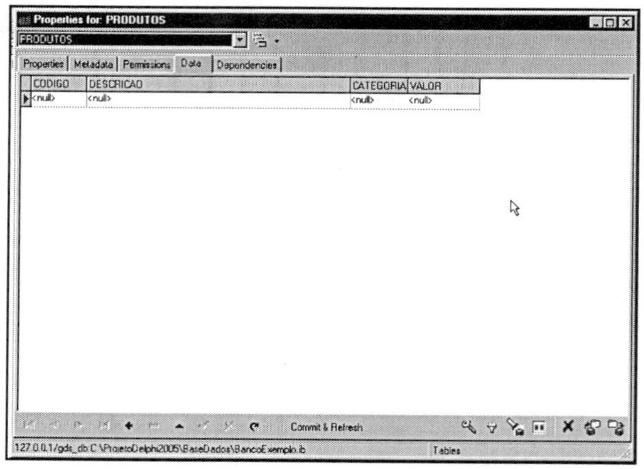

Figura 5.7

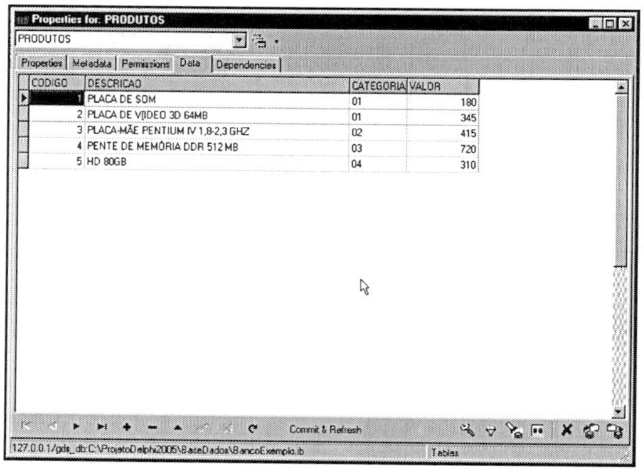

Figura 5.8

Feche essa janela e volte a selecionar o **Interactive SQL**. Então digite o comando **`SELECT * PRODUTOS WHERE CATEGORIA = '01'`** (figura 5.9). Após clicar no botão **Execute Query** ( ) aparece a tela da figura 5.10 como resultado.

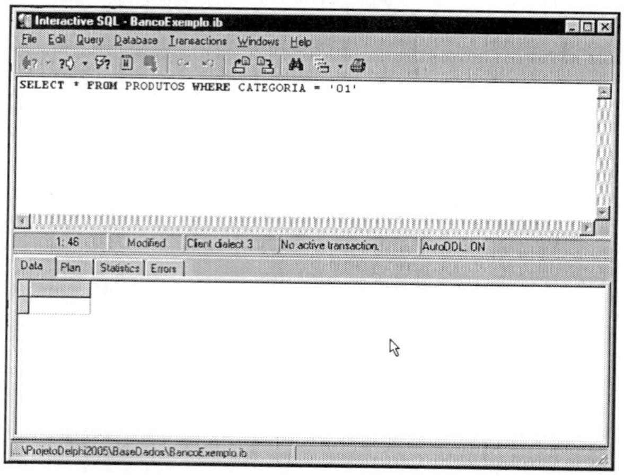

Figura 5.9

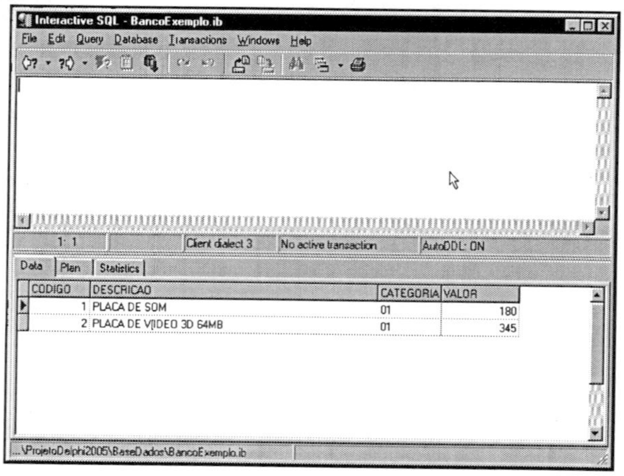

Figura 5.10

5.2. Adição de Usuários e Certificados de Licença

Um aspecto interessante do InterBase é a capacidade de podermos criar vários usuários, cada um com perfil e permissões de acesso diferentes. O InterBase já define um usuário "mestre" que, como vimos, é identificado como "SYSDBA", cuja senha é "masterkey". Utilizar essa senha para a criação e manutenção das nossas bases de dados é um pouco arriscado, tendo em vista que ela é de conhecimento público àqueles que dominam o InterBase.

Sendo assim, é conveniente e seguro criar um usuário (talvez até para bases de dados diferentes). Efetue o *login* no servidor local ou remoto, dando um duplo-clique sobre ele e digitando a identificação do usuário e sua senha.

Clique com o botão direito do mouse sobre o item denominado **Users** e escolha a opção **Add User** no menu local apresentado. A tela da figura 5.11 aparece em seguida. Digite o nome de identificação (**User Name**) e a senha (ela deve ser repetida no campo **Confirm Password**) para o usuário. Você pode ainda digitar o nome, nome do meio e sobrenome do usuário nos três campos da parte inferior. Veja o exemplo da figura 5.12. Clique no botão **Apply** para finalizar e depois em **Close**.

Se você selecionar novamente o item **Users**, verá que o novo usuário é apresentado na lista à direita (figura 5.13).

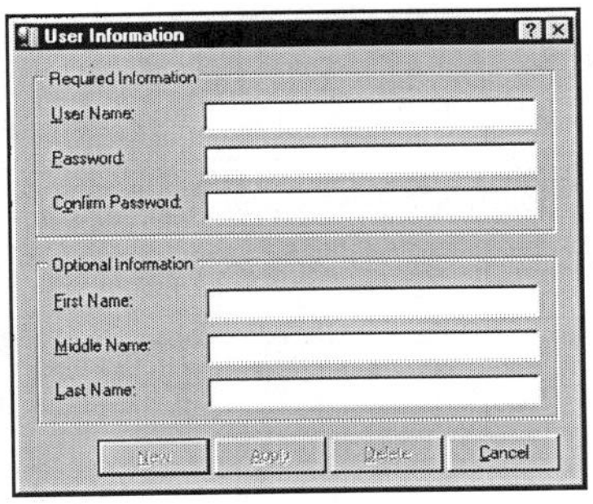

Figura 5.11

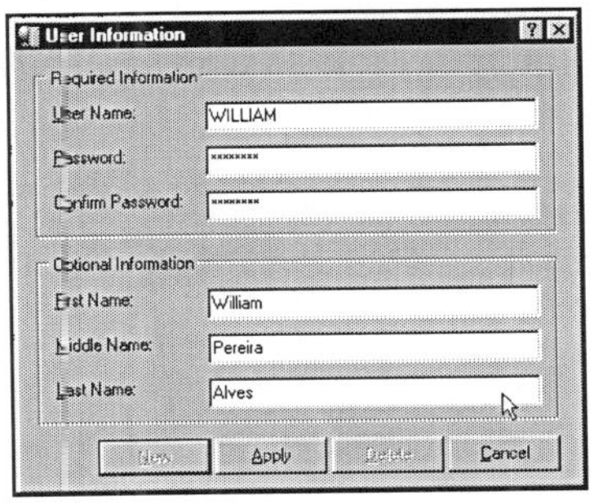

Figura 5.12

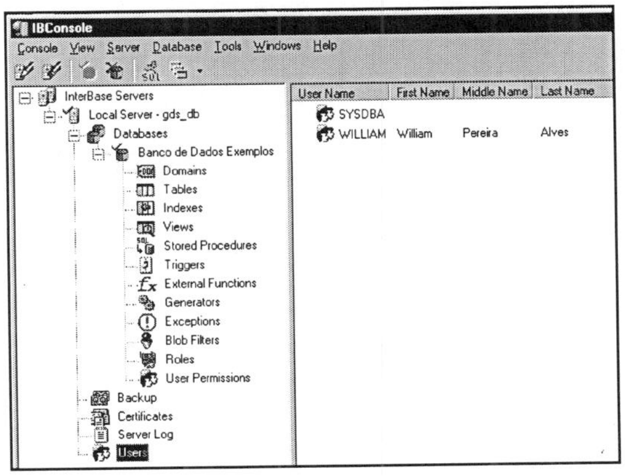

Figura 5.13

Outra característica do InterBase é o gerenciamento de licenças. Quando você adquire um Delphi (ou outra ferramenta de desenvolvimento como C++Builder e JBuilder) na distribuição Professional, recebe junto uma versão monousuária do InterBase. Isso significa que não é possível efetuar conexões remotas com ela.

Já nas distribuições Enterprise e Architect, o InterBase contém uma licença que possibilita até vinte conexões remotas às bases de dados (para versão 7.5 ou superior). Devemos deixar claro que isso não quer dizer que você pode distribuir sua aplicação com essa versão do InterBase. É necessário adquirir uma cópia do InterBase e as licenças adequadas para que a aplicação rode satisfatoriamente.

Essas licenças são as responsáveis pelo controle da maneira como o InterBase funcionará, ou seja, a capacidade máxima de conexões remotas que ele permitirá. A liberação de mais licenças é efetuada por meio de chaves/certificados que são adicionados.

O item **Certificates** apresenta as licenças já registradas (figura 5.14). Para adicionar um novo certificado, clique com o botão direito do mouse sobre esse item e selecione a opção **Add Certificate**. A tela da figura 5.15 será mostrada em seguida. Digite as duas informações solicitadas, que devem ser fornecidas pela Borland no momento da aquisição das novas licenças.

Para remover um certificado, selecione-o na lista à direita da tela do **IBConsole** e escolha a opção **Remove Certificate** do menu local aberto com o clique do botão direito do mouse sobre o item **Certificates**. Confirme clicando no botão **Yes** na tela de mensagem apresentada em seguida.

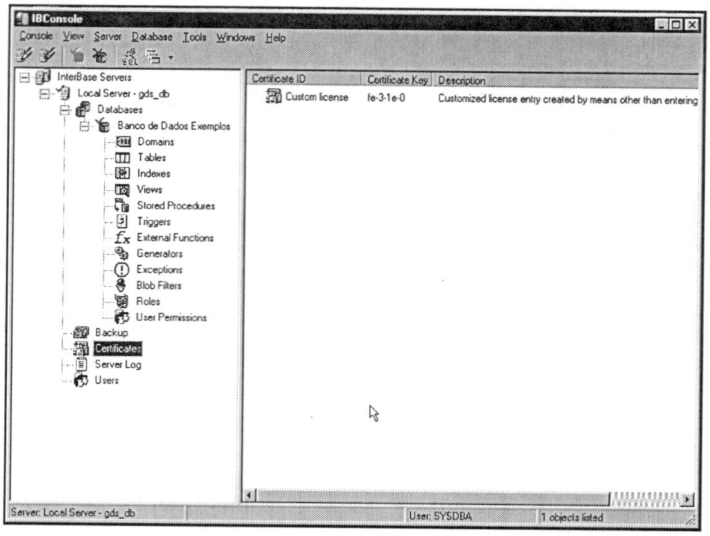

Figura 5.14

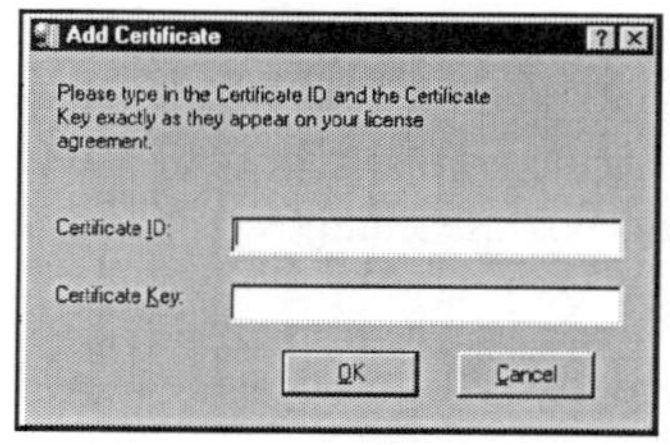

Figura 5.15

5.3. Como Obter Informações sobre o Banco de Dados

O InterBase possui opções para visualizar informações sobre nossas bases de dados. O primeiro recurso é a visualização da estrutura das tabelas, por meio da guia **Metadata** da janela aberta com um duplo-clique sobre elas.

No entanto, torna-se um pouco trabalhoso ter de selecionar cada tabela para ver sua estrutura. Assim o InterBase permite listar toda essa estrutura de uma só vez. Na realidade é apresentada uma listagem com todos os comandos em linguagem SQL. Selecione a opção **Database/View Metadata** e a tela da figura 5.16 será mostrada após alguns segundos.

Veja que até o comando de criação da base de dados é listado. Caso deseje, essas informações podem ser gravadas num arquivo em disco clicando no botão que contém o ícone de um disquete.

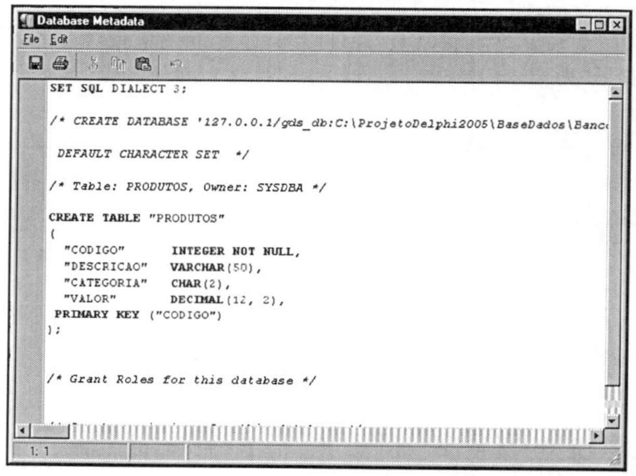

Figura 5.16

Podemos também obter algumas informações a respeito de estatísticas. Para isso selecione **Database/Maintenance/ Database Statistics**, e a caixa de diálogo da figura 5.17 aparece. Selecione o que você deseja visualizar e clique no botão **OK**. Em seguida deve ser mostrada a tela da figura 5.18. Você também pode gravar as informações num arquivo.

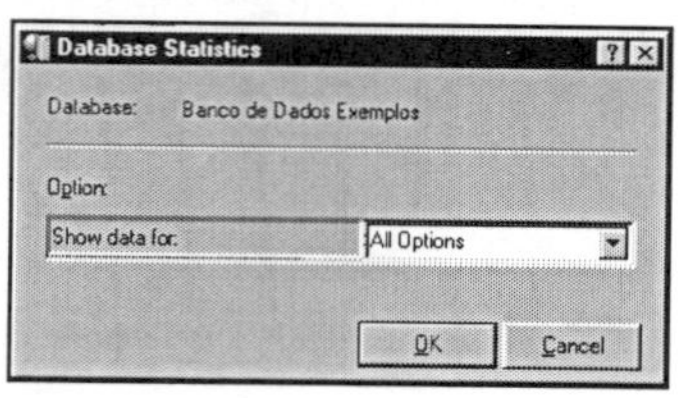

Figura 5.17

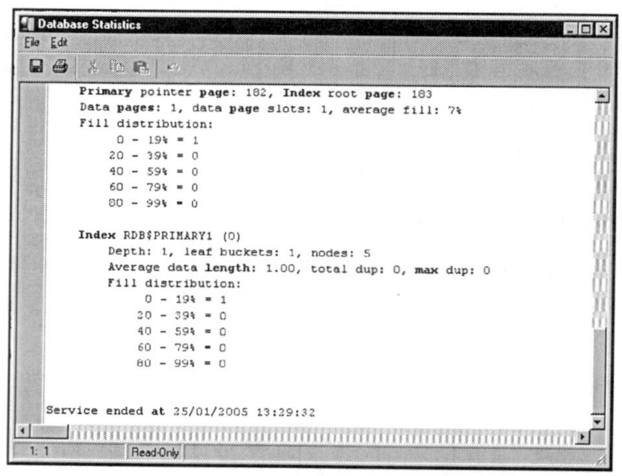

Figura 5.18

5.4. Backup e Restore de Bancos de Dados

O InterBase possui seu próprio recurso de *backup* e *restore* das bases de dados. Podemos executá-lo a partir de comandos na janela **Prompt do MS-DOS** ou dentro do IBConsole. Este último, obviamente, é o mais indicado, dada a facilidade de operação visual.

Para criar uma cópia de segurança (*backup*), selecione **Database → Maintenance → Backup/Restore → Backup**, o que faz aparecer a tela da figura 5.19. A partir da caixa de combinação **Alias** do quadro **Database** você deve selecionar o alias do servidor que deseja copiar.

Na caixa de combinação **Alias** do quadro **Backup file(s)**, digite um nome de identificação ou selecione um que já esteja cadastrado. Digite na coluna **Filename(s)** da grade da parte inferior da janela um nome para o arquivo de backup, como, por exemplo, "C:\ProjetoDelphi2005\BaseDados\bd_backup.gbk". Note que deve ser especificado também o diretório destino.

Clicando no botão **OK**, tem início o backup. A tela da figura 5.21 é apresentada após o término da operação.

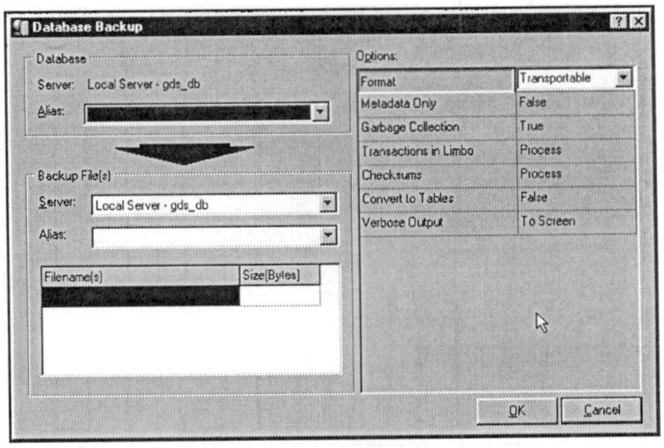

Figura 5.19

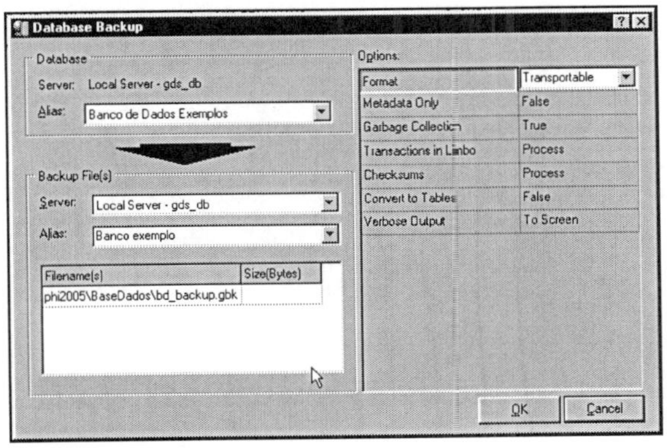

Figura 5.20

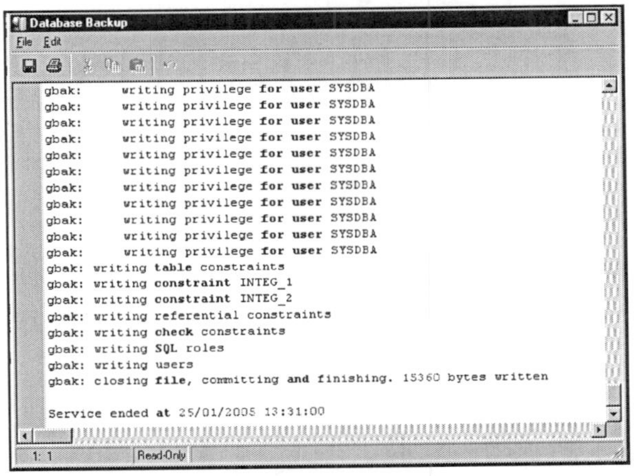

Figura 5.21

Para restaurar um backup efetuado anteriormente, selecione **Database → Maintenance → Backup/Restore → Restore** e uma caixa de diálogo similar à anterior é mostrada (figura 5.22). Selecione o alias que identifica o backup desejado (figura 5.23) e as demais informações são automaticamente recuperadas (figura 5.24).

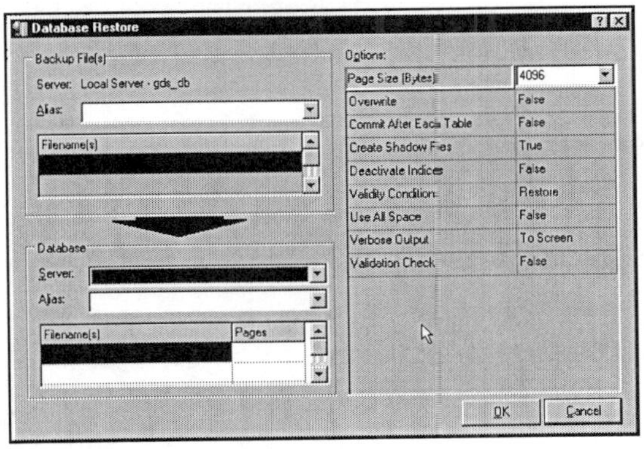

Figura 5.22

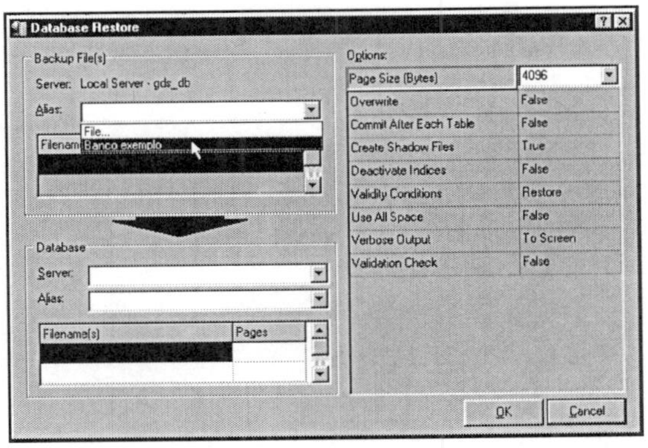

Figura 5.23

Duas coisas devem ser ressaltadas: primeiro o banco de dados não pode estar conectado; e segundo, você deve selecionar a opção **True** no parâmetro **Overwrite**, mostrado à direita da janela. Clique no botão **OK** para iniciar a restauração. A tela da figura 5.25 é apresentada quando o processo finaliza.

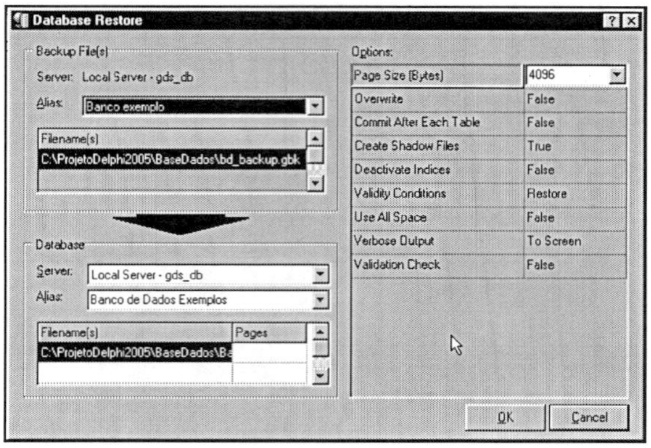

Figura 5.24

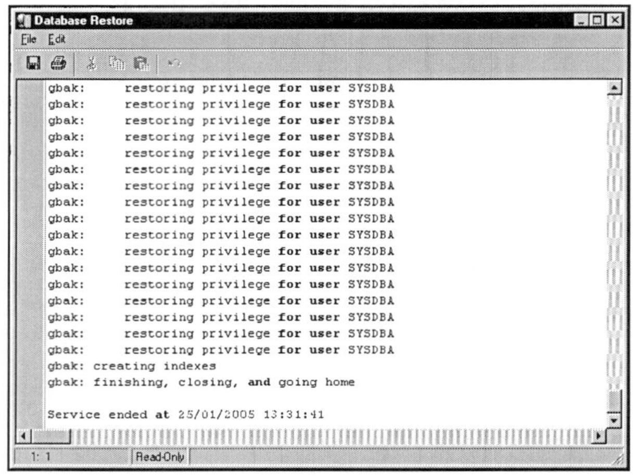

Figura 5.25

Conceitos de Banco de Dados

Assuntos abordados neste capítulo

- *Descrição de banco de dados*
- *Definição de registros, campos e tabelas*
- *Índices, chave primária, chave estrangeira, chave candidata*
- *Integridade de dados*

6.1. O Que É Banco de Dados

Tendo em vista que vamos estudar o desenvolvimento de aplicações em Delphi, que fazem uso de bancos de dados, nada mais natural que ser apresentada uma pequena introdução do assunto tratado neste capítulo. No entanto, não serão descritos detalhes mais avançados, já que existem bons livros disponíveis no mercado.

De forma bastante genérica, podemos dizer que um banco de dados é um conjunto de informações armazenadas com um objetivo específico. As seguintes características podem ainda ser atribuídas aos bancos de dados:

- Um banco de dados representa uma porção do mundo real, o qual é chamado de minimundo ou ***Universo de Discurso***. As alterações nesse minimundo devem refletir no banco de dados.
- Um banco de dados é um conjunto lógico e ordenado de dados que possui algum significado, e não uma coleção aleatória de informações.
- Um banco de dados é construído e povoado com dados que têm um determinado objetivo, com usuários e aplicações desenvolvidas para manipulá-los.

Para se ter um banco de dados, são necessários três ingredientes principais: uma fonte de informação, a partir da qual os dados são derivados; uma interação com o mundo real e um público (grupo de usuários) que demonstra interesse nos dados contidos no banco.

Se um banco de dados é um conjunto de dados relacionados, um **Sistema de Gerenciamento de Banco de Dados** (SGBD) é uma coleção de ferramentas e programas que permitem aos usuários a criação e manutenção do próprio banco de dados. Desta forma podemos considerar o SGBD um sofisticado software destinado às seguintes tarefas:

Definição	Especificação dos tipos de dados, das estruturas das tabelas e das restrições que devem ser impostas aos dados.
Construção	Criação física do banco de dados de forma totalmente controlada pelo SGBD.
Manipulação	Operações como atualização do banco de dados (inclusão, exclusão e alteração de registros) e extração de dados, como consultas e relatórios impressos.

Um SGBD deve ainda permitir que bancos de dados sejam excluídos ou que sua estrutura seja alterada, como adição de novas tabelas/arquivos.

Alguns sistemas de bancos de dados são genéricos, ou seja, permitem que praticamente qualquer tipo de dado seja armazenado, uma vez que o próprio usuário define a estrutura do arquivo. Entre alguns exemplos podemos mencionar o InterBase e MySQL. Eles são mais flexíveis e poderosos, capazes de executar tarefas avançadas de gerenciamento. A maioria possui uma linguagem própria, ou utiliza a já consagrada SQL, que permite ao usuário criar rotinas específicas ou mesmo aplicativos completos.

Um banco de dados possui um repositório em que as estruturas das tabelas e os próprios dados são armazenados. Essa característica, denominada **Independência de Programas e Dados**, permite que qualquer alteração efetuada no banco de dados não implique necessariamente em modificações nos programas aplicativos. Do outro lado, se o aplicativo for modificado, o banco de dados pode permanecer inalterado.

Um banco de dados, principalmente os que suportam vários usuários, precisa ser capaz de gerenciar múltiplas visões dos dados. Essas visões são subconjuntos de dados temporários, que existem somente durante uma determinada operação, como um comando de consulta SQL.

Ainda hoje há um mito entre alguns usuários, mesmo os mais avançados, de que trabalhar com bancos de dados pode ser complicado. Realmente, há alguns anos isso era uma tarefa um tanto árdua, mas atualmente os softwares de gerenciamento de bancos de dados são altamente amigáveis e de fácil manuseio. Agora é possível criar uma aplicação inteira, com base de dados, formulários de entrada, relatórios e tudo mais, sem saber programação, como é o caso do Access.

Atualmente, a maioria dos sistemas de gerenciamento de bancos de dados é do tipo relacional. Um banco de dados relacional se caracteriza pelo fato de organizar os dados em tabelas, também chamadas relações, que são formadas por linhas e colunas.

O Dr. Edgard F. Cood (1923-2003) formulou os princípios básicos de sistemas de banco de dados relacional em 1968, baseando-se na teoria dos conjuntos e da álgebra relacional. Talvez por ter sido um brilhante matemático, ele acreditava que certos conceitos da matemática podiam ser aplicados ao gerenciamento de bancos de dados.

Os sistemas relacionais evoluíram quando os fabricantes tomaram a iniciativa de dotá-los de capacidades para representação e manipulação de dados complexos. Assim foram adicionadas extensões à linguagem SQL para poder trabalhar com esses novos tipos de dados. Surgiu então o modelo **Objeto-Relacional**.

Quando se fala em bancos de dados, é inevitável o uso de certos termos técnicos que merecem um pouco de atenção. Os próximos tópicos apresentam os fundamentos desses termos.

6.2. Campos de um Registro

O campo é a menor unidade destinada ao armazenamento de valores e que pode ser referenciado por um programa aplicativo. Isso significa que os dados armazenados são separados em pequenos fragmentos. Cada campo somente pode conter um tipo de dado. Tomemos como exemplo a seguinte informação:

```
Brinquedos & Jogos Educar
Av. Brasil, 1500
Jd. América
Atibaia - SP
```

Listada dessa forma, não faz muito sentido do ponto de vista de um banco de dados. Embora forneça uma informação completa sobre uma empresa (no caso um fabricante de brinquedos), para ser armazenada num banco de dados, é preciso separá-la em diversas partes. Podemos assumir que cada linha é uma fração da informação como um todo. Imagine-a distribuída numa folha quadriculada em que cada item/linha ocupa uma coluna. Sendo assim, ela teria o formato da figura 6.1.

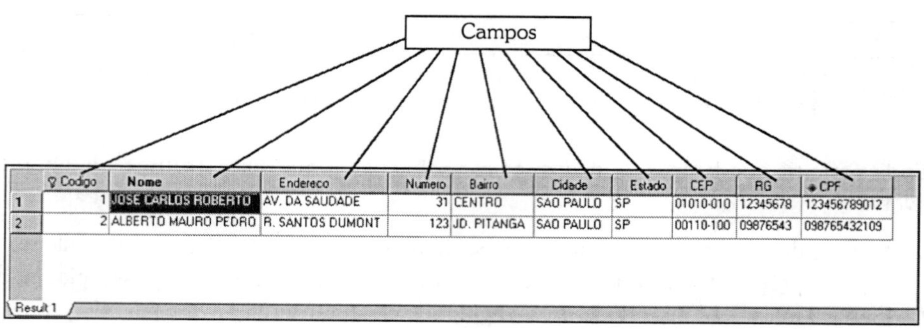

Figura 6.1

Durante e estruturação do banco de dados, uma das principais tarefas do projetista do sistema é definir os campos que comporão as tabelas. Cada campo recebe um nome de identificação, a especificação do tipo de dado que será capaz de armazenar e o tamanho para armazenamento, entre outras informações.

Os tipos de dados básicos que podem ser atribuídos aos campos de uma tabela são: caractere, numérico (com ou sem casas decimais), data, hora. Alguns sistemas SQL podem oferecer ainda os tipos lógicos (valores do tipo **verdadeiro** ou **falso**) e BLOB (*Binary Large Objects* - Objetos Binários Grandes). Estes últimos permitem o armazenamento de dados não-estruturados, como imagens, sons vídeos, etc. Geralmente os valores de campos BLOB são armazenados separadamente dos respectivos registros no arquivo de dados, e um ponteiro no registro faz referência a esses valores.

Outros sistemas, como o MySQL, suportam um modificador especial para o tipo de dado numérico inteiro (sem casas decimais) denominado auto-incremento. Com esse tipo o valor do campo é incrementado automaticamente pelo próprio sistema quando um novo registro é adicionado à tabela. Isso é muito útil quando há necessidade de gerar um valor seqüencial único para cada registro. Geralmente um campo desse tipo é usado na definição de uma chave primária.

Há sistemas de banco de dados, como é o caso dos servidores SQL, que permitem a criação de campos calculados. Esse tipo de campo é formado por uma expressão matemática, que envolve outros campos da própria tabela ou mesmo constantes numéricas. Seu valor é o resultado obtido por meio dessa expressão. Por exemplo, suponhamos que você tenha uma tabela de pedidos de clientes e nessa tabela constem campos para entrada da quantidade do produto e o preço unitário. O preço total do item poderia simplesmente ser obtido multiplicando o valor do campo de quantidade pelo valor do campo de preço unitário. Em termos simples, a especificação do campo seria parecida com a seguinte instrução fictícia:

```
DEFINIR "VALORTOTAL" COMO CÁLCULO("QUANTIDADE" * "PRECOUNITARIO")
```

Outra característica interessante dos sistemas SQL é a possibilidade de definição de um valor-padrão para o campo, o que significa que se o usuário não fornecer um valor, será assumido o padrão.

Os sistemas SQL permitem que campos do tipo caractere (*string*) sejam definidos com tamanho fixo ou variável. No caso de tamanhos fixos, se o usuário entrar com dados cujo comprimento seja menor que o especificado para o campo, os bytes extras são preenchidos com espaços em branco. Já com campos de tamanho variável, somente os caracteres fornecidos pelo usuário serão armazenados. Veja a comparação da figura 6.2.

Campos de tamanho fixo

Nome (40 caracteres)	Endereço (40 caracteres)	Fone (16 carac.)
André Domingues	Av. Getúlio Vargas, 1200	0101-4545
Rodolfo Menezes	Rua dos Gusmões, 830	192-0301
Júlia Bertolin	Rua D. Pedro I, 405	
Denise Sallas	Praça da Saúde, 33	4050-0405

Campos de tamanho variável

Nome (40 caracteres)	Endereço (40 caracteres)	Fone (16 carac.)
André Domingues	Av. Getúlio Vargas, 1200	0101-4545
Rodolfo Menezes	Rua dos Gusmões, 830	192-0301
Júlia Bertolin	Rua D. Pedro I, 405	
Denise Sallas	Praça da Saúde, 33	4050-0405

Figura 6.2

A definição de nome e atributos (tipos de dados e tamanhos) dos campos constitui o que se costuma chamar de **formato de registro**.

6.3. Registros (ou Linhas)

Um registro é o conjunto de campos valorizados de uma tabela. É a unidade básica para o armazenamento e recuperação de dados e que identifica a entrada de um único item de informação em particular numa tabela do banco de dados. São também chamados de *tuplas* ou *n-uplas*. Numa tabela cujos registros são formados por cinco campos, cada registro é denominado de 5-upla (ou quíntupla). Também podemos chamar os registros de linhas de uma tabela, pois durante sua visualização os dados dos campos são todos listados numa única linha. Se uma tabela de cadastro de clientes possui 20.000 linhas ou registros, então ela estará armazenando dados de 20.000 clientes.

Os registros de uma tabela de dados são do mesmo tipo, ou seja, permitem o armazenamento dos mesmos tipos de dados. No entanto, seus campos podem ser de tipos e tamanhos diferentes. Quando o registro possui campos do tipo caractere de tamanho variável, o tamanho do próprio registro pode também variar conforme os dados que se encontram armazenados nele. Por exemplo, numa tabela de cadastro de produtos, os registros são utilizados para guardar os dados referentes a produtos, não sendo possível armazenar qualquer outro tipo de dados (como de clientes ou de funcionários).

É durante a estruturação das tabelas do banco de dados que definimos o formato (ou *layout*) dos registros. Como já mencionado, esse formato de registros envolve a disposição dos seus campos com nomes e atributos.

Voltando ao exemplo do tópico anterior, cada linha da tabela representa um registro. Assim, a tabela como um todo se resume a um agrupamento de linhas (registros) que são divididas em colunas (campos). Veja a figura 6.3.

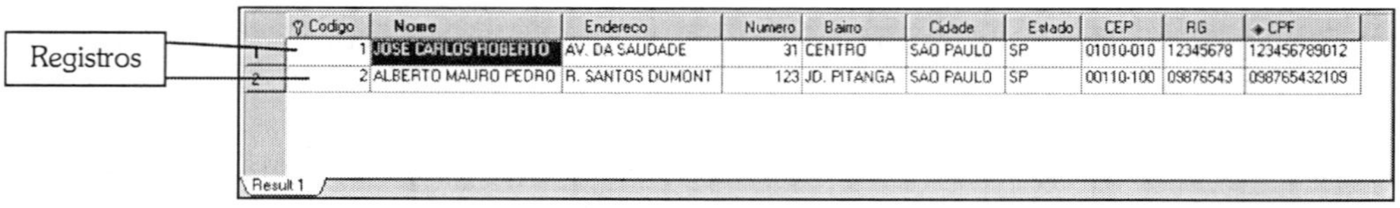

Figura 6.3

6.4. Tabelas de Dados

Uma tabela representa um conjunto ordenado de registros/linhas. Cada registro possui o mesmo número de colunas (campos). Um banco de dados pode ser formado por uma ou mais tabelas, e cada uma deve ser definida de tal forma que somente possa conter um tipo de informação. Por exemplo, uma tabela para armazenar dados dos clientes, uma para os fornecedores, uma para os produtos, etc. Falando em termos de modelagem de dados, elas representam as entidades do modelo conceitual.

Alguns sistemas de bancos de dados, como o MySQL, criam um arquivo para cada tabela. Outros, como InterBase, possuem um único arquivo, dentro do qual estão todas as tabelas (além de outros recursos, como rotinas autocontidas e índices).

Cada tabela deve ser identificada por um nome único dentro do banco de dados. Uma aplicação de banco de dados somente pode acessar um determinado registro se referenciar a tabela na qual ele está definido. Na linguagem SQL também é necessário especificar o nome da tabela a ser utilizada num comando de consulta ou atualização de dados.

Na figura 6.4 podemos ver diversas tabelas definidas num banco de dados em InterBase.

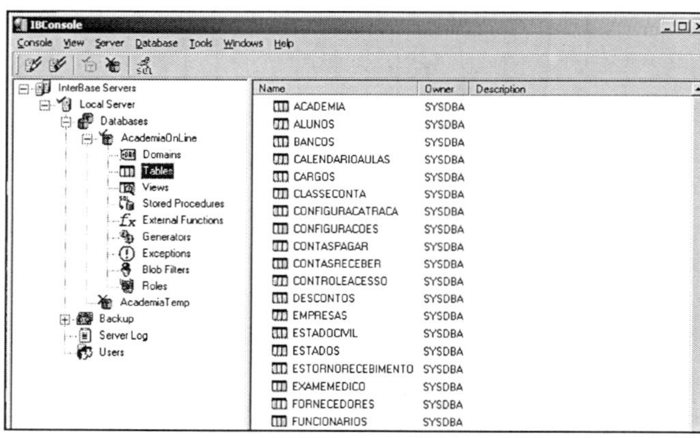

Figura 6.4

A seguir temos a definição de uma tabela de dados pelo comando em linguagem SQL:

```
CREATE TABLE "FORNECEDORES"
( "CODIGOFORNECEDOR" INTEGER NOT NULL,
  "RAZAOSOCIAL"   VARCHAR(50),
  "NOMEFANTASIA"  VARCHAR(30),
  "ENDERECO"   VARCHAR(50),
  "NUMERO"  CHAR(5),
  "BAIRRO"  VARCHAR(30),
  "CIDADE"  VARCHAR(30),
  "ESTADO"  CHAR(2),
  "CEP"  CHAR(9),
  "EMAIL"   VARCHAR(80),
  "CONTATO" VARCHAR(50),
  "REPRESENTANTE" VARCHAR(50),
```

```
    "TELEFONE1"  CHAR(16),
    "RAMAL1"  CHAR(4),
    "TELEFONE2"  CHAR(16),
    "RAMAL2"  CHAR(4),
    "FAX"  CHAR(16),
    "CNPJ" CHAR(18),
    "INSCRICAOESTADUAL"  CHAR(15),
    "INSCRICAOMUNICIPAL"  CHAR(15),
    "DATACADASTRO"  DATE,
    "DATAALTERADO"  DATE,
    "TIPO" CHAR(1),
    "HOMEPAGE"  VARCHAR(30),
    "CPF"  CHAR(14),
    "RG"  CHAR(12),
    "NOME" VARCHAR(50),
    "CODIGOCONTABIL"  CHAR(5),
    "ENDERECOCOBRAR"  VARCHAR(50),
    "NUMEROCOBRAR"  CHAR(5),
    "BAIRROCOBRAR"  VARCHAR(30),
    "CIDADECOBRAR"  VARCHAR(30),
    "ESTADOCOBRAR"  CHAR(2),
    "CEPCOBRAR"  CHAR(9),
    "CONTATOCOBRAR" VARCHAR(50),
    "ENDERECOENTREGA"  VARCHAR(50),
    "NUMEROENTREGA" CHAR(5),
    "BAIRROENTREGA" VARCHAR(30),
    "CIDADEENTREGA" VARCHAR(30),
    "ESTADOENTREGA" CHAR(2),
    "CEPENTREGA" CHAR(9),
    "CONTATOENTREGA"  VARCHAR(50),
    "CENTROCUSTO"  CHAR(5),
  PRIMARY KEY ("CODIGOFORNECEDOR")
);
```

As aplicações normalmente utilizam várias tabelas do banco de dados para consolidar e retornar informações nas quais o usuário tem interesse (como na geração de um relatório de vendas no mês ou o boletim escolar dos alunos).

6.5. Índices

Quando precisamos procurar um determinado assunto num livro ou em uma enciclopédia, geralmente recorremos ao índice para saber em que volume e página se encontra a informação. Os índices nos bancos de dados têm a mesma funcionalidade, ou seja, permitem que os registros com dados sejam encontrados com extrema rapidez. Eles também oferecem uma maneira de acesso alternativo aos registros sem que sua posição física dentro do banco de dados seja modificada. Por exemplo, se desejarmos listar na impressora todos os clientes em ordem alfabética de nome, podemos utilizar um índice com base nesse campo.

Um índice pode ser simples (quando é formado por um só campo) ou composto (formado por vários campos da tabela). Denominamos os campos que são utilizados na definição de índices de **campos de indexação.** Os índices não contêm dados propriamente ditos, mas apenas o valor do campo de indexação e "ponteiros" que direcionam para o registro adequado dentro da tabela. A informação contida neles é automaticamente atualizada, ou seja, se inserirmos ou excluirmos um registro, o índice também será modificado.

Alguns sistemas de bancos de dados (notadamente os servidores SQL) utilizam índices automaticamente para agilizar as consultas (quando um índice tiver sido criado para o campo envolvido no comando de consulta). É o que se costuma chamar de "plano de consulta".

Uma característica interessante que diversos sistemas oferecem com relação aos índices é a capacidade de ordenação dos registros de forma crescente ou decrescente. Outro recurso muito útil é a possibilidade de definir índices únicos, ou seja, que não permitem duplicidade de dados. Esse tipo de índice é independente da chave primária (que veremos a seguir). Vamos supor como exemplo uma tabela de cadastro de fornecedores, em que cada registro possui como chave primária o código do fornecedor. Podemos definir um índice com base no campo CNPJ que não permite duplicidade, evitando dessa forma que um mesmo fornecedor seja cadastrado duas vezes.

Todos os índices definidos para a tabela de dados, além do que é definido automaticamente pela chave primária, são normalmente referenciados como índices secundários.

6.6. Chaves Primárias

Uma chave primária é um atributo da tabela que permite a identificação de forma única dos seus registros. Ela tem por função ainda aplicar uma ordenação automática aos registros, uma vez que seu funcionamento é similar ao de um índice. Como ocorre com os índices, uma chave primária pode ser formada por um ou mais campos. No último caso, elas são chamadas de chaves compostas.

Uma chave primária evita que tenhamos registros duplicados, ou seja, não é possível ter dois ou mais registros com os mesmos valores nos campos que a compõem.

As chaves primárias permitem que uma pesquisa seja realizada com maior velocidade. Suponhamos que se deseja encontrar o registro em um banco de dados de clientes, cujo campo RG seja "10.101.101". Se tivermos definido esse campo como chave primária, a pesquisa dar-se-á com maior rapidez.

Há basicamente dois critérios importantíssimos na hora de escolher os campos que vão definir uma chave primária. Em primeiro lugar devemos escolher campos com tamanhos não muito grandes, assim as atualizações e consultas da chave primária serão mais rápidas. Pelo mesmo motivo, quando tivermos chave composta, devemos procurar incluir o menor número possível de campos.

O segundo critério está relacionado com a capacidade de alteração do valor armazenado no campo da chave primária. Esse valor deve ser estável, ou seja, não pode ser modificado (pelo menos de forma tão freqüente). Isso se deve ao fato de os bancos de dados relacionais utilizarem a chave primária no relacionamento de uma tabela com outras, como veremos a seguir.

Há situações, no entanto, que mesmo sendo parte de chave primária, um campo deve permitir que seu valor seja alterado. Vamos supor o caso de uma tabela de cadastro de produtos, na qual o campo de código do produto é utilizado para armazenar o código de barras impresso na embalagem. Esse campo deve estar habilitado para permitir modificação, uma vez que o fabricante pode, por um motivo qualquer, alterar o código de barras de um produto que já se encontrava em fabricação.

Para que isso não afete de forma desastrosa toda a integridade dos dados do banco, os sistemas relacionais oferecem recursos para atualização em cadeia dos valores nas tabelas envolvidas nos relacionamentos. Isso, no entanto, acarreta uma ligeira queda no desempenho do sistema, principalmente quando existirem muitos registros a serem atualizados.

Preferencialmente, para campos de chaves primárias, devemos utilizar valores que são calculados de forma seqüencial pelo próprio sistema, seja por meio de recursos do SGBD ou por rotinas do aplicativo que faz uso do banco de dados.

Campos que formam chaves primárias são de preenchimento obrigatório.

6.7. Chaves Candidatas

São campos que poderiam ser utilizados como chaves primárias, mas não são. Por exemplo, numa tabela de cadastro de clientes, a chave primária é definida como o campo de código do cliente, cujo valor é seqüencial e gerado automaticamente pelo próprio sistema. No entanto, há o campo RG do cliente que, por ser de valor único (não deve se repetir dentro do banco de dados), também poderia ser utilizado como chave primária (é uma chave candidata).

No entanto, devido ao fato de ser um campo com tamanho demasiadamente grande, e principalmente por não ser ideal para identificar unicamente um cliente, ele não é utilizado na definição da chave primária, sendo preferível um campo de codificação para cada registro de cliente. É um campo de preenchimento obrigatório também.

6.8. Chaves Estrangeiras

As chaves estrangeiras permitem que os registros de uma tabela sejam relacionados com os de outra tabela por meio da sua chave primária. Para exemplificar, vamos supor duas tabelas com as seguintes características:

- Uma tabela de cadastro de categorias de produtos que possua um campo de código de categoria (CodigoCategoria) que é chave primária.
- Uma tabela de cadastro de produtos que possui um campo de código da categoria a que pertence (CodigoCategoria).

Podemos notar que o campo denominado **CodigoCategoria** existe nas duas tabelas, e na de cadastro de produtos ele não é a chave primária. Como ele é utilizado para criar um relacionamento com a tabela de categorias, em que o campo é chave primária, dizemos que ele é chave estrangeira.

Veja o exemplo da figura 6.5.

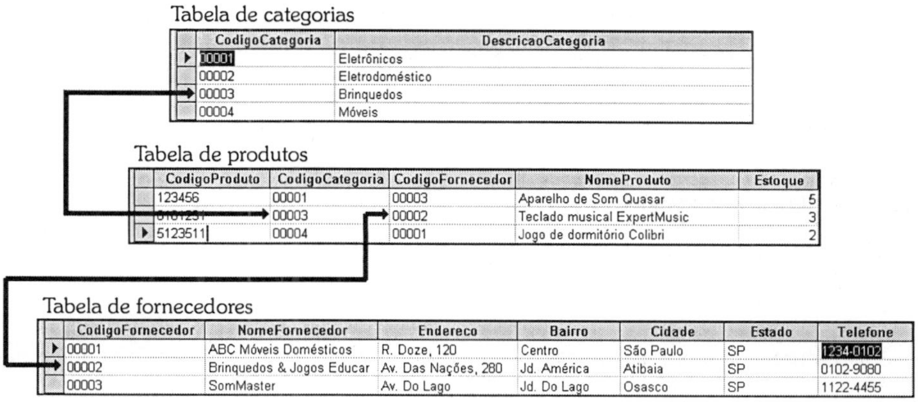

Figura 6.5

Neste caso, o campo **CodigoCategoria** é chave primária na tabela **Categorias** e chave estrangeira na tabela **Produtos**. O vínculo entre as duas tabelas é efetuado por meio desses dois campos. Da mesma maneira, o campo **CodigoFornecedor** é chave primária em **Fornecedores** e chave estrangeira em **Produtos**.

Um outro uso muito comum de chaves estrangeiras, além da ligação entre tabelas, é no fornecimento de valores de outra tabela (a que contém a chave primária). Por exemplo, poderíamos utilizar uma caixa de listagem para escolha da categoria de produtos numa tela de cadastro de produtos, evitando assim que o usuário entre com informações indevidas, como código de categoria inexistente.

Apesar de normalmente o nome do campo (ou conjunto de campos) que define a chave primária e a chave estrangeira ser o mesmo, é perfeitamente possível nomeá-los de forma distinta.

6.9. Domínios

O domínio é um tipo de conceito até certo ponto difícil de demonstrar. A melhor maneira de entendê-lo é com exemplos concretos. Os domínios se prestam a dois objetivos básicos: definição de tipos de dados e especificação de valores que podem ser aceitos pelos campos. Nem todos os sistemas de bancos de dados suportam a criação e uso de domínios. Em geral, todos os sistemas padrão SQL dão suporte total.

Uma das maiores vantagens de utilizar domínios na construção de bancos de dados é o fato de podermos padronizar os atributos de campos que existem em várias tabelas do banco de dados. Vamos supor que precisamos definir cinco campos para armazenar o endereço, bairro, cidade, estado e CEP. O formato desses campos é apresentado na seguinte tabela:

Campo	Tipo de dado	Tamanho
Endereco	Caractere	50 caracteres
Bairro	Caractere	35 caracteres
Cidade	Caractere	35 caracteres
Estado	Caractere	2 caracteres
CEP	Caractere	9 caracteres

Apesar de a informação do CEP ser composta apenas por números, devemos definir o campo como caractere para que seja possível armazenar zeros apresentados à esquerda e o traço de separação, como, por exemplo, "00123-456".

Continuando com o exemplo, esses campos serão criados em três tabelas: cadastro de funcionários, cadastro de clientes, cadastro de fornecedores. A probabilidade de definirmos um ou mais campos com tamanho diferente é grande.

Com os domínios essa probabilidade de erro pode ser evitada. Para isso devemos criá-los, especificando os atributos necessários a cada campo, e depois empregá-los na definição dos campos. Vamos utilizar uma linguagem imaginária para demonstrar a criação de domínios para esses campos:

```
DEFINIR DOMÍNIO "DM_ENDERECO" COM TIPO CARACTERE E TAMANHO 50;
DEFINIR DOMÍNIO "DM_BAIRRO" COM TIPO CARACTERE E TAMANHO 35;
DEFINIR DOMÍNIO "DM_CIDADE" COM TIPO CARACTERE E TAMANHO 35;
DEFINIR DOMÍNIO "DM_ESTADO" COM TIPO CARACTERE E TAMANHO 2;
DEFINIR DOMÍNIO "DM_CEP" COM TIPO CARACTERE E TAMANHO 9;
```

Na criação da tabela de dados, devemos fazer referência a esses domínios da seguinte maneira (linguagem imaginária):

```
CRIAR TABELA "FUNCIONARIOS" COM FORMATO
(CAMPO ENDERECO COM ATRIBUTO "DM_ENDERECO",
 CAMPO BAIRRO COM ATRIBUTO "DM_BAIRRO",
 CAMPO CIDADE COM ATRIBUTO "DM_CIDADE",
 CAMPO ESTADO COM ATRIBUTO "DM_ESTADO",
 CAMPO CEP COM ATRIBUTO "DM_CEP")
```

O mesmo método seria empregado para as outras duas tabelas de dados. Com isso não há como esquecermos as propriedades para um determinado campo, como, por exemplo, seu tamanho em caracteres.

O segundo uso dos domínios, como já mencionado, é na especificação de valores limites ou faixa de dados válidos. Por exemplo, podemos criar um domínio para não permitir que o usuário tente entrar com um valor menor ou igual a zero no campo de salário do funcionário. Utilizando nossa linguagem imaginária, teríamos:

```
DEFINIR DOMÍNIO "DM_SALARIO" COM TIPO DECIMAL E VALOR MAIOR QUE 0;
```

A regra principal por trás dos domínios é similar à da programação orientada a objetos: defina uma vez, use várias vezes.

6.10. Integridade dos Bancos de Dados

Uma das maiores preocupações de qualquer desenvolvedor ou projetista de banco de dados é encontrar uma forma de garantir a integridade dos dados que se encontram armazenados. Essa preocupação se deve ao fato de que, se houver algum dado crucial armazenado de forma incorreta, o resultado pode ser catastrófico, pois o banco de dados pode apresentar informações imprecisas ou mesmo totalmente errôneas.

Imagine a seguinte situação: uma aplicação de contas a receber tem em seu banco de dados vinte e dois registros de pagamentos em aberto, referentes a um determinado cliente. A ligação entre essas informações (o cadastro do cliente e o pagamento em aberto) é feita pelo campo de código do cliente, e por isso o valor desse campo não pode ser alterado de forma nenhuma. Agora digamos que um usuário ou o próprio administrador do banco de dados tenha, fora da aplicação, aberto o banco de dados e alterado o valor do campo do código do cliente na tabela de cadastro de clientes. Logicamente o vínculo será quebrado, pois os campos utilizados no relacionamento agora possuem valores distintos.

Se o próprio sistema de banco de dados oferecer formas de restringir ou mesmo impossibilitar a quebra dessa integridade, o desenvolvedor terá menos trabalho, pois não será necessário escrever código que faça essa tarefa dentro do aplicativo. Além disso, como no exemplo, acessando o banco de dados fora da aplicação, as informações estarão vulneráveis.

Como solução para este problema, a grande maioria dos sistemas hoje existentes possui recursos capazes de gerenciar essa integridade de dados. A seguir relacionamos algumas regras básicas que um sistema de banco de dados deve contemplar para garantir a integridade.

6.10.1. *Integridade de Entidades*

A regra de integridade define que as chaves primárias de uma tabela não podem ser nulas, ou seja, sempre devem conter um valor. No caso de chaves primárias compostas (formadas por mais de um campo), todos os campos que a formam devem ser preenchidos.

Essa exigência se deve ao fato de a chave primária ser um atributo da tabela que identifica um registro único e também ser utilizada no relacionamento com outras tabelas. É importante ressaltar que um valor nulo é diferente de 0 ou espaço em branco. Com campo do tipo caractere, um espaço em branco é considerado um valor válido, enquanto um valor nulo é realmente a ausência de qualquer caractere (mesmo espaços). Já com campos do tipo numérico, seja inteiro ou decimal, o valor 0 também é válido. O valor nulo para esse campo também é a ausência de qualquer número (mesmo o 0).

Na figura 6.6 é possível ver a tela do **IBConsole** com uma tabela de banco de dados do InterBase. Note que os campos CNPJ e INSCRICAOESTADUAL não possuem valor, sendo apresentada a expressão '<null>" que indica essa ocorrência. Já o campo ENDERECO não está preenchido por conter um espaço em branco como valor.

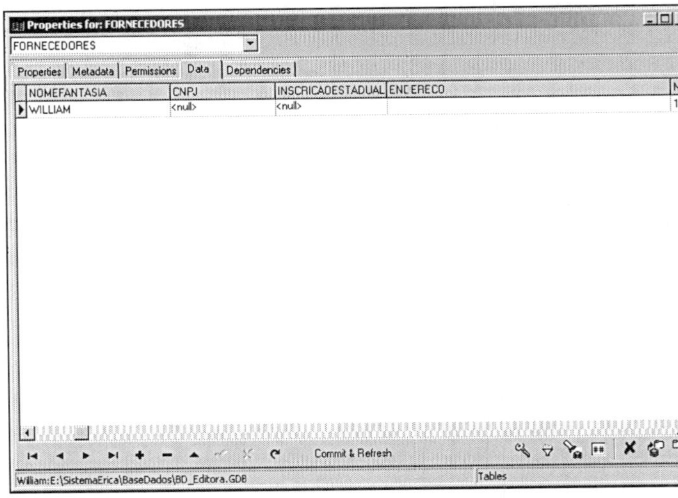

Figura 6.6

6.10.2. *Integridade Referencial*

De forma bastante resumida, podemos dizer que a regra de integridade referencial estabelece restrições ou bloqueios de algumas operações (notadamente exclusão ou alteração) nos dados de campos das chaves primárias utilizadas no relacionamento de uma tabela com outra.

Com um exemplo prático fica mais fácil de entender. Vamos pegar o exemplo de tabelas de **Categorias** e **Produtos**, mostradas anteriormente no tópico sobre chaves estrangeiras. A título de recordação, temos um campo denominado **CodigoCategoria** que é chave primária da tabela **Categorias** e chave estrangeira na tabela **Produtos**. A categoria cujo código é "00001" se relaciona com um ou mais produtos, como, por exemplo, o de código "123456". Se o usuário, acidentalmente, excluir o registro da categoria "00001", os produtos que pertencem a essa categoria ficarão "órfãos". Teríamos o mesmo resultado se o código da categoria fosse alterado. Nesse caso, além de registros órfãos na tabela de produtos, teríamos também registros pais sem nenhum vínculo na tabela de categorias.

O que a integridade referencial faz é proibir esse tipo de inconsistência, impedindo assim que a relação entre a chave primária e a chave estrangeira seja quebrada. Quando o próprio sistema gerenciador de banco de dados se encarrega de mantê-la, o desenvolvedor novamente se vê livre da codificação de rotinas que devem ser incluídas em seus aplicativos para executar essas tarefas de "vigilância".

O sistema também deve permitir que o desenvolvedor especifique a forma de tratamento dessas ocorrências, escolhendo uma das duas opções: proibição ou execução em cascata. A proibição de uma operação não permite que o usuário exclua ou altere os dados de uma chave primária que é chave estrangeira em outras tabelas (a menos que essa última não possua registros relacionados com a tabela da chave primária). Já na execução em cascata, quando um usuário efetua uma exclusão ou alteração, essa ação é refletida automaticamente nas tabelas relacionadas. No exemplo citado anteriormente, os produtos que pertencem à categoria "00001" serão excluídos junto com a própria categoria. Se houvesse uma alteração no código da categoria, ela seria passada aos registros correspondentes na tabela de produtos.

A maioria dos bancos de dados padrão SQL dá suporte à integridade referencial, permitindo que sejam criadas chaves estrangeiras e restrições (chamadas CONSTRAINT) para especificar as ações a serem desempenhadas para operações de exclusão e atualização de dados.

6.10.3. *Integridade de Domínios*

A integridade de domínios estabelece restrições e regras na definição dos domínios em si, em vez de diretamente nos campos. Isso ajuda a economizar tempo e trabalho, pois podemos ter vários campos que são formatados a partir de domínios, e com a regra de integridade definida neles, esses campos automaticamente herdam essas restrições.

Este é o caso do domínio definido como exemplo anteriormente (empregando uma linguagem fictícia):

```
DEFINIR DOMÍNIO "DM_SALARIO" COM TIPO DECIMAL E VALOR MAIOR QUE 0;
```

6.10.4. Integridade de Campos

Mesmo que o desenvolvedor tenha definido uma integridade de domínio, às vezes é necessário adicionar restrições extras aos campos. No exemplo do domínio definido para salários, podemos restringir o intervalo aceito entre 400 (valor mínimo) e 2.500 (valor máximo). Devemos ressaltar que a integridade de campos nunca deve conflitar com a de domínio.

Dentro da integridade de campos também podemos mencionar a validação de dados. Essa regra possibilita que o próprio sistema de banco de dados faça uma verificação quanto aos valores fornecidos pelo usuário serem válidos ou não. No exemplo de cadastro de funcionários, cada funcionário tem um cargo, e seu salário é definido em função do cargo que ocupa. Sendo assim, mesmo que o valor para essa informação esteja dentro da regra definida para o campo (no caso entre R$ 400,00 e R$ 2.500,00), deve ser efetuada uma validação para certificar-se de que o valor fornecido esteja dentro do padrão para o cargo do funcionário.

Essa validação, sendo efetuada pelo próprio ambiente, também isola qualquer aplicativo que faça uso do banco de dados.

Há ainda regras de integridade que podem ser definidas por rotinas criadas pelo desenvolvedor, como é o caso das **stored procedures** e **triggers** do padrão SQL.

Bem, agora que os conceitos de bancos de dados foram apresentados, vejamos um pouco da linguagem SQL, pois será muito importante para o desenvolvimento do projeto.

Exercícios

1. Que é campo?
2. Que é registro?
3. Defina tabela.
4. Defina índice secundário?
5. Explique chave primária?

Introdução ao SQL

Assuntos abordados neste capítulo

- *História e definição da Linguagem SQL*
- *Comandos de definição de dados*
- *Comandos de manipulação de dados*
- *Gerenciamento de direitos de usuários*

7.1. O Surgimento da Linguagem SQL

É difícil desvincular a história da linguagem **SQL** (*Structured Query Language* - Linguagem Estruturada de Consulta) da história dos bancos de dados relacionais, uma vez que elas estão intimamente ligadas. Com seu artigo intitulado "*A Relational Model of Data for Large Shared Databanks*" (Um Modelo Relacional de Dados para Grandes Bancos de Dados Compartilhados), publicado em junho de 1970, Edgard F. Codd, um pesquisador da IBM, dava início a uma revolução no conceito de bancos de dados ao introduzir a teoria de manipulação de dados armazenados como relações, utilizando conceitos matemáticos. Diferentemente dos modelos de rede e hierárquicos, os bancos de dados relacionais são mais fáceis e intuitivos de usar, além de serem também mais flexíveis.

A IBM pôs então suas equipes de desenvolvimento para trabalhar no projeto de um banco de dados relacional, conforme a concepção de E. F. Codd. Assim iniciou-se, em 1974, nos laboratórios de San Jose, Califórnia, o projeto denominado **System/R**, o primeiro no qual era aplicada a teoria de Codd e que foi concluído em 1979. Esse projeto incluía uma linguagem de consulta (não de programação) denominada **SEQUEL** (*Structured English QUEry Language* - Linguagem Inglesa de Consulta Estruturada), que posteriormente passou a se chamar **SQL**, apresentada oficialmente pela IBM em novembro de 1976.

O projeto do **System/R** levou a IBM a desenvolver e lançar, em 1981, o primeiro sistema de gerenciamento de banco de dados comercial, denominado **SQL/DS** e que rodava sob o sistema operacional para grande porte VSE. Posteriormente foi lançada uma versão para ambiente VM/CMS. Em 1983, ela também lançou outro produto baseado na SQL, o **DB2** (**Data Base 2**), rodando no sistema operacional MVS.

Um grupo de engenheiros que trabalhara no projeto do **System/R** se desligou da IBM e fundou uma nova empresa chamada **Relational Software**. Nessa empresa eles projetaram um novo sistema de banco de dados relacional ao qual deram o nome de ***Oracle***, baseado na linguagem SQL. Esse produto acabou se tornando um dos líderes de mercado nos anos seguintes, posição que ocupa até hoje (a empresa também mudou seu nome para Oracle Corporation).

Um outro produto lançado nessa mesma época, denominado ***Ingres***, também fazia uso de uma linguagem de consulta, mas que era proprietária, sendo posteriormente substituída pela SQL. Esses dois episódios mostravam que essa linguagem estava se tornando um padrão de fato.

Outros produtos foram sendo anunciados nos anos seguintes, como o ***SQLBase*** da Gupta e o ***SQLAnywhere*** da Sybase. Essa adoção por várias empresas provocou um efeito colateral, que foi a despadronização da linguagem em virtude de implementações incorpo-radas por cada uma delas. Isso levou o instituto ANSI (*American National Standards Institute* - Instituto Americano de Padrões Nacionais) a formar um comitê cujo objetivo era criar uma padronização da SQL, resultando com isso na especificação denominada SQL/86 (ou SQL1). Posteriormente se juntou ao instituto ANSI, o órgão **ISO** (*International Standards Organization* - Organização de Padrões Internacionais) para determinar um conjunto de extensões ao padrão SQL, criando assim o SQL/89.

Esses comitês apresentaram ainda, em 1992, um novo padrão, denominado SQL2 (também denominado SQL/92). Um quarto padrão foi apresentado posteriormente no ano de 1999, chamado de SQL3 ou SQL/99. O padrão ANSI/ISO, porém, não é o único, já que um grupo europeu denominado **X/Open** adotou um padrão diferente para aplicações que rodam no sistema operacional **UNIX**.

Influenciados pelo padrão SQL, hoje em dia praticamente todos os produtos de bancos de dados suportam, de uma forma ou de outra, essa linguagem. Alguns produtos antigos foram até adaptados para permitir esse suporte.

Hoje é possível encontrar sistemas totalmente gratuitos e de código-fonte aberto (**open source**) disponíveis na Internet, como é o caso do MySQL, PostgreSQL e FireBird, os mais famosos produtos que se enquadram nessa categoria.

Podemos considerar a linguagem SQL uma das razões para os bancos de dados relacionais terem alcançado o sucesso apresentado hoje. Uma vez que se tornou a linguagem-padrão desses sistemas, é mais fácil para o usuário mudar de um SGBD relacional para outro, já que o processo é menos dispendioso e consome menos tempo.

Atualmente é possível encontrar versões de produtos padrão SQL em praticamente todos os tipos de plataforma (hardware e software), dos computadores de grande porte e supercomputadores até os equipamentos móveis, como os Palm e PocketPC.

7.2. Definição da Linguagem SQL

A linguagem SQL é um meio de poder se comunicar com o banco de dados relacional para executar alguma operação com ele, como incluir registros ou extrair informações. Ela não é uma linguagem de programação propriamente dita, já que não permite o desenvolvimento de aplicativos completos. Não existem estruturas de controle de repetição (DO WHILE, FOR NEXT, por exemplo) ou de decisão (como IF THEN). Devido a isso é necessário que se utilize uma ferramenta de desenvolvimento cuja linguagem de programação permita a inserção e execução de comandos SQL, como é o caso do Delphi, Visual Basic, C++, Java, etc.

Alguns sistemas possuem um software utilitário, chamado *pré-processador*, que a partir de um arquivo de ***script*** (roteiro), escrito com os comandos em linguagem SQL, gera um código compatível com uma linguagem de programação, como C, C++, COBOL, Pascal, Fortran ou Ada, para ser compilado junto com o projeto da aplicação. O InterBase da Borland é um bom exemplo.

Os comandos SQL consistem em expressões similares à língua inglesa, as quais sempre devem iniciar com um verbo, seguindo-se a ele os parâmetros e cláusulas que forem necessários. Por isso ela é classificada como uma linguagem de quarta geração, por ser o mais próximo possível da linguagem humana.

Um recurso muito importante da linguagem é o tratamento de transações. Uma transação consiste num bloco que instruções que devem ser executadas em seqüência. Se uma dessas instruções falhar, isto é, não for executada com sucesso, todas as operações anteriores (mesmo que já tenham sido executadas) são desfeitas e o processo finaliza, independente de haver mais instruções a executar.

No que diz respeito à segurança no acesso ao banco de dados, a linguagem possui comandos para criação de usuários e definição de privilégios para cada um.

A SQL também possui recursos para criar visões (**VIEW**), que permitem que campos de uma ou mais tabelas sejam selecionados e tratados como um conjunto único. Isso é muito útil quando um determinado tipo de consulta é freqüentemente executado. Assim, em vez de escrevermos o mesmo comando toda vez que for precisar da consulta, criamos uma visão para ela.

Os comandos SQL podem ser agrupados em duas categorias: **DDL** (*Data Defintion Language* - Linguagem de Definição de Dados) e **DML** (*Data Manipulation Language* - Linguagem de Manipulação de Dados). Na primeira categoria encontram-se os comandos responsáveis pela criação de bancos de dados, tabelas, índices, visões, etc. Também se enquadram nessa categoria os comandos que permitem a alteração ou exclusão dos objetos de um banco de dados.

Nos comandos da categoria DML temos aqueles que são utilizados para a extração de registros ou para manipulação de seus valores. Com eles podemos inserir novos registros, alterar o valor de um ou mais campos, excluir registros, efetuar uma pesquisa, etc.

Uma terceira categoria, não adotada oficialmente, é a **DCL** (*Data Control Language* - Linguagem de Controle de Dados). Nela estão agrupados os comandos relacionados com a segurança do sistema, como aqueles para definição de privilégios de acesso aos usuários (**GRANT** e **REVOKE**).

Uma característica peculiar da linguagem SQL é o fato de trabalhar com grupos ou blocos de registros. Assim, quando executamos um comando para consultar os registros que satisfazem uma determinada condição, eles são separados numa espécie de tabela temporária e então retornados ao usuário. Com outros sistemas, para a mesma tarefa seria necessário um pequeno código que varresse a base de dados registro a registro, comparasse-os com a chave de pesquisa fornecida e, no caso de haver uma correspondência, apresentasse o registro ao usuário ou o separasse numa outra tabela temporária. Pode-se perceber o quanto isso demandaria tempo e processamento.

Embora não seja o objetivo deste livro abordar em detalhes os comandos da linguagem SQL, serão apresentados alguns dos mais utilizados na manipulação de um banco de dados.

Veremos nos próximos dois tópicos os principais comandos da linguagem SQL padrão, de forma que não serão apresentadas cláusulas ou opções que se encontram adicionadas a versões de diferentes SGBDs (InterBase, SQL Server 2000, Oracle 9i, DB2, MySQL, etc.).

7.3. Comandos DDL

Vejamos primeiramente os principais comandos de definição de dados (DDL) existentes em SQL. Na tabela seguinte temos a relação desses comandos e a função de cada um:

Comando	Função
CREATE DATABASE	Cria uma base de dados nova totalmente vazia.
ALTER DATABASE	Permite alterações em algumas caraterísticas da base de dados.
DROP DATABASE	Apaga um banco de dados existente (deve ser utilizado com muito cuidado).
CREATE TABLE	Cria uma tabela de dados (também há necessidade de cuidado na utilização).
ALTER TABLE	Permite alterar a estrutura de uma tabela existente.
DROP TABLE	Apaga uma tabela de dados existente.
CREATE INDEX	Cria índices secundários para uma tabela.
DROP INDEX	Apaga um índice existente.
CREATE DOMAIN	Cria um domínio para campos das tabelas.
DROP DOMAIN	Apaga um domínio existente.
CREATE VIEW	Cria uma visão com base em uma ou mais tabelas.
DROP VIEW	Apaga uma visão existente.

7.3.1. CREATE DATABASE, ALTER DATABASE e DROP DATABASE

O comando **CREATE DATABASE** é utilizado para a criação de um banco de dados. Depois de criado, podemos adicionar os diversos objetos que o compõem, como tabelas, índices, visões, etc. A sintaxe desse comando é

```
CREATE DATABASE nome_base;
```

em que ***nome_base*** refere-se à especificação completa do caminho (diretório) e nome do arquivo que deve ser dado à base de dados. Por exemplo, para o InterBase temos o seguinte comando:

```
CREATE DATABASE C:\SISTEMAGESTAO\BASE\BD_SISTEMA.DB;
```

Uma vez que o MySQL cria uma pasta denominada **Data**, dentro da qual são criadas outras pastas, referentes aos bancos de dados, teríamos apenas o seguinte comando:

```
CREATE DATABASE BD_SISTEMA;
```

Alguns sistemas permitem que sejam especificadas algumas propriedades, como nome do usuário e sua senha (o que define o proprietário do banco de dados), tabela de caracteres, dialeto utilizado, tamanho de páginas do banco de dados, etc. Outros ainda possibilitam a criação do banco de dados de forma interativa, em vez de utilizar comandos, como é o caso do InterBase, do MySQL e do SQL Server 2000, por exemplo.

Com o comando **ALTER DATABASE** podemos alterar algumas propriedades de um banco de dados já criado, como, por exemplo, o conjunto de caracteres que o sistema deve utilizar.

Por outro lado, o comando **DROP DATABASE** faz com que o banco de dados especificado seja apagado do disco. Por esse motivo deve ser utilizado com extremo cuidado, pois uma vez apagado não será possível recuperá-lo, a não ser com o uso de softwares especializados na recuperação de arquivos. Na verdade, todos os comandos **DROP** merecem bastante atenção no seu uso para evitar possíveis dores de cabeça futuras. Em alguns SGBDs essa exclusão pode ser efetuada interativamente.

7.3.2. CREATE TABLE, ALTER TABLE e DROP TABLE

Esses comandos estão relacionados com tabelas do banco de dados. **CREATE TABLE** é utilizado na criação de tabelas, sendo necessário especificar os campos e seus atributos. A sintaxe básica desse comando é:

```
CREATE TABLE nome_tabela (nome_campo atributo);
```

nome_campo é uma cadeia de caracteres iniciada com uma letra que nomeia um campo da tabela de dados. Já ***atributo*** especifica o tipo de dados do campo e outras características, como não permissão de valores nulos, se o campo for chave primária, se há uma checagem de valores válidos, etc. Veja um exemplo:

```
CREATE TABLE CADSTRO_CLIENTES
(CODIGOCLIENTE INTEGER NOT NULL PRIMARY KEY,
 NOMECLIENTE VARCHAR(50),
 SEXO CHAR(1) CHECK (SEXO IN('M','F')),
 ENDERECO VARCHAR(50),
 BAIRRO VARCHAR(40),
 CIDADE VARCHAR(40),
 ESTADO CHAR(2),
 CEP CHAR(9));
```

Além dos tipos de dados definidos pelo padrão ANSI/ISO, podemos encontrar outros que foram acrescentados pelos produtores em vista das novas tecnologias que foram surgindo com o tempo. Veja na tabela seguinte os principais tipos:

Tipo de dado	Descrição
CHAR(*n*)	Cadeia de caracteres com tamanho máximo definido por *n* e fixo.
VARCHAR(*n*)	Cadeia de caracteres com tamanho máximo definido por *n* e variável.
INTEGER	Valor numérico inteiro (sem casas decimais) com capacidade de 32 bits.
SMALLINT	Valor numérico inteiro (sem casas decimais) com capacidade de 16 bits.
DECIMAL (tamanho,decimais)	Valor numérico fracionário (com casas decimais) com o tamanho e o número de casas decimais especificados.
NUMERIC (tamanho,decimais)	Similar ao tipo DECIMAL.
DOUBLE PRECISION (tamanho,decimais)	Similar ao tipo DECIMAL, mas com dupla precisão.
FLOAT	Valor numérico de ponto flutuante com sete dígitos de precisão.
DATE	Permite armazenar uma data.
TIME	Permite armazenar um valor que representa um horário.
BLOB	Tipo de dado binário para armazenamento de arquivo de imagens, som ou vídeo.

Se depois de ter sido definida a estrutura de uma tabela percebermos a necessidade de efetuar algumas alterações nela, como adicionar novos campos ou apagar alguns que não serão mais úteis, devemos recorrer ao comando **ALTER TABLE**. Existe uma limitação no seu uso: ele não permite a alteração do tipo de dado ou do tamanho de um campo. Se for necessário esse tipo de mudança, alguns passos devem ser executados, conforme apresentados em seguida:

- criar um campo temporário com o novo tamanho;
- transportar os dados do campo antigo para o novo;

- apagar esse campo antigo e recriá-lo com o novo tamanho;
- e por fim, transportar de volta os dados do campo temporário para esse novo campo definitivo.

Para adicionar um campo a uma tabela existente, utilizamos o comando com a seguinte sintaxe:

```
ALTER TABLE nome_tabela ADD nome_campo atributo;
```

Veja o exemplo:

```
ALTER TABLE CADASTRO_CLIENTES ADD NUMERORG CHAR(12);
```

Para apagar um campo, usamos:

```
ALTER TABLE nome_tabela DROP nome_campo;
```

No exemplo a seguir, o campo CEP é removido da estrutura da tabela:

```
ALTER TABLE CADASTRO_CLIENTES DROP CEP;
```

O comando **DROP TABLE** funciona de forma similar a **DROP DATABASE**, com a diferença que ele apaga uma tabela inteira do banco de dados. Se houver outras tabelas que estão relacionadas com a que se deseja excluir (por meio de chaves estrangeiras), o servidor não permitirá a operação.

7.3.3. CREATE INDEX e DROP INDEX

Esses comandos permitem, respectivamente, criar e excluir índices secundários. Esses índices são utilizados pelo gerenciador para efetuar pesquisas mais rapidamente. Um índice pode ser formado por um ou mais campos da tabela com ordenação ascendente ou descendente. Para criar um índice, utilizamos a seguinte sintaxe:

```
CREATE INDEX nome_indice ON nome_tabela (nome_campo);
```

Por exemplo, para criar um índice secundário a partir do nome do cliente, teríamos o seguinte comando:

```
CREATE INDEX IXNOMECLIENTE ON CADASTRO_CLIENTES (NOMECLIENTE);
```

Para excluir um índice, simplesmente especificamos o nome do índice após o comando **DROP INDEX**:

```
DROP INDEX nome_indice;
```

7.3.4. CREATE DOMAIN e DROP DOMAIN

Os domínios, como já foi visto anteriormente, são uma espécie de configuração-padrão de atributos que podem ser utilizados diversas vezes na definição de campos das tabelas de dados. Para a criação de um domínio, é preciso especificar um nome, o tipo de dados e outras propriedades, como nos seguintes exemplos:

```
CREATE DOMAIN DMCODIGOCLIENTE INTEGER NOT NULL;
CREATE DOMAIN DMNOME VARCHAR(50);
CREATE DOMAIN DMLIMITECOMPRA DECIMAL(8,2) CHECK (VALUE <= 3000);
CREATE DOMAIN DMNUMERORG CHAR(12);
CREATE DOMAIN DMENDERECO VARCHAR(50);
CREATE DOMAIN DMBAIRRO VARCHAR(40);
CREATE DOMAIN DMCIDADE VARCHAR(40);
CREATE DOMAIN DMESTADO CHAR(2);
CREATE DOMAIN DMCEP CHAR(9);
```

Na definição da estrutura das tabelas, utilizamos o domínio no lugar dos atributos isolados do campo, como no exemplo:

```
CREATE TABLE CADASTRO_CLIENTES
(CODIGOCLIENTE DMCOGICOCLIENTE PRIMARY KEY,
 NOMECLIENTE DMNOME,
```

```
SEXO CHAR(1) CHECK (SEXO IN('M','F')),
ENDERECO DMENDERECO,
BAIRRO DMBAIRRO,
CIDADE DMCIDADE,
ESTADO DMESTADO,
CEP DMCEP,
NUMERORG DMNUMERORG);
```

A sintaxe do comando **DROP DOMAIN** para excluir um domínio existente é:

```
DROP DOMAIN nome_dominio;
```

Quando estivermos tentando apagar um domínio que é utilizado na definição de campo de uma ou mais tabelas, a operação não será executada, sendo relatado um erro pelo próprio sistema. Devemos então apagar primeiramente o campo que é dependente desse domínio.

7.3.5. *CREATE VIEW e DROP VIEW*

Uma visão é criada com o comando **CREATE VIEW** e depois ela pode ser utilizada no lugar de uma expressão para consulta de dados. Após o comando deve vir uma cadeia de caracteres que identifica a visão e o comando que será vinculado a ela.

Um emprego interessante é na criação de consultas que restringem os dados que podem ser visualizados pelo usuário. Veja o seguinte exemplo:

```
CREATE VIEW VW_VENDASACIMA5000 (VALORFATURAMENTO) AS SELECT VALORFATURAMENTO FROM DADOS_FATURAMENTO
WHERE VALORFATURAMENTO >= 5000;
```

Com esse comando estamos criando uma visão que retornará todos os registros de faturamento superiores a R$ 5.000,00. A exclusão de uma visão é feita com o comando **DROP VIEW** *nome_visao*. Para utilizar essa visão, devemos passar ao comando **SELECT** o nome da visão no lugar da tabela real.

7.4. Comandos DML

A tabela seguinte relaciona os principais comandos de manipulação de registros conforme o padrão ANSI/ISO:

Comando	Função
INSERT INTO	Insere um novo registro na tabela de dados.
DELETE FROM	Apaga um ou mais registros de uma tabela de dados.
UPDATE	Permite que os dados de um registro sejam atualizados.
SELECT FROM	Seleciona um conjunto de registros a partir de uma condição e retorna-os ao usuário.

7.4.1. *INSERT INTO*

Com o comando **INSERT INTO** é possível adicionar um novo registro e atribuir valores aos campos que o compõem. É possível especificar apenas um conjunto de campos e não todos. Nesse caso, os campos que não se encontram relacionados não podem ter o modificador **NOT NULL** na definição, já que isso não permite um valor nulo para o campo. Veja o exemplo seguinte:

```
INSERT INTO CADADASTRO_CLIENTES (COGIDOCLIENTE,NOMECLIENTE,ENDERECO,LIMITECOMPRA) VALUES
('05237','WILLIAM PEREIRA ALVES','AV. DA SAUDADE, 2000',2500);
```

Se for necessário atribuir valor a todos os campos da tabela, a lista de campos pode ser suprimida, como mostra o exemplo:

```
INSERT INTO CAD_PRODUTOS VALUES ('978902302','MONITOR 15 POL.',2,8,683.45, 3,'A');
```

Nesse caso específico, a ordem dos valores deve seguir rigorosamente a que está definida para os campos dentro da tabela.

7.4.2. DELETE FROM

Para poder excluir um ou mais registros de uma tabela, devemos usar o comando **DELETE FROM**. O nome da tabela cujos registros serão excluídos é informado logo após o comando. Veja o exemplo:

```
DELETE FROM CADASTRO_PRODUTOS WHERE ATIVO = 'N';
```

Nesse caso, os produtos cujo campo **Ativo** apresenta o caractere "N" serão apagados da tabela.

Se não for especificado nenhum parâmetro após o nome da tabela, todos os registros serão excluídos, como mostra o exemplo seguinte:

```
DELETE FROM CADASTRO_PRODUTOS;
```

A tabela em si ainda existe, mas não possui registros armazenados (está vazia), portanto deve-se ter muito cuidado ao utilizar o comando dessa forma.

7.4.3. UPDATE

O comando **UPDATE** é utilizado para atualizar os valores armazenados nos campos de uma tabela. Sua sintaxe é bastante simples:

```
UPDATE nome_tabela SET nome_campo = valor_campo;
```

Se tivermos vários campos para serem atualizados, eles podem ser especificados em seqüência e separados por vírgula. Veja os dois exemplos mostrados em seguida:

```
UPDATE CADASTRO_CLIENTES SET ESTADO = 'SP';
UPDATE CADASTRO_PRODUTOS SET PRECOCUSTO = PRECOCUSTO * 1.15, SET PRECOVENDA = PRECOCUSTO *
MARGEMLUCRO;
```

A cláusula **WHERE** também pode ser utilizada no caso de desejarmos atualizar apenas um grupo de registros, como no exemplo a seguir em que somente os produtos da categoria '035' (campo CODIGOCATEGORIA= '035') terão o valor do campo MARGEMLUCRO alterado para 18,50:

```
UPDATE CADASTRO_PRODUTOS SET MARGEMLUCRO = 18.50 WHERE CODIGOCATEGORI = '035';
```

7.4.4. SELECT FROM

Este talvez seja o comando mais utilizado e o que possui mais parâmetros e opções. Com ele podemos efetuar consultas nas tabelas, especificando os campos desejados, uma condição para a pesquisa e a ordem em que os registros deverão ser apresentados. Basicamente a sintaxe é a seguinte:

```
SELECT campos FROM nome_tabela/visão;
```

Para especificar todos os campos da tabela, utilizamos um asterisco (*), como mostra o seguinte exemplo:

```
SELECT * FROM CADASTRO_CLIENTES;
```

Se desejarmos saber apenas os nomes dos clientes cujo limite de compra seja superior a R$ 3.000,00, devemos executar o comando:

```
SELECT NOMECLIENTE FROM CADASTRO_CLIENTES WHERE LIMITECOMPRA >= 3000;
```

Vamos supor agora que esses mesmos registros devam ser apresentados em ordem crescente. O comando seria:

```
SELECT NOMECLIENTE FROM CADASTRO_CLIENTES WHERE LIMITECOMPRA >= 3000
ORDER BY LIMITECOMPRA;
```

Os operadores lógicos **AND**, **OR** e **NOT** podem ser utilizados para concatenar mais de uma expressão à cláusula **WHERE**. Por exemplo, para recuperar todos os clientes que residem no estado de São Paulo e possuem limite de compra superior a R$ 3.000,00, usamos o comando:

```
SELECT NOMECLIENTE FROM CADASTRO_CLIENTES WHERE ESTADO = 'SP'
AND LIMITECOMPRA >= 3000;
```

Um operador muito utilizado é o de comparação **LIKE**. Ele permite que parte de uma cadeia de caracteres seja fornecida para que os dados sejam recuperados. Por exemplo, para listar todos os clientes cujos nomes comecem com a expressão caractere "JON", teríamos de executar o comando:

```
SELECT NOMECLIENTE FROM CADASTRO_CLIENTES WHERE NOMECLIENTE LIKE 'JON%';
```

Dessa maneira seriam apresentados todos os registros cujo valor do campo NOMECLIENTE começa com as letras "JON", independentemente do que vem após elas. Assim seriam válidos nomes como "JONAS", "JONATAS" e "JONNY".

Se utilizarmos o nome de uma visão no lugar do nome da tabela, ela será tomada como base para geração dos registros retornados.

7.5. Comandos de Segurança

Dois são os comandos principais para gerenciamento de segurança de acesso. Um para dar privilégios aos usuários e outro para revogá-los.

O comando **GRANT** permite que sejam dados privilégios a um usuário, enquanto **REVOKE** é usado para remover um ou mais privilégios.

A sintaxe do comando GRANT é:

```
GRANT direitos ON nome_tabela TO identificação;
```

- *direitos*: indica os direitos que podem ser concedidos ao usuário. São eles: ALL PRIVILEGES, SELECT, INSERT, UPDATE e DELETE.
- *nome_tabela*: é a tabela de dados ou visão na qual será aplicada a concessão dos direitos.
- *identiticação*: é uma identificação da autorização para a qual os privilégios foram concedidos.

A sintaxe para o comando REVOKE é um pouco parecida:

```
REVOKE direitos ON nome_tabela FROM identificação;
```

A seguir temos exemplos de concessão e revogação de direitos:

```
GRANT SELECT, INSERT, UPDATE ON CADASTRO_CLIENTES TO WILLIAM;
GRANT SELECT, INSERT, UPDATE, DELETE ON CADASTRO_CLIENTES TO SYSDBA;
REVOKE DELETE ON CADASTRO_PRODUTOS FROM VENDABALCAO1;
REVOKE INSERT,UPDATE,DELETE ON CADASTRO_CLIENTES FROM VENDABALCAO1;
```

Bem, com esta pequena introdução à linguagem SQL foi possível ter uma idéia do que ela oferece e o que é possível fazer com ela.

Exercício

1. Quais são os tipos de comandos existentes na linguagem SQL?

Apresentação do Delphi 2005

Assuntos abordados neste capítulo

- *Novas características do Delphi 2005*
- *O ambiente de trabalho*
- *Alteração do layout do ambiente*
- *Como escolher a plataforma de desenvolvimento*

8.1. Um Novo Paradigma

A Borland mais uma vez surpreendeu com essa nova versão do Delphi. Ela o está levando a um novo patamar no segmento de ferramentas de desenvolvimento, ao incorporar em um único produto recursos para criação de sistemas completos para Windows 32 bits (Win32) e para a plataforma Microsoft .NET. A versão 8 já havia inaugurado essas características, mas por motivos que não vêm ao caso, acabou ficando obscurecida.

Parece que a Borland procura também transformar o Delphi 2005 em um ambiente de desenvolvimento multilinguagem, e assim desvincular a idéia existente em muitas pessoas de que o Delphi é uma linguagem. Isso pode ser percebido quando os desenvolvedores que trabalham com ele dizem "Vou desenvolver o sistema em Delphi", em vez de dizer "Vou desenvolver em ObjectPascal, no ambiente Delphi".

Agora podemos utilizar o Delphi no desenvolvimento de aplicativos utilizando a linguagem ObjectPascal ou C# (C sharp), da Microsoft. A Borland já tem alguma experiência com essa linguagem por causa de seu ambiente C#Builder, lançado há alguns anos.

Especificamente para a plataforma Microsoft .NET, o Delphi 2005 traz recursos gráficos para desenho de componentes ASP.NET, Windows Forms e Web Services com ObjectPascal ou C#. Agora existe uma versão da VCL (com todos os componentes) desenhada para essa plataforma, denominada VCL.NET.

Um ponto muito criticado pelos programadores na versão 8 era a ausência do grupo de componentes ADO. Agora a versão 2005 traz esses componentes, numa paleta denominada dbGo.

Já o dbExpress contém nessa versão, drivers para conexão com bancos de dados InterBase 7.5, Oracle 10g, Microsoft SQL Server 2000, Informix 9.x, IBM DB2 8.x, MySQL 4.0.x, SQL Anywhere 9 e Sybase 12.5.

Uma outra novidade apresentada pelo Delphi 2005 é que, além do Rave Reports, ele contém um novo componente, o gerador de relatórios: Crystal Reports for .NET.

8.2. Um Novo Ambiente de Desenvolvimento

O Delphi 8 inaugurou um ambiente totalmente redesenhado, que também se encontra na versão 2005. A principal diferença está no fato de que todas as janelas flutuantes anteriormente usadas foram englobadas numa única janela principal do sistema, muito similar ao Visual Basic .NET.

A paleta de componentes apresenta-se agora como uma lista hierárquica no canto direito inferior, em vez de um grupo de guias na parte superior do ambiente. O **Object Inspector** também sofreu pequenas alterações no visual.

A janela de definição de formulários não é mais apresentada de forma individual, mas incorporada na seção central do ambiente de trabalho.

As figuras 8.1 e 8.2 mostram o novo ambiente do Delphi 2005, com um projeto **Win32** e **Windows Forms** para plataforma .NET respectivamente. Compare com o ambiente do Delphi 7, mostrado na figura 8.3.

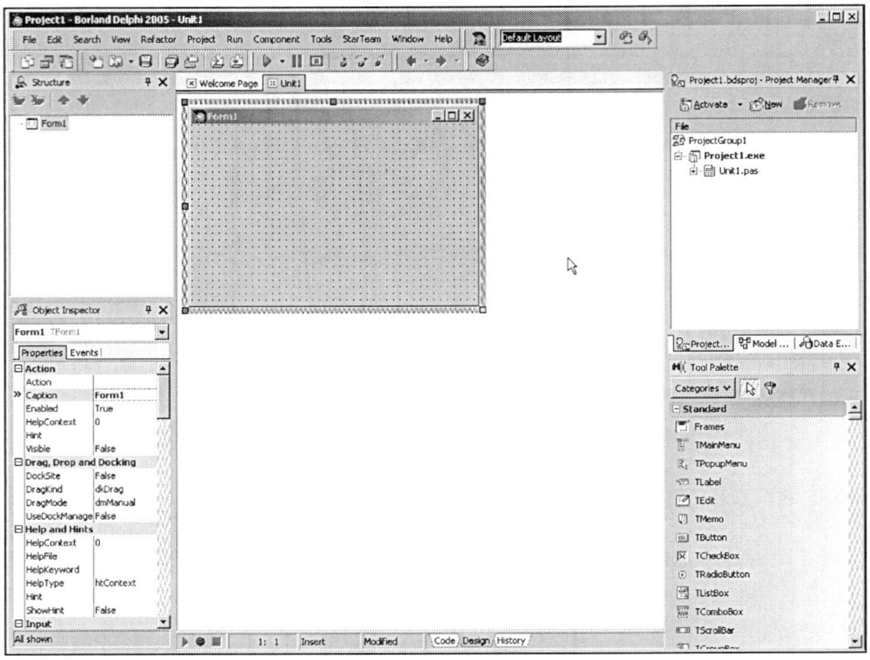

Figura 8.1

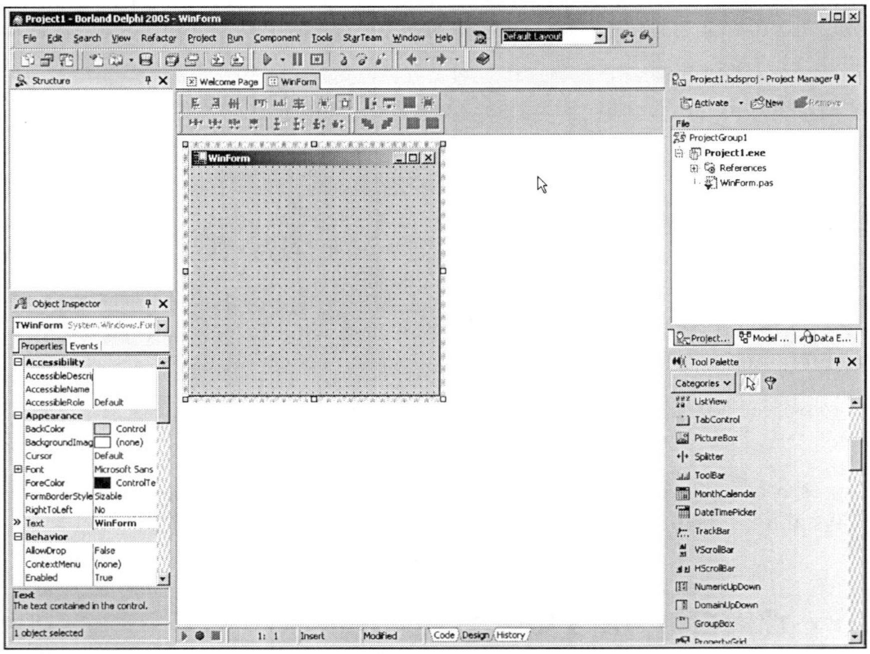

Figura 8.2

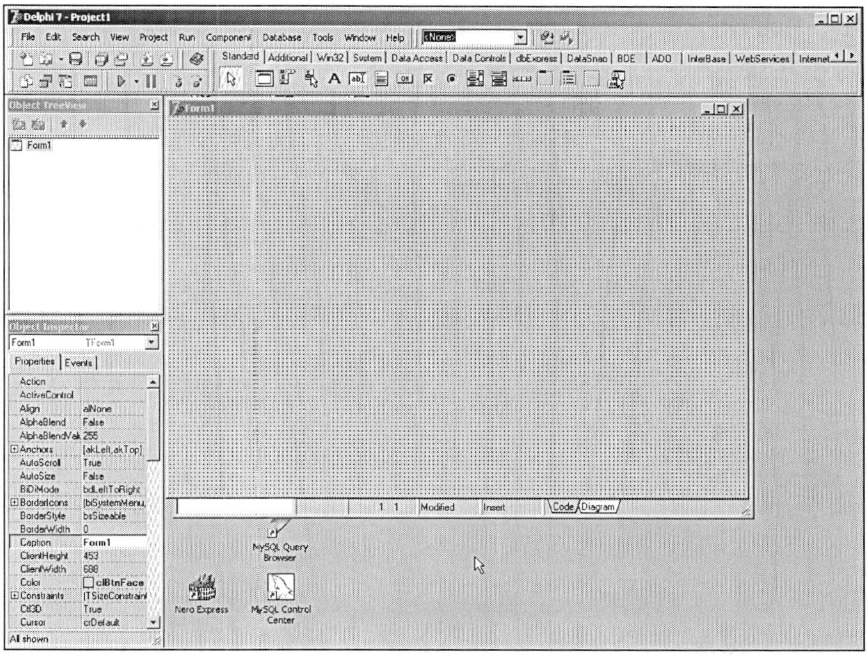

Figura 8.3

É possível, no entanto, tornar o visual do ambiente parecido como das versões anteriores. Para isso simplesmente clique na caixa de combinação da extremidade direita do menu e escolha a opção **Classic Unlocked** (figura 8.4), que o ambiente assume a aparência da figura 8.5.

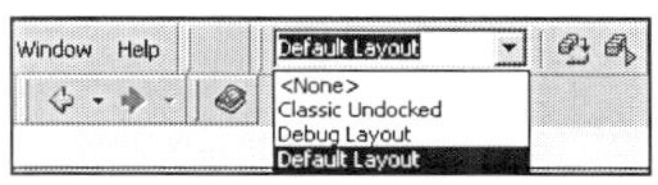

Figura 8.4

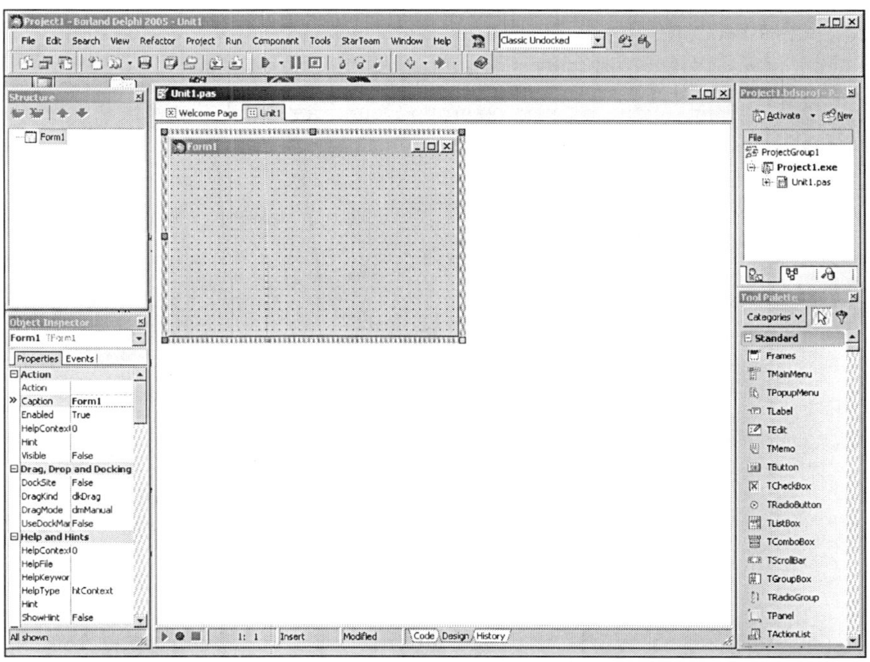

Figura 8.5

Se for escolhida a opção **Debug Layout**, o Delphi 2005 terá o visual da figura 8.6.

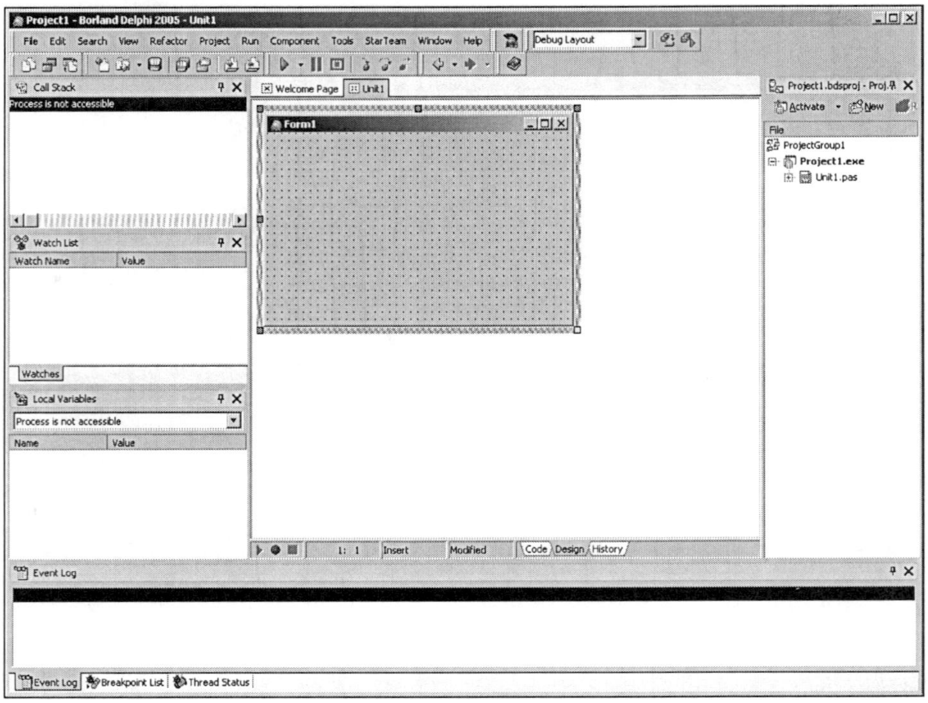

Figura 8.6

8.3. Como Iniciar um Projeto

Como já mencionado anteriormente, existem duas opções de plataforma de desenvolvimento disponíveis no Delphi 2005: **Win32** e **.NET Framework.**

Para iniciar um projeto compatível com a plataforma **Win32** (aplicação Windows 32 bits, similar às geradas pelas versões anteriores), você pode clicar num dos itens disponíveis no grupo **Delphi Projects**, mostrado na figura 8.7.

Já para projetos padrão .NET, escolha o item desejado no grupo **Delphi for .NET Projects** (figura 8.8). Todas as categorias de projetos podem ser visualizadas a partir do botão **Categories**, localizado acima da paleta de ferramentas (figura 8.9).

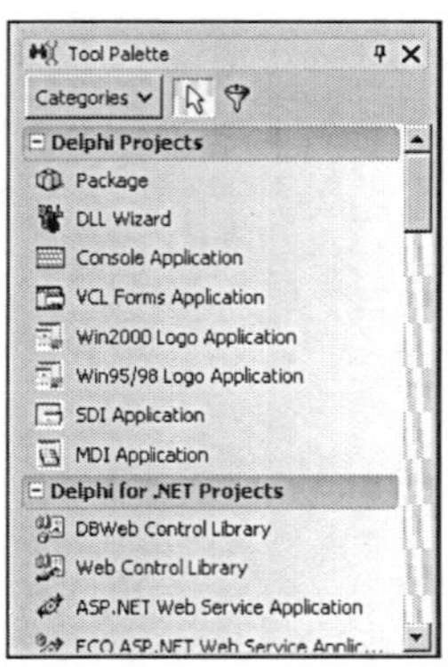

Figura 8.7

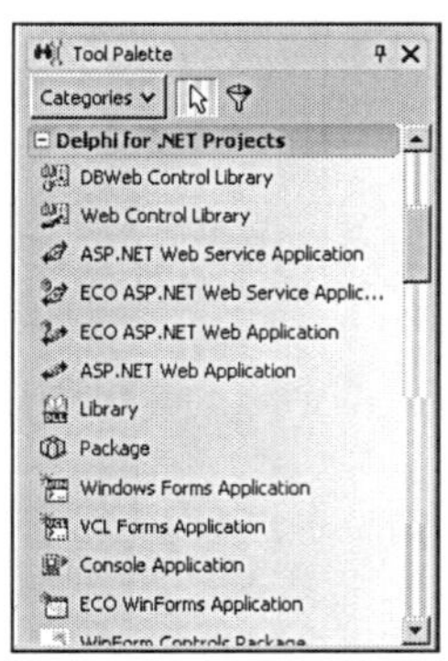

Figura 8.8

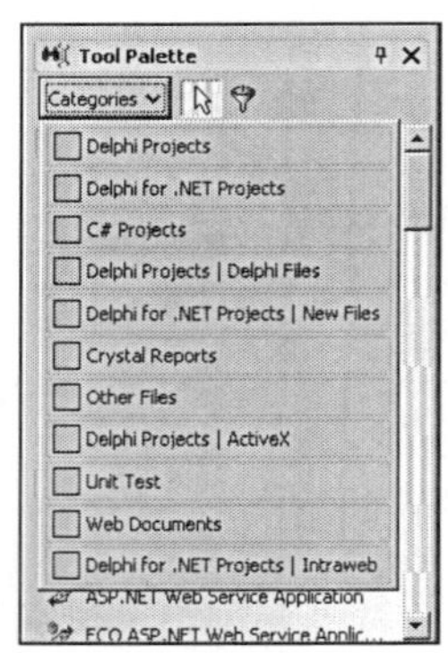

Figura 8.9

Outra forma de iniciar um projeto (seja **Win32** ou **.NET Framework**) é clicar no botão **New** apresentado na tela de abertura (figura 8.10). Isso faz com que seja mostrada uma caixa de diálogo (figura 8.11). As figuras 8.12 , 8.13 e 8.14 apresentam as opções de alguns itens disponíveis.

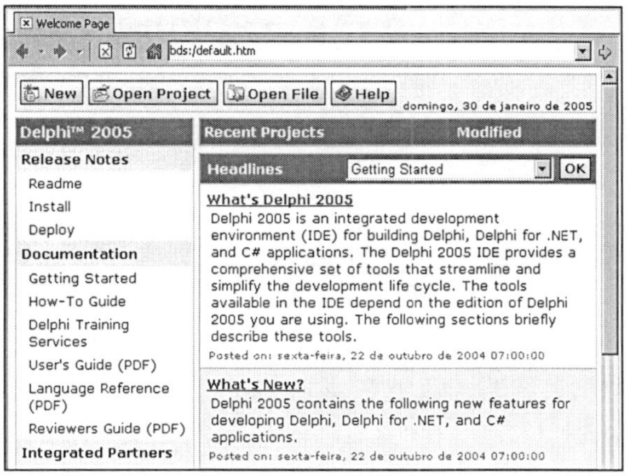

Figura 8.10

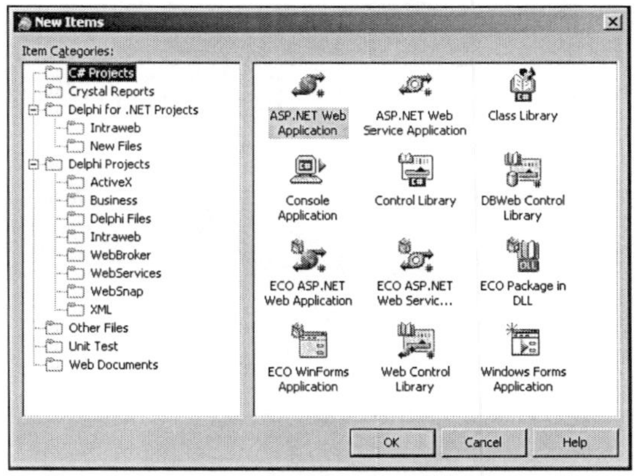

Figura 8.11

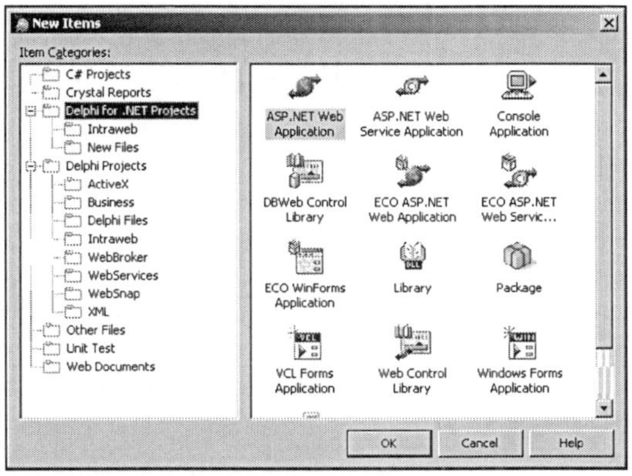

Figura 8.12

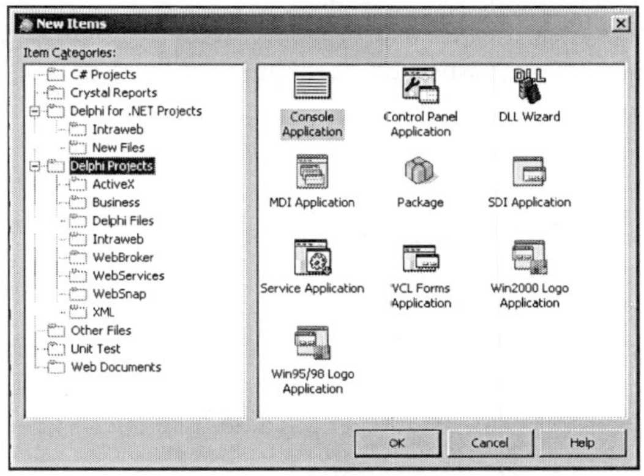

Figura 8.13

Outra possibilidade é acessar o menu **New** e escolher uma das opções mostradas na figura 8.15.

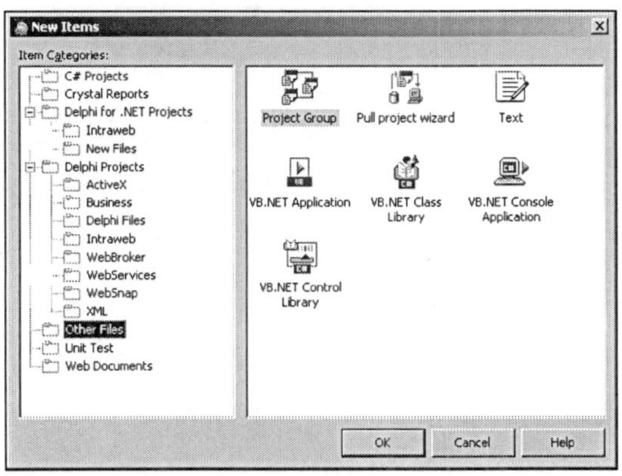

Figura 8.14

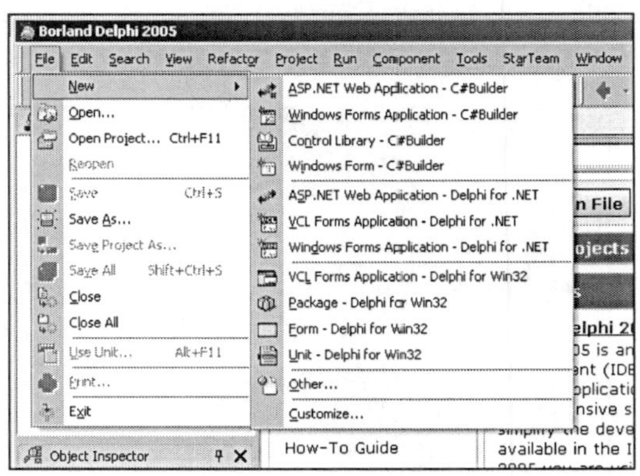

Figura 8.15

capítulo 9

Instalação do Delphi 2005

Assuntos abordados neste capítulo

- *Processo de instalação do Delphi 2005*
- *Instalação de componentes adicionais*

Embora pareça desnecessário, achou-se conveniente apresentar o processo de instalação do Delphi 2005, tendo em vista que ele difere um pouco do procedimento adotado nas versões anteriores. A primeira medida que se deve tomar é instalar alguns componentes que são requeridos para a correta instalação e execução.

9.1. Instalação dos Pré-Requisitos

Antes mesmo de iniciar a instalação do Delphi 2005, precisamos instalar a última versão do ***Microsoft .NET Framework Package*** e do ***Microsoft .NET Framework SDK Package***. Esses dois componentes são responsáveis pelo desenvolvimento e execução de aplicações para plataforma Microsoft .NET. A versão mais recente é a 1.1, mas a 2.0 ainda se encontra em versão Beta (pelo menos até a época do lançamento deste livro).

Para instalar o ***Microsoft .NET Framework Package***, abra o Windows Explorer e execute o programa **dotnetfx.exe** localizado na pasta **dotnetRedist** do primeiro CD-ROM. A tela da figura 9.1 é apresentada.

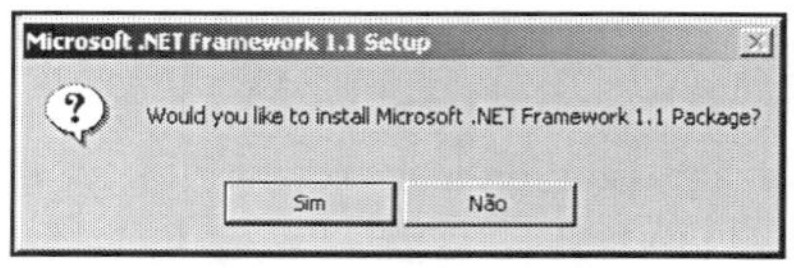

Figura 9.1

Clique no botão **Sim** e a tela da figura 9.2 surge em seguida. Escolha a primeira opção e clique em **Install**. Com isso o processo de cópia dos arquivos é iniciado (figura 9.3).

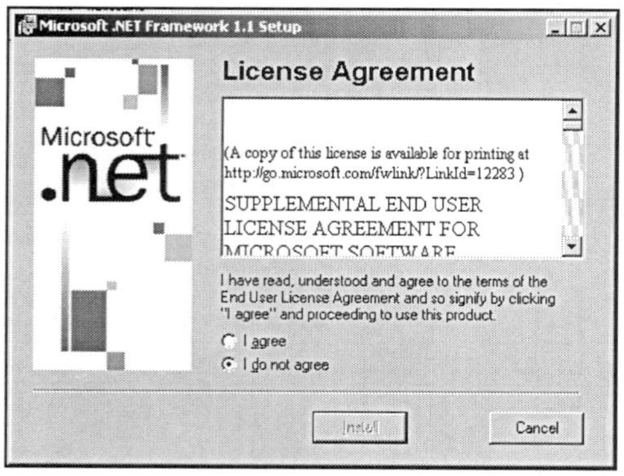

Figura 9.2

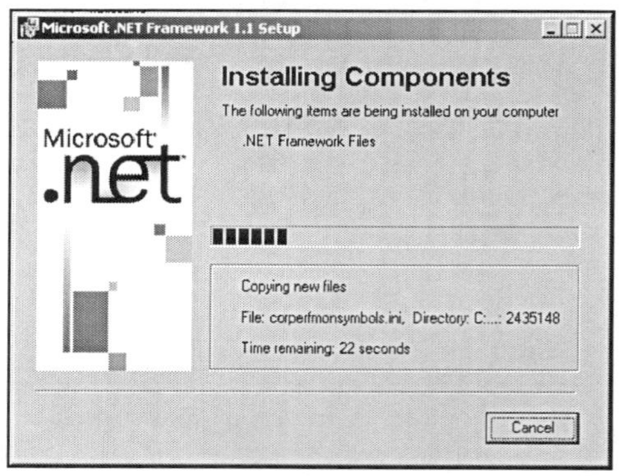

Figura 9.3

Quando a instalação finalizar, a mensagem da figura 9.4 aparece. Clique no botão **OK** para sair do programa.

Para instalar o ***Microsoft .NET Framework SDK Package***, o processo é similar, ou seja, a partir do Windows Explorer, execute o programa **setup.exe** localizado na pasta **dotnetSDK**, também presente no primeiro CD-ROM. Assim a tela da figura 9.5 aparece em seguida. Ao clicar no botão **Sim**, surge a tela da figura 9.6. Clique no botão **Next**, na tela seguinte (figura 9.7) escolha a primeira opção e clique em **Next** novamente.

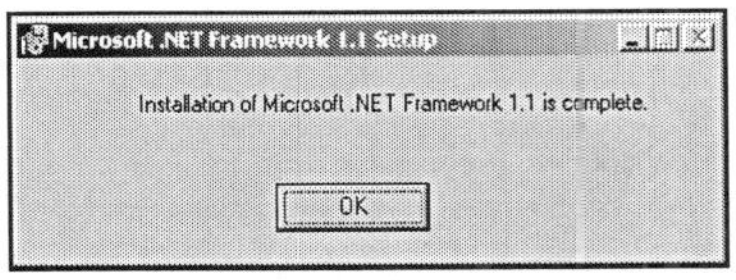

Figura 9.4

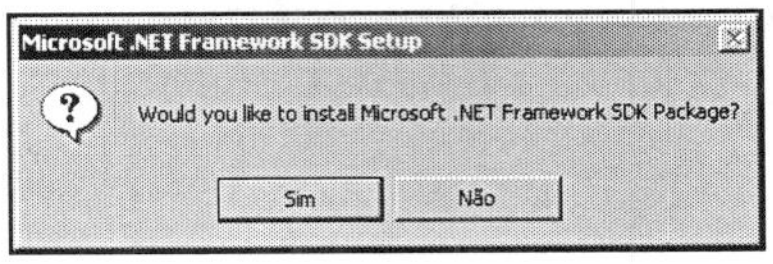

Figura 9.5

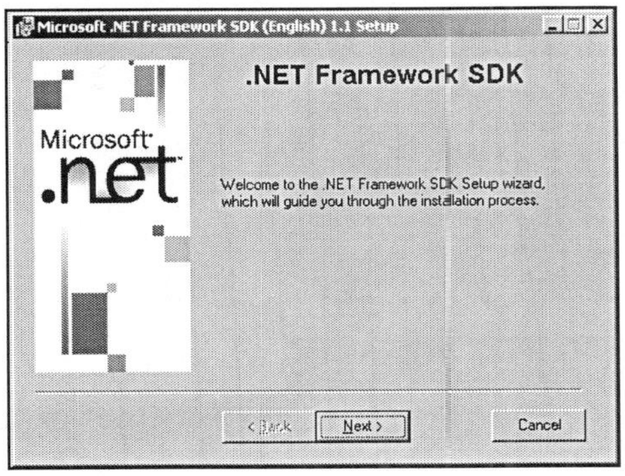

Figura 9.6

Figura 9.7

Na próxima tela (figura 9.8) deixe as duas opções selecionadas e clique em **Next**. Clique também no botão **Next** da tela seguinte (figura 9.9) para assim iniciar a cópia dos arquivos (figura 9.10).

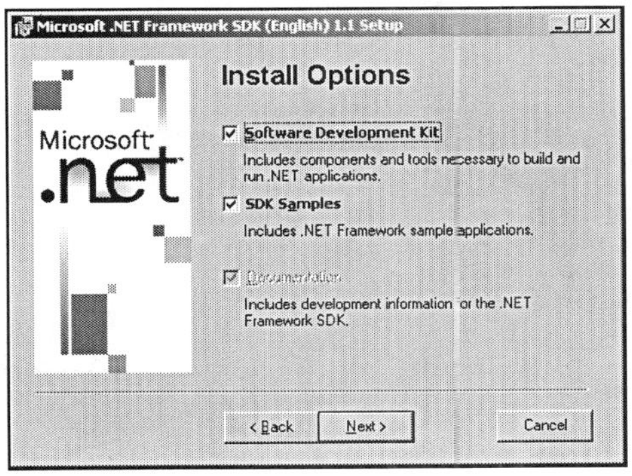

Figura 9.8

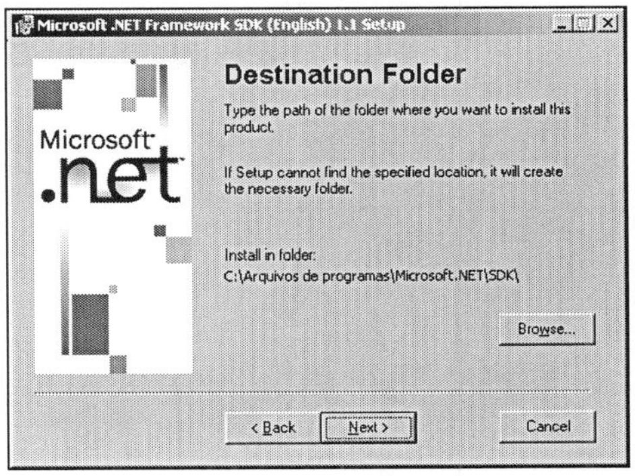

Figura 9.9

Ao final da instalação do SDK, será iniciada automaticamente a instalação do Visual J# (figura 9.11). Além do *.NET Framework*, o Delphi 2005 exige que o componente **Microsoft XML Core Services 4.0** esteja atualizado com o Service Pack 2 (SP2). O arquivo de atualização pode ser encontrado na pasta **msxml**. Com o Windows Explorer dê um duplo-clique no arquivo **msxml.msi** para executá-lo.

Figura 9.10

Figura 9.11

9.2. Instalação do Delphi 2005

Primeiramente, certifique-se de que seu drive de CD-ROM está configurado para auto-execução. Coloque então o primeiro CD-ROM do Delphi 2005 no drive e espere até que a tela de abertura da figura 9.12 seja mostrada. Se o drive não estiver preparado para auto-execução, abra o Windows Explorer e execute o programa **install.exe** do primeiro CD-ROM.

Clique na opção **Install Borland Delphi 2005** e a tela da figura 9.13 surge logo após. Clique no botão **Next**. Com isso aparece a tela da figura 9.14, indicando que o processo está sendo preparado. Após essa tela surge a mensagem da figura 9.15. Você deve clicar no botão **Next** novamente.

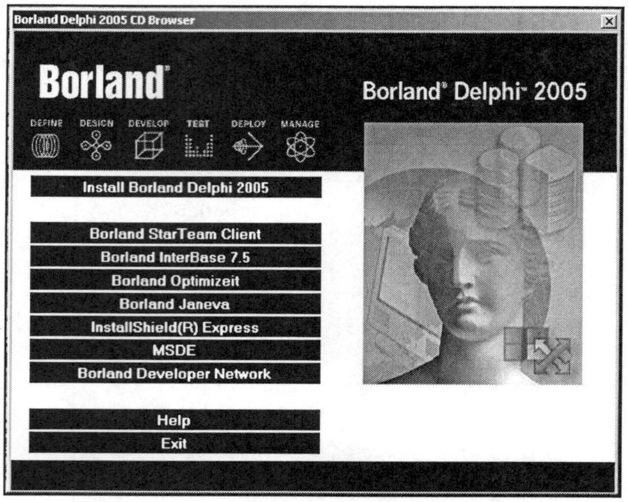

Figura 9.12

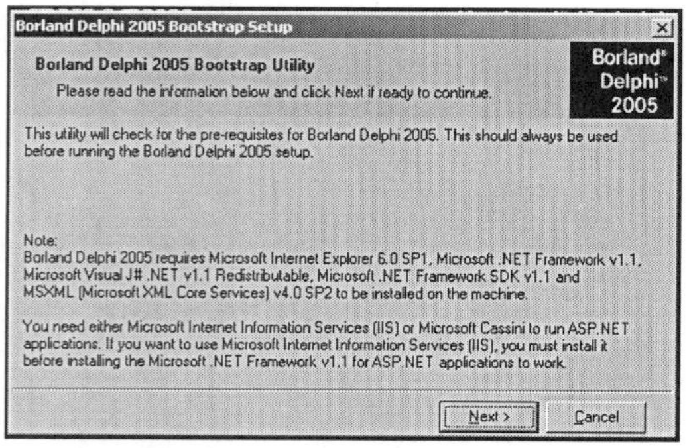

Figura 9.13

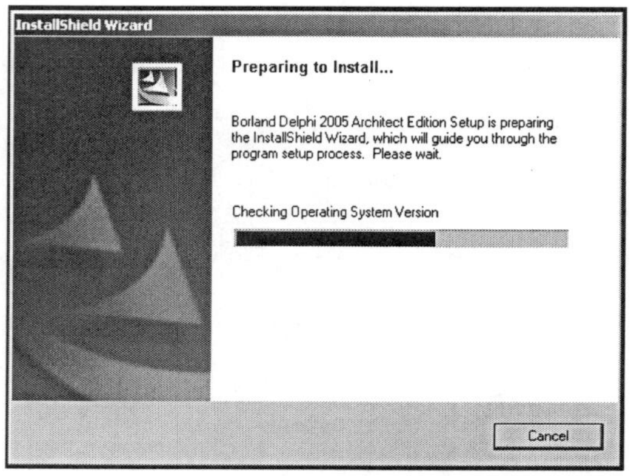

Figura 9.14

Na tela seguinte (figura 9.16) escolha a primeira opção e clique em **Next**. Digite as informações pedidas na tela da figura 9.17 e clique em **Next**. Escolha a opção **Complete** (figura 9.18) e clique em **Next** novamente.

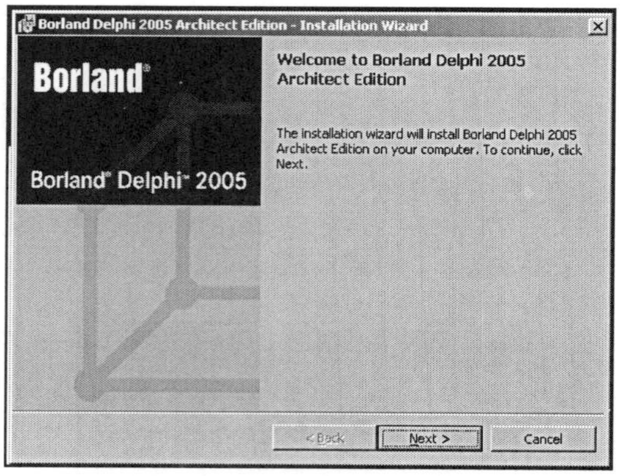

Figura 9.15

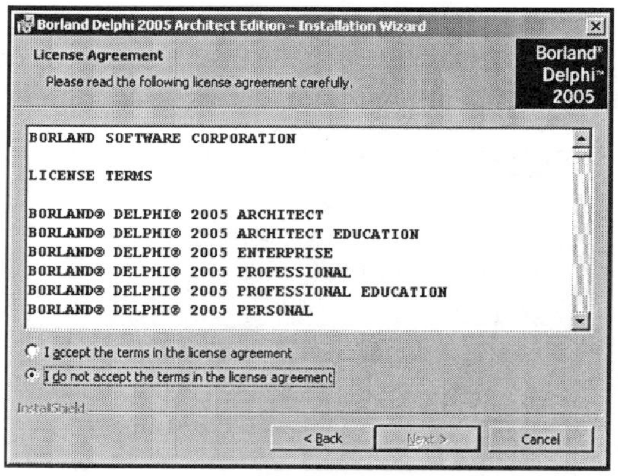

Figura 9.16

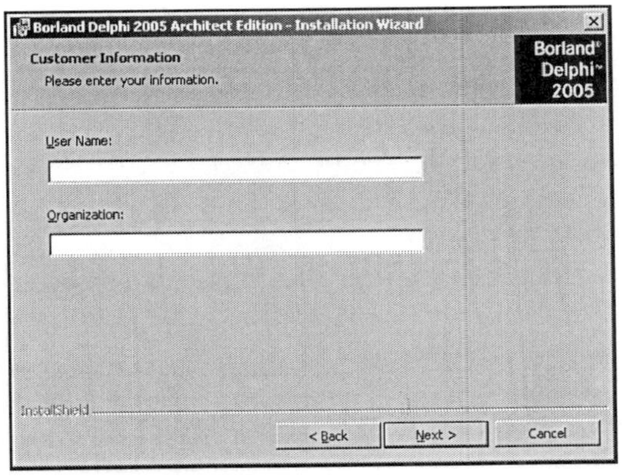

Figura 9.17

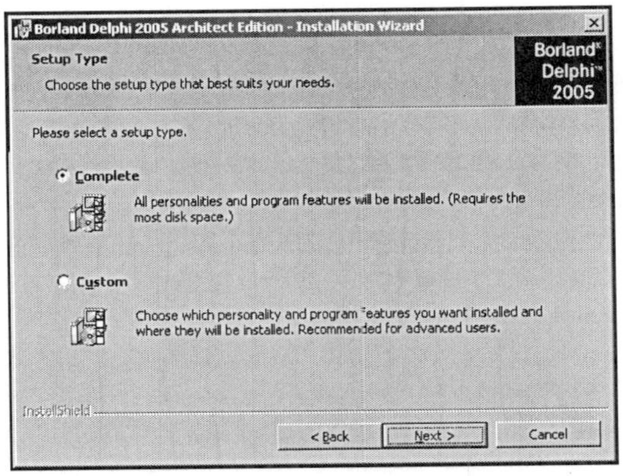

Figura 9.18

Uma nova tela é apresentada (figura 9.19) para instalação do Crystal Reports. Selecione a primeira opção e clique em **Next**. A próxima tela apresenta as pastas/diretórios de destino (figura 9.20).

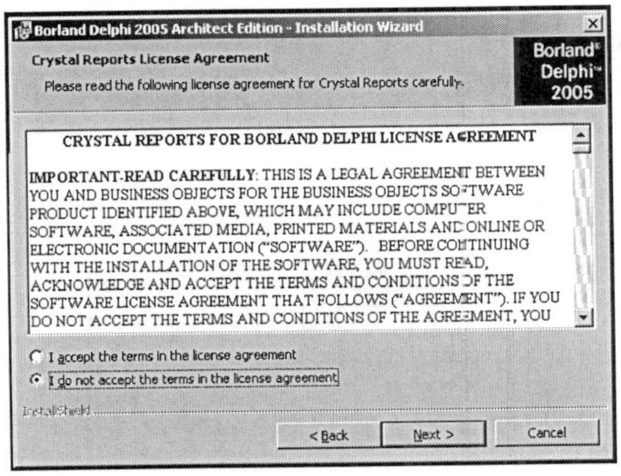

Figura 9.19

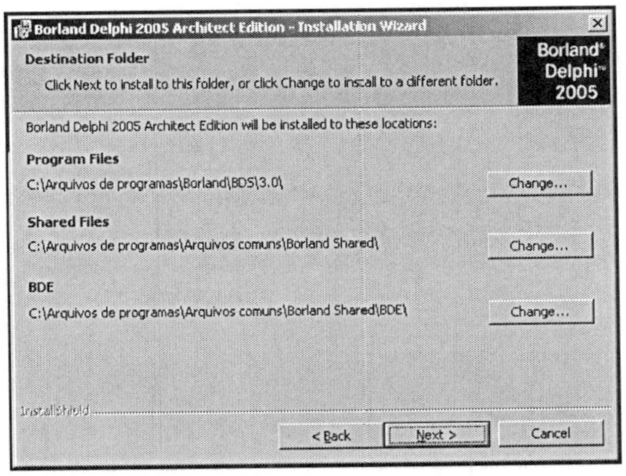

Figura 9.20

Deixe especificado o padrão e clique em **Next**. Nas duas telas seguintes (figuras 9.21 e 9.22) simplesmente clique no botão **Next**.

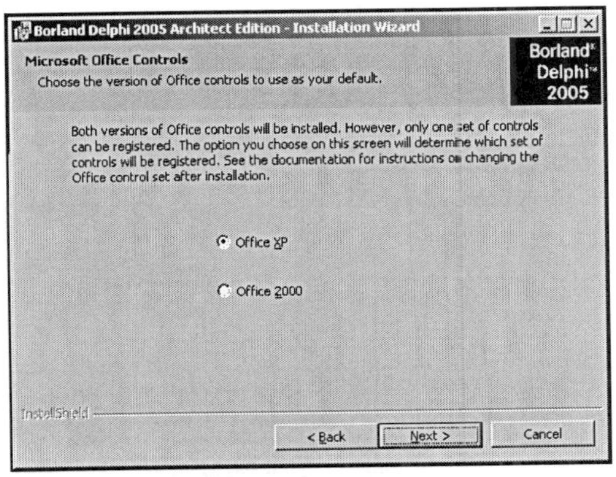

Figura 9.21

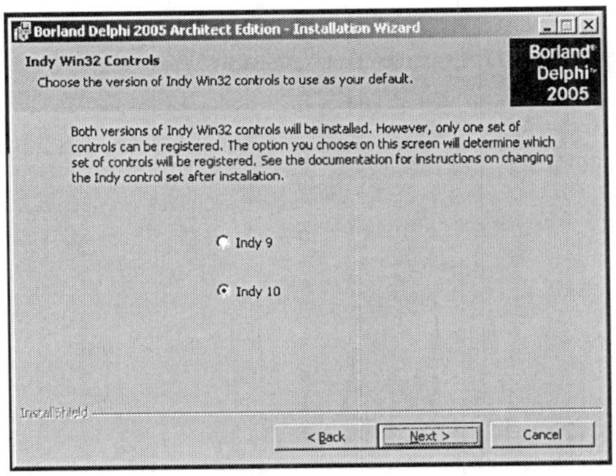

Figura 9.22

A figura 9.23 mostra a tela que permite selecionar outros componentes que devem ser instalados. O melhor é deixar todos selecionados e clicar em **Next**. A tela da figura 9.24 aparece por fim. Clique no botão **Install** para dar início à cópia dos arquivos, como mostra a figura 9.25.

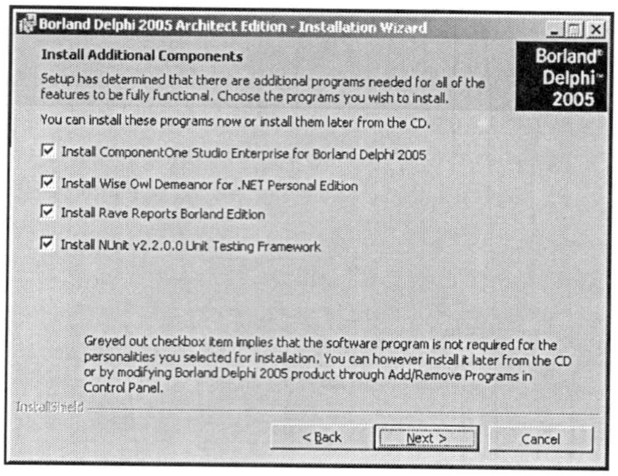

Figura 9.23

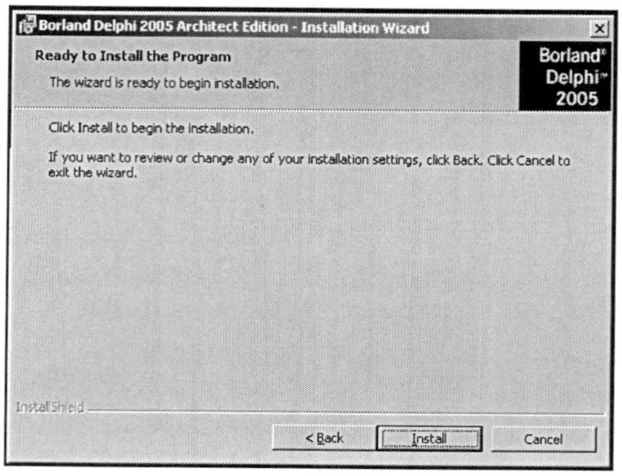

Figura 9.24

Quando todos os arquivos do primeiro CD-ROM tiverem sido copiados, a mensagem da figura 9.26 é mostrada. Troque o disco e clique no botão para continuar.

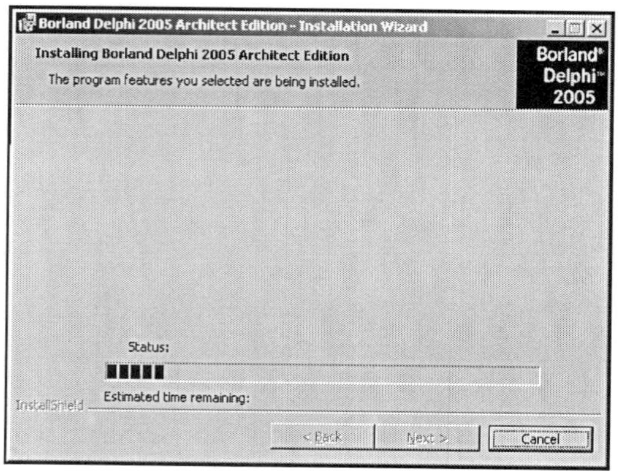

Figura 9.25

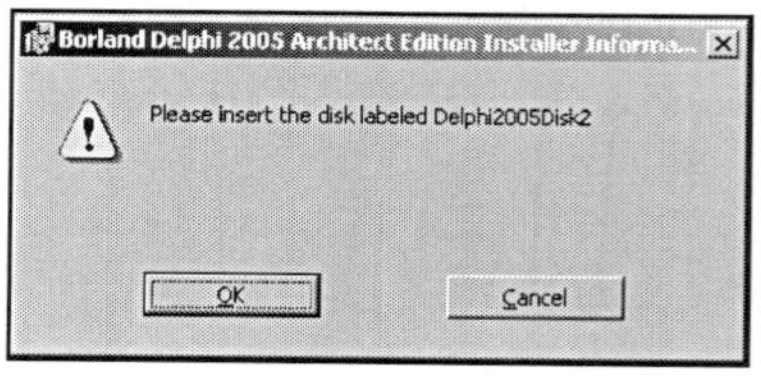

Figura 9.26

9.3. Instalação dos Componentes Adicionais

O primeiro componente a ser instalado é o Wise Owl Demeanor .NET. A figura 9.27 mostra a tela inicial do programa de instalação. Clique em **Next**, na tela seguinte escolha a opção **I Agree** e clique em **Next** novamente.

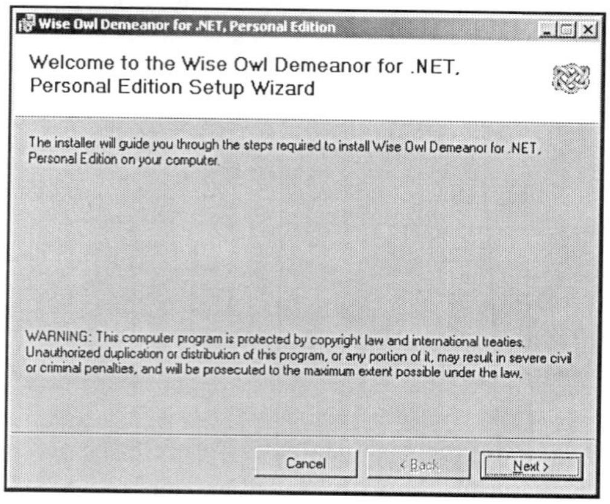

Figura 9.27

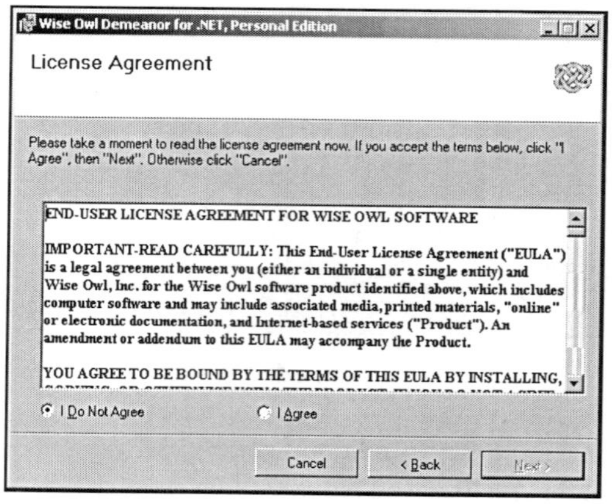

Figura 9.28

Nas telas das figuras 9.29 e 9.30, clique também no botão **Next**. Quando todos os arquivos tiverem sido instalados, surge uma tela final (figura 9.31) na qual deve-se clicar no botão **Close**. A seguir é iniciada a instalação do ComponentOne Studio (figura 9.32).

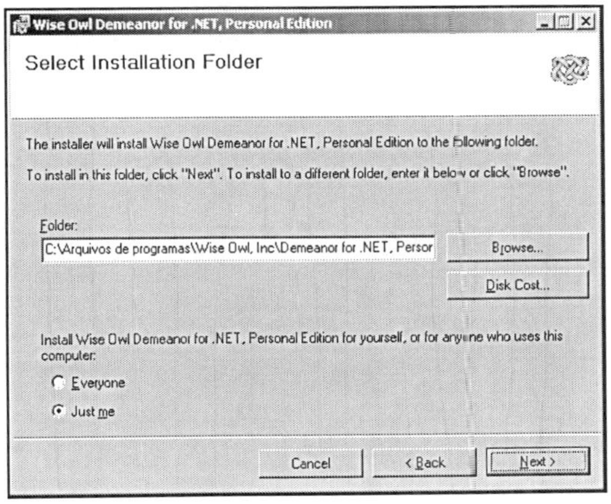

Figura 9.29

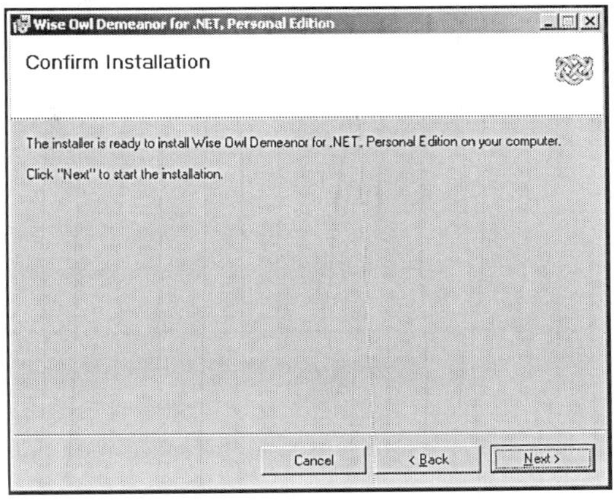

Figura 9.30

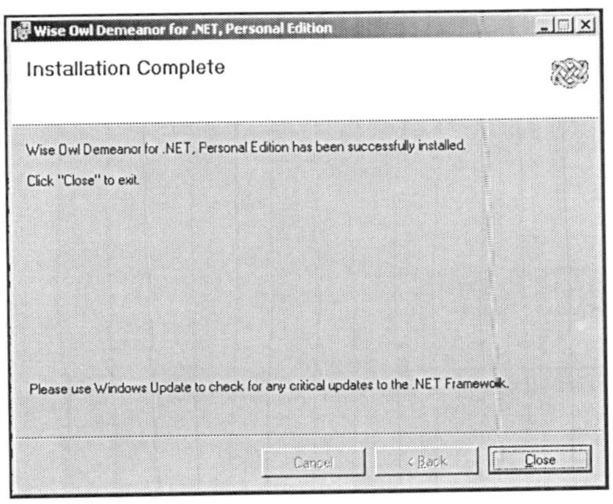

Figura 9.31

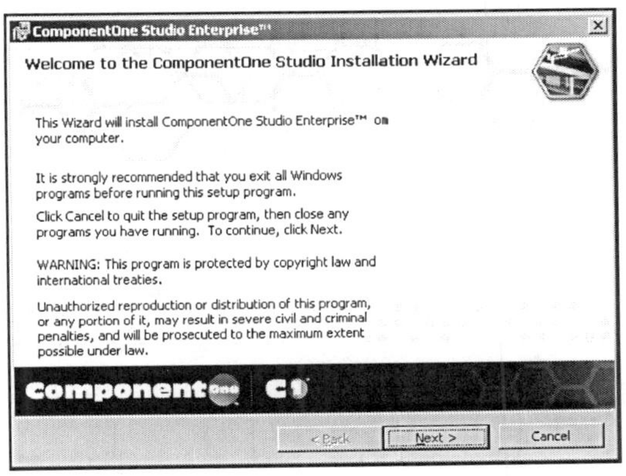

Figura 9.32

Clique no botão **Next** para que seja mostrada a próxima tela (figura 9.33). Então escolha a primeira opção e clique em **Next**. Na próxima tela (figura 9.34), selecione a opção **Complete** e clique em **Next** mais uma vez. Clique no botão **Install** (figura 9.35) para iniciar a cópia dos arquivos (figura 9.36).

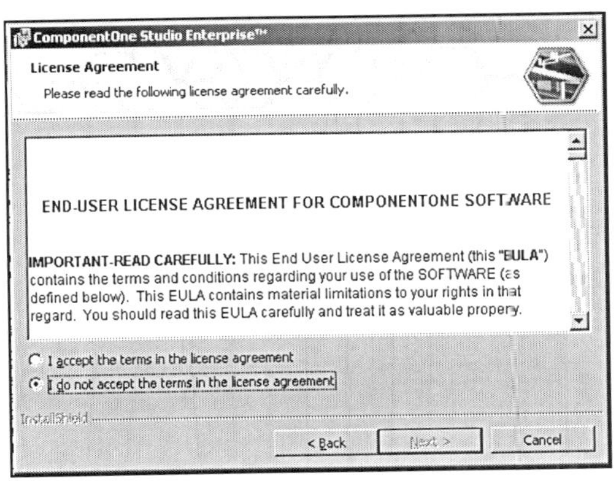

Figura 9.33

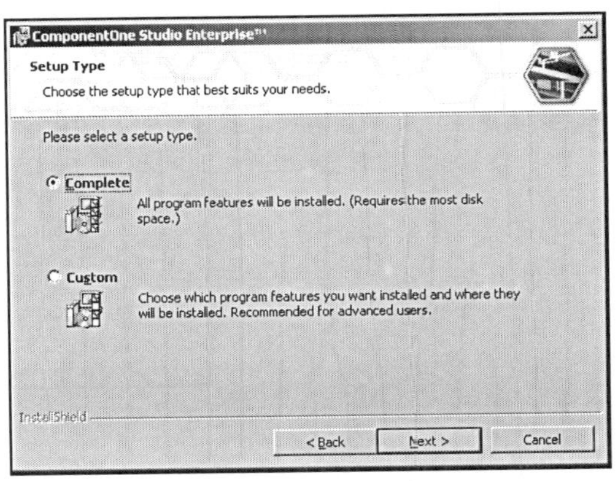

Figura 9.34

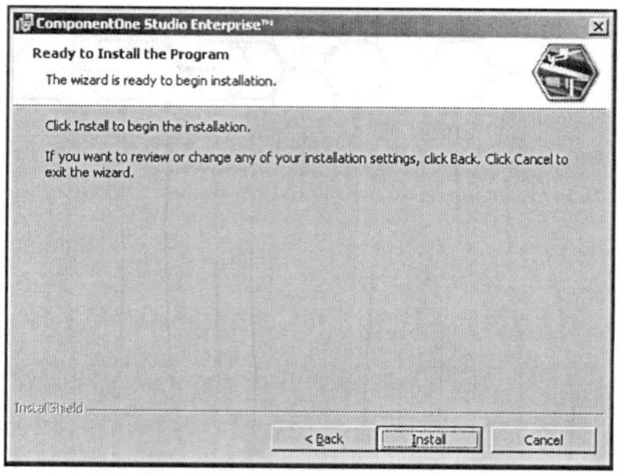

Figura 9.35

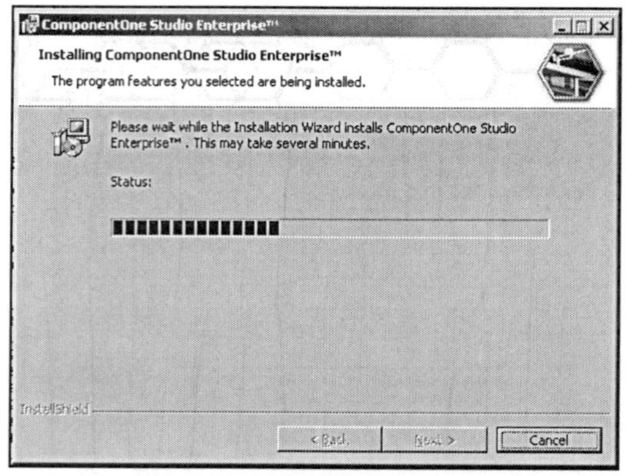

Figura 9.36

No final dessa cópia é apresentada a mensagem da figura 9.37. Clique em **Finish** para finalizar.

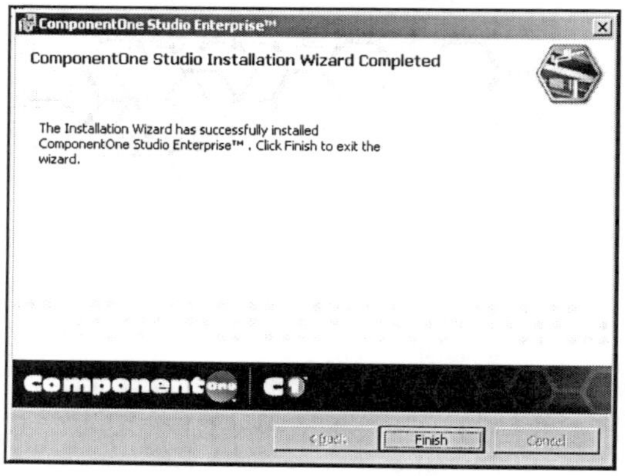

Figura 9.37

O próximo componente a ser instalado é o NUnit. A figura 9.38 mostra a primeira tela do instalador. Clique no botão **Next** para que a tela seguinte (figura 9.39) apareça. Clique novamente em **Next**, escolha a opção **I Agree** e clique no botão **Next** mais uma vez (figura 9.40).

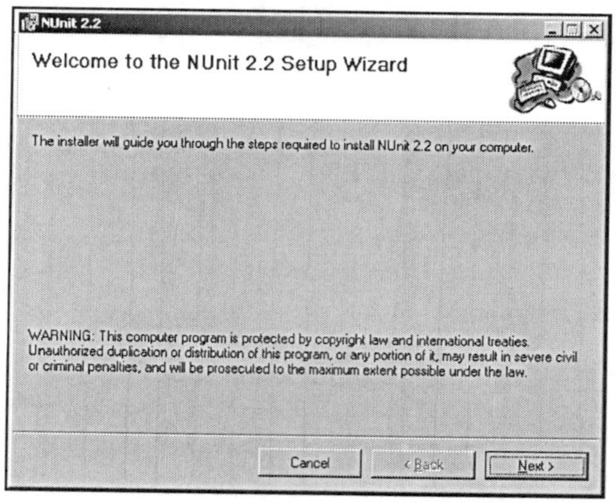

Figura 9.38

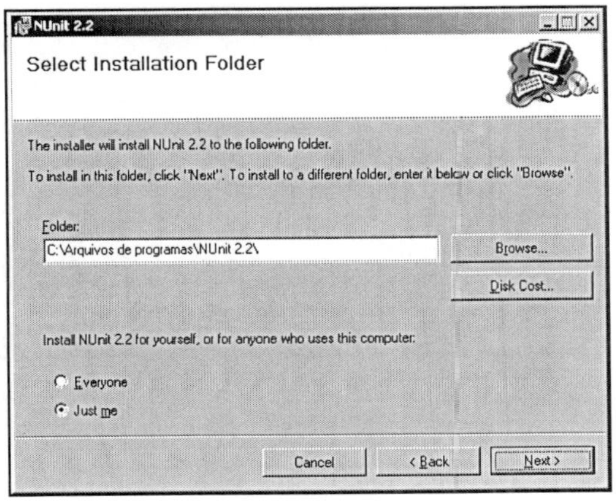

Figura 9.39

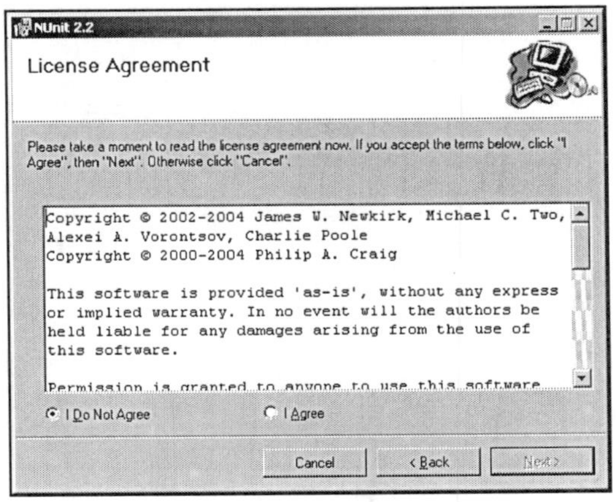

Figura 9.40

Para dar início à cópia dos arquivos, clique no botão **Next** da tela da figura 9.41. A tela da figura 9.42 aparece após a finalização do processo.

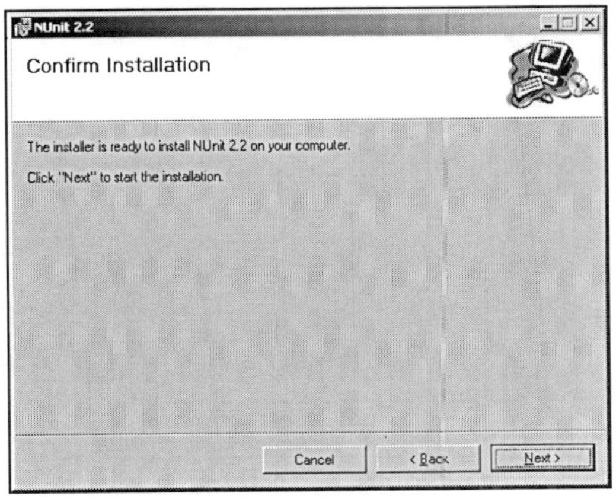

Figura 9.41

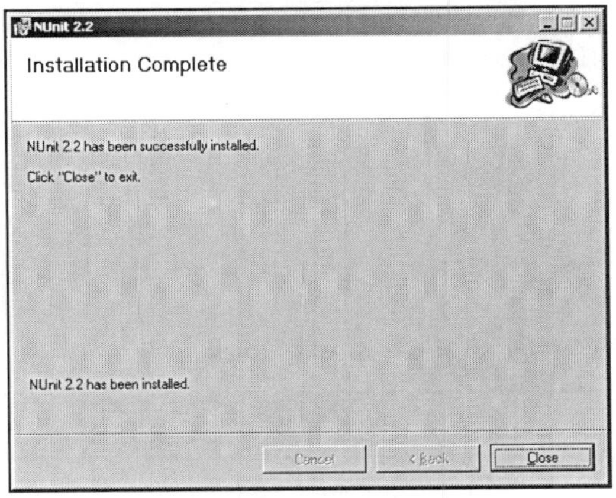

Figura 9.42

O último componente é o Rave Reports, cuja tela inicial de instalação é mostrada na figura 9.43. Marque a caixa de seleção e clique no botão **Next**. Na tela da figura 9.44, clique novamente em **Next** para dar início ao processo de instalação propriamente dito (figura 9.45).

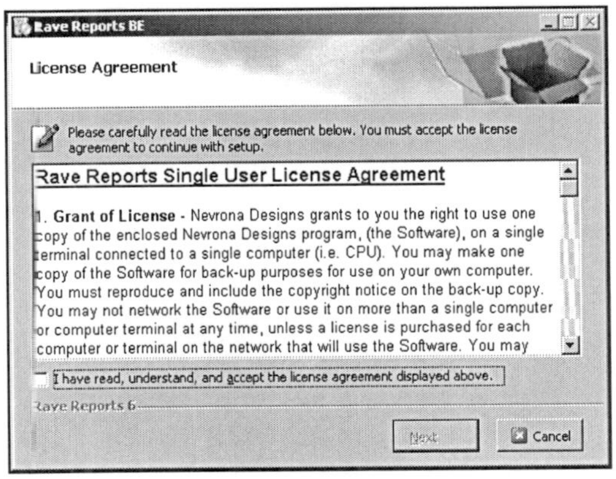

Figura 9.43

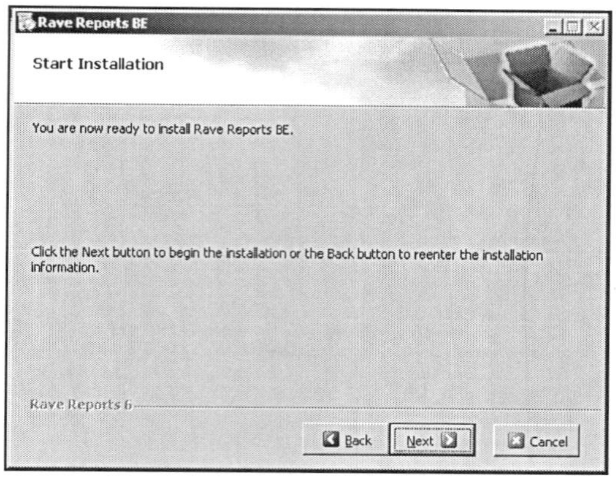

Figura 9.44

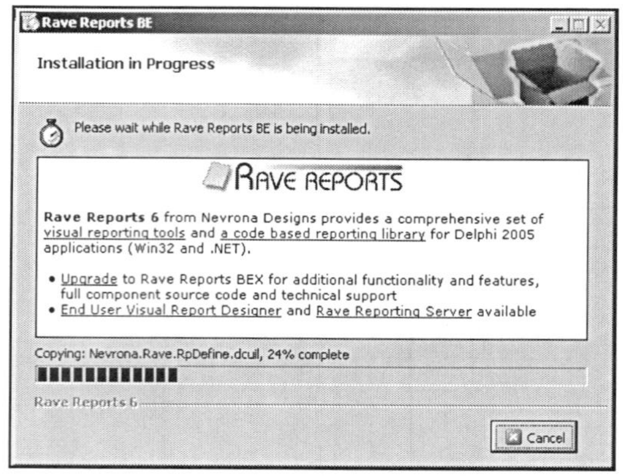

Figura 9.45

No final da instalação a mensagem da figura 9.46 aparece. Clique em **Finish**.

Com isso a instalação do Delphi 2005 e de seus componentes está completa. Isso é indicado pela mensagem da figura 9.47.

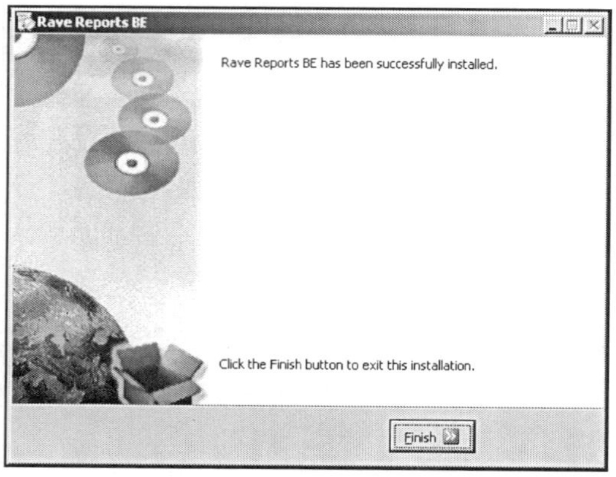

Figura 9.46

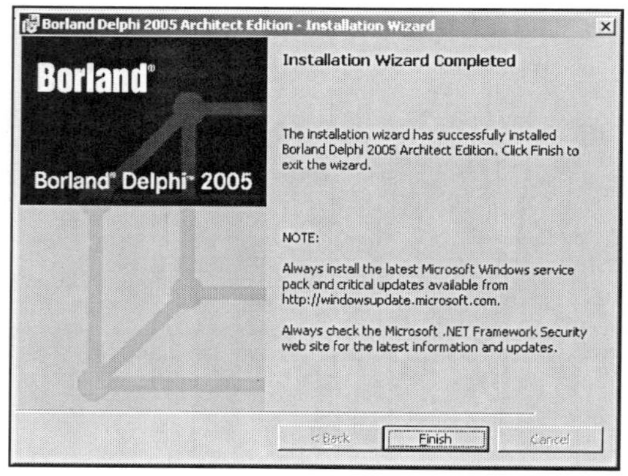

Figura 9.47

parte 2

Módulo de Cadastro

capítulo 10

Estrutura do Projeto

Assuntos abordados neste capítulo

- *Apresentação do Projeto-Exemplo*
- *Descrição geral das funções*
- *Criação do Banco de Dados no MySQL e no InterBase*
- *Adição das tabelas de dados*

10.1. Apresentação do Projeto

Como já foi mencionado no primeiro capítulo, o projeto-exemplo a ser estudado neste livro se refere a um sistema de gerenciamento de vendas de uma empresa fictícia distribuidora de diversos produtos para papelarias.

Descrevendo resumidamente, o sistema em si permite que sejam efetuados três tipos básicos de venda: por meio de vendedores que visitam os clientes; por telefone, em que os atendentes emitem o pedido do cliente; e por um arquivo que é gerado por um módulo do sistema desenvolvido para instalar no cliente.

Nesse sistema, o clique faz o pedido e envia um arquivo utilizando a estrutura da Internet. Os preços dos produtos são atualizados pela distribuidora, que deixa disponível num servidor FTP os arquivos necessários. O sistema então baixa o arquivo e atualiza o banco de dados.

Após a emissão do pedido, ele é encaminhado ao almoxarifado da distribuidora para separação dos produtos e empacotamento. A Nota Fiscal é emitida pelo almoxarifado que posteriormente segue junto com o(s) pacote(s) dos produtos para a seção de expedição, encarregada de enviar por transportadora ou por transporte próprio.

O sistema terá ainda a capacidade de enviar ao cliente e-mail informando a disponibilidade de novas atualizações dos produtos e preços.

A área financeira verifica pelo sistema as Notas Fiscais emitidas no dia e gera um arquivo para emissão de boletos bancários.

A figura 10.1 mostra um diagrama básico da estrutura do projeto.

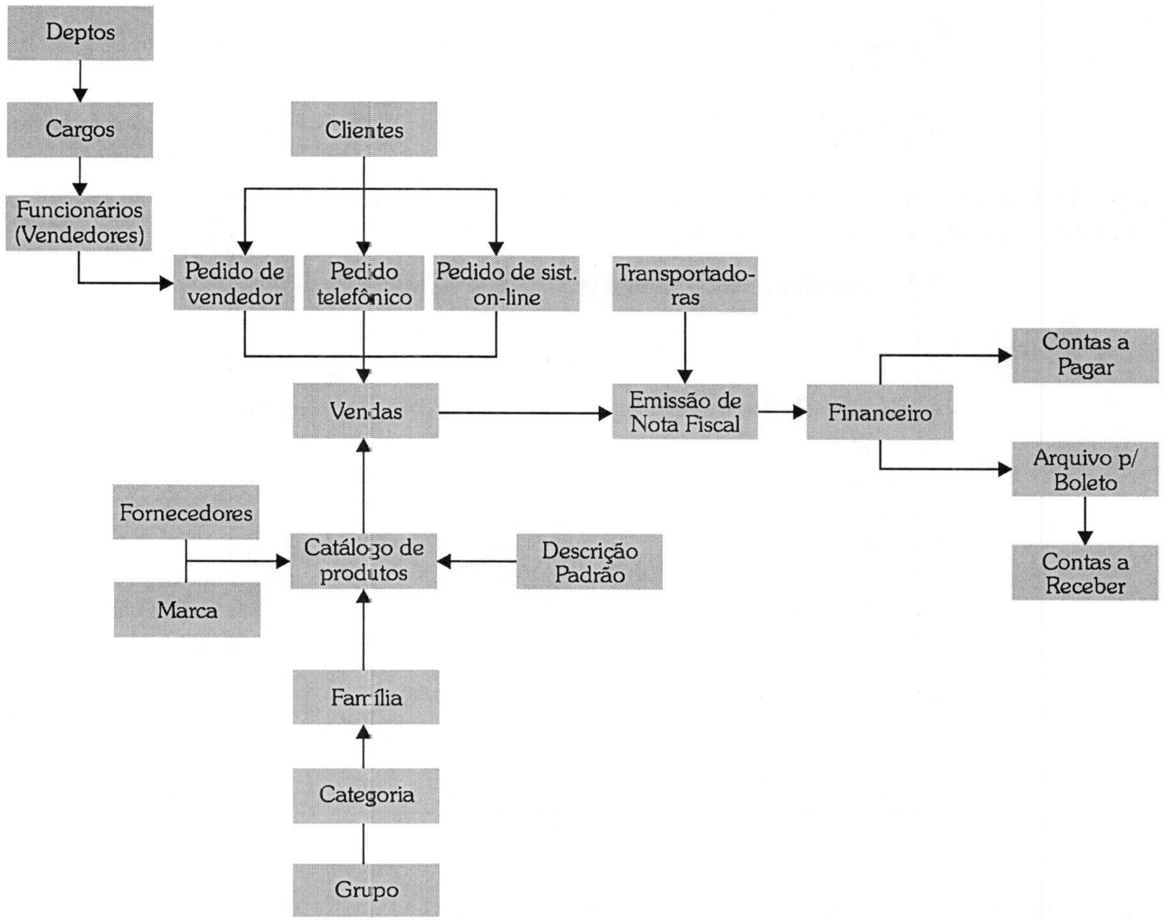

Figura 10.1

Vamos então definir a estrutura de todas as tabelas do banco de dados do projeto, que estão relacionadas com os cadastros.

Mas antes precisamos criar o banco de dados para o sistema. Serão apresentados a seguir os passos necessários para uso do MySQL 4.0.23 e InterBase 7.5.

10.2. Criação do Banco de Dados no MySQL

Execute o **MySQL Administrator** para que seja exibida a tela da figura 10.2. Clique no botão contendo reticências (...) para poder criar uma conexão. Na tela seguinte, clique no botão **Add new Connection** e digite as seguintes informações:

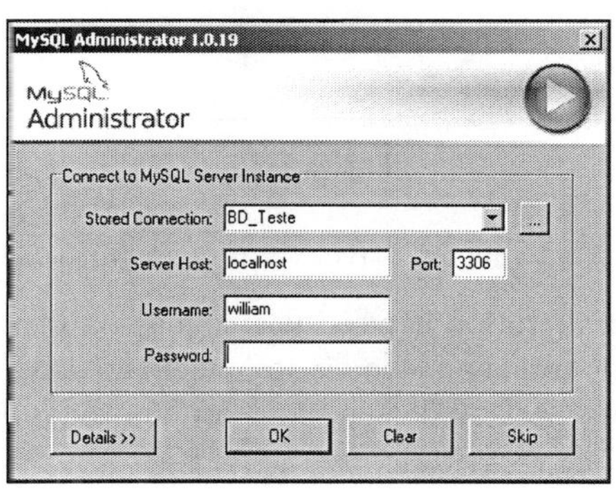

Figura 10.2

Connection	BD_GDP
Username	Nome de usuário que deve ser fornecido por você
Password	Senha do usuário a ser definida por você
Hostname	localhost

Veja na figura 10.3 um exemplo. Para finalizar, clique em **Apply** e depois em **Close**. Quando retornar à tela de abertura mostrada inicialmente, clique no botão de fechamento para finalizar o aplicativo.

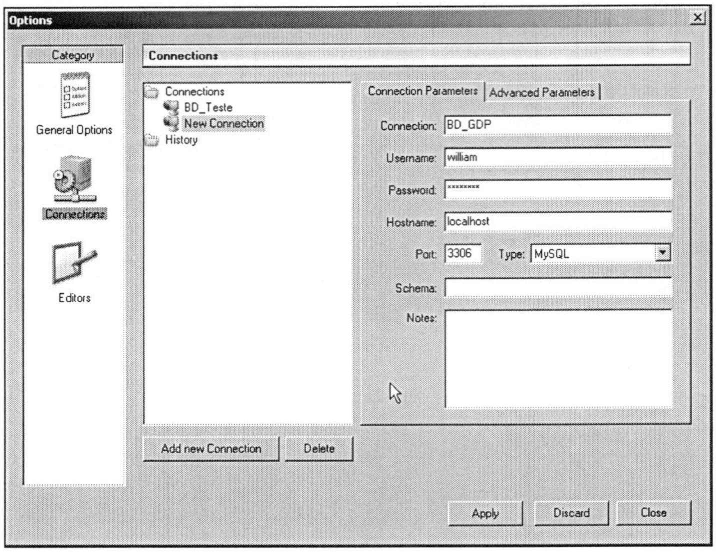

Figura 10.3

A criação dessa conexão é necessária para podermos posteriormente rodar a ferramenta **MySQL Query Browser**.

Agora abra o utilitário **MySQL Control Center** e a partir da janela denominada **Console Manager** (figura 10.4), clique com o botão direito do mouse sobre o item **Databases** e escolha a opção **New Database**. Na caixa de diálogo apresentada, digite a cadeia de caracteres "BD_GDP" e clique no botão **OK**.

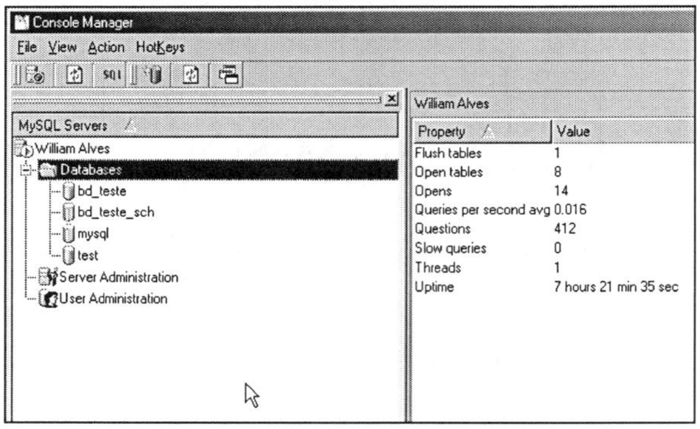

Figura 10.4

A seguir é apresentada a tela da figura 10.5, na qual é possível ver o novo banco de dados criado.

Dê dois cliques sobre o item **User Administration** e mais dois cliques na identificação de usuário criada previamente, conforme descrito no capítulo 3. Na tela mostrada no lado direito, escolha o banco de dados **BD_GDP** e marque a caixa de seleção **All Privileges**, como indica a figura 10.6. Se desejar, pode atribuir todos os privilégios também para outros usuários existentes.

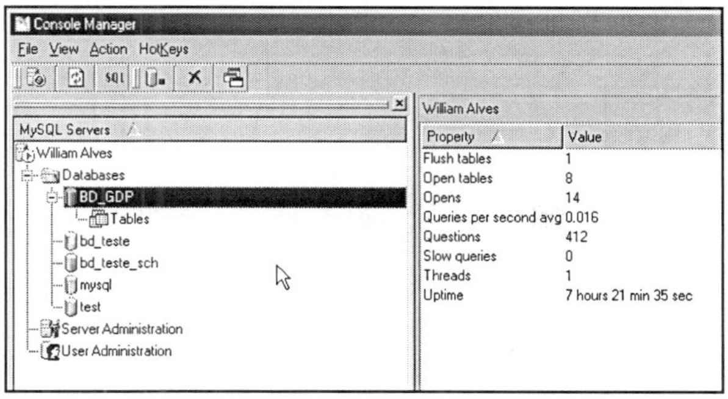

Figura 10.5

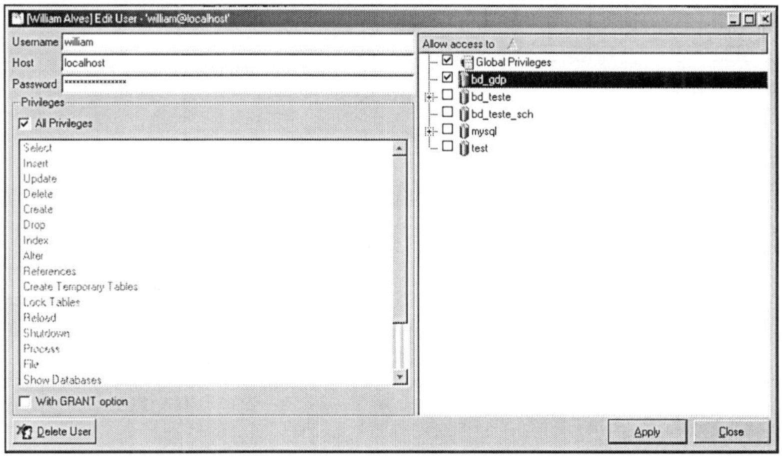

Figura 10.6

Pronto, agora o banco de dados está criado e os privilégios de acesso para o usuário devidamente definidos.

10.3. Criação do Banco de Dados no InterBase

Antes de estudarmos a criação do banco de dados, é preciso criar uma pasta para o projeto. Com o Windows Explorer crie a pasta "C:\ProjetoDelphi2005\BaseDados".

Em seguida execute o **IBConsole** e selecione a opção **Server → Register**. A tela de registro de um novo servidor aparece (figura 10.7). Se não houver um servidor local, a opção **Local Server** também estará habilitada.

Selecione a opção **Remote Server**, digite o nome da máquina na qual está instalado o InterBase e escolha a opção TCP/IP na caixa de combinação. Para saber o nome de identificação da máquina, abra o **Painel de Controle** do Windows, clique no ícone **Sistema** e escolha a guia **Identificação de rede** (figura 10.8).

Digite nas caixas de entrada **Alias Name** e **Description** as cadeias de caracteres "DistribuidoraPapelaria" e "Sistema de Gestão de Distribuidora de Produtos de Papelaria". Para **User Name** e **Password** entre com "SYSDBA" e "masterkey". Veja a tela da figura 10.9.

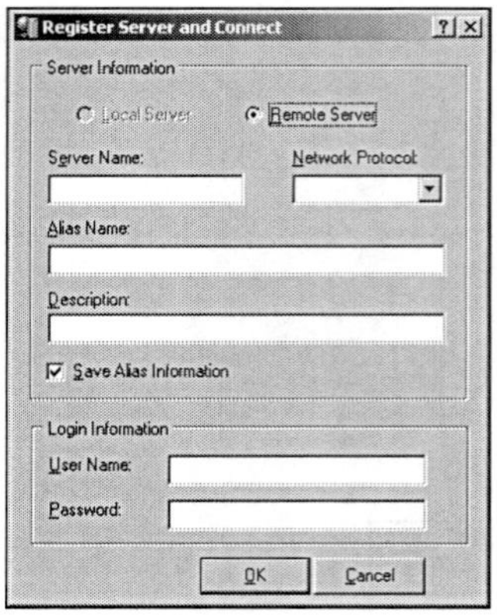

Figura 10.7

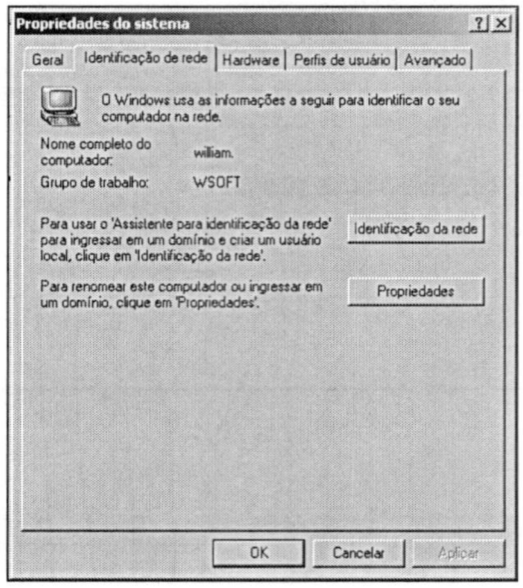

Figura 10.8

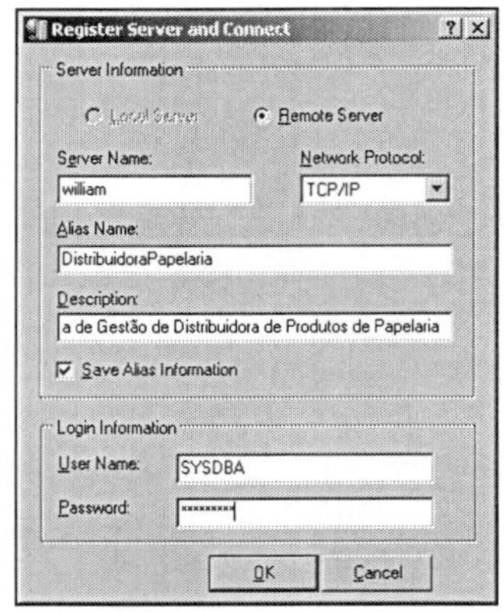

Figura 10.9

Agora que o servidor está registrado (figura 10.10), passemos à criação do banco de dados propriamente dito. Para isso, selecione a opção **Database → Create database** e especifique na coluna **Filename(s)** da grade a cadeia de caracteres "C:\ProjetoDelphi2005\BaseDados\BD_GDP.gdb". Digite ainda na caixa de entrada denominada **Alias** a expressão "Banco de Dados Principal do Sistema". A figura 10.11 mostra essa tela de configuração completa.

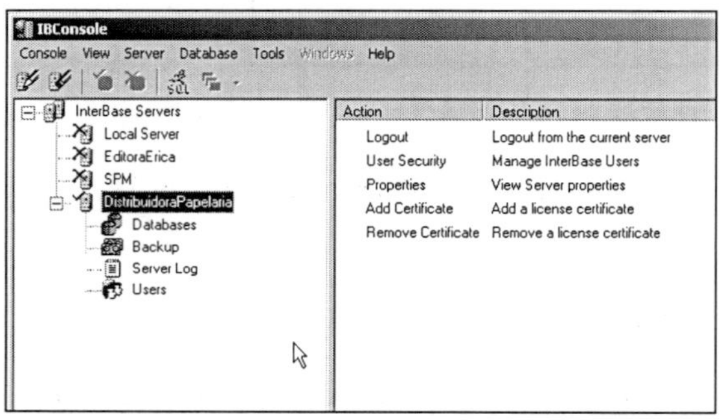

Figura 10.10

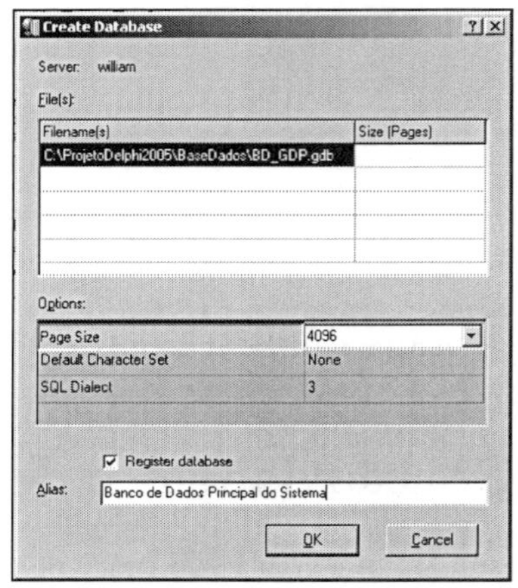

Figura 10.11

É possível ver na figura 10.12 o banco de dados criado no **IBConsole**.

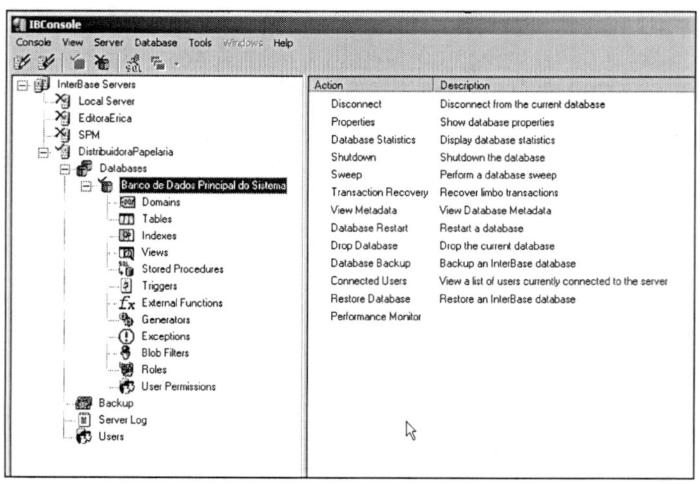

Figura 10.12

Se você abrir o Windows Explorer, pode ver como são definidos os bancos de dados no MySQL e no InterBase. No primeiro caso, uma pasta é criada dentro da pasta **c:\mysql\data**, representando o banco de dados. Já o InterBase cria um arquivo que contém todos os objetos do banco de dados (tabelas, índices, *stored procedures*, *views*, etc.).

As figuras 10.13 e 10.14 mostram a tela do Windows Explorer com a visualização dos diretórios em que se encontra definido os bancos de dados no MySQL e no InterBase.

Figura 10.13

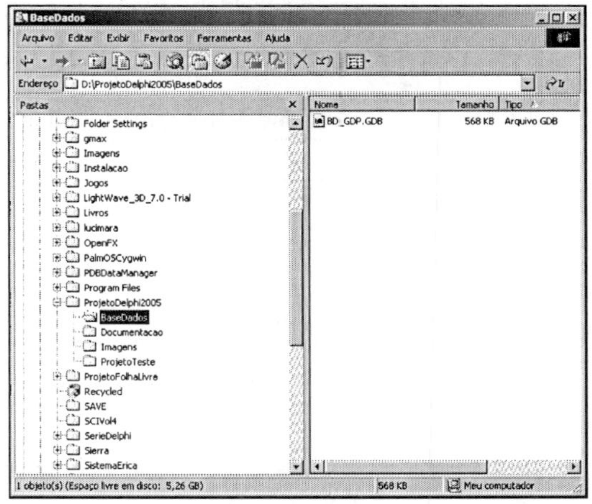

Figura 10.14

10.4. As Estruturas das Tabelas de Dados

A primeira coisa que passa na cabeça de alguém que deseja comprar alguma coisa é de quem ou onde comprar. Devido a isso, vamos começar pela estrutura da tabela de cadastro de fornecedores. Os campos para essa tabela devem ter a seguinte configuração:

Nome do campo	Tipo de dado	Tamanho	Casas decimais
Código do Fornecedor	Numérico	11	
Razão Social	Caractere	50	
Nome Fantasia	Caractere	30	
Endereço	Caractere	50	
Número do Imóvel	Caractere	5	
Complemento	Caractere	20	
Bairro	Caractere	40	
Cidade	Caractere	40	
Estado	Caractere	2	
CEP	Caractere	9	
CNPJ	Caractere	18	
Inscrição Estadual	Caractere	15	
Telefone	Caractere	16	
Fax	Caractere	16	
Endereço Home Page	Caractere	80	
Endereço E-Mail	Caractere	80	
Telefone Comercial	Caractere	16	
Contato Comercial	Caractere	50	

O catálogo de produtos possui uma divisão para facilitar o agrupamento dos produtos de acordo com suas características. Assim temos uma tabela para grupo de produtos, uma para categoria de produtos e uma para família de produtos. Os produtos também têm um campo para registro da marca. Essas marcas devem ser cadastradas numa tabela à parte.

Desta forma teremos as seguintes tabelas de dados adicionais:

Tabela de Grupos de Produtos

Nome do campo	Tipo de dado	Tamanho	Casas decimais
Código do Grupo	Numérico	11	
Descrição do Grupo	Caractere	30	

Tabela de Categorias de Produtos

Nome do campo	Tipo de dado	Tamanho	Casas decimais
Código da Categoria	Numérico	11	
Descrição da Categoria	Caractere	30	

Tabela de Famílias de Produtos

Nome do campo	Tipo de dado	Tamanho	Casas decimais
Código da Família	Numérico	11	
Descrição da Família	Caractere	50	

Tabela de Marcas de Produtos

Nome do campo	Tipo de dado	Tamanho	Casas decimais
Código da Marca	Numérico	11	
Descrição da Marca	Caractere	40	

Cada produto tem um nome e a especificação do modelo para distingui-lo de outros. Por exemplo, temos o produto denominado CANETA. Mas esse produto pode ter vários tipos de modelo, como CANETA ESFEROGRÁFICA AZUL, CANETA PONTA POROSA VERMELHA, CANETA-TINTEIRO PRETA, etc. Devido a isso, criaremos uma tabela específica para o armazenamento do nome do produto em si. A seguir encontra-se sua estrutura:

Tabela de Nome de Produtos

Nome do campo	Tipo de dado	Tamanho	Casas decimais
Código do Nome	Numérico	11	
Descrição do Produto	Caractere	30	

A seguir vem a estrutura da tabela do catálogo de produtos propriamente dito:

Tabela de Produtos

Nome do campo	Tipo de dado	Tamanho	Casas decimais
Código Interno	Numérico	11	
Código de Barras	Caractere	13	
Código do Nome	Numérico	11	
Modelo	Caractere	50	
Unidade de Medida	Caractere	4	
Código do Grupo	Numérico	11	
Código da Categoria	Numérico	11	
Código da Família	Numérico	11	
Código da Marca	Numérico	11	
Preço de Custo	Numérico	10	2
ICMS	Numérico	8	2
IPI	Numérico	8	2
Margem de Lucro	Numérico	8	2
Preço de Venda	Numérico	10	2

Nome do campo	Tipo de dado	Tamanho	Casas decimais
Consumo Médio	Numérico	11	
Estoque Atual	Numérico	11	
Estoque Mínimo	Numérico	11	

Adotamos dois campos para código nessa tabela, sendo um para uso de uma codificação interna do sistema, de numeração seqüencial, e o outro para conter o código de barras da embalagem e definido pelo fabricante do produto.

Agora devemos definir a estrutura da tabela para o cadastro de clientes, que pode ser visualizada a seguir:

Tabela de Clientes

Nome do campo	Tipo de dado	Tamanho	Casas decimais
Código do Cliente	Numérico	11	
Nome do Cliente	Caractere	50	
CNPJ	Caractere	18	
Inscrição Estadual	Caractere	15	
Endereço	Caractere	50	
Número	Caractere	5	
Complemento	Caractere	20	
Bairro	Caractere	40	
Cidade	Caractere	40	
Estado	Caractere	2	
CEP	Caractere	9	
Telefone	Caractere	16	
Fax	Caractere	16	
Endereço E-Mail	Caractere	80	
Telefone Contato	Caractere	16	
Contato	Caractere	50	
Data do Cadastro	Data	10	
Limite de Crédito	Numérico	10	2
Valor Débito Aberto	Numérico	10	2
Tipo de Cobrança	Caractere	1	

Nessa tabela, o campo para armazenar o tipo de cobrança será utilizado para se saber se o cliente optou por boleto bancário ou duplicata em carteira.

As próximas tabelas estão relacionadas com o cadastro de funcionários. A primeira delas é para registro dos departamentos da empresa, a segunda para o cadastro de cargos e a terceira para o cadastro de funcionárics propriamente dito. Veja a seguir as estruturas dessas tabelas:

Tabela de Departamentos

Nome do campo	Tipo de dado	Tamanho	Casas decimais
Código do Departamento	Numérico	11	
Nome do Departamento	Caractere	30	

Tabela de Cargos

Nome do campo	Tipo de dado	Tamanho	Casas decimais
Código do Cargo	Numérico	11	
Descrição do Cargo	Caractere	40	
Vendedor Externo	Caractere	1	
Vendedor Interno	Caractere	1	

Na tabela de cargos, o campo **Vendedor Externo** terá um "X" se o funcionário for um vendedor que visita os clientes periodicamente. O mesmo ocorre com o campo **Vendedor Interno**, que designa um vendedor que emite pedidos por atendimento telefônico ou pelo sistema on-line implantado no cliente.

A tabela para cadastro de funcionários deve ter a seguinte estrutura:

Tabela de Funcionários

Nome do campo	Tipo de dado	Tamanho	Casas decimais
Matrícula do Funcionário	Caractere	5	
Nome do Funcionário	Caractere	50	
Endereço	Caractere	50	
Número	Caractere	5	
Complemento	Caractere	20	
Bairro	Caractere	40	
Cidade	Caractere	40	
Estado	Caractere	2	
CEP	Caractere	9	
Telefone	Caractere	16	
Endereço E-Mail	Caractere	80	
Código do Departamento	Numérico	11	
Código do Cargo	Numérico	11	

A última tabela, cuja estrutura encontra-se a seguir, é utilizada para relacionar os produtos de um determinado fornecedor. Isso facilita a compra dos produtos.

Tabela de Relação de Produtos dos Fornecedores

Nome do campo	Tipo de dado	Tamanho	Casas decimais
Código do Fornecedor	Numérico	11	
Nome do Fornecedor	Caractere	30	
Código do Produto	Numérico	11	
Descrição do Produto	Caractere	80	

É importante destacar que o nome dos campos e a identificação dos tipos de dados apresentados nas relações anteriores são apenas ilustrativos, não refletindo de fato os nomes a serem utilizados no momento da criação física das tabelas.

10.5. Criação das Tabelas no MySQL

Para criar as tabelas do banco de dados MySQL, utilizaremos o **MySQL Control Center.** Com ele aberto dê um duplo-clique sobre o banco de dados denominado **bd_gdp** e clique com o botão direito do mouse sobre o item **Tables.** Então escolha a opção **New Table** do menu local apresentado.

Especifique na tela de definição de estrutura os seguintes campos com seus respectivos atributos:

Field Name	Allow NULL	Data Type	Length
Codigo_Fornecedor	Desmarcado	Integer	11
Razao_Social	Desmarcado	Varchar	50
Nome_Fantasia	Desmarcado	Varchar	30
Endereco	Desmarcado	Varchar	50
Numero	Marcado	Varchar	5
Complemento	Marcado	Varchar	20
Bairro	Desmarcado	Varchar	40
Cidade	Desmarcado	Varchar	40

Field Name	Allow NULL	Data Type	Length
Estado	Desmarcado	Char	2
CEP	Desmarcado	Varchar	9
CNPJ	Desmarcado	Varchar	18
Inscricao_Estadual	Marcado	Varchar	15
Telefone	Desmarcado	Varchar	16
Fax	Marcado	Varchar	16
Endereco_HomePage	Marcado	Varchar	80
EMail	Marcado	Varchar	80
Telefone_Comercial	Marcado	Varchar	16
Contato_Comercial	Marcado	Varchar	50

O campo **Codigo_Fornecedor** deve ser definido ainda como chave primária da tabela. Para isso, clique no ícone contendo uma pequena chave ( ) enquanto está com esse campo selecionado.

Veja na figura 10.15 a tela com essa estrutura. Clique no botão **Save** ( ) e especifique como nome da tabela a cadeia de caracteres "Fornecedores".

Selecione a guia **Indexes**, clique no ícone de adição de índices ( ) e especifique na caixa de diálogo apresentada a cadeia de caracteres "IDX_RazaoSocial". Selecione o campo **Razao_Social** e clique no botão com a seta à direita ( ). Veja na figura 10.16 a configuração desse índice.

O segundo índice que devemos criar se baseia no campo CNPJ e seu nome deve ser "IDX_CNPJ". Veja na figura 10.17 esse novo índice para a tabela.

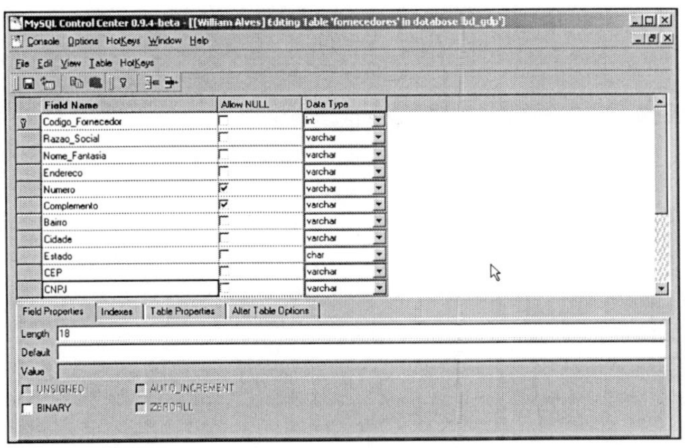

Figura 10.15

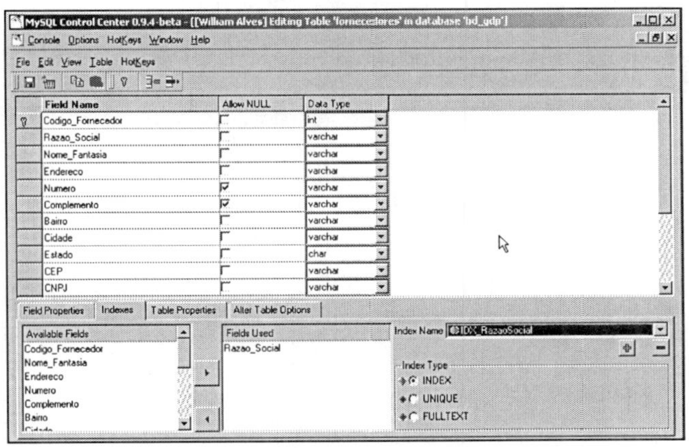

Figura 10.16

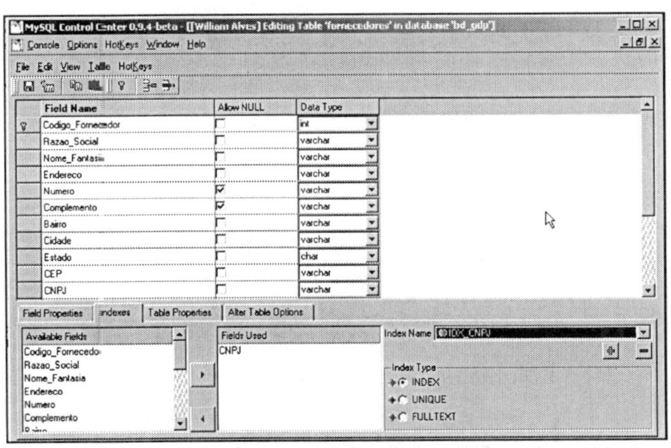

Figura 10.17

Salve novamente a tabela e depois feche a janela de definição de estrutura. Assim retorna-se à tela do **MySQLControl Center** com a tabela adicionada ao banco de dados (figura 10.18).

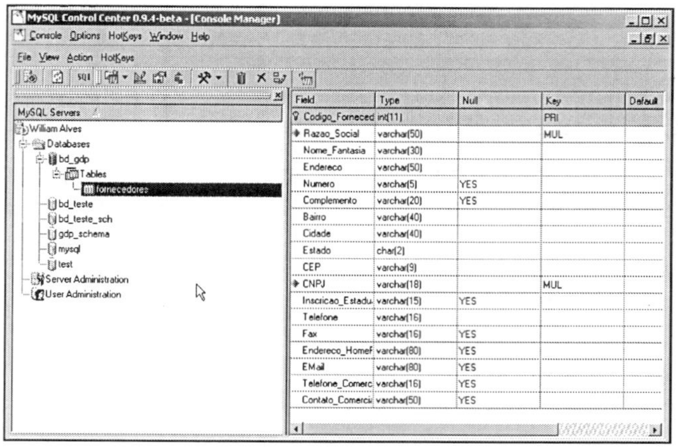

Figura 10.18

Para a tabela de grupo de produtos teremos a seguinte definição de campos:

Nome da tabela: Grupo_Produtos

Field Name	Allow NULL	Data Type	Length	Chave-primária
Codigo_Grupo	Desmarcado	Integer	11	Sim
Descrica_Grupo	Desmarcado	Varchar	30	

Na figura 10.19 podemos ver essa tabela.

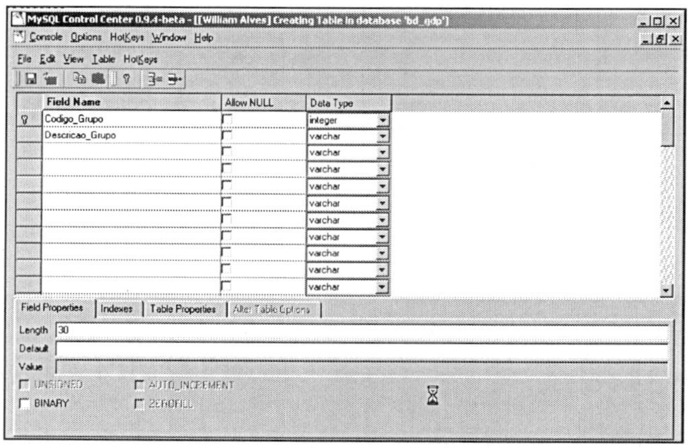

Figura 10.19

As relações seguintes seguir apresentam as estruturas das demais tabelas:

Nome da tabela: Categoria_Produtos

Field Name	Allow NULL	Data Type	Length	Chave-primária
Codigo_Categoria	Desmarcado	Integer	11	Sim
Descricao_Categoria	Desmarcado	Varchar	30	

Nome da tabela: Familia_Produtos

Field Name	Allow NULL	Data Type	Length	Chave-primária
Codigo_Familia	Desmarcado	Integer	11	Sim
Descricao_Familia	Desmarcado	Varchar	50	

Nome da tabela: Marca_Produtos

Field Name	Allow NULL	Data Type	Length	Chave-primária
Codigo_Marca	Desmarcado	Integer	11	Sim
Descricao_Marca	Desmarcado	Varchar	40	

Nome da tabela: Descricao_Produtos

Field Name	Allow NULL	Data Type	Length	Chave-primária
Codigo_Nome	Desmarcado	Integer	11	Sim
Descricao_Produto	Desmarcado	Varchar	30	

Nome da tabela: Catalogo_Produtos

Field Name	Allow NULL	Data Type	Length	Chave-primária
Codigo_Interno	Desmarcado	Integer	11	Sim
Codigo_Barras	Desmarcado	Varchar	13	
Codigo_Descricao	Desmarcado	Integer	11	
Modelo	Desmarcado	Varchar	50	
Unidade_Medida	Desmarcado	Varchar	4	
Codigo_Grupo	Desmarcado	Integer	11	
Codigo_Categoria	Desmarcado	Integer	11	
Codigo_Familia	Desmarcado	Integer	11	
Codigo_Marca	Desmarcado	Integer	11	
Preco_Custo	Desmarcado	Decimal	10,2	
ICMS	Desmarcado	Decimal	8,2	
IPI	Marcado	Decimal	8,2	
Margem de Lucro	Desmarcado	Decimal	8,2	
Preco_Venda	Desmarcado	Decimal	10,2	
Consumo_Medio	Desmarcado	Integer	11	
Estoque_Atual	Desmarcado	Integer	11	
Estoque_Mínimo	Desmarcado	Integer	11	

Nome da tabela: Clientes

Field Name	Allow NULL	Data Type	Length	Chave-primária
Codigo_Cliente	Desmarcado	Integer	11	Sim
Nome_Cliente	Desmarcado	Varchar	50	
CNPJ	Desmarcado	Varchar	18	
Inscricao_Estadual	Marcado	Varchar	15	
Endereco	Desmarcado	Varchar	50	
Numero	Marcado	Varchar	5	
Complemento	Marcado	Varchar	20	
Bairro	Desmarcado	Varchar	40	
Cidade	Desmarcado	Varchar	40	
Estado	Desmarcado	Char	2	
CEP	Desmarcado	Varchar	9	
Telefone	Desmarcado	Varchar	16	
Fax	Marcado	Varchar	16	
EMail	Marcado	Varchar	80	
Fone_Contato	Marcado	Varchar	16	
Contato	Marcado	Varchar	50	
Data_Cadastro	Desmarcado	Date		
Limite_Credito	Desmarcado	Decimal	10,2	

Field Name	Allow NULL	Data Type	Length	Chave-primária
Valor_Aberto	Desmarcado	Decimal	10,2	
Tipo_Cobranca	Desmarcado	Char	1	

Nome da tabela: Departamentos

Field Name	Allow NULL	Data Type	Length	Chave-primária
Codigo_Departamento	Desmarcado	Integer	11	Sim
Nome_Departamento	Desmarcado	Varchar	30	

Nome da tabela: Cargos

Field Name	Allow NULL	Data Type	Length	Chave-primária
Codigo_Cargo	Desmarcado	Integer	11	Sim
Descricao_Cargo	Desmarcado	Varchar	40	
Vendedor_Externo	Marcado	Char	1	
Vendedor_Interno	Marcado	Char	1	

Nome da tabela: Funcionarios

Field Name	Allow NULL	Data Type	Length	Chave-primária
Matricula_Funcionario	Desmarcado	Varchar	5	Sim
Nome_Funcionario	Desmarcado	Varchar	50	
Endereco	Desmarcado	Varchar	50	
Numero	Marcado	Varchar	5	
Complemento	Marcado	Varchar	20	
Bairro	Desmarcado	Varchar	40	
Cidade	Desmarcado	Varchar	40	
Estado	Desmarcado	Char	2	
CEP	Desmarcado	Varchar	9	
Telefone	Desmarcado	Varchar	16	
EMail	Marcado	Varchar	80	
Codigo_Departamento	Desmarcado	Integer	11	
Codigo_Cargo	Desmarcado	Integer	11	

A última tabela, cuja estrutura encontra-se apresentada em seguida, é utilizada para relacionar os produtos de um determinado fornecedor. Isso facilita a compra dos produtos.

Nome da tabela: Fornecedor_Produto

Field Name	Allow NULL	Data Type	Length	Chave-primária
Registror	Desmarcado	Integer	11	Sim
Codigo_Fornecedor	Desmarcado	Integer	11	
Fornecedor	Desmarcado	Varchar	30	
Codigo_Produto	Desmarcado	Integer	11	
Descricao_Produto	Desmarcado	Varchar	80	

Para a tabela de clientes devem ser definidos ainda dois índices secundários com a seguinte especificação:

Nome do índice	Campo
IDX_NomeCliente	Nome_Cliente
IDX_CNPJ	CNPJ

Já para a tabela **Fornecedor_Produto** crie um índice secundário com os campos **Codigo_Fornecedor** e **Código_Produto**. O nome do índice deve ser "IDX_FornecedorProduto". As figuras 10.20 a 10.29 apresentam as telas de definições das estruturas dessas tabelas.

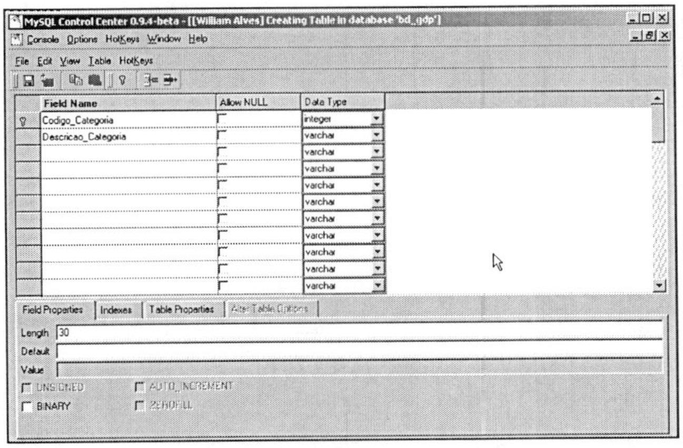

Figura 10.20

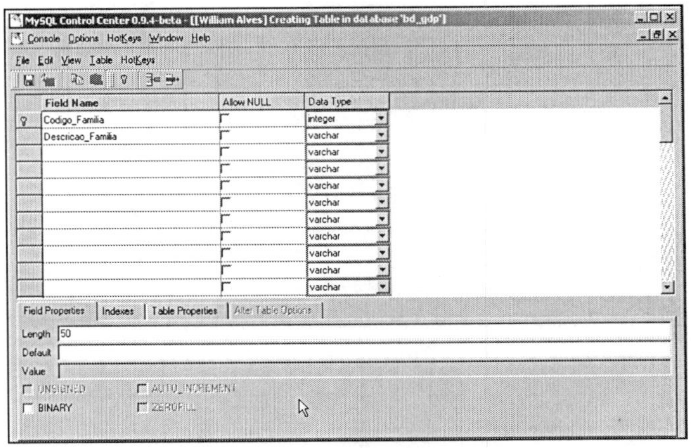

Figura 10.21

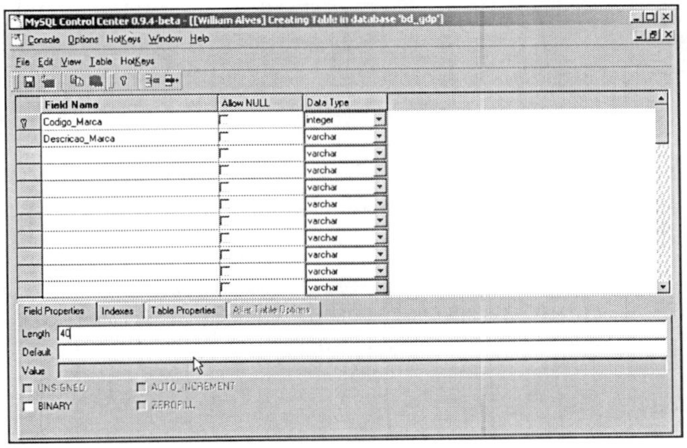

Figura 10.22

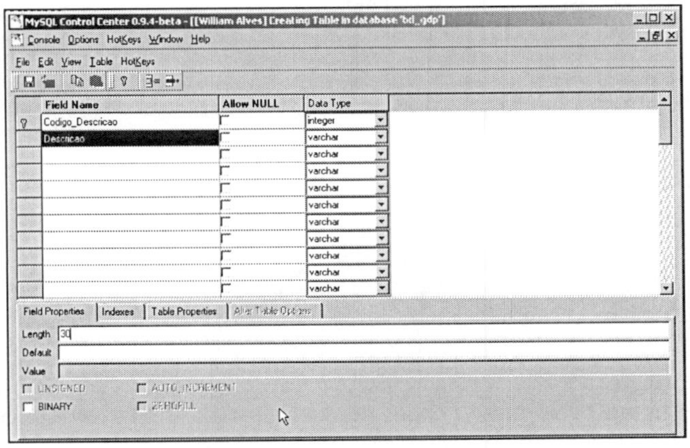

Figura 10.23

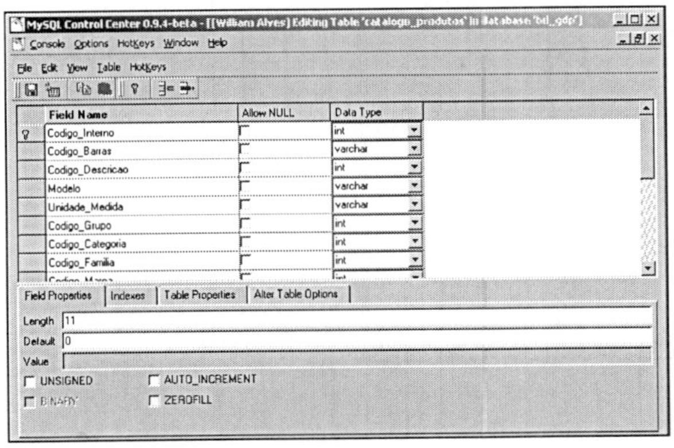

Figura 10.24

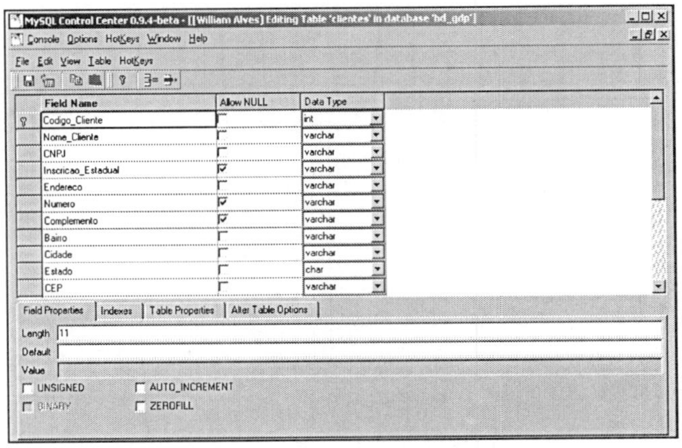

Figura 10.25

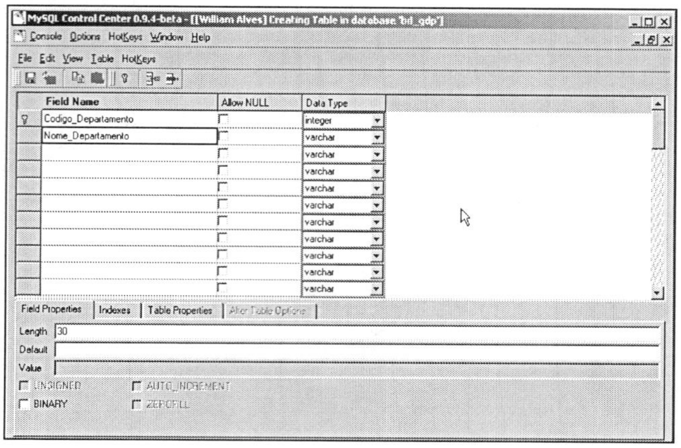

Figura 10.26

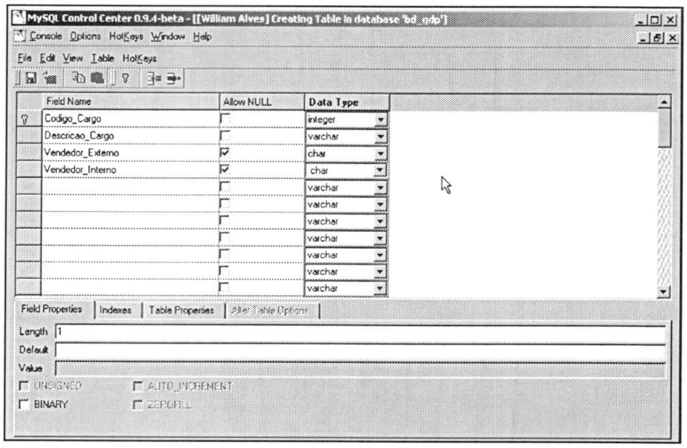

Figura 10.27

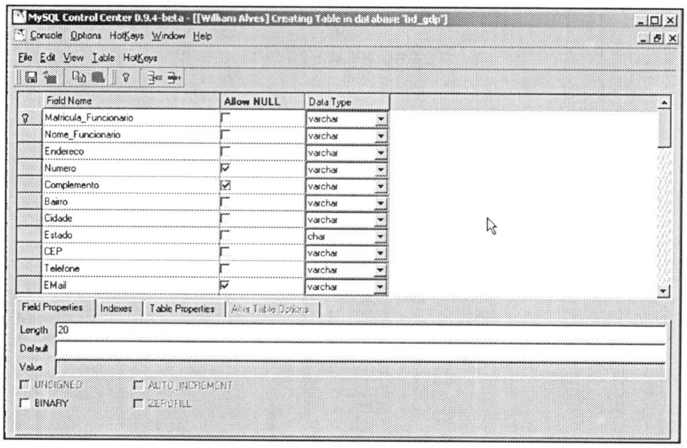

Figura 10.28

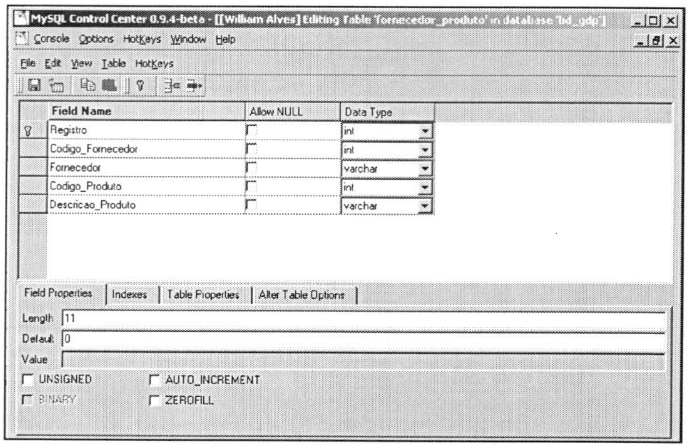

Figura 10.29

A figura 10.30 mostra todas as tabelas listadas no **MySQL Control Center**.

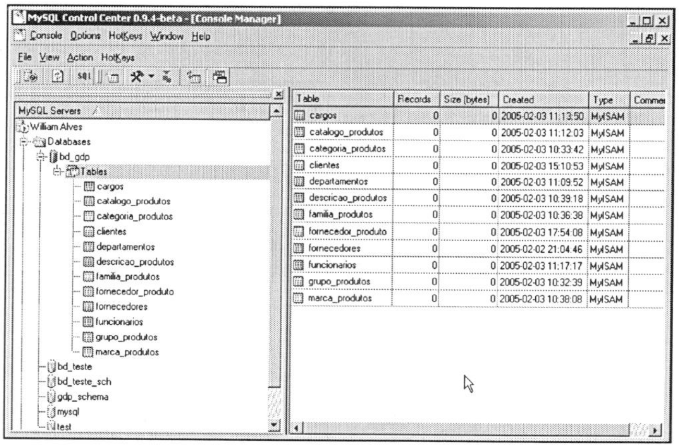

Figura 10.30

10.6. Criação das Tabelas no InterBase

Este tópico apresenta os passos para a criação das tabelas do banco de dados InterBase. As estruturas de todas elas são similares às apresentadas anteriormente para o MySQL.

Primeiramente vamos criar vários domínios que vão determinar alguns atributos para os campos das tabelas. Desta forma nos asseguramos de que não haverá campos de objetivos similares que foram definidos com atributos diferentes, talvez por um descuido nosso.

Abra o **IBConsole**, conecte ao servidor denominado **DistribuidoraPapelaria** e abra o banco de dados **Banco de Dados Principal do Sistema.** Em seguida clique no botão **SQL** () para abrir a janela do **Interactive SQL**.

Digite as seguintes linhas de comando:

```
CREATE DOMAIN DMBAIRRO VARCHAR(40);
CREATE DOMAIN DMCEP CHAR(9);
CREATE DOMAIN DMCIDADE VARCHAR(40);
CREATE DOMAIN DMCNPJ CHAR(18);
CREATE DOMAIN DMCODIGO_CARGO INTEGER;
CREATE DOMAIN DMCODIGO_CATEGORIA INTEGER;
CREATE DOMAIN DMCODIGO_CLIENTE INTEGER;
CREATE DOMAIN DMCODIGO_DEPTO INTEGER;
CREATE DOMAIN DMCODIGO_DESCRICAO INTEGER;
CREATE DOMAIN DMCODIGO_FAMILIA INTEGER;
CREATE DOMAIN DMCODIGO_FORNECEDOR INTEGER;
CREATE DOMAIN DMCODIGO_GRUPO INTEGER;
CREATE DOMAIN DMCODIGO_INTERNO INTEGER;
CREATE DOMAIN DMCODIGO_MARCA INTEGER;
CREATE DOMAIN DMCOMPLEMENTO VARCHAR(20);
CREATE DOMAIN DMENDERECO VARCHAR(50);
CREATE DOMAIN DMESTADO CHAR(2);
CREATE DOMAIN DMESTOQUE INTEGER;
CREATE DOMAIN DMINSCR_ESTADUAL CHAR(15);
CREATE DOMAIN DMMATRICULA VARCHAR(5);
CREATE DOMAIN DMNOME VARCHAR(50);
CREATE DOMAIN DMNOME_FANTASIA VARCHAR(30);
CREATE DOMAIN DMNUMERO VARCHAR(5);
CREATE DOMAIN DMRAZAO_SOCIAL VARCHAR(50);
CREATE DOMAIN DMREGISTRO INTEGER;
CREATE DOMAIN DMTELEFONE VARCHAR(16);
CREATE DOMAIN DMVALOR DECIMAL(10,2);
```

Veja a tela da figura 10.31.

Execute os comandos clicando no botão **Execute Query** ().

Se você selecionar o item **Domains**, verá todos os domínios (figura 10.32).

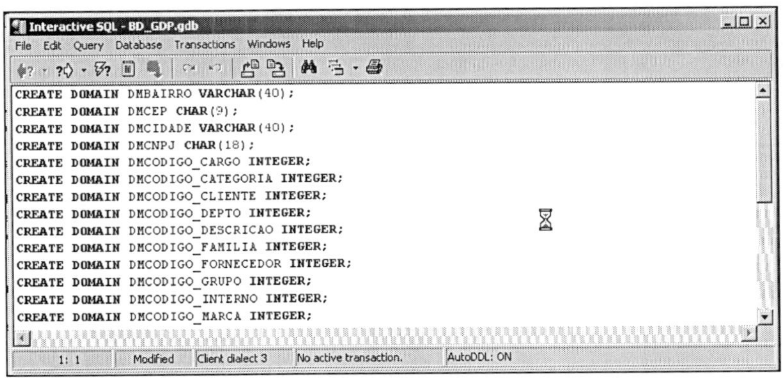

Figura 10.31

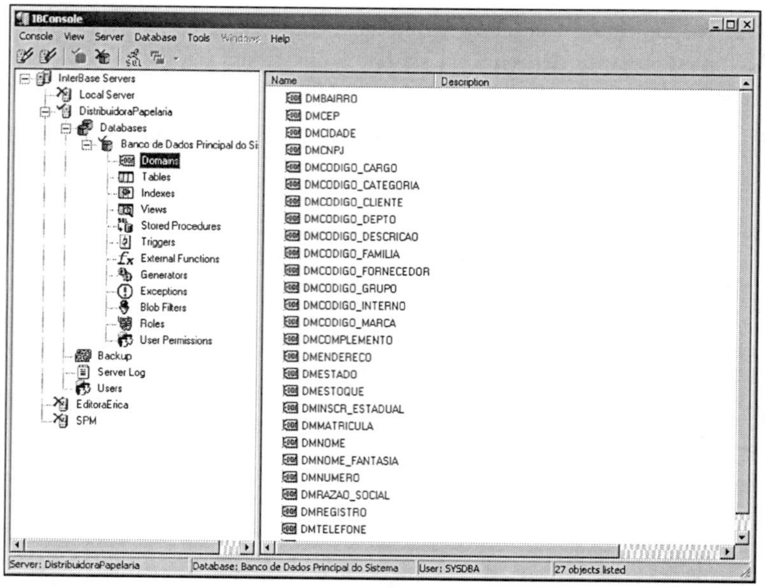

Figura 10.32

Execute os grupos de comandos listados em seguida, dentro da janela **Interactive SQL**:

```
CREATE TABLE FORNECEDORES
(CODIGO_FORNECEDOR DMCODIGO_FORNECEDOR NOT NULL PRIMARY KEY,
 RAZAO_SOCIAL DMRAZAO_SOCIAL,
 NOME_FANTASIA DMNOME_FANTASIA,
 ENDERECO DMENDERECO,
 NUMERO DMNUMERO,
 COMPLEMENTO DMCOMPLEMENTO,
 BAIRRO DMBAIRRO,
 CIDADE DMCIDADE,
 ESTADO DMESTADO,
 CEP DMCEP,
 CNPJ DMCNPJ,
 INSCRICAO_ESTADUAL DMINSCR_ESTADUAL,
 TELEFONE DMTELEFONE,
 FAX DMTELEFONE,
 ENDERECO_HOMEPAGE VARCHAR(80),
 EMAIL VARCHAR(80),
 TELEFONE_COMERCIAL DMTELEFONE,
 CONTATO_COMERCIAL DMNOME);

CREATE TABLE GRUPO_PRODUTOS
(CODIGO_GRUPO DMCODIGO_GRUPO NOT NULL PRIMARY KEY,
 DESCRICAO_GRUPO VARCHAR(30));

CREATE TABLE CATEGORIA_PRODUTOS
(CODIGO_CATEGORIA DMCODIGO_CATEGORIA NOT NULL PRIMARY KEY,
 DESCRICAO_CATEGORIA VARCHAR(30));

CREATE TABLE FAMILIA_PRODUTOS
(CODIGO_FAMILIA DMCODIGO_FAMILIA NOT NULL PRIMARY KEY,
 DESCRICAO_FAMILIA VARCHAR(50));

CREATE TABLE MARCA_PRODUTOS
(CODIGO_MARCA DMCODIGO_MARCA NOT NULL PRIMARY KEY,
 DESCRICAO_MARCA VARCHAR(40));

CREATE TABLE DESCRICAO_PRODUTOS
(CODIGO_DESCRICAO DMCODIGO_DESCRICAO NOT NULL PRIMARY KEY,
 DESCRICAO VARCHAR(30));

CREATE TABLE CATALOGO_PRODUTOS
(CODIGO_INTERNO DMCODIGO_INTERNO NOT NULL PRIMARY KEY,
 CODIGO_BARRAS VARCHAR(13),
 CODIGO_DESCRICAO DMCODIGO_DESCRICAO,
 MODELO VARCHAR(50),
 UNIDADE_MEDIDA VARCHAR(4),
 CODIGO_GRUPO DMCODIGO_GRUPO,
 CODIGO_CATEGORIA DMCODIGO_CATEGORIA,
```

```
 CODIGO_FAMILIA DMCODIGO_FAMILIA,
 CODIGO_MARCA DMCODIGO_MARCA,
 PRECO_CUSTO DMVALOR,
 ICMS DECIMAL(8,2),
 IPI DECIMAL(8,2),
 MARGEM_LUCRO DECIMAL(8,2),
 PRECO_VENDA DMVALOR,
 CONSUMO_MEDIO INTEGER,
 ESTOQUE_ATUAL DMESTOQUE,
 ESTOQUE_MINIMO DMESTOQUE);

CREATE TABLE CLIENTES
(CODIGO_CLIENTE DMCODIGO_CLIENTE NOT NULL PRIMARY KEY,
 NOME_CLIENTE DMNOME,
 CNPJ DMCNPJ,
 INSCRICAO_ESTADUAL DMINSCR_ESTADUAL,
 ENDERECO DMENDERECO,
 NUMERO DMNUMERO,
 COMPLEMENTO DMCOMPLEMENTO,
 BAIRRO DMBAIRRO,
 CIDADE DMCIDADE,
 ESTADO DMESTADO,
 CEP DMCEP,
 TELEFONE DMTELEFONE,
 FAX DMTELEFONE,
 EMAIL VARCHAR(80),
 FONTE_CONTATO DMTELEFONE,
 CONTATO DMNOME,
 DATA_CADASTRO DATE,
 LIMITE_CREDIDOT DMVALOR,
 VALOR_ABERTO DMVALOR,
 TIPO_COBRANCA CHAR(1));

CREATE TABLE DEPARTAMENTOS
(CODIGO_DEPARTAMENTO DMCODIGO_DEPTO NOT NULL PRIMARY KEY,
 NOME_DEPARTAMENTO VARCHAR(30));

CREATE TABLE CARGOS
(CODIGO_CARGO DMCODIGO_CARGO NOT NULL PRIMARY KEY,
 DESCRICAO_CARGO VARCHAR(40),
 VENDEDOR_EXTERNO CHAR(1),
 VENDEDOR_INTERNO CHAR(1));

CREATE TABLE FUNCIONARIOS
(MATRICULA_FUNCIONARIO DMMATRICULA NOT NULL PRIMARY KEY,
 NOME_FUNCIONARIO DMNOME,
 ENDERECO DMENDERECO,
 NUMERO DMNUMERO,
 COMPLEMENTO DMCOMPLEMENTO,
 BAIRRO DMBAIRRO,
 CIDADE DMCIDADE,
 ESTADO DMESTADO,
 CEP DMCEP,
 TELEFONE DMTELEFONE,
 EMAIL VARCHAR(80),
 CODIGO_DEPARTAMENTO DMCODIGO_DEPTO,
 CODIGO_CARGO DMCODIGO_CARGO);

CREATE TABLE FORNECEDOR_PRODUTO
(REGISTRO DMREGISTRO NOT NULL PRIMARY KEY,
 CODIGO_FORNECEDOR DMCODIGO_FORNECEDOR,
 FORNECEDOR VARCHAR(30),
 CODIGO_PRODUTO DMCODIGO_INTERNO,
 DESCRICAO_PRODUTO VARCHAR(80));
```

É possível ver nas figuras 10.33 a 10.44 as telas com os comandos listados anteriormente. Já na figura 10.45 encontram-se das essas tabelas no item **Tables**.

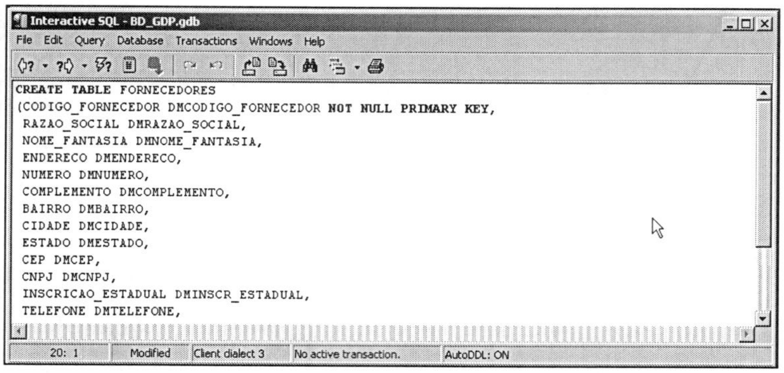

Figura 10.33

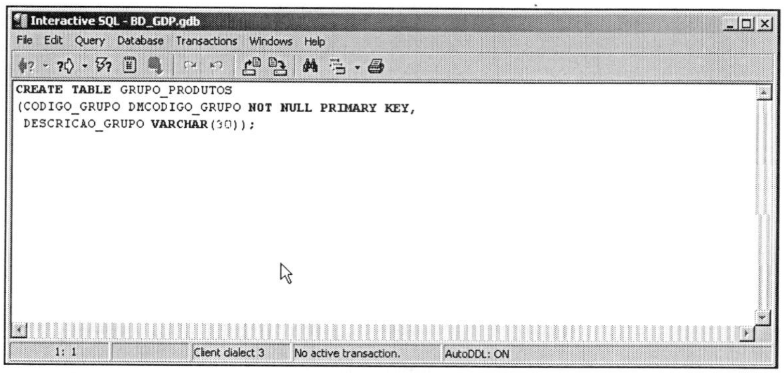

Figura 10.34

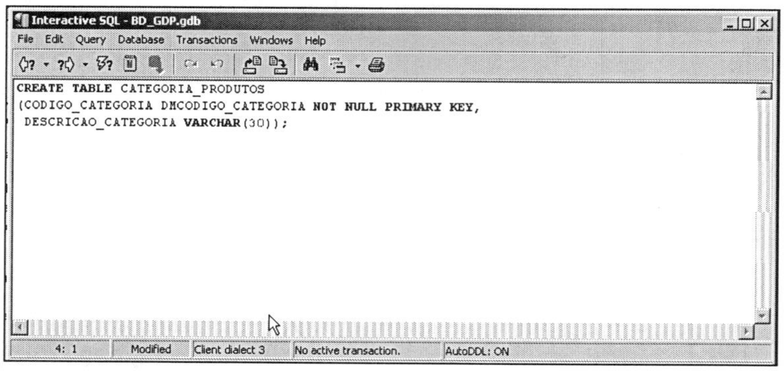

Figura 10.35

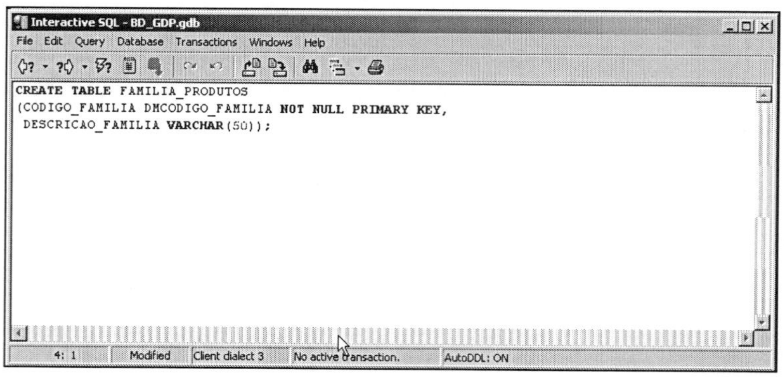

Figura 10.36

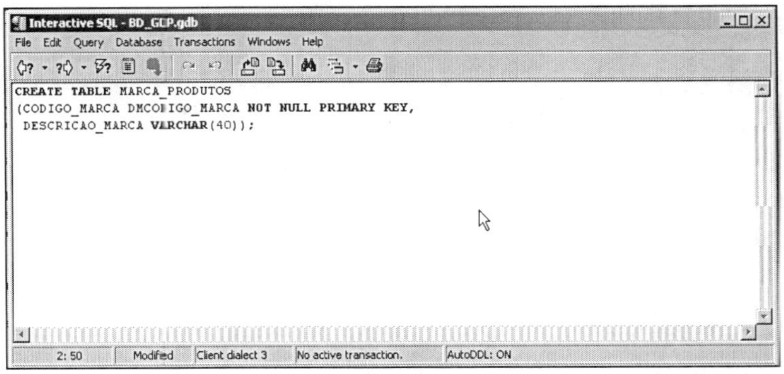

Figura 10.37

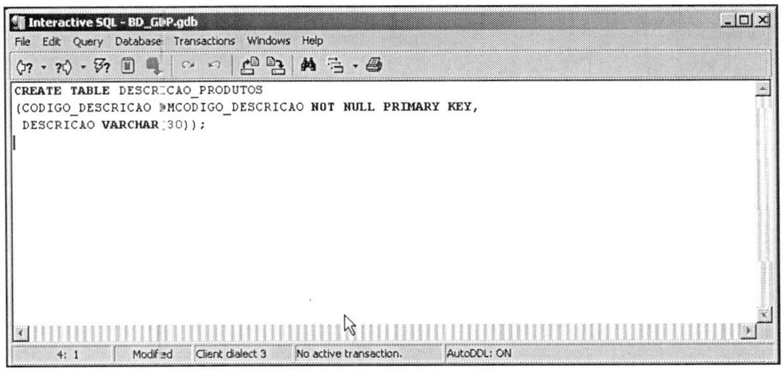

Figura 10.38

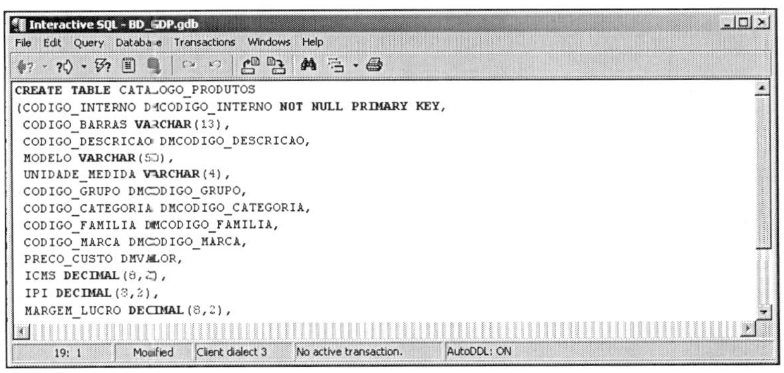

Figura 10.39

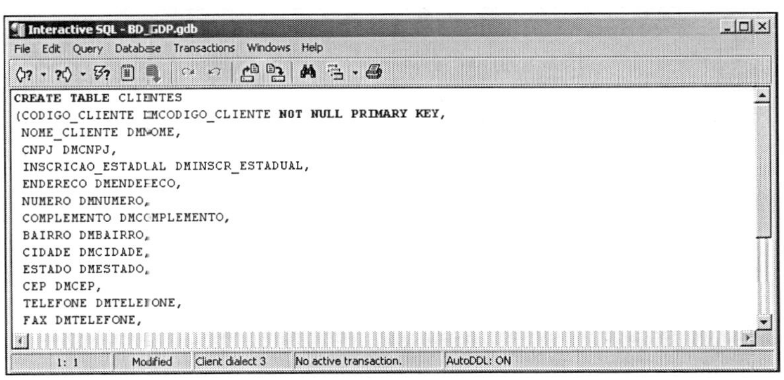

Figura 10.40

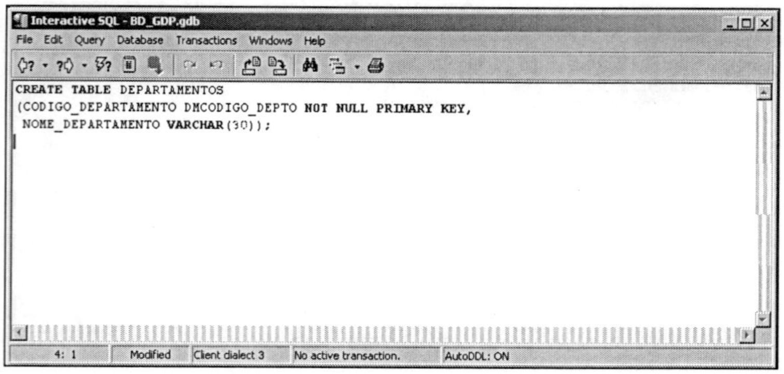

Figura 10.41

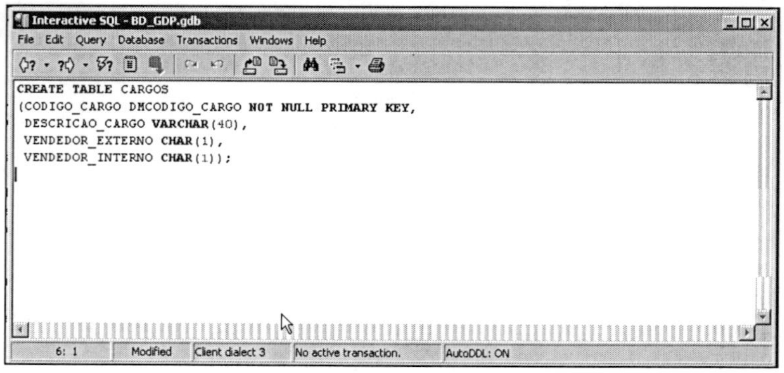

Figura 10.42

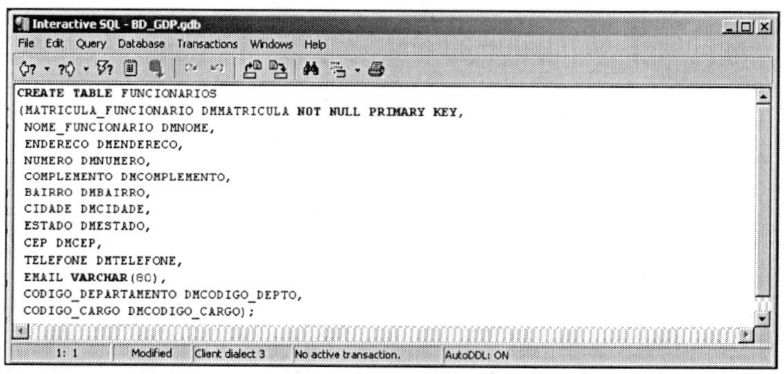

Figura 10.43

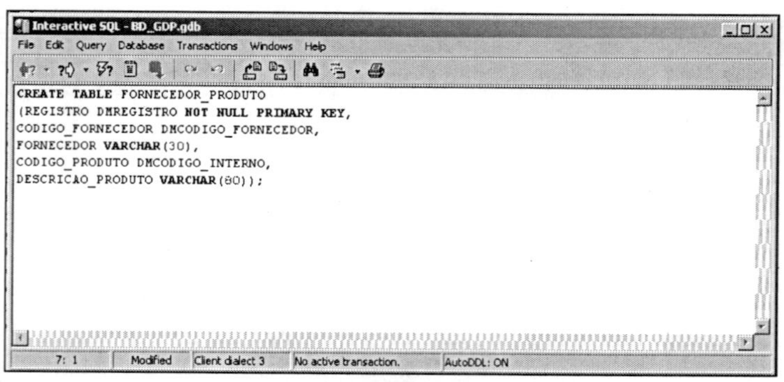

Figura 10.44

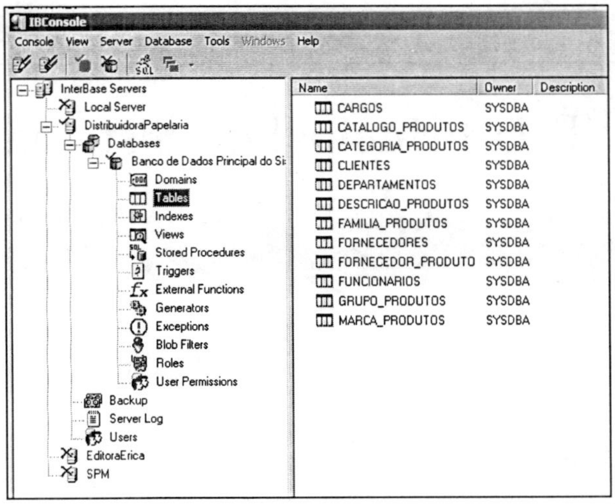

Figura 10.45

Pronto, podemos partir para a construção do aplicativo em si.

capítulo 11

A Tela Principal do Sistema

Assuntos abordados neste capítulo

- *Adição de barra de ferramentas, menus, barra de status e componente de imagem*
- *Criação de unidade de código para rotinas de uso geral*
- *Adição de códigos ao formulário e seus objetos*

11.1. Preparativos Iniciais

Execute o Delphi 2005 e quando ele estiver carregado, clique na opção **VCL Forms Application** do grupo de **Delphi Projects**. Desta forma iniciamos um projeto padrão Win32. A tela da figura 11.1 é então mostrada.

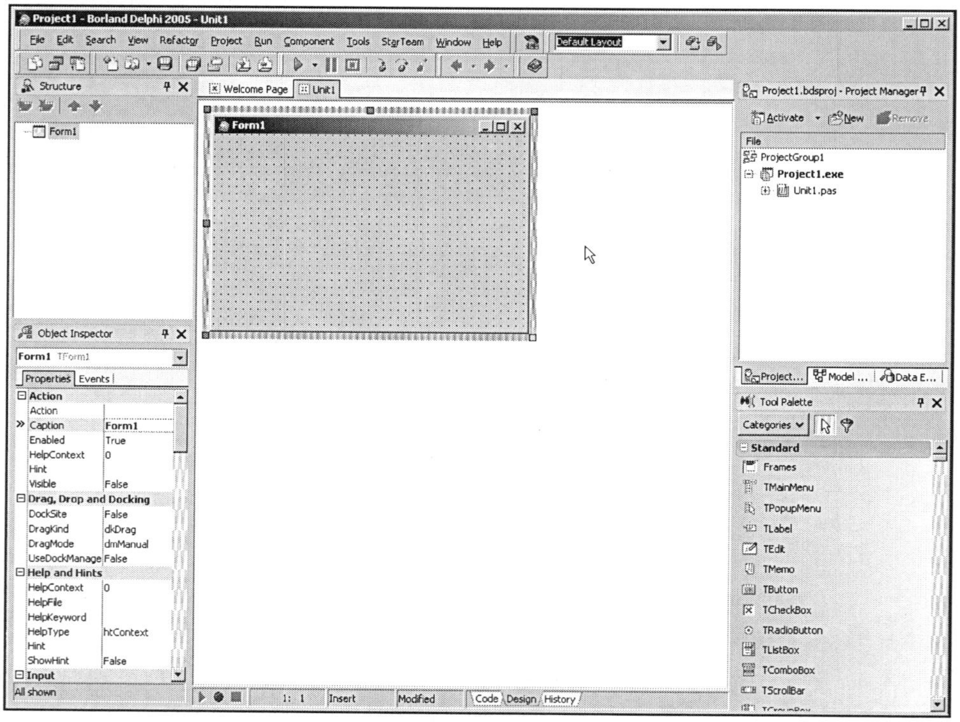

Figura 11.1

No grupo de propriedades **Visual** existe uma propriedade denominada **Caption** que é utilizada para atribuir uma cadeia de caracteres à barra de títulos do formulário. Digite a expressão "Sistema de Gerenciamento de Distribuidora de Papelarias". Clique ainda no botão da propriedade **Icon** para abrir a caixa de diálogo da figura 11.2. Clique no botão **Load** e escolha o arquivo **Icone01.ico**, que se encontra no kit disponível para ser baixado da Internet. Veja a figura 11.3.

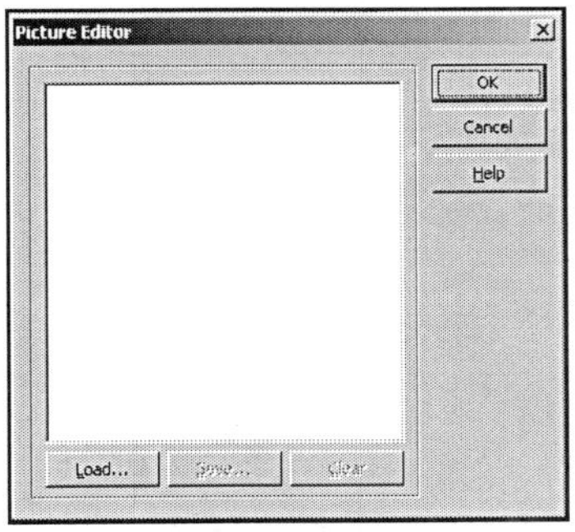

Figura 11.2

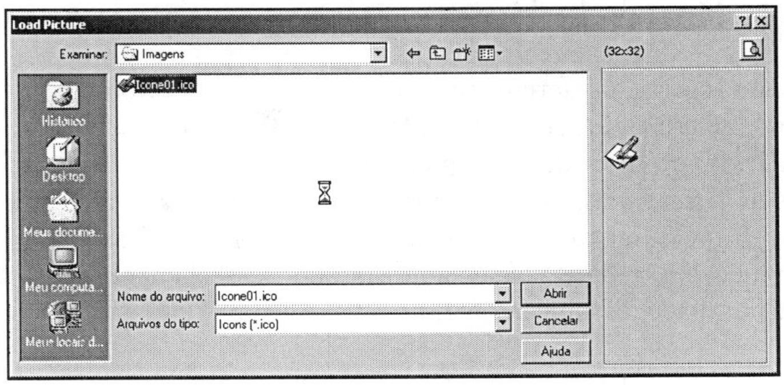

Figura 11.3

Digite na propriedade **Name** do grupo **Miscellaneous** a expressão "formPrincipal". Isso nomeia o formulário para posterior referência. Veja na figura 11.4 o resultado dessas configurações, e na figura 11.5 o objeto na janela denominada **Structure** (que anteriormente era chamada **Object TreeView**).

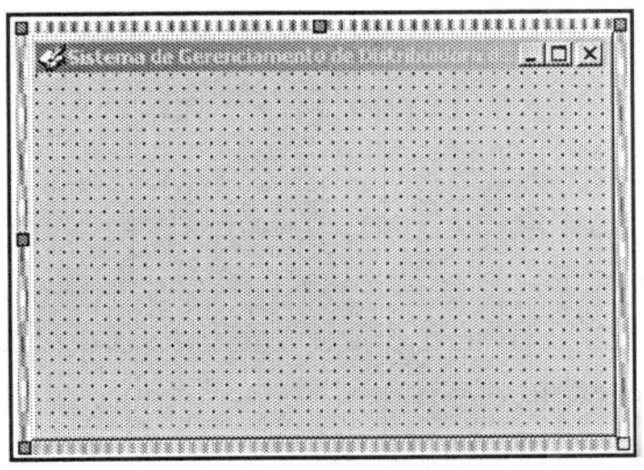

Figura 11.4

Figura 11.5

Utilizando os pontos de controle que envolvem o formulário, altere suas dimensões conforme indica a figura 11.6.

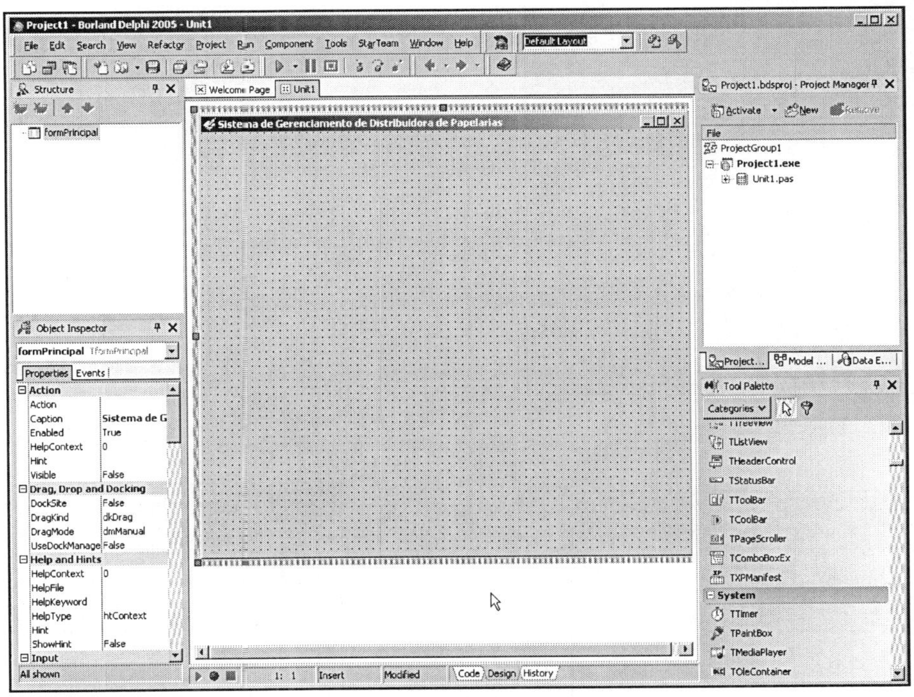

Figura 11.6

11.2. Barra de Botões, Barra de Status e Menu

Adicione agora ao formulário um componente **TCoolBar**, presente no grupo de componentes **Win32**, e dentro dele coloque um **TToolBar**. Esses dois componentes permitem a criação de barras de ferramentas, formadas por botões que executam tarefas acessíveis pelo menu do sistema. Para o objeto **TCoolBar** especifique na propriedade **Name** (grupo **Miscellaneous**) a cadeia de caracteres "clbFerramentas". Veja a figura 11.7.

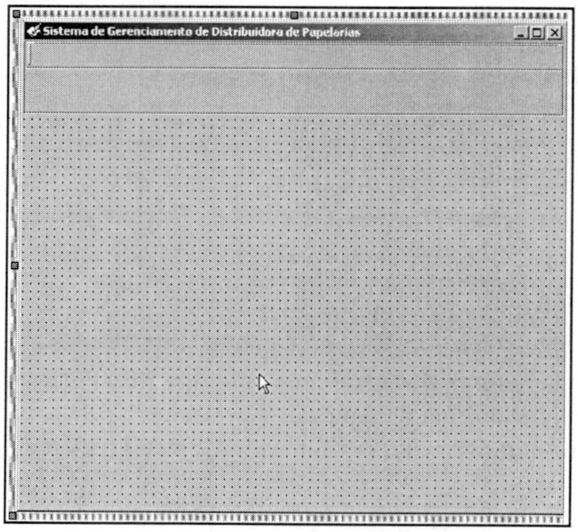

Figura 11.7

Selecione o componente **TImageList** (grupo **Win32**) e arraste-o para a área do formulário (figura 11.8). Esse componente é utilizado para atribuir imagens aos botões da barra de ferramentas. Digite o valor 32 nas propriedades **Height** e **Width** (grupo **Layout**), como mostra a figura 11.9. Em **Name**, digite a expressão "imagens". A seguir dê um duplo-clique sobre o ícone do componente para abrir a tela da figura 11.10. Clique no botão **Add** e escolha o arquivo de imagem **Sair.bmp**, que também faz parte do kit da Internet. Você deve ver a tela da figura 11.11 após clicar no botão **Abrir**.

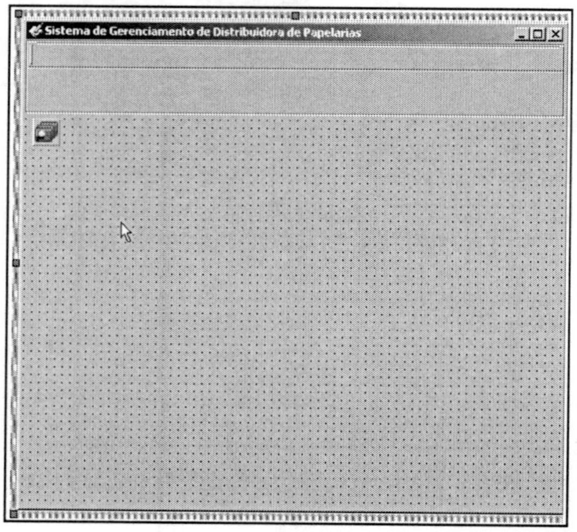

Figura 11.8

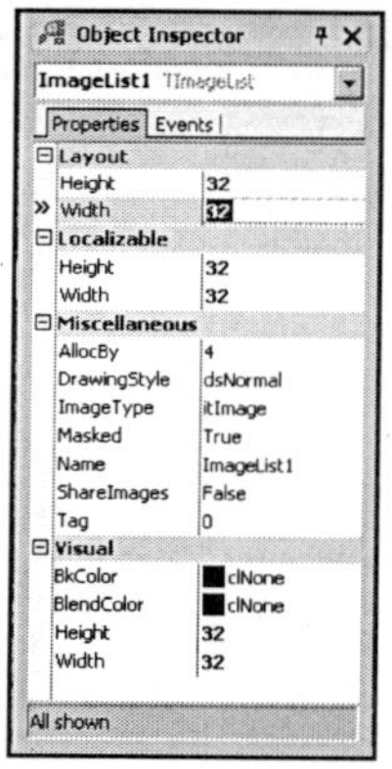

Figura 11.9

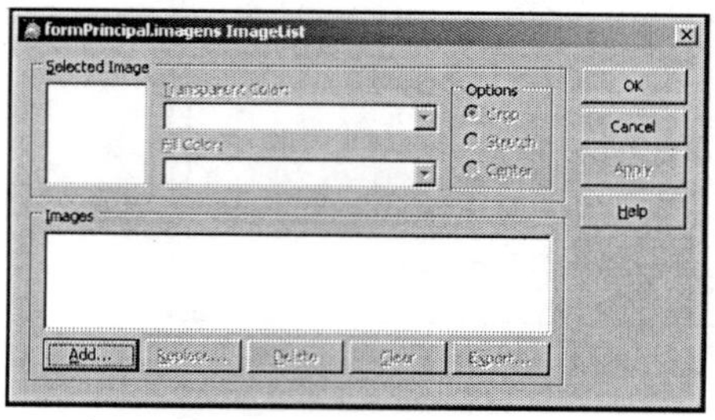

Figura 11.10

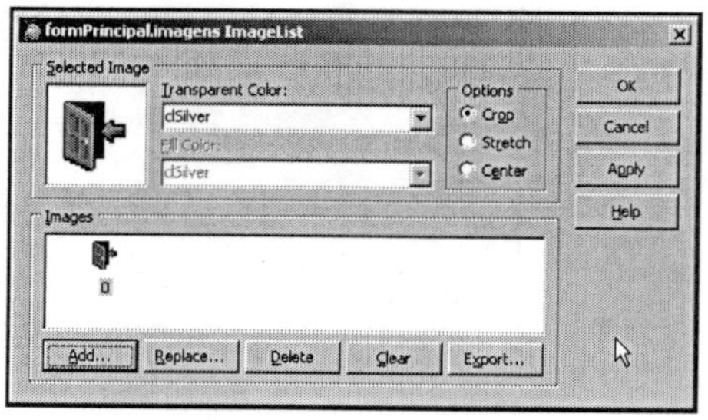

Figura 11.11

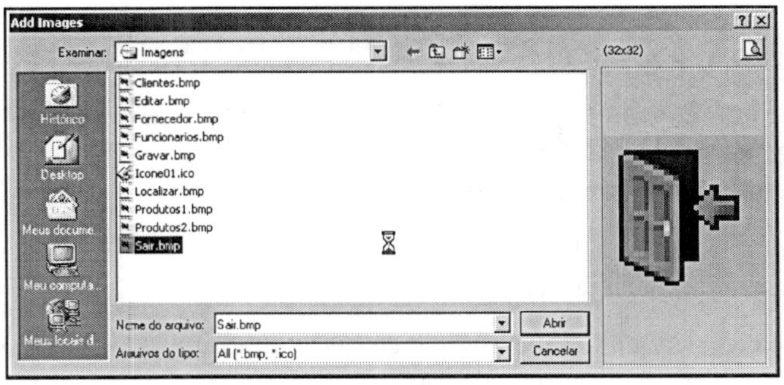

Figura 11.12

Para fechar a caixa de diálogo, clique no botão **OK**. Por enquanto esta é a única imagem a ser adicionada. Selecione o objeto **ToolBar1** e especifique na propriedade **Images** (grupo **Linkage**) a opção **imagens**. Desta maneira cria-se um vínculo entre as imagens do objeto **TImageList** e os botões da **ToolBar**. As imagens podem ser escolhidas pela propriedade **ImageIndex** de cada botão, conforme veremos mais à frente.

Expanda a propriedade **EdgeBorders** (grupo **Miscellaneous**) e selecione no item **ebTop** a opção **False**. Já para a propriedade **Flat** (grupo **Miscellaneous**) configure seu valor com **True**. Configure com **True** também a propriedade **Transparent**. Com isso os botões não são apresentados no formato de alto-relevo, mas planos e transparentes, e ao passar o cursor por cima deles, ocorre um destaque.

Em **ShowHint** (grupo **Help and Hints**), também especifique o valor **True**. Assim podem ser especificados pequenos textos nos botões para serem apresentados com dicas.

Adicione um componente **TMainMenu** (grupo **Standard**) para podermos definir o sistema de menu do aplicativo (figura 11.13). Atribua à propriedade **Name** desse objeto a cadeia de caracteres "mnuPrincipal". Dê dois cliques nele para abrir o editor de menus exibido na figura 11.14.

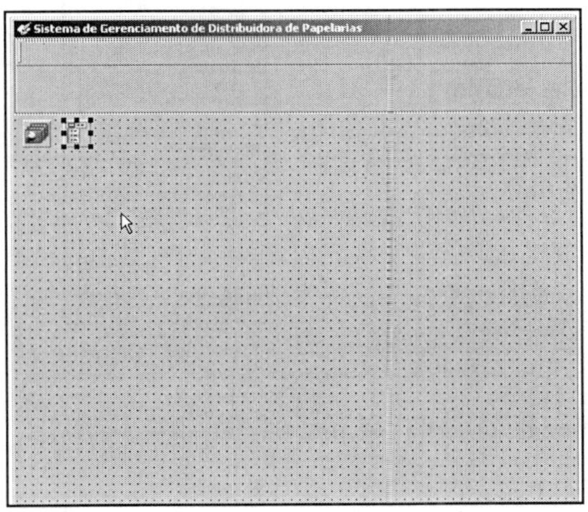

Figura 11.13

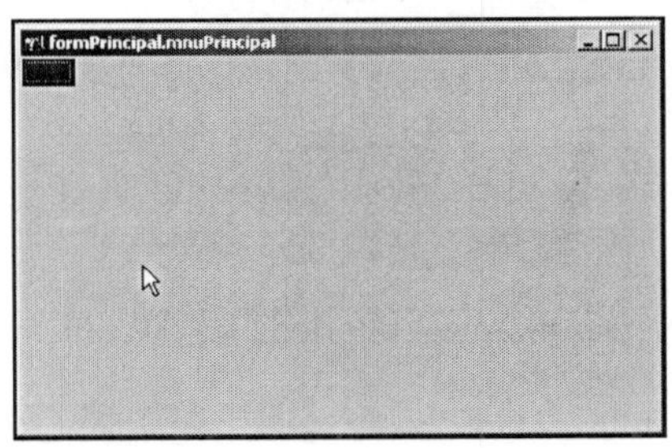

Figura 11.14

Insira um item com as propriedades **Caption** (grupo **Visual**) e **Name** (grupo **Miscellaneous**) configuradas com as cadeias de caracteres "&Arquivo" e "menuArquivo". O símbolo "&" faz com que a letra que o sucede seja apresentada como sublinhada. É a chamada tecla rápida, que pode ser acionada junto com a tecla <ALT>. Para esse menu adicione uma opção assim configurada:

Propriedade	Grupo	Valor
Caption	Visual	&Sair
Name	Miscellaneous	opcSair
ShortCut	Action	Ctrl+S

O resultado pode ser visto na figura 11.15.

Clique com o botão direito do mouse sobre o objeto **ToolBar1** e escolha a opção **New Button**. Digite na propriedade **Name** (grupo **Miscellaneous**) a expressão "btnSair" e o valor 0 em **ImageIndex** (grupo **Action**).

Especifique na propriedade **AutoSize** (grupo **Layout**) do objeto **ToolBar1** o valor **True**. Isso faz com que a barra tenha a mesma altura do botão.

Agora volte a selecionar o objeto denominado **clbFerramentas** e também ajuste o valor da propriedade **AutoSize** (grupo **Layout**) para **True**.

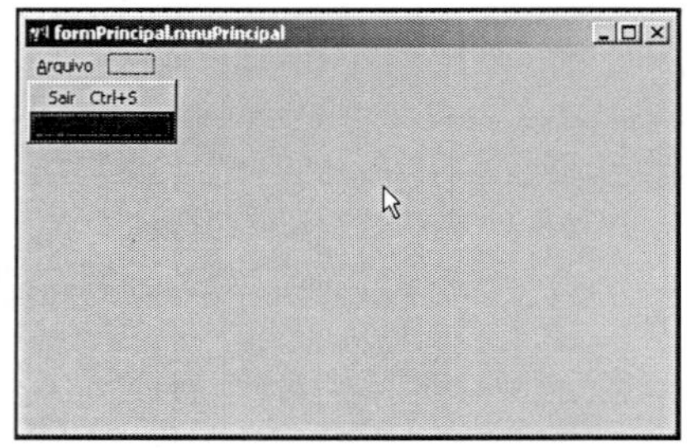

Figura 11.15

Selecione o componente **TStatusBar** (grupo **Win32**) e arraste-o para o formulário. Note que ele é automaticamente posicionado na parte inferior (base do formulário). Dê um duplo-clique sobre esse objeto e a janela da figura 11.16 é apresentada. Clique com o botão direito sobre ela e escolha a opção **Add** do menu local aberto (figura 11.17). Com isso é criada uma seção na barra de status. Clique mais três vezes para assim adicionar mais três seções. Veja o resultado final na figura 11.18.

Figura 11.16

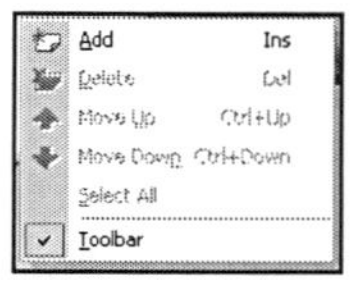

Figura 11.17

Figura 11.18

Clique no primeiro item (**TStatusPanel** com o índice 0) para selecioná-lo. Digite o valor 150 na propriedade **Width** (grupo **Layout**) e a expressão "Data" na propriedade **Text** (grupo **Localizable**). Escolha também a opção **taCenter** em **Alignment** (grupo **Visual**). Veja essas configurações na figura 11.19.

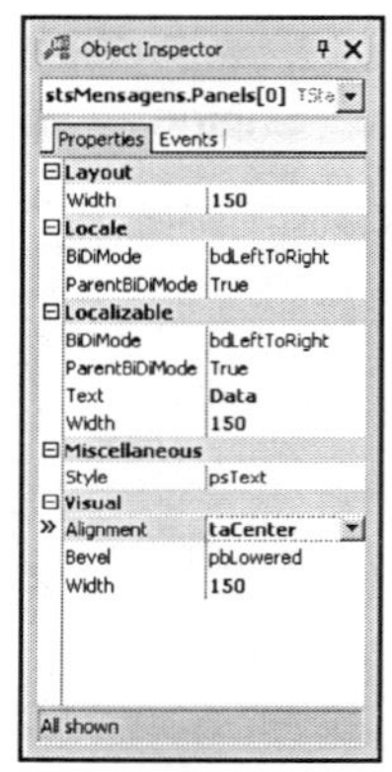

Figura 11.19

Configure essas mesmas propriedades das outras duas seções, conforme descrito na seguinte tabela:

Seção	Propriedade	Valor
Status Panel 1	Width	80
	Text	Hora
	Alignment	taCenter
Status Panel 2	Width	100
	Text	Usuário
	Alignment	taLeftJustify

A última seção não precisa de ajustes. A figura 11.20 mostra como devem ficar essas seções após a finalização dessas configurações. Já na figura 11.21 é possível ver o formulário completo.

O próximo componente a ser adicionado a esse primeiro formulário é o **TTimer**, que se encontra no grupo **System**. Arraste-o para perto do objeto **mnuPrincipal**, como mostra a figura 11.22, e altere sua propriedade **Name** (grupo **Miscellaneous**) para "tmrRelogio".

Figura 11.20

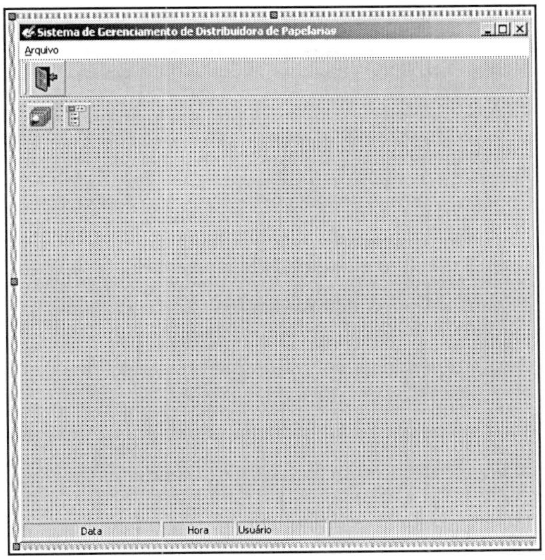

Figura 11.21

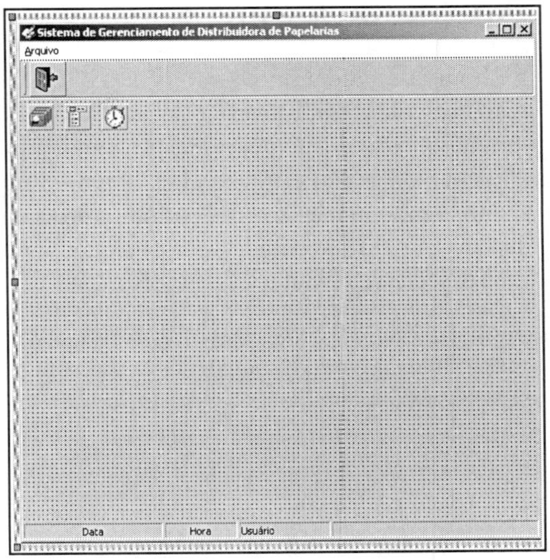

Figura 11.22

Selecione o componente **TImage** (grupo **Additional**) e arraste-o para o formulário. Configure as seguintes propriedades desse objeto:

Propriedade	Grupo	Valor
Align	Layout	alClient
Name	Miscellaneous	imgFundo
Center	Miscellaneous	True

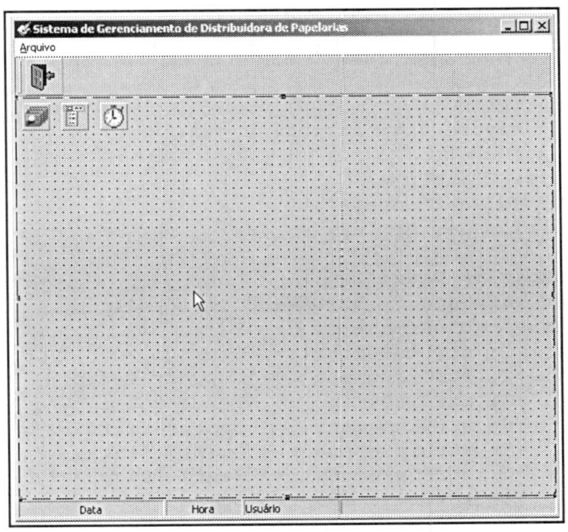

Figura 11.23

Veja na figura 11.23 o formulário com esse novo objeto adicionado.

Salve o projeto clicando no botão **Save All** (). Na primeira caixa de diálogo, especifique como nome para a unidade do formulário a cadeia de caracteres "UPrincipal" (figura 11.24). Para o nome do projeto, que deve ser informado na segunda caixa de diálogo, forneça a expressão "GDP" (figura 11.25).

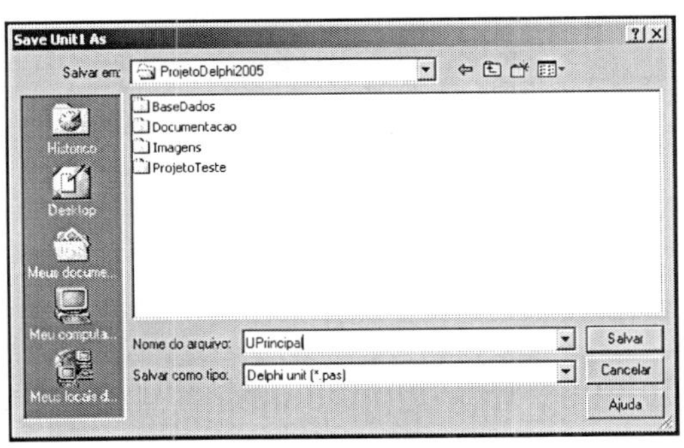

Figura 11.24

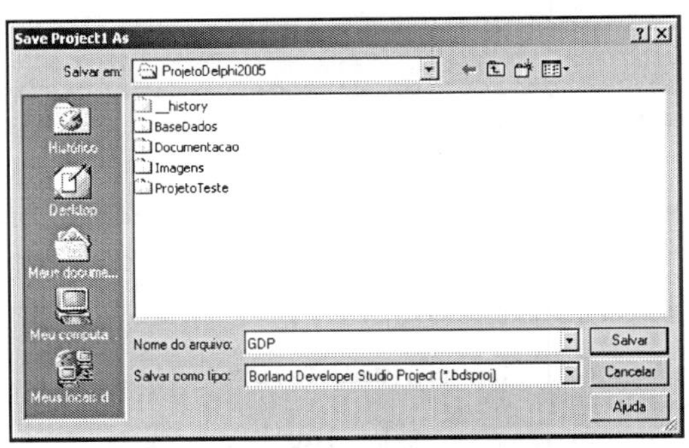

Figura 11.25

11.3. Adição de Códigos

Chegou a hora de incluirmos os códigos em linguagem **ObjectPascal** que são responsáveis pela execução de diversas tarefas. O primeiro passo é adicionar uma nova unidade de código ao projeto. Essa unidade não está vinculada a um formulário, mas é utilizada no armazenamento de rotinas (procedimentos e funções) que podem ser executadas em qualquer formulário. É, portanto, uma espécie de biblioteca de funções.

Selecione a opção **File → New → Unit**. Assim a tela da figura 11.26 é apresentada. Altere o código dessa unidade conforme a listagem apresentada em seguida:

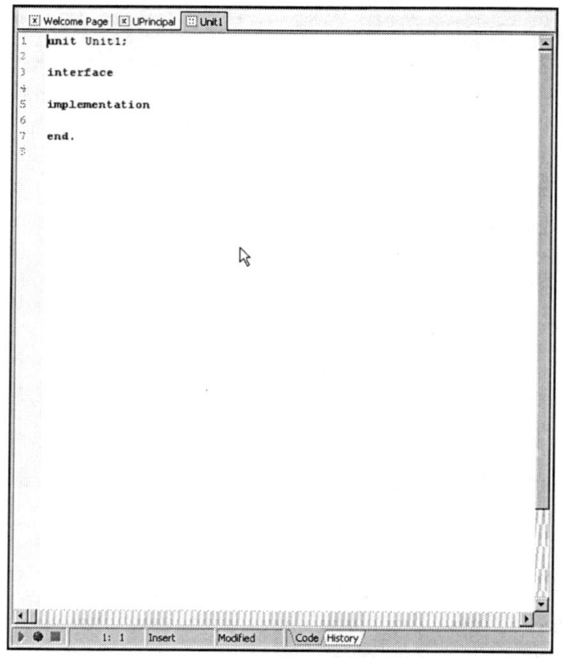

Figura 11.26

```
unit Unit1;

interface

uses Windows, SysUtils, Forms, StdCtrls;

function MostraData: string;
function Confirma(const strTexto: string): integer;
function StrZero(const strValor: string;const
intComprimento: integer): string;

procedure Mensagem(const strMensagem: string);

implementation
function MostraData: string;
var
   dtHoje: TDateTime;
   intDiaSemana: integer;
   strDiaSemana: string;
begin
     dtHoje := Date;
     intDiaSemana := DayOfWeek (dtHoje);
     case intDiaSemana of
          1: strDiaSemana := 'Domingo - ';
          2: strDiaSemana := 'Segunda-feira - ';
          3: strDiaSemana := 'Terça-feira - ';
          4: strDiaSemana := 'Quarta-feira - ';
          5: strDiaSemana := 'Quinta-feira - ';
          6: strDiaSemana := 'Sexta-feira - ';
          7: strDiaSemana := 'Sábado - ';
     end;
     Result := strDiaSemana+DateToStr(dtHoje);
end;

function Confirma(const strTexto: string): integer;
begin
     Result := Application.MessageBox (PChar(strTexto),'CONFIRMAÇÃO',mb_YesNo+
mb_DefButton2+mb_IconQuestion);
end;

function StrZero(const strValor: string;const intComprimento: integer): string;
var
   strZeros,strRetorno: string;
   intTamanho,intContador: integer;
begin
     intTamanho := Length(Trim(strValor));
     strZeros   := '';
     for intContador := 1 to intComprimento do
         strZeros := strZeros + '0';
     strRetorno := Copy(Trim(strZeros)+Trim(strValor),intTamanho+1,intComprimento);
     Result     := strRetorno;
end;
procedure Mensagem(const strMensagem: string);
begin
     Application.MessageBox(PChar(strMensagem),'MENSAGEM',mb_OK+mb_IconExclamation);
end;

end.
```

Na seção **interface**, podemos declarar todas as rotinas (procedimentos ou funções) existentes na unidade que devem ser "exportadas", ou seja, outros procedimentos/funções podem fazer uso delas. Por enquanto, temos as seguintes rotinas:

```
function MostraData: string;
function Confirma(const strTexto: string): integer;
function StrZero(const strValor: string;const intComprimento: integer): string;
procedure Mensagem(const strMensagem: string);
```

Note que apenas declaramos o nome, parâmetros necessários e tipo de dado a ser retornado (no caso de funções). O código que realmente implementa essas rotinas deve ser adicionado após a palavra-chave **implementation**, que designa a seção de implementação.

A seguir vamos descrever o funcionamento de cada uma das rotinas.

A função **MostraData** é responsável por recuperar a data do sistema e convertê-la numa seqüência de caracteres com o seguinte formato: **dia da semana-dia/mês/ano**. Para saber o dia da semana, utilizamos a função **DayOfWeek**, que retorna um valor numérico entre 1 e 7, representando os dias da semana.

A segunda função, denominada **Confirma**, chama o método **MessageBox** do objeto **Application** para apresentar uma caixa de mensagem ao usuário. Esse método deve receber três parâmetros:

- Uma cadeia de caracteres que é o texto da mensagem;
- Um título para a caixa de mensagem;
- Uma constante que representa o tipo de ícone e a quantidade de botões que devem ser exibidos pela caixa de mensagem. Esse parâmetro pode ser formado pela combinação das seguintes constantes:
  - *mb_AbortRetryIgnore:* mostra os botões Abortar, Repetir e Ignorar
  - *mb_OK:* mostra apenas o botão OK
  - *mb_OKCancel:* apresenta os botões OK e Cancelar
  - *mb_RetryCancel:* mostra os botões Repetir e Cancelar
  - *mb_YesNo:* exibe os botões Sim e Não
  - *mb_YesNoCancel:* mostra os botões Sim, Não e Cancelar
  - *mb_IconExclamation:* apresenta o ícone de exclamação
  - *mb_IconInformation:* mostra o ícone de informação (letra "I" dentro de um círculo)
  - *mb_IconQuestion:* indica o ícone de interrogação
  - *mb_IconStop:* mostra o ícone de parada crítica
  - *mb_DefButton1:* força a seleção do primeiro botão
  - *mb_DefButton2:* obriga a seleção do segundo botão
  - *mb_DefButton3:* força a seleção do terceiro botão
  - *mb_DefButton4:* obriga a seleção do quarto botão

As constantes **mb_DefButton1**, **mb_DefButton2**, **mb_DefButton3** e **mb_DefButton4** permitem que seja especificado o botão da caixa de mensagem que será destacado como padrão. Isso significa que, ao ser teclado <ENTER>, ele executará o procedimento vinculado a ele, como se tivesse sido clicado.

O valor retornado pelo método pode ser um dos seguintes:

Constante Simbólica	Valor Numérico	Botão Clicado
IDOK	1	OK
IDCANCEL	2	Cancelar
IDABORT	3	Abortar
IDRETRY	4	Repetir
IDIGNORE	5	Ignorar
IDYES	6	Sim
IDNO	7	Não

A função **StrZero** recebe como parâmetro uma cadeia de caracteres que representa um número inteiro e acrescenta uma quantidade de zeros à esquerda, conforme o valor do segundo parâmetro.

E por fim temos a função **Mensagem**, que é similar à função **Confirma**, somente diferenciando quanto aos parâmetros passados ao método **MessageBox**.

Salve essa unidade com o nome **URotinasGenericas**. Veja a figura 11.27.

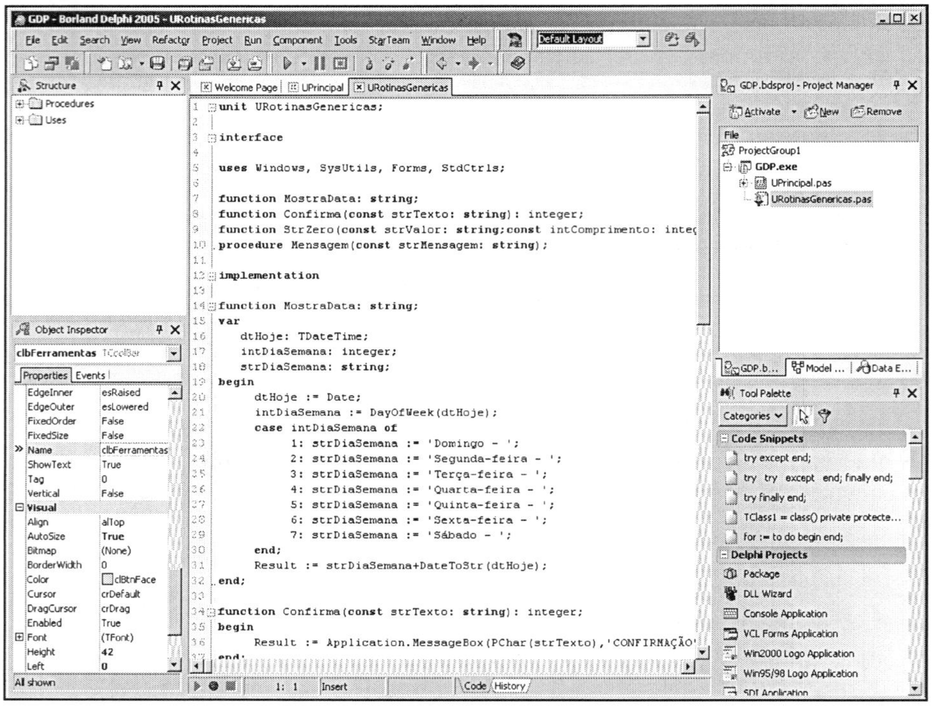

Figura 11.27

Volte a selecionar o formulário **formPrincipal** e escolha a opção **File → Use Unit**. Na janela da figura 11.28, selecione o item **URotinasGenericas**.

Clique no botão **Toggle Form/Unit** ( ) para visualizar a unidade de código do formulário. Adicione a linha de código que se encontra destacada por um retângulo na figura 11.29.

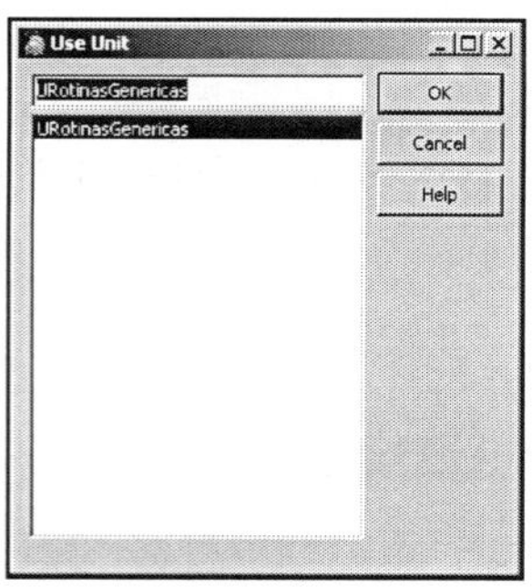

Figura 11.28

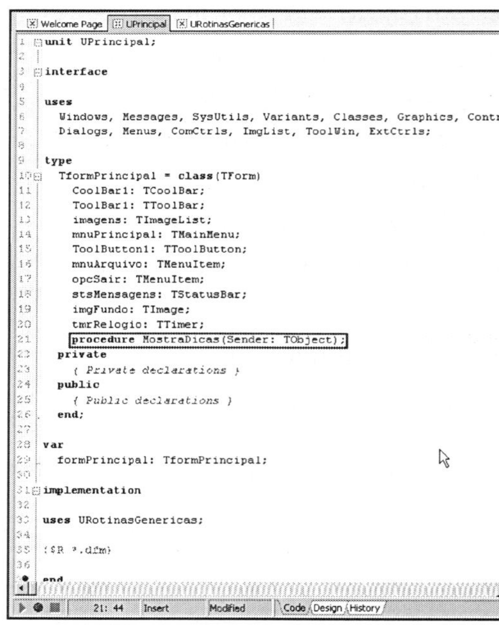

Figura 11.29

Em seguida digite o procedimento apresentado na listagem a seguir, logo após a diretiva de compilação **{$R *.dfm}**:

```
procedure TformPrincipal.MostraDicas(Sender: TObject);
begin
     stsMensagens.Panels[3].Text := Application.Hint;
end;
```

Esse procedimento faz com que seja apresentada na barra de status (quarta seção) um texto referente às dicas adicionadas aos objetos, como opções de menus e botões.

Volte à visualização do formulário, abra a guia **Events** do **Object Inspector** e dê dois cliques no evento **OnShow**. Então digite o código da seguinte listagem:

```
procedure TformPrincipal.FormShow(Sender: TObject);
begin
     with formPrincipal do
     begin
          Left := 0;
          Top  := 0;
          Height := Screen.Height;
          Width  := Screen.Width;
     end;
     clbFerramentas.Bitmap.LoadFromFile('FUNDOBARRA.BMP');
     imgFundo.Picture.LoadFromFile('TELAFUNDO.JPG');
     stsMensagens.Panels[0].Text := MostraData;
end;
```

A figura 11.30 mostra esses dois procedimentos adicionados ao formulário.

O procedimento do evento **OnShow** primeiramente ajusta os valores das propriedades **Left** e **Top** em 0, o que significa que ele será posicionado no canto esquerdo superior da tela. A altura (propriedade **Height**) e a largura (propriedade **Width**) também são configuradas, de forma que o formulário ocupe toda a dimensão da tela, independente da resolução adotada. Essa dimensão é obtida por meio do objeto **Screen**. O evento **OnShow** é executado quando o formulário, já carregado na memória, é apresentado no vídeo.

Uma imagem é também carregada na barra de ferramentas (objeto **clbFerramentas**) utilizando o método **LoadFromFile**, da propriedade **Bitmap**. Essa propriedade somente aceita arquivos no formato .BMP.

Uma outra imagem é carregada, dessa vez no objeto **imgFundo**, para compor o fundo da tela principal. Esse objeto aceita arquivos no formato JPEG, mas para isso é necessário adicionar a unidade **JPEG** à cláusula **Uses**, logo no início da unidade, como mostra a tela da figura 11.31.

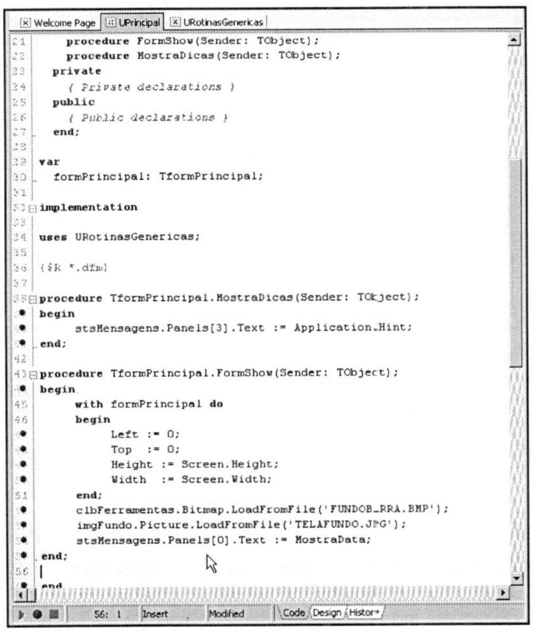

Figura 11.30

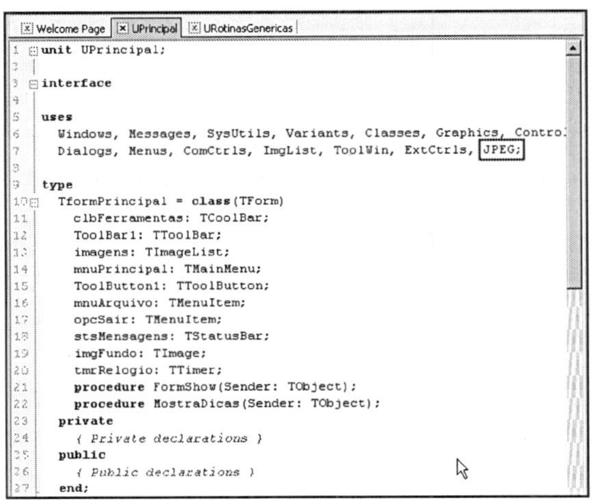

Figura 11.31

É importante lembrar que os dois arquivos de imagem que aparecem no código se encontram no kit da Internet.

E para encerrar esta parte, temos a apresentação da data na barra de status pela chamada à função **MostraData**.

Agora dê um duplo-clique no objeto **tmrRelogio** e acrescente a linha de código da seguinte listagem:

```
procedure TformPrincipal.tmrRelogioTimer(Sender: TObject);
begin
     stsMensagens.Panels[1].Text := TimeToStr(Time);
end;
```

Isso faz com que a hora seja apresentada na barra de status, na segunda seção. Esse evento é executado a cada "batida" do temporizador, e uma vez que ela ocorre a cada segundo, a hora é atualizada em tempo real.

O último procedimento é para a opção **Sair** do menu **Arquivo**. Volte a abrir o editor de menus dando dois cliques sobre o objeto **mnuPrincipal**. Dê um duplo-clique sobre a opção **Sair** e digite o comando "Application.Terminate;" como linha de comando do procedimento. Veja a tela da figura 11.32.

Feche o editor de menus. Selecione o botão da barra de ferramentas e em seguida escolha para o evento **OnClick** (grupo **Input**) desse objeto a opção **opcSairClick** (figura 11.33). Com isso estamos vinculando o procedimento da opção de menu a um botão que executará as mesmas funções.

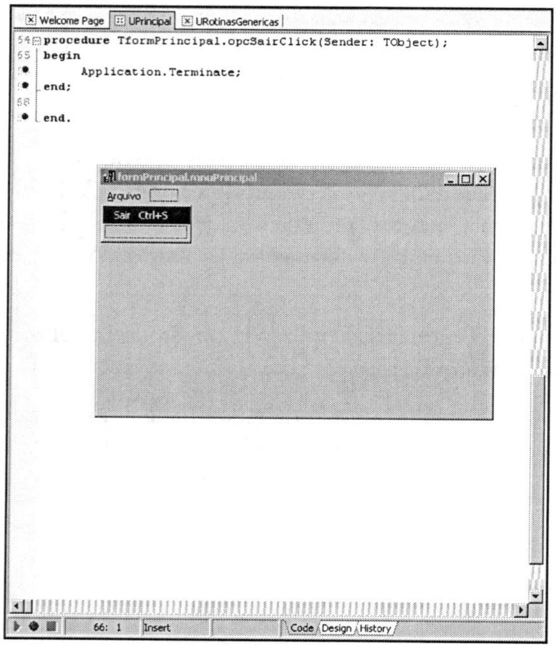

Figura 11.32

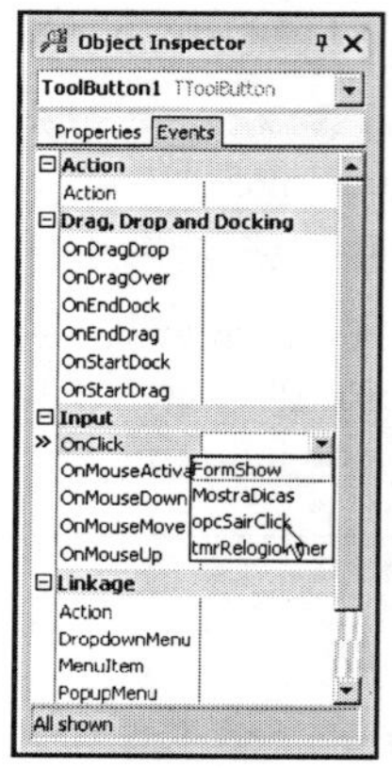

Figura 11.33

Salve todo o projeto novamente após essas alterações.

11.4. Configurações de Ambiente e de Projeto

O Delphi oferece diversas opções de configuração do ambiente de trabalho e do projeto em que estamos trabalhando. O primeiro tipo pode ser acessado pelo menu **Tool → Options**. A tela da figura 11.34 é mostrada. A primeira alteração que faremos é marcar a caixa de seleção **Show compiler progress**, que permite ao programador visualizar o processo de compilação numa caixa de mensagem.

A seguir acesse o item **VCL Designer** da opção **Delphi Options** (figura 11.35). Altere o valor das caixas de entrada do quadro **Grid options** para 5. Desmarque também as caixas de seleção **New form as text** e **Auto create forms & data modules**. Veja a figura 11.36.

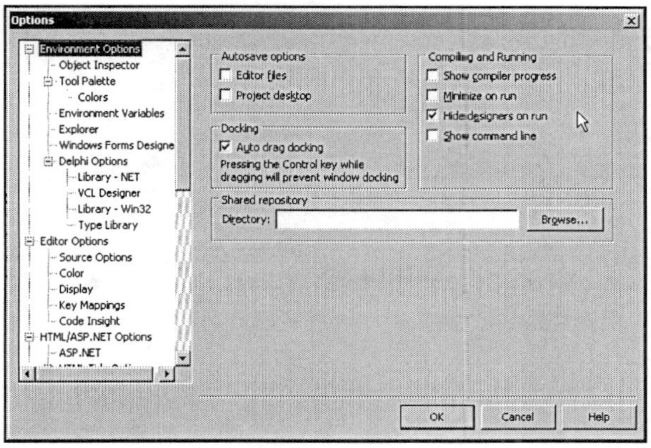

Figura 11.34

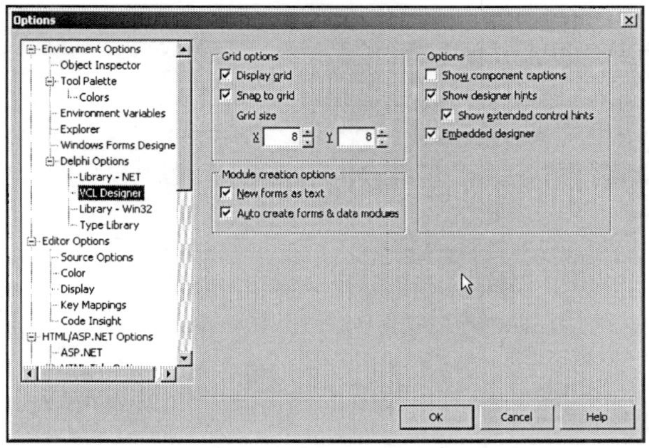

Figura 11.35

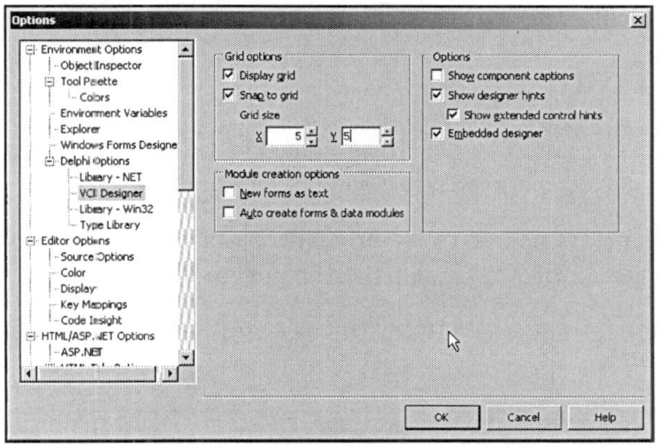

Figura 11.36

Feche essa janela clicando no botão **OK**.

Selecione **Project → Options** para abrir a tela da figura 11.37, a qual permite que sejam configurados alguns parâmetros do projeto. Selecione o item **Application** e você verá as opções da figura 11.38. Na caixa de entrada **Title**, podemos entrar com uma expressão caractere que representa o título da aplicação. Clicando no botão **Load Icon**, é possível especificar um arquivo de ícone para o aplicativo, que pode ser inclusive o que foi atribuído ao formulário. Este é o ícone que o Windows mostra na lista de programas ou no ambiente de trabalho quando um atalho é criado para a aplicação.

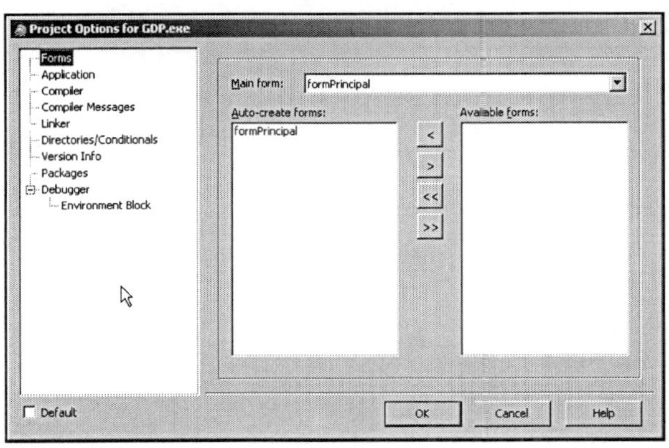

Figura 11.37

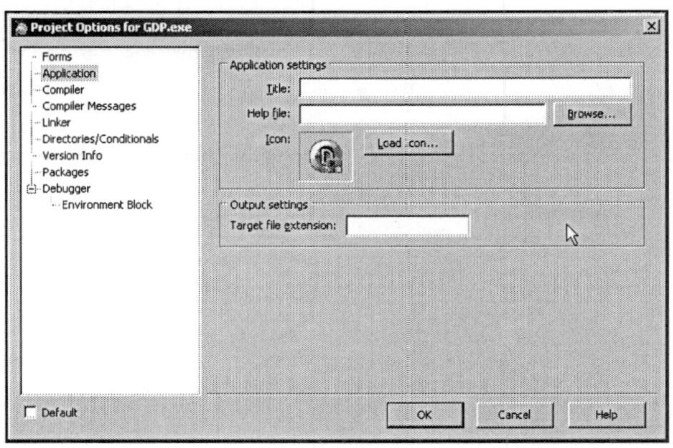

Figura 11.38

Veja o exemplo da figura 11.39.

No item **Version Info** (figura 11.40) é possível marcar a caixa de seleção **Include version information in project** para que o Delphi adicione informações referentes ao número de versão. Ela pode ser configurada a partir das caixas de entradas mostradas logo abaixo. Feche a janela e salve o projeto.

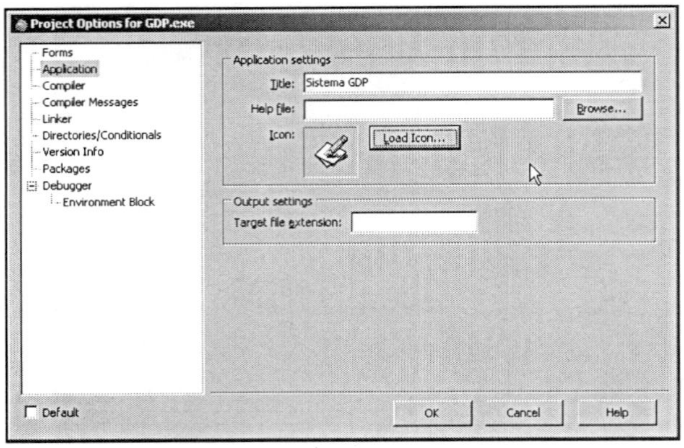

Figura 11.39

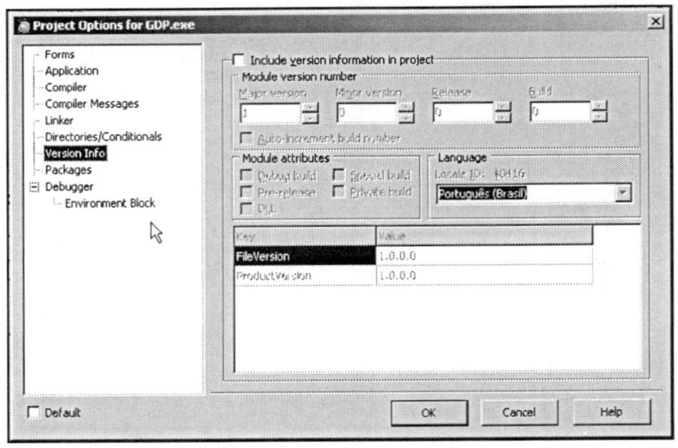

Figura 11.40

11.5. Compilação e Teste

Selecione **Project → Build GDP** para compilar todo o projeto. Uma tela será apresentada mostrando o andamento da compilação. No final o Delphi apresenta a mensagem da figura 11.41.

Se você abrir o Windows Explorer e visualizar os arquivos da pasta do projeto, pode ver os arquivos e o programa executável (com o ícone atribuído anteriormente), como mostra a figura 11.42.

Dê dois cliques sobre o aplicativo para rodá-lo. A tela principal do programa, mostrada na figura 11.43, deve surgir em seguida.

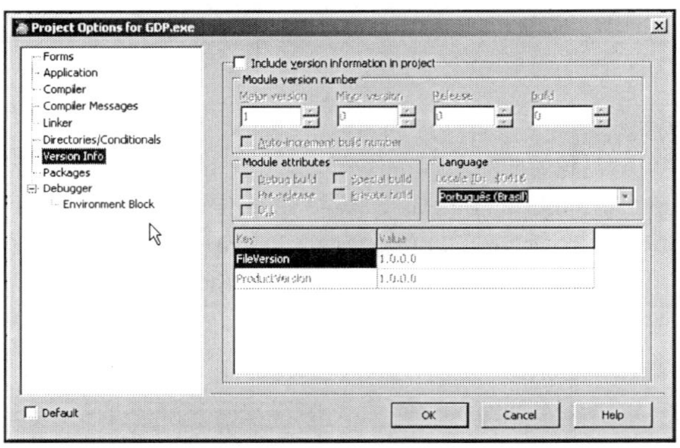

Figura 11.41

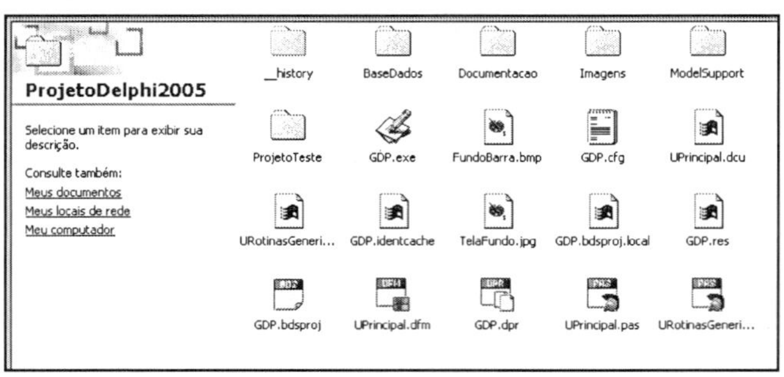

Figura 11.42

Figura 11.43

Bem, por enquanto é só. Vamos treinar um pouco.

Exercícios

1. Qual é a função da propriedade Caption?
2. Qual é a função da propriedade Name?
3. Para que servem os componentes TCoolBar e TToolBar?
4. Qual é a propriedade dos botões do componente TToolBar que permite a seleção de uma imagem?
5. Para que serve uma unidade de código sem vínculo com formulário?

capítulo 12

O Módulo de Dados

Assuntos abordados neste capítulo

- *Tipos possíveis de conexão com banco de dados*
- *Criação de um módulo de dados*
- *Uso dos componentes TSQLConnection, TSQLDataSet, TDataSetProvider, TClientDataSet, TDataSource e TSimplesDataSet*

12.1. Formas de Conexão com Banco de Dados

Existem basicamente quatro maneiras de efetuar uma comunicação com um banco de dados em aplicações desenvolvidas com o Delphi 2005. A primeira utiliza componentes **BDE**, e é utilizada principalmente em acesso a bases locais, em que o aplicativo e o próprio banco de dados residem na mesma máquina. Outra configuração possível é aquela em que o banco de dados se encontra numa máquina ligada em rede local a outras, e pode ser acessado por meio do compartilhamento do disco/pasta. Este é o caso de sistemas que usam arquivos Paradox, dBase, FoxPro e também Access.

A segunda opção é pelo **ADO**, que faz uso da tecnologia ActiveX Data Objects, da Microsoft, e é o principal componente para acesso a bancos de dados padrão Microsoft Access. Consiste num conjunto de objetos COM (Component Object Model) para acesso a dados por meio de um servidor OLE DB. Ela também permite acesso a servidores remotos SQL.

O terceiro método é o grupo de componentes **dbExpress**, que permite a conexão com uma grande variedade de bancos de dados.

E por último, temos o InterBase Express (**IBExpress**), que oferece recursos de acesso nativo a bases do InterBase, sem a necessidade de uma camada intermediária.

As aplicações que fazem uso de bancos de dados remotos possuem uma arquitetura mais complexa, já que o banco se encontra armazenado num servidor de banco de dados SQL, enquanto a aplicação roda em máquinas cliente. Esse tipo de arquitetura é normalmente denominado de duas camadas (*two tiers*), uma vez que a aplicação não se comunica diretamente com o banco de dados, mas utiliza uma "ponte" que é responsável por todo o acesso.

Nosso projeto-exemplo adota uma metodologia muito interessante para efetuar a comunicação com o banco de dados. Como já foi mencionado no início do livro, todo o acesso será feito por componentes **dbExpress**, mesmo para o banco de dados em InterBase. A principal e maior vantagem do **dbExpress** é o fato de ser bastante leve e oferecer rápido acesso a servidores de bancos de dados padrão SQL.

Esse grupo de componentes permite uma versatilidade muito grande, pois com poucos ajustes é possível alterar o banco de dados com o qual o aplicativo vai se comunicar. Isso é possível devido ao **dbExpress** suportar diversos drivers (bibliotecas DLL), sendo cada um específico para um servidor, como InterBase, Oracle, Microsoft SQL Server, Informix, SQL Anywhere e MySQL.

Basicamente, há duas formas de acessar um banco de dados utilizando o **dbExpress**: com os componentes **TSQLConnection**, **TSQLDataSet**, **TDataSetProvider** e **TClientDataSet**; e com o componente **TSimpleDataSet**, que foi introduzido com o Delphi 7 e incorpora os quatro anteriores, simplificando várias operações de configuração. Os quatro primeiros componentes foram mantidos por questão de compatibilidade com projetos desenvolvidos com o Delphi 6.

A figura 12.1 apresenta a ligação existente entre os diversos componentes **dbExpress**. Já a figura 12.2 mostra como esses componentes se relacionam com os objetos de manipulação de dados dentro do formulário.

Figura 12.1

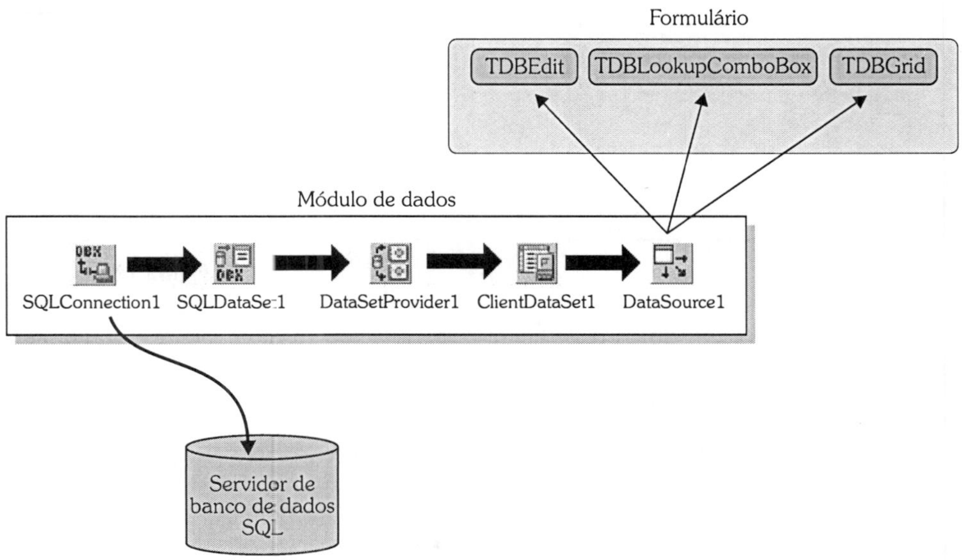

Figura 12.2

Este capítulo mostra as duas técnicas, mas a que efetivamente utilizaremos é a segunda, com o **TSimpleDataSet**, devido à sua maior simplicidade.

Passemos então ao desenvolvimento do módulo de dados do nosso projeto.

12.2. Adição de um Módulo de Dados

Os módulos de dados são um tipo especial de formulário do Delphi, que podem abrigar componentes não-visuais. Nesta categoria se enquadram os componentes de acesso a bancos de dados (**TSession**, **TIBDatabase**, **TIBTable**, **TIBQuery**, **TSQLConnection**, **TClientDataSet**, etc.), componentes de recursos do sistema (**TTimer**, **TImageList**, etc.) ou componentes de caixas de diálogo (**TOpenDialog**, **TSaveDialog**, **TPrinterDialog**, etc.). O conceito principal por trás dos módulos de dados é bem simples: defina apenas uma vez o que você pretende utilizar várias vezes.

Com os módulos de dados podemos centralizar os componentes que podem ser compartilhados entre os diversos formulários do projeto, como é o caso específico dos componentes de acesso a bases de dados. Uma vez que teremos vários formulários para manipulação da base de dados, não é necessário duplicar componentes como **TSimpleDataSet** e/ou **TDataSource** em cada um deles. Basta fazer referência ao módulo de dados que fora definido.

Os tipos de módulos de dados existentes e que podemos criar são padrão e remoto. O primeiro tipo é usado no desenvolvimento de aplicações *stand-alone* de uma única camada ou de duas camadas. Já o tipo remoto deve ser usado em aplicação de múltiplas camadas que roda em ambiente cliente/servidor. Nesse caso, o módulo de dados residirá no servidor de aplicação.

Vejamos agora como criar o primeiro módulo de dados da aplicação. Selecione **File → New → Other** e a caixa de diálogo **New Itens** aparece logo em seguida. Escolha o item **Delphi Files** do grupo **Delphi Projects** e clique no ícone **Data Module** (figura 12.3).

Com isso uma nova janela é adicionada ao projeto (figura 12.4). Note que não existem títulos ou mesmo bordas de formulário. Selecione a propriedade **Name** no **Object Inspector** e digite a cadeia de caracteres "dmModuloDados1". Aumente ainda as dimensões desse formulário.

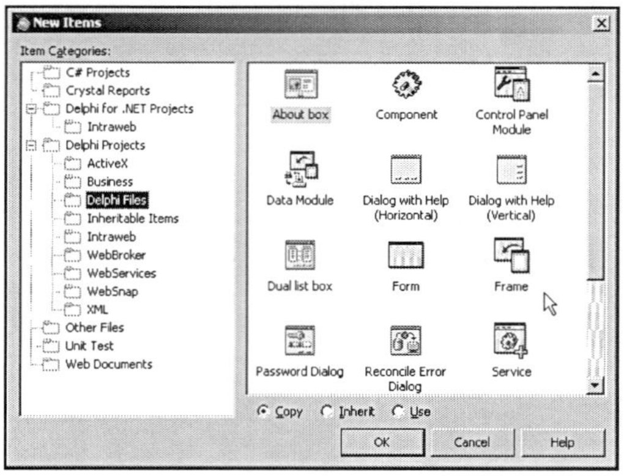

Figura 12.3

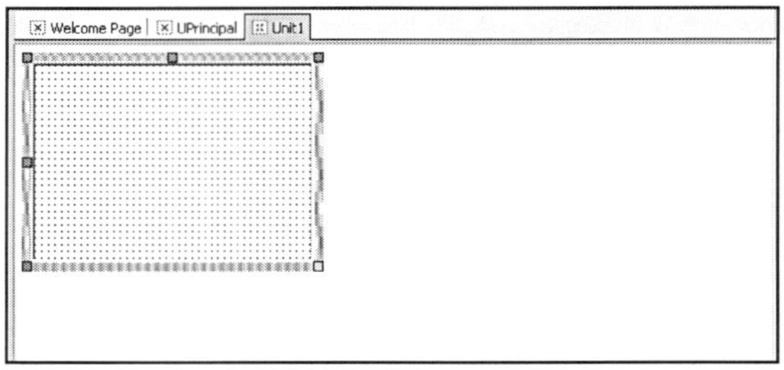

Figura 12.4

Avance a lista de componentes até o grupo **dbExpress** (figura 12.5), selecione o componente **TSQLConnection** e arraste-o para o novo formulário. A tela da figura 12.6 deve ser vista em seguida.

O componente **TSQLConnection** é o responsável pela conexão efetiva com o banco de dados. Ele permite que vários tipos de conexão sejam criados, e cada uma possui a configuração adequada quanto ao driver e banco de dados a ser acessado.

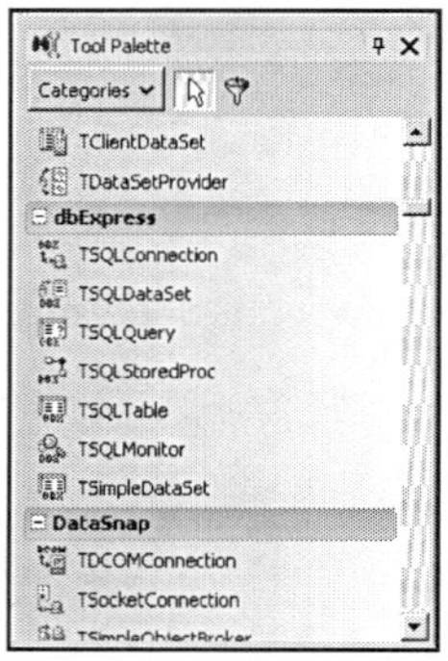

Figura 12.5

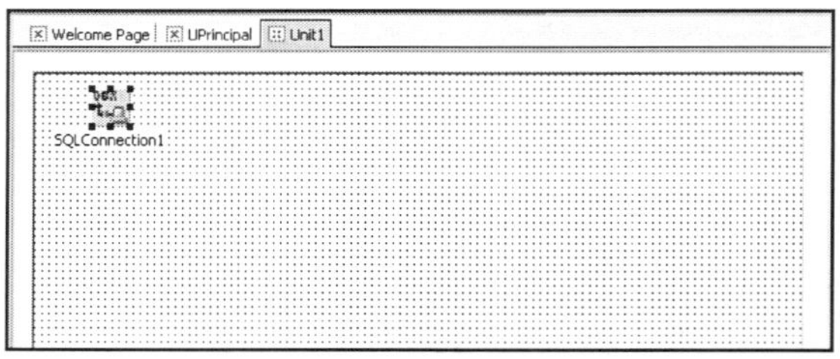

Figura 12.6

A figura 12.7 mostra as propriedades para esse objeto. Dê dois cliques sobre ele para abrir a janela da figura 12.8.

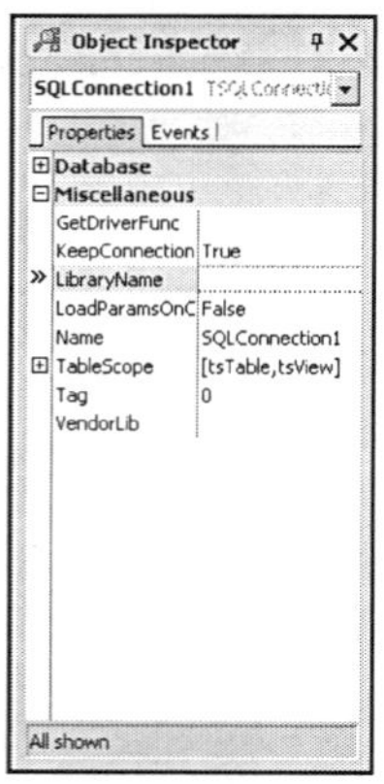

Figura 12.7

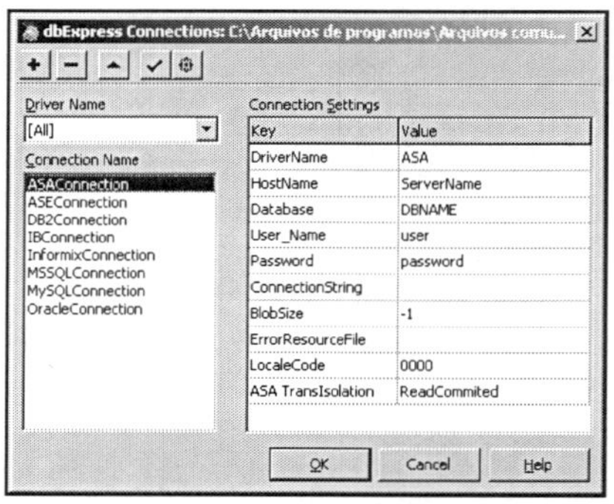

Figura 12.8

Clique no botão **Add Connection** (+) e na caixa de diálogo mostrada na figura 12.9, escolha a partir da caixa de combinação a opção MySQL. Digite a expressão caractere "BancoDadosGDP" na caixa de entrada **Connection Name**. Veja as configurações na figura 12.10.

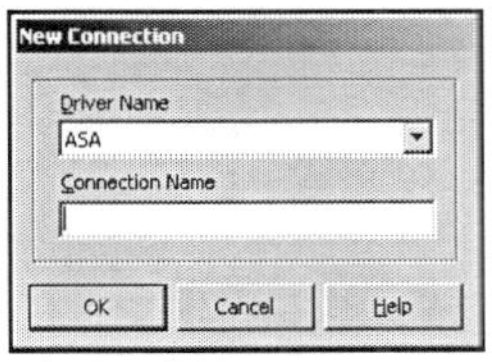

Figura 12.9

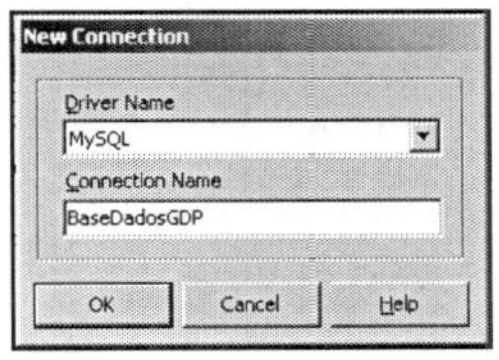

Figura 12.10

Após clicar no botão **OK**, e na tela de definição de conexões, digite na propriedade **Database** a cadeia de caracteres "BD_GDP", que é o nome da base de dados definido no servidor MySQL. Em **HostName** entre com "localhost". Apague o texto da propriedade **Password** e digite "root" em **User_Name**. Veja a figura 12.11.

Clique no botão **Test Connection** (✓) para testar se a conexão que acabou de ser criada está funcionando corretamente.

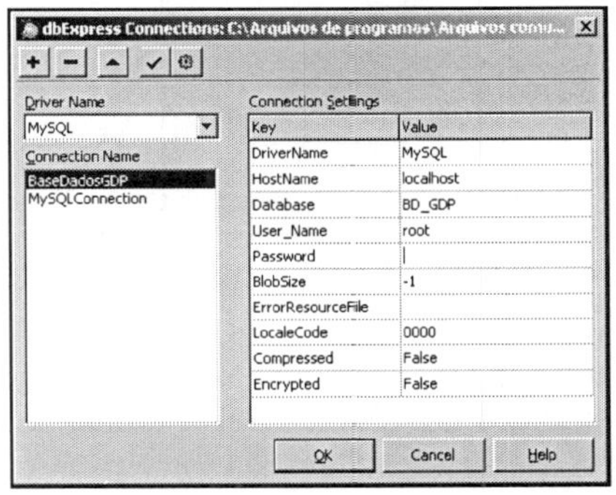

Figura 12.11

Clique no botão **OK** para fechar a caixa de diálogo **dbExpress Connections**. O **Object Inspector** mostra as configurações devidamente ajustadas (figura 12.12). Selecione para a propriedade **LoginPrompt** o valor **False**. Certifique-se de que o nome da biblioteca (propriedade **LybraryName**) é "dbexpmysql.dll", uma vez que "dbexpmys.dll" somente suporta até a versão 3.22 do MySQL.

Depois de efetuar a configuração do banco de dados a ser acessado, é preciso um componente para a especificação da tabela com a qual se deseja trabalhar. Esta é a função do **TSQLDataSet**. Além da conexão com tabelas de dados, esse componente também permite a execução de consultas SQL, utilizando os comandos dessa linguagem. Sendo assim, selecione-o a partir da lista de componentes e arraste-o para o módulo de dados (figura 12.13).

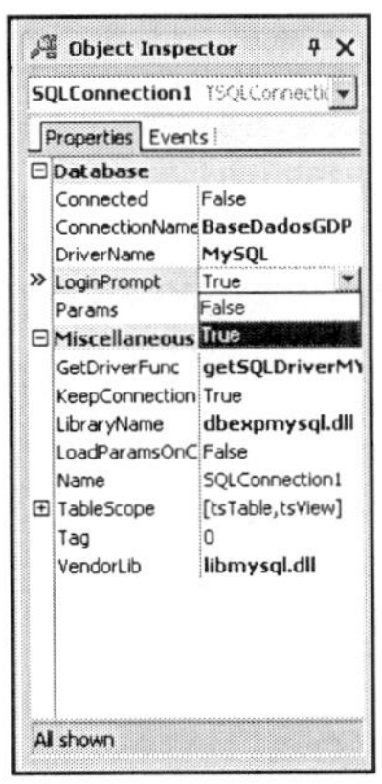

Figura 12.12

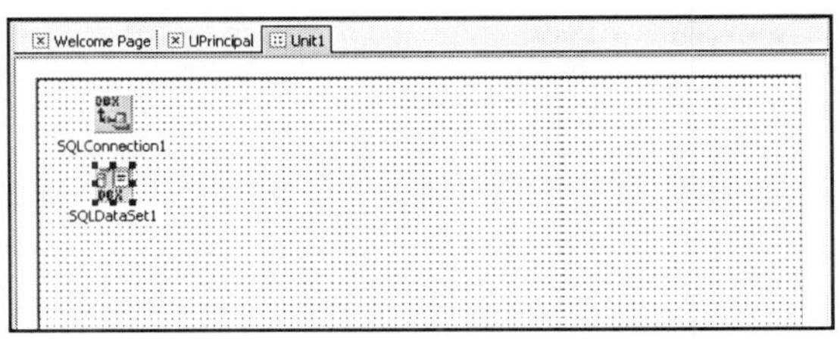

Figura 12.13

Selecione na propriedade **Connection** a opção **SQLConnection1**. Clique na propriedade **CommandType** e escolha **clTable** (figura 12.14). Essa propriedade indica o tipo de objeto a ser utilizado na recuperação dos dados. Estão disponíveis três opções:

- *ctQuery*: indica que um comando em linguagem SQL, presente na propriedade **CommandText**, deve ser executado.
- *ctTable*: com essa opção o **TSQLDataSet** faz referência a uma tabela de dados, retornando todos os seus registros. O nome da tabela deve ser especificado em **CommandText**.
- *ctStoredProc*: para executar uma *stored procedure* (rotina autocontida) de um banco de dados SQL, esta é a opção que se deve usar. Já o nome da *procedure* precisa ser especificado na propriedade **CommandText**.

Depois de configurar o **TSQLDataSet** como uma tabela, selecione na propriedade **CommandText** a tabela denominada **fornecedores** (figura 12.15). Digite na propriedade Name a cadeia de caracteres "tblFornecedores".

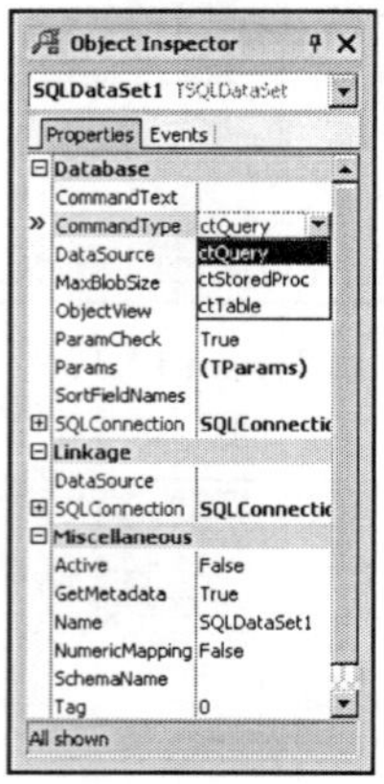

Figura 12.14

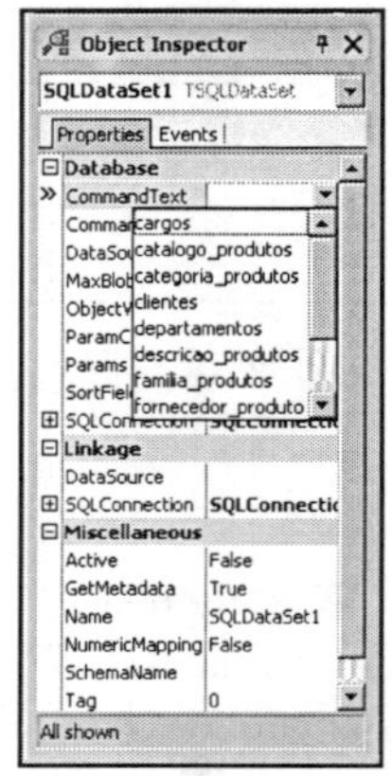

Figura 12.15

Agora adicione ao módulo de dados um componente **TDataSetProvider** (grupo **Data Access**), como mostra a figura 12.16. Esse componente **TDataSetProvider** permite que seja criada uma ligação entre **TSQLDataSet** e um **TClientDataSet** (a ser apresentado a seguir). A figura 12.17 mostra as propriedades para esse objeto.

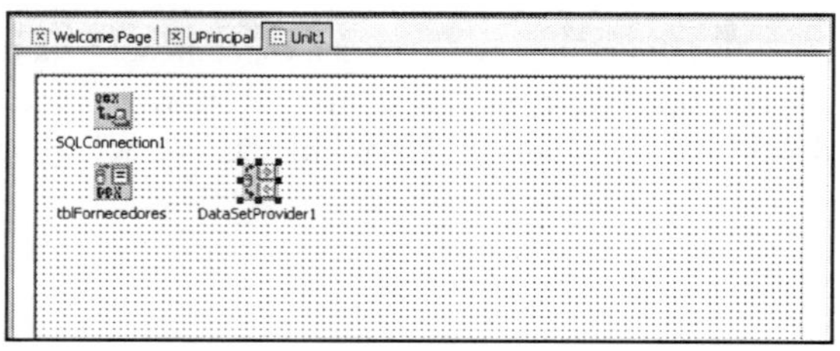

Figura 12.16

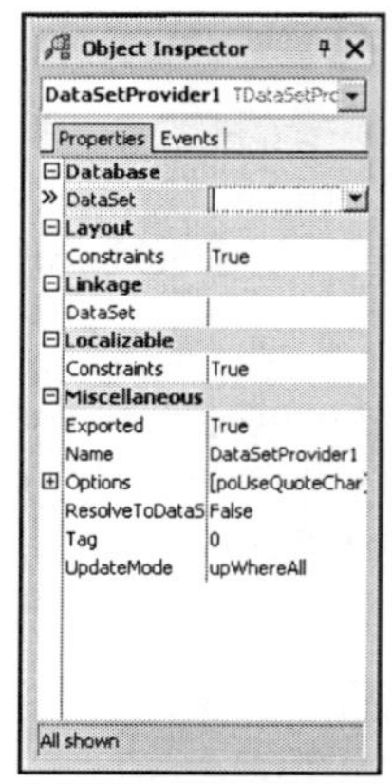

Figura 12.17

Selecione na propriedade **DataSet** a opção **tblFornecedores**, que é o componente para recuperação de conjuntos de dados. Para a propriedade **Name** especifique "dspFornecedores".

Em seguida insira um componente **TClientDataSet** (grupo **Data Access**). Na figura 12.18 é possível ver esse objeto. Já a figura 12.19 mostra as propriedades disponíveis para ele. Selecione na propriedade **ProviderName** (grupo **Miscellaneous**) o item **dspFornecedores** e digite em **Name** a cadeia de caracteres "cdsFornecedores".

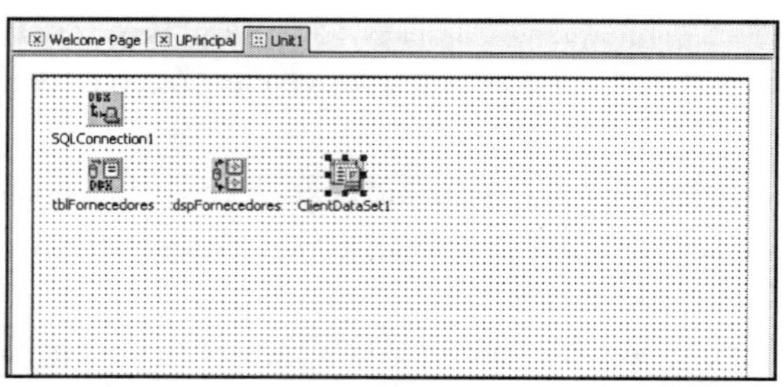

Figura 12.18

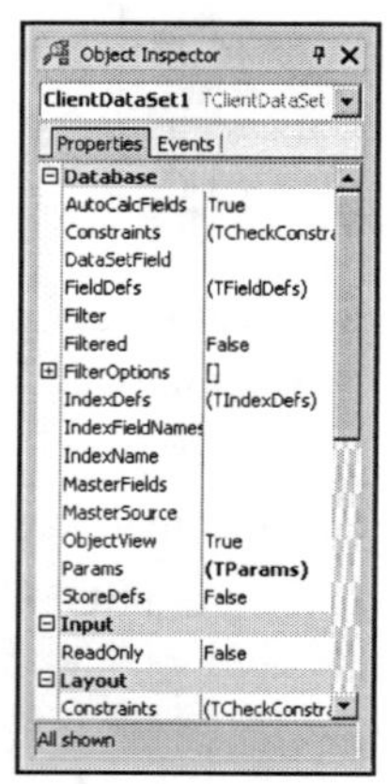

Figura 12.19

E para finalizar, arraste para o módulo de dados um componente **TDataSource**, que também pertence ao grupo **Data Access**. Veja a figura 12.20.

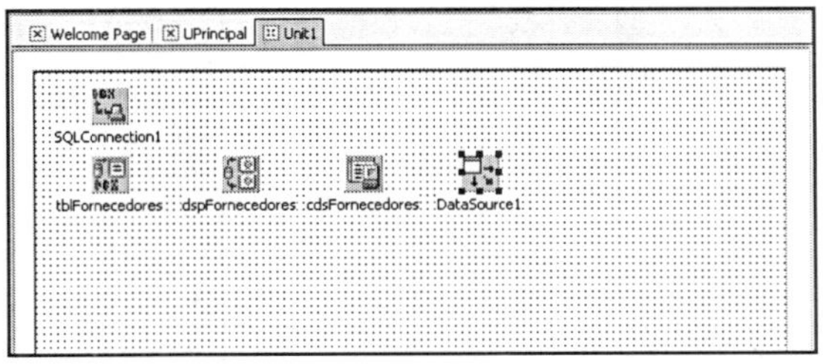

Figura 12.20

Nomeie esse objeto como **dsFornecedores**. Escolha na propriedade **DataSet** a opção **cdsFornecedores**. Veja na figura 12.21 essas duas configurações.

O módulo de dados deve ter a aparência da figura 12.22.

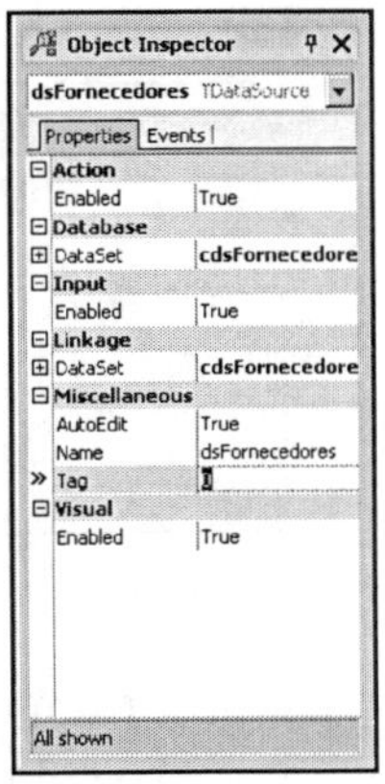

Figura 12.21

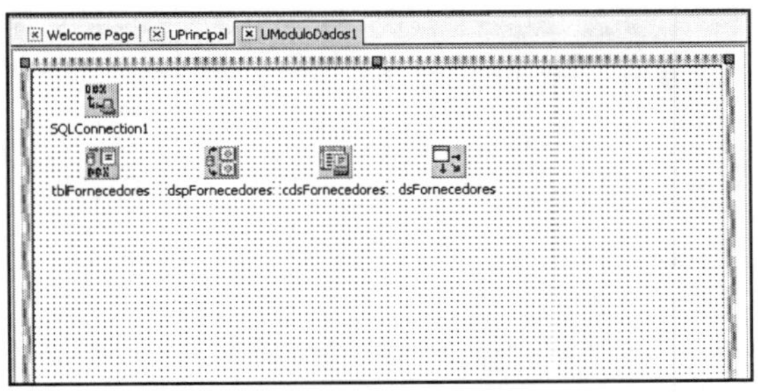

Figura 12.22

Vejamos agora como utilizar o componente **TSimpleDataSet**. Primeiramente, apague os quatro primeiros objetos (**SQLConnection1**, **tblFornecedores**, **dspFornecedores** e **cdsFornecedores**).

Depois, selecione o componente **TSimpleDataSet** (grupo **dbExpress**) e arraste-o para dentro do módulo de dados (figura 12.23). Clique com o botão direito do mouse sobre ele e escolha a opção **Edit connection** do menu local apresentado (figura 12.24).

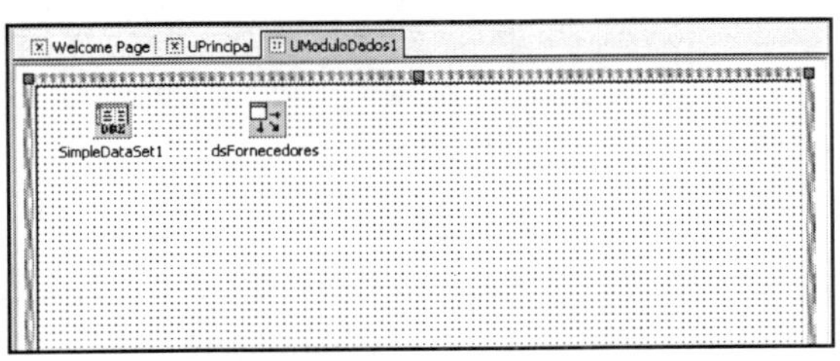

Figura 12.23

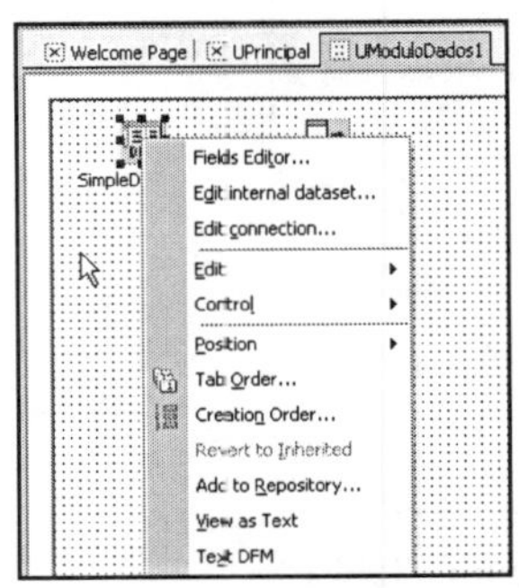

Figura 12.24

Isso faz com que seja aberta a tela de configuração de conexões (figura 12.25).

Selecione a conexão denominada **BaseDadosGDP** (figura 12.26) e clique no botão **OK**. Em seguida, expanda o grupo de propriedades **Database** e depois o item **DataSet**, para poder visualizar as propriedades da figura 12.27. Clique em **CommandType** e escolha **ctTable** (figura 12.28). Já em **CommandText**, escolha a tabela **fornecedores** (figura 12.29). Note que isso é similar ao que foi feito com o componente **TSQLConnection**.

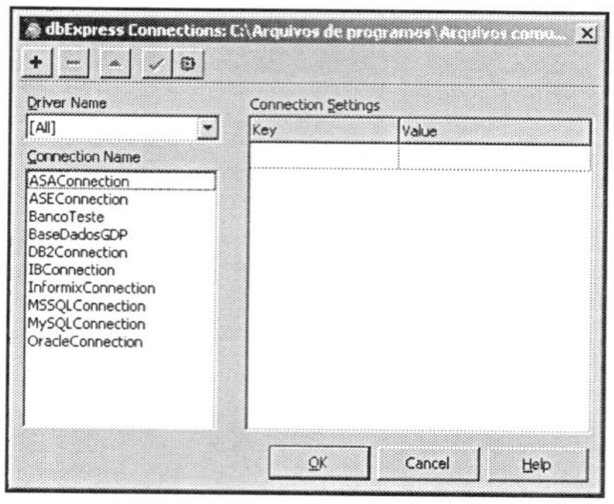

Figura 12.25

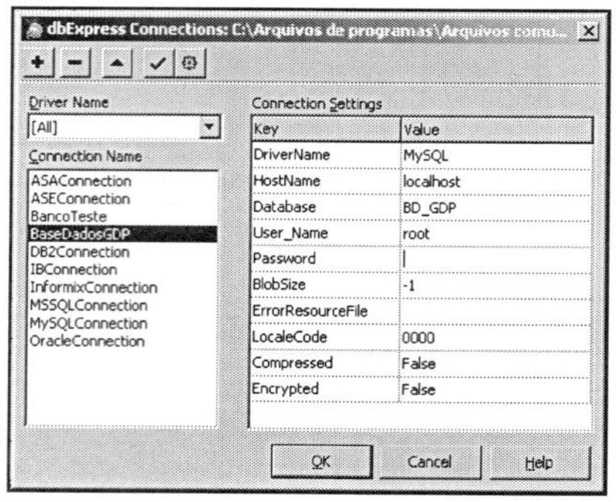

Figura 12.26

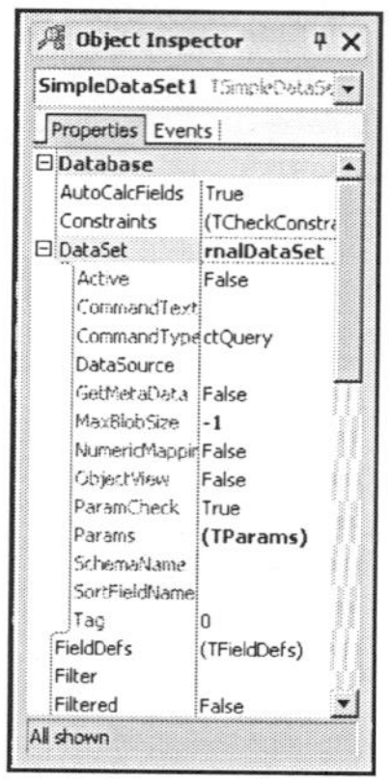

Figura 12.27

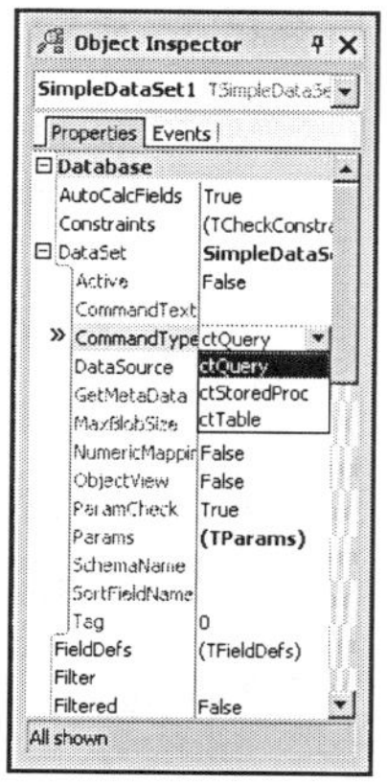

Figura 12.28

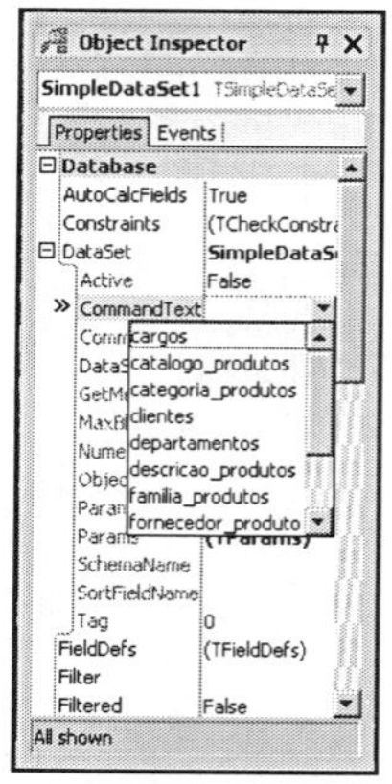

Figura 12.29

Se você expandir o grupo de propriedades **Connection**, verá os mesmos itens presentes no componente **TSQLConnection** (figura 12.30). Desabilite o pedido de *login* do banco de dados selecionando **False** na propriedade **LoginPrompt**. Para finalizar as configurações desse objeto, digite "sdsFornecedores" na propriedade **Name**.

Volte ao objeto **dsFornecedores**, clique na propriedade **DataSet** e escolha **sdsFornecedores**, como mostra a figura 12.31. O resultado final pode ser visto na figura 12.32.

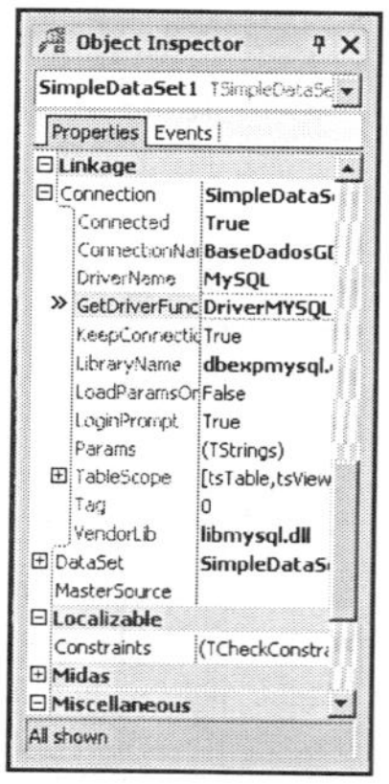

Figura 12.30

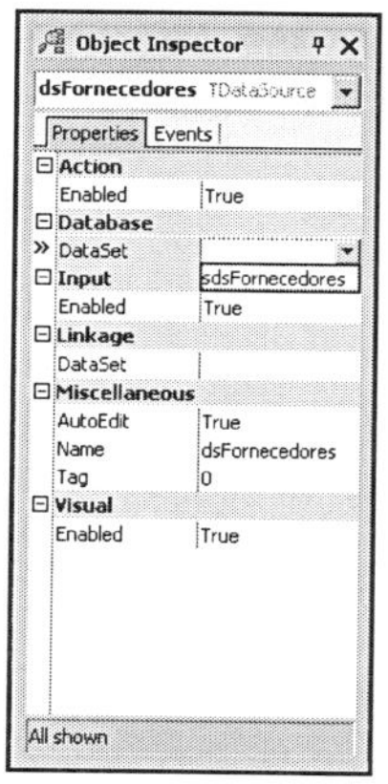

Figura 12.31

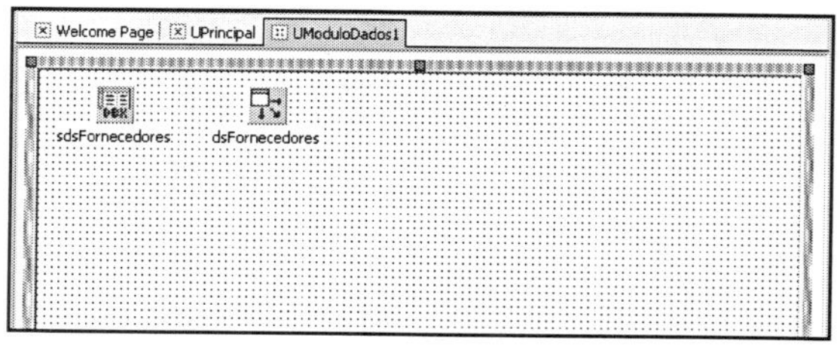

Figura 12.32

12.3. Configuração para InterBase

Bem, no tópico anterior vimos como configurar o **dbExpress** para acessar um banco de dados MySQL. Mas o aplicativo deve ter a capacidade de acessar também um banco de dados padrão InterBase. Para fazer essa alteração, é necessário apenas reconfigurar um componente: o **TSimplesDataSet**. Clique com o botão direito do mouse sobre ele e escolha a opção **Edit connection**.

Clique no botão **Add Connection** (+) e escolha a opção **Interbase** na caixa de diálogo apresentada em seguida (figura 12.33). Digite na caixa de entrada **Connection Name** a cadeia de caracteres "BancoDadosGDP_IB". O sufixo "_IB" foi utilizado para designar que se trata de um banco de dados InterBase, e também pelo fato de não ser possível ter duas conexões com o mesmo nome. Veja a figura 12.34.

Na tela de definição de conexão, digite na caixa de entrada **Database** a expressão "C:\ProjetoDelphi2005\BaseDados\BD_GDP.GDB". Note que agora é necessário especificar o caminho completo, ou seja, drive e diretório. A figura 12.35 mostra essa janela com as configurações.

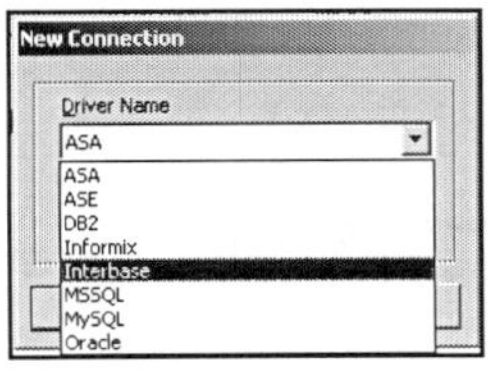

Figura 12.33

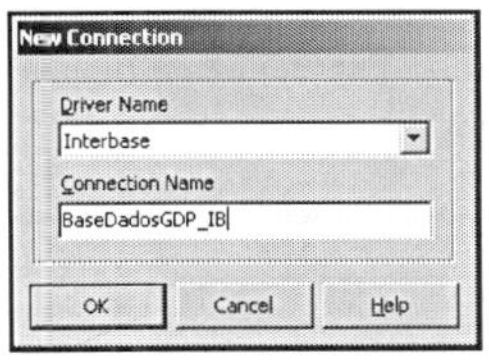

Figura 12.34

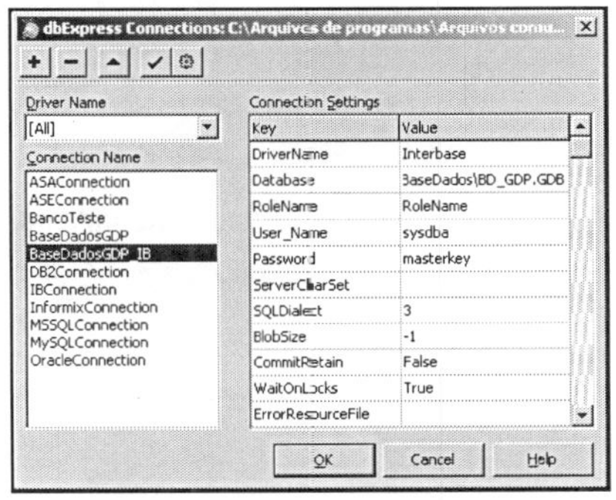

Figura 12.35

Clique no botão **OK** para voltar ao objeto **sdsFornecedores**. Então clique na propriedade **ConnectionName** do grupo **Connection** e escolha a opção **BancoDadosGDP_IB** (figura 12.36).

Você pode também selecionar a tabela de dados a partir da propriedade **CommandText** (figura 12.37), mas uma vez que definimos as tabelas e os seus respectivos campos com o mesmo nome tanto no banco de dados MySQL quanto no InterBase, isso é desnecessário.

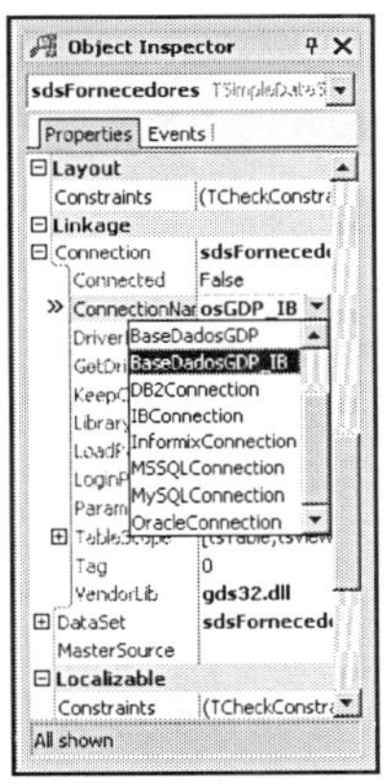

Figura 12.36

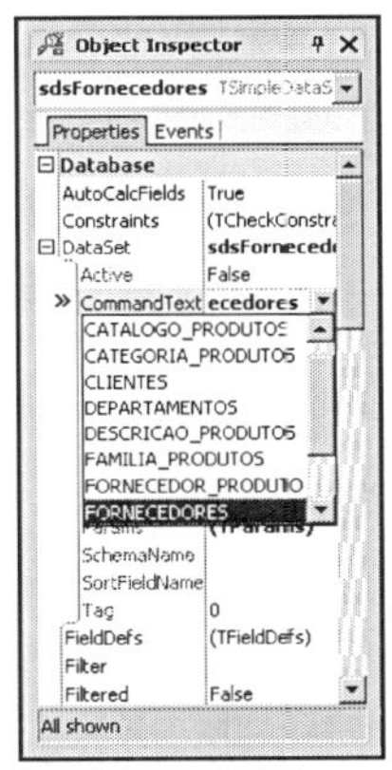

Figura 12.37

No próximo capítulo já começaremos a ver a criação dos formulários de entrada de dados.

Exercícios

1. Qual é a diferença entre uma aplicação de banco de dados local e de banco de dados remoto?
2. Qual é a principal vantagem dos componentes dbExpress?
3. Qual é o componente dbExpress que incorpora as funções de TSQLConnection, TSQLDataSet, TDataSetProvider e TClientDataSet?
4. O que é módulo de dados?
5. Para que servem as propriedades CommandType e CommandText?

Os Formulários Modelos

Assuntos abordados neste capítulo

- *Definição de modelos para construção de formulários de cadastro e de pesquisa*
- *Configuração de formulário do tipo MDI e caixa de diálogo*
- *Adição de códigos de procedimentos e funções*

13.1. O Formulário de Cadastro

Este capítulo apresenta todos os passos necessários à construção de dois formulários que serão utilizados como "modelos" para os demais do projeto. Essa técnica tem uma importância muito grande no desenvolvimento de um sistema, pois permite uma enorme economia de tempo. Essa economia é possível porque não precisamos criar os formulários a partir do zero e repetir as operações de adição de todos os componentes, graças à herança das propriedades e métodos (procedimentos e funções). Primeiramente configure a propriedade **FormStyle** do formulário **formPrincipal** com o valor **fsMDIForm** (figura 13.1). Isso faz com que o formulário seja do tipo MDI, ou seja, permite o gerenciamento/abertura de várias janelas filhas simultaneamente.

O primeiro formulário servirá de base para todos os formulários de cadastros. Selecione **File → New → Form - Delphi for Win32** (figura 13.2). Configure as propriedades conforme a tabela seguinte:

Propriedade	Grupo	Valor
Caption	Visual	Cadastro
KeyPreview	Input	True
FormStyle	Miscellaneous	fsMDIChild
Name	Miscellaneous	formMestreCadastro
BorderStyle	Visual	bsSingle

Para configurar a propriedade **BorderStyle**, clique no ícone e escolha uma das opções apresentadas (figura 13.3). Ela permite que seja especificado o tipo de borda a ser aplicado ao formulário.

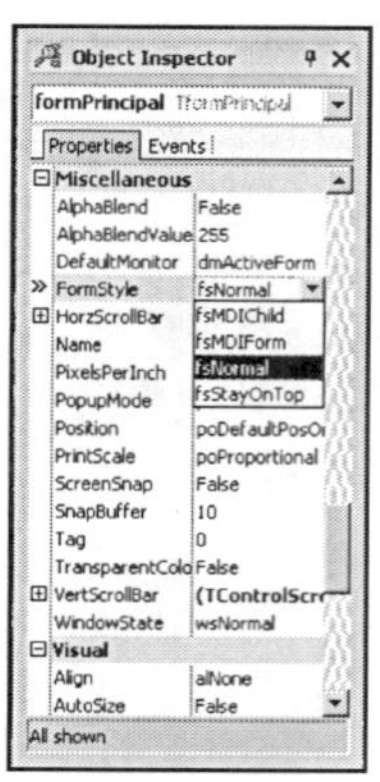

Figura 13.1

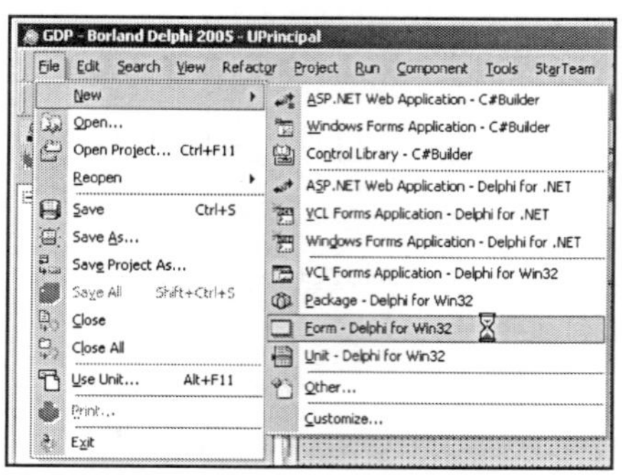

Figura 13.2

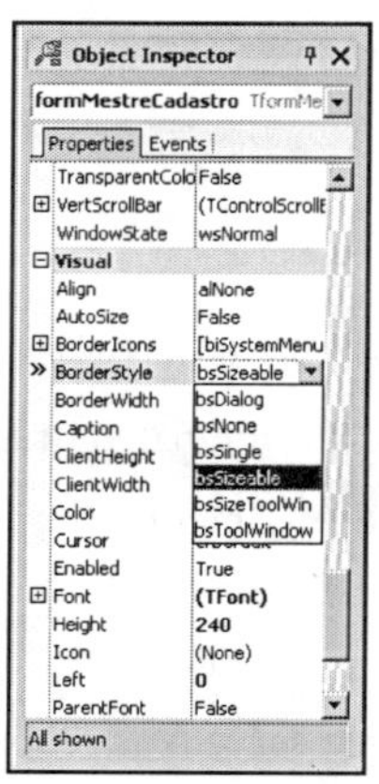

Figura 13.3

A seguir adicione um componente **TStatusBar**, um **TCoolBar** e um **TToolBar** (todos do grupo **Win32**). Ajuste ainda as dimensões do formulário conforme indica a figura 13.4.

Insira um componente **TImageList** (grupo **Win32**). Configure sua propriedade **Name** com a cadeia de caracteres "imgBotoes". Dê dois cliques sobre esse objeto para abrir a caixa de diálogo de carregamento de imagens. Clique no botão **Add** e adicione dez imagens na seguinte ordem: **Adicionar02.bmp**, **RegistroInicio.bmp**, **RegistroAnterior.bmp**, **RegistroPosterior.bmp**, **RegistroFim.bmp**, **Localizar01.bmp**, **Editar01.bmp**, **Desfazer01.bmp**, **Salvar01.bmp**, **Excluir01.bmp** e **Sair01.bmp**. Veja a figura 13.5.

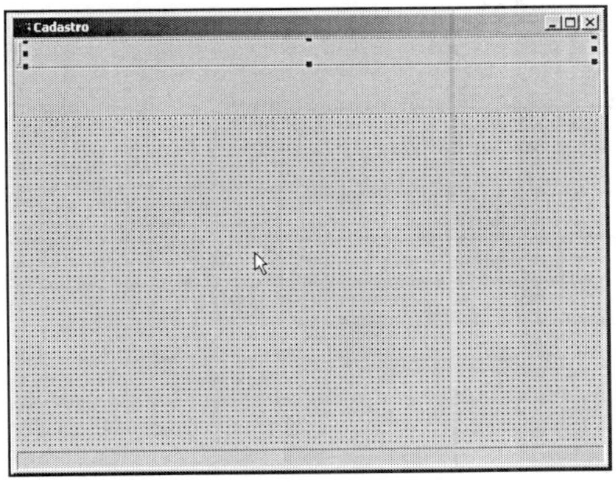

Figura 13.4

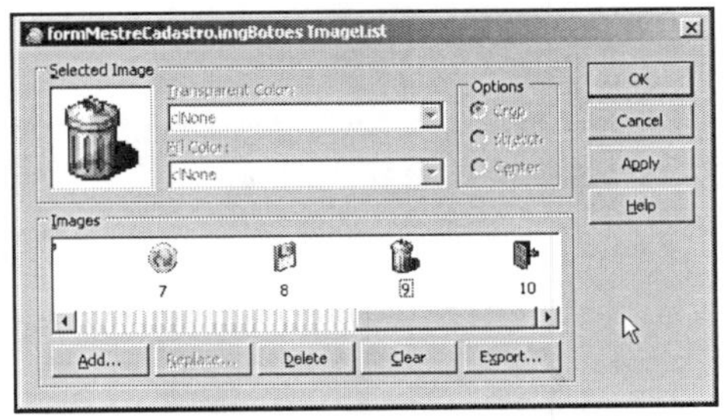

Figura 13.5

Configure esses objetos de acordo com a seguinte tabela:

Objeto	Propriedade	Grupo	Valor
StatusBar	Name	Miscellaneous	stsMensagens
CoolBar	AutoSize	Layout	True
ToolBar	Images	Linkage	imgBotoes

Agora adicione onze botões ao objeto **ToolBar** por meio da opção **New Button** do menu local, aberto com o botão direito do mouse. O resultado pode ser visto na figura 13.6. Configure em seguida a propriedade **AutoSize** (grupo **Layout**) de ambos os objetos **ToolBar** e **CoolBar**. Com isso deve ser obtida a tela da figura 13.7.

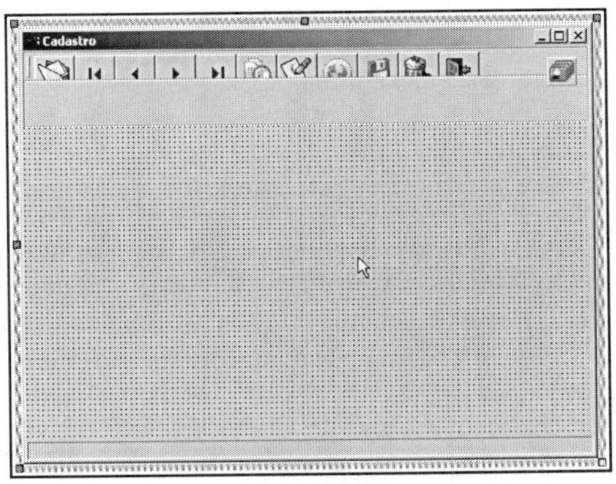

Figura 13.6

Ainda com o objeto **ToolBar** selecionado configure as propriedades **Flat** e **ShowCaptions** (grupo **Miscellaneous**) com o valor **True**. Veja o resultado na figura 13.8.

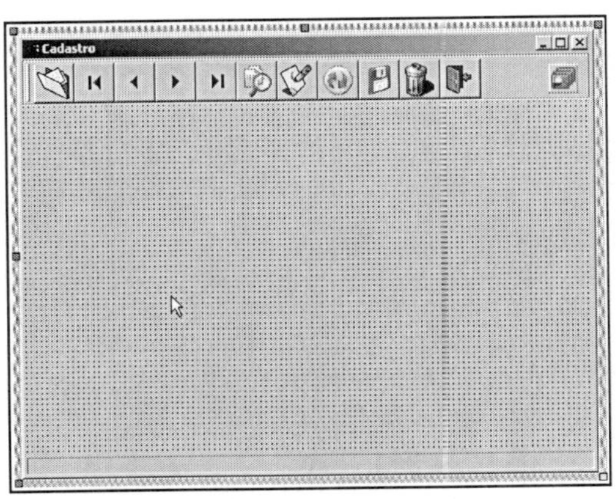

Figura 13.7

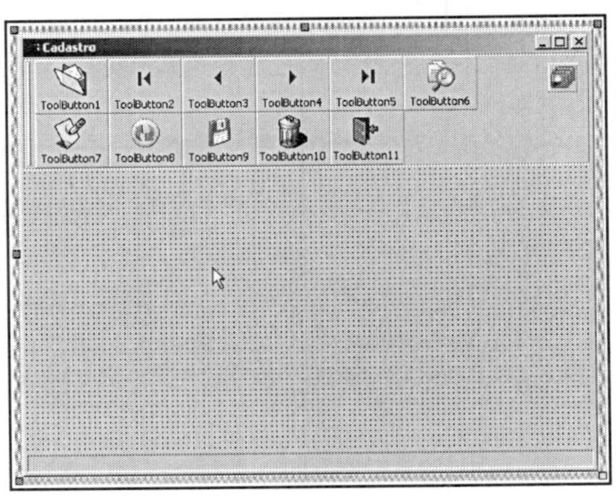

Figura 13.8

Ajuste as propriedades **Caption** (grupo **Visual**) e **Name** (grupo **Miscellaneous**) de cada botão conforme a seguinte tabela:

Objeto	Propriedade	Valor
ToolButton1	Caption	Adicionar
	Name	btnAdicionar
ToolButton2	Caption	Primeiro
	Name	btnPrimeiro
ToolButton3	Caption	Anterior
	Name	btnAnterior
ToolButton4	Caption	Próximo
	Name	btnProximo
ToolButton5	Caption	Último
	Name	btnUltimo
ToolButton6	Caption	Localizar
	Name	btnLocalizar
ToolButton7	Caption	Editar
	Name	btnEditar
ToolButton8	Caption	Desfazer
	Name	btnDesfazer
ToolButton9	Caption	Gravar
	Name	btnGravar
ToolButton10	Caption	Excluir
	Name	btnExcluir
ToolButton11	Caption	Sair
	Name	btnSair

Aumente a largura do formulário para que fique conforme a figura 13.9. Note que uma barra de rolagem horizontal é mostrada na base da área de desenho de formulários.

Arraste para o formulário um componente **TPageControl** (grupo **Win32**), como mostra a figura 13.10. Especifique na propriedade **Name** a expressão "pgDados". Em seguida clique com o botão direito do mouse sobre o objeto e escolha a opção **New Page** (figura 13.11), assim uma aba é criada (figura 13.12). Selecione essa aba clicando dentro dela e depois altere o valor da propriedade **Caption** (grupo **Visual**) para "Dados Principais". Estenda a largura do **PageControl** como indicado na figura 13.13.

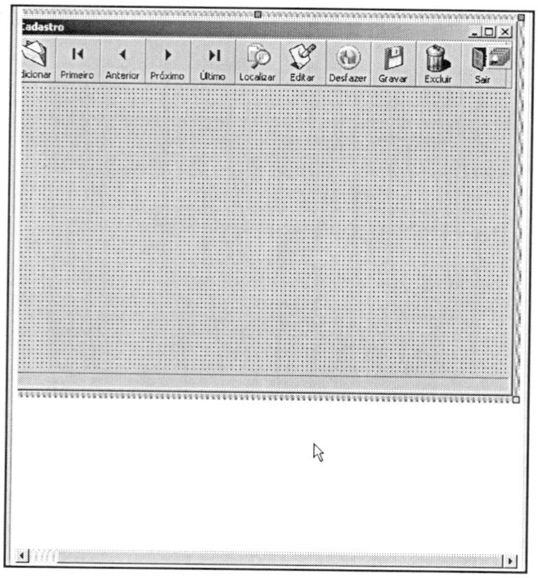

Figura 13.9

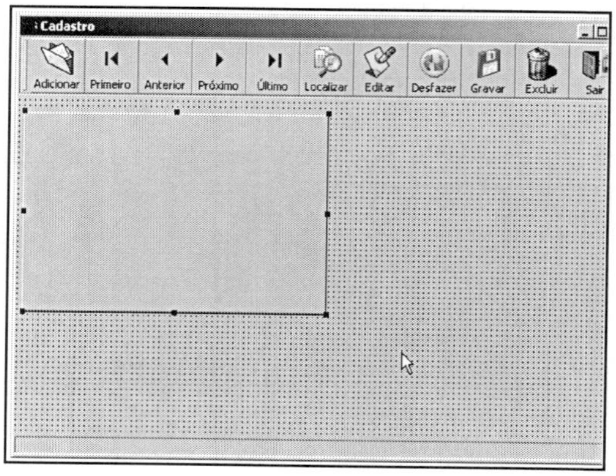

Figura 13.10

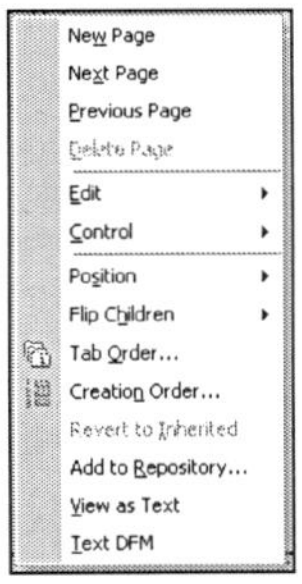

Figura 13.11

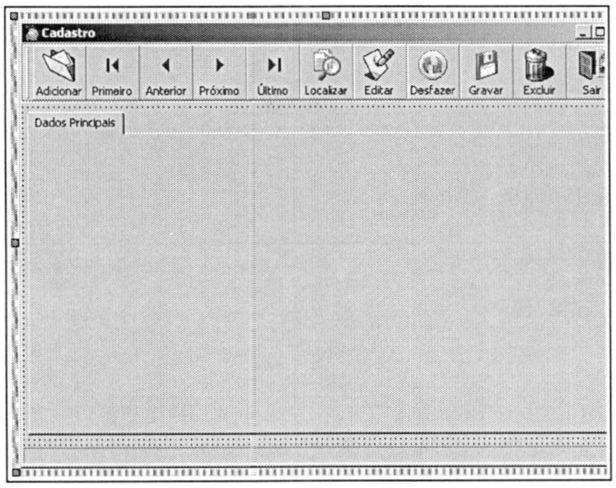

Figura 13.12

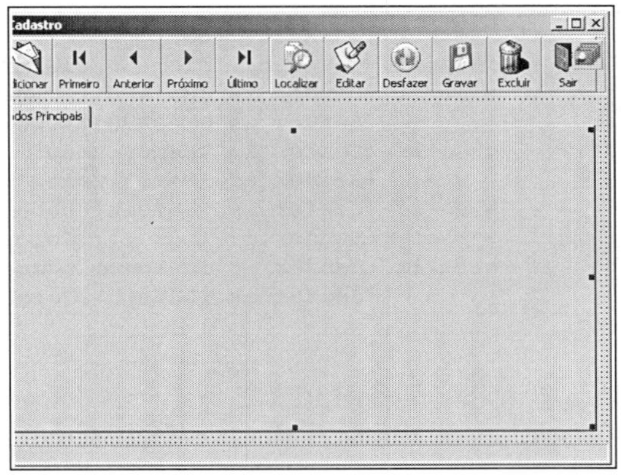

Figura 13.13

Grave o formulário nomeando sua unidade como "UMestreCadastro". Selecione a unidade de código **URotinasGenericas.Pas** e altere a linha da cláusula **uses** para o seguinte:

```
uses Windows, SysUtils, Forms, StdCtrls, Graphics, Mask,
DBCtrls, DB, DBTables;
```

Inclua também a declaração dos seguintes procedimentos:

```
procedure CorEntrada(Sender: TObject);
procedure CorSaida(Sender: TObject);
```

A figura 13.14 mostra o editor de códigos com essas alterações já efetuadas.

Figura 13.14

Na seção **implementation**, adicione logo após o procedimento **Mensagem** as linhas de códigos listadas em seguida:

```
procedure CorEntrada(Sender: TObject);
begin
     if (Sender is TEdit) then
     begin
          if ((Sender as TEdit).Tag = 0) then
             (Sender as TEdit).Color := clYellow
             else
                (Sender as TEdit).Color := clAqua;
     end
     else if (Sender is TMaskEdit) then
          begin
               if ((Sender as TMaskEdit).Tag = 0) then
                  (Sender as TMaskEdit).Color := clYellow
                  else
                      (Sender as TMaskEdit).Color := clAqua;
          end
     else if (Sender is TMemo) then
             (Sender as TMemo).Color := clYellow
     else if (Sender is TDBEdit) then
          begin
               if ((Sender as TDBEdit).Tag = 0) then
                  (Sender as TDBEdit).Color := clYellow
                  else
                      (Sender as TDBEdit).Color := clAqua;
          end
     else if (Sender is TDBMemo) then
             (Sender as TDBMemo).Color := clYellow;
end;
```

```
procedure CorSaida(Sender: TObject);
begin
     if (Sender is TEdit) then
         (Sender as TEdit).Color := clWindow
         else if (Sender is TMaskEdit) then
                 (Sender as TMaskEdit).Color := clWindow
         else if (Sender is TMemo) then
                 (Sender as TMemo).Color := clWindow
         else if (Sender is TDBEdit) then
                 (Sender as TDBEdit).Color := clWindow
         else if (Sender is TDBMemo) then
                 (Sender as TDBMemo).Color := clWindow;
end;
```

Veja a tela da figura 13.15. O que esses dois procedimentos fazem é atribuir a cor amarela às caixas de entrada (**TEdit**, TMaskEdit, TDBEdit, TMemo e **TDBMemo**) quando elas recebem o foco, e a cor-padrão do Windows quando perdem o foco.

Os procedimentos recebem como parâmetro o nome do objeto que os está invocando. Então é efetuado um teste com esse parâmetro, denominado **Sender**, para descobrir o seu tipo.

No caso específico de atribuição de cor no recebimento do foco, a propriedade **Tag** do objeto é também testada para saber se o valor da caixa de entrada é obrigatório ou não. Se ela contiver o valor 1, significa que o campo é obrigatório, e a respectiva caixa de entrada recebe a cor azul-claro (**clAqua**). Esta é uma forma bastante prática de informar o usuário.

Volte ao formulário **formMestreCadastro** e em seguida selecione a opção **File → Use Unit**. Na caixa de diálogo mostrada a seguir, escolha a unidade **URotinasGenericas** para vinculá-la.

Agora acrescente as seguintes declarações de rotinas, antes da seção **private** da classe:

```
function ChecaObrigatorio(Sender: TObject;chrModo: Char): Boolean;
procedure MsgStatus(const strMensagem: string);
procedure ConfiguraBotoes(Sender: TObject; blnValor: boolean);
procedure BloquearCampos(blnModo: boolean);
procedure DesativarDBCheckBox;
```

A figura 13.16 mostra o local dessas declarações.

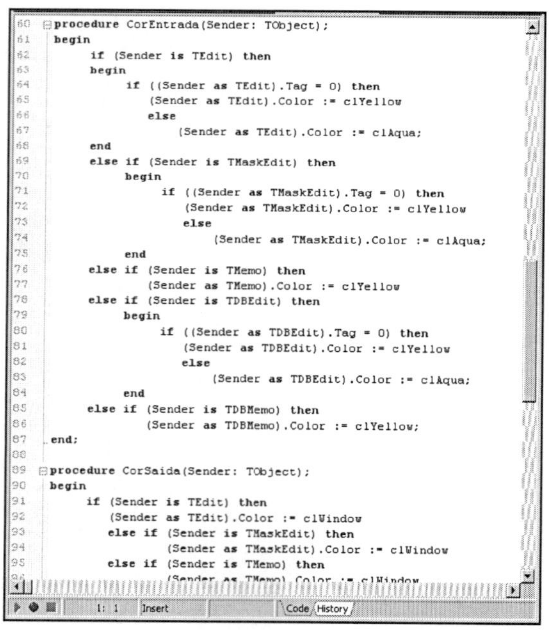

Figura 13.15

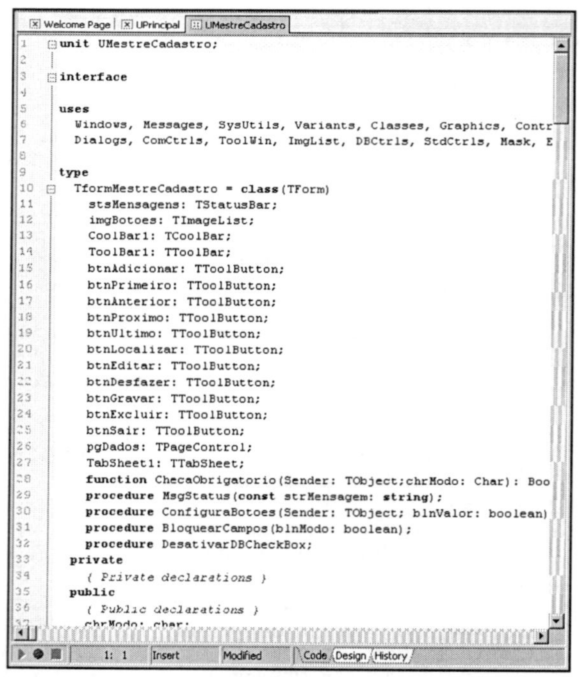

Figura 13.16

Inclua também na seção **public** da classe, a declaração das seguintes variáveis:

```
public
  { Public declarations }
  chrModo: char;
  blnExcluir: boolean;
end;
```

Essas variáveis serão utilizadas posteriormente como forma de se passar parâmetros ou retornar algum valor.

Agora digite os códigos listados a seguir logo após a diretiva de compilação {$R *.dfm}.

```
function TformMestreCadastro.ChecaObrigatorio(Sender: TObject;chrModo: Char): Boolean;
var
   strValorCampo: string;
   blnChecar,blnRetorno: boolean;
begin
     blnRetorno := True;
     if (chrModo <> ' ') then
     begin
          blnChecar := False;
          if (Sender is TEdit) then
          begin
               blnChecar := ((Sender as TEdit).Tag <> 0);
               strValorCampo := (Sender as TEdit).Text;
          end
          else if (Sender is TMaskEdit) then
               begin
                    blnChecar := ((Sender as TMaskEdit).Tag <> 0);
                    strValorCampo := (Sender as TMaskEdit).Text;
               end
          else if (Sender is TDBEdit) then
               begin
                    blnChecar := ((Sender as TDBEdit).Tag <> 0);
                    strValorCampo := (Sender as TDBEdit).Text;
               end
          else if (Sender is TDBCheckBox) then
               begin
                    blnChecar := ((Sender as TDBCheckBox).Tag <> 0);
                    strValorCampo := (Sender as TDBCheckBox).ValueChecked;
               end;

          if (blnChecar) then
          begin
               if ((Trim(strValorCampo) = '') or
                    (strValorCampo = '   .   .   -  ') or
                    (strValorCampo = '  .   .   /    -  ') or
                    (strValorCampo = '   .   .   .   ') or
                    (strValorCampo = '      -   ')) then
               begin
                    Mensagem('Campo de preenchimento obrigatório !');
                    if (Sender is TEdit) then
                       (Sender as TEdit).SetFocus
                       else if (Sender is TMaskEdit) then
                               (Sender as TMaskEdit).SetFocus
                       else if (Sender is TDBEdit) then
                               (Sender as TDBEdit).SetFocus
                       else if (Sender is TDBCheckBox) then
                               (Sender as TDBCheckBox).SetFocus;
                    CorEntrada(Sender);
                    blnRetorno := False;
               end;
          end;
     end;
     Result := blnRetorno;
end;

procedure TformMestreCadastro.MsgStatus(const strMensagem: string);
begin
     stsMensagens.SimpleText := strMensagem;
end;
```

```
procedure TformMestreCadastro.ConfiguraBotoes(Sender: TObject; blnValor: boolean);
begin
     btnPrimeiro.Enabled := blnValor;
     btnAnterior.Enabled := blnValor;
     btnProximo.Enabled := blnValor;
     btnUltimo.Enabled := blnValor;
     btnAdicionar.Enabled := blnValor;
     btnLocalizar.Enabled := blnValor;
     btnEditar.Enabled := blnValor;
     btnExcluir.Enabled := blnValor;
end;

procedure TformMestreCadastro.BloquearCampos(blnModo: boolean);
var
   intContador: integer;
begin
     for intContador := 0 to ((ComponentCount)-1) do
     begin
          if (Components[intContador].ClassName = 'TDBEdit') then
             TDBEdit (Components[intContador]).ReadOnly := blnModo;
          if (Components[intContador].ClassName = 'TDBCheckBox') then
          begin
               if (TDBCheckBox (Components[intContador]).Tag <> 2) then
                  TDBCheckBox (Components[intContador]).ReadOnly := blnModo;
          end;
          if (Components[intContador].ClassName = 'TDBLookupComboBox') then
             TDBLookupComboBox(Components[intContador]).ReadOnly := blnModo;
          if (Components[intContador].ClassName = 'TDBComboBox') then
             TDBComboBox(Components[intContador]).ReadOnly := blnModo;
          if (Components[intContador].ClassName = 'TDBRadioGroup') then
             TDBRadioGroup(Components[intContador]).ReadOnly := blnModo;
          if (Components[intContador].ClassName = 'TSpeedButton') then
             TSpeedButton(Components[intContador]).Enabled := (not blnModo);
     end;
end;

procedure TformMestreCadastro.DesativarDBCheckBox;
var
   intContador: integer;
begin
     for intContador := 0 to ((ComponentCount)-1) do
     begin
          if (Components[intContador].ClassName = 'TDBCheckBox') then
          begin
               if (not (TDBCheckBox (Components[intContador]).ReadOnly)) then
               begin
                    if (TDBCheckBox (Components[intContador]).Tag = 0) then
                       TDBCheckBox (Components[intContador]).Checked := False;
               end;
          end;
     end;
end;
```

A função **ChecaObrigatorio** faz uma verificação no objeto recebido como parâmetro (**Sender**) para saber se seu preenchimento é obrigatório ou não. Isso pode ser feito checando o conteúdo da propriedade **Tag** do objeto, que é ajustada com o valor 1 caso o usuário seja obrigado a digitar algum dado.

Um segundo parâmetro é passado ao procedimento, informando se o usuário está no modo de edição (inclusão ou alteração de dados) ou de visualização. No último caso, a verificação não é efetuada.

O procedimento **MsgStatus** simplesmente apresenta o texto recebido como parâmetro na linha de status localizada na parte inferior do formulário. A declaração de parâmetros, principalmente do tipo ***string***, com o modificador **const** é recurso utilizado para forçar o Delphi a não permitir a alteração do valor do parâmetro.

O terceiro procedimento, denominado **ConfiguraBotoes**, é responsável por habilitar ou desabilitar alguns botões da barra de ferramentas, conforme o modo em que o usuário esteja trabalho no momento.

Por outro lado, o procedimento **BloquearCampos** varre todos os objetos existentes no formulário e ajusta suas propriedades **ReadOnly** ou **Enabled** (dependendo do tipo de objeto) para que o campo seja bloqueado para digitação.

E por último temos o procedimento **DesativarDBCheckBox**, que também varre todos os componentes do formulário em busca de objetos do tipo **TDBCheckBox**. Quando encontra, configura sua propriedade **Checked** com **False**. Esse procedimento será executado quando da inclusão de um novo registro, assim as caixas de seleção sempre apareceram desmarcadas, e não com um sinal de marcação na cor cinza.

Agora adicione ao evento **OnKeyPress** do formulário o seguinte código:

```
procedure TformMestreCadastro.FormKeyPress(Sender: TObject; var Key: Char);
begin
     if Key = #13 then
     begin
          Key := #0;
          Perform(WM_NEXTDLGCTL,0,0);
     end;
end;
```

Esse procedimento faz com que o foco seja passado ao próximo controle ou caixa de edição do formulário quanto o usuário teclar <ENTER>, similarmente ao que acontecia com programas escritos em Clipper para o ambiente MS-DOS. Isso é conseguido testando o valor da tecla pressionada pelo usuário. Esse valor se encontra armazenado no parâmetro **Key**. Se for 13, que é o valor da tecla <ENTER>, o procedimento chama a mensagem WM_NEXTDLGCTL para avançar o cursor para o próximo objeto da janela.

Para o evento **OnShow** do formulário o procedimento deve ser o seguinte:

```
procedure TformMestreCadastro.FormShow(Sender: TObject);
begin
     btnGravar.Enabled := False;
     pgDados.ActivePageIndex := 0;
     BloquearCampos(True);
end;
```

Ele faz algumas configurações iniciais assim que o formulário é apresentado.

Vamos agora adicionar os procedimentos necessários a alguns dos botões. Eles são apresentados nas listagens seguintes:

Botão Adicionar

```
procedure TformMestreCadastro.btnAdicionarClick(Sender: TObject);
begin
     if (Sender = btnAdicionar) then
        MsgStatus('Adição de novo registro...')
        else if (Sender = btnEditar) then
                MsgStatus('Edição de dados do registro corrente...');
     ConfiguraBotoes(Sender,False);
     BloquearCampos(False);
     btnGravar.Enabled := True;
     pgDados.ActivePageIndex := 0;
end;
```

Botão Primeiro

```
procedure TformMestreCadastro.btnPrimeiroClick(Sender: TObject);
begin
     MsgStatus('Primeiro registro da tabela...');
end;
```

Botão Último

```
procedure TformMestreCadastro.btnUltimoClick(Sender: TObject);
begin
     MsgStatus('Último registro da tabela...');
end;
```

Botão Desfazer

```
procedure TformMestreCadastro.btnDesfazerClick(Sender: TObject);
begin
     btnPrimeiro.Enabled := True;
```

```
        btnAnterior.Enabled := True;
        btnProximo.Enabled := True;
        btnUltimo.Enabled := True;
        btnAdicionar.Enabled := True;
        btnLocalizar.Enabled := True;
        btnEditar.Enabled := True;
        btnExcluir.Enabled := True;
        btnGravar.Enabled := False;
        pgDados.ActivePageIndex := 0;
end;
```

Botão Gravar

```
procedure TformMestreCadastro.btnGravarClick(Sender: TObject);
begin
        btnPrimeiro.Enabled := True;
        btnAnterior.Enabled := True;
        btnProximo.Enabled := True;
        btnUltimo.Enabled := True;
        btnAdicionar.Enabled := True;
        btnLocalizar.Enabled := True;
        btnEditar.Enabled := True;
        btnExcluir.Enabled := True;
        btnGravar.Enabled := False;
        pgDados.ActivePageIndex := 0;
end;
```

Botão Excluir

```
procedure TformMestreCadastro.btnExcluirClick(Sender: TObject);
begin
        pgDados.ActivePageIndex := 0;
end;
```

Botão Sair

```
procedure TformMestreCadastro.btnSairClick(Sender: TObject);
begin
        Close;
end;
```

Botão Localizar

```
procedure TformMestreCadastro.btnLocalizarClick(Sender: TObject);
begin
        pgDados.ActivePageIndex := 0;
end;
```

Esses procedimentos são executados de forma padrão por todos os formulários que são descendentes de **formMestreCadastro**. Mais uma vez, temos uma economia de trabalho, já que somente escrevemos uma única vez esses códigos.

Atribua ainda o procedimento do botão **Adicionar** (objeto **btnAdicionar**) ao evento **OnClick** do botão **Editar**. Desta forma eles executam o mesmo procedimento, e ele se encarrega de determinar o que vai ser executado conforme o botão clicado pelo usuário. Isso é feito testando o parâmetro **Sender**.

Por último, adicione ao evento **OnClose** o código apresentado na listagem seguinte, que força a liberação da área de memória ocupada pelo formulário quando ele é fechado.

```
procedure TformMestreCadastro.FormClose(Sender: TObject;
  var Action: TCloseAction);
begin
        Action := caFree;
end;
```

Salve novamente o formulário.

13.2. O Formulário de Pesquisa

Este tópico apresenta a criação de um formulário modelo para pesquisa de registro numa tabela de dados. Seguindo a técnica do formulário de cadastro, as caixas de diálogo do aplicativo que permitem a pesquisa são descendentes desse formulário-padrão.

Sendo assim, selecione **File → New → Form - Delphi for Win32**. Então configure as seguintes propriedades do novo formulário:

Propriedade	Grupo	Valor
KeyPreview	Input	True
FormStyle	Miscellaneous	fsNormal
Name	Miscellaneous	formMestreLocalizar
BorderStyle	Visual	bsDialog
Caption	Visual	Localizar

Note que esse formulário terá um comportamento similar ao das caixas de diálogo do Windows, ou seja, é do tipo *modal*. Adicione um **TLabel**, um **TEdit**, um **TDBGrid** e dois **TBitBtn**. Configure as propriedades desses objetos da seguinte maneira:

Objeto	Propriedade	Grupo	Valor
Label1	Caption	Visual	Pesquisa:
	Name	Miscellaneous	lblMensagem
Edit1	Name	Miscellaneous	edtPesquisa
DBGrid1	Name	Miscellaneous	grdDados
	Color	Miscellaneous	clInfoBk
	ReadOnly	Input	True
BitBtn1	Kind	Miscellaneous	bkOK
	Name	Miscellaneous	btnOK
BitBtn2	Kind	Miscellaneous	bkCancel
	Name	Miscellaneous	btnCancelar
	Caption	Visual	Cancelar

A cor do **DBGrid** pode ser especificada a partir da lista apresentada na propriedade **Color** (figura 13.17). Já o tipo de botão (propriedade **Kind**) é selecionado na lista mostrada na figura 13.18. O resultado final pode ser visto na figura 13.19.

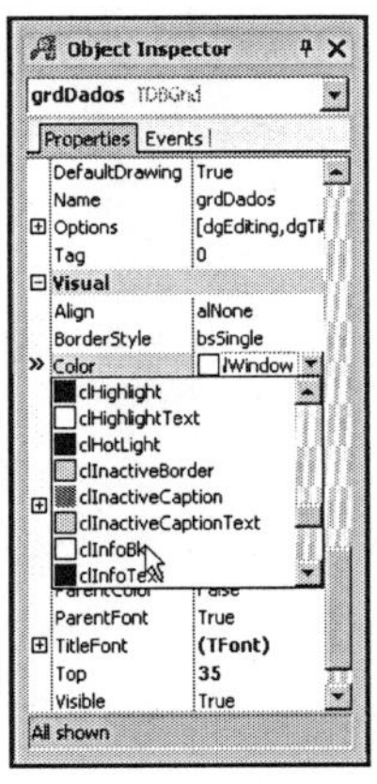

Figura 13.17

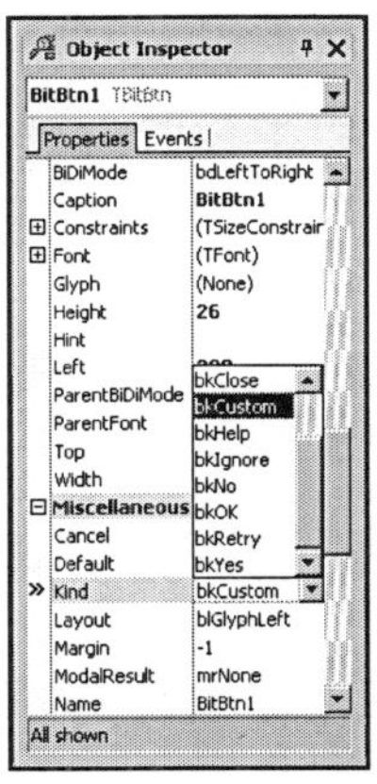

Figura 13.18

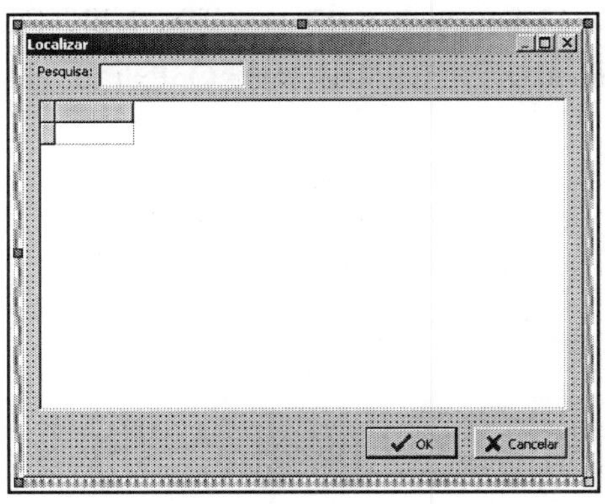

Figura 13.19

Vincule a unidade **URotinasGenericas** a esse formulário e adicione o código listado a seguir ao evento **OnKeyPress**:

```
procedure TformMestreLocalizar.FormKeyPress(Sender: TObject; var Key: Char);
begin
     if Key = #13 then
     begin
          Key:= #0;
          Perform(WM_NEXTDLGCTL,0,0);
     end;
end;
```

Atribua também aos eventos **OnEnter** e **OnExit** do objeto **edtPesquisa** os seguintes procedimentos:

```
procedure TformMestreLocalizar.edtPesquisaEnter(Sender: TObject);
begin
     CorEntrada(Sender);
end;

procedure TformMestreLocalizar.edtPesquisaExit(Sender: TObject);
begin
     CorSaida(Sender);
end;
```

O procedimento do evento **OnEnter** é executado toda vez que o objeto recebe o foco. Por outro lado, o **OnExit** é chamado quando o foco do objeto é perdido, ou seja, o usuário passou o foco para outro objeto do formulário. Agora dê um duplo--clique sobre o botão **Cancelar** e entre com o seguinte código:

```
procedure TformMestreLocalizar.btnCancelarClick(Sender: TObject);
begin
     strValor := '';
end;
```

Insira a linha de declaração de variável mostrada em seguida na seção **public** da definição da classe:

```
public
  { Public declarations }
  strValor: string;
```

Salve o formulário com o nome "UMestreLocalizar.pas". Os próximos passos compreendem a construção dos formulários de cadastros, todos baseados nesses modelos, obviamente.

Exercícios

1. Para que serve a propriedade FormStyle?
2. Para que serve a propriedade BorderStyle?
3. Qual é a função da mensagem WM_NEXTDLGCTL?
4. Quando os eventos OnEnter e OnExit são chamados?

capítulo 14

Cadastro de Departamento

Assuntos abordados neste capítulo

- *Adição de uma tabela de controle de códigos*
- *Criação de formulário baseado no modelo formMestreCadastro*
- *Adição de procedimentos ao formulário de cadastro*

14.1. Uma Nova Tabela de Dados

A primeira tarefa que devemos executar antes da construção do formulário de cadastro de departamentos é adicionar uma nova tabela ao banco de dados. Essa tabela contém campos que são utilizados na geração dos códigos seqüenciais das outras tabelas.

Poderíamos ter utilizado campos com atributo AUTO_INCREMENT no MySQL ou mesmo criar GENERATOR no InterBase, mas isso levaria a uma certa dificuldade na compatibilização, uma vez que o InterBase não possui o atributo auto-incremento para campos nem o MySQL suporta a criação de variáveis do tipo GENERATOR e *stored procedures*. Segundo o fabricante MySQL AB, a versão 5 do MySQL (ainda em desenvolvimento) incorporará *stored procedure*.

Vamos alterar em primeiro lugar o banco de dados MySQL. Sendo assim, execute o **MySQL Control Center**, conecte ao banco de dados **bd_gdp** e clique com o botão direito do mouse sobre o item **Tables**. Selecione a opção **New Table** e entre com os seguintes campos:

Field Name	Data Type	Length
Registro	Char	1
Codigo_Cargo	Integer	11
Codigo_Interno	Integer	11
Codigo_Categoria	Integer	11
Codigo_Cliente	Integer	11
Codigo_Departamento	Integer	11
Codigo_Descricao	Integer	11
Codigo_Familia	Integer	11
Reg_Forn_Prod	Integer	11
Codigo_Fornecedor	Integer	11
Codigo_Grupo	Integer	11
Codigo_Marca	Integer	11

A figura 14.1 mostra a tela do **MySQL Control Center** com a estrutura da tabela. Salve a tabela com o nome "Controle_Sequencia".

Abra essa tabela com um duplo-clique. Então adicione um registro clicando no botão **Insert Record** ( ). Digite na coluna **Registro** um caractere qualquer, como, por exemplo, a letra "X" (figura 14.2).

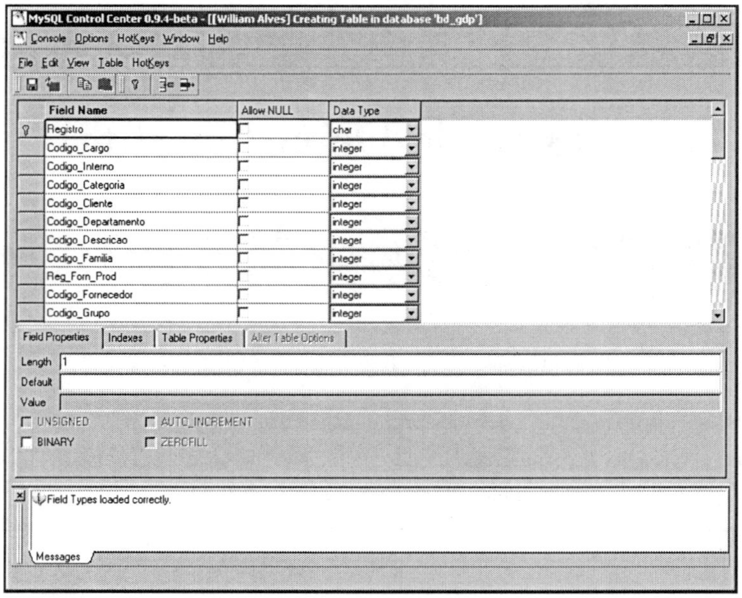

Figura 14.1

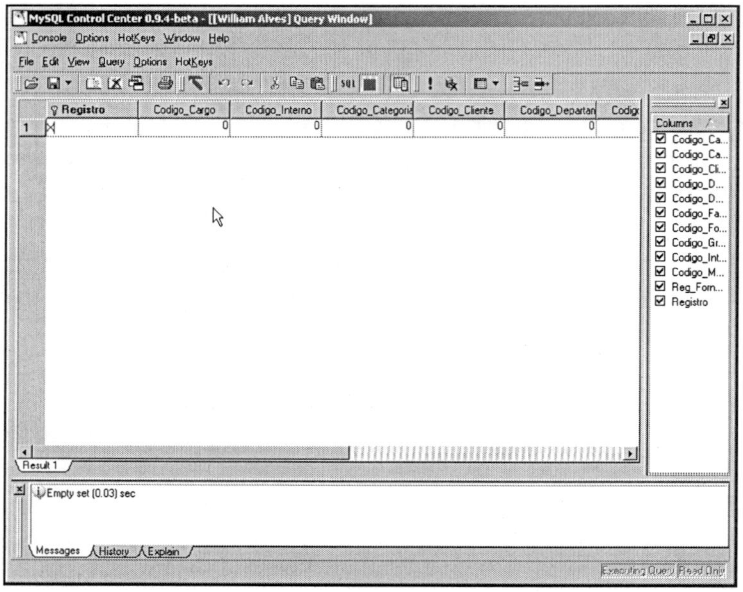

Figura 14.2

Feche o **MySQL Control Center** e em seguida execute o **IBConsole** para podermos acrescentar essa mesma tabela banco de dados InterBase. Abra a janela **Interactive SQL** e digite as seguintes linhas de código:

```
CREATE TABLE CONTROLE_SEQUENCIA
(REGISTRO CHAR(1) NOT NULL PRIMARY KEY,
 CODIGO_CARGO DMCODIGO_CARGO,
 CODIGO_INTERNO DMCODIGO_INTERNO,
 CODIGO_CATEGORIA DMCODIGO_CATEGORIA,
 CODIGO_CLIENTE DMCODIGO_CLIENTE,
 CODIGO_DEPARTAMENTO DMCODIGO_DEPTO,
 CODIGO_DESCRICAO DMCODIGO_DESCRICAO,
 CODIGO_FAMILIA DMCODIGO_FAMILIA,
 REG_FORN_PROD DMREGISTRO,
 CODIGO_FORNECEDOR DMCODIGO_FORNECEDOR,
 CODIGO_GRUPO DMCODIGO_GRUPO,
 CODIGO_MARCA DMCODIGO_MARCA
);
```

Veja na figura 14.3 a janela **Interactive SQL** com essas instruções. Execute o comando clicando no botão **Execute Query** (!).

Abra a tabela com um duplo-clique, selecione a guia **Data** e adicione um único registro, especificando um caractere qualquer na coluna **Registro**, como mostra o exemplo da figura 14.4. Para confirmar a entrada do registro, clique no botão **Post** (✓) e depois em **Commit & Refresh**.

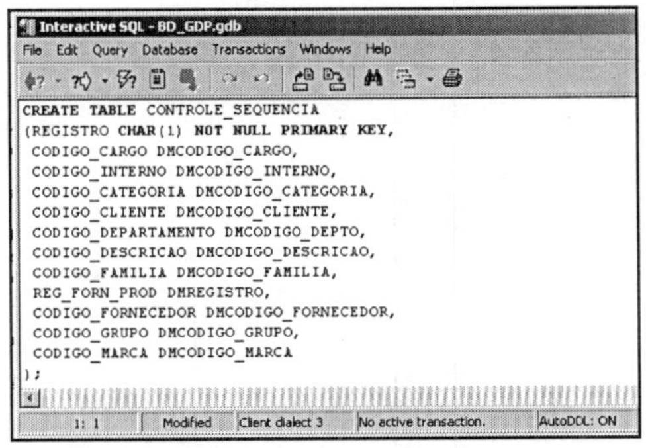

Figura 14.3

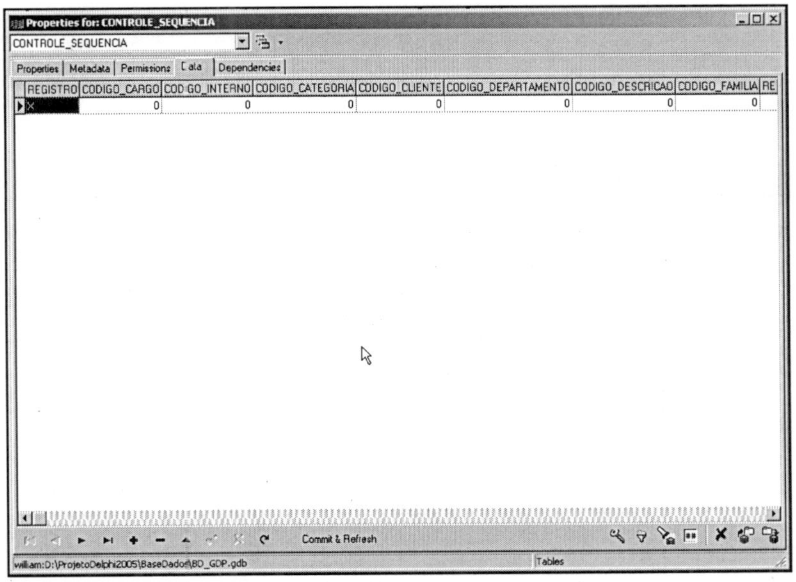

Figura 14.4

14.2. Alterações no Módulo de Dados

Execute o Delphi 2005, caso ele esteja fechado, e abra o projeto do sistema. Selecione o módulo de dados a partir da janela **Project Manager** (lado direito, acima da paleta de ferramentas). Adicione um componente **TSimpleDataSet** (grupo **dbExpress**) e um **TDataSource** (grupo **Data Access**). Configure o **TSimpleDataSet** da seguinte maneira:

Propriedade	Grupo	Valor
ConnectionName	Connection	BaseDadosGDP
LoginPrompt	Miscellaneous	False
Name	Miscellaneous	sdsControle

Expanda o grupo de propriedades **Database** e especifique na propriedade **CommandType** (subgrupo **DataSet**) o valor **ctTable**. A seguir selecione para **CommandText** (também subgrupo **DataSet**) a tabela de dados denominada **controle_sequencia**. Veja os detalhes na figura 14.5.

Dê um duplo-clique sobre esse objeto, clique com o botão direito do mouse sobre a janela do editor de campos e escolha a opção **Add all fields**. O resultado pode ser visto na figura 14.6.

Para o objeto **DataSource** ajustes suas propriedades **DataSet** e **Name** com os valores **sdsControle** e "dsControle". A figura 14.7 mostra como deve ficar o módulo de dados até o momento.

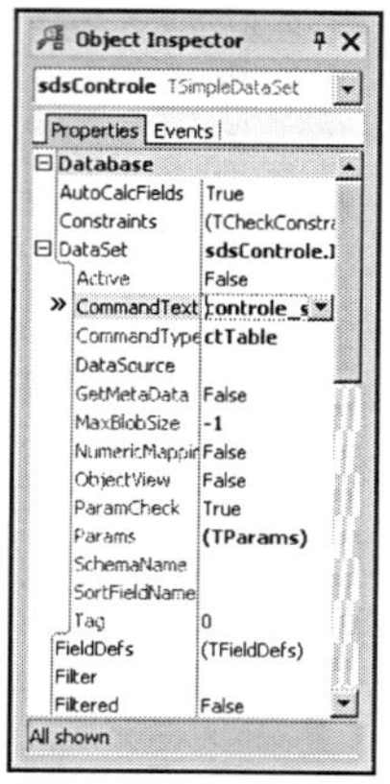

Figura 14.5

Figura 14.6

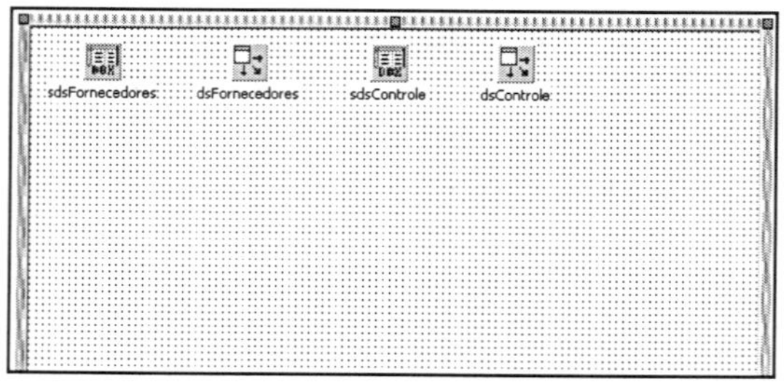

Figura 14.7

Agora adicione três componentes **TSimpleDataSet** e três **TDataSource**. Eles devem ter suas propriedades configuradas conforme descrito na seguinte tabela:

Objeto	Propriedade	Grupo/Subgrupo	Valor
SimpleDataSet1	ConnectionName	Connection	BaseDadosGDP
	LoginPrompt	Miscellaneous	False
	Name	Miscellaneous	sdsDepartamentos
	CommandType	Database/DataSet	ctTable
	CommandText	Database/DataSet	departamentos
SimpleDataSet2	ConnectionName	Connection	BaseDadosGDP
	LoginPrompt	Miscellaneous	False
	Name	Miscellaneous	sdsCargos
	CommandType	Database/DataSet	ctTable
	CommandText	Database/DataSet	cargos
SimpleDataSet3	ConnectionName	Connection	BaseDadosGDP
	LoginPrompt	Miscellaneous	False
	Name	Miscellaneous	sdsFuncionarios
	CommandType	Database/DataSet	ctTable
	CommandText	Database/DataSet	funcionarios
DataSource1	DataSet	Database	sdsDepartamentos
	Name	Miscellaneous	dsDepartamentos
DataSource2	DataSet	Database	sdsCargos
	Name	Miscellaneous	dsCargos
DataSource3	DataSet	Database	sdsFuncionarios
	Name	Miscellaneous	dsFuncionarios

É necessário ainda, especificar o valor **False** na propriedade **Connected** (grupo **Connection**) de todos os objetos **TSimpleDataSet**.

Após todas essas alterações, o módulo de dados deve se parecer com o mostrado na figura 14.8.

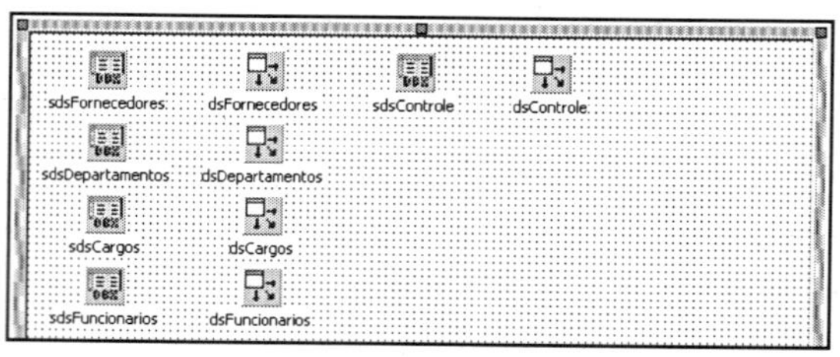

Figura 14.8

Vincule a unidade denominada **URotinasGenericas.pas** ao módulo de dados por meio da opção **File → Use Unit**. A seguir, selecione o objeto **sdsDepartamentos** e dê dois cliques no evento **BeforeDelete** (guia Events do **Object Inspector**). Com isso a janela do editor de códigos é apresentada. Digite o seguinte código:

```
procedure TdmModuloDados1.sdsDepartamentosBeforeDelete(DataSet: TDataSet);
begin
    if Confirma('Deseja excluir esse registro?') <> IDYES then
       Abort;
end;
```

Veja a figura 14.9. Esse procedimento, realizado quando uma operação de exclusão de registro está para ser executada, faz com que seja apresentada uma mensagem ao usuário, pedindo a confirmação da exclusão. No caso de o usuário não confirmar clicando no botão **Não** da janela, o procedimento aborta a exclusão por meio da chamada ao método **Abort**. Como o evento ocorre antes da operação propriamente dita, é possível cancelá-la.

Para que seja reconhecida a constante **IDYES**, é necessário adicionar a unidade **Windows** à cláusula **Uses** no início do código.

Agora especifique esse mesmo procedimento ao evento **BeforeDelete** dos objetos **sdsFornecedores, sdsCargos** e **sdsFuncionarios**, como mostra a figura 14.10. Salve o projeto com as alterações efetuadas até o momento.

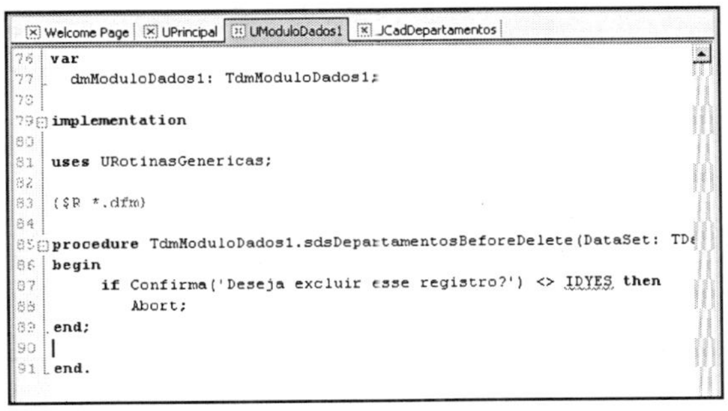

Figura 14.9

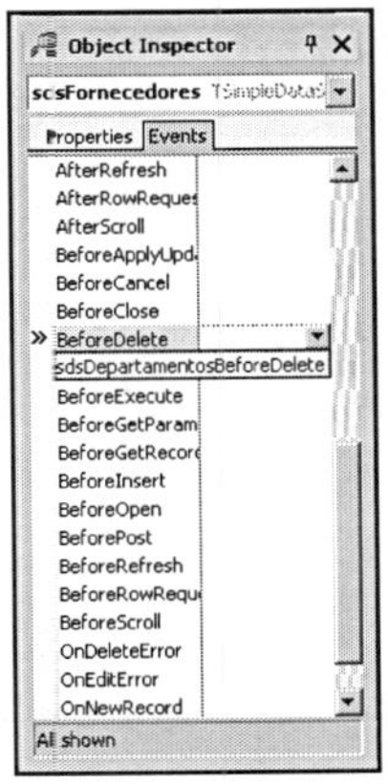

Figura 14.10

14.3. Novas Opções no Menu

Volte ao formulário **formPrincipal**, dê dois cliques sobre o objeto **mnuPrincipal** para abrir o editor de menu. Então acrescente um novo item de menu à direita de **Arquivo**, como a seguinte configuração:

Propriedade	Grupo	Valor
Caption	Visual	&Cadastro
Name	Miscellaneous	mnuCadastro

Para esse item de menu adicione as seguintes opções:

Nome da Opção	Propriedade	Grupo	Valor
Departamentos	Caption	Visual	Departamentos
	Name	Miscellaneous	opcCadDepartamentos
Cargos	Caption	Visual	Cargos
	Name	Miscellaneous	opcCadCargos
Funcionários	Caption	Visual	Funcionários
	Name	Miscellaneous	opcCadFuncionarios

A figura 14.11 mostra como deve ficar a árvore de menus com essas adições.

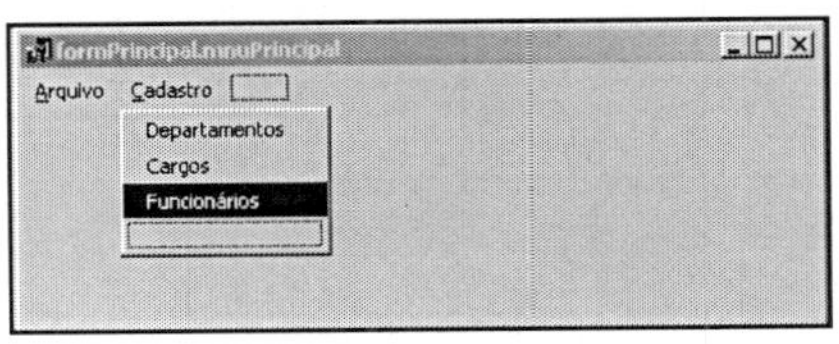

Figura 14.11

14.4. Criação do Formulário de Departamentos

Agora estamos prontos para criar o formulário que permite o cadastramento dos departamentos da empresa. Selecione a opção **File → New → Other** e a janela da figura 14.12 aparece logo em seguida. A opção **Inheritable Items** serve como um repositório de objetos (formulários e módulos de dados) que podem ser reutilizados dentro do projeto. Note que ali estão os dois formulários modelos, criados anteriormente.

Clique no ícone do formulário denominado **formMestreCadastro**. Isso faz com que seja mostrada a tela da figura 14.13. Como é possível perceber, o formulário já aparece pré-configurado com todos os objetos e propriedades.

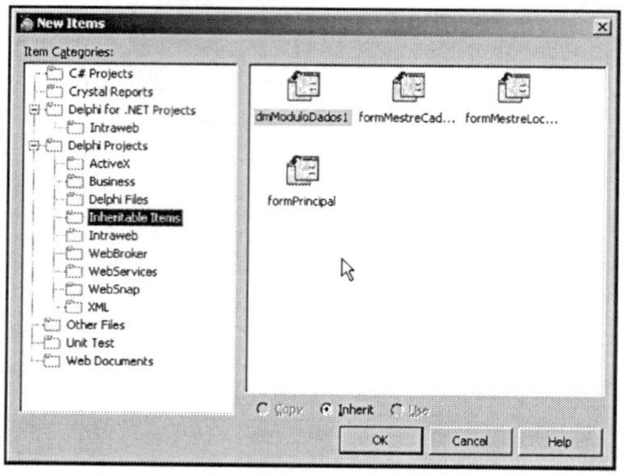

Figura 14.12

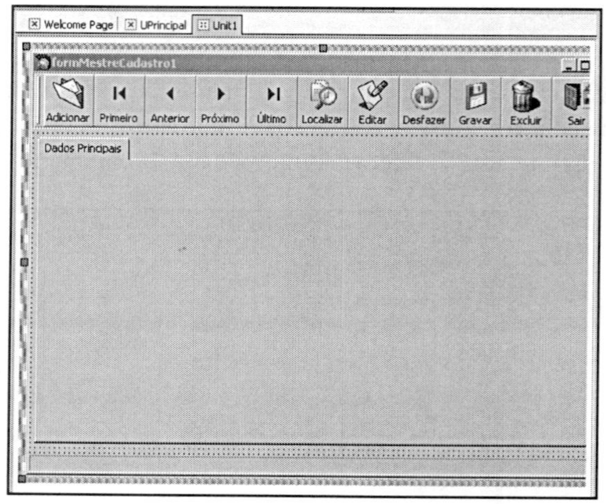

Figura 14.13

Selecione **File → Use Unit** e escolha as unidades **UModuloDados1** e **URotinasGenericas** (figura 14.14). A seguir altere o valor da propriedade **Caption** (grupo **Visual**) para "Cadastro de Departamentos", e a propriedade **Name** (grupo **Miscellaneous**) para "formCadDepartamentos" (figura 14.15).

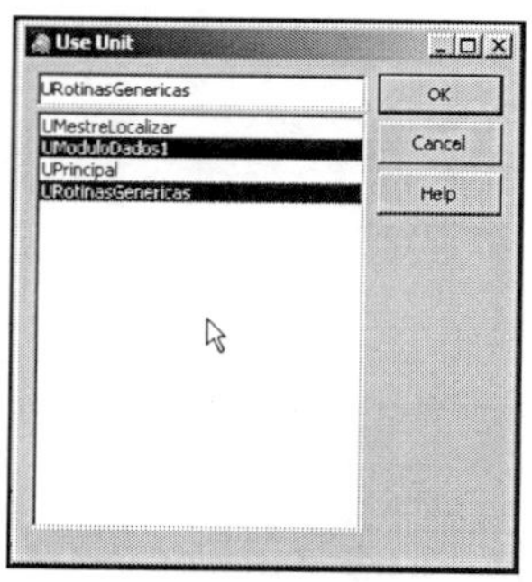

Figura 14.14

Figura 14.15

Agora adicione um componente **TLabel** (grupo **Standard**) e um **TDBEdit** (grupo **Data Controls**), como mostra a figura 14.16. Configure o objeto **Label** da seguinte forma:

Propriedade	Grupo	Valor
Caption	Visual	Departamento:
Name	Miscellaneous	lblDepartamento

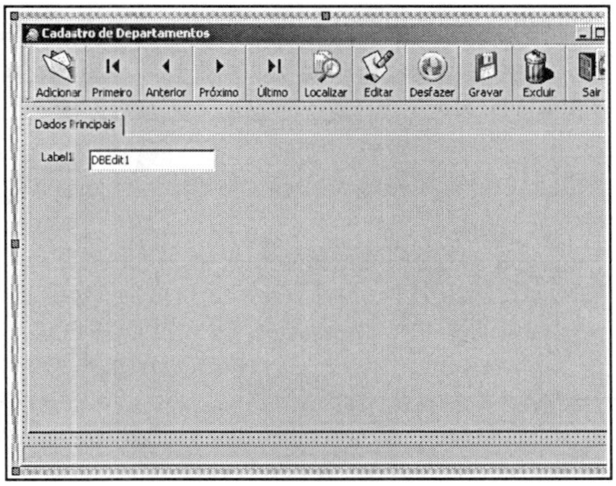

Figura 14.16

Já para o objeto **DBEdit** selecione na propriedade **DataSource** (grupo **Database**) a opção **dmModulos1.dsDepartamentos** (figura 14.17). Em **DataField**, escolha o campo **Nome_Departamento** (figura 14.18). Vá até o grupo **Miscellaneous** e configure a propriedade **CharCase** com o valor **ecUpperCase** (figura 14.19). Isso faz com que os caracteres alfabéticos digitados na caixa de entrada sejam convertidos em maiúsculo.

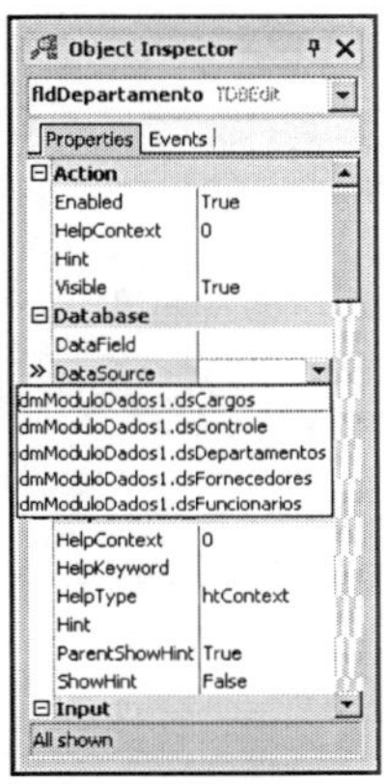

Figura 14.17

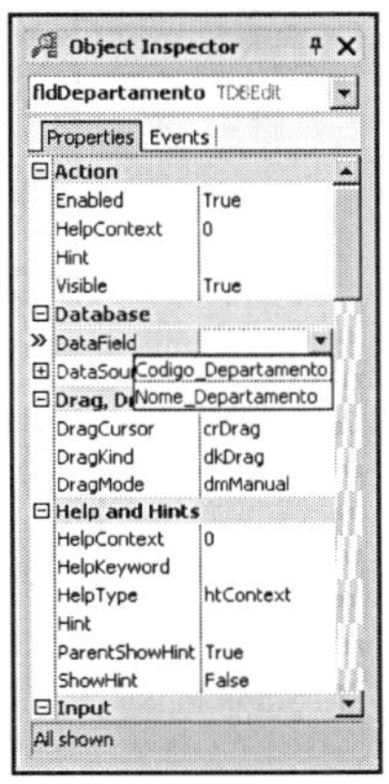

Figura 14.18

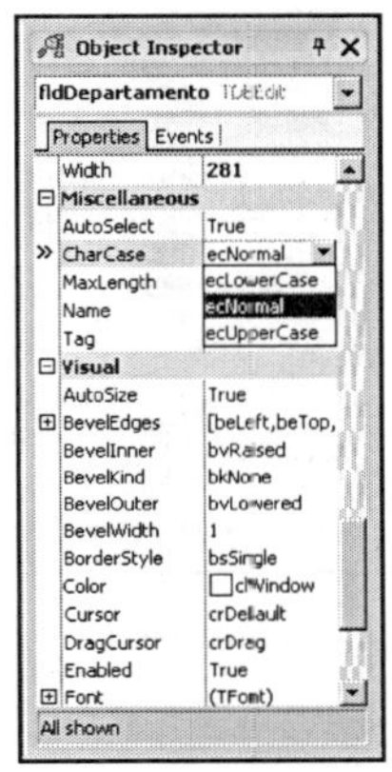

Figura 14.19

Adicione outra aba ao objeto **pgDados**, clicando com o botão direito do mouse sobre ele e selecionando a opção **New Page**. Então configure as propriedades **Caption** (grupo **Visual**) e **Name** (grupo **Miscellaneous**) com as cadeias de caracteres "Lista de Registros" e "tabListaRegistros" respectivamente.

Dentro dessa nova guia coloque um componente **TDBGrid** (grupo **Data Controls**), como mostra a figura 14.20. Na propriedade **Name** (grupo **Miscellaneous**), digite "grdDados". A seguir, clique na propriedade **DataSource** (grupo **Database**) e selecione a opção **dmModuloDados1.dsDepartamentos** (figura 14.21).

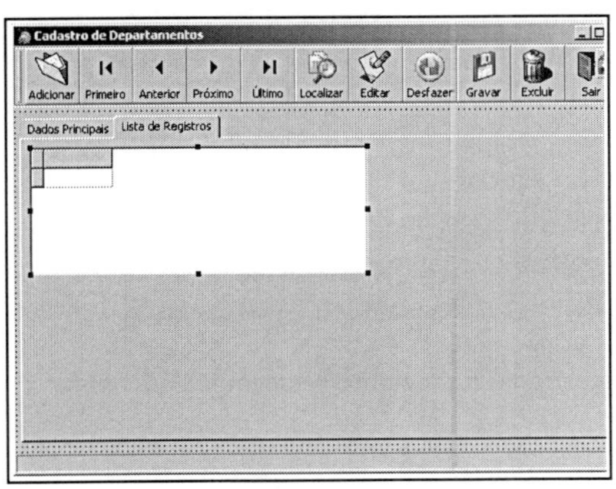

Figura 14.20

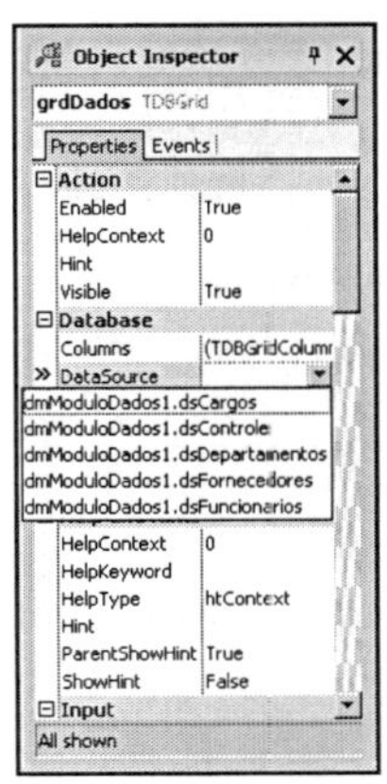

Figura 14.21

Configure também a propriedade **ReadOnly** (grupo **Input**) com o valor **True**. A seguir, dê um duplo-clique sobre esse objeto **DBGrid** para abrir o editor de colunas mostrado na figura 14.22. Clique no botão **Add All Fields** ( ) para adicionar todos os campos da tabela (figura 14.23).

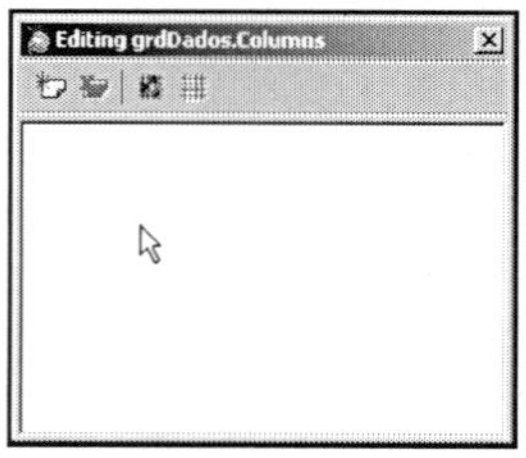

Figura 14.22

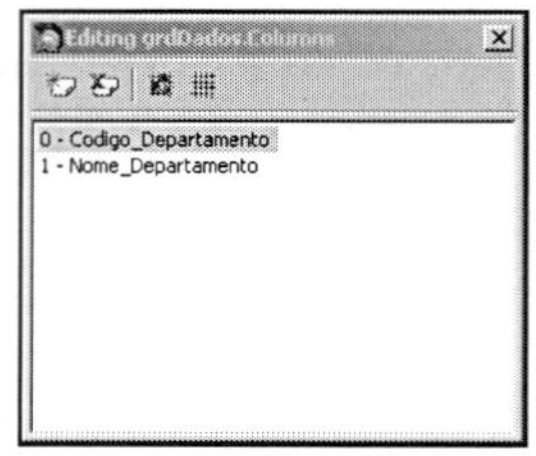

Figura 14.23

Selecione a primeira coluna (campo **Codigo_Departamento**) e escolha na propriedade **Alignment** (item **Title** do grupo **Localizable**) a opção **taCenter** (figura 14.24). Repita essa configuração para a segunda coluna (campo **Nome_Departamento**). Veja na figura 14.25 o resultado que deve ser obtido.

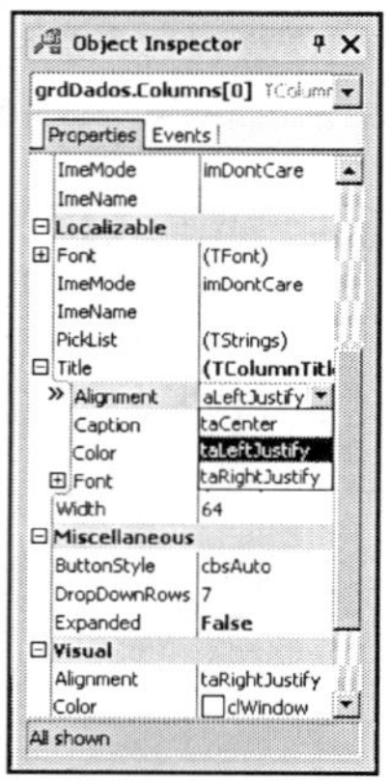

Figura 14.24

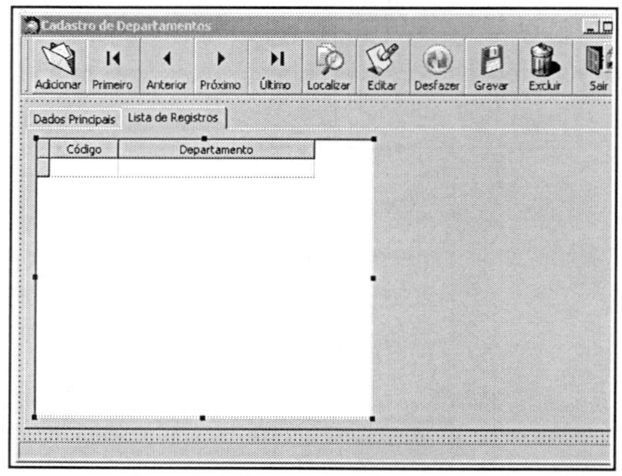

Figura 14.25

14.5. Adição de Códigos de Procedimentos

Agora que o formulário está pronto, falta-nos adicionar todas as rotinas necessárias à execução das diversas tarefas. O primeiro procedimento a ser acrescentado faz com que o cursor seja posicionado na primeira caixa de entrada (campo de digitação) se o usuário estiver com a primeira guia do controle de páginas (objeto **pgDados**) selecionada.

Digite a cadeia de caracteres "procedure MoveFoco" antes da palavra-chave **private**, na definição da classe do formulário. Desta forma as linhas de código dessa declaração devem ficar assim:

```
type
  TformCadDepartamentos = class(TformMestreCadastro)
    lblDepartamento: TLabel;
    fldDepartamento: TDBEdit;
    tabListaRegistros: TTabSheet;
    grdDados: TDBGrid;
    procedure MoveFoco;
  private
    { Private declarations }
  public
    { Public declarations }
end;
```

Após a diretiva de compilação **{$R *.dfm}** digite as linhas de código mostradas na seguinte listagem:

```
procedure TformCadDepartamentos.MoveFoco;
begin
     if pgDados.ActivePageIndex = 0 then
         fldDepartamento.SetFocus;
end;
```

Esse procedimento verifica se a primeira aba está ativa por meio da propriedade **ActivePageIndex** do objeto **pgDados**. As abas do controle de página possuem uma numeração que se inicia em 0. Sendo assim, o valor 0 dessa propriedade indica que a primeira aba está aberta. Em caso afirmativo, o foco é atribuído ao objeto **fldDepartamento** por meio da chamada ao método **SetFocus**.

Volte ao modo de desenho de formulário clicando na guia **Design** (parte inferior da janela de trabalho). Selecione o formulário a partir da janela **Structure** e em seguida abra a guia **Events** do **Object Inspector**. Dê dois cliques no evento **OnShow** e digite o código apresentado a seguir:

```
procedure TformCadDepartamentos.FormShow(Sender: TObject);
begin
  inherited;
     dmModuloDados1.sdsControle.Open;
     dmModuloDados1.sdsDepartamentos.Open;
     if dmModuloDados1.sdsDepartamentos.IsEmpty then
     begin
          BloquearCampos(False);
          btnAdicionar.Enabled := False;
          btnEditar.Enabled := False;
          btnExcluir.Enabled := False;
          btnGravar.Enabled := True;
          chrModo := 'I';
          dmModuloDados1.sdsControle.Edit;
          dmModuloDados1.sdsControleCodigo_Departamento.AsInteger := 0;
          dmModuloDados1.sdsControle.Post;
          dmModuloDados1.sdsDepartamentos.Append;
     end
     else
         chrModo := ' ';
     MoveFoco;
end;
```

Note a presença da palavra-chave **inherited** que indica que o procedimento é herdado de um formulário antecessor, o que significa que se ele possuir algum código definido para esse evento, ele será executado automaticamente. É como se houvesse um salto para esse código e, depois de sua execução, o nosso código assume o controle das tarefas.

O código inserido no procedimento primeiramente abre as tabelas de dados vinculadas aos objetos **sdsControle** e **sdsDepartamentos**, presentes no módulo de dados (**dmModuloDados1**), por isso a necessidade de fazer referência a ele. Depois é feito um teste para verificar se a tabela de departamentos está vazia. Para isso utilizamos a função **IsEmpty**, que retorna verdadeiro (**True**) em caso afirmativo. Se a tabela não possuir registros, então é adicionado um registro em branco, assim como o valor do campo **Codigo_Departamento** da tabela **controle_sequencia** é ajustado para 0.

A variável **chrModo**, que controla o modo de trabalho (inclusão ou visualização), é configurada com o caractere "I" (de inclusão). Essa variável é utilizada posteriormente pelo procedimento do botão **Gravar**. Lembre-se de que essa variável foi declarada no formulário antecessor, na seção **public** da definição da classe **formMestreCadastro**.

Agora clique no evento **OnClose** e digite o seguinte código:

```
procedure TformCadDepartamentos.FormClose(Sender: TObject;
  var Action: TCloseAction);
begin
     dmModuloDados1.sdsControle.Close;
     dmModuloDados1.sdsDepartamentos.Close;
  inherited;
end;
```

Nesse procedimento, incluímos as duas linhas de código antes da palavra-chave **inherited**. Isso foi proposital, pois queremos que elas sejam executadas antes do código existente no procedimento do formulário antecessor.

Os próximos procedimentos são dos botões da barra de ferramentas da parte superior do formulário. Dê um duplo-clique no botão **Adicionar** e então digite o código:

```
procedure TformCadDepartamentos.btnAdicionarClick(Sender: TObject);
begin
  inherited;
     if Sender = btnAdicionar then
     begin
          try
             dmModuloDados1.sdsDepartamentos.Append;
             chrModo := 'I';
             except
                   MsgStatus('');
                   Mensagem('Impossível adicionar novo registro !');
          end;
     end
     else if Sender = btnEditar then
          begin
               try
                  dmModuloDados1.sdsDepartamentos.Edit;
                  chrModo := 'A';
                  except
                        MsgStatus('');
                        Mensagem('Impossível entrar no modo de edição !');
               end;
          end;
     MoveFoco;
end;
```

O procedimento verifica se foi chamado pelo botão **Adicionar** ou **Editar**, já que ele é compartilhado pelos dois. Se for uma adição de registro, o procedimento chama o método **Append** do objeto **sdsDepartamentos** e atribui à variável **chrModo** o caractere "I". Caso o usuário tenha clicado no botão de edição, o método chamado é o **Edit** e o valor de **chrModo** é "A".

Note que utilizamos a construção **try/except** com o objetivo de apresentar uma mensagem ao usuário, caso algum erro ocorra na operação.

Depois da operação ter sido executada, tanto inclusão quanto alteração, o foco é posicionado no primeiro campo do formulário com a chamada ao procedimento **MoveFoco**.

Para os botões de navegação (**Primeiro**, **Anterior**, **Próximo** e **Último**) adicione os códigos apresentados nas listagens seguintes:

Botão Primeiro

```
procedure TformCadDepartamentos.btnPrimeiroClick(Sender: TObject);
begin
  inherited;
     dmModuloDados1.sdsDepartamentos.First;
     MoveFoco;
end;
```

Botão Anterior

```
procedure TformCadDepartamentos.btnAnteriorClick(Sender: TObject);
begin
  inherited;
     dmModuloDados1.sdsDepartamentos.Prior;
     if dmModuloDados1.sdsDepartamentos.Bof then
     begin
          MsgStatus('Início da tabela...');
          dmModuloDados1.sdsDepartamentos.First;
     end
     else
         MsgStatus('');
     MoveFoco;
end;
```

Botão Próximo

```
procedure TformCadDepartamentos.btnProximoClick(Sender: TObject);
begin
  inherited;
     dmModuloDados1.sdsDepartamentos.Next;
     if dmModuloDados1.sdsDepartamentos.Eof then
```

```
      begin
           MsgStatus('Fim da tabela...');
           dmModuloDados1.sdsDepartamentos.Last;
      end
      else
          MsgStatus('');
      MoveFoco;
end;
```

Botão Último

```
procedure TformCadDepartamentos.btnUltimoClick(Sender: TObject);
begin
  inherited;
      dmModuloDados1.sdsDepartamentos.Last;
      MoveFoco;
end;
```

Chegou a hora das explicações.

O procedimento **btnPrimeiroClick** chama o método **First** para posicionar o ponteiro de registro no primeiro registro da tabela, depois move o foco para o primeiro campo do formulário.

O procedimento **btnAnteriorClick** move o ponteiro de registro para o registro imediatamente anterior ao corrente utilizando o método **Prior**. Ele precisa ainda fazer um teste para verificar se o usuário não está tentando retroceder mesmo após ter alcançado o primeiro registro da tabela. A função **Bof** (de **Begin Of File**) permite sabermos se estamos no início da tabela quando seu valor retornado é **True**. Em caso afirmativo, o procedimento apresenta uma mensagem na linha de status e posiciona o ponteiro no primeiro registro.

Operação parecida é executada pelo procedimento **btnProximoClick**, só que em relação ao fim dos registros. O método **Next** é chamado para mover para o próximo registro da tabela. O teste verifica o valor retornado pela função **Eof** (**End Of File**), para saber se já é o final da tabela. Em caso afirmativo, uma mensagem é mostrada e o ponteiro de registros posicionado no último registro.

O procedimento **btnUltimoClick** simplesmente move para o último registro da tabela, utilizando uma chamada ao método **Last**.

Para o botão **Desfazer** entre com o código da listagem seguinte:

```
procedure TformCadDepartamentos.btnDesfazerClick(Sender: TObject);
begin
  inherited;
      if dmModuloDados1.sdsDepartamentos.State in [dsEdit,dsInsert] then
      begin
           try
              dmModuloDados1.sdsDepartamentos.CancelUpdates;
              MsgStatus('Alterações desfeitas com sucesso...');
              except
                    Mensagem('Impossível desfazer alterações !');
           end;
      end
      else
          Mensagem('Não há alterações a serem desfeitas !');
      BloquearCampos(True);
      MoveFoco;
end;
```

A rotina testa o valor da propriedade **State** para ver se o usuário está incluindo (valor **dsInsert**) ou alterando um registro (valor **dsEdit**). Aqui empregamos um pequeno artifício, que torna o código mais enxuto e elegante. No lugar de serem utilizadas no mesmo comando **IF** duas expressões lógicas unidas por meio do operador **or**, como, por exemplo, `if (dmModuloDados1.sdsDepartamentos.State = dsEdit) or (dmModuloDados1.sdsDepartamentos.State = dsInsert) then`, um único teste é feito com o operador **in**. Com ele o valor da propriedade é testado contra um conjunto de constantes. Se o valor existir nesse conjunto, a expressão toda é verdadeira.

Caso o usuário esteja inserindo ou editando um registro, a operação é cancelada pelo método **CancelUpdates**.

O código do botão **Gravar** é um pouco mais extenso que os anteriores, mas não mais complexo. A listagem seguinte apresenta esse código:

```
procedure TformCadDepartamentos.btnGravarClick(Sender: TObject);
var
   intCodigoDepto: integer;
begin
  inherited;
     if dmModuloDados1.sdsDepartamentos.State in [dsEdit,dsInsert] then
     begin
          try
             if chrModo = 'I' then
             begin
                  dmModuloDados1.sdsControle.Edit;
                  dmModuloDados1.sdsControleCodigo_Departamento.AsInteger :=
dmModuloDados1.sdsControleCodigo_Departamento.AsInteger + 1;
                  dmModuloDados1.sdsControle.Post;
                  dmModuloDados1.sdsControle.ApplyUpdates(-1);
                  intCodigoDepto := dmModuloDados1.sdsControleCodigo_Departamento.AsInteger;
                  dmModuloDados1.sdsDepartamentosCodigo_Departamento.AsInteger := intCodigoDepto;
             end;
             dmModuloDados1.sdsDepartamentos.Post;
             dmModuloDados1.sdsDepartamentos.ApplyUpdates(-1);
             chrModo := ' ';
             MsgStatus('Dados gravados com sucesso...');
             except
                   Mensagem('Não foi possível efetuar a gravação dos dados !');
          end;
     end
     else
         Mensagem('Não há alterações a serem gravadas !');
     BloquearCampos(True);
     MoveFoco;
end;
```

Primeiramente é testado o estado da tabela (propriedade **State**) para sabermos se é possível gravar o registro. Se estiver no estado de inclusão (**dsInsert**) ou edição (**dsEdit**), o procedimento continua verificando se o modo é inclusão (valor de **chrModo** igual a "I") ou de alteração (**chrModo** igual a "A"). Isso é necessário, pois para o primeiro modo são executadas algumas operações extras. Essas operações envolvem a geração do código do departamento por meio da recuperação e atualização do valor do campo **Codigo_Departamento** da tabela **controle_sequencia** e atribuição desse código ao respectivo campo da tabela **departamentos**. As linhas seguintes reproduzem a parte do procedimento responsável por essas operações:

```
dmModuloDados1.sdsControle.Edit;
dmModuloDados1.sdsControleCodigo_Departamento.AsInteger :=
dmModuloDados1.sdsControleCodigo_Departamento.AsInteger + 1;
dmModuloDados1.sdsControle.Post;
dmModuloDados1.sdsControle.ApplyUpdates(-1);
intCodigoDepto := dmModuloDados1.sdsControleCodigo_Departamento.AsInteger;
dmModuloDados1.sdsDepartamentosCodigo_Departamento.AsInteger := intCodigoDepto;
```

Após isso o registro é salvo pelos métodos **Post** e **ApplyUpades**. O método **Post** grava os valores no *cache* de dados mantido em memória, mas isso não é suficiente. Precisamos também invocar o método **ApplyUpdates** para fazer com que o *cache* seja gravado fisicamente no banco de dados armazenado no servidor. Este é também o motivo de sua utilização no objeto **sdsControle**.

Ao último botão (**Excluir**) deve ser adicionado o seguinte código ao evento **OnClick**:

```
procedure TformCadDepartamentos.btnExcluirClick(Sender: TObject);
begin
     if dmModuloDados1.sdsDepartamentos.State in [dsEdit,dsInsert] then
        dmModuloDados1.sdsDepartamentos.Post;
     try
        dmModuloDados1.sdsDepartamentos.Delete;
        MsgStatus('Registro excluído com sucesso...');
        except
              Mensagem('Registro não foi excluído !');
     end;
     BloquearCampos(True);
     MoveFoco;
  inherited;
end;
```

Note que o código é acrescentado antes da palavra--chave **inherited**, pelos mesmos motivos explicados anteriormente. Há um teste do estado da tabela e depois é executada a operação de exclusão pelo método **Delete**. É importante destacar que, ao ser chamado esse método, o evento **BeforeDelete** é invocado e, conseqüentemente, o procedimento vinculado a ele é executado. Em nosso caso, a mensagem de confirmação é apresentada ao usuário.

A figura 14.26 mostra a tela do editor de códigos com os procedimentos já incluídos.

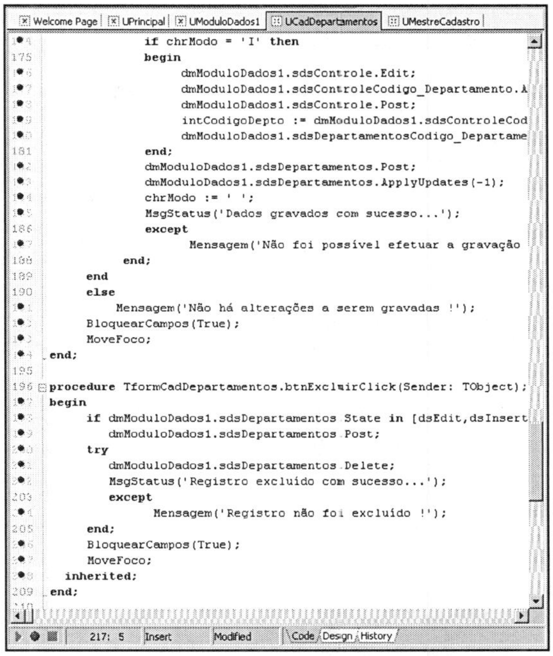

Figura 14.26

Um último procedimento é necessário ainda. Selecione a guia denominada **Lista de Registro**, clique no objeto **grdDados** e dê um duplo-clique no evento **OnDblClick** (janela **Events**). Adicione as duas linhas de código mostradas na seguinte listagem:

```
procedure TformCadDepartamentos.grdDadosDblClick(Sender: TObject);
begin
  inherited;
     pgDados.ActivePageIndex := 0;
     MoveFoco;
end;
```

Esse código é executado após o usuário ter dado um duplo--clique numa linha da grade de dados. O que ele faz é selecionar a primeira guia do controle de página e mover o foco para o objeto **fldDepartamento.**

Antes de continuarmos, é preciso adicionar a unidade **DB** à cláusula **Uses** do formulário. Isso se deve ao fato de termos feito uso das constantes **dsEdit** e **dsInsert** dentro de procedimentos. Veja a figura 14.27.

Configure a propriedade **Visible** (grupo **Visual**) do botão **Localizar** com o valor **False**. Isso faz com que o botão não seja apresentado quando o programa for executado.

Salve o projeto, nomeando o arquivo do formulário como "UCadDepartamentos", e volte ao formulário principal. Abra o editor de menu e dê um duplo-clique sobre a opção **Departamentos.** Digite então o seguinte código:

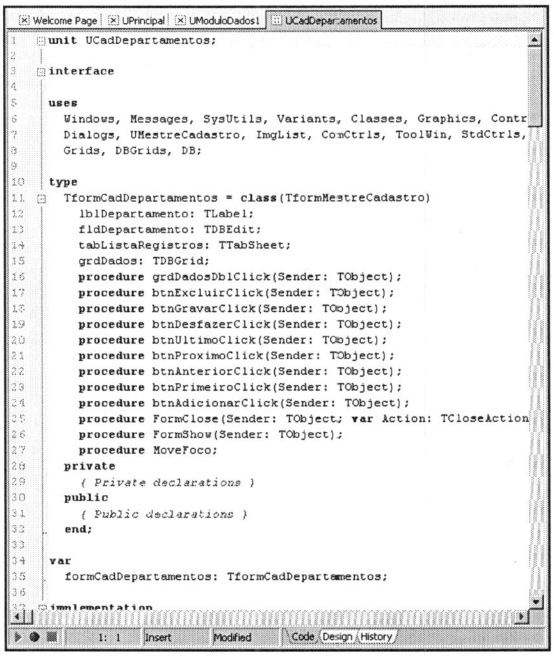

Figura 14.27

```
procedure TformPrincipal.opcCadDepartamentosClick(Sender: TObject);
var
   Formulario: TformCadDepartamentos;
begin
     if (Application.FindComponent ('formCadDepartamentos') = nil) then
     begin
          Formulario := TformCadDepartamentos.Create(Application);
          Formulario.Top := 0;
          Formulario.Left := 0;
     end;
end;
```

Uma variável do tipo **TformCadDepartamentos** é declarada inicialmente. Uma vez que o formulário é do tipo **MDIChild** (formulário filho), precisamos ver se ele já não se encontra aberto, pois esse tipo de formulário permite a abertura de várias instâncias. Isso é importante para impedir o usuário de abrir a mesma janela várias vezes e, conseqüentemente, ter várias seções do banco de dados ativas (uma em cada janela).

Esse teste é feito pela função **FindComponent** do objeto **Application**. Seu único parâmetro é o nome do formulário que desejamos verificar se já está carregado na memória. Se ela retornar o valor **nil**, significa que não existe componente (no caso o formulário) carregado na memória. Assim, uma instância é criada por meio da instrução **`Formulario := TformCadDepartamentos.Create(Application).`**

As duas últimas linhas fazem com que o formulário seja posicionado no canto esquerdo superior da área destinada aos formulários **MDIChild**, denominada área cliente. Veja a tela da figura 14.28.

Como é feita uma referência ao formulário **formCadDepartamentos**, precisamos vincular à unidade **UCadDepartamentos**. Sendo assim, selecione **File → Use Unit** e escolha essa unidade na janela apresentada em seguida. Salve novamente o projeto.

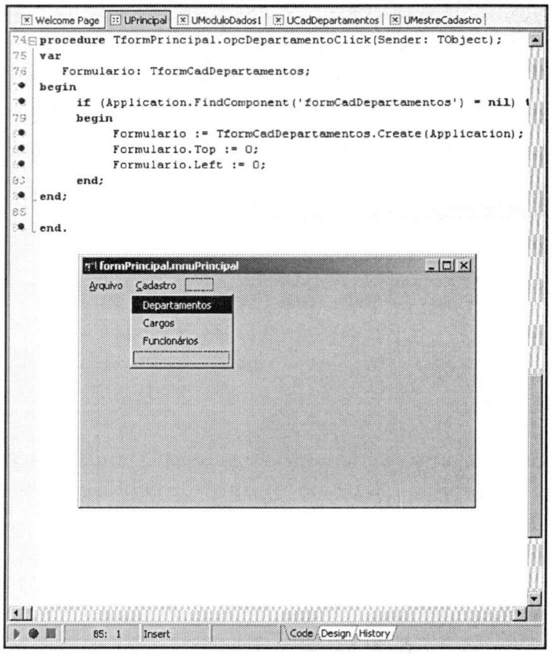

Figura 14.28

14.6. Finalizações e Testes

Agora selecione a opção **Project → Options** e a tela da figura 14.29 aparece em seguida. Clique no item **dmModuloDados1** na lista mostrada à direita (legenda **Available forms**) e clique no botão [<]. Assim esse formulário é passado para a lista da esquerda, fazendo com que ele seja criado na memória automaticamente, quando o programa for executado. Veja a figura 14.30.

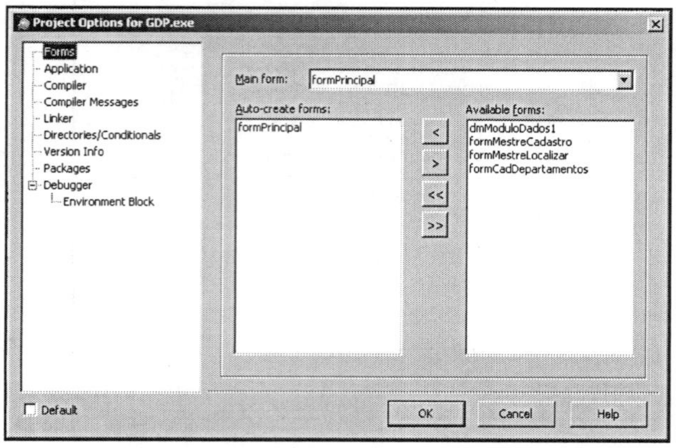

Figura 14.29

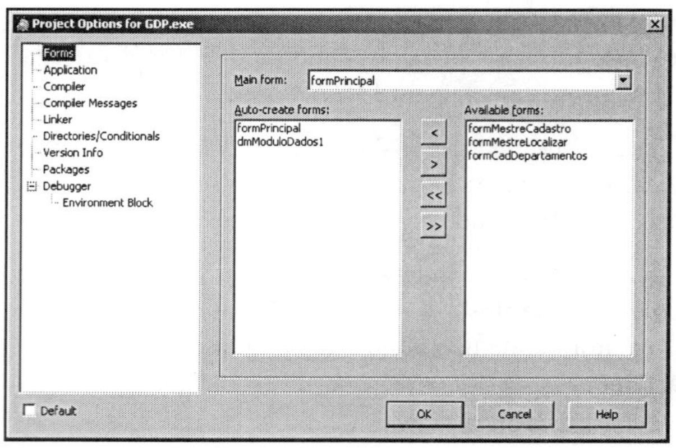

Figura 14.30

Essa operação é necessária porque configuramos anteriormente o Delphi para desabilitar a criação automática de formulários e módulos de dados.

Salve o projeto e compile-o selecionando **Project → Build GDP**. Com o Windows Explorer execute o arquivo GDP.EXE presente na pasta **C:\ProjetoDelphi2005**. Selecione a opção **Cadastro → Departamentos** e aparece a tela da figura 14.31.

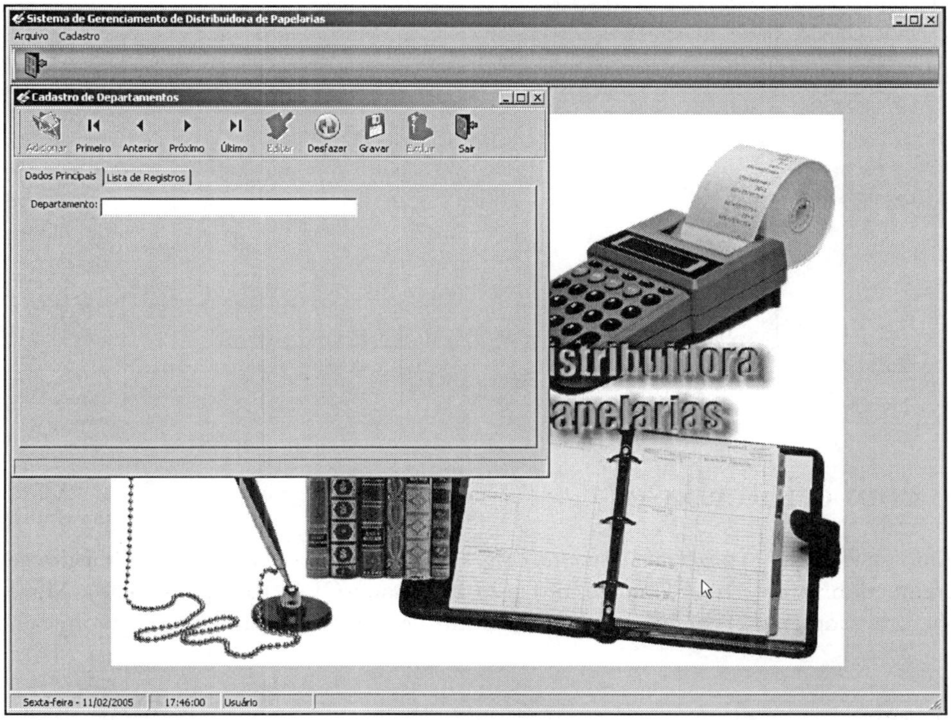

Figura 14.31

Digite um nome para o departamento, como, por exemplo, "VENDAS", e clique no botão **Gravar**. Adicione alguns registros (botão **Adicionar**) lembrando sempre de clicar em **Gravar** para salvar o registro. Note como os botões de navegação são desabilitados quando se está incluindo ou alterando um registro.

A figura 14.32 mostra a lista de alguns registros já cadastrados. Se você clicar no botão **Excluir**, a mensagem da figura 14.33 aparece. Caso não seja confirmada a exclusão, uma segunda mensagem é mostrada (figura 14.34).

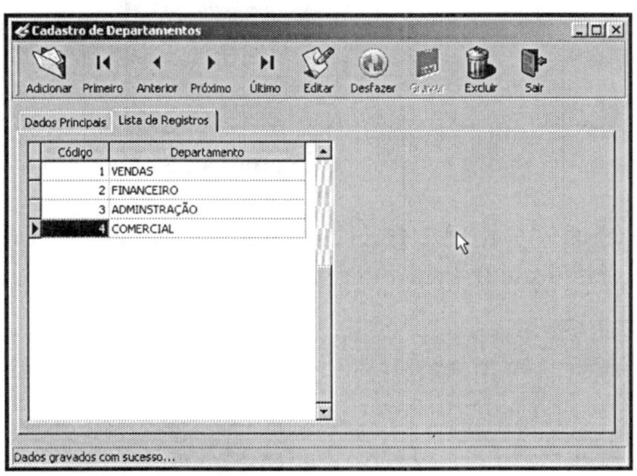

Figura 14.32

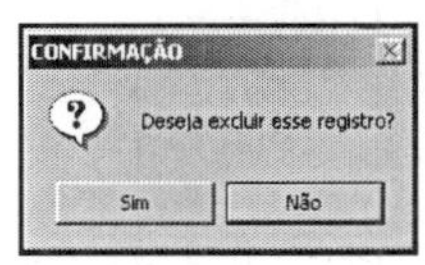

Figura 14.33

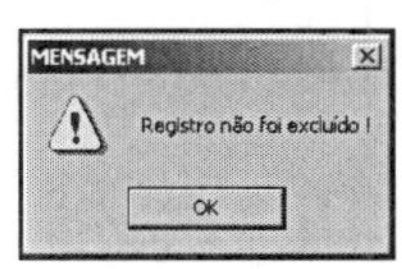

Figura 14.34

Se você sair do aplicativo e abrir o **MySQL Control Center**, pode verificar o conteúdo da tabela departamentos, como mostra a figura 14.35.

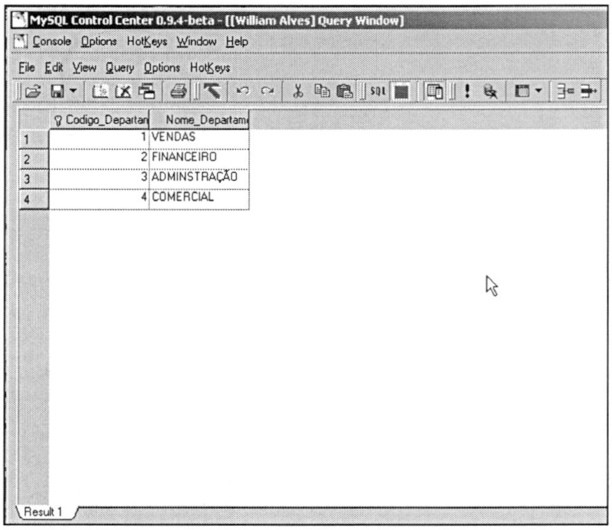

Figura 14.35

14.7. Teste com o InterBase

Vejamos neste último tópico como o programa funciona com o banco de dados em InterBase. Primeiramente, altere o valor da propriedade **ConnectionName** (grupo **Connection**) para **BaseDadosGDP_IB** (figura 14.36). Mude também o nome das tabelas (propriedade **CommandText**) dos objetos **sdsControle** e **sdsDepartamentos**, conforme indicam nas figuras 14.37 e 14.38.

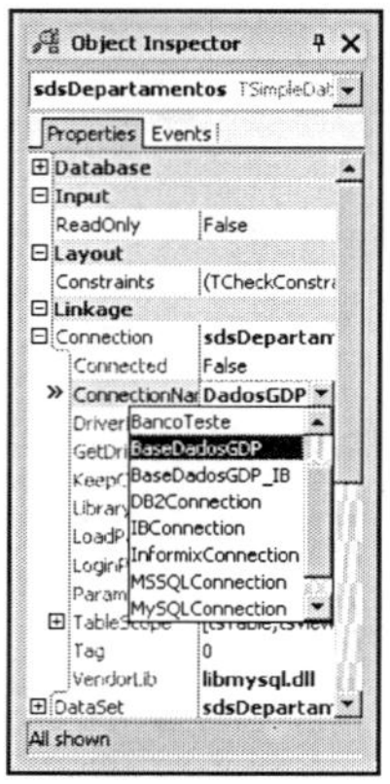

Figura 14.36

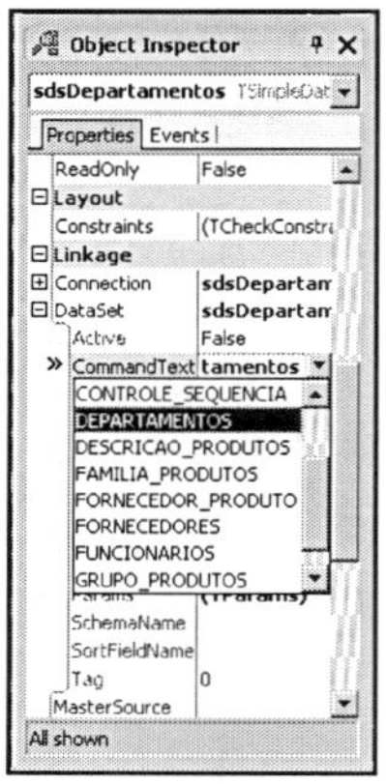

Figura 14.37

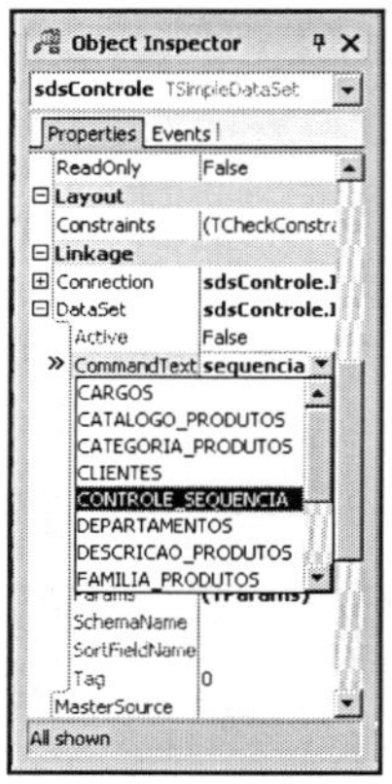

Figura 14.38

Embora os nomes das tabelas sejam iguais, essa alteração é necessária porque o InterBase nomeia as tabelas com todas as letras em maiúsculo, enquanto no MySQL o nome está em minúsculo. Essa diferença faz com que o programa não reconheça o nome em minúsculo no InterBase.

Salve o projeto e novamente compile-o depois das alterações. Rode o programa e inclua alguns registros, como no exemplo da figura 14.39.

Se você abrir a tabela **DEPARTAMENTOS** no **IBConsole**, pode verificar que os registros encontram-se devidamente cadastrados (figura 14.40).

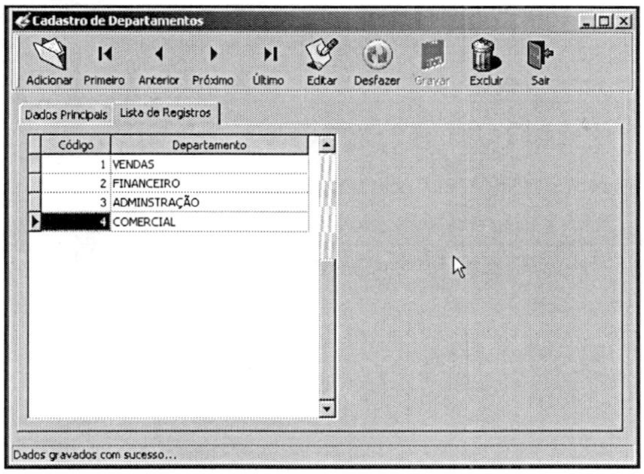

Figura 14.39

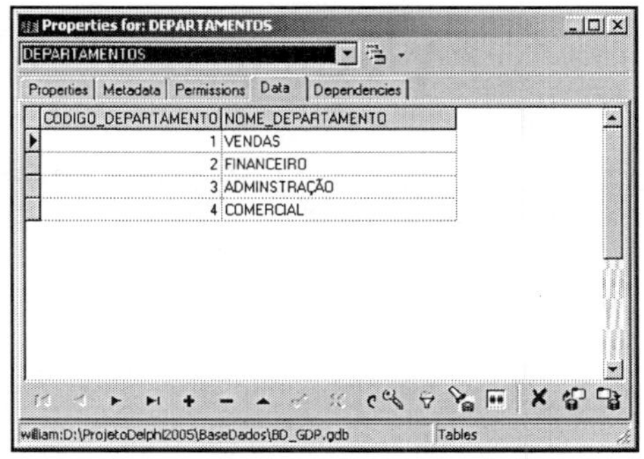

Figura 14.40

É muito importante que você tenha entendido os conceitos que foram empregados neste capítulo, pois eles são a base para o desenvolvimento dos demais formulários de cadastro.

Exercícios

1. Quando o evento BeforeDelete é executado?
2. Qual é a importância dos itens existentes na opção Inheritable Items da caixa de diálogo New Items?
3. Qual é a função do componente TDBGrid?
4. O que significa a palavra-chave **inherited** nos procedimentos?
5. Qual é a utilidade da função FindComponent do objeto Application?

Cadastro de Cargos e Funcionários

Assuntos abordados neste capítulo

- *Adição de uma tabela de estados*
- *Criação de formulários de cadastro de cargos e funcionários*
- *Definição de formulário de pesquisa de funcionários*
- *Uso das funções FindNearest e FindKey*

15.1. Adicionando Nova Tabela de Estados

É preciso adicionar uma nova tabela de dados na qual serão armazenados os nomes e as siglas dos estados. Execute o **MySQL Control Center**, faça a conexão com o banco de dados **bd_gdp** e depois selecione a opção **New Table** do menu local apresentado quando se clica com o botão direito do mouse. Para os campos entre com as seguintes informações:

Field Name	Data Type	Length
Sigla_Estado	Char	2
Estado	Varchar	40

Defina o campo **Sigla_Estado** como chave primária da tabela. A figura 15.1 mostra a janela de definição com a estrutura da tabela. Salve a tabela com o nome **Estados**.

Depois de criada a tabela, dê um duplo-clique para adicionar os seguintes registros:

Sigla_Estado	Estado
AC	ACRE
AL	ALAGOAS
AM	AMAZONAS
AP	AMAPÁ
BA	BAHIA
CE	CEARÁ
DF	DISTRITO FEDERAL
ES	ESPÍRITO SANTO
GO	GOIÁS
MA	MARANHÃO
MG	MINAS GERAIS
MS	MATO GROSSO DO SUL
MT	MATO GROSSO
PA	PARÁ
PB	PARAÍBA
PE	PERNAMBUCO
PI	PIAUÍ
PR	PARANÁ
RJ	RIO DE JANEIRO
RN	RIO GRANDE DO NORTE
RO	RONDÔNIA
RR	RORAIMA
RS	RIO GRANDE DO SUL
SC	SANTA CATARINA
SE	SERGIPE
SP	SÃO PAULO
TO	TOCANTINS

Na figura 15.2 podemos ver os dados dessa tabela já digitados.

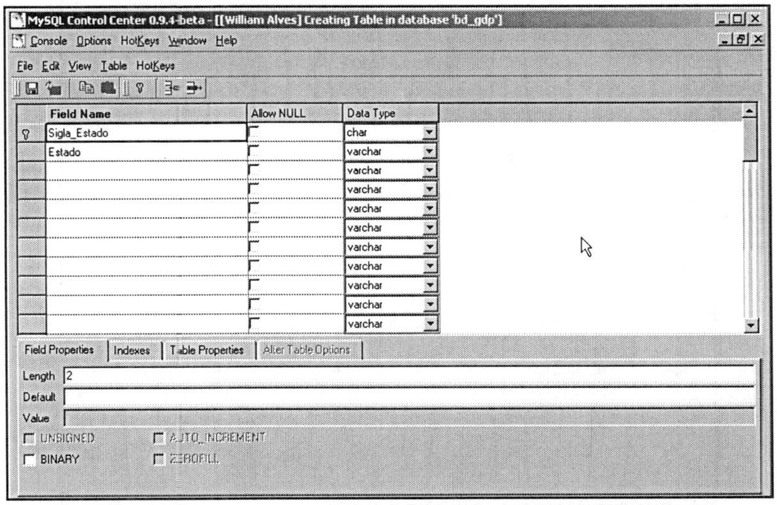

Figura 15.1

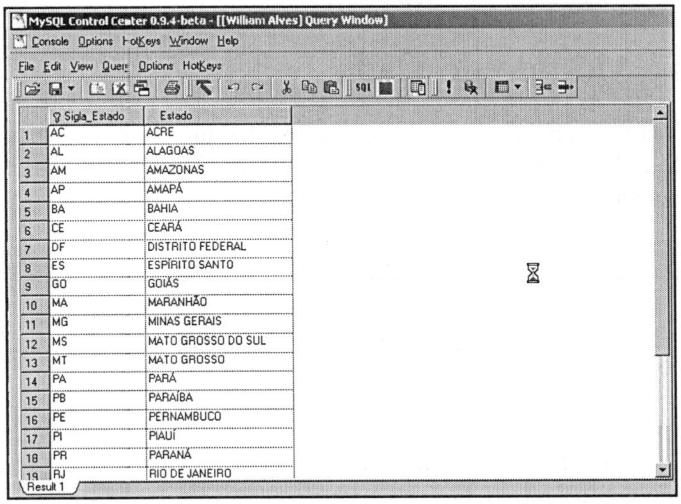

Figura 15.2

Da mesma forma precisamos incluir essa tabela de estados no InterBase. Sendo assim, feche o **MySQL Control Center** e execute o **IBConsole**. Abra a janela **Interactive SQL** e digite as seguintes linhas de código:

```
CREATE TABLE ESTADOS
(SIGLA_ESTADO CHAR(2) NOT NULL PRIMARY KEY,
 ESTADO VARCHAR(40)
);
```

Abra a tabela com um duplo-clique, selecione a guia **Data** e adicione os dados referentes aos estados, conforme a relação apresentada anteriormente. Veja na figura 15.3 a tabela já preenchida.

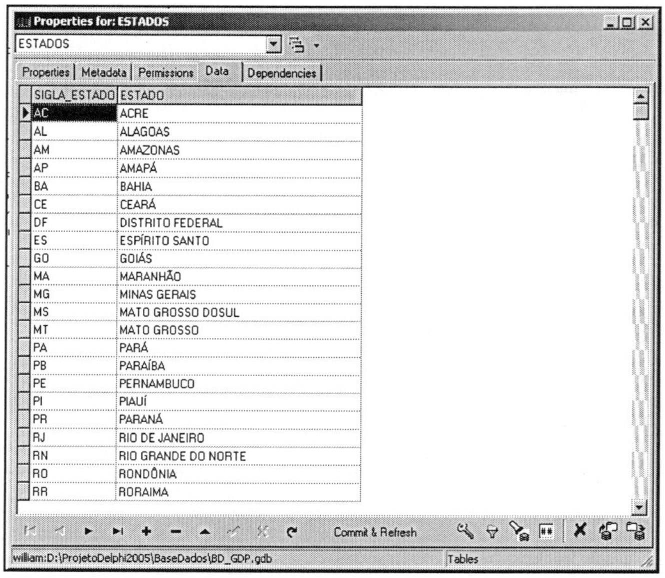

Figura 15.3

15.2. Alterações no Módulo de Dados

Volte ao Delphi 2005 e com o projeto do sistema aberto selecione o módulo de dados a partir da janela **Project Manager.** Adicione um componente **TSimpleDataSet** (grupo **dbExpress**) e um **TDataSource** (grupo **Data Access**). Configure o **TSimpleDataSet** da seguinte maneira:

Propriedade	Grupo	Valor
ConnectionName	Connection	BaseDadosGDP
LoginPrompt	Miscellaneous	False
Name	Miscellaneous	sdsEstados

Expanda o grupo de propriedades **Database** e especifique na propriedade **CommandType** (subgrupo **DataSet**) o valor **ctTable.** A seguir selecione para **CommandText** (também subgrupo **DataSet**) a tabela de dados denominada **estados.** Dê um duplo-clique sobre esse objeto, clique com o botão direito do mouse na janela do editor de campos e escolha a opção **Add all fields.** Para o objeto **DataSource** ajuste suas propriedades **DataSet** e **Name** com os valores **sdsEstados** e "dsEstados". A figura 15.4 mostra como deve ficar o módulo de dados após essa inclusão.

Lembre-se de que é necessário especificar o valor **False** na propriedade **Connected** (grupo **Connection**) do objeto **sdsEstados.**

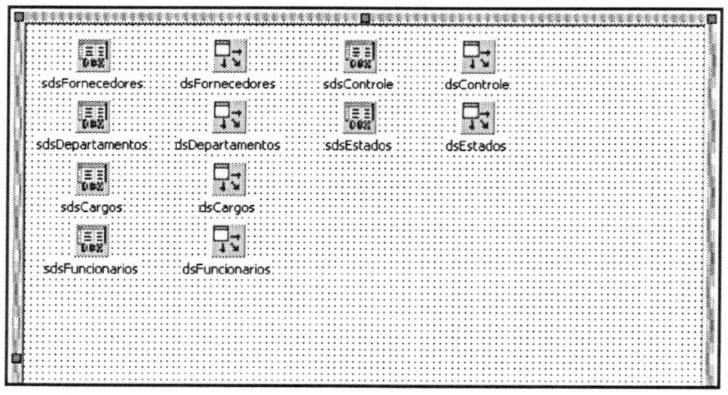

Figura 15.4

15.3. Criação do Formulário de Cargos

Vamos criar agora o formulário para cadastramento dos cargos da empresa. Selecione a opção **File → New → Other** e escolha a opção **Inheritable Items,** na janela apresentada em seguida. Clique no ícone do formulário denominado **formMestreCadastro** para adicionar um formulário baseado nesse modelo.

Selecione **File → Use Unit** e escolha as unidades **UModuloDados1** e **URotinasGenericas.** A seguir altere o valor da propriedade **Caption** (grupo **Visual**) para "Cadastro de Cargos", e na propriedade **Name** (grupo **Miscellaneous**) digite "formCadCargos".

Adicione uma segunda aba ao objeto **pgDados**, clicando com o botão direito do mouse sobre ele e selecionando a opção **New Page**. Então configure as propriedades **Caption** (grupo **Visual**) e **Name** (grupo **Miscellaneous**) com as cadeias de caracteres "Lista de Registros" e "tabListaRegistros" respectivamente. Veja o resultado na figura 15.5.

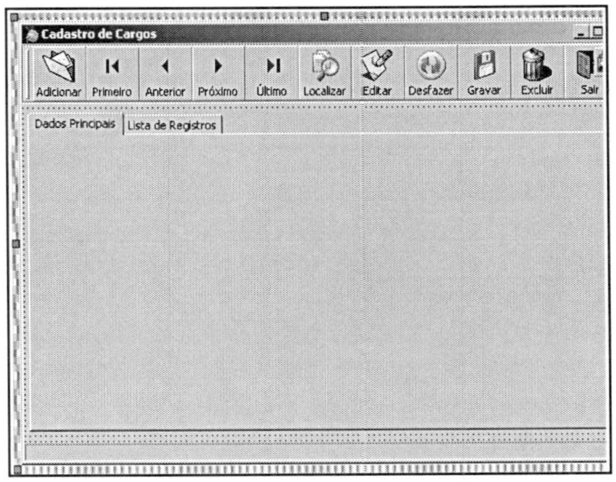

Figura 15.5

Volte à primeira aba e adicione um componente **TLabel** (grupo **Standard**), um **TDBEdit** e dois **TDBCheckBox** (ambos do grupo **Data Controls**). Configure as propriedades desses objetos da seguinte forma:

Objeto	Propriedade	Grupo	Valor
Label1	Caption	Visual	Descrição do cargo:
	Name	Miscellaneous	lblCargo
DBEdit1	DataSource	Database	dmModuloDados1.dsCargos
	DataField	Database	Descricao_Cargo
	Name	Miscellaneous	fldCargo
	CharCase	Miscellaneous	ecUpperCase
DBCheckBox1	DataSource	Database	dmModuloDados1.dsCargos
	DataField	Database	Vendedor_Interno
	Name	Miscellaneous	fldVendedorInterno
	Caption	Visual	Vendedor interno
	ValueChecked	Localizable	S
	ValueUnchecked	Localizable	N
DBCheckBox2	DataSource	Database	dmModuloDados1.dsCargos
	DataField	Database	Vendedor_Externo
	Name	Miscellaneous	fldVendedorExterno
	Caption	Visual	Vendedor externo
	ValueChecked	Localizable	S
	ValueUnchecked	Localizable	N

Ao configurar as propriedades **ValueChecked** e **ValueUnchecked**, estamos especificando o valor que deve ser gravado no campo da tabela, quando a caixa de checagem está marcada e desmarcada respectivamente. Em nosso caso, os valores devem ser os caracteres "S" e "N". Veja na figura 15.6 como deve ficar o formulário.

Dentro da segunda aba coloque um componente **TDBGrid** (grupo **Data Controls**) e ajuste suas dimensões conforme demonstrado na figura 15.7. Em seguida diminua a altura do formulário para o indicado na figura 15.8.

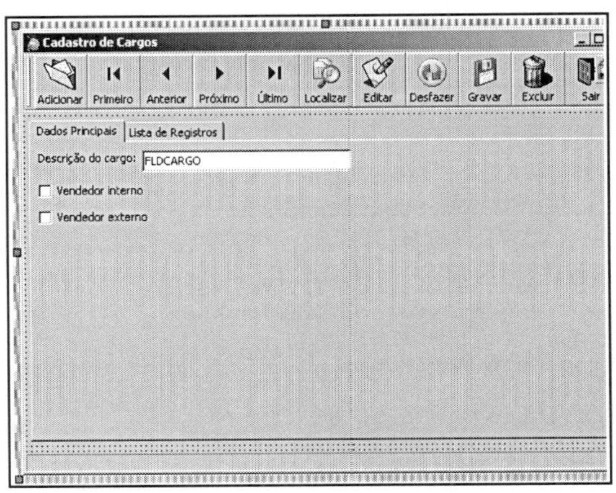

Figura 15.6

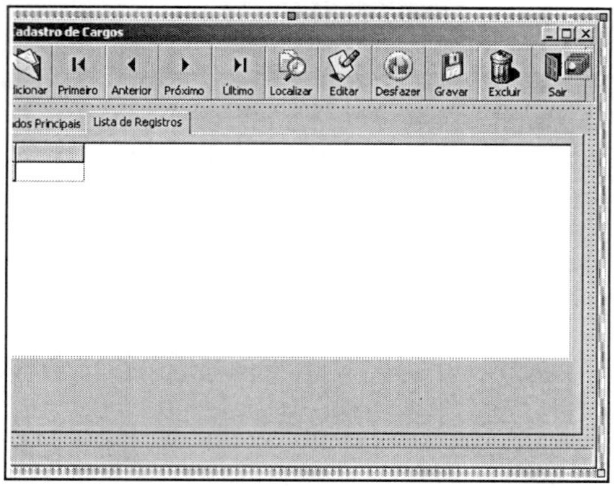

Figura 15.7

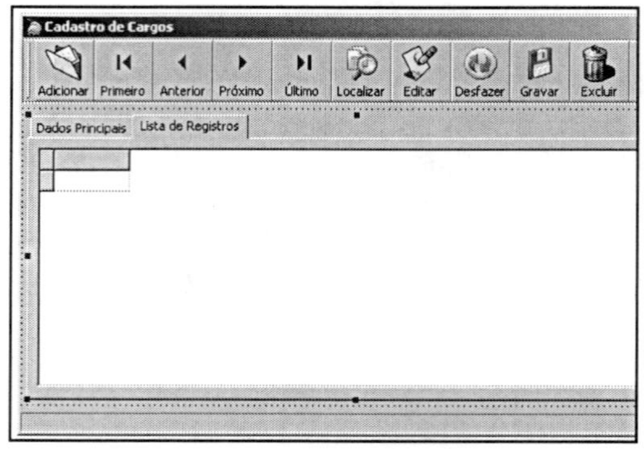

Figura 15.8

Configure a propriedade **Name** (grupo **Miscellaneous**) do objeto **DBGrid** com a expressão "grdDados". A seguir clique na propriedade **DataSource** (grupo **Database**) e selecione a opção **dmModuloDados1.dsCargos**. Configure a propriedade **ReadOnly** (grupo **Input**) com o valor **True**. Dê um duplo-clique sobre esse objeto para abrir o editor de colunas. Clique no botão **Add All Fields** ( ) para adicionar todos os campos da tabela (figura 15.9).

Configure a propriedade **Alignment** (item **Title** do grupo **Localizable**) de todos esses campos com a opção **taCenter**. O resultado final pode ser visto na figura 15.10.

Como último ajuste, configure a propriedade **Visible** (grupo **Visual**) do botão **Localizar** com o valor **False**. Isso faz com que o botão não seja apresentado quando o programa for executado.

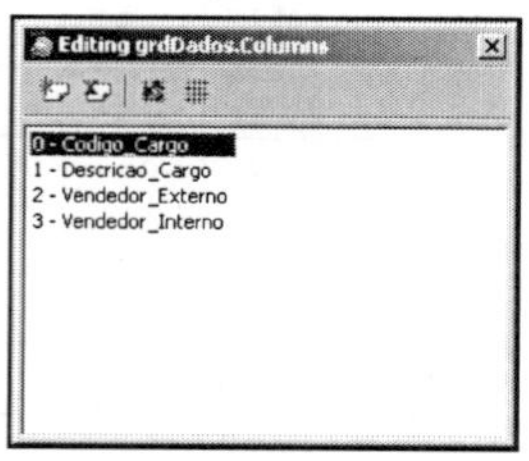

Figura 15.9

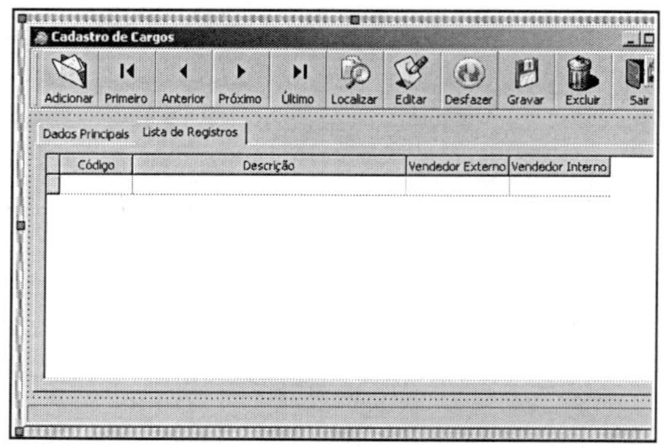

Figura 15.10

15.4. Os Códigos do Formulário de Cargos

Mude para a visualização de código selecionando a guia **Code** na base do editor de formulários. Então digite a cadeia de caracteres "procedure MoveFoco" antes da palavra-chave **private**, na definição da classe do formulário. As linhas de código dessa declaração devem ficar assim:

```
type
  TformCadCargos = class(TformMestreCadastro)
    tabListaRegitros: TTabSheet;
    lblCargo: TLabel;
    fldCargo: TDBEdit;
    fldVendedorInterno: TDBCheckBox;
    fldVendedorExterno: TDBCheckBox;
    grdDados: TDBGrid;
    procedure MoveFoco;
  private
    { Private declarations }
  public
    { Public declarations }
end;
```

Após a diretiva de compilação {$R *.dfm}, digite as linhas de código mostradas na seguinte listagem:

```
procedure TformCadCargos.MoveFoco;
begin
     if pgDados.ActivePageIndex = 0 then
        fldCargo.SetFocus;
end;
```

Como já visto no capítulo anterior, esse procedimento verifica se a primeira aba do objeto **pgDados** está ativa e em caso afirmativo, o foco é atribuído ao objeto **fldCargo**.

Volte do modo de desenho de formulário clicando na guia **Design** (parte inferior da janela de trabalho). Selecione o formulário a partir da janela **Structure** e abra a aba **Events** do **Object Inspector**. Dê dois cliques no evento **OnShow** e digite o código apresentado a seguir:

```
procedure TformCadCargos.FormShow(Sender: TObject);
begin
  inherited;
     dmModuloDados1.sdsControle.Open;
     dmModuloDados1.sdsCargos.Open;
     if dmModuloDados1.sdsCargos.IsEmpty then
     begin
          BloquearCampos(False);
          btnAdicionar.Enabled := False;
          btnEditar.Enabled := False;
          btnExcluir.Enabled := False;
          btnGravar.Enabled := True;
          chrModo := 'I';
          dmModuloDados1.sdsControle.Edit;
          dmModuloDados1.sdsControleCodigo_Cargo.AsInteger := 0;
          dmModuloDados1.sdsControle.Post;
          dmModuloDados1.sdsCargos.Append;
          dmModuloDados1.sdsCargosVendedor_Externo.AsString := 'N';
          dmModuloDados1.sdsCargosVendedor_Interno.AsString := 'N';
     end
     else
         chrModo := ' ';
     MoveFoco;
end;
```

O procedimento abre as tabelas de dados e testa se a tabela de cargos está vazia. Em caso afirmativo, é adicionado um registro em branco e atribuídos valores aos campos **Codigo_Cargo**, **Vendedor_Externo** e **Vendedor_Interno**. Com relação aos dois últimos, isso é importante para que as caixas de checagem apresentem-se desmarcadas. Agora clique no evento **OnClose** e digite o seguinte código:

```
procedure TformCadCargos.FormClose(Sender: TObject; var Action: TCloseAction);
begin
     dmModuloDados1.sdsControle.Close;
     dmModuloDados1.sdsCargos.Close;
  inherited;
end;
```

Isso faz com que as tabelas sejam fechadas antes do encerramento do formulário.

Os códigos para os procedimentos dos botões da barra de ferramentas se encontram listados a seguir:

Botão Adicionar

```
procedure TformCadCargos.btnAdicionarClick(Sender: TObject);
begin
  inherited;
     if Sender = btnAdicionar then
     begin
          try
             dmModuloDados1.sdsCargos.Append;
             dmModuloDados1.sdsCargosVendedor_Externo.AsString := 'N';
             dmModuloDados1.sdsCargosVendedor_Interno.AsString := 'N';
             chrModo := 'I';
             except
```

```
                MsgStatus('');
                Mensagem('Impossível adicionar novo registro !');
         end;
    end
    else if Sender = btnEditar then
         begin
              try
                 dmModuloDados1.sdsCargos.Edit;
                 chrModo := 'A';
                 except
                       MsgStatus('');
                       Mensagem('Impossível entrar no modo de edição !');
              end;
         end;
    MoveFoco;
end;
```

Botão Primeiro

```
procedure TformCadCargos.btnPrimeiroClick(Sender: TObject);
begin
  inherited;
     dmModuloDados1.sdsCargos.First;
     MoveFoco;
end;
```

Botão Anterior

```
procedure TformCadCargos.btnAnteriorClick(Sender: TObject);
begin
  inherited;
     dmModuloDados1.sdsCargos.Prior;
     if dmModuloDados1.sdsCargos.Bof then
     begin
          MsgStatus('Início da tabela...');
          dmModuloDados1.sdsCargos.First;
     end
     else
         MsgStatus('');
     MoveFoco;
end;
```

Botão Próximo

```
procedure TformCadCargos.btnProximoClick(Sender: TObject);
begin
  inherited;
     dmModuloDados1.sdsCargos.Next;
     if dmModuloDados1.sdsCargos.Eof then
     begin
          MsgStatus('Fim da tabela...');
          dmModuloDados1.sdsCargos.Last;
     end
     else
         MsgStatus('');
     MoveFoco;
end;
```

Botão Último

```
procedure TformCadCargos.btnUltimoClick(Sender: TObject);
begin
  inherited;
     dmModuloDados1.sdsCargos.Last;
     MoveFoco;
end;
```

Botão Desfazer

```
procedure TformCadCargos.btnDesfazerClick(Sender: TObject);
begin
  inherited;
```

```
     if dmModuloDados1.sdsCargos.State in [dsEdit,dsInsert] then
     begin
          try
             dmModuloDados1.sdsCargos.CancelUpdates;
             MsgStatus('Alterações desfeitas com sucesso...');
             except
                   Mensagem('Impossível desfazer alterações !');
          end;
     end
     else
         Mensagem('Não há alterações a serem desfeitas !');
     BloquearCampos(True);
     MoveFoco;
end;
```

Botão Gravar

```
procedure TformCadCargos.btnGravarClick(Sender: TObject);
var
   intCodigoCargo: integer;
begin
  inherited;
     if dmModuloDados1.sdsCargos.State in [dsEdit,dsInsert] then
     begin
          try
             if chrModo = 'I' then
             begin
                  dmModuloDados1.sdsControle.Edit;
                  dmModuloDados1.sdsControleCodigo_Cargo.AsInteger :=
dmModuloDados1.sdsControleCodigo_Cargo.AsInteger + 1;
                  dmModuloDados1.sdsControle.Post;
                  dmModuloDados1.sdsControle.ApplyUpdates(-1);
                  intCodigoCargo := dmModuloDados1.sdsControleCodigo_Cargo.AsInteger;
                  dmModuloDados1.sdsCargosCodigo_Cargo.AsInteger := intCodigoCargo;
             end;
             dmModuloDados1.sdsCargos.Post;
             dmModuloDados1.sdsCargos.ApplyUpdates(-1);
             chrModo := ' ';
             MsgStatus('Dados gravados com sucesso...');
             except
                   Mensagem('Não foi possível efetuar a gravação dos dados !');
          end;
     end
     else
         Mensagem('Não há alterações a serem gravadas !');
     BloquearCampos(True);
     MoveFoco;
end;
```

Botão Excluir

```
procedure TformCadCargos.btnExcluirClick(Sender: TObject);
begin
     if dmModuloDados1.sdsCargos.State in [dsEdit,dsInsert] then
        dmModuloDados1.sdsCargos.Post;
     try
        dmModuloDados1.sdsCargos.Delete;
        MsgStatus('Registro excluído com sucesso...');
        except
              Mensagem('Registro não foi excluído !');
     end;
     BloquearCampos(True);
     MoveFoco;
  inherited;
end;
```

As operações realizadas por esses procedimentos são idênticas às descritas no capítulo anterior, por isso deixamos de lado as explicações.

Ainda restam mais dois procedimentos a serem adicionados. Selecione a aba denominada **Lista de Registro**, clique no objeto **grdDados** e dê um duplo-clique no evento **OnDblClick** (janela **Events**). Adicione as duas linhas de código mostradas na seguinte listagem:

```
procedure TformCadCargos.grdDadosDblClick(Sender: TObject);
begin
  inherited;
     pgDados.ActivePageIndex := 0;
     MoveFoco;
end;
```

Esse código é executado após o usuário ter dado um duplo-clique numa linha da grade de dados. O que ele faz é selecionar a primeira aba do controle de página e mover o foco para o objeto **fldCargo**.

O segundo código, cuja listagem é apresentada a seguir, evita que o usuário tente excluir um registro enquanto está visualizando a tabela pela grade. A combinação de teclas <CTRL>+<DEL> permite a exclusão. Esse procedimento intercepta essas teclas e faz com que sejam ignoradas.

```
procedure TformCadCargos.grdDadosKeyDown(Sender: TObject; var Key: Word;
  Shift: TShiftState);
begin
  inherited;
     if (Shift = [ssCtrl]) and (Key = VK_DELETE) then
        Key := 0;
end;
```

Adicione ainda a unidade **DB** à cláusula **Uses** do formulário, necessário por causa do uso das constantes **dsEdit** e **dsInsert** dentro de procedimentos.

Salve o projeto, nomeando o arquivo do formulário como "UCadCargos" e volte ao formulário principal. Abra o editor de menu e dê um duplo-clique sobre a opção **Cargos**. Digite então o seguinte código:

```
procedure TformPrincipal.opcCadCargosClick(Sender: TObject);
var
   Formulario: TformCadCargos;
begin
     if (Application.FindComponent('formCadCargos') = nil) then
     begin
          Formulario := TformCadCargos.Create(Application);
          Formulario.Top := 0;
          Formulario.Left := 0;
     end;
end;
```

Como já visto anteriormente, foi utilizada a função **FindComponent** do objeto **Application** para verificar se o formulário já está aberto. Veja a tela da figura 15.11.

Precisamos também vincular a unidade **UCadCargos.Pas** por causa da referência feita ao formulário **formCadCargos**. Salve novamente o projeto e depois compile-o selecionando a opção **Project → Build GDP**.

Execute o arquivo GDP.EXE pelo Windows Explorer e selecione a opção **Cadastro → Cargos**. Digite um nome para o cargo e especifique se ele se refere a um vendedor interno ou externo, ou deixe ambas as caixas de seleção em branco, caso nenhuma das opções se enquadre no cargo. Veja um exemplo na figura 15.12. Já a figura 15.13 mostra a lista de alguns registros já cadastrados.

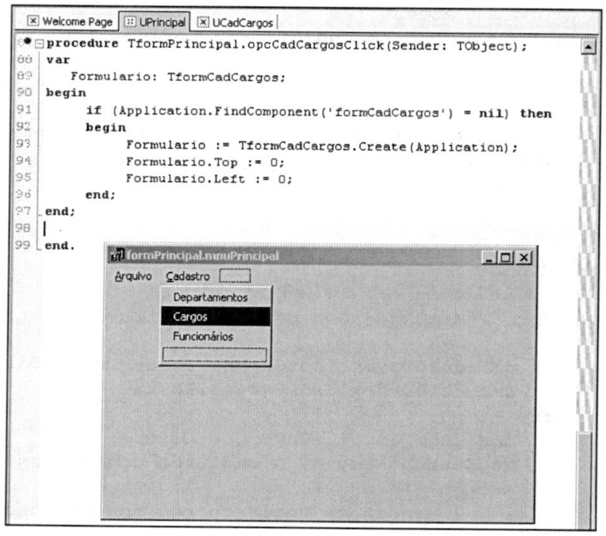

Figura 15.11

Para alterar o aplicativo de forma que possa acessar o banco de dados InterBase, configure o valor da propriedade **ConnectionName** (grupo **Connection**) para **BaseDadosGDP_IB** e mude também o nome das tabelas (propriedade **CommandText**) dos objetos **sdsControle** e **sdsCargos**.

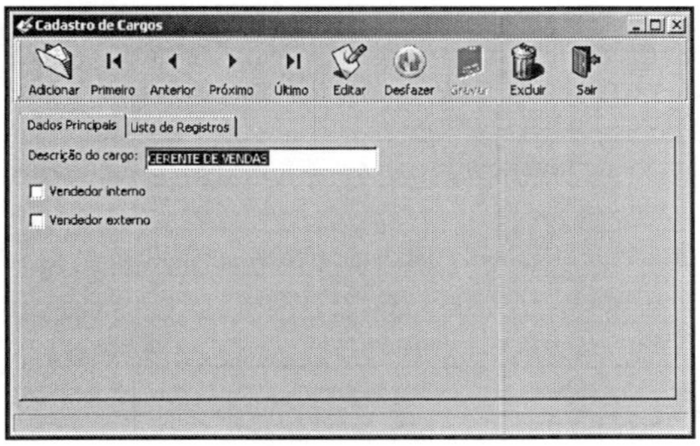

Figura 15.12

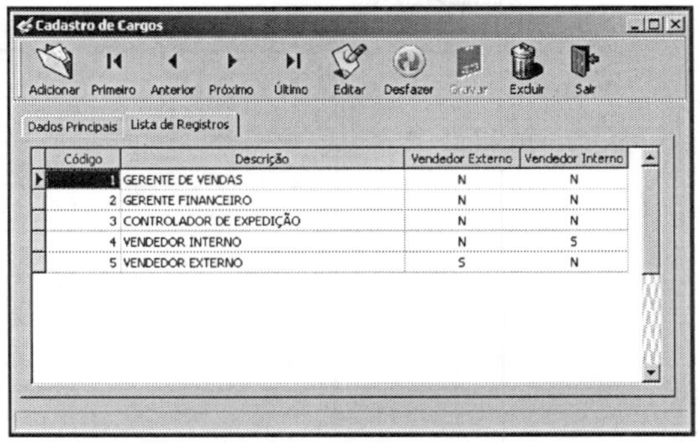

Figura 15.13

15.5. O Formulário de Cadastro de Funcionários

O segundo formulário que criaremos neste capítulo é utilizado para cadastro de funcionários. Selecione a opção **File → New → Other** e escolha a opção **Inheritable Items**. Em seguida clique no ícone do formulário denominado **formMestreCadastro** para adicionar um novo formulário.

Adicione as referências para as unidades **UModuloDados1** e **URotinasGenericas.** Configure as propriedades **Caption** (grupo **Visual**) e **Name** (grupo **Miscellaneous**) com as cadeias de caracteres "Cadastro de Funcionários" e "formCadFuncionarios".

Insira no objeto **pgDados** doze componentes **TLabel** (grupo **Standard**) e dez **TDBEdit**. As propriedades desses objetos devem ser configuradas conforme a seguinte tabela:

Objeto	Propriedade	Grupo	Valor
Label1	Caption	Visual	Matrícula do Funcionário:
	Name	Miscellaneous	lblMatricula
Label2	Caption	Visual	Nome do Funcionário:
	Name	Miscellaneous	lblNomeFuncionario
Label3	Caption	Visual	Endereço:
	Name	Miscellaneous	lblEndereo
Label4	Caption	Visual	Complemento:
	Name	Miscellaneous	lblComplemento
Label5	Caption	Visual	Bairro:
	Name	Miscellaneous	lblBairro
Label6	Caption	Visual	Cidade:
	Name	Miscellaneous	lblCidade
Label7	Caption	Visual	Estado:
	Name	Miscellaneous	lblEstado
Label8	Caption	Visual	CEP:
	Name	Miscellaneous	lblCEP
Label9	Caption	Visual	Telefone:
	Name	Miscellaneous	lblTelefone
Label10	Caption	Visual	E-Mail:
	Name	Miscellaneous	lblEMail
Label11	Caption	Visual	Departamento:
	Name	Miscellaneous	lblDepartamento
Label12	Caption	Visual	Cargo:
	Name	Miscellaneous	lblCargo
DBEdit1	DataSource	Database	dmModuloDados1.dsFuncionarios
	DataField	Database	Matricula_Funcionario
	Name	Miscellaneous	fldMatricula

Objeto	Propriedade	Grupo	Valor
DBEdit2	DataSource	Database	dmModuloDados1. dsFuncionarios
	DataField	Database	Nome_Funcionario
	Name	Miscellaneous	fldNomeFuncionario
	CharCase	Miscellaneous	ecUpperCase
DBEdit3	DataSource	Database	dmModuloDados1. dsFuncionarios
	DataField	Database	Endereco
	Name	Miscellaneous	fldEndereco
	CharCase	Miscellaneous	ecUpperCase
DBEdit4	DataSource	Database	dmModuloDados1. dsFuncionarios
	DataField	Database	Numero
	Name	Miscellaneous	fldNumero
DBEdit5	DataSource	Database	dmModuloDados1. dsFuncionarios
	DataField	Database	Complemento
	Name	Miscellaneous	fldComplemento
	CharCase	Miscellaneous	ecUpperCase
DBEdit6	DataSource	Database	dmModuloDados1. dsFuncionarios
	DataField	Database	Bairro
	Name	Miscellaneous	fldBairro
	CharCase	Miscellaneous	ecUpperCase
DBEdit7	DataSource	Database	dmModuloDados1. dsFuncionarios
	DataField	Database	Cidade
	Name	Miscellaneous	fldCidade
	CharCase	Miscellaneous	ecUpperCase
DBEdit8	DataSource	Database	dmModuloDados1. dsFuncionarios
	DataField	Database	CEP
	Name	Miscellaneous	fldCEP
DBEdit9	DataSource	Database	dmModuloDados1. dsFuncionarios
	DataField	Database	Telefone
	Name	Miscellaneous	fldTelefone
DBEdit10	DataSource	Database	dmModuloDados1. dsFuncionarios
	DataField	Database	EMail
	Name	Miscellaneous	fldEMail
	CharCase	Miscellaneous	ecLowerCase

A figura 15.14 mostra como deve ficar o layout do formulário até esse momento. Ao lado das legendas **Estado:**, **Departamento:** e **Cargo:**, insira um **TDBLookupComboBox**, indica a figura 15.15. Selecione a caixa de combinação **DBLookupComboBox1** e digite na propriedade **Name** (grupo **Miscellaneous**) a cadeia de caracteres "fldEstado". Configure as propriedades **DataSource** e **DataField** (grupo **Database**) com os valores **dmModuloDados1.dsFuncionarios** e **dmModuloDados1.Estado.**

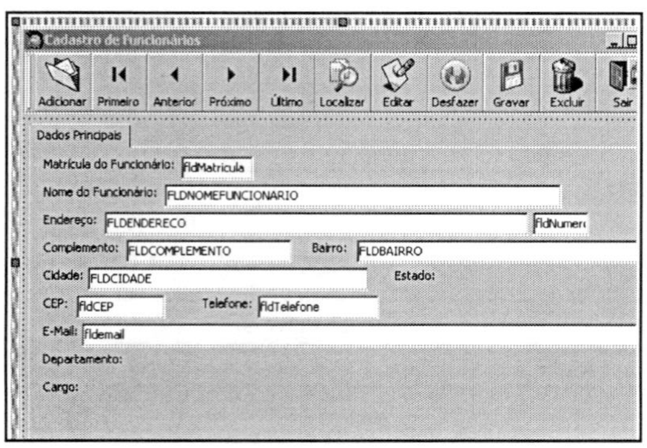

Figura 15.14

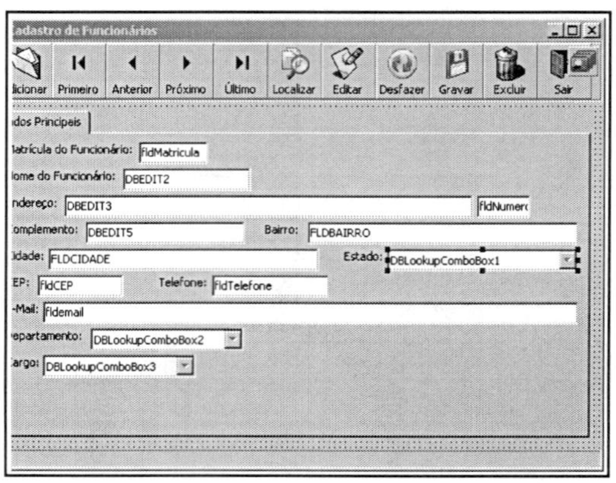

Figura 15.15

Clique na propriedade **ListSource** (grupo **Database**) e escolha a opção **dmModuloDados1.dsEstados** (figura 15.16). Com isso especificamos a fonte de dados que fornecerá os registros para serem apresentados na lista da caixa de combinação. Já na propriedade **ListField**, escolha **Estado** (figura 15.17). Este é o campo da tabela cujos valores serão mostrados na lista. Para finalizar, clique na propriedade **KeyField** e selecione **Sigla_Estado** (figura 15.18). Este é o campo utilizado para ligar a tabela de funcionários com a tabela de estados. Quando for selecionado um item da caixa de combinação, o valor desse campo é passado ao campo **Sigla_Estado** da tabela de funcionários.

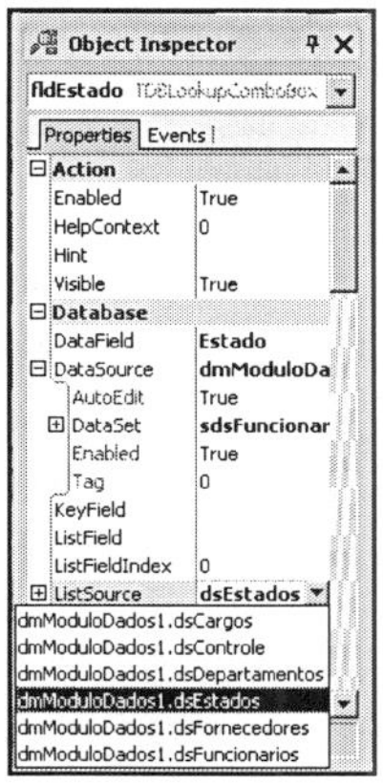

Figura 15.16

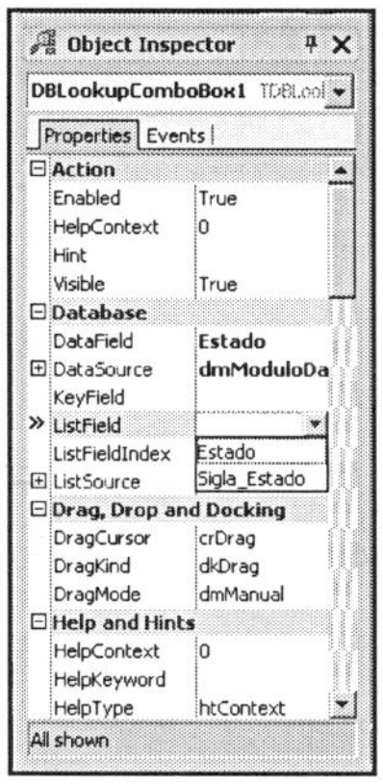

Figura 15.17

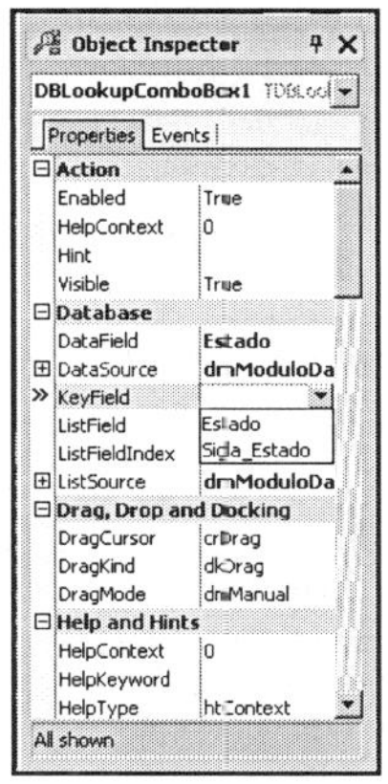

Figura 15.18

Para os outros dois **TDBLookupComboBox**, configure as propriedades conforme descrito na seguinte tabela:

Objeto	Propriedade	Grupo	Valor
DBLookupComboBox2	DataSource	Database	dmModuloDados1. dsFuncionarios
	DataField	Database	Codigo_Departamento
	ListSource	Database	dmModuloDados1.dsDepartamentos
	ListField	Database	Nome_Departamento
	KeyField	Database	Codigo_Departamento
	Name	Miscellaneous	fldDepartamento
DBLookupComboBox3	DataSource	Database	dmModuloDados1. dsFuncionarios
	DataField	Database	Codigo_Cargo
	ListSource	Database	dmModuloDados1.dsCargos
	ListField	Database	Descricao_Cargo
	KeyField	Database	Codigo_Cargo
	Name	Miscellaneous	fldCargo

Veja na figura 15.19 a aparência final do formulário.

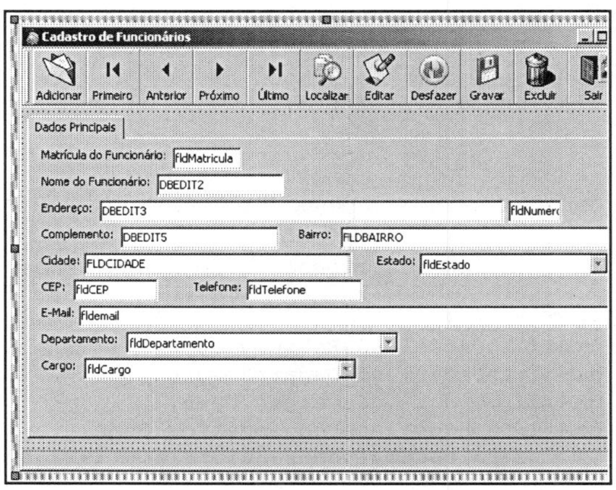

Figura 15.19

Uma vez que os componentes **TDBLockupComboBox** foram adicionados por último, é necessário ajustar a ordem de tabulação dos componentes dentro do formulário. Essa ordem se refere ao posicionamento do cursor quando teclamos <TAB>.

Clique com o botão direito do mouse sobre a área interior do objeto **pgDados** e escolha a opção **Tab Order** no menu local apresentado (figura 15.20). Com isso a caixa de diálogo da figura 15.21 aparece em seguida.

Selecione o item denominado **fldEstado** e clique no ícone com seta para cima (⬆) até que ele seja posicionado entre os itens **fldCidade** e **fldCEP**, conforme mostra a figura 15.22.

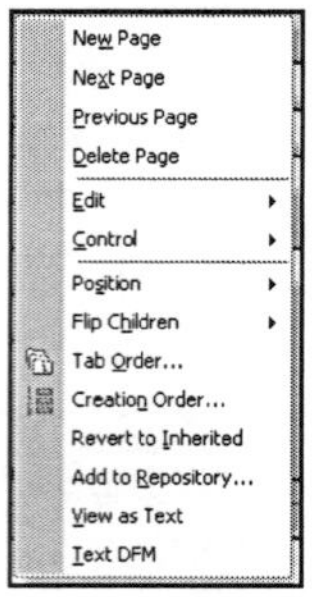

Figura 15.20

Figura 15.21

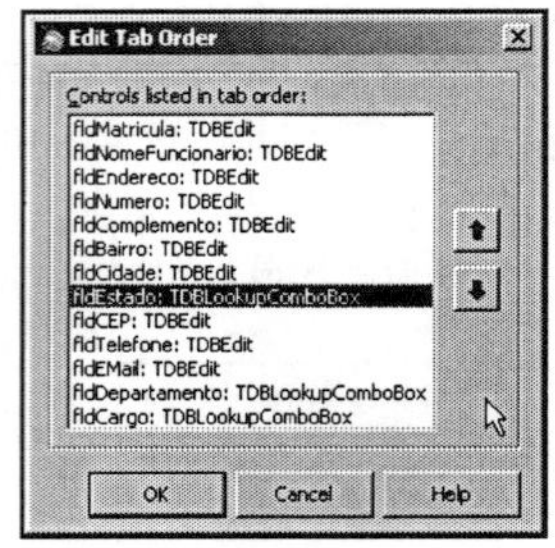

Figura 15.22

Passemos agora aos procedimentos para esse formulário. Mude para o modo de código e adicione a linha de declaração apresentada a seguir:

```
type
  TformCadFuncionarios = class(TformMestreCadastro)
    lblMatricula: TLabel;
    lblNomeFuncionario: TLabel;
    lblEndereco: TLabel;
    lblComplemento: TLabel;
    lblBairro: TLabel;
    lblCidade: TLabel;
    lblEstado: TLabel;
    lblCEP: TLabel;
    lblTelefone: TLabel;
    lblEMail: TLabel;
    lblDepartamento: TLabel;
    fldMatricula: TDBEdit;
    fldNomeFuncionario: TDBEdit;
    fldEndereco: TDBEdit;
    fldNumero: TDBEdit;
    fldComplemento: TDBEdit;
    fldBairro: TDBEdit;
    fldCidade: TDBEdit;
    fldCEP: TDBEdit;
    fldTelefone: TDBEdit;
    lblCargo: TLabel;
    fldEMail: TDBEdit;
    fldEstado: TDBLookupComboBox;
    fldDepartamento: TDBLookupComboBox;
    fldCargo: TDBLookupComboBox;
    procedure MoveFoco;
  private
    { Private declarations }
  public
    { Public declarations }
  end;
```

Adicione também após a diretiva de compilação {$R *.dfm} o código da seguinte listagem:

```
procedure TformCadFuncionarios.MoveFoco;
begin
     fldMatricula.SetFocus;
end;
```

Selecione o formulário na janela **Structure** e insira no evento **OnShow** o código apresentado a seguir:

```
procedure TformCadFuncionarios.FormShow(Sender: TObject);
begin
  inherited;
     dmModuloDados1.sdsEstados.Open;
     dmModuloDados1.sdsDepartamentos.Open;
     dmModuloDados1.sdsCargos.Open;
     dmModuloDados1.sdsFuncionarios.Open;
     if dmModuloDados1.sdsFuncionarios.IsEmpty then
     begin
          BloquearCampos(False);
          btnAdicionar.Enabled := False;
          btnEditar.Enabled := False;
```

```
            btnExcluir.Enabled := False;
            btnGravar.Enabled := True;
            chrModo := 'I';
            dmModuloDados1.sdsFuncionarios.Append;
     end
     else
          chrModo := ' ';
     MoveFoco;
end;
```

Nesse procedimento, as tabelas de dados envolvidas (**Estados**, **Departamentos**, **Cargos** e **Funcionários**) são abertas e depois verificado se a tabela de funcionários está vazia. Se estiver, um registro em branco é adicionado.

Já para o evento **OnClose** entre com as linhas da listagem mostrada a seguir, responsável pelo fechamento das tabelas de dados:

```
procedure TformCadFuncionarios.FormClose(Sender: TObject;
  var Action: TCloseAction);
begin
     dmModuloDados1.sdsEstados.Close;
     dmModuloDados1.sdsDepartamentos.Close;
     dmModuloDados1.sdsCargos.Close;
     dmModuloDados1.sdsFuncionarios.Close;
  inherited;
end;
```

Para os botões da parte superior do formulário devem ser digitados os seguintes códigos:

Botão Adicionar

```
procedure TformCadFuncionarios.btnAdicionarClick(Sender: TObject);
begin
  inherited;
     if Sender = btnAdicionar then
     begin
          try
             dmModuloDados1.sdsFuncionarios.Append;
             chrModo := 'I';
             except
                   MsgStatus('');
                   Mensagem('Impossível adicionar novo registro !');
          end;
     end
     else if Sender = btnEditar then
          begin
               try
                  dmModuloDados1.sdsFuncionarios.Edit;
                  chrModo := 'A';
                  except
                        MsgStatus('');
                        Mensagem('Impossível entrar no modo de edição !');
               end;
          end;
     MoveFoco;
end;
```

Botão Primeiro

```
procedure TformCadFuncionarios.btnPrimeiroClick(Sender: TObject);
begin
  inherited;
     dmModuloDados1.sdsFuncionarios.First;
     MoveFoco;
end;
```

Botão Anterior

```
procedure TformCadFuncionarios.btnAnteriorClick(Sender: TObject);
begin
  inherited;
```

```
      dmModuloDados1.sdsFuncionarios.Prior;
      if dmModuloDados1.sdsFuncionarios.Bof then
      begin
           MsgStatus('Início da tabela...');
           dmModuloDados1.sdsFuncionarios.First;
      end
      else
          MsgStatus('');
      MoveFoco;
end;
```

Botão Próximo

```
procedure TformCadFuncionarios.btnProximoClick(Sender: TObject);
begin
  inherited;
      dmModuloDados1.sdsFuncionarios.Next;
      if dmModuloDados1.sdsFuncionarios.Eof then
      begin
           MsgStatus('Fim da tabela...');
           dmModuloDados1.sdsFuncionarios.Last;
      end
      else
          MsgStatus('');
      MoveFoco;
end;
```

Botão Último

```
procedure TformCadFuncionarios.btnUltimoClick(Sender: TObject);
begin
  inherited;
      dmModuloDados1.sdsFuncionarios.Last;
      MoveFoco;
end;
```

Botão Desfazer

```
procedure TformCadFuncionarios.btnDesfazerClick(Sender: TObject);
begin
  inherited;
      if dmModuloDados1.sdsFuncionarios.State in [dsEdit,dsInsert] then
      begin
           try
              dmModuloDados1.sdsFuncionarios.CancelUpdates;
              MsgStatus('Alterações desfeitas com sucesso...');
              except
                    Mensagem('Impossível desfazer alterações !');
           end;
      end
      else
          Mensagem('Não há alterações a serem desfeitas !');
      BloquearCampos(True);
      MoveFoco;
end;
```

Botão Gravar

```
procedure TformCadFuncionarios.btnGravarClick(Sender: TObject);
begin
  inherited;
      if dmModuloDados1.sdsFuncionarios.State in [dsEdit,dsInsert] then
      begin
           try
              dmModuloDados1.sdsFuncionarios.Post;
              dmModuloDados1.sdsFuncionarios.ApplyUpdates(-1);
              chrModo := ' ';
              MsgStatus('Dados gravados com sucesso...');
              except
                    Mensagem('Não foi possível efetuar a gravação dos dados !');
           end;
      end
```

```
      else
          Mensagem('Não há alterações a serem gravadas !');
      BloquearCampos(True);
      MoveFoco;
end;
```

Botão Excluir

```
procedure TformCadFuncionarios.btnExcluirClick(Sender: TObject);
begin
      if dmModuloDados1.sdsFuncionarios.State in [dsEdit,dsInsert] then
         dmModuloDados1.sdsFuncionarios.Post;
      try
         dmModuloDados1.sdsFuncionarios.Delete;
         MsgStatus('Registro excluído com sucesso...');
         except
               Mensagem('Registro não foi excluído !');
      end;
      BloquearCampos(True);
      MoveFoco;
  inherited;
end;
```

Como fizemos uso das constantes **dsEdit** e **dsInsert**, também devemos adicionar a unidade **DB** à cláusula **Uses** do formulário.

Agora dê um duplo-clique sobre o botão **Localizar** e digite o código listado a seguir:

```
procedure TformCadFuncionarios.btnLocalizarClick(Sender: TObject);
var
   intRegistro: integer;
begin
  inherited;
      intRegistro := dmModuloDados1.sdsFuncionarios.RecNo;
      Application.CreateForm(TformLocalizaFuncionario,formLocalizaFuncionario);
      if formLocalizaFuncionario.ShowModal = mrOK then
      begin
           dmModuloDados1.sdsFuncionarios.IndexFieldNames := 'Matricula_Funcionario';
           dmModuloDados1.sdsFuncionarios.FindKey([formLocalizaFuncionario.strValor]);
           dmModuloDados1.sdsFuncionarios.IndexFieldNames := '';
      end
      else
          dmModuloDados1.sdsFuncionarios.RecNo := intRegistro;
      formLocalizaFuncionario.Destroy;
end;
```

Esse procedimento permite que um determinado registro seja localizado dentro da tabela. Primeiramente, a posição do registro corrente, armazenada na propriedade **RecNo**, é salva na variável **intRegistro**. Então o procedimento abre o formulário **formLocalizaFuncionario**, que criaremos no próximo tópico. Se o usuário clicar no botão **OK** desse formulário, a pesquisa na tabela é efetuada chamando o método **FindKey**. Esse método/função localiza um registro utilizando um índice definido por um campo, que no nosso caso é **Matricula_Funcionario**. O valor a ser pesquisado (matrícula do funcionário) é devolvido pelo formulário **formLocalizaFuncionario** por meio da variável **strValor**.

Selecione agora o objeto **fldMatricula** e atribua ao evento **OnEnter** o seguinte código:

```
procedure TformCadFuncionarios.fldMatriculaEnter(Sender: TObject);
begin
  inherited;
      CorEntrada(Sender);
end;
```

Da mesma forma, adicione o código apresentado a seguir ao evento **OnExit** desse mesmo objeto:

```
procedure TformCadFuncionarios.fldMatriculaExit(Sender: TObject);
begin
  inherited;
      CorSaida(Sender);
end;
```

Grave o formulário com o nome "UCadFuncionarios".

15.6. O Formulário de Pesquisa

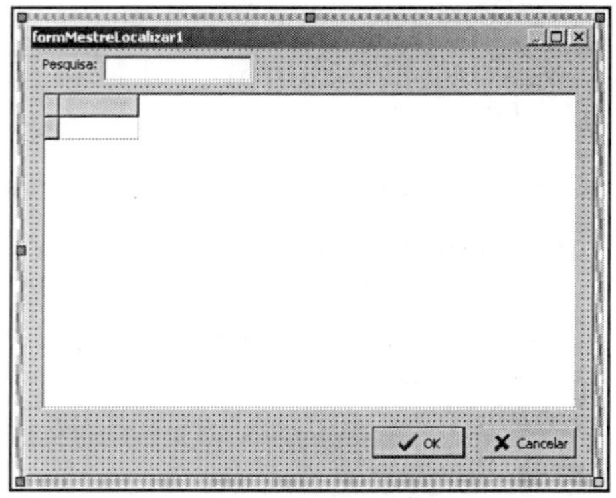

Figura 15.23

Vamos criar agora o formulário que permite localizar um funcionário já cadastrado no banco de dados. Sendo assim, selecione a opção **File → New → Other** e escolha a opção **Inheritable Items**. Clique no ícone do formulário denominado **formMestreLocalizar** e um novo formulário será adicionado ao projeto (figura 15.23).

Adicione a esse formulário as unidades **UModuloDados1** e **URotinasGenericas**. Digite nas propriedades **Caption** (grupo **Visual**) e **Name** (grupo **Miscellaneous**) as expressões de caracteres "Localizar Funcionário" e "formLocalizaFuncionario".

Altere o valor da propriedade **Caption** do objeto **lblMensagem** para "Nome do Funcionário:". Especifique ainda a opção **ecUpperCase** na propriedade **CharCase** (grupo **Miscellaneous**) do objeto **edtPesquisa**.

Já para o objeto **grdDados** configure a propriedade **DataSource** (grupo **Database**) com o valor **dmModuloDados1.dsFuncionarios**.

Abra o editor de colunas e adicione apenas uma coluna clicando no botão **Add New** (), como mostra a figura 15.24. Com essa coluna selecionada especifique na propriedade **FieldName** o campo **Nome_Funcionario** (figura 15.25). Selecione também na propriedade **Alignment** (grupo **Title**) a opção **taCenter**. A figura 15.26 mostra a grade com as novas configurações. Ajuste o tamanho da grade e do formulário de acordo com a figura 15.27.

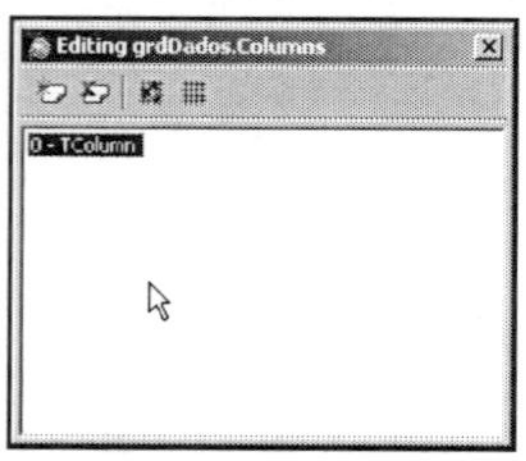

Figura 15.24

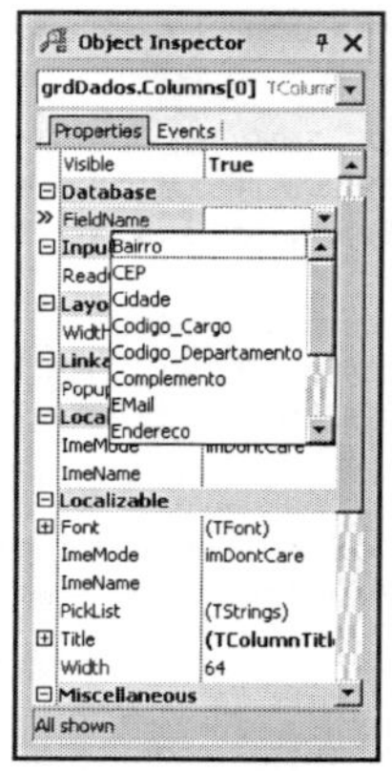

Figura 15.25

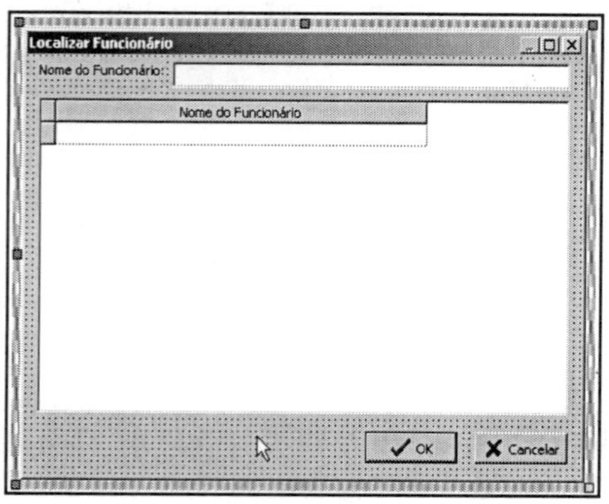

Figura 15.26

Figura 15.27

Atribua ao evento **OnShow** desse formulário o código da seguinte listagem:

```
procedure TformLocalizaFuncionario.FormShow(Sender: TObject);
begin
  inherited;
     dmModuloDados1.sdsFuncionarios.IndexFieldNames := 'Nome_Funcionario';
end;
```

O procedimento seleciona o campo **Nome_Funcionario** como índice para a tabela de dados. Isso permite uma pesquisa mais rápida pelo nome.

Selecione a caixa de entrada **edtPesquisa** e atribua o código apresentado a seguir ao evento **OnKeyPress**:

```
procedure TformLocalizaFuncionario.edtPesquisaKeyPress(Sender: TObject;
  var Key: Char);
begin
  inherited;
     dmModuloDados1.sdsFuncionarios.FindNearest([edtPesquisa.Text]);
end;
```

Aqui é efetuada a pesquisa pelo nome do funcionário, à medida que o usuário vai digitando. O método **FindNearest** procura um registro que tenha um valor no campo de índice o mais próximo possível do parâmetro fornecido. Por exemplo, se for digitado na caixa de entrada "ROB" é apresentado na grade de dados o primeiro registro que contenha essa cadeia no início, como, por exemplo, "ROBSON" ou "ROBERTO".

Dê um duplo-clique sobre o botão **OK** e digite o código:

```
procedure TformLocalizaFuncionario.btnOKClick(Sender: TObject);
begin
  inherited;
     strValor := dmModuloDados1.sdsFuncionariosMatricula_Funcionario.AsString;
end;
```

O valor do campo **Matricula_Funcionario** do registro corrente é passado à variável **strValor**, declarada na seção **public** da definição da classe, no formulário antecessor **formMestreLocalizar**.

O último procedimento para esse formulário deve ser atribuído ao evento **OnDblClick** da grade de dados (objeto **grdDados**). O código se encontra listado a seguir:

```
procedure TformLocalizaFuncionario.grdDadosDblClick(Sender: TObject);
begin
  inherited;
     btnOK.Click;
end;
```

Ele simplesmente aciona o botão **OK**. Se o usuário selecionar um registro a partir da grade dando um duplo--clique nele, seu código é retornado pelo formulário.

Salve esse formulário com o nome "ULocalizaFuncionario.Pas" e retorne ao formulário **formCadFuncionarios**. Vincule à unidade do formulário de pesquisa e selecione o formulário principal **formPrincipal**.

Adicione a unidade **UCadFuncionarios** e abra o editor de menus. Então adicione o código da listagem apresentada a seguir ao evento **OnClick** da opção **Funcionários**:

```
procedure TformPrincipal.opcCadFuncionariosClick(Sender: TObject);
var
   Formulario: TformCadFuncionarios;
begin
     if (Application.FindComponent('formCadFuncionarios') = nil) then
     begin
          Formulario := TformCadFuncionarios.Create(Application);
          Formulario.Top := 0;
          Formulario.Left := 0;
     end;
end;
```

Como nos anteriores, esse procedimento é responsável por abrir o formulário de cadastro. Clique no botão **Save All** e compile o projeto selecionando a opção **Project → Build GDP**.

Execute o arquivo GDP.EXE e selecione a opção **Cadastro → Funcionários**. Entre com algumas informações pedidas no formulário. Note que os campos **Estado, Departamento** e **Cargo** permitem a seleção de um valor já previamente cadastrado no banco de dados, como pode ser visto nas figuras 15.28, 15.29 e 15.30.

Veja na figura 15.31 a tela para localização de um funcionário. Note também que o cursor do registro posiciona-se automaticamente enquanto o nome do funcionário é digitado.

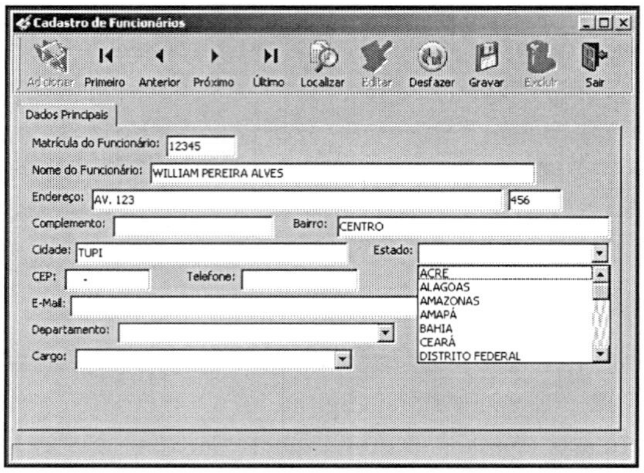

Figura 15.28

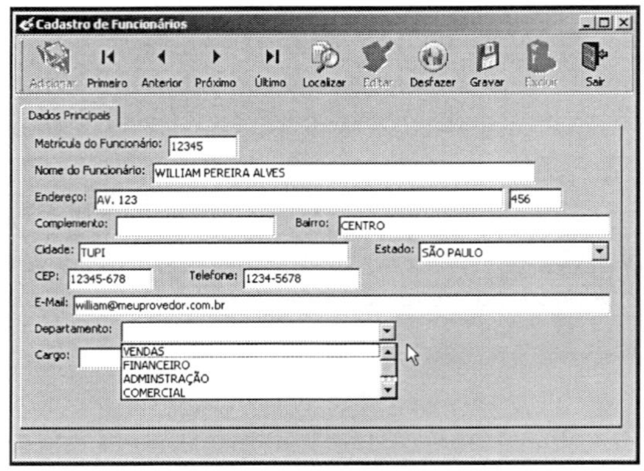

Figura 15.29

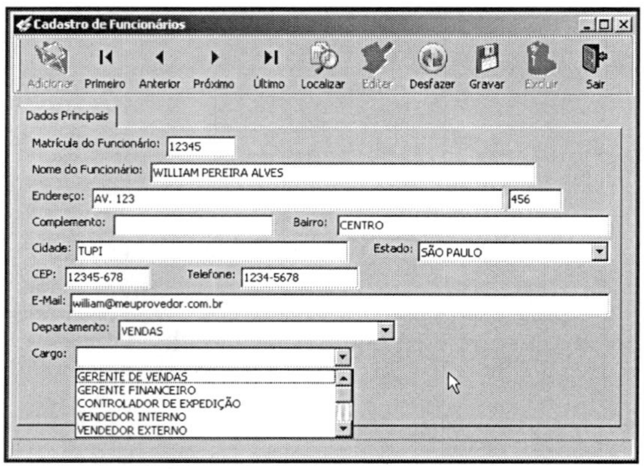

Figura 15.30

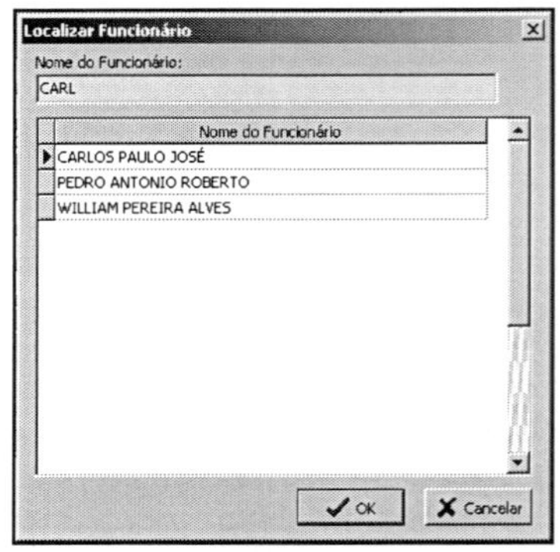

Figura 15.31

Exercícios

1. Qual é a utilidade das propriedades ValueChecked e ValueUnchecked de um componente TDBCheckBox?
2. Qual é o componente que permite especificar o valor para um campo a partir de uma lista de registros de outra tabela?
3. Qual a função da propriedade RecNo de um objeto de dados?
4. Qual é a propriedade de um objeto de dados que possibilita indexar uma tabela?
5. Qual é a função do método FindKey?

Cadastro de Fornecedores

Assuntos abordados neste capítulo

- *Criação dos formulários de cadastro de pesquisa de fornecedores*
- *Apresentação do algoritmo de cálculo do dígito verificador do número de CNPJ*
- *Construção de rotina para validação do número de CNPJ*

16.1. Criação do Formulário de Fornecedores

Com o Delphi 2005 em execução e o nosso projeto aberto, selecione a opção **File → New → Other** e escolha a opção **Inheritable Items**. Então clique no ícone do formulário denominado **formMestreCadastro** para adicionar um novo formulário ao projeto.

A seguir selecione a opção **File → Use Unit** e escolha as unidades **UModuloDados1** e **URotinasGenericas** para vinculá-las ao formulário. Altere o valor da propriedade **Caption** (grupo **Visual**) para "Cadastro de Fornecedores", e na propriedade **Name** (grupo **Miscellaneous**) digite "formCadFornecedores".

Esse formulário precisa de três abas no objeto de paginação. Sendo assim, clique com o botão direito do mouse sobre o objeto **pgDados** e selecione a opção **New Page**. É preciso repetir essa operação para adicionar uma terceira aba.

Neste capítulo vamos definir apenas o layout das duas primeiras abas. Voltaremos à terceira num outro capítulo, após termos construído o formulário de cadastro de produtos.

Então configure as propriedades **Caption** (grupo **Visual**) e **Name** (grupo **Miscellaneous**) dessas duas novas abas da seguinte maneira:

Objeto	Propriedade	Grupo	Valor
TabSheet1	Caption	Visual	Endereço
	Name	Miscellaneous	tabEndereco
TabSheet2	Caption	Visual	Lista de Produtos
	Name	Miscellaneous	tabProdutos

Veja na figura 16.1 como deve ficar o formulário após esses ajustes.

Adicione à primeira aba seis componentes **TLabel** (grupo **Standard**) e seis **TDBEdit** (grupo **Data Controls**). Configure as propriedades desses objetos conforme demonstrado na tabela seguinte.

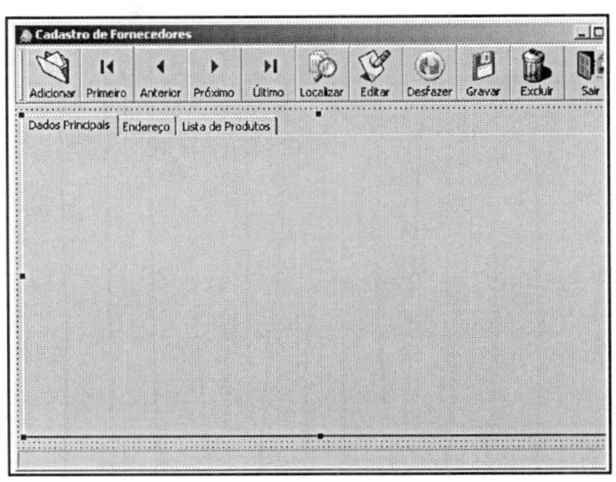

Figura 16.1

Objeto	Propriedade	Grupo	Valor
Label1	Caption	Visual	Razão Social:
	Name	Miscellaneous	lblRazaoSocial
Label2	Caption	Visual	Nome Fantasia:
	Name	Miscellaneous	lblNomeFantasia
Label3	Caption	Visual	CNPJ:
	Name	Miscellaneous	lblCNPJ
Label4	Caption	Visual	Inscr. Estadual:
	Name	Miscellaneous	lblInscrEstadual
Label5	Caption	Visual	Endereço Home-Page:
	Name	Miscellaneous	lblSite
Label6	Caption	Visual	E-Mail:
	Name	Miscellaneous	lblEMail
DBEdit1	DataSource	Database	dmModuloDados1.dsFornecedores
	DataField	Database	Razao_Social
	Name	Miscellaneous	fldRazaoSocial
	CharCase	Miscellaneous	ecUpperCase
DBEdit2	DataSource	Database	dmModuloDados1.dsFornecedores
	DataField	Database	Nome_Fantasia
	Name	Miscellaneous	fldNomeFantasia
	CharCase	Miscellaneous	ecUpperCase
DBEdit3	DataSource	Database	dmModuloDados1.dsFornecedores
	DataField	Database	CNPJ
	Name	Miscellaneous	fldCNPJ
DBEdit4	DataSource	Database	dmModuloDados1.dsFornecedores
	DataField	Database	Inscricao_Estadual
	Name	Miscellaneous	fldInscrEstadual
DBEdit5	DataSource	Database	dmModuloDados1.dsFornecedores
	DataField	Database	Endereco_HomePage
	Name	Miscellaneous	fldHomePage
DBEdit6	DataSource	Database	dmModuloDados1. dsFornecedores
	DataField	Database	Email
	Name	Miscellaneous	fldEMail

Na figura 16.2 podemos ver a disposição de todos esses componentes.

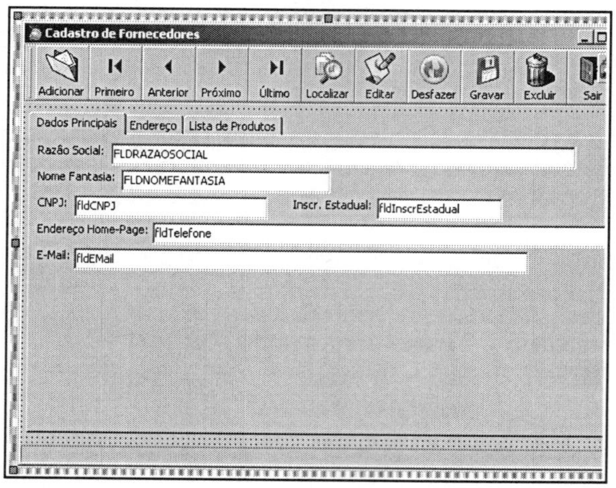

Figura 16.2

Selecione agora a segunda aba e adicione dez componentes **TLabel** e dez **TDBEdit** com suas propriedades configuradas da seguinte maneira:

Objeto	Propriedade	Grupo	Valor
Label1	Caption	Visual	Endereço:
	Name	Miscellaneous	lblEndereco
Label2	Caption	Visual	Complemento:
	Name	Miscellaneous	lblComplemento
Label3	Caption	Visual	Bairro:
	Name	Miscellaneous	lblBairro
Label4	Caption	Visual	Cidade:
	Name	Miscellaneous	lblCidade
Label5	Caption	Visual	Estado:
	Name	Miscellaneous	lblEstado
Label6	Caption	Visual	CEP:
	Name	Miscellaneous	lblCEP
Label7	Caption	Visual	Telefone
	Name	Miscellaneous	lblTelefone
Label8	Caption	Visual	Fax:
	Name	Miscellaneous	lblFax
Label9	Caption	Visual	Contato Comercial:
	Name	Miscellaneous	lblContatoComercial
Label10	Caption	Visual	Telefone Comercial:
	Name	Miscellaneous	lblTelefoneComercial
DBEdit1	DataSource	Database	dmModuloDados1.dsFornecedores
	DataField	Database	Endereco
	Name	Miscellaneous	fldEndereco
	CharCase	Miscellaneous	ecUpperCase
DBEdit2	DataSource	Database	dmModuloDados1.dsFornecedores
	DataField	Database	Numero
	Name	Miscellaneous	fldNumero
DBEdit3	DataSource	Database	dmModuloDados1.dsFornecedores
	DataField	Database	Complemento
	Name	Miscellaneous	fldComplemento
	CharCase	Miscellaneous	ecUpperCase
DBEdit4	DataSource	Database	dmModuloDados1.dsFornecedores
	DataField	Database	Bairro
	Name	Miscellaneous	fldBairro
	CharCase	Miscellaneous	ecUpperCase
DBEdit5	DataSource	Database	dmModuloDados1.dsFornecedores
	DataField	Database	Cidade
	Name	Miscellaneous	fldCidade
	CharCase	Miscellaneous	ecUpperCase
DBEdit6	DataSource	Database	dmModuloDados1. dsFornecedores
	DataField	Database	CEP
	Name	Miscellaneous	fldCEP
DBEdit7	DataSource	Database	dmModuloDados1. dsFornecedores
	DataField	Database	Telefone
	Name	Miscellaneous	fldTelefone
DBEdit8	DataSource	Database	dmModuloDados1. dsFornecedores
	DataField	Database	Fax
	Name	Miscellaneous	fldFax

Objeto	Propriedade	Grupo	Valor
DBEdit9	DataSource	Database	dmModuloDados1. dsFornecedores
	DataField	Database	Contato_Comercial
	Name	Miscellaneous	fldContatoComercial
	CharCase	Miscellaneous	ecUpperCase
DBEdit10	DataSource	Database	dmModuloDados1. dsFornecedores
	DataField	Database	Telefone_Comercial
	Name	Miscellaneous	fldFoneComercial

A figura 16.3 mostra a guia desse formulário com esses componentes.

Ao lado da legenda **Estado:**, adicione um componente **TDBLookupComboBox** (figura 16.4) e configure suas propriedades conforme a tabela seguinte.

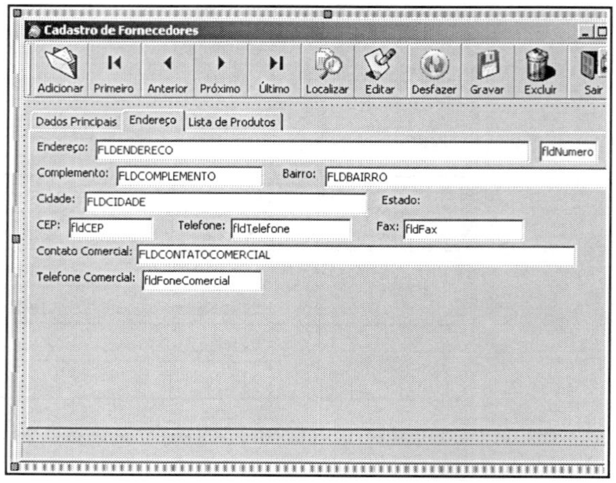

Figura 16.3

Propriedade	Grupo	Valor
DataSource	Database	dmModuloDados1. dsFornecedores
DataField	Database	Estado
ListSource	Database	dmModuloDados1. dsEstados
ListField	Database	Estado
KeyField	Database	Sigla_Estado
Name	Miscellaneous	fldEstado

Clique com o botão direito do mouse no interior da guia para abrir a janela de configuração de ordem de tabulação. Então mova o objeto denominado **fldEstado** de modo que ele fique posicionado entre os objetos **fldCidade** e **fldCEP**, como indica a figura 16.5.

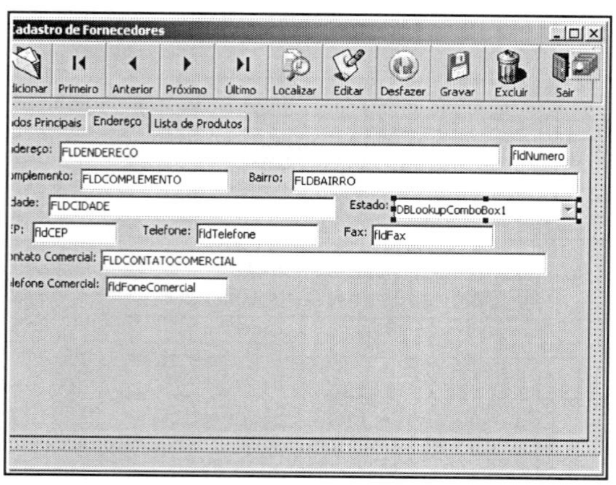

Figura 16.4

Figura 16.5

16.2. Adição dos Códigos Necessários

Abra o editor de códigos selecionando a guia **Code** na base do editor de formulários. Então digite a cadeia de caracteres "procedure MoveFoco" antes da palavra-chave **private**, na definição da classe do formulário. Desta forma as linhas de código dessa declaração devem ficar assim:

```
type
  TformCadFornecedores = class(TformMestreCadastro)
    tabEndereco: TTabSheet;
    tabProdutos: TTabSheet;
    lblRazaoSocial: TLabel;
    lblNomeFantasia: TLabel;
    lblCNPJ: TLabel;
    lblInscrEstadual: TLabel;
    lblSite: TLabel;
    lblEMail: TLabel;
    fldRazaoSocial: TDBEdit;
    fldNomeFantasia: TDBEdit;
    fldCNPJ: TDBEdit;
    fldInscrEstadual: TDBEdit;
    fldHomePage: TDBEdit;
    fldEMail: TDBEdit;
    lblEndereco: TLabel;
    lblComplemento: TLabel;
    lblBairro: TLabel;
    lblCidade: TLabel;
    lblEstado: TLabel;
    lblCEP: TLabel;
    lblTelefone: TLabel;
    lblFax: TLabel;
    lblTelefoneComercial: TLabel;
    lblContatoComercial: TLabel;
    fldEndereco: TDBEdit;
    fldNumero: TDBEdit;
    fldComplemento: TDBEdit;
    fldBairro: TDBEdit;
    fldCidade: TDBEdit;
    fldCEP: TDBEdit;
    fldTelefone: TDBEdit;
    fldFax: TDBEdit;
    fldFoneComercial: TDBEdit;
    fldContatoComercial: TDBEdit;
    fldEstado: TDBLookupComboBox;
    procedure MoveFoco;
  private
    { Private declarations }
  public
    { Public declarations }
  end;
```

Após a diretiva de compilação **{$R *.dfm}**, digite as linhas de código da seguinte listagem:

```
procedure TformCadFornecedores.MoveFoco;
begin
     if pgDados.ActivePageIndex = 0 then
        fldRazaoSocial.SetFocus
        else if pgDados.ActivePageIndex = 1 then
                fldEndereco.SetFocus;
end;
```

Esse procedimento difere um pouco dos anteriores pelo fato de agora testar se a página ativa é a primeira ou a segunda, para poder posicionar o foco no campo adequado.

Volte do modo de desenho de formulário clicando na guia **Design** (parte inferior da janela de trabalho). Selecione o formulário a partir da janela **Structure** e em seguida abra a guia **Events** do **Object Inspector**. Dê dois cliques no evento **OnShow** e digite o código seguinte:

```
procedure TformCadFornecedores.FormShow(Sender: TObject);
begin
  inherited;
    dmModuloDados1.sdsControle.Open;
    dmModuloDados1.sdsEstados.Open;
```

```
     dmModuloDados1.sdsFornecedores.Open;
     if dmModuloDados1.sdsFornecedores.IsEmpty then
     begin
          BloquearCampos(False);
          btnAdicionar.Enabled := False;
          btnEditar.Enabled := False;
          btnExcluir.Enabled := False;
          btnGravar.Enabled := True;
          chrModo := 'I';
          dmModuloDados1.sdsFornecedores.Append;
     end
     else
         chrModo := ' ';
     MoveFoco;
end;
```

Como nos formulários anteriores, o procedimento abre as tabelas de dados que são necessárias e testa se a tabela de cadastro de fornecedores está vazia para, em caso afirmativo, adicionar um registro em branco.

Agora clique no evento **OnClose** do formulário e digite o seguinte código:

```
procedure TformCadFornecedores.FormClose(Sender: TObject;
  var Action: TCloseAction);
begin
     dmModuloDados1.sdsControle.Close;
     dmModuloDados1.sdsEstados.Close;
     dmModuloDados1.sdsFornecedores.Close;
  inherited;
end;
```

O código fecha as tabelas antes do encerramento do formulário.

Os códigos para os procedimentos dos botões da barra de ferramentas se encontram listados a seguir:

Botão Adicionar

```
procedure TformCadFornecedores.btnAdicionarClick(Sender: TObject);
begin
  inherited;
     if Sender = btnAdicionar then
     begin
          try
             dmModuloDados1.sdsFornecedores.Append;
             chrModo := 'I';
             except
                   MsgStatus('');
                   Mensagem('Impossível adicionar novo registro !');
          end;
     end
     else if Sender = btnEditar then
          begin
               try
                  dmModuloDados1.sdsFornecedores.Edit;
                  chrModo := 'A';
                  except
                        MsgStatus('');
                        Mensagem('Impossível entrar no modo de edição !');
               end;
          end;
     MoveFoco;
end;
```

Botão Primeiro

```
procedure TformCadFornecedores.btnPrimeiroClick(Sender: TObject);
begin
  inherited;
     dmModuloDados1.sdsFornecedores.First;
     MoveFoco;
end;
```

Botão Anterior

```
procedure TformCadFornecedores.btnAnteriorClick(Sender: TObject);
begin
  inherited;
     dmModuloDados1.sdsFornecedores.Prior;
     if dmModuloDados1.sdsFornecedores.Bof then
     begin
          MsgStatus('Início da tabela...');
          dmModuloDados1.sdsFornecedores.First;
     end
     else
         MsgStatus('');
     MoveFoco;
end;
```

Botão Próximo

```
procedure TformCadFornecedores.btnProximoClick(Sender: TObject);
begin
  inherited;
     dmModuloDados1.sdsFornecedores.Next;
     if dmModuloDados1.sdsFornecedores.Eof then
     begin
          MsgStatus('Fim da tabela...');
          dmModuloDados1.sdsFornecedores.Last;
     end
     else
         MsgStatus('');
     MoveFoco;
end;
```

Botão Último

```
procedure TformCadFornecedores.btnUltimoClick(Sender: TObject);
begin
  inherited;
     dmModuloDados1.sdsFornecedores.Last;
     MoveFoco;
end;
```

Botão Desfazer

```
procedure TformCadFornecedores.btnDesfazerClick(Sender: TObject);
begin
  inherited;
     if dmModuloDados1.sdsFornecedores.State in [dsEdit,dsInsert] then
     begin
          try
             dmModuloDados1.sdsFornecedores.CancelUpdates;
             MsgStatus('Alterações desfeitas com sucesso...');
             except
                   Mensagem('Impossível desfazer alterações !');
          end;
     end
     else
         Mensagem('Não há alterações a serem desfeitas !');
     BloquearCampos(True);
     MoveFoco;
end;
```

Botão Gravar

```
procedure TformCadFornecedores.btnGravarClick(Sender: TObject);
var
   intCodigoFornecedor: integer;
begin
  inherited;
     if dmModuloDados1.sdsFornecedores.State in [dsEdit,dsInsert] then
     begin
          try
             if chrModo = 'I' then
             begin
                  dmModuloDados1.sdsControle.Edit;
```

```
                  dmModuloDados1.sdsControleCodigo_Fornecedor.AsInteger :=
dmModuloDados1.sdsControleCodigo_Fornecedor.AsInteger + 1;
                  dmModuloDados1.sdsControle.Post;
                  dmModuloDados1.sdsControle.ApplyUpdates(-1);
                  intCodigoFornecedor := dmModuloDados1.sdsControleCodigo_Fornecedor.AsInteger;
                  dmModuloDados1.sdsFornecedoresCodigo_Fornecedor.AsInteger := intCodigoFornecedor;
             end;
             dmModuloDados1.sdsFornecedores.Post;
             dmModuloDados1.sdsFornecedores.ApplyUpdates(-1);
             chrModo := ' ';
             MsgStatus('Dados gravados com sucesso...');
             except
                   Mensagem('Não foi possível efetuar a gravação dos dados !');
          end;
     end
     else
         Mensagem('Não há alterações a serem gravadas !');
     BloquearCampos(True);
     MoveFoco;
end;
```

Botão Excluir

```
procedure TformCadFornecedores.btnExcluirClick(Sender: TObject);
begin
     if dmModuloDados1.sdsFornecedores.State in [dsEdit,dsInsert] then
        dmModuloDados1.sdsFornecedores.Post;
     try
        dmModuloDados1.sdsFornecedores.Delete;
        MsgStatus('Registro excluído com sucesso...');
        except
              Mensagem('Registro não foi excluído !');
     end;
     BloquearCampos(True);
     MoveFoco;
  inherited;
end;
```

Botão Localizar

```
procedure TformCadFornecedores.btnLocalizarClick(Sender: TObject);
var
   intRegistro: integer;
begin
  inherited;
     intRegistro := dmModuloDados1.sdsFornecedores.RecNo;
     Application.CreateForm(TformLocalizaFornecedor,formLocalizaFornecedor);
     if formLocalizaFornecedor.ShowModal = mrOK then
     begin
          dmModuloDados1.sdsFornecedores.IndexFieldNames := 'Codigo_Fornecedor';
          dmModuloDados1.sdsFornecedores.FindKey([formLocalizaFornecedor.strValor]);
          dmModuloDados1.sdsFornecedores.IndexFieldNames := '';
     end
     else
         dmModuloDados1.sdsFornecedores.RecNo := intRegistro;
     formLocalizaFornecedor.Destroy;
end;
```

As operações realizadas por esses procedimentos são idênticas às descritas nos capítulos anteriores. É por esse motivo que foram deixadas de lado as explicações detalhadas do seu funcionamento.

O botão **Localizar** chama um formulário que criaremos mais à frente.

Selecione o objeto **fldRazaoSocial**, dê dois cliques no evento **OnEnter** e digite o código seguinte:

```
procedure TformCadFornecedores.fldRazaoSocialEnter(Sender: TObject);
begin
  inherited;
     CorEntrada(Sender);
end;
```

De igual modo, atribua ao evento **OnExit** desse objeto o seguinte código:

```
procedure TformCadFornecedores.fldRazaoSocialExit(Sender: TObject);
begin
  inherited;
     CorSaida(Sender);
     if Sender = fldCNPJ then
     begin
          if not VerificaCNPJ(fldCNPJ.Text) then
          begin
               Mensagem('CNPJ inválido!'+#13+'Digite novamente...');
               fldCNPJ.SetFocus;
          end;
     end;
end;
```

Esse último procedimento testa se o objeto que o chamou é **fldCNPJ** (campo de digitação do CNPJ do fornecedor). Em caso afirmativo, é efetuada uma verificação da validade do CNPJ digitado pelo usuário por meio da função **VerificaCNPJ** que deve ser adicionada à unidade **URotinasGenericas.Pas**, atividade que executaremos a seguir.

Adicione ainda a unidade **DB** à cláusula **Uses** do formulário, necessário por causa do uso das constantes **dsEdit** e **dsInsert** dentro de procedimentos. Salve o projeto, nomeando o arquivo do formulário como "UCadFornecedores".

16.3. Função para Validação de CNPJ

Para verificar se um número de CNPJ é válido ou não, é preciso calcular o dígito verificador e compará-lo com o que foi digitado. Se não forem iguais, a rotina deve retornar um valor falso.

O algoritmo para cálculo do dígito verificador do CNPJ é definido pela Receita Federal. O número em si é formado por doze dígitos. Os dois dígitos finais são os verificadores.

Inicialmente precisamos calcular o primeiro dígito verificador. Para isso a primeira fase consiste em multiplicar cada um dos doze dígitos por um índice, conforme demonstra a seguinte tabela:

Número do dígito	1º	2º	3º	4º	5º	6º	7º	8º	9º	10º	11º	12º
Índice multiplicador	5	4	3	2	9	8	7	6	5	4	3	2

Os resultados das multiplicações são então somados. A seguir calcula-se o resto da divisão dessa soma pelo número 11. O dígito verificador será então definido pela subtração entre 11 e esse resto.

Por exemplo, se tivéssemos como CNPJ o número 87.455.112/0001, o cálculo do primeiro dígito verificador seria:

Dígito do CNPJ	8	7	4	5	5	1	1	2	0	0	0	1	
Índice multiplicador	5	4	3	2	9	8	7	6	5	4	3	2	**Soma**
Resultado da multiplicação	40	28	12	10	45	8	7	12	0	0	0	2	**164**

O resto da divisão de 164 por 11 é igual a 10. Quando o resto da divisão é 10 ou 11, o dígito verificador deve ser 0; caso contrário, ele é calculado subtraindo de 11 o valor do resto. Neste caso, o primeiro dígito será 0.

Na segunda fase, voltamos a varrer todos os dígitos do CNPJ, com o dígito verificador acrescentado no final para calcular o segundo dígito. O processo é similar, diferenciando apenas no índice de multiplicação inicial. A seguinte tabela demonstra esse processo:

CNPJ + primeiro DV	8	7	4	5	5	1	1	2	0	0	0	1	0	
Índice multiplicador	6	5	4	3	2	9	8	7	6	5	4	3	2	**Soma**
Resultado da multiplicação	48	35	16	15	10	9	8	14	0	0	0	3	0	**158**

O resto da divisão (158/11) é 4. Desta forma o dígito verificador é 7 (11-4).

Disso tudo resulta que o CNPJ completo, incluindo os dígitos verificadores, deve ser 87.455.112/0001-07.

Vamos então adicionar a função que efetua essa validação. Abra a unidade **URotinasGenericas** e inclua uma nova linha de declaração na seção **interface**, conforme mostra o código seguinte:

```
unit URotinasGenericas;

interface

uses Windows, SysUtils, Forms, StdCtrls, Graphics, Mask, DBCtrls,
     DB, DBTables;

function MostraData: string;
function Confirma(const strTexto: string): integer;
function StrZero(const strValor: string;const intComprimento: integer): string;
procedure Mensagem(const strMensagem: string);
procedure CorEntrada(Sender: TObject);
procedure CorSaida(Sender: TObject);
function VerificaCNPJ(strValor: string): boolean;
```

Agora avance até o final da unidade e digite o seguinte código:

```
function VerificaCNPJ(strValor: string): boolean;
var
  strCNPJ: string;
  blnResultado: boolean;
  intDigito1,intDigito2,intContador,intSoma: integer;
begin
     strCNPJ := '';
     blnResultado := False;

     // Analisa CNPJ no formato 99.999.999/9999-99
     if Length(strValor) = 18 then
     begin
          if Copy(strValor,3,1)+Copy(strValor,7,1)+Copy(strValor,11,1)+ Copy(strValor,16,1) = '../-'
then
          begin
               strCNPJ := Copy(strValor,1,2)+Copy(strValor,4,3)+
                      Copy(strValor,8,3)+ Copy(strValor,12,4)+Copy(strValor,17,2);
               blnResultado := True;
          end;
     end
     // Analisa CNPJ no formato 99999999999999
     else if Length(strValor) = 14 then
          begin
               strCNPJ := strValor;
               blnResultado := True;
          end;

     // Comeca a verificacao do digito
     if blnResultado then
     begin
          try
             // 1o. digito
             intSoma := 0;
             for intContador := 1 to 12 do
             begin
                  if intContador < 5 then
                     Inc(intSoma,StrToInt(Copy(strCNPJ,intContador,1))*(6-intContador))
                     else
                         Inc(intSoma,StrToInt(Copy(strCNPJ,intContador,1))*(14-intContador));
             end;
             intDigito1 := 11 - (intSoma mod 11);
             if intDigito1 > 9 then
                intDigito1 := 0;

             // 2o. digito
             intSoma := 0;
             for intContador := 1 to 13 do
             begin
                  if intContador < 6 then
                     Inc(intSoma,StrToInt(Copy(strCNPJ,intContador,1))*(7-intContador))
                     else
                         Inc(intSoma,StrToInt(Copy(strCNPJ,intContador,1))*(15-intContador));
             end;
```

```
            intDigito2 := 11 - (intSoma mod 11);
            if intDigito2 > 9 then
               intDigito2 := 0;

            // Checa os dois dígitos
            blnResultado := (intDigito1 = StrToInt(Copy(strCNPJ,13,1))) and (intDigito2 =
StrToInt(Copy(strCNPJ,14,1)));
        except
            blnResultado := False;
        end;
     end;
     Result := blnResultado;
end;
```

A função indica se o número do CNPJ passado como parâmetro possui ou não os caracteres de separação dos dígitos. Se possuir, então ela separa apenas os dígitos numéricos e os armazena na variável **strCNPJ**. Caso contrário, o valor do parâmetro é passado sem alteração a **strCNPJ**. Essa operação é realizada pelo seguinte fragmento do código:

```
// Analisa CNPJ no formato 99.999.999/9999-99
if Length(strValor) = 18 then
begin
     if Copy(strValor,3,1)+Copy(strValor,7,1)+Copy(strValor,11,1)+ Copy(strValor,16,1) = '../-' then
     begin
          strCNPJ := Copy(strValor,1,2)+Copy(strValor,4,3)+
                     Copy(strValor,8,3)+Copy( strValor,12,4)+Copy(strValor,17,2);
          blnResultado := True;
     end;
end
// Analisa CNPJ no formato 99999999999999
else if Length(strValor) = 14 then
     begin
          strCNPJ := strValor;
          blnResultado := True;
     end;
```

O cálculo do primeiro dígito é feito dentro de um *loop* **for...do** que repete doze vezes. Dentro desse *loop*, há um teste com a variável que o controla para ser possível saber se o índice de multiplicação deve ser alterado de 2 para 9. Esse índice é obtido com a própria variável de controle do *loop*. Os valores das multiplicações são somados na variável **intSoma**.

Após os doze dígitos terem sido percorridos, o dígito de controle é calculado. Note que é utilizado o operador de resto de divisão **Mod**. A parte do código que executa essas operações é listada a seguir:

```
// 1o. digito
intSoma := 0;
for intContador := 1 to 12 do
begin
     if intContador < 5 then
        Inc(intSoma,StrToInt(Copy(strCNPJ,intContador,1))*(6-intContador))
        else
            Inc(intSoma,StrToInt(Copy(strCNPJ,intContador,1))*(14-intContador));
end;
intDigito1 := 11 - (intSoma mod 11);
if intDigito1 > 9 then
   intDigito1 := 0;
```

Prosseguindo, temos o cálculo do segundo dígito verificador. Como pode-se ver pela listagem, o código é bastante similar ao anterior:

```
// 2o. digito
intSoma := 0;
for intContador := 1 to 13 do
begin
     if intContador < 6 then
        Inc(intSoma,StrToInt(Copy(strCNPJ,intContador,1))*(7-intContador))
        else
            Inc(intSoma,StrToInt(Copy(strCNPJ,intContador,1))*(15-intContador));
end;
intDigito2 := 11 - (intSoma mod 11);
if intDigito2 > 9 then
   intDigito2 := 0;
```

E por fim, temos a comparação dos dígitos calculados com os fornecidos. Note bem como foi utilizado um recurso disponível na linguagem **ObjectPascal** capaz de permitir que uma expressão lógica seja avaliada e o seu valor (**True** ou **False**) seja atribuído a uma variável do tipo *booleana*. Esse tipo de atribuição é muito empregado por programadores profissionais em substituição a testes efetuados com o comando **if...then...else**, pois ele gera um código mais enxuto. Veja a listagem:

```
blnResultado := (intDigito1 = StrToInt(Copy(strCNPJ,13,1))) and (intDigito2 =
StrToInt(Copy(strCNPJ,14,1)));
```

Só a título de comparação, este seria o código com a utilização de **if...then...else**:

```
if (intDigito1 = StrToInt(Copy(strCNPJ,13,1))) and (intDigito2 = StrToInt(Copy(strCNPJ,14,1))) then
   blnResultado := True
   else
       blnResultado := False;
```

16.4. O Formulário de Pesquisa de Fornecedores

Vamos criar agora o formulário que permite pesquisar um determinado fornecedor na tabela de dados. Selecione a opção **File → New → Other** e escolha a opção **Inheritable Items**. Clique no ícone do formulário denominado **formMestreLocalizar** e um novo formulário aparece.

Adicione a esse formulário as unidades **UModuloDados1** e **URotinasGenericas**. Depois digite nas propriedades **Caption** (grupo **Visual**) e **Name** (grupo **Miscellaneous**) as expressões de caracteres "Localizar Fornecedor" e "formLocalizaFornecedor".

Altere o valor da propriedade **Caption** do objeto **lblMensagem** para "Razão Social:". Especifique ainda a opção **ecUpperCase** na propriedade **CharCase** (grupo **Miscellaneous**) do objeto **edtPesquisa**. Você precisa ainda adicionar um **TLabel** e um **TEdit**, logo abaixo dos dois primeiros. Configure suas propriedades da seguinte maneira:

Objeto	Propriedade	Grupo	Valor
Label1	Caption	Visual	Nome Fantasia:
	Name	Miscellaneous	lblNomeFantasia
Edit1	CharCase	Miscellaneous	ecUpperCase
	Name	Miscellaneous	edtNomeFantasia

Já para o objeto **grdDados** configure a propriedades **DataSource** (grupo **Database**) com o valor **dmModuloDados1.dsFornecedores**.

Em seguida, abra o editor de colunas e adicione apenas uma coluna clicando no botão **Add New** (). Com essa coluna selecionada especifique na propriedade **FieldName** o campo **Razao_Social** e selecione na propriedade **Alignment** (grupo Title) a opção **taCenter**. Disponha todos os objetos e ajuste a altura da grade de dados conforme a figura 16.6. O formulário deve ficar ainda com o tamanho apresentado na figura 16.7.

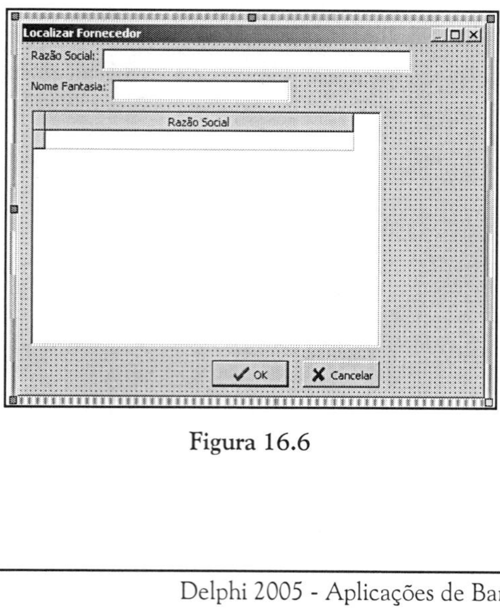

Figura 16.6

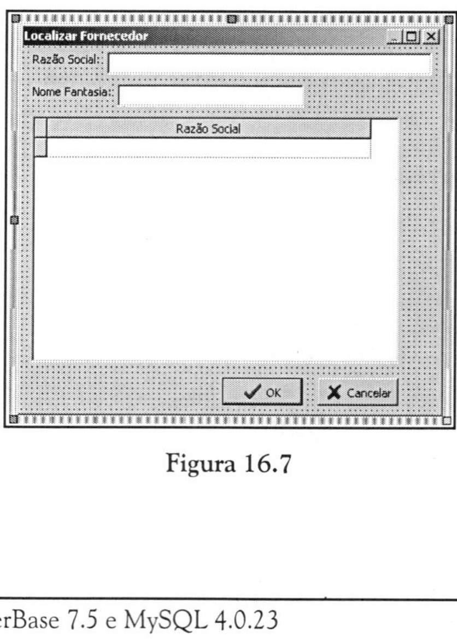

Figura 16.7

Selecione a caixa de entrada **edtPesquisa** e atribua o código seguinte ao evento **OnEnter**:

```
procedure TformLocalizaFornecedor.edtPesquisaEnter(Sender: TObject);
begin
  inherited;
     dmModuloDados1.sdsFornecedores.IndexFieldNames := 'Razao_Social';
end;
```

O procedimento seleciona o campo **Razao_Social** como índice da tabela de dados. Isso permite uma pesquisa mais rápida pela Razão Social do fornecedor. Ainda com o objeto **edtPesquisa** selecionado atribua o seguinte código ao evento **OnKeyPress**:

```
procedure TformLocalizaFornecedor.edtPesquisaKeyPress(Sender: TObject;
  var Key: Char);
begin
  inherited;
     dmModuloDados1.sdsFornecedores.FindNearest([edtPesquisa.Text]);
end;
```

Aqui é efetuada a pesquisa pela Razão Social à medida que o usuário digita a informação na caixa de entrada.

Agora selecione o objeto **edtNomeFantasia** e dê um duplo-clique no evento **OnKeyPress** para poder entrar com o seguinte código:

```
procedure TformLocalizaFornecedor.edtNomeFantasiaKeyPress(Sender: TObject;
  var Key: Char);
begin
  inherited;
     dmModuloDados1.sdsFornecedores.FindNearest([edtNomeFantasia.Text]);
end;
```

Para os eventos **OnEnter** e **OnExit** desse mesmo objeto atribua os códigos mostrados nas seguintes listagens:

Evento OnEnter

```
procedure TformLocalizaFornecedor.edtNomeFantasiaEnter(Sender: TObject);
begin
  inherited;
     CorEntrada(Sender);
     dmModuloDados1.sdsFornecedores.IndexFieldNames := 'Nome_Fantasia';
end;
```

Evento OnExit

```
procedure TformLocalizaFornecedor.edtNomeFantasiaExit(Sender: TObject);
begin
  inherited;
     CorSaida(Sender);
end;
```

É importante observar que, uma vez que esse objeto não existe no formulário antecessor (**formMestreLocalizar**), foi necessário acrescentar o código que altera a cor da caixa de entrada quando recebe e perde o foco.

O próximo passo é dar um duplo-clique sobre o botão **OK** e digitar o seguinte código:

```
procedure TformLocalizaFornecedor.btnOKClick(Sender: TObject);
begin
  inherited;
     strValor := dmModuloDados1.sdsFornecedoresCodigo_Fornecedor.AsString;
end;
```

O código do fornecedor é passado à variável **strValor**, para que o formulário de cadastro possa saber depois o fornecedor selecionado pelo usuário.

O último procedimento para esse formulário deve ser atribuído ao evento **OnDblClick** da grade de dados (objeto **grdDados**). O código se encontra listado em seguida:

```
procedure TformLocalizaFornecedor.grdDadosDblClick(Sender: TObject);
begin
  inherited;
     btnOK.Click;
end;
```

Sua função é simplesmente acionar o botão **OK** quando usuário der dois cliques numa linha na grade de dados.

Salve esse formulário com o nome "ULocalizaFornecedor.Pas" e retorne ao formulário **formCadFornecedores**. Vincule a unidade do formulário de pesquisa e em seguida selecione o formulário principal **formPrincipal**.

16.5. Finalização e Teste

Adicione a unidade **UCadFornecedores** e abra o editor de menus. Insira uma barra divisória logo após a opção **Funcionários**, como na figura 16.8. Para obter isso, simplesmente digite na propriedade **Caption** da opção do menu o caractere "–" (sinal de menos).

Em seguida adicione uma nova opção, configurada da seguinte forma:

Propriedade	Grupo	Valor
Caption	Visual	Fornecedores
Name	Miscellaneous	opcCadFornecedores

Veja na figura 16.9 a nova opção do menu **Cadastro**.

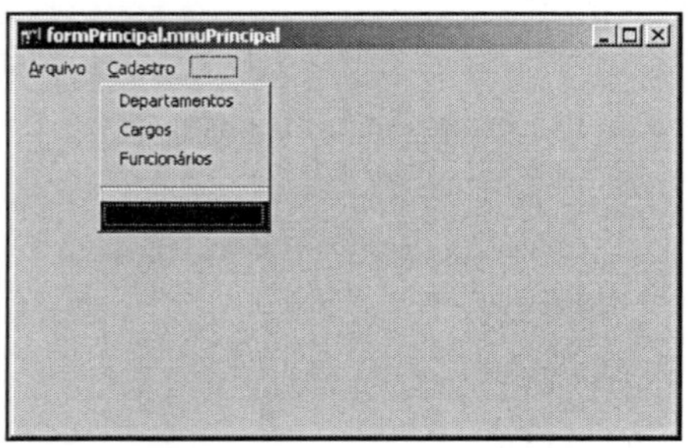

Figura 16.8

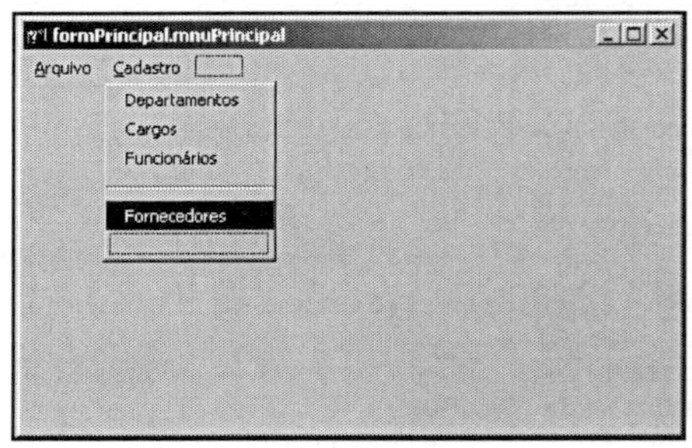

Figura 16.9

Atribua ao evento **OnClick** dessa opção o código da listagem:

```
procedure TformPrincipal.opcCadFornecedoresClick(Sender: TObject);
var
   Formulario: TformCadFornecedores;
begin
     if (Application.FindComponent('formCadFornecedores') = nil) then
     begin
          Formulario := TformCadFornecedores.Create(Application);
          Formulario.Top := 0;
          Formulario.Left := 0;
     end;
end;
```

Clique no botão **Save All** e compile o projeto selecionando a opção **Project → Build GDP**. Execute o programa e selecione a opção **Cadastro → Fornecedores**. Entre com algumas informações pedidas no formulário. Tente digitar um número CNPJ qualquer que seja inválido. Isso faz com que a mensagem da figura 16.10 seja apresentada.

Figura 16.10

A figura 16.11 mostra a tela com os campos de dados principais do fornecedor devidamente preenchidos. Já a figura 16.12 mostra a guia para os dados de endereço do fornecedor.

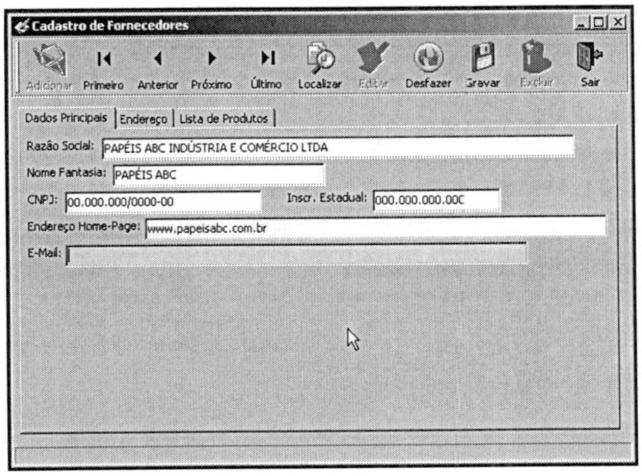

Figura 16.11

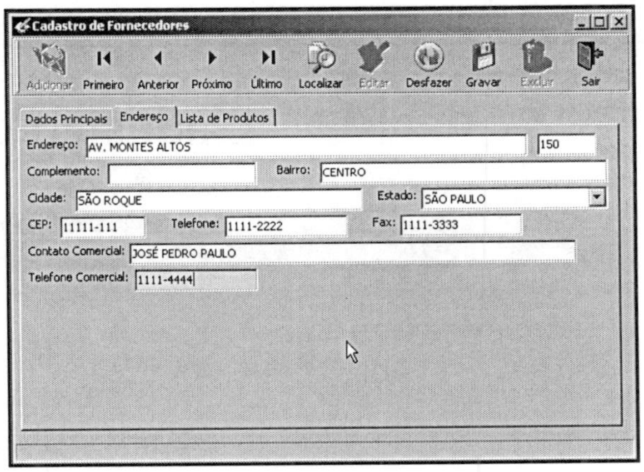

Figura 16.12

Veja na figura 16.13 a tela para localização de um fornecedor. Deve-se destacar que ela permite a localização tanto pela **Razão Social** quanto pelo **Nome Fantasia** do fornecedor.

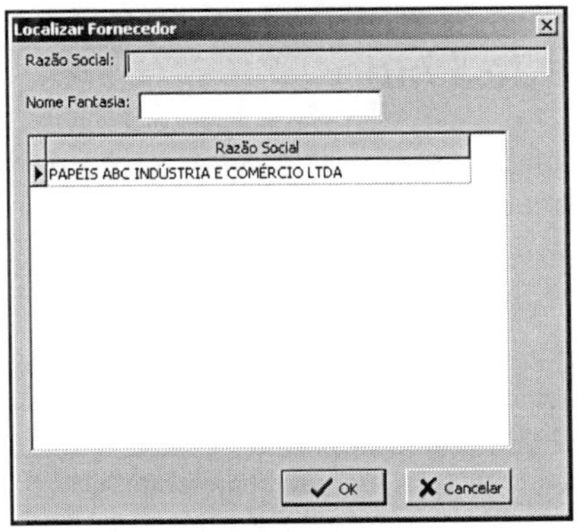

Figura 16.13

Cadastro de Produtos

Assuntos abordados neste capítulo

- *Alterações do Módulo de Dados*
- *Criação de formulários de grupos, categorias, famílias, marcas e descrições/nomes de produtos*
- *Construção do formulário de cadastro de produtos*

17.1. Alterando o Módulo de Dados

Para os formulários que criaremos neste capítulo, será necessária a adição de novos componentes de acesso a banco de dados dentro do módulo de dados. Sendo assim, clique duas vezes no item **UModuloDados1.Pas** da janela **Project Manager**. Adicione ao módulo de dados sete componentes **TSimpleDataSet** e sete **TDataSource**. Então configure as propriedades desses objetos da seguinte maneira:

Objeto	Propriedade	Grupo	Valor
SimpleDataSet1	ConnectionName	Connection	BaseDadosGDP
	CommandType	Database/DataSet	ctTable
	CommandText	Database/DataSet	grupo_produtos
	Name	Miscellaneous	sdsGrupos
SimpleDataSet2	ConnectionName	Connection	BaseDadosGDP
	CommandType	Database/DataSet	ctTable
	CommandText	Database/DataSet	categoria_produtos
	Name	Miscellaneous	sdsCategorias
SimpleDataSet3	ConnectionName	Connection	BaseDadosGDP
	CommandType	Database/DataSet	ctTable
	CommandText	Database/DataSet	familia_produtos
	Name	Miscellaneous	sdsFamilias
SimpleDataSet4	ConnectionName	Connection	BaseDadosGDP
	CommandType	Database/DataSet	ctTable
	CommandText	Database/DataSet	marca_produtos
	Name	Miscellaneous	sdsMarcas
SimpleDataSet5	ConnectionName	Connection	BaseDadosGDP
	CommandType	Database/DataSet	ctTable
	CommandText	Database/DataSet	descricao_produtos
	Name	Miscellaneous	sdsDescricao
SimpleDataSet6	ConnectionName	Connection	BaseDadosGDP
	CommandType	Database/DataSet	ctTable
	CommandText	Database/DataSet	catalogo_produtos
	Name	Miscellaneous	sdsCatalogo

Objeto	Propriedade	Grupo	Valor
SimpleDataSet7	ConnectionName	Connection	BaseDadosGDP
	CommandType	Database/DataSet	ctTable
	CommandText	Database/DataSet	fornecedor_produto
	Name	Miscellaneous	sdsFornecedorProduto
DataSource1	DataSet	Database	sdsGrupos
	Name	Miscellaneous	dsGrupos
DataSource2	DataSet	Database	sdsCategorias
	Name	Miscellaneous	dsCategorias
DataSource3	DataSet	Database	sdsFamilias
	Name	Miscellaneous	dsFamilias
DataSource4	DataSet	Database	sdsMarcas
	Name	Miscellaneous	dsMarcas
DataSource5	DataSet	Database	sdsDescricao
	Name	Miscellaneous	dsDescricao
DataSource6	DataSet	Database	sdsCatalogo
	Name	Miscellaneous	dsCatalogo
DataSource7	DataSet	Database	sdsFornecedorProduto
	Name	Miscellaneous	dsFornecedorProduto

Atribua o procedimento **sdsDepartamentosBeforeDelete** ao evento **OnBeforeDelete** de todos esses objetos. Adicione a cada objeto **SimpleDataSet** os seus respectivos campos da tabela. Configure o título desses campos (propriedade **DisplayLabel**) conforme apresentado a seguir:

Objeto	Campo	Título
sdsGrupos	Codigo_Grupo	Código
	Descricao_Grupo	Descrição do Grupo
sdsCategorias	Codigo_Categoria	Código
	Descricao_Categoria	Descrição da Categoria
sdsFamilias	Codigo_Familia	Código
	Descricao_Familia	Descrição da Família
sdsMarcas	Codigo_Marca	Código
	Descricao_Marca	Descrição da Marca
sdsDescricao	Codigo_Descricao	Código
	Descricao	Descrição/Nome do Produto
sdsCatalogo	Codigo_Interno	Código Interno
	Codigo_Barras	Código de Barras
	Codigo_Descricao	Código da Descrição
	Unidade_Medida	U.M.
	Codigo_Grupo	Grupo
	Codigo_Categoria	Categoria
	Codigo_Familia	Família
	Codigo_Marca	Marca
	Preco_Custo	Preço de Custo
	Margem_Lucro	Margem de Lucro
	Preco_Venda	Preço de Venda
	Consumo_Medio	Consumo Médio
	Estoque_Atual	Estoque Atual
	Estoque_Minimo	Estoque Mínimo
sdsFornecedorProduto	Codigo_Fornecedor	Código do Fornecedor
	Codigo_Produto	Código do Produto
	Descricao_Produto	Produto

Ainda nos campos **Preco_Custo** e **Preco_Venda** do objeto de dados **sdsCatalogo**, especifique a cadeia de caracteres "##,##0.00" na propriedade **DisplayFormat** (grupo **Localizable**). Isso formata a apresentação dos dados do campo, fazendo com que eles sejam mostrados com duas casas decimais e separação da casa de milhares. Veja na figura 17.1 a configuração dessa propriedade.

Do mesmo modo, configure a propriedade **DisplayFormat** dos campos **ICMS**, **IPI** e **Margem_Lucro** com a expressão "##0.00". Na figura 17.2 é possível ver o módulo de dados com esses novos objetos.

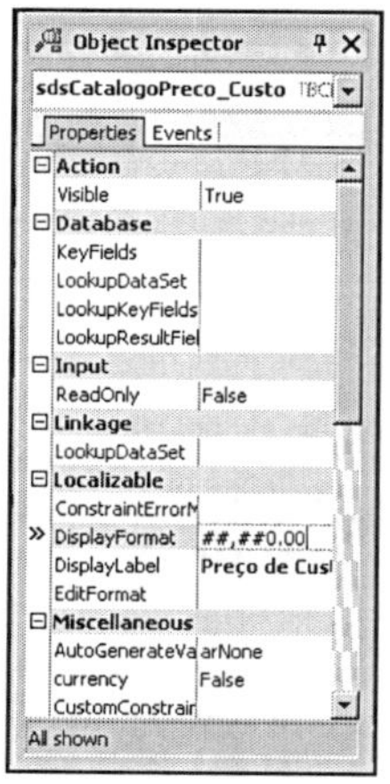

Figura 17.1

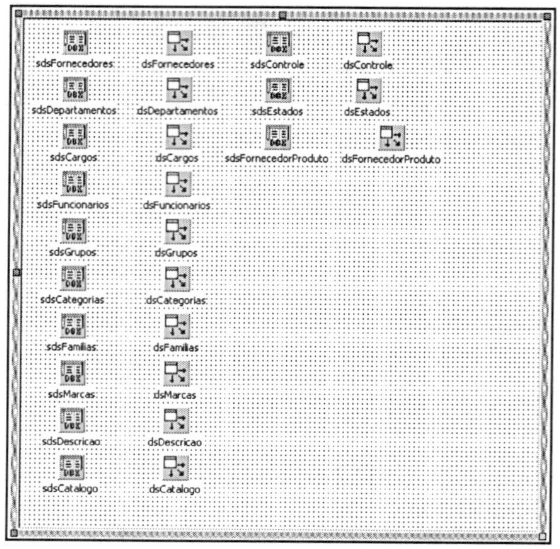

Figura 17.2

17.2. O Formulário de Grupos

Selecione a opção **File → New → Other**, escolha a opção **Inheritable Items** e clique no ícone do formulário **formMestreCadastro**. A seguir selecione a opção **File → Use Unit** e escolha as unidades **UModuloDados1** e **URotinasGenericas**. Altere o valor da propriedade **Caption** (grupo **Visual**) para "Cadastro de Grupos de Produtos", e na propriedade **Name** (grupo **Miscellaneous**) digite "formCadGrupos".

Adicione uma nova aba ao objeto de paginação e configure as propriedades **Caption** (grupo **Visual**) e **Name** (grupo **Miscellaneous**) da seguinte maneira:

Propriedade	Grupo	Valor
Caption	Visual	Lista de Registros
Name	Miscellaneous	tabListaRegistros

Adicione à primeira aba um componente **TLabel** (grupo **Standard**) e um **TDBEdit** (grupo **Data Controls**), configurando as seguintes propriedades:

Objeto	Propriedade	Grupo	Valor
Label1	Caption	Visual	Descrição do Grupo:
	Name	Miscellaneous	lblGrupo
DBEdit1	DataSource	Database	dmModuloDados1.dsGrupos
	DataField	Database	Descricao_Grupo
	Name	Miscellaneous	fldGrupo
	CharCase	Miscellaneous	ecUpperCase

Na figura 17.3 podemos ver a aparência do formulário com a inclusão desses dois objetos.

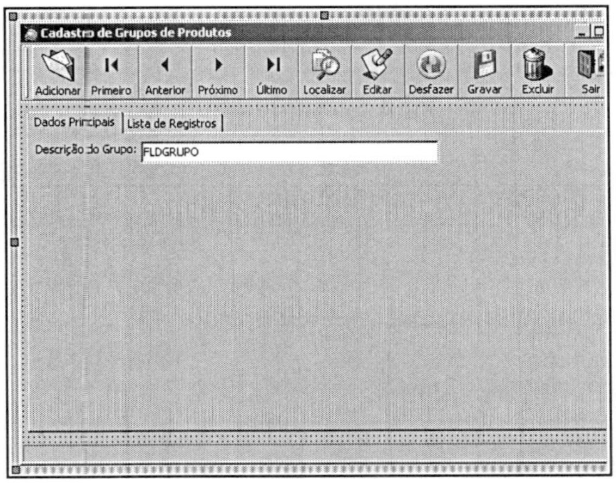

Figura 17.3

Na segunda aba, insira um **TDBGrid** configurando as propriedades descritas na tabela seguinte:

Propriedade	Grupo	Valor
DataSource	Database	dmModuloDados1.dsGrupo
Name	Miscellaneous	grdDados

Adicione os dois campos da tabela a essa grade de dados e configure a propriedade **Alignment** (grupo **Localizable/Title**) com a opção **taCenter**. Escolha ainda a opção **True** para a propriedade **ReadOnly** (grupo **Input**) desse objeto. O resultado pode ser visto na figura 17.4. Ajuste a altura do objeto **PageControls** e do próprio formulário conforme indica a figura 17.5.

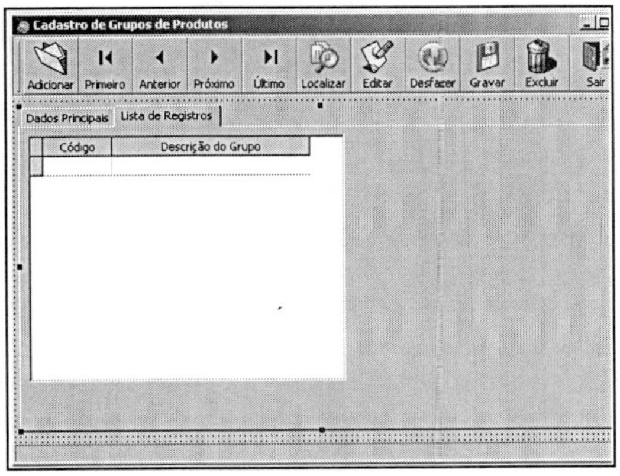

Figura 17.4

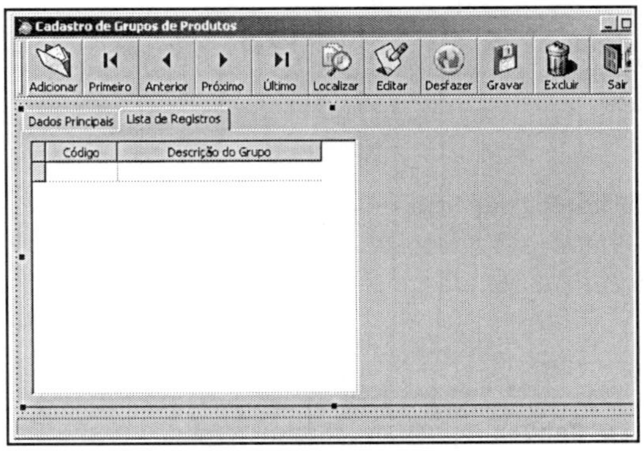

Figura 17.5

Selecione o botão **Localizar** e ajuste a propriedade **Visible** com o valor **False**. Abra o editor de códigos selecionando a aba **Code** na base do editor de formulários. Então digite a cadeia de caracteres "procedure MoveFoco" antes da palavra-chave **private**, na definição da classe do formulário. Desta forma as linhas de código dessa declaração devem ficar assim:

```
type
  TformCadGrupos = class(TformMestreCadastro)
    tabListaRegistros: TTabSheet;
    lblGrupo: TLabel;
    fldGrupo: TDBEdit;
    grdDados: TDBGrid;
    procedure MoveFoco;
  private
    { Private declarations }
  public
    { Public declarations }
  end;
```

Após a diretiva de compilação {$R *.dfm} digite as linhas de código mostradas na seguinte listagem:

```
procedure TformCadGrupos.MoveFoco;
begin
     if pgDados.ActivePageIndex = 0 then
        fldGrupo.SetFocus;
end;
```

Com o modo de desenho de formulário selecionado clique numa área qualquer do formulário e em seguida abra a guia **Events** do **Object Inspector**. Dê dois cliques no evento **OnShow** e digite o código:

```
procedure TformCadGrupos.FormShow(Sender: TObject);
begin
  inherited;
     dmModuloDados1.sdsControle.Open;
     dmModuloDados1.sdsGrupos.Open;
     if dmModuloDados1.sdsGrupos.IsEmpty then
     begin
          BloquearCampos(False);
          btnAdicionar.Enabled := False;
          btnEditar.Enabled := False;
          btnExcluir.Enabled := False;
          btnGravar.Enabled := True;
          chrModo := 'I';
          dmModuloDados1.sdsControle.Edit;
          dmModuloDados1.sdsControleCodigo_Grupo.AsInteger := 0;
          dmModuloDados1.sdsControle.Post;
          dmModuloDados1.sdsGrupos.Append;
     end
     else
         chrModo := ' ';
     MoveFoco;
end;
```

Já para o evento **OnClose** atribua o seguinte código:

```
procedure TformCadGrupos.FormClose(Sender: TObject; var Action: TCloseAction);
begin
     dmModuloDados1.sdsControle.Close;
     dmModuloDados1.sdsGrupos.Close;
  inherited;
end;
```

Para os botões da barra superior os procedimentos devem ser os seguintes:

Botão Adicionar

```
procedure TformCadGrupos.btnAdicionarClick(Sender: TObject);
begin
  inherited;
     if Sender = btnAdicionar then
     begin
          try
             dmModuloDados1.sdsGrupos.Append;
             chrModo := 'I';
             except
                   MsgStatus('');
                   Mensagem('Impossível adicionar novo registro !');
          end;
     end
     else if Sender = btnEditar then
          begin
               try
                  dmModuloDados1.sdsGrupos.Edit;
                  chrModo := 'A';
                  except
                        MsgStatus('');
                        Mensagem('Impossível entrar no modo de edição !');
               end;
          end;
     MoveFoco;
end;
```

Botão Primeiro

```
procedure TformCadGrupos.btnPrimeiroClick(Sender: TObject);
begin
  inherited;
     dmModuloDados1.sdsGrupos.First;
     MoveFoco;
end;
```

Botão Anterior

```
procedure TformCadGrupos.btnAnteriorClick(Sender: TObject);
begin
  inherited;
     dmModuloDados1.sdsGrupos.Prior;
     if dmModuloDados1.sdsGrupos.Bof then
     begin
          MsgStatus('Início da tabela...');
          dmModuloDados1.sdsGrupos.First;
     end
     else
         MsgStatus('');
     MoveFoco;
end;
```

Botão Próximo

```
procedure TformCadGrupos.btnProximoClick(Sender: TObject);
begin
  inherited;
     dmModuloDados1.sdsGrupos.Next;
     if dmModuloDados1.sdsGrupos.Eof then
     begin
          MsgStatus('Fim da tabela...');
          dmModuloDados1.sdsGrupos.Last;
     end
     else
         MsgStatus('');
     MoveFoco;
end;
```

Botão Último

```
procedure TformCadGrupos.btnUltimoClick(Sender: TObject);
begin
  inherited;
     dmModuloDados1.sdsGrupos.Last;
     MoveFoco;
end;
```

Botão Desfazer

```
procedure TformCadGrupos.btnDesfazerClick(Sender: TObject);
begin
  inherited;
     if dmModuloDados1.sdsGrupos.State in [dsEdit,dsInsert] then
     begin
          try
             dmModuloDados1.sdsGrupos.CancelUpdates;
             MsgStatus('Alterações desfeitas com sucesso...');
             except
                   Mensagem('Impossível desfazer alterações !');
          end;
     end
     else
         Mensagem('Não há alterações a serem desfeitas !');
     BloquearCampos(True);
     MoveFoco;
end;
```

Botão Gravar

```
procedure TformCadGrupos.btnGravarClick(Sender: TObject);
var
   intCodigoGrupo: integer;
begin
  inherited;
     if dmModuloDados1.sdsGrupos.State in [dsEdit,dsInsert] then
     begin
          try
             if chrModo = 'I' then
             begin
                  dmModuloDados1.sdsControle.Edit;
                  dmModuloDados1.sdsControleCodigo_Grupo.AsInteger :=
dmModuloDados1.sdsControleCodigo_Grupo.AsInteger + 1;
                  dmModuloDados1.sdsControle.Post;
                  dmModuloDados1.sdsControle.ApplyUpdates(-1);
                  intCodigoGrupo := dmModuloDados1.sdsControleCodigo_Grupo.AsInteger;
                  dmModuloDados1.sdsGruposCodigo_Grupo.AsInteger := intCodigoGrupo;
             end;
             dmModuloDados1.sdsGrupos.Post;
             dmModuloDados1.sdsGrupos.ApplyUpdates(-1);
             chrModo := ' ';
             MsgStatus('Dados gravados com sucesso...');
             except
                   Mensagem('Não foi possível efetuar a gravação dos dados !');
          end;
     end
     else
         Mensagem('Não há alterações a serem gravadas !');
     BloquearCampos(True);
     MoveFoco;
end;
```

Botão Excluir

```
procedure TformCadGrupos.btnExcluirClick(Sender: TObject);
begin
     if dmModuloDados1.sdsGrupos.State in [dsEdit,dsInsert] then
        dmModuloDados1.sdsGrupos.Post;
     try
        dmModuloDados1.sdsGrupos.Delete;
        dmModuloDados1.sdsGrupos.ApplyUpdates(-1);
        MsgStatus('Registro excluído com sucesso...');
        except
              Mensagem('Registro não foi excluído !');
     end;
     BloquearCampos(True);
     MoveFoco;
  inherited;
end;
```

As operações realizadas por esses procedimentos são idênticas às já descritas anteriormente. Selecione a grade de dados e dê um duplo-clique no evento **OnDblClick** para poder digitar o código apresentado a seguir, que é responsável por selecionar a primeira guia e mover o foco para o campo de digitação.

```
procedure TformCadGrupos.grdDadosDblClick(Sender: TObject);
begin
  inherited;
     pgDados.ActivePageIndex := 0;
     MoveFoco;
end;
```

Da mesma forma, atribua ao evento **OnKeyDown** o código da listagem:

```
procedure TformCadGrupos.grdDadosKeyDown(Sender: TObject; var Key: Word;
  Shift: TShiftState);
begin
  inherited;
     if (Shift = [ssCtrl]) and (Key = VK_DELETE) then
        Key := 0;
end;
```

Conforme já visto, esse procedimento impede que o usuário exclua um registro a partir da grade de dados ao teclar <CTRL>+<DEL>.

Adicione a unidade **DB** à cláusula **Uses** do formulário e salve-o com o nome de "UCadGrupos".

17.3. O Formulário de Categorias

Selecione a opção **File → New → Other**, escolha a opção **Inheritable Items** e clique no item **formMestreCadastro**. Com o novo formulário já apresentado na tela selecione a opção **File → Use Unit** e escolha as unidades **UModuloDados1** e **URotinasGenericas**. Altere o valor da propriedade **Caption** (grupo **Visual**) para "Cadastro de Categorias de Produtos", e na propriedade **Name** (grupo **Miscellaneous**) digite "formCadCategorias".

Adicione uma nova aba ao objeto de paginação e configure as propriedades **Caption** (grupo **Visual**) e **Name** (grupo **Miscellaneous**) da seguinte maneira:

Propriedade	Grupo	Valor
Caption	Visual	Lista de Registros
Name	Miscellaneous	tabListaRegistros

Insira na primeira aba um componente **TLabel** (grupo **Standard**) e um **TDBEdit** (grupo **Data Controls**) assim configurados:

Objeto	Propriedade	Grupo	Valor
Label1	Caption	Visual	Descrição da Categoria:
	Name	Miscellaneous	lblCategoria
DBEdit1	DataSource	Database	dmModuloDados1.dsCategorias
	DataField	Database	Descricao_Categoria
	Name	Miscellaneous	fldCategoria
	CharCase	Miscellaneous	ecUpperCase

Na figura 17.6 podemos ver a aparência do formulário com a inclusão desses dois objetos.

Selecione a segunda aba e adicione um **TDBGrid**, configurando as seguintes propriedades:

Propriedade	Grupo	Valor
DataSource	Database	dmModuloDados1.dsCategorias
Name	Miscellaneous	grdDados

Adicione os campos da tabela e configure a propriedade **Alignment** (grupo **Localizable/Title**) deles com a opção **taCenter**. Escolha também a opção **True** para a propriedade **ReadOnly** (grupo **Input**) desse objeto. O resultado pode ser visto na figura 17.7.

Ajuste a altura do objeto **PageControls** e do próprio formulário conforme a figura 17.7.

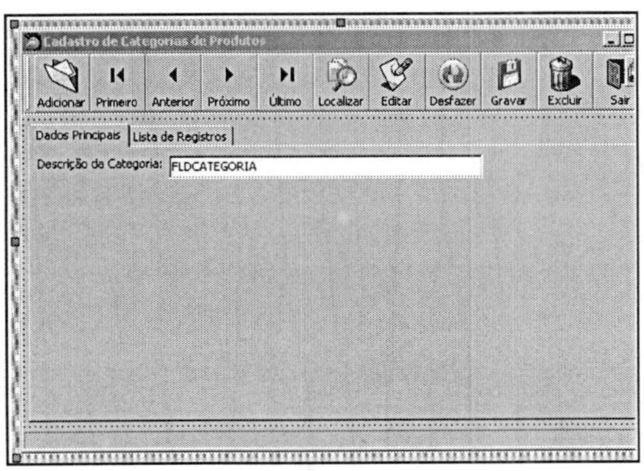

Figura 17.6

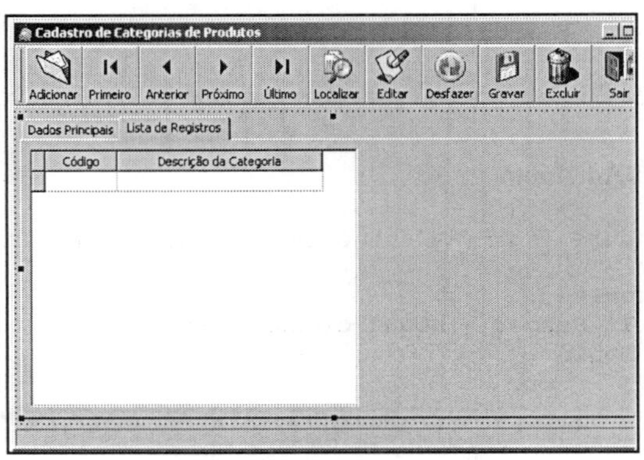

Figura 17.7

Selecione o botão **Localizar** e ajuste a propriedade **Visible** com o valor **False**.

Volte ao editor de códigos e adicione a declaração "procedure MoveFoco" antes da palavra-chave **private**, conforme a listagem a seguir:

```
type
  TformCadCategorias = class(TformMestreCadastro)
    tabListaRegistros: TTabSheet;
    lblCategoria: TLabel;
    fldCategoria: TDBEdit;
    grdDados: TDBGrid;
    procedure MoveFoco;
  private
    { Private declarations }
  public
    { Public declarations }
  end;
```

Após a diretiva de compilação {$R *.dfm} adicione o procedimento cujo código é apresentado a seguir:

```
procedure TformCadCategorias.MoveFoco;
begin
     if pgDados.ActivePageIndex = 0 then
        fldCategoria.SetFocus;
end;
```

Atribua também aos eventos **OnShow** e **OnClose** do formulário os seguintes procedimentos:

```
procedure TformCadCategorias.FormShow(Sender: TObject);
begin
  inherited;
     dmModuloDados1.sdsControle.Open;
     dmModuloDados1.sdsCategorias.Open;
     if dmModuloDados1.sdsCategorias.IsEmpty then
     begin
          BloquearCampos(False);
          btnAdicionar.Enabled := False;
          btnEditar.Enabled := False;
          btnExcluir.Enabled := False;
          btnGravar.Enabled := True;
          chrModo := 'I';
          dmModuloDados1.sdsControle.Edit;
          dmModuloDados1.sdsControleCodigo_Categoria.AsInteger := 0;
          dmModuloDados1.sdsControle.Post;
          dmModuloDados1.sdsCategorias.Append;
     end
     else
         chrModo := ' ';
     MoveFoco;
end;

procedure TformCadCategorias.FormClose(Sender: TObject; var Action: TCloseAction);
begin
     dmModuloDados1.sdsControle.Close;
     dmModuloDados1.sdsCategorias.Close;
  inherited;
end;
```

Para os botões da barra superior os procedimentos devem ser os seguintes:

Botão Adicionar

```
procedure TformCadCategorias.btnAdicionarClick(Sender: TObject);
begin
  inherited;
     if Sender = btnAdicionar then
     begin
          try
             dmModuloDados1.sdsCategorias.Append;
             chrModo := 'I';
             except
```

```
                MsgStatus('');
                Mensagem('Impossível adicionar novo registro !');
          end;
     end
     else if Sender = btnEditar then
          begin
               try
                  dmModuloDados1.sdsCategorias.Edit;
                  chrModo := 'A';
                  except
                        MsgStatus('');
                        Mensagem('Impossível entrar no modo de edição !');
               end;
          end;
     MoveFoco;
end;
```

Botão Primeiro

```
procedure TformCadCategorias.btnPrimeiroClick(Sender: TObject);
begin
  inherited;
     dmModuloDados1.sdsCategorias.First;
     MoveFoco;
end;
```

Botão Anterior

```
procedure TformCadCategorias.btnAnteriorClick(Sender: TObject);
begin
  inherited;
     dmModuloDados1.sdsCategorias.Prior;
     if dmModuloDados1.sdsCategorias.Bof then
     begin
          MsgStatus('Início da tabela...');
          dmModuloDados1.sdsCategorias.First;
     end
     else
         MsgStatus('');
     MoveFoco;
end;
```

Botão Próximo

```
procedure TformCadCategorias.btnProximoClick(Sender: TObject);
begin
  inherited;
     dmModuloDados1.sdsCategorias.Next;
     if dmModuloDados1.sdsCategorias.Eof then
     begin
          MsgStatus('Fim da tabela...');
          dmModuloDados1.sdsCategorias.Last;
     end
     else
         MsgStatus('');
     MoveFoco;
end;
```

Botão Último

```
procedure TformCadCategorias.btnUltimoClick(Sender: TObject);
begin
  inherited;
     dmModuloDados1.sdsCategorias.Last;
     MoveFoco;
end;
```

Botão Desfazer

```
procedure TformCadCategorias.btnDesfazerClick(Sender: TObject);
begin
  inherited;
     if dmModuloDados1.sdsCategorias.State in [dsEdit,dsInsert] then
     begin
          try
             dmModuloDados1.sdsCategorias.CancelUpdates;
             MsgStatus('Alterações desfeitas com sucesso...');
             except
                   Mensagem('Impossível desfazer alterações !');
          end;
     end
     else
         Mensagem('Não há alterações a serem desfeitas !');
     BloquearCampos(True);
     MoveFoco;
end;
```

Botão Gravar

```
procedure TformCadCategorias.btnGravarClick(Sender: TObject);
var
   intCodigoCategoria: integer;
begin
  inherited;
     if dmModuloDados1.sdsCategorias.State in [dsEdit,dsInsert] then
     begin
          try
             if chrModo = 'I' then
             begin
                  dmModuloDados1.sdsControle.Edit;
                  dmModuloDados1.sdsControleCodigo_Categoria.AsInteger :=
dmModuloDados1.sdsControleCodigo_Categoria.AsInteger + 1;
                  dmModuloDados1.sdsControle.Post;
                  dmModuloDados1.sdsControle.ApplyUpdates(-1);
                  intCodigoCategoria := dmModuloDados1.sdsControleCodigo_Categoria.AsInteger;
                  dmModuloDados1.sdsCategoriasCodigo_Categoria.AsInteger := intCodigoCategoria;
             end;
             dmModuloDados1.sdsCategorias.Post;
             dmModuloDados1.sdsCategorias.ApplyUpdates(-1);
             chrModo := ' ';
             MsgStatus('Dados gravados com sucesso...');
             except
                   Mensagem('Não foi possível efetuar a gravação dos dados !');
          end;
     end
     else
         Mensagem('Não há alterações a serem gravadas !');
     BloquearCampos(True);
     MoveFoco;
end;
```

Botão Excluir

```
procedure TformCadCategorias.btnExcluirClick(Sender: TObject);
begin
     if dmModuloDados1.sdsCategorias.State in [dsEdit,dsInsert] then
        dmModuloDados1.sdsCategorias.Post;
     try
        dmModuloDados1.sdsCategorias.Delete;
        dmModuloDados1.sdsCategorias.ApplyUpdates(-1);
        MsgStatus('Registro excluído com sucesso...');
        except
              Mensagem('Registro não foi excluído !');
     end;
     BloquearCampos(True);
     MoveFoco;
  inherited;
end;
```

Selecione a grade de dados, dê um duplo-clique no evento **OnDblClick** e digite o código:

```
procedure TformCadCategorias.grdDadosDblClick(Sender: TObject);
begin
  inherited;
     pgDados.ActivePageIndex := 0;
     MoveFoco;
end;
```

Da mesma forma atribua ao evento **OnKeyDown** o código da seguinte listagem:

```
procedure TformCadCategorias.grdDadosKeyDown(Sender: TObject; var Key: Word;
  Shift: TShiftState);
begin
  inherited;
     if (Shift = [ssCtrl]) and (Key = VK_DELETE) then
        Key := 0;
end;
```

Para finalizar, adicione a unidade **DB** à cláusula **Uses** do formulário e salve-o dando-lhe o nome de "UCadCategorias".

17.4. O Formulário de Famílias

Selecione outra vez **File → New → Other**, clique na opção **Inheritable Items** e em seguida escolha o item **formMestreCadastro**. Vincule ao novo formulário as unidades **UModuloDados1** e **URotinasGenericas**. Altere as propriedades **Caption** (grupo **Visual**) e **Name** (grupo **Miscellaneous**) especificando as cadeias de caracteres "Cadastro de Famílias de Produtos" e "formCadFamilias" respectivamente.

Adicione uma nova aba e configure-a conforme a seguinte tabela:

Propriedade	Grupo	Valor
Caption	Visual	Lista de Registros
Name	Miscellaneous	tabListaRegistros

Insira na primeira aba um componente **TLabel** (grupo **Standard**) e um **TDBEdit** (grupo **Data Controls**) assim configurados:

Objeto	Propriedade	Grupo	Valor
Label1	Caption	Visual	Descrição da Família:
	Name	Miscellaneous	lblFamilia
DBEdit1	DataSource	Database	dmModuloDados1.dsFamilias
	DataField	Database	Descricao_Familia
	Name	Miscellaneous	fldFamilia
	CharCase	Miscellaneous	ecUpperCase

Veja na figura 17.8 como deve ficar o formulário. Em seguida selecione a segunda aba e adicione um componente **TDBGrid**, configurando suas propriedades da seguinte forma:

Propriedade	Grupo	Valor
DataSource	Database	dmModuloDados1.dsFamilias
Name	Miscellaneous	grdDados
ReadOnly	Input	True

Abra o editor de campos e adicione os dois campos da tabela. Configure a propriedade **Alignment** (grupo **Localizable/Title**) deles com a opção **taCenter**. Ajuste o tamanho da grade de dados conforme a figura 17.9.

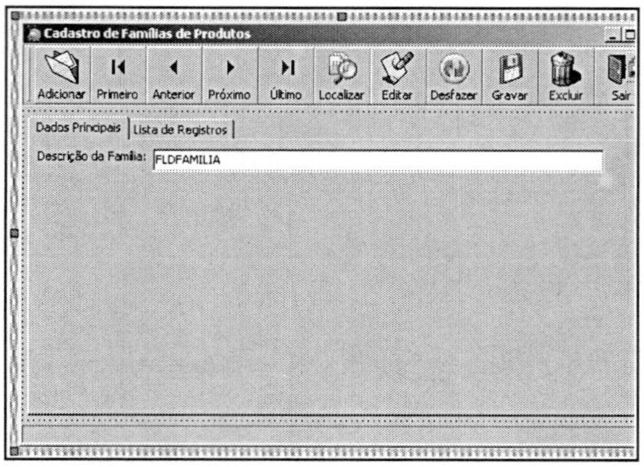

Figura 17.8

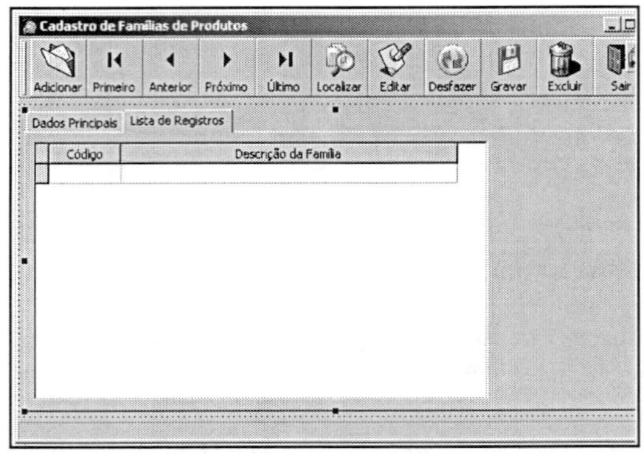

Figura 17.9

Ajuste a propriedade **Visible** do botão **Localizar** com o valor **False**. Adicione a declaração "procedure MoveFoco" antes da palavra-chave **private** (editor de códigos).

```
type
  TformCadFamilias = class(TformMestreCadastro)
    tabListaRegistros: TTabSheet;
    lblFamilia: TLabel;
    fldFamilia: TDBEdit;
    grdDados: TDBGrid;
    procedure grdDadosKeyDown(Sender: TObject; var Key: Word;
      Shift: TShiftState);
    procedure MoveFoco;
  private
    { Private declarations }
  public
    { Public declarations }
  end;
```

Após a diretiva de compilação **{$R *.dfm}**, adicione o seguinte procedimento:

```
procedure TformCadFamilias.MoveFoco;
begin
     if pgDados.ActivePageIndex = 0 then
        fldFamilia.SetFocus;
end;
```

Atribua também aos eventos **OnShow** e **OnClose** do formulário os códigos das seguintes listagens:

```
procedure TformCadFamilias.FormShow(Sender: TObject);
begin
  inherited;
     dmModuloDados1.sdsControle.Open;
     dmModuloDados1.sdsFamilias.Open;
     if dmModuloDados1.sdsFamilias.IsEmpty then
     begin
          BloquearCampos(False);
          btnAdicionar.Enabled := False;
          btnEditar.Enabled := False;
          btnExcluir.Enabled := False;
          btnGravar.Enabled := True;
          chrModo := 'I';
          dmModuloDados1.sdsControle.Edit;
          dmModuloDados1.sdsControleCodigo_Familia.AsInteger := 0;
          dmModuloDados1.sdsControle.Post;
          dmModuloDados1.sdsFamilias.Append;
     end
     else
         chrModo := ' ';
     MoveFoco;
end;
```

```
procedure TformCadFamilias.FormClose(Sender: TObject; var Action: TCloseAction);
begin
     dmModuloDados1.sdsControle.Close;
     dmModuloDados1.sdsFamilias.Close;
  inherited;
end;
```

Para os botões da barra superior os procedimentos devem ser os seguintes:

Botão Adicionar

```
procedure TformCadFamilias.btnAdicionarClick(Sender: TObject);
begin
  inherited;
     if Sender = btnAdicionar then
     begin
          try
             dmModuloDados1.sdsFamilias.Append;
             chrModo := 'I';
             except
                   MsgStatus('');
                   Mensagem('Impossível adicionar novo registro !');
          end;
     end
     else if Sender = btnEditar then
          begin
               try
                  dmModuloDados1.sdsFamilias.Edit;
                  chrModo := 'A';
                  except
                        MsgStatus('');
                        Mensagem('Impossível entrar no modo de edição !');
               end;
          end;
     MoveFoco;
end;
```

Botão Primeiro

```
procedure TformCadFamilias.btnPrimeiroClick(Sender: TObject);
begin
  inherited;
     dmModuloDados1.sdsFamilias.First;
     MoveFoco;
end;
```

Botão Anterior

```
procedure TformCadFamilias.btnAnteriorClick(Sender: TObject);
begin
  inherited;
     dmModuloDados1.sdsFamilias.Prior;
     if dmModuloDados1.sdsFamilias.Bof then
     begin
          MsgStatus('Início da tabela...');
          dmModuloDados1.sdsFamilias.First;
     end
     else
         MsgStatus('');
     MoveFoco;
end;
```

Botão Próximo

```
procedure TformCadFamilias.btnProximoClick(Sender: TObject);
begin
  inherited;
     dmModuloDados1.sdsFamilias.Next;
     if dmModuloDados1.sdsFamilias.Eof then
     begin
          MsgStatus('Fim da tabela...');
          dmModuloDados1.sdsFamilias.Last;
```

```
        end
        else
            MsgStatus('');
        MoveFoco;
end;
```

Botão Último

```
procedure TformCadFamilias.btnUltimoClick(Sender: TObject);
begin
  inherited;
        dmModuloDados1.sdsFamilias.Last;
        MoveFoco;
end;
```

Botão Desfazer

```
procedure TformCadFamilias.btnDesfazerClick(Sender: TObject);
begin
  inherited;
        if dmModuloDados1.sdsFamilias.State in [dsEdit,dsInsert] then
        begin
             try
                dmModuloDados1.sdsFamilias.CancelUpdates;
                MsgStatus('Alterações desfeitas com sucesso...');
                except
                      Mensagem('Impossível desfazer alterações !');
             end;
        end
        else
            Mensagem('Não há alterações a serem desfeitas !');
        BloquearCampos(True);
        MoveFoco;
end;
```

Botão Gravar

```
procedure TformCadFamilias.btnGravarClick(Sender: TObject);
var
   intCodigoFamilia: integer;
begin
  inherited;
        if dmModuloDados1.sdsFamilias.State in [dsEdit,dsInsert] then
        begin
             try
                if chrModo = 'I' then
                begin
                      dmModuloDados1.sdsControle.Edit;
                      dmModuloDados1.sdsControleCodigo_Familia.AsInteger :=
dmModuloDados1.sdsControleCodigo_Familia.AsInteger + 1;
                      dmModuloDados1.sdsControle.Post;
                      dmModuloDados1.sdsControle.ApplyUpdates(-1);
                      intCodigoFamilia := dmModuloDados1.sdsControleCodigo_Familia.AsInteger;
                      dmModuloDados1.sdsFamiliasCodigo_Familia.AsInteger := intCodigoFamilia;
                end;
                dmModuloDados1.sdsFamilias.Post;
                dmModuloDados1.sdsFamilias.ApplyUpdates(-1);
                chrModo := ' ';
                MsgStatus('Dados gravados com sucesso...');
                except
                      Mensagem('Não foi possível efetuar a gravação dos dados !');
             end;
        end
        else
            Mensagem('Não há alterações a serem gravadas !');
        BloquearCampos(True);
        MoveFoco;
end;
```

Botão Excluir

```
procedure TformCadFamilias.btnExcluirClick(Sender: TObject);
begin
     if dmModuloDados1.sdsFamilias.State in [dsEdit,dsInsert] then
        dmModuloDados1.sdsFamilias.Post;
     try
        dmModuloDados1.sdsFamilias.Delete;
        dmModuloDados1.sdsFamilias.ApplyUpdates(-1);
        MsgStatus('Registro excluído com sucesso...');
        except
              Mensagem('Registro não foi excluído !');
     end;
     BloquearCampos(True);
     MoveFoco;
  inherited;
end;
```

Para os eventos **OnDblClick** e **OnKeyDown** da grade de dados devem ser atribuídos os seguintes códigos:

```
procedure TformCadFamilias.grdDadosDblClick(Sender: TObject);
begin
  inherited;
     pgDados.ActivePageIndex := 0;
     MoveFoco;
end;

procedure TformCadFamilias.grdDadosKeyDown(Sender: TObject; var Key: Word;
  Shift: TShiftState);
begin
  inherited;
     if (Shift = [ssCtrl]) and (Key = VK_DELETE) then
        Key := 0;
end;
```

Devemos ainda adicionar a unidade **DB** à cláusula **Uses** do formulário. A seguir, salve o formulário nomeando-o como "UCadFamilias".

17.5. O Formulário de Marcas

Selecione outra vez **File → New → Other**, clique na opção **Inheritable Items** e escolha o item **formMestreCadastro**. Vincule ao novo formulário as unidades **UModuloDados1** e **URotinasGenericas**. Altere o valor das propriedades **Caption** (grupo **Visual**) e **Name** (grupo **Miscellaneous**) para "Cadastro de Marcas de Produtos" e "formCadMarcas" respectivamente.

Adicione uma nova aba e configure-a conforme a seguinte tabela:

Propriedade	Grupo	Valor
Caption	Visual	Lista de Registros
Name	Miscellaneous	tabListaRegistros

Insira na primeira aba um componente **TLabel** (grupo **Standard**) e um **TDBEdit** (grupo **Data Controls**) assim configurados:

Objeto	Propriedade	Grupo	Valor
Label1	Caption	Visual	Descrição da Marca:
	Name	Miscellaneous	lblMarca
DBEdit1	DataSource	Database	dmModuloDados1.dsMarcas
	DataField	Database	Descricao_Marca
	Name	Miscellaneous	fldMarca
	CharCase	Miscellaneous	ecUpperCase

A figura 17.10 indica como deve ficar o formulário. Selecione a segunda aba e adicione um componente **TDBGrid** com suas propriedades configuradas da seguinte forma:

Propriedade	Grupo	Valor
DataSource	Database	dmModuloDados1.dsMarcas
Name	Miscellaneous	grdDados
ReadOnly	Input	True

Abra o editor de campos e adicione os dois campos da tabela. Configure a propriedade **Alignment** (grupo **Localizable/Title**) deles com a opção **taCenter**. Ajuste o tamanho da grade de dados conforme a figura 17.11.

Adicione a declaração "procedure MoveFoco" antes da palavra-chave **private** (editor de códigos).

```
type
  TformCadMarcas = class(TformMestreCadastro)
    tabListaRegistros: TTabSheet;
    lblMarca: TLabel;
    fldMarca: TDBEdit;
    grdDados: TDBGrid;
    procedure grdDadosKeyDown(Sender: TObject; var Key: Word;
      Shift: TShiftState);
    procedure MoveFoco;
  private
    { Private declarations }
  public
    { Public declarations }
  end;
```

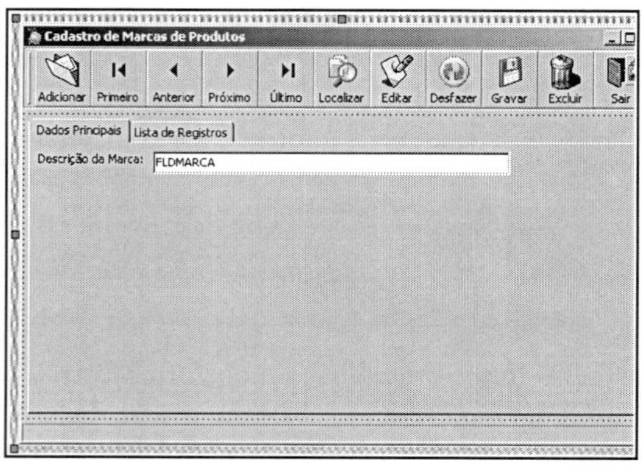

Figura 17.10

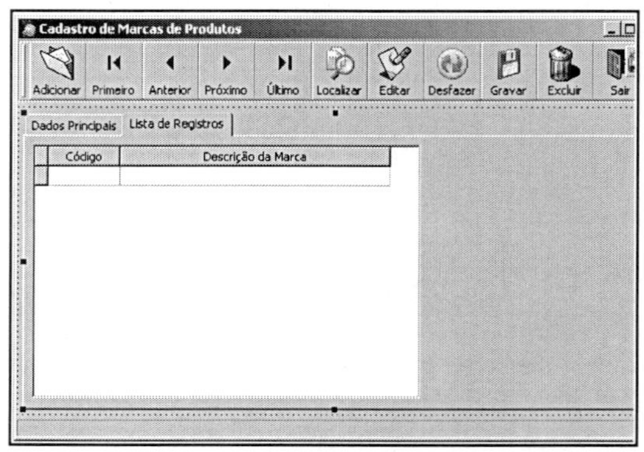

Figura 17.11

Após a diretiva de compilação {$R *.dfm} adicione o seguinte procedimento:

```
procedure TformCadMarcas.MoveFoco;
begin
     if pgDados.ActivePageIndex = 0 then
        fldMarca.SetFocus;
end;
```

Atribua também aos eventos **OnShow** e **OnClose** do formulário os códigos das seguintes listagens:

```
procedure TformCadMarcas.FormShow(Sender: TObject);
begin
  inherited;
     dmModuloDados1.sdsControle.Open;
     dmModuloDados1.sdsMarcas.Open;
     if dmModuloDados1.sdsMarcas.IsEmpty then
     begin
          BloquearCampos(False);
          btnAdicionar.Enabled := False;
          btnEditar.Enabled := False;
          btnExcluir.Enabled := False;
          btnGravar.Enabled := True;
          chrModo := 'I';
```

```
            dmModuloDados1.sdsControle.Edit;
            dmModuloDados1.sdsControleCodigo_Marca.AsInteger := 0;
            dmModuloDados1.sdsControle.Post;
            dmModuloDados1.sdsMarcas.Append;
      end
      else
          chrModo := ' ';
      MoveFoco;
end;

procedure TformCadMarcas.FormClose(Sender: TObject; var Action: TCloseAction);
begin
      dmModuloDados1.sdsControle.Close;
      dmModuloDados1.sdsMarcas.Close;
  inherited;
end;
```

Para os botões da barra superior os procedimentos devem ser conforme apresentado em seguida:

Botão Adicionar

```
procedure TformCadMarcas.btnAdicionarClick(Sender: TObject);
begin
  inherited;
      if Sender = btnAdicionar then
      begin
            try
               dmModuloDados1.sdsMarcas.Append;
               chrModo := 'I';
               except
                     MsgStatus('');
                     Mensagem('Impossível adicionar novo registro !');
            end;
      end
      else if Sender = btnEditar then
            begin
                  try
                     dmModuloDados1.sdsMarcas.Edit;
                     chrModo := 'A';
                     except
                           MsgStatus('');
                           Mensagem('Impossível entrar no modo de edição !');
                  end;
            end;
      MoveFoco;
end;
```

Botão Primeiro

```
procedure TformCadMarcas.btnPrimeiroClick(Sender: TObject);
begin
  inherited;
      dmModuloDados1.sdsMarcas.First;
      MoveFoco;
end;
```

Botão Anterior

```
procedure TformCadMarcas.btnAnteriorClick(Sender: TObject);
begin
  inherited;
      dmModuloDados1.sdsMarcas.Prior;
      if dmModuloDados1.sdsMarcas.Bof then
      begin
           MsgStatus('Início da tabela...');
           dmModuloDados1.sdsMarcas.First;
      end
      else
          MsgStatus('');
      MoveFoco;
end;
```

Botão Próximo

```
procedure TformCadMarcas.btnProximoClick(Sender: TObject);
begin
  inherited;
     dmModuloDados1.sdsMarcas.Next;
     if dmModuloDados1.sdsMarcas.Eof then
     begin
          MsgStatus('Fim da tabela...');
          dmModuloDados1.sdsMarcas.Last;
     end
     else
         MsgStatus('');
     MoveFoco;
end;
```

Botão Último

```
procedure TformCadMarcas.btnUltimoClick(Sender: TObject);
begin
  inherited;
     dmModuloDados1.sdsMarcas.Last;
     MoveFoco;
end;
```

Botão Desfazer

```
procedure TformCadMarcas.btnDesfazerClick(Sender: TObject);
begin
  inherited;
     if dmModuloDados1.sdsMarcas.State in [dsEdit,dsInsert] then
     begin
          try
             dmModuloDados1.sdsMarcas.CancelUpdates;
             MsgStatus('Alterações desfeitas com sucesso...');
             except
                   Mensagem('Impossível desfazer alterações !');
          end;
     end
     else
         Mensagem('Não há alterações a serem desfeitas !');
     BloquearCampos(True);
     MoveFoco;
end;
```

Botão Gravar

```
procedure TformCadMarcas.btnGravarClick(Sender: TObject);
var
   intCodigoMarca: integer;
begin
  inherited;
     if dmModuloDados1.sdsMarcas.State in [dsEdit,dsInsert] then
     begin
          try
             if chrModo = 'I' then
             begin
                  dmModuloDados1.sdsControle.Edit;
                  dmModuloDados1.sdsControleCodigo_Marca.AsInteger :=
dmModuloDados1.sdsControleCodigo_Marca.AsInteger + 1;
                  dmModuloDados1.sdsControle.Post;
                  dmModuloDados1.sdsControle.ApplyUpdates(-1);
                  intCodigoMarca := dmModuloDados1.sdsControleCodigo_Marca.AsInteger;
                  dmModuloDados1.sdsMarcasCodigo_Marca.AsInteger := intCodigoMarca;
             end;
             dmModuloDados1.sdsMarcas.Post;
             dmModuloDados1.sdsMarcas.ApplyUpdates(-1);
             chrModo := ' ';
             MsgStatus('Dados gravados com sucesso...');
             except
                  Mensagem('Não foi possível efetuar a gravação dos dados !');
          end;
```

```
    end
    else
       Mensagem('Não há alterações a serem gravadas !');
    BloquearCampos(True);
    MoveFoco;
end;
```

Botão Excluir

```
procedure TformCadMarcas.btnExcluirClick(Sender: TObject);
begin
     if dmModuloDados1.sdsMarcas.State in [dsEdit,dsInsert] then
        dmModuloDados1.sdsMarcas.Post;
     try
        dmModuloDados1.sdsMarcas.Delete;
        dmModuloDados1.sdsMarcas.ApplyUpdates(-1);
        MsgStatus('Registro excluído com sucesso...');
        except
              Mensagem('Registro não foi excluído !');
     end;
     BloquearCampos(True);
     MoveFoco;
  inherited;
end;
```

Para os eventos **OnDblClick** e **OnKeyDown** da grade de dados devem ser atribuídos os seguintes códigos:

```
procedure TformCadMarcas.grdDadosDblClick(Sender: TObject);
begin
  inherited;
     pgDados.ActivePageIndex := 0;
     MoveFoco;
end;

procedure TformCadMarcas.grdDadosKeyDown(Sender: TObject; var Key: Word; Shift: TShiftState);
begin
  inherited;
     if (Shift = [ssCtrl]) and (Key = VK_DELETE) then
        Key := 0;
end;
```

Devemos ainda adicionar a unidade **DB** à cláusula **Uses** do formulário. A seguir, salve o formulário nomeando-o como "UCadMarcas".

17.6. O Formulário de Pesquisa de Marcas

Como podemos ter uma quantidade muito grande de marcas, é interessante uma tela que permita a pesquisa de uma marca em particular, além da lista de registros disponível na segunda aba do formulário. Selecione novamente a opção **File → New → Other** e escolha a opção **Inheritable Items**. Clique no ícone do formulário denominado **formMestreLocalizar** para adicionar um novo formulário ao projeto.

Insira nesse formulário referências às unidades **UModuloDados1** e **URotinasGenericas**. Depois digite nas propriedades **Caption** (grupo **Visual**) e **Name** (grupo **Miscellaneous**) as cadeias de caracteres "Localizar Marcas" e "formLocalizaMarca".

Altere o valor da propriedade **Caption** do objeto **lblMensagem** para "Marca:" e especifique o valor **ecUpperCase** na propriedade **CharCase** (grupo **Miscellaneous**) do objeto **edtPesquisa**.

Já para o objeto **grdDados**, configure a propriedade **DataSource** (grupo **Database**) com o valor **dmModuloDados1.dsMarcas**. Abra o editor de colunas e adicione os dois campos da tabela. Ajuste a propriedade **Alignment** (grupo **Title**) dessas duas colunas com a opção **taCenter**. Na figura 17.12 podemos ver como deve ficar o formulário de pesquisa.

Figura 17.12

Selecione o formulário e atribua ao evento **OnShow** o código seguinte:

```
procedure TformLocalizaMarca.FormShow(Sender: TObject);
begin
  inherited;
     dmModuloDados1.sdsMarcas.IndexFieldNames := 'Descricao_Marca';
end;
```

O procedimento seleciona o campo **Descricao_Marca** para servir de índice da tabela de dados, assim é possível efetuar uma pesquisa mais rápida pela descrição da marca dos produtos. Selecione o objeto **edtPesquisa** e então atribua o seguinte código ao seu evento **OnKeyPress**:

```
procedure TformLocalizaMarca.edtPesquisaKeyPress(Sender: TObject;
  var Key: Char);
begin
  inherited;
     dmModuloDados1.sdsMarcas.FindNearest([edtPesquisa.Text]);
end;
```

O próximo passo é dar um duplo-clique sobre o botão **OK** e digitar o seguinte código:

```
procedure TformLocalizaMarca.btnOKClick(Sender: TObject);
begin
  inherited;
     strValor := dmModuloDados1.sdsMarcasCodigo_Marca.AsString;
end;
```

O código da marca é passado à variável **strValor**, para que o formulário de cadastro de marcas possa saber posteriormente a marca selecionada pelo usuário.

O último procedimento para esse formulário deve ser atribuído ao evento **OnDblClick** da grade de dados (objeto **grdDados**). O código se encontra listado a seguir:

```
procedure TformLocalizaMarca.grdDadosDblClick(Sender: TObject);
begin
  inherited;
     btnOK.Click;
end;
```

Sua função é simplesmente acionar o botão **OK** quando usuário der um duplo-clique numa linha na grade de dados.

Salve esse formulário com o nome "ULocalizaMarca.Pas" e retorne ao formulário **formCadMarcas**. Vincule à unidade do formulário de pesquisa e dê um duplo-clique no botão **Localizar**. Então entre com o código seguinte:

```
procedure TformCadMarcas.btnLocalizarClick(Sender: TObject);
var
   intRegistro: integer;
begin
  inherited;
     intRegistro := dmModuloDados1.sdsMarcas.RecNo;
     Application.CreateForm(TformLocalizaMarca,formLocalizaMarca);
     if formLocalizaMarca.ShowModal = mrOK then
     begin
          dmModuloDados1.sdsMarcas.IndexFieldNames := 'Codigo_Marca';
          dmModuloDados1.sdsMarcas.FindKey([formLocalizaMarca.strValor]);
          dmModuloDados1.sdsMarcas.IndexFieldNames := '';
     end
     else
         dmModuloDados1.sdsMarcas.RecNo := intRegistro;
     formLocalizaMarca.Destroy;
end;
```

Salve novamente o projeto.

17.7. O Formulário de Cadastro de Descrições

Selecione **File → New → Other**, clique na opção **Inheritable Items** e depois no item **formMestreCadastro**. Vincule ao novo formulário as unidades **UModuloDados1** e **URotinasGenericas** e a seguir altere o valor das propriedades **Caption** (grupo **Visual**) e **Name** (grupo **Miscellaneous**) para "Cadastro de Descrições de Produtos" e "formCadDescricao".

Adicione uma nova guia e configure-a conforme a tabela:

Propriedade	Grupo	Valor
Caption	Visual	Lista de Registros
Name	Miscellaneous	tabListaRegistros

Insira na primeira aba um componente **TLabel** (grupo **Standard**) e um **TDBEdit** (grupo **Data Controls**) assim configurados:

Objeto	Propriedade	Grupo	Valor
Label1	Caption	Visual	Descrição/Nome do Produto:
	Name	Miscellaneous	lblDescricao
DBEdit1	DataSource	Database	dmModuloDados1.dsDescricao
	DataField	Database	Descricao
	Name	Miscellaneous	fldDescricao
	CharCase	Miscellaneous	ecUpperCase

Selecione a segunda aba e coloque dentro dela um componente **TDBGrid** com suas propriedades configuradas da seguinte forma:

Propriedade	Grupo	Valor
DataSource	Database	dmModuloDados1.dsDescricao
Name	Miscellaneous	grdDados
ReadOnly	Input	True

Abra o editor de campos e adicione os dois campos da tabela. Configure a propriedade **Alignment** (grupo **Localizable/Title**) deles com a opção **taCenter**.

A figura 17.13 mostra a aparência da primeira aba do formulário, e a figura 17.14 exibe como deve ficar a grade de dados da segunda guia.

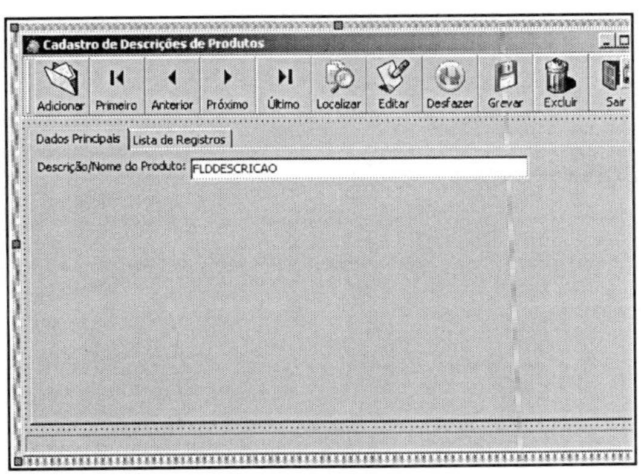

Figura 17.13

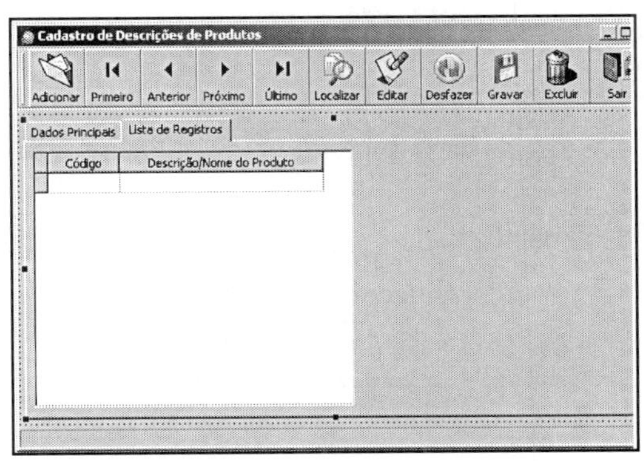

Figura 17.14

Adicione à seção de definição da classe do formulário, antes da palavra-chave **private**, a declaração "procedure MoveFoco", como indica a listagem:

```
type
  TformCadDescricao = class(TformMestreCadastro)
    tabListaRegistros: TTabSheet;
    lblDescricao: TLabel;
    fldDescricao: TDBEdit;
    grdDados: TDBGrid;
    procedure MoveFoco;
  private
    { Private declarations }
  public
    { Public declarations }
  end;
```

Após a diretiva de compilação {$R *.dfm} acrescente o seguinte procedimento:

```
procedure TformCadDescricao.MoveFoco;
begin
     if pgDados.ActivePageIndex = 0 then
        fldDescricao.SetFocus;
end;
```

Atribua também aos eventos **OnShow** e **OnClose** do formulário os códigos das seguintes listagens:

```
procedure TformCadDescricao.FormShow(Sender: TObject);
begin
  inherited;
     dmModuloDados1.sdsControle.Open;
     dmModuloDados1.sdsDescricao.Open;
     if dmModuloDados1.sdsDescricao.IsEmpty then
     begin
          BloquearCampos(False);
          btnAdicionar.Enabled := False;
          btnEditar.Enabled := False;
          btnExcluir.Enabled := False;
          btnGravar.Enabled := True;
          chrModo := 'I';
          dmModuloDados1.sdsControle.Edit;
          dmModuloDados1.sdsControleCodigo_Descricao.AsInteger := 0;
          dmModuloDados1.sdsControle.Post;
          dmModuloDados1.sdsDescricao.Append;
     end
     else
         chrModo := ' ';
     MoveFoco;
end;

procedure TformCadDescricao.FormClose(Sender: TObject; var Action: TCloseAction);
begin
     dmModuloDados1.sdsControle.Close;
     dmModuloDados1.sdsDescricao.Close;
  inherited;
end;
```

Para os botões da barra superior os procedimentos devem ser os seguintes:

Botão Adicionar

```
procedure TformCadDescricao.btnAdicionarClick(Sender: TObject);
begin
  inherited;
     if Sender = btnAdicionar then
     begin
          try
             dmModuloDados1.sdsDescricao.Append;
             chrModo := 'I';
             except
                    MsgStatus('');
                    Mensagem('Impossível adicionar novo registro !');
          end;
     end
     else if Sender = btnEditar then
          begin
```

```
            try
               dmModuloDados1.sdsDescricao.Edit;
               chrModo := 'A';
               except
                     MsgStatus('');
                     Mensagem('Impossível entrar no modo de edição !');
            end;
         end;
     MoveFoco;
end;
```

Botão Primeiro

```
procedure TformCadDescricao.btnPrimeiroClick(Sender: TObject);
begin
  inherited;
     dmModuloDados1.sdsDescricao.First;
     MoveFoco;
end;
```

Botão Anterior

```
procedure TformCadDescricao.btnAnteriorClick(Sender: TObject);
begin
  inherited;
     dmModuloDados1.sdsDescricao.Prior;
     if dmModuloDados1.sdsDescricao.Bof then
     begin
          MsgStatus('Início da tabela...');
          dmModuloDados1.sdsDescricao.First;
     end
     else
         MsgStatus('');
     MoveFoco;
end;
```

Botão Próximo

```
procedure TformCadDescricao.btnProximoClick(Sender: TObject);
begin
  inherited;
     dmModuloDados1.sdsDescricao.Next;
     if dmModuloDados1.sdsDescricao.Eof then
     begin
          MsgStatus('Fim da tabela...');
          dmModuloDados1.sdsDescricao.Last;
     end
     else
         MsgStatus('');
     MoveFoco;
end;
```

Botão Último

```
procedure TformCadDescricao.btnUltimoClick(Sender: TObject);
begin
  inherited;
     dmModuloDados1.sdsDescricao.Last;
     MoveFoco;
end;
```

Botão Localizar

```
procedure TformCadDescricao.btnLocalizarClick(Sender: TObject);
var
   intRegistro: integer;
begin
  inherited;
     intRegistro := dmModuloDados1.sdsDescricao.RecNo;
     Application.CreateForm(TformLocalizaDescricao,formLocalizaDescricao);
     if formLocalizaDescricao.ShowModal = mrOK then
     begin
```

```
            dmModuloDados1.sdsDescricao.IndexFieldNames := 'Codigo_Descricao';
            dmModuloDados1.sdsDescricao.FindKey([formLocalizaDescricao.strValor]);
            dmModuloDados1.sdsDescricao.IndexFieldNames := '';
      end
      else
          dmModuloDados1.sdsDescricao.RecNo := intRegistro;
      formLocalizaDescricao.Destroy;
end;
```

Botão Desfazer

```
procedure TformCadDescricao.btnDesfazerClick(Sender: TObject);
begin
  inherited;
      if dmModuloDados1.sdsDescricao.State in [dsEdit,dsInsert] then
      begin
            try
               dmModuloDados1.sdsDescricao.CancelUpdates;
               MsgStatus('Alterações desfeitas com sucesso...');
               except
                     Mensagem('Impossível desfazer alterações !');
            end;
      end
      else
          Mensagem('Não há alterações a serem desfeitas !');
      BloquearCampos(True);
      MoveFoco;
end;
```

Botão Gravar

```
procedure TformCadDescricao.btnGravarClick(Sender: TObject);
var
   intCodigoDescricao: integer;
begin
  inherited;
      if dmModuloDados1.sdsDescricao.State in [dsEdit,dsInsert] then
      begin
            try
               if chrModo = 'I' then
               begin
                     dmModuloDados1.sdsControle.Edit;
                     dmModuloDados1.sdsControleCodigo_Descricao.AsInteger :=
dmModuloDados1.sdsControleCodigo_Descricao.AsInteger + 1;
                     dmModuloDados1.sdsControle.Post;
                     dmModuloDados1.sdsControle.ApplyUpdates(-1);
                     intCodigoDescricao := dmModuloDados1.sdsControleCodigo_Descricao.AsInteger;
                     dmModuloDados1.sdsDescricaoCodigo_Descricao.AsInteger := intCodigoDescricao;
               end;
               dmModuloDados1.sdsDescricao.Post;
               dmModuloDados1.sdsDescricao.ApplyUpdates(-1);
               chrModo := ' ';
               MsgStatus('Dados gravados com sucesso...');
               except
                     Mensagem('Não foi possível efetuar a gravação dos dados !');
            end;
      end
      else
          Mensagem('Não há alterações a serem gravadas !');
      BloquearCampos(True);
      MoveFoco;
end;
```

Botão Excluir

```
procedure TformCadDescricao.btnExcluirClick(Sender: TObject);
begin
      if dmModuloDados1.sdsDescricao.State in [dsEdit,dsInsert] then
         dmModuloDados1.sdsDescricao.Post;
      try
         dmModuloDados1.sdsDescricao.Delete;
         dmModuloDados1.sdsDescricao.ApplyUpdates(-1);
```

```
        MsgStatus('Registro excluído com sucesso...');
        except
              Mensagem('Registro não foi excluído !');
     end;
     BloquearCampos(True);
     MoveFoco;
  inherited;
end;
```

Para os eventos **OnDblClick** e **OnKeyDown** da grade de dados devem ser atribuídos os seguintes códigos:

```
procedure TformCadDescricao.grdDadosDblClick(Sender: TObject);
begin
  inherited;
     pgDados.ActivePageIndex := 0;
     MoveFoco;
end;

procedure TformCadDescricao.grdDadosKeyDown(Sender: TObject; var Key: Word;
  Shift: TShiftState);
begin
  inherited;
     if (Shift = [ssCtrl]) and (Key = VK_DELETE) then
        Key := 0;
end;
```

Devemos ainda adicionar a unidade **DB** à cláusula **Uses** do formulário. A seguir, salve o formulário nomeando-o como "UCadDescricao".

É preciso criar também um formulário para pesquisa de descrições. Sendo assim, selecione **File → New → Other** e escolha a opção **Inheritable Items**. Clique no ícone **formMestreLocalizar** para adicionar um novo formulário ao projeto.

Insira nesse formulário referências às unidades **UModuloDados1** e **URotinasGenericas**. Digite nas propriedades **Caption** (grupo **Visual**) e **Name** (grupo **Miscellaneous**) as cadeias de caracteres "Localizar Descrição" e "formLocalizaDescricao".

Altere o valor da propriedade **Caption** do objeto **lblMensagem** para "Descrição/Nome do Produto:" e especifique o valor **ecUpperCase** na propriedade **CharCase** (grupo **Miscellaneous**) do objeto **edtPesquisa**.

Mova os dois botões e a grade de dados um pouco mais para baixo e posicione a caixa de entrada abaixo da legenda.

Em seguida configure a propriedade **DataSource** (grupo **Database**) do objeto **grdDados** com o valor **dmModuloDados1.dsDescricao**. Abra o editor de colunas e adicione os dois campos da tabela. Ajuste a propriedade **Alignment** (grupo **Title**) dessas duas colunas com a opção **taCenter**. Na figura 17.15 podemos ver como deve ficar o formulário de pesquisa.

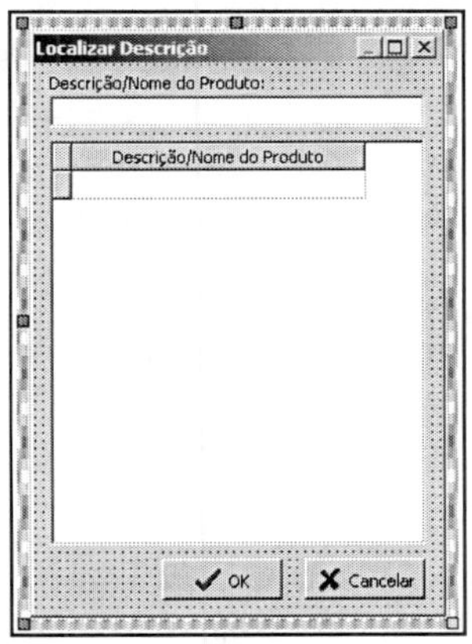

Figura 17.15

Para o evento **OnShow** do formulário entre com o seguinte código:

```
procedure TformLocalizaDescricao.FormShow(Sender: TObject);
begin
  inherited;
     dmModuloDados1.sdsDescricao.IndexFieldNames := 'Descricao';
end;
```

Selecione o objeto **edtPesquisa**, dê dois cliques no evento **OnKeyPress** e entre com o código seguinte:

```
procedure TformLocalizaDescricao.edtPesquisaKeyPress(Sender: TObject;
  var Key: Char);
begin
  inherited;
     dmModuloDados1.sdsDescricao.FindNearest([edtPesquisa.Text]);
end;
```

Agora dê um duplo-clique no botão **OK** e digite o código:

```
procedure TformLocalizaDescricao.btnOKClick(Sender: TObject);
begin
  inherited;
     strValor := dmModuloDados1.sdsDescricaoCodigo_Descricao.AsString;
end;
```

O último procedimento desse formulário deve ser atribuído ao evento **OnDblClick** do objeto **grdDados**. O código se encontra listado a seguir:

```
procedure TformLocalizaDescricao.grdDadosDblClick(Sender: TObject);
begin
  inherited;
     btnOK.Click;
end;
```

Salve esse formulário com o nome "ULocalizaDescricao.Pas" e retorne ao formulário **formCadDescricao**. Então selecione **File → Use Unit** e escolha a unidade que acabamos de criar. Salve novamente o projeto.

17.8. O Catálogo de Produtos

Para a criação do formulário de cadastro de produtos é preciso inserir dois componentes no módulo de dados. Esses componentes, assim como suas propriedades, encontram-se descritos na seguinte tabela:

Objeto	Propriedade	Grupo	Valor
SimpleDataSet1	ConnectionName	Connection	BaseDadosGDP
	CommandType	Database/DataSet	ctQuery
	CommandText	Database/DataSet	select * from catalogo_produtos
	Name	Miscellaneous	sdsProdutos
DataSource1	DataSet	Database	sdsProdutos
	Name	Miscellaneous	dsProdutos

Quando é selecionada a opção **ctQuery** na propriedade **CommandType**, a propriedade **CommandText** espera por um comando em linguagem SQL, em vez de um nome de tabela. Para especificar a cadeia de caracteres que representa esse comando, clique no ícone dessa propriedade para abrir a janela da figura 17.16. Ela é um tipo de assistente de criação de consulta.

Na lista denominada **Table**, escolha a tabela de dados (em nosso caso **catalogo_produtos**) e clique no botão **Add Table to SQL**. Isso faz com que a janela apresente a expressão da figura 17.17.

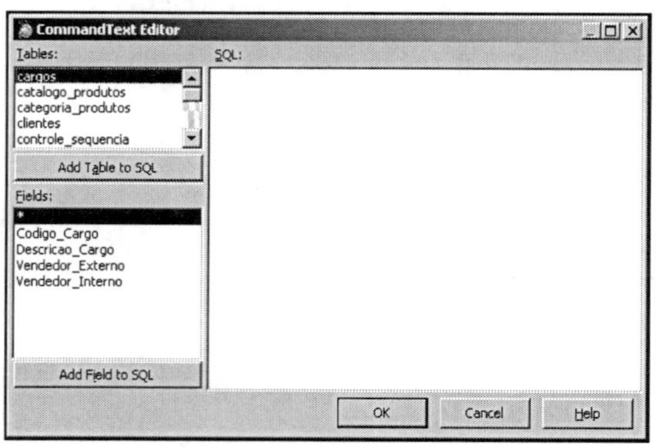

Figura 17.16

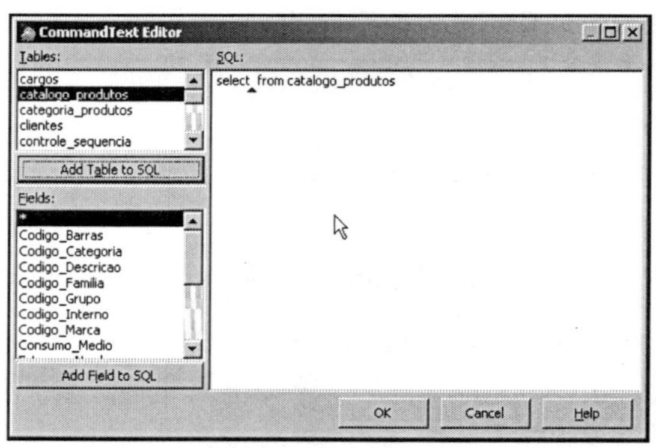

Figura 17.17

Em seguida selecione um ou mais campos da tabela por meio da lista denominada **Fields** e clique no botão **Add Field to SQL**. Em nosso caso, deve ser selecionado o asterisco (*), para serem incluídos todos os campos. Veja na figura 17.18 o comando completo que devemos definir.

A figura 17.19 mostra o módulo de dados após essas adições.

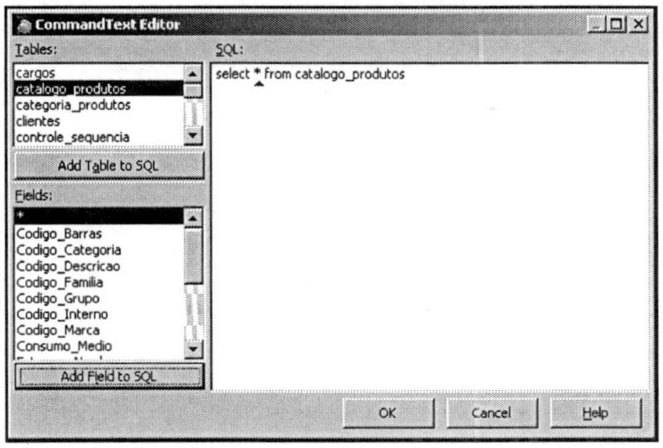

Figura 17.18

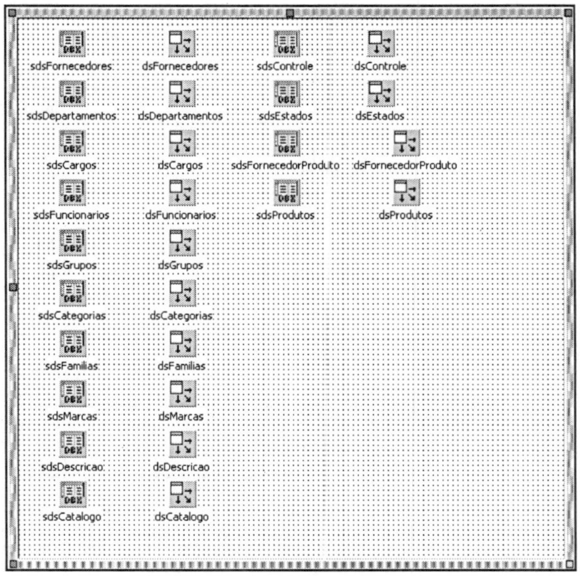

Figura 17.19

Adicione todos os campos da tabela ao objeto **sdsProdutos** e configure o título desses campos (propriedade **DisplayLabel**) conforme a seguir:

Campo	Título
Codigo_Interno	Código Interno
Codigo_Barras	Código de Barras
Codigo_Descricao	Código da Descrição
Unidade_Medida	U.M.
Codigo_Grupo	Grupo
Codigo_Categoria	Categoria
Codigo_Familia	Família
Codigo_Marca	Marca
Preco_Custo	Preço de Custo
Margem_Lucro	Margem de Lucro
Preco_Venda	Preço de Venda
Consumo_Medio	Consumo Médio
Estoque_Atual	Estoque Atual
Estoque_Minimo	Estoque Mínimo

Atribua ainda à propriedade **DisplayFormat** (grupo **Localizable**) dos campos **Preco_Custo** e **Preco_Venda** a cadeia de caracteres "##,##0.00". Do mesmo modo, configure essa propriedade dos campos **ICMS**, **IPI** e **Margem_Lucro** com a expressão "##0.00".

Adicione um novo formulário baseado no **formMestreCadastro**. Vincule a esse novo formulário as unidades **UModuloDados1** e **URotinasGenericas** e a seguir, altere o valor das propriedades **Caption** (grupo **Visual**) e **Name** (grupo **Miscellaneous**) para "Cadastro de Produtos" e "formCadProdutos".

Insira dezesseis componentes **TLabel** (grupo **Standard**) com as seguintes configurações:

Objeto	Propriedade	Grupo	Valor
Label1	Caption	Visual	Código de Barras do Produto:
	Name	Miscellaneous	lblCodigoBarras
Label2	Caption	Visual	Descrição/Nome:
	Name	Miscellaneous	lblDescricao
Label3	Caption	Visual	Modelo/Características:
	Name	Miscellaneous	lblModelo
Label4	Caption	Visual	Unidade de Medida:
	Name	Miscellaneous	lblUnidadeMedia
Label5	Caption	Visual	Grupo:
	Name	Miscellaneous	lblGrupo
Label6	Caption	Visual	Categoria:
	Name	Miscellaneous	lblCategoria
Label7	Caption	Visual	Família:
	Name	Miscellaneous	lblFamilia
Label8	Caption	Visual	Marca:
	Name	Miscellaneous	lblMarca
Label9	Caption	Visual	Preço de Custo:
	Name	Miscellaneous	lblPrecoCusto
Label10	Caption	Visual	Margem de Lucro:
	Name	Miscellaneous	lblMargemLucro
Label11	Caption	Visual	Preço de Venda:
	Name	Miscellaneous	lblPrecoVenda
Label12	Caption	Visual	ICMS:
	Name	Miscellaneous	lblICMS
Label13	Caption	Visual	IPI
	Name	Miscellaneous	lblIPI
Label14	Caption	Visual	Estoque Atual:
	Name	Miscellaneous	lblEstoqueAtual
Label15	Caption	Visual	Estoque Mínimo:
	Name	Miscellaneous	lblEstoqueMinimo
Label16	Caption	Visual	Consumo Médio Mensal:
	Name	Miscellaneous	lblConsumoMedio

A seguir, adicione os componentes de manipulação de dados mostrados na figura 17.20. Configure suas propriedades de acordo com o apresentado na seguinte tabela:

Objeto	Propriedade	Grupo	Valor
DBEdit1	DataSource	Database	dmModuloDados1.dsCatalogo
	DataField	Database	Codigo_Barras
	Name	Miscellaneous	fldCodigoBarra
DBEdit2	DataSource	Database	dmModuloDados1.dsCatalogo
	DataField	Database	Modelo
	Name	Miscellaneous	fldModelo
DBEdit3	DataSource	Database	dmModuloDados1.dsCatalogo
	DataField	Database	Unidade_Medida
	Name	Miscellaneous	fldUnidadeMedida
DBEdit4	DataSource	Database	dmModuloDados1.dsCatalogo
	DataField	Database	Preco_Custo
	Name	Miscellaneous	fldPrecoCusto

Objeto	Propriedade	Grupo	Valor
DBEdit5	DataSource	Database	dmModuloDados1.dsCatalogo
	DataField	Database	Margem_Lucro
	Name	Miscellaneous	fldMargemLucro
DBEdit6	DataSource	Database	dmModuloDados1.dsCatalogo
	DataField	Database	Preco_Venda
	Name	Miscellaneous	fldPrecoVenda
DBEdit7	DataSource	Database	dmModuloDados1.dsCatalogo
	DataField	Database	ICMS
	Name	Miscellaneous	fldICMS
DBEdit8	DataSource	Database	dmModuloDados1.dsCatalogo
	DataField	Database	IPI
	Name	Miscellaneous	fldIPI
DBEdit9	DataSource	Database	dmModuloDados1.dsCatalogo
	DataField	Database	Estoque_Atual
	Name	Miscellaneous	fldEstoqueAtual
DBEdit10	DataSource	Database	dmModuloDados1.dsCatalogo
	DataField	Database	Estoque_Minimo
	Name	Miscellaneous	fldEstoqueMinimo
DBEdit11	DataSource	Database	dmModuloDados1.dsCatalogo
	DataField	Database	Consumo_Medio
	Name	Miscellaneous	fldConsumoMedio
DBLookupComboBox1	DataSource	Database	dmModuloDados1.dsCatalogo
	DataField	Database	Codigo_Descricao
	ListSource	Database	dmModuloDados1.dsDescricao
	ListField	Database	Descricao
	KeyField	Database	Codigo_Descricao
	Name	Miscellaneous	fldDescricao
DBLookupComboBox2	DataSource	Database	dmModuloDados1.dsCatalogo
	DataField	Database	Codigo_Grupo
	ListSource	Database	dmModuloDados1.dsGrupos
	ListField	Database	Descricao_Grupo
	KeyField	Database	Codigo_Grupo
	Name	Miscellaneous	fldGrupo
DBLookupComboBox3	DataSource	Database	dmModuloDados1.dsCatalogo
	DataField	Database	Codigo_Categoria
	ListSource	Database	dmModuloDados1.dsCategorias
	ListField	Database	Descricao_Categoria
	KeyField	Database	Codigo_Categoria
	Name	Miscellaneous	fldCategoria
DBLookupComboBox4	DataSource	Database	dmModuloDados1.dsCatalogo
	DataField	Database	Codigo_Familia
	ListSource	Database	dmModuloDados1.dsFamilias
	ListField	Database	Descricao_Familia
	KeyField	Database	Codigo_Familia
	Name	Miscellaneous	fldFamilia
DBLookupComboBox5	DataSource	Database	dmModuloDados1.dsCatalogo
	DataField	Database	Codigo_Marca
	ListSource	Database	dmModuloDados1.dsMarca
	ListField	Database	Descricao_Marca
	KeyField	Database	Codigo_Marca
	Name	Miscellaneous	fldMarca

A figura 17.21 mostra a aparência final desse formulário.

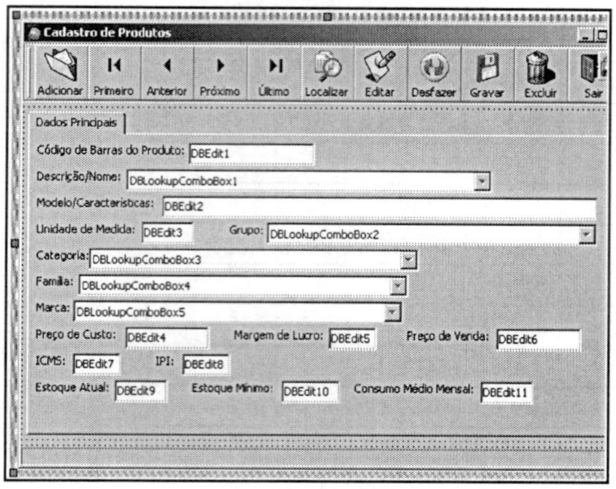

Figura 17.20

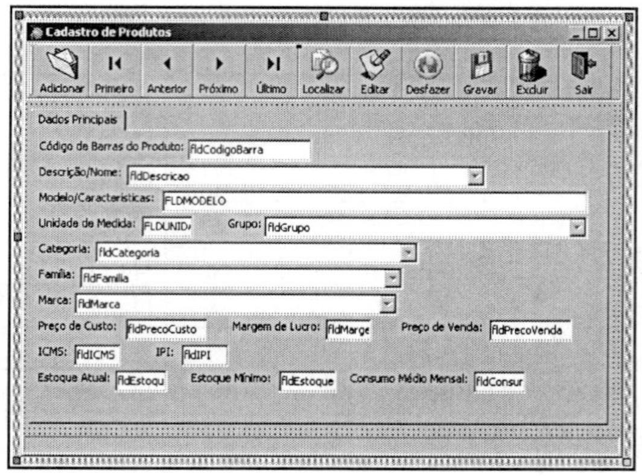

Figura 17.21

Adicione à seção de definição da classe do formulário, antes da palavra-chave **private**, a declaração "procedure MoveFoco", como a listagem:

```
type
  TformCadProdutos = class(TformMestreCadastro)
    lblCodigoBarras: TLabel;
    lblDescricao: TLabel;
    lblModelo: TLabel;
    lblUnidadeMedida: TLabel;
    lblGrupo: TLabel;
    lblCategoria: TLabel;
    lblFamilia: TLabel;
    lblMarca: TLabel;
    lblPrecoCusto: TLabel;
    lblICMS: TLabel;
    lblIPI: TLabel;
    lblMargemLucro: TLabel;
    lblPrecoVenda: TLabel;
    lblConsumoMedio: TLabel;
    lblEstoqueAtual: TLabel;
    lblEstoqueMinimo: TLabel;
    fldCodigoBarra: TDBEdit;
    fldDescricao: TDBLookupComboBox;
    fldModelo: TDBEdit;
    fldUnidadeMedida: TDBEdit;
    fldGrupo: TDBLookupComboBox;
    fldCategoria: TDBLookupComboBox;
    fldFamilia: TDBLookupComboBox;
    fldMarca: TDBLookupComboBox;
    fldPrecoCusto: TDBEdit;
    fldMargemLucro: TDBEdit;
    fldPrecoVenda: TDBEdit;
    fldICMS: TDBEdit;
    fldIPI: TDBEdit;
    fldEstoqueAtual: TDBEdit;
    fldEstoqueMinimo: TDBEdit;
    fldConsumoMedio: TDBEdit;
    procedure MoveFoco;
  private
    { Private declarations }
  public
    { Public declarations }
  end;
```

Após a diretiva de compilação **{$R *.dfm}** acrescente o seguinte procedimento:

```
procedure TformCadProdutos.MoveFoco;
begin
     fldCodigoBarra.SetFocus;
end;
```

Com o formulário selecionado clique duas vezes no evento **OnShow** e digite o código:

```
procedure TformCadProdutos.FormShow(Sender: TObject);
begin
  inherited;
     dmModuloDados1.sdsControle.Open;
     dmModuloDados1.sdsGrupos.Open;
     dmModuloDados1.sdsCategorias.Open;
     dmModuloDados1.sdsFamilias.Open;
     dmModuloDados1.sdsMarcas.Open;
     dmModuloDados1.sdsDescricao.Open;
     dmModuloDados1.sdsCatalogo.Open;
     dmModuloDados1.sdsGrupos.IndexFieldNames := 'Descricao_Grupo';
     dmModuloDados1.sdsCategorias.IndexFieldNames := 'Descricao_Categoria';
     dmModuloDados1.sdsFamilias.IndexFieldNames := 'Descricao_Familia';
     dmModuloDados1.sdsMarcas.IndexFieldNames := 'Descricao_Marca';
     dmModuloDados1.sdsDescricao.IndexFieldNames := 'Descricao';
     if dmModuloDados1.sdsCatalogo.IsEmpty then
     begin
          BloquearCampos(False);
          btnAdicionar.Enabled := False;
          btnEditar.Enabled := False;
          btnExcluir.Enabled := False;
          btnGravar.Enabled := True;
          chrModo := 'I';
          dmModuloDados1.sdsCatalogo.Append;
     end
     else
         chrModo := ' ';
     MoveFoco;
end;
```

Esse procedimento abre todas as tabelas utilizadas pelo formulário e ativa os índices delas por meio da especificação dos respectivos campos.

Já para o evento **OnClose** entre com o seguinte código:

```
procedure TformCadProdutos.FormClose(Sender: TObject; var Action: TCloseAction);
begin
     dmModuloDados1.sdsGrupos.IndexFieldNames := '';
     dmModuloDados1.sdsCategorias.IndexFieldNames := '';
     dmModuloDados1.sdsFamilias.IndexFieldNames := '';
     dmModuloDados1.sdsMarcas.IndexFieldNames := '';
     dmModuloDados1.sdsDescricao.IndexFieldNames := '';
     dmModuloDados1.sdsControle.Close;
     dmModuloDados1.sdsGrupos.Close;
     dmModuloDados1.sdsCategorias.Close;
     dmModuloDados1.sdsFamilias.Close;
     dmModuloDados1.sdsMarcas.Close;
     dmModuloDados1.sdsDescricao.Close;
     dmModuloDados1.sdsCatalogo.Close;
  inherited;
end;
```

Para os botões da barra superior entre com os códigos das seguintes listagens:

Botão Adicionar

```
procedure TformCadProdutos.btnAdicionarClick(Sender: TObject);
begin
  inherited;
     if Sender = btnAdicionar then
     begin
          try
             dmModuloDados1.sdsCatalogo.Append;
             chrModo := 'I';
             except
                   MsgStatus('');
                   Mensagem('Impossível adicionar novo registro !');
          end;
     end
     else if Sender = btnEditar then
```

```
        begin
            try
              dmModuloDados1.sdsCatalogo.Edit;
              chrModo := 'A';
              except
                   MsgStatus('');
                   Mensagem('Impossível entrar no modo de edição !');
            end;
        end;
    MoveFoco;
end;
```

Botão Primeiro

```
procedure TformCadProdutos.btnPrimeiroClick(Sender: TObject);
begin
  inherited;
    dmModuloDados1.sdsCatalogo.First;
    MoveFoco;
end;
```

Botão Anterior

```
procedure TformCadProdutos.btnAnteriorClick(Sender: TObject);
begin
  inherited;
    dmModuloDados1.sdsCatalogo.Prior;
    if dmModuloDados1.sdsCatalogo.Bof then
    begin
         MsgStatus('Início da tabela...');
         dmModuloDados1.sdsCatalogo.First;
    end
    else
        MsgStatus('');
    MoveFoco;
end;
```

Botão Próximo

```
procedure TformCadProdutos.btnProximoClick(Sender: TObject);
begin
  inherited;
    dmModuloDados1.sdsCatalogo.Next;
    if dmModuloDados1.sdsCatalogo.Eof then
    begin
         MsgStatus('Fim da tabela...');
         dmModuloDados1.sdsCatalogo.Last;
    end
    else
        MsgStatus('');
    MoveFoco;
end;
```

Botão Último

```
procedure TformCadProdutos.btnUltimoClick(Sender: TObject);
begin
  inherited;
    dmModuloDados1.sdsCatalogo.Last;
    MoveFoco;
end;
```

Botão Localizar

```
procedure TformCadProdutos.btnLocalizarClick(Sender: TObject);
var
   intRegistro: integer;
begin
  inherited;
    intRegistro := dmModuloDados1.sdsCatalogo.RecNo;
    Application.CreateForm(TformLocalizaProduto,formLocalizaProduto);
    if formLocalizaProduto.ShowModal = mrOK then
```

```
    begin
        dmModuloDados1.sdsCatalogo.IndexFieldNames := 'Codigo_Interno';
        dmModuloDados1.sdsCatalogo.FindKey([formLocalizaProduto.strValor]);
        dmModuloDados1.sdsCatalogo.IndexFieldNames := '';
    end
    else
       dmModuloDados1.sdsCatalogo.RecNo := intRegistro;
    formLocalizaProduto.Destroy;
end;
```

Botão Desfazer

```
procedure TformCadProdutos.btnDesfazerClick(Sender: TObject);
begin
  inherited;
    if dmModuloDados1.sdsCatalogo.State in [dsEdit,dsInsert] then
    begin
        try
           dmModuloDados1.sdsCatalogo.CancelUpdates;
           MsgStatus('Alterações desfeitas com sucesso...');
           except
                 Mensagem('Impossível desfazer alterações !');
        end;
    end
    else
       Mensagem('Não há alterações a serem desfeitas !');
    BloquearCampos(True);
    MoveFoco;
end;
```

Botão Gravar

```
procedure TformCadProdutos.btnGravarClick(Sender: TObject);
var
   intCodigoProduto: integer;
begin
  inherited;
    if dmModuloDados1.sdsCatalogo.State in [dsEdit,dsInsert] then
    begin
        try
           if chrModo = 'I' then
           begin
                dmModuloDados1.sdsControle.Edit;
                dmModuloDados1.sdsControleCodigo_Interno.AsInteger :=
dmModuloDados1.sdsControleCodigo_Interno.AsInteger + 1;
                dmModuloDados1.sdsControle.Post;
                dmModuloDados1.sdsControle.ApplyUpdates(-1);
                intCodigoProduto := dmModuloDados1.sdsControleCodigo_Interno.AsInteger;
                dmModuloDados1.sdsCatalogoCodigo_Interno.AsInteger := intCodigoProduto;
           end;
           dmModuloDados1.sdsCatalogo.Post;
           dmModuloDados1.sdsCatalogo.ApplyUpdates(-1);
           chrModo := ' ';
           MsgStatus('Dados gravados com sucesso...');
           except
                 Mensagem('Não foi possível efetuar a gravação dos dados !');
        end;
    end
    else
       Mensagem('Não há alterações a serem gravadas !');
    BloquearCampos(True);
    MoveFoco;
end;
```

Botão Excluir

```
procedure TformCadProdutos.btnExcluirClick(Sender: TObject);
begin
    if dmModuloDados1.sdsCatalogo.State in [dsEdit,dsInsert] then
       dmModuloDados1.sdsCatalogo.Post;
    try
       dmModuloDados1.sdsCatalogo.Delete;
       dmModuloDados1.sdsCatalogo.ApplyUpdates(-1);
```

```
          MsgStatus('Registro excluído com sucesso...');
          except
                Mensagem('Registro não foi excluído !');
       end;
       BloquearCampos(True);
       MoveFoco;
   inherited;
end;
```

Selecione o objeto **fldCodigoBarra** e digite nos eventos **OnEnter** e **OnExit** os códigos das seguintes listagens:

```
procedure TformCadProdutos.fldCodigoBarraEnter(Sender: TObject);
begin
  inherited;
     CorEntrada(Sender);
end;

procedure TformCadProdutos.fldCodigoBarraExit(Sender: TObject);
var
   dblPrecoVenda,dblMargemLucro: double;
begin
  inherited;
     CorSaida(Sender);
     if (Sender = fldPrecoCusto) or (Sender = fldMargemLucro) then
     begin
          if dmModuloDados1.sdsCatalogoPreco_Custo.AsFloat <> 0 then
          begin
               if dmModuloDados1.sdsCatalogoMargem_Lucro.AsFloat <> 0 then
                  dblPrecoVenda := dmModuloDados1.sdsCatalogoPreco_Custo.AsFloat *
(1+(dmModuloDados1.sdsCatalogoMargem_Lucro.Asfloat/100))
                  else
                       dblPrecoVenda := dmModuloDados1.sdsCatalogoPreco_Custo.AsFloat;
               if not (dmModuloDados1.sdsCatalogo.State in [dsEdit,dsInsert]) then
                  dmModuloDados1.sdsCatalogo.Edit;
               dmModuloDados1.sdsCatalogoPreco_Venda.AsFloat := dblPrecoVenda;
          end;
     end
     else if (Sender = fldPrecoVenda) then
            begin
                 if (dmModuloDados1.sdsCatalogoPreco_Custo.AsFloat <> 0) and
(dmModuloDados1.sdsCatalogoPreco_Venda.AsFloat <> 0) then
                 begin
                        dblMargemLucro := ((dmModuloDados1.sdsCatalogoPreco_Venda.AsFloat/
dmModuloDados1.sdsCatalogoPreco_Custo.AsFloat)-1)*100;
                        if not (dmModuloDados1.sdsCatalogo.State in [dsEdit,dsInsert]) then
                           dmModuloDados1.sdsCatalogo.Edit;
                        dmModuloDados1.sdsCatalogoMargem_Lucro.AsFloat := dblMargemLucro;
                 end;
            end;
end;
```

O último procedimento é responsável por calcular o valor de venda do produto após terem sido informados o valor de custo e a margem de lucro. Ele também faz o processo contrário, ou seja, calcula a margem de lucro em função do preço de custo e de venda fornecidos pelo usuário. O fragmento de código apresentado a seguir é que efetua essas operações:

```
if (Sender = fldPrecoCusto) or (Sender = fldMargemLucro) then
begin
     if dmModuloDados1.sdsCatalogoPreco_Custo.AsFloat <> 0 then
     begin
          if dmModuloDados1.sdsCatalogoMargem_Lucro.AsFloat <> 0 then
             dblPrecoVenda := dmModuloDados1.sdsCatalogoPreco_Custo.AsFloat *
(1+(dmModuloDados1.sdsCatalogoMargem_Lucro.Asfloat/100))
             else
                  dblPrecoVenda := dmModuloDados1.sdsCatalogoPreco_Custo.AsFloat;
          if not (dmModuloDados1.sdsCatalogo.State in [dsEdit,dsInsert]) then
             dmModuloDados1.sdsCatalogo.Edit;
          dmModuloDados1.sdsCatalogoPreco_Venda.AsFloat := dblPrecoVenda;
     end;
end
else if (Sender = fldPrecoVenda) then
     begin
          if (dmModuloDados1.sdsCatalogoPreco_Custo.AsFloat <> 0) and
(dmModuloDados1.sdsCatalogoPreco_Venda.AsFloat <> 0) then
          begin
```

```
            dblMargemLucro := ((dmModuloDados1.sdsCatalogoPreco_Venda.AsFloat/
dmModuloDados1.sdsCatalogoPreco_Custo.AsFloat)-1)*100;
          if not (dmModuloDados1.sdsCatalogo.State in [dsEdit,dsInsert]) then
            dmModuloDados1.sdsCatalogo.Edit;
          dmModuloDados1.sdsCatalogoMargem_Lucro.AsFloat := dblMargemLucro;
      end;
end;
```

Devemos ainda adicionar a unidade **DB** à cláusula **Uses** do formulário. A seguir, salve o formulário nomeando-o como "UCadProdutos".

O último formulário a ser criado neste capítulo é o de pesquisa de produtos. Selecione **File → New → Other** e escolha a opção **Inheritable Items**.

Clique no ícone **formMestreLocalizar** para adicionar um novo formulário ao projeto. Vincule ao formulário as unidades **UModuloDados1** e **URotinasGenericas**, depois digite nas propriedades **Caption** (grupo **Visual**) e **Name** (grupo **Miscellaneous**) as cadeias de caracteres 'Localizar Produto" e "formLocalizaProduto".

Mova todos os objetos do formulário para as posições demonstradas na figura 17.22. Então adicione à parte superior um **TLabel** e um **TDBLookupComboBox** configurados da seguinte forma:

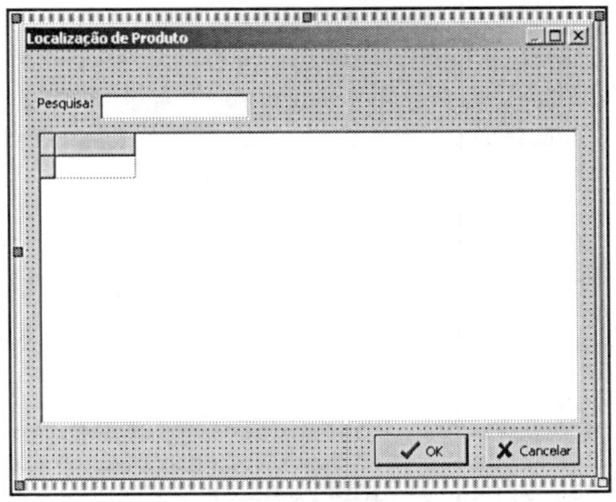

Figura 17.22

Objeto	Propriedade	Grupo	Valor
Label1	Caption	Visual	Descrição/Nome:
	Name	Miscellaneous	lblNomeProduto
DBLookupComboBox1	ListSource	Database	dmModuloDados1.dsDescricao
	ListField	Database	Descricao
	KeyField	Database	Codigo_Descricao
	Name	Miscellaneous	fldNomeProduto

É importante notar que não foi especificado nenhum valor para as propriedades **DataSource** e **DataField** do objeto **fldNomeProduto**. Isso se deve ao fato de desejarmos apenas visualizar e selecionar um produto sem que ele seja atribuído a um campo/tabela.

Configure os outros objetos conforme a seguinte tabela:

Objeto	Propriedade	Grupo	Valor
lblMensagem	Caption	Visual	Modelo/Característica:
	CharCase	Miscellaneous	ecUpperCase
grdDados	DataSource	Database	dmModuloDados1.dsProdutos

Dê um duplo-clique sobre o objeto **grdDados** para abrir o editor de colunas e adicione duas colunas. Configure essas duas colunas de acordo com a tabela apresentada a seguir:

Coluna	Propriedade	Grupo	Valor
Primeira	FieldName	Database	Codigo_Barras
	Alignment	Localizable/Title	taCenter
Segunda	FieldName	Database	Modelo
	Alignment	Localizable/Title	taCenter

Na figura 17.23 podemos ver esse formulário finalizado. Deve-se fazer ainda um pequeno ajuste na ordem de tabulação dos objetos. Clique com o botão direito sobre o formulário e selecione **Tab Order**. Então mova o objeto denominado **fldNomeProduto** para o início da lista, como mostra a figura 17.24.

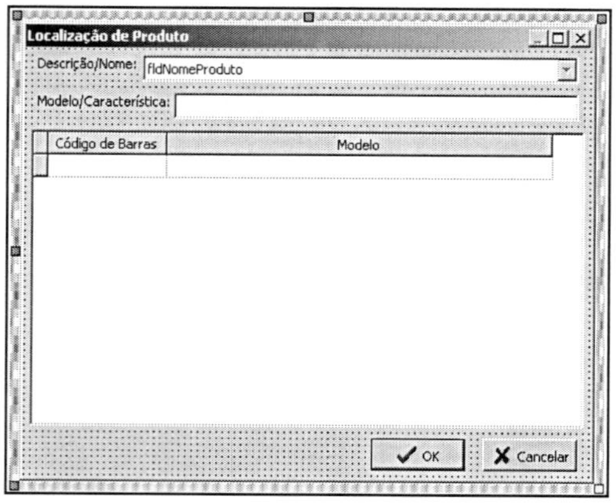

Figura 17.23

Figura 17.24

Selecione o objeto **fldNomeProduto** e entre com o código listado a seguir no evento **OnExit**:

```
procedure TformLocalizaProduto.fldNomeProdutoExit(Sender: TObject);
begin
  inherited;
     dmModuloDados1.sdsProdutos.DataSet.CommandText := 'SELECT * FROM Catalogo_Produtos WHERE
Codigo_Descricao = '+dmModuloDados1.sdsDescricaoCodigo_Descricao.AsString;
     dmModuloDados1.sdsProdutos.IndexFieldNames := 'Modelo';
     dmModuloDados1.sdsProdutos.Open;
end;
```

O que esse procedimento faz é montar uma instrução SQL que seleciona apenas os registros que tenha o código de descrição igual ao especificado pelo usuário por meio da caixa de combinação. Ele também ordena os registros pelo campo **Modelo**.

Para o evento **OnEnter** desse mesmo objeto o código deve ser o seguinte:

```
procedure TformLocalizaProduto.fldNomeProdutoEnter(Sender: TObject);
begin
  inherited;
     dmModuloDados1.sdsProdutos.IndexFieldNames := '';
     dmModuloDados1.sdsProdutos.Close;
end;
```

Agora para o objeto **edtPesquisa** atribua ao evento **OnKeyPress** o seguinte código:

```
procedure TformLocalizaProduto.edtPesquisaKeyPress(Sender: TObject;
  var Key: Char);
begin
  inherited;
     dmModuloDados1.sdsProdutos.FindNearest([edtPesquisa.Text]);
end;
```

Dê um duplo-clique no botão **OK** e digite o código:

```
procedure TformLocalizaProduto.btnOKClick(Sender: TObject);
begin
  inherited;
     strValor := dmModuloDados1.sdsProdutosCodigo_Interno.AsString;
     dmModuloDados1.sdsProdutos.IndexFieldNames := '';
     dmModuloDados1.sdsProdutos.Close;
end;
```

O último procedimento desse formulário deve ser atribuído ao evento **OnDblClick** do objeto **grdDados**. O código se encontra a seguir:

```
procedure TformLocalizaProduto.grdDadosDblClick(Sender: TObject);
begin
  inherited;
     btnOK.Click;
end;
```

Salve esse formulário com o nome "ULocalizaProduto.Pas" e vincule-o ao formulário **formCadProdutos**. Salve novamente o projeto.

17.9. Finalização e Teste

Volte ao formulário **formPrincipal** e adicione todas as unidades dos formulários de cadastro que acabamos de criar (**UCadGrupos, UCadCategorias, UCadFamilias, UCadMarcas, UCadDescricao, UCadProdutos**). Abra o editor de menus e insira um novo item logo abaixo de Fornecedores, especificando nas propriedades **Caption** e **Name** as cadeias de caracteres "Produtos" e "opcProdutos".

Com esse item de menu ainda selecionado tecle em <CTRL>+<Seta p/ direita>. Com isso será criado um novo nível hierárquico dentro da opção **Produtos**. Acrescente as seguintes opções:

Opção	Propriedade	Grupo	Valor
Grupos de Produtos	Caption	Visual	Grupos de Produtos
	Name	Miscellaneous	opcGrupos
Categorias de Produtos	Caption	Visual	Categorias de Produtos
	Name	Miscellaneous	opcCategorias
Famílias de Produtos	Caption	Visual	Famílias de Produtos
	Name	Miscellaneous	opcFamilias
Marcas de Produtos	Caption	Visual	Marcas de Produtos
	Name	Miscellaneous	opcMarcas
Descrições de Produtos	Caption	Visual	Descrições de Produtos
	Name	Miscellaneous	opcDescricao
Catálogo de Produtos	Caption	Visual	Catálogo de Produtos
	Name	Miscellaneous	opcCatalogo

Os procedimentos para essas opções devem ser os seguintes:

Grupos de Produtos

```
procedure TformPrincipal.opcGruposClick(Sender: TObject);
var
   Formulario: TformCadGrupos;
begin
     if (Application.FindComponent('formCadGrupos') = nil) then
     begin
          Formulario := TformCadGrupos.Create(Application);
          Formulario.Top := 0;
          Formulario.Left := 0;
     end;
end;
```

Categorias de Produtos

```
procedure TformPrincipal.opcCategoriasClick(Sender: TObject);
var
   Formulario: TformCadCategorias;
begin
     if (Application.FindComponent('formCadCategorias') = nil) then
     begin
          Formulario := TformCadCategorias.Create(Application);
          Formulario.Top := 0;
          Formulario.Left := 0;
     end;
end;
```

Famílias de Produtos

```
procedure TformPrincipal.opcFamiliasClick(Sender: TObject);
var
   Formulario: TformCadFamilias;
```

```
begin
     if (Application.FindComponent('formCadFamilias') = nil) then
     begin
          Formulario := TformCadFamilias.Create(Application);
          Formulario.Top := 0;
          Formulario.Left := 0;
     end;
end;
```

Marcas de Produtos

```
procedure TformPrincipal.opcMarcasClick(Sender: TObject);
var
   Formulario: TformCadMarcas;
begin
     if (Application.FindComponent('formCadMarcas') = nil) then
     begin
          Formulario := TformCadMarcas.Create(Application);
          Formulario.Top := 0;
          Formulario.Left := 0;
     end;
end;
```

Descrições de Produtos

```
procedure TformPrincipal.opcDescricaoClick(Sender: TObject);
var
   Formulario: TformCadDescricao;
begin
     if (Application.FindComponent('formCadDescricao') = nil) then
     begin
          Formulario := TformCadDescricao.Create(Application);
          Formulario.Top := 0;
          Formulario.Left := 0;
     end;
end;
```

Catálogo de Produtos

```
procedure TformPrincipal.opcCatalogoClick(Sender: TObject);
var
   Formulario: TformCadProdutos;
begin
     if (Application.FindComponent('formCadProdutos') = nil) then
     begin
          Formulario := TformCadProdutos.Create(Application);
          Formulario.Top := 0;
          Formulario.Left := 0;
     end;
end;
```

A figura 17.25 mostra esse menu já definido.

Clique no botão **Save All** e compile o projeto selecionando a opção **Project → Build GDP**. Execute o programa e selecione a opção **Cadastro → Produtos**. Note que são apresentados subitens dessa opção (figura 17.26).

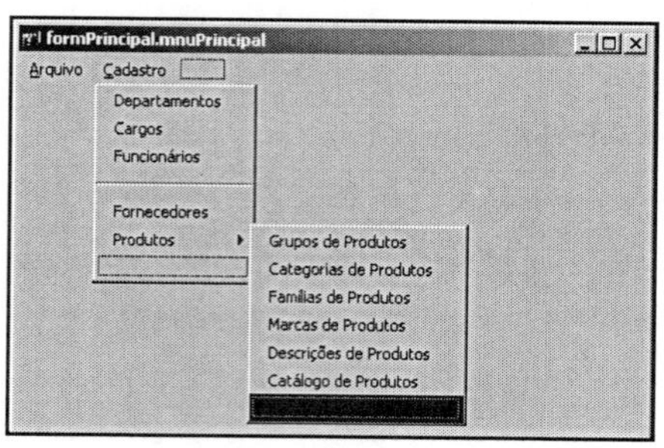

Figura 17.25

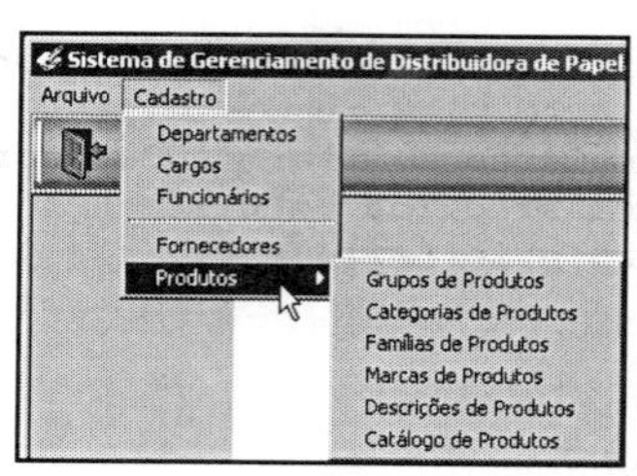

Figura 17.26

As figuras 17.27, 17.28, 17.29 e 17.30 apresentam as telas dos formulários de cadastro de grupos, categorias, famílias e marcas, com a grade de dados selecionada. Já na figura 17.31 é possível ver a janela de pesquisa de marcas.

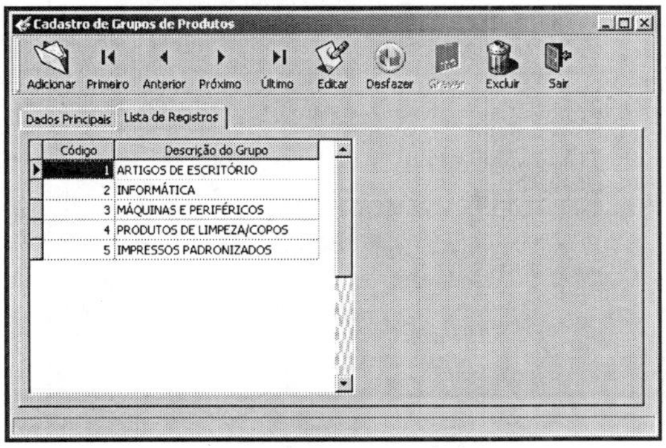

Figura 17.27

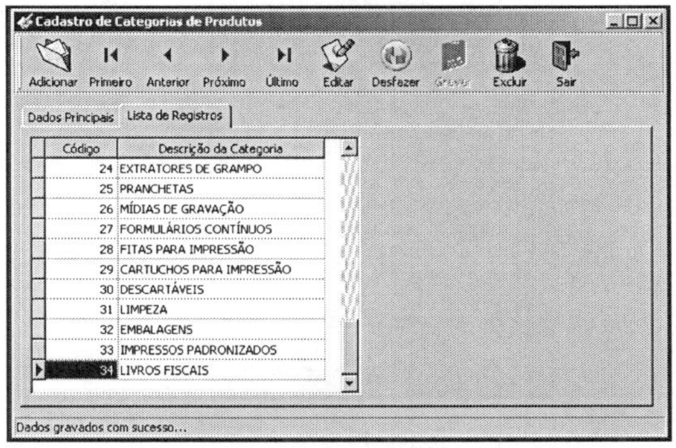

Figura 17.28

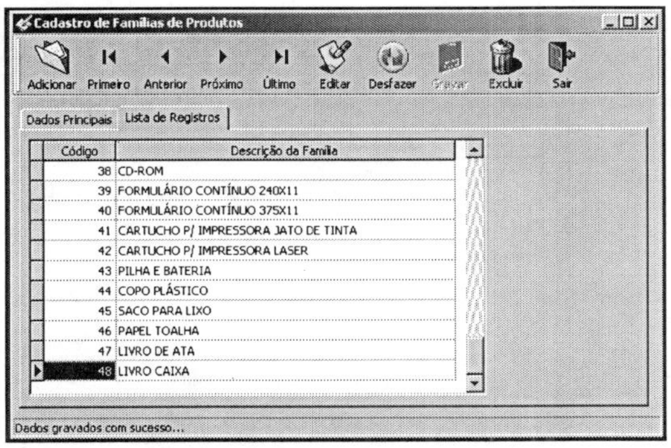

Figura 17.29

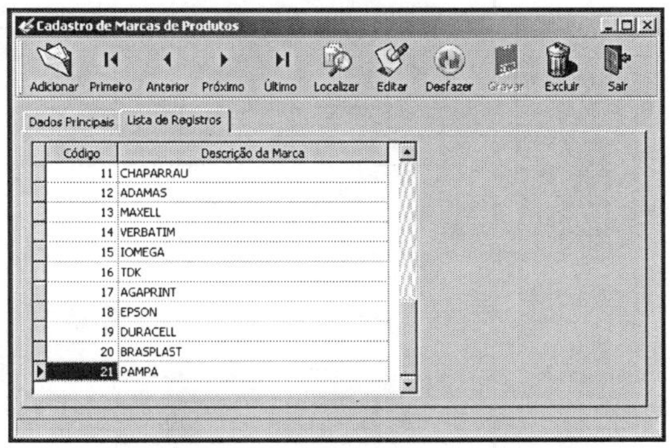

Figura 17.30

Nas figuras 17.32 e 17.33 podem ser vistas as telas de cadastro de descrições e de pesquisa.

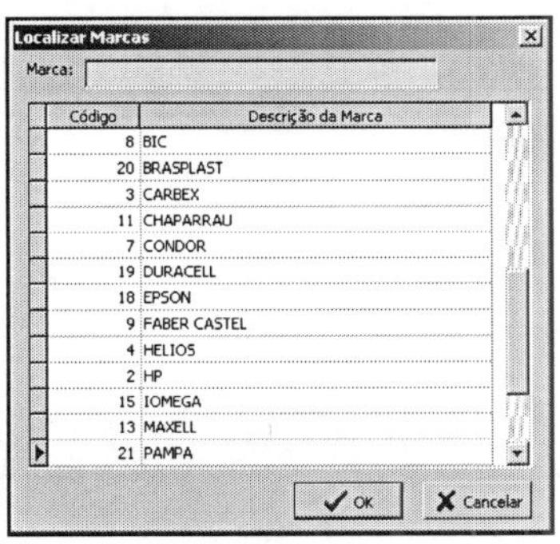

Figura 17.31

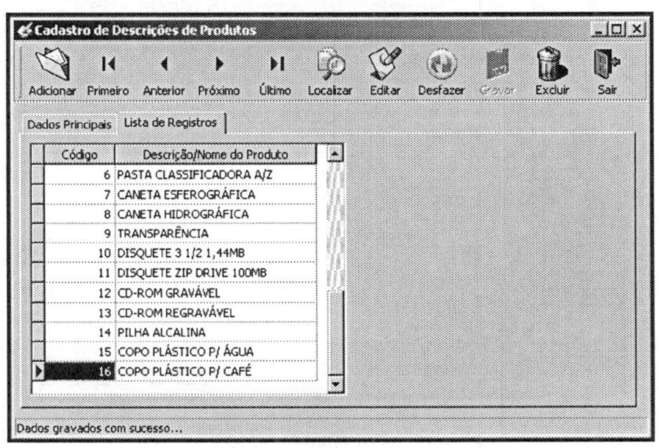

Figura 17.32

Na figura 17.34 é possível ver a aberta da caixa de combinação que permite a seleção de uma descrição/nome de produto. Os valores para os campos denominados **Grupo**, **Categoria**, **Família** e **Marca** também são selecionados da mesma maneira. Note que após terem sido digitados o preço de custo e a margem de lucro, o próprio programa calcula o preço de venda (figura 17.35).

Após ter adicionado vários registros, clique no botão **Localizar** para abrir a tela de pesquisa. Clique na caixa de combinação e escolha um dos itens que define o nome do produto a ser pesquisado (figura 17.36). Na grade de dados são mostrados todos os registros referentes à descrição selecionada (figura 17.37).

Digite a especificação do modelo desejado (figura 17.38).

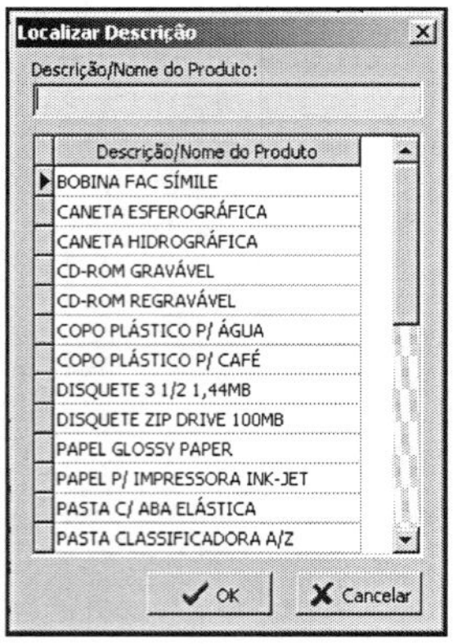

Figura 17.33

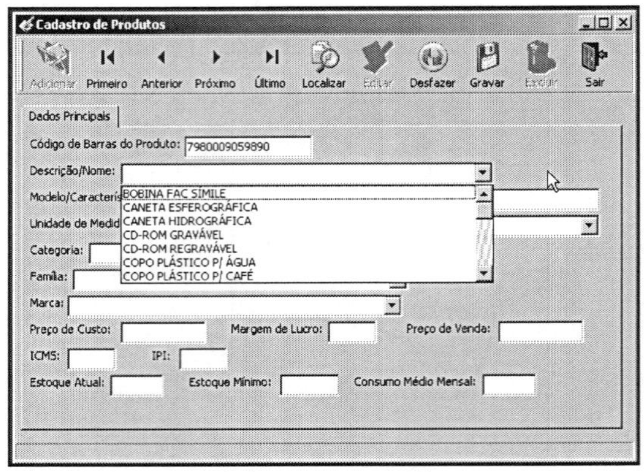

Figura 17.34

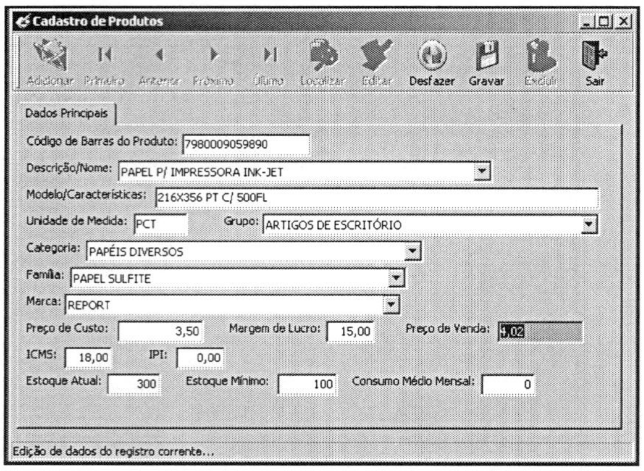

Figura 17.35

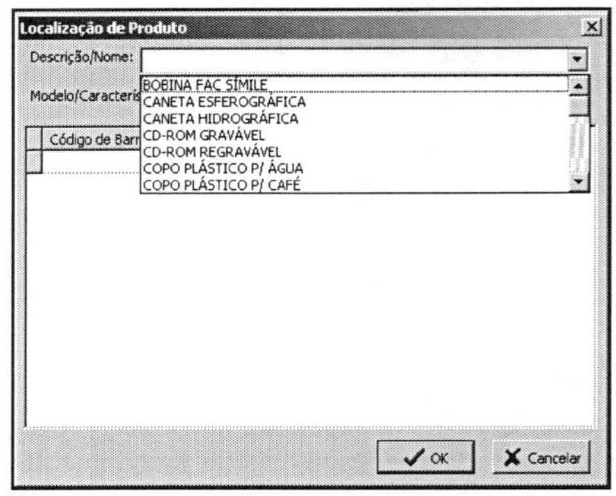

Figura 17.36

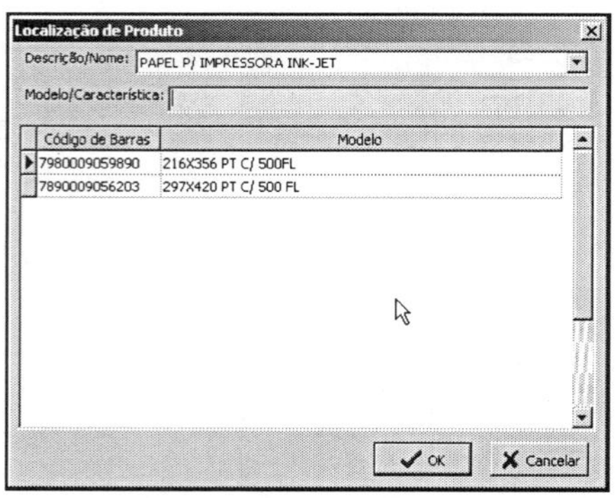

Figura 17.37

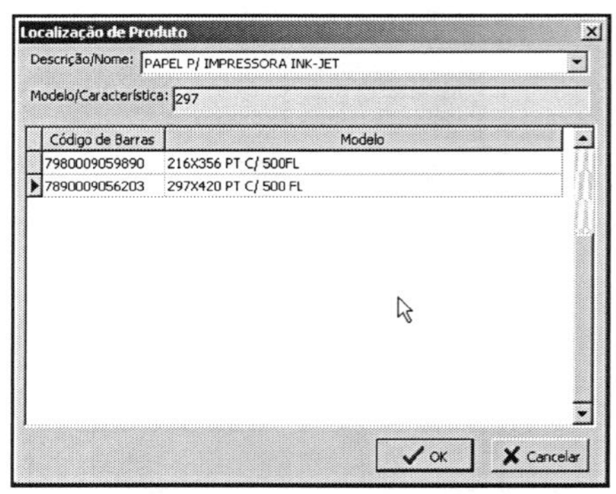

Figura 17.38

capítulo 18

A Ligação Fornecedores X Produtos

Assuntos abordados neste capítulo

- *Alterações dos formulários de cadastro de produtos e de fornecedores*
- *Criação de relacionamento entre duas tabelas com as propriedades MasterSource e MasterFields*
- *Uso de botões do tipo TSpeedButton*

18.1. Alterando o Formulário de Produtos

Este capítulo mostra como é possível criar um relacionamento entre os registros de uma tabela e os de outra. Selecione o formulário **formCadProdutos** e adicione uma nova aba ao controle de paginação. Configure as propriedades **Caption** e **Name** como "Fornecedores" e "tabFornecedores".

Coloque dentro dessa nova aba dois componentes **TSpeedButton** (grupo **Additional**) e um **TDBGrid** (grupo **Data Controls**), como mostra a figura 18.1.

Selecione o primeiro botão e digite na propriedade **Caption** a cadeia de caracteres "Adicionar". Em **Name**, entre com a expressão "btnNovoFornecedor". A seguir, clique no ícone da propriedade **Glyph** e na janela apresentada (figura 18.2), clique no botão **Load**. Então escolha o arquivo **Adicionar03.bmp** a partir da caixa de diálogo aberta em seguida (figura 18.3).

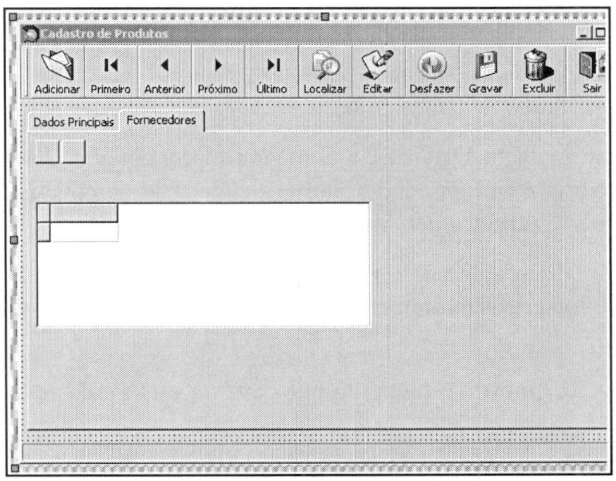

Figura 18.1

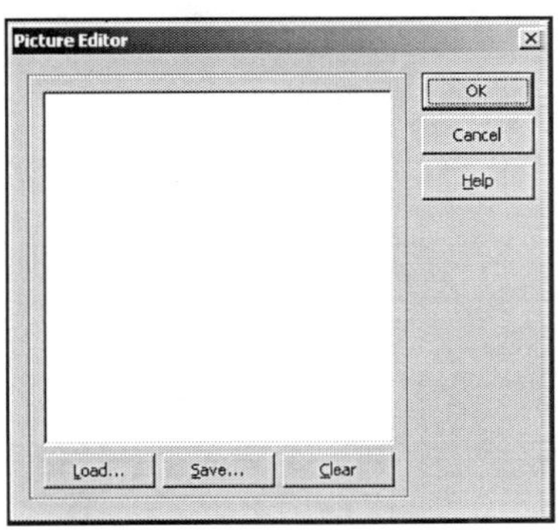

Figura 18.2

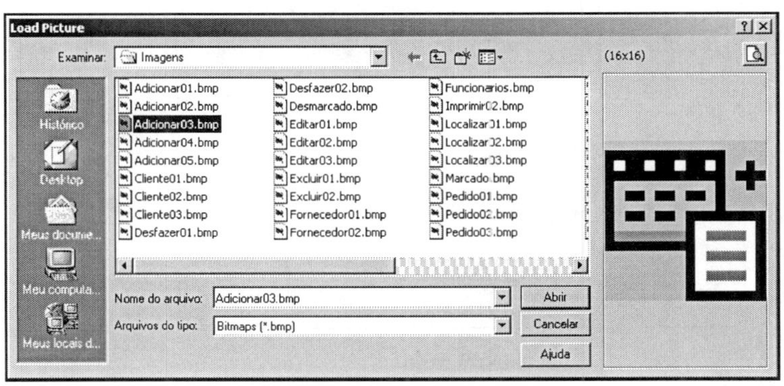

Figura 18.3

Selecione ainda na propriedade **Layout** (grupo **Miscellaneous**) a opção **blGlyphTop** (figura 18.4). Isso faz com que a imagem do botão seja apresentada acima do texto de legenda. Ajuste o tamanho do botão para que ele fique conforme a figura 18.5.

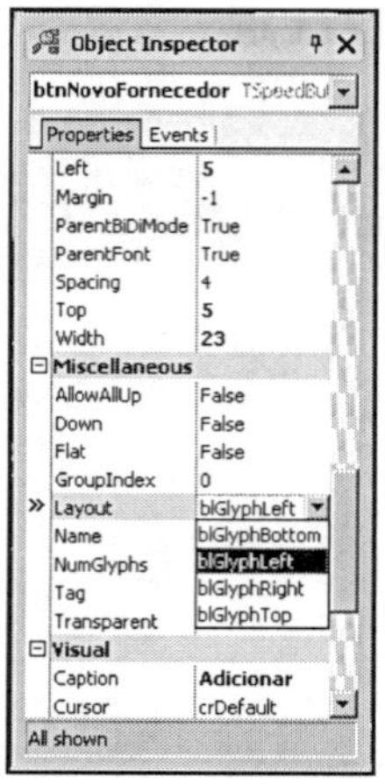

Figura 18.4

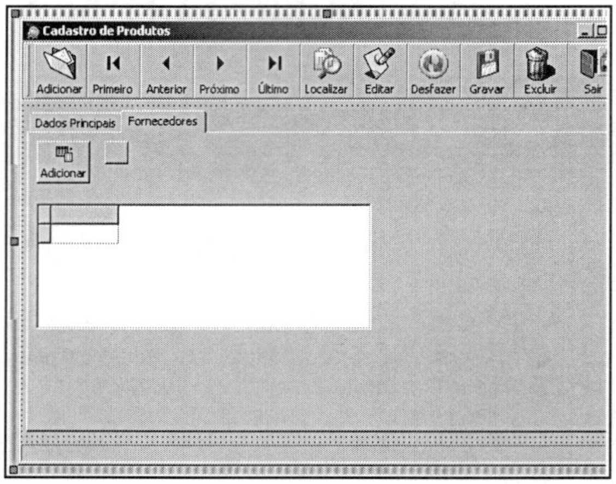

Figura 18.5

Configure o segundo botão conforme descrito na seguinte tabela:

Propriedade	Grupo	Valor
Caption	Visual	Excluir
Glyph	Visual	Excluir02.bmp
Layout	Miscellaneous	blGlyphTop
Name	Miscellaneous	btnExcluiFornecedor

Veja o resultado na figura 18.6.

Selecione o objeto **DBGrid1** e configure a propriedade **DataSource** com o valor **dmModuloDados1.dsFornecedorProduto.** Digite ainda na propriedade **Name** a cadeia de caracteres "grdFornecedores". Escolha a opção **True** para a propriedade **ReadOnly** (grupo **Input**) desse objeto.

Adicione duas colunas a essa grade de dados e especifique para cada uma delas os campos **Codigo_Fornecedor** e **Fornecedor.** Ajuste também a propriedade **Alignment** (grupo **Localizable/ Title**) dessas duas colunas com a opção **taCenter.**

A figura 18.7 mostra o tamanho que deve ter essa grade de dados.

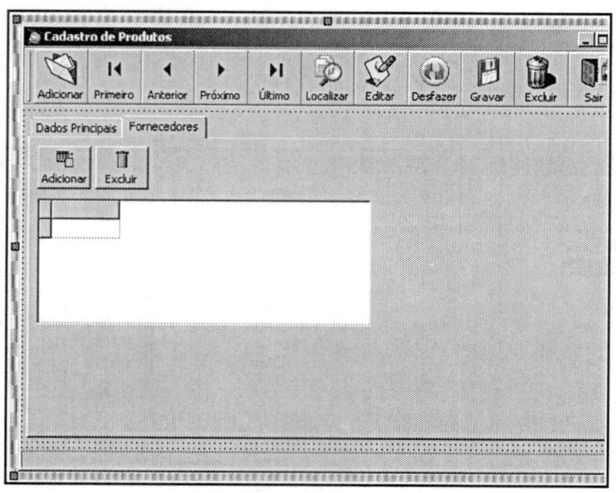

Figura 18.6

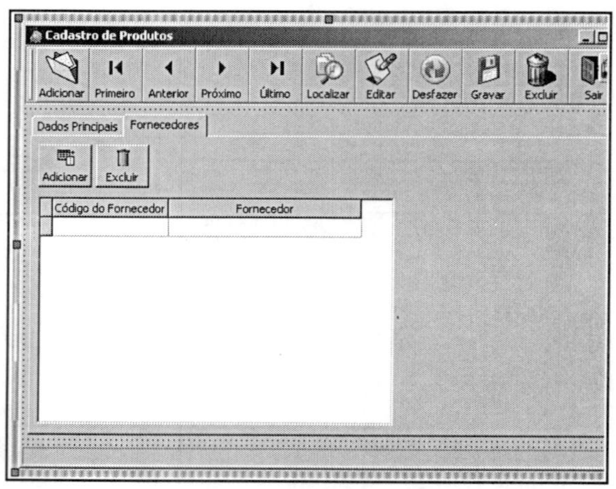

Figura 18.7

Agora altere os procedimentos dos eventos **OnShow** e **OnClose**, acrescentando as linhas em destaque das seguintes listagens:

```
procedure TformCadGrupos.FormShow(Sender: TObject);
begin
  inherited;
     dmModuloDados1.sdsControle.Open;
     dmModuloDados1.sdsGrupos.Open;
     dmModuloDados1.sdsCategorias.Open;
     dmModuloDados1.sdsFamilias.Open;
     dmModuloDados1.sdsMarcas.Open;
     dmModuloDados1.sdsDescricao.Open;
     dmModuloDados1.sdsCatalogo.Open;
     dmModuloDados1.sdsFornecedores.Open;
     dmModuloDados1.sdsFornecedorProduto.Open;
     dmModuloDados1.sdsGrupos.IndexFieldNames := 'Descricao_Grupo';
     dmModuloDados1.sdsCategorias.IndexFieldNames := 'Descricao_Categoria';
     dmModuloDados1.sdsFamilias.IndexFieldNames := 'Descricao_Familia';
     dmModuloDados1.sdsMarcas.IndexFieldNames := 'Descricao_Marca';
     dmModuloDados1.sdsDescricao.IndexFieldNames := 'Descricao';
     dmModuloDados1.sdsFornecedorProduto.IndexFieldNames := 'Codigo_Produto';
     dmModuloDados1.sdsFornecedorProduto.MasterSource := dmModuloDados1.dsCatalogo;
     dmModuloDados1.sdsFornecedorProduto.MasterFields := 'Codigo_Interno';
     if dmModuloDados1.sdsCatalogo.IsEmpty then
     begin
          BloquearCampos(False);
          btnAdicionar.Enabled := False;
          btnEditar.Enabled := False;
          btnExcluir.Enabled := False;
          btnGravar.Enabled := True;
          chrModo := 'I';
          dmModuloDados1.sdsCatalogo.Append;
     end
     else
         chrModo := ' ';
     MoveFoco;end;
```

```
procedure TformCadGrupos.FormClose(Sender: TObject; var Action: TCloseAction);
begin
     dmModuloDados1.sdsFornecedorProduto.MasterFields := '';
     dmModuloDados1.sdsFornecedorProduto.MasterSource := nil;
     dmModuloDados1.sdsFornecedorProduto.IndexFieldNames := '';
     dmModuloDados1.sdsGrupos.IndexFieldNames := '';
     dmModuloDados1.sdsCategorias.IndexFieldNames := '';
     dmModuloDados1.sdsFamilias.IndexFieldNames := '';
     dmModuloDados1.sdsMarcas.IndexFieldNames := '';
     dmModuloDados1.sdsDescricao.IndexFieldNames := '';
     dmModuloDados1.sdsControle.Close;
     dmModuloDados1.sdsGrupos.Close;
     dmModuloDados1.sdsCategorias.Close;
     dmModuloDados1.sdsFamilias.Close;
     dmModuloDados1.sdsMarcas.Close;
     dmModuloDados1.sdsDescricao.Close;
     dmModuloDados1.sdsCatalogo.Close;
     dmModuloDados1.sdsFornecedores.Close;
     dmModuloDados1.sdsFornecedorProduto.Close;
  inherited;
end;
```

No procedimento do evento **OnShow** a tabela que permite relacionar os fornecedores com os produtos é aberta e um vínculo entre essa tabela e o cadastro de produtos é criado por meio das instruções:

```
dmModuloDados1.sdsFornecedorProduto.IndexFieldNames := 'Codigo_Produto';
dmModuloDados1.sdsFornecedorProduto.MasterSource := dmModuloDados1.dsCatalogo;
dmModuloDados1.sdsFornecedorProduto.MasterFields := 'Codigo_Interno';
```

A primeira linha seleciona o campo que servirá de índice. Na segunda linha é especificada a fonte de dados (no caso a tabela de cadastro de produtos) e na terceira linha temos o campo pelo qual se dá o vínculo entre as duas tabelas.

O procedimento do evento **OnClose** desfaz esse relacionamento entre as tabelas por meio do seguinte código:

```
dmModuloDados1.sdsFornecedorProduto.MasterFields := '';
dmModuloDados1.sdsFornecedorProduto.MasterSource := nil;
dmModuloDados1.sdsFornecedorProduto.IndexFieldNames := '';
```

Dê um duplo-clique no botão **Adicionar** da aba denominada **Fornecedores** e digite as linhas de código:

```
procedure TformCadProdutos.btnNovoFornecedorClick(Sender: TObject);
var
   intRegistro: integer;
   strProduto: string;
begin
  inherited;
     Application.CreateForm(TformLocalizaFornecedor,formLocalizaFornecedor);
     if (formLocalizaFornecedor.ShowModal = mrOK) then
     begin
          dmModuloDados1.sdsDescricao.Locate('Codigo_Descricao',VarArrayOf([
dmModuloDados1.sdsCatalogoCodigo_Descricao.AsInteger]),[]);
          strProduto := Trim(dmModuloDados1.sdsDescricaoDescricao.AsString)+Trim(
dmModuloDados1.sdsCatalogoModelo.AsString);
          dmModuloDados1.sdsControle.Edit;
          dmModuloDados1.sdsControleReg_Forn_Prod.AsInteger :=
dmModuloDados1.sdsControleReg_Forn_Prod.AsInteger + 1;
          dmModuloDados1.sdsControle.Post;
          dmModuloDados1.sdsControle.ApplyUpdates(-1);
          intRegistro := dmModuloDados1.sdsControleReg_Forn_Prod.AsInteger;
          dmModuloDados1.sdsFornecedorProduto.Append;
          dmModuloDados1.sdsFornecedorProdutoRegistro.AsInteger := intRegistro;
          dmModuloDados1.sdsFornecedorProdutoCodigo_Fornecedor.AsInteger :=
dmModuloDados1.sdsFornecedoresCodigo_Fornecedor.AsInteger;
          dmModuloDados1.sdsFornecedorProdutoFornecedor.AsString :=
dmModuloDados1.sdsFornecedoresNome_Fantasia.AsString;
          dmModuloDados1.sdsFornecedorProdutoCodigo_Produto.AsInteger :=
dmModuloDados1.sdsCatalogoCodigo_Interno.AsInteger;
          dmModuloDados1.sdsFornecedorProdutoDescricao_Produto.AsString := strProduto;
          dmModuloDados1.sdsFornecedorProduto.Post;
          dmModuloDados1.sdsFornecedorProduto.ApplyUpdates(-1);
     end;
     formLocalizaFornecedor.Destroy;
end;
```

Ele chama o formulário de pesquisa de fornecedores, monta a descrição completa do produto e adiciona um novo registro à tabela Fornecedor_Produto.

Para o botão **Excluir** entre com o código:

```
procedure TformCadProdutos.btnExcluiFornecedorClick(Sender: TObject);
begin
  inherited;
     dmModuloDados1.sdsFornecedorProduto.Delete;
     dmModuloDados1.sdsFornecedorProduto.ApplyUpdates(-1);
end;
```

Vincule à unidade **ULocalizaFornecedor** e salve o projeto.

18.2. Alterando o Formulário de Fornecedores

Quando foi abordada a construção do formulário de cadastro de fornecedores, uma aba com a legenda **Lista de Produtos** foi adicionada ao controle de paginação. Naquele momento nada foi adicionado, mas chegou a hora de trabalharmos novamente com ela.

Como feito no tópico anterior, adicione dois **TSpeedButton** e um **TDBGrid** a essa aba. Configure esses objetos da mesma forma que foi feito com o formulário de cadastro de produtos. Veja na tabela a seguir as configurações necessárias:

Objeto	Propriedade	Grupo	Valor
SpeedButton1	Caption	Visual	Adicionar
	Glyph	Visual	Adicionar03.bmp
	Layout	Miscellaneous	blGlyphTop
	Name	Miscellaneous	btnNovoProduto

Objeto	Propriedade	Grupo	Valor
SpeedButton2	Caption	Visual	Excluir
	Glyph	Visual	Excluir02.bmp
	Layout	Miscellaneous	blGlyphTop
	Name	Miscellaneous	btnExcluiProduto
DBGrid1	DataSource	Visual	dmModuloDados1.dsFornecedorProduto
	ReadOnly	Input	True
	Name	Miscellaneous	grdProdutos

Com o objeto **grdProdutos** selecionado adicione duas colunas e especifique para cada uma delas os campos **Codigo_Produto** e **Descricao_Produto**. Ajuste a propriedade **Alignment** (grupo **Localizable/Title**) dessas duas colunas com a opção **taCenter**. A figura 18.8 mostra como deve ficar o formulário.

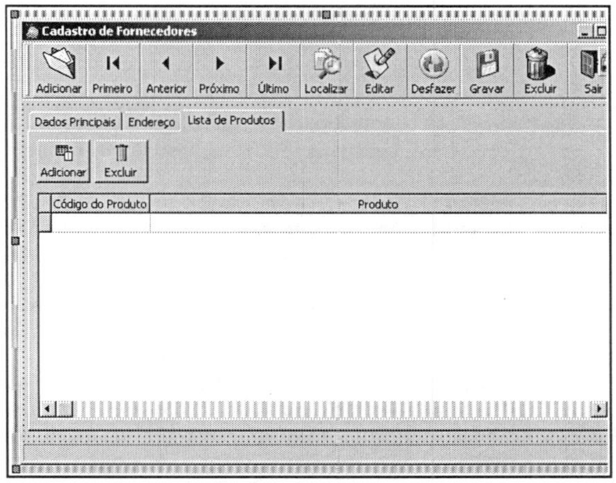

Figura 18.8

Como feito anteriormente, altere os procedimentos dos eventos **OnShow** e **OnClose**, acrescentando as linhas em destaque das seguintes listagens:

```
procedure TformCadFornecedores.FormShow(Sender: TObject);
begin
  inherited;
     dmModuloDados1.sdsControle.Open;
     dmModuloDados1.sdsEstados.Open;
     dmModuloDados1.sdsFornecedores.Open;
     dmModuloDados1.sdsDescricao.Open;
     dmModuloDados1.sdsCatalogo.Open;
     dmModuloDados1.sdsFornecedorProduto.Open;
     dmModuloDados1.sdsFornecedorProduto.IndexFieldNames := 'Codigo_Fornecedor';
     dmModuloDados1.sdsFornecedorProduto.MasterSource := dmModuloDados1.dsFornecedores;
     dmModuloDados1.sdsFornecedorProduto.MasterFields := 'Codigo_Fornecedor';
     dmModuloDados1.sdsDescricao.IndexFieldNames := 'Descricao';
     if dmModuloDados1.sdsFornecedores.IsEmpty then
     begin
          BloquearCampos(False);
          btnAdicionar.Enabled := False;
          btnEditar.Enabled := False;
          btnExcluir.Enabled := False;
          btnGravar.Enabled := True;
          chrModo := 'I';
          dmModuloDados1.sdsFornecedores.Append;
     end
     else
         chrModo := ' ';
     MoveFoco;
end;

procedure TformCadFornecedores.FormClose(Sender: TObject;
  var Action: TCloseAction);
begin
     dmModuloDados1.sdsDescricao.IndexFieldNames := '';
     dmModuloDados1.sdsFornecedorProduto.MasterFields := '';
     dmModuloDados1.sdsFornecedorProduto.MasterSource := nil;
     dmModuloDados1.sdsFornecedorProduto.IndexFieldNames := '';
     dmModuloDados1.sdsControle.Close;
     dmModuloDados1.sdsEstados.Close;
     dmModuloDados1.sdsFornecedores.Close;
```

```
      dmModuloDados1.sdsDescricao.Close;
      dmModuloDados1.sdsCatalogo.Close;
      dmModuloDados1.sdsFornecedorProduto.Close;
   inherited;
end;
```

As operações executadas pelos dois procedimentos são as mesmas descritas no tópico anterior, com a diferença de que aqui o relacionamento está sendo estabelecido entre a tabela **Fornecedor_Produto** e **Fornecedores**.

Dê um duplo-clique no botão **Adicionar** da aba **Lista de Produtos** e digite as seguintes linhas de código:

```
procedure TformCadFornecedores.btnNovoProdutoClick(Sender: TObject);
var
   intRegistro: integer;
   strProduto: string;
begin
  inherited;
      Application.CreateForm(TformLocalizaProduto,formLocalizaProduto);
      if (formLocalizaProduto.ShowModal = mrOK) then
      begin
            dmModuloDados1.sdsCatalogo.IndexFieldNames := 'Codigo_Interno';
            dmModuloDados1.sdsCatalogo.FindKey([formLocalizaProduto.strValor]);
            dmModuloDados1.sdsCatalogo.IndexFieldNames := '';
            dmModuloDados1.sdsDescricao.Locate('Codigo_Descricao',VarArrayOf([
dmModuloDados1.sdsCatalogoCodigo_Descricao.AsInteger]),[]);
            strProduto := Trim(dmModuloDados1.sdsDescricaoDescricao.AsString)+Trim(
dmModuloDados1.sdsCatalogoModelo.AsString);
            dmModuloDados1.sdsControle.Edit;
            dmModuloDados1.sdsControleReg_Forn_Prod.AsInteger :=
dmModuloDados1.sdsControleReg_Forn_Prod.AsInteger + 1;
            dmModuloDados1.sdsControle.Post;
            dmModuloDados1.sdsControle.ApplyUpdates(-1);
            intRegistro := dmModuloDados1.sdsControleReg_Forn_Prod.AsInteger;
            dmModuloDados1.sdsFornecedorProduto.Append;
            dmModuloDados1.sdsFornecedorProdutoRegistro.AsInteger := intRegistro;
            dmModuloDados1.sdsFornecedorProdutoCodigo_Fornecedor.AsInteger :=
dmModuloDados1.sdsFornecedoresCodigo_Fornecedor.AsInteger;
            dmModuloDados1.sdsFornecedorProdutoFornecedor.AsString :=
dmModuloDados1.sdsFornecedoresNome_Fantasia.AsString;
            dmModuloDados1.sdsFornecedorProdutoCodigo_Produto.AsInteger :=
dmModuloDados1.sdsCatalogoCodigo_Interno.AsInteger;
            dmModuloDados1.sdsFornecedorProdutoDescricao_Produto.AsString := strProduto;
            dmModuloDados1.sdsFornecedorProduto.Post;
            dmModuloDados1.sdsFornecedorProduto.ApplyUpdates(-1);
      end;
      formLocalizaProduto.Destroy;
end;
```

Ele chama o formulário de pesquisa de produtos para poder adicionar posteriormente um novo registro à tabela de dados denominada Fornecedor_Produto.

Para o botão **Excluir** entre com o código:

```
procedure TformCadFornecedores.btnExcluiProdutoClick(Sender: TObject);
begin
  inherited;
      dmModuloDados1.sdsFornecedorProduto.Delete;
      dmModuloDados1.sdsFornecedorProduto.ApplyUpdates(-1);
end;
```

Vincule à unidade **ULocalizaProduto**, salve o projeto e compile-o para poder ser executado.

18.3. Testando as Alterações

Execute o aplicativo e selecione a opção **Cadastro → Produtos → Catálogo de Produtos**. Selecione a segunda aba e você deve ver a tela da figura 18.9. Note que os dois botões estão desabilitados. Clique no botão **Editar** para habilitá-los (figura 18.10).

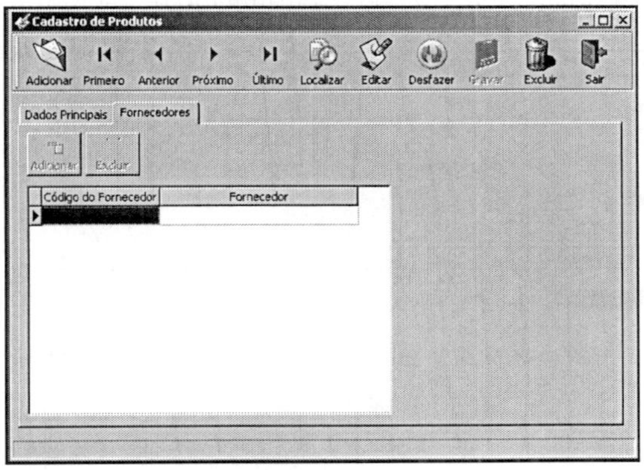

Figura 18.9

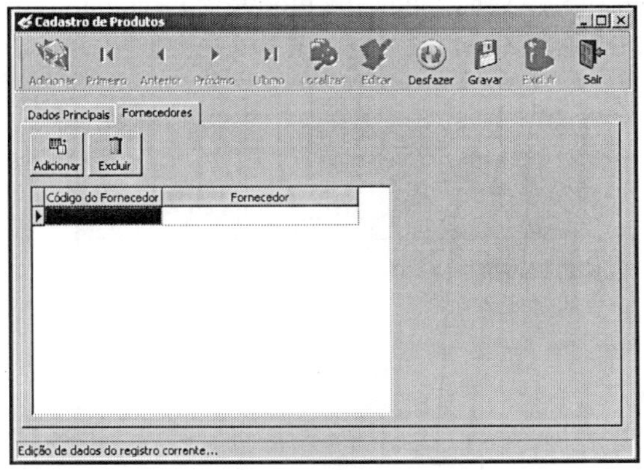

Figura 18.10

Clique em **Adicionar** e selecione um fornecedor a partir da janela mostrada na figura 18.11. Veja na figura 18.12 um fornecedor já adicionado à grade de dados.

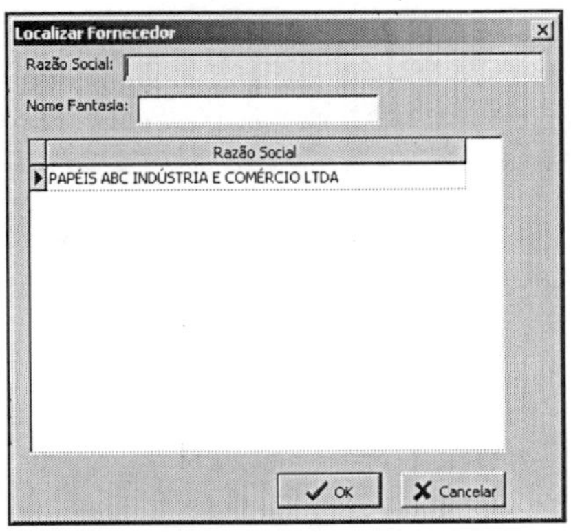

Figura 18.11

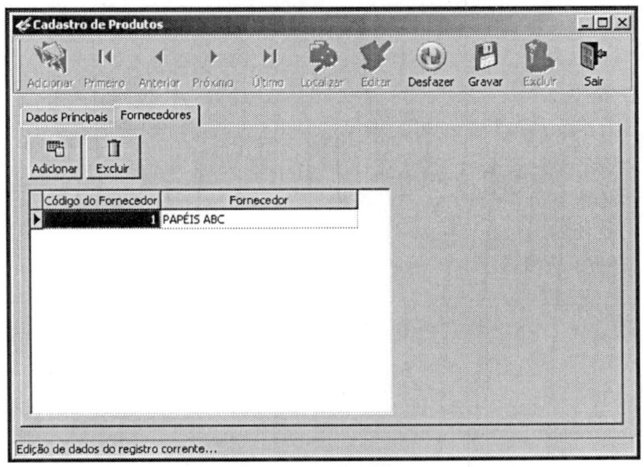

Figura 18.12

Selecionando a opção **Cadastro → Fornecedores**, você pode constatar que o(s) produto(s) aparece(m) na grade de dados da aba **Lista de Produtos** (figura 18.13).

Para adicionar um novo produto à lista, clique em **Adicionar**, escolha o produto a partir da caixa de combinação da janela de pesquisa (figura 18.14) e escolha o modelo desejado de produto (figura 18.15).

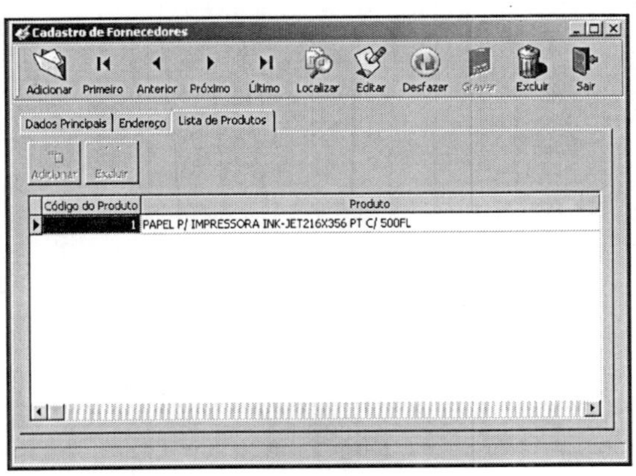

Figura 18.13

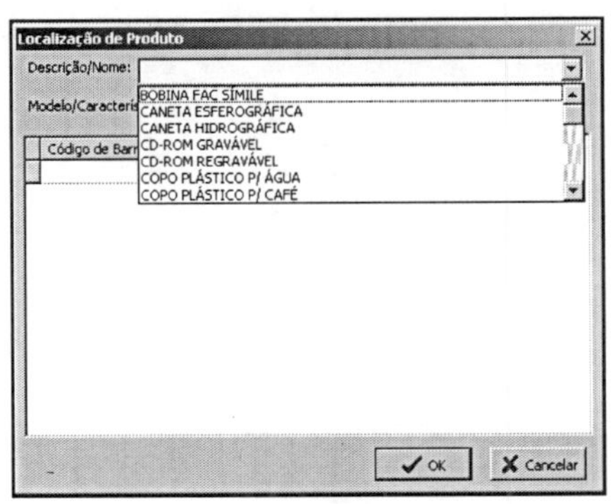

Figura 18.14

Na figura 18.16 vemos mais um produtos relacionado com o fornecedor atualmente exibido no formulário de cadastro.

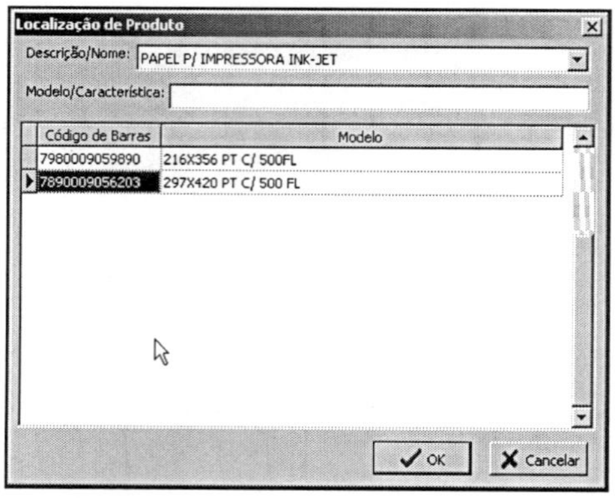

Figura 18.15

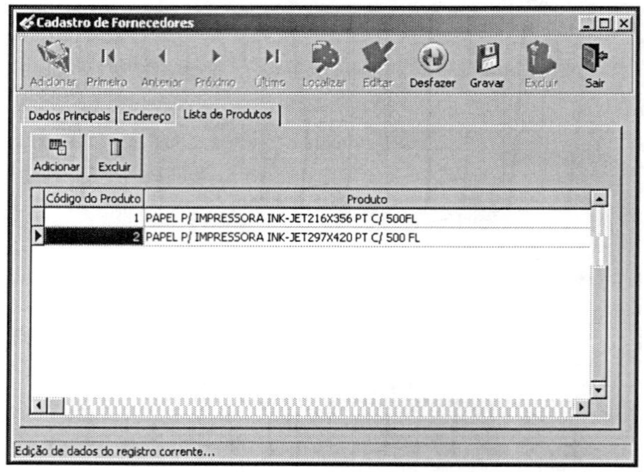

Figura 18.16

Cadastro de Clientes

Assuntos abordados neste capítulo

- *Adição de novos componentes de acesso a banco de dados no módulo de dados*
- *Criação dos formulários de cadastro e de pesquisa de clientes*
- *Adição de botões à barra de ferramentas do aplicativo*

19.1. Alterando o Módulo de Dados

Antes de iniciarmos a criação do formulário de cadastro de clientes, é preciso adicionar os componentes de acesso necessários ao banco de dados. Selecione o módulo de dados a partir da janela **Project Manager** e insira um **TSimpleDataSet** e um **TDataSource**. Configure as propriedades desses objetos da seguinte maneira:

Objeto	Propriedade	Grupo	Valor
SimpleDataSet1	ConnectionName	Connection	BaseDadosGDP
	CommandType	Database/DataSet	ctTable
	CommandText	Database/DataSet	clientes
	Name	Miscellaneous	sdsClientes
DataSource1	DataSet	Database	sdsClientes
	Name	Miscellaneous	dsClientes

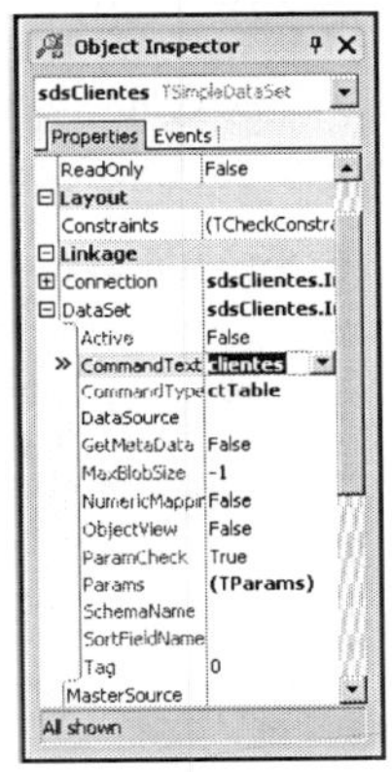

Figura 19.1

A figura 19.1 mostra a configuração da conexão do objeto **SimpleDataSet1**.

Atribua o procedimento **sdsDepartamentosBeforeDelete** ao evento **OnBeforeDelete** do objeto **SimpleDataSet** e adicione os campos da tabela. Configure o título (propriedade **Display Label**) desses campos conforme apresentado a seguir:

Campo	Título
Codigo_Cliente	Código do Cliente
Nome_Cliente	Nome do Cliente
CNPJ	CNPJ
Inscricao_Estadual	Inscrição Estadual
Endereco	Endereço
Numero	Número
Complemento	Complemento
Bairro	Bairro
Cidade	Cidade
Estado	Estado

Campo	Título
CEP	CEP
Telefone	Telefone
Fax	Fax
EMail	E-Mail
Fone_Contato	Telefone Contato
Contato	Contato
Data_Cadastro	Data do Cadastro
Limite_Credito	Limite de Crédito
Valor_Aberto	Débito em Aberto
Tipo_Cobranca	Tipo de Cobrança

Na propriedade **EditMask** dos campos **CNPJ**, **Inscr_Estadual** e **CEP**, entre com as seguintes cadeias de caracteres:

Campo	Propriedade EditMask
CNPJ	99.999.999/9999-99
Inscricao_Estadual	999.999.999.999
CEP	99999-999

Digite ainda na propriedade **DisplayFormat** (grupo **Localizable**) dos campos **Limite_Credito** e **Valor_Aberto** a cadeia de caracteres "##,##0.00".

Na figura 19.2 podemos ver a aparência final do módulo de dados.

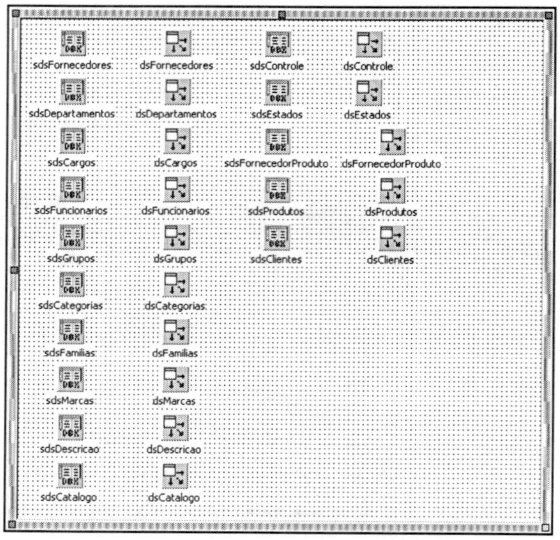

Figura 19.2

19.2. Criação do Formulário de Clientes

Selecione a opção **File → New → Other** e escolha a opção **Inheritable Items**. A seguir clique no ícone **formMestreCadastro** para adicionar um novo formulário ao projeto.

Vincule ao formulário as unidades **UModuloDados1** e **URotinasGenericas** pela opção **File → Use Unit**. Atribua às propriedades **Caption** (grupo **Visual**) e **Name** (grupo **Miscellaneous**) as cadeias de caracteres "Cadastro de Clientes" e "formCadClientes" respectivamente.

Adicione uma segunda aba clicando com o botão direito do mouse no objeto **pgDados** e selecionando a opção **New Page**. Em seguida configure as propriedades **Caption** (grupo **Visual**) e **Name** (grupo **Miscellaneous**) dessa nova aba da seguinte maneira:

Propriedade	Grupo	Valor
Caption	Visual	Endereço
Name	Miscellaneous	tabEndereco

Veja na figura 19.3 como deve ficar o formulário após esses ajustes.

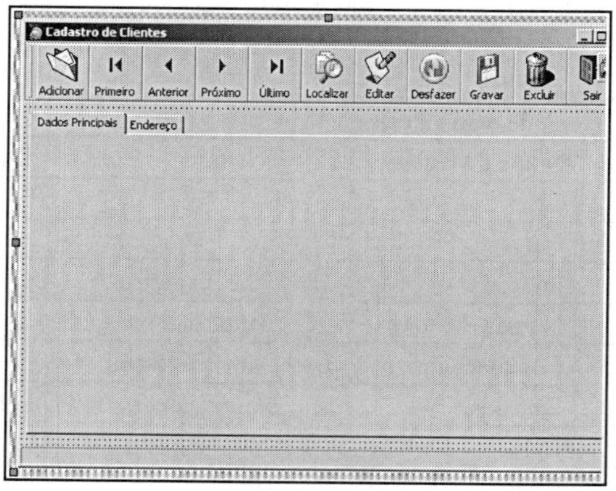

Figura 19.3

Adicione à primeira aba os componentes relacionados na seguinte tabela:

Objeto	Propriedade	Grupo	Valor
Label1	Caption	Visual	Data do Cadastro:
	Name	Miscellaneous	lblDataCadastro
Label2	Caption	Visual	Nome do Cliente:
	Name	Miscellaneous	lblNomeCliente
Label3	Caption	Visual	CNPJ:
	Name	Miscellaneous	lblCNPJ
Label4	Caption	Visual	Inscrição Estadual:
	Name	Miscellaneous	lblInscrEstadual
Label5	Caption	Visual	E-Mail:
	Name	Miscellaneous	lblEMail
Label6	Caption	Visual	Limite de Crédito:
	Name	Miscellaneous	lblLimiteCredito
Label7	Caption	Visual	Débito Total em Aberto:
	Name	Miscellaneous	lblDebitoAberto
DBText1	DataSource	Database	dmModuloDados1.dsClientes
	DataField	Database	Data_Cadastro
	Name	Miscellaneous	fldDataCadastro
DBEdit1	DataSource	Database	dmModuloDados1. dsClientes
	DataField	Database	Nome_Cliente
	Name	Miscellaneous	fldNomeCliente
	CharCase	Miscellaneous	ecUpperCase
DBEdit2	DataSource	Database	dmModuloDados1. dsClientes
	DataField	Database	CNPJ
	Name	Miscellaneous	fldCNPJ
DBEdit3	DataSource	Database	dmModuloDados1. dsClientes
	DataField	Database	Inscricao_Estadual
	Name	Miscellaneous	fldInscrEstadual
DBEdit4	DataSource	Database	dmModuloDados1. dsClientes
	DataField	Database	EMail
	Name	Miscellaneous	fldEMail
DBRadioGroup1	DataSource	Database	dmModuloDados1. dsClientes
	DataField	Database	Tipo_Cobranca
	Name	Miscellaneous	fldTipoCobranca

Clique no ícone da propriedade **Items** (grupo **Localizable**) do objeto **fldTipoCobranca** para abrir a janela da figura 19.4. Por meio dela podemos entrar com linhas de texto que representam as opções disponíveis ao usuário. Cada linha corresponde a um botão de opção. Entre com as linhas mostradas na figura 19.5.

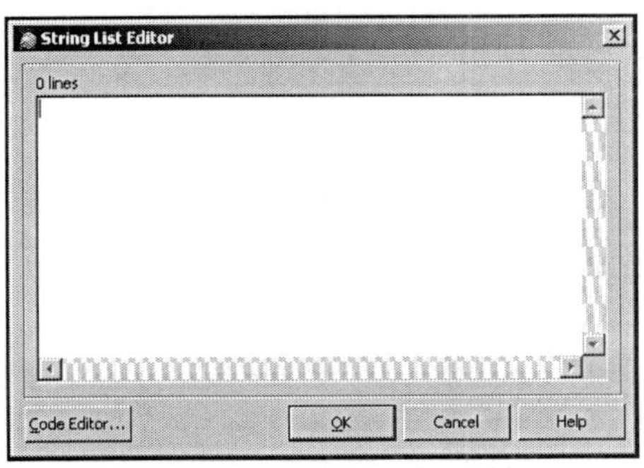

Figura 19.4

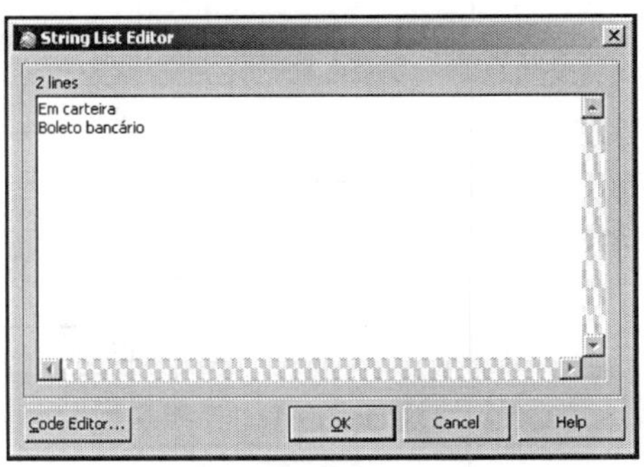

Figura 19.5

De igual modo, existe uma propriedade denominada **Values** (grupo **Miscellaneous**), na qual devemos especificar uma linha correspondendo a cada opção do grupo de botões. Este é o valor a ser atribuído ao campo da tabela. Clique no ícone dessa propriedade e entre com os dois caracteres exibidos na figura 19.6, um em cada linha.

Veja na figura 19.7 como deve ser a disposição de todos esses objetos.

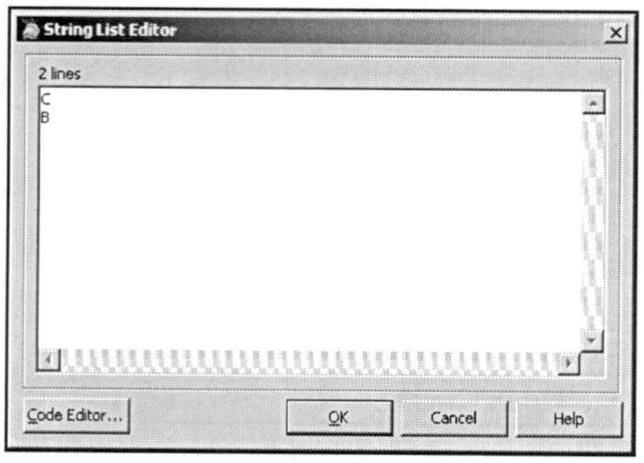

Figura 19.6

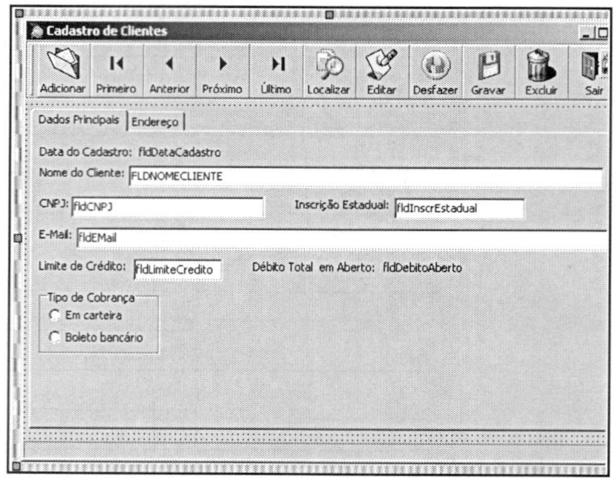

Figura 19.7

Na segunda aba coloque dez componentes **TLabel** e dez **TDBEdit** com suas propriedades configuradas da seguinte maneira:

Objeto	Propriedade	Grupo	Valor
Label1	Caption	Visual	Endereço:
	Name	Miscellaneous	lblEndereco
Label2	Caption	Visual	Complemento:
	Name	Miscellaneous	lblComplemento
Label3	Caption	Visual	Bairro:
	Name	Miscellaneous	lblBairro
Label4	Caption	Visual	Cidade:
	Name	Miscellaneous	lblCidade
Label5	Caption	Visual	Estado:
	Name	Miscellaneous	lblEstado
Label6	Caption	Visual	CEP:
	Name	Miscellaneous	lblCEP
Label7	Caption	Visual	Telefone
	Name	Miscellaneous	lblTelefone
Label8	Caption	Visual	Fax:
	Name	Miscellaneous	lblFax
Label9	Caption	Visual	Contato:
	Name	Miscellaneous	lblContato
Label10	Caption	Visual	Telefone Contato:
	Name	Miscellaneous	lblTelefoneContato
DBEdit1	DataSource	Database	dmModuloDados1.dsClientes
	DataField	Database	Endereco
	Name	Miscellaneous	fldEndereco
	CharCase	Miscellaneous	ecUpperCase
DBEdit2	DataSource	Database	dmModuloDados1. dsClientes
	DataField	Database	Numero
	Name	Miscellaneous	fldNumero
DBEdit3	DataSource	Database	dmModuloDados1. dsClientes
	DataField	Database	Complemento
	Name	Miscellaneous	fldComplemento
	CharCase	Miscellaneous	ecUpperCase

Objeto	Propriedade	Grupo	Valor
DBEdit4	DataSource	Database	dmModuloDados1. dsClientes
	DataField	Database	Bairro
	Name	Miscellaneous	fldBairro
	CharCase	Miscellaneous	ecUpperCase
DBEdit5	DataSource	Database	dmModuloDados1. dsClientes
	DataField	Database	Cidade
	Name	Miscellaneous	fldCidade
	CharCase	Miscellaneous	ecUpperCase
DBEdit6	DataSource	Database	dmModuloDados1. dsClientes
	DataField	Database	CEP
	Name	Miscellaneous	fldCEP
DBEdit7	DataSource	Database	dmModuloDados1. dsClientes
	DataField	Database	Telefone
	Name	Miscellaneous	fldTelefone
DBEdit8	DataSource	Database	dmModuloDados1. dsClientes
	DataField	Database	Fax
	Name	Miscellaneous	fldFax
DBEdit9	DataSource	Database	dmModuloDados1. dsClientes
	DataField	Database	Contato
	Name	Miscellaneous	fldContato
	CharCase	Miscellaneous	ecUpperCase
DBEdit10	DataSource	Database	dmModuloDados1. dsClientes
	DataField	Database	Fone_Contato
	Name	Miscellaneous	fldFoneContato

Ao lado da legenda **Estado:**, adicione um componente **TDBLookupComboBox** e configure suas propriedades conforme a tabela seguinte:

Propriedade	Grupo	Valor
DataSource	Database	dmModuloDados1. dsClientes
DataField	Database	Estado
ListSource	Database	dmModuloDados1. dsEstados
ListField	Database	Estado
KeyField	Database	Sigla_Estado
Name	Miscellaneous	fldEstado

A figura 19.8 mostra como deve ficar essa aba.

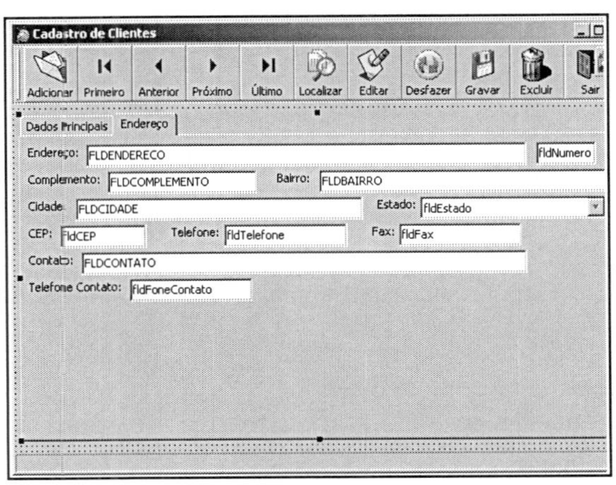

Figura 19.8

19.3. Adição dos Códigos

Abra o editor de códigos selecionando a guia **Code** na base do editor de formulários. Digite a cadeia de caracteres "procedure MoveFoco" antes da palavra-chave **private**, na definição da classe do formulário. As linhas de código dessa declaração devem ficar assim:

```
type
  TformCadClientes = class(TformMestreCadastro)
    tabEndereco: TTabSheet;
    lblDataCadastro: TLabel;
    lblNomeCliente: TLabel;
    lblCNPJ: TLabel;
    lblInscrEstadual: TLabel;
    lblEMail: TLabel;
    lblLimiteCredito: TLabel;
    lblDebitoAberto: TLabel;
    fldDataCadastro: TDBText;
    fldNomeCliente: TDBEdit;
    fldCNPJ: TDBEdit;
    fldInscrEstadual: TDBEdit;
    fldEMail: TDBEdit;
    fldLimiteCredito: TDBEdit;
    fldDebitoAberto: TDBText;
    fldTipoCobranca: TDBRadioGroup;
    fldEstado: TDBLookupComboBox;
    fldContato: TDBEdit;
    fldFoneContato: TDBEdit;
    fldFax: TDBEdit;
    fldTelefone: TDBEdit;
    fldCEP: TDBEdit;
    fldCidade: TDBEdit;
    fldBairro: TDBEdit;
    fldComplemento: TDBEdit;
    fldNumero: TDBEdit;
    fldEndereco: TDBEdit;
    lblContatoComercial: TLabel;
    lblTelefoneComercial: TLabel;
    lblFax: TLabel;
    lblTelefone: TLabel;
    lblCEP: TLabel;
    lblEstado: TLabel;
    lblCidade: TLabel;
    lblBairro: TLabel;
    lblComplemento: TLabel;
    lblEndereco: TLabel;
    procedure MoveFoco;
  private
    { Private declarations }
  public
    { Public declarations }
  end;
```

Após a diretiva de compilação {$R *.dfm} digite as linhas de código da seguinte listagem:

```
procedure TformCadClientes.MoveFoco;
begin
     if pgDados.ActivePageIndex = 0 then
        fldNomeCliente.SetFocus
        else if pgDados.ActivePageIndex = 1 then
                fldEndereco.SetFocus;
end;
```

Volte do modo de desenho de formulário clicando na guia **Design** (parte inferior da janela de trabalho). Selecione o formulário a partir da janela **Structure** e em seguida abra a guia **Events** do **Object Inspector**. Dê dois cliques no evento **OnShow** e digite o código:

```
procedure TformCadClientes.FormShow(Sender: TObject);
begin
  inherited;
     dmModuloDados1.sdsControle.Open;
     dmModuloDados1.sdsEstados.Open;
     dmModuloDados1.sdsClientes.Open;
     if dmModuloDados1.sdsClientes.IsEmpty then
```

```
    begin
         BloquearCampos(False);
         btnAdicionar.Enabled := False;
         btnEditar.Enabled := False;
         btnExcluir.Enabled := False;
         btnGravar.Enabled := True;
         chrModo := 'I';
         dmModuloDados1.sdsClientes.Append;
         dmModuloDados1.sdsClientesData_Cadastro.AsDateTime := Date;
    end
    else
        chrModo := ' ';
    MoveFoco;
end;
```

Agora clique no evento **OnClose** do formulário e digite o seguinte código:

```
procedure TformCadClientes.FormClose(Sender: TObject; var Action: TCloseAction);
begin
     dmModuloDados1.sdsControle.Close;
     dmModuloDados1.sdsEstados.Close;
     dmModuloDados1.sdsClientes.Close;
  inherited;
end;
```

Os códigos para os procedimentos dos botões da barra de ferramentas se encontram listados a seguir:

Botão Adicionar

```
procedure TformCadClientes.btnAdicionarClick(Sender: TObject);
begin
  inherited;
     if Sender = btnAdicionar then
     begin
          try
             dmModuloDados1.sdsClientes.Append;
             dmModuloDados1.sdsClientesData_Cadastro.AsDateTime := Date;
             chrModo := 'I';
             except
                   MsgStatus('');
                   Mensagem('Impossível adicionar novo registro !');
          end;
     end
     else if Sender = btnEditar then
          begin
               try
                  dmModuloDados1.sdsClientes.Edit;
                  chrModo := 'A';
                  except
                        MsgStatus('');
                        Mensagem('Impossível entrar no modo de edição !');
               end;
          end;
     MoveFoco;
end;
```

Botão Primeiro

```
procedure TformCadClientes.btnPrimeiroClick(Sender: TObject);
begin
  inherited;
     dmModuloDados1.sdsClientes.First;
     MoveFoco;
end;
```

Botão Anterior

```
procedure TformCadClientes.btnAnteriorClick(Sender: TObject);
begin
  inherited;
     dmModuloDados1.sdsClientes.Prior;
     if dmModuloDados1.sdsClientes.Bof then
```

```
    begin
         MsgStatus('Início da tabela...');
         dmModuloDados1.sdsClientes.First;
    end
    else
        MsgStatus('');
    MoveFoco;
end;
```

Botão Próximo

```
procedure TformCadClientes.btnProximoClick(Sender: TObject);
begin
  inherited;
    dmModuloDados1.sdsClientes.Next;
    if dmModuloDados1.sdsClientes.Eof then
    begin
         MsgStatus('Fim da tabela...');
         dmModuloDados1.sdsClientes.Last;
    end
    else
        MsgStatus('');
    MoveFoco;
end;
```

Botão Último

```
procedure TformCadClientes.btnUltimoClick(Sender: TObject);
begin
  inherited;
    dmModuloDados1.sdsClientes.Last;
    MoveFoco;
end;
```

Botão Localizar

```
procedure TformCadClientes.btnLocalizarClick(Sender: TObject);
var
   intRegistro: integer;
begin
  inherited;
    intRegistro := dmModuloDados1.sdsClientes.RecNo;
    Application.CreateForm(TformLocalizaCliente,formLocalizaCliente);
    if formLocalizaCliente.ShowModal = mrOK then
    begin
         dmModuloDados1.sdsClientes.IndexFieldNames := 'Codigo_Cliente';
         dmModuloDados1.sdsClientes.FindKey([formLocalizaCliente.strValor]);
         dmModuloDados1.sdsClientes.IndexFieldNames := '';
    end
    else
        dmModuloDados1.sdsClientes.RecNo := intRegistro;
    formLocalizaCliente.Destroy;
end;
```

Botão Desfazer

```
procedure TformCadClientes.btnDesfazerClick(Sender: TObject);
begin
  inherited;
    if dmModuloDados1.sdsClientes.State in [dsEdit,dsInsert] then
    begin
         try
            dmModuloDados1.sdsClientes.CancelUpdates;
            MsgStatus('Alterações desfeitas com sucesso...');
            except
                  Mensagem('Impossível desfazer alterações !');
         end;
    end
    else
        Mensagem('Não há alterações a serem desfeitas !');
    BloquearCampos(True);
    MoveFoco;
end;
```

Botão Gravar

```
procedure TformCadClientes.btnGravarClick(Sender: TObject);
var
   intCodigoCliente: integer;
begin
  inherited;
     if dmModuloDados1.sdsClientes.State in [dsEdit,dsInsert] then
     begin
          try
             if chrModo = 'I' then
             begin
                  dmModuloDados1.sdsControle.Edit;
                  dmModuloDados1.sdsControleCodigo_Cliente.AsInteger :=
dmModuloDados1.sdsControleCodigo_Cliente.AsInteger + 1;
                  dmModuloDados1.sdsControle.Post;
                  dmModuloDados1.sdsControle.ApplyUpdates(-1);
                  intCodigoCliente := dmModuloDados1.sdsControleCodigo_Cliente.AsInteger;
                  dmModuloDados1.sdsClientesCodigo_Cliente.AsInteger := intCodigoCliente;
             end;
             dmModuloDados1.sdsClientes.Post;
             dmModuloDados1.sdsClientes.ApplyUpdates(-1);
             chrModo := ' ';
             MsgStatus('Dados gravados com sucesso...');
             except
                   Mensagem('Não foi possível efetuar a gravação dos dados !');
          end;
     end
     else
         Mensagem('Não há alterações a serem gravadas !');
     BloquearCampos(True);
     MoveFoco;
end;
```

Botão Excluir

```
procedure TformCadClientes.btnExcluirClick(Sender: TObject);
begin
     if dmModuloDados1.sdsClientes.State in [dsEdit,dsInsert] then
        dmModuloDados1.sdsClientes.Post;
     try
        dmModuloDados1.sdsClientes.Delete;
        dmModuloDados1.sdsClientes.ApplyUpdates(-1);
        MsgStatus('Registro excluído com sucesso...');
        except
              Mensagem('Registro não foi excluído !');
     end;
     BloquearCampos(True);
     MoveFoco;
  inherited;
end;
```

Como é possível perceber, o botão **Localizar** chama um formulário que ainda não foi criado. Veremos isso mais à frente.

Selecione o objeto **fldNomeCliente**, dê dois cliques no evento **OnEnter** e digite o código seguinte:

```
procedure TformCadClientes.fldNomeClienteEnter(Sender: TObject);
begin
  inherited;
     CorEntrada(Sender);
end;
```

De igual modo, atribua ao evento **OnExit** desse objeto o seguinte código:

```
procedure TformCadClientes.fldNomeClienteExit(Sender: TObject);
begin
  inherited;
     CorSaida(Sender);
     if Sender = fldCNPJ then
     begin
          if not VerificaCNPJ(fldCNPJ.Text) then
          begin
```

```
            Mensagem('CNPJ inválido!'+#13+'Digite novamente...');
            fldCNPJ.SetFocus;
         end;
      end;
end;
```

Como no formulário de cadastro de fornecedores, o último procedimento valida o CNPJ digitado pelo usuário.

Adicione ainda a unidade **DB** à cláusula **Uses** do formulário, necessário por causa do uso das constantes **dsEdit** e **dsInsert** dentro de procedimentos. Salve o projeto, nomeando o arquivo do formulário como "UCadClientes".

19.4. O Formulário de Pesquisa de Clientes

Vamos criar agora o formulário que permite pesquisar um determinado cliente. Selecione novamente a opção **File → New → Other** e escolha a opção **Inheritable Items**. Clique no ícone com a legenda **formMestreLocalizar** e um novo formulário aparece.

Adicione as unidades **UModuloDados1** e **UrotinasGenericas**, digite nas propriedades **Caption** (grupo **Visual**) e **Name** (grupo **Miscellaneous**) as expressões de caracteres "Localizar Cliente" e "formLocalizaCliente".

Altere o valor da propriedade **Caption** do objeto **lblMensagem** para "Nome do Cliente:". Especifique ainda a opção **ecUpperCase** na propriedade **CharCase** (grupo **Miscellaneous**) do objeto **edtPesquisa**.

Já para o objeto **grdDados** configure a propriedade **DataSource** (grupo **Database**) com o valor **dmModuloDados1.dsClientes**.

Abra o editor de colunas e adicione duas colunas pelo botão **Add New** ( ). Especifique para cada coluna os campos **Nome_Cliente** e **CNPJ** respectivamente. Selecione ainda a opção **taCenter** na propriedade **Alignment** (grupo **Title**) dessas duas colunas. Veja o resultado na figura 19.9.

Ajuste a largura da grade de dados e do próprio formulário para que fique conforme a figura 19.10.

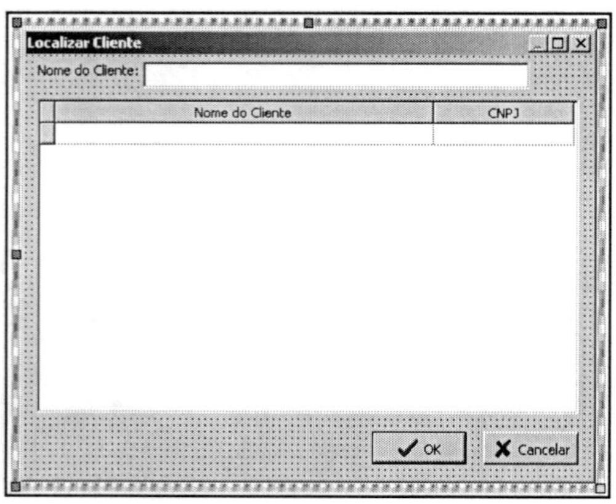

Figura 19.9

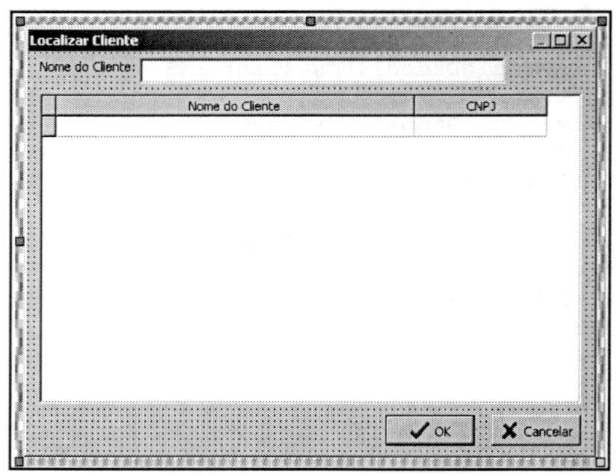

Figura 19.10

Atribua ao evento **OnShow** do formulário o seguinte código:

```
procedure TformLocalizaCliente.FormShow(Sender: TObject);
begin
  inherited;
     dmModuloDados1.sdsClientes.IndexFieldNames := 'Nome_Cliente';
end;
```

Para o evento **OnKeyPress** do objeto **edtPesquisa**, o código deve ser o seguinte:

```
procedure TformLocalizaCliente.edtPesquisaKeyPress(Sender: TObject; var Key: Char);
begin
  inherited;
     dmModuloDados1.sdsClientes.FindNearest([edtPesquisa.Text]);
end;
```

O próximo passo é dar um duplo-clique sobre o botão **OK** e digitar o seguinte código:

```
procedure TformLocalizaCliente.btnOKClick(Sender: TObject);
begin
  inherited;
     strValor := dmModuloDados1.sdsClientesCodigo_Cliente.AsString;
end;
```

O último procedimento para esse formulário deve ser atribuído ao evento **OnDblClick** da grade de dados (objeto **grdDados**). O código se encontra listado em seguida:

```
procedure TformLocalizaCliente.grdDadosDblClick(Sender: TObject);
begin
  inherited;
     btnOK.Click;
end;
```

Salve esse formulário com o nome "ULocalizaCliente.Pas" e retorne ao formulário **formCadClientes**. Vincule a unidade do formulário de pesquisa e em seguida selecione o formulário principal **formPrincipal**.

19.5. Finalização e Teste

Adicione a unidade **UCadClientes** ao formulário principal e abra o editor de menus. Insira uma nova opção ao menu **Cadastro** com as configurações mostradas na seguinte tabela:

Propriedade	Grupo	Valor
Caption	Visual	Clientes
Name	Miscellaneous	opcCadClientes

Veja na figura 19.11 a nova opção do menu **Cadastro**.

Atribua ao evento **OnClick** dessa opção o código da listagem seguinte:

```
procedure TformPrincipal.opcCadClientesClick(Sender: TObject);
var
   Formulario: TformCadClientes;
begin
     if (Application.FindComponent('formCadClientes') = nil) then
     begin
          Formulario := TformCadClientes.Create(Application);
          Formulario.Top := 0;
          Formulario.Left := 0;
     end;
end;
```

Agora dê um duplo-clique sobre o objeto de grupo de imagens e insira as imagens apresentadas na figura 19.12 (elas fazem parte do kit disponível na Internet).

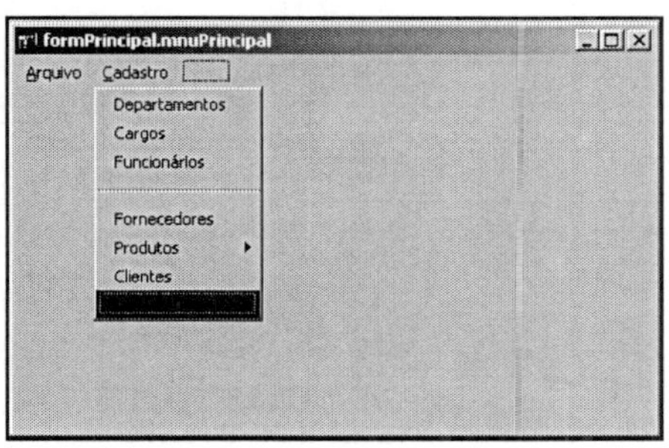

Figura 19.11

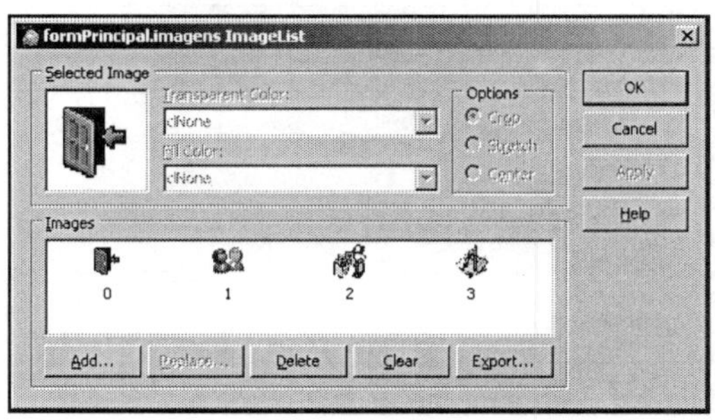

Figura 19.12

Coloque o cursor do mouse sobre a barra de botões, dê um clique com o botão direito e escolha a opção **New Separator**. Uma barra vertical é adicionada logo após o botão de saída (figura 19.13).

Adicione três botões selecionando a opção **New Button** do menu local. A barra deve ser similar à da figura 19.14. Arraste todos esses botões e a barra separadora, posicionando-os à esquerda do botão de saída, como indica a figura 19.15.

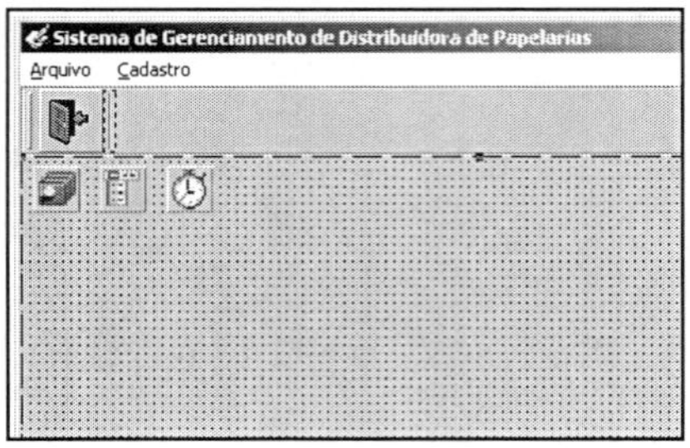

Figura 19.13

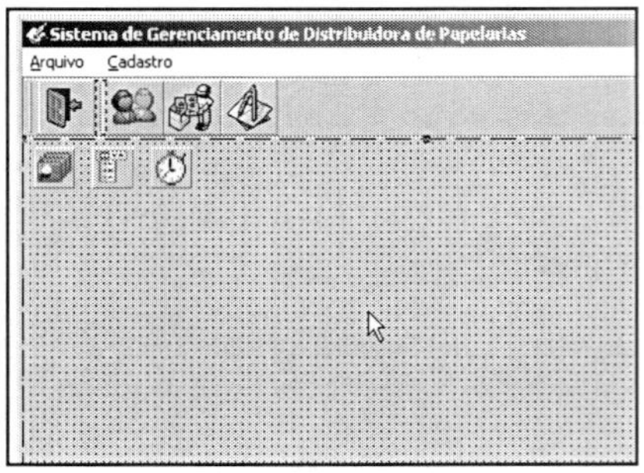

Figura 19.14

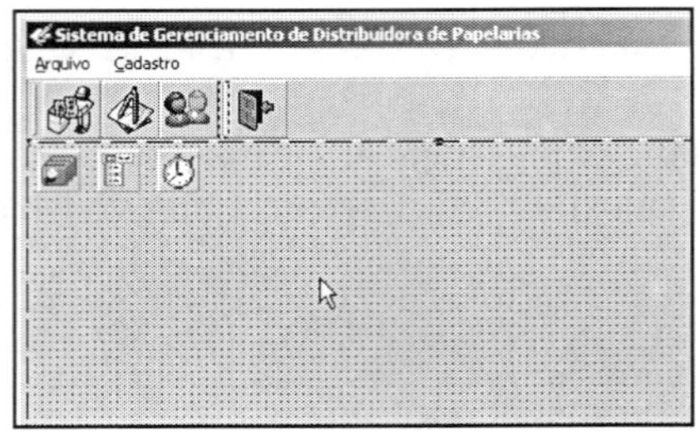

Figura 19.15

Então ajuste a propriedade **Name** de cada um deles da seguinte maneira:

Objeto	Propriedade Name
ToolButton1	btnClientes
ToolButton2	btnFornecedores
ToolButton3	btnProdutos

Atribua a cada um desses botões os respectivos procedimentos das opções de menu, selecionando no evento **OnClick** o procedimento adequado, como indica a figura 19.16. A tabela seguinte relaciona os procedimentos para cada botão:

Objeto	Propriedade Name
btnFornecedores	opcCadFornecedoresClick
btnProdutos	opcCatalogoClick
btnClientes	opcCadClientesClick

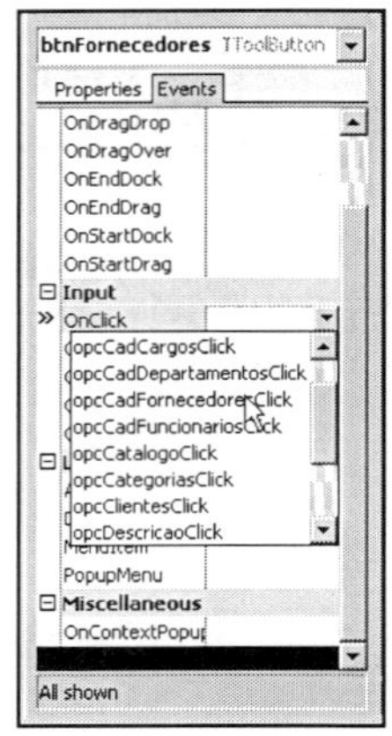

Figura 19.16

Clique no botão **Save All** e compile o projeto selecionando a opção **Project → Build GDP**. Execute o programa e selecione a opção **Cadastro → Clientes**. A tela da figura 19.17 aparece em seguida.

Entre com algumas informações pedidas no formulário. Tente digitar um número CNPJ qualquer que seja inválido. A figura 19.18 mostra a tela com os campos de dados principais já preenchidos, e a figura 19.19 exibe a aba para os dados de endereço do cliente.

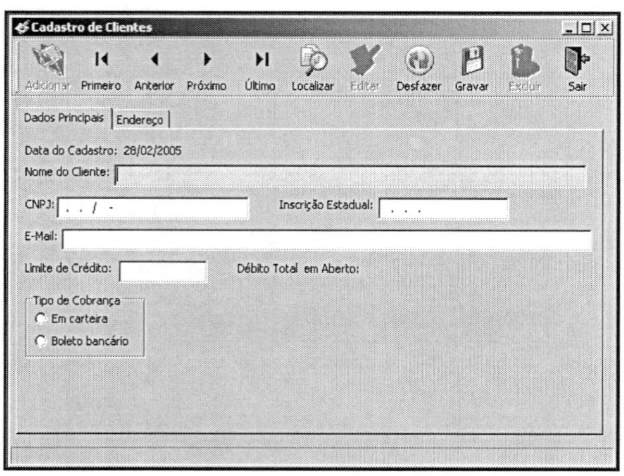

Figura 19.17

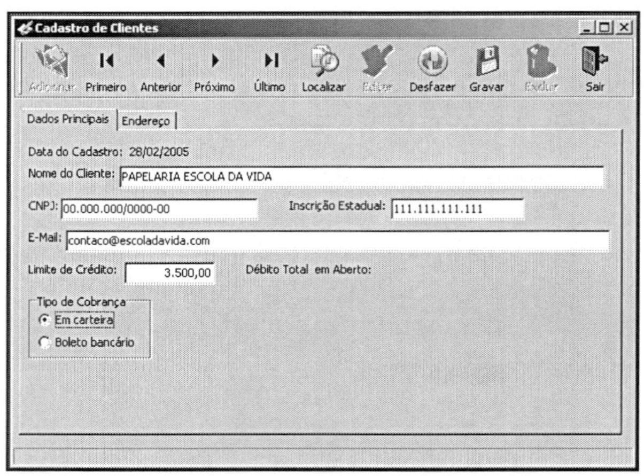

Figura 19.18

Veja na figura 19.20 a tela para pesquisa de um cliente.

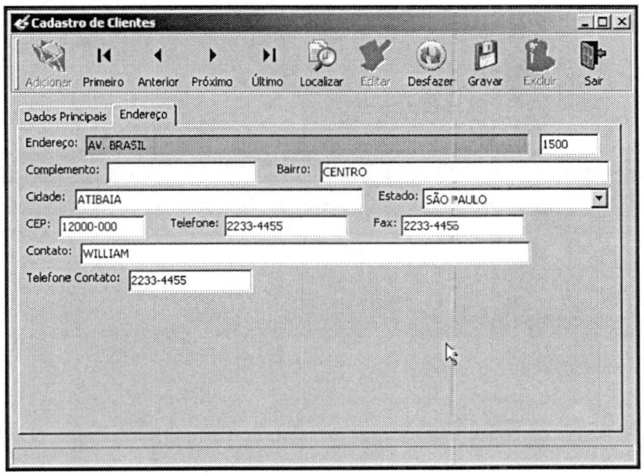

Figura 19.19

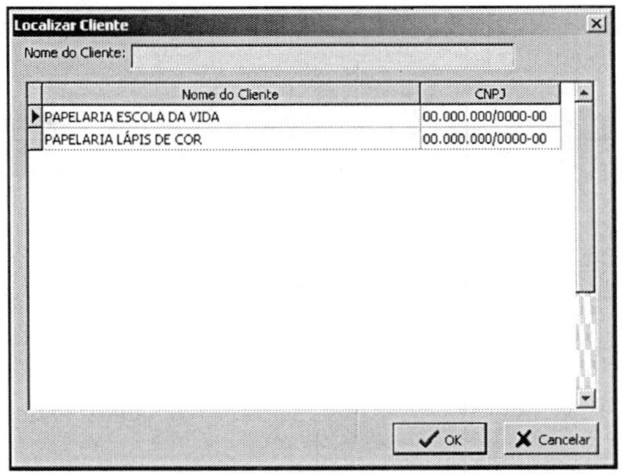

Figura 19.20

capítulo 20

Controle de Acesso

Assuntos abordados neste capítulo

- *Adição de novas tabelas ao banco de dados*
- *Criação de cadastro de perfil de usuários*
- *Formulário para identificação de usuário*

20.1. Alterando o Banco de Dados

Este capítulo mostra como adicionar um controle de acesso ao sistema, abordando a criação de usuários e seus respectivos perfis. Esse último determina o que o usuário pode ou não fazer. Conforme o perfil do usuário, o aplicativo configura adequadamente o menu de opções, habilitando ou desabilitando quando for o caso.

Primeiramente é preciso fazer algumas alterações no banco de dados (tanto MySQL quanto InterBase). Execute o **MySQL Control Center**, clique com o botão direito do mouse sobre o item **Tables** do banco de dados identificado como **BD_GDP** e escolha a opção **New Table**.

Na tela de definição de estrutura de tabelas, entre com os seguintes campos:

Field Name	Data Type	Length
Codigo_Perfil	Int	
Descricao_Perfil	Varchar	25
Cadastro_Fornecedores	Char	1
Cadastro_Produtos	Char	1
Cadastro_Clientes	Char	1
Cadastro_Funcionarios	Char	1
Cadastro_Usuarios	Char	1

Veja na figura 20.1 a estrutura dessa tabela.

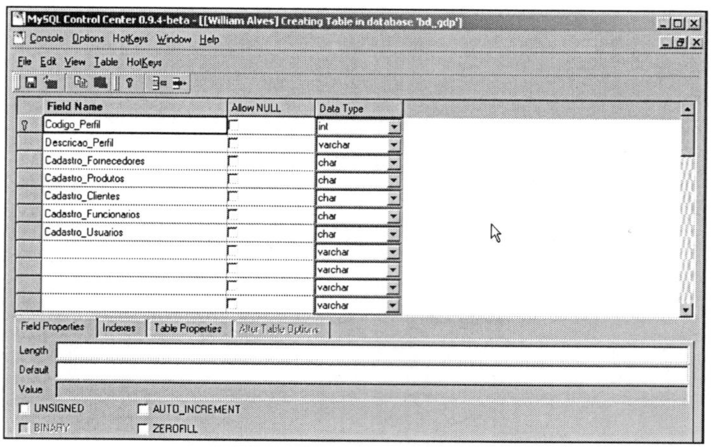

Figura 20.1

Defina o campo **Codigo_Perfil** como chave primária e salve a tabela com o nome "Perfil_Usuario'.

Na tabela serão armazenados todos os perfis que podem ser aplicados aos usuários. Os campos do tipo **Char** e tamanho 1 permitem habilitar a correspondente opção no menu quando contiverem o caractere "S", e em caso contrário, desabilitam a opção.

À medida que formos avançando, mais campos serão acrescentados a essa tabela de acordo com a necessidade futura.

Uma segunda tabela se faz necessária. Ela é responsável por armazenar todos os usuários que têm permissão para utilizar o sistema. Sendo assim, abra novamente a tela de definição de estrutura e entre com os seguintes campos:

Field Name	Data Type	Length
Codigo_Usuario	Int	
Codigo_Funcionario	Int	
Identificacao_Usuario	Varchar	15
Senha_Acesso	Varchar	8
Codigo_Perfil	Int	

Defina como chave primária da tabela o campo **Codigo_Usuario**. A figura 20.2 mostra essa estrutura. Salve a tabela com o nome "Usuários".

Na figura 20.3 é possível ver as duas tabelas que foram adicionadas ao banco de dados.

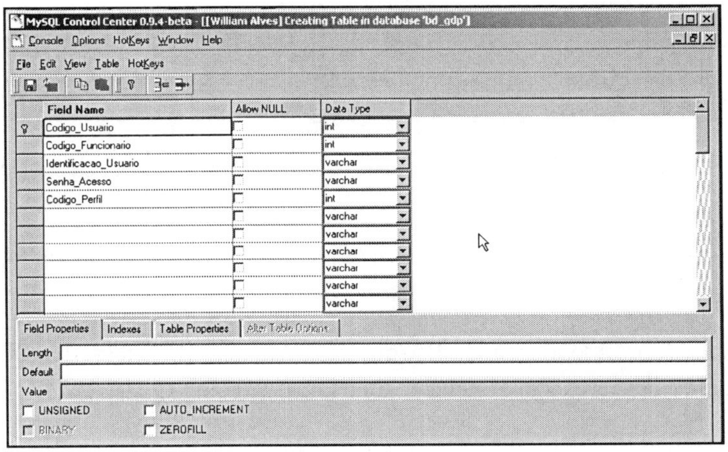

Figura 20.2

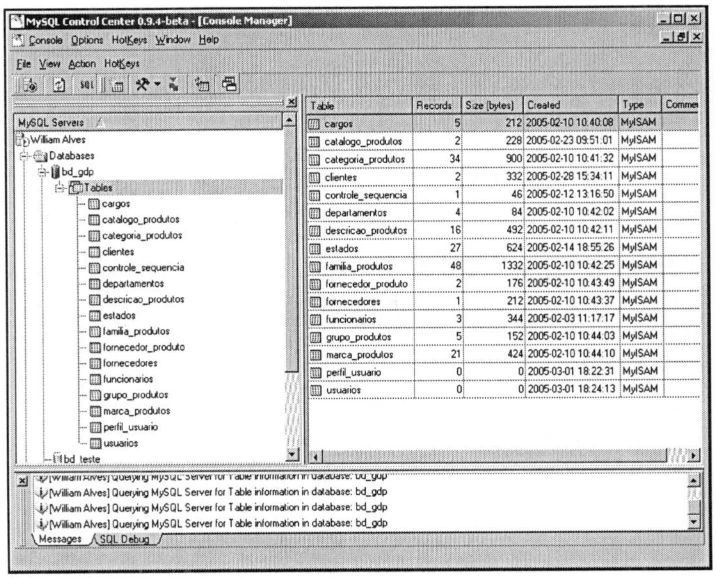

Figura 20.3

Ainda é preciso acrescentar dois campos à tabela **Controle_Sequencia**. Clique com o botão direito do mouse sobre ela e escolha a opção **Edit Table**. Na janela de definição de estrutura, clique no ícone **Insert Row** (⊒) para inserir uma nova linha. Então digite as informações apresentadas na seguinte tabela:

Field Name	Data Type	Length
Codigo_Perfil	Int	

Adicione outro campo à tabela, configurando-o conforme em seguida:

Field Name	Data Type	Length
Codigo_Usuario	Int	

Veja o resultado na figura 20.4. Salve as alterações clicando no botão de gravação.

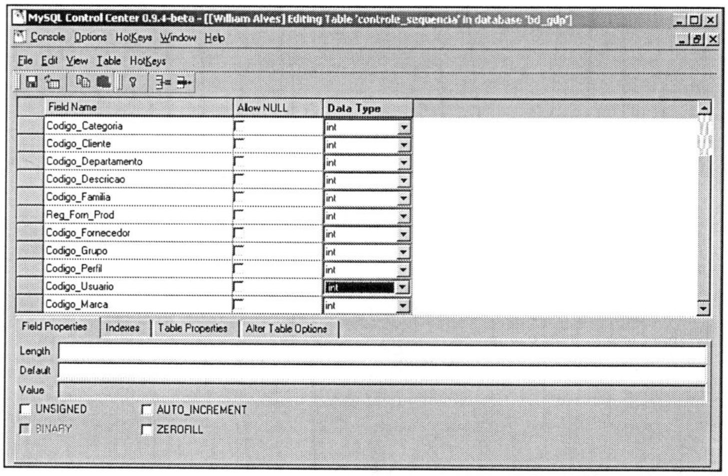

Figura 20.4

Vamos alterar o banco de dados InterBase. Execute o **IBConsole** e abra a janela **Interactive SQL**. Digite então as linhas de comando mostradas em seguida e depois execute-as clicando no botão **Execute Query** (⚡?):

```
CREATE DOMAIN DMCODIGO_PERFIL INTEGER;

CREATE TABLE PERFIL_USUARIO
(CODIGO_PERFIL DMCODIGO_PERFIL NOT NULL PRIMARY KEY,
 DESCRICAO_PERFIL VARCHAR(25),
 CADASTRO_FORNECEDORES CHAR(1),
 CADASTRO_PRODUTOS CHAR(1),
 CADASTRO_CLIENTES CHAR(1),
 CADASTRO_FUNCIONARIOS CHAR(1),
 CADASTRO_USUARIOS CHAR(1));
```

Isso faz com que um domínio denominado **DMCODIGO_PERFIL** seja definido, e logo em seguida criada a tabela **PERFIL_USUARIO**. Veja a figura 20.5.

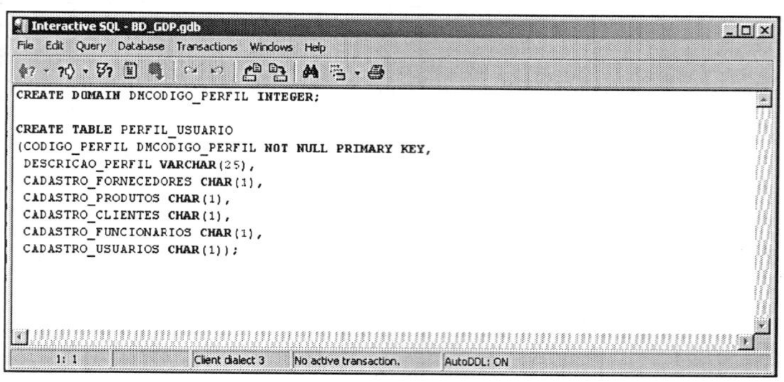

Figura 20.5

Para criar a tabela de cadastro de usuários, digite e execute os seguintes comandos no **IBConsole**:

```
CREATE DOMAIN DMCODIGO_USUARIO INTEGER;

CREATE TABLE USUARIOS
(CODIGO_USUARIO DMCODIGO_USUARIO NOT NULL PRIMARY KEY,
 CODIGO_FUNCIONARIO DMMATRICULA,
 IDENTIFICACAO_USUARIO VARCHAR(15),
 SENHA_ACESSO VARCHAR(8),
 CODIGO_PERFIL DMCODIGO_PERFIL);
```

A figura 20.6 mostra a janela **Interactive SQL** com esses comandos.

A última alteração no banco de dados InterBase está relacionada com a tabela **Controle_Sequencia**, que precisa ter mais dois campos. Execute a partir da janela **Interactive SQL** o seguinte comando:

```
ALTER TABLE CONTROLE_SEQUENCIA ADD CODIGO_PERFIL DMCODIGO_PERFIL, ADD CODIGO_USUARIO DMCODIGO_USUARIO;
```

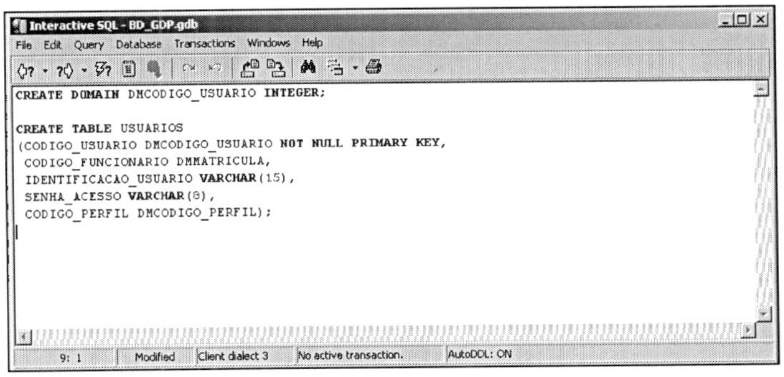

Figura 20.6

Veja o comando na tela da figura 20.7.

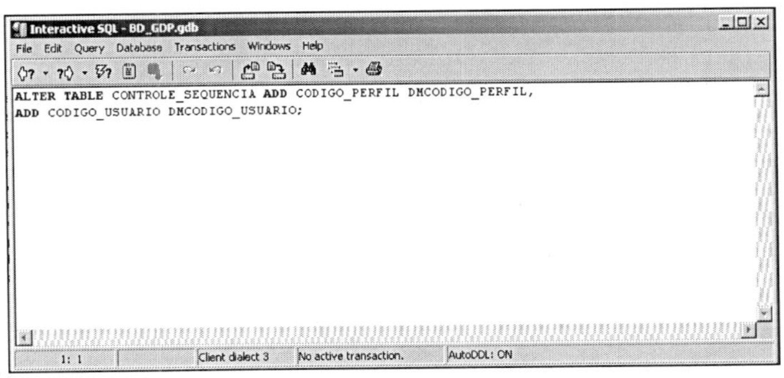

Figura 20.7

Para prosseguir, é necessário adicionar ao aplicativo pelo menos um usuário que tenha todos os privilégios de acesso. Ele é o "Administrador do Sistema".

Sendo assim, execute o **MySQL Control Center** e abra a tabela **Perfil_Usuario**. Adicione um registro clicando no botão **Insert Record** ( ) e digite as seguintes informações nos campos:

- **Codigo_Perfil:** 1
- **Descricao_Perfil:** ADMINISTRADOR SISTEMA
- **Cadastro_Fornecedores:** S
- **Cadastro_Produtos:** S
- **Cadastro_Clientes:** S
- **Cadastro_Funcionarios:** S
- **Cadastro_Usuarios:** S

Veja a figura 20.8.

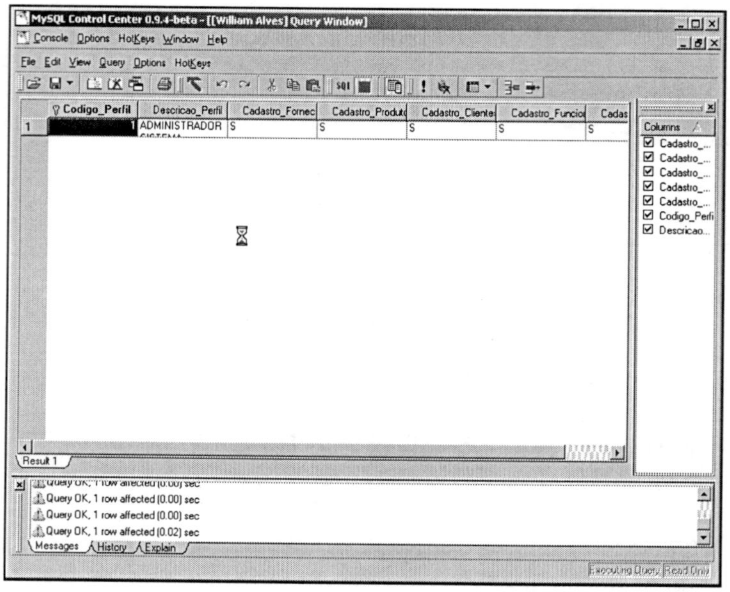

Figura 20.8

Da mesma forma, abra a tabela **Usuarios** e adicione um registro com as seguintes informações:

- **Codigo_Usuario:** 1
- **Codigo_Funcionario:** 999999
- **Identificacao_Usuario:** ADMSIS
- **Senha_Acesso:** 4DIVIS1S
- **Codigo_Perfil:** 1

Na figura 20.9 é possível ver esses dados.

Altere, por fim, o valor dos campos **Codigo_Usuario** e **Codigo_Perfil** da tabela **Controle_Sequencia** para 1. Com isso estamos prontos para os próximos passos.

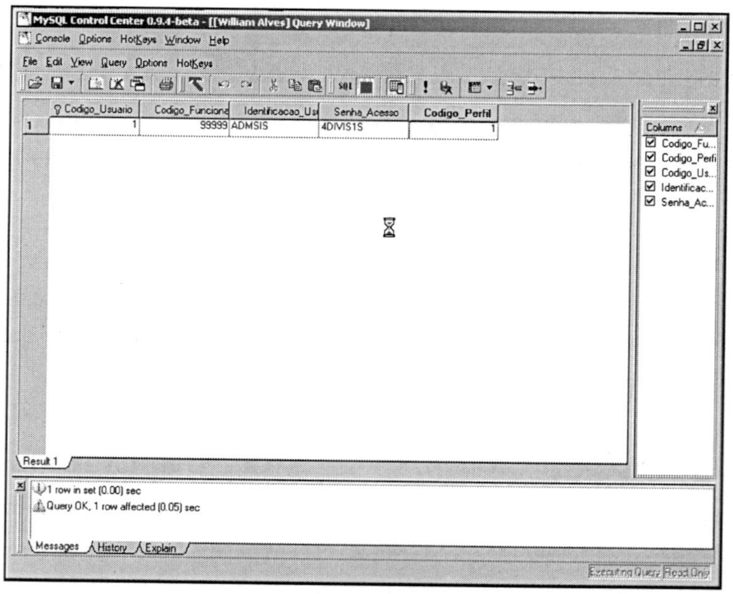

Figura 20.9

20.2. Alterando o Módulo de Dados

Se estiver com o Delphi 2005 fechado, execute-o e depois carregue nosso projeto exemplo. Selecione o módulo de dados a partir da janela **Project Manager** e insira dois **TSimpleDataSet** e dois **TDataSource**. Configure as propriedades desses objetos da seguinte maneira:

Objeto	Propriedade	Grupo	Valor
SimpleDataSet1	ConnectionName	Connection	BaseDadosGDP
	CommandType	Database/DataSet	ctTable
	CommandText	Database/DataSet	perfil_usuarios
	Name	Miscellaneous	sdsPerfilUsuario
SimpleDataSet2	ConnectionName	Connection	BaseDadosGDP
	CommandType	Database/DataSet	ctTable
	CommandText	Database/DataSet	usuarios
	Name	Miscellaneous	sdsUsuarios
DataSource1	DataSet	Database	sdsPerfilUsuario
	Name	Miscellaneous	dsPerfilUsuario
DataSource2	DataSet	Database	sdsUsuarios
	Name	Miscellaneous	dsUsuarios

Atribua ainda ao evento **OnBeforeDelete** dos objetos **sdsPerfilUsuario** e **sdsUsuarios** o procedimento **sdsDepartamentosBeforeDelete**. Em seguida adicione todos os campos das tabelas a esses dois objetos.

Agora selecione o objeto **sdsControle** e abra o editor de campos. Clique no botão de adição de campos e escolha os dois itens apresentados pela figura 20.10. A figura 20.11 mostra o módulo de dados após essas alterações.

Figura 20.10

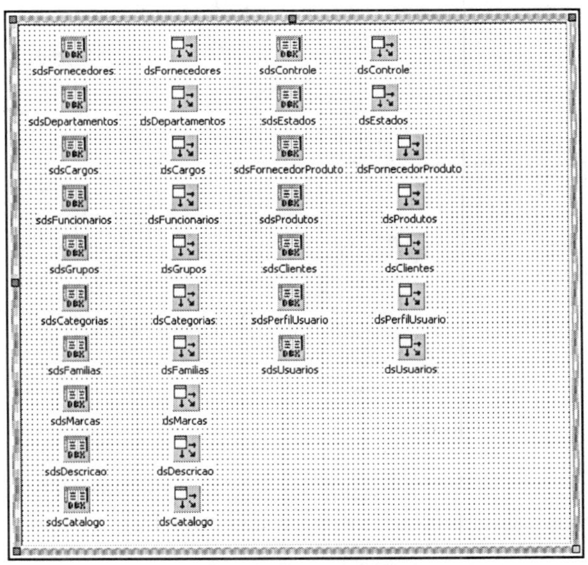

Figura 20.11

20.3. Criação do Formulário de Login

Neste tópico criaremos um formulário que executa as tarefas de *login* no sistema, ou seja, pede uma identificação e senha ao usuário e verifica se elas são válidas ou não.

Selecione a opção **File → New → Other** e escolha a opção **Delphi Files** (figura 20.12). Clique no ícone denominado **Form** para adicionar um novo formulário em branco. Em seguida, selecione a opção **File → Use Unit** e escolha as unidades

UModuloDados1 e URotinasGenericas para vinculá-las ao formulário. Altere o valor da propriedade **Caption** (grupo **Visual**) para "Acesso ao Sistema", e na propriedade **Name** (grupo **Miscellaneous**) digite "formAcessoSistema".

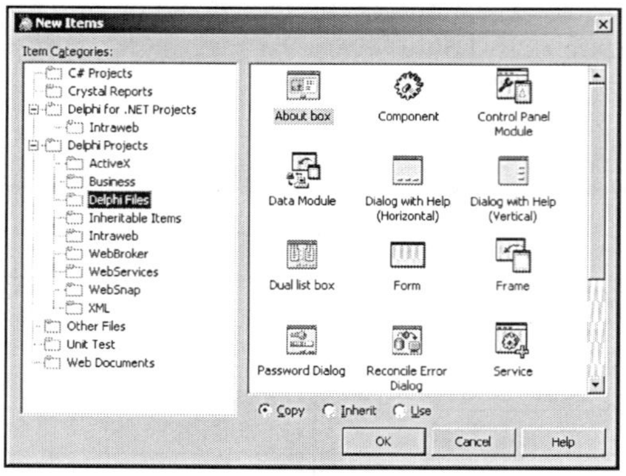

Figura 20.12

Configure também as propriedades apresentadas na seguinte tabela:

Propriedade	Grupo	Valor
KeyPreview	Input	True
Position	Miscellaneous	poScreenCenter
BorderStyle	Visual	bsDialog

Adicione a esse formulário um componente **TImage** (grupo **Additional**), como mostra a figura 20.13. Clique no ícone da propriedade **Picture** e escolha o arquivo **AcessoSistema.Bmp** na janela mostrada na figura 20.14. Selecione também o valor **True** para a propriedade **AutoSize** (grupo **Visual**). O resultado pode ser visto na figura 20.15.

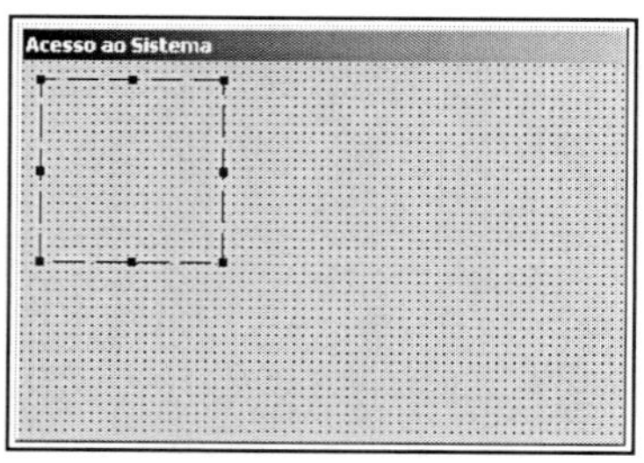

Figura 20.13

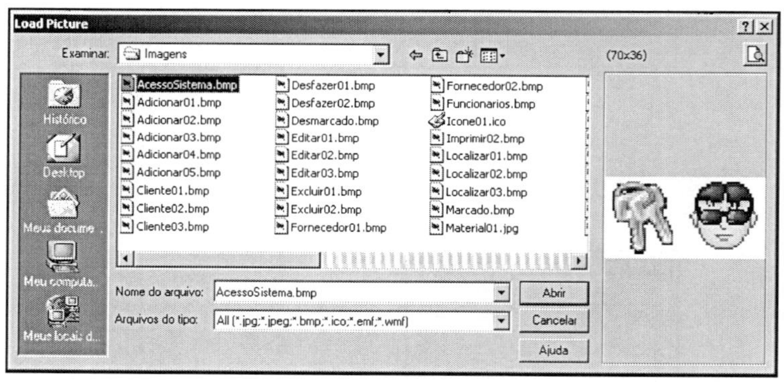

Figura 20.14

Selecione a cor **clWhite** na propriedade **Color** (grupo **Visual**) do formulário e adicione um componente **TShape** (grupo **Additional**). O formulário deve estar conforme indica a figura 20.16.

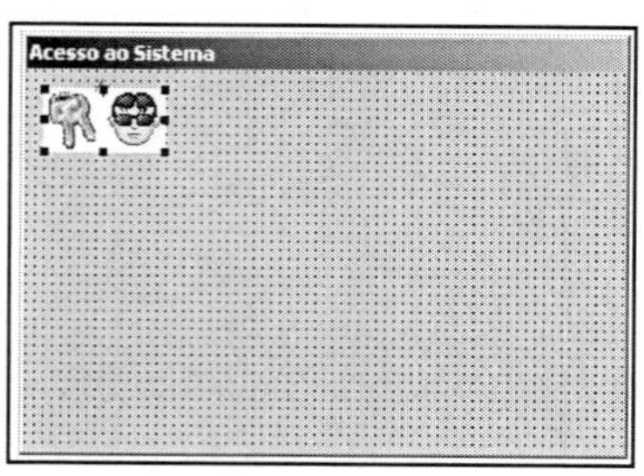

Figura 20.15

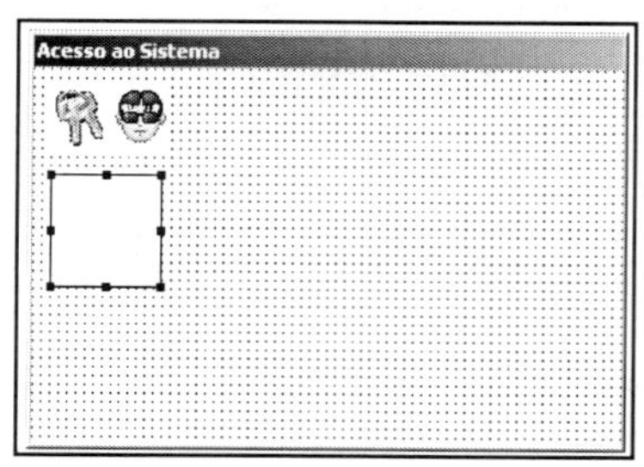

Figura 20.16

Com o objeto **Shape1** selecionado clique na propriedade **Shape** (grupo **Miscellaneous**) e escolha a opção **stRoundRect** (figura 20.17). Isso faz com que tenhamos um retângulo com os vértices arredondados.

Selecione também a cor **clCream** na propriedade **Brush** (figura 20.18). Por fim, ajuste o tamanho do retângulo conforme a figura 20.19.

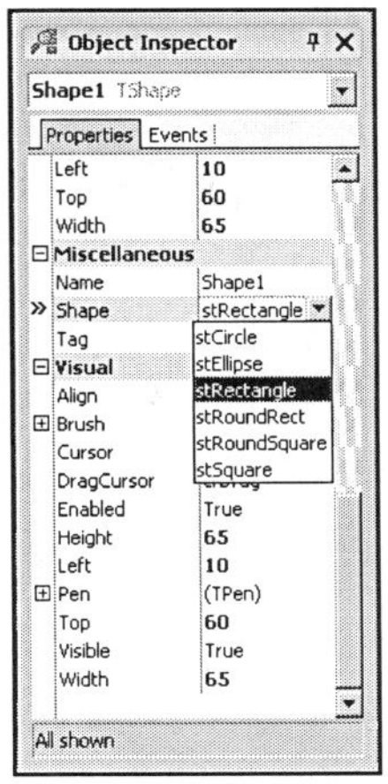

Figura 20.17

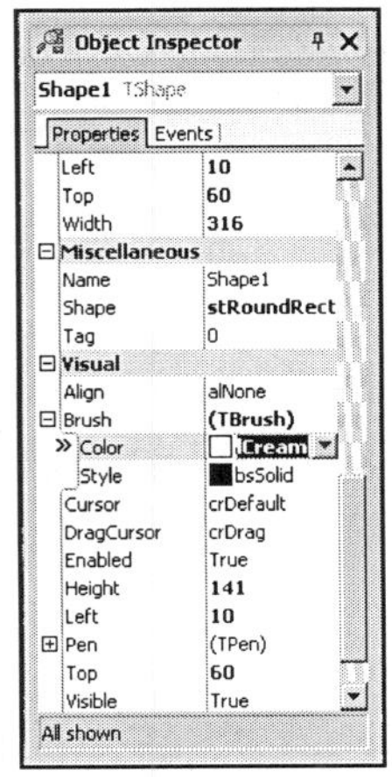

Figura 20.18

Dentro desse retângulo coloque dois **TLabel**, um **TEdit** e um **TMaskEdit**, como mostra a figura 20.20. Configure os dois **TLabel** conforme descrito na seguinte tabela:

Objeto	Propriedade	Grupo	Valor
Label1	Caption	Visual	Ident. Usuário:
	Name	Miscellaneous	lblIDUsuario
Label2	Caption	Visual	Senha de Acesso:
	Name	Miscellaneous	lblSenha

Altere também a fonte de letras desses objetos clicando no ícone da propriedade **Font** (grupo **Visual**). A janela da figura 20.21 é mostrada em seguida. Escolha a fonte **Arial**, o tamanho 10 e o estilo **Negrito**. Clique na caixa de combinação de cores e selecione **Azul** (figura 20.22).

Figura 20.19

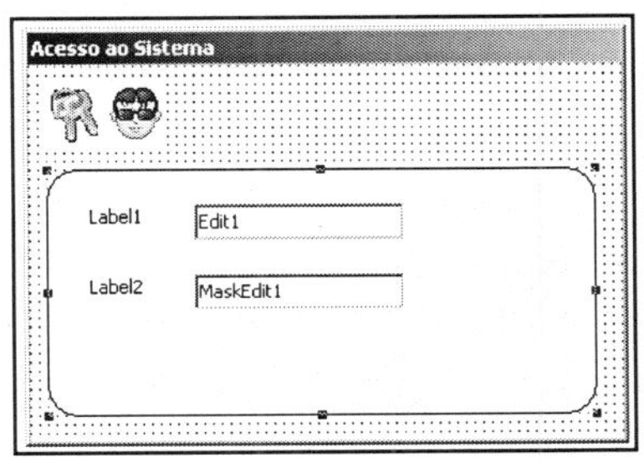

Figura 20.20

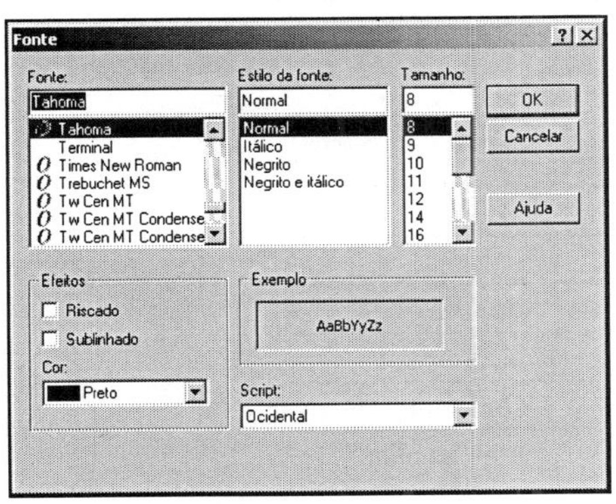

Figura 20.21

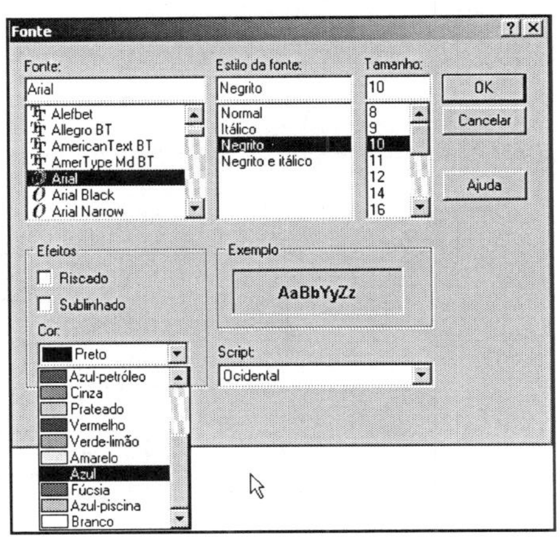

Figura 20.22

O resultado pode ser visto na figura 20.23.

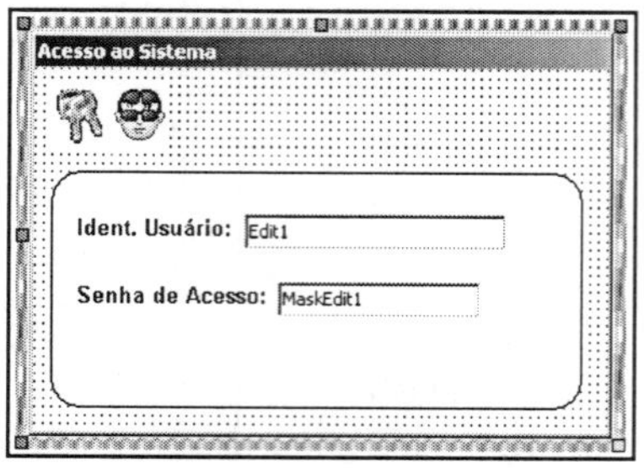

Figura 20.23

Configure os outros dois objetos da seguinte maneira:

Objeto	Propriedade	Grupo	Valor
Edit1	CharCase	Miscellaneous	ecUpperCase
	MaxLength	Miscellaneous	15
	Text	Localizable	(apagar texto)
	Name	Miscellaneous	edtIDUsuario
	Font/Name	Visual	Arial
	Font/Size	Visual	10
	Font/Style	Visual	fsBold
MaskEdit1	CharCase	Miscellaneous	ecUpperCase
	MaxLength	Miscellaneous	8
	PasswordChar	Localizable	*
	Name	Miscellaneous	mskSenha
	Font/Name	Visual	Arial
	Font/Size	Visual	10
	Font/Style	Visual	fsBold

É interessante destacar que na propriedade **PasswordChar** é possível especificar um caractere que servirá para encobrir os dados digitados pelo usuário. Em nosso caso, tudo que for digitado será substituído por um "*", não permitindo, portanto, que a senha seja visualizada.

Abaixo desses objetos adicione dois **TBitBtn** (grupo **Additional**), como mostra a figura 20.24.

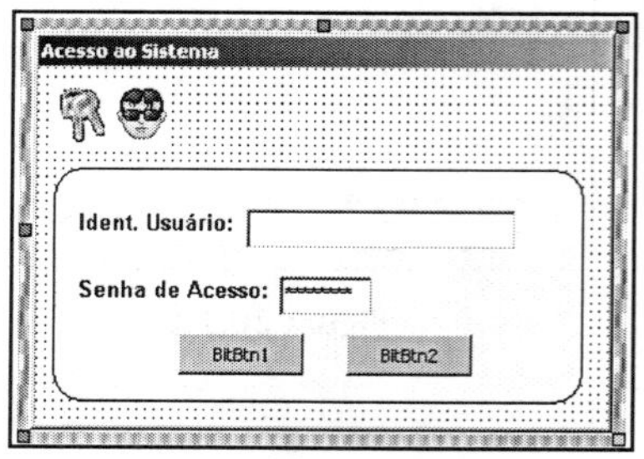

Figura 20.24

Eles devem ser configurados de acordo com a seguinte tabela:

Objeto	Propriedade	Grupo	Valor
BitBtn1	Kind	Miscellaneous	bkOK
	Default	Miscellaneous	False
	Name	Miscellaneous	btnOK
BitBtn2	Kind	Miscellaneous	bkCancel
	Caption	Visual	Cancelar
	Name	Miscellaneous	btnCancelar

A figura 20.25 mostra como deve ficar o formulário com esses botões. Ajuste o tamanho e a posição de todos os objetos conforme indica a figura 20.26.

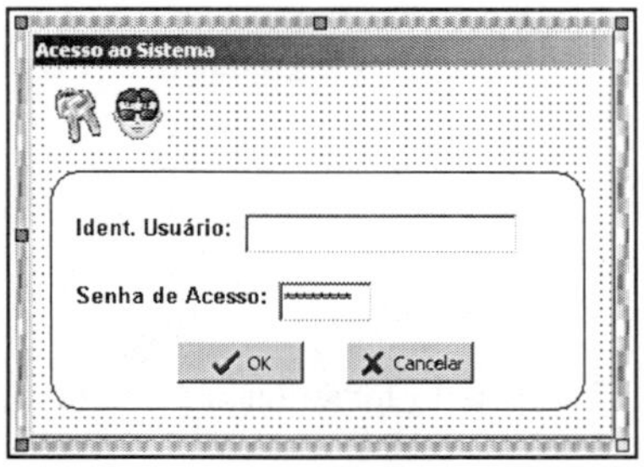

Figura 20.25

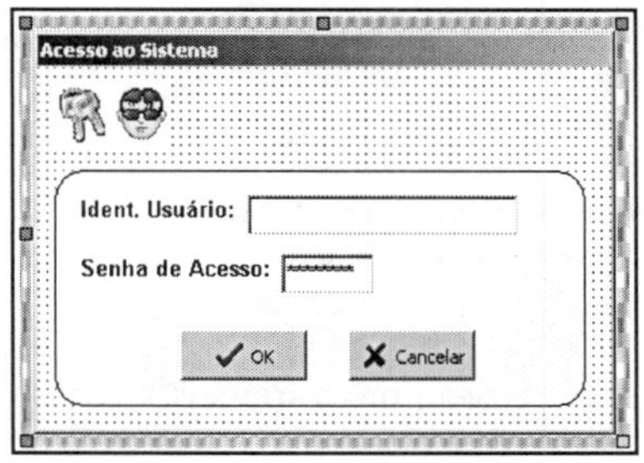

Figura 20.26

Dê um duplo-clique no botão **OK** e digite o código apresentado na seguinte listagem:

```
procedure TformAcessoSistema.btnOKClick(Sender: TObject);
begin
     blnAcessoLiberado := False;
     intCodigoUsuario := 0;
     dmModuloDados1.sdsUsuarios.Open;
     dmModuloDados1.sdsUsuarios.IndexFieldNames := 'Identificacao_Usuario';
     if not dmModuloDados1.sdsUsuarios.FindKey([Trim(edtIDUsuario.Text)]) then
        Mensagem('Usuário não cadastrado !')
        else
        begin
             if Trim(dmModuloDados1.sdsUsuariosSenha_Acesso.AsString) <> Trim(mskSenha.Text) then
                 Mensagem('Senha não confere !')
                 else
                 begin
                      blnAcessoLiberado := True;
                      intCodigoUsuario := dmModuloDados1.sdsUsuariosCodigo_Usuario.AsInteger;
                 end;
        end;
     dmModuloDados1.sdsUsuarios.IndexFieldNames := '';
     dmModuloDados1.sdsUsuarios.Close;
end;
```

Esse procedimento abre a tabela de usuários e pesquisa o usuário cuja identificação se encontra no objeto **edtIDUsuario**. Se encontrar um usuário, a senha informada é verificada. Se essas duas condições forem satisfeitas, então o acesso é liberado. Em caso negativo, o procedimento apresenta uma mensagem de alerta e retorna com um valor **False** na variável **blnAcessoLiberado**.

As variáveis **blnAcessoLiberado** e **intCodigoUsuario** devem ser declaradas na seção **public** do formulário, como mostra a seguinte listagem:

```
type
  TformAcessoSistema = class(TForm)
    Image1: TImage;
    Shape1: TShape;
    lblIDUsuario: TLabel;
    lblSenha: TLabel;
    edtIDUsuario: TEdit;
    btnOK: TBitBtn;
    btnCancelar: TBitBtn;
    mskSenha: TMaskEdit;
    procedure FormKeyPress(Sender: TObject; var Key: Char);
    procedure edtIDUsuarioExit(Sender: TObject);
    procedure edtIDUsuarioEnter(Sender: TObject);
    procedure btnCancelarClick(Sender: TObject);
    procedure btnOKClick(Sender: TObject);
  private
    { Private declarations }
  public
    { Public declarations }
    blnAcessoLiberado: boolean;
    intCodigoUsuario: integer;
end;
```

O código para o botão **Cancelar** deve ser o seguinte:

```
procedure TformAcessoSistema.btnCancelarClick(Sender: TObject);
begin
     blnAcessoLiberado := False;
     intCodigoUsuario := 0;
end;
```

Ele simplesmente retorna nas variáveis valores que posteriormente serão utilizados pelo formulário principal para fechar o aplicativo.

Para os eventos **OnEnter** e **OnExit** do objeto **edtIDUsuario** entre com os códigos apresentados a seguir:

```
procedure TformAcessoSistema.edtIDUsuarioEnter(Sender: TObject);
begin
     CorEntrada(Sender);
end;

procedure TformAcessoSistema.edtIDUsuarioExit(Sender: TObject);
begin
     CorSaida(Sender);
end;
```

Esses mesmos procedimentos devem ser atribuídos aos eventos **OnEnter** e **OnExit** do objeto **mskSenha**.

Com o formulário selecionado clique duas vezes no evento **OnKeyPress** e digite o seguinte código:

```
procedure TformAcessoSistema.FormKeyPress(Sender: TObject; var Key: Char);
begin
     if key = #13 then
     begin
          Key:= #0;
          Perform(WM_NEXTDLGCTL,0,0);
     end;
end;
```

Salve esse formulário com o nome "UAcessoSistema.Pas".

Volte ao formulário principal, vincule a unidade que acabamos de criar e depois clique no evento **OnShow**. Altere o procedimento de acordo com o mostrado na seguinte listagem:

```
procedure TformPrincipal.FormShow(Sender: TObject);
var
   blnAcessoLiberado: boolean;
   intCodigoUsuario: integer;
begin
     Application.CreateForm(TformAcessoSistema,formAcessoSistema);
     formAcessoSistema.ShowModal;
     blnAcessoLiberado := formAcessoSistema.blnAcessoLiberado;
     intCodigoUsuario := formAcessoSistema.intCodigoUsuario;
     formAcessoSistema.Destroy;

     if (blnAcessoLiberado) then
     begin
          with formPrincipal do
          begin
               Left := 0;
               Top  := 0;
               Height := Screen.Height;
               Width  := Screen.Width;
          end;
          clbFerramentas.Bitmap.LoadFromFile('FUNDOBARRA.BMP');
          imgFundo.Picture.LoadFromFile('TELAFUNDO.JPG');
          stsMensagens.Panels[0].Text := MostraData;

          Application.ShowMainForm := True;
          ShowWindow(Application.Handle,SW_RESTORE);
          ConfiguraSistema(intCodigoUsuario);
     end
     else
         Application.Terminate;
end;
```

O formulário de identificação do usuário é chamado e os valores das variáveis **blnAcessoLiberado** e **intCodigoUsuario** desse formulário são salvos para uso posterior. Se o usuário tiver permissão para acessar o programa (**blnAcessoLiberado** com valor **True**), então o formulário principal é apresentado e o procedimento **ConfiguraSistema** (a ser descrito a seguir) é executado para que as opções de menu sejam habilitadas ou desabilitadas.

Entre com o procedimento listado a seguir logo após a diretiva de compilação {$R *.dfm}:

```
procedure ConfiguraSistema(intCodigoUsuario: integer);
begin
     dmModuloDados1.sdsUsuarios.Open;
     dmModuloDados1.sdsUsuarios.IndexFieldNames := 'Codigo_Usuario';
     dmModuloDados1.sdsPerfilUsuario.Open;
     dmModuloDados1.sdsPerfilUsuario.IndexFieldNames := 'Codigo_Perfil';

     dmModuloDados1.sdsUsuarios.FindKey([intCodigoUsuario]);
     dmModuloDados1.sdsPerfilUsuario.FindKey([dmModuloDados1.sdsUsuariosCodigo_Perfil. AsInteger]);

     // Configuração das opções de menus
     formPrincipal.opcCadDepartamentos.Enabled :=
(dmModuloDados1.sdsPerfilUsuarioCadastro_Funcionarios.AsString = 'S');
     formPrincipal.opcCadCargos.Enabled :=
(dmModuloDados1.sdsPerfilUsuarioCadastro_Funcionarios.AsString = 'S');
     formPrincipal.opcCadFuncionarios.Enabled :=
(dmModuloDados1.sdsPerfilUsuarioCadastro_Funcionarios.AsString = 'S');
     formPrincipal.opcCadFornecedores.Enabled :=
(dmModuloDados1.sdsPerfilUsuarioCadastro_Fornecedores.AsString = 'S');
     formPrincipal.opcProdutos.Enabled := (dmModuloDados1.sdsPerfilUsuarioCadastro_Produtos.AsString =
'S');
     formPrincipal.opcCadClientes.Enabled :=
(dmModuloDados1.sdsPerfilUsuarioCadastro_Clientes.AsString = 'S');

     // Configuração dos botões
     formPrincipal.btnClientes.Enabled := (dmModuloDados1.sdsPerfilUsuarioCadastro_Clientes.AsString =
'S');
     formPrincipal.btnFornecedores.Enabled :=
(dmModuloDados1.sdsPerfilUsuarioCadastro_Fornecedores.AsString = 'S');
     formPrincipal.btnProdutos.Enabled := (dmModuloDados1.sdsPerfilUsuarioCadastro_Produtos.AsString =
'S');
     dmModuloDados1.sdsUsuarios.IndexFieldNames := '';
     dmModuloDados1.sdsPerfilUsuario.IndexFieldNames := '';
     dmModuloDados1.sdsUsuarios.Close;
     dmModuloDados1.sdsPerfilUsuario.Close;
end;
```

Na figura 20.28 é possível ver esse código na janela do editor.

Salve o projeto novamente e compile-o. Ao ser executado, o programa apresenta a tela da figura 20.27. Digite o nome do usuário e a senha cadastrada pelo **MySQL Control Center** para poder acessar o sistema.

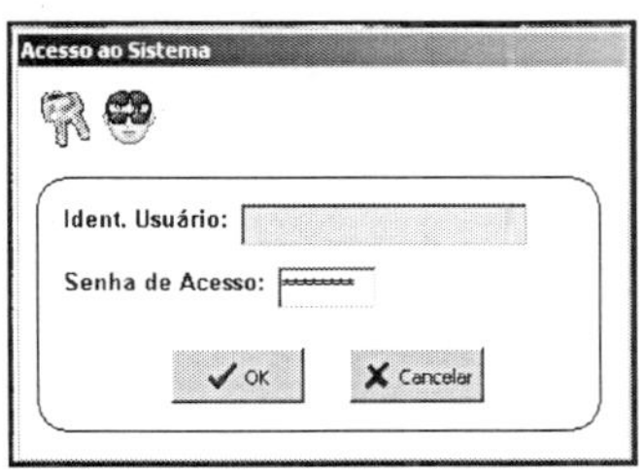

Figura 20.27

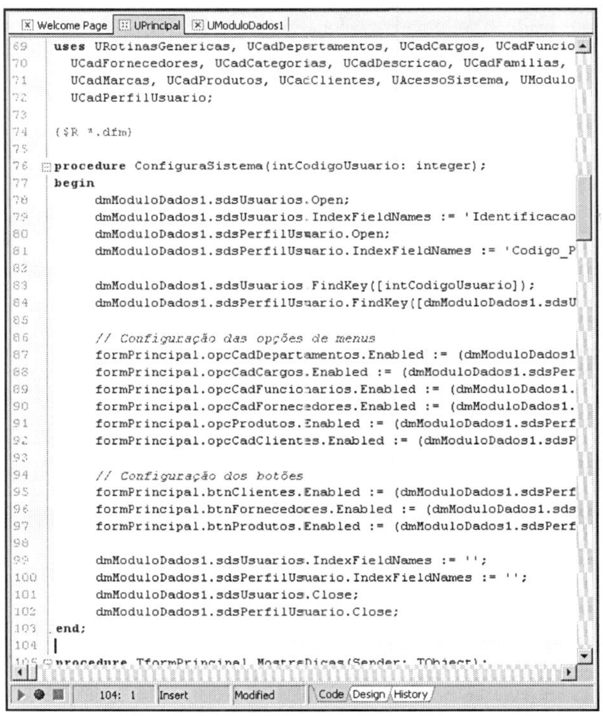

Figura 20.28

20.4. Formulário de Cadastro de Perfil

Vamos agora criar o formulário que permite cadastrar os perfis de usuários. Selecione a opção **File → New → Other** e escolha a opção **Inheritable Items**. Então clique no ícone **formMestreCadastro** para adicionar um novo formulário. A seguir selecione a opção **File → Use Unit** e escolha as unidades **UModuloDados1** e **URotinasGenericas** para vinculá-las ao formulário. Altere o valor da propriedade **Caption** (grupo **Visual**) para "Cadastro de Perfil de Usuário", e na propriedade **Name** (grupo **Miscellaneous**) digite "formCadPerfil".

Adicione à aba um componente **TLabel** (grupo **Standard**) e um **TDBEdit** (grupo **Data Controls**). Configure as propriedades desses dois objetos conforme descrito na tabela seguinte:

Objeto	Propriedade	Grupo	Valor
Label1	Caption	Visual	Identificação do Perfil:
	Name	Miscellaneous	lblIDPerfil
DBEdit1	DataSource	Database	dmModuloDados1.dsPerfilUsuario
	DataField	Database	Descricao_Perfil
	Name	Miscellaneous	fldIDPerfil
	CharCase	Miscellaneous	ecUpperCase

Adicione também um outro componente **TPageControl** (grupo **Win32**), como mostra a figura 20.29. Digite na propriedade **Name** a cadeia de caracteres "pgPerfil". Adicione uma aba a esse controle e configure-a da seguinte forma:

Propriedade	Grupo	Valor
Caption	Visual	Cadastros
Name	Miscellaneous	tabCadastros

Ajuste o tamanho do objeto conforme a figura 20.30.

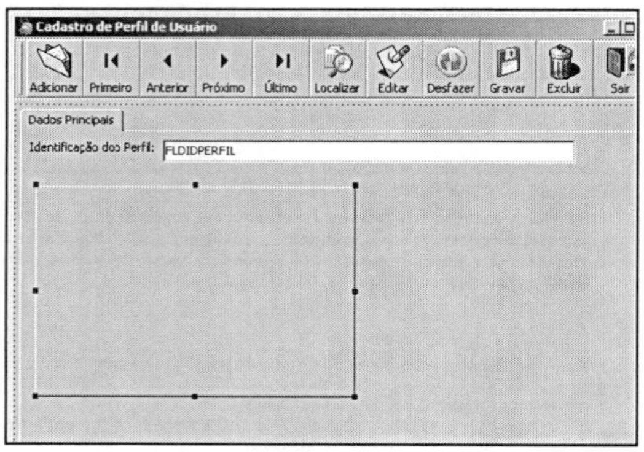

Figura 20.29

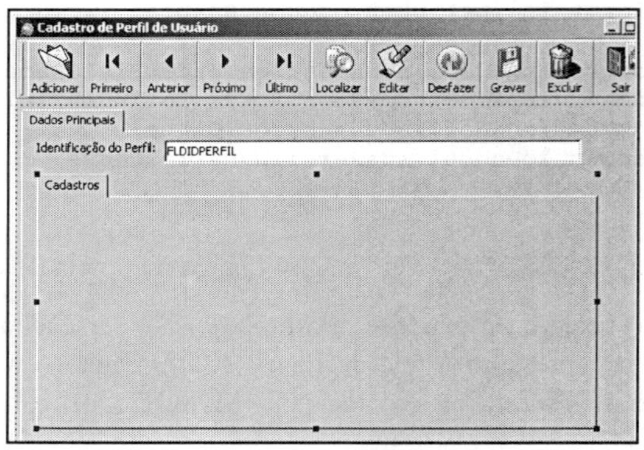

Figura 20.30

Adicione cinco componentes **TDBCheckBox** (grupo **Data Controls**), como indica a figura 20.31, e configure-os como descrito na seguinte tabela:

Objeto	Propriedade	Grupo	Valor
DBCheckBox1	DataSource	Database	dmModuloDados1.dsPerfilUsuario
	DataField	Database	Cadastro_Fornecedores
	ValueChecked	Localizable	S
	ValueUnChecked	Localizable	N
	Name	Miscellaneous	fldFornecedores
	Caption	Visual	Fornecedores
	Font/Style	Visual	fsBold

Objeto	Propriedade	Grupo	Valor
	DataSource	Database	dmModuloDados1.dsPerfilUsuario
	DataField	Database	Cadastro_Produtos
	ValueChecked	Localizable	S
DBCheckBox2	ValueUnChecked	Localizable	N
	Name	Miscellaneous	fldProdutos
	Caption	Visual	Produtos
	Font/Style	Visual	fsBold
	DataSource	Database	dmModuloDados1.dsPerfilUsuario
	DataField	Database	Cadastro_Clientes
	ValueChecked	Localizable	S
DBCheckBox3	ValueUnChecked	Localizable	N
	Name	Miscellaneous	fldClientes
	Caption	Visual	Clientes
	Font/Style	Visual	fsBold
	DataSource	Database	dmModuloDados1.dsPerfilUsuario
	DataField	Database	Cadastro_Funcionarios
	ValueChecked	Localizable	S
DBCheckBox4	ValueUnChecked	Localizable	N
	Name	Miscellaneous	fldFuncionarios
	Caption	Visual	Funcionários
	Font/Style	Visual	fsBold
	DataSource	Database	dmModuloDados1.dsPerfilUsuario
	DataField	Database	Cadastro_Usuarios
	ValueChecked	Localizable	S
DBCheckBox5	ValueUnChecked	Localizable	N
	Name	Miscellaneous	fldUsuarios
	Caption	Visual	Usuários
	Font/Style	Visual	fsBold

Na figura 20.32 podemos ver como deve ficar o formulário.

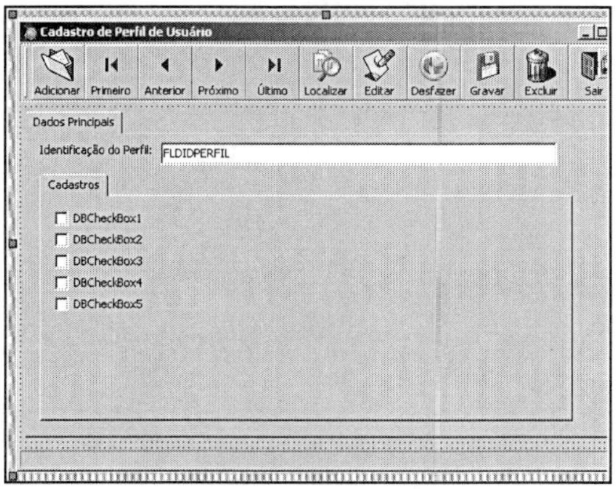

Figura 20.31

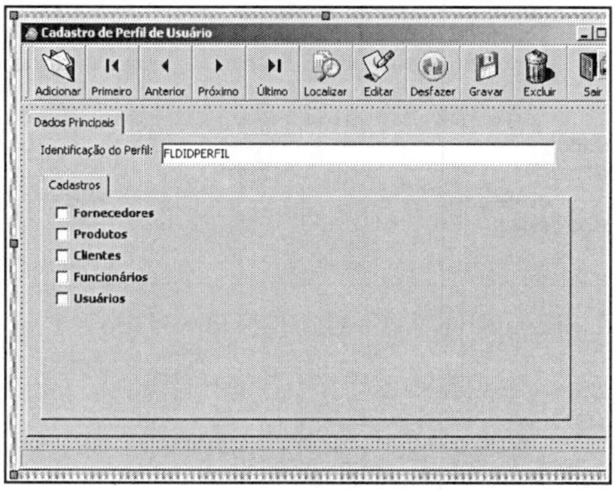

Figura 20.32

Chegou o momento de adicionar os códigos. Abra o editor e digite a cadeia de caracteres "procedure MoveFoco" antes da palavra-chave **private**, na definição da classe do formulário. Desta forma as linhas de código dessa declaração devem ficar assim:

```
type
  TformCadPerfilUsuario = class(TformMestreCadastro)
    lblIDPerfil: TLabel;
    fldIDPerfil: TDBEdit;
    pgPerfil: TPageControl;
    tabCadastro: TTabSheet;
    fldFornecedores: TDBCheckBox;
    fldProdutos: TDBCheckBox;
    fldClientes: TDBCheckBox;
    fldFuncionarios: TDBCheckBox;
    fldUsuarios: TDBCheckBox;
    procedure MoveFoco;
  private
    { Private declarations }
  public
    { Public declarations }
  end;
```

Após a diretiva de compilação {$R *.dfm}, digite as linhas de código mostradas na seguinte listagem:

```
procedure TformCadPerfilUsuario.MoveFoco;
begin
     fldIDPerfil.SetFocus;
end;
```

Volte ao modo de desenho de formulário e abra a guia **Events** do **Object Inspector**. Dê dois cliques no evento **OnShow** do formulário e digite o código:

```
procedure TformCadPerfilUsuario.FormShow(Sender: TObject);
begin
  inherited;
     dmModuloDados1.sdsControle.Open;
     dmModuloDados1.sdsPerfilUsuario.Open;
     if dmModuloDados1.sdsPerfilUsuario.IsEmpty then
     begin
          BloquearCampos(False);
          btnAdicionar.Enabled := False;
          btnEditar.Enabled := False;
          btnExcluir.Enabled := False;
          btnGravar.Enabled := True;
          chrModo := 'I';
          dmModuloDados1.sdsControle.Edit;
          dmModuloDados1.sdsControleCodigo_Perfil.AsInteger := 0;
          dmModuloDados1.sdsControle.Post;
          dmModuloDados1.sdsPerfilUsuario.Append;
          dmModuloDados1.sdsPerfilUsuarioCadastro_Fornecedores.AsString := 'N';
          dmModuloDados1.sdsPerfilUsuarioCadastro_Produtos.AsString := 'N';
          dmModuloDados1.sdsPerfilUsuarioCadastro_Clientes.AsString := 'N';
          dmModuloDados1.sdsPerfilUsuarioCadastro_Funcionarios.AsString := 'N';
          dmModuloDados1.sdsPerfilUsuarioCadastro_Usuarios.AsString := 'N';
     end
     else
         chrModo := ' ';
     MoveFoco;
end;
```

Agora clique no evento **OnClose** do formulário e digite o seguinte código:

```
procedure TformCadPerfilUsuario.FormClose(Sender: TObject;
  var Action: TCloseAction);
begin
     dmModuloDados1.sdsControle.Close;
     dmModuloDados1.sdsPerfilUsuario.Close;
  inherited;
end;
```

Os códigos para os procedimentos dos botões da barra de ferramentas se encontram listados a seguir:

Botão Adicionar

```
procedure TformCadPerfilUsuario.btnAdicionarClick(Sender: TObject);
begin
  inherited;
     if Sender = btnAdicionar then
     begin
          try
             dmModuloDados1.sdsPerfilUsuario.Append;
             dmModuloDados1.sdsPerfilUsuarioCadastro_Fornecedores.AsString := 'N';
             dmModuloDados1.sdsPerfilUsuarioCadastro_Produtos.AsString := 'N';
             dmModuloDados1.sdsPerfilUsuarioCadastro_Clientes.AsString := 'N';
             dmModuloDados1.sdsPerfilUsuarioCadastro_Funcionarios.AsString := 'N';
             dmModuloDados1.sdsPerfilUsuarioCadastro_Usuarios.AsString := 'N';
             chrModo := 'I';
             except
                   MsgStatus('');
                   Mensagem('Impossível adicionar novo registro !');
          end;
     end
     else if Sender = btnEditar then
          begin
               try
                  dmModuloDados1.sdsPerfilUsuario.Edit;
                  chrModo := 'A';
                  except
                        MsgStatus('');
                        Mensagem('Impossível entrar no modo de edição !');
               end;
          end;
     MoveFoco;
end;
```

Botão Primeiro

```
procedure TformCadPerfilUsuario.btnPrimeiroClick(Sender: TObject);
begin
  inherited;
     dmModuloDados1.sdsPerfilUsuario.First;
     MoveFoco;
end;
```

Botão Anterior

```
procedure TformCadPerfilUsuario.btnAnteriorClick(Sender: TObject);
begin
  inherited;
     dmModuloDados1.sdsPerfilUsuario.Prior;
     if dmModuloDados1.sdsPerfilUsuario.Bof then
     begin
          MsgStatus('Início da tabela...');
          dmModuloDados1.sdsPerfilUsuario.First;
     end
     else
         MsgStatus('');
     MoveFoco;
end;
```

Botão Próximo

```
procedure TformCadPerfilUsuario.btnProximoClick(Sender: TObject);
begin
  inherited;
     dmModuloDados1.sdsPerfilUsuario.Next;
     if dmModuloDados1.sdsPerfilUsuario.Eof then
     begin
          MsgStatus('Fim da tabela...');
          dmModuloDados1.sdsPerfilUsuario.Last;
     end
     else
         MsgStatus('');
     MoveFoco;
end;
```

Botão Último

```
procedure TformCadPerfilUsuario.btnUltimoClick(Sender: TObject);
begin
  inherited;
     dmModuloDados1.sdsPerfilUsuario.Last;
     MoveFoco;
end;
```

Botão Desfazer

```
procedure TformCadPerfilUsuario.btnDesfazerClick(Sender: TObject);
begin
  inherited;
     if dmModuloDados1.sdsPerfilUsuario.State in [dsEdit,dsInsert] then
     begin
          try
             dmModuloDados1.sdsPerfilUsuario.CancelUpdates;
             MsgStatus('Alterações desfeitas com sucesso...');
             except
                   Mensagem('Impossível desfazer alterações !');
          end;
     end
     else
         Mensagem('Não há alterações a serem desfeitas !');
     BloquearCampos(True);
     MoveFoco;
end;
```

Botão Gravar

```
procedure TformCadPerfilUsuario.btnGravarClick(Sender: TObject);
var
   intCodigoPerfil: integer;
begin
  inherited;
     if dmModuloDados1.sdsPerfilUsuario.State in [dsEdit,dsInsert] then
     begin
          try
             if chrModo = 'I' then
             begin
                  dmModuloDados1.sdsControle.Edit;
                  dmModuloDados1.sdsControleCodigo_Perfil.AsInteger :=
dmModuloDados1.sdsControleCodigo_Perfil.AsInteger + 1;
                  dmModuloDados1.sdsControle.Post;
                  dmModuloDados1.sdsControle.ApplyUpdates(-1);
                  intCodigoPerfil := dmModuloDados1.sdsControleCodigo_Perfil.AsInteger;
                  dmModuloDados1.sdsPerfilUsuarioCodigo_Perfil.AsInteger := intCodigoPerfil;
             end;
             dmModuloDados1.sdsPerfilUsuario.Post;
             dmModuloDados1.sdsPerfilUsuario.ApplyUpdates(-1);
             chrModo := ' ';
             MsgStatus('Dados gravados com sucesso...');
             except
                   Mensagem('Não foi possível efetuar a gravação dos dados !');
          end;
     end
     else
         Mensagem('Não há alterações a serem gravadas !');
     BloquearCampos(True);
     MoveFoco;
end;
```

Botão Excluir

```
procedure TformCadPerfilUsuario.btnExcluirClick(Sender: TObject);
begin
     if dmModuloDados1.sdsPerfilUsuario.State in [dsEdit,dsInsert] then
        dmModuloDados1.sdsPerfilUsuario.Post;
     try
        dmModuloDados1.sdsPerfilUsuario.Delete;
        dmModuloDados1.sdsPerfilUsuario.ApplyUpdates(-1);
        MsgStatus('Registro excluído com sucesso...');
```

```
        except
              Mensagem('Registro não foi excluído !');
     end;
     BloquearCampos(True);
     MoveFoco;
  inherited;
end;
```

Por fim, atribua o valor **False** à propriedade **Visible** do botão **Localizar** e adicione a unidade **DB** à cláusula **Uses** no início do código. Salve o formulário com o nome "UCadPerfil.Pas".

20.5. Formulário de Cadastro de Usuários

O último formulário a ser criado neste capítulo é o de cadastro de usuários. Selecione novamente a opção **File → New → Other** e escolha **Inheritable Items**. Em seguida clique no ícone **formMestreCadastro**.

Vincule as unidades **UModuloDados1** e **URotinasGenericas** ao formulário e altere o valor das propriedades **Caption** (grupo **Visual**) e **Name** (grupo **Miscellaneous**) digitando as cadeias de caracteres "Cadastro de Usuários" e "formCadUsuarios" respectivamente.

Coloque dentro da aba quatro componentes **TLabel** (grupo **Standard**), dois **TDBLookupComboBox** e dois **TDBEdit** (ambos grupo **Data Controls**), na ordem apresentada na tabela:

Objeto	Propriedade	Grupo	Valor
Label1	Caption	Visual	Nome do Funcionário:
	Name	Miscellaneous	lblFuncionario
DBLookupComboBox1	DataSource	Database	dmModuloDados1.dsUsuarios
	DataField	Database	Codigo_Funcionario
	ListSource	Database	dmModuloDados1.dsFuncionarios
	ListFields	Database	Nome_Funcionario
	KeyField	Database	Matricula_Funcionario
	Name	Miscellaneous	fldFuncionario
Label2	Caption	Visual	Identificação do Usuário
	Name	Miscellaneous	lblUsuario
DBEdit1	DataSource	Database	dmModuloDados1.dsUsuarios
	DataField	Database	Identificacao_Usuario
	Name	Miscellaneous	fldUsuario
	CharCase	Miscellaneous	ecUpperCase
Label3	Caption	Visual	Senha de Acesso:
	Name	Miscellaneous	lblSenha
DBEdit2	DataSource	Database	dmModuloDados1.dsUsuarios
	DataField	Database	Senha_Acesso
	Name	Miscellaneous	fldSenha
	CharCase	Miscellaneous	ecUpperCase
Label4	Caption	Visual	Perfil do Usuário:
	Name	Miscellaneous	lblPerfil
DBLookupComboBox2	DataSource	Database	dmModuloDados1.dsUsuarios
	DataField	Database	Codigo_Perfil
	ListSource	Database	dmModuloDados1.dsPerfilUsuario
	ListFields	Database	Descricao_Perfil
	KeyField	Database	Codigo_Perfil
	Name	Miscellaneous	fldPerfil

Na figura 20.33 é possível ver a aparência do formulário com esses objetos. Ajuste a altura do controle de páginas e do próprio formulário conforme indica a figura 20.34.

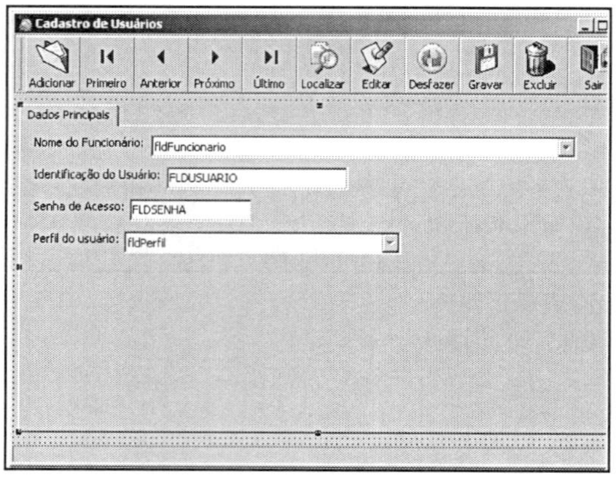

Figura 20.33

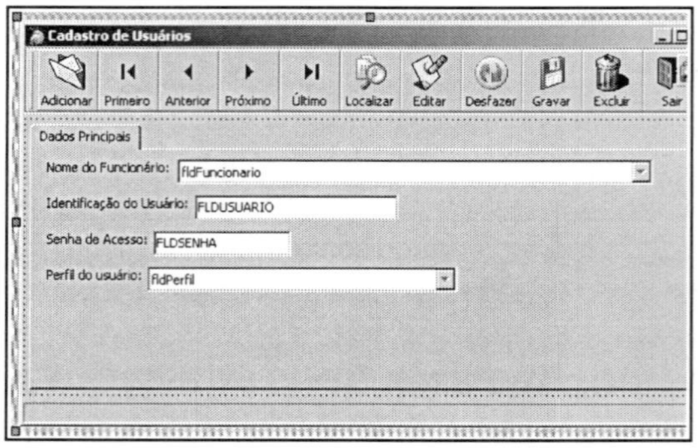

Figura 20.34

Abra o editor de códigos e adicione a declaração "procedure MoveFoco" antes da palavra-chave **private**, na definição da classe do formulário, como mostra a listagem:

```
type
  TformCadUsuarios = class(TformMestreCadastro)
    lblFuncionario: TLabel;
    lblUsuario: TLabel;
    lblSenha: TLabel;
    lblPerfil: TLabel;
    fldFuncionario: TDBLookupComboBox;
    fldUsuario: TDBEdit;
    fldSenha: TDBEdit;
    fldPerfil: TDBLookupComboBox;
    procedure MoveFoco;
  private
    { Private declarations }
  public
    { Public declarations }
  end;
```

Após a diretiva de compilação **{$R *.dfm}** digite as linhas de código mostradas na listagem:

```
procedure TformCadUsuarios.MoveFoco;
begin
     fldFuncionario.SetFocus;
end;
```

Retorne à visualização do formulário e dê um duplo-clique no evento **OnShow**. Digite o código apresentado na listagem:

```
procedure TformCadUsuarios.FormShow(Sender: TObject);
begin
  inherited;
     dmModuloDados1.sdsControle.Open;
     dmModuloDados1.sdsFuncionarios.Open;
     dmModuloDados1.sdsPerfilUsuario.Open;
     dmModuloDados1.sdsUsuarios.Open;
     if dmModuloDados1.sdsUsuarios.IsEmpty then
     begin
          BloquearCampos(False);
          btnAdicionar.Enabled := False;
          btnEditar.Enabled := False;
          btnExcluir.Enabled := False;
          btnGravar.Enabled := True;
          chrModo := 'I';
          dmModuloDados1.sdsControle.Edit;
          dmModuloDados1.sdsControleCodigo_Usuario.AsInteger := 0;
          dmModuloDados1.sdsControle.Post;
          dmModuloDados1.sdsUsuarios.Append;
     end
     else
        chrModo := ' ';
     MoveFoco;
end;
```

Para o evento **OnClose** entre com o seguinte código:

```
procedure TformCadUsuarios.FormClose(Sender: TObject; var Action: TCloseAction);
begin
     dmModuloDados1.sdsControle.Close;
     dmModuloDados1.sdsFuncionarios.Close;
     dmModuloDados1.sdsPerfilUsuario.Close;
     dmModuloDados1.sdsUsuarios.Close;
  inherited;
end;
```

Os códigos dos botões superiores devem ser os seguintes:

Botão Adicionar

```
procedure TformCadUsuarios.btnAdicionarClick(Sender: TObject);
begin
  inherited;
     if Sender = btnAdicionar then
     begin
          try
             dmModuloDados1.sdsUsuarios.Append;
             chrModo := 'I';
             except
                   MsgStatus('');
                   Mensagem('Impossível adicionar novo registro !');
          end;
     end
     else if Sender = btnEditar then
          begin
               try
                  dmModuloDados1.sdsUsuarios.Edit;
                  chrModo := 'A';
                  except
                        MsgStatus('');
                        Mensagem('Impossível entrar no modo de edição !');
               end;
          end;
     MoveFoco;
end;
```

Botão Primeiro

```
procedure TformCadUsuarios.btnPrimeiroClick(Sender: TObject);
begin
  inherited;
     dmModuloDados1.sdsUsuarios.First;
     MoveFoco;
end;
```

Botão Anterior

```
procedure TformCadUsuarios.btnAnteriorClick(Sender: TObject);
begin
  inherited;
     dmModuloDados1.sdsUsuarios.Prior;
     if dmModuloDados1.sdsUsuarios.Bof then
     begin
          MsgStatus('Início da tabela...');
          dmModuloDados1.sdsUsuarios.First;
     end
     else
         MsgStatus('');
     MoveFoco;
end;
```

Botão Próximo

```
procedure TformCadUsuarios.btnProximoClick(Sender: TObject);
begin
  inherited;
     dmModuloDados1.sdsUsuarios.Next;
     if dmModuloDados1.sdsUsuarios.Eof then
     begin
          MsgStatus('Fim da tabela...');
          dmModuloDados1.sdsUsuarios.Last;
     end
     else
         MsgStatus('');
     MoveFoco;
end;
```

Botão Último

```
procedure TformCadUsuarios.btnUltimoClick(Sender: TObject);
begin
  inherited;
     dmModuloDados1.sdsUsuarios.Last;
     MoveFoco;
end;
```

Botão Desfazer

```
procedure TformCadUsuarios.btnDesfazerClick(Sender: TObject);
begin
  inherited;
     if dmModuloDados1.sdsUsuarios.State in [dsEdit,dsInsert] then
     begin
          try
             dmModuloDados1.sdsUsuarios.CancelUpdates;
             MsgStatus('Alterações desfeitas com sucesso...');
             except
                   Mensagem('Impossível desfazer alterações !');
          end;
     end
     else
         Mensagem('Não há alterações a serem desfeitas !');
     BloquearCampos(True);
     MoveFoco;
end;
```

Botão Gravar

```
procedure TformCadUsuarios.btnGravarClick(Sender: TObject);
var
   intCodigoUsuario: integer;
begin
  inherited;
     if dmModuloDados1.sdsUsuarios.State in [dsEdit,dsInsert] then
     begin
          try
             if chrModo = 'I' then
             begin
                  dmModuloDados1.sdsControle.Edit;
                  dmModuloDados1.sdsControleCodigo_Usuario.AsInteger :=
dmModuloDados1.sdsControleCodigo_Usuario.AsInteger + 1;
                  dmModuloDados1.sdsControle.Post;
                  dmModuloDados1.sdsControle.ApplyUpdates(-1);
                  intCodigoUsuario := dmModuloDados1.sdsControleCodigo_Usuario.AsInteger;
                  dmModuloDados1.sdsUsuariosCodigo_Usuario.AsInteger := intCodigoUsuario;
             end;
             dmModuloDados1.sdsUsuarios.Post;
             dmModuloDados1.sdsUsuarios.ApplyUpdates(-1);
             chrModo := ' ';
             MsgStatus('Dados gravados com sucesso...');
             except
                   Mensagem('Não foi possível efetuar a gravação dos dados !');
          end;
```

```
    end
    else
        Mensagem('Não há alterações a serem gravadas !');
    BloquearCampos(True);
    MoveFoco;
end;
```

Botão Excluir

```
procedure TformCadUsuarios.btnExcluirClick(Sender: TObject);
begin
    if dmModuloDados1.sdsUsuarios.State in [dsEdit,dsInsert] then
       dmModuloDados1.sdsUsuarios.Post;
    try
       dmModuloDados1.sdsUsuarios.Delete;
       dmModuloDados1.sdsUsuarios.ApplyUpdates(-1);
       MsgStatus('Registro excluído com sucesso...');
       except
             Mensagem('Registro não foi excluído !');
    end;
    BloquearCampos(True);
    MoveFoco;
  inherited;
end;
```

Selecione o objeto **fldUsuario**, dê dois cliques no evento **OnEnter** e digite o código seguinte:

```
procedure TformCadUsuarios.fldUsuarioEnter(Sender: TObject);
begin
  inherited;
    CorEntrada(Sender);
end;
```

De igual modo, atribua ao evento **OnExit** desse objeto o seguinte código:

```
procedure TformCadUsuarios.fldUsuarioExit(Sender: TObject);
begin
  inherited;
    CorSaida(Sender);
end;
```

Atribua esses mesmos procedimentos aos respectivos eventos **OnEnter** e **OnExit** do objeto **fldSenha**.

Por fim, atribua o valor **False** à propriedade **Visible** do botão **Localizar** e adicione a unidade **DB** à cláusula **Uses** do formulário. Salve o projeto, nomeando o arquivo do formulário como "UCadUsuarios".

20.6. Finalização e Testes

Retorne ao formulário principal e adicione a ele as unidades **UCadPerfil** e **UCadUsuarios**. Depois abra o editor de menus e insira uma barra divisória logo após a opção **Clientes** do menu **Cadastro**. Adicione abaixo dessa barra duas opções com as seguintes configurações:

Em seguida adicione uma nova opção, configurada da seguinte forma:

Opção	Propriedade	Grupo	Valor
Perfil de Usuários	Caption	Visual	Perfil de Usuários
	Name	Miscellaneous	opcCadPerfilUsuario
Usuários	Caption	Visual	Usuários
	Name	Miscellaneous	opcCadUsuarios

A figura 20.35 mostra o menu com essas novas opções. Adicione ainda ao menu **Arquivo** a opção listada a seguir:

Propriedade	Grupo	Valor
Caption	Visual	Mudar Usuário
Name	Miscellaneous	opcMudarUsuario

Veja o resultado na figura 20.36.

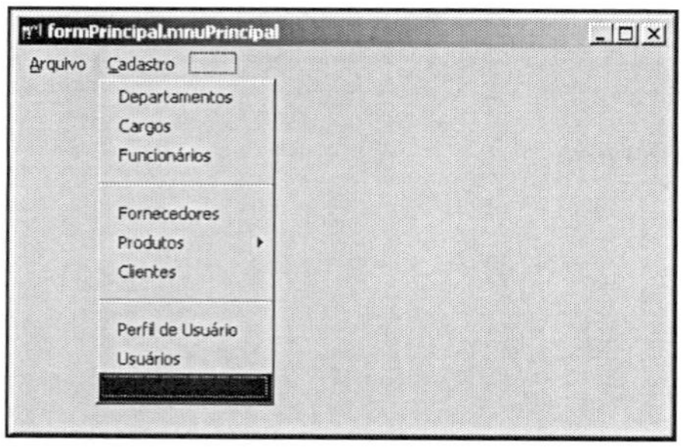

Figura 20.35

Figura 20.36

Atribua o código constante na listagem seguinte ao evento **OnClick** da opção **Perfil de Usuário**:

```
procedure TformPrincipal.opcCadPerfilUsuarioClick(Sender: TObject);
var
   Formulario: TformCadPerfilUsuario;
begin
     if (Application.FindComponent('formCadPerfilUsuario') = nil) then
     begin
          Formulario := TformCadPerfilUsuario.Create(Application);
          Formulario.Top := 0;
          Formulario.Left := 0;
     end;
end;
```

Para a opção **Usuários** o código deve ser o seguinte:

```
procedure TformPrincipal.opcCadUsuariosClick(Sender: TObject);
var
   Formulario: TformCadUsuarios;
begin
     if (Application.FindComponent('formCadUsuarios') = nil) then
     begin
          Formulario := TformCadUsuarios.Create(Application);
          Formulario.Top := 0;
          Formulario.Left := 0;
     end;
end;
```

Por outro lado, o procedimento da opção **Mudar Usuário** é mais complexo, pois ele deve chamar a janela de identificação do usuário e fazer a configuração do menu. É parecido com o que se executa na entrada do programa. Veja o código na listagem:

```
procedure TformPrincipal.opcMudarUsuarioClick(Sender: TObject);
var
   blnAcessoLiberado,blnSairSistema: boolean;
   intCodigoUsuario: integer;
begin
     blnAcessoLiberado := False;
     blnSairSistema := False;
     Application.CreateForm(TformAcessoSistema,formAcessoSistema);
     while not blnAcessoLiberado do
     begin
          if formAcessoSistema.ShowModal = mrOK then
          begin
               blnAcessoLiberado := formAcessoSistema.blnAcessoLiberado;
               intCodigoUsuario := formAcessoSistema.intCodigoUsuario;
               if blnAcessoLiberado then
                  ConfiguraSistema(intCodigoUsuario);
          end
```

```
            else
            begin
                 blnAcessoLiberado := True;
                 blnSairSistema := False;
            end;
       end;
       formAcessoSistema.Destroy;
       if blnSairSistema then
          Application.Terminate;
end;
```

A janela continua sendo apresentada até que o usuário entre com a identificação e a senha válidas. Se for clicado no botão **Cancelar**, o programa encerra imediatamente.

Clique no botão **Save All** e compile o projeto selecionando a opção **Project → Build GDP**. Execute o programa e selecione a opção **Cadastro → Perfil de Usuário**. A tela da figura 20.37 deve ser mostrada. Este é o registro criado fora do aplicativo.

Adicione outros registros, marcando algumas das opções de cadastro, como no exemplo da figura 20.38.

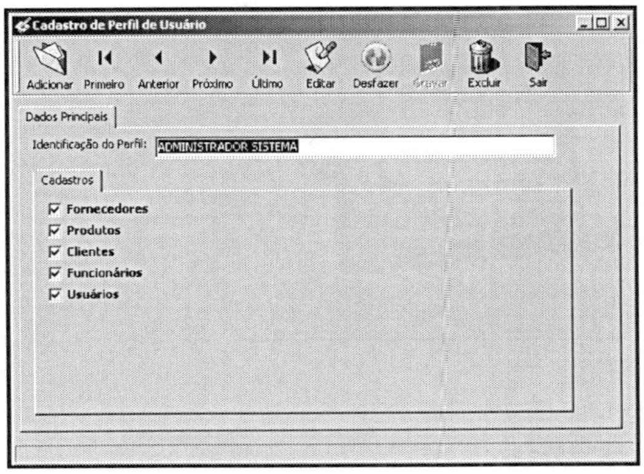

Figura 20.37

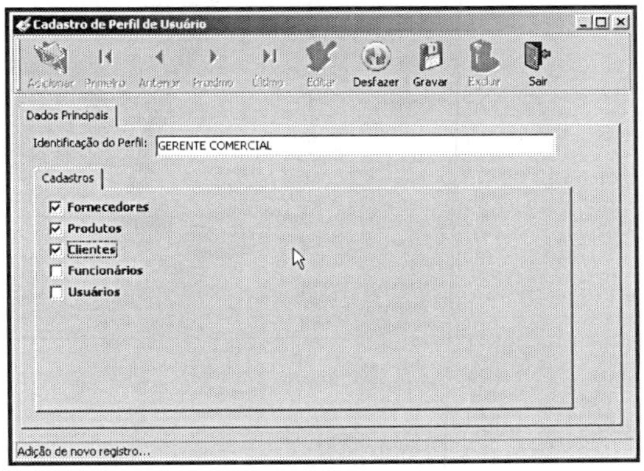

Figura 20.38

Feche essa tela e abra o formulário de cadastro de usuários utilizando a opção **Cadastro → Usuários**. Adicione um novo usuário e escolha o nome do funcionário correspondente a partir da caixa de combinação superior (figura 20.39).

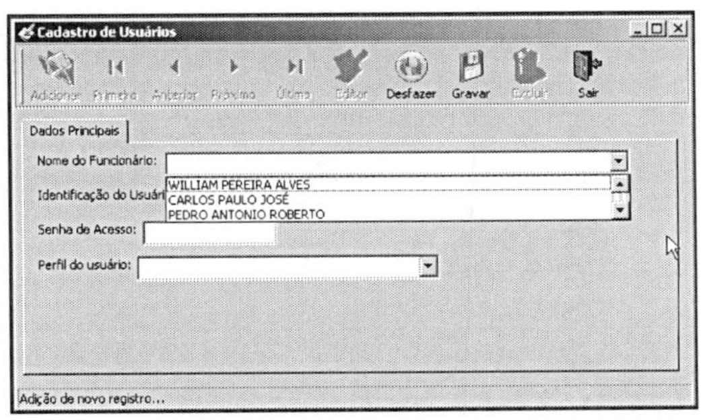

Figura 20.39

Especifique uma identificação para o usuário e a senha que lhe permite acessar o sistema. Por fim, escolha um dos perfis de usuário já definidos, como mostra a figura 20.40. Veja na figura 20.41 outro exemplo de usuário já totalmente definido.

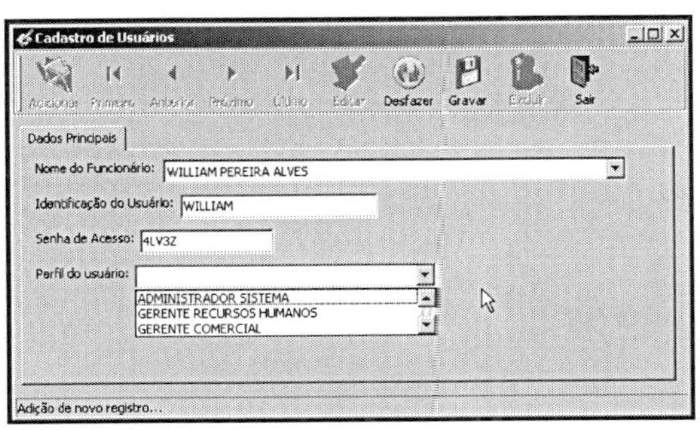

Figura 20.40

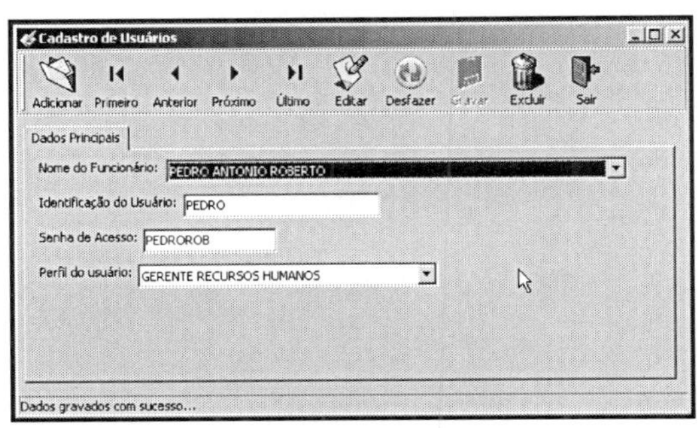

Figura 20.41

Volte ao menu principal fechando essa janela. Selecione **Arquivo → Mudar Usuário** e surge a tela da figura 20.42. Entre com um outro usuário e sua respectiva senha de acesso.

Quando o usuário não tem permissão para executar determinadas tarefas, as opções de menu correspondentes são desabilitadas, como mostra o exemplo da figura 20.43.

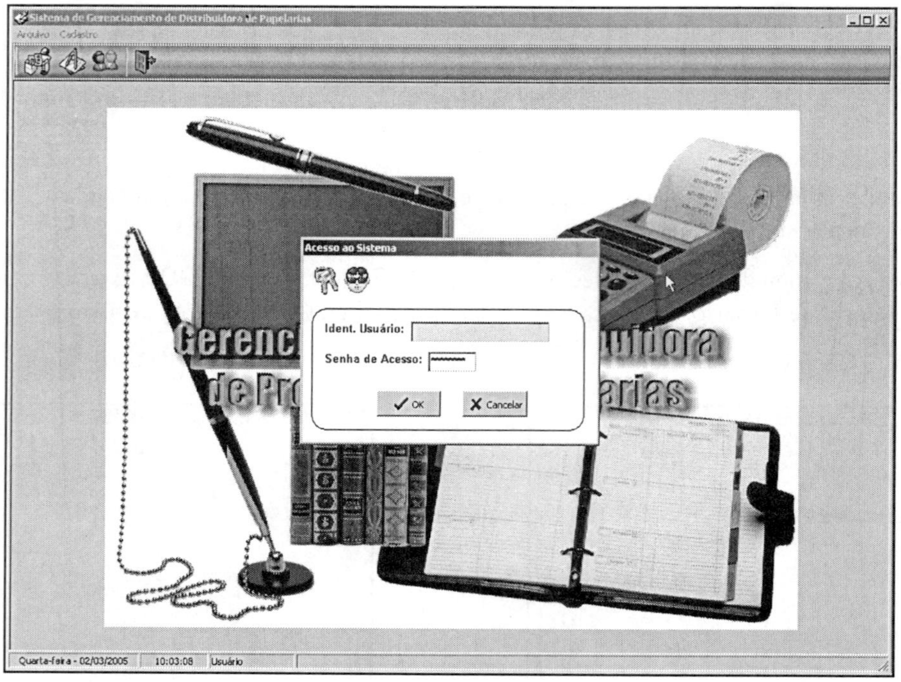

Figura 20.42

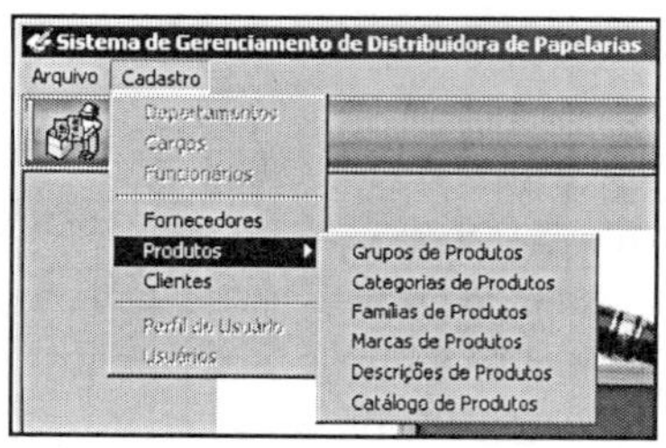

Figura 20.43

parte 3

Vendas e Estoque

capítulo 21

Entradas em Estoque

Assuntos abordados neste capítulo

- *Adição de tabelas para notas fiscais de fornecedores*
- *Criação do formulário de entrada de produtos*
- *Atualização do estoque*

21.1. Alterando o Banco de Dados

Este capítulo inicia o desenvolvimento do módulo de controle de estoque que engloba a entrada e a saída dos produtos. A entrada é feita pela digitação das notas fiscais dos fornecedores e a saída se dá pelas vendas aos clientes.

Como para vender é preciso em primeiro lugar ter os produtos em estoque, nada mais natural do que iniciarmos pela entrada de notas fiscais.

Vamos precisar alterar o banco de dados incluindo novas tabelas. Sendo assim, execute o **MySQL Control Center**, clique com o botão direito do mouse sobre o item **Tables** do banco de dados identificado como **BD_GDP** e escolha a opção **New Table**. Na tela de definição de estrutura de tabelas, entre com os seguintes campos:

Field Name	Allow NULL	Data Type	Length
Numero_Pedido	Desmarcado	Int	
Data_Pedido	Desmarcado	Date	
Codigo_Cliente	Desmarcado	Int	
Codigo_Usuario	Desmarcado	Int	
Valor_Total	Marcado	Decimal	12,2
Condicao_Pagamento	Marcado	Int	
Forma_Entrega	Marcado	Varchar	50

Defina o campo **Numero_Pedido** como chave primária da tabela e salve-a com o nome "Controle_Pedidos". A figura 21.1 mostra a estrutura final da tabela.

Essa tabela é responsável pelo armazenamento dos pedidos emitidos para os clientes. As informações que devem ser gravadas são referentes ao número do pedido (que é seqüencial), data de emissão do pedido; o código do cliente; o código do usuário/vendedor que cadastrou o pedido; o valor total do pedido (que é calculado posteriormente pelo sistema); a condição de pagamento escolhida pelo cliente e a forma como será efetuada a entrega dos produtos (por transportadora, entrega própria, retirada pelo cliente, etc.).

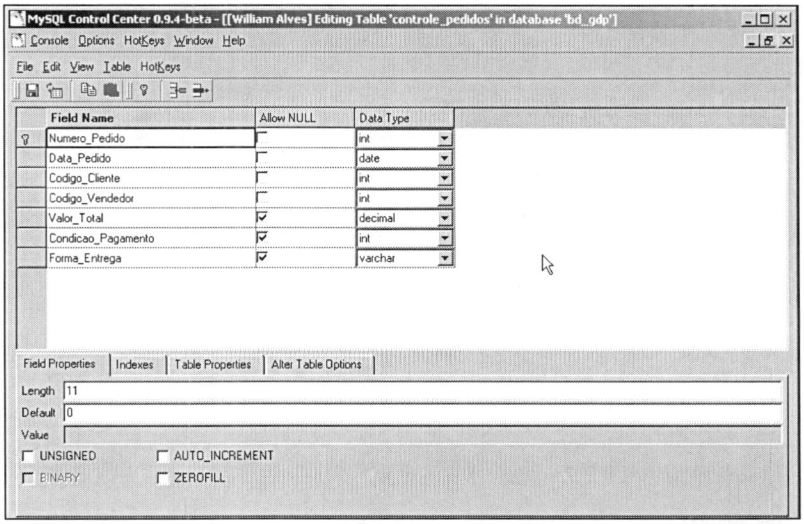

Figura 21.1

A segunda tabela que devemos criar está relacionada com a primeira. Ela conterá os itens/produtos que fazem parte do pedido. Os principais dados são: o número de pedido (com o qual se cria o relacionamento com a tabela de controle), o código do produto, o preço unitário do produto e a quantidade comprada.

A estrutura da tabela é mostrada a seguir:

Field Name	Data Type	Length
Registro	Int	
Numero_Pedido	Int	
Numero_Item	Int	
Codigo_Interno	Int	
Preco_Unitario	Decimal	8,2
Quantidade	Int	
Preco_Total	Decimal	10,2

A chave primária dessa tabela deve ser o campo **Registro**. Na figura 21.2 é possível ver a janela de definição de estrutura. Salve a tabela com o nome "Itens_Pedido".

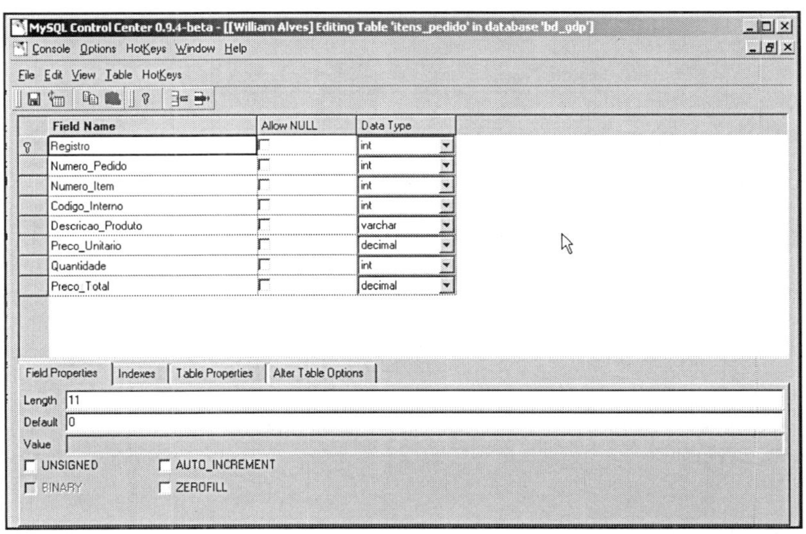

Figura 21.2

A terceira tabela tem por objeto o registro das notas fiscais dos fornecedores e seus respectivos produtos. Os campos são os seguintes:

Field Name	Data Type	Length
Registro	Int	
Codigo_Fornecedor	Int	
Numero_NotaFiscal	Char	6
Codigo_Produto	Int	
Descricao_Produto	Varchar	80
Quantidade	Int	
Preco_Unitario	Decimal	8,2
Valor_Total	Decimal	10,2

Defina como chave primária o campo **Registro** e salve a tabela com o nome "Entrada_NF". Veja a figura 21.3.

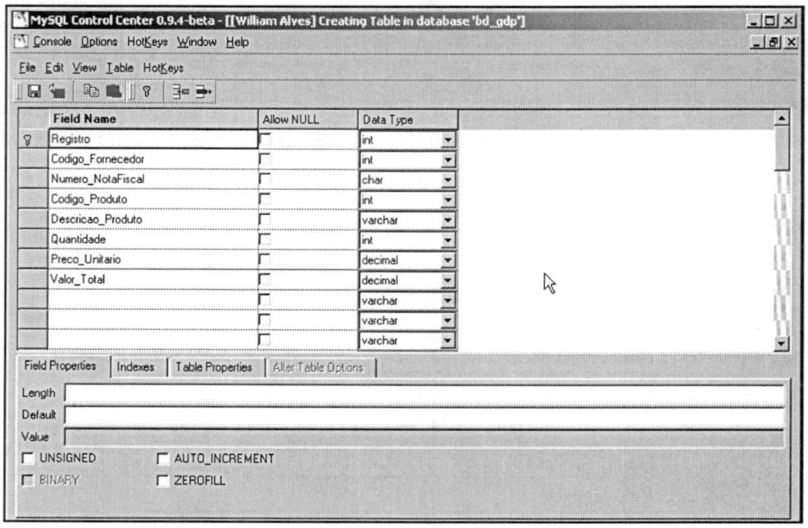

Figura 21.3

Agora é preciso adicionar alguns campos às tabelas **Controle_Sequencia** e **Perfil_Usuario**. Os campos são os seguintes:

Controle_Sequencia

Field Name	Data Type
Registro_Item_Pedido	Int
Numero_Pedido	Int
Registro_EntradaNF	Int

Perfil_Usuario

Field Name	Data Type	Length
Entrada_Estoque	Char	1
Vendas	Char	1

As figuras 21.4 e 21.5 mostram essas tabelas após a inclusão dos novos campos.

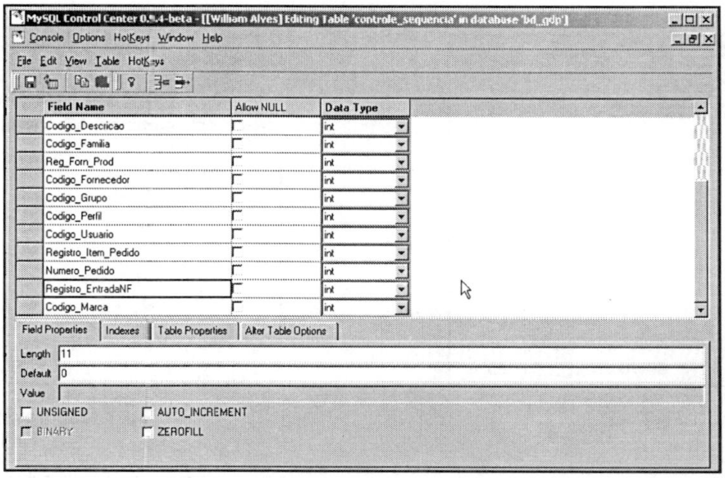

Figura 21.4

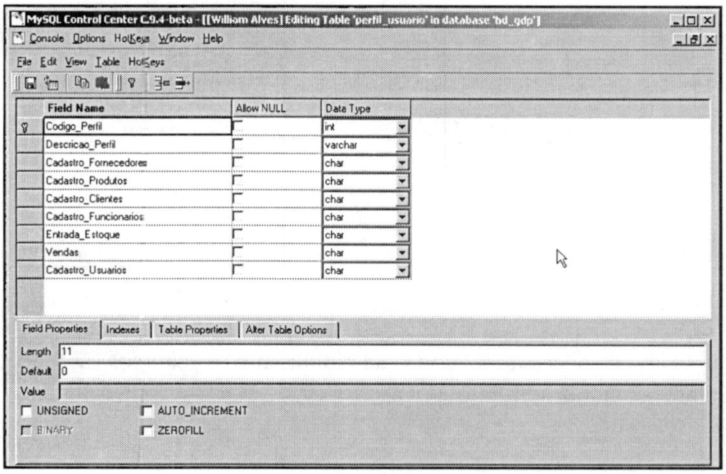

Figura 21.5

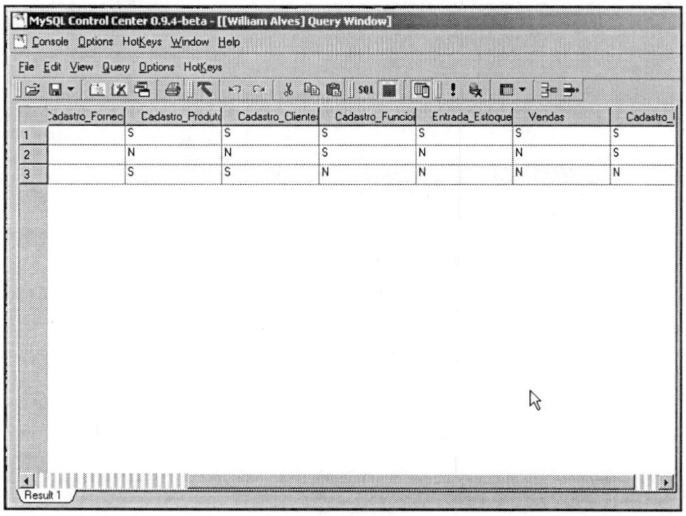

Figura 21.6

Abra a tabela **Perfil_Usuario** e digite nos campos **Entrada_Estoque** e **Vendas** o caracteres "S" no registro do usuário identificado como **ADMSIS** (figura 21.6).

Precisamos também fazer essas mesmas alterações no banco de dados em InterBase. Execute o **IBConsole** e abra a janela **Interactive SQL**. Crie um domínio com o comando SQL apresentado na figura 21.7.

Para a tabela de controle de pedidos emitidos digite e execute o comando mostrado na figura 21.8. O comando para criar a tabela de registro dos produtos constantes no pedido pode ser visto na figura 21.9.

Já o comando SQL para criação da tabela de entrada de notas fiscais aparece na figura 21.10.

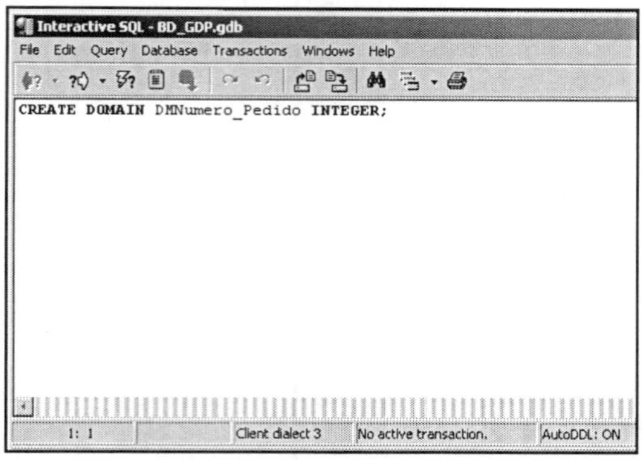

Figura 21.7

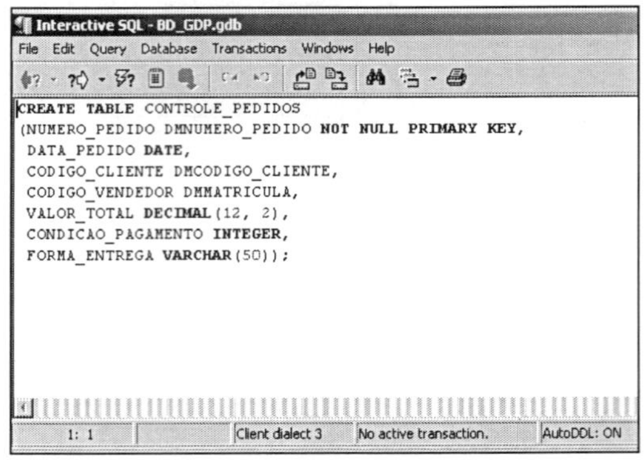

Figura 21.8

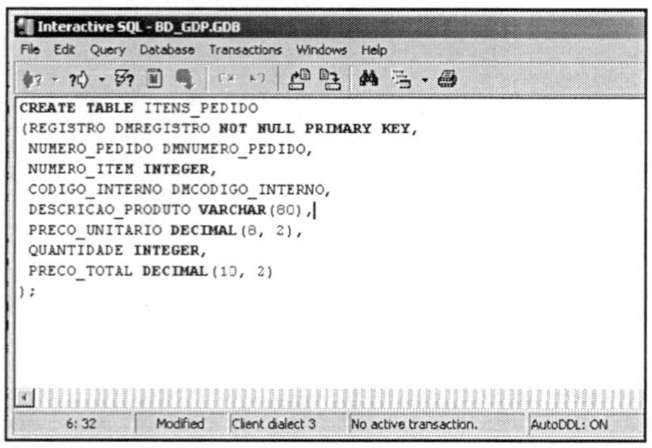

Figura 21.9

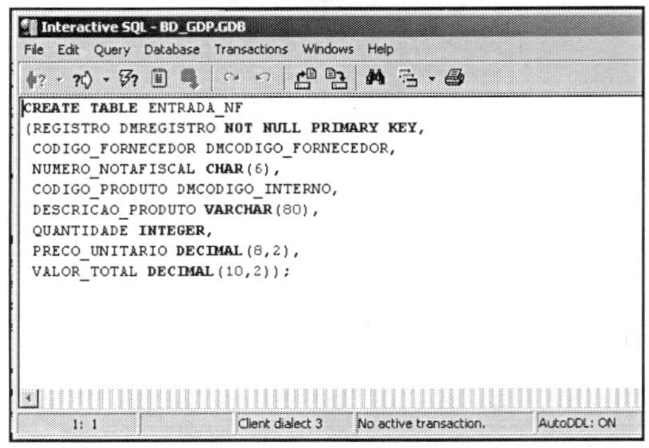

Figura 21.10

Depois da criação dessas tabelas é necessário ainda adicionar novos campos às tabelas **Controle_Sequencia** e **Perfil_Usuario** pelos dos seguintes comandos SQL:

```
ALTER TABLE CONTROLE_SEQUENCIA
ADD REGISTRO_ITEM_PEDIDO INTEGER,
ADD NUMERO_PEDIDO INTEGER,
ADD REGISTRO_ENTRADANF INTEGER;

ALTER TABLE PERFIL_USUARIO
ADD ENTRADA_ESTOQUE CHAR(1),
ADD VENDAS CHAR(1);
```

As figuras 21.11 e 21.12 exibem as telas do **Interactive SQL** com os comandos.

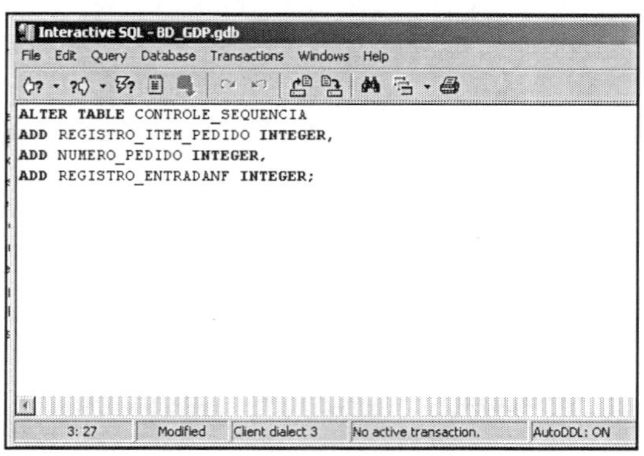

Figura 21.11

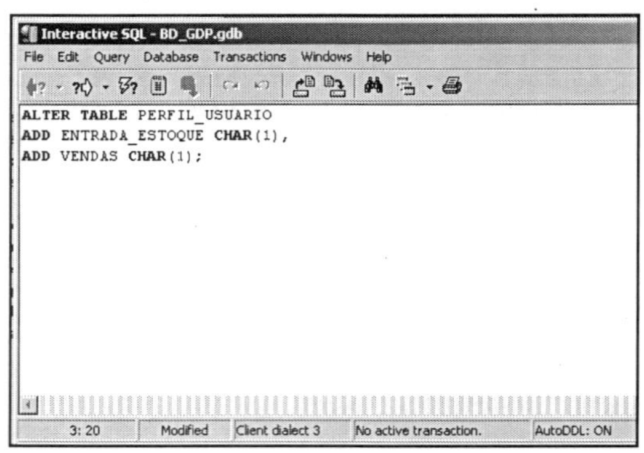

Figura 21.12

21.2. Alterando o Módulo de Dados

Com o projeto carregado no Delphi selecione o módulo de dados a partir da janela **Project Manager** e insira um **TSimpleDataSet** e um **TDataSource**. Em seguida configure suas propriedades da seguinte maneira:

Objeto	Propriedade	Grupo	Valor
SimpleDataSet1	ConnectionName	Connection	BaseDadosCDP
	CommandType	Database/DataSet	ctTable
	CommandText	Database/DataSet	Entrada_nf
	Name	Miscellaneous	sdsEntradaNF
DataSource1	DataSet	Database	sdsEntradaNF
	Name	Miscellaneous	dsEntradaNF

Atribua ainda o procedimento **sdsDepartamentosBeforeDelete** ao evento **OnBeforeDelete** desse objeto, adicione todos os campos da tabela e configure as propriedades **DisplayLabel** e **DisplayFormat** conforme descrito a seguir:

Campo	DisplayLabel	DisplayFormat
Codigo_Fornecedor	Fornecedor	
Numero_NotaFiscal	Nota Fiscal	
Codigo_Produto	Código do Produto	
Descricao_Produto	Descrição	
Quantidade	Quantidade	####0
Preco_Unitario	Preço Unitário	##,##0.00
Valor_Total	Valor Total	##,##0.00

Por fim, configure a propriedade **Connected** do grupo **Connection** com o valor **False**.

Agora selecione o objeto **sdsControle** e abra o editor de campos. Clique no botão de adição de campos e escolha os três campos que foram incluídos na tabela. Repita esse procedimento com o objeto **sdsPerfil_Usuario**. As figuras 21.13 e 21.14 mostram o editor de campos desses objetos.

A figura 21.15 apresenta o módulo de dados com esse novo objeto **SimpleDataSet**.

Figura 21.13

Figura 21.14

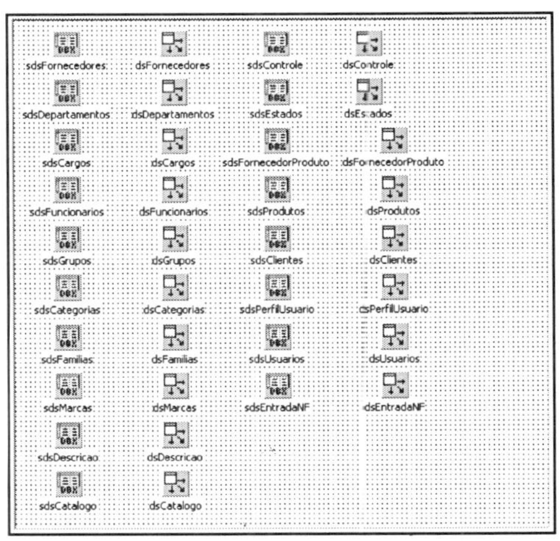

Figura 21.15

21.3. Formulário de Entrada de Notas Fiscais

O formulário que criaremos para registro das entradas de notas fiscais de fornecedores não será baseado no modelo-padrão. Devido a isso, selecione a opção **File → New → Other** e escolha a opção **Delphi Files**. Clique no ícone **Form** para adicionar um novo formulário ao projeto. Configure as seguintes propriedades desse formulário:

Propriedade	Grupo	Valor
Caption	Visual	Entrada de Nota Fiscal
Color	Visual	clSkyBlue
Name	Miscellaneous	formEntradaNF
FormStyle	Miscellaneous	fsMDIChild
KeyPreview	Input	True

A seguir selecione a opção **File → Use Unit** e escolha as unidades **UModuloDados1** e **URotinasGenericas** para vinculá-las ao formulário.

Adicione um componente **TGroupBox** (grupo **Standard**) com as propriedades **Caption** e **Name** configuradas com as cadeias de caracteres "Dados da Nota Fiscal" e "grpDadosNF" respectivamente. Selecione também a opção **True** na propriedade **ParentColor** (grupo **Visual**). Isso fará com que a cor do formulário seja atribuída automaticamente ao objeto **GroupBox**.

Dentro desse objeto coloque os componentes apresentados na seguinte tabela, respeitando a ordem em que eles aparecem:

Objeto	Propriedade	Grupo	Valor
SpeedButton1	Glyph	Visual	Localizar03.bmp
	Name	Miscellaneous	btnFornecedor
Label1	Caption	Visual	Fornecedor:
	Name	Miscellaneous	lblFornecedor
Label2	Caption	Visual	Número da Nota Fiscal:
	Name	Miscellaneous	lblNumeroNF
MaskEdit1	EditMask	Visual	999999
	Name	Miscellaneous	mskNumeroNF
Label3	Caption	Visual	Data da Emissão:
	Name	Miscellaneous	lblDataEmissao
MaskEdit2	EditMask	Visual	99/99/9999
	Name	Miscellaneous	mskDataEmissao
Label4	Caption	Visual	Valor Total da N.F.:
	Name	Miscellaneous	lblValorTotalNF
Edit1	Text	Localizable	(branco)
	Name	Miscellaneous	edtValorNF
BitBtn1	Caption	Visual	Incluir NF
	Glyph	Visual	NotaFiscal01.bmp
	Name	Miscellaneous	btnIncluirNF

Veja na figura 21.16 as localizações desses objetos dentro do formulário.

Adicione um segundo componente **TGroupBox** com as seguintes configurações:

Propriedade	Grupo	Valor
Caption	Visual	Itens da Nota Fiscal
Name	Miscellaneous	grpItensNF

Dentro de objeto de agrupamento insira um componente **TPanel** (grupo Standard) e ajuste suas propriedades da seguinte maneira:

Propriedade	Grupo	Valor
Caption	Visual	(branco)
ParentColor	Visual	False
Color	Visual	clBtnFace
BevelInner	Visual	bvLowered
Align	Visual	alTop
Name	Miscellaneous	pnlBotoes

Veja na figura 21.17 a aparência do formulário até o momento.

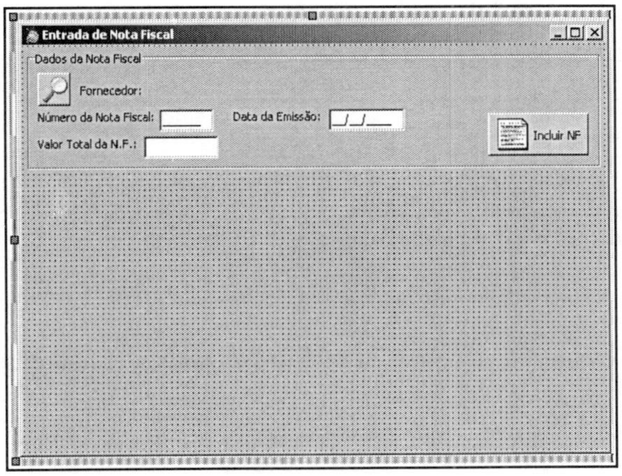

Figura 21.16

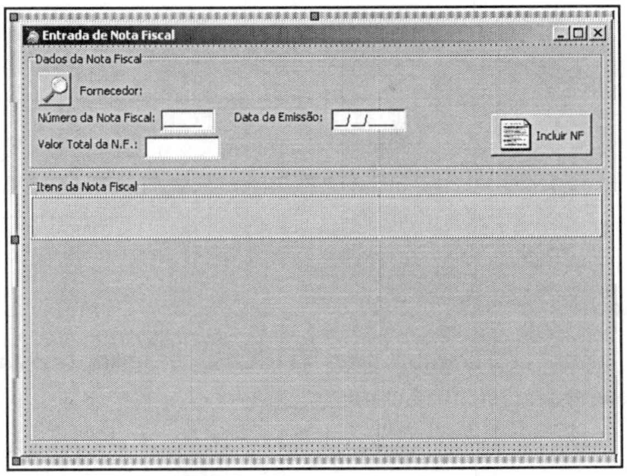

Figura 21.17

Dentro desse objeto **Panel** coloque quatro botões do tipo **SpeedButton**, assim configurados:

Objeto	Propriedade	Grupo	Valor
SpeedButton1	Caption	Visual	Incluir
	Glyph	Visual	Adicionar03.bmp
	Name	Miscellaneous	btnIncluirItem
	Layout	Miscellaneous	blGlyphTop
SpeedButton2	Caption	Visual	Alterar
	Glyph	Visual	Editar03.bmp
	Name	Miscellaneous	btnAlterarItem
	Layout	Miscellaneous	blGlyphTop
SpeedButton3	Caption	Visual	Excluir
	Glyph	Visual	Excluir02.bmp
	Name	Miscellaneous	btnExcluirItem
	Layout	Miscellaneous	blGlyphTop
SpeedButton4	Caption	Visual	Gravar
	Glyph	Visual	Salvar03.bmp
	Name	Miscellaneous	btnGravarNF
	Layout	Miscellaneous	blGlyphTop

Abaixo dessa barra de botões insira os seguintes componentes, na ordem apresentada na tabela:

Objeto	Propriedade	Grupo	Valor
SpeedButton1	Glyph	Visual	Localizar04.bmp
	Name	Miscellaneous	btnProduto
Label1	Caption	Visual	Produto:
	Name	Miscellaneous	lblProduto

Objeto	Propriedade	Grupo	Valor
Label2	Caption	Visual	fldProduto
	Name	Miscellaneous	fldProduto
Label3	Caption	Visual	Quantidade:
	Name	Miscellaneous	lblQuantidade
MaskEdit1	EditMask	Visual	99999
	Name	Miscellaneous	mskQuantidade
Label4	Caption	Visual	Preço Unitário:
	Name	Miscellaneous	lblPrecoUnitario
Edit1	Text	Localizable	(branco)
	MaxLenght	Miscellaneous	12
	Name	Miscellaneous	edtPrecoUnitario
Label5	Caption	Visual	Valor Total:
	Name	Miscellaneous	lblValorTotal
Label6	Caption	Visual	fldValorTotal
	Name	Miscellaneous	fldValorTotal

Na figura 21.18 é possível ver como deve ficar o formulário.

Inclua agora um componente **TDBGrid** e ajuste seu tamanho conforme a figura 21.19. Em seguida configure suas propriedades da seguinte maneira:

Propriedade	Grupo	Valor
DataSource	Database	dmModuloDados1.dsEntradaNF
ReadOnly	Input	True
Color	Visual	clInfoBk

Adicione a essa grade de dados os campos mostrados na figura 21.20. Com isso você terá a tela da figura 21.21. Desloque as colunas para a esquerda para poder visualizar as que ficaram escondidas (figura 21.22).

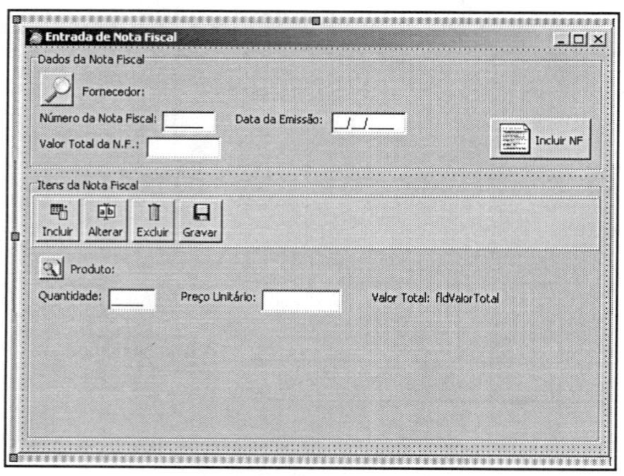

Figura 21.18

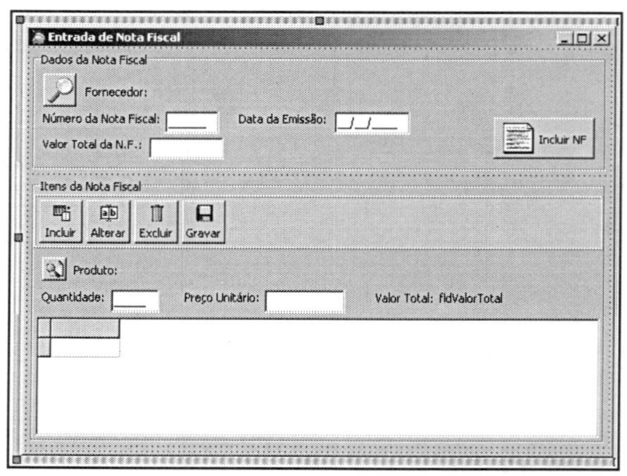

Figura 21.19

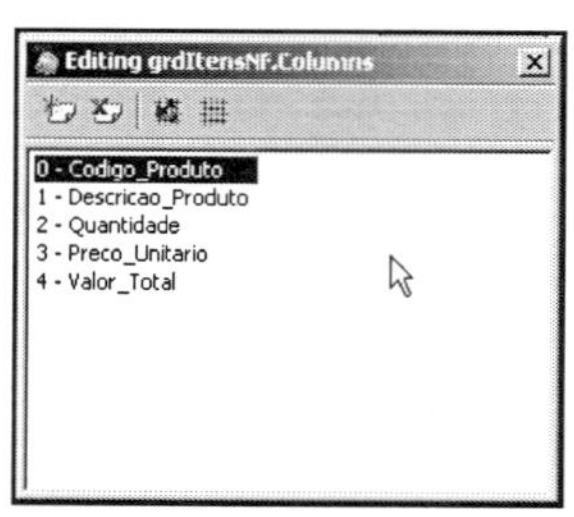

Figura 21.20

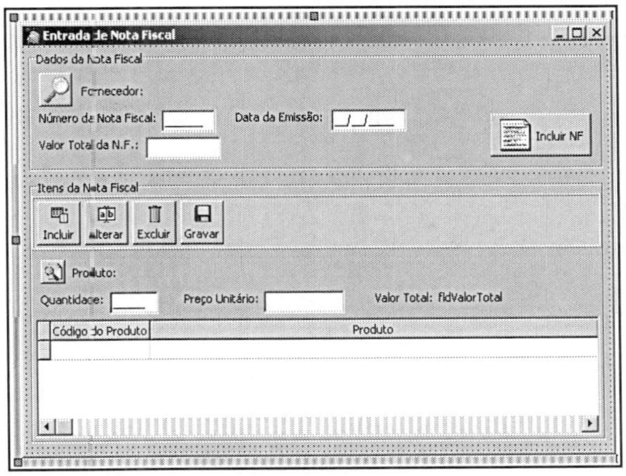

Figura 21.21

Para finalizar a definição do layout desse formulário, aumente um pouco sua altura e adicione um componente **TBitBtn** no canto direito inferior. Configure-o da seguinte maneira:

Propriedade	Grupo	Valor
Caption	Visual	Sair
Glyph	Visual	Sair01.bmp
Name	Miscellaneous	btnSair

Veja na figura 21.23 a aparência final do formulário. Salve com o nome "UEntradaNF.Pas".

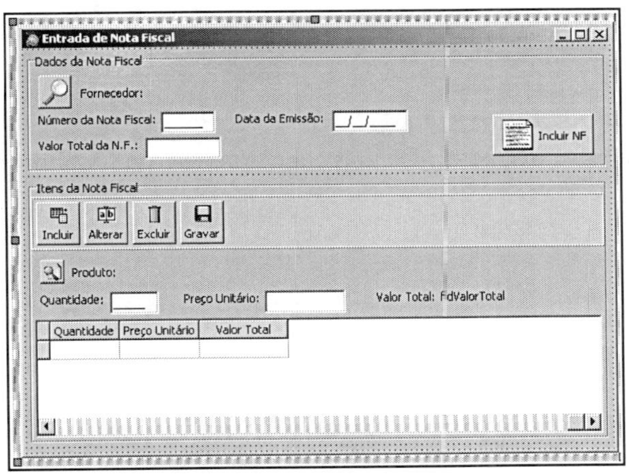

Figura 21.22

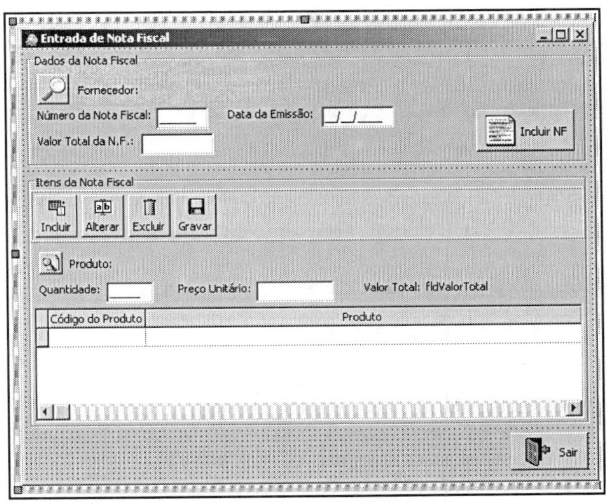

Figura 21.23

Agora vamos aos códigos. Abra o editor e adicione as duas linhas destacadas na listagem seguinte, antes da palavra-chave **private**, na definição da classe do formulário.

```
type
  TformEntradaNF = class(TForm)
    grpDadosNF: TGroupBox;
    lblFornecedor: TLabel;
    lblNumeroNF: TLabel;
    lblDataEmissao: TLabel;
    lblValorTotalNF: TLabel;
    btnFornecedor: TSpeedButton;
    mskNumeroNF: TMaskEdit;
    mskDataEmissao: TMaskEdit;
    edtValorNF: TEdit;
    btnIncluirNF: TBitBtn;
    grpItensNF: TGroupBox;
    pnlBotoes: TPanel;
```

```
    btnIncluirItem: TSpeedButton;
    btnAlterarItem: TSpeedButton;
    btnExcluirItem: TSpeedButton;
    btnGravarNF: TSpeedButton;
    lblProduto: TLabel;
    lblQuantidade: TLabel;
    lblPrecoUnitario: TLabel;
    lblValorTotal: TLabel;
    fldValorTotal: TLabel;
    btnProduto: TSpeedButton;
    mskQuantidade: TMaskEdit;
    edtPrecoUnitario: TEdit;
    grdItensNF: TDBGrid;
    btnSair: TBitBtn;
    fldProduto: TLabel;
    procedure LimpaNotaFiscal;
    procedure LimpaProduto;
  private
    { Private declarations }
  public
    { Public declarations }
  end;
```

Após a diretiva de compilação {$R *.dfm} digite o código dos dois procedimentos mostrados na listagem:

```
procedure TformEntradaNF.LimpaNotaFiscal;
begin
     lblFornecedor.Caption := 'Fornecedor:';
     mskNumeroNF.Text := '';
     mskDataEmissao.Text := '';
     edtValorNF.Text := '';
end;

procedure TformEntradaNF.LimpaProduto;
begin
     fldProduto.Caption := '';
     mskQuantidade.Text := '';
     edtPrecoUnitario.Text := '';
     fldValorTotal.Caption := '0,00';
end;
```

Volte ao modo de desenho de formulário e abra a aba **Events** do **Object Inspector**. Dê dois cliques no evento **OnShow** do formulário e digite o código apresentado a seguir:

```
procedure TformEntradaNF.FormShow(Sender: TObject);
begin
     dmModuloDados1.sdsControle.Open;
     dmModuloDados1.sdsFornecedores.Open;
     dmModuloDados1.sdsDescricao.Open;
     dmModuloDados1.sdsCatalogo.Open;
     fldProduto.Caption := '';
     fldValorTotal.Caption := '0,00';
     grpItensNF.Enabled := False;
end;
```

Agora clique no evento **OnClose** do formulário e digite o seguinte código:

```
procedure TformEntradaNF.FormClose(Sender: TObject; var Action: TCloseAction);
begin
     dmModuloDados1.sdsControle.Close;
     dmModuloDados1.sdsFornecedores.Close;
     dmModuloDados1.sdsDescricao.Close;
     dmModuloDados1.sdsCatalogo.Close;
     Action := caFree;
end;
```

Para o evento **OnKeyPress** atribua o seguinte código:

```
procedure TformEntradaNF.FormKeyPress(Sender: TObject; var Key: Char);
begin
     if (key = #13) then
     begin
```

```
            Key:= #0;
            Perform(WM_NEXTDLGCTL,0,0);
      end;
end;
```

Selecione o objeto **mskNumeroNF** e atribua os códigos apresentados a seguir aos eventos **OnEnter** e **OnExit**:

```
procedure TformEntradaNF.mskNumeroNFEnter(Sender: TObject);
begin
     CorEntrada(Sender);
end;
procedure TformEntradaNF.mskNumeroNFExit(Sender: TObject);
var
   intQuantidade: integer;
   dblPrecoUnitario,dblValorTotal: double;
begin
     CorSaida(Sender);
     if (Sender = mskQuantidade) or (Sender = edtPrecoUnitario) then
     begin
          if Trim(mskQuantidade.Text) <> '' then
             intQuantidade := StrToInt(Trim(mskQuantidade.Text))
             else
                  intQuantidade := 0;
          if Trim(edtPrecoUnitario.Text) <> '' then
             dblPrecoUnitario := StrToFloat(Trim(edtPrecoUnitario.Text))
             else
                dblPrecoUnitario := 0;
          dblValorTotal := intQuantidade * dblPrecoUnitario;
          fldValorTotal.Caption := Format('%10.2f',[dblValorTotal]);
          if Sender = edtPrecoUnitario then
             mskQuantidade.SetFocus;
     end;
end;
```

Você deve ter notado que foi utilizada uma nova função, denominada **Format**, que permite a formatação de valores numéricos ou alfanuméricos. Em nosso exemplo, o valor numérico armazenado na variável **dblValorTotal** é formatado para ser apresentado com dez dígitos e duas casas decimais.

O segundo procedimento é responsável também pelo cálculo do valor total (preço unitário X quantidade) e sua posterior atribuição ao objeto **fldValorTotal**.

Dê dois cliques no botão identificado pelo nome **btnFornecedor** e entre com o código apresentado na listagem:

```
procedure TformEntradaNF.btnFornecedorClick(Sender: TObject);
var
   strCodigoFornecedor: string;
begin
     Application.CreateForm(TformLocalizaFornecedor,formLocalizaFornecedor);
     if (formLocalizaFornecedor.ShowModal = mrOK) then
     begin
          strCodigoFornecedor := formLocalizaFornecedor.strValor;
          dmModuloDados1.sdsFornecedores.IndexFieldNames := 'Codigo_Fornecedor';
          dmModuloDados1.sdsFornecedores.FindKey([strCodigoFornecedor]);
          lblFornecedor.Caption := 'Fornecedor: '+dmModuloDados1.sdsFornecedoresRazao_Social.AsString;
          dmModuloDados1.sdsFornecedores.IndexFieldNames := '';
          mskNumeroNF.SetFocus;
     end;
     formLocalizaFornecedor.Destroy;
end;
```

Esse procedimento abre o formulário para pesquisa de fornecedores e apresenta o nome do fornecedor na tela.

Da mesma maneira, insira o código seguinte no evento **OnClick** do botão **btnIncluir**:

```
procedure TformEntradaNF.btnIncluirNFClick(Sender: TObject);
begin
     dmModuloDados1.sdsEntradaNF.Filter := 'Codigo_Fornecedor = '+
dmModuloDados1.sdsFornecedoresCodigo_Fornecedor.AsString+' and Numero_NotaFiscal = '+
#39+mskNumeroNF.Text+#39;
     dmModuloDados1.sdsEntradaNF.Filtered := True;
     dmModuloDados1.sdsEntradaNF.Open;
```

```
      grpDadosNF.Enabled := False;
      grpItensNF.Enabled := True;
      mskQuantidade.SetFocus;
end;
```

O código aplica um filtro à tabela de dados de entrada de notas fiscais para separar apenas os registros que contenham o número de nota fiscal informado pelo usuário. A expressão lógica que define o filtro é especificada na propriedade **Filter**. Para ativar o filtro propriamente dito, deve ser atribuído o valor **True** à propriedade **Filtered**.

A seguir, atribua o código da listagem seguinte ao evento **OnClick** do botão de localização de produto (objeto **btnProduto**):

```
procedure TformEntradaNF.btnProdutoClick(Sender: TObject);
var
   intCodigoProduto,intCodigoDescricao: integer;
   strProduto: string;
begin
      Application.CreateForm(TformLocalizaProduto,formLocalizaProduto);
      if (formLocalizaProduto.ShowModal = mrOK) then
      begin
           intCodigoProduto := StrToInt(formLocalizaProduto.strValor);
           dmModuloDados1.sdsCatalogo.IndexFieldNames := 'Codigo_Interno';
           dmModuloDados1.sdsCatalogo.FindKey([intCodigoProduto]);
           intCodigoDescricao := dmModuloDados1.sdsCatalogoCodigo_Descricao.AsInteger;
           dmModuloDados1.sdsDescricao.IndexFieldNames := 'Codigo_Descricao';
           dmModuloDados1.sdsDescricao.FindKey([intCodigoDescricao]);
           strProduto := Trim(dmModuloDados1.sdsDescricaoDescricao.AsString)+' '+
Trim(dmModuloDados1.sdsCatalogoModelo.AsString);
           fldProduto.Caption := strProduto;
           dmModuloDados1.sdsCatalogo.IndexFieldNames := '';
           dmModuloDados1.sdsDescricao.IndexFieldNames := '';
           mskQuantidade.SetFocus;
      end;
      formLocalizaProduto.Destroy;
end;
```

Para os botões **Incluir**, **Alterar**, **Excluir** e **Gravar** especifique os códigos seguintes:

Botão Incluir

```
procedure TformEntradaNF.btnIncluirItemClick(Sender: TObject);
var
   intRegistro,intQuantidade: integer;
   dblPrecoUnitario,dblValorTotal: double;
   blnIncluiItem: boolean;
begin
      blnIncluiItem := True;

      if Trim(mskQuantidade.Text) <> '' then
         intQuantidade := StrToInt(Trim(mskQuantidade.Text))
         else
             intQuantidade := 0;


      if Trim(edtPrecoUnitario.Text) <> '' then
         dblPrecoUnitario := StrToFloat(Trim(edtPrecoUnitario.Text))
         else
             dblPrecoUnitario := 0;

      if intQuantidade = 0 then
      begin
           blnIncluiItem := False;
           Mensagem('Digite um valor para "Quantidade" !');
           mskQuantidade.SetFocus;
      end
      else if dblPrecoUnitario = 0 then
           begin
                blnIncluiItem := False;
                Mensagem('Digite um valor para "Preço Unitário" !');
                edtPrecoUnitario.SetFocus;
           end;
```

```
    if (blnIncluiItem) then
    begin
         dmModuloDados1.sdsControle.Edit;
         dmModuloDados1.sdsControleRegistro_EntradaNF.AsInteger :=
dmModuloDados1.sdsControleRegistro_EntradaNF.AsInteger + 1;
         dmModuloDados1.sdsControle.Post;
         dmModuloDados1.sdsControle.ApplyUpdates(-1);
         intRegistro := dmModuloDados1.sdsControleRegistro_EntradaNF.AsInteger;
         dblValorTotal := intQuantidade * dblPrecoUnitario;
         dmModuloDados1.sdsEntradaNF.Append;
         dmModuloDados1.sdsEntradaNFRegistro.AsInteger := intRegistro;
         dmModuloDados1.sdsEntradaNFCodigo_Fornecedor.AsInteger :=
dmModuloDados1.sdsFornecedoresCodigo_Fornecedor.AsInteger;
         dmModuloDados1.sdsEntradaNFNumero_NotaFiscal.AsString := mskNumeroNF.Text;
         dmModuloDados1.sdsEntradaNFCodigo_Produto.AsInteger :=
dmModuloDados1.sdsCatalogoCodigo_Interno.AsInteger;
         dmModuloDados1.sdsEntradaNFDescricao_Produto.AsString := fldProduto.Caption;
         dmModuloDados1.sdsEntradaNFQuantidade.AsInteger := intQuantidade;
         dmModuloDados1.sdsEntradaNFPreco_Unitario.AsFloat := dblPrecoUnitario;
         dmModuloDados1.sdsEntradaNFValor_Total.AsFloat := dblValorTotal;
         dmModuloDados1.sdsEntradaNF.Post;
         dmModuloDados1.sdsEntradaNF.ApplyUpdates(-1);
         LimpaProduto;
    end;
end;
```

Botão Alterar

```
procedure TformEntradaNF.btnAlterarItemClick(Sender: TObject);
begin
    dmModuloDados1.sdsEntradaNF.Edit;
    dmModuloDados1.sdsEntradaNFCodigo_Produto.AsInteger :=
dmModuloDados1.sdsCatalogoCodigo_Interno.AsInteger;
    dmModuloDados1.sdsEntradaNFDescricao_Produto.AsString := fldProduto.Caption;
    dmModuloDados1.sdsEntradaNFQuantidade.AsInteger := StrToInt(Trim(mskQuantidade.Text));
    dmModuloDados1.sdsEntradaNFPreco_Unitario.AsFloat := StrToFloat(Trim(edtPrecoUnitario.Text));
    dmModuloDados1.sdsEntradaNFValor_Total.AsFloat := dmModuloDados1.sdsEntradaNFQuantidade.AsInteger
* dmModuloDados1.sdsEntradaNFPreco_Unitario.AsFloat;
    dmModuloDados1.sdsEntradaNF.Post;
    dmModuloDados1.sdsEntradaNF.ApplyUpdates(-1);
    LimpaProduto;
end;
```

Botão Excluir

```
procedure TformEntradaNF.btnExcluirItemClick(Sender: TObject);
begin
    dmModuloDados1.sdsEntradaNF.Delete;
    dmModuloDados1.sdsEntradaNF.ApplyUpdates(-1);
end;
```

Botão Gravar

```
procedure TformEntradaNF.btnGravarNFClick(Sender: TObject);
begin
    dmModuloDados1.sdsCatalogo.IndexFieldNames := 'Codigo_Interno';
    dmModuloDados1.sdsEntradaNF.DisableControls;
    dmModuloDados1.sdsEntradaNF.First;
    while not dmModuloDados1.sdsEntradaNF.Eof do
    begin
         dmModuloDados1.sdsCatalogo.FindKey([dmModuloDados1. sdsEntradaNFCodigo_Produto.AsInteger]);
         dmModuloDados1.sdsCatalogo.Edit;
         dmModuloDados1.sdsCatalogoEstoque_Atual.AsInteger :=
dmModuloDados1.sdsCatalogoEstoque_Atual.AsInteger + dmModuloDados1.sdsEntradaNFQuantidade.AsInteger;
         dmModuloDados1.sdsCatalogo.Post;
         dmModuloDados1.sdsCatalogo.ApplyUpdates(-1);
         dmModuloDados1.sdsEntradaNF.Next;
    end;
    dmModuloDados1.sdsCatalogo.IndexFieldNames := '';
    dmModuloDados1.sdsEntradaNF.EnableControls;
    dmModuloDados1.sdsEntradaNF.Close;
    dmModuloDados1.sdsEntradaNF.Filter := '';
```

```
        dmModuloDados1.sdsEntradaNF.Filtered := False;
        LimpaNotaFiscal;
        LimpaProduto;
        grpItensNF.Enabled := False;
        grpDadosNF.Enabled := True;
        mskNumeroNF.SetFocus;
end;
```

O procedimento do botão **Incluir** primeiramente testa se o usuário digitou algum valor nos campos de quantidade e preço unitário do produto. Caso tudo esteja em ordem, um registro com os dados é adicionado à tabela.

```
if Trim(mskQuantidade.Text) <> '' then
   intQuantidade := StrToInt(Trim(mskQuantidade.Text))
   else
       intQuantidade := 0;

if Trim(edtPrecoUnitario.Text) <> '' then
   dblPrecoUnitario := StrToFloat(Trim(edtPrecoUnitario.Text))
   else
       dblPrecoUnitario := 0;

if intQuantidade = 0 then
begin
     blnIncluiItem := False;
     Mensagem('Digite um valor para "Quantidade" !');
     mskQuantidade.SetFocus;
end
else if dblPrecoUnitario = 0 then
     begin
          blnIncluiItem := False;
          Mensagem('Digite um valor para "Preço Unitário" !');
          edtPrecoUnitario.SetFocus;
     end;

if (blnIncluiItem) then
begin
     dmModuloDados1.sdsControle.Edit;
     dmModuloDados1.sdsControleRegistro_EntradaNF.AsInteger :=
dmModuloDados1.sdsControleRegistro_EntradaNF.AsInteger + 1;
     dmModuloDados1.sdsControle.Post;
     dmModuloDados1.sdsControle.ApplyUpdates(-1);
     intRegistro := dmModuloDados1.sdsControleRegistro_EntradaNF.AsInteger;

     dblValorTotal := intQuantidade * dblPrecoUnitario;

     dmModuloDados1.sdsEntradaNF.Append;
     dmModuloDados1.sdsEntradaNFRegistro.AsInteger := intRegistro;
     dmModuloDados1.sdsEntradaNFCodigo_Fornecedor.AsInteger :=
dmModuloDados1.sdsFornecedoresCodigo_Fornecedor.AsInteger;
     dmModuloDados1.sdsEntradaNFNumero_NotaFiscal.AsString := mskNumeroNF.Text;
     dmModuloDados1.sdsEntradaNFCodigo_Produto.AsInteger :=
dmModuloDados1.sdsCatalogoCodigo_Interno.AsInteger;
     dmModuloDados1.sdsEntradaNFDescricao_Produto.AsString := fldProduto.Caption;
     dmModuloDados1.sdsEntradaNFQuantidade.AsInteger := intQuantidade;
     dmModuloDados1.sdsEntradaNFPreco_Unitario.AsFloat := dblPrecoUnitario;
     dmModuloDados1.sdsEntradaNFValor_Total.AsFloat := dblValorTotal;
     dmModuloDados1.sdsEntradaNF.Post;
     dmModuloDados1.sdsEntradaNF.ApplyUpdates(-1);
     LimpaProduto;
end;
```

Já o botão **Alterar** simplesmente ativa o modo de alteração de registro por meio da chamada do método **Edit**, e então atribui os valores aos campos.

```
dmModuloDados1.sdsEntradaNF.Edit;
dmModuloDados1.sdsEntradaNFCodigo_Produto.AsInteger :=
dmModuloDados1.sdsCatalogoCodigo_Interno.AsInteger;
dmModuloDados1.sdsEntradaNFDescricao_Produto.AsString := fldProduto.Caption;
dmModuloDados1.sdsEntradaNFQuantidade.AsInteger := StrToInt(Trim(mskQuantidade.Text));
dmModuloDados1.sdsEntradaNFPreco_Unitario.AsFloat := StrToFloat(Trim(edtPrecoUnitario.Text));
dmModuloDados1.sdsEntradaNFValor_Total.AsFloat := dmModuloDados1.sdsEntradaNFQuantidade.AsInteger *
dmModuloDados1.sdsEntradaNFPreco_Unitario.AsFloat;
dmModuloDados1.sdsEntradaNF.Post;
dmModuloDados1.sdsEntradaNF.ApplyUpdates(-1);
```

O código do botão **Excluir** é o mais simples de todos, pois ele apenas chama o método **Delete** para excluir o registro atualmente selecionado na grade de dados.

Já o botão **Gravar** executa uma operação mais delicada. Ele varre toda a tabela de entrada de notas fiscais por um *loop* **While..Do**, pesquisa o código na tabela de catálogo de produtos e adiciona ao seu campo **Estoque_Atual** o valor do campo **Quantidade** da tabela de entradas.

```
while not dmModuloDados1.sdsEntradaNF.Eof do
begin
     dmModuloDados1.sdsCatalogo.FindKey([dmModuloDados1.sdsEntradaNFCodigo_Produto. AsInteger]);
     dmModuloDados1.sdsCatalogo.Edit;
     dmModuloDados1.sdsCatalogoEstoque_Atual.AsInteger :=
dmModuloDados1.sdsCatalogoEstoque_Atual.AsInteger + dmModuloDados1.sdsEntradaNFQuantidade.AsInteger;
     dmModuloDados1.sdsCatalogo.Post;
     dmModuloDados1.sdsCatalogo.ApplyUpdates(-1);
     dmModuloDados1.sdsEntradaNF.Next;
end;
```

Selecione a grade de dados e dê um duplo-clique no evento **OnDblClick**. Então atribua o seguinte código:

```
procedure TformEntradaNF.grdItensNFDblClick(Sender: TObject);
var
   intCodigoProduto,intCodigoDescricao: integer;
begin
     intCodigoProduto := dmModuloDados1.sdsEntradaNFCodigo_Produto.AsInteger;
     dmModuloDados1.sdsCatalogo.IndexFieldNames := 'Codigo_Interno';
     dmModuloDados1.sdsCatalogo.FindKey([intCodigoProduto]);
     intCodigoDescricao := dmModuloDados1.sdsCatalogoCodigo_Descricao.AsInteger;
     dmModuloDados1.sdsDescricao.IndexFieldNames := 'Codigo_Descricao';
     dmModuloDados1.sdsDescricao.FindKey([intCodigoDescricao]);
     dmModuloDados1.sdsCatalogo.IndexFieldNames := '';
     dmModuloDados1.sdsDescricao.IndexFieldNames := '';

     fldProduto.Caption := dmModuloDados1.sdsEntradaNFDescricao_Produto.AsString;
     mskQuantidade.Text := dmModuloDados1.sdsEntradaNFQuantidade.AsString;
     edtPrecoUnitario.Text := Format('%8.2f',[dmModuloDados1.sdsEntradaNFPreco_Unitario.AsFloat]);
     fldValorTotal.Caption := Format('%10.2f',[dmModuloDados1.sdsEntradaNFValor_Total.AsFloat]);
end;
```

Aqui, quando o usuário der um duplo-clique numa linha da grade de dados, o código pesquisa produto correspondente na tabela de catálogo de produtos e depois passa os valores da descrição, quantidade e preço unitário aos respectivos objetos do formulário. O usuário pode então fazer as alterações que desejar e depois clicar no botão **Alterar** para gravá-las.

```
intCodigoProduto := dmModuloDados1.sdsEntradaNFCodigo_Produto.AsInteger;
dmModuloDados1.sdsCatalogo.IndexFieldNames := 'Codigo_Interno';
dmModuloDados1.sdsCatalogo.FindKey [intCodigoProduto]);
intCodigoDescricao := dmModuloDados1.sdsCatalogoCodigo_Descricao.AsInteger;
dmModuloDados1.sdsDescricao.IndexFieldNames := 'Codigo_Descricao';
dmModuloDados1.sdsDescricao.FindKey([intCodigoDescricao]);
dmModuloDados1.sdsCatalogo.IndexFieldNames := '';
dmModuloDados1.sdsDescricao.IndexFieldNames := '';

fldProduto.Caption := dmModuloDados1.sdsEntradaNFDescricao_Produto.AsString;
mskQuantidade.Text := dmModuloDados1.sdsEntradaNFQuantidade.AsString;
edtPrecoUnitario.Text := Format('%8.2f',[dmModuloDados1.sdsEntradaNFPreco_Unitario. AsFloat]);
fldValorTotal.Caption := Format('%10.2f',[dmModuloDados1.sdsEntradaNFValor_Total. AsFloat]);
```

Note que mais uma vez foi utilizada a função **Format** para formatar a saída dos dados dos campos **Preco_Unitario** e **Valor_Total**.

Ainda com a grade de dados selecionada atribua ao evento **OnKeyDown** o seguinte código, que evita a exclusão de registro quando o usuário teclar <CTRL>+<DEL>:

```
procedure TformEntradaNF.grdItensNFKeyDown(Sender: TObject; var Key: Word;
  Shift: TShiftState);
begin
     if (Shift = [ssCtrl]) and (Key = VK_DELETE) then
        Key := 0;
end;
```

Para finalizar, dê um duplo-clique no botão **Sair** e digite o comando destacado na seguinte listagem:

```
procedure TformEntradaNF.btnSairClick(Sender: TObject);
begin
     Close;
end;
```

Como o formulário faz uso dos formulários de pesquisa de fornecedores e de pesquisa de produtos, precisamos adicionar as referências a eles, selecionando a opção **File → Use Unit** e escolhendo as unidades **ULocalizaFornecedor** e **ULocalizaProduto**. Salve novamente o formulário.

21.4. Alterando o Formulário de Perfil e o Menu

Abra novamente o formulário que permite cadastrar os perfis de usuários (**formCadPerfilUsuario**) e adicione uma nova aba ao objeto de paginação. Configure as propriedades da seguinte forma:

Propriedade	Grupo	Valor
Caption	Visual	Movimentos
Name	Miscellaneous	tabMovimentos

Dentro dessa nova aba coloque um **TDBCheckBox** (grupo **Data Controls**) e configure-o conforme a tabela seguinte:

Propriedade	Grupo	Valor
DataSource	Database	dmModuloDados1.dsPerfilUsuario
DataField	Database	Entrada_Estoque
Name	Miscellaneous	fldEntradaEstoque
Caption	Visual	Entrada de Notas Fiscais
Font/Style	Visual	fsBold
ValueChecked	Localizable	S
ValueUnchecked	Localizabel	N

A figura 21.24 apresentará o resultado dessa alteração.

Retorne ao formulário principal e altere o procedimento **ConfiguraSistema** acrescentando a linha destacada na listagem:

```
procedure ConfiguraSistema(intCodigoUsuario: integer);
begin
     dmModuloDados1.sdsUsuarios.Open;
     dmModuloDados1.sdsUsuarios.IndexFieldNames := 'Codigo_Usuario';
     dmModuloDados1.sdsPerfilUsuario.Open;
     dmModuloDados1.sdsPerfilUsuario.IndexFieldNames := 'Codigo_Perfil';

     dmModuloDados1.sdsUsuarios.FindKey([intCodigoUsuario]);
     dmModuloDados1.sdsPerfilUsuario.FindKey([dmModuloDados1.sdsUsuariosCodigo_Perfil. AsInteger]);

     // Configuração das opções de menus
     formPrincipal.opcCadDepartamentos.Enabled :=
(dmModuloDados1.sdsPerfilUsuarioCadastro_Funcionarios.AsString = 'S');
     formPrincipal.opcCadCargos.Enabled :=
(dmModuloDados1.sdsPerfilUsuarioCadastro_Funcionarios.AsString = 'S');
     formPrincipal.opcCadFuncionarios.Enabled :=
(dmModuloDados1.sdsPerfilUsuarioCadastro_Funcionarios.AsString = 'S');
     formPrincipal.opcCadFornecedores.Enabled :=
(dmModuloDados1.sdsPerfilUsuarioCadastro_Fornecedores.AsString = 'S');
     formPrincipal.opcProdutos.Enabled := (dmModuloDados1.sdsPerfilUsuarioCadastro_Produtos.AsString =
'S');
     formPrincipal.opcCadClientes.Enabled :=
(dmModuloDados1.sdsPerfilUsuarioCadastro_Clientes.AsString = 'S');
     formPrincipal.opcCadPerfilUsuario.Enabled :=
(dmModuloDados1.sdsPerfilUsuarioCadastro_Usuarios.AsString = 'S');
     formPrincipal.opcCadUsuarios.Enabled :=
(dmModuloDados1.sdsPerfilUsuarioCadastro_Usuarios.AsString = 'S');
     formPrincipal.opcEntradaEstoque.Enabled :=
(dmModuloDados1.sdsPerfilUsuarioEntrada_Estoque.AsString = 'S');
```

```
    // Configuração dos botões
    formPrincipal.btnClientes.Enabled := (dmModuloDados1.sdsPerfilUsuarioCadastro_Clientes.AsString = 'S');
    formPrincipal.btnFornecedores.Enabled := (dmModuloDados1.sdsPerfilUsuarioCadastro_Fornecedores.AsString
= 'S');
    formPrincipal.btnProdutos.Enabled := (dmModuloDados1.sdsPerfilUsuarioCadastro_Produtos.AsString = 'S');

    dmModuloDados1.sdsUsuarios.IndexFieldNames := '';
    dmModuloDados1.sdsPerfilUsuario.IndexFieldNames := '';
    dmModuloDados1.sdsUsuarios.Close;
    dmModuloDados1.sdsPerfilUsuario.Close;
end;
```

Abra o editor de menus e insira um novo item com as seguintes configurações:

Propriedade	Grupo	Valor
Caption	Visual	Movimentos
Name	Miscellaneous	mnuMovimentos

Dentro desse item de menu coloque insira uma opção configurada da seguinte forma:

Propriedade	Grupo	Valor
Caption	Visual	Entrada em Estoque
Name	Miscellaneous	opcEntradaEstoque

A figura 21.25 mostra esse menu.

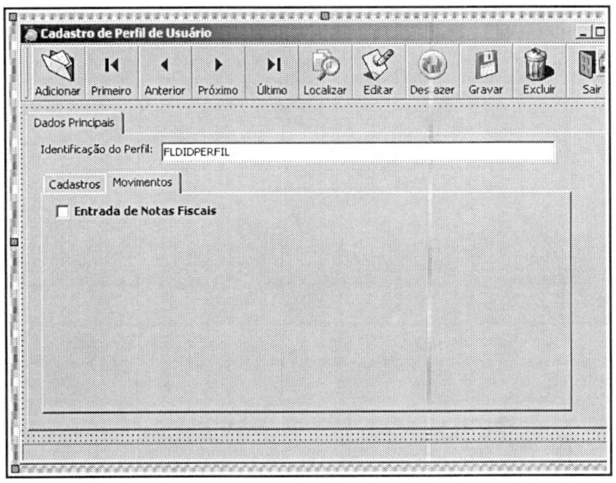

Figura 21.24

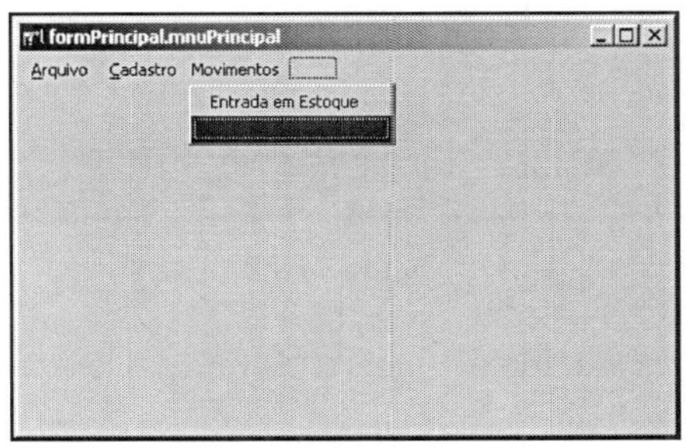

Figura 21.25

Atribua ao evento **OnClick** dessa opção o código constante na listagem:

```
procedure TformPrincipal.opcEntradaEstoqueClick(Sender: TObject);
var
  Formulario: TformEntradaNF;
begin
    if (Application.FindComponent('formEntradaNF') = nil) then
    begin
        Formulario := TformEntradaNF.Create(Application);
        Formulario.Top := 0;
        Formulario.Left := 0;
    end;
end;
```

Vincule a unidade **UEntradaNF** ao formulário e salve o projeto. Compile a aplicação e execute-a logo em seguida.

Selecione **Movimentos → Entrada em Estoque** e a tela da figura 21.26 aparece. Clique no botão para localizar o fornecedor e digite o número da nota fiscal, a data de emissão e o valor total constante nela. Clique no botão **Incluir NF** e você verá em seguida a tela da figura 21.27. Note que somente após essa operação os campos da parte inferior do formulário são habilitados.

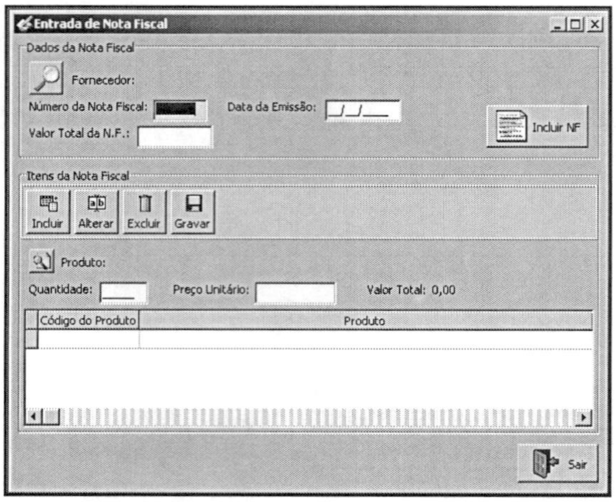

Figura 21.26

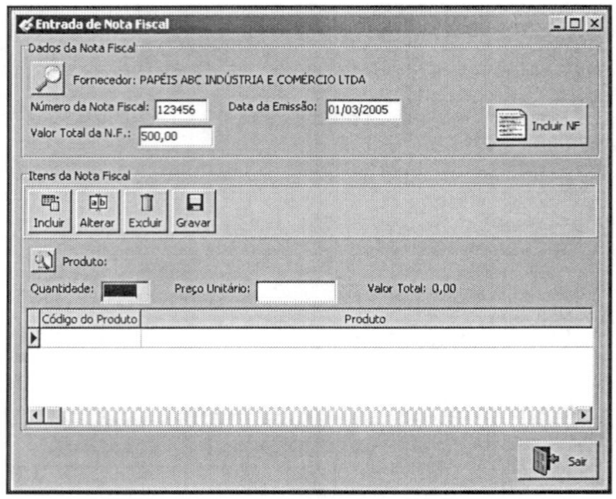

Figura 21.27

Clique no botão com o ícone de uma lupa para abrir a tela da figura 21.28 e localizar o produto desejado. Então entre com a quantidade e o preço unitário constantes na nota fiscal (figura 21.29).

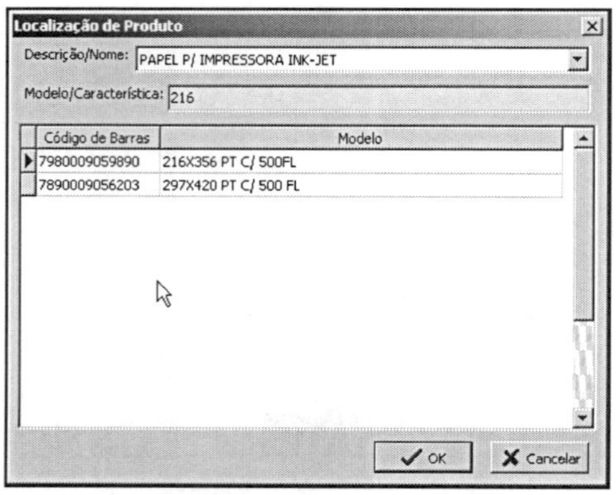

Figura 21.28

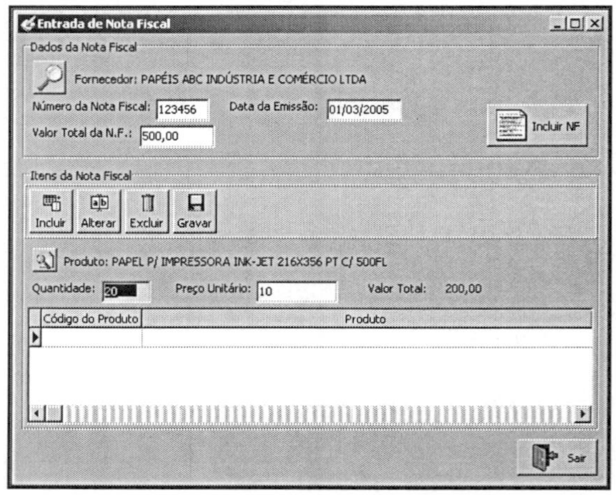

Figura 21.29

Clique no botão **Incluir** para registrar essa entrada (figura 21.30). Veja na figura 21.31 um exemplo de dois produtos adicionados.

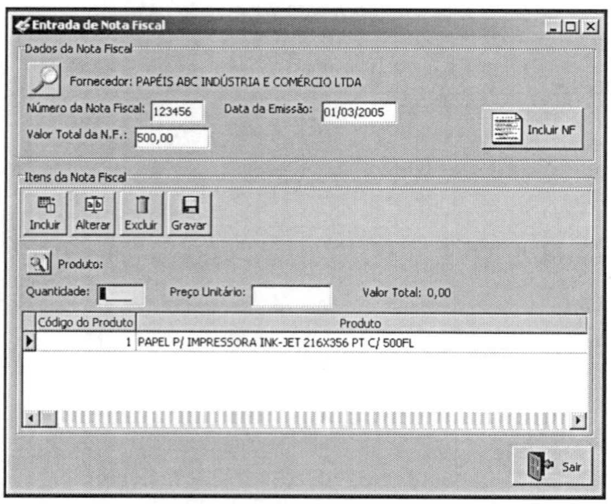

Figura 21.30

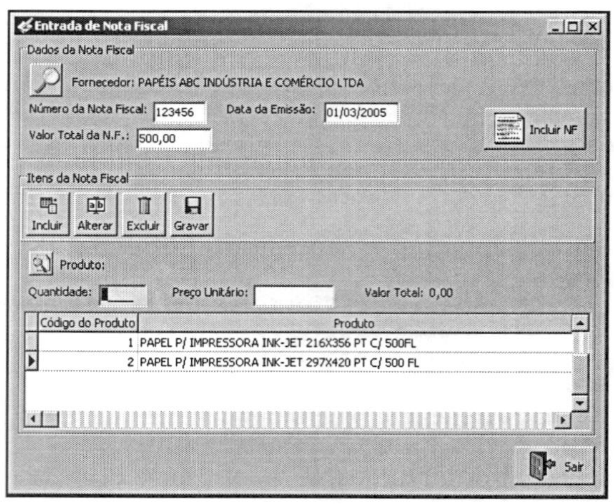

Figura 21.31

Para gravar essas entradas e atualizar o estoque, clique no botão **Gravar**. Agora estamos prontos para os desenvolvimentos dos formulários de vendas.

capítulo 22

Vendas por Telefone

Assuntos abordados neste capítulo

- *Adição de unidade para variáveis globais*
- *Criação de vínculo entre duas tabelas com MasterSource e MasterFields*
- *Uso de filtros em tabelas*
- *Relatórios com o Rave Reports*

22.1. Adicionando uma Unidade de Variáveis Globais

Este capítulo desenvolve o primeiro formulário para emissão de pedido de venda. Nele teremos uma variável que contém o código do atendente que está emitindo o pedido do cliente. Como esse código será obtido logo no momento em que for efetuado o login no sistema, precisamos de uma forma de transferi-lo para esse formulário.

A forma escolhida é o uso de uma variável global, ou seja, que possui tempo de vida e abrangência enquanto o programa estiver sendo executado. Criaremos uma unidade de código sem vínculo com formulário na qual essa e outras variáveis serão declaradas.

Clique no botão **New Items** e escolha o ícone **Unit** do item **Delphi Files**. Na tela do editor de códigos mostrada em seguida, digite as linhas apresentadas na listagem:

```
interface

var
   intCodigoVendedor: integer;

implementation
```

Salve essa unidade com o nome "Global.Pas". Veja na figura 22.1 como ela deve ficar.

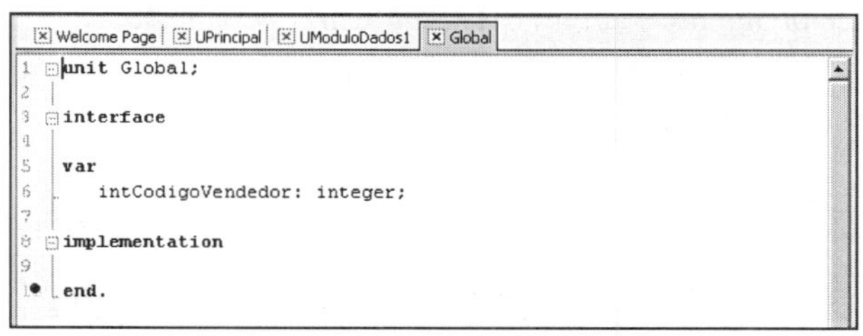

Figura 22.1

22.2. Alterando o Módulo de Dados

Abra o módulo de dados e insira dois **TSimpleDataSet** e dois **TDataSource**, configurando as propriedades da seguinte maneira:

Objeto	Propriedade	Grupo	Valor
SimpleDataSet1	ConnectionName	Connection	BaseDadosGDP
	CommandType	Database/DataSet	ctTable
	CommandText	Database/DataSet	controle_pedidos
	Name	Miscellaneous	sdsPedidos
DataSource1	DataSet	Database	sdsPedidos
	Name	Miscellaneous	dsPedidos

Objeto	Propriedade	Grupo	Valor
SimpleDataSet2	ConnectionName	Connection	BaseDadosGDP
	CommandType	Database/DataSet	ctTable
	CommandText	Database/DataSet	itens_pedido
	Name	Miscellaneous	sdsItensPedido
DataSource2	DataSet	Database	sdsItensPedido
	Name	Miscellaneous	dsItensPedido

Para o objeto **sdsItensPedido** expanda o grupo de propriedades **Database**, clique na propriedade **MasterSource** e escolha a opção **dsPedidos** (figura 22.2). Em seguida clique no ícone de reticências da propriedade **MasterFields** para abrir a tela da figura 22.3. Selecione o campo nomeado como **Numero_Pedido** nas duas listas e clique no botão **Add**. O resultado deve ser o mostrado na figura 22.4.

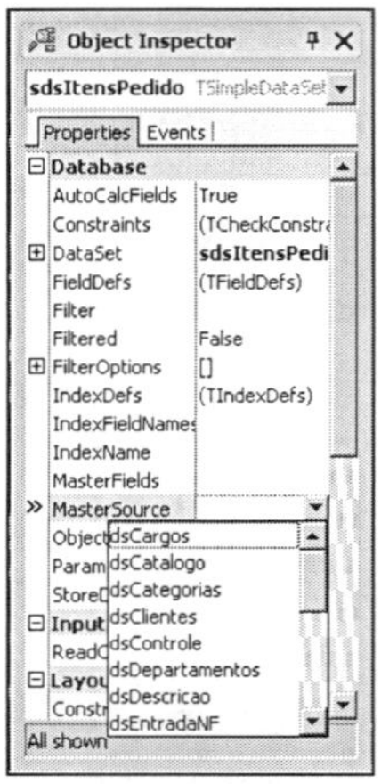

Figura 22.2

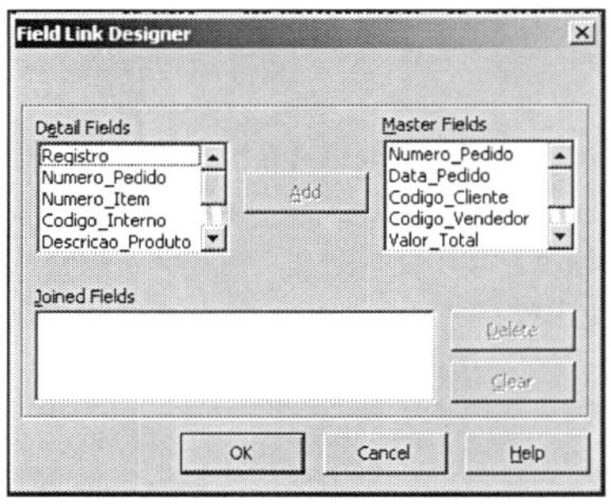

Figura 22.3

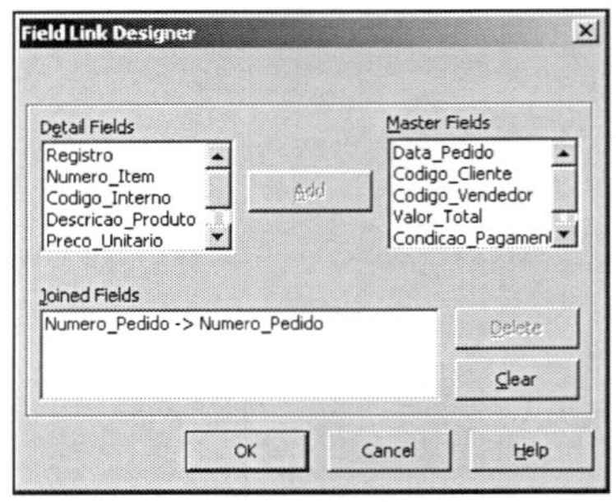

Figura 22.4

Com essas configurações criamos um vínculo entre as tabelas **controle_pedidos** e **itens_pedido**. Isso significa que cada registro na primeira tabela estará relacionado com um ou mais registros da segunda tabela. É o que se costuma chamar de relacionamento Pai/Filho(s) (ou Mestre/Detalhes).

Adicione aos dois objetos do tipo **SimpleDataSet** todos os campos das respectivas tabelas de dados. Então configure as propriedades **DisplayLabel** e **DisplayFormat** da seguinte maneira:

Objeto sdsPedidos

Campo	DisplayLabel	DisplayFormat
Numero_Pedido	No. Pedido	
Data_Pedido	Data Emissão	
Codigo_Cliente	Código Cliente	
Codigo_Vendedor	Vendedor	
Valor_Total	Valor Total	##,##0.00
Condicao_Pagamento	Condição Pagamento	
Forma_Entrega	Forma de Entrega	

Objeto sdsItensPedido

Campo	DisplayLabel	DisplayFormat
Registro	Registro	
Numero_Pedido	No. Pedido	
Numero_Item	No. Item	
Codigo_Interno	Código Produto	
Descricao_Produto	Produto	
Preco_Unitario	Preço Unitário	##,##0.00

Campo	DisplayLabel	DisplayFormat
Quantidade	Quantidade	####0
Preco_Total	Valor Total	##,##0.00

Configure a propriedade **Connected** (grupo **Connection**) dos objetos **sdsPedidos** e **sdsItensPedidos** com o valor **False**. Em seguida, atribua ainda o procedimento **sdsDepartamentosBeforeDelete** ao evento **OnBeforeDelete** desses objetos.

A figura 22.5 mostra como deve ficar o módulo de dados com esses novos objetos.

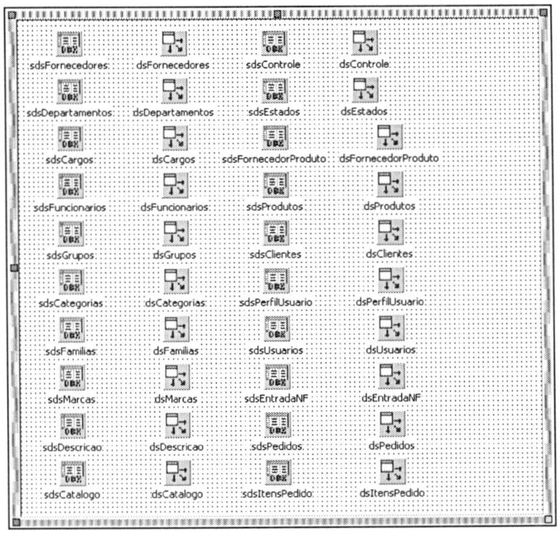

Figura 22.5

22.3. Alterando o Formulário de Perfil e o Menu

Abra o formulário de cadastro de perfil de usuários (**formCadPerfilUsuario**) e adicione um componente **TDBCheckBox** à segunda aba do objeto de paginação. Configure as propriedades da seguinte forma:

Propriedade	Grupo	Valor
DataSource	Database	dmModuloDados1.dsPerfilUsuario
DataField	Database	Vendas
Name	Miscellaneous	fldVendas
Caption	Visual	Vendas
Font/Style	Visual	fsBold
ValueChecked	Localizable	S
ValueUnchecked	Localizabel	N

Veja na figura 22.6 o resultado dessa alteração.

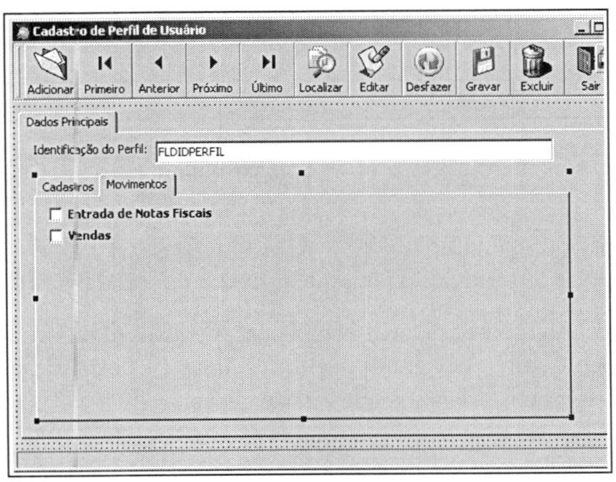

Figura 22.6

Retorne ao formulário principal e acrescente ao procedimento **ConfiguraSistema** a linha destacada na listagem seguinte:

```
procedure ConfiguraSistema(intCodigoUsuario: integer);
begin
     dmModuloDados1.sdsUsuarios.Open;
     dmModuloDados1.sdsUsuarios.IndexFieldNames := 'Codigo_Usuario';
     dmModuloDados1.sdsPerfilUsuario.Open;
     dmModuloDados1.sdsPerfilUsuario.IndexFieldNames := 'Codigo_Perfil';
     dmModuloDados1.sdsUsuarios.FindKey([intCodigoUsuario]);
     dmModuloDados1.sdsPerfilUsuario.FindKey([dmModuloDados1.sdsUsuariosCodigo_Perfil. AsInteger]);
     // Configuração das opções de menus
     formPrincipal.opcCadDepartamentos.Enabled :=
(dmModuloDados1.sdsPerfilUsuarioCadastro_Funcionarios.AsString = 'S');
     formPrincipal.opcCadCargos.Enabled :=
(dmModuloDados1.sdsPerfilUsuarioCadastro_Funcionarios.AsString = 'S');
     formPrincipal.opcCadFuncionarios.Enabled :=
(dmModuloDados1.sdsPerfilUsuarioCadastro_Funcionarios.AsString = 'S');
     formPrincipal.opcCadFornecedores.Enabled :=
(dmModuloDados1.sdsPerfilUsuarioCadastro_Fornecedores.AsString = 'S');
     formPrincipal.opcProdutos.Enabled := (dmModuloDados1.sdsPerfilUsuarioCadastro_Produtos.AsString =
'S');
     formPrincipal.opcCadClientes.Enabled :=
(dmModuloDados1.sdsPerfilUsuarioCadastro_Clientes.AsString = 'S');
     formPrincipal.opcCadPerfilUsuario.Enabled :=
(dmModuloDados1.sdsPerfilUsuarioCadastro_Usuarios.AsString = 'S');
     formPrincipal.opcCadUsuarios.Enabled :=
(dmModuloDados1.sdsPerfilUsuarioCadastro_Usuarios.AsString = 'S');
     formPrincipal.opcEntradaEstoque.Enabled :=
(dmModuloDados1.sdsPerfilUsuarioEntrada_Estoque.AsString = 'S');
     formPrincipal.opcVendas.Enabled := (dmModuloDados1.sdsPerfilUsuarioVendas.AsString = 'S');
     // Configuração dos botões
     formPrincipal.btnClientes.Enabled := (dmModuloDados1.sdsPerfilUsuarioCadastro_Clientes.AsString =
'S');
     formPrincipal.btnFornecedores.Enabled :=
(dmModuloDados1.sdsPerfilUsuarioCadastro_Fornecedores.AsString = 'S');
     formPrincipal.btnProdutos.Enabled := (dmModuloDados1.sdsPerfilUsuarioCadastro_Produtos.AsString =
'S');

     dmModuloDados1.sdsUsuarios.IndexFieldNames := '';
     dmModuloDados1.sdsPerfilUsuario.IndexFieldNames := '';
     dmModuloDados1.sdsUsuarios.Close;
     dmModuloDados1.sdsPerfilUsuario.Close;
end;
```

22.4. Criação do Formulário de Vendas por Telefone

O formulário de emissão de pedidos de venda por atendimento telefônico é bastante parecido com o de entradas de notas fiscais, visto no capítulo anterior.

Clique no botão **New Items** novamente e escolha a opção **Delphi Files**. Então clique no ícone **Form** para adicionar um novo formulário. A seguir configure as seguintes propriedades:

Propriedade	Grupo	Valor
Caption	Visual	Vendas por Atendimento Telefônico
Color	Visual	clSkyBlue
Name	Miscellaneous	formVendasTelefone
FormStyle	Miscellaneous	fsMDIChild

Selecione a opção **File → Use Unit** e escolha as unidades **UModuloDados1** e **URotinasGenericas** para vinculá-las ao formulário. Por fim, ajuste as dimensões do formulário para que fique conforme a figura 22.7.

Adicione um componente **TGroupBox** (grupo **Standard**) com as propriedades **Caption** e **Name** configuradas com as cadeias de caracteres "Identificação do Cliente" e "grpCliente" respectivamente. Dentro desse objeto, coloque os componentes apresentados na seguinte tabela, respeitando a ordem em que eles aparecem:

Objeto	Propriedade	Grupo	Valor
SpeedButton1	Glyph	Visual	Localizar03.bmp
	Name	Miscellaneous	btnCliente
Label1	Caption	Visual	Cliente:
	Name	Miscellaneous	lblCliente
Label2	Caption	Visual	CNPJ:
	Name	Miscellaneous	lblCNPJ
Label3	Caption	Visual	Endereço:
	Name	Miscellaneous	lblEndereco1
Label4	Caption	Visual	lblEndereco2
	Name	Miscellaneous	lblEndereco2
BitBtn1	Caption	Visual	Pedido
	Glyph	Visual	Pedido01.bmp
	Name	Miscellaneous	btnPedido

Veja o resultado na figura 22.8.

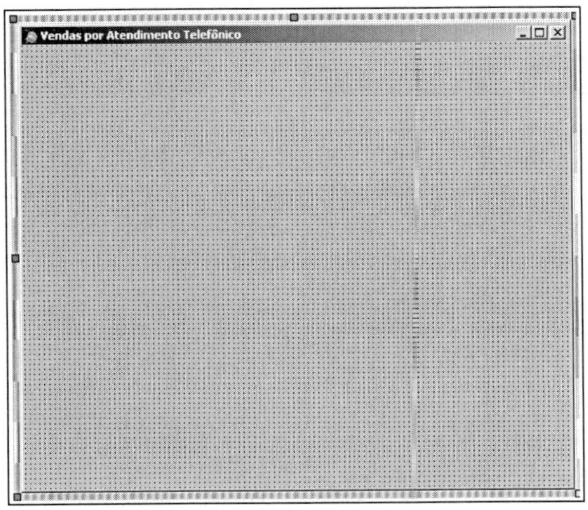

Figura 22.7

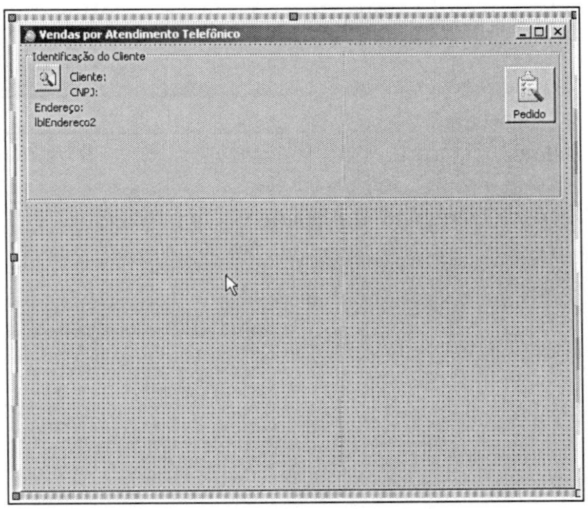

Figura 22.8

Abaixo do objeto **lblEndereco2** coloque um **TRadioGroup**. Digite na propriedade **Name** a cadeia de caracteres "rgCondicaoPagto". Clique no ícone da propriedade **Items** (grupo **Localizable**) e na tela apresentada em seguida adicione as linhas de texto mostradas na figura 22.9. Cada linha representa um botão de opção dentro do objeto.

Adicione ainda ao objeto **grpCliente** os dois componentes constantes na tabela seguinte:

Objeto	Propriedade	Grupo	Valor
Label1	Caption	Visual	Forma de Entrega:
	Name	Miscellaneous	lblFormaEntrega
Edit1	Text	Localizable	(branco)
	Name	Miscellaneous	edtFormaEntrega
	MaxLenght	Miscellaneous	50
	CharCase	Miscellaneous	ecUpperCase

Com isso o formulário deve ficar com a aparência da figura 22.10.

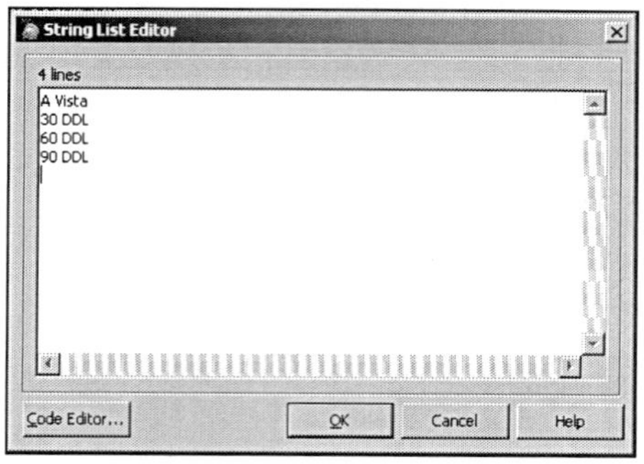

Figura 22.9

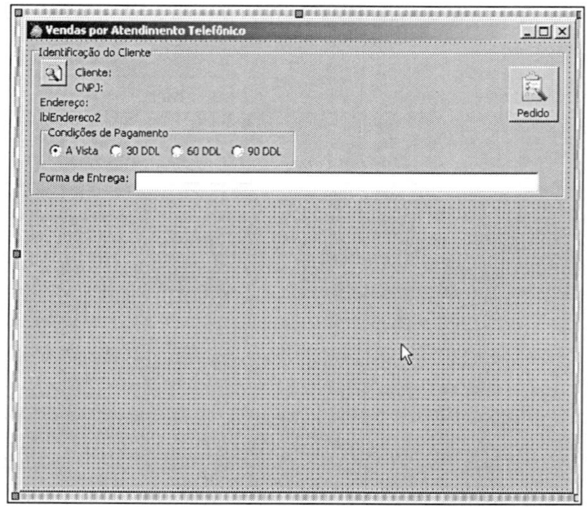

Figura 22.10

Agora adicione um segundo componente **TGroupBox** com as seguintes configurações:

Propriedade	Grupo	Valor
Caption	Visual	Itens do Pedido
Name	Miscellaneous	grpItensPedido

No objeto de agrupamento insira um componente **TPanel** (grupo **Standard**) e ajuste suas propriedades da seguinte maneira:

Propriedade	Grupo	Valor
Caption	Visual	(branco)
ParentColor	Visual	False
Color	Visual	clBtnFace
BevelInner	Visual	bvLowered
Align	Visual	alTop
Name	Miscellaneous	pnlBotoes

Dentro desse objeto **Panel** coloque quatro botões do tipo **SpeedButton**, assim configurados:

Objeto	Propriedade	Grupo	Valor
SpeedButton1	Caption	Visual	Incluir
	Glyph	Visual	Adicionar03.bmp
	Name	Miscellaneous	btnIncluirItem
	Layout	Miscellaneous	blGlyphTop
SpeedButton2	Caption	Visual	Alterar
	Glyph	Visual	Editar03.bmp
	Name	Miscellaneous	btnAlterarItem
	Layout	Miscellaneous	blGlyphTop
SpeedButton3	Caption	Visual	Excluir
	Glyph	Visual	Excluir02.bmp
	Name	Miscellaneous	btnExcluirItem
	Layout	Miscellaneous	blGlyphTop
SpeedButton4	Caption	Visual	Imprimir
	Glyph	Visual	Imprimir03.bmp
	Name	Miscellaneous	btnGravarNF
	Layout	Miscellaneous	blGlyphTop

Na figura 22.11 é possível ver as dimensões desses botões.

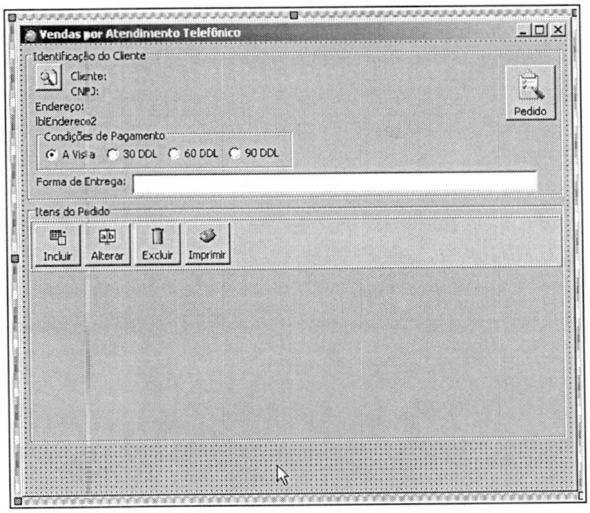

Figura 22.11

Abaixo dessa barra de botões insira os seguintes componentes na ordem apresentada na tabela:

Objeto	Propriedade	Grupo	Valor
SpeedButton1	Glyph	Visual	Localizar04.bmp
	Name	Miscellaneous	btnProduto
Label1	Caption	Visual	Produto:
	Name	Miscellaneous	lblProduto
Label2	Caption	Visual	fldProduto
	Name	Miscellaneous	fldProduto
Label3	Caption	Visual	Quantidade:
	Name	Miscellaneous	lblQuantidade
MaskEdit1	EditMask	Visual	99999
	Name	Miscellaneous	mskQuantidade
Label4	Caption	Visual	Preço Unitário:
	Name	Miscellaneous	lblPrecoUnitario
Label5	Caption	Visual	fldPrecoUnitario
	Name	Miscellaneous	fldPrecoUnitario
Label6	Caption	Visual	Valor Total:
	Name	Miscellaneous	lblValorTotal
Label7	Caption	Visual	fldValorTotal
	Name	Miscellaneous	fldValorTotal

Inclua agora um componente **TDBGrid** e configure suas propriedades da seguinte maneira:

Propriedade	Grupo	Valor
DataSource	Database	dmModuloDados1.dsItensPedido
ReadOnly	Input	True
Color	Visual	clInfoBk

Adicione a essa grade de dados os campos da figura 22.12. Com isso você terá a tela da figura 22.13.

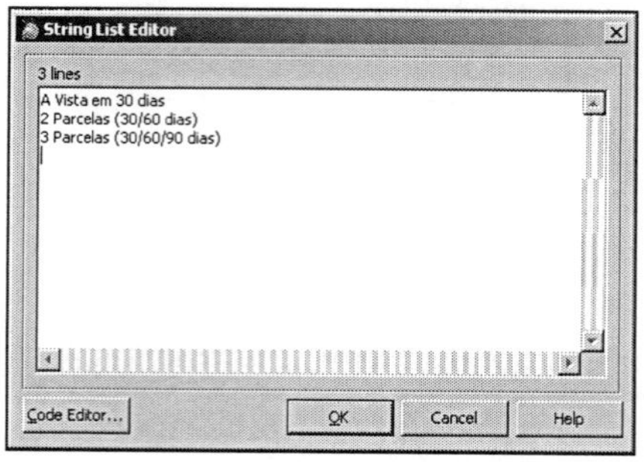

Figura 22.12

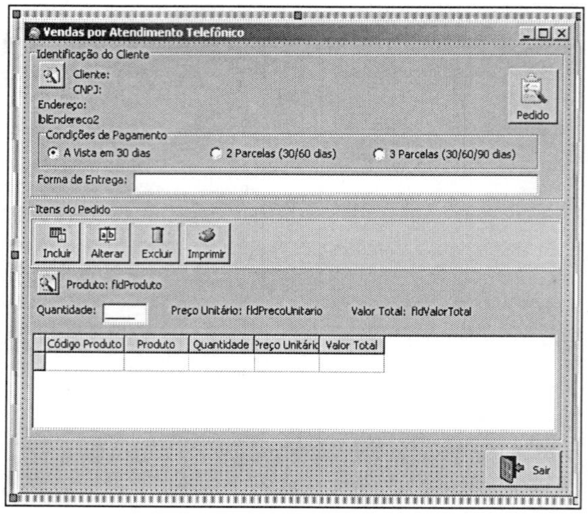

Figura 22.13

Para finalizar a definição do layout desse formulário, adicione dois componentes **TLabel** e um **TBitBtn** na parte inferior do formulário. Suas propriedades devem ser configuradas conforme a tabela:

Objeto	Propriedade	Grupo	Valor
Label1	Caption	Visual	Total do Pedido:
	Font/Name	Visual	Arial
	Font/Size	Visual	12
	Font/Color	Visual	clRed
	Font/Style	Visual	fsBold
	Name	Miscellaneous	lblTotalPedido
Label2	Caption	Visual	fldTotalPedido
	Font/Name	Visual	Arial
	Font/Size	Visual	12
	Font/Color	Visual	clRed
	Font/Style	Visual	fsBold
	Name	Miscellaneous	fldTotalPedido
BitBtn1	Caption	Visual	Sair
	Glyph	Visual	Sair01.bmp
	Name	Miscellaneous	btnSair

Veja na figura 22.14 a aparência final que o formulário deve ter. Salve-o com o nome "UVendasTelefone.Pas".

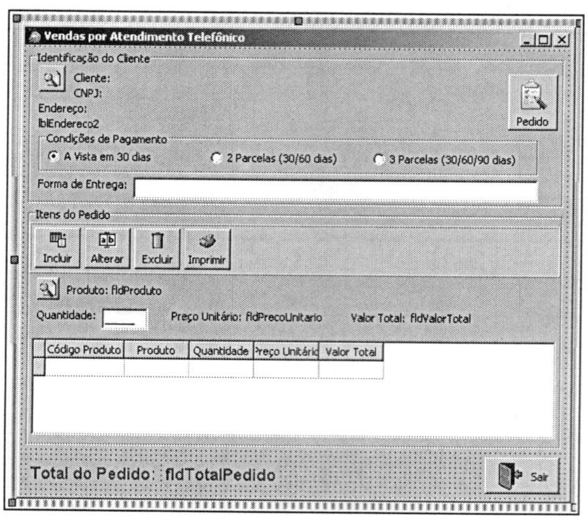

Figura 22.14

Chegou a hora de utilizar os códigos. Abra o editor e adicione as três linhas de declarações destacadas na listagem a seguir, antes da palavra-chave **private**, na definição da classe do formulário.

```
type
  TformVendasTelefone = class(TForm)
    grpCliente: TGroupBox;
    lblCliente: TLabel;
    btnCliente: TSpeedButton;
    lblCNPJ: TLabel;
    lblEndereco1: TLabel;
    lblEndereco2: TLabel;
    btnPedido: TBitBtn;
    grpItensPedido: TGroupBox;
    pnlBotoes: TPanel;
    btnIncluirItem: TSpeedButton;
    btnAlterarItem: TSpeedButton;
    btnExcluirItem: TSpeedButton;
    btnImprmir: TSpeedButton;
    grdItensNF: TDBGrid;
    lblProduto: TLabel;
    lblQuantidade: TLabel;
    lblPrecoUnitario: TLabel;
    lblValorTotal: TLabel;
    fldValorTotal: TLabel;
    btnProduto: TSpeedButton;
    fldProduto: TLabel;
    mskQuantidade: TMaskEdit;
    fldPrecoUnitario: TLabel;
    lblTotalPedido: TLabel;
    fldTotalPedido: TLabel;
    btnSair: TBitBtn;
    lblFormaEntrega: TLabel;
    edtFormaEntrega: TEdit;
    rgCondicaoPagto: TRadioGroup;
    procedure LimpaPedido;
    procedure LimpaProduto;
    procedure CalculaTotal;
  private
    { Private declarations }
  public
    { Public declarations }
  end;
```

Após a diretiva de compilação {$R *.dfm}, digite a declaração de variáveis e os códigos dos procedimentos mostrados a seguir:

```
var
   intNumeroPedido,intNumeroItem: integer;
   dblTotalPedido: double;

procedure TformVendasTelefone.LimpaPedido;
begin
     lblCliente.Caption := 'Cliente:';
     lblCNPJ.Caption := 'Cliente:';
     rgCondicaoPagto.ItemIndex := 0;
     edtFormaEntrega.Text := '';
     fldTotalPedido.Caption := '0,00';
     rgCondicaoPagto.SetFocus;
end;

procedure TformVendasTelefone.LimpaProduto;
begin
     fldProduto.Caption := '';
     mskQuantidade.Text := '';
     fldPrecoUnitario.Caption := '';
     fldValorTotal.Caption := '0,00';
end;

procedure TformVendasTelefone.CalculaTotal;
var
   dblValorTotal: double;
begin
     dmModuloDados1.sdsItensPedido.DisableControls;
     dmModuloDados1.sdsItensPedido.First;
     dblValorTotal := 0;
```

```
    while not dmModuloDados1.sdsItensPedido.Eof do
    begin
         dblValorTotal := dblValorTotal + dmModuloDados1.sdsItensPedidoPreco_Total. AsFloat;
         dmModuloDados1.sdsItensPedido.Next;
    end;
    dmModuloDados1.sdsItensPedido.EnableControls;
    fldTotalPedido.Caption := Format('%12.2f',[dblValorTotal]);
end;
```

As variáveis declaradas no início são utilizadas para guardar o número do pedido, o número do item dentro do pedido e o valor total do pedido. Os procedimentos **LimpaPedido** e **LimpaProduto** são destinados a apagar as informações referentes ao cliente e ao produto selecionado. Já o procedimento **CalculaTotal** varre toda a tabela de dados que contém os itens do pedido e acumula o valor total (preço unitário X quantidade), para posteriormente mostrá-lo por meio do objeto **fldTotalPedido**.

Para os eventos **OnShow** e **OnClose** do formulário precisamos atribuir os códigos seguintes:

```
procedure TformVendasTelefone.FormShow(Sender: TObject);
begin
     dmModuloDados1.sdsControle.Open;
     dmModuloDados1.sdsClientes.Open;
     dmModuloDados1.sdsDescricao.Open;
     dmModuloDados1.sdsCatalogo.Open;
     lblEndereco2.Caption := '';
     fldProduto.Caption := '';
     fldPrecoUnitario.Caption := '';
     fldValorTotal.Caption := '0,00';
     fldTotalPedido.Caption := '0,00';
     grpItensPedido.Enabled := False;
     intNumeroItem := 1;
end;

procedure TformVendasTelefone.FormClose(Sender: TObject;
  var Action: TCloseAction);
begin
     dmModuloDados1.sdsControle.Close;
     dmModuloDados1.sdsClientes.Close;
     dmModuloDados1.sdsDescricao.Close;
     dmModuloDados1.sdsCatalogo.Close;
     Action := caFree;
end;
```

Dê dois cliques no botão identificado pelo nome **btnCliente** e digite o seguinte código:

```
procedure TformVendasTelefone.btnClienteClick(Sender: TObject);
var
   intCodigoCliente: integer;
begin
     Application.CreateForm(TformLocalizaCliente,formLocalizaCliente);
     if (formLocalizaCliente.ShowModal = mrOK) then
     begin
          intCodigoCliente := StrToInt(formLocalizaCliente.strValor);
          dmModuloDados1.sdsClientes.IndexFieldNames := 'Codigo_Cliente';
          dmModuloDados1.sdsClientes.FindKey([intCodigoCliente]);
          lblCliente.Caption := 'Cliente: '+dmModuloDados1.sdsClientesNome_Cliente. AsString;
          lblCNPJ.Caption := 'CNPJ: '+dmModuloDados1.sdsClientesCNPJ.AsString;
          lblEndereco1.Caption := 'Endereço: '+Trim(dmModuloDados1.sdsClientesEndereco.
AsString)+','+Trim(dmModuloDados1.sdsClientesNumero.AsString)+'-'+
Trim(dmModuloDados1.sdsClientesComplemento.AsString);
          lblEndereco2.Caption := Trim(dmModuloDados1.sdsClientesBairro
.AsString)+','+Trim(dmModuloDados1.sdsClientesCidade.AsString)+'-'+
Trim(dmModuloDados1.sdsClientesEstado.AsString);
          dmModuloDados1.sdsClientes.IndexFieldNames := '';
          rgCondicaoPagto.SetFocus;
     end;
     formLocalizaCliente.Destroy;
end;
```

Esse procedimento abre o formulário para pesquisa de clientes para que o usuário possa selecionar um.

Da mesma maneira, insira o código apresentado a seguir no evento **OnClick** do botão **btnPedido**:

```
procedure TformVendasTelefone.btnPedidoClick(Sender: TObject);
begin
     if Trim(lblCliente.Caption) = 'Cliente:' then
        Mensagem('Selecione um cliente para iniciar o Pedido!')
        else
        begin
             dmModuloDados1.sdsControle.Edit;
             dmModuloDados1.sdsControleNumero_Pedido.AsInteger :=
dmModuloDados1.sdsControleNumero_Pedido.AsInteger + 1;
             dmModuloDados1.sdsControle.Post;
             dmModuloDados1.sdsControle.ApplyUpdates(-1);
             intNumeroPedido := dmModuloDados1.sdsControleNumero_Pedido.AsInteger;

             dmModuloDados1.sdsPedidos.Open;
             dmModuloDados1.sdsPedidos.Append;
             dmModuloDados1.sdsPedidosNumero_Pedido.AsInteger := intNumeroPedido;
             dmModuloDados1.sdsPedidosData_Pedido.AsDateTime := Date;
             dmModuloDados1.sdsPedidosCodigo_Cliente.AsInteger :=
dmModuloDados1.sdsClientesCodigo_Cliente.AsInteger;
             dmModuloDados1.sdsPedidosCodigo_Vendedor.AsInteger := intCodigoVendedor;
             dmModuloDados1.sdsPedidosCondicao_Pagamento.AsInteger := rgCondicaoPagto.ItemIndex + 1;
             dmModuloDados1.sdsPedidosForma_Entrega.AsString := edtFormaEntrega.Text;
             dmModuloDados1.sdsPedidos.Post;
             dmModuloDados1.sdsPedidos.ApplyUpdates(-1);

             dmModuloDados1.sdsItensPedido.Open;
             grpCliente.Enabled := False;
             grpItensPedido.Enabled := True;
             dblTotalPedido := 0;
             mskQuantidade.SetFocus;
        end;
end;
```

Esse procedimento adiciona um novo registro à tabela de pedidos e atribui os dados aos respectivos campos. Em seguida a tabela de itens de pedido é aberta e o grupo de objetos para entrada dos produtos do pedido é habilitado.

Atribua o código da listagem ao evento **OnClick** do botão de localização de produto (objeto **btnProduto**):

```
procedure TformVendasTelefone.btnProdutoClick(Sender: TObject);
var
   intCodigoProduto,intCodigoDescricao: integer;
   strProduto: string;
begin
     Application.CreateForm(TformLocalizaProduto,formLocalizaProduto);
     if (formLocalizaProduto.ShowModal = mrOK) then
     begin
          intCodigoProduto := StrToInt(formLocalizaProduto.strValor);
          dmModuloDados1.sdsCatalogo.IndexFieldNames := 'Codigo_Interno';
          dmModuloDados1.sdsCatalogo.FindKey([intCodigoProduto]);
          intCodigoDescricao := dmModuloDados1.sdsCatalogoCodigo_Descricao.AsInteger;
          dmModuloDados1.sdsDescricao.IndexFieldNames := 'Codigo_Descricao';
          dmModuloDados1.sdsDescricao.FindKey([intCodigoDescricao]);
          strProduto := Trim(dmModuloDados1.sdsDescricaoDescricao.AsString)+' '+
Trim(dmModuloDados1.sdsCatalogoModelo.AsString);
          fldProduto.Caption := strProduto;
          fldPrecoUnitario.Caption := Format('%8.2f',
[dmModuloDados1.sdsCatalogoPreco_Venda.AsFloat]);
          dmModuloDados1.sdsCatalogo.IndexFieldNames := '';
          dmModuloDados1.sdsDescricao.IndexFieldNames := '';
          mskQuantidade.SetFocus;
     end;
     formLocalizaProduto.Destroy;
end;
```

Selecione o objeto **mskQuantidade** e digite o código no evento **OnKeyPress**:

```
procedure TformVendasTelefone.mskQuantidadeKeyPress(Sender: TObject;
  var Key: Char);
var
   intQuantidade: integer;
   dblPrecoUnitario,dblValorTotal: double;
```

```
begin
     if Key = #13 then
     begin
          if Trim(mskQuantidade.Text) <> '' then
          begin
               intQuantidade := StrToInt(Trim(mskQuantidade.Text));
               dblPrecoUnitario := StrToFloat(Trim(fldPrecoUnitario.Caption));
               dblValorTotal := intQuantidade * dblPrecoUnitario;
               fldValorTotal.Caption := Format('%10.2f',[dblValorTotal]);
          end
          else
          begin
               Mensagem('Digite a quantidade desejada!');
               mskQuantidade.SetFocus;
          end;
     end;
end;
```

Esse procedimento efetua o cálculo do valor total do item quando o usuário teclar <ENTER>.

Para os botões **Incluir**, **Alterar**, **Excluir** e **Imprimir**, especifique os códigos:

Botão Incluir

```
procedure TformVendasTelefone.btnIncluirItemClick(Sender: TObject);
var
   intRegistro,intQuantidade: integer;
   dblPrecoUnitario,dblValorTotal: double;
begin
     if Trim(fldProduto.Caption) = '' then
        Mensagem('Selecione um produto para incluir no Pedido!')
        else
        begin
             if mskQuantidade.Text = '' then
             begin
                  Mensagem('Digite a quantidade !');
                  mskQuantidade.SetFocus;
             end
             else
             begin
                  intQuantidade := StrToInt(Trim(mskQuantidade.Text));
                  dblPrecoUnitario := StrToFloat(Trim(fldPrecoUnitario.Caption));
                  dblValorTotal := intQuantidade * dblPrecoUnitario;

                  dmModuloDados1.sdsControle.Edit;
                  dmModuloDados1.sdsControleRegistro_Item_Pedido.AsInteger :=
dmModuloDados1.sdsControleRegistro_Item_Pedido.AsInteger + 1;
                  dmModuloDados1.sdsControle.Post;
                  dmModuloDados1.sdsControle.ApplyUpdates(-1);
                  intRegistro := dmModuloDados1.sdsControleRegistro_Item_Pedido.AsInteger;

                  dmModuloDados1.sdsItensPedido.Append;
                  dmModuloDados1.sdsItensPedidoRegistro.AsInteger := intRegistro;
                  dmModuloDados1.sdsItensPedidoNumero_Pedido.AsInteger :=
dmModuloDados1.sdsPedidosNumero_Pedido.AsInteger;
                  dmModuloDados1.sdsItensPedidoNumero_Item.AsInteger := intNumeroItem;
                  dmModuloDados1.sdsItensPedidoCodigo_Interno.AsInteger :=
dmModuloDados1.sdsCatalogoCodigo_Interno.AsInteger;
                  dmModuloDados1.sdsItensPedidoDescricao_Produto.AsString := fldProduto.Caption;
                  dmModuloDados1.sdsItensPedidoPreco_Unitario.AsFloat := dblPrecoUnitario;
                  dmModuloDados1.sdsItensPedidoQuantidade.AsInteger := intQuantidade;
                  dmModuloDados1.sdsItensPedidoPreco_Total.AsFloat := dblValorTotal;
                  dmModuloDados1.sdsItensPedido.Post;
                  dmModuloDados1.sdsItensPedido.ApplyUpdates(-1);
                  Inc(intNumeroItem);
                  CalculaTotal;
                  LimpaProduto;
             end;
     end;
end;
```

Botão Alterar

```
procedure TformVendasTelefone.btnAlterarItemClick(Sender: TObject);
var
   intQuantidade: integer;
   dblPrecoUnitario,dblValorTotal: double;
begin
     if mskQuantidade.Text = '' then
     begin
          Mensagem('Digite a quantidade !');
          mskQuantidade.SetFocus;
     end
     else
     begin
          intQuantidade := StrToInt(Trim(mskQuantidade.Text));
          dblPrecoUnitario := StrToFloat(Trim(fldPrecoUnitario.Caption));
          dblValorTotal := intQuantidade * dblPrecoUnitario;

          dmModuloDados1.sdsItensPedido.Edit;
          dmModuloDados1.sdsItensPedidoCodigo_Interno.AsInteger :=
dmModuloDados1.sdsCatalogoCodigo_Interno.AsInteger;
          dmModuloDados1.sdsItensPedidoDescricao_Produto.AsString := fldProduto.Caption;
          dmModuloDados1.sdsItensPedidoPreco_Unitario.AsFloat := dblPrecoUnitario;
          dmModuloDados1.sdsItensPedidoQuantidade.AsInteger := intQuantidade;
          dmModuloDados1.sdsItensPedidoPreco_Total.AsFloat := dblValorTotal;
          dmModuloDados1.sdsItensPedido.Post;
          dmModuloDados1.sdsItensPedido.ApplyUpdates(-1);
          CalculaTotal;
          LimpaProduto;
     end;
end;
```

Botão Excluir

```
procedure TformVendasTelefone.btnExcluirItemClick(Sender: TObject);
begin
     dmModuloDados1.sdsItensPedido.Delete;
     dmModuloDados1.sdsItensPedido.ApplyUpdates(-1);
     CalculaTotal;
end;
```

Botão Imprimir

```
procedure TformVendasTelefone.btnImprmirClick(Sender: TObject);
var
   intNumeroPedido: integer;
begin
     if Confirma('Confirma o fechamento do Pedido?') = IDYES then
     begin
          intNumeroPedido := dmModuloDados1.sdsItensPedidoNumero_Pedido.AsInteger;

          dmModuloDados1.sdsPedidos.Filter := 'Numero_Pedido = '+
dmModuloDados1.sdsItensPedidoNumero_Pedido.AsString;
          dmModuloDados1.sdsPedidos.Filtered := True;

          dmRelatorios.rvConfiguracoes.TitlePreview := 'Emissão de Pedido';
          dmRelatorios.rvConfiguracoes.SystemPrinter.Title := 'Emissão de Pedido';
          dmRelatorios.rvRelatorios.SelectReport('Pedidos',True);
          dmRelatorios.rvRelatorios.SetParam('Cliente',
dmModuloDados1.sdsClientesNome_Cliente.AsString);
          dmRelatorios.rvRelatorios.Execute;

          dmModuloDados1.sdsItensPedido.MasterSource := nil;
          dmModuloDados1.sdsItensPedido.MasterFields := '';
          dmModuloDados1.sdsItensPedido.Close;

          dmModuloDados1.sdsPedidos.Filter := '';
          dmModuloDados1.sdsPedidos.Filtered := False;
          dmModuloDados1.sdsPedidos.Close;

          dmModuloDados1.sdsPedidos.Open;
          dmModuloDados1.sdsPedidos.IndexFieldNames := 'Numero_Pedido';
          dmModuloDados1.sdsPedidos.FindKey([intNumeroPedido]);
```

```
            dmModuloDados1.sdsPedidos.Edit;
            dmModuloDados1.sdsPedidosValor_Total.AsFloat := StrToFloat(Trim(fldTotalPedido. Caption));
            dmModuloDados1.sdsPedidos.Post;
            dmModuloDados1.sdsPedidos.ApplyUpdates(-1);
            dmModuloDados1.sdsPedidos.IndexFieldNames := '';
            dmModuloDados1.sdsPedidos.Close;

            dmModuloDados1.sdsItensPedido.MasterFields := 'Numero_Pedido';
            dmModuloDados1.sdsItensPedido.MasterSource := dmModuloDados1.dsPedidos;

            grpCliente.Enabled := True;
            grpItensPedido.Enabled := False;
            LimpaPedido;
            intNumeroItem := 1;
        end;
end;
```

O procedimento do botão **Incluir** primeiramente verifica se usuário selecionou um produto e em caso afirmativo, prossegue testando se foi especificada a quantidade, calculando o valor total do item e adicionando um registro à tabela de pedidos. O valor da variável **intNumeroItem** é incrementado também, e há uma chamada ao procedimento **CalculaTotal** para ser mostrado o valor total do pedido até aquele momento.

```
if Trim(fldProduto.Caption) = '' then
   Mensagem('Selecione um produto para incluir no Pedido!')
   else
   begin
        if mskQuantidade.Text = '' then
        begin
             Mensagem('Digite a quantidade !');
             mskQuantidade.SetFocus;
        end
        else
        begin
             intQuantidade := StrToInt(Trim(mskQuantidade.Text));
             dblPrecoUnitario := StrToFloat(Trim(fldPrecoUnitario.Caption));
             dblValorTotal := intQuantidade * dblPrecoUnitario;

             dmModuloDados1.sdsControle.Edit;
             dmModuloDados1.sdsControleRegistro_Item_Pedido.AsInteger :=
dmModuloDados1.sdsControleRegistro_Item_Pedido.AsInteger + 1;
             dmModuloDados1.sdsControle.Post;
             dmModuloDados1.sdsControle.ApplyUpdates(-1);
             intRegistro := dmModuloDados1.sdsControleRegistro_Item_Pedido.AsInteger;

             dmModuloDados1.sdsItensPedido.Append;
             dmModuloDados1.sdsItensPedidoRegistro.AsInteger := intRegistro;
             dmModuloDados1.sdsItensPedidoNumero_Pedido.AsInteger :=
dmModuloDados1.sdsPedidosNumero_Pedido.AsInteger;
             dmModuloDados1.sdsItensPedidoNumero_Item.AsInteger := intNumeroItem;
             dmModuloDados1.sdsItensPedidoCodigo_Interno.AsInteger :=
dmModuloDados1.sdsCatalogoCodigo_Interno.AsInteger;
             dmModuloDados1.sdsItensPedidoDescricao_Produto.AsString := fldProduto.Caption;
             dmModuloDados1.sdsItensPedidoPreco_Unitario.AsFloat := dblPrecoUnitario;
             dmModuloDados1.sdsItensPedidoQuantidade.AsInteger := intQuantidade;
             dmModuloDados1.sdsItensPedidoPreco_Total.AsFloat := dblValorTotal;
             dmModuloDados1.sdsItensPedido.Post;
             dmModuloDados1.sdsItensPedido.ApplyUpdates(-1);
             Inc(intNumeroItem);
             CalculaTotal;
             LimpaProduto;
        end;
end;
```

Já o procedimento do botão **Alterar** também verifica se foi especificada uma quantidade antes de ativar o modo de alteração de registro e atribuir os valores aos campos.

```
if mskQuantidade.Text = '' then
begin
     Mensagem('Digite a quantidade !');
     mskQuantidade.SetFocus;
end
else
begin
     intQuantidade := StrToInt(Trim(mskQuantidade.Text));
     dblPrecoUnitario := StrToFloat(Trim(fldPrecoUnitario.Caption));
```

```
    dblValorTotal := intQuantidade * dblPrecoUnitario;

    dmModuloDados1.sdsItensPedido.Edit;
    dmModuloDados1.sdsItensPedidoCodigo_Interno.AsInteger :=
dmModuloDados1.sdsCatalogoCodigo_Interno.AsInteger;
    dmModuloDados1.sdsItensPedidoDescricao_Produto.AsString := fldProduto.Caption;
    dmModuloDados1.sdsItensPedidoPreco_Unitario.AsFloat := dblPrecoUnitario;
    dmModuloDados1.sdsItensPedidoQuantidade.AsInteger := intQuantidade;
    dmModuloDados1.sdsItensPedidoPreco_Total.AsFloat := dblValorTotal;
    dmModuloDados1.sdsItensPedido.Post;
    dmModuloDados1.sdsItensPedido.ApplyUpdates(-1);
    CalculaTotal;
    LimpaProduto;
end;
```

O botão **Excluir** simplesmente chama o método **Delete** para excluir o registro atualmente selecionado na grade de dados.

O código do botão **Imprimir** é mais complexo. Antes de qualquer coisa, ele pede a confirmação ao usuário sobre a intenção de fechar o pedido. Caso o usuário responda afirmativamente, o número do pedido é salvo e um filtro é aplicado à tabela de pedidos. Em seguida, o relatório de pedido é impresso. Note que as linhas que fazem referência ao objeto **dmRelatorios** aparecem sublinhadas, indicando que o Delphi não reconheceu esse objeto e seus pertences. Não se preocupe com isso, porque mais à frente criaremos o relatório e tudo ficará normal.

```
if Confirma('Confirma o fechamento do Pedido?') = IDYES then
begin
    intNumeroPedido := dmModuloDados1.sdsItensPedidoNumero_Pedido.AsInteger;

    dmModuloDados1.sdsPedidos.Filter := 'Numero_Pedido = '+dmModuloDados1.sdsItensPedido
Numero_Pedido.AsString;
    dmModuloDados1.sdsPedidos.Filtered := True;

    dmRelatorios.rvConfiguracoes.TitlePreview := 'Emissão de Pedido';
    dmRelatorios.rvConfiguracoes.SystemPrinter.Title := 'Emissão de Pedido';
    dmRelatorios.rvRelatorios.SelectReport('Pedidos',True);
    dmRelatorios.rvRelatorios.SetParam('Cliente',dmModuloDados1.sdsClientesNome_Cliente. AsString);
    dmRelatorios.rvRelatorios.Execute;
```

Após ter sido impresso o pedido, o vínculo entre a tabela de pedidos e a tabela de itens dos pedidos é desfeito. Nesse momento, o filtro aplicado à tabela de pedidos é também desabilitado e a tabela fechada.

```
dmModuloDados1.sdsItensPedido.MasterSource := nil;
dmModuloDados1.sdsItensPedido.MasterFields := '';
dmModuloDados1.sdsItensPedido.Close;

dmModuloDados1.sdsPedidos.Filter := '';
dmModuloDados1.sdsPedidos.Filtered := False;
dmModuloDados1.sdsPedidos.Close;
```

A tabela é reaberta e o campo **Numero_Pedido** selecionado como índice para ela. Então o registro referente ao pedido que estamos emitindo é pesquisado e o valor total atribuído ao campo **Valor_Total**. Após isso, o índice é desativado, a tabela de pedidos fechada e o vínculo restabelecido.

```
dmModuloDados1.sdsPedidos.Open;
dmModuloDados1.sdsPedidos.IndexFieldNames := 'Numero_Pedido';
dmModuloDados1.sdsPedidos.FindKey([intNumeroPedido]);
dmModuloDados1.sdsPedidos.Edit;
dmModuloDados1.sdsPedidosValor_Total.AsFloat := StrToFloat(Trim(fldTotalPedido.Caption));
dmModuloDados1.sdsPedidos.Post;
dmModuloDados1.sdsPedidos.ApplyUpdates(-1);
dmModuloDados1.sdsPedidos.IndexFieldNames := '';
dmModuloDados1.sdsPedidos.Close;
dmModuloDados1.sdsItensPedido.MasterFields := 'Numero_Pedido';
dmModuloDados1.sdsItensPedido.MasterSource := dmModuloDados1.dsPedidos;

grpCliente.Enabled := True;
grpItensPedido.Enabled := False;
LimpaPedido;
intNumeroItem := 1;
```

Note que a variável **intNumeroItem** é inicializada com o valor 1, permitindo a emissão de outro pedido.

Agora selecione a grade de dados e dê um duplo-clique no evento **OnDblClick**. Então atribua o seguinte código:

```
procedure TformVendasTelefone.grdItensNFDblClick(Sender: TObject);
var
   intCodigoProduto,intCodigoDescricao: integer;
begin
     intCodigoProduto := dmModuloDados1.sdsItensPedidoCodigo_Interno.AsInteger;
     dmModuloDados1.sdsCatalogo.IndexFieldNames := 'Codigo_Interno';
     dmModuloDados1.sdsCatalogo.FindKey([intCodigoProduto]);
     intCodigoDescricao := dmModuloDados1.sdsCatalogoCodigo_Descricao.AsInteger;
     dmModuloDados1.sdsDescricao.IndexFieldNames := 'Codigo_Descricao';
     dmModuloDados1.sdsDescricao.FindKey([intCodigoDescricao]);
     dmModuloDados1.sdsCatalogo.IndexFieldNames := '';
     dmModuloDados1.sdsDescricao.IndexFieldNames := '';

     fldProduto.Caption := dmModuloDados1.sdsItensPedidoDescricao_Produto.AsString;
     mskQuantidade.Text := dmModuloDados1.sdsItensPedidoQuantidade.AsString;
     fldPrecoUnitario.Caption := Format('%8.2f',[dmModuloDados1.sdsItensPedido
Preco_Unitario.AsFloat]);
     fldValorTotal.Caption := Format('%10.2f',[dmModuloDados1.sdsItensPedido Preco_Total.AsFloat]);
end;
```

Quando o usuário der um duplo-clique numa linha da grade de dados, o código pesquisa o produto correspondente na tabela de catálogo de produtos e passa os valores da descrição, quantidade e preço unitário aos respectivos objetos do formulário. O usuário pode então fazer as alterações que desejar e clicar no botão **Alterar** para gravá-las.

```
intCodigoProduto := dmModuloDados1.sdsItensPedidoCodigo_Interno.AsInteger;
dmModuloDados1.sdsCatalogo.IndexFieldNames := 'Codigo_Interno';
dmModuloDados1.sdsCatalogo.FindKey([intCodigoProduto]);
intCodigoDescricao := dmModuloDados1.sdsCatalogoCodigo_Descricao.AsInteger;
dmModuloDados1.sdsDescricao.IndexFieldNames := 'Codigo_Descricao';
dmModuloDados1.sdsDescricao.FindKey([intCodigoDescricao]);
dmModuloDados1.sdsCatalogo.IndexFieldNames := '';
dmModuloDados1.sdsDescricao.IndexFieldNames := '';

fldProduto.Caption := dmModuloDados1.sdsItensPedidoDescricao_Produto.AsString;
mskQuantidade.Text := dmModuloDados1.sdsItensPedidoQuantidade.AsString;
fldPrecoUnitario.Caption := Format('%8.2f',[dmModuloDados1.sdsItensPedidoPreco_Unitario. AsFloat]);
fldValorTotal.Caption := Format('%10.2f',[dmModuloDados1.sdsItensPedidoPreco_Total. AsFloat]);
```

Ainda com a grade de dados selecionada, atribua ao evento **OnKeyDown** o seguinte código, que evita a exclusão de registro quando o usuário tecla <CTRL>+<DEL>:

```
procedure TformVendasTelefone.grdItensNFKeyDown(Sender: TObject; var Key: Word; Shift: TShiftState);
begin
     if (Shift = [ssCtrl]) and (Key = VK_DELETE) then
        Key := 0;
end;
```

Para finalizar, dê um duplo-clique no botão **Sair** e digite o comando destacado na listagem:

```
procedure TformVendasTelefone.btnSairClick(Sender: TObject);
begin
     Close;
end;
```

Precisamos ainda adicionar referências às unidades **ULocalizaCliente**, **ULocalizaProduto** e **Global**. Sendo assim, selecione a opção **File → Use Unit** e escolha essas unidades na caixa de diálogo apresentada em seguida pelo Delphi. Salve novamente o formulário.

O próximo passo é criar o relatório no **Rave Reports** para impressão desse pedido.

22.5. A Impressão do Pedido

O **Rave Reports** foi introduzido na versão 7 do Delphi como o gerador de relatórios padrão, em substituição ao QuickReport que o acompanhava nas versões anteriores. Ele possui características bastante interessantes, como um ambiente visual de desenvolvimento próprio, apresentando uma paleta de objetos que podem ser adicionados ao relatório, uma janela de propriedades desses objetos e a área de definição do relatório propriamente dito.

O Rave Reports trabalha com o conceito de projetos, ou seja, você pode definir todos os seus relatórios num único arquivo de projeto. Isso é similar ao método empregado pelo Delphi. Comparando ambos, enquanto o projeto no Delphi é formado por diversos formulários e unidades de códigos, os projetos no Rave Reports são compostos por layouts de relatórios, definições de conexões de banco de dados, variáveis globais aos relatórios, etc.

É interessante destacar que, apesar de o Rave Reports possuir seu próprio ambiente de trabalho, a integração com o Delphi é total, a ponto de você chamar o editor com um duplo-clique sobre o ícone do componente adicionado a um formulário do seu projeto. Apesar de o Delphi 2005 também trazer o **Crystal Reports**, neste livro estudaremos apenas o **Rave Reports**, uma vez que o primeiro somente está disponível para projeto para plataforma .NET.

Vejamos então como criar o primeiro relatório.

Adicione um segundo módulo de dados ao projeto e renomeie-o como "dmRelatorios". Selecione o grupo de componentes **Rave**, escolha o ícone denominado **TRvProject** e clique dentro do módulo de dados. Você deve ter a tela da figura 22.15. Esse objeto permite que um arquivo de projeto de relatórios criado no **Rave Reports** seja aberto. Digite na propriedade **Name** a cadeia de caracteres "rvRelatorios".

Insira nesse objeto o componente **TRvSystem** (figura 22.16). Ele permite que diversas configurações sejam efetuadas para trabalhar com o relatório. Na propriedade **Name**, entre com "rvConfiguracoes".

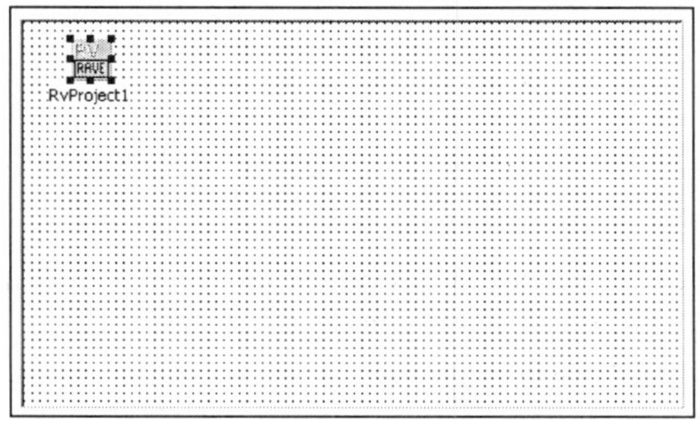

Figura 22.15

Expanda o grupo de propriedades **SystemFiler** e digite em **StatusFormat** a cadeia de caracteres "Gerando página %p" (figura 22.17).

Em seguida expanda o grupo **SystemPreview** e especifique na propriedade **RulerType** a opção **rtBothCm** (figura 22.18). Já na propriedade **Orientation** escolha opção **poPortrait** (figura 22.19). Nas propriedades **StatusFormat** e **Title**, do grupo **SystemPrinter**, digite "Imprimindo página %p" e "Relatório Rave Report" respectivamente. Encolha todos os grupos para que a janela **Object Inspector** fique conforme a figura 22.20.

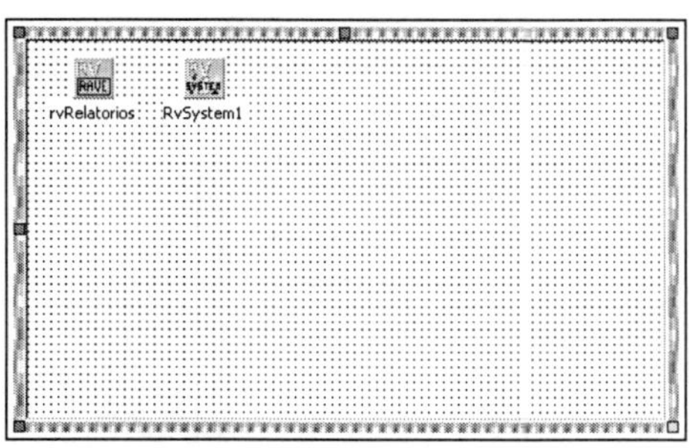

Figura 22.16

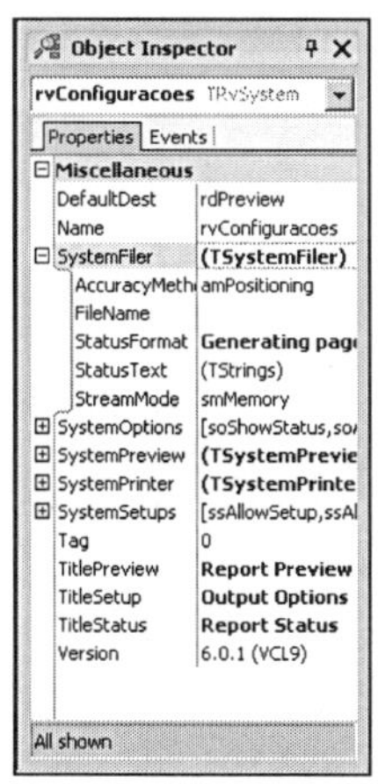

Figura 22.17

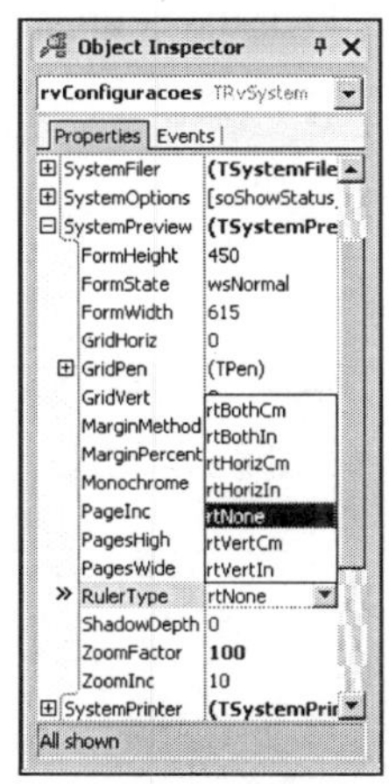

Figura 22.18

Para finalizar, digite as cadeias de caracteres "Visualização do Relatório", "Configurações de Saída" e "Status do relatório" nas propriedades **TitlePreview**, **TitleSetup** e **TitleStatus** respectivamente (figura 22.21).

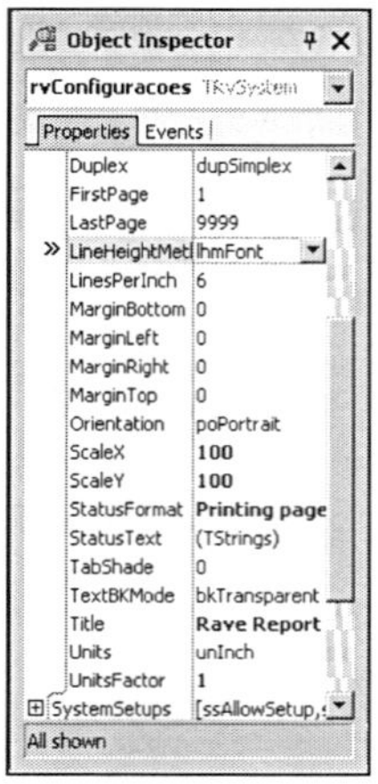

Figura 22.19

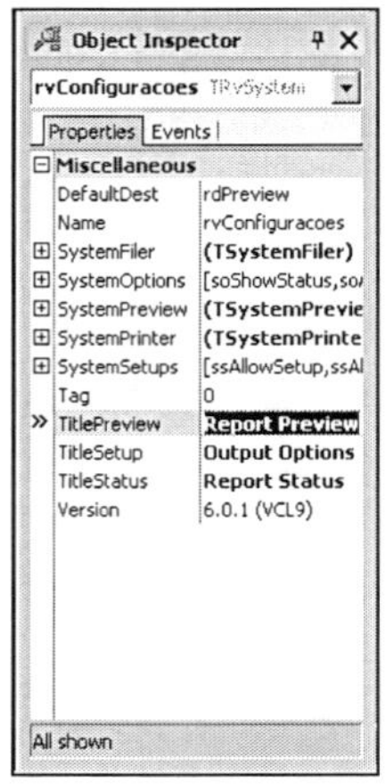

Figura 22.20

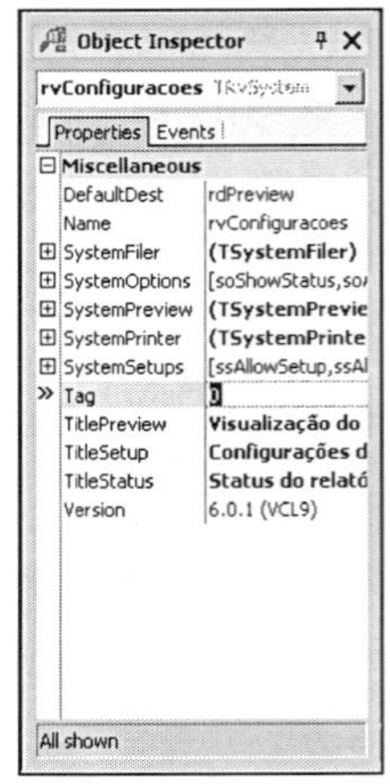

Figura 22.21

Especifique na propriedade **Engine** do objeto **rvRelatorios** a opção **rvConfiguracoes**. Isso cria uma ligação entre os dois objetos, atribuindo as configurações definidas anteriormente a todos os relatórios do sistema.

Vincule a unidade **UModuloDados1** a esse módulo de dados e adicione dois componentes **TRvDataSetConnection** (figura 22.22). Esse tipo de componente é utilizado para especificar a base de dados e a tabela cujas informações devem ser apresentadas no relatório. Configure as propriedades desses dois objetos conforme descrito na tabela:

Objeto	Propriedade	Grupo	Valor
RvDataSetConnection1	DataSet	Database	dmModuloDados1.sdsPedidos
	Name	Miscellaneous	rdsPedidos
RvDataSetConnection2	DataSet	Database	dmModuloDados1.sdsItensPedido
	Name	Miscellaneous	rdsItensPedido

Para especificar a fonte de dados (propriedade **DataSet**), clique e escolha o item a partir da lista apresentada. Vejas as figuras 22.23 e 22.24.

O resultado dessas configurações pode ser visto na figura 22.25.

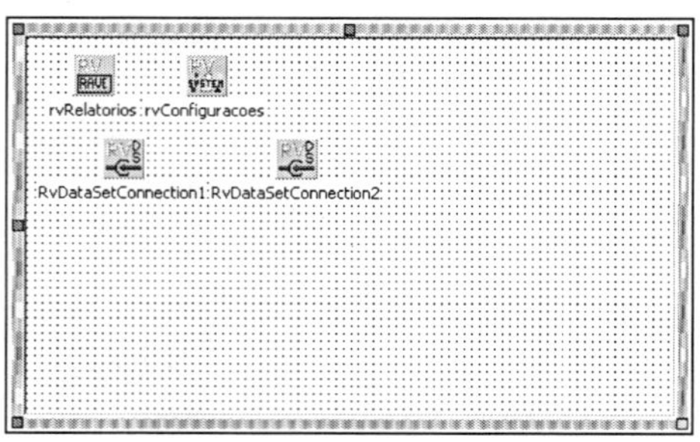

Figura 22.22

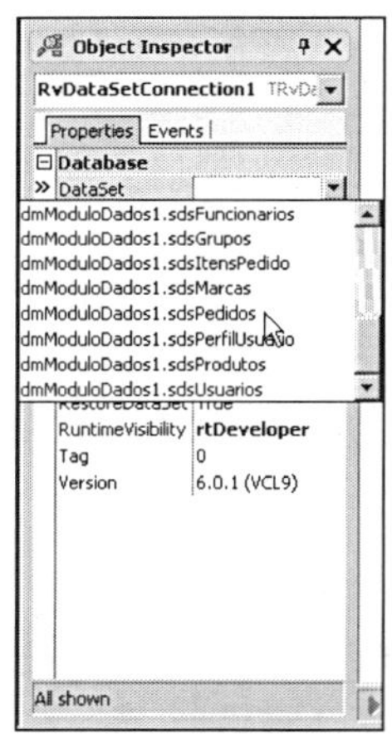

Figura 22.23

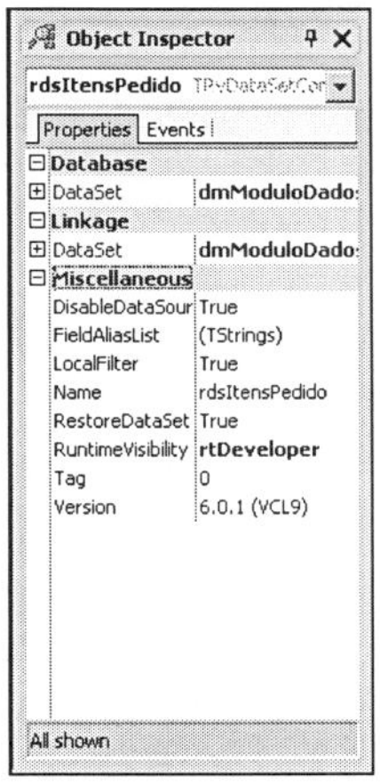

Figura 22.24

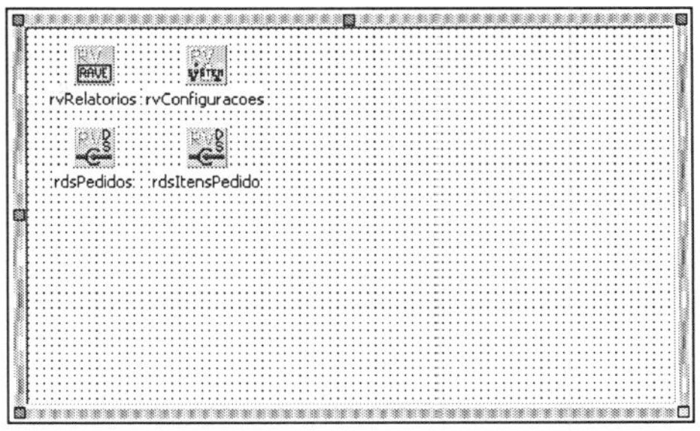

Figura 22.25

Dê um duplo-clique sobre o objeto **rvRelatorios** e após alguns instantes você deve ver a tela da figura 22.26, que é o editor de relatórios do Rave Reports. Na parte superior do ambiente de trabalho, temos à esquerda a barra de ferramentas e à direita, a paleta de objetos/componentes de relatórios.

No centro podemos ver a área de definição do relatório. À direita dessa área fica a janela do gerenciador de projetos (figura 22.27), enquanto à esquerda encontra-se a janela de propriedades dos objetos (figura 22.28). Na página de layout é que adicionaremos os diversos objetos que definem o visual do relatório. Ela apresenta uma régua horizontal e uma vertical, além da grade, para ajudar no posicionamento dos objetos.

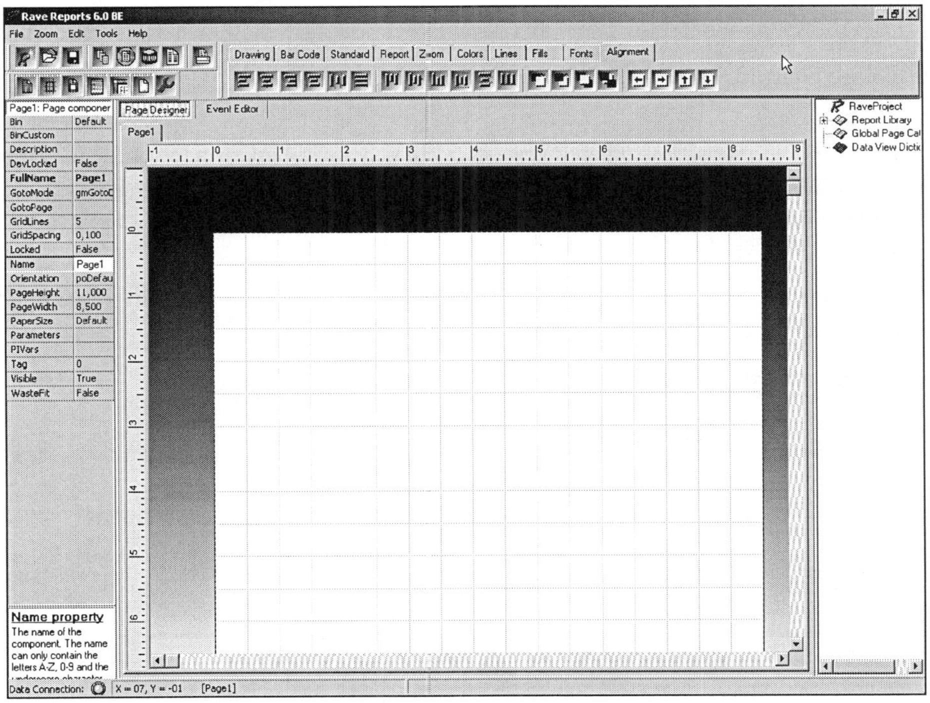

Figura 22.26

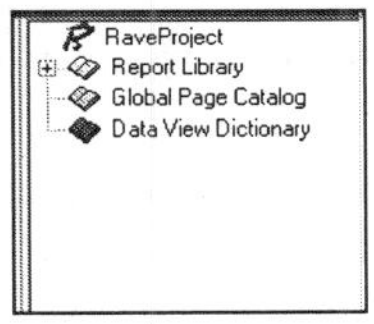

Figura 22.27

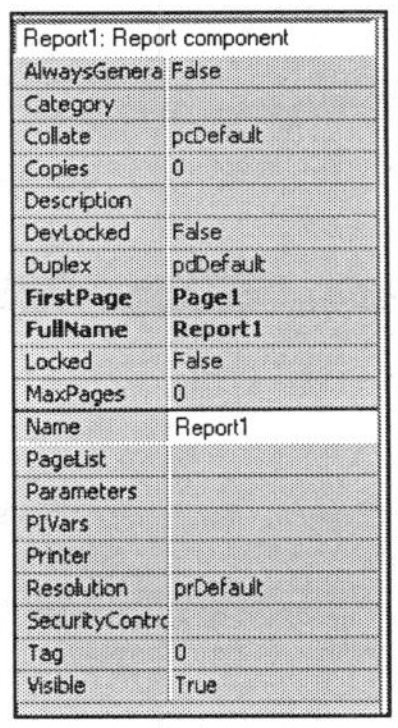

Figura 22.28

Como ocorre com os componentes do Delphi, todos os objetos Rave Reports possuem diversas propriedades que podem ser configuradas a partir da janela de propriedades. Esses objetos, assim como os próprios relatórios, podem ser selecionados na janela do gerenciador de projetos, que apresenta todos os itens numa árvore hierárquica.

Como podemos ver, há três itens principais, descritos a seguir:

- **Report Library**: contém a lista de relatórios definidos no projeto. Cada relatório pode conter várias páginas.
- **Global Page Catalog**: permite o gerenciamento de modelos de relatórios ou objetos completos que podem ser reutilizados posteriormente em vários relatórios empregando a tecnologia de "espelhamento" do Rave Reports.

Esses itens podem ser cabeçalhos, rodapés, marcas-d'água, logotipos, etc.

- **Data View Dictionary**: aqui serão apresentados todos os objetos para conexão com as bases de dados.

Selecione o item **Report Library** e clique no relatório identificado como **Reports1**. Digite na propriedade **Name** a cadeia de caracteres "Pedidos". Com isso nomeamos o primeiro relatório.

Agora selecione o item **Page1** (figura 22.29) para surgirem as propriedades exibidas na figura 22.30. Clique na propriedade **PaperSize** e escolha a opção **A4 Sheet** (figura 22.31), assim o tamanho do papel é configurado para A4. A partir das opções mostradas na propriedade **Orientation**, escolha **poPortrait**. Isso faz com que a impressão seja feita no sentido vertical da folha (formato retrato).

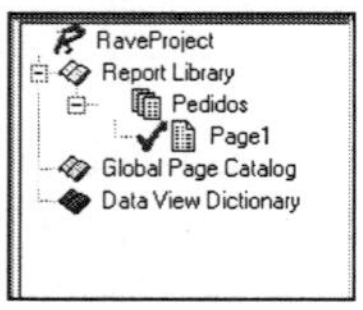

Figura 22.29

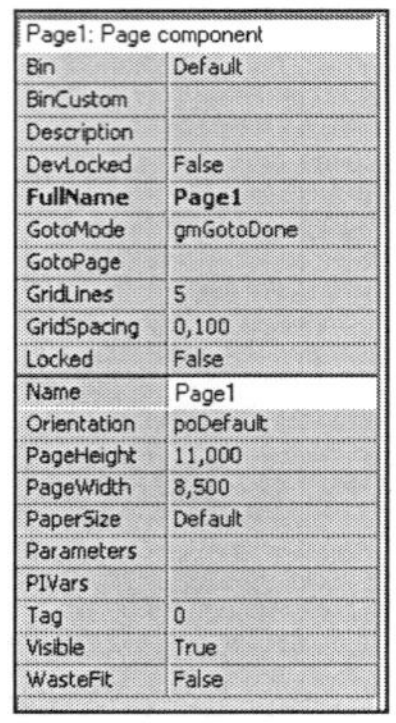

Figura 22.30

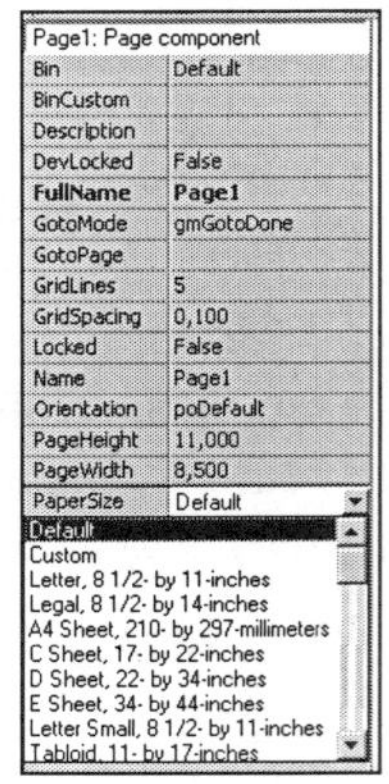

Figura 22.31

Vamos adicionar um objeto do tipo **DataView** para podermos criar uma conexão com a base de dados. Clique no botão **New Data Object** ( ) e a caixa de diálogo da figura 22.32 será mostrada.

Aqui podemos ver como o ambiente do Rave Reports integra-se perfeitamente ao Delphi. Clique na opção **Direct Data View** e verá a tela da figura 22.33, na qual são apresentados todos os objetos do tipo **RvDataSetConnection** definidos no módulo de dados do projeto. Selecione o item **rdsPedidos** e clique no botão **Finish**. Com isso teremos na janela do gerenciador de projeto um novo item embaixo da opção Data View Dictionary (figura 22.34). Com esse objeto selecionado digite na propriedade **Name** a cadeia de caracteres "dvPedidos".

Adicione um segundo objeto **Data View** selecionando como fonte de dados **rdsIntesPedido**. Especifique na propriedade **Name** a expressão "dvItensPedidos". O resultado pode ser visto na figura 22.35.

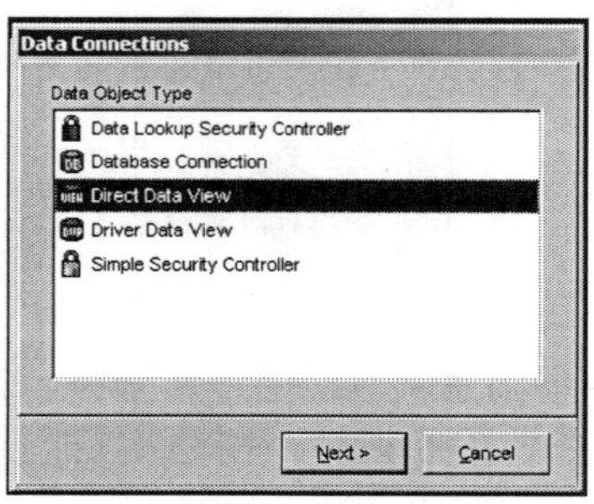

Figura 22.32

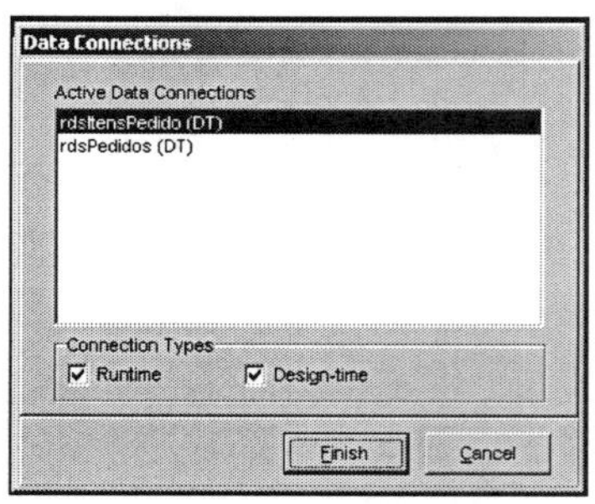

Figura 22.33

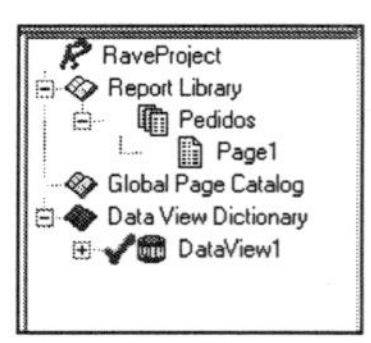

Figura 22.34

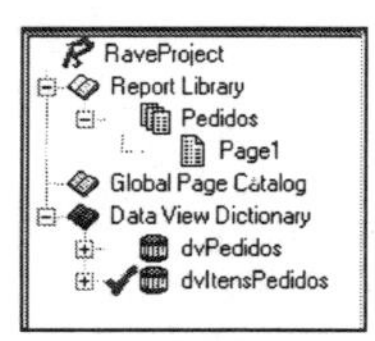

Figura 22.35

Dê dois cliques no objeto **dvItensPedidos**, assim todos os campos da tabela são mostrados (figura 22.36). Selecione **Preco_Unitario** e atribua à propriedade **DisplayFormat** a cadeia de caracteres "##,##0.00" (figura 22.37). Essa propriedade tem a mesma função da sua similar no Delphi.

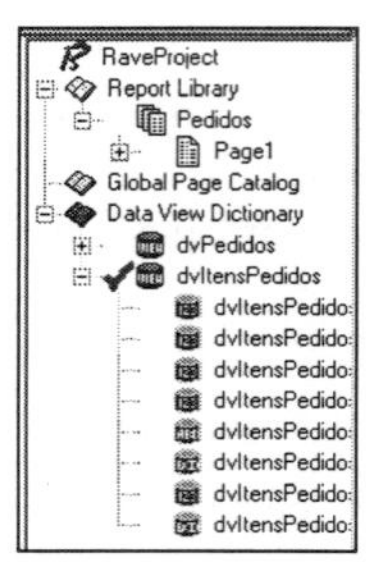

Figura 22.36

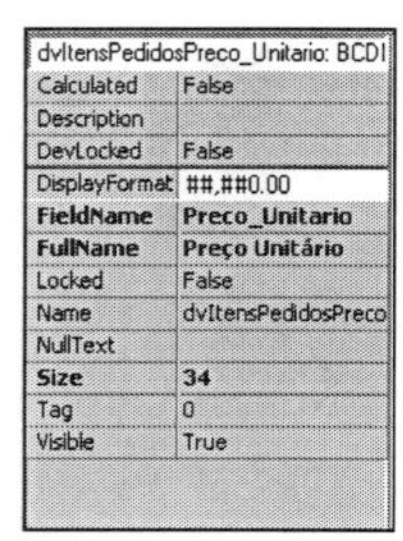

Figura 22.37

Repita esse procedimento para os campos **Quantidade** e **Preco_Total**, conforme descrito na seguinte tabela:

Campo	DisplayFormat
Quantidade	####0
Preco_Total	##,##0.00

Abra agora a aba **Report** da paleta de objetos, selecione o componente **Region** e clique na página de layout. Esse objeto é necessário para que seja possível adicionar componentes **Band** ao relatório. Uma **Band** é uma espécie de seção ou área do relatório que pode receber os componentes. Ajuste o tamanho desse objeto para que ocupe toda a dimensão da folha/página (figuras 22.38 e 22.39).

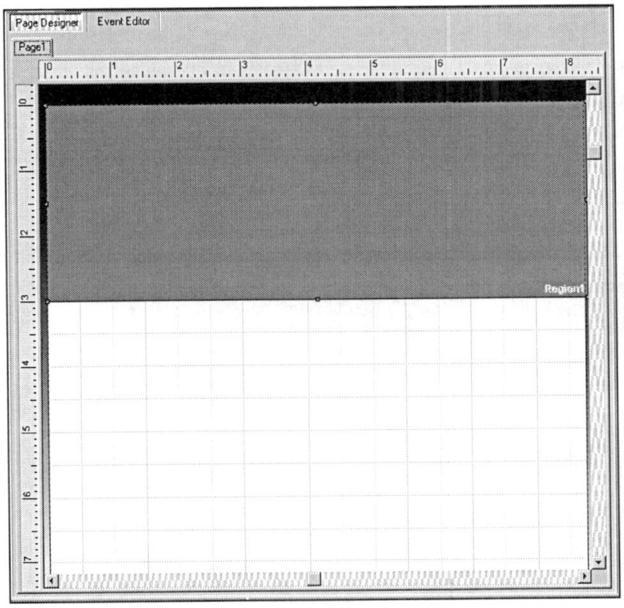

Figura 22.38

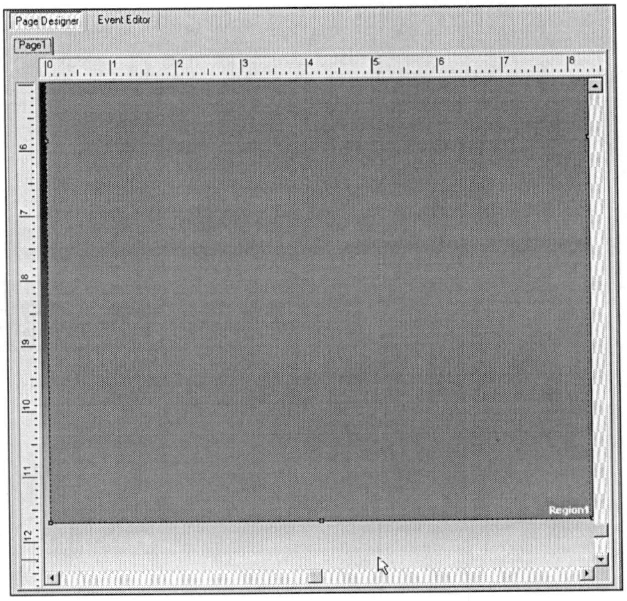

Figura 22.39

Adicione então um objeto **DataBand** (figura 22.40). Digite na propriedade **Name** a expressão "bndPedidos" e especifique na propriedade **DataView** a opção **dvPedidos** (figura 22.41).

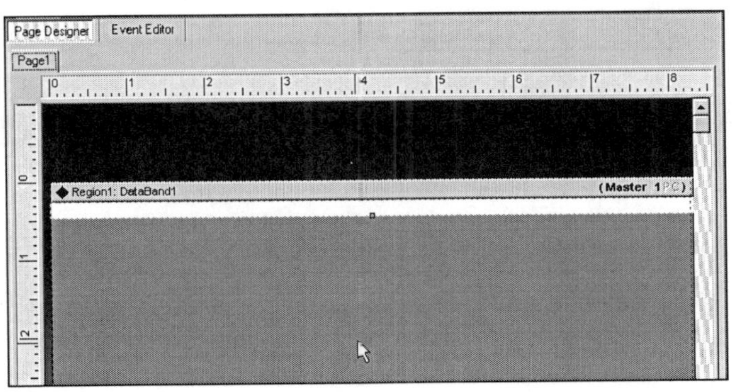

Figura 22.40

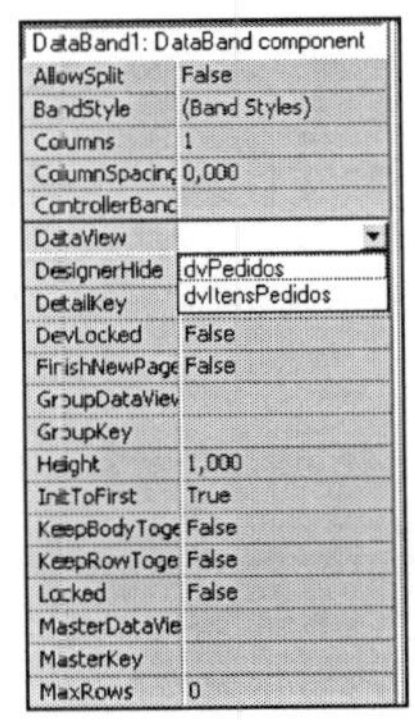

Figura 22.41

Selecione a aba **Standard** e adicione à banda um objeto **Text** (figura 22.42) que é similar ao componente **Label** do Delphi. Digite na propriedade **Name** a expressão caractere "txtPedido". Na propriedade **Text** podemos entrar com o texto a ser apresentado no formulário. Em nosso caso, digite "Número do Pedido:".

Ao lado desse objeto, adicione um **DataText** (paleta **Report**) e especifique na propriedade **DataView** a opção **dvPedidos** (figura 22.43). Em **DataField** escolha o campo **Numero_Pedido** (figura 22.44). Veja o resultado na figura 22.45.

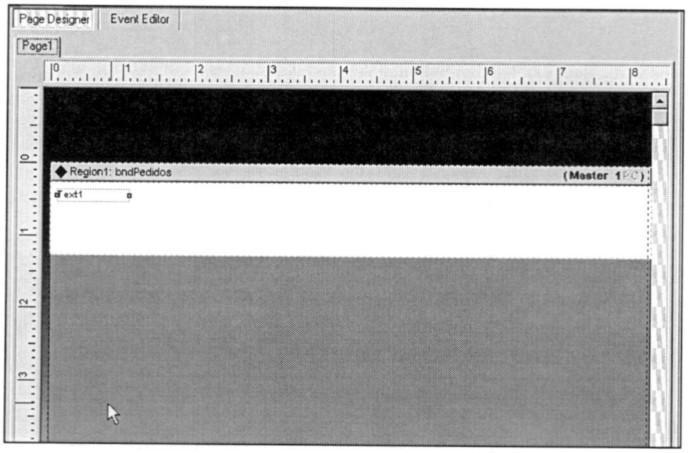

Figura 22.42

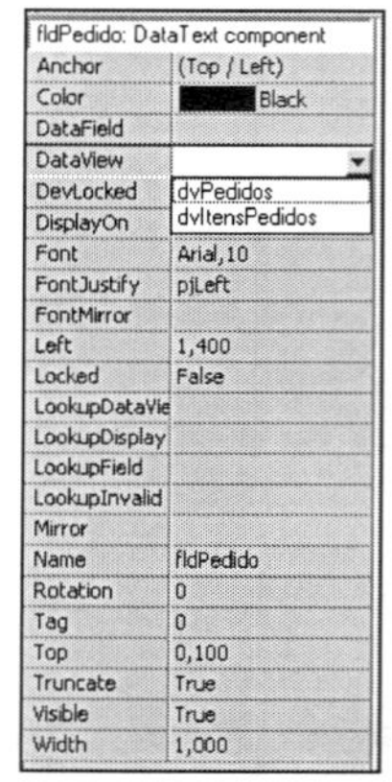

Figura 22.43

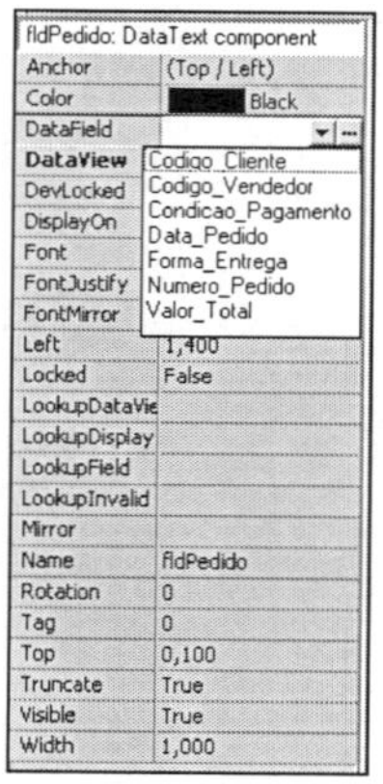

Figura 22.44

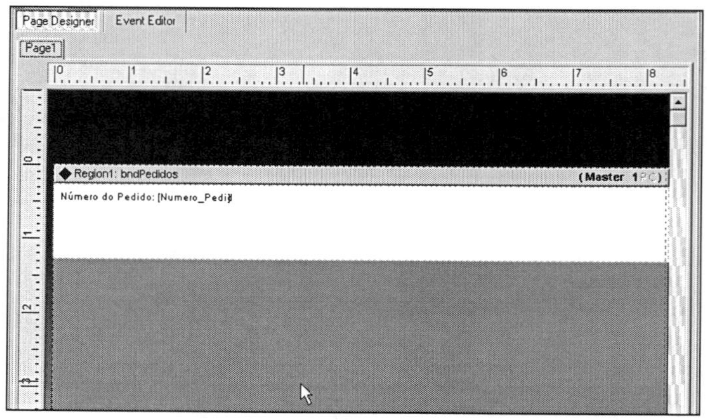

Figura 22.45

Com base no que foi exposto adicione os dois objetos apresentados na seguinte tabela:

Objeto	Propriedade	Valor
Text1	Name	txtDataEmissao
	Text	Data da Emissão:
DataText1	DataSource	dvPedidos
	DataField	Data_Pedido
	Name	fldDataEmissao

A figura 22.46 mostra esses novos objetos.

Adicione outro **DataText** e clique no ícone da propriedade **DataField**. A janela da figura 22.47 é mostrada. Na área inferior, contendo a legenda "Data Text", digite a cadeia de caracteres **"Cliente: " &** (inclusive as aspas), como mostra a figura 22.48. Depois clique no botão com a legenda **Insert Parameter**. A expressão "Param." é acrescentada automaticamente. Após ela, digite "Cliente". A tela deve ficar como indica a figura 22.49. O resultado na área de layout do relatório pode ser visto na figura 22.50.

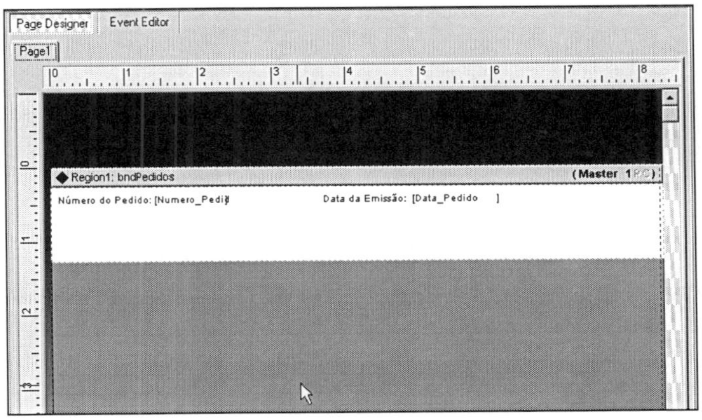

Figura 22.46

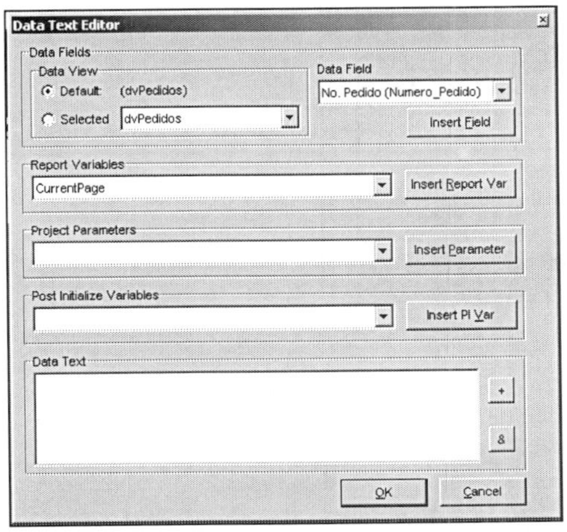

Figura 22.47

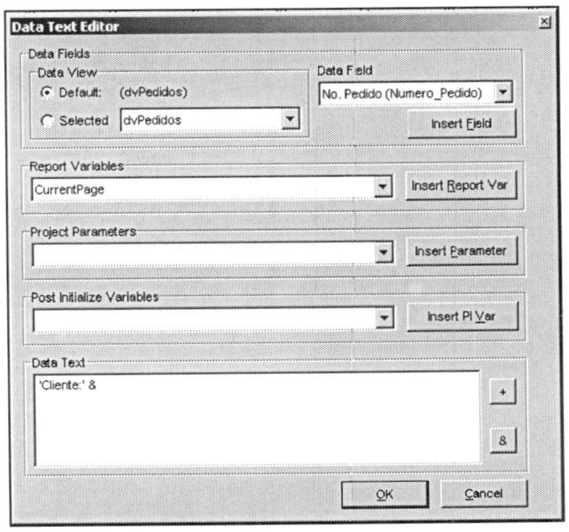

Figura 22.48

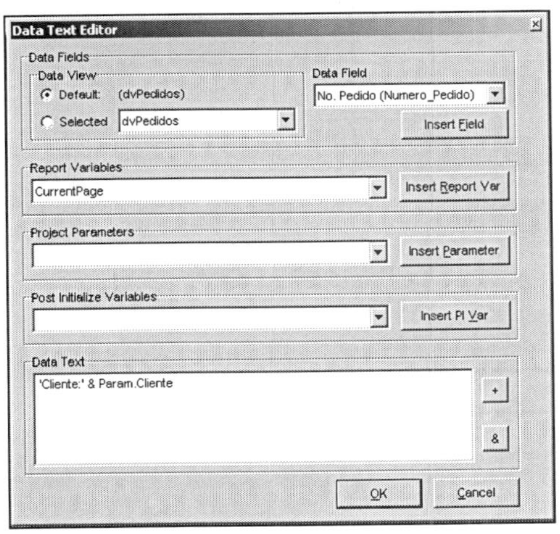

Figura 22.49

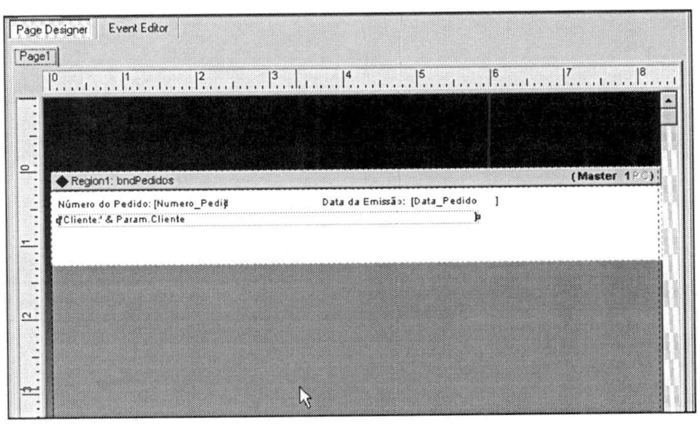

Figura 22.50

Abaixo desse último objeto, coloque uma linha vertical (figura 22.51). Isso é possível utilizando o componente **HLine** (), da aba **Drawing**. Arraste a extremidade direita de forma que ela abranja toda a largura da página (figura 22.52).

Uma segunda linha dever ser criada imediatamente abaixo da primeira (figura 22.53).

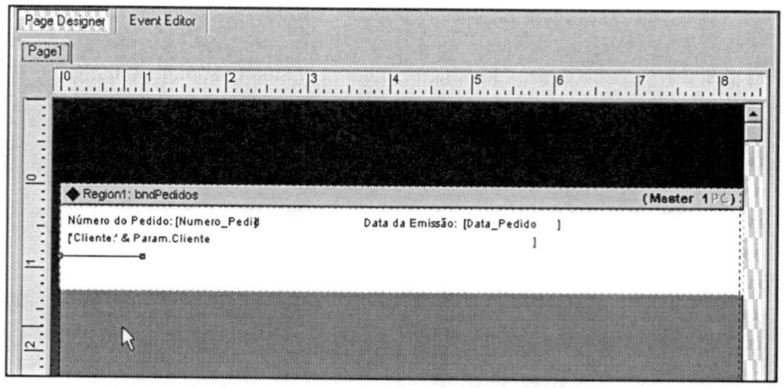

Figura 22.51

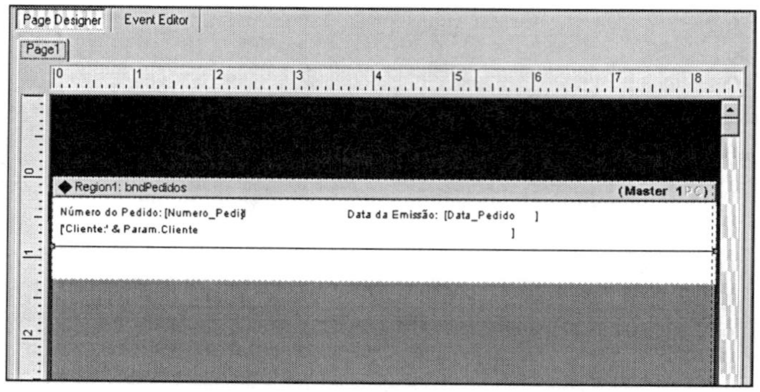

Figura 22.52

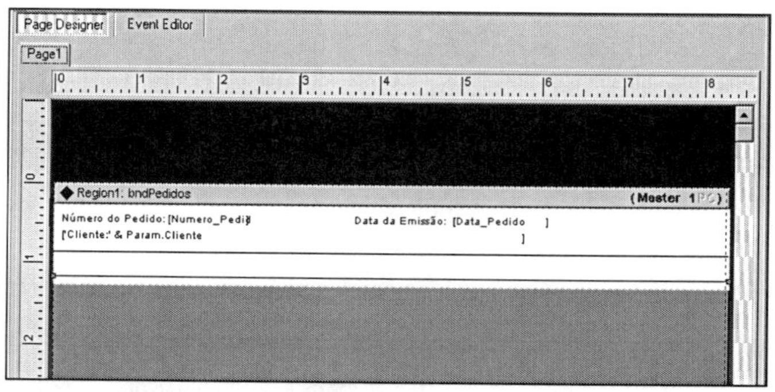

Figura 22.53

Entre essas duas linhas coloque cinco componentes **Text** com as propriedades **Name** e **Text** assim configuradas:

Objeto	Propriedade	Valor
Text1	Name	txtCodigo
	Text	Código
Text2	Name	txtProduto
	Text	Descrição do Produto
Text3	Name	txtQuantidade
	Text	Quant.
Text4	Name	txtPrecoUnit
	Text	Pr. Unit.
Text5	Name	txtVlTotal
	Text	Valor Total

Veja o resultado na figura 22.54.

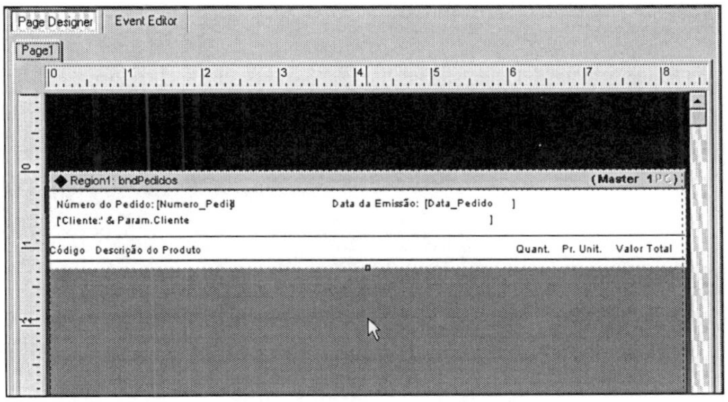

Figura 22.54

Adicione outra seção (objeto **DataBand**) e especifique na propriedade **DataView** a opção **dvItensPedidos**. Na propriedade **Name**, digite "bndItensPedido". Adicione a essa nova seção cinco **DataText** (figura 22.55).

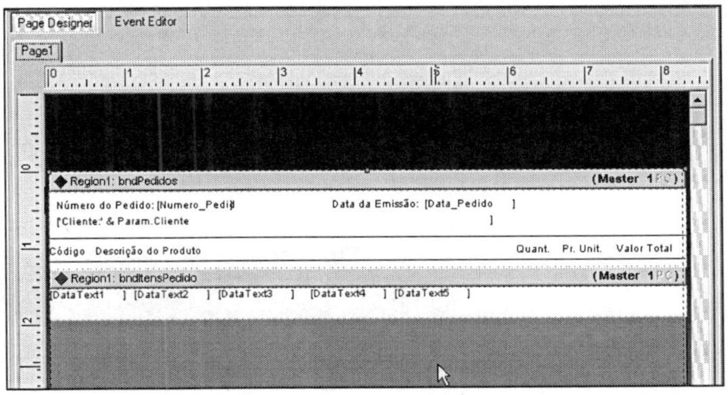

Figura 22.55

Configure as propriedades desses objetos da seguinte forma:

Objeto	Propriedade	Valor
DataText1	DataSource	dvItensPedidos
	DataField	Codigo_Interno
	Name	fldCodigo
DataText2	DataSource	dvItensPedidos
	DataField	Descricao_Produto
	Name	fldProduto
DataText3	DataSource	dvItensPedidos
	DataField	Quantidade
	Name	fldQuantidade
DataText4	DataSource	dvItensPedidos
	DataField	Preco_Unitario
	Name	fldPrecoUnitario
DataText5	DataSource	dvItensPedidos
	DataField	Preco_Total
	Name	fldValorTotal

Selecione ainda na propriedade **FontJustify** dos objetos **fldQuantidade**, **fldPrecoUnitario** e **fldValorTotal** a opção **pjRight** (figura 22.56), assim os dados serão apresentados alinhados à direita.

Veja na figura 22.57 como deve ficar o relatório até o momento.

Agora selecione a banda inferior, clique no ícone da propriedade **ControllerBand** e escolha a opção **bndPedidos** (figura 22.58). Desta forma vinculamos as duas seções numa ligação **Mestre/Detalhe**. Veja que à esquerda do ícone e do nome da banda aparece uma seta apontando para cima (figura 22.59).

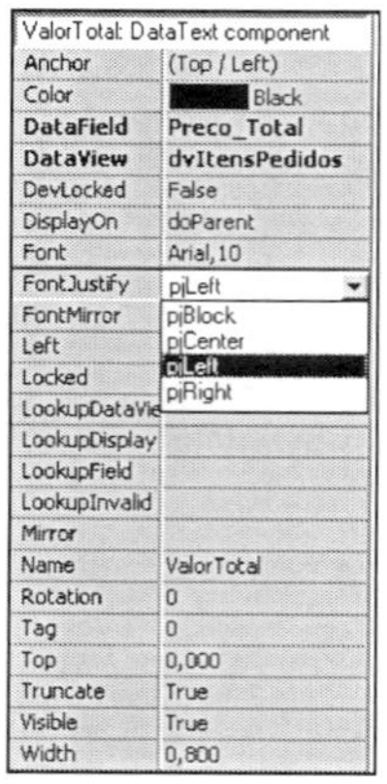

Figura 22.56

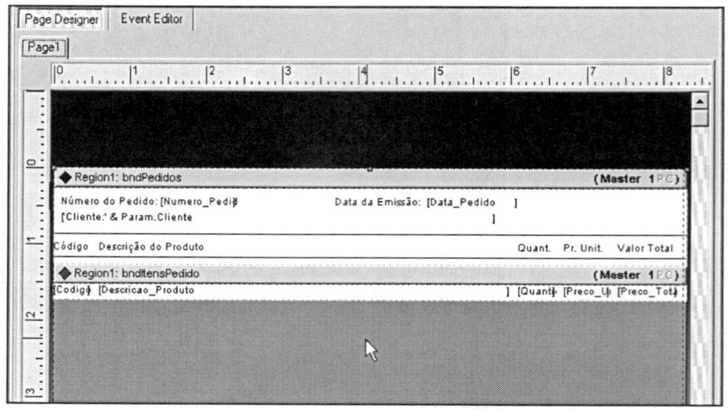

Figura 22.57

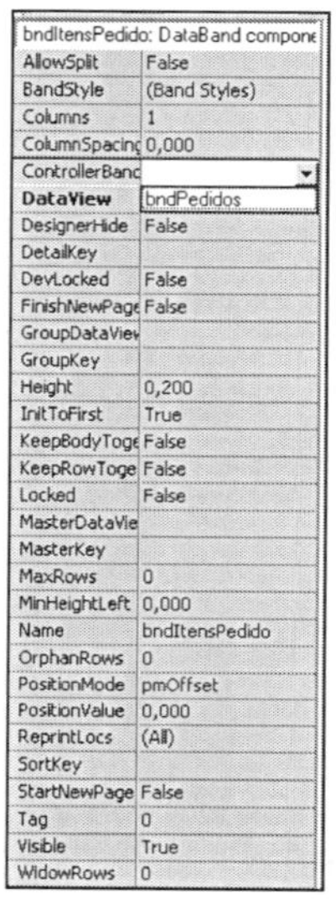

Figura 22.58

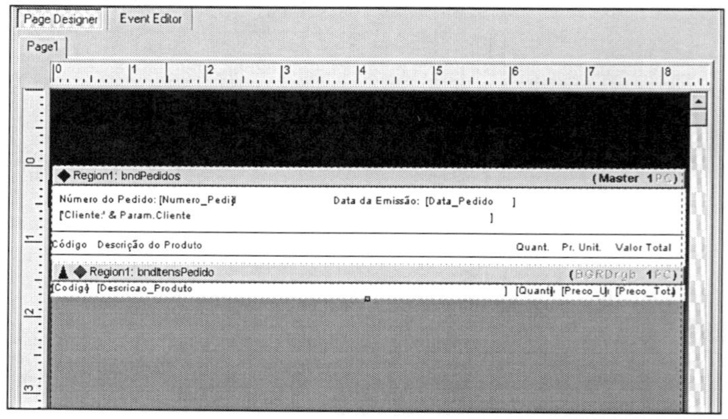

Figura 22.59

Volte a selecionar a banda superior e clique no ícone da propriedade **BandStyle** para que seja aberta a tela da figura 22.60. Essa propriedade permite a configuração de algumas opções da banda/seção. Marque a opção **Body Header** (figura 22.61) para configurar essa banda como sendo o cabeçalho do relatório.

Para a segunda banda selecione a opção **Detail** (figura 22.62).

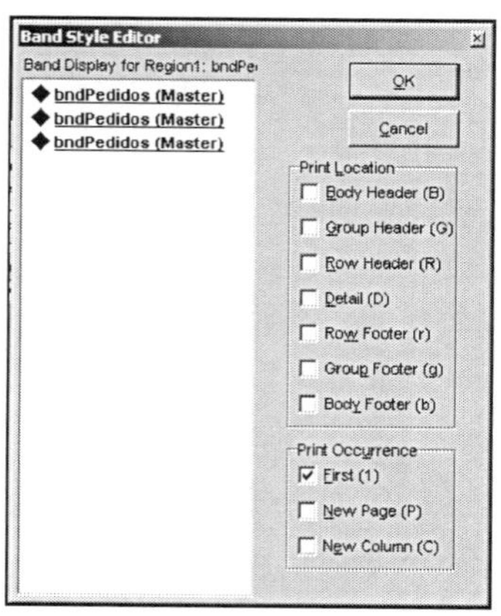

Figura 22.60

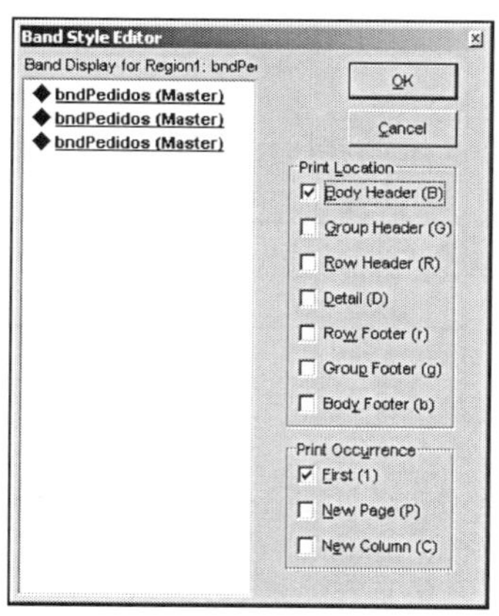

Figura 22.61

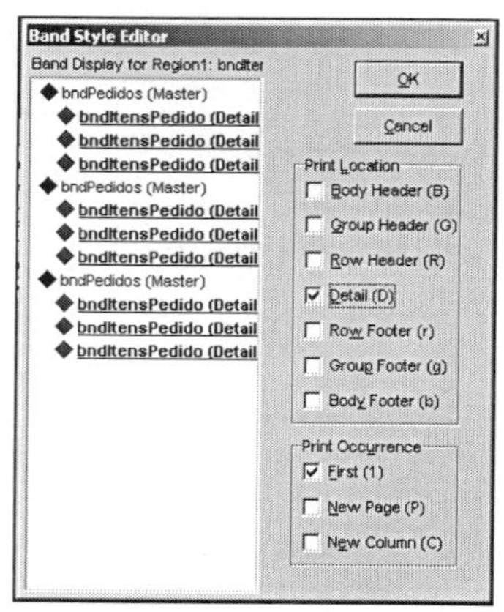

Figura 22.62

Salve o arquivo de projetos selecionando **File/Save**. Como nome do arquivo informe "Relatorio01" (figura 22.63).

Feche o Rave Reports para voltar ao Delphi. Clique no ícone da propriedade **ProjectFile** do objeto **rvRelatorios** e escolha o arquivo que acabamos de criar, chamado "Relatorio01.rav" (figura 22.64).

Salve o módulo de dados **dmRelatorios** com o nome "UDMRelatorios.Pas" e vincule essa unidade ao formulário de vendas por telefone.

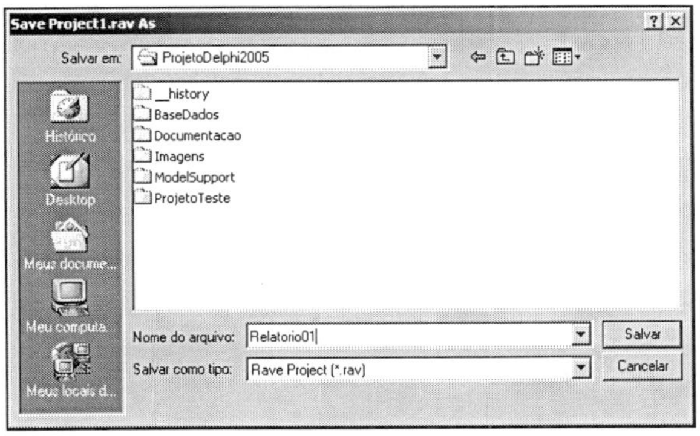

Figura 22.63

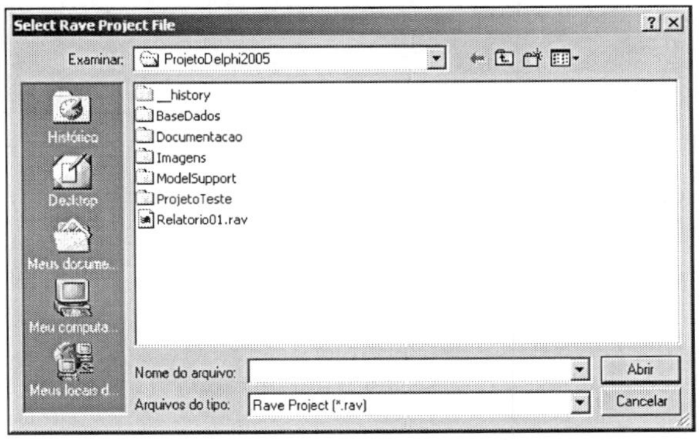

Figura 22.64

22.6. Ajustes Finais e Teste

Selecione a opção **Project → Options** na caixa de diálogo mostrada em seguida (figura 22.65) marque o item **formVendasTelefone** e clique no botão <.

Você precisa também inserir uma nova opção no menu **Movimentos** com as seguintes configurações:

Propriedade	Grupo	Valor
Caption	Visual	Vendas
Name	Miscellaneous	opcVendas

Dentro dessa opção coloque um item configurado da seguinte forma:

Propriedade	Grupo	Valor
Caption	Visual	Telefone
Name	Miscellaneous	opcVendasTelefone

A figura 22.66 exibe o menu completo.

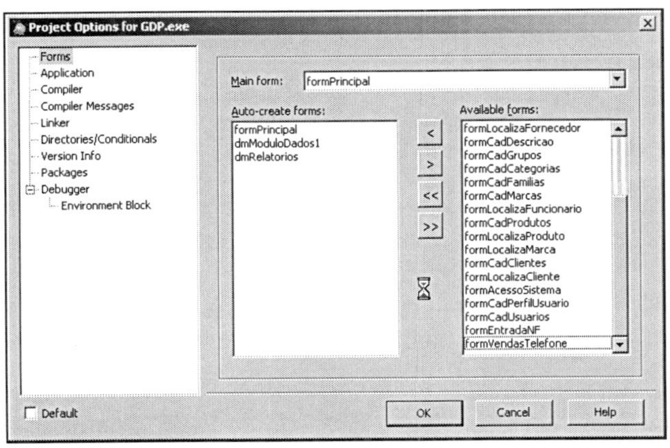

Figura 22.65

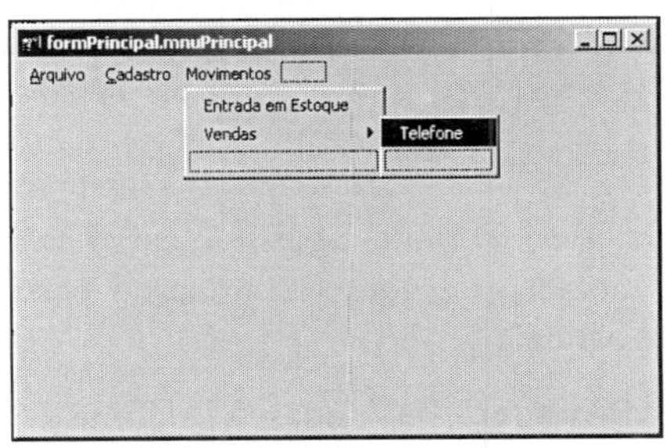

Figura 22.66

Atribua ao evento **OnClick** dessa opção o código constante na listagem:

```
procedure TformPrincipal.opcVendasTelefoneClick(Sender: TObject);
var
   Formulario: TformVendasTelefone;
begin
     if (Application.FindComponent('formVendasTelefone') = nil) then
     begin
          Formulario := TformVendasTelefone.Create(Application);
          Formulario.Top := 0;
          Formulario.Left := 0;
     end;
end;
```

Vincule as unidades **UVendasTelefone** e **Global** ao formulário. Altere o procedimento do evento **OnShow** acrescentando as linhas destacadas na listagem:

```
procedure TformPrincipal.FormShow(Sender: TObject);
var
   blnAcessoLiberado: boolean;
   intCodigoUsuario,intCodigoFuncionario: integer;
begin
     Application.CreateForm(TformAcessoSistema,formAcessoSistema);
     formAcessoSistema.ShowModal;
     blnAcessoLiberado := formAcessoSistema.blnAcessoLiberado;
     intCodigoUsuario := formAcessoSistema.intCodigoUsuario;
     intCodigoFuncionario := formAcessoSistema.intCodigoFuncionario;
     formAcessoSistema.Destroy;

     if (blnAcessoLiberado) then
     begin
          with formPrincipal do
          begin
               Left := 0;
               Top  := 0;
               Height := Screen.Height;
               Width  := Screen.Width;
          end;
          clbFerramentas.Bitmap.LoadFromFile('FUNDOBARRA.BMP');
          imgFundo.Picture.LoadFromFile('TELAFUNDO.JPG');
          stsMensagens.Panels[0].Text := MostraData;

          Application.ShowMainForm := True;
          ShowWindow(Application.Handle,SW_RESTORE);
          ConfiguraSistema(intCodigoUsuario);

          dmModuloDados1.sdsFuncionarios.Open;
          dmModuloDados1.sdsFuncionarios.IndexFieldNames := 'Matricula_Funcionario';
          dmModuloDados1.sdsCargos.Open;
          dmModuloDados1.sdsCargos.IndexFieldNames := 'Codigo_Cargo';
          dmModuloDados1.sdsFuncionarios.FindKey([intCodigoFuncionario]);
          dmModuloDados1.sdsCargos.FindKey([dmModuloDados1.sdsFuncionariosCodigo_Cargo. AsInteger]);
          if (dmModuloDados1.sdsCargosVendedor_Externo.AsString = 'S') or
(dmModuloDados1.sdsCargosVendedor_Interno.AsString = 'S') then
              intCodigoVendedor := intCodigoFuncionario;

          dmModuloDados1.sdsFuncionarios.IndexFieldNames := '';
          dmModuloDados1.sdsCargos.IndexFieldNames := '';
          dmModuloDados1.sdsFuncionarios.Close;
          dmModuloDados1.sdsCargos.Close;
     end
     else
         Application.Terminate;
end;
```

O código adicional permite saber se o cargo atribuído ao usuário é de vendedor (interno ou externo) para assim guardar o código de funcionário, que será utilizado posteriormente. Salve o projeto e compile-o. Após finalizada a compilação, execute o programa.

Selecione **Movimentos→Vendas→Telefone** e a tela da figura 22.67 aparece. Clique no botão de localização de cliente, selecione a condição de pagamento e digite a forma de entrega dos produtos. Então clique no botão **Pedido** para especificar o produto.

Para selecionar um produto, clique no botão de localização e escolha-o a partir da tela apresentada. Digite a quantidade e tecle <ENTER> (figura 22.68).

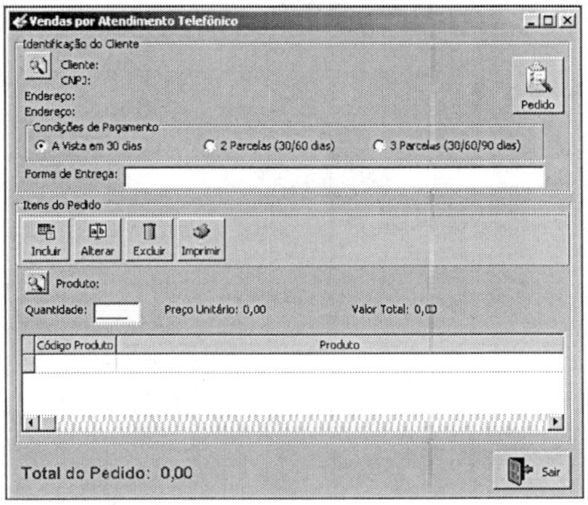

Figura 22.67

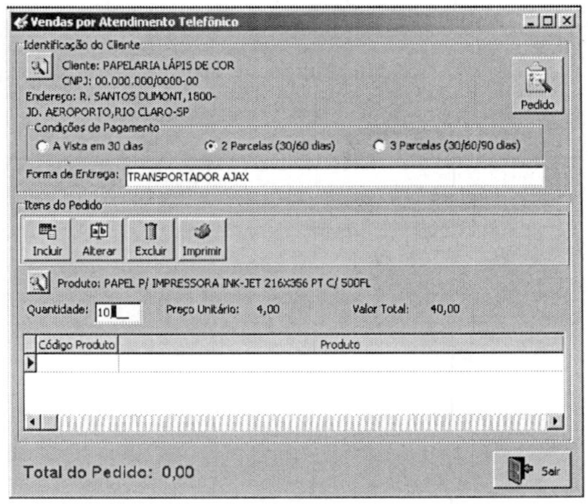

Figura 22.68

Clique no botão **Incluir** e o produto é adicionado à grade de dados (figura 22.69). Veja na figura 22.70 um segundo produto inserido no mesmo pedido. Para finalizar o pedido, clique no botão **Imprimir**. A mensagem da figura 22.71 é exibida.

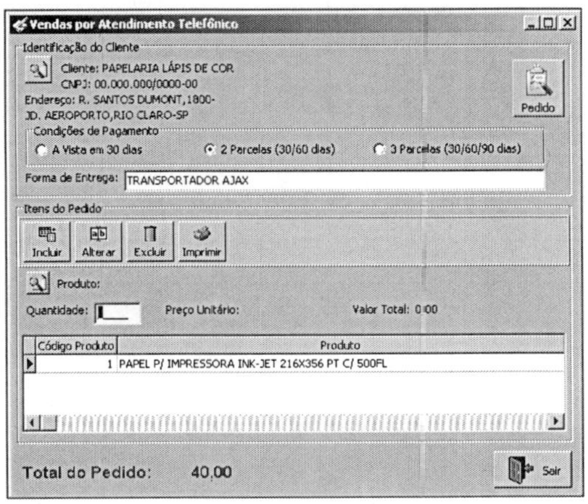

Figura 22.69

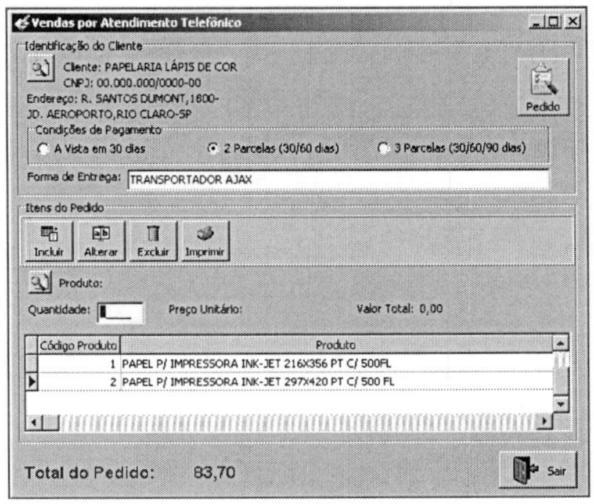

Figura 22.70

Confirmada a intenção, a tela da figura 22.72 surge. Clique em **OK** e o relatório é apresentado (figura 22.73). Na figura 22.74 podemos ver a janela do relatório maximizada.

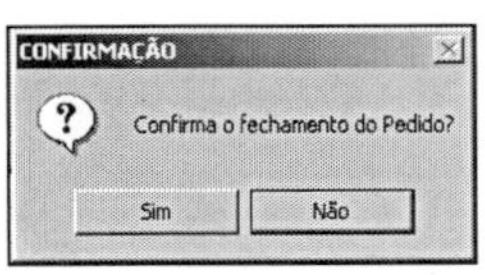

Figura 22.71

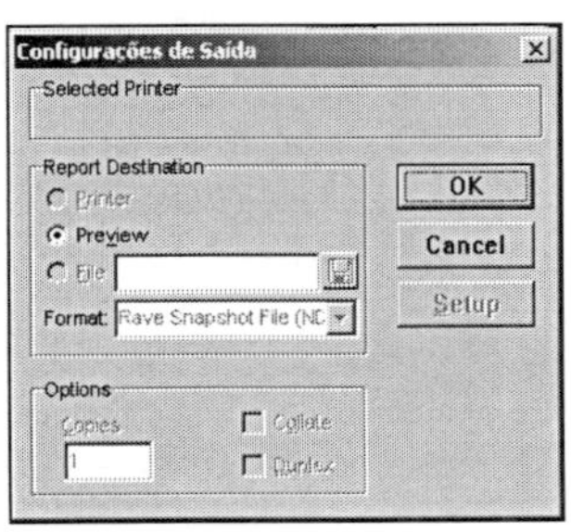

Figura 22.72

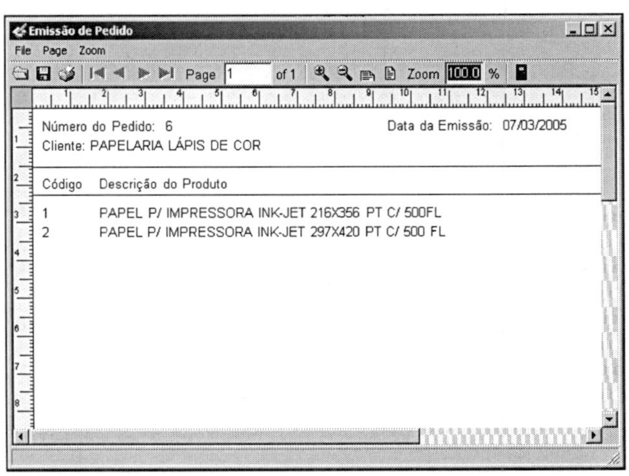

Figura 22.73

Caso não queira que a caixa de diálogo denominada **Configurações de Saída** seja apresentada, selecione a opção **False** no item **ssAllowSetup** da propriedade **SystemSetups** (figura 22.75).

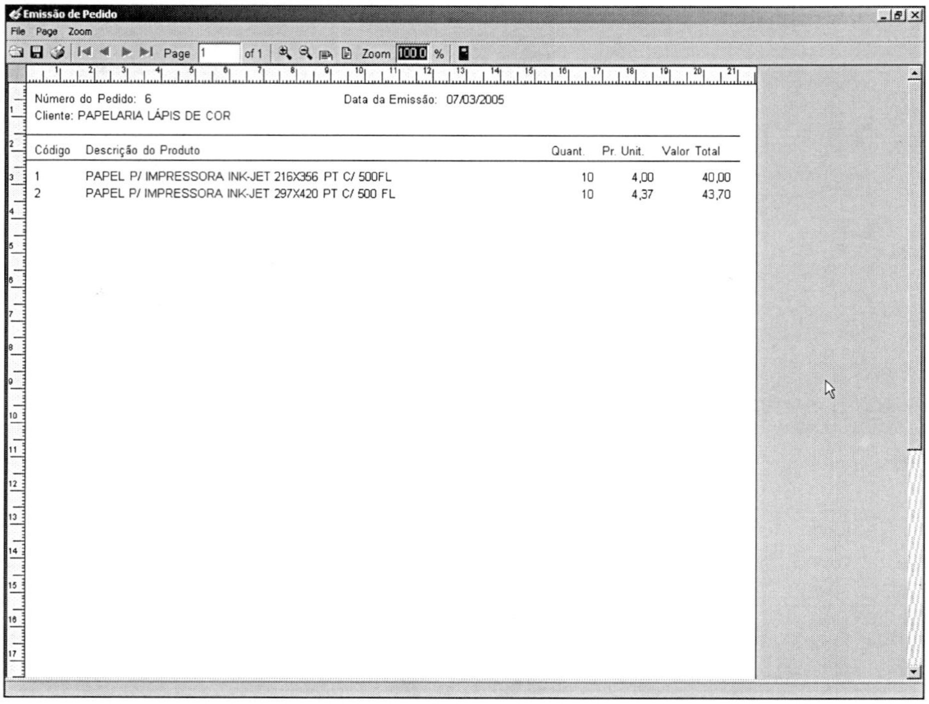

Figura 22.74

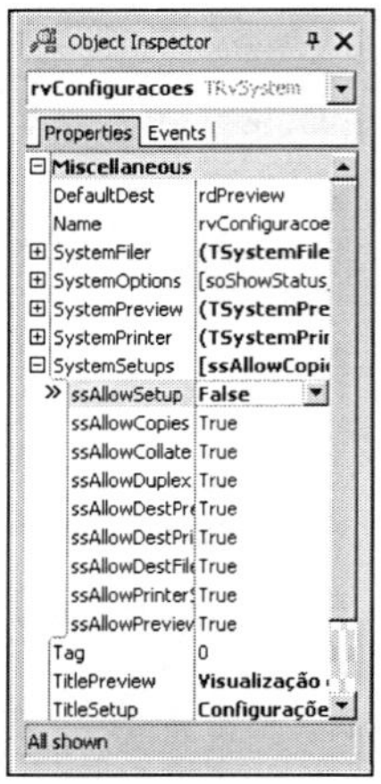

Figura 22.75

capítulo 23

Vendas de Representantes

Assuntos abordados neste capítulo

- *Como gravar um formulário com outro nome*
- *Adição de arquivos ao projeto*
- *Pesquisa de registro com o método Locate*
- *Atribuição de instrução SQL a um objeto SimpleDataSet*

23.1. A Emissão de Pedido de Representante

O processo de emissão de um pedido feito por um representante de vendas, quando de sua visita aos clientes, envolve basicamente as seguintes etapas:

- Verificação com o cliente das necessidades;
- Anotação dos produtos a serem comprados pelo cliente num formulário de "Pedido de Compra";
- Entrega dos formulários de pedidos dos clientes a um atendente na distribuidora, que é encarregado de lançar os dados no sistema e emitir o pedido final;
- O pedido é remetido ao almoxarifado para emissão de nota fiscal, separação, embalagem e transporte.

O representante de vendas sempre deve ter em mãos um catálogo com a lista de produtos e de preços atualizados. Esse catálogo serve para preenchimento do formulário de pedido. A figura 23.1 apresenta um modelo de layout para esse tipo de formulário.

É importante lembrar que essa operação de venda poderia ser automatizada com o uso de um PDA (Palm ou Pocket PC) e um software de vendas. Mas este assunto não será abordado no livro.

23.2. Alterando o Módulo de Dados

Abra o módulo de dados e adicione um componente **TSimpleDataSet** e um **TDataSource**. Configure as propriedades desses objetos conforme a seguir:

Objeto	Propriedade	Grupo	Valor
SimpleDataSet1	ConnectionName	Connection	BaseDadosGDP
	CommandType	Database/DataSet	ctQuery
	CommandText	Database/DataSet	select * from funcionarios
	Name	Miscellaneous	sdsVendedores
DataSource1	DataSet	Database	sdsVendedores
	Name	Miscellaneous	dsVendedores

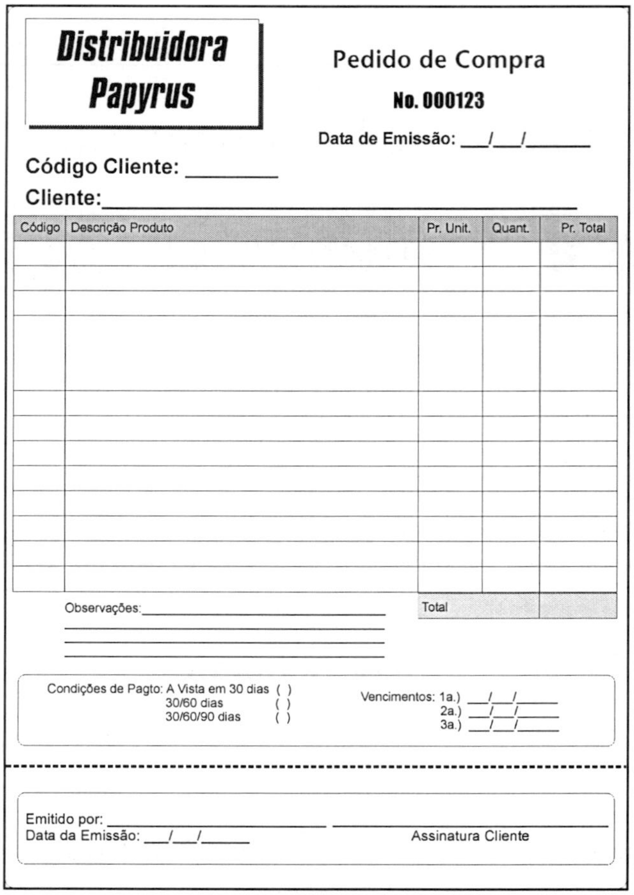

Distribuidora Papyrus

Pedido de Compra

No. 000123

Data de Emissão: ___/___/______

Código Cliente: ________

Cliente: ______________________________

Código	Descrição Produto	Pr. Unit.	Quant.	Pr. Total
		Total		

Observações: ______________________________

Condições de Pagto: A Vista em 30 dias ( )
30/60 dias ( )
30/60/90 dias ( )

Vencimentos: 1a.) ___/___/_____
2a.) ___/___/_____
3a.) ___/___/_____

Emitido por: ______________________ ______________________________
Data da Emissão: ___/___/______ Assinatura Cliente

Figura 23.1

Para definir o comando SQL constante na propriedade **CommandText**, clique no ícone e na tela mostrada em seguida, escolha a tabela **funcionarios** e clique no botão **Add Table to SQL**. Selecione o asterisco (*) e clique em **Add Field to SQL**. Veja na figura 23.2 o comando inteiro já montado. Adicione todos os campos da tabela ao objeto **sdsFuncionarios** e configure a propriedade **DisplayLabel** da seguinte maneira:

Campo	DisplayLabel
Matricula_Funcionario	Matrícula
Nome_Funcionario	Nome do Funcionário
Endereco	Endereço
Numero	Número
Complemento	Complemento
Bairro	Bairro
Cidade	Cidade
Estado	Estado
CEP	CEP
Telefone	Telefone
EMail	E-Mail
Codigo_Departamento	Departamento
Codigo_Cargo	Cargo

Configure a propriedade **Connected** (grupo **Connection**) do objeto **sdsFuncionarios** com o valor **False**.

A figura 23.3 mostra como deve ficar o módulo de dados após essas adições.

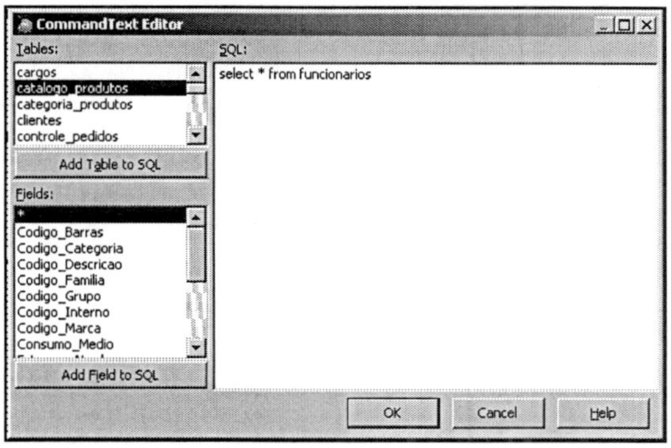

Figura 23.2

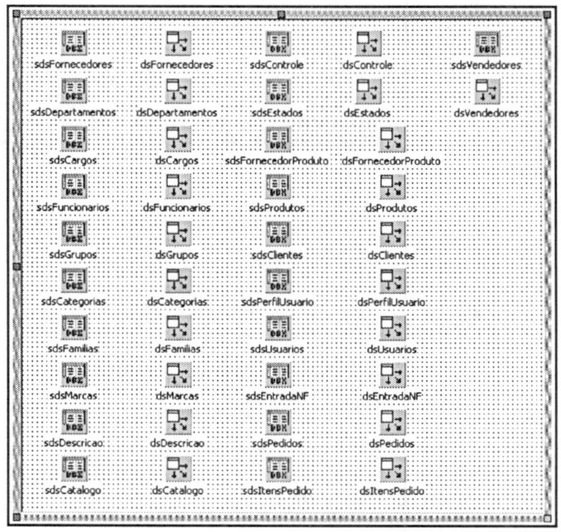

Figura 23.3

23.3. O Formulário de Seleção de Representante

Uma vez que a distribuidora pode possuir vários representantes, é necessário que o usuário responsável pela emissão dos pedidos seja capaz de selecionar o representante/vendedor correspondente ao pedido. Para isso vamos criar um formulário que deve ser chamado antes do formulário de vendas, a ser criado no próximo tópico.

Clique no botão **New Items**, escolha a opção **Delphi Files** e clique no ícone **Form**. A seguir configure as seguintes propriedades:

Propriedade	Grupo	Valor
BorderIcons	Visual	(nenhuma opção)
BorderStyle	Visual	bsDialog
Caption	Visual	Seleção de Vendedor/Representante
Name	Miscellaneous	formSelecaoVendedor
Position	Miscellaneous	poScreenCenter

Selecione a opção **File → Use Unit** e escolha as unidades **Global**, **UModuloDados1** e **URotinasGenericas** para vinculá-las ao formulário. Para configurar a propriedade **BorderIcons**, é preciso expandi-la e selecionar a opção **False** para os subitens (figura 23.4). Por fim, ajuste as dimensões do formulário para que fique conforme a figura 23.5.

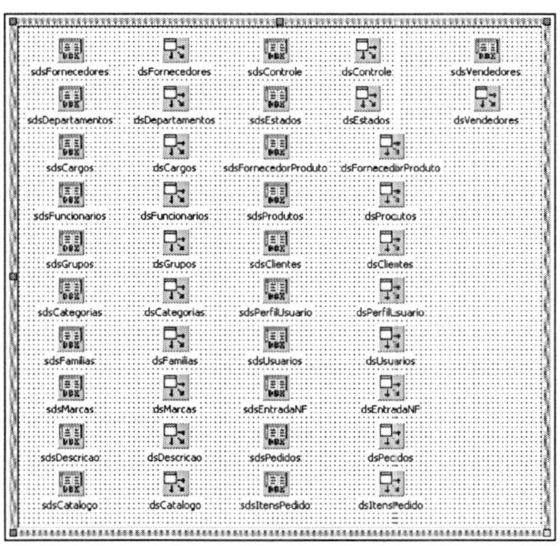

Figura 23.4

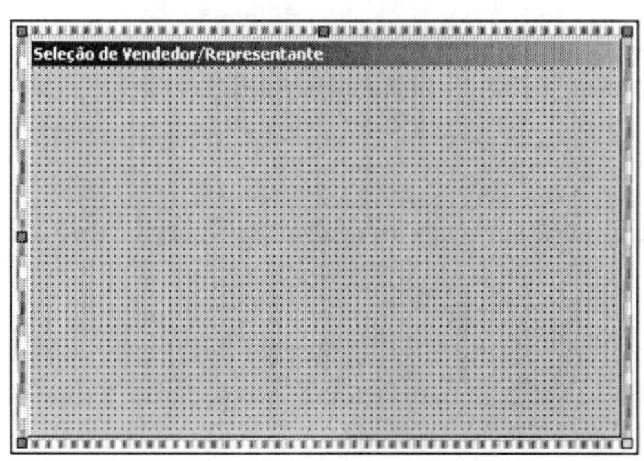

Figura 23.5

Adicione um componente **TDBGrid** (grupo **Standard**) e dois **TBitBtn** (grupo **Additional**). Configure as propriedades de acordo com a seguinte tabela:

Objeto	Propriedade	Grupo	Valor
DBGrid1	DataSource	Database	dmModuloDados1.dsVendedores
	ReadOnly	Input	True
	Color	Visual	clInfoBk
BitBtn1	Kind	Miscellaneous	bkOK
	Name	Miscellaneous	btnOK
BitBtn2	Kind	Miscellaneous	bkCancel
	Caption	Miscellaneous	Cancelar
	Name	Miscellaneous	btnCancelar

Adicione duas colunas à grade de dados. Com a primeira coluna selecionada clique na propriedade **FieldName** (grupo **Database**) e escolha o campo **Matricula_Funcionario** (figura 23.6). Para a segunda coluna especifique o campo **Nome_Funcionario.** Veja na figura 23.7 como deve ficar o formulário.

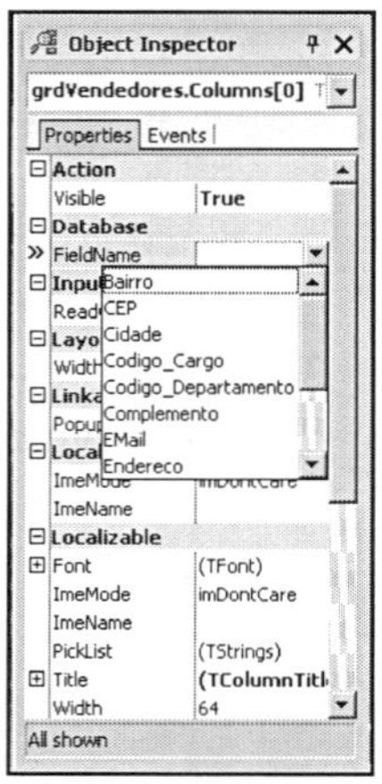

Figura 23.6

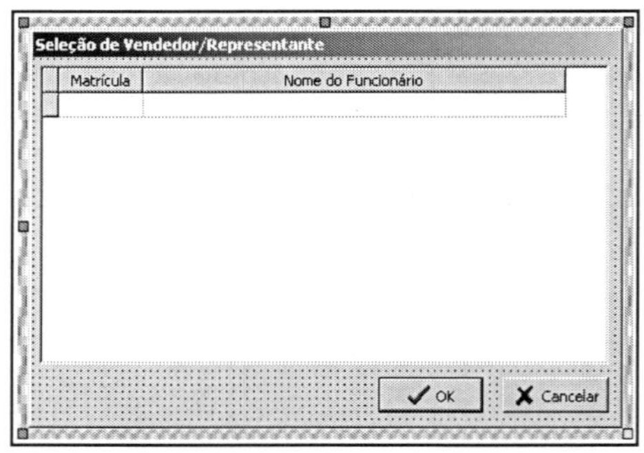

Figura 23.7

Selecione o formulário e então atribua aos eventos **OnShow** e **OnClose** os procedimentos listados a seguir:

```
procedure TformSelecaoVendedor.FormShow(Sender: TObject);
var
   strComandoSQL: string;
begin
     dmModuloDados1.sdsCargos.Open;
     dmModuloDados1.sdsCargos.Locate('Vendedor_Externo',VarArrayOf(['S']),[]);
     strComandoSQL := 'SELECT * FROM Funcionarios WHERE Codigo_Cargo = '+
dmModuloDados1.sdsCargosCodigo_Cargo.AsString;
     dmModuloDados1.sdsCargos.Close;

     dmModuloDados1.sdsVendedores.DataSet.CommandText := strComandoSQL;
     dmModuloDados1.sdsVendedores.Open;
end;

procedure TformSelecaoVendedor.FormClose(Sender: TObject;
  var Action: TCloseAction);
begin
     dmModuloDados1.sdsVendedores.Close;
     dmModuloDados1.sdsVendedores.DataSet.CommandText := 'SELECT * FROM Funcionarios';
end;
```

O primeiro procedimento abre a tabela de cargos para pesquisar o cargo que está definido como vendedor externo. Para essa pesquisa foi utilizado o método **Locate**, que exige como parâmetros o nome do campo, uma matriz de dados e uma opção que especifica a forma de pesquisa.

Depois de localizado o cargo para vendedor externo, uma cadeia de caracteres representando o comando SQL de seleção de funcionários é montada. Essa cadeia é então atribuída à propriedade **CommandText** do objeto **sdsVendedores**, fazendo com que somente sejam apresentados os registros dos funcionários que estão cadastrados como vendedores externos.

```
dmModuloDados1.sdsCargos.Open;
dmModuloDados1.sdsCargos.Locate('Vendedor_Externo',VarArrayOf(['S']),[]);
strComandoSQL := 'SELECT * FROM Funcionarios WHERE Codigo_Cargo = '+
dmModuloDados1.sdsCargosCodigo_Cargo.AsString;
dmModuloDados1.sdsCargos.Close;

dmModuloDados1.sdsVendedores.DataSet.CommandText := strComandoSQL;
dmModuloDados1.sdsVendedores.Open;
```

Dê dois cliques no botão **OK** e digite o seguinte código:

```
procedure TformSelecaoVendedor.btnOKClick(Sender: TObject);
begin
     intCodigoVendedor := dmModuloDados1.sdsVendedoresMatricula_Funcionario.AsInteger;
end;
```

O procedimento retorna na variável global **intCodigoVendedor** o código do funcionário selecionado na grade de dados. Salve o formulário com o nome "USelecaoVendedor".

23.4. Criação do Formulário de Vendas de Representantes

O formulário para emissão de pedidos efetuados pelos representantes é muito parecido com o de vendas por telefone. Devido a isso, podemos economizar um pouco de tempo, salvando esse último com outro nome.

Abra o formulário **formVendasTelefone** e escolha a opção **File → Save As**. Na caixa de diálogo da figura 23.8, digite no campo **Nome do Arquivo** a cadeia de caracteres "UVendasRepresentantes" e clique em **Salvar**.

A seguir, altere as propriedade **Caption** e **Name** para "Vendas de Representantes" e "formVendasRepresentantes" respectivamente. Especifique ainda na propriedade **KeyPreview** (grupo **Input**) a opção **True**.

Aumente a altura do formulário digitando o valor 490 na propriedade **Height** (grupo **Miscellaneous**). Altere a disposição dos diversos componentes do formulário conforme a figura 23.9.

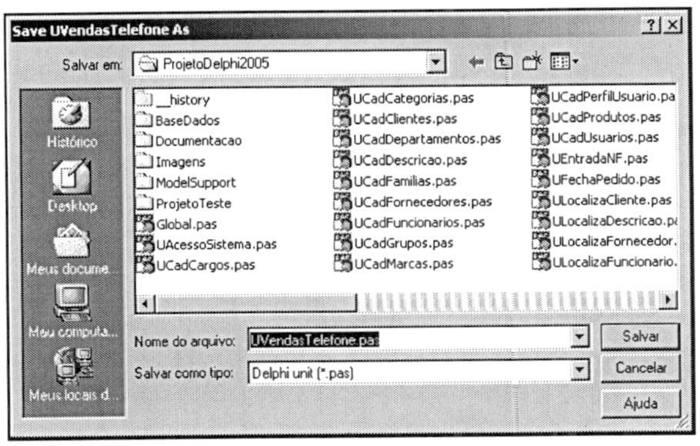

Figura 23.8

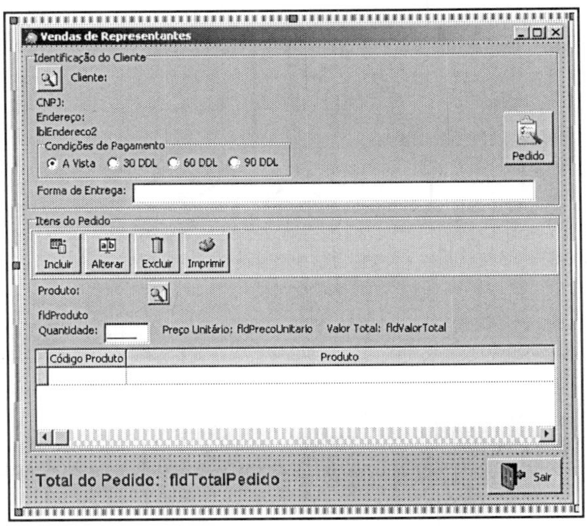

Figura 23.9

Adicione ao primeiro grupo de objetos um componente **TMaskEdit** (grupo **Additional**) e um **TLabel**. As propriedades desses dois objetos que devem ser configuradas podem ser vistas na tabela:

Objeto	Propriedade	Grupo	Valor
MaskEdit1	EditMask	Visual	999999
	Name	Miscellaneous	mskCodigoCliente
Label1	Caption	Visual	fldCliente
	Name	Miscellaneous	fldCliente

Já ao segundo grupo adicione um outro **TMaskEdit** configurado da seguinte maneira:

Objeto	Propriedade	Grupo	Valor
MaskEdit1	EditMask	Visual	9999999
	Name	Miscellaneous	mskCodigoProduto

Veja o formulário com o novo layout na figura 23.10.

Com o editor de códigos aberto adicione as duas linhas de declarações destacadas na listagem seguinte:

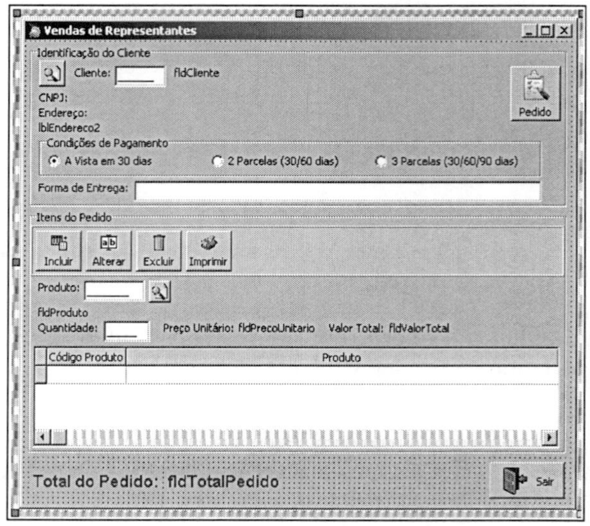

Figura 23.10

```
type
  TformVendasRepresentante = class(TForm)
    grpCliente: TGroupBox;
    lblCliente: TLabel;
    btnCliente: TSpeedButton;
    lblCNPJ: TLabel;
    lblEndereco1: TLabel;
    lblEndereco2: TLabel;
    btnPedido: TBitBtn;
    grpItensPedido: TGroupBox;
    pnlBotoes: TPanel;
    btnIncluirItem: TSpeedButton;
    btnAlterarItem: TSpeedButton;
    btnExcluirItem: TSpeedButton;
    btnImprmir: TSpeedButton;
    grdItensNF: TDBGrid;
    lblProduto: TLabel;
    lblQuantidade: TLabel;
    lblPrecoUnitario: TLabel;
    lblValorTotal: TLabel;
    fldValorTotal: TLabel;
    btnProduto: TSpeedButton;
    fldProduto: TLabel;
    mskQuantidade: TMaskEdit;
    fldPrecoUnitario: TLabel;
    lblTotalPedido: TLabel;
    fldTotalPedido: TLabel;
    btnSair: TBitBtn;
    lblFormaEntrega: TLabel;
    edtFormaEntrega: TEdit;
    rgCondicaoPagto: TRadioGroup;
    mskCodigoCliente: TMaskEdit;
    fldCliente: TLabel;
    mskCodigoProduto: TMaskEdit;
    procedure FormKeyPress(Sender: TObject; var Key: Char);
    procedure mskCodigoClienteExit(Sender: TObject);
    procedure mskCodigoClienteEnter(Sender: TObject);
    procedure grdItensNFDblClick(Sender: TObject);
    procedure grdItensNFKeyDown(Sender: TObject; var Key: Word; Shift: TShiftState);
    procedure btnSairClick(Sender: TObject);
    procedure btnImprmirClick(Sender: TObject);
    procedure btnExcluirItemClick(Sender: TObject);
    procedure btnAlterarItemClick(Sender: TObject);
    procedure btnIncluirItemClick(Sender: TObject);
    procedure btnProdutoClick(Sender: TObject);
    procedure btnPedidoClick(Sender: TObject);
    procedure btnClienteClick(Sender: TObject);
    procedure FormClose(Sender: TObject; var Action: TCloseAction);
    procedure FormShow(Sender: TObject);
    procedure LimpaPedido;
    procedure LimpaProduto;
    procedure CalculaTotal;
    procedure MostraCliente;
    procedure MostraProduto;
  private
    { Private declarations }
  public
    { Public declarations }
  end;
```

Altere os procedimentos **LimpaPedido** e **LimpaProduto** para o seguinte:

Após a diretiva de compilação {$R *.dfm}, digite a declaração de variáveis e os códigos dos procedimentos em seguida:

```
procedure TformVendasRepresentante.LimpaPedido;
begin
     mskCodigoCliente.Text := '';
     fldCliente.Caption := '';
     lblCNPJ.Caption := 'CNPJ:';
     lblEndereco1.Caption := 'Endereço:';
     lblEndereco2.Caption := 'Endereço:';
     rgCondicaoPagto.ItemIndex := 0;
     edtFormaEntrega.Text := '';
     fldTotalPedido.Caption := '0,00';
     rgCondicaoPagto.SetFocus;
end;

procedure TformVendasRepresentante.LimpaProduto;
begin
     mskCodigoProduto.Text := '';
     fldProduto.Caption := '';
     mskQuantidade.Text := '';
     fldPrecoUnitario.Caption := '0,00';
     fldValorTotal.Caption := '0,00';
end;
```

Depois do procedimento **CalculaTotal** acrescente os dois apresentados em seguida:

```
procedure TformVendasRepresentante.MostraCliente;
begin
     fldCliente.Caption := dmModuloDados1.sdsClientesNome_Cliente.AsString;
     lblCNPJ.Caption := 'CNPJ: '+dmModuloDados1.sdsClientesCNPJ.AsString;
     lblEndereco1.Caption := 'Endereço: '+Trim(dmModuloDados1.sdsClientesEndereco. AsString)+',
'+Trim(dmModuloDados1.sdsClientesNumero.AsString)+'-'+
Trim(dmModuloDados1.sdsClientesComplemento.AsString);
     lblEndereco2.Caption := Trim(dmModuloDados1.sdsClientesBairro.AsString)+','+
Trim(dmModuloDados1.sdsClientesCidade.AsString)+'-'+ Trim(dmModuloDados1.sdsClientesEstado.AsString);
end;

procedure TformVendasRepresentante.MostraProduto;
var
   intCodigoDescricao: integer;
   strProduto: string;
begin
     intCodigoDescricao := dmModuloDados1.sdsCatalogoCodigo_Descricao.AsInteger;
     dmModuloDados1.sdsDescricao.IndexFieldNames := 'Codigo_Descricao';
     dmModuloDados1.sdsDescricao.FindKey([intCodigoDescricao]);
     strProduto := Trim(dmModuloDados1.sdsDescricaoDescricao.AsString)+' '+
Trim(dmModuloDados1.sdsCatalogoModelo.AsString);
     fldProduto.Caption := strProduto;
     fldPrecoUnitario.Caption := Format('%8.2f',[dmModuloDados1.sdsCatalogoPreco_Venda. AsFloat]);
     dmModuloDados1.sdsDescricao.IndexFieldNames := '';
end;
```

Esses procedimentos são responsáveis pela apresentação do código e do nome do cliente, do código e do nome do produto.

Os eventos **OnShow** e **OnClose** do formulário devem ter seus procedimentos alterados para o seguinte:

```
procedure TformVendasRepresentante.FormShow(Sender: TObject);
begin
     dmModuloDados1.sdsControle.Open;
     dmModuloDados1.sdsClientes.Open;
     dmModuloDados1.sdsDescricao.Open;
     dmModuloDados1.sdsCatalogo.Open;
     LimpaPedido;
     LimpaProduto;
     fldTotalPedido.Caption := '0,00';
     grpItensPedido.Enabled := False;
     intNumeroItem := 1;
     mskCodigoCliente.SetFocus;
end;

procedure TformVendasRepresentante.FormClose(Sender: TObject;
  var Action: TCloseAction);
begin
     dmModuloDados1.sdsControle.Close;
```

```
        dmModuloDados1.sdsClientes.Close;
        dmModuloDados1.sdsDescricao.Close;
        dmModuloDados1.sdsCatalogo.Close;
        Action := caFree;
end;
```

Altere também o procedimento do botão **btnCliente** da seguinte forma:

```
procedure TformVendasRepresentante.btnClienteClick(Sender: TObject);
var
   intCodigoCliente: integer;
begin
     Application.CreateForm(TformLocalizaCliente,formLocalizaCliente);
     if (formLocalizaCliente.ShowModal = mrOK) then
     begin
          intCodigoCliente := StrToInt(formLocalizaCliente.strValor);
          dmModuloDados1.sdsClientes.IndexFieldNames := 'Codigo_Cliente';
          dmModuloDados1.sdsClientes.FindKey([intCodigoCliente]);
          MostraCliente;
          dmModuloDados1.sdsClientes.IndexFieldNames := '';
          rgCondicaoPagto.SetFocus;
     end;
     formLocalizaCliente.Destroy;
end;
```

Igualmente o botão **btnPedido** precisa ser alterado conforme a listagem:

```
procedure TformVendasRepresentante.btnPedidoClick(Sender: TObject);
begin
     if Trim(fldCliente.Caption) = '' then
        Mensagem('Selecione um cliente para iniciar o Pedido!')
        else
        begin
             dmModuloDados1.sdsControle.Edit;
             dmModuloDados1.sdsControleNumero_Pedido.AsInteger :=
dmModuloDados1.sdsControleNumero_Pedido.AsInteger + 1;
             dmModuloDados1.sdsControle.Post;
             dmModuloDados1.sdsControle.ApplyUpdates(-1);
             intNumeroPedido := dmModuloDados1.sdsControleNumero_Pedido.AsInteger;

             dmModuloDados1.sdsPedidos.Open;
             dmModuloDados1.sdsPedidos.Append;
             dmModuloDados1.sdsPedidosNumero_Pedido.AsInteger := intNumeroPedido;
             dmModuloDados1.sdsPedidosData_Pedido.AsDateTime := Date;
             dmModuloDados1.sdsPedidosCodigo_Cliente.AsInteger :=
dmModuloDados1.sdsClientesCodigo_Cliente.AsInteger;
             dmModuloDados1.sdsPedidosCodigo_Vendedor.AsInteger := intCodigoVendedor;
             dmModuloDados1.sdsPedidosCondicao_Pagamento.AsInteger := rgCondicaoPagto.ItemIndex + 1;
             dmModuloDados1.sdsPedidosForma_Entrega.AsString := edtFormaEntrega.Text;
             dmModuloDados1.sdsPedidos.Post;
             dmModuloDados1.sdsPedidos.ApplyUpdates(-1);

             dmModuloDados1.sdsItensPedido.Open;
             grpCliente.Enabled := False;
             grpItensPedido.Enabled := True;
             dblTotalPedido := 0;
             mskCodigoProduto.SetFocus;
        end;
end;
```

Dê dois cliques no botão **btnProduto** e digite o seguinte:

```
procedure TformVendasRepresentante.btnProdutoClick(Sender: TObject);
var
   intCodigoProduto: integer;
begin
     Application.CreateForm(TformLocalizaProduto,formLocalizaProduto);
     if (formLocalizaProduto.ShowModal = mrOK) then
     begin
          intCodigoProduto := StrToInt(formLocalizaProduto.strValor);
          dmModuloDados1.sdsCatalogo.IndexFieldNames := 'Codigo_Interno';
          dmModuloDados1.sdsCatalogo.FindKey([intCodigoProduto]);
          MostraProduto;
          dmModuloDados1.sdsCatalogo.IndexFieldNames := '';
```

```
            mskQuantidade.SetFocus;
        end;
        formLocalizaProduto.Destroy;
end;
```

Ao botão **Imprimir** é preciso acrescentar as linhas destacadas na listagem:

```
procedure TformVendasRepresentante.btnImprmirClick(Sender: TObject);
var
   intNumeroPedido: integer;
   strVendedor: string;
begin
     if Confirma('Confirma o fechamento do Pedido?') = IDYES then
     begin
          dmModuloDados1.sdsFuncionarios.Open;
          dmModuloDados1.sdsFuncionarios.IndexFieldNames := 'Matricula_Funcionario';
          dmModuloDados1.sdsFuncionarios.FindKey([intCodigoVendedor]);
          strVendedor := dmModuloDados1.sdsFuncionariosNome_Funcionario.AsString;
          dmModuloDados1.sdsFuncionarios.IndexFieldNames := '';
          dmModuloDados1.sdsFuncionarios.Close;

          intNumeroPedido := dmModuloDados1.sdsItensPedidoNumero_Pedido.AsInteger;

          dmModuloDados1.sdsPedidos.Filter := 'Numero_Pedido = '+dmModuloDados1.
sdsItensPedidoNumero_Pedido.AsString;
          dmModuloDados1.sdsPedidos.Filtered := True;

          dmRelatorios.rvConfiguracoes.TitlePreview := 'Emissão de Pedido';
          dmRelatorios.rvConfiguracoes.SystemPrinter.Title := 'Emissão de Pedido';
          dmRelatorios.rvRelatorios.SelectReport('Pedidos',True);
          dmRelatorios.rvRelatorios.SetParam('Cliente',dmModuloDados1.sdsClientesNome_Cliente. AsString);
          dmRelatorios.rvRelatorios.SetParam('Vendedor',strVendedor);
          dmRelatorios.rvRelatorios.Execute;

          dmModuloDados1.sdsItensPedido.MasterSource := nil;
          dmModuloDados1.sdsItensPedido.MasterFields := '';
          dmModuloDados1.sdsItensPedido.Close;

          dmModuloDados1.sdsPedidos.Filter := '';
          dmModuloDados1.sdsPedidos.Filtered := False;
          dmModuloDados1.sdsPedidos.Close;

          dmModuloDados1.sdsPedidos.Open;
          dmModuloDados1.sdsPedidos.IndexFieldNames := 'Numero_Pedido';
          dmModuloDados1.sdsPedidos.FindKey([intNumeroPedido]);
          dmModuloDados1.sdsPedidos.Edit;
          dmModuloDados1.sdsPedidosValor_Total.AsFloat := StrToFloat(Trim(fldTotalPedido. Caption));
          dmModuloDados1.sdsPedidos.Post;
          dmModuloDados1.sdsPedidos.ApplyUpdates(-1);
          dmModuloDados1.sdsPedidos.IndexFieldNames := '';
          dmModuloDados1.sdsPedidos.Close;

          dmModuloDados1.sdsItensPedido.MasterFields := 'Numero_Pedido';
          dmModuloDados1.sdsItensPedido.MasterSource := dmModuloDados1.dsPedidos;

          grpCliente.Enabled := True;
          grpItensPedido.Enabled := False;
          LimpaPedido;
          intNumeroItem := 1;
          mskCodigoCliente.SetFocus;
     end;
end;
```

Apague o procedimento do objeto **mskQuantidade** e acrescente ao procedimento do evento **OnDblClick** da grade de dados a linha que aparece destacada na seguinte listagem:

```
procedure TformVendasRepresentante.grdItensNFDblClick(Sender: TObject);
var
   intCodigoProduto,intCodigoDescricao: integer;
begin
     intCodigoProduto := dmModuloDados1.sdsItensPedidoCodigo_Interno.AsInteger;
     dmModuloDados1.sdsCatalogo.IndexFieldNames := 'Codigo_Interno';
     dmModuloDados1.sdsCatalogo.FindKey([intCodigoProduto]);
     intCodigoDescricao := dmModuloDados1.sdsCatalogoCodigo_Descricao.AsInteger;
     dmModuloDados1.sdsDescricao.IndexFieldNames := 'Codigo_Descricao';
     dmModuloDados1.sdsDescricao.FindKey([intCodigoDescricao]);
     dmModuloDados1.sdsCatalogo.IndexFieldNames := '';
```

```
        dmModuloDados1.sdsDescricao.IndexFieldNames := '';
        mskCodigoProduto.Text := dmModuloDados1.sdsItensPedidoCodigo_Interno.AsString;
        fldProduto.Caption := dmModuloDados1.sdsItensPedidoDescricao_Produto.AsString;
        mskQuantidade.Text := dmModuloDados1.sdsItensPedidoQuantidade.AsString;
        fldPrecoUnitario.Caption := Format('%8.2f',[dmModuloDados1.
sdsItensPedidoPreco_Unitario.AsFloat]);
        fldValorTotal.Caption := Format('%10.2f',[dmModuloDados1. sdsItensPedidoPreco_Total.AsFloat]);
end;
```

Selecione agora o objeto **mskCodigoCliente** e atribua aos eventos **OnEnter** e **OnExit** os procedimentos listados a seguir:

```
procedure TformVendasRepresentante.mskCodigoClienteEnter(Sender: TObject);
begin
     CorEntrada(Sender);
end;

procedure TformVendasRepresentante.mskCodigoClienteExit(Sender: TObject);
var
   intQuantidade: integer;
   dblPrecoUnitario,dblValorTotal: double;
begin
     CorSaida(Sender);
     if Sender = mskCodigoCliente then
     begin
          if Trim(mskCodigoCliente.Text) <> '' then
          begin
               dmModuloDados1.sdsClientes.IndexFieldNames := 'Codigo_Cliente';
               if dmModuloDados1.sdsClientes.FindKey([Trim(mskCodigoCliente.Text)]) then
               begin
                    MostraCliente;
                    rgCondicaoPagto.SetFocus;
               end
               else
               begin
                    Mensagem('Cliente não encontrado !');
                    mskCodigoCliente.SetFocus;
               end;
               dmModuloDados1.sdsClientes.IndexFieldNames := '';
          end;
     end
     else if Sender = mskCodigoProduto then
          begin
               if Trim(mskCodigoProduto.Text) <> '' then
               begin
                    dmModuloDados1.sdsCatalogo.IndexFieldNames := 'Codigo_Interno';
                    if dmModuloDados1.sdsCatalogo.FindKey([Trim(mskCodigoProduto.Text)]) then
                    begin
                         MostraProduto;
                         mskQuantidade.SetFocus;
                    end
                    else
                    begin
                         Mensagem('Código de produto não encontrado !');
                         mskCodigoProduto.SetFocus;
                    end;
                    dmModuloDados1.sdsCatalogo.IndexFieldNames := '';
               end;
          end
     else if Sender = mskQuantidade then
          begin
               if Trim(mskQuantidade.Text) <> '' then
               begin
                    intQuantidade := StrToInt(Trim(mskQuantidade.Text));
                    dblPrecoUnitario := StrToFloat(Trim(fldPrecoUnitario.Caption));
                    dblValorTotal := intQuantidade * dblPrecoUnitario;
                    fldValorTotal.Caption := Format('%10.2f',[dblValorTotal]);
               end;
          end;
end;
```

O segundo procedimento executa algumas operações caso o objeto que o chama seja **mskCodigoCliente**, **mskCodigoProduto** ou **mskQuantidade**. Para o primeiro caso a operação se resume a verificar se o código de cliente fornecido pelo usuário existe no cadastro. No segundo caso, a verificação é quanto à existência do código de produto que o usuário tenha digitado.

Se o objeto que invocou o procedimento for o **mskQuantidade**, então o valor total do item é calculado. Essa operação depende ainda de o usuário ter digitado um valor no campo.

Para finalizar, atribua o código listado a seguir ao evento **OnKeyPress** do formulário, para que seja possível pular para o próximo campo de digitação ao teclar <ENTER>.

```
procedure TformVendasRepresentante.FormKeyPress(Sender: TObject; var Key: Char);
begin
     if key = #13 then
     begin
          Key:= #0;
          Perform(WM_NEXTDLGCTL,0,0);
     end;
end;
```

23.5. Incluindo Novamente o Formulário de Vendas por Telefone

Quando salvamos o formulário **formVendasTelefone** com outro nome, sua referência dentro do arquivo de projetos foi removida. Precisamos então adicioná-lo novamente para podermos fazer algumas alterações nele.

Clique com o botão direito do mouse sobre o nome do arquivo executável na janela do gerenciador de projetos. Então escolha a opção **Add** do menu apresentado (figura 23.11).

Na caixa de diálogo apresentada selecione o arquivo **UVendasTelefone.pas** (figura 23.12). Pronto, o arquivo está registrado no projeto.

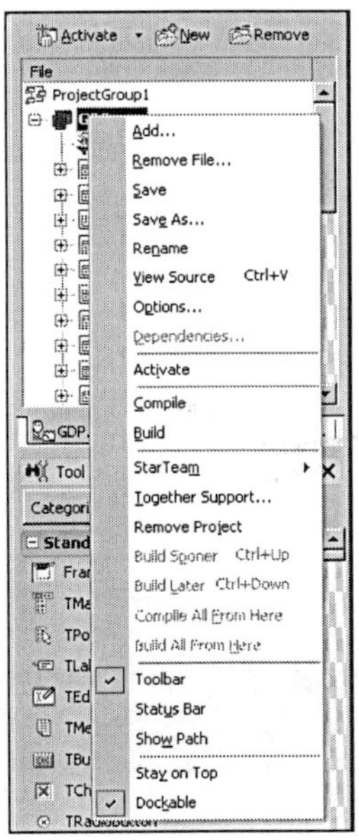

Figura 23.11

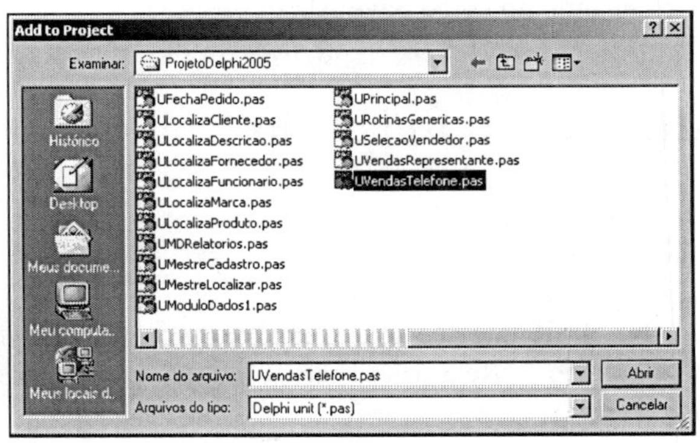

Figura 23.12

Selecione o formulário **formVendasTelefone** e altere o código do procedimento vinculado ao botão **Imprimir** acrescentando as linhas mostradas em negrito na listagem:

```
procedure TformVendasTelefone.btnImprmirClick(Sender: TObject);
var
   intNumeroPedido: integer;
   strVendedor: string;
begin
     if Confirma('Confirma o fechamento do Pedido?') = IDYES then
     begin
          dmModuloDados1.sdsFuncionarios.Open;
          dmModuloDados1.sdsFuncionarios.IndexFieldNames := 'Matricula_Funcionario';
```

```
        dmModuloDados1.sdsFuncionarios.FindKey([intCodigoVendedor]);
        strVendedor := dmModuloDados1.sdsFuncionariosNome_Funcionario.AsString;
        dmModuloDados1.sdsFuncionarios.IndexFieldNames := '';
        dmModuloDados1.sdsFuncionarios.Close;

        intNumeroPedido := dmModuloDados1.sdsItensPedidoNumero_Pedido.AsInteger;

        dmModuloDados1.sdsPedidos.Filter := 'Numero_Pedido = '+dmModuloDados1.
sdsItensPedidoNumero_Pedido.AsString;
        dmModuloDados1.sdsPedidos.Filtered := True;

        dmRelatorios.rvConfiguracoes.TitlePreview := 'Emissão de Pedido';
        dmRelatorios.rvConfiguracoes.SystemPrinter.Title := 'Emissão de Pedido';
        dmRelatorios.rvRelatorios.SelectReport('Pedidos',True);
        dmRelatorios.rvRelatorios.SetParam('Cliente',dmModuloDados1. sdsClientesNome_Cliente.AsString);
        dmRelatorios.rvRelatorios.SetParam('Vendedor',strVendedor);
        dmRelatorios.rvRelatorios.Execute;

        dmModuloDados1.sdsItensPedido.MasterSource := nil;
        dmModuloDados1.sdsItensPedido.MasterFields := '';
        dmModuloDados1.sdsItensPedido.Close;

        dmModuloDados1.sdsPedidos.Filter := '';
        dmModuloDados1.sdsPedidos.Filtered := False;
        dmModuloDados1.sdsPedidos.Close;

        dmModuloDados1.sdsPedidos.Open;
        dmModuloDados1.sdsPedidos.IndexFieldNames := 'Numero_Pedido';
        dmModuloDados1.sdsPedidos.FindKey([intNumeroPedido]);
        dmModuloDados1.sdsPedidos.Edit;
        dmModuloDados1.sdsPedidosValor_Total.AsFloat := StrToFloat(Trim(fldTotalPedido. Caption));
        dmModuloDados1.sdsPedidos.Post;
        dmModuloDados1.sdsPedidos.ApplyUpdates(-1);
        dmModuloDados1.sdsPedidos.IndexFieldNames := '';
        dmModuloDados1.sdsPedidos.Close;

        dmModuloDados1.sdsItensPedido.MasterFields := 'Numero_Pedido';
        dmModuloDados1.sdsItensPedido.MasterSource := dmModuloDados1.dsPedidos;

        grpCliente.Enabled := True;
        grpItensPedido.Enabled := False;
        LimpaPedido;
        intNumeroItem := 1;
    end;
end;
```

Salve o projeto clicando no botão **Save All**.

23.6. Alterando o Relatório

Precisamos alterar o relatório que imprime o pedido, incluindo uma nova linha no cabeçalho. Volte ao módulo de dados **dmRelatorios** e dê um duplo-clique sobre o objeto **rvRelatorios** para abrir o editor do **Rave Reports**.

Selecione o relatório denominado **Pedidos** e aumente a altura da seção superior (cabeçalho). Mova as duas linhas horizontais e os textos entre elas um pouco mais para baixo, como mostra a figura 23.13.

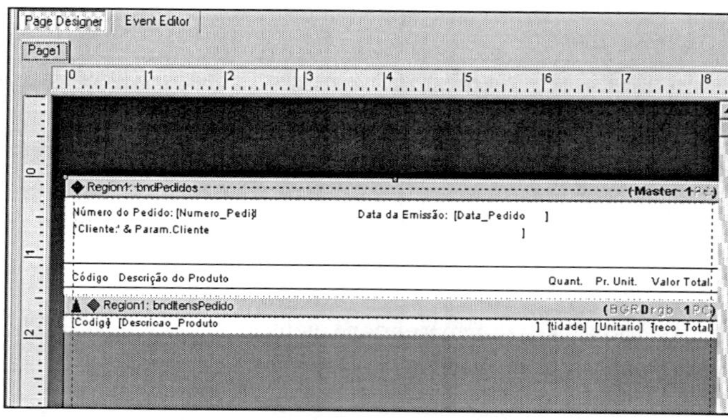

Figura 23.13

Adicione então um **DataText** (aba **Report**) acima da primeira linha e clique no ícone da propriedade **DataField**. Na janela apresentada em seguida, digite a expressão "**Vendedor:** " **&** (incluindo as aspas) na área que contém a legenda **Data Text**. Depois clique no botão **Insert Parameter** e acrescente a palavra "Vendedor" após a expressão "Param.". Veja na figura 23.14 a expressão completa. Já a figura 23.15 apresenta o relatório com o novo objeto adicionado.

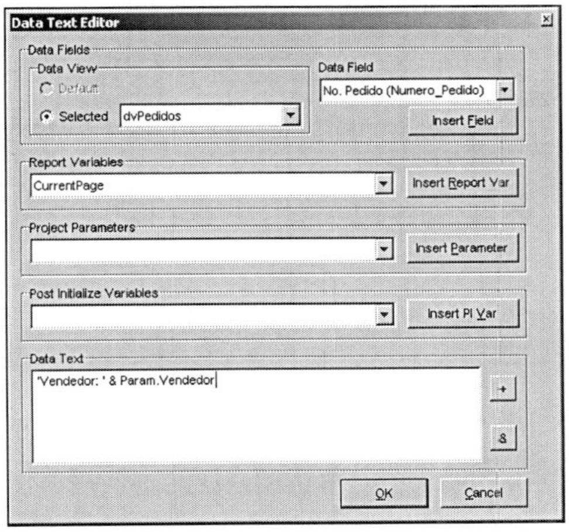

Figura 23.14

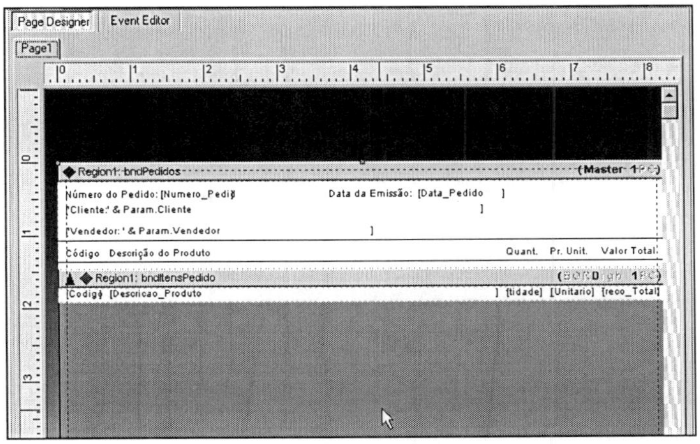

Figura 23.15

Grave novamente o relatório e volte ao formulário principal do projeto.

23.7. Ajustes Finais e Teste

Insira um novo item na opção **Vendas** do menu **Movimentos** com as seguintes configurações:

Propriedade	Grupo	Valor
Caption	Visual	Representantes
Name	Miscellaneous	opcVendasRepresentantes

A figura 23.16 mostra o editor de menus com esse item.

Atribua ao evento **OnClick** dessa opção o código constante na listagem:

```
procedure TformPrincipal.opcVendasRepresentantesClick(Sender: TObject);
var
   intOpcao: integer;
   Formulario: TformVendasRepresentante;
begin
     if (Application.FindComponent('formVendasRepresentante') = nil) then
     begin
          Application.CreateForm(TformSelecaoVendedor,formSelecaoVendedor);
          intOpcao := formSelecaoVendedor.ShowModal;
          formSelecaoVendedor.Destroy;
          if intOpcao = mrOK then
          begin
               Formulario := TformVendasRepresentante.Create(Application);
               Formulario.Top := 0;
               Formulario.Left := 0;
          end;
     end;
end;
```

Como é possível notar, o procedimento chama o formulário **formSelecaoVendedor** para só depois abrir o formulário de emissão de pedido.

Vincule a unidade **UVendasRepresentante** ao formulário, salve o projeto e compile-o. Após finalizada a compilação, execute o programa.

Selecione **Movimentos** → **Vendas** → **Representante** e a tela da figura 23.17 aparece. Selecione o vendedor e clique no botão **OK**.

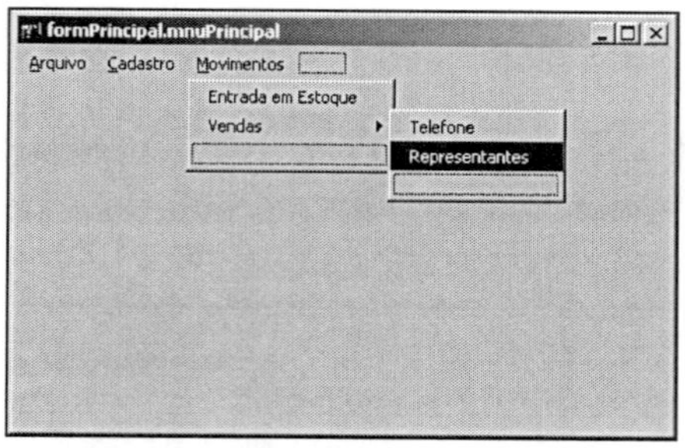

Figura 23.16

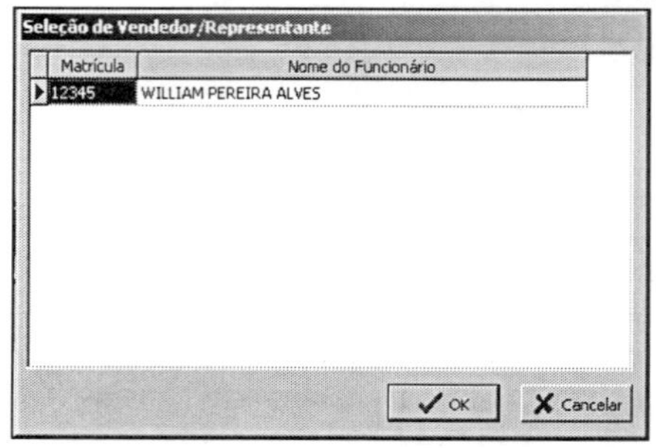

Figura 23.17

A tela da figura 23.18 surge em seguida. Digite o código do cliente ou selecione um a partir da janela aberta pelo botão de localização. Escolha a condição de pagamento e digite a forma de entrega dos produtos (figura 23.19). Então clique no botão **Pedido** para entrar com a lista de itens.

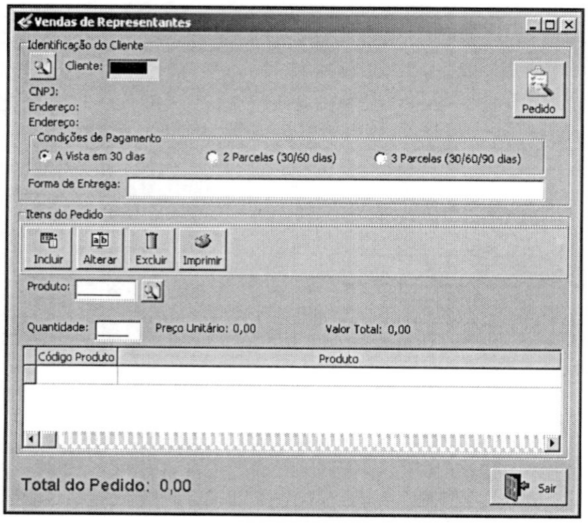

Figura 23.18

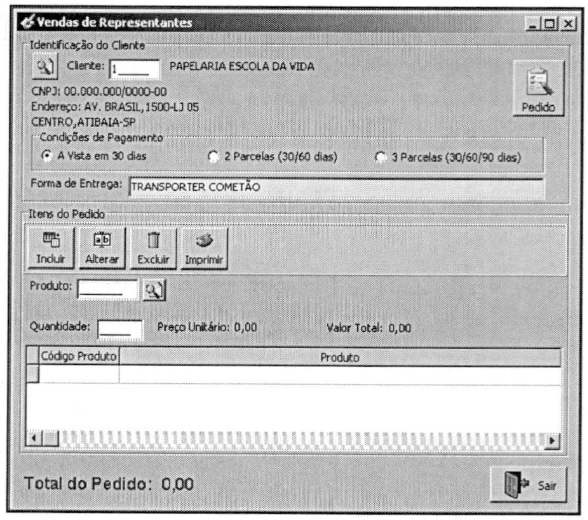

Figura 23.19

Para especificar um produto, é preciso clicar no botão de localização ou digitar o código correspondente (figura 23.20). A quantidade deve ser fornecida em seguida.

Após clicar no botão **Incluir**, o produto é adicionado à grade de dados (figura 23.21). Como no formulário anterior, para finalizar o pedido, basta clicar no botão **Imprimir**.

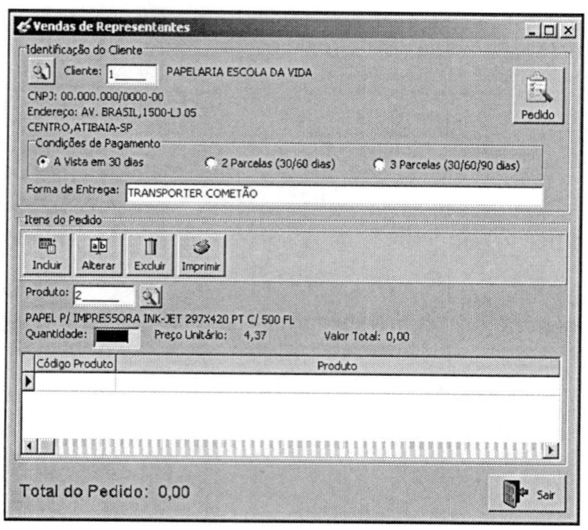

Figura 23.20

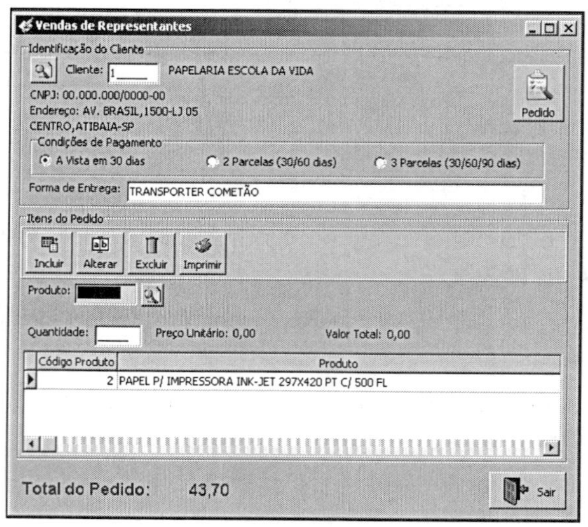

Figura 23.21

Na figura 23.22 podemos ver o relatório gerado para impressão do pedido. Note a nova informação referente ao vendedor.

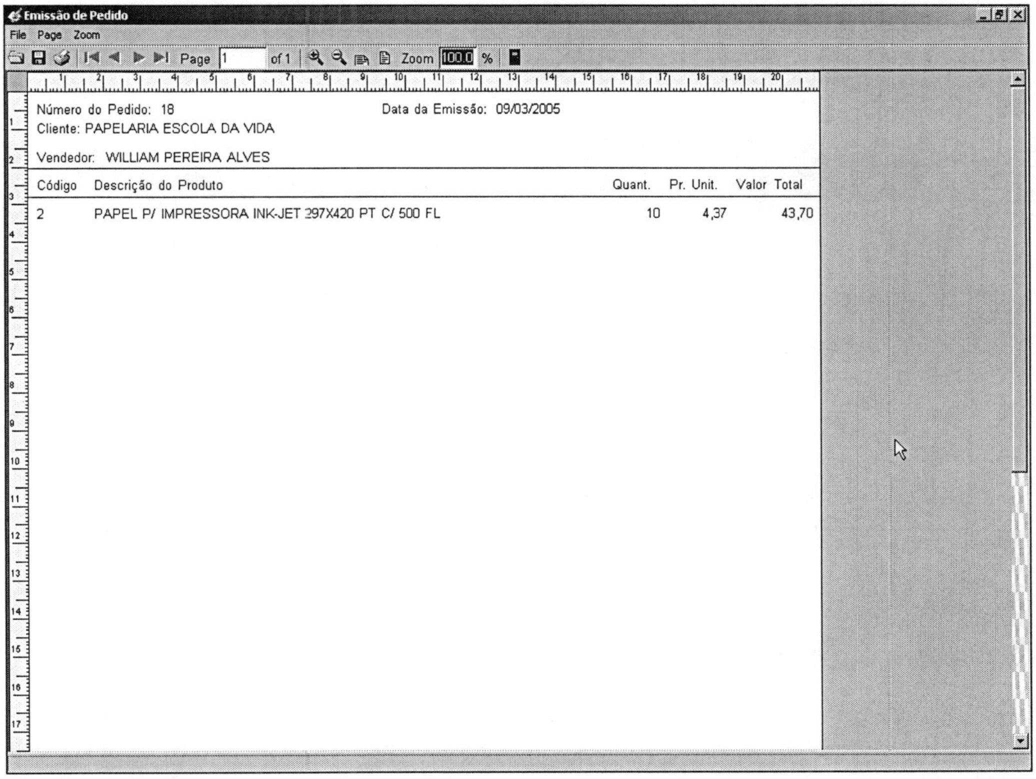

Figura 23.22

capítulo 24

Emissão de Nota Fiscal

Assuntos abordados neste capítulo

- *Cadastro de Transportadoras*
- *Definição do layout da nota fiscal*
- *Criação do formulário para emissão de nota fiscal*
- *Alteração do controle de acesso*
- *Adição de novo botão à barra de ferramentas*

24.1. Alterando o Banco de Dados

Antes de entrarmos no assunto referente à emissão de notas fiscais, é preciso alterar algumas tabelas do banco de dados e adicionar uma nova para cadastro de transportadoras. A última tabela é necessária em virtude de uma seção da nota fiscal para preenchimento com informações de nome e endereço da transportadora e placa do veículo.

Já a tabela de cadastro de produtos precisa ter mais dois campos, necessários também por causa da nota fiscal.

Execute o **MySQL Control Center**, conecte à base de dados **bd_gdp**, abra a lista **Tables**, clique com o botão direito do mouse sobre a tabela **catalogo_produtos** e escolha a opção **Edit Table**. Com a estrutura da tabela apresentada clique na linha do campo **Margem_Lucro** e no botão **Intert Row** ( ). Então digite para o nome do campo a cadeia de caracteres "Classificacao_Fiscal". Escolha o tipo de dados **char** e especifique para a propriedade **Length** o valor 2.

Adicione outro campo especificando os seguintes atributos:

Field Name	Data Type	Length
Situacao_Tributaria	Char	3

Veja na figura 24.1 a estrutura com esses novos campos, necessários à emissão da nota fiscal. Salve novamente a tabela.

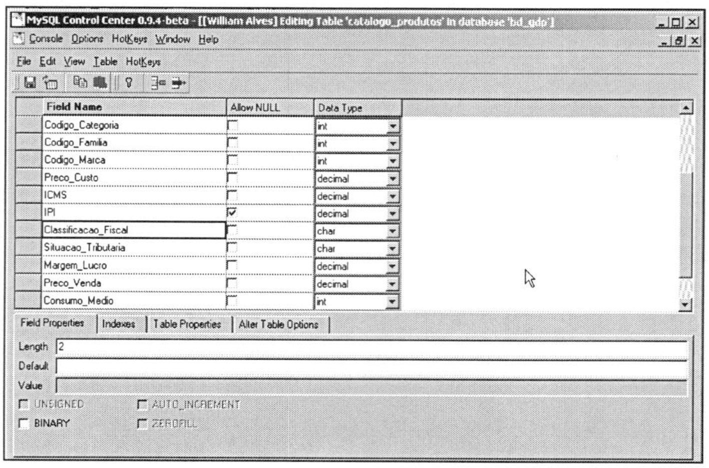

Figura 24.1

A segunda tabela que deve ser alterada é a **controle_sequencia**. A alteração se resume à inclusão de um novo campo com o nome "Codigo_Transportadora" e o tipo **int**, conforme mostra a figura 24.2.

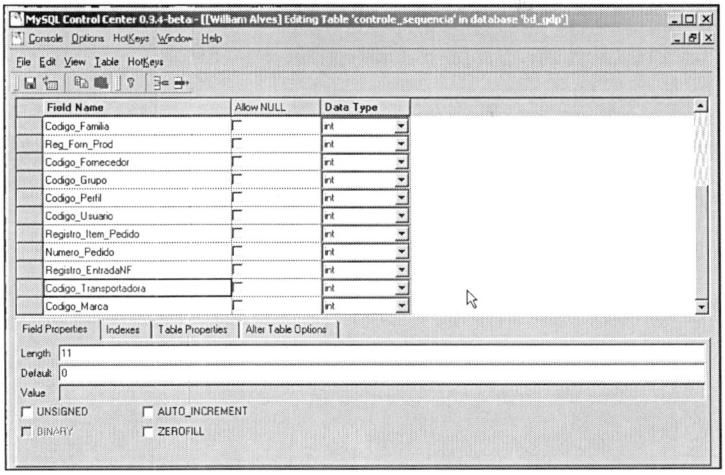

Figura 24.2

A última modificação que precisamos fazer no banco de dados é adicionar uma tabela totalmente nova. Clique com o botão direito do mouse sobre o item **Tables** e escolha a opção **New Table**. Os campos que formam a tabela se encontram listados a seguir:

Field Name	Allow NULL	Data Type	Length
Codigo_Transportadora	Desmarcado	Int	
Nome_Transportadora	Desmarcado	Varchar	50
CNPJ	Desmarcado	Varchar	18
Inscricao_Estadual	Marcado	Varchar	15
Endereco	Descmarcado	Varchar	50
Numero	Marcado	Varchar	5
Bairro	Desmarcado	Varchar	40
Cidade	Desmarcado	Varchar	40
Estado	Desmarcado	Char	2
Cep	Desmarcado	Varchar	9

Defina o campo **Codigo_Transportadora** como chave primária da tabela. A estrutura pode ser vista na figura 24.3. Depois salve a tabela com o nome "Transportadoras".

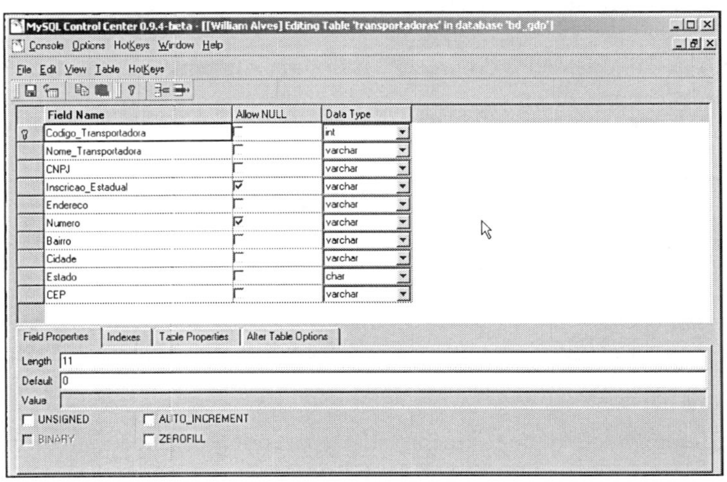

Figura 24.3

Vamos fazer essas mesmas alterações no banco de dados InterBase. Execute o **IBConsole**, conecte ao banco de dados e abra a janela **Interactive SQL**.

Primeiramente crie um novo domínio com o comando mostrado na figura 24.4.

A seguir, adicione os campos para classificação fiscal e situação tributária à tabela **CATALOGO_PRODUTOS**, utilizando o comando mostrado na figura 24.5.

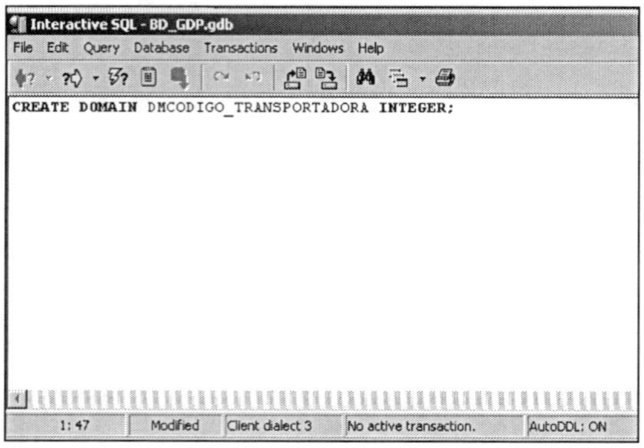

Figura 24.4

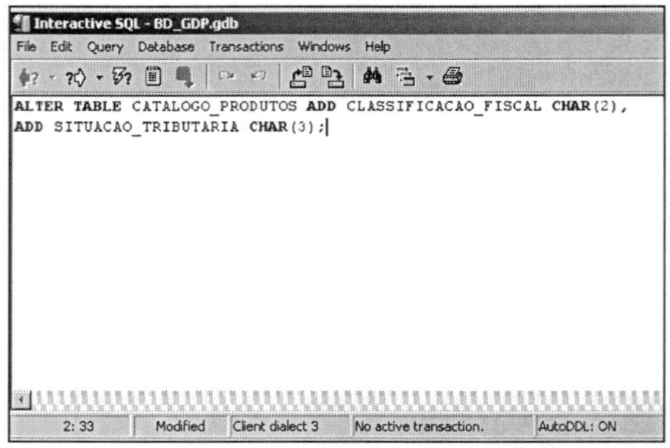

Figura 24.5

O próximo passo é alterar a tabela CONTROLE_SEQUENCIA com o comando **`ALTER TABLE CONTROLE_SEQUENCIA ADD CODIGO_TRANSPORTADORA DMCODIGO_TRANSPORTADORA`**.

Digite na janela do **Interactive SQL** o comando SQL exibido na figura 24.6, para assim criar a tabela de cadastro de transportadoras.

Após todas essas operações, estamos finalmente prontos para alterar o formulário de cadastro de produtos e criar o formulário que permite o cadastramento das transportadoras.

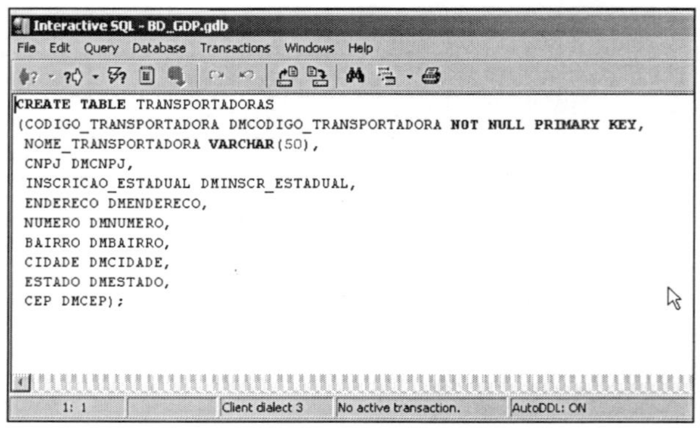

Figura 24.6

24.2. Alterando o Módulo de Dados

Volte ao Delphi e selecione o módulo de dados do projeto. Insira um componente **TSimpleDataSet** e um **TDataSource**. Configure as seguintes propriedades desse objeto:

Objeto	Propriedade	Grupo	Valor
SimpleDataSet1	ConnectionName	Connection	BaseDadosGDP
	CommandType	Database/DataSet	ctTable
	CommandText	Database/DataSet	transportadoras
	Name	Miscellaneous	sdsTransportadoras
DataSource1	DataSet	Database	sdsTransportadoras
	Name	Miscellaneous	dsTransportadoras

Atribua ainda ao evento **OnBeforeDelete** o procedimento **sdsDepartamentosBeforeDelete**. Em seguida adicione todos os campos da tabela e configure as propriedades **DisplayLabel** e **EditMask** da seguinte forma:

Campo	DisplayLabel	EditMask
Codigo_Transportadora	Código	
Nome_Transportadora	Nome da Transportadora	
CNPJ	CNPJ	99.999.999/9999-99
Inscricao_Estadual	Inscrição Estadual	999.999.999.999
Endereco	Endereço	
Numero	Número	
Bairro	Bairro	
Cidade	Cidade	
Estado	Estado	
CEP	CEP	99999-999

Selecione o objeto **sdsControle** e abra o editor de campos. Clique no botão de adição de campos e escolha o item **Codigo_Transportadora**. Da mesma forma, adicione os campos **Classificacao_Fiscal** e **Situacao_Tributaria** ao objeto **sdsCatalogo**. As figuras 24.7 e 24.8 mostram esses campos novos.

Já a figura 24.9 mostra o módulo de dados completo.

Figura 24.7

Figura 24.8

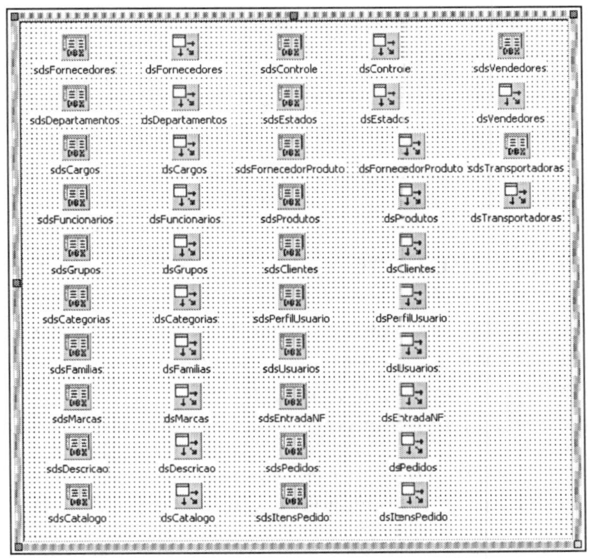

Figura 24.9

24.3. Incluindo Novos Campos no Formulário de Produtos

Neste tópico vamos modificar o formulário de cadastro de produtos acrescentando os dois novos campos. Abra o formulário **formCadProdutos** e adicione dois componentes **TLabel** (grupo **Standard**) e dois **TDBEdit** (grupo **Data Controls**) na parte inferior da primeira aba. Configure esses objetos da seguinte forma:

Objeto	Propriedade	Grupo	Valor
Label1	Caption	Visual	Class. Fiscal:
	Name	Miscellaneous	lblClasseFiscal
Label2	Caption	Visual	Situação Tributária:
	Name	Miscellaneous	lblSituacaoTributo
DBEdit1	DataSource	Database	dmModuloDados1.dsCatalogo
	DataField	Database	Classificacao_Fiscal
	Name	Miscellaneous	fldClasseFiscal
	CharCase	Miscellaneous	ecUpperCase

Objeto	Propriedade	Grupo	Valor
DBEdit2	DataSource	Database	dmModuloDados1. dsCatalogo
	DataField	Database	Situacao_Tributaria
	Name	Miscellaneous	fldSituacaoTributo
	CharCase	Miscellaneous	ecUpperCase

A figura 24.10 mostra o formulário com as alterações. Salve o formulário.

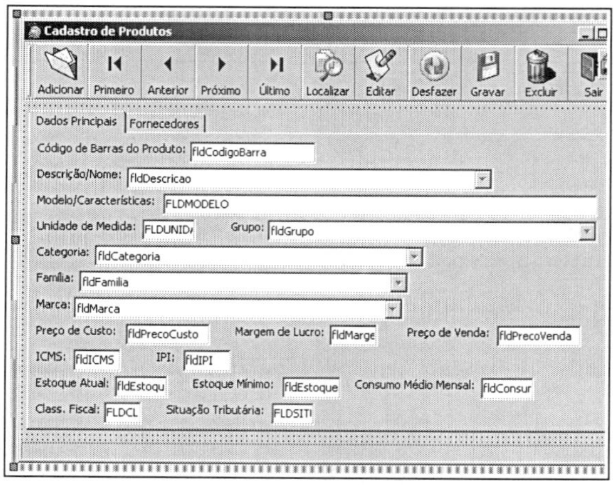

Figura 24.10

24.4. O Formulário de Cadastro de Transportadoras

Selecione a opção **File → New → Other**, escolha a opção **Inheritable Items** e clique no ícone do formulário denominado **formMestreCadastro**. A seguir selecione a opção **File → Use Unit** e escolha as unidades **UModuloDados1** e **URotinasGenericas** para vinculá-las ao formulário. Altere o valor da propriedade **Caption** (grupo **Visual**) para "Cadastro de Transportadoras", e na propriedade **Name** (grupo **Miscellaneous**) digite "formCadTransportadoras".

Adicione uma nova aba ao objeto **pgDados** clicando com o botão direito do mouse sobre ele e selecionando a opção **New Page**. Então configure as propriedades **Caption** (grupo **Visual**) e **Name** (grupo **Miscellaneous**) da seguinte maneira:

Objeto	Propriedade	Grupo	Valor
TabSheet1	Caption	Visual	Endereço
	Name	Miscellaneous	tabEndereco

Veja na figura 24.11 como deve ficar o formulário após esses ajustes.

Adicione à primeira aba três componentes **TLabel** (grupo **Standard**) e três **TDBEdit** (grupo **Data Controls**). Configure as propriedades desses objetos conforme demonstra a tabela seguinte:

Objeto	Propriedade	Grupo	Valor
Label1	Caption	Visual	Razão Social:
	Name	Miscellaneous	lblRazaoSocial
Label2	Caption	Visual	CNPJ:
	Name	Miscellaneous	lblCNPJ
Label3	Caption	Visual	Inscr. Estadual:
	Name	Miscellaneous	lblInscrEstadual
DBEdit1	DataSource	Database	dmModuloDados1.dsTransportadoras
	DataField	Database	Nome_Transportadora
	Name	Miscellaneous	fldRazaoSocial
	CharCase	Miscellaneous	ecUpperCase

Objeto	Propriedade	Grupo	Valor
DBEdit2	DataSource	Database	dmModuloDados1. dsTransportadoras
	DataField	Database	CNPJ
	Name	Miscellaneous	fldCNPJ
DBEdit3	DataSource	Database	dmModuloDados1. dsTransportadoras
	DataField	Database	Inscricao_Estadual
	Name	Miscellaneous	fldInscrEstadual

Veja a disposição desses objetos na figura 24.12.

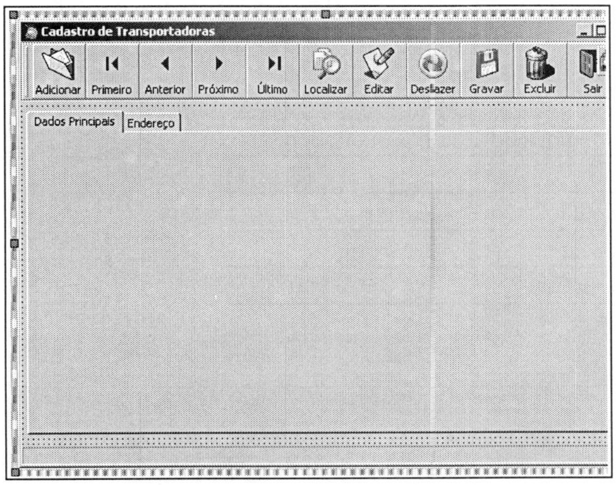

Figura 24.11

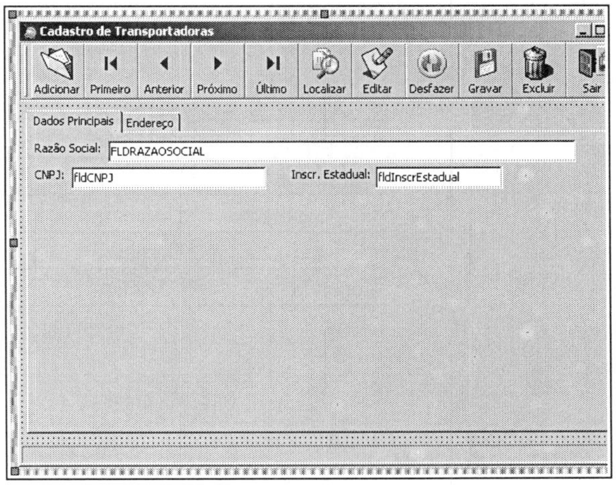

Figura 24.12

Selecione agora a segunda aba e adicione cinco componentes **TLabel** e cinco **TDBEdit** com suas propriedades configuradas da seguinte maneira:

Objeto	Propriedade	Grupo	Valor
Label1	Caption	Visual	Endereço:
	Name	Miscellaneous	lblEndereco
Label2	Caption	Visual	Bairro:
	Name	Miscellaneous	lblBairro
Label3	Caption	Visual	Cidade:
	Name	Miscellaneous	lblCidade
Label4	Caption	Visual	Estado:
	Name	Miscellaneous	lblEstado
Label5	Caption	Visual	CEP:
	Name	Miscellaneous	lblCEP
DBEdit1	DataSource	Database	dmModuloDados1.dsTransportadoras
	DataField	Database	Endereco
	Name	Miscellaneous	fldEndereco
	CharCase	Miscellaneous	ecUpperCase
DBEdit2	DataSource	Database	dmModuloDados1. dsTransportadoras
	DataField	Database	Numero
	Name	Miscellaneous	fldNumero
DBEdit4	DataSource	Database	dmModuloDados1. dsTransportadoras
	DataField	Database	Bairro
	Name	Miscellaneous	fldBairro
	CharCase	Miscellaneous	ecUpperCase

Objeto	Propriedade	Grupo	Valor
DBEdit5	DataSource	Database	dmModuloDados1. dsTransportadoras
	DataField	Database	Cidade
	Name	Miscellaneous	fldCidade
	CharCase	Miscellaneous	ecUpperCase
DBEdit6	DataSource	Database	dmModuloDados1. dsTransportadoras
	DataField	Database	CEP
	Name	Miscellaneous	fldCEP

Ao lado da legenda **Estado:** adicione um componente **TDBLookupComboBox** (grupo **Data Controls**) e configure suas propriedades conforme em seguida:

Propriedade	Grupo	Valor
DataSource	Database	dmModuloDados1. dsTransportadoras
DataField	Database	Estado
ListSource	Database	dmModuloDados1. dsEstados
ListField	Database	Estado
KeyField	Database	Sigla_Estado
Name	Miscellaneous	fldEstado

Clique com o botão direito do mouse no interior da aba para abrir a janela de configuração de ordem de tabulação. Então mova o objeto denominado **fldEstado** de modo que ele fique posicionado entre os objetos **fldCidade** e **fldCEP**.

Para finalizar, configure a propriedade **Visible** do botão **Localizar** com o valor **False**. A figura 24.13 mostra a aparência final do formulário. Salve-o com o nome "UCadTransportadoras.Pas".

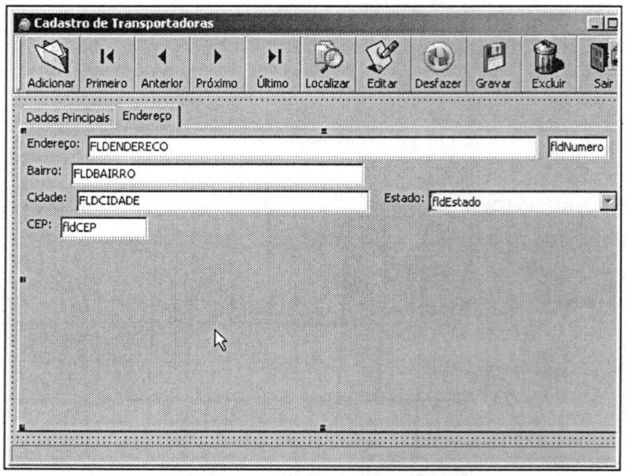

Figura 24.13

24.5. Adição dos Códigos Necessários

Abra o editor de códigos e digite a cadeia de caracteres "procedure MoveFoco" antes da palavra-chave **private**, na definição da classe do formulário, como mostra a listagem:

```
type
  TformCadTransportadoras = class(TformMestreCadastro)
    tabEndereco: TTabSheet;
    fldInscrEstadual: TDBEdit;
    fldCNPJ: TDBEdit;
    fldRazaoSocial: TDBEdit;
    lblInscrEstadual: TLabel;
    lblCNPJ: TLabel;
    lblRazaoSocial: TLabel;
    fldEstado: TDBLookupComboBox;
    fldCEP: TDBEdit;
    fldCidade: TDBEdit;
    fldBairro: TDBEdit;
    fldNumero: TDBEdit;
    fldEndereco: TDBEdit;
    lblCEP: TLabel;
    lblEstado: TLabel;
    lblCidade: TLabel;
```

```
    lblBairro: TLabel;
    lblEndereco: TLabel;
    procedure MoveFoco;
  private
    { Private declarations }
  public
    { Public declarations }
  end;
```

Após a diretiva de compilação {$R *.dfm}, digite as linhas de código mostradas na listagem:

```
procedure TformCadTransportadoras.MoveFoco;
begin
     if pgDados.ActivePageIndex = 0 then
        fldRazaoSocial.SetFocus
        else if pgDados.ActivePageIndex = 1 then
                fldEndereco.SetFocus;
end;
```

Clique no botão **Toogle Form/Unit** ( ) para voltar ao modo de desenho de formulário, selecione o formulário propriamente dito e dê um duplo-clique no evento **OnShow**. Entre com o código listado a seguir:

```
procedure TformCadTransportadoras.FormShow(Sender: TObject);
begin
  inherited;
     dmModuloDados1.sdsControle.Open;
     dmModuloDados1.sdsEstados.Open;
     dmModuloDados1.sdsTransportadoras.Open;
     if dmModuloDados1.sdsTransportadoras.IsEmpty then
     begin
          BloquearCampos(False);
          btnAdicionar.Enabled := False;
          btnEditar.Enabled := False;
          btnExcluir.Enabled := False;
          btnGravar.Enabled := True;
          chrModo := 'I';
          dmModuloDados1.sdsTransportadoras.Append;
     end
     else
         chrModo := ' ';
     MoveFoco;
end;
```

Agora clique no evento **OnClose** do formulário e digite o código:

```
procedure TformCadTransportadoras.FormClose(Sender: TObject;
  var Action: TCloseAction);
begin
     dmModuloDados1.sdsControle.Close;
     dmModuloDados1.sdsEstados.Close;
     dmModuloDados1.sdsTransportadoras.Close;
  inherited;
end;
```

Os códigos para os procedimentos dos botões da barra de ferramentas se encontram listados a seguir:

Botão Adicionar

```
procedure TformCadTransportadoras.btnAdicionarClick(Sender: TObject);
begin
  inherited;
     if Sender = btnAdicionar then
     begin
          try
             dmModuloDados1.sdsTransportadoras.Append;
             chrModo := 'I';
             except
                   MsgStatus('');
                   Mensagem('Impossível adicionar novo registro !');
          end;
     end
     else if Sender = btnEditar then
```

```
            begin
                try
                    dmModuloDados1.sdsTransportadoras.Edit;
                    chrModo := 'A';
                    except
                        MsgStatus('');
                        Mensagem('Impossível entrar no modo de edição !');
                end;
            end;
        MoveFoco;
end;
```

Botão Primeiro

```
procedure TformCadTransportadoras.btnPrimeiroClick(Sender: TObject);
begin
  inherited;
      dmModuloDados1.sdsTransportadoras.First;
      MoveFoco;
end;
```

Botão Anterior

```
procedure TformCadTransportadoras.btnAnteriorClick(Sender: TObject);
begin
  inherited;
      dmModuloDados1.sdsTransportadoras.Prior;
      if dmModuloDados1.sdsTransportadoras.Bof then
      begin
          MsgStatus('Início da tabela...');
          dmModuloDados1.sdsTransportadoras.First;
      end
      else
         MsgStatus('');
      MoveFoco;
end;
```

Botão Próximo

```
procedure TformCadTransportadoras.btnProximoClick(Sender: TObject);
begin
  inherited;
      dmModuloDados1.sdsTransportadoras.Next;
      if dmModuloDados1.sdsTransportadoras.Eof then
      begin
          MsgStatus('Fim da tabela...');
          dmModuloDados1.sdsTransportadoras.Last;
      end
      else
         MsgStatus('');
      MoveFoco;
end;
```

Botão Último

```
procedure TformCadTransportadoras.btnUltimoClick(Sender: TObject);
begin
  inherited;
      dmModuloDados1.sdsTransportadoras.Last;
      MoveFoco;
end;
```

Botão Desfazer

```
procedure TformCadTransportadoras.btnDesfazerClick(Sender: TObject);
begin
  inherited;
      if dmModuloDados1.sdsTransportadoras.State in [dsEdit,dsInsert] then
      begin
          try
             dmModuloDados1.sdsTransportadoras.CancelUpdates;
             MsgStatus('Alterações desfeitas com sucesso...');
             except
```

```
                Mensagem('Impossível desfazer alterações !');
          end;
      end
      else
          Mensagem('Não há alterações a serem desfeitas !');
      BloquearCampos(True);
      MoveFoco;
end;
```

Botão Gravar

```
procedure TformCadTransportadoras.btnGravarClick(Sender: TObject);
var
   intCodigoTransportadora: integer;
begin
  inherited;
      if dmModuloDados1.sdsTransportadoras.State in [dsEdit,dsInsert] then
      begin
           try
              if chrModo = 'I' then
              begin
                   dmModuloDados1.sdsControle.Edit;
                   dmModuloDados1.sdsControleCodigo_Transportadora.AsInteger :=
dmModuloDados1.sdsControleCodigo_Transportadora.AsInteger + 1;
                   dmModuloDados1.sdsControle.Post;
                   dmModuloDados1.sdsControle.ApplyUpdates(-1);
                   intCodigoTransportadora :=
dmModuloDados1.sdsControleCodigo_Transportadora.AsInteger;
                   dmModuloDados1.sdsTransportadorasCodigo_Transportadora.AsInteger :=
intCodigoTransportadora;
              end;
              dmModuloDados1.sdsTransportadoras.Post;
              dmModuloDados1.sdsTransportadoras.ApplyUpdates(-1);
              chrModo := ' ';
              MsgStatus('Dados gravados com sucesso...');
              except
                    Mensagem('Não foi possível efetuar a gravação dos dados !');
           end;
      end
      else
          Mensagem('Não há alterações a serem gravadas !');
      BloquearCampos(True);
      MoveFoco;
end;
```

Botão Excluir

```
procedure TformCadTransportadoras.btnExcluirClick(Sender: TObject);
begin
      if dmModuloDados1.sdsTransportadoras.State in [dsEdit,dsInsert] then
         dmModuloDados1.sdsTransportadoras.Post;
      try
         dmModuloDados1.sdsTransportadoras.Delete;
         dmModuloDados1.sdsTransportadoras.ApplyUpdates(-1);
         MsgStatus('Registro excluído com sucesso...');
         except
               Mensagem('Registro não foi excluído !');
      end;
      BloquearCampos(True);
      MoveFoco;
  inherited;
end;
```

As operações realizadas por esses procedimentos são idênticas às descritas nos capítulos anteriores. É por esse motivo que foram deixadas de lado as explicações detalhadas sobre seu funcionamento.

Selecione o objeto **fldRazaoSocial**, dê dois cliques no evento **OnEnter** e digite o código:

```
procedure TformCadTransportadoras.fldRazaoSocialEnter(Sender: TObject);
begin
  inherited;
     CorEntrada(Sender);
end;
```

De igual modo, atribua ao evento **OnExit** desse objeto o seguinte código:

```
procedure TformCadTransportadoras.fldRazaoSocialExit(Sender: TObject);
begin
  inherited;
     CorSaida(Sender);
     if Sender = fldCNPJ then
     begin
          if not VerificaCNPJ(fldCNPJ.Text) then
          begin
               Mensagem('CNPJ inválido!'+#13+'Digite novamente...');
               fldCNPJ.SetFocus;
          end;
     end;
end;
```

Adicione ainda a unidade **DB** à cláusula **Uses** do formulário, necessário por causa do uso das constantes **dsEdit** e **dsInsert** dentro de procedimentos. Salve o projeto, nomeando o arquivo do formulário como "UCadTransportadoras".

Adicione a unidade **UCadTransportadoras** ao formulário principal e abra o editor de menus. Clique na segunda barra divisória do menu **Cadastro** e tecle <INS> para inserir um novo item em branco. Configure as propriedades dessa nova opção conforme a tabela:

Propriedade	Grupo	Valor
Caption	Visual	Transportadoras
Name	Miscellaneous	opcCadTransportadoras

Veja na figura 24.14 essa nova opção do menu **Cadastro**. Atribua ao evento **OnClick** dessa opção o código listado a seguir:

```
procedure TformPrincipal.opcCadTransportadorasClick(Sender: TObject);
var
   Formulario: TformCadTransportadoras;
begin
     if (Application.FindComponent('formCadTransportadoras') = nil)
then
     begin
          Formulario :=
TformCadTransportadoras.Create(Application);
          Formulario.Top := 0;
          Formulario.Left := 0;
     end;
end;
```

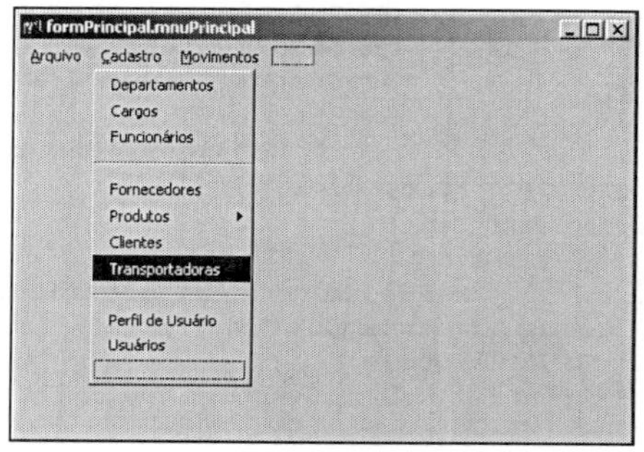

Figura 24.14

Clique no botão **Save All** e compile o projeto selecionando a opção **Project → Build GDP.** Execute o programa e selecione a opção **Cadastro → Produtos.** A figura 24.15 mostra a tela com os dados dos dois novos campos.

Na figura 24.16 é possível ver um exemplo de dados de transportadora cadastrados na tela aberta pela opção **Cadastro → Transportadoras.**

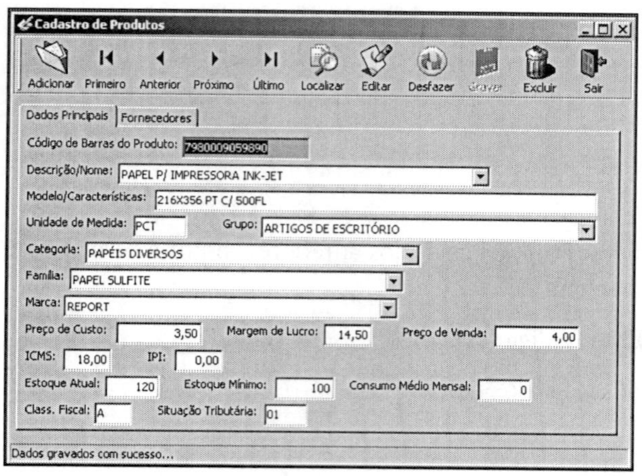

Figura 24.15

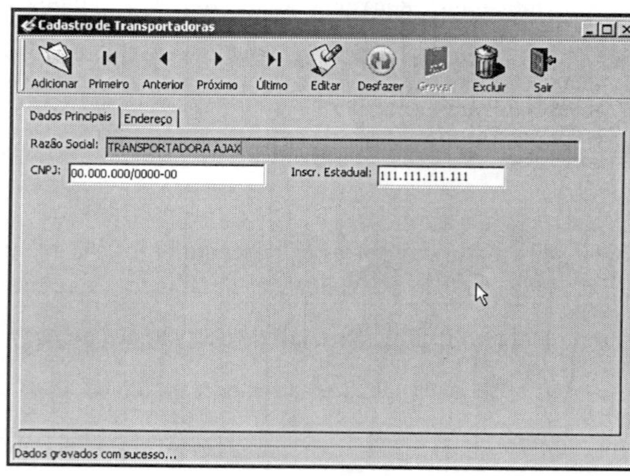

Figura 24.16

24.6. Módulo de Emissão de Nota Fiscal

Depois de executadas essas tarefas, já estamos prontos para a confecção do módulo de emissão de nota fiscal. Mas para isso, o primeiro passo é criar mais duas tabelas no banco de dados.

Execute o **MySQL Control Center**, conecte ao banco de dados **bd_gdp**, clique com o botão direito do mouse no item **Tables** e escolha a opção **New Table**. Para a estrutura especifique as seguintes informações:

Field Name	Allow NULL	Data Type	Length
Numero_Nota	Desmarcado	Int	
Numero_Pedido	Desmarcado	Int	
Cliente	Desmarcado	Varchar	50
CNPJ	Desmarcado	Varchar	18
Inscricao_Estadual	Marcado	Varchar	15
Endereco	Desmarcado	Varchar	55
Bairro	Desmarcado	Varchar	40
Cidade	Desmarcado	Varchar	40
Estado	Desmarcado	Char	2
CEP	Desmarcado	Varchar	9
Base_Calculo_ICMS	Marcado	Decimal	10,2
Valor_ICMS	Marcado	Decimal	10,2
Valor_Total_Produtos	Marcado	Decimal	12,2
Valor_Frete	Marcado	Decimal	10,2
Valor_Seguro	Marcado	Decimal	10,2
Valor_IPI	Marcado	Decimal	10,2
Valor_Total_NF	Marcado	Decimal	12,2
Tipo_Frete	Desmarcado	Char	1
Transportadora	Marcado	Varchar	50
CNPJ_Transportadora	Marcado	Varchar	18
InscrEstadual_Transportadora	Marcado	Varchar	15
Endereco_Transportadora	Marcado	Varchar	55
Bairro_Transportadora	Marcado	Varchar	40
Cidade_Transportadora	Marcado	Varchar	40
Estado_Transportadora	Marcado	Char	2
Placa_Veiculo	Marcado	Varchar	8
Quantidade	Desmarcado	Int	
Peso_Bruto	Desmarcado	Decimal	8,2
Peso_Liquido	Desmarcado	Decimal	8,2

É possível ver na figura 24.17 a janela de definição de estrutura com esses campos. Defina o campo **Numero_Nota** como chave primária e salve a tabela com o nome "Notas_Fiscais".

A segunda tabela que precisa ser criada tem a seguinte estrutura:

Field Name	Allow NULL	Data Type	Length
Registro	Desmarcado	Int	
Numero_Nota	Desmarcado	Int	
Codigo	Desmarcado	Varchar	6
Produto	Desmarcado	Varchar	80
Classificacao_Fiscal	Desmarcado	Char	2
Situacao_Tributaria	Desmarcado	Char	3
Unidade_Medida	Desmarcado	Varchar	4
Quantidade	Desmarcado	Int	

Field Name	Allow NULL	Data Type	Length
Preco_Unitario	Desmarcado	Decimal	10,2
Valor_Total	Desmarcado	Decimal	12,2
ICMS	Desmarcado	Decimal	8,2
IPI	Marcado	Decimal	8,2
Valor_IPI	Marcado	Decimal	10,2

A chave primária da tabela deve ser o campo **Registro**. Clique no botão **Save** e especifique como nome da tabela a cadeia de caracteres "Itens_NF". Veja a definição completa na figura 24.18.

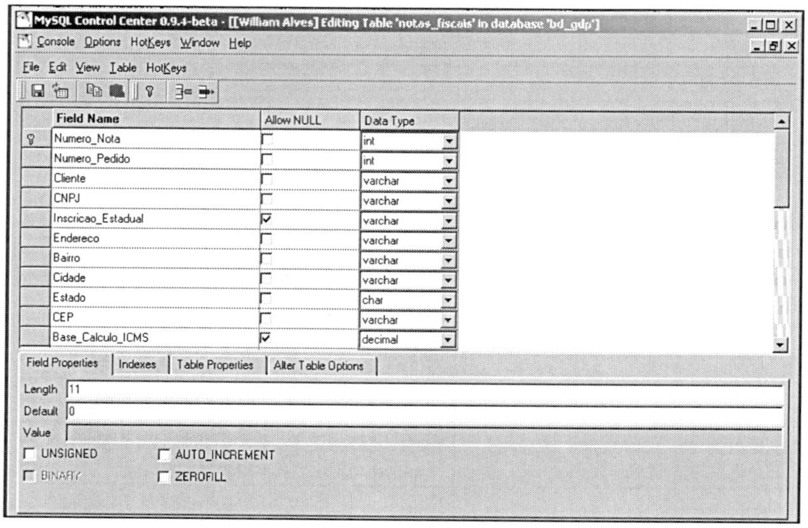

Figura 24.17

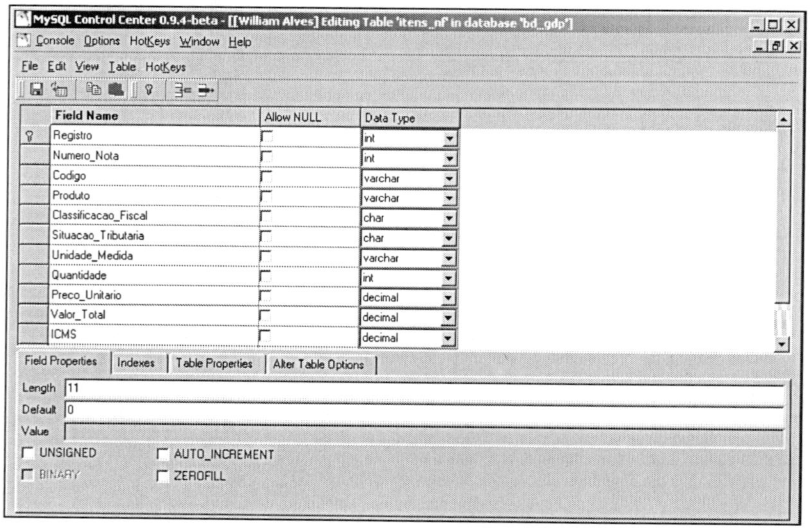

Figura 24.18

É preciso adicionar um campo à tabela **Controle_Sequencia**, que permitirá a geração do número seqüencial de registro da tabela **Itens_NF**. Clique com o botão direito do mouse sobre a tabela **controle_sequencia** e escolha a opção **Edit Table**. Na janela de definição, selecione o último campo e clique no botão **Insert Row** ( ). Especifique os seguintes atributos para esse novo campo:

Field Name	Allow NULL	Data Type
Registro_ItemNF	Desmarcado	Int

Veja a figura 24.19.

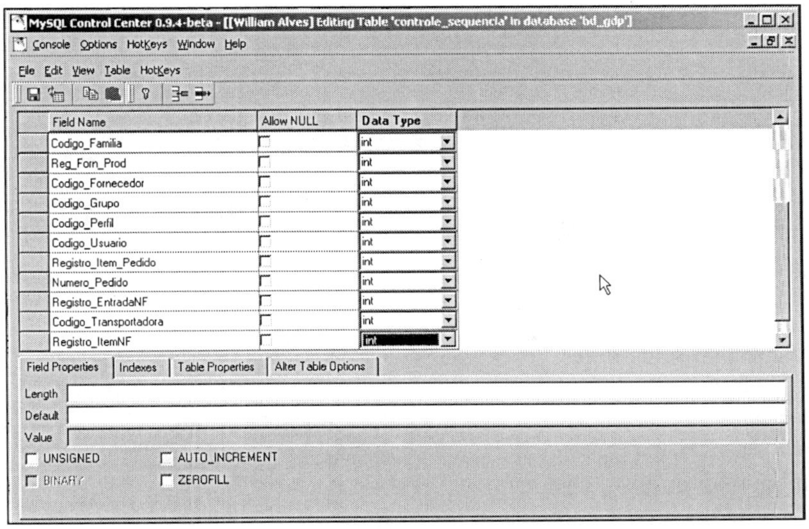

Figura 24.19

Agora vamos fazer essas mesmas alterações no banco de dados do InterBase. Execute o **IBConsole** e abra a janela **Interactive SQL**. Para criar a primeira tabela, digite e execute os seguintes comandos:

```
CREATE DOMAIN DMNUMERO_NOTA INTEGER;

CREATE TABLE NOTAS_FISCAIS
( NUMERO_NOTA DMNUMERO_NOTA NOT NULL PRIMARY KEY,
  NUMERO_PEDIDO DMNUMERO_PEDIDO,
  CLIENTE DMNOME,
  CNPJ DMCNPJ,
  INSCRICAO_ESTADUAL DMINSCR_ESTADUAL,
  ENDERECO VARCHAR(55),
  BAIRRO DMBAIRRO,
  CIDADE DMCIDADE,
  ESTADO DMESTADO,
  CEP DMCEP,
  BASE_CALCULO_ICMS DECIMAL(10, 2),
  VALOR_ICMS DECIMAL(10, 2),
  VALOR_TOTAL_PRODUTOS DECIMAL(12, 2),
  VALOR_FRETE DECIMAL(10, 2),
  VALOR_SEGURO DECIMAL(10, 2),
  VALOR_IPI DECIMAL(10, 2),
  VALOR_TOTAL_NF DECIMAL(12, 2),
  TIPO_FRETE CHAR(1),
  TRANSPORTADORA DMNOME,
  CNPJ_TRANSPORTADORA DMCNPJ,
  INSCRESTADUAL_TRANSPORTADORA DMINSCR_ESTADUAL,
  ENDERECO_TRANSPORTADORA VARCHAR(55),
  BAIRRO_TRANSPORTADORA DMBAIRRO,
  CIDADE_TRANSPORTADORA DMCIDADE,
  ESTADO_TRANSPORTADORA DMESTADO,
  PLACA_VEICULO VARCHAR(8),
  QUANTIDADE INTEGER,
  PESO_BRUTO DECIMAL(8, 2),
  PESO_LIQUIDO DECIMAL(8, 2));
```

Já para a criação da segunda tabela o comando deve ser o seguinte:

```
CREATE TABLE ITENS_NF
(REGISTRO INTEGER NOT NULL PRIMARY KEY,
 NUMERO_NOTA DMNUMERO_NOTA,
 CODIGO VARCHAR(6),
 PRODUTO VARCHAR(80),
 CLASSIFICACAO_FISCAL VARCHAR(2),
 SITUACAO_TRIBUTARIA VARCHAR(3),
 UNIDADE_MEDIDA VARCHAR(4),
 QUANTIDADE INTEGER,
 PRECO_UNITARIO DECIMAL(10, 2),
 VALOR_TOTAL DECIMAL(12, 2),
 ICMS DECIMAL(8, 2),
 IPI DECIMAL(8, 2),
 VALOR_IPI DECIMAL(10, 2));
```

Para adicionar o campo da tabela **Controle_Sequencia**, execute o seguinte comando:

```
ALTER TABLE CONTROLE_SEQUENCIA ADD REGISTRO_ITEMNF INTEGER;
```

Veja na figura 24.20 a lista de tabelas do banco de dados já definidas até o momento.

Agora criaremos o formulário que solicita que um número de pedido seja informado para poder imprimir a nota fiscal referente a esse pedido. Note que o sistema será preparado para imprimir uma nota por pedido, mas o próprio leitor pode, com os conhecimentos que possuir, fazer alterações para que seja possível agrupar vários pedidos numa única nota.

Abra o módulo de dados e insira dois componentes **TSimpleDataSet** e dois **TDataSource**, configurando suas propriedades da seguinte forma:

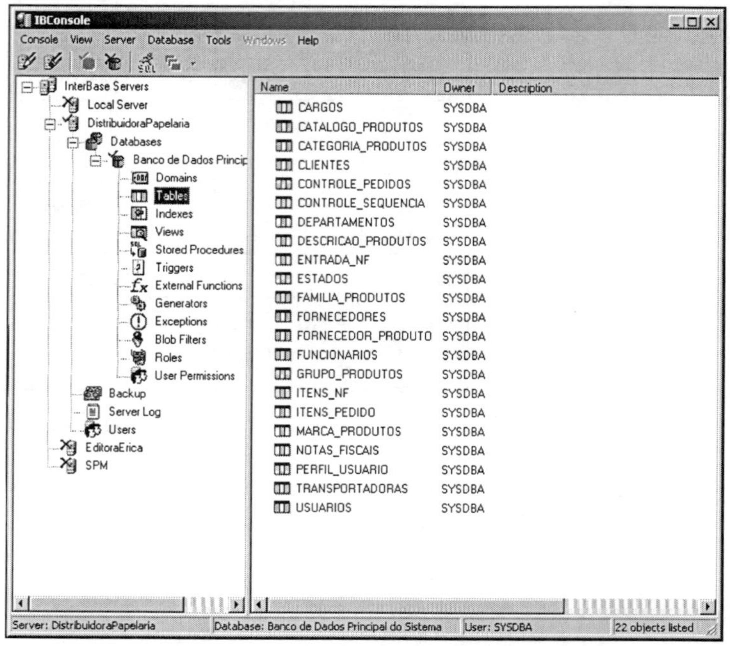

Figura 24.20

Objeto	Propriedade	Grupo	Valor
SimpleDataSet1	ConnectionName	Connection	BaseDadosGDP
	CommandType	Database/DataSet	ctTable
	CommandText	Database/DataSet	notas_fiscais
	Name	Miscellaneous	sdsnotas_fiscais
SimpleDataSet2	ConnectionName	Connection	BaseDadosGDP
	CommandType	Database/DataSet	ctTable
	CommandText	Database/DataSet	itens_nf
	Name	Miscellaneous	sdsitens_nf
DataSource1	DataSet	Database	sdsNotasFiscais
	Name	Miscellaneous	dsNotasFiscais
DataSource2	DataSet	Database	sdsItensNF
	Name	Miscellaneous	dsItensNF

A seguir, adicione todos os campos das tabelas e configure as propriedades **DisplayLabel** e **DisplayFormat** de alguns deles da seguinte forma:

Objeto sdsNotasFiscais

Campo	DisplayLabel	DisplayFormat
Numero_Nota	Número da Nota	
Numero_Pedido	Número do Pedido	
Valor_Total_NF	Valor Total	###,##0.00

Objeto sdsItensNF

Campo	DisplayLabel	EditMask
Codigo	Código	
Preco_Unitario	Preço Unitário	##,##0.00
Valor_Total	Valor Total	##,##0.00

Na figura 24.21 dá para se ver o módulo de dados com esses novos objetos.

Clique no botão **New Items** e escolha o ícone **Form** do item **Delphi Files.** Com isso um novo formulário em branco é adicionado ao projeto. Configure as propriedades **Caption** e **Name** desse formulário com as cadeias de caracteres "Emissão de Nota Fiscal" e "formEmissaoNotaFiscal". Especifique ainda nas propriedades **BorderStyle** e **Position** os valores **bsDialog** e **poScreenCenter.** Desabilite todas as opções da propriedade **BorderIcons** selecionando o valor **False** para elas. Por fim especifique na propriedade **KeyPreview** o valor **True** e vincule às unidades **UModuloDados1**, **UMDRelatorios** e **URotinasGenericas.** O tamanho do formulário deve ser ajustado conforme a figura 24.22.

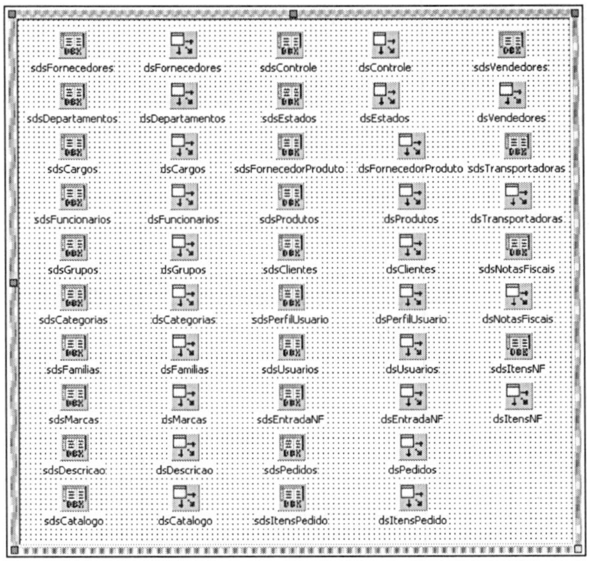

Figura 24.21

A seguir, adicione um **TGroupBox** e dentro dele coloque dois **TLabel**, um **TMaskEdit** e dois **TBitBtn**. Esses objetos devem ser configurados conforme descrito na tabela:

Objeto	Propriedade	Grupo	Valor
GroupBox1	Caption	Visual	Informações do Pedido
	Name	Miscellaneous	grpPedido
Label1	Caption	Visual	Número do Pedido:
	Name	Miscellaneous	lblNumeroPedido
Label2	Caption	Visual	Cliente:
	Name	Miscellaneous	lblCliente
MaskEdit1	EditMask	Visual	999999
	Name	Miscellaneous	mskNumeroPedido
BitBtn1	Caption	Visual	Confirma
	Glyph	Visual	Confirma.bmp
	Name	Miscellaneous	btnConfirma
BitBtn2	Caption	Visual	Sair
	Glyph	Visual	Sair01.bmp
	Name	Miscellaneous	btnSair

A figura 24.23 mostra o formulário com esses objetos adicionados.

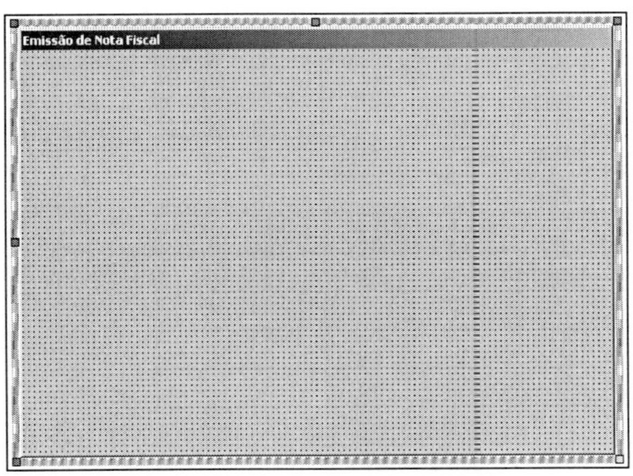

Figura 24.22

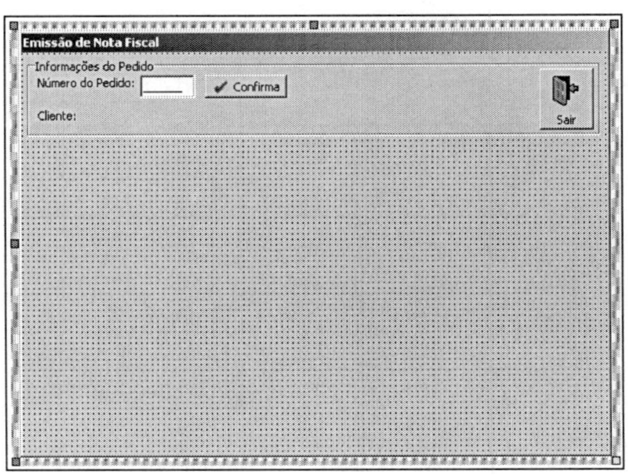

Figura 24.23

Adicione um outro **TGroupBox** com as seguintes propriedades configuradas:

Propriedade	Grupo	Valor
Caption	Visual	Informações p/ Emissão da Nota Fiscal
Name	Miscellaneous	grpNotaFiscal

Dentro dele coloque os seguintes componentes:

Objeto	Propriedade	Grupo	Valor
GroupBox1	Caption	Visual	Tipo de Transporte
	Name	Miscellaneous	grpTipoTransporte
RadioButton1	Caption	Visual	Próprio
	Name	Miscellaneous	rbProprio
RadioButton2	Caption	Visual	Cliente
	Name	Miscellaneous	rbCliente
RadioButton3	Caption	Visual	Transportadora
	Name	Miscellaneous	rbTransportadora
Label1	Caption	Visual	Transportadora
	Name	Miscellaneous	lblTransportadora
DBLookupComboBox1	ListSource	Database	dmModuloDados1.dsTransportadoras
	ListField	Database	Nome_Transportadora
	KeyField	Database	Codigo_Transportadora
	Name	Miscellaneous	fldTransportadora
Label2	Caption	Visual	Valor do Frete:
	Name	Miscellaneous	lblValorFrete
Edit1	MaxLength	Miscellaneous	10
	Name	Miscellaneous	edtValorFrete
Label3	Caption	Visual	Valor do Seguro:
	Name	Miscellaneous	lblValorSeguro
Edit2	MaxLength	Miscellaneous	10
	Name	Miscellaneous	edtValorSeguro
RadioGroup1	Caption	Visual	Frete por Conta
	Items	Localizable	1-Emitente 2-Destinatário
	Name	Miscellaneous	rbTipoFrete
Label4	Caption	Visual	Placa do Veículo:
	Name	Miscellaneous	lblPlacaVeiculo
MaskEdit1	EditMask	Visual	AAA-9999
	Name	Miscellaneous	mskPlacaVeiculo
Label5	Caption	Visual	Quantidade:
	Name	Miscellaneous	lblQuantidade
Edit3	MaxLength	Miscellaneous	5
	Name	Miscellaneous	edtQuantidade
Label6	Caption	Visual	Espécie:
	Name	Miscellaneous	lblEspecie
Edit4	MaxLength	Miscellaneous	10
	Name	Miscellaneous	edtEspecie
Label7	Caption	Visual	Peso Bruto:
	Name	Miscellaneous	lblPesoBruto
Edit5	MaxLength	Miscellaneous	10
	Name	Miscellaneous	edtPesoBruto
Label8	Caption	Visual	Peso Líquido:
	Name	Miscellaneous	lblPesoLiquido

Objeto	Propriedade	Grupo	Valor
Edit6	MaxLength	Miscellaneous	10
	Name	Miscellaneous	edtPesoLiquido
Label9	Caption	Visual	Dados Adicionais
	Name	Miscellaneous	lblPesoLiquido
Edit7	MaxLength	Miscellaneous	30
	Name	Miscellaneous	edtDadosAdicionais1
Edit8	MaxLength	Miscellaneous	30
	Name	Miscellaneous	edtDadosAdicionais2
Edit9	MaxLength	Miscellaneous	30
	Name	Miscellaneous	edtDadosAdicionais3
BitBtn1	Caption	Visual	Imprimir
	Glyph	Visual	Imprimir02.bmp
	Layout	Miscellaneous	blGlyphTop
	Name	Miscellaneous	btnImprimir

É importante destacar que os três componentes **TRadioButton** devem ser inseridos no segundo objeto do tipo **TGroupBox**. Veja a disposição de todos os objetos dentro do formulário na figura 24.24.

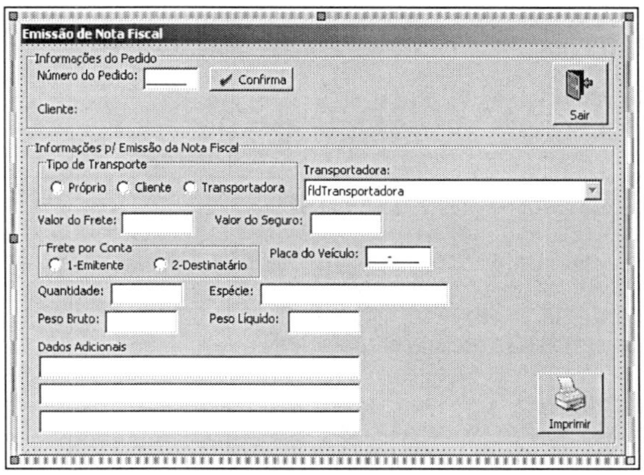

Figura 24.24

Com o formulário selecionado atribua aos eventos **OnShow** e **OnClose** os procedimentos listados a seguir:

```
procedure TformEmissaoNotaFiscal.FormShow(Sender: TObject);
begin
     fldTransportadora.Enabled := False;
     grpNotaFiscal.Enabled := False;
     dmModuloDados1.sdsPedidos.Open;
     dmModuloDados1.sdsItensPedido.Open;
     dmModuloDados1.sdsClientes.Open;
     dmModuloDados1.sdsTransportadoras.Open;
     dmModuloDados1.sdsNotasFiscais.Open;
     dmModuloDados1.sdsItensNF.Open;
     dmModuloDados1.sdsControle.Open;
end;

procedure TformEmissaoNotaFiscal.FormClose(Sender: TObject;
  var Action: TCloseAction);
begin
     dmModuloDados1.sdsItensPedido.Close;
     dmModuloDados1.sdsPedidos.Close;
     dmModuloDados1.sdsClientes.Close;
     dmModuloDados1.sdsTransportadoras.Close;
     dmModuloDados1.sdsItensNF.Close;
     dmModuloDados1.sdsNotasFiscais.Close;
     dmModuloDados1.sdsControle.Close;
end;
```

Para o evento **OnKeyPress** o código deve ser o seguinte:

```
procedure TformEmissaoNotaFiscal.FormKeyPress(Sender: TObject; var Key: Char);
begin
     if key = #13 then
     begin
          Key:= #0;
          Perform(WM_NEXTDLGCTL,0,0);
     end;
end;
```

Selecione o objeto **mskNumeroPedido** e digite no evento **OnEnter** o seguinte código:

```
procedure TformEmissaoNotaFiscal.mskNumeroPedidoEnter(Sender: TObject);
begin
     CorEntrada(Sender);
end;
```

Já para o evento **OnExit** digite:

```
procedure TformEmissaoNotaFiscal.mskNumeroPedidoExit(Sender: TObject);
var
   dblValor: double;
   intValor: integer;
begin
     CorSaida(Sender);
     if Sender = edtQuantidade then
     begin
          if Trim(edtQuantidade.Text) <> '' then
             intValor := StrToInt(Trim(edtQuantidade.Text))
             else
                 intValor := 0;
          edtQuantidade.Text := Format('%8d',[intValor]);
     end
     else if Sender = edtValorFrete then
          begin
               if Trim(edtValorFrete.Text) <> '' then
                  dblValor := StrToFloat(Trim(edtValorFrete.Text))
                  else
                      dblValor := 0;
               edtValorFrete.Text := Format('%10.2f',[dblValor]);
          end
     else if Sender = edtValorSeguro then
          begin
               if Trim(edtValorSeguro.Text) <> '' then
                  dblValor := StrToFloat(Trim(edtValorSeguro.Text))
                  else
                      dblValor := 0;
               edtValorSeguro.Text := Format('%10.2f',[dblValor]);
          end
     else if Sender = edtPesoBruto then
          begin
               if Trim(edtPesoBruto.Text) <> '' then
                  dblValor := StrToFloat(Trim(edtPesoBruto.Text))
                  else
                      dblValor := 0;
               edtPesoBruto.Text := Format('%10.2f',[dblValor]);
          end
     else if Sender = edtPesoLiquido then
          begin
               if Trim(edtPesoLiquido.Text) <> '' then
                  dblValor := StrToFloat(Trim(edtPesoLiquido.Text))
                  else
                      dblValor := 0;
               edtPesoLiquido.Text := Format('%10.2f',[dblValor]);
          end;
end;
```

Esses dois procedimentos devem ser atribuídos às demais caixas de entrada (**edtValorFrete**, **edtValorSeguro**, **mskPlacaVeiculo**, **edtQuantidade**, **edtEspecie**, **edtPesoBruto**, **edtPesoLiquido**, **edtDadosAdicionais1**, **edtDadosAdicionais2** e **edtDadosAdicionais3**).

O procedimento **mskNumeroPedidoExit** verifica se o objeto que o invocou é **edtQuantidade**, **edtValorFrete**, **edtValorSeguro**, **edtPesoBruto** ou **edtPesoLiquido** para poder ajustar o valor presente neles, como, por exemplo, apresentação com duas casas decimais após a vírgula.

A seguir, selecione o objeto **edtValorFrete** e digite no evento **OnKeyPress** o código constante da listagem:

```
procedure TformEmissaoNotaFiscal.edtValorFreteKeyPress(Sender: TObject;
  var Key: Char);
begin
     if ((Ord(Key) < Ord('0')) or (Ord(Key) > Ord('9'))) and (Key <> ',') then
        Key := #0;
end;
```

Essa rotina permite a validação de dado no momento da digitação. Ela analisa cada caractere digitado e o compara com uma faixa de valores preestabelecidos. Se o caractere estiver fora dessa faixa, então ele é inválido e por isso, ignorado.

O parâmetro **Key** do procedimento recebe o caractere digitado pelo usuário. Seu valor é testado para verificar se corresponde aos dígitos numéricos 0 a 9, ou também se é uma vírgula. Para fazer a primeira comparação, utilizamos a função **Ord** que retorna o valor do caractere dentro da tabela ASCII.

Para ignorar o caractere digitado, atribui-se ao próprio parâmetro **Key** o caractere de código 0. Vamos agora atribuir o procedimento necessário ao evento **OnClick** dos botões de opção **rbProprio**, **rbCliente** e **rbTransportadora**. As listagens apresentam os códigos:

```
procedure TformEmissaoNotaFiscal.rbProprioClick(Sender: TObject);
begin
     fldTransportadora.Enabled := (not rbProprio.Checked);
end;

procedure TformEmissaoNotaFiscal.rbClienteClick(Sender: TObject);
begin
     fldTransportadora.Enabled := (not rbCliente.Checked);
end;

procedure TformEmissaoNotaFiscal.rbTransportadoraClick(Sender: TObject);
begin
     fldTransportadora.Enabled := rbTransportadora.Checked;
end;
```

Esses procedimentos permitem que a caixa de combinação para seleção da transportadora seja habilitada quando estiver selecionada a opção **Transportadora**, e desabilitada no caso dos outros dois botões de opção.

Dê um duplo-clique no botão com a legenda **Confirma** e digite o seguinte código:

```
procedure TformEmissaoNotaFiscal.btnConfirmaClick(Sender: TObject);
begin
     if Trim(mskNumeroPedido.Text) <> '' then
     begin
          dmModuloDados1.sdsPedidos.IndexFieldNames := 'Numero_Pedido';
          if dmModuloDados1.sdsPedidos.FindKey([Trim(mskNumeroPedido.Text)]) then
          begin
               dmModuloDados1.sdsNotasFiscais.IndexFieldNames := 'Numero_Pedido';
               if dmModuloDados1.sdsNotasFiscais.FindKey([Trim(mskNumeroPedido.Text)]) then
               begin
                    Mensagem('Nota Fiscal já emitida para esse Pedido!');
                    mskNumeroPedido.SetFocus;
               end
               else
               begin
                    dmModuloDados1.sdsClientes.IndexFieldNames := 'Codigo_Cliente';

dmModuloDados1.sdsClientes.FindKey([dmModuloDados1.sdsPedidosCodigo_Cliente.AsInteger]);
                    lblCliente.Caption := 'Cliente: '+dmModuloDados1.sdsClientesNome_Cliente.AsString;
                    dmModuloDados1.sdsClientes.IndexFieldNames := '';
                    mskNumeroPedido.Enabled := False;
                    btnConfirma.Enabled := False;
                    grpNotaFiscal.Enabled := True;
                    rbProprio.SetFocus;
               end;
               dmModuloDados1.sdsNotasFiscais.IndexFieldNames := '';
          end
```

```
        else
        begin
            Mensagem('Pedido não encontrado!');
            mskNumeroPedido.SetFocus;
        end;
        dmModuloDados1.sdsPedidos.IndexFieldNames := '';
    end
    else
        mskNumeroPedido.SetFocus;
end;
```

O procedimento verifica em primeiro lugar se foi especificado um valor para o número do pedido. Em caso afirmativo, ele pesquisa na tabela de pedidos o número informado pelo usuário. Se encontrar, verifica se já existe uma nota fiscal emitida para o referido pedido. Se não houver, apresenta o nome do cliente e habilita o grupo de objetos denominado **grpNotaFiscal**, para a entrada das informações necessárias à emissão da nota fiscal.

Salve o formulário com o nome "UEmissaoNotaFiscal".

24.7. O Layout da Nota Fiscal

Precisamos interromper por um momento a construção do formulário para criarmos o relatório para impressão da nota. A figura 24.25 apresenta o modelo de nota fiscal que adotaremos no projeto. O tamanho desse modelo é de 22,10 cm por 27,7 cm (ou 8,70 pol. por 10,92 pol.).

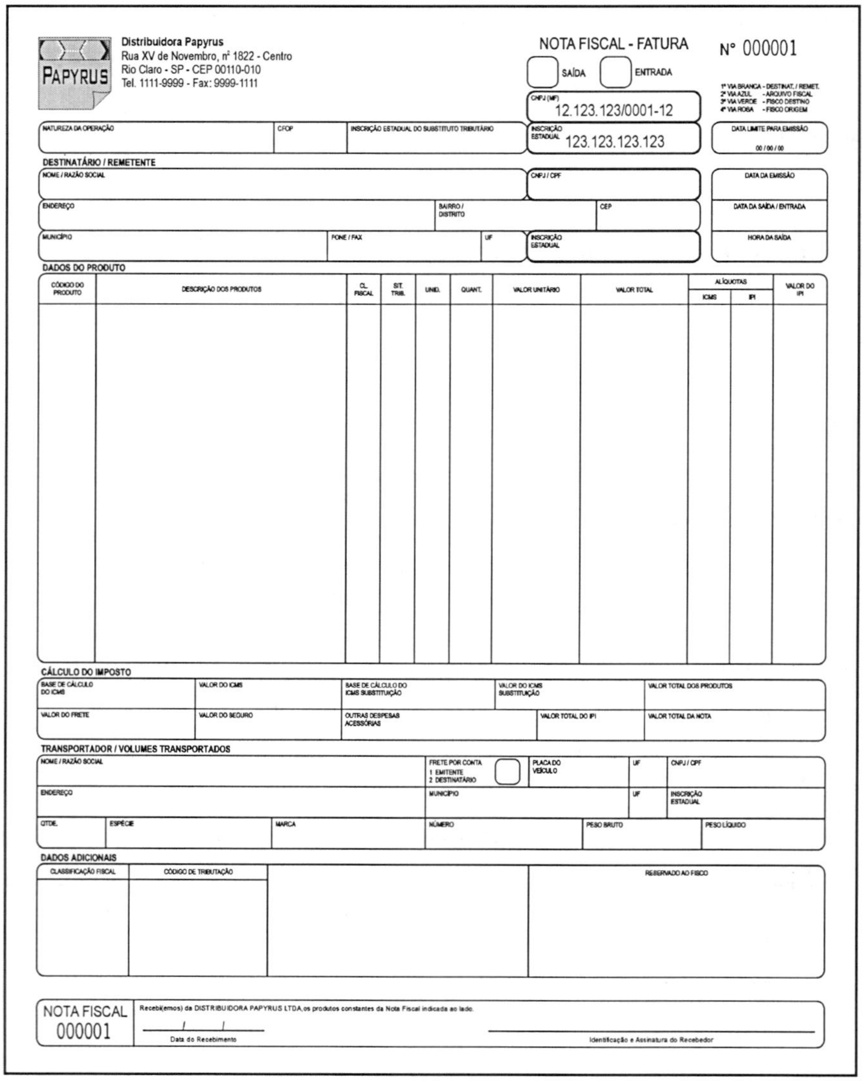

Figura 24.25

A nota fiscal pode ser confeccionada em blocos de folhas avulsas, autocarbonadas, ou em formulários contínuos (também com folhas autocarbonadas), com um número de vias exigido pela Receita Federal. Em qualquer desses dois casos, a numeração das notas deve vir pré-impressa pela gráfica. É importante destacar que para o desenvolvimento de uma aplicação real, é necessária a presença de um especialista na área contábil para auxiliar o programador ou equipe de desenvolvimento no sentido de fornecer informações e sanar possíveis dúvidas.

Abra o módulo de dados **dmRelatorios** e dê dois cliques no objeto **rvRelatorios**. Quando surgir o ambiente de trabalho do **Rave Reports**, clique no botão **New Report** ( ). Especifique como nome do relatório (propriedade **Name**) a cadeia de caracteres "NotaFiscal". Com o item **Page** selecionado escolha a opção Custom na propriedade **PaperSize** e digite os valores "10,92" e "8,7" nas propriedades **PaperHeight** e **PaperWidth** respectivamente. Selecione também a opção **poPortrait** na propriedade **Orientation**.

Adicione à página do relatório um componente **Region** (paleta **Report**) e ajuste seu tamanho de forma a abranger toda a largura e altura da página. Dentro dessa região coloque um componente **Bitmap** (paleta **Standard**), como mostra a figura 24.26.

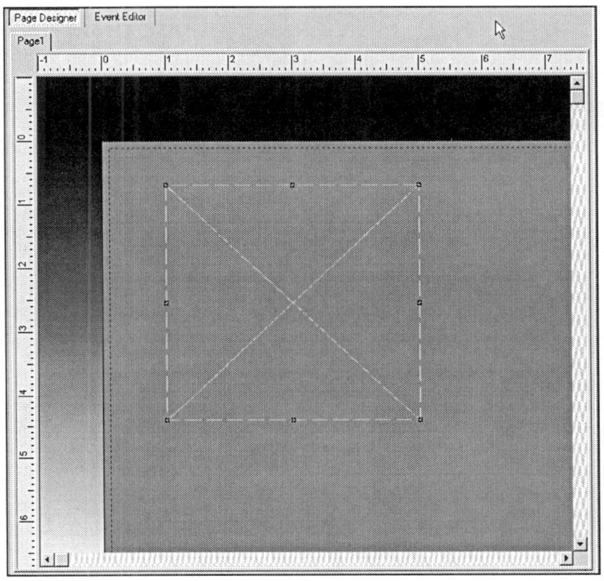

Figura 24.26

Clique no ícone da propriedade **Image** para abrir a tela da figura 24.27. Ela permite a seleção de uma imagem em formato bitmap (extensão .BMP) que será atribuída ao objeto. Para isso clique no botão **Open** e escolha em seguida o arquivo **ModeloNF.BMP** (figura 24.28). Ajuste o tamanho do objeto para que ocupe toda a dimensão da página. Configure também a propriedade **MatchSize** com o valor **True**, dessa maneira a imagem terá o tamanho do objeto **Bitmap**. Veja a figura 24.29.

Selecione o nível de zoom 150%, assim fica mais fácil de trabalhar (figura 24.30).

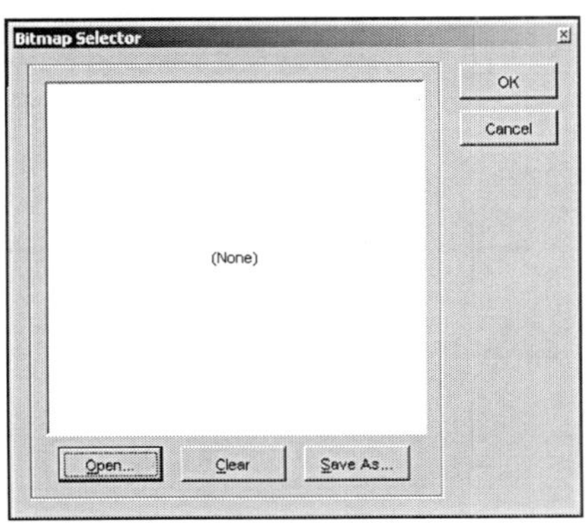

Figura 24.27

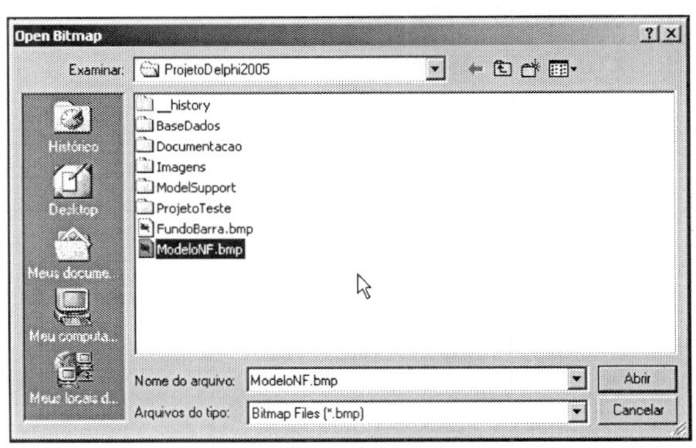

Figura 24.28

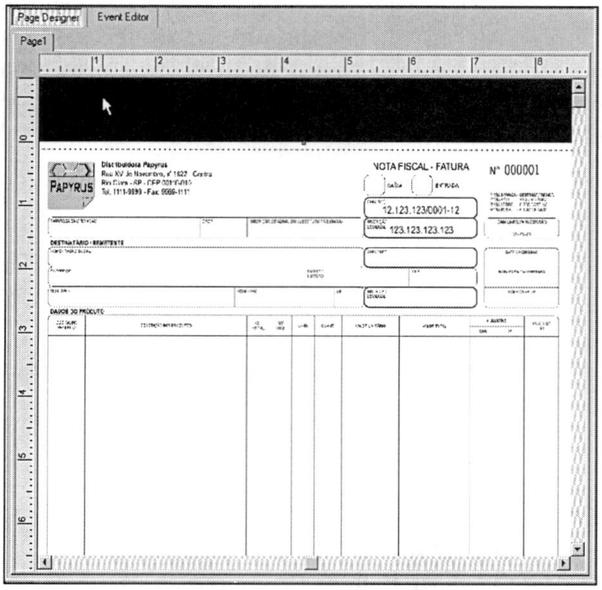

Figura 24.29

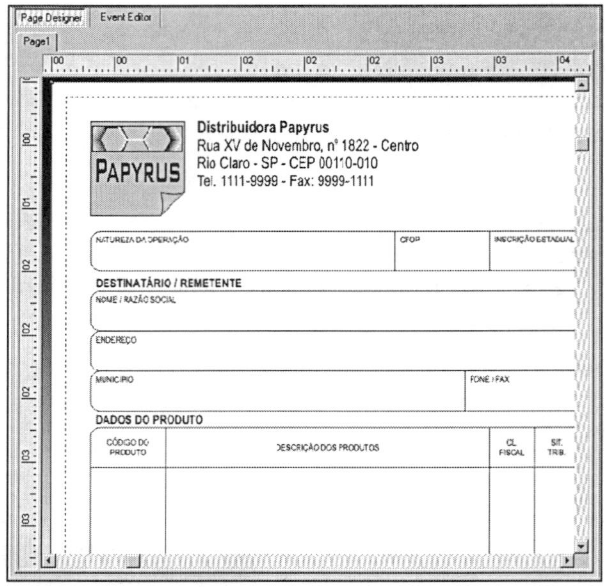

Figura 24.30

A imagem de fundo será utilizada por nós como uma espécie de gabarito, orientando-nos com relação às posições que devem ocupar os diversos componentes **DataText** a serem adicionados.

Por exemplo, adicione um componente **DataText** ao quadro de identificação da **Natureza de Operação** (figura 24.31). Selecione a fonte de letra Courier New com tamanho 10 a partir da propriedade **Font**. Essa fonte é ideal por ser monoespaçada, ou seja, a largura dos caracteres é fixa, independente se for um "i" ou um "m".

Clique no ícone da propriedade **DataField** e no botão **Insert Parameter**. Complete digitando a cadeia de caracteres "NaturezaOperacao" à frente da expressão **Param** (figura 24.32). Veja na figura 24.33 o resultado que se deve obter.

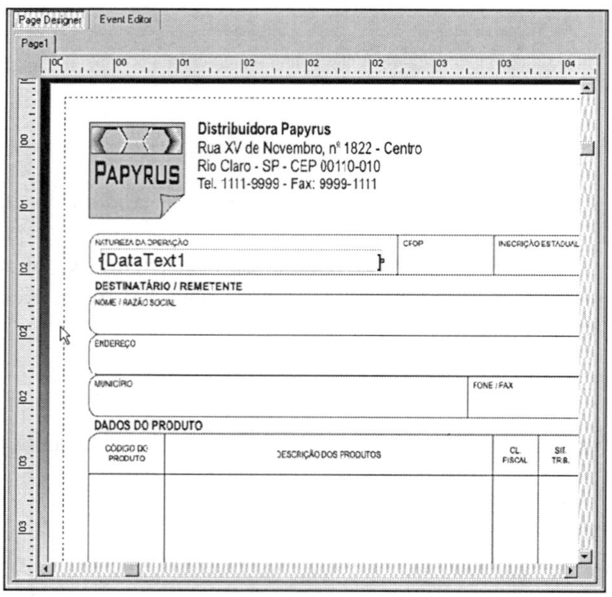

Figura 24.31

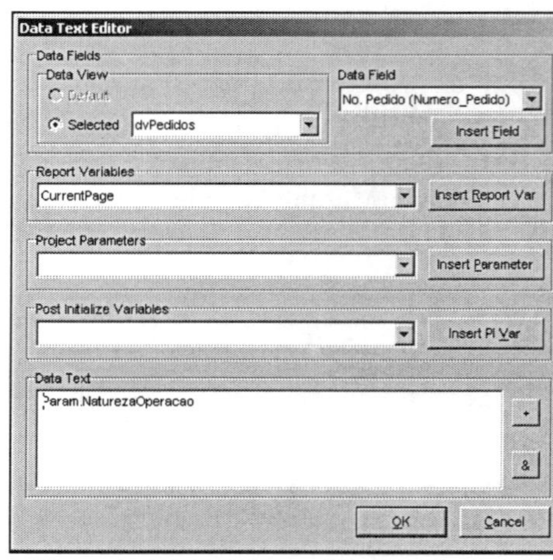

Figura 24.32

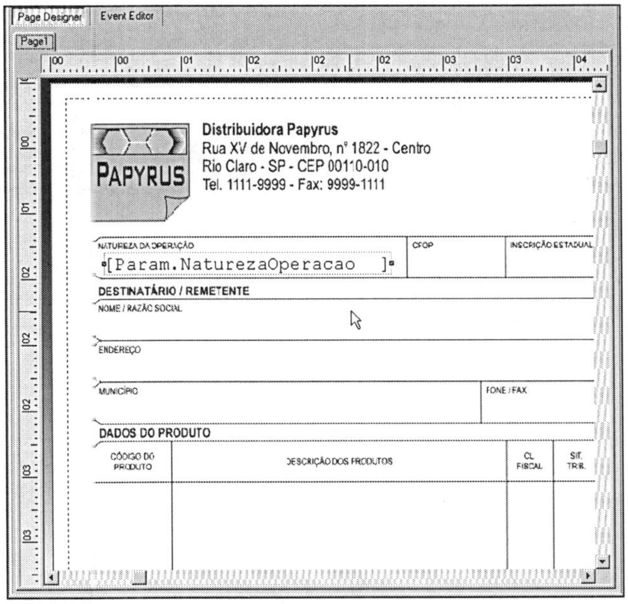

Figura 24.33

Complete toda a parte que compõe o cabeçalho da nota adicionando outros **DataText** e configurando-os conforme a tabela a seguir. Lembre-se também de especificar a fonte Courier New e o tamanho 10. Todos esses objetos terão parâmetros no lugar de um campo. O nome desses parâmetros também é mostrado na tabela.

Objeto	Propriedade	Valor
DataText1	Left	5,30
	Top	0,60
	Name	fldSaida
	Parâmetro	Saida
DataText3	Left	0,40
	Top	1,75
	Name	fldCliente
	Parâmetro	Cliente
DataText5	Left	7,25
	Top	1,75
	Name	fldDataEmissao
	Parâmetro	DataEmissao
DataText7	Left	4,70
	Top	2,06
	Name	fldBairro
	Parâmetro	Bairro
DataText9	Left	0,40
	Top	2,38
	Name	fldMunicipio
	Parâmetro	Municipio
DataText11	Left	5,60
	Top	2,38
	Name	fldInscricaoEstadual
	Parâmetro	InscricaoEstadual

Objeto	Propriedade	Valor
DataText2	Left	2,80
	Top	1,30
	Name	fldCFOP
	Parâmetro	CFOP
DataText4	Left	5,35
	Top	1,75
	Name	fldCNPJ
	Parâmetro	CNPJ
DataText6	Left	0,40
	Top	2,06
	Name	fldEndereco
	Parâmetro	Endereco
DataText8	Left	6,10
	Top	2,06
	Name	fldCEP
	Parâmetro	CEP
DataText10	Left	4,90
	Top	2,38
	Name	fldUF1
	Parâmetro	UF1

Veja na figura 24.34 o resultado dessas adições.

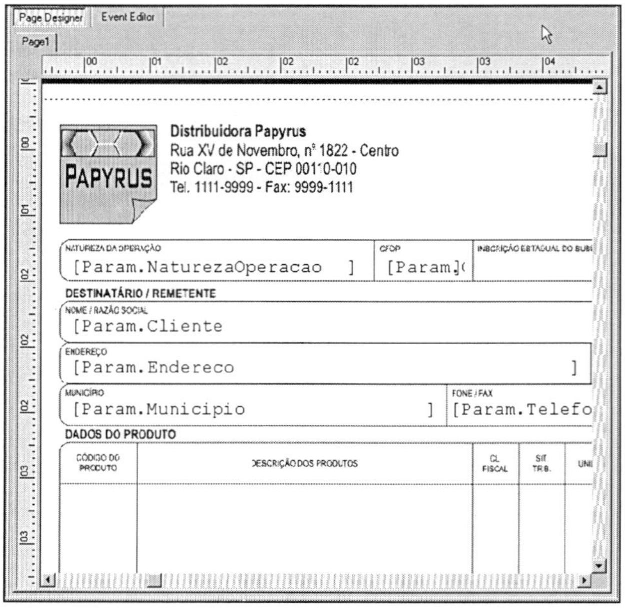

Figura 24.34

Na seção que compreende a relação de produtos, adicione um componente **DataText** a cada coluna, configurando-os da seguinte forma:

Objeto	Propriedade	Valor
DataText1	Left	0,35
	Top	3,08
	Name	fldCodigo1
	Parâmetro	Codigo1
DataText3	Left	3,50
	Top	3,08
	Name	fldCLFiscal1
	Parâmetro	CLFiscal1
DataText5	Left	4,19
	Top	3,08
	Name	fldUnidade1
	Parâmetro	Unidade1
DataText7	Left	4,95
	Top	3,08
	Name	fldValorUnitario1
	Parâmetro	ValorUnitario1
DataText9	Left	6,97
	Top	3,08
	Name	fldICMS1
	Parâmetro	ICMS1
DataText11	Left	7,87
	Top	3,08
	Name	fldValorIPI1
	Parâmetro	ValorIPI1

Objeto	Propriedade	Valor
DataText2	Left	0,95
	Top	3,08
	Name	fldProduto1
	Parâmetro	Produto1
DataText4	Left	3,83
	Top	3,08
	Name	fldSituacaoTributo1
	Parâmetro	SituacaoTributo1
DataText6	Left	4,55
	Top	3,08
	Name	fldQuantidade1
	Parâmetro	Quantidade1
DataText8	Left	5,95
	Top	3,08
	Name	fldValorTotal1
	Parâmetro	ValorTotal1
DataText10	Left	7,42
	Top	3,08
	Name	fldIPI1
	Parâmetro	IPI1

Podemos ver esses objetos nas figuras 24.35 e 24.36.

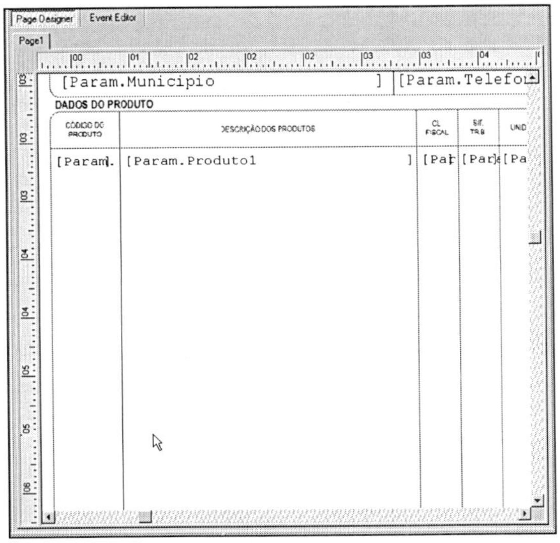

Figura 24.35

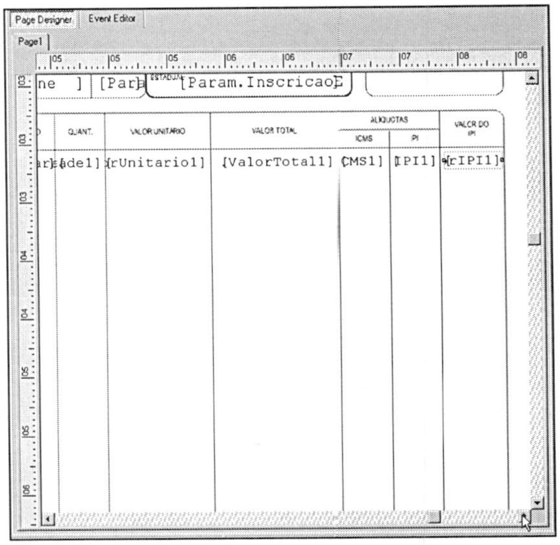

Figura 24.36

O próximo passo é duplicar todos esses onze objetos para gerar mais dezessete linhas para apresentação dos produtos da nota. As posições horizontais (propriedade **Left**) dos objetos dentro das colunas devem ser as mesmas apresentadas anteriormente. Já as posições verticais (propriedade **Top**) devem ser as seguintes:

Linha	Valor da Propriedade Top
Segunda	3,28
Quarta	3,68
Sexta	4,08
Oitava	4,48
Décima	4,88
Décima-segunda	5,28
Décima-quarta	5,68
Décima-sexta	6,08
Décima-oitava	6,48

Linha	Valor da Propriedade Top
Terceira	3,48
Quinta	3,88
Sétima	4,28
Nona	4,68
Décima-primeira	5,08
Décima-terceira	5,48
Décima-quinta	5,88
Décima-sétima	6,28

Altere também os nomes dos parâmetros trocando o número final pelo correspondente à linha em que se encontra. Por exemplo, para a segunda linha de produtos os parâmetros são **Codigo2**, **Produto2**, **CLFiscal2**, **SituacaoTributo2**, **Unidade2**, **Quantidade2**, **ValorUnitario2**, **ValorTotal2**, **ICMS2**, **IPI2** e **ValorIPI2**. Veja o resultado nas figuras 24.37 e 24.38.

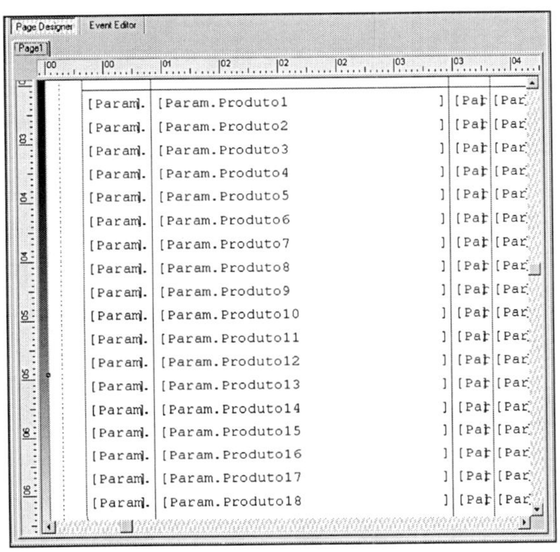

Figura 24.37

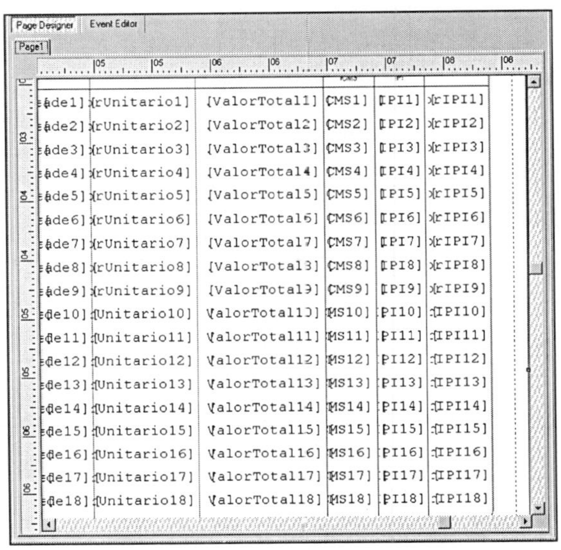

Figura 24.38

Na parte referente a cálculo de imposto e transportador, adicione componentes **DataText** com as seguintes configurações:

Objeto	Propriedade	Valor
DataText1	Left	0,65
	Top	7,00
	Name	fldBaseCalculoICMS
	Parâmetro	BaseCalculoICMS
DataText3	Left	6,95
	Top	7,00
	Name	fldTotalProdutos
	Parâmetro	TotalProdutos
DataText5	Left	2,05
	Top	7,32
	Name	fldValorSeguro
	Parâmetro	ValorSeguro
DataText7	Left	6,95
	Top	7,32
	Name	fldTotalNF
	Parâmetro	TotalNF
DataText9	Left	5,05
	Top	7,77
	Name	fldTipoFrete
	Parâmetro	TipoFrete
DataText11	Left	6,40
	Top	7,82
	Name	fldUF2
	Parâmetro	UF2
DataText13	Left	0,45
	Top	8,12
	Name	fldEndTransportadora
	Parâmetro	EndTransportadora
DataText15	Left	6,40
	Top	8,12
	Name	fldUF3
	Parâmetro	UF3
DataText17	Left	0,45
	Top	8,42
	Name	fldQuantidade
	Parâmetro	Quantidade
DataText19	Left	5,95
	Top	8,42
	Name	fldPesoBruto
	Parâmetro	PesoBruto

Objeto	Propriedade	Valor
DataText2	Left	2,05
	Top	7,00
	Name	fldValorICMS
	Parâmetro	ValorICMS
DataText4	Left	0,65
	Top	7,32
	Name	fldValorFrete
	Parâmetro	ValorFrete
DataText6	Left	5,55
	Top	7,32
	Name	fldTotalIPI
	Parâmetro	TotalIPI
DataText8	Left	0,45
	Top	7,82
	Name	fldTransportadora
	Parâmetro	Transportadora
DataText10	Left	5,65
	Top	7,82
	Name	fldPlacaVeiculo
	Parâmetro	PlacaVeiculo
DataText12	Left	6,80
	Top	7,82
	Name	fldCNPJTransportadora
	Parâmetro	CNPJTransportadora
DataText14	Left	4,35
	Top	8,12
	Name	fldCidadeTransportadora
	Parâmetro	CidadeTransportadora
DataText16	Left	7,10
	Top	8,12
	Name	fldInscrTransportadora
	Parâmetro	InscrTransportadora
DataText18	Left	1,05
	Top	8,42
	Name	fldEspecie
	Parâmetro	Especie
DataText20	Left	7,15
	Top	8,42
	Name	fldPesoLiquido
	Parâmetro	PesoLiquido

Na área reservada para dados adicionais, coloque um **DataMemo** com as propriedades configuradas da seguinte maneira:

Propriedade	Valor
Left	0,65
Top	7,00
Name	fldDadosAdicionais
Parâmetro	DadosAdicionais

Ajuste ainda o tamanho desse objeto para que ele ocupe toda a extensão do quadro em que se encontra.

As figuras 24.39 e 24.40 mostram os objetos de dados dessa parte do relatório.

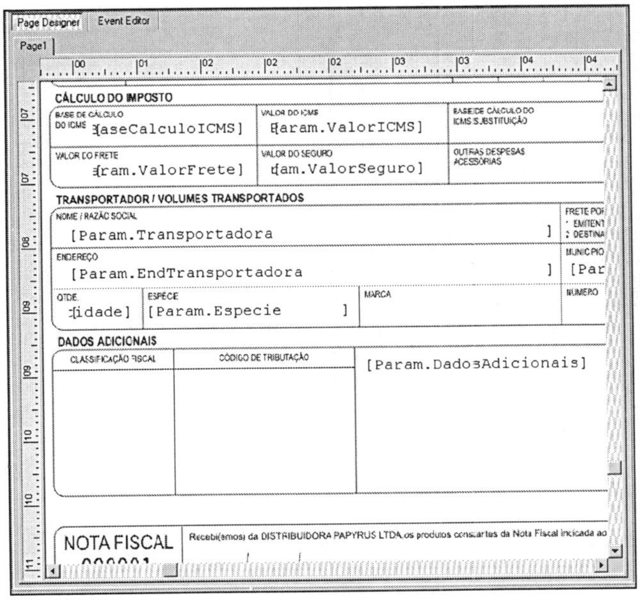

Figura 24.39

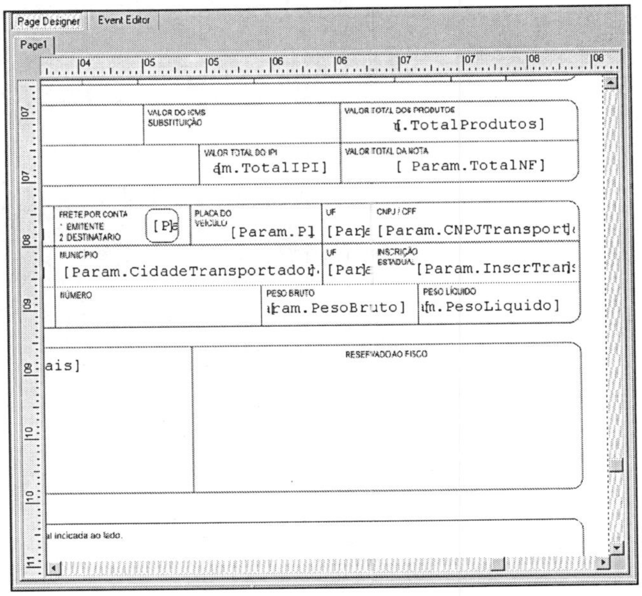

Figura 24.40

Se você voltar à visualização em 75%, verá o relatório com a aparência das figuras 24.41 e 24.42.

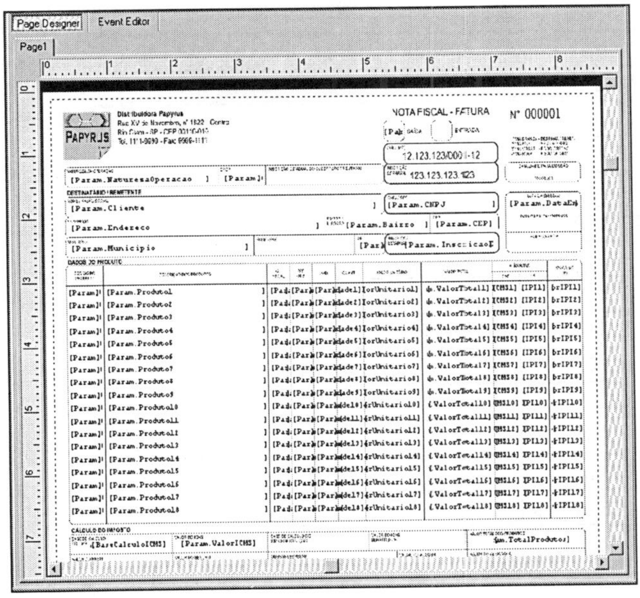

Figura 24.41

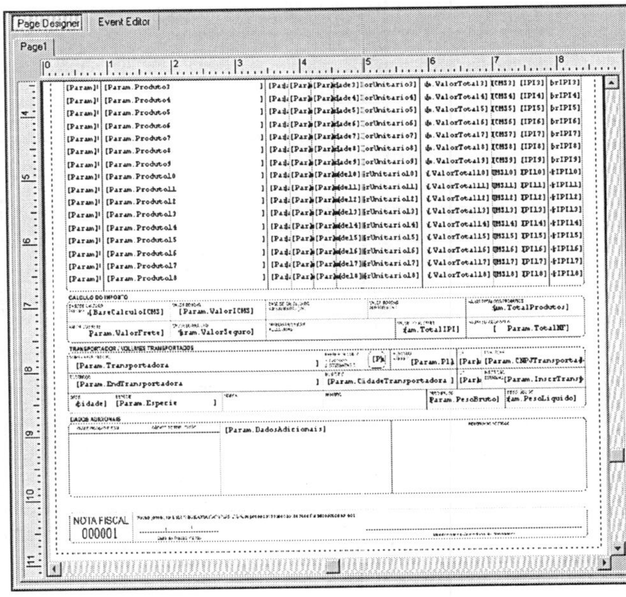

Figura 24.42

Clique dentro da área em que aparece a imagem da nota e tecle <DEL> para apagar o objeto **Bitmap**. O resultado pode ser visto na figura 24.43.

Por fim salve o arquivo de projeto de relatórios e em seguida feche o editor do Rave Reports para retornar ao Delphi.

Adicione um outro formulário em branco (opção **File → New → Form - Delphi for Win32**). Configure as propriedades **Caption** e **Name** com os valores "Número da Nota Fiscal" e "formNumeroNF" respectivamente.

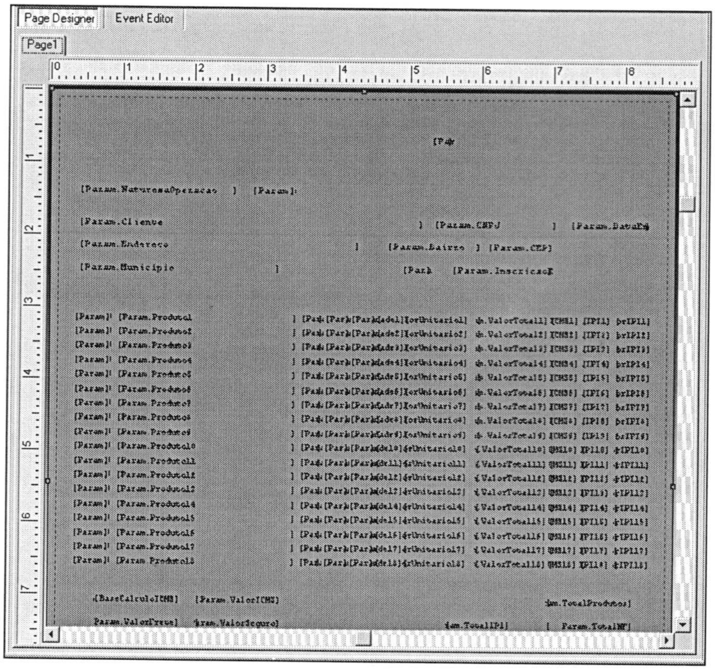

Figura 24.43

Adicione a esse formulário um **TLabel**, um **TMaskEdit** e dois **TBitBtn**. As configurações desses objetos podem ser vista na tabela:

Objeto	Propriedade	Grupo	Valor
Label1	Caption	Visual	Digite o número da Nota Fiscal impresso no formulário
	Font/Name	Visual	Arial
	Font/Size	Visual	10
	Font/Style	Visual	fsBold
	Name	Miscellaneous	lblMensagem
MaskEdit1	EditMask	Visual	999999
	Font/Name	Visual	Arial
	Font/Size	Visual	10
	Font/Style	Visual	fsBold
	Name	Miscellaneous	mskNumeroNF
BitBtn1	Kind	Miscellaneous	bkOK
	Name	Miscellaneous	btnOK
BitBtn2	Kind	Miscellaneous	bkCancel
	Name	Miscellaneous	btnCancelar
	Caption	Visual	Cancelar

A figura 24.44 mostra como deve ser a aparência do formulário após todos os ajustes. Salve-o com o nome "UNumeroNF.Pas", volte ao formulário **formEmissaoNotaFiscal** e vincule essa unidade que acabamos de criar.

Figura 24.44

Ainda com o formulário **formEmissaoNotaFiscal** aberto dê um duplo-clique no botão **Imprimir**. Então digite o código da listagem:

```
procedure TformEmissaoNotaFiscal.btnImprimirClick(Sender: TObject);
var
   intNumeroPedido,intNumeroNF,intContador,intRegistro,intNumeroItem: integer;
   strNumeroNF,strCodigo: string;
   dblBaseCalculoICMS,dblValorICMS,dblTotalICMS,dblValorIPI,dblValorNF: double;
   strColuna: array[1..11] of string;
begin
```

```
     intNumeroPedido := StrToInt(Trim(mskNumeroPedido.Text));
     Application.CreateForm(TformNumeroNF,formNumeroNF);
     if formNumeroNF.ShowModal = mrOK then
        strNumeroNF := formNumeroNF.mskNumeroNF.Text
        else
            strNumeroNF := '';
     formNumeroNF.Destroy;

     if strNumeroNF <> '' then
     begin
          intNumeroNF := StrToInt(strNumeroNF);
          intRegistro := dmModuloDados1.sdsControleRegistro_ItemNF.AsInteger;

          dmModuloDados1.sdsCatalogo.Open;
          dmModuloDados1.sdsCatalogo.IndexFieldNames := 'Codigo_Interno';

          while not dmModuloDados1.sdsItensPedido.Eof do
          begin
               dmModuloDados1.sdsNotasFiscais.Append;
               dmModuloDados1.sdsNotasFiscaisNumero_Nota.AsInteger := intNumeroNF;
               dmModuloDados1.sdsNotasFiscaisNumero_Pedido.AsInteger := intNumeroPedido;
               dmModuloDados1.sdsNotasFiscaisCliente.AsString :=
dmModuloDados1.sdsClientesNome_Cliente.AsString;
               dmModuloDados1.sdsNotasFiscaisCNPJ.AsString := dmModuloDados1.sdsClientesCNPJ.AsString;
               dmModuloDados1.sdsNotasFiscaisInscricao_Estadual.AsString :=
dmModuloDados1.sdsClientesInscricao_Estadual.AsString;
               dmModuloDados1.sdsNotasFiscaisEndereco.AsString :=
Trim(dmModuloDados1.sdsClientesEndereco.AsString)+','+Trim(dmModuloDados1.sdsClientesNumero.AsString);
               dmModuloDados1.sdsNotasFiscaisBairro.AsString :=
dmModuloDados1.sdsClientesBairro.AsString;
               dmModuloDados1.sdsNotasFiscaisCidade.AsString :=
dmModuloDados1.sdsClientesCidade.AsString;
               dmModuloDados1.sdsNotasFiscaisEstado.AsString :=
dmModuloDados1.sdsClientesEstado.AsString;
               dmModuloDados1.sdsNotasFiscaisCEP.AsString := dmModuloDados1.sdsClientesCEP.AsString;
               if Trim(edtValorFrete.Text) <> '' then
                  dmModuloDados1.sdsNotasFiscaisValor_Frete.AsFloat :=
StrToFloat(Trim(edtValorFrete.Text))
                  else
                      dmModuloDados1.sdsNotasFiscaisValor_Frete.AsFloat := 0;
               if Trim(edtValorSeguro.Text) <> '' then
                  dmModuloDados1.sdsNotasFiscaisValor_Seguro.AsFloat :=
StrToFloat(Trim(edtValorSeguro.Text))
                  else
                      dmModuloDados1.sdsNotasFiscaisValor_Seguro.AsFloat := 0;
               if rbProprio.Checked then
                  dmModuloDados1.sdsNotasFiscaisTransportadora.AsString := ''
                  else if rbCliente.Checked then
                       dmModuloDados1.sdsNotasFiscaisTransportadora.AsString := 'O PROPRIO'
                  else if rbTransportadora.Checked then
                       begin
                            dmModuloDados1.sdsNotasFiscaisTransportadora.AsString :=
dmModuloDados1.sdsTransportadorasNome_Transportadora.AsString;
                            dmModuloDados1.sdsNotasFiscaisCNPJ_Transportadora.AsString :=
dmModuloDados1.sdsTransportadorasCNPJ.AsString;
                            dmModuloDados1.sdsNotasFiscaisInscrEstadual_Transportadora.AsString :=
dmModuloDados1.sdsTransportadorasInscricao_Estadual.AsString;
                            dmModuloDados1.sdsNotasFiscaisEndereco_Transportadora.AsString :=
Trim(dmModuloDados1.sdsTransportadorasEndereco.AsString)+','+Trim(dmModuloDados1.sdsClientesNumero.AsS
tring);
                            dmModuloDados1.sdsNotasFiscaisBairro_Transportadora.AsString :=
dmModuloDados1.sdsTransportadorasBairro.AsString;
                            dmModuloDados1.sdsNotasFiscaisCidade_Transportadora.AsString :=
dmModuloDados1.sdsTransportadorasCidade.AsString;
                            dmModuloDados1.sdsNotasFiscaisEstado_Transportadora.AsString :=
dmModuloDados1.sdsTransportadorasEstado.AsString;
                       end;
               dmModuloDados1.sdsNotasFiscaisTipo_Frete.AsString := IntToStr(rbTipoFrete.ItemIndex+1);
               dmModuloDados1.sdsNotasFiscaisPlaca_Veiculo.AsString := mskPlacaVeiculo.Text;
               dmModuloDados1.sdsNotasFiscaisQuantidade.AsInteger :=
StrToInt(Trim(edtQuantidade.Text));
               dmModuloDados1.sdsNotasFiscaisPeso_Bruto.AsFloat :=
StrToFloat(Trim(edtPesoBruto.Text));
               dmModuloDados1.sdsNotasFiscaisPeso_Liquido.AsFloat :=
StrToFloat(Trim(edtPesoLiquido.Text));
```

```
            dmModuloDados1.sdsNotasFiscais.Post;
            dmModuloDados1.sdsNotasFiscais.ApplyUpdates(-1);

            dblBaseCalculoICMS := 0;
            dblTotalICMS := 0;
            dblValorIPI := 0;
            dblValorNF := 0;
            for intContador := 1 to 18 do
            begin
                 Inc(intRegistro);
dmModuloDados1.sdsCatalogo.FindKey([dmModuloDados1.sdsItensPedidoCodigo_Interno.AsInteger]);

                 strCodigo := dmModuloDados1.sdsItensPedidoCodigo_Interno.AsString;
                 strCodigo := StrZero(strCodigo,6);

                 dmModuloDados1.sdsItensNF.Append;
                 dmModuloDados1.sdsItensNFRegistro.AsInteger := intRegistro;
                 dmModuloDados1.sdsItensNFNumero_Nota.AsInteger := intNumeroNF;
                 dmModuloDados1.sdsItensNFCodigo.AsString := strCodigo;
                 dmModuloDados1.sdsItensNFProduto.AsString :=
dmModuloDados1.sdsItensPedidoDescricao_Produto.AsString;
                 dmModuloDados1.sdsItensNFClassificacao_Fiscal.AsString :=
dmModuloDados1.sdsCatalogoClassificacao_Fiscal.AsString;
                 dmModuloDados1.sdsItensNFSituacao_Tributaria.AsString :=
dmModuloDados1.sdsCatalogoSituacao_Tributaria.AsString;
                 dmModuloDados1.sdsItensNFUnidade_Medida.AsString :=
dmModuloDados1.sdsCatalogoUnidade_Medida.AsString;
                 dmModuloDados1.sdsItensNFQuantidade.AsInteger :=
dmModuloDados1.sdsItensPedidoQuantidade.AsInteger;
                 dmModuloDados1.sdsItensNFPreco_Unitario.AsFloat :=
dmModuloDados1.sdsItensPedidoPreco_Unitario.AsFloat;
                 dmModuloDados1.sdsItensNFValor_Total.AsFloat :=
dmModuloDados1.sdsItensPedidoPreco_Total.AsFloat;
                 dmModuloDados1.sdsItensNFICMS.AsFloat := dmModuloDados1.sdsCatalogoICMS.AsFloat;
                 dmModuloDados1.sdsItensNFIPI.AsFloat := dmModuloDados1.sdsCatalogoIPI.AsFloat;
                 dmModuloDados1.sdsItensNFValor_IPI.AsFloat :=
(dmModuloDados1.sdsItensNFValor_Total.AsFloat*dmModuloDados1.sdsItensNFIPI.AsFloat)/100;
                 dmModuloDados1.sdsItensNF.Post;
                 dmModuloDados1.sdsItensNF.ApplyUpdates(-1);

                 // Efetua a baixa no estoque
                 dmModuloDados1.sdsCatalogo.Edit;
                 dmModuloDados1.sdsCatalogoEstoque_Atual.AsInteger :=
dmModuloDados1.sdsCatalogoEstoque_Atual.AsInteger - dmModuloDados1.sdsItensNFQuantidade.AsInteger;
                 dmModuloDados1.sdsCatalogo.Post;
                 dmModuloDados1.sdsCatalogo.ApplyUpdates(-1);

                 dblValorICMS :=
(dmModuloDados1.sdsItensNFValor_Total.AsFloat*dmModuloDados1.sdsItensNFICMS.AsFloat)/100;
                 dblBaseCalculoICMS := dblBaseCalculoICMS +
dmModuloDados1.sdsItensNFValor_Total.AsFloat;
                 dblTotalICMS := dblTotalICMS + dblValorICMS;
                 dblValorIPI := dblValorIPI + dmModuloDados1.sdsItensNFValor_IPI.AsFloat;
                 dblValorNF := dblValorNF + dmModuloDados1.sdsItensNFValor_Total.AsFloat;

                 dmModuloDados1.sdsItensPedido.Next;
                 if dmModuloDados1.sdsItensPedido.Eof then
                    break;
            end;

            dmModuloDados1.sdsControle.Edit;
            dmModuloDados1.sdsControleRegistro_ItemNF.AsInteger := intRegistro;
            dmModuloDados1.sdsControle.Post;
            dmModuloDados1.sdsControle.ApplyUpdates(-1);

            dmModuloDados1.sdsNotasFiscais.Close;
            dmModuloDados1.sdsNotasFiscais.Open;
            dmModuloDados1.sdsNotasFiscais.IndexFieldNames := 'Numero_Nota';
            dmModuloDados1.sdsNotasFiscais.FindKey([intNumeroNF]);
            dmModuloDados1.sdsNotasFiscais.Edit;
            dmModuloDados1.sdsNotasFiscaisBase_Calculo_ICMS.AsFloat := dblBaseCalculoICMS;
            dmModuloDados1.sdsNotasFiscaisValor_ICMS.AsFloat := dblTotalICMS;
            dmModuloDados1.sdsNotasFiscaisValor_Total_Produtos.AsFloat := dblValorNF;
            dmModuloDados1.sdsNotasFiscaisValor_IPI.AsFloat := dblVAlorIPI;
```

```
            dmModuloDados1.sdsNotasFiscaisValor_Total_NF.AsFloat := dblValorNF;
            dmModuloDados1.sdsNotasFiscais.Post;
            dmModuloDados1.sdsNotasFiscais.ApplyUpdates(-1);
            dmModuloDados1.sdsNotasFiscais.IndexFieldNames := '';
            Inc(intNumeroNF);
        end;
        dmModuloDados1.sdsCatalogo.IndexFieldNames := '';
        dmModuloDados1.sdsCatalogo.Close;

        // Impressão da Nota Fiscal
        dmModuloDados1.sdsNotasFiscais.IndexFieldNames := 'Numero_Pedido';
        dmModuloDados1.sdsNotasFiscais.FindKey([intNumeroPedido]);

        dmRelatorios.rvConfiguracoes.TitlePreview := 'Emissão de Nota Fiscal';
        dmRelatorios.rvConfiguracoes.SystemPrinter.Title := 'Emissão de Nota Fiscal';
        dmRelatorios.rvRelatorios.SelectReport('NotaFiscal',True);

        while dmModuloDados1.sdsNotasFiscaisNumero_Pedido.AsInteger = intNumeroPedido do
        begin
            // Impressão do cabeçalho da Nota Fiscal
            dmRelatorios.rvRelatorios.SetParam('Saida','X');
            dmRelatorios.rvRelatorios.SetParam('NaturezaOperacao','VENDA');
            dmRelatorios.rvRelatorios.SetParam('CFOP','5.102');
            dmRelatorios.rvRelatorios.SetParam('Cliente',dmModuloDados1.
sdsNotasFiscaisCliente.AsString);
            dmRelatorios.rvRelatorios.SetParam('CNPJ',dmModuloDados1.
sdsNotasFiscaisCNPJ.AsString);
            dmRelatorios.rvRelatorios.SetParam('DataEmissao',DateToStr(Date));
            dmRelatorios.rvRelatorios.SetParam('Endereco',dmModuloDados1.
sdsNotasFiscaisEndereco.AsString);
            dmRelatorios.rvRelatorios.SetParam('Bairro',dmModuloDados1.
sdsNotasFiscaisBairro.AsString);
            dmRelatorios.rvRelatorios.SetParam('CEP',dmModuloDados1. sdsNotasFiscaisCEP.AsString);
            dmRelatorios.rvRelatorios.SetParam('Municipio',dmModuloDados1.
sdsNotasFiscaisCidade.AsString);
            dmRelatorios.rvRelatorios.SetParam('UF1',dmModuloDados1.
sdsNotasFiscaisEstado.AsString);
            dmRelatorios.rvRelatorios.SetParam('InscricaoEstadual',dmModuloDados1.
sdsNotasFiscaisInscricao_Estadual.AsString);

            // Impressão dos itens/produtos
            intNumeroItem := 1;
            dmModuloDados1.sdsItensNF.Filter := 'Numero_Nota = '+
dmModuloDados1.sdsNotasFiscaisNumero_Nota.AsString;
            dmModuloDados1.sdsItensNF.Filtered := True;
            while not dmModuloDados1.sdsItensNF.Eof do
            begin
                strColuna[1] := 'Codigo'+IntToStr(intNumeroItem);
                strColuna[2] := 'Produto'+IntToStr(intNumeroItem);
                strColuna[3] := 'CLFiscal'+IntToStr(intNumeroItem);
                strColuna[4] := 'SituacaoTributo'+IntToStr(intNumeroItem);
                strColuna[5] := 'Unidade'+IntToStr(intNumeroItem);
                strColuna[6] := 'Quantidade'+IntToStr(intNumeroItem);
                strColuna[7] := 'ValorUnitario'+IntToStr(intNumeroItem);
                strColuna[8] := 'ValorTotal'+IntToStr(intNumeroItem);
                strColuna[9] := 'ICMS'+IntToStr(intNumeroItem);
                strColuna[10] := 'IPI'+IntToStr(intNumeroItem);
                strColuna[11] := 'ValorIPI'+IntToStr(intNumeroItem);

                dmRelatorios.rvRelatorios.SetParam(strColuna[1],dmModuloDados1.
sdsItensNFCodigo.AsString);
                dmRelatorios.rvRelatorios.SetParam(strColuna[2],dmModuloDados1.
sdsItensNFProduto.AsString);
                dmRelatorios.rvRelatorios.SetParam(strColuna[3],dmModuloDados1.
sdsItensNFClassificacao_Fiscal.AsString);
                dmRelatorios.rvRelatorios.SetParam(strColuna[4],dmModuloDados1.
sdsItensNFSituacao_Tributaria.AsString);
                dmRelatorios.rvRelatorios.SetParam(strColuna[5],dmModuloDados1.
sdsItensNFUnidade_Medida.AsString);
                dmRelatorios.rvRelatorios.SetParam(strColuna[6],dmModuloDados1.
sdsItensNFQuantidade.AsString);
                dmRelatorios.rvRelatorios.SetParam(strColuna[7],Format('%8.2f',
[dmModuloDados1.sdsItensNFPreco_Unitario.AsFloat]));
                dmRelatorios.rvRelatorios.SetParam(strColuna[8],Format('%10.2f',
[dmModuloDados1.sdsItensNFValor_Total.AsFloat]));
                dmRelatorios.rvRelatorios.SetParam(strColuna[9],Format('%5.2f',
[dmModuloDados1.sdsItensNFICMS.AsFloat]));
```

```
                    dmRelatorios.rvRelatorios.SetParam(strColuna[10],Format('%5.2f',
[dmModuloDados1.sdsItensNFIPI.AsFloat]));
                    dmRelatorios.rvRelatorios.SetParam(strColuna[11],Format('%8.2f',
[dmModuloDados1.sdsItensNFValor_IPI.AsFloat]));
                    dmModuloDados1.sdsItensNF.Next;
                end;
                // Imprime seção Cálculo do Imposto
                dmRelatorios.rvRelatorios.SetParam('BaseCalculoICMS',Format('%10.2f',
[dmModuloDados1.sdsNotasFiscaisBase_Calculo_ICMS.AsFloat]));
                dmRelatorios.rvRelatorios.SetParam('ValorICMS',Format('%10.2f',
[dmModuloDados1.sdsNotasFiscaisValor_ICMS.AsFloat]));
                dmRelatorios.rvRelatorios.SetParam('TotalProdutos',Format('%12.2f',
[dmModuloDados1.sdsNotasFiscaisValor_Total_Produtos.AsFloat]));
                dmRelatorios.rvRelatorios.SetParam('ValorFrete',Format('%8.2f',
[dmModuloDados1.sdsNotasFiscaisValor_Frete.AsFloat]));
                dmRelatorios.rvRelatorios.SetParam('ValorSeguro',Format('%8.2f',
[dmModuloDados1.sdsNotasFiscaisValor_Seguro.AsFloat]));
                dmRelatorios.rvRelatorios.SetParam('TotalIPI',Format('%8.2f',
[dmModuloDados1.sdsNotasFiscaisValor_IPI.AsFloat]));
                dmRelatorios.rvRelatorios.SetParam('TotalNF',Format('%12.2f',
[dmModuloDados1.sdsNotasFiscaisValor_Total_NF.AsFloat]));
                // Imprime seção Transportador
                dmRelatorios.rvRelatorios.SetParam('Transportadora',dmModuloDados1.
sdsNotasFiscaisTransportadora.AsString);
                dmRelatorios.rvRelatorios.SetParam('TipoFrete',dmModuloDados1.
sdsNotasFiscaisTipo_Frete.AsString);
                dmRelatorios.rvRelatorios.SetParam('PlacaVeiculo',dmModuloDados1.
sdsNotasFiscaisPlaca_Veiculo.AsString);
                dmRelatorios.rvRelatorios.SetParam('UF2',dmModuloDados1.
sdsNotasFiscaisEstado_Transportadora.AsString);
                dmRelatorios.rvRelatorios.SetParam('CNPJTransportadora',dmModuloDados1.
sdsNotasFiscaisCNPJ_Transportadora.AsString);
                dmRelatorios.rvRelatorios.SetParam('EndTransportadora',dmModuloDados1.
sdsNotasFiscaisEndereco_Transportadora.AsString);
                dmRelatorios.rvRelatorios.SetParam('CidadeTransportadora',dmModuloDados1.
sdsNotasFiscaisCidade_Transportadora.AsString);
                dmRelatorios.rvRelatorios.SetParam('UF3',dmModuloDados1.
sdsNotasFiscaisEstado_Transportadora.AsString);
                dmRelatorios.rvRelatorios.SetParam('InscrTransportadora',dmModuloDados1.
sdsNotasFiscaisInscrEstadual_Transportadora.AsString);
                dmRelatorios.rvRelatorios.SetParam('Quantidade',dmModuloDados1.
sdsNotasFiscaisQuantidade.AsString);
                dmRelatorios.rvRelatorios.SetParam('Especie',edtEspecie.Text);
                dmRelatorios.rvRelatorios.SetParam('PesoBruto',Format('%6.2f',
[dmModuloDados1.sdsNotasFiscaisPeso_Bruto.AsFloat]));
                dmRelatorios.rvRelatorios.SetParam('PesoLiquido',Format('%6.2f',
[dmModuloDados1.sdsNotasFiscaisPeso_Liquido.AsFloat]));
                dmRelatorios.rvRelatorios.SetParam('DadosAdicionais',edtDadosAdicionais1.
Text+#13+edtDadosAdicionais2.Text+#13+edtDadosAdicionais3.Text);
                dmModuloDados1.sdsItensNF.Filtered := False;

                dmRelatorios.rvRelatorios.Execute;
                dmModuloDados1.sdsNotasFiscais.Next;
                if dmModuloDados1.sdsNotasFiscais.Eof then
                   break;
            end;

            mskNumeroPedido.Text := '';
            lblCliente.Caption := 'Cliente:';
            rbProprio.Checked := True;
            edtValorFrete.Text := '';
            edtValorSeguro.Text := '';
            rbTipoFrete.ItemIndex := 0;
            mskPlacaVeiculo.Text := '';
            edtQuantidade.Text := '';
            edtEspecie.Text := '';
            edtPesoBruto.Text := '';
            edtPesoLiquido.Text := '';
            edtDadosAdicionais1.Text := '';
            edtDadosAdicionais2.Text := '';
            edtDadosAdicionais3.Text := '';
            mskNumeroPedido.Enabled := True;
            btnConfirma.Enabled := True;
            grpNotaFiscal.Enabled := False;
            mskNumeroPedido.SetFocus;
        end
        else
```

```
     begin
          Mensagem('Não foi informado o número da Nota Fiscal!');
          btnImprimir.SetFocus;
     end;
end;
```

Esse procedimento é responsável por gerar todos os dados nos campos do relatório. Primeiramente ele abre o formulário que pede o número da nota fiscal, que deve ser digitado pelo usuário ao ter confirmado junto com o bloco ou formulário contínuo.

A rotina então, por meio de um *loop*, varre toda a tabela que contém os produtos do pedido informado pelo usuário para criar os registros de notas fiscais na tabela **Notas_Fiscais** e **Itens_NF**.

```
while not dmModuloDados1.sdsItensPedido.Eof do
begin
     dmModuloDados1.sdsNotasFiscais.Append;
     dmModuloDados1.sdsNotasFiscaisNumero_Nota.AsInteger := intNumeroNF;
     dmModuloDados1.sdsNotasFiscaisNumero_Pedido.AsInteger := intNumeroPedido;
     dmModuloDados1.sdsNotasFiscaisCliente.AsString :=
dmModuloDados1.sdsClientesNome_Cliente.AsString;
     dmModuloDados1.sdsNotasFiscaisCNPJ.AsString := dmModuloDados1.sdsClientesCNPJ.AsString;
     dmModuloDados1.sdsNotasFiscaisInscricao_Estadual.AsString :=
dmModuloDados1.sdsClientesInscricao_Estadual.AsString;
     dmModuloDados1.sdsNotasFiscaisEndereco.AsString := Trim(dmModuloDados1.
sdsClientesEndereco.AsString)+','+Trim(dmModuloDados1.sdsClientesNumero.AsString);
     dmModuloDados1.sdsNotasFiscaisBairro.AsString := dmModuloDados1.sdsClientesBairro. AsString;
     dmModuloDados1.sdsNotasFiscaisCidade.AsString := dmModuloDados1.sdsClientesCidade. AsString;
     dmModuloDados1.sdsNotasFiscaisEstado.AsString := dmModuloDados1.sdsClientesEstado. AsString;
     dmModuloDados1.sdsNotasFiscaisCEP.AsString := dmModuloDados1.sdsClientesCEP. AsString;
     if Trim(edtValorFrete.Text) <> '' then
        dmModuloDados1.sdsNotasFiscaisValor_Frete.AsFloat := StrToFloat(Trim(edtValorFrete.Text))
        else
            dmModuloDados1.sdsNotasFiscaisValor_Frete.AsFloat := 0;
     if Trim(edtValorSeguro.Text) <> '' then
        dmModuloDados1.sdsNotasFiscaisValor_Seguro.AsFloat := StrToFloat(Trim (edtValorSeguro.Text))
        else
            dmModuloDados1.sdsNotasFiscaisValor_Seguro.AsFloat := 0;
     if rbProprio.Checked then
        dmModuloDados1.sdsNotasFiscaisTransportadora.AsString := ''
        else if rbCliente.Checked then
                dmModuloDados1.sdsNotasFiscaisTransportadora.AsString := 'O PROPRIO'
        else if rbTransportadora.Checked then
             begin
                  dmModuloDados1.sdsNotasFiscaisTransportadora.AsString :=
dmModuloDados1.sdsTransportadorasNome_Transportadora.AsString;
                  dmModuloDados1.sdsNotasFiscaisCNPJ_Transportadora.AsString :=
dmModuloDados1.sdsTransportadorasCNPJ.AsString;
                  dmModuloDados1.sdsNotasFiscaisInscrEstadual_Transportadora.AsString :=
dmModuloDados1.sdsTransportadorasInscricao_Estadual.AsString;
                  dmModuloDados1.sdsNotasFiscaisEndereco_Transportadora.AsString :=
Trim(dmModuloDados1.sdsTransportadorasEndereco.AsString)+','+Trim(dmModuloDados1.
sdsClientesNumero.AsString);
                  dmModuloDados1.sdsNotasFiscaisBairro_Transportadora.AsString :=
dmModuloDados1.sdsTransportadorasBairro.AsString;
                  dmModuloDados1.sdsNotasFiscaisCidade_Transportadora.AsString :=
dmModuloDados1.sdsTransportadorasCidade.AsString;
                  dmModuloDados1.sdsNotasFiscaisEstado_Transportadora.AsString :=
dmModuloDados1.sdsTransportadorasEstado.AsString;
             end;
     dmModuloDados1.sdsNotasFiscaisTipo_Frete.AsString := IntToStr(rbTipoFrete.ItemIndex+1);
     dmModuloDados1.sdsNotasFiscaisPlaca_Veiculo.AsString := mskPlacaVeiculo.Text;
     dmModuloDados1.sdsNotasFiscaisQuantidade.AsInteger := StrToInt(Trim(edtQuantidade.Text));
     dmModuloDados1.sdsNotasFiscaisPeso_Bruto.AsFloat := StrToFloat(Trim(edtPesoBruto.Text));
     dmModuloDados1.sdsNotasFiscaisPeso_Liquido.AsFloat := StrToFloat(Trim(edtPesoLiquido.Text));
     dmModuloDados1.sdsNotasFiscais.Post;
     dmModuloDados1.sdsNotasFiscais.ApplyUpdates(-1);
```

O número máximo de itens que podem ser impressos numa única nota é dezoito. Assim, se esse valor for ultrapassado, mais de uma nota deve ser impressa. Esse limite é controlado por um *loop* **For...Do**, como se pode ver no seguinte fragmento de código:

```
for intContador := 1 to 18 do
begin
     Inc(intRegistro);
     dmModuloDados1.sdsCatalogo.FindKey([dmModuloDados1.sdsItensPedidoCodigo_Interno. AsInteger]);
```

```
      strCodigo := dmModuloDados1.sdsItensPedidoCodigo_Interno.AsString;
      strCodigo := StrZero(strCodigo,6);

      dmModuloDados1.sdsItensNF.Append;
      dmModuloDados1.sdsItensNFRegistro.AsInteger := intRegistro;
      dmModuloDados1.sdsItensNFNumero_Nota.AsInteger := intNumeroNF;
      dmModuloDados1.sdsItensNFCodigo.AsString := strCodigo;
      dmModuloDados1.sdsItensNFProduto.AsString :=
dmModuloDados1.sdsItensPedidoDescricao_Produto.AsString;
      dmModuloDados1.sdsItensNFClassificacao_Fiscal.AsString :=
dmModuloDados1.sdsCatalogoClassificacao_Fiscal.AsString;
      dmModuloDados1.sdsItensNFSituacao_Tributaria.AsString :=
dmModuloDados1.sdsCatalogoSituacao_Tributaria.AsString;
      dmModuloDados1.sdsItensNFUnidade_Medida.AsString :=
dmModuloDados1.sdsCatalogoUnidade_Medida.AsString;
      dmModuloDados1.sdsItensNFQuantidade.AsInteger :=
dmModuloDados1.sdsItensPedidoQuantidade.AsInteger;
      dmModuloDados1.sdsItensNFPreco_Unitario.AsFloat :=
dmModuloDados1.sdsItensPedidoPreco_Unitario.AsFloat;
      dmModuloDados1.sdsItensNFValor_Total.AsFloat := dmModuloDados1.sdsItensPedidoPreco_Total.AsFloat;
      dmModuloDados1.sdsItensNFICMS.AsFloat := dmModuloDados1.sdsCatalogoICMS.AsFloat;
      dmModuloDados1.sdsItensNFIPI.AsFloat := dmModuloDados1.sdsCatalogoIPI.AsFloat;
      dmModuloDados1.sdsItensNFValor_IPI.AsFloat := (dmModuloDados1.sdsItensNFValor_Total.
AsFloat*dmModuloDados1.sdsItensNFIPI.AsFloat)/100;
      dmModuloDados1.sdsItensNF.Post;
      dmModuloDados1.sdsItensNF.ApplyUpdates(-1);

      // Efetua a baixa no estoque
      dmModuloDados1.sdsCatalogo.Edit;
      dmModuloDados1.sdsCatalogoEstoque_Atual.AsInteger := dmModuloDados1.sdsCatalogo
Estoque_Atual.AsInteger -dmModuloDados1.sdsItensNFQuantidade.AsInteger;
      dmModuloDados1.sdsCatalogo.Post;
      dmModuloDados1.sdsCatalogo.ApplyUpdates(-1);

      dblValorICMS := (dmModuloDados1.sdsItensNFValor_Total.AsFloat*
dmModuloDados1.sdsItensNFICMS.AsFloat)/100;
      dblBaseCalculoICMS := dblBaseCalculoICMS + dmModuloDados1.sdsItensNFValor_Total. AsFloat;
      dblTotalICMS := dblTotalICMS + dblValorICMS;
      dblValorIPI := dblValorIPI + dmModuloDados1.sdsItensNFValor_IPI.AsFloat;
      dblValorNF := dblValorNF + dmModuloDados1.sdsItensNFValor_Total.AsFloat;

      dmModuloDados1.sdsItensPedido.Next;
      if dmModuloDados1.sdsItensPedido.Eof then
         break;
end;
```

Após esse *loop* de contagem de itens da nota, os dados de impostos são calculados e gravados no registro da nota na respectiva tabela.

```
dmModuloDados1.sdsControle.Edit;
dmModuloDados1.sdsControleRegistro_ItemNF.AsInteger := intRegistro;
dmModuloDados1.sdsControle.Post;
dmModuloDados1.sdsControle.ApplyUpdates(-1);

dmModuloDados1.sdsNotasFiscais.Close;
dmModuloDados1.sdsNotasFiscais.Open;
dmModuloDados1.sdsNotasFiscais.IndexFieldNames := 'Numero_Nota';
dmModuloDados1.sdsNotasFiscais.FindKey([intNumeroNF]);
dmModuloDados1.sdsNotasFiscais.Edit;
dmModuloDados1.sdsNotasFiscaisBase_Calculo_ICMS.AsFloat := dblBaseCalculoICMS;
dmModuloDados1.sdsNotasFiscaisValor_ICMS.AsFloat := dblTotalICMS;
dmModuloDados1.sdsNotasFiscaisValor_Total_Produtos.AsFloat := dblValorNF;
dmModuloDados1.sdsNotasFiscaisValor_IPI.AsFloat := dblVAlorIPI;
dmModuloDados1.sdsNotasFiscaisValor_Total_NF.AsFloat := dblValorNF;
dmModuloDados1.sdsNotasFiscais.Post;
dmModuloDados1.sdsNotasFiscais.ApplyUpdates(-1);
dmModuloDados1.sdsNotasFiscais.IndexFieldNames := '';

Inc(intNumeroNF);
```

Depois dessas ações iniciais, a impressão da nota tem início. Primeiro é impresso o cabeçalho, depois os itens de produtos e por fim a parte de impostos e transporte.

```
// Impressão da Nota Fiscal
dmModuloDados1.sdsNotasFiscais.IndexFieldNames := 'Numero_Pedido';
dmModuloDados1.sdsNotasFiscais.FindKey([intNumeroPedido]);
```

```
dmRelatorios.rvConfiguracoes.TitlePreview := 'Emissão de Nota Fiscal';
dmRelatorios.rvConfiguracoes.SystemPrinter.Title := 'Emissão de Nota Fiscal';
dmRelatorios.rvRelatorios.SelectReport('NotaFiscal',True);

while dmModuloDados1.sdsNotasFiscaisNumero_Pedido.AsInteger = intNumeroPedido do
begin
     // Impressão do cabeçalho da Nota Fiscal
     dmRelatorios.rvRelatorios.SetParam('Saida','X');
     dmRelatorios.rvRelatorios.SetParam('NaturezaOperacao','VENDA');
     dmRelatorios.rvRelatorios.SetParam('CFOP','5.102');
     dmRelatorios.rvRelatorios.SetParam('Cliente',dmModuloDados1.sdsNotasFiscaisCliente. AsString);
     dmRelatorios.rvRelatorios.SetParam('CNPJ',dmModuloDados1.sdsNotasFiscaisCNPJ. AsString);
     dmRelatorios.rvRelatorios.SetParam('DataEmissao',DateToStr(Date));
     dmRelatorios.rvRelatorios.SetParam('Endereco',dmModuloDados1. sdsNotasFiscaisEndereco.AsString);
     dmRelatorios.rvRelatorios.SetParam('Bairro',dmModuloDados1. sdsNotasFiscaisBairro.AsString);
     dmRelatorios.rvRelatorios.SetParam('CEP',dmModuloDados1. sdsNotasFiscaisCEP.AsString);
     dmRelatorios.rvRelatorios.SetParam('Municipio',dmModuloDados1. sdsNotasFiscaisCidade.AsString);
     dmRelatorios.rvRelatorios.SetParam('UF1',dmModuloDados1. sdsNotasFiscaisEstado.AsString);
     dmRelatorios.rvRelatorios.SetParam('InscricaoEstadual',dmModuloDados1.
sdsNotasFiscaisInscricao_Estadual.AsString);

     // Impressão dos itens/produtos
     intNumeroItem := 1;
     dmModuloDados1.sdsItensNF.Filter := 'Numero_Nota = '+
dmModuloDados1.sdsNotasFiscaisNumero_Nota.AsString;
     dmModuloDados1.sdsItensNF.Filtered := True;
     while not dmModuloDados1.sdsItensNF.Eof do
     begin
          strColuna[1] := 'Codigo'+IntToStr(intNumeroItem);
          strColuna[2] := 'Produto'+IntToStr(intNumeroItem);
          strColuna[3] := 'CLFiscal'+IntToStr(intNumeroItem);
          strColuna[4] := 'SituacacTributo'+IntToStr(intNumeroItem);
          strColuna[5] := 'Unidade'+IntToStr(intNumeroItem);
          strColuna[6] := 'Quantidade'+IntToStr(intNumeroItem);
          strColuna[7] := 'ValorUnitario'+IntToStr(intNumeroItem);
          strColuna[8] := 'ValorTotal'+IntToStr(intNumeroItem);
          strColuna[9] := 'ICMS'+IntToStr(intNumeroItem);
          strColuna[10] := 'IPI'+IntToStr(intNumeroItem);
          strColuna[11] := 'ValorIPI'+IntToStr(intNumeroItem);

          dmRelatorios.rvRelatorios.SetParam(strColuna[1],dmModuloDados1.sdsItensNF Codigo.AsString);
          dmRelatorios.rvRelatorios.SetParam(strColuna[2],dmModuloDados1.sdsItensNF Produto.AsString);
          dmRelatorios.rvRelatorios.SetParam(strColuna[3],dmModuloDados1.sdsItensNF
Classificacao_Fiscal.AsString);
          dmRelatorios.rvRelatorios.SetParam(strColuna[4],dmModuloDados1.sdsItensNF
Situacao_Tributaria.AsString);
          dmRelatorios.rvRelatorios.SetParam(strColuna[5],dmModuloDados1.sdsItensNF
Unidade_Medida.AsString);
          dmRelatorios.rvRelatorios.SetParam(strColuna[6],dmModuloDados1.sdsItensNF
Quantidade.AsString);
          dmRelatorios.rvRelatorios.SetParam(strColuna[7],Format('%8.2f',[dmModuloDados1.
sdsItensNFPreco_Unitario.AsFloat]));
          dmRelatorios.rvRelatorios.SetParam(strColuna[8],Format('%10.2f',
[dmModuloDados1.sdsItensNFValor_Total.AsFloat]));
          dmRelatorios.rvRelatorios.SetParam(strColuna[9],Format('%5.2f',[dmModuloDados1.
sdsItensNFICMS.AsFloat]));
          dmRelatorios.rvRelatorios.SetParam(strColuna[10],Format('%5.2f',
[dmModuloDados1.sdsItensNFIPI.AsFloat]));
          dmRelatorios.rvRelatorios.SetParam(strColuna[11],Format('%8.2f',
[dmModuloDados1.sdsItensNFValor_IPI.AsFloat]));
          dmModuloDados1.sdsItensNF.Next;
     end;
     // Imprime seção Cálculo do Imposto
     dmRelatorios.rvRelatorios.SetParam('BaseCalculoICMS',Format('%10.2f',
[dmModuloDados1.sdsNotasFiscaisBase_Calculo_ICMS.AsFloat]));
     dmRelatorios.rvRelatorios.SetParam('ValorICMS',Format('%10.2f',[dmModuloDados1.
sdsNotasFiscaisValor_ICMS.AsFloat]));
     dmRelatorios.rvRelatorios.SetParam('TotalProdutos',Format('%12.2f',
[dmModuloDados1.sdsNotasFiscaisValor_Total_Produtos.AsFloat]));
     dmRelatorios.rvRelatorios.SetParam('ValorFrete',Format('%8.2f',[dmModuloDados1.
sdsNotasFiscaisValor_Frete.AsFloat]));
     dmRelatorios.rvRelatorios.SetParam('ValorSeguro',Format('%8.2f',
[dmModuloDados1.sdsNotasFiscaisValor_Seguro.AsFloat]));
     dmRelatorios.rvRelatorios.SetParam('TotalIPI',Format('%8.2f',[dmModuloDados1.
sdsNotasFiscaisValor_IPI.AsFloat]));
     dmRelatorios.rvRelatorios.SetParam('TotalNF',Format('%12.2f',[dmModuloDados1.
sdsNotasFiscaisValor_Total_NF.AsFloat]));
     // Imprime seção Transportador
     dmRelatorios.rvRelatorios.SetParam('Transportadora',dmModuloDados1.sdsNotasFiscais
Transportadora.AsString);
```

```
      dmRelatorios.rvRelatorios.SetParam('TipoFrete',dmModuloDados1.sdsNotasFiscais
Tipo_Frete.AsString);
      dmRelatorios.rvRelatorios.SetParam('PlacaVeiculo',dmModuloDados1.sdsNotasFiscais
Placa_Veiculo.AsString);
      dmRelatorios.rvRelatorios.SetParam('UF2',dmModuloDados1.sdsNotasFiscais
Estado_Transportadora.AsString);
      dmRelatorios.rvRelatorios.SetParam('CNPJTransportadora',dmModuloDados1.
sdsNotasFiscaisCNPJ_Transportadora.AsString);
      dmRelatorios.rvRelatorios.SetParam('EndTransportadora',dmModuloDados1.
sdsNotasFiscaisEndereco_Transportadora.AsString);
      dmRelatorios.rvRelatorios.SetParam('CidadeTransportadora',dmModuloDados1.
sdsNotasFiscaisCidade_Transportadora.AsString);
      dmRelatorios.rvRelatorios.SetParam('UF3',dmModuloDados1.sdsNotasFiscais
Estado_Transportadora.AsString);
      dmRelatorios.rvRelatorios.SetParam('InscrTransportadora',dmModuloDados1.
sdsNotasFiscaisInscrEstadual_Transportadora.AsString);
      dmRelatorios.rvRelatorios.SetParam('Quantidade',dmModuloDados1.sdsNotasFiscais
Quantidade.AsString);
      dmRelatorios.rvRelatorios.SetParam('Especie',edtEspecie.Text);
      dmRelatorios.rvRelatorios.SetParam('PesoBruto',Format('%6.2f',[dmModuloDados1.
sdsNotasFiscaisPeso_Bruto.AsFloat]));
      dmRelatorios.rvRelatorios.SetParam('PesoLiquido',Format('%6.2f',[dmModuloDados1.
sdsNotasFiscaisPeso_Liquido.AsFloat]));
      dmRelatorios.rvRelatorios.SetParam('DadosAdicionais',edtDadosAdicionais1.Text+#13+
edtDadosAdicionais2.Text+#13+edtDadosAdicionais3.Text);
      dmModuloDados1.sdsItensNF.Filtered := False;

      dmRelatorios.rvRelatorios.Execute;
      dmModuloDados1.sdsNotasFiscais.Next;
      if dmModuloDados1.sdsNotasFiscais.Eof then
         break;
end;
```

Salve o formulário com essa alteração.

24.8. Finalização e Teste

Volte ao formulário principal do projeto e vincule à unidade **UEmissaoNotaFiscal**. Abra o editor de menus e insira uma nova opção no menu **Movimentos**, que deve ter as seguintes configurações:

Propriedade	Grupo	Valor
Caption	Visual	Emitir Nota Fiscal
Name	Miscellaneous	opcNotaFiscal

Veja o editor de menus com essa nova opção na figura 24.45.

Salve o projeto e compile-o. Então rode a aplicação e selecione **Movimentos → Emitir Nota Fiscal**. Aparece a tela da figura 24.46. Digite o número do pedido e clique no botão **Confirma**. Se já tiver sido emitida uma nota fiscal para o pedido, a mensagem da figura 24.47 aparece. Caso contrário, a parte inferior é habilitada (figura 24.48) e você pode preencher os demais campos.

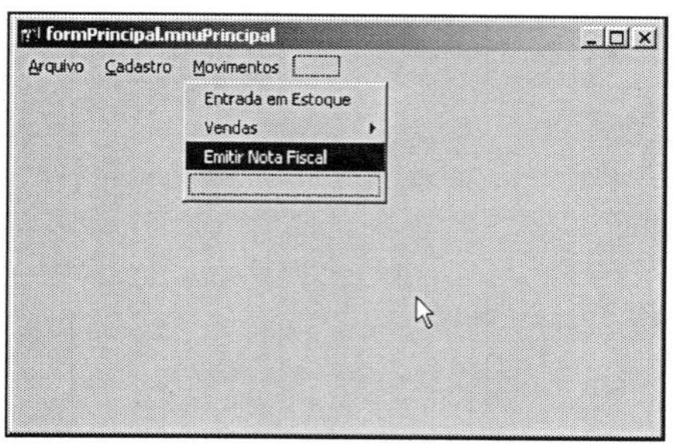

Figura 24.45

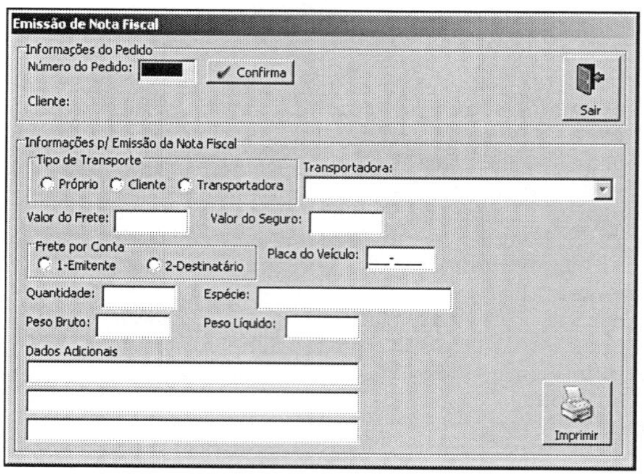

Figura 24.46

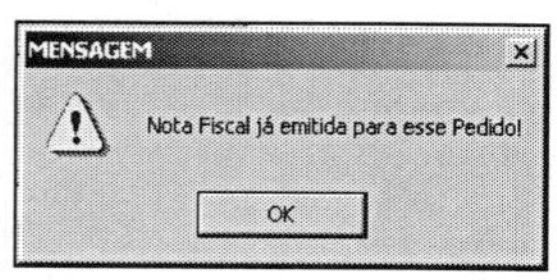

Figura 24.47

Se for selecionada a opção **Transportadora**, a caixa de combinação é habilitada para ser selecionada uma transportadora (figura 24.49). A figura 24.50 mostra os dados já digitados para impressão da nota. Clique no botão **Imprimir**, em seguida é pedido o número da nota fiscal que se encontra impresso no formulário (figura 24.51).

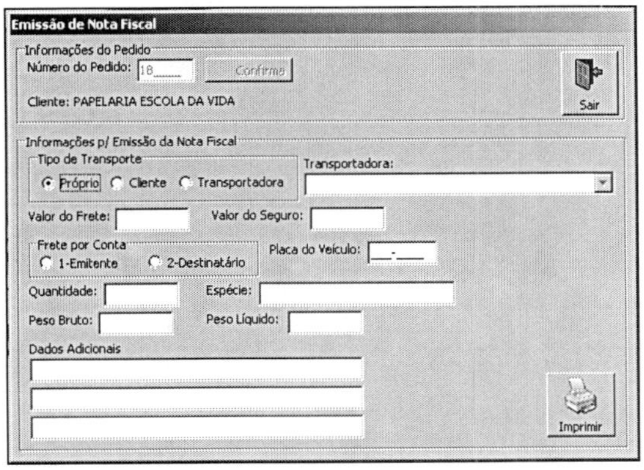

Figura 24.48

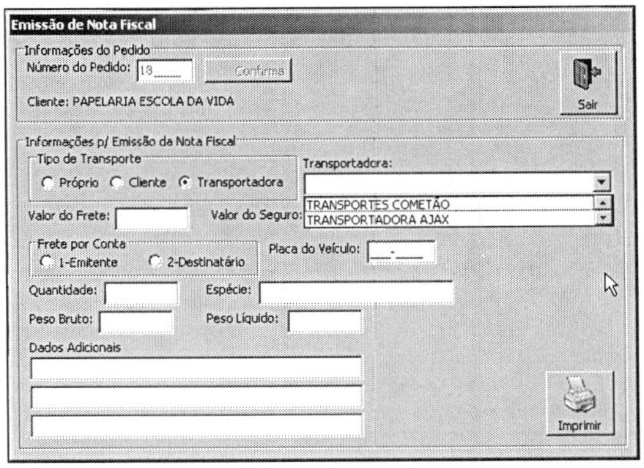

Figura 24.49

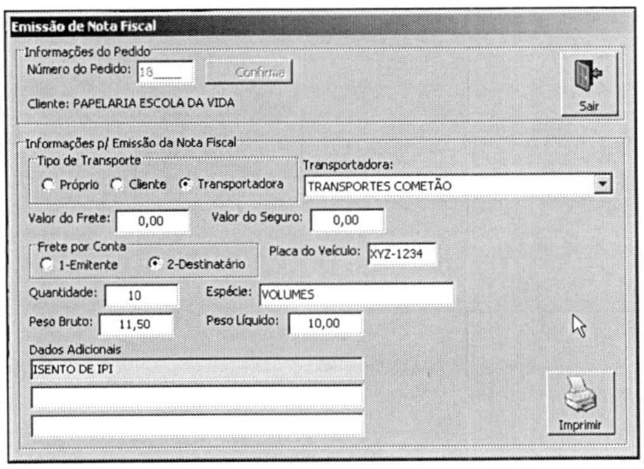

Figura 24.50

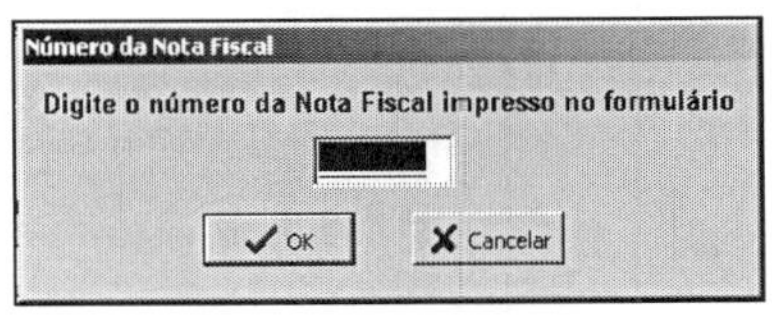

Figura 24.51

O relatório que contém o layout da nota é apresentado na tela (figuras 24.52 e 24.53).

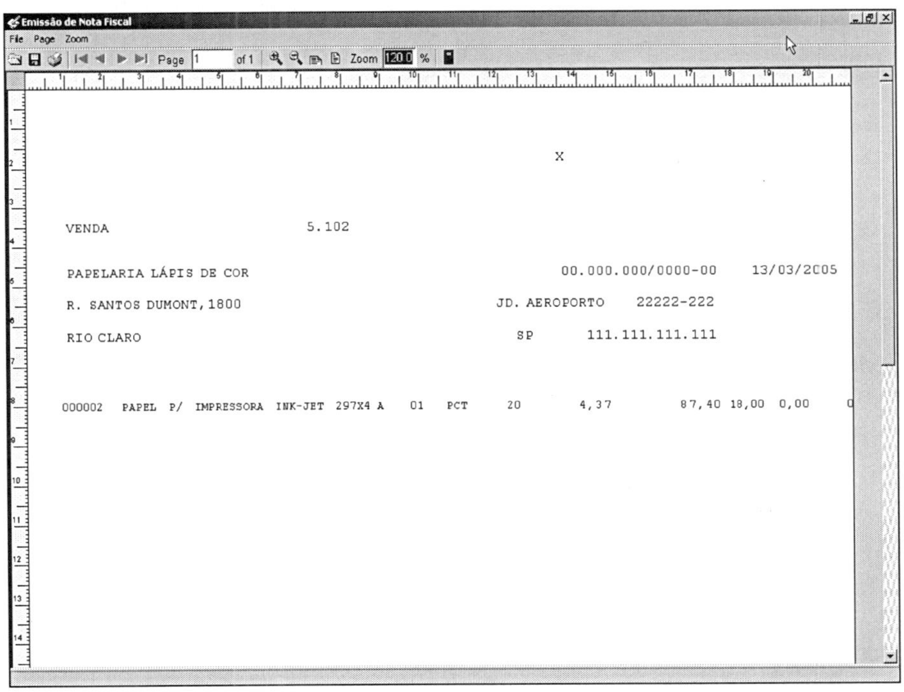

Figura 24.52

Na figura 24.54 podemos ver um exemplo de nota fiscal impressa com os dados devidamente posicionados nos seus campos.

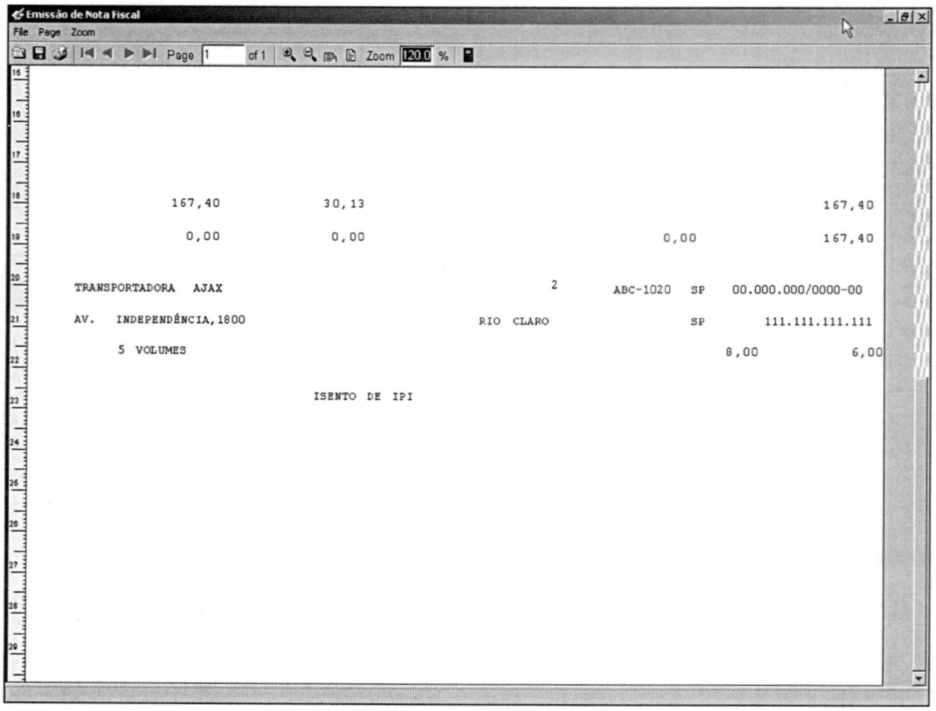

Figura 24.53

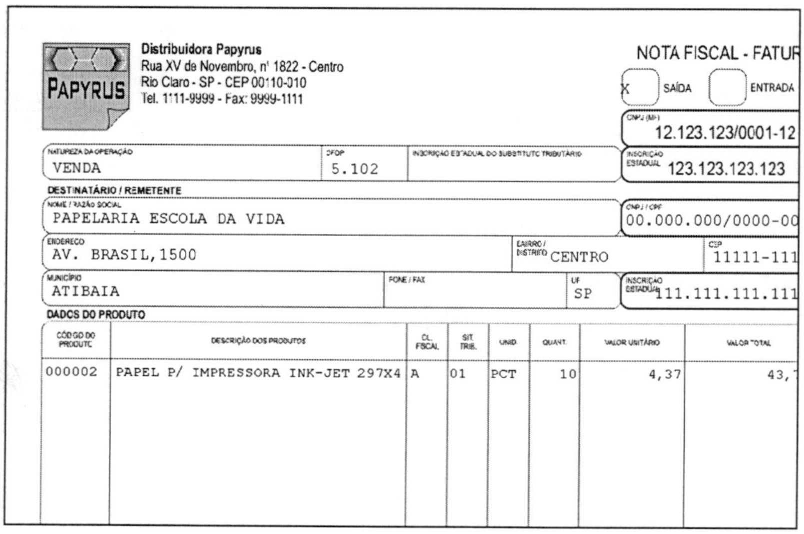

Figura 24.54

Vamos agora implementar os recursos de controle de acesso do sistema. As duas primeiras atividades é adicionar um campo à tabela de perfil de usuários e alterar o formulário de cadastro de perfis. Com o **MySQL Control Center** abra a tabela **Perfil_Usuario** e adicione um campo com as seguintes configurações:

Field Name	Allow NULL	Data Type	Length
Almoxarifado	Desmarcado	Char	1

Veja a figura 24.55.

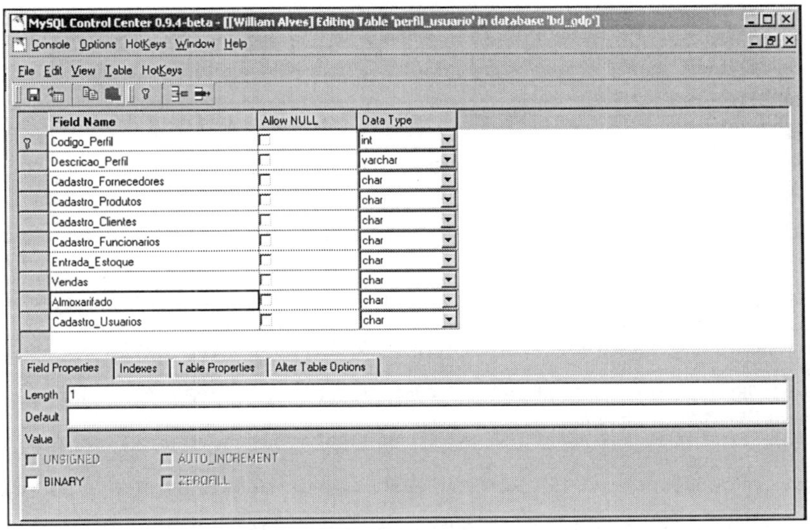

Figura 24.55

Para o banco de dados em InterBase digite o seguinte comando na janela **Interactive SQL** do **IBConsole**:

```
ALTER TABLE PERFIL_USUARIO ADD ALMOXARIFADO CHAR(1);
```

De volta ao projeto do sistema, altere o objeto **sdsPerfilUsuario** do módulo de dados acrescentando esse novo campo.

Abra o formulário **formCadPerfilUsuario** e adicione um componente **TDBCheckBox** à aba **Movimentos**. As seguintes propriedades desse objeto devem ser configuradas:

Propriedade	Grupo	Valor
Caption	Visual	Emissão de Notas Fiscais
Font/Style	Visual	fsBold
DataSource	Database	dmModuloDados1.sdsPerfilusuario
DataField	Database	Almoxarifado

Veja a aparência do formulário na figura 24.56.

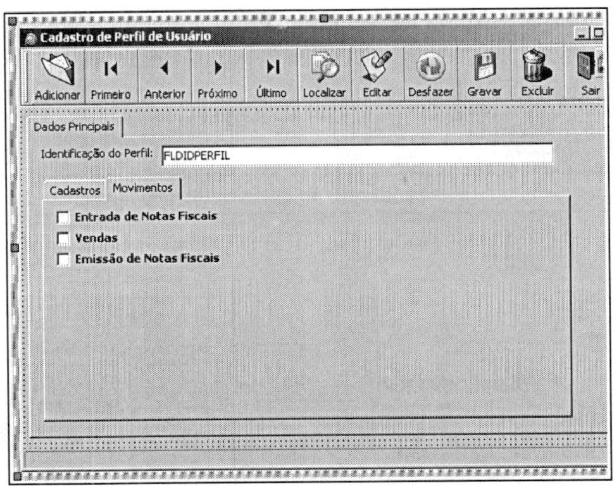

Figura 24.56

Volte ao formulário principal e altere o procedimento **ConfiguraSistema** acrescentando as duas linhas destacadas na seguinte listagem:

```
procedure ConfiguraSistema(intCodigoUsuario: integer);
begin
     dmModuloDados1.sdsUsuarios.Open;
     dmModuloDados1.sdsUsuarios.IndexFieldNames := 'Codigo_Usuario';
     dmModuloDados1.sdsPerfilUsuario.Open;
     dmModuloDados1.sdsPerfilUsuario.IndexFieldNames := 'Codigo_Perfil';

     dmModuloDados1.sdsUsuarios.FindKey([intCodigoUsuario]);
     dmModuloDados1.sdsPerfilUsuario.FindKey([dmModuloDados1.sdsUsuariosCodigo_Perfil. AsInteger]);

     // Configuração das opções de menus
     formPrincipal.opcCadDepartamentos.Enabled := (dmModuloDados1.sdsPerfilUsuario
Cadastro_Funcionarios.AsString = 'S');
     formPrincipal.opcCadCargos.Enabled := (dmModuloDados1.sdsPerfilUsuario
Cadastro_Funcionarios.AsString = 'S');
     formPrincipal.opcCadFuncionarios.Enabled := (dmModuloDados1.sdsPerfilUsuario
Cadastro_Funcionarios.AsString = 'S');
     formPrincipal.opcCadFornecedores.Enabled := (dmModuloDados1.sdsPerfilUsuario
Cadastro_Fornecedores.AsString = 'S');
     formPrincipal.opcProdutos.Enabled := (dmModuloDados1.sdsPerfilUsuario Cadastro_Produtos.AsString
= 'S');
     formPrincipal.opcCadClientes.Enabled := (dmModuloDados1.sdsPerfilUsuario
Cadastro_Clientes.AsString = 'S');
     formPrincipal.opcCadPerfilUsuario.Enabled := (dmModuloDados1.sdsPerfilUsuario
Cadastro_Usuarios.AsString = 'S');
     formPrincipal.opcCadUsuarios.Enabled := (dmModuloDados1.sdsPerfilUsuario
Cadastro_Usuarios.AsString = 'S');
     formPrincipal.opcEntradaEstoque.Enabled := (dmModuloDados1.sdsPerfilUsuario
Entrada_Estoque.AsString = 'S');
     formPrincipal.opcVendas.Enabled := (dmModuloDados1.sdsPerfilUsuarioVendas.AsString = 'S');
     formPrincipal.opcNotaFiscal.Enabled := (dmModuloDados1.sdsPerfilUsuario Almoxarifado.AsString = 'S');

     // Configuração dos botões
     formPrincipal.btnClientes.Enabled := (dmModuloDados1.sdsPerfilUsuario Cadastro_Clientes.AsString
= 'S');
     formPrincipal.btnFornecedores.Enabled := (dmModuloDados1.sdsPerfilUsuarioC
adastro_Fornecedores.AsString = 'S');
     formPrincipal.btnProdutos.Enabled := (dmModuloDados1.sdsPerfilUsuario Cadastro_Produtos.AsString
= 'S');
     formPrincipal.btnNotaFiscal.Enabled := (dmModuloDados1.sdsPerfilUsuario Almoxarifado.AsString = 'S');

     dmModuloDados1.sdsUsuarios.IndexFieldNames := '';
     dmModuloDados1.sdsPerfilUsuario.IndexFieldNames := '';
     dmModuloDados1.sdsUsuarios.Close;
     dmModuloDados1.sdsPerfilUsuario.Close;
end;
```

Vamos agora acrescentar mais um botão à barra de ferramentas. Primeiramente dê um duplo-clique sobre o objeto **imagens** e selecione o arquivo "NotaFiscal01.bmp" para ser inserido. Em seguida, clique com o botão direito do mouse sobre a área da barra de ferramentas e escolha a opção **New Button**. Com ele selecionado configure as seguintes propriedades:

Propriedade	Grupo	Valor
Name	Miscellaneous	btnNotaFiscal
ImageIndex	Action	4

Especifique no evento **OnClick** o procedimento **opcNotaFiscalClick**. Por fim, arraste o botão para posicioná-lo antes da barra divisória vertical, como mostra a figura 24.57.

Agora é só salvar e compilar novamente o projeto.

Figura 24.57

capítulo 25

Atualização de Banco de Dados do Sistema de Vendas Off-Line

Assuntos abordados neste capítulo

- *Criação do banco de dados do sistema de vendas off-line*
- *Rotina de exportação do catálogo de produtos*
- *Transmissão de arquivo para servidor FTP*
- *Envio de e-mail*

25.1. Criação de Banco de Dados

Neste capítulo vamos iniciar a construção do aplicativo que deve ser instalado no cliente para que ele mesmo possa fazer os pedidos e enviá-los à distribuidora.

O banco de dados disponível para o cliente é bastante simples e contém apenas duas tabelas: uma para cadastro dos produtos e outra para emissão de pedidos. A criação desse banco é o assunto deste tópico.

Primeiramente vamos criar o banco de dados do MySQL. Execute o **MySQL Control Center** e então clique com o botão direito do mouse sobre o item **Database**. Escolha a opção **New Database** e digite a cadeia de caracteres "bd_gdp_cliente" (figura 25.1).

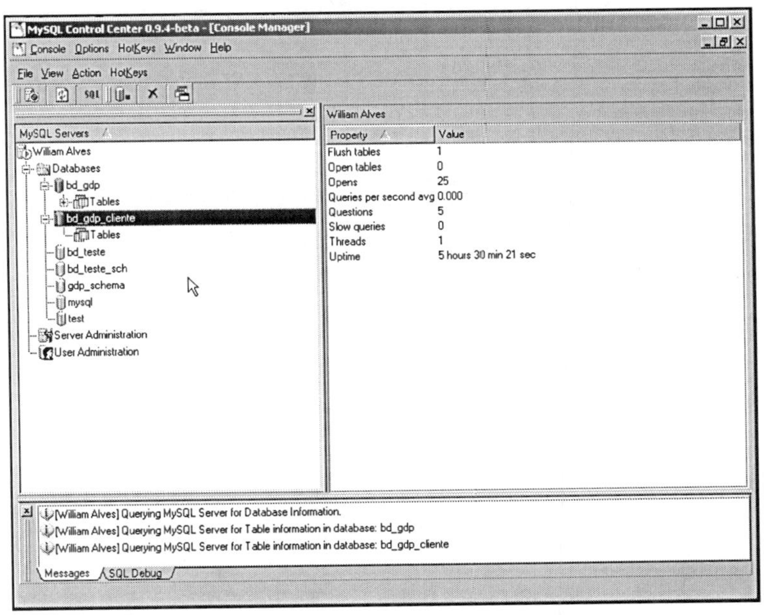

Figura 25.1

Em seguida, adicione duas tabelas com as seguintes estruturas:

Tabela Produtos

Field Name	Data Type	Length	Chave primária
Codigo_Produto	Int		Sim
Descricao	Varchar	30	
Modelo	Varchar	50	
Unidade_Medida	Varchar	4	
Preco_Unitario	Decimal	10,2	

Tabela Pedido

Field Name	Data Type	Length	Chave primária
Codigo_Produto	Int		Sim
Descricao	Varchar	80	
Preco_Unitario	Decimal	10,2	
Quantidade	Int		

As figuras 25.2 e 25.3 mostram a estrutura dessas duas tabelas na janela de definição do **MySQL Control Center**. Já na figura 25.4 é possível ver o banco de dados com as duas tabelas.

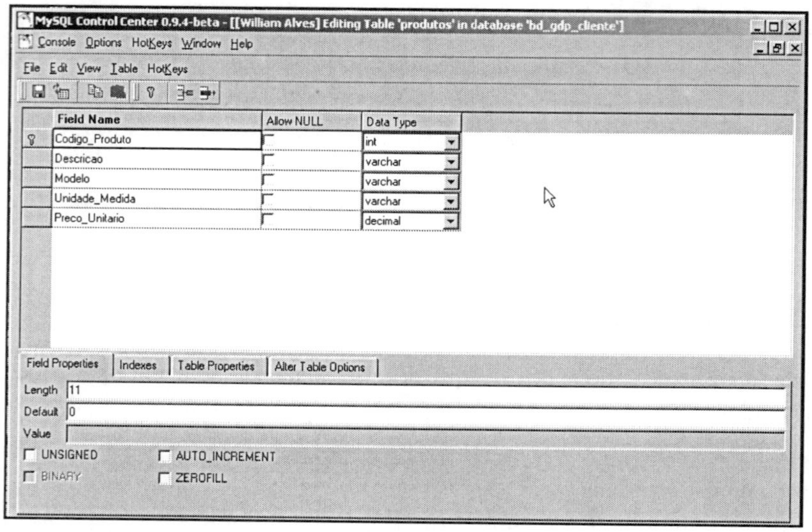

Figura 25.2

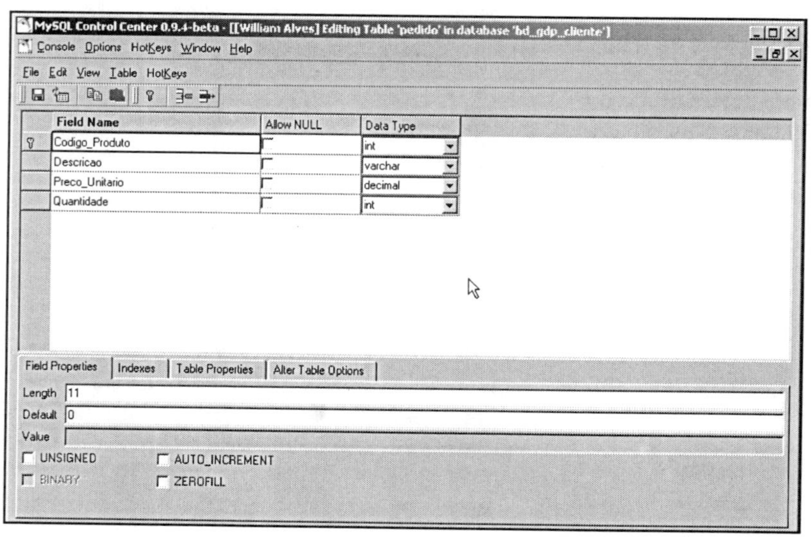

Figura 25.3

Agora vamos criar esse mesmo banco de dados, mas no InterBase. Execute o **IBConsole** e conecte-se à base de dados **DistribuidoraPapelaria**. Clique com o botão direito do mouse sobre o item Databases e escolha a opção **Create Database** (figura 25.5). Para o nome do arquivo do banco de dados digite a expressão caractere "C:\ProjetoDelphi2005\BaseDados\BD_GDP_CLIENTE.gdb". Se o diretório que você está usando for outro, ele é que deve ser informado antes do nome do arquivo. Digite ainda na caixa de entrada **Alias** o texto "Banco de Dados de Pedidos dos Clientes". Veja os detalhes na figura 25.6.

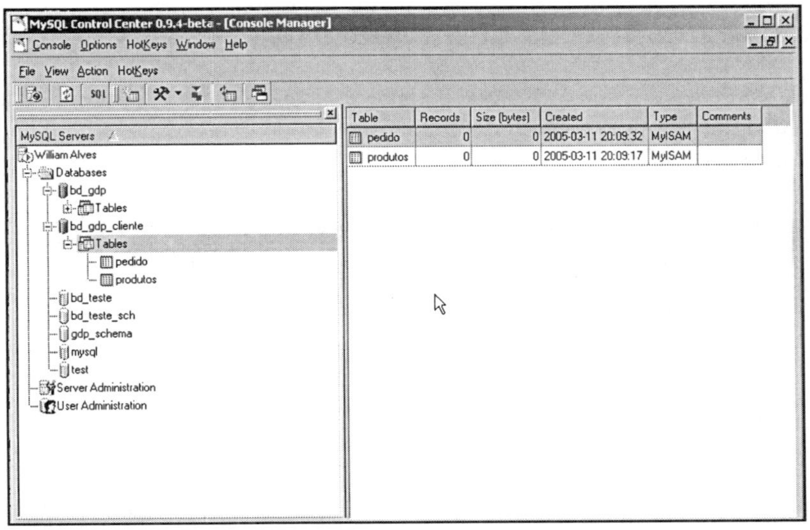

Figura 25.4

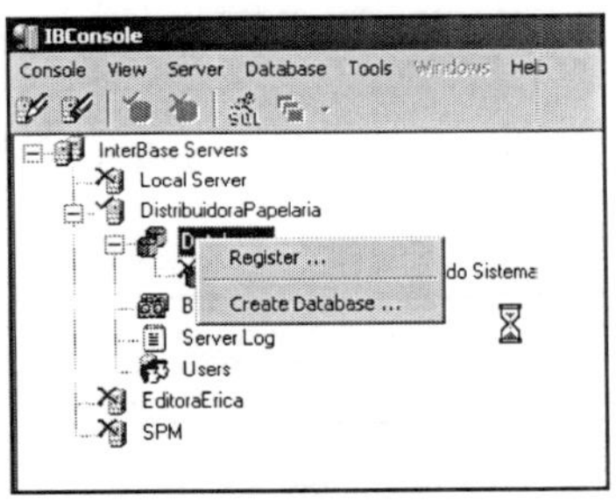

Figura 25.5

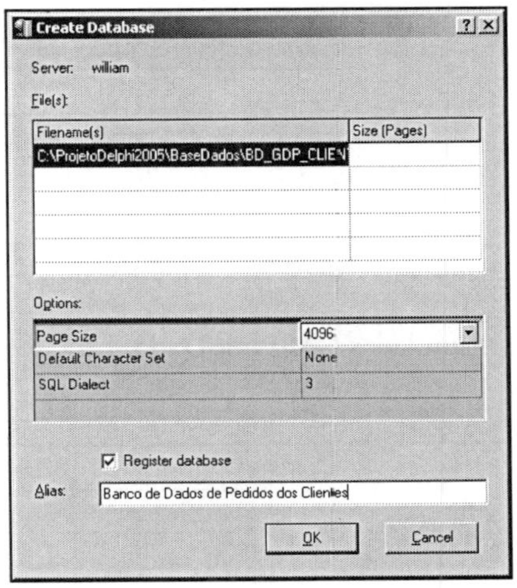

Figura 25.6

Depois de criado o banco de dados para o aplicativo do cliente, abra a janela do **Interactive SQL** e execute os comandos mostrados nas figuras 25.7 e 25.8. Eles criam as duas tabelas de dados vistas anteriormente.

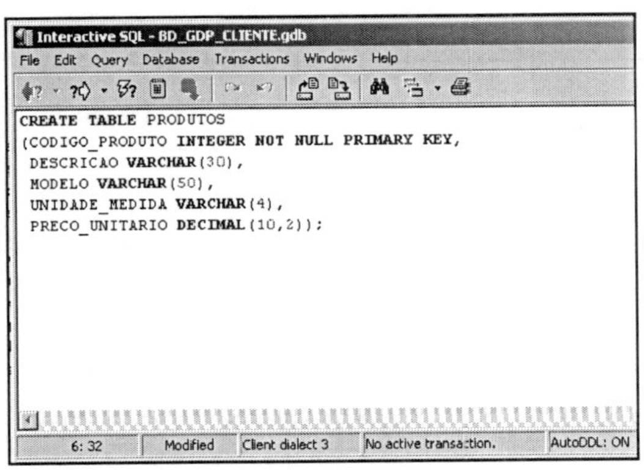

Figura 25.7

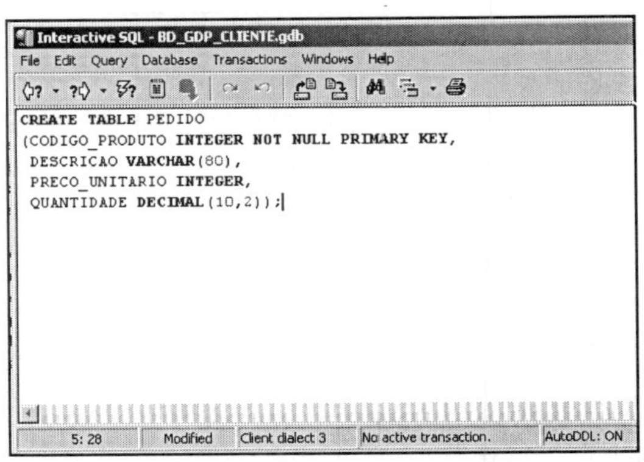

Figura 25.8

Após todas essas operações, estamos finalmente prontos para alterar o formulário de cadastro de produtos e criar o formulário que permite o cadastramento das transportadoras.

25.2. A Exportação dos Dados de Produtos

É preciso incluir no aplicativo de gestão uma rotina que permite a exportação das informações referentes aos produtos do catálogo da distribuidora. O arquivo gerado com essas informações será do tipo texto sem nenhuma formatação (extensão .TXT). O layout desse arquivo é o seguinte:

Informação	Posição Inicial	Posição Final	Tamanho Total
Código do Produto	1	6	6 bytes
Descrição do Produto	7	36	30 bytes
Modelo do Produto	37	86	50 bytes
Unidade de Medida	87	90	4 bytes
Preço Unitário	91	100	10 bytes

Vale ainda um destaque para os dados de preço unitário. Ele ocupa dez bytes no arquivo, sendo um reservado para vírgula e dois para as casas decimais. O número sempre será gravado com sete dígitos antes da vírgula e dois após.

Adicione um novo formulário ao projeto clicando no botão **New Items** e escolhendo o ícone **Form** do item **Delphi Files**. Configure as propriedades desse formulário conforme a tabela:

Propriedade	Grupo	Valor
Caption	Visual	Exportação dos Dados de Produtos p/ Clientes
BorderStyle	Visual	bsDialog
BorderIcons	Visual	(nenhuma opção)
Position	Miscellaneous	poScreenCenter
Name	Miscellaneous	formExportarProdutos

Vincule ainda as unidades **UModuloDados1** e **URotinasGenericas**, em seguida adicione os componentes:

Objeto	Propriedade	Grupo	Valor
Label1	Caption	Visual	Clique no botão Exportar para iniciar o processo
	Font/Size	Visual	10
	Font/Style	Visual	fsBold
	Name	Miscellaneous	lblMensagem
BitBtn1	Caption	Visual	Exportar
	Glyph	Visual	Exportar01.bmp
	Name	Miscellaneous	btnExportar
BitBtn2	Caption	Visual	Sair
	Glyph	Visual	Sair01.bmp
	Name	Miscellaneous	btnSair
ProgressBar1	Name	Miscellaneous	pgrProcesso
	Smooth	Miscellaneous	True

Na figura 25.9 podemos ver como deve ficar o formulário.

Figura 25.9

Dê um duplo-clique no botão **Exportar** e digite o seguinte código:

```
procedure TformExportarProdutos.btnExportarClick(Sender: TObject);
var
   FArquivoTXT: TextFile;
   strDados: string;
begin
     dmModuloDados1.sdsDescricao.Open;
     dmModuloDados1.sdsCatalogo.Open;
     dmModuloDados1.sdsDescricao.IndexFieldNames := 'Codigo_Descricao';
     dmModuloDados1.sdsCatalogo.IndexFieldNames := 'Codigo_Interno';
     pgrProcesso.Max := dmModuloDados1.sdsCatalogo.RecordCount;
     pgrProcesso.Position := 0;
     AssignFile(FArquivoTXT,'Produtos.txt');
```

```
     Rewrite(FArquivoTXT);
     while not dmModuloDados1.sdsCatalogo.Eof do
     begin
          dmModuloDados1.sdsDescricao.FindKey([dmModuloDados1.sdsCatalogo
Codigo_Descricao.AsInteger]);
          strDados := Format('%-6s',[dmModuloDados1.sdsCatalogoCodigo_Interno.AsString])+
                      Format('%-30s',[dmModuloDados1.sdsDescricaoDescricao.AsString])+
                      Format('%-50s',[dmModuloDados1.sdsCatalogoModelo.AsString])+
                      Format('%-4s',[dmModuloDados1.sdsCatalogoUnidade_Medida.AsString])+
                      Format('%10.2f',[dmModuloDados1.sdsCatalogoPreco_Venda.AsFloat]);
          WriteLn(FArquivoTXT,strDados);
          Flush(FArquivoTXT);
          dmModuloDados1.sdsCatalogo.Next;
          pgrProcesso.Position := pgrProcesso.Position + 1;
     end;
     CloseFile(FArquivoTXT);
     dmModuloDados1.sdsDescricao.IndexFieldNames := '';
     dmModuloDados1.sdsCatalogo.IndexFieldNames := '';
     dmModuloDados1.sdsDescricao.Close;
     dmModuloDados1.sdsCatalogo.Close;
     Mensagem('Fim da exportação dos dados!');
     Close;
end;
```

Esse procedimento abre as tabelas de descrição e de catálogo de produtos para fazer a exportação das informações. Um arquivo é criado com o recurso de manipulação de arquivos em baixo nível existente na linguagem **ObjectPascal**.

A propriedade **Max** do objeto **pgrProcesso** deve conter o valor máximo que pode ser alcançado, para ser possível saber quando foi completada a barra. Esse valor é obtido a partir do total de registros presentes na tabela de catálogo de produtos.

A geração do arquivo texto é feita dentro do *loop* **While...Do**. Primeiramente a descrição do produto é pesquisada, depois uma cadeia de caracteres é montada, contendo o código do produto, sua descrição, o modelo do produto, a unidade de medida e o preço unitário.

Para a gravação dos dados foi utilizado o procedimento **WriteLn**, que grava uma linha de texto e acrescenta a dupla de caracteres **Carriage Return+Line Feed (CR+LF)**. Com isso a informação de cada produto está em uma única linha de texto.

Note que, para atualizar a barra de progresso, tudo que precisamos fazer é alterar o valor da propriedade **Position** após ter avançado para o próximo registro da tabela.

Para o botão **Sair** entre com o seguinte comando:

```
procedure TformExportarProdutos.btnSairClick(Sender: TObject);
begin
     Close;
end;
```

Salve o formulário com o nome "UExportarProdutos".

Volte ao formulário principal do projeto e vincule a unidade que acabou de ser criada. Abra o editor de menus e insira uma nova opção no menu **Arquivo** com as seguintes configurações:

Propriedade	Grupo	Valor
Caption	Visual	Gerar arquivo Produtos.TXT
Name	Miscellaneous	opcGerarArquivoTXT

Veja o editor de menus com essa nova opção na figura 25.10.

O código que deve ser atribuído a essa opção se encontra listado a seguir:

```
procedure TformPrincipal.opcGerarArquivoTXTClick(Sender: TObject);
begin
     Application.CreateForm(TformExportarProdutos,formExportarProdutos);
     formExportarProdutos.ShowModal;
     formExportarProdutos.Destroy;
end;
```

Salve o projeto e compile-o. Rode a aplicação e selecione **Arquivos → Gerar arquivos Produtos.TXT**. Surge então a tela da figura 25.11. Clique no botão **Exportar** e o processo de gravação dos dados no arquivo texto tem início. Ao fim desse processo a mensagem da figura 25.12 é mostrada.

Se você abrir no **Bloco de Notas** do Windows o arquivo **Produtos.TXT**, que se encontra no mesmo diretório do arquivo executável do projeto, verá algo parecido com o mostrado na figura 25.13.

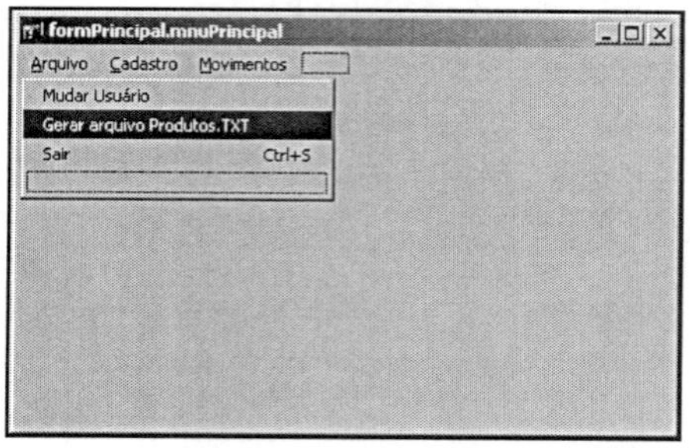

Figura 25.10

Figura 25.11

Figura 25.12

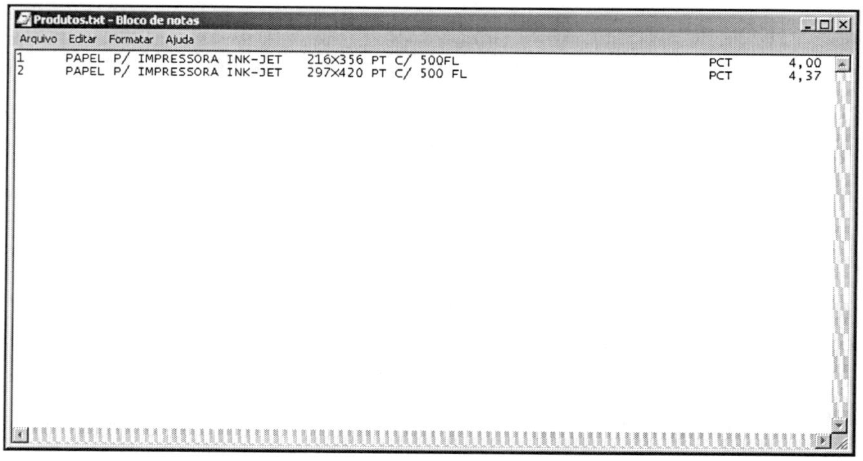

Figura 25.13

25.3. Transmissão do Arquivo de Produtos

Neste tópico vamos criar dois formulários, um para transmitir o arquivo **Produtos.TXT** para um servidor FTP e outro que envia e-mails aos clientes avisando a disponibilidade de tal arquivo. Assim, eles podem baixar esse arquivo e atualizar a lista de produtos do sistema de emissão de pedidos, que será abordado mais adiante.

Mas antes, é preciso criar uma tabela de dados que conterá informações relativas às configurações do servidor FTP e do e-mail da distribuidora. Com o **MySQL Control Center** aberto e a base de dados conectada adicione uma tabela e especifique para ela a seguinte estrutura:

Field Name	Data Type	Length
Registro	Int	
Host_FTP	Varchar	50
UserName_FTP	Varchar	30
Password_FTP	Varchar	30
Path_FTP	Varchar	50
Host_SMTP	Varchar	50
UserName_SMTP	Varchar	30
Password_SMTP	Varchar	30

Defina como chave primária da tabela o campo **Registro**. Marque também a propriedade **Allow NULL** do campo **Path_FTP**. Veja a estrutura na figura 25.14.

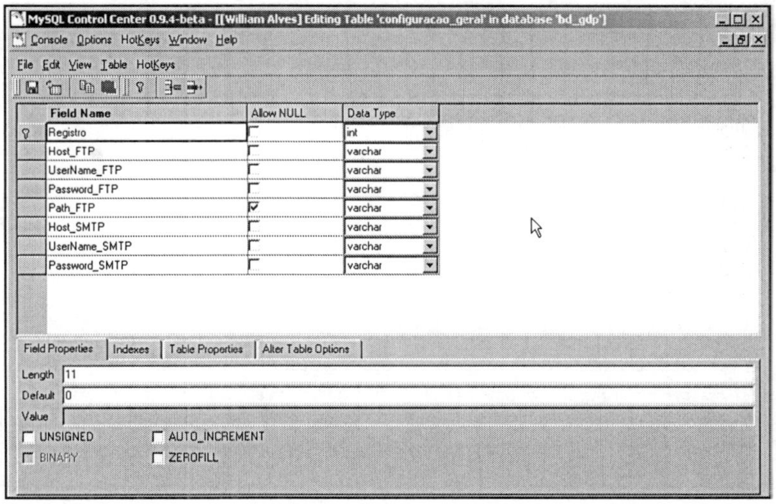

Figura 25.14

Salve a tabela com o nome "Configuração_Geral". Depois abra essa tabela e digite alguns dados para os campos, como no exemplo da figura 25.15. É bom deixar claro que os dados devem ser de um servidor FTP e de e-mail válidos.

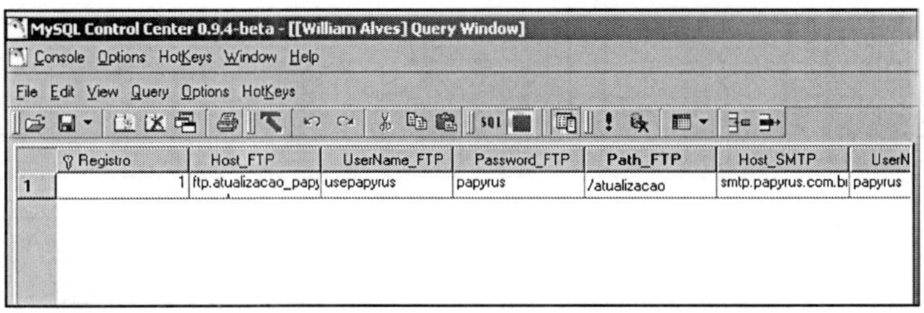

Figura 25.15

Para o banco de dados InterBase execute, na janela **Interactive SQL** do **IBConsole**, o comando apresentado na figura 25.16.

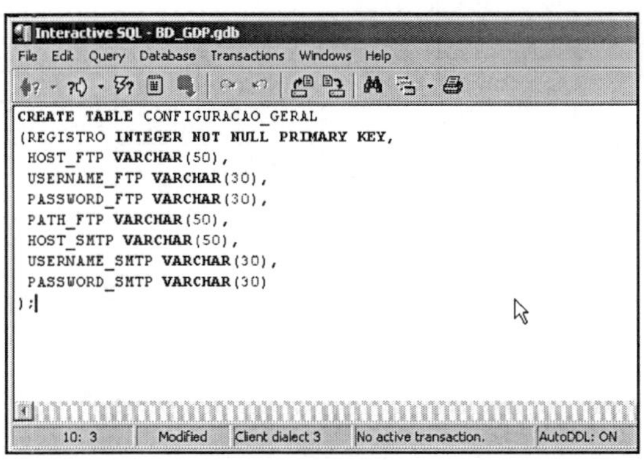

Figura 25.16

A seguir, inclua um novo campo na tabela **Clientes**. Os atributos desse campo devem ser os seguintes:

Field Name	Data Type	Length
Tem_Sistema	Char	1

Veja a figura 25.17.

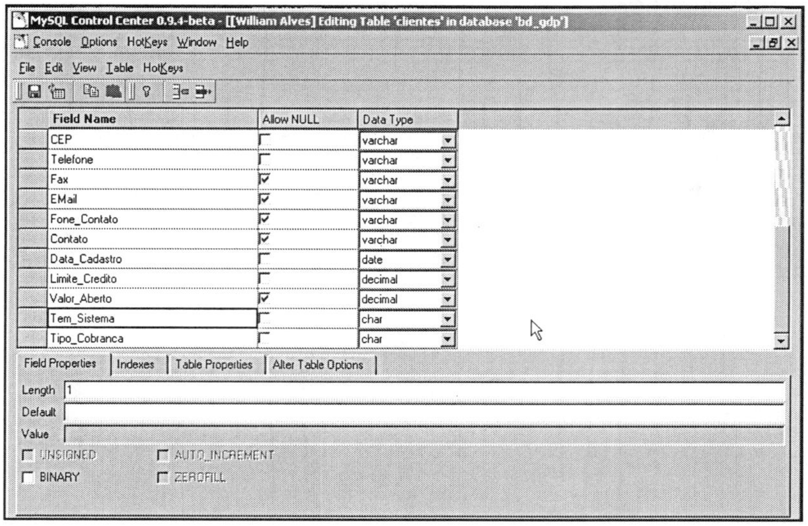

Figura 25.17

Para efetuar essa mesma alteração no banco de dados InterBase, execute o comando **ALTER TABLE CLIENTES ADD TEM_SISTEMA CHAR(1)**. Esse novo campo é necessário para que possamos identificar os clientes que possuem o sistema de emissão de pedido.

Selecione o módulo de dados e adicione os seguintes componentes:

Objeto	Propriedade	Grupo	Valor
SimpleDataSet1	ConnectionName	Connection	BaseDadosGDP
	LoginPrompt	Connection	False
	CommandType	DataSet	ctTable
	CommandText	DataSet	Configuracao_Geral
	Name	Miscellaneous	sdsConfiguracaoGeral
DataSource1	DataSet	Database	sdsConfiguracaoGeral
	Name	Miscellaneous	dsConfiguracaoGeral
SimpleDataSet2	ConnectionName	Connection	BaseDadosGDP
	LoginPrompt	Connection	False
	CommandType	DataSet	ctQuery
	CommandText	DataSet	"SELECT * FROM Clientes"
	Name	Miscellaneous	sdsQryClientes
DataSource2	DataSet	Database	sdsQryClientes
	Name	Miscellaneous	dsQryClientes

Para configurar a propriedade **CommandText** do segundo objeto **SimpleDataSet**, você pode utilizar o construtor de expressões, conforme a figura 25.18.

Adicione todos os campos das tabelas correspondentes aos dois objetos **SimpleDataSet**. O resultado será apresentado na figura 25.19.

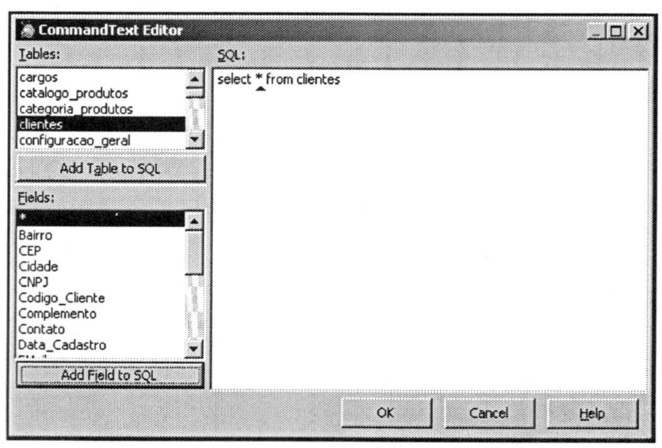

Figura 25.18

O próximo passo é alterar o formulário de cadastro de clientes (**formCadClientes**). Com ele aberto adicione à primeira aba um componente **TDBCheckBox** assim configurado:

Propriedade	Grupo	Valor
DataSource	Database	dmModuloDados1.dsClientes
DataField	Database	Tem_Sistema
Caption	Visual	Tem Sistema de Pedido Off-Line
ValueChecked	Localizable	S
ValueUnchecked	Localizable	N
Name	Miscellaneous	fldTemSistema

A figura 25.20 exibe o formulário com esse novo objeto.

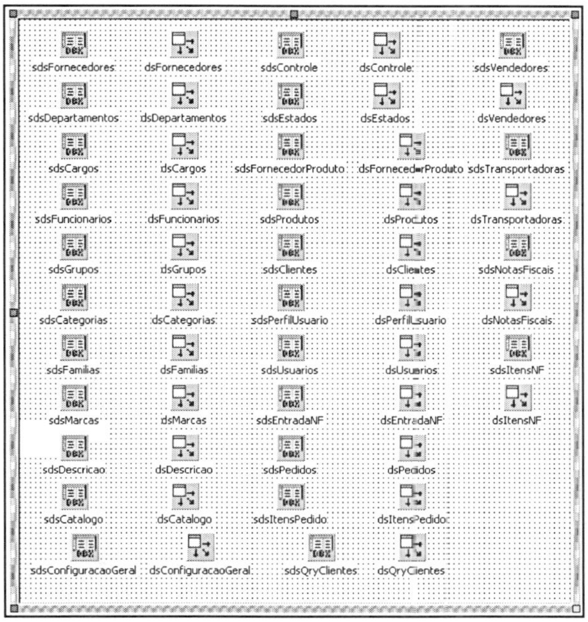

Figura 25.19

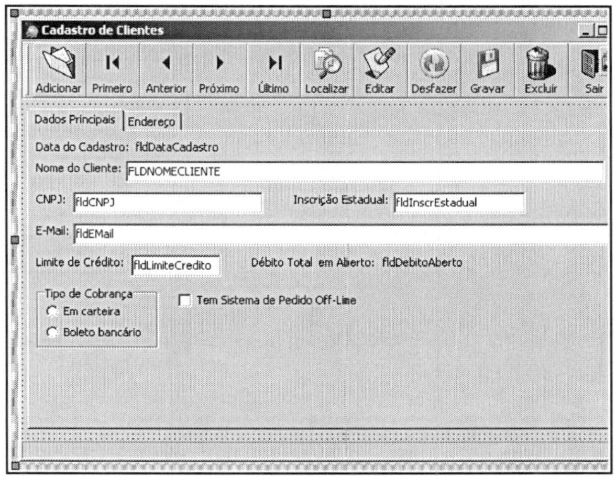

Figura 25.20

Clique no botão **New Items** e escolha o ícone **Form** do item **Delphi Files**. Vincule às unidades **UModuloDados1** e **URotinasGenericas**. Configure as propriedades do novo formulário conforme descrito na seguinte tabela:

Propriedade	Grupo	Valor
Caption	Visual	Transmissão de Arquivo por FTP
BorderStyle	Visual	bsDialog
BorderIcons	Visual	(nenhuma opção)
Position	Miscellaneous	poScreenCenter
Name	Miscellaneous	formTransfereArquivo
KeyPreview	Input	True

Adicione ao formulário os componentes listados em seguida:

Objeto	Propriedade	Grupo	Valor
Label1	Caption	Visual	Endereço Host do FTP:
	Name	Miscellaneous	lblHostFTP
Label2	Caption	Visual	Usuário FTP:
	Name	Miscellaneous	lblUserNameFTP
Label3	Caption	Visual	Senha:
	Name	Miscellaneous	lblSenha

Objeto	Propriedade	Grupo	Valor
Label4	Caption	Visual	Diretório:
	Name	Miscellaneous	lblDiretorio
Edit1	Name	Miscellaneous	fldHostFTP
Edit2	Name	Miscellaneous	fldUserNameFTP
Edit3	PasswordChar	Localizable	*
	Name	Miscellaneous	fldPasswordFTP
Edit4	Name	Miscellaneous	fldPathFTP
BitBtn1	Caption	Visual	Conectar
	Glyph	Visual	Conectar03.bmp
	Layout	Miscellaneous	blGlyphTop
	Name	Miscellaneous	btnConectar
BitBtn2	Caption	Visual	Transmitir
	Glyph	Visual	Transferencia01.bmp
	Layout	Miscellaneous	blGlyphTop
	Name	Miscellaneous	btnTransmitir
BitBtn3	Caption	Visual	Desconectar
	Glyph	Visual	Desconectar03.bmp
	Layout	Miscellaneous	blGlyphTop
	Name	Miscellaneous	btnDesconectar
BitBtn4	Caption	Visual	Sair
	Glyph	Visual	Sair01.bmp
	Layout	Miscellaneous	blGlyphTop
	Name	Miscellaneous	btnSair
ProgressBar1	Name	Miscellaneous	pgrTransferencia
	Smooth	Miscellaneous	True
StatusBar1	Name	Miscellaneous	stsMensagem
	SimplePanel	Miscellaneous	True

Selecione o grupo de componentes **Indy Clients** e adicione o componente **TIdFTP** ao formulário. A figura 25.21 mostra a aparência final do formulário.

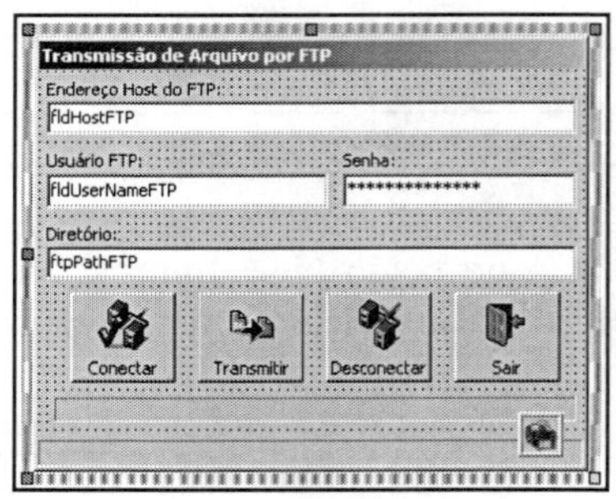

Figura 25.21

Atribua aos eventos **OnShow** e **OnClose** os seguintes códigos:

Evento OnShow

```
procedure TformTransfereArquivo.FormShow(Sender: TObject);
begin
     dmModuloDados1.sdsConfiguracaoGeral.Open;
     fldHostFTP.Text :=
dmModuloDados1.sdsConfiguracaoGeralHost_FTP.AsString;
     fldUserNameFTP.Text :=
dmModuloDados1.sdsConfiguracaoGeralUserName_FTP.AsString;
     fldPasswordFTP.Text := dmModuloDados1.sdsConfiguracaoGeralPassword_FTP.AsString;
     fldPathFTP.Text := dmModuloDados1.sdsConfiguracaoGeralPath_FTP.AsString;
     dmModuloDados1.sdsConfiguracaoGeral.Close;
end;
```

Evento OnClose

```
procedure TformTransfereArquivo.FormClose(Sender: TObject;
  var Action: TCloseAction);
begin
     dmModuloDados1.sdsConfiguracaoGeral.Open;
     dmModuloDados1.sdsConfiguracaoGeral.Edit;
     dmModuloDados1.sdsConfiguracaoGeralHost_FTP.AsString := fldHostFTP.Text;
     dmModuloDados1.sdsConfiguracaoGeralUserName_FTP.AsString := fldUserNameFTP.Text;
     dmModuloDados1.sdsConfiguracaoGeralPassword_FTP.AsString := fldPasswordFTP.Text;
     dmModuloDados1.sdsConfiguracaoGeralPath_FTP.AsString := fldPathFTP.Text;
     dmModuloDados1.sdsConfiguracaoGeral.Post;
     dmModuloDados1.sdsConfiguracaoGeral.ApplyUpdates(-1);
     dmModuloDados1.sdsConfiguracaoGeral.Close;
end;
```

Para o evento **OnKeyPress** digite o seguinte código:

```
procedure TformTransfereArquivo.FormKeyPress(Sender: TObject; var Key: Char);
begin
     if key = #13 then
     begin
          Key:= #0;
          Perform(WM_NEXTDLGCTL,0,0);
     end;
end;
```

No primeiro procedimento, os valores contidos nos campos da tabela de configuração são passados às caixas de entrada do formulário. Já no segundo, executado quando o formulário é fechado, o processo ocorre ao contrário, ou seja, os valores das caixas de entrada são gravados nos respectivos campos da tabela.

Selecione o objeto **fldHostFTP** e atribua os códigos apresentados a seguir aos eventos **OnEnter** e **OnExit**:

Evento OnEnter

```
procedure TformTransfereArquivo.fldHostFTPEnter(Sender: TObject);
begin
     CorEntrada(Sender);
end;
```

Evento OnExit

```
procedure TformTransfereArquivo.fldHostFTPExit(Sender: TObject);
begin
     CorSaida(Sender);
end;
```

Esses dois procedimentos devem ser atribuídos aos demais objetos de entradas de dados.

Agora dê um duplo-clique no botão **Conectar** e digite o código:

```
procedure TformTransfereArquivo.btnConectarClick(Sender: TObject);
begin
     if (Trim(fldHostFTP.Text)+Trim(fldUserNameFTP.Text)+Trim(fldPasswordFTP.Text)) <> '' then
     begin
          IdFTP1.Host := fldHostFTP.Text;
          IdFTP1.Username := fldUserNameFTP.Text;
          IdFTP1.Password := fldPasswordFTP.Text;
          IdFTP1.Connect;
          if IdFTP1.Connected then
          begin
               if Trim(fldPathFTP.Text) <> '' then
                  IdFTP1.ChangeDir(fldPathFTP.Text);
          end
          else
              stsMensagem.SimpleText := 'Não foi possível fazer a conexão!';
     end
     else
     begin
          Mensagem('Entre com as informações de Host,Username e Password!');
          fldHostFTP.SetFocus;
     end;
end;
```

O procedimento ajusta os valores das propriedades do objeto **IdFTP1** que são necessárias à conexão com o servidor FTP. Então tenta efetuar a conexão e em caso afirmativo, muda para o diretório-padrão especificado pelo usuário (se houver algum).

Para o botão **Transmitir** o código deve ser o seguinte:

```
procedure TformTransfereArquivo.btnTransmitirClick(Sender: TObject);
begin
     IdFTP1.TransferType := ftASCII;
     IdFTP1.Put('C:\ProjetoDelphi2005\Produtos.TXT','Produtos.TXT');
end;
```

Esse procedimento efetua a transmissão do arquivo pelo método **Put**. Por se tratar de um arquivo texto, configuramos a propriedade **TransferType** com o valor **ftASCII**. Devido ao uso dessa constante, é preciso incluir a unidade **IdFTPCommon** na cláusula **Uses** do início do código do formulário. O código do botão **Desconectar** é bastante simples, pois ele apenas chama o método **Disconnect**. Veja o código:

```
procedure TformTransfereArquivo.btnDesconectarClick(Sender: TObject);
begin
     IdFTP1.Disconnect;
end;
```

É preciso ainda incluir quatro procedimentos no objeto **IdFTP1**. Eles se encontram listados a seguir:

Evento OnStatus

```
procedure TformTransfereArquivo.IdFTP1Status(ASender: TObject;
  const AStatus: TIdStatus; const AStatusText: string);
begin
     if AStatus = hsConnecting then
        stsMensagem.SimpleText := 'Conectando ao servidor...'
        else if AStatus = hsConnected then
                stsMensagem.SimpleText := 'Conexão efetuada com sucesso!'
        else if AStatus = hsDisconnecting then
                stsMensagem.SimpleText := 'Desconectando do servidor...'
        else if AStatus = hsDisconnected then
                stsMensagem.SimpleText := 'Desconexão efetuada com sucesso!'
        else if AStatus = ftpTransfer then
                stsMensagem.SimpleText := 'Transmitindo arquivo...';
end;
```

Evento OnWork

```
procedure TformTransfereArquivo.IdFTP1Work(ASender: TObject;
  AWorkMode: TWorkMode; AWorkCount: Integer);
begin
     pgrTransferencia.Position := AWorkCount;
end;
```

Evento OnWorkBegin

```
procedure TformTransfereArquivo.IdFTP1WorkBegin(ASender: TObject;
  AWorkMode: TWorkMode; AWorkCountMax: Integer);
begin
     pgrTransferencia.Max := AWorkCountMax;
     pgrTransferencia.Position := 0;
end;
```

Evento OnWorkEnd

```
procedure TformTransfereArquivo.IdFTP1WorkEnd(ASender: TObject;
  AWorkMode: TWorkMode);
begin
     Mensagem('Fim da transmissão do arquivo!');
     pgrTransferencia.Position := 0;
     stsMensagem.SimpleText := '';
end;
```

O evento **OnStatus** é chamado a cada operação realizada pelo objeto **IdFTP1**, como conexão com o servidor ou transferência de arquivos. Podemos utilizá-lo para apresentar mensagens informando ao usuário o que está ocorrendo. É isso justamente que faz o procedimento **IdFTP1Status**. Ele verifica o valor do parâmetro **AStatus** para saber qual mensagem deve ser apresentada na linha de status na base do formulário.

Já o procedimento **IdFTP1Work** é executado quando um arquivo estiver sendo transferido do micro para o servidor (processo de **UpLoad**) ou do servidor para o micro (processo de **Download**). Em nosso caso, ele atualiza a barra de progresso, indicando assim o andamento da transmissão do arquivo.

Criamos também dois procedimentos que são executados quando se inicia o processo de transferência de arquivo e quando ele é encerrado. São eles: **IdFTP1WorkBegin** e **IdFTP1WorkEnd** respectivamente. No primeiro, o valor da barra de progresso é inicializada. No segundo, uma mensagem avisando o usuário do fim da transmissão é apresentada, além da reinicialização da barra de progresso e da limpeza da linha de mensagem. Salve o formulário dando-lhe o nome "UTransfereArquivo.Pas".

25.4. Envio de E-Mail aos Clientes

Já temos o formulário para transmitir o arquivo de atualização do catálogo de produtos ao servidor FTP. Agora precisamos de uma maneira de informar aos clientes que possuam o sistema de vendas off-line que esse arquivo já está disponível. Escolhemos como opção o envio de e-mail, contendo um texto bastante simples.

Clique no botão **New Items** e escolha o ícone **Form** do item **Delphi Files**. Vincule às unidades **UModuloDados1** e **URotinasGenericas**. Configure as propriedades do formulário de acordo com a seguinte tabela:

Propriedade	Grupo	Valor
Caption	Visual	Aviso de Atualização de Produtos
BorderStyle	Visual	bsDialog
BorderIcons	Visual	(nenhuma opção)
Position	Miscellaneous	poScreenCenter
Name	Miscellaneous	formAvisoProdutoAtual
KeyPreview	Input	True

Adicione ao formulário os seguintes componentes:

Objeto	Propriedade	Grupo	Valor
Label1	Caption	Visual	E-Mail do Remetente:
	Name	Miscellaneous	lblRemetente
Edit1	Name	Miscellaneous	edtEMailRemetente
	Text	Localizable	(branco)
Memo1	Name	Miscellaneous	memTextoMensagem
	Lines	Localizable	(apagar o texto)
BitBtn1	Caption	Visual	Enviar
	Glyph	Visual	Email01.bmp
	Name	Miscellaneous	btnEnviar
StatusBar1	Name	Miscellaneous	stsMensagem
	SimplePanel	Miscellaneous	True

Adicione ainda um componente **TIdSMTP** (grupo **Indy Clients**) e um **TIdMessage** (grupo **Indy Misc**). Digite na propriedade **ContentType**, do objeto **IdMessage1**, a cadeia de caracteres "text/plain". Veja na figura 25.22 como deve ficar o formulário.

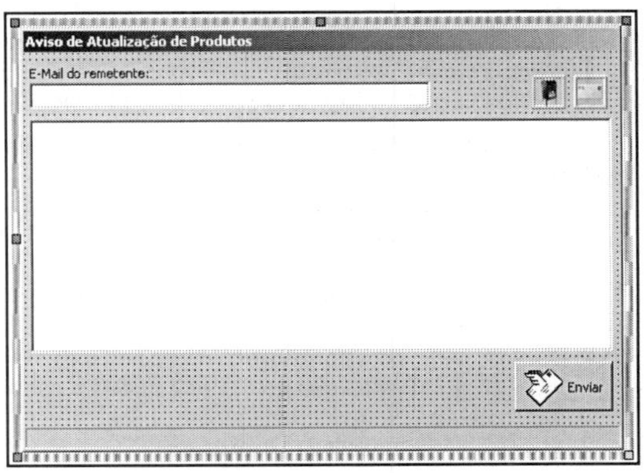

Figura 25.22

Atribua aos eventos **OnShow** e **OnKeyPress** os códigos das listagens mostradas a seguir:

Evento OnShow

```
procedure TformAvisoProdutoAtual.FormShow(Sender: TObject);
begin
     memTextoMensagem.Lines.Clear;
     memTextoMensagem.Lines.Add('Está disponível no
servidor FTP a atualização do arquivo de produtos.');
     memTextoMensagem.Lines.Add('');
     memTextoMensagem.Lines.Add('');
     memTextoMensagem.Lines.Add('');
     memTextoMensagem.Lines.Add('');
     memTextoMensagem.Lines.Add('Data: '+DateToStr(Date));
     memTextoMensagem.Lines.Add('');
     memTextoMensagem.Lines.Add('');
     memTextoMensagem.Lines.Add('Atenciosamente,');
     memTextoMensagem.Lines.Add('Distribuidora Papyrus');
end;
```

Evento OnKeyPress

```
procedure TformAvisoProdutoAtual.FormKeyPress(Sender: TObject; var Key: Char);
begin
     if key = #13 then
     begin
          Key:= #0;
          Perform(WM_NEXTDLGCTL,0,0);
     end;
end;
```

O primeiro procedimento é responsável por criar o texto inicial a ser mostrado pela caixa de digitação de textos (memTextoMensagem).

Selecione o objeto **edtEMailRemetente** e atribua os códigos seguintes aos eventos **OnEnter** e **OnExit**:

Evento OnEnter

```
procedure TformAvisoProdutoAtual.edtEMailRemetenteEnter(Sender: TObject);
begin
     CorEntrada(Sender);
end;
```

Evento OnExit

```
procedure TformAvisoProdutoAtual.edtEMailRemetenteExit(Sender: TObject);
begin
     CorSaida(Sender);
end;
```

Esses dois procedimentos devem ser atribuídos ao objeto **memTextoMensagem**. Agora dê um duplo-clique no botão **Conectar** e digite o seguinte código:

```
procedure TformAvisoProdutoAtual.btnEnviarClick(Sender: TObject);
begin
     dmModuloDados1.sdsConfiguracaoGeral.Open;
     IdSMTP1.Host := dmModuloDados1.sdsConfiguracaoGeralHost_SMTP.AsString;
     IdSMTP1.Username := dmModuloDados1.sdsConfiguracaoGeralUserName_SMTP.AsString;
     IdSMTP1.Password := dmModuloDados1.sdsConfiguracaoGeralPassword_SMTP.AsString;
     dmModuloDados1.sdsConfiguracaoGeral.Close;

     IdMessage1.From.Text := edtEMailRemetente.Text;
     IdMessage1.Subject := 'Atualização de Sistema - '+DateToStr(Date);
     IdMessage1.Body.Assign(memTextoMensagem.Lines);
     dmModuloDados1.sdsQryClientes.DataSet.CommandText := 'SELECT * FROM Clientes WHERE Tem_Sistema =
'+#39+'S'+#39;
     dmModuloDados1.sdsQryClientes.Open;
     while not dmModuloDados1.sdsQryClientes.Eof do
     begin
          if Trim(dmModuloDados1.sdsQryClientesEMail.AsString) <> '' then
          begin
               stsMensagem.SimpleText := 'E-Mail para '+dmModuloDados1.sdsQryClientes EMail.AsString;
               IdMessage1.Recipients.EMailAddresses := dmModuloDados1.sdsQryClientes EMail.AsString;

               IdSMTP1.Connect;
               try
                  IdSMTP1.Send(IdMessage1);
               finally
                       IdSMTP1.Disconnect;
               end;
          end;
          dmModuloDados1.sdsQryClientes.Next;
     end;
     dmModuloDados1.sdsQryClientes.Close;
     Close;
end;
```

O que esse procedimento faz é inicializar as propriedades do objeto **IdSMTP1** necessárias para envio do e-mail. Os valores são obtidos a partir da tabela de configurações. Em seguida, o endereço de e-mail do remetente é passado à propriedade

From de **IdMessage1** (variável **Text**), assim como o assunto (propriedade **Subject**) é configurado com um texto seguido pela data de envio do e-mail, e ao corpo da mensagem é atribuído o texto que se encontra no objeto **memTextoMensagem**.

```
dmModuloDados1.sdsConfiguracaoGeral.Open;
IdSMTP1.Host := dmModuloDados1.sdsConfiguracaoGeralHost_SMTP.AsString;
IdSMTP1.Username := dmModuloDados1.sdsConfiguracaoGeralUserName_SMTP.AsString;
IdSMTP1.Password := dmModuloDados1.sdsConfiguracaoGeralPassword_SMTP.AsString;
dmModuloDados1.sdsConfiguracaoGeral.Close;

IdMessage1.From.Text := edtEMailRemetente.Text;
IdMessage1.Subject := 'Atualização de Sistema - '+DateToStr(Date);
IdMessage1.Body.Assign(memTextoMensagem.Lines);
```

O passo seguinte é selecionar apenas os clientes que tenham o sistema de venda instalado. Então, através de um *loop* **While...Do**, esses registros são varridos e caso o campo de e-mail do cliente esteja preenchido, o procedimento o atribui à variável **EMailAddresses** da propriedade **Recipients**. O e-mail é enviado com a chamada aos métodos **Connect** e **Send**, do objeto **IdSMTP1**. Note que devemos especificar como parâmetro do método **Send** o objeto que contém a mensagem e o endereço de e-mail do destinatário.

```
dmModuloDados1.sdsQryClientes.DataSet.CommandText := 'SELECT * FROM Clientes WHERE Tem_Sistema =
'+#39+'S'+#39;
dmModuloDados1.sdsQryClientes.Open;
while not dmModuloDados1.sdsQryClientes.Eof do
begin
     if Trim(dmModuloDados1.sdsQryClientesEMail.AsString) <> '' then
     begin
          stsMensagem.SimpleText := 'E-Mail para '+dmModuloDados1.sdsQryClientesEMail. AsString;
          IdMessage1.Recipients.EMailAddresses := dmModuloDados1.sdsQryClientesEMail. AsString;

          IdSMTP1.Connect;
          try
             IdSMTP1.Send(IdMessage1);
          finally
                 IdSMTP1.Disconnect;
          end;
     end;
     dmModuloDados1.sdsQryClientes.Next;
end;
dmModuloDados1.sdsQryClientes.Close;
```

Salve o formulário com o nome "UAvisoProdutoAtual.Pas".

25.5. Finalização e Teste

Volte ao formulário de transmissão de arquivo e vincule a unidade criada no tópico anterior. Então dê um duplo-clique sobre o botão **Sair** e entre com o seguinte código:

```
procedure TformTransfereArquivo.btnSairClick(Sender: TObject);
begin
     Application.CreateForm(TformAvisoProdutoAtual,formAvisoProdutoAtual);
     formAvisoProdutoAtual.ShowModal;
     formAvisoProdutoAtual.Destroy;
     Close;
end;
```

Esse procedimento chama o formulário de envio de e-mails antes do fechamento do formulário de transmissão de arquivos. Isso garante que sempre que um novo arquivo de atualização de produtos for transmitido, os e-mails dos clientes serão automaticamente enviados.

Selecione o formulário principal e vincule à unidade "UTransfereArquivo". Adicione uma nova opção ao menu **Arquivo** com as seguintes configurações:

Propriedade	Grupo	Valor
Caption	Visual	Transmitir Produtos.TXT
Name	Miscellaneous	opcTransferirProdutosTXT

Veja a figura 25.23.

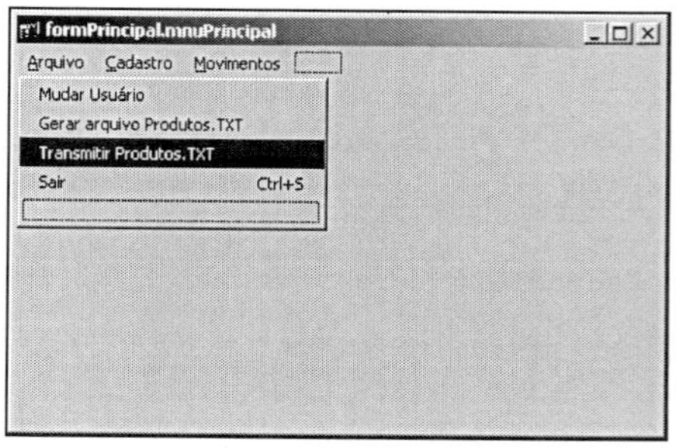

Figura 25.23

Atribua a essa nova opção, o código listado a seguir:

```
procedure TformPrincipal.opcTransferirProdutosTXTClick(Sender: TObject);
begin
     Application.CreateForm(TformTransfereArquivo,formTransfereArquivo);
     formTransfereArquivo.ShowModal;
     formTransfereArquivo.Destroy;
end;
```

Salve todo o projeto e compile-o. Rode o programa e selecione a opção **Arquivo → Transmitir Produtos.TXT**, logo após o arquivo ter sido gerado (como explicado anteriormente neste capítulo). Observe a tela da figura 25.24. O usuário deve clicar no botão **Conectar** para efetuar a conexão com o servidor FTP. Depois que a conexão for feita, clique no botão **Transmitir**. O processo é demonstrado pela barra de progresso. Após o término da transmissão deve-se clicar no botão **Desconectar** e depois em **Sair**.

Nesse momento, a tela da figura 25.25 aparece. Digite um endereço de e-mail válido na primeira caixa de entrada. Caso deseje, pode alterar o texto que forma o corpo da mensagem. Para enviar o e-mail, basta clicar no botão **Enviar**.

Na linha de status são mostrados os e-mails que estão sendo enviados. Ao final de todo o processo retorna-se ao menu principal.

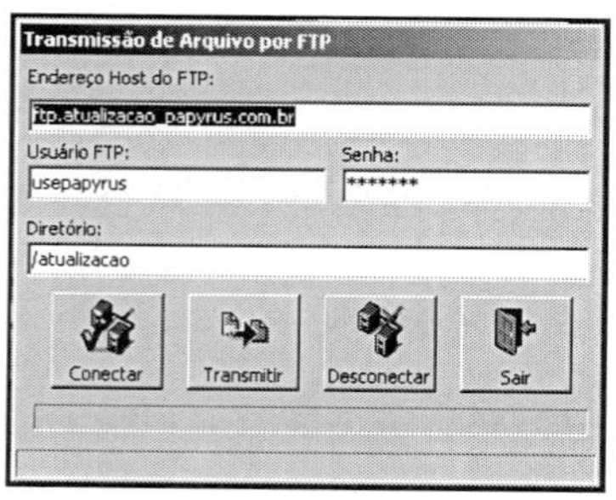

Figura 25.24

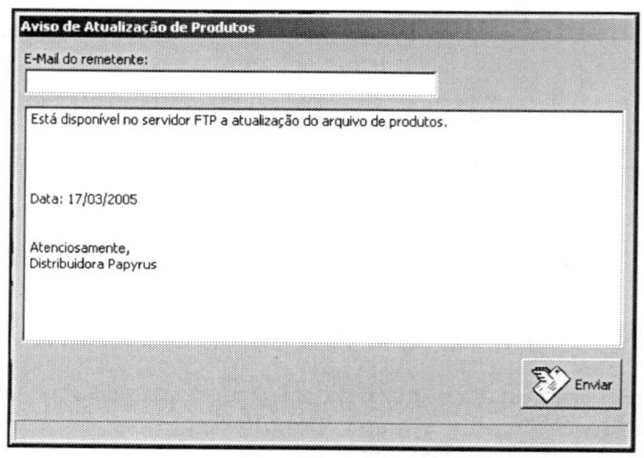

Figura 25.25

O Sistema de Vendas Off-Line

Assuntos abordados neste capítulo

- *Criação de um novo projeto*
- *Utilização de campos calculados*
- *Atualização de uma tabela de dados a partir de um arquivo texto*
- *Geração do arquivo de pedido do cliente*

26.1. A Tela Principal

Este capítulo mostra o desenvolvimento do aplicativo de vendas que pode ser instalado em um microcomputador do cliente. Com ele é possível criar um pedido e enviar o arquivo correspondente para o servidor FTP dedicado a essa tarefa.

Por se tratar de um aplicativo destinado a terceiros, ele deve ser estruturado da forma mais simples e fácil de utilizar. A partir deste princípio, a tela principal conterá apenas quatro botões, cada um para uma tarefa específica.

Crie um novo projeto selecionando **File → New → VCL Forms Application - Delphi for Win32** (figura 26.1). Configure as propriedades do formulário da seguinte maneira:

Propriedade	Grupo	Valor
Caption	Visual	Emissão de Pedido de Compra - Distribuidora Papyrus
Color	Visual	clSkyBlue
Position	Miscellaneous	poScreenCenter
Name	Miscellaneous	formPedidoCliente

Adicione ao formulário quatro botões do tipo **TBitBtn** e configure-os conforme descrito na tabela:

Objeto	Propriedade	Grupo	Valor
BitBtn1	Caption	Visual	Atualizar Catálogo
	Font/Syze	Visual	10
	Font/Style	Visual	fsBold
	Glyph	Visual	Catalogo01.bmp
	Name	Miscellaneous	btnAtualizarCatalogo
BitBtn2	Caption	Visual	Emitir Pedido
	Font/Syze	Visual	10
	Font/Style	Visual	fsBold
	Glyph	Visual	Pedido01.bmp
	Name	Miscellaneous	btnEmitirPedido
BitBtn3	Caption	Visual	Transmitir Pedido
	Font/Syze	Visual	10
	Font/Style	Visual	fsBold
	Glyph	Visual	Transferencia01.bmp
	Name	Miscellaneous	btnTransmitirPedido

Objeto	Propriedade	Grupo	Valor
BitBtn4	Caption	Visual	Sair
	Font/Syze	Visual	10
	Font/Style	Visual	fsBold
	Glyph	Visual	Sair01.bmp
	Name	Miscellaneous	btnSair

Ajuste o tamanho dos botões para que fiquem conforme a figura 26.2.

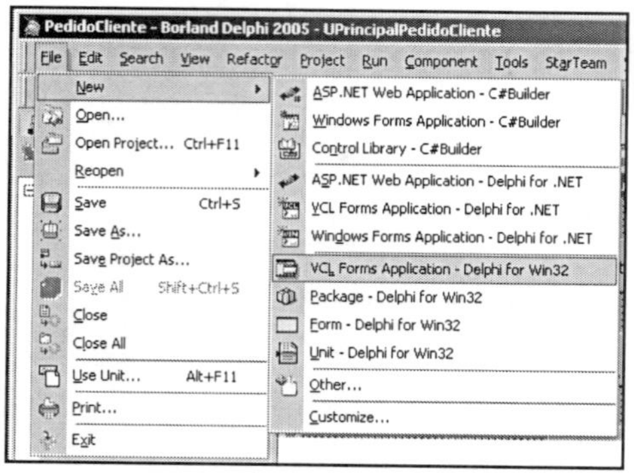

Figura 26.1

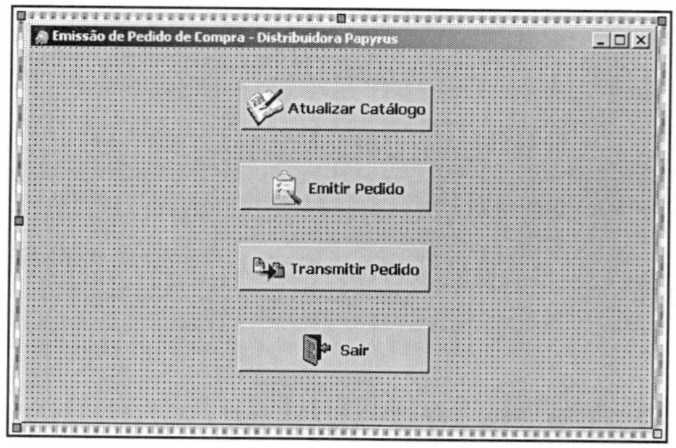

Figura 26.2

Salve esse formulário e o projeto com os nomes "UPrincipalPedidoCliente" e "PedidoCliente".

É preciso adicionar ao projeto o arquivo **URotinasGenericas.Pas**, que contém as diversas funções e procedimentos para uso no projeto. Para isso clique com o botão direito do mouse no item **PedidoCliente**, na janela **Project Manager**, e escolha a opção **Add** (figura 26.3). Na tela seguinte selecione o arquivo "URotinasGenericas.Pas" (figura 26.4).

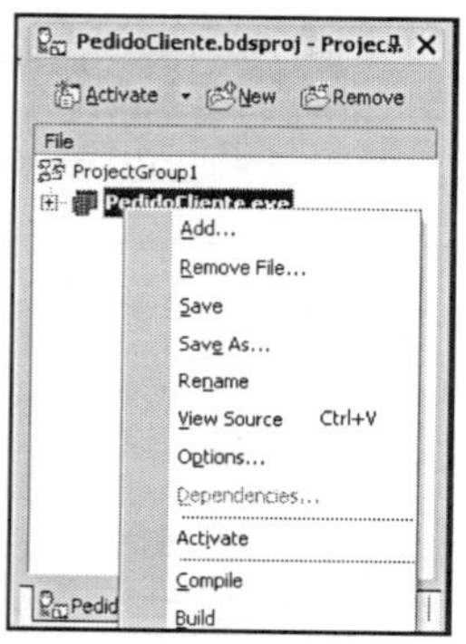

Figura 26.3

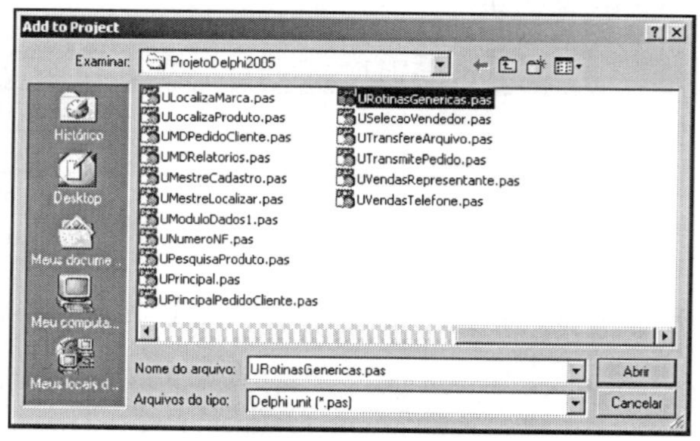

Figura 26.4

O próximo passo é adicionar um módulo de dados ao projeto. Sendo assim, clique no botão **New Items** () e selecione o ícone **Data Module** do item **Delphi Files**. Digite na propriedade **Name** a cadeia de caracteres "dmModuloDados".

Adicione quatro componentes **TSimpleDataSet** e três **TDataSource**. Clique com o botão direito do mouse sobre o primeiro objeto **SimpleDataSet** e selecione a opção **Edit connection**. Isso faz com que a tela do editor de conexões seja mostrada. Selecione na caixa de combinação a opção **MySQL** e clique no botão **Add Connection** (). Digite "BasePedidoCliente" na tela apresentada em seguida. Por fim, configure os parâmetros conforme a figura 26.5.

De igual forma, crie também uma conexão para o banco de dados InterBase, nomeando-a como "BasePedidoCliente_IB". Os parâmetros devem ser configurados de acordo com a figura 26.6.

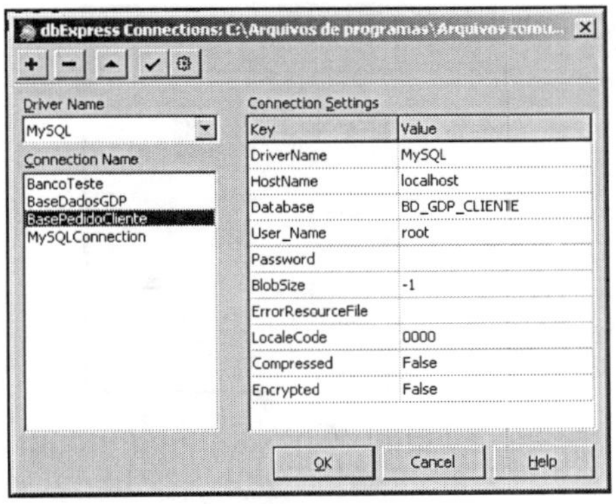

Figura 26.5

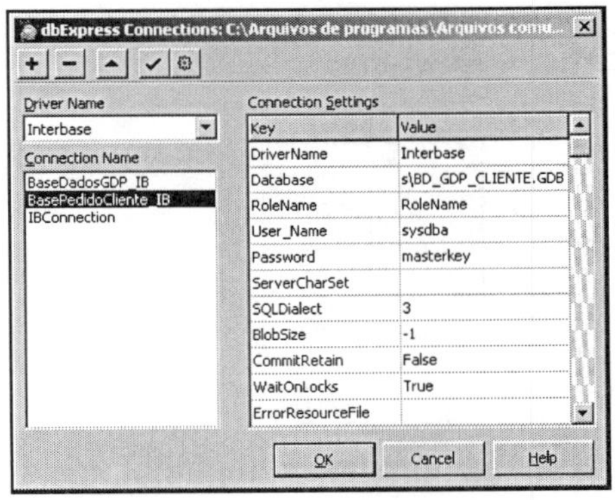

Figura 26.6

Para o parâmetro **Database** a cadeia de caracteres deve ser:

- "C:\ProjetoDelphi2005\BaseDados\BD_GDP_CLIENTE.GDB".

Configure os objetos do módulo de dados de acordo com o descrito na tabela:

Objeto	Propriedade	Grupo	Valor
SimpleDataSet1	ConnectionName	Connection	BasePedidoCliente
	CommandType	DataSet	ctTable
	CommandText	DataSet	Produtos
	Name	Miscellaneous	sdsProdutos
SimpleDataSet2	ConnectionName	Connection	BasePedidoCliente
	CommandType	DataSet	ctTable
	CommandText	DataSet	Pedido
	Name	Miscellaneous	sdsPedido
SimpleDataSet3	ConnectionName	Connection	BasePedidoCliente
	CommandType	DataSet	ctQuery
	CommandText	DataSet	select * from produtos
	Name	Miscellaneous	sdsPesquisa
SimpleDataSet4	ConnectionName	Connection	BasePedidoCliente
	CommandType	DataSet	ctQuery
	CommandText	DataSet	(deixar em branco)
	Name	Miscellaneous	sdsLimpaTabela
DataSource1	DataSet	Database	sdsProdutos
	Name	Miscellaneous	dsProdutos
DataSource2	DataSet	Database	sdsPedido
	Name	Miscellaneous	dsPedido
DataSource3	DataSet	Database	sdsPesquisa
	Name	Miscellaneous	dsPesquisa

Adicione todos os campos da tabela **Produtos** aos objetos **sdsProdutos** e **sdsPesquisa**. Para o **sdsPedido** adicione os campos da tabela **Pedido**.

Ainda com o editor de campos do objeto **sdsPedido** aberto clique com o botão direito do mouse sobre ele e escolha a opção **New Field** (figura 26.7). Com isso a janela da figura 26.8 aparece. Digite "Valor_Total" na caixa de entrada **Name**. Clique na caixa de combinação **Type** e escolha a opção **Float** (figura 26.9). Criamos um campo que não existe fisicamente na tabela. Ele é chamado de campo calculado, mas também podemos dizer que é um "campo virtual", tendo em vista que somente existe enquanto a aplicação está em execução. Com essas configurações criamos um campo calculado chamado **Valor_Total** e do tipo **Float** (ponto flutuante). Veja na figura 26.10 esse novo campo adicionado ao editor.

A figura 26.11 mostra como deve ficar o módulo de dados. Salve-o com o nome "UMDPedidoCliente".

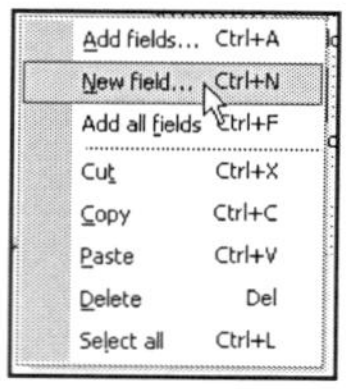

Figura 26.7

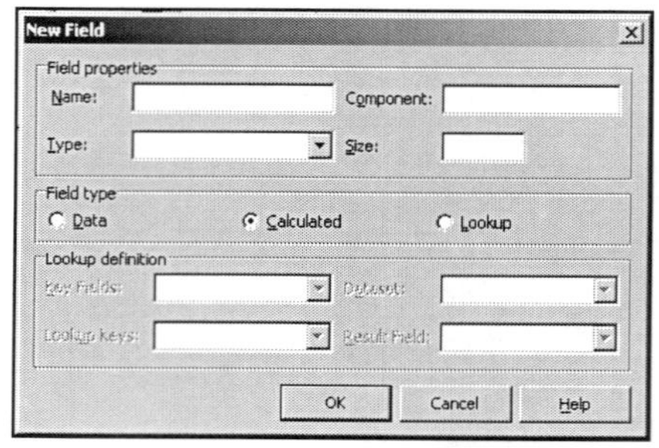

Figura 26.8

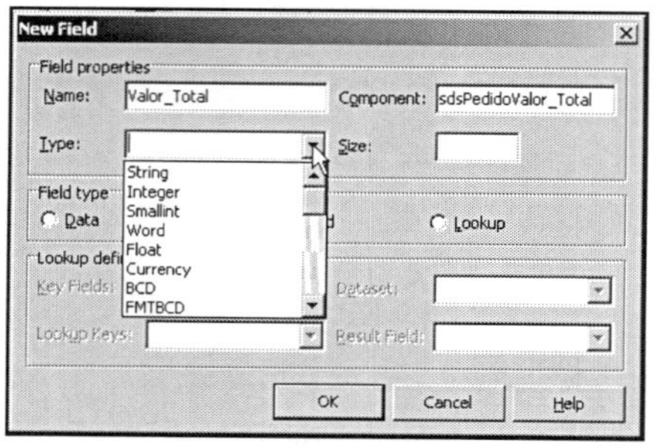

Figura 26.9

Figura 26.10

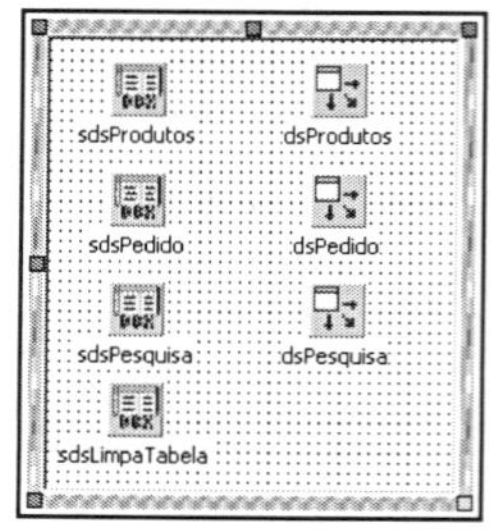

Figura 26.11

26.2. O Formulário de Atualização do Catálogo

O próximo passo é a criação do formulário responsável pela atualização do catálogo de produtos. Esse formulário deve ter também o recurso para copiar o arquivo **Produtos.TXT** do servidor FTP.

Clique no botão **New Items** () e escolha o ícone **Form** do item **Delphi Files**. Vincule às unidades **UMDPedidoCliente** e **URotinasGenericas**. Configure as propriedades do novo formulário da seguinte maneira:

Propriedade	Grupo	Valor
Caption	Visual	Atualização do Catálogo de Produtos
BorderStyle	Visual	bsDialog
BorderIcons	Visual	(nenhuma opção)
Position	Miscellaneous	poScreenCenter
Name	Miscellaneous	formAtualizaCatalogo

Adicione um componente **TImageList**, um **TCoolBar** e um **TToolBar** (todos do grupo **Win32**). Configure as propriedades **Height** e **Width** do objeto **ImageList1** com o valor 32. Atribua os arquivos de imagens **Conectar02.bmp**, **Transferencia01.bmp**, **Desconectar02.bmp**, **Importar01.bmp** e **Sair01.bmp**, como mostra a figura 26.12.

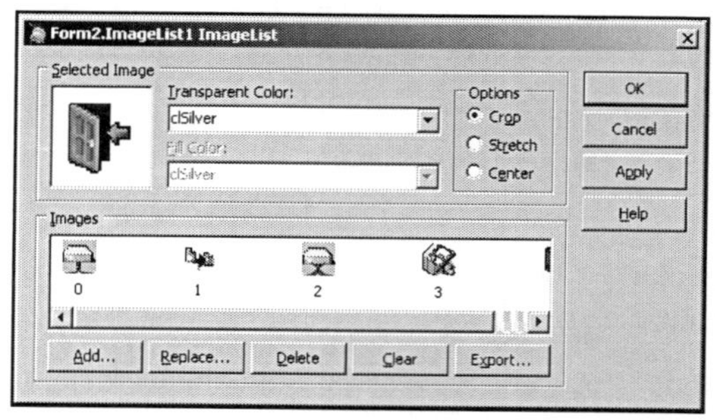

Figura 26.12

Selecione a opção **ImageList1** na propriedade **Images** (grupo **Linkage**) do objeto **ToolBar1**. Configure também a propriedade **ShowCaptions** com **True**. Crie cinco botões e especifique nas propriedades **Caption** (grupo **Visual**), **ImageIndex** (grupo **Action**)e **Name** (grupo **Miscellaneous**) os valores mostrados na tabela:

Objeto	Propriedade	Grupo	Valor
ToolButton1	Caption	Visual	Conectar
	ImageIndex	Action	0
	Name	Miscellaneous	btnConectar
ToolButton2	Caption	Visual	Copiar
	ImageIndex	Action	1
	Name	Miscellaneous	btnCopiar
ToolButton3	Caption	Visual	Desconectar
	ImageIndex	Action	2
	Name	Miscellaneous	btnDesconectar
ToolButton4	Caption	Visual	Importar
	ImageIndex	Action	3
	Name	Miscellaneous	btnImportar
ToolButton5	Caption	Visual	Sair
	ImageIndex	Action	4
	Name	Miscellaneous	btnSair

Volte a selecionar o objeto **ToolBar1** e especifique na propriedade **AutoSize** (grupo **Layout**) o valor **True**. Repita essa configuração no objeto **CoolBar1**.

Adicione ainda os componentes listados a seguir:

Objeto	Propriedade	Grupo	Valor
ProgressBar1	Smooth	Miscellaneous	True
	Name	Miscellaneous	pgrTransferencia
StatusBar1	SimplePanel	Miscellaneous	True
	Name	Miscellaneous	stsMensagem

Veja na figura 26.13 a aparência do formulário após essas adições.

Selecione o grupo de componentes **Indy Clients** e adicione o componente **TIdFTP** ao formulário. A figura 26.14 mostra a aparência final do formulário.

Figura 26.13

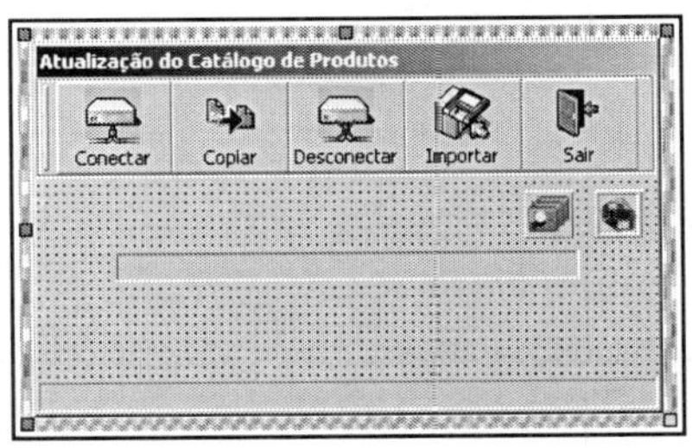

Figura 26.14

Agora dê um duplo-clique no botão **Conectar** e digite o seguinte código:

```
procedure TformAtualizaCatalogo.btnConectarClick(Sender: TObject);
begin
     IdFTP1.Host := 'ftp.pedidospapyrus.com.br';
     IdFTP1.Username := 'pedidos';
     IdFTP1.Password := 'papyrus';
     IdFTP1.Connect;
     if not IdFTP1.Connected then
        stsMensagem.SimpleText := 'Não foi possível fazer a conexão!';
end;
```

O procedimento ajusta os valores das propriedades do objeto **IdFTP1**, necessárias para efetuar a conexão com o servidor FTP, operação executada logo em seguida. Caso não consiga conectar-se ao servidor, uma mensagem de alerta é apresentada.

Para o botão **Copiar** o código deve ser o seguinte:

```
procedure TformAtualizaCatalogo.btnCopiarClick(Sender: TObject);
begin
     IdFTP1.TransferType := ftASCII;
     IdFTP1.Get('Produtos.TXT','C:\ProjetoDelphi2005\Produtos.TXT',True,False);
end;
```

Esse procedimento copia o arquivo de atualização do servidor para o microcomputador, utilizando o método **Get**. O terceiro parâmetro desse método, quando ajustado em **True**, força a sobrescrita caso já exista um arquivo com o mesmo nome. Por se tratar de um arquivo texto, a propriedade **TransferType** foi configurada com o valor **ftASCII**. O uso dessa constante exige que a unidade **IdFTPCommon** seja incluída na cláusula **Uses** do início do código do formulário.

O código do botão **Desconectar** é bastante simples, pois ele apenas chama o método **Disconnect**. Veja o código:

```
procedure TformAtualizaCatalogo.btnDesconectarClick(Sender: TObject);
begin
     IdFTP1.Disconnect;
end;
```

É preciso ainda incluir quatro procedimentos no objeto **IdFTP1**, listados a seguir:

Evento OnStatus

```
procedure TformAtualizaCatalogo.IdFTP1Status(ASender: TObject; const AStatus: TIdStatus;
  const AStatusText: string);
begin
     if AStatus = hsConnecting then
        stsMensagem.SimpleText := 'Conectando ao servidor...'
        else if AStatus = hsConnected then
                stsMensagem.SimpleText := 'Conexão efetuada com sucesso!'
        else if AStatus = hsDisconnecting then
                stsMensagem.SimpleText := 'Desconectando do servidor...'
        else if AStatus = hsDisconnected then
                stsMensagem.SimpleText := 'Desconexão efetuada com sucesso!'
        else if AStatus = ftpTransfer then
                stsMensagem.SimpleText := 'Transmitindo arquivo...';
end;
```

Evento OnWork

```
procedure TformAtualizaCatalogo.IdFTP1Work(ASender: TObject; AWorkMode: TWorkMode;
  AWorkCount: Integer);
begin
     pgrTransferencia.Position := AWorkCount;
end;
```

Evento OnWorkBegin

```
procedure TformAtualizaCatalogo.IdFTP1WorkBegin(ASender: TObject; AWorkMode: TWorkMode;
  AWorkCountMax: Integer);
begin
     pgrTransferencia.Max := AWorkCountMax;
     pgrTransferencia.Position := 0;
end;
```

Evento OnWorkEnd

```
procedure TformAtualizaCatalogo.IdFTP1WorkEnd(ASender: TObject; AWorkMode: TWorkMode);
begin
     Mensagem('Fim da transmissão do arquivo!');
     pgrTransferencia.Position := 0;
     stsMensagem.SimpleText := '';
end;
```

Como podemos perceber, os últimos são parecidos com os do capítulo anterior.

O código para o botão **Importar** se encontra na listagem seguinte:

```
procedure TformAtualizaCatalogo.btnImportarClick(Sender: TObject);
var
   FArquivoTXT: TextFile;
   strDados: string;
   intRegistro: integer;
begin
     dmModuloDados.sdsProdutos.Open;
     dmModuloDados.sdsProdutos.IndexFieldNames := 'Codigo_Produto';
     AssignFile(FArquivoTXT,'C:\ProjetoDelphi2005\Produtos.TXT');
     Reset(FArquivoTXT);
     ReadLn(FArquivoTXT,strDados);
     intRegistro := 1;
     while not Eof(FArquivoTXT) do
     begin
          stsMensagem.SimpleText := 'Importando registro no. '+IntToStr(intRegistro);
          if not dmModuloDados.sdsProdutos.FindKey([Trim(Copy(strDados,1,6))]) then
          begin
               dmModuloDados.sdsProdutos.Append;
               dmModuloDados.sdsProdutosCodigo_Produto.AsInteger := StrToInt(Trim(Copy( strDados,1,6)));
               dmModuloDados.sdsProdutosDescricao.AsString := Copy(strDados,7,30);
               dmModuloDados.sdsProdutosModelo.AsString := Copy(strDados,37,50);
               dmModuloDados.sdsProdutosUnidade_Medida.AsString := Copy(strDados,87,4);
          end
          else
              dmModuloDados.sdsProdutos.Edit;
          dmModuloDados.sdsProdutosPreco_Unitario.AsFloat := StrToFloat(Trim(Copy( strDados,91,10)));
          dmModuloDados.sdsProdutos.Post;
          dmModuloDados.sdsProdutos.ApplyUpdates(-1);
          ReadLn(FArquivoTXT,strDados);
          Inc(intRegistro);
     end;
     stsMensagem.SimpleText := 'Importando registro no. '+IntToStr(intRegistro);
     if not dmModuloDados.sdsProdutos.FindKey([Trim(Copy(strDados,1,6))]) then
     begin
          dmModuloDados.sdsProdutos.Append;
          dmModuloDados.sdsProdutosCodigo_Produto.AsInteger := StrToInt(Trim(Copy( strDados,1,6)));
          dmModuloDados.sdsProdutosDescricao.AsString := Copy(strDados,7,30);
          dmModuloDados.sdsProdutosModelo.AsString := Copy(strDados,37,50);
          dmModuloDados.sdsProdutosUnidade_Medida.AsString := Copy(strDados,87,4);
     end
     else
         dmModuloDados.sdsProdutos.Edit;
     dmModuloDados.sdsProdutosPreco_Unitario.AsFloat := StrToFloat(Trim(Copy( strDados,91,10)));
     dmModuloDados.sdsProdutos.Post;
     dmModuloDados.sdsProdutos.ApplyUpdates(-1);
     CloseFile(FArquivoTXT);
     dmModuloDados.sdsProdutos.IndexFieldNames := '';
     dmModuloDados.sdsProdutos.Close;
     Mensagem('Fim da atualização do Catálogo de Produtos!');
end;
```

Essa rotina abre o arquivo texto **Produtos.TXT** e lê cada uma de suas linhas com o procedimento **ReadLn** do **ObjectPascal**. Uma pesquisa é feita na tabela de produtos para ver se ele já existe. Em caso afirmativo, apenas o preço do produto é atualizado. Se o produto for novo, ele não é encontrado, e por isso deve ser adicionado à tabela.

```
if not dmModuloDados.sdsProdutos.FindKey([Trim(Copy(strDados,1,6))]) then
begin
     dmModuloDados.sdsProdutos.Append;
     dmModuloDados.sdsProdutosCodigo_Produto.AsInteger := StrToInt(Trim(Copy(strDados, 1,6)));
     dmModuloDados.sdsProdutosDescricao.AsString := Copy(strDados,7,30);
     dmModuloDados.sdsProdutosModelo.AsString := Copy(strDados,37,50);
     dmModuloDados.sdsProdutosUnidade_Medida.AsString := Copy(strDados,87,4);
end
else
    dmModuloDados.sdsProdutos.Edit;
dmModuloDados.sdsProdutosPreco_Unitario.AsFloat := StrToFloat(Trim(Copy(strDados,91, 10)));
dmModuloDados.sdsProdutos.Post;
dmModuloDados.sdsProdutos.ApplyUpdates(-1);
```

Note que foi utilizada a função **Copy** para poder separar adequadamente os dados dentro da linha de texto. Para o botão **Sair** entre com o comando **Close** no procedimento, como mostrado a seguir:

```
procedure TformAtualizaCatalogo.btnSairClick(Sender: TObject);
begin
     Close;
end;
```

Salve o formulário com o nome "UAtualizaCatalogo.Pas".

26.3. O Formulário de Pedido

O formulário para emissão de pedidos pelos próprios clientes é bastante similar aos dois já criados anteriormente nos capítulos 22 e 23. Clique no botão **New Items** e escolha a opção **Delphi Files**. Então clique no ícone **Form** para adicionar um novo formulário. Configure as seguintes propriedades:

Propriedade	Grupo	Valor
Caption	Visual	Emissão de Pedido de Compra
Color	Visual	clSkyBlue
BorderStyle	Visual	bsDialog
BorderIcons	Visual	(nenhuma opção)
Position	Miscellaneous	poScreenCenter
Name	Miscellaneous	formEmitirPedido

Selecione a opção **File → Use Unit** e escolha as unidades **UMDPedidoCliente** e **URotinasGenericas** para vinculá-las ao formulário. Adicione um componente **TGroupBox** (grupo **Standard**) com as propriedades **Caption** e **Name** configuradas da seguinte maneira:

Propriedade	Grupo	Valor
Caption	Visual	Itens do Pedido
Name	Miscellaneous	grpItensPedido

Dentro de objeto de agrupamento coloque um componente **TPanel** (grupo **Standard**) e ajuste suas propriedades conforme a tabela:

Propriedade	Grupo	Valor
Caption	Visual	(branco)
ParentColor	Visual	False
Color	Visual	clBtnFace
BevelInner	Visual	bvLowered
Align	Visual	alTop
Name	Miscellaneous	pnlBotoes

Ao objeto **Panel** adicione cinco botões do tipo **SpeedButton** assim configurados:

Objeto	Propriedade	Grupo	Valor
SpeedButton1	Caption	Visual	Incluir
	Glyph	Visual	Adicionar03.bmp
	Name	Miscellaneous	btnIncluirItem
	Layout	Miscellaneous	blGlyphTop
SpeedButton2	Caption	Visual	Alterar
	Glyph	Visual	Editar03.bmp
	Name	Miscellaneous	btnAlterarItem
	Layout	Miscellaneous	blGlyphTop

Objeto	Propriedade	Grupo	Valor
SpeedButton3	Caption	Visual	Excluir
	Glyph	Visual	Excluir02.bmp
	Name	Miscellaneous	btnExcluirItem
	Layout	Miscellaneous	blGlyphTop
SpeedButton4	Caption	Visual	Finalizar
	Glyph	Visual	Salvar03.bmp
	Name	Miscellaneous	btnFinalizar
	Layout	Miscellaneous	blGlyphTop
SpeedButton5	Caption	Visual	Sair
	Glyph	Visual	Sair02.bmp
	Name	Miscellaneous	btnSair
	Layout	Miscellaneous	blGlyphTop

Abaixo dessa barra de botões insira os seguintes componentes na ordem apresentada na tabela:

Objeto	Propriedade	Grupo	Valor
SpeedButton1	Glyph	Visual	Localizar04.bmp
	Name	Miscellaneous	btnProduto
Label1	Caption	Visual	Produto:
	Name	Miscellaneous	lblProduto1
Label2	Caption	Visual	fldProduto1
	Name	Miscellaneous	fldProduto1
Label3	Caption	Visual	Quantidade:
	Name	Miscellaneous	lblQuantidade1
MaskEdit1	EditMask	Visual	99999
	Name	Miscellaneous	mskQuantidade
Label4	Caption	Visual	Preço Unitário:
	Name	Miscellaneous	lblPrecoUnitario1
Label5	Caption	Visual	fldPrecoUnitario1
	Name	Miscellaneous	fldPrecoUnitario1
Label6	Caption	Visual	Valor Total:
	Name	Miscellaneous	lblValorTotal1
Label7	Caption	Visual	fldValorTotal1
	Name	Miscellaneous	fldValorTotal1

Fora do objeto **grpItensPedido** insira dois **TLabel** com as seguintes configurações:

Objeto	Propriedade	Grupo	Valor
Label1	Caption	Visual	Total do Pedido:
	Font/Name	Visual	Arial
	Font/Size	Visual	12
	Font/Color	Visual	clRed
	Font/Style	Visual	fsBold
	Name	Miscellaneous	lblTotalPedido
Label2	Caption	Visual	fldTotalPedido
	Font/Name	Visual	Arial
	Font/Size	Visual	12
	Font/Color	Visual	clRed
	Font/Style	Visual	fsBold
	Name	Miscellaneous	fldTotalPedido

Veja na figura 26.15 a aparência do formulário após essas configurações:

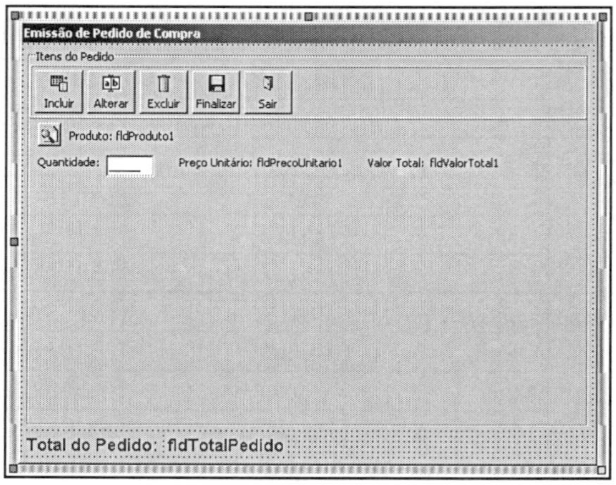

Figura 26.15

Inclua agora um componente **TDBCtrlGrid** e configure suas propriedades da seguinte maneira:

Propriedade	Grupo	Valor
DataSource	Database	dmModuloDados.dsPedido
AllowDelete	Miscellaneous	False
AllowInsert	Miscellaneous	False
Name	Miscellaneous	grdItensPedido
RowCount	Micellaneous	4
Color	Visual	clCream
SelectedColor	Visual	clSkyBlue

Dentro desse objeto coloque cinco componentes **TLabel** e cinco **TDBText**, assim configurados:

Objeto	Propriedade	Grupo	Valor
Label1	Caption	Visual	Código do Produto:
	Name	Miscellaneous	lblCodigo
Label2	Caption	Visual	Produto:
	Name	Miscellaneous	lblDescricaoProduto
Label3	Caption	Visual	Quantidade:
	Name	Miscellaneous	lblQuantidade2
Label4	Caption	Visual	Preço Unitário:
	Name	Miscellaneous	lblPrecoUnitario2
Label5	Caption	Visual	Valor Total:
	Name	Miscellaneous	lblValorTotal2
DBText1	DataSource	Database	dmModuloDados.dsPedido
	DataField	Database	Codigo_Produto
	Name	Miscellaneous	fldCodigoProduto
DBText2	DataSource	Database	dmModuloDados.dsPedido
	DataField	Database	Descricao
	Name	Miscellaneous	fldProduto2
DBText3	DataSource	Database	dmModuloDados.dsPedido
	DataField	Database	Quantidade
	Name	Miscellaneous	fldQuantidade
DBText4	DataSource	Database	dmModuloDados.dsPedido
	DataField	Database	Preco_Unitario
	Name	Miscellaneous	fldPrecoUnitario2

Objeto	Propriedade	Grupo	Valor
DBText5	DataSource	Database	dmModuloDados.dsPedido
	DataField	Database	Valor_Total
	Name	Miscellaneous	fldValorTotal2

A figura 26.16 apresenta a aparência do formulário até o momento. Grave-o com o nome "UEmitirPedido.Pas".

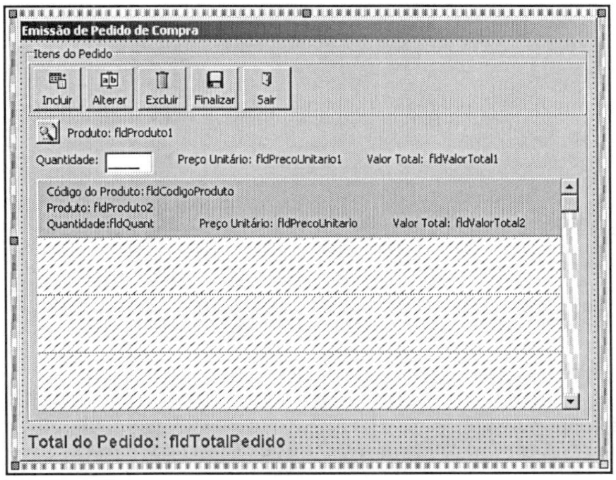

Figura 26.16

É preciso também criar o formulário que permite localizar um produto no catálogo. Clique novamente no botão **New Items** e escolha o ícone **Form** da opção **Delphi Files**. As seguintes propriedades devem ser configuradas:

Propriedade	Grupo	Valor
Caption	Visual	Pesquisa de Produto
BorderStyle	Visual	bsDialog
BorderIcons	Visual	(nenhuma opção)
Position	Miscellaneous	poScreenCenter
Name	Miscellaneous	formPesquisaProduto

Vincule as unidades **UMDPedidoCliente** e **URotinasGenericas** ao formulário. A seguir, adicione um **TLabel**, um **TEdit**, um **TDBGrid** e dois **TBitBtn**. Esses componentes devem ser configurados de acordo com o descrito na tabela:

Objeto	Propriedade	Grupo	Valor
Label1	Caption	Visual	Nome do Produto:
	Name	Miscellaneous	lblNomeProduto
Edit1	MaxLength	Miscellaneous	30
	CharCase	Miscellaneous	ecUpperCase
	Name	Miscellaneous	edtProduto
	Text	Localizable	(deixar em branco)
DBGrid11	DataSource	Database	dmModuloDados.dsPesquisa
	ReadOnly	Input	True
	Color	Visual	clInfoBk
BitBtn1	Kind	Miscellaneous	bkOK
	Default	Miscellaneous	False
	Name	Miscellaneous	btnOK
BitBtn2	Kind	Miscellaneous	bkCancel
	Caption	Visual	Cancelar
	Name	Miscellaneous	btnCancelar

Você pode ver a aparência final desse formulário na figura 26.17.

Abra o editor de códigos e inclua a declaração de uma variável na seção **private**, como indica a listagem:

```
type
  TformPesquisaProduto = class(TForm)
    lblNomeProduto: TLabel;
    edtProduto: TEdit;
    grdProdutos: TDBGrid;
    btnOK: TBitBtn;
    btnCancelar: TBitBtn;
  private
    { Private declarations }
  public
    { Public declarations }
    intCodigoProduto: integer;
end;
```

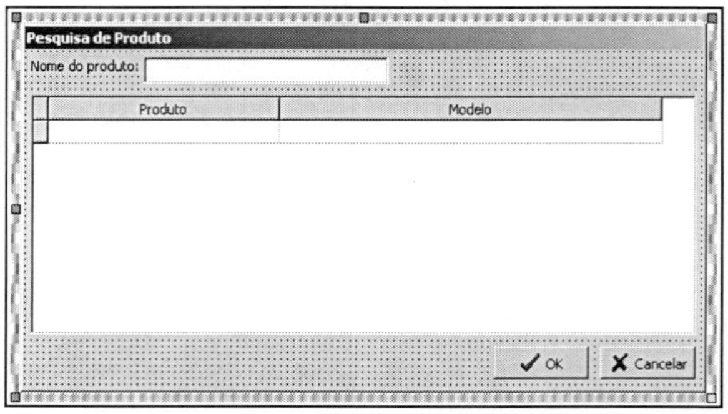

Figura 26.17

Atribua aos eventos **OnShow** e **OnClose** desse formulário os seguintes procedimentos:

```
procedure TformPesquisaProduto.FormShow(Sender: TObject);
begin
     dmModuloDados.sdsPesquisa.Open;
     dmModuloDados.sdsPesquisa.IndexFieldNames := 'Descricao;Modelo';
     dmModuloDados.sdsPesquisa.First;
end;

procedure TformPesquisaProduto.FormClose(Sender: TObject;
  var Action: TCloseAction);
begin
     dmModuloDados.sdsPesquisa.IndexFieldNames := '';
     dmModuloDados.sdsPesquisa.Close;
end;
```

Com isso, quando o formulário for apresentado, a consulta SQL é executada e um índice formado pelos campos **Descricao** e **Modelo** é definido. Ao fechar o formulário, o índice é desativado e a consulta encerrada.

Digite no evento **OnKeyPress** do objeto **edtProduto** o código da listagem:

```
procedure TformPesquisaProduto.edtProdutoKeyPress(Sender: TObject;
  var Key: Char);
begin
     dmModuloDados.sdsPesquisa.FindNearest([edtProduto.Text]);
end;
```

Esse procedimento é responsável por pesquisar o nome do produto à medida que o usuário vai digitando.

Para os eventos **OnClick** dos botões **OK** e **Cancelar** entre com os códigos seguintes:

```
procedure TformPesquisaProduto.btnOKClick(Sender: TObject);
begin
     intCodigoProduto := dmModuloDados.sdsPesquisaCodigo_Produto.AsInteger;
end;

procedure TformPesquisaProduto.btnCancelarClick(Sender: TObject);
begin
     intCodigoProduto := 0;
end;
```

Salve o formulário com o nome "UPesquisaProduto.Pas" e retorne ao formulário de emissão de pedido. Então vincule à unidade que acabamos de criar.

Com o editor de códigos aberto adicione as duas linhas de declaração destacadas na listagem apresentada a seguir, antes da palavra-chave **private**:

```
type
  TformEmitirPedido = class(TForm)
    lblTotalPedido: TLabel;
    fldTotalPedido: TLabel;
    grpItensPedido: TGroupBox;
    lblProduto1: TLabel;
    lblQuantidade1: TLabel;
    lblPrecoUnitario1: TLabel;
    lblValorTotal1: TLabel;
    fldValorTotal1: TLabel;
    btnProduto: TSpeedButton;
    fldProduto1: TLabel;
    fldPrecoUnitario1: TLabel;
    pnlBotoes: TPanel;
    btnIncluirItem: TSpeedButton;
    btnAlterarItem: TSpeedButton;
    btnExcluirItem: TSpeedButton;
    btnFinalizar: TSpeedButton;
    mskQuantidade: TMaskEdit;
    btnSair: TSpeedButton;
    rvRelatorios: TRvProject;
    rvConfiguracoes: TRvSystem;
    rdsPedido: TRvDataSetConnection;
    grdItensPedido: TDBCtrlGrid;
    lblCodigo: TLabel;
    lblDescricaoProduto: TLabel;
    lblPrecoUnitario2: TLabel;
    lblValorTotal2: TLabel;
    fldCodigoProduto: TDBText;
    fldProduto2: TDBText;
    fldPrecoUnitario2: TDBText;
    fldValorTotal2: TDBText;
    lblQuantidade2: TLabel;
    fldQuantidade: TDBText;
    procedure LimpaProduto;
    procedure CalculaTotal;
  private
    { Private declarations }
  public
    { Public declarations }
  end;
```

Após a diretiva de compilação {$R *.dfm}, inclua os códigos dos procedimentos:

```
procedure TformEmitirPedido.LimpaProduto;
begin
     fldProduto1.Caption := '';
     mskQuantidade.Text := '';
     fldPrecoUnitario1.Caption := '0,00';
     fldValorTotal1.Caption := '0,00';
end;

procedure TformEmitirPedido.CalculaTotal;
var
   dblValorTotal: double;
begin
     dmModuloDados.sdsPedido.DisableControls;
     dmModuloDados.sdsPedido.First;
     dblValorTotal := 0;
     while not dmModuloDados.sdsPedido.Eof do
     begin
          dblValorTotal := dblValorTotal + dmModuloDados.sdsPedidoValor_Total.AsFloat;
          dmModuloDados.sdsPedido.Next;
     end;
     dmModuloDados.sdsPedido.EnableControls;
     fldTotalPedido.Caption := Format('%12.2f',[dblValorTotal]);
end;
```

O procedimento **LimpaProduto** é destinado a apagar as informações do produto selecionado. Já o procedimento **CalculaTotal** varre toda a tabela de dados que contém os itens do pedido e acumula o valor total (preço unitário X quantidade), para posteriormente mostrá-lo por meio do objeto **fldTotalPedido**.

Para os eventos **OnShow** e **OnClose** desse formulário precisamos atribuir os códigos seguintes:

```
procedure TformEmitirPedido.FormShow(Sender: TObject);
begin
      dmModuloDados.sdsLimpaTabela.DataSet.CommandText := 'DELETE FROM Pedido';
      dmModuloDados.sdsLimpaTabela.Execute;
      dmModuloDados.sdsProdutos.Open;
      dmModuloDados.sdsPedido.Open;
      LimpaProduto;
      fldTotalPedido.Caption := '0,00';
end;

procedure TformEmitirPedido.FormClose(Sender: TObject;
  var Action: TCloseAction);
begin
      dmModuloDados.sdsProdutos.Close;
      dmModuloDados.sdsPedido.Close;
end;
```

Para o botão de localização de produto (objeto **btnProduto**) deve-se fornecedor o seguinte código:

```
procedure TformEmitirPedido.btnProdutoClick(Sender: TObject);
begin
      Application.CreateForm(TformPesquisaProduto,formPesquisaProduto);
      if (formPesquisaProduto.ShowModal = mrOK) then
      begin
            dmModuloDados.sdsProdutos.IndexFieldNames := 'Codigo_Produto';
            dmModuloDados.sdsProdutos.FindKey([formPesquisaProduto.intCodigoProduto]);
            fldProduto1.Caption := Trim(dmModuloDados.sdsProdutosDescricao.AsString)+'
'+Trim(dmModuloDados.sdsProdutosModelo.AsString);
            fldPrecoUnitario1.Caption :=
Format('%8.2f',[dmModuloDados.sdsProdutosPreco_Unitario.AsFloat]);
            dmModuloDados.sdsProdutos.IndexFieldNames := '';
            mskQuantidade.SetFocus;
      end;
      formPesquisaProduto.Destroy;
end;
```

Selecione o objeto **mskQuantidade** e digite o código no evento **OnKeyPress**:

```
procedure TformEmitirPedido.mskQuantidadeKeyPress(Sender: TObject;
  var Key: Char);
var
   intQuantidade: integer;
   dblPrecoUnitario,dblValorTotal: double;
begin
      if Key = #13 then
      begin
            if Trim(mskQuantidade.Text) <> '' then
            begin
                  intQuantidade := StrToInt(Trim(mskQuantidade.Text));
                  dblPrecoUnitario := StrToFloat(Trim(fldPrecoUnitario1.Caption));
                  dblValorTotal := intQuantidade * dblPrecoUnitario;
                  fldValorTotal1.Caption := Format('%10.2f',[dblValorTotal]);
            end
            else
            begin
                  Mensagem('Digite a quantidade desejada!');
                  mskQuantidade.SetFocus;
            end;
      end;
end;
```

Esse procedimento efetua o cálculo do valor total do item quando o usuário teclar <ENTER>.

Selecione a grade de dados (objeto **grdItensPedido**) e dê um duplo-clique no evento **OnClick**. Então digite o código seguinte:

```
procedure TformEmitirPedido.grdItensPedidoClick(Sender: TObject);
var
   intCodigoProduto: integer;
begin
      intCodigoProduto := dmModuloDados.sdsPedidoCodigo_Produto.AsInteger;
      dmModuloDados.sdsProdutos.IndexFieldNames := 'Codigo_Produto';
```

```
     dmModuloDados.sdsProdutos.FindKey([intCodigoProduto]);
     dmModuloDados.sdsProdutos.IndexFieldNames := '';

     fldProduto1.Caption := dmModuloDados.sdsPedidoDescricao.AsString;
     mskQuantidade.Text := dmModuloDados.sdsPedidoQuantidade.AsString;
     fldPrecoUnitario1.Caption := Format('%8.2f',[dmModuloDados.sdsPedido Preco_Unitario.AsFloat]);
     fldValorTotal1.Caption := Format('%10.2f',[dmModuloDados.sdsPedido Valor_Total.AsFloat]);
end;
```

Quando o usuário clicar numa linha da grade, os dados serão passados para os objetos que estão acima dela, permitindo que sejam alterados.

Para os botões **Incluir**, **Alterar**, **Excluir**, **Finalizar** e **Sair** especifique os códigos:

Botão Incluir

```
procedure TformEmitirPedido.btnIncluirItemClick(Sender: TObject);
var
   intQuantidade: integer;
   dblPrecoUnitario: double;
begin
     if Trim(fldProduto1.Caption) = '' then
        Mensagem('Selecione um produto para incluir no Pedido!')
        else
        begin
             if mskQuantidade.Text = '' then
             begin
                  Mensagem('Digite a quantidade !');
                  mskQuantidade.SetFocus;
             end
             else
             begin
                  intQuantidade := StrToInt(Trim(mskQuantidade.Text));
                  dblPrecoUnitario := StrToFloat(Trim(fldPrecoUnitario1.Caption));

                  dmModuloDados.sdsPedido.Append;
                  dmModuloDados.sdsPedidoCodigo_Produto.AsInteger := dmModuloDados.
sdsProdutosCodigo_Produto.AsInteger;
                  dmModuloDados.sdsPedidoDescricao.AsString := fldProduto1.Caption;
                  dmModuloDados.sdsPedidoPreco_Unitario.AsFloat := dblPrecoUnitario;
                  dmModuloDados.sdsPedidoQuantidade.AsInteger := intQuantidade;
                  dmModuloDados.sdsPedido.Post;
                  dmModuloDados.sdsPedido.ApplyUpdates(-1);
                  CalculaTotal;
                  LimpaProduto;
             end;
     end;
end;
```

Botão Alterar

```
procedure TformEmitirPedido.btnAlterarItemClick(Sender: TObject);
var
   intQuantidade: integer;
   dblPrecoUnitario: double;
begin
     if mskQuantidade.Text = '' then
     begin
          Mensagem('Digite a quantidade !');
          mskQuantidade.SetFocus;
     end
     else
     begin
          intQuantidade := StrToInt(Trim(mskQuantidade.Text));
          dblPrecoUnitario := StrToFloat(Trim(fldPrecoUnitario1.Caption));

          dmModuloDados.sdsPedido.Edit;
          dmModuloDados.sdsPedidoCodigo_Produto.AsInteger := dmModuloDados.
sdsProdutosCodigo_Produto.AsInteger;
          dmModuloDados.sdsPedidoDescricao.AsString := fldProduto1.Caption;
          dmModuloDados.sdsPedidoPreco_Unitario.AsFloat := dblPrecoUnitario;
          dmModuloDados.sdsPedidoQuantidade.AsInteger := intQuantidade;
```

```
            dmModuloDados.sdsPedido.Post;
            dmModuloDados.sdsPedido.ApplyUpdates(-1);
            CalculaTotal;
            LimpaProduto;
        end;
end;
```

Botão Excluir

```
procedure TformEmitirPedido.btnExcluirItemClick(Sender: TObject);
begin
     dmModuloDados.sdsPedido.Delete;
     dmModuloDados.sdsPedido.ApplyUpdates(-1);
     CalculaTotal;
end;
```

Botão Finalizar

```
procedure TformEmitirPedido.btnFinalizarClick(Sender: TObject);
var
   FPedido,FCliente: TextFile;
   strDados,strCodigoCliente,strNomeArquivo: string;
   intContador: integer;
   blnRepete: boolean;
begin
     if Confirma('Confirma o fechamento do Pedido?') = IDYES then
     begin
          AssignFile(FCliente,'Cliente.CFG');
          Reset(FCliente);
          ReadLn(FCliente,strDados);
          strCodigoCliente := '';
          intContador := 1;
          blnRepete := True;
          while blnRepete do
          begin
               if strDados[intContador] <> '#' then
                  strCodigoCliente := strCodigoCliente + strDados[intContador]
                  else
                      blnRepete := False;
               Inc(intContador);
          end;
          CloseFile(FCliente);

          strCodigoCliente := StrZero(strCodigoCliente,6);
          strNomeArquivo := 'PEDIDO_'+strCodigoCliente+'.CLN';
          AssignFile(FPedido,strNomeArquivo);
          Rewrite(FPedido);
          dmModuloDados.sdsPedido.IndexFieldNames := 'Codigo_Produto';
          dmModuloDados.sdsPedido.First;
          while not dmModuloDados.sdsPedido.Eof do
          begin
               strDados := StrZero(dmModuloDados.sdsPedidoCodigo_Produto.AsString,6)+
                           StrZero(dmModuloDados.sdsPedidoQuantidade.AsString,6);
               WriteLn(FPedido,strDados);
               Flush(FPedido);
               dmModuloDados.sdsPedido.Next;
          end;
          CloseFile(FPedido);

          rvConfiguracoes.TitlePreview := 'Emissão de Pedido';
          rvConfiguracoes.SystemPrinter.Title := 'Emissão de Pedido';
          rvRelatorios.SelectReport('Pedido',True);
          rvRelatorios.SetParam('TotalPedido',Trim(fldTotalPedido.Caption));
          rvRelatorios.Execute;

          dmModuloDados.sdsPedido.IndexFieldNames := '';
          dmModuloDados.sdsPedido.Close;
          dmModuloDados.sdsLimpaTabela.DataSet.CommandText := 'DELETE FROM Pedido';
          dmModuloDados.sdsLimpaTabela.Execute;
          dmModuloDados.sdsPedido.Open;
          fldTotalPedido.Caption := '0,00';
     end;
end;
```

Botão Sair

```
procedure TformEmitirPedido.btnSairClick(Sender: TObject);
begin
    Close;
end;
```

O procedimento do botão **Incluir** verifica se um produto foi selecionado e em caso afirmativo, prossegue testando se foi especificada a quantidade, calculando o valor total do item e adicionando um registro à tabela de pedidos.

Já o procedimento do botão **Alterar** também verifica se foi especificada uma quantidade antes de ativar o modo de alteração de registro e atribuir os valores aos campos.

O botão **Excluir** simplesmente chama o método **Delete** para excluir o registro atualmente selecionado na grade de dados.

O código do botão **Finalizar** é mais complexo. Antes de qualquer coisa, ele pede a confirmação ao usuário sobre a intenção de fechar o pedido. Caso o usuário responda afirmativamente, um arquivo texto que contém os dados do pedido (na verdade, apenas o código do produto e a quantidade) é criado.

```
AssignFile(FCliente,'Cliente.CFG');
Reset(FCliente);
ReadLn(FCliente,strDados);
strCodigoCliente := '';
intContador := 1;
blnRepete := True;
while blnRepete do
begin
     if strDados[intContador] <> '#' then
        strCodigoCliente := strCodigoCliente + strDados[intContador]
        else
            blnRepete := False;
     Inc(intContador);
end;
CloseFile(FCliente);

strCodigoCliente := StrZero(strCodigoCliente,6);
strNomeArquivo := 'PEDIDO_'+strCodigoCliente+'.CLN';
AssignFile(FPedido,strNomeArquivo);
Rewrite(FPedido);
dmModuloDados.sdsPedido.IndexFieldNames := 'Codigo_Produto';
dmModuloDados.sdsPedido.First;
while not dmModuloDados.sdsPedido.Eof do
begin
     strDados := StrZero(dmModuloDados.sdsPedidoCodigo_Produto.AsString,6)+
                 StrZero(dmModuloDados.sdsPedidoQuantidade.AsString,6);
     WriteLn(FPedido,strDados);
     Flush(FPedido);
     dmModuloDados.sdsPedido.Next;
end;
CloseFile(FPedido);
```

É importante notar como o nome do arquivo de pedido é montado. Ele é formado pela cadeia de caracteres "PEDIDO_" seguido por um valor numérico que é o próprio código do cliente. Esse código está gravado num arquivo texto de nome **Cliente.Cfg**, que deve ser gravado no microcomputador do cliente no mesmo diretório em que se encontra instalado o aplicativo.

Como é um arquivo texto, ele pode ser criado até no Bloco de Notas. Ele deve possuir apenas uma linha de texto com o seguinte formato: **Código do Cliente#Razão Social do Cliente**. Um exemplo pode ser visto a seguir:

```
2#PAPELARIA LÁPIS DE COR
```

O fragmento de código reproduzido a seguir é responsável por abrir o arquivo e ler o código do cliente:

```
AssignFile(FCliente,'Cliente.CFG');
Reset(FCliente);
ReadLn(FCliente,strDados);
strCodigoCliente := '';
intContador := 1;
blnRepete := True;
while blnRepete do
begin
```

```
      if strDados[intContador] <> '#' then
         strCodigoCliente := strCodigoCliente + strDados[intContador]
         else
            blnRepete := False;
      Inc(intContador);
end;
CloseFile(FCliente);
```

Depois de ter sido gerado o arquivo de pedido, um relatório com os produtos é impresso:

```
rvConfiguracoes.TitlePreview := 'Emissão de Pedido';
rvConfiguracoes.SystemPrinter.Title := 'Emissão de Pedido';
rvRelatorios.SelectReport('Pedido',True);
rvRelatorios.SetParam('TotalPedido',Trim(fldTotalPedido.Caption));
rvRelatorios.Execute;
```

Como temos um relatório para imprimir, naturalmente precisamos criá-lo. Adicione um **TRvProject**, um **TRvSystem** e **TRvDataSetConnection** (figura 26.18).

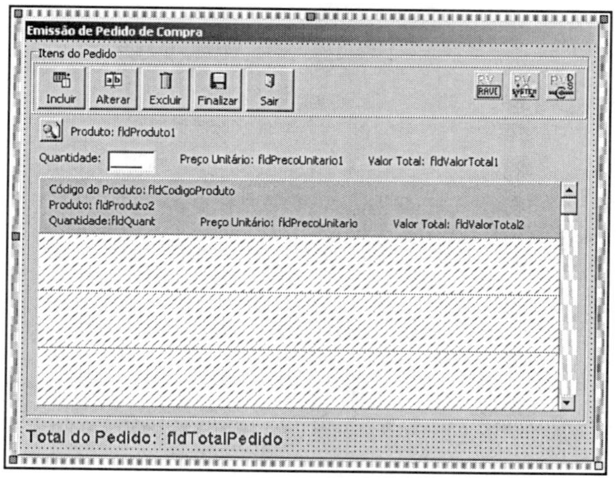

Figura 26.18

Configure esses três objetos com os valores apresentados na seguinte tabela:

Objeto	Propriedade	Grupo	Valor
RvSystem1	StatusFormat	SystemFiler	Gerando página %p
	RulerType	SystemPreview	rtBotthCm
	StatusFormat	SystemPrinter	Imprimindo página %p
	Title	SystemPrinter	Relatório Rave Report
	ssAllowSetup	False	SystemSetups
	TitlePreview		Visualização do Relatório
	TitleSetup		Configurações de Saída
	TitleStatus		Status do relatório
	Name		rvConfiguracoes
RvDataSetConneciont1	DataSet	Database	dmModuloDados.sdsPedido
	Name	Miscellaneous	rdsPedido
RvProject1	Engine	Linkage	rvConfiguracoes
	Name	Miscellaneous	rvRelatorios

Dê um duplo-clique no objeto **rvRelatorios** e assim o editor de relatórios do **Rave Reports** é aberto. Clique no botão **New Project** () para iniciar um novo projeto de relatório. Selecione em seguida o item **Page1** na janela do gerenciador de projeto e escolha a opção **A4 Sheet** na propriedade **PaperSize**. Especifique também na propriedade **Orientation** a opção **poPortrait**.

Vamos adicionar a esse novo projeto um **DataView** para podermos criar uma conexão com a base de dados do aplicativo de vendas off-line. Clique no botão **New Data Object** ( ), escolha o item **rdsPedido** na caixa de diálogo da figura 26.19 e clique no botão **Finish**. Com esse objeto selecionado digite na propriedade **Name** a cadeia de caracteres "dvPedido".

Dê dois cliques no objeto **dvPedido** para que apareçam todos os campos da tabela. Entre com a cadeia de caracteres "##,##0.00" na propriedade **DisplayFormat** dos campos **Preco_Unitario** e **Valor_Total**. Essa propriedade tem a mesma função da sua similar no Delphi.

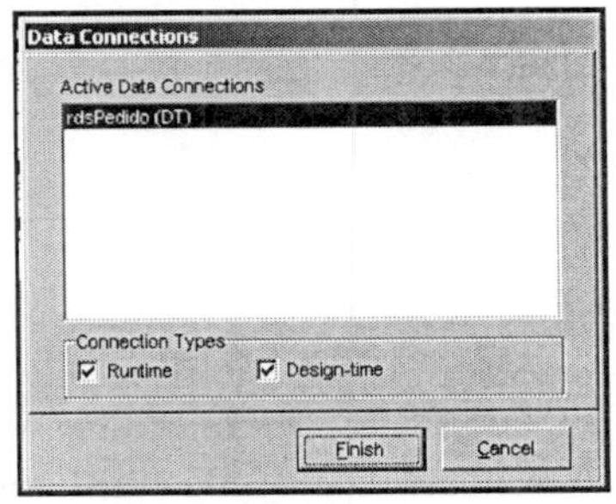

Figura 26.19

Abra a aba **Report** da paleta de objetos, selecione o componente **Region** e clique na página de layout. Ajuste esse objeto para que ocupe toda a área do relatório.

Adicione então um objeto **Band** e digite na propriedade **Name** a expressão "bndCabecalho". Clique no ícone da propriedade **BandStyle** e marque as opções **Body Header** e **New Page**.

Selecione a aba **Standard** e insira nessa banda um objeto **Text** com as propriedades **Name** e **Text** configuradas com as expressões "txtDataEmissao" e "Data de Emissão:". Ao lado dessa legenda adicione um **DataText** (paleta **Report**) e clique no ícone da propriedade **DataView**. A partir da caixa de combinação **Report Variables** escolha a opção **DateShort** e clique no botão **Insert Report Var**.

Logo abaixo desses dois objetos insira uma linha vertical por meio do componente **HLine** ( ). Arraste a extremidade direita de forma que ela abranja toda a largura da página. Uma segunda linha dever ser criada, imediatamente abaixo da primeira. Entre essas duas linhas, adicione cinco componentes **Text**, com as propriedades **Name** e **Text** assim configuradas:

Objeto	Propriedade	Valor
Text1	Name	txtCodigo
	Text	Código
Text2	Name	txtProduto
	Text	Descrição do Produto
Text3	Name	txtQuantidade
	Text	Quant.
Text4	Name	txtPrecoUnit
	Text	Pr. Unit.
Text5	Name	txtVlTotal
	Text	Valor Total

Adicione outra seção com o componente **DataBand** e especifique na propriedade **DataView** a opção **dvPedido**. Na propriedade **Name** digite "bndItensPedido". Na propriedade **BandStyle** especifique a opção **Detail**.

Adicione à nova seção cinco **DataText** assim configuradas:

Objeto	Propriedade	Valor
DataText1	DataSource	dvPedido
	DataField	Codigo_Produto
	Name	fldCodigo
DataText2	DataSource	dvPedido
	DataField	Descricao
	Name	fldProduto
DataText3	DataSource	dvPedido
	DataField	Quantidade
	Name	fldQuantidade

Objeto	Propriedade	Valor
DataText4	DataSource	dvPedido
	DataField	Preco_Unitario
	Name	fldPrecoUnitario
DataText5	DataSource	dvPedido
	DataField	Valor_Total
	Name	fldValorTotal

Selecione ainda na propriedade **FontJustify** dos objetos **fldQuantidade**, **fldPrecoUnitario** e **fldValorTotal**, a opção **pjRight** para que dessa forma os dados sejam apresentados alinhados à direita.

Uma terceira seção (também um componente **Band**) deve ser inserida no relatório. Sua propriedade **BandStyle** deve ser configurada com as opções **Body Footer** e **New Page**. Digite em **Name** a cadeia de caracteres "bdnRodape".

Dentro dessa última seção coloque um componente **Text** e um **DataText** com estas configurações:

Objeto	Propriedade	Valor
Text1	Name	txtTotalPedido
	Text	Total do Pedido
	Font	Arial,10,Bold
DataText1	DataField	Param.TotalPedido
	Name	TotalPedido
	FontJustify	pjRight

Veja na figura 26.20 a aparência final do relatório. Salve-o com o nome "Relatorio02.rav" e feche o ambiente do **Rave Reports** para voltar ao Delphi. Clique no ícone da propriedade **ProjectFile** do objeto **rvRelatorios** e escolha o arquivo que acabamos de criar, ou seja, "Relatorio02.rav". Salve novamente o formulário.

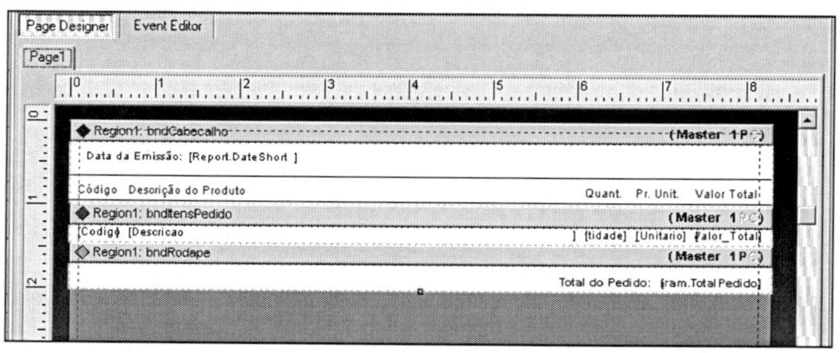

Figura 26.20

26.4. O Formulário de Transmissão do Pedido

O último formulário a ser criado para o sistema de venda off-line é o que permite a transmissão do arquivo do pedido para o servidor FTP. Clique no botão **New Items**, escolha a opção **Delphi Files** e por fim clique no ícone **Form**. Configure as seguintes propriedades do formulário:

Propriedade	Grupo	Valor
Caption	Visual	Transmissão do Pedido
BorderStyle	Visual	bsDialog
BorderIcons	Visual	(nenhuma opção)
Position	Miscellaneous	poScreenCenter
Name	Miscellaneous	formTransmitePedido

Selecione a opção **File → Use Unit** e escolha a unidade **URotinasGenericas** para vinculá-la ao formulário. Após isso adicione os seguintes componentes:

Objeto	Propriedade	Grupo	Valor
BitBtn1	Caption	Visual	Conectar
	Glyph	Visual	Conectar03.bmp
	Name	Miscellaneous	btnConectar
BitBtn2	Caption	Visual	Transmitir
	Glyph	Visual	Transferencia01.bmp
	Name	Miscellaneous	btnTransmitir
BitBtn3	Caption	Visual	Desconectar
	Glyph	Visual	Desconectar03.bmp
	Name	Miscellaneous	btnDesconectar
BitBtn4	Caption	Visual	Sair
	Glyph	Visual	Sair01.bmp
	Name	Miscellaneous	btnSair
ProgressBar1	Name	Miscellaneous	pgrTransferencia
	Smooth	Miscellaneous	True
StatusBar1	Name	Miscellaneous	stsMensagem
	SimplePanel	Miscellaneous	True

Insira também um componente **TIdFTP** (grupo **Indy Clients**). Assim, devemos ter o formulário da figura 26.21. Passemos então para os códigos.

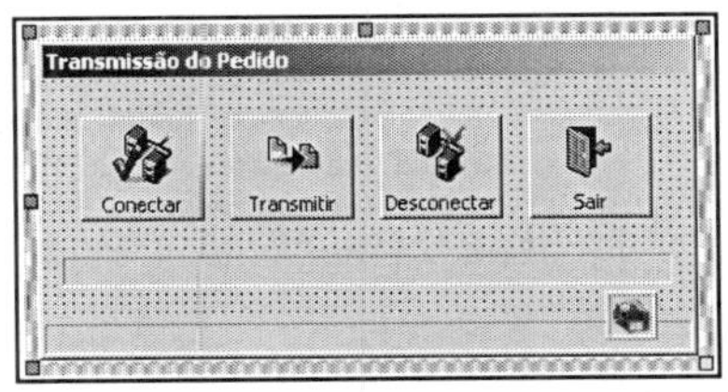

Figura 26.21

O primeiro procedimento é para o botão **Conectar** e se encontra listado a seguir:

```
procedure TformTransmitePedido.btnConectarClick(Sender: TObject);
begin
     IdFTP1.Host := 'ftp.pedidospapyrus.com.br';
     IdFTP1.Username := 'pedidos';
     IdFTP1.Password := 'papyrus';
     IdFTP1.Connect;
     if IdFTP1.Connected then
        stsMensagem.SimpleText := 'Conexão efetuada com sucesso!'
        else
            stsMensagem.SimpleText := 'Não foi possível fazer a conexão!';
end;
```

Para o botão **Copiar** o código deve ser o seguinte:

```
procedure TformTransmitePedido.btnTransmitirClick(Sender: TObject);
var
   FCliente: TextFile;
   strDados,strCodigoCliente,strNomeArquivo: string;
   intContador: integer;
   blnRepete: boolean;
begin
     AssignFile(FCliente,'Cliente.CFG');
     Reset(FCliente);
     ReadLn(FCliente,strDados);
     strCodigoCliente := '';
     intContador := 1;
     blnRepete := True;
     while blnRepete do
     begin
          if strDados[intContador] <> '#' then
             strCodigoCliente := strCodigoCliente + strDados[intContador]
             else
                 blnRepete := False;
          Inc(intContador);
     end;
     CloseFile(FCliente);
```

```
      strCodigoCliente := StrZero(strCodigoCliente,6);
      strNomeArquivo := 'PEDIDO_'+strCodigoCliente+'.CLN';

      IdFTP1.TransferType := ftASCII;
      IdFTP1.Put('C:\ProjetoDelphi2005\'+strNomeArquivo,strNomeArquivo);
end;
```

Note que nesse procedimento também utilizamos as informações contidas no arquivo **Cliente.CFG** para descobrir o código do cliente e montar o nome do arquivo que deve ser transmitido ao servidor FTP. Como usamos a constante **ftASCII**, é necessário incluir a unidade **IdFTPCommon** na cláusula **Uses** do início do código do formulário.

O código do botão **Desconectar** é bastante simples, pois ele apenas chama o método **Disconnect**. Observe-o:

```
procedure TformTransmitePedido.btnDesconectarClick(Sender: TObject);
begin
      IdFTP1.Disconnect;
end;
```

Além desses procedimentos, é preciso incluir também os listados a seguir:

Evento OnStatus

```
procedure TformTransmitePedido.IdFTP1Status(ASender: TObject;
  const AStatus: TIdStatus; const AStatusText: string);
begin
     if AStatus = hsConnecting then
        stsMensagem.SimpleText := 'Conectando ao servidor...'
        else if AStatus = hsConnected then
                stsMensagem.SimpleText := 'Conexão efetuada com sucesso!'
        else if AStatus = hsDisconnecting then
                stsMensagem.SimpleText := 'Desconectando do servidor...'
        else if AStatus = hsDisconnected then
                stsMensagem.SimpleText := 'Desconexão efetuada com sucesso!'
        else if AStatus = ftpTransfer then
                stsMensagem.SimpleText := 'Transmitindo arquivo...';
end;
```

Evento OnWork

```
procedure TformTransmitePedido.IdFTP1Work(ASender: TObject;
  AWorkMode: TWorkMode; AWorkCount: Integer);
begin
      pgrTransferencia.Position := AWorkCount;
end;
```

Evento OnWorkBegin

```
procedure TformTransmitePedido.IdFTP1WorkBegin(ASender: TObject;
  AWorkMode: TWorkMode; AWorkCountMax: Integer);
begin
      pgrTransferencia.Max := AWorkCountMax;
      pgrTransferencia.Position := 0;
end;
```

Evento OnWorkEnd

```
procedure TformTransmitePedido.IdFTP1WorkEnd(ASender: TObject;
  AWorkMode: TWorkMode);
begin
      Mensagem('Fim da transmissão do arquivo!');
      pgrTransferencia.Position := 0;
      stsMensagem.SimpleText := '';
end;
```

Para o botão **Sair** entre com o comando **Close** no procedimento, como mostrado a seguir:

```
procedure TformTransmitePedido.btnSairClick(Sender: TObject);
begin
      Close;
end;
```

Salve o formulário com o nome "UTransmitePedido.Pas".

26.5. Finalização e Teste

Volte ao formulário do menu de botões e vincule todas as unidades que criamos anteriormente. Atribua ao evento dos botões os seguintes procedimentos:

Botão Atualizar Catálogo

```
procedure TformPedidoCliente.btnAtualizarCatalogoClick(Sender: TObject);
begin
     Application.CreateForm(TformAtualizaCatalogo,formAtualizaCatalogo);
     formAtualizaCatalogo.ShowModal;
     formAtualizaCatalogo.Destroy;
end;
```

Botão Emitir Pedido

```
procedure TformPedidoCliente.btnEmitirPedidoClick(Sender: TObject);
begin
     Application.CreateForm(TformEmitirPedido,formEmitirPedido);
     formEmitirPedido.ShowModal;
     formEmitirPedido.Destroy;
end;
```

Botão Transmitir Pedido

```
procedure TformPedidoCliente.btnTransmitirPedidoClick(Sender: TObject);
begin
     Application.CreateForm(TformTransmitePedido,formTransmitePedido);
     formTransmitePedido.ShowModal;
     formTransmitePedido.Destroy;
end;
```

Botão Sair

```
procedure TformPedidoCliente.btnSairClick(Sender: TObject);
begin
     Application.Terminate;
end;
```

Salve todo o projeto e compile-o. Rode o programa para que seja mostrada a tela da figura 26.22. Clique no botão **Atualizar Catálogo** e a tela da figura 26.23 aparece em seguida. Você pode clicar no botão **Conectar** e depois no botão **Copiar** para "baixar" o arquivo de atualização do catálogo de produtos do servidor FTP. Após ter sido efetuada a cópia, clique em **Desconectar** para desativar a conexão. Para atualizar o banco de dados, clique em **Importar.** No final do processo surge a mensagem da figura 26.24.

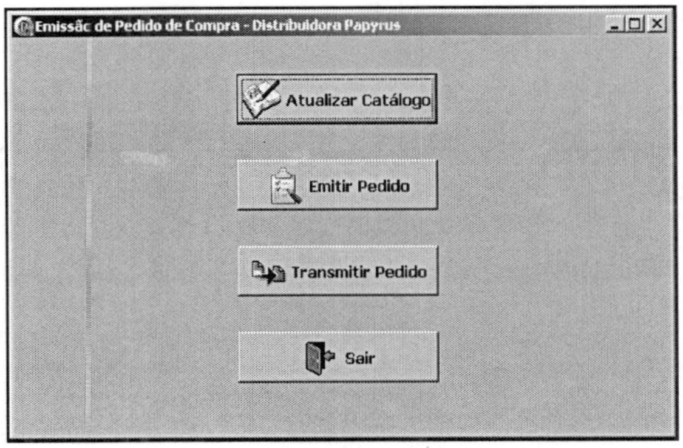

Figura 26.22

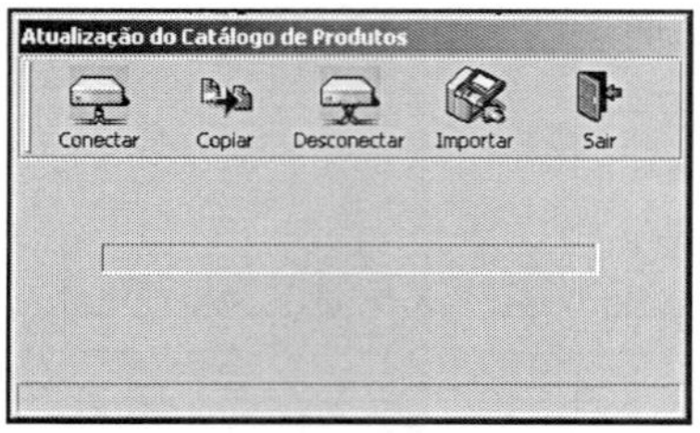

Figura 26.23

Figura 26.24

Em seguida clique no botão **Emitir Pedido** para mostrar a tela da figura 26.25. Escolha um produto a partir da tela aberta pelo botão de localização (figura 26.26) e digite um valor para a quantidade (figura 26.27).

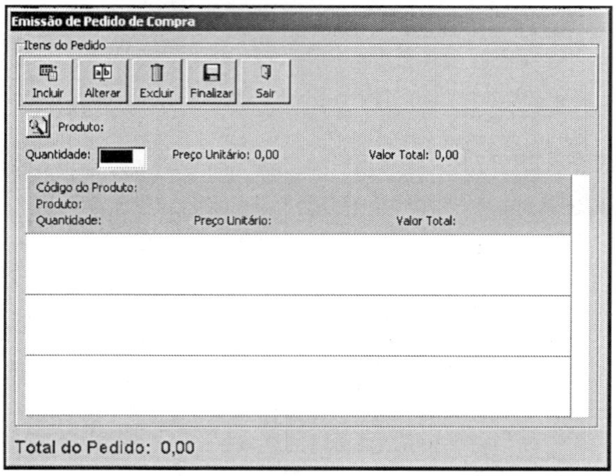

Figura 26.25

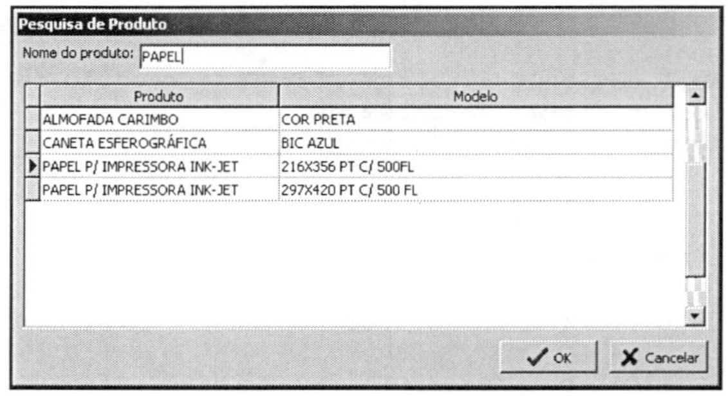

Figura 26.26

A figura 26.28 apresenta dois produtos adicionados ao pedido. Clique no botão **Finalizar** para gerar o arquivo e visualizar o relatório do pedido (figura 26.29).

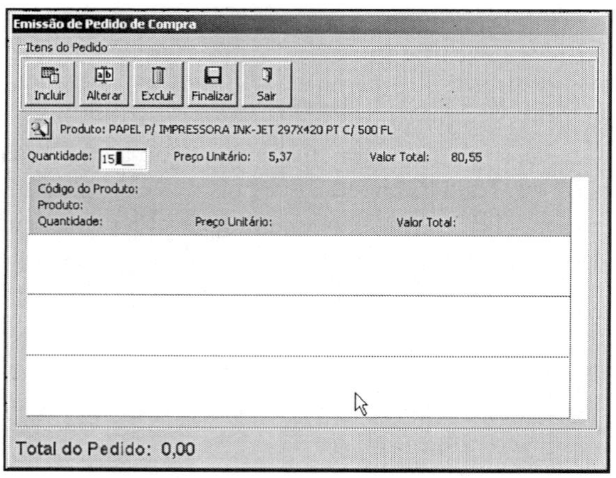

Figura 26.27

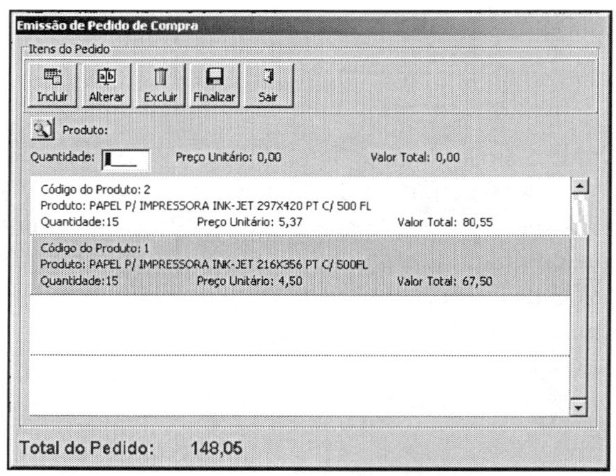

Figura 26.28

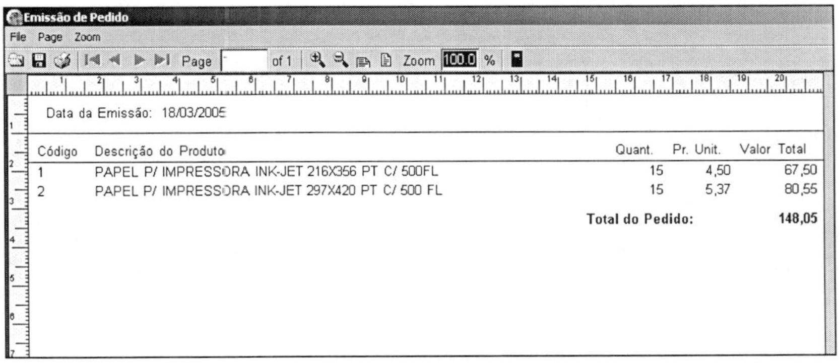

Figura 26.29

Se você abrir o arquivo gerado, digamos no Bloco de Notas, poderá ver seu conteúdo, como no exemplo da figura 26.30.

Para enviar esse arquivo ao servidor FTP, clique no botão **Transmitir Pedido** da tela principal. Na tela seguinte (figura 26.31), conecte-se pelo botão **Conectar** e clique em **Transmitir**. Quando terminar o envio do arquivo, a mensagem da figura 26.32 aparece.

Figura 26.30

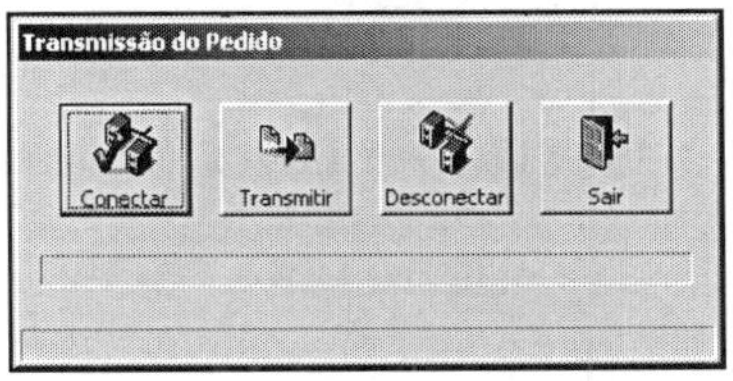

Figura 26.31

Figura 26.32

Pronto, o processo todo está completo. No próximo capítulo veremos o formulário que permite recuperar esses arquivos de pedidos e processá-los.

Emissão de Pedido de Vendas Off-Line

Assuntos abordados neste capítulo

- *Criação de formulário de emissão de pedido de vendas pelo sistema off-line*
- *Componentes ListBox, Memo e DBCtrlGrid*
- *Utilização do método List na recuperação dos nomes dos arquivos do servidor FTP*
- *Manipulação dos itens de uma ListBox*
- *Apagamento de arquivos no servidor FTP*

27.1. Construção do Formulário

Com este capítulo finalizamos os módulos de vendas. Vamos criar o formulário responsável por "baixar" os arquivos de pedidos dos clientes e emitir o pedido no sistema de gestão de vendas.

Volte a abrir o projeto **GDP.DPR** e adicione um novo formulário clicando no botão **New Items** ( ) e escolhendo o ícone **Form** do item **Delphi Files**. Vincule as unidades **UModuloDados1**, **Global** e **URotinasGenericas**. Configure as propriedades do novo formulário da seguinte maneira:

Propriedade	Grupo	Valor
Caption	Visual	Vendas Off-Line
BorderStyle	Visual	bsDialog
BorderIcons	Visual	(nenhuma opção)
Position	Miscellaneous	poScreenCenter
Name	Miscellaneous	formVendasOffLine

Adicione a esse formulário os componentes listados na tabela:

Objeto	Propriedade	Grupo	Valor
ListBox1	Name	Miscellaneous	lstArquivos
	Sorted	Miscellaneous	True
BitBtn1	Caption	Visual	Selecionar
	Glyph	Visual	Marcar.bmp
	Name	Miscellaneous	btnSelecionar
Memo1	ReadOnly	Input	True
	Name	Miscellaneous	memCliente
	ScrollBars	Miscellaneous	ssHorizontal
	Color	Visual	clCream
	Lines	Localizable	(deixar em branco)
DBCtrlGrid1	DataSource	Database	dmModuloDados1.dsItensPedido
	Color	Visual	clCream
	SelectedColor	Visual	clCream
	AllowDelete	Miscellaneous	False
	AlloeInsert	Miscellaneous	False
	RowCount	Miscellaneous	4
	Name	Miscellaneous	grdItensPedido

Objeto	Propriedade	Grupo	Valor
BitBtn2	Caption	Visual	Imprimir
	Glyph	Visual	Imprimir02.bmp
	Name	Miscellaneous	btnImprimir
BitBtn3	Caption	Visual	Sair
	Glyph	Visual	Sair01.bmp
	Name	Miscellaneous	btnSair
StatusBar1	Name	Miscellaneous	stsMensagem
	SimplePanel	Miscellaneous	True

Um componente **TIdFTP** também deve ser adicionado. Veja na figura 27.1 o resultado até o momento.

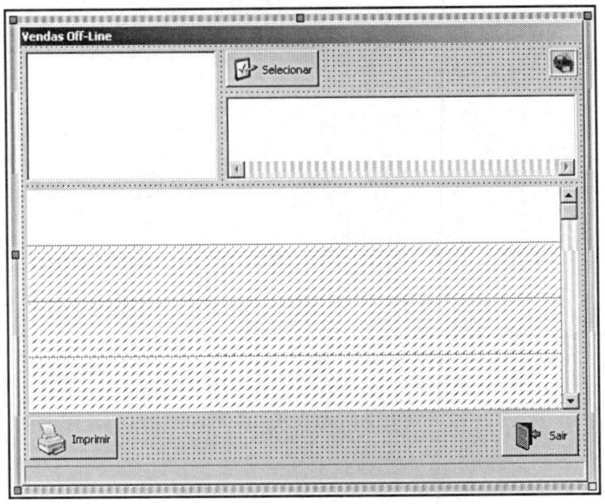

Figura 27.1

No **DBCtrlGrid** insira cinco componentes **TLabel** e cinco **TDBText** assim configurados:

Objeto	Propriedade	Grupo	Valor
Label1	Caption	Visual	Código do Produto:
	Name	Miscellaneous	lblCodigo
Label2	Caption	Visual	Produto:
	Name	Miscellaneous	lblDescricaoProduto
Label3	Caption	Visual	Quantidade:
	Name	Miscellaneous	lblQuantidade
Label4	Caption	Visual	Preço Unitário:
	Name	Miscellaneous	lblPrecoUnitario
Label5	Caption	Visual	Valor Total:
	Name	Miscellaneous	lblValorTotal
DBText1	DataSource	Database	dmModuloDados.dsItensPedido
	DataField	Database	Codigo_Interno
	Name	Miscellaneous	fldCodigoProduto
DBText2	DataSource	Database	dmModuloDados.dsItensPedido
	DataField	Database	Descricao_Produto
	Name	Miscellaneous	fldProduto
DBText3	DataSource	Database	dmModuloDados.dsItensPedido
	DataField	Database	Quantidade
	Name	Miscellaneous	fldQuantidade
DBText4	DataSource	Database	dmModuloDados.dsItensPedido
	DataField	Database	Preco_Unitario
	Name	Miscellaneous	fldPrecoUnitario
DBText5	DataSource	Database	dmModuloDados.dsItensPedido
	DataField	Database	Preco_Total
	Name	Miscellaneous	fldValorTotal

A figura 27.2 exibe esse formulário.

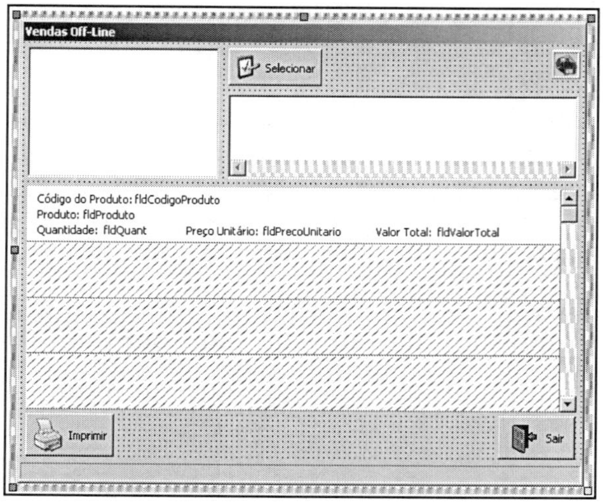

Figura 27.2

27.2. Adição de Códigos

Atribua aos eventos OnShow e OnClose do formulário os seguintes procedimentos:

Evento OnShow

```
procedure TformVendasOffLine.FormShow(Sender: TObject);
begin
     dmModuloDados1.sdsControle.Open;
     dmModuloDados1.sdsClientes.Open;
     dmModuloDados1.sdsDescricao.Open;
     dmModuloDados1.sdsCatalogo.Open;

     dmModuloDados1.sdsClientes.IndexFieldNames := 'Codigo_Cliente';
     dmModuloDados1.sdsCatalogo.IndexFieldNames := 'Codigo_Interno';
     dmModuloDados1.sdsDescricao.IndexFieldNames := 'Codigo_Descricao';

     lstArquivos.Clear;
     IdFTP1.Host := 'ftp.pedidospapyrus.com.br';
     IdFTP1.Username := 'pedidos';
     IdFTP1.Password := 'papyrus';
     IdFTP1.Connect;
     if not IdFTP1.Connected then
        stsMensagem.SimpleText := 'Não foi possível fazer a conexão!'
        else
            IdFTP1.List(lstArquivos.Items,'*.CLN',False);
end;
```

Evento OnClose

```
procedure TformVendasOffLine.FormClose(Sender: TObject;
  var Action: TCloseAction);
begin
     IdFTP1.Disconnect;
     dmModuloDados1.sdsClientes.IndexFieldNames := '';
     dmModuloDados1.sdsCatalogo.IndexFieldNames := '';
     dmModuloDados1.sdsDescricao.IndexFieldNames := '';
     dmModuloDados1.sdsControle.Close;
     dmModuloDados1.sdsClientes.Close;
     dmModuloDados1.sdsDescricao.Close;
     dmModuloDados1.sdsCatalogo.Close;
end;
```

No procedimento **FormShow** ocorre a abertura das tabelas utilizadas no formulários e a conexão com o servidor FTP. No caso de sucesso, o método **List** é executado para preencher a caixa de listagem com os arquivos disponíveis.

Já o procedimento do evento **OnClose** faz a desconexão com o servidor e fecha as tabelas.

Agora dê um duplo-clique no botão **Selecionar** e digite o código:

```
procedure TformVendasOffLine.btnSelecionarClick(Sender: TObject);
var
   strNomeArquivo,strDados,strProduto: string;
   FArquivoPedido: TextFile;
   intCodigoCliente,intNumeroPedido,intCodigoProduto,intCodigoDescricao,
   intQuantidade,intNumeroItem,intRegistro: integer;
   dblPrecoUnitario,dblValorTotal: double;
begin
      intArquivoPedido := lstArquivos.ItemIndex;
      strNomeArquivo := lstArquivos.Items[intArquivoPedido];
      intCodigoCliente := StrToInt(Copy(strNomeArquivo,8,6));
      IdFTP1.TransferType := ftASCII;
      IdFTP1.Get(strNomeArquivo,'C:\ProjetoDelphi2005\'+strNomeArquivo,True,False);

      // Localiza o cliente do pedido
      dmModuloDados1.sdsClientes.FindKey([intCodigoCliente]);
      memCliente.Lines.Add(dmModuloDados1.sdsClientesNome_Cliente.AsString);
      memCliente.Lines.Add(Trim(dmModuloDados1.sdsClientesEndereco.AsString)+','+
Trim(dmModuloDados1.sdsClientesNumero.AsString));
      memCliente.Lines.Add(dmModuloDados1.sdsClientesBairro.AsString);
      memCliente.Lines.Add(dmModuloDados1.sdsClientesCidade.AsString);

      // Cria o pedido no sistema
      dmModuloDados1.sdsControle.Edit;
      dmModuloDados1.sdsControleNumero_Pedido.AsInteger := dmModuloDados1.sdsControle
Numero_Pedido.AsInteger + 1;
      dmModuloDados1.sdsControle.Post;
      dmModuloDados1.sdsControle.ApplyUpdates(-1);
      intNumeroPedido := dmModuloDados1.sdsControleNumero_Pedido.AsInteger;
      dmModuloDados1.sdsPedidos.Open;
      dmModuloDados1.sdsPedidos.Append;
      dmModuloDados1.sdsPedidosNumero_Pedido.AsInteger := intNumeroPedido;
      dmModuloDados1.sdsPedidosData_Pedido.AsDateTime := Date;
      dmModuloDados1.sdsPedidosCodigo_Cliente.AsInteger := dmModuloDados1.sdsClientes
Codigo_Cliente.AsInteger;
      dmModuloDados1.sdsPedidosCodigo_Vendedor.AsInteger := intCodigoVendedor;
      dmModuloDados1.sdsPedidosCondicao_Pagamento.AsInteger := 1;
      dmModuloDados1.sdsPedidosForma_Entrega.AsString := '';
      dmModuloDados1.sdsPedidos.Post;
      dmModuloDados1.sdsPedidos.ApplyUpdates(-1);

      // Adiciona os produtos do pedido
      dmModuloDados1.sdsItensPedido.Open;
      intNumeroItem := 1;
      dblTotalPedido := 0;
      AssignFile(FArquivoPedido,strNomeArquivo);
      Reset(FArquivoPedido);
      ReadLn(FArquivoPedido,strDados);
      while not Eof(FArquivoPedido) do
      begin
           intCodigoProduto := StrToInt(Copy(strDados,1,6));
           intQuantidade := StrToInt(Copy(strDados,7,6));

           // Localiza os dados do produto
           dmModuloDados1.sdsCatalogo.FindKey([intCodigoProduto]);
           intCodigoDescricao := dmModuloDados1.sdsCatalogoCodigo_Descricao.AsInteger;
           dmModuloDados1.sdsDescricao.FindKey([intCodigoDescricao]);
           strProduto := Trim(dmModuloDados1.sdsDescricaoDescricao.AsString)+' '+
Trim(dmModuloDados1.sdsCatalogoModelo.AsString);
           dblPrecoUnitario := StrToFloat(Format('%8.2f',[dmModuloDados1. sdsCatalogoPreco_Venda.AsFloat]));
           dblValorTotal := intQuantidade * dblPrecoUnitario;
           dblTotalPedido := dblTotalPedido + dblValorTotal;

           dmModuloDados1.sdsControle.Edit;
           dmModuloDados1.sdsControleRegistro_Item_Pedido.AsInteger := dmModuloDados1.
sdsControleRegistro_Item_Pedido.AsInteger + 1;
```

```
          dmModuloDados1.sdsControle.Post;
          dmModuloDados1.sdsControle.ApplyUpdates(-1);
          intRegistro := dmModuloDados1.sdsControleRegistro_Item_Pedido.AsInteger;

          // Adiciona o produto
          dmModuloDados1.sdsItensPedido.Append;
          dmModuloDados1.sdsItensPedidoRegistro.AsInteger := intRegistro;
          dmModuloDados1.sdsItensPedidoNumero_Pedido.AsInteger := dmModuloDados1.
sdsPedidosNumero_Pedido.AsInteger;
          dmModuloDados1.sdsItensPedidoNumero_Item.AsInteger := intNumeroItem;
          dmModuloDados1.sdsItensPedidoCodigo_Interno.AsInteger := dmModuloDados1.
sdsCatalogoCodigo_Interno.AsInteger;
          dmModuloDados1.sdsItensPedidoDescricao_Produto.AsString := strProduto;
          dmModuloDados1.sdsItensPedidoPreco_Unitario.AsFloat := dblPrecoUnitario;
          dmModuloDados1.sdsItensPedidoQuantidade.AsInteger := intQuantidade;
          dmModuloDados1.sdsItensPedidoPreco_Total.AsFloat := dblValorTotal;
          dmModuloDados1.sdsItensPedido.Post;
          dmModuloDados1.sdsItensPedido.ApplyUpdates(-1);
          Inc(intNumeroItem);
          ReadLn(FArquivoPedido,strDados);
      end;
      intCodigoProduto := StrToInt(Copy(strDados,1,6));
      intQuantidade := StrToInt(Copy(strDados,7,6));

      // Localiza os dados do produto
      dmModuloDados1.sdsCatalogo.FindKey([intCodigoProduto]);
      intCodigoDescricao := dmModuloDados1.sdsCatalogoCodigo_Descricao.AsInteger;
      dmModuloDados1.sdsDescricao.FindKey([intCodigoDescricao]);
      strProduto := Trim(dmModuloDados1.sdsDescricaoDescricao.AsString)+' '+
Trim(dmModuloDados1.sdsCatalogoModelo.AsString);
      dblPrecoUnitario := StrToFloat(Format('%8.2f',[dmModuloDados1.sdsCatalogo Preco_Venda.AsFloat]));
      dblValorTotal := intQuantidade * dblPrecoUnitario;

      dmModuloDados1.sdsControle.Edit;
      dmModuloDados1.sdsControleRegistro_Item_Pedido.AsInteger := dmModuloDados1.
sdsControleRegistro_Item_Pedido.AsInteger + 1;
      dmModuloDados1.sdsControle.Post;
      dmModuloDados1.sdsControle.ApplyUpdates(-1);
      intRegistro := dmModuloDados1.sdsControleRegistro_Item_Pedido.AsInteger;

      // Adiciona o produto
      dmModuloDados1.sdsItensPedido.Append;
      dmModuloDados1.sdsItensPedidoRegistro.AsInteger := intRegistro;
      dmModuloDados1.sdsItensPedidoNumero_Pedido.AsInteger := dmModuloDados1.sdsPedidos
Numero_Pedido.AsInteger;
      dmModuloDados1.sdsItensPedidoNumero_Item.AsInteger := intNumeroItem;
      dmModuloDados1.sdsItensPedidoCodigo_Interno.AsInteger := dmModuloDados1.sdsCatalogo
Codigo_Interno.AsInteger;
      dmModuloDados1.sdsItensPedidoDescricao_Produto.AsString := strProduto;
      dmModuloDados1.sdsItensPedidoPreco_Unitario.AsFloat := dblPrecoUnitario;
      dmModuloDados1.sdsItensPedidoQuantidade.AsInteger := intQuantidade;
      dmModuloDados1.sdsItensPedidoPreco_Total.AsFloat := dblValorTotal;
      dmModuloDados1.sdsItensPedido.Post;
      dmModuloDados1.sdsItensPedido.ApplyUpdates(-1);
      CloseFile(FArquivoPedido);
end;
```

As operações executadas por esse procedimento se resumem a copiar do servidor FTP o arquivo selecionado pelo usuário, abrir o arquivo e importar os dados de produto e quantidade contidos nele.

Quando o usuário seleciona um arquivo a partir da lista, a propriedade **ItemIndex** contém um valor que representa a posição do item dentro da lista. Sabendo esse valor, fica fácil recuperar o nome do arquivo.

O código do cliente é obtido a partir do próprio nome do arquivo (seis últimos dígitos, antes da extensão), e com base nessa informação o cliente é localizado na tabela e seus dados apresentados no objeto **memCliente**, que é uma caixa de texto do tipo memorando.

```
intArquivoPedido := lstArquivos.ItemIndex;
strNomeArquivo := lstArquivos.Items[intArquivoPedido];
intCodigoCliente := StrToInt(Copy(strNomeArquivo,8,6));
IdFTP1.TransferType := ftASCII;
IdFTP1.Get(strNomeArquivo,'C:\ProjetoDelphi2005\'+strNomeArquivo,True,False);
```

```
// Localiza o cliente do pedido
dmModuloDados1.sdsClientes.FindKey([intCodigoCliente]);
memCliente.Lines.Add(dmModuloDados1.sdsClientesNome_Cliente.AsString);
memCliente.Lines.Add(Trim(dmModuloDados1.sdsClientesEndereco.AsString)+','+Trim(
dmModuloDados1.sdsClientesNumero.AsString));
memCliente.Lines.Add(dmModuloDados1.sdsClientesBairro.AsString);
memCliente.Lines.Add(dmModuloDados1.sdsClientesCidade.AsString);
```

Após essas operações um pedido é criado e o arquivo baixado do servidor FTP é aberto.

```
// Cria o pedido no sistema
dmModuloDados1.sdsControle.Edit;
dmModuloDados1.sdsControleNumero_Pedido.AsInteger := dmModuloDados1.sdsControle
Numero_Pedido.AsInteger + 1;
dmModuloDados1.sdsControle.Post;
dmModuloDados1.sdsControle.ApplyUpdates(-1);
intNumeroPedido := dmModuloDados1.sdsControleNumero_Pedido.AsInteger;
dmModuloDados1.sdsPedidos.Open;
dmModuloDados1.sdsPedidos.Append;
dmModuloDados1.sdsPedidosNumero_Pedido.AsInteger := intNumeroPedido;
dmModuloDados1.sdsPedidosData_Pedido.AsDateTime := Date;
dmModuloDados1.sdsPedidosCodigo_Cliente.AsInteger := dmModuloDados1.sdsClientes
Codigo_Cliente.AsInteger;
dmModuloDados1.sdsPedidosCodigo_Vendedor.AsInteger := intCodigoVendedor;
dmModuloDados1.sdsPedidosCondicao_Pagamento.AsInteger := 1;
dmModuloDados1.sdsPedidosForma_Entrega.AsString := '';
dmModuloDados1.sdsPedidos.Post;
dmModuloDados1.sdsPedidos.ApplyUpdates(-1);

// Adiciona os produtos do pedido
dmModuloDados1.sdsItensPedido.Open;
intNumeroItem := 1;
dblTotalPedido := 0;
AssignFile(FArquivoPedido,strNomeArquivo);
Reset(FArquivoPedido);
ReadLn(FArquivoPedido,strDados);
```

Para importar os dados do pedido do cliente, o procedimento separa o código do produto e a quantidade. Em seguida, localiza o produto para obter o nome e o preço unitário e adiciona o registro à tabela de itens do pedido.

```
while not Eof(FArquivoPedido) do
begin
     intCodigoProduto := StrToInt(Copy(strDados,1,6));
     intQuantidade := StrToInt(Copy(strDados,7,6));

     // Localiza os dados do produto
     dmModuloDados1.sdsCatalogo.FindKey([intCodigoProduto]);
     intCodigoDescricao := dmModuloDados1.sdsCatalogoCodigo_Descricao.AsInteger;
     dmModuloDados1.sdsDescricao.FindKey([intCodigoDescricao]);
     strProduto := Trim(dmModuloDados1.sdsDescricaoDescricao.AsString)+' '+
Trim(dmModuloDados1.sdsCatalogoModelo.AsString);
     dblPrecoUnitario := StrToFloat(Format('%8.2f',[dmModuloDados1. sdsCatalogoPreco_Venda.AsFloat]));
     dblValorTotal := intQuantidade * dblPrecoUnitario;
     dblTotalPedido := dblTotalPedido + dblValorTotal;

     dmModuloDados1.sdsControle.Edit;
     dmModuloDados1.sdsControleRegistro_Item_Pedido.AsInteger := dmModuloDados1.
sdsControleRegistro_Item_Pedido.AsInteger + 1;
     dmModuloDados1.sdsControle.Post;
     dmModuloDados1.sdsControle.ApplyUpdates(-1);
     intRegistro := dmModuloDados1.sdsControleRegistro_Item_Pedido.AsInteger;

     // Adiciona o produto
     dmModuloDados1.sdsItensPedido.Append;
     dmModuloDados1.sdsItensPedidoRegistro.AsInteger := intRegistro;
     dmModuloDados1.sdsItensPedidoNumero_Pedido.AsInteger := dmModuloDados1.
sdsPedidosNumero_Pedido.AsInteger;
     dmModuloDados1.sdsItensPedidoNumero_Item.AsInteger := intNumeroItem;
     dmModuloDados1.sdsItensPedidoCodigo_Interno.AsInteger := dmModuloDados1.
sdsCatalogoCodigo_Interno.AsInteger;
     dmModuloDados1.sdsItensPedidoDescricao_Produto.AsString := strProduto;
     dmModuloDados1.sdsItensPedidoPreco_Unitario.AsFloat := dblPrecoUnitario;
     dmModuloDados1.sdsItensPedidoQuantidade.AsInteger := intQuantidade;
     dmModuloDados1.sdsItensPedidoPreco_Total.AsFloat := dblValorTotal;
     dmModuloDados1.sdsItensPedido.Post;
     dmModuloDados1.sdsItensPedido.ApplyUpdates(-1);
```

```
        Inc(intNumeroItem);
        ReadLn(FArquivoPedido,strDados);
    end;
    intCodigoProduto := StrToInt(Copy(strDados,1,6));
    intQuantidade := StrToInt(Copy(strDados,7,6));

    // Localiza os dados do produto
    dmModuloDados1.sdsCatalogo.FindKey([intCodigoProduto]);
    intCodigoDescricao := dmModuloDados1.sdsCatalogoCodigo_Descricao.AsInteger;
    dmModuloDados1.sdsDescricao.FindKey([intCodigoDescricao]);
    strProduto := Trim(dmModuloDados1.sdsDescricaoDescricao.AsString)+' '+
    Trim(dmModuloDados1.sdsCatalogoModelo.AsString);
    dblPrecoUnitario := StrToFloat(Format('%8.2f',[dmModuloDados1.sdsCatalogo Preco_Venda.AsFloat]));
    dblValorTotal := intQuantidade * dblPrecoUnitario;

    dmModuloDados1.sdsControle.Edit;
    dmModuloDados1.sdsControleRegistro_Item_Pedido.AsInteger := dmModuloDados1.
    sdsControleRegistro_Item_Pedido.AsInteger + 1;
    dmModuloDados1.sdsControle.Post;
    dmModuloDados1.sdsControle.ApplyUpdates(-1);
    intRegistro := dmModuloDados1.sdsControleRegistro_Item_Pedido.AsInteger;

    // Adiciona o produto
    dmModuloDados1.sdsItensPedido.Append;
    dmModuloDados1.sdsItensPedidoRegistro.AsInteger := intRegistro;
    dmModuloDados1.sdsItensPedidoNumero_Pedido.AsInteger := dmModuloDados1.sdsPedidos
    Numero_Pedido.AsInteger;
    dmModuloDados1.sdsItensPedidoNumero_Item.AsInteger := intNumeroItem;
    dmModuloDados1.sdsItensPedidoCodigo_Interno.AsInteger := dmModuloDados1.sdsCatalogo
    Codigo_Interno.AsInteger;
    dmModuloDados1.sdsItensPedidoDescricao_Produto.AsString := strProduto;
    dmModuloDados1.sdsItensPedidoPreco_Unitario.AsFloat := dblPrecoUnitario;
    dmModuloDados1.sdsItensPedidoQuantidade.AsInteger := intQuantidade;
    dmModuloDados1.sdsItensPedidoPreco_Total.AsFloat := dblValorTotal;
    dmModuloDados1.sdsItensPedido.Post;
    dmModuloDados1.sdsItensPedido.ApplyUpdates(-1);
    CloseFile(FArquivoPedido);
```

Depois de ter importado os dados do pedido, o usuário pode clicar no botão **Imprimir**, cujo código é apresentado a seguir:

```
procedure TformVendasOffLine.btnImprimirClick(Sender: TObject);
var
   intNumeroPedido: integer;
   strVendedor,strNomeArquivo: string;
begin
     if Confirma('Confirma o fechamento do Pedido?') = IDYES then
     begin
          dmModuloDados1.sdsFuncionarios.Open;
          dmModuloDados1.sdsFuncionarios.IndexFieldNames := 'Matricula_Funcionario';
          dmModuloDados1.sdsFuncionarios.FindKey([intCodigoVendedor]);
          strVendedor := dmModuloDados1.sdsFuncionariosNome_Funcionario.AsString;
          dmModuloDados1.sdsFuncionarios.IndexFieldNames := '';
          dmModuloDados1.sdsFuncionarios.Close;

          intNumeroPedido := dmModuloDados1.sdsItensPedidoNumero_Pedido.AsInteger;

          dmModuloDados1.sdsPedidos.Filter := 'Numero_Pedido = '+
dmModuloDados1.sdsItensPedidoNumero_Pedido.AsString;
          dmModuloDados1.sdsPedidos.Filtered := True;

          dmRelatorios.rvConfiguracoes.TitlePreview := 'Emissão de Pedido';
          dmRelatorios.rvConfiguracoes.SystemPrinter.Title := 'Emissão de Pedido';
          dmRelatorios.rvRelatorios.SelectReport('Pedidos',True);
          dmRelatorios.rvRelatorios.SetParam('Cliente',dmModuloDados1.
sdsClientesNome_Cliente.AsString);
          dmRelatorios.rvRelatorios.SetParam('Vendedor',strVendedor);
          dmRelatorios.rvRelatorios.Execute;

          dmModuloDados1.sdsItensPedido.MasterSource := nil;
          dmModuloDados1.sdsItensPedido.MasterFields := '';
          dmModuloDados1.sdsItensPedido.Close;

          dmModuloDados1.sdsPedidos.Filter := '';
          dmModuloDados1.sdsPedidos.Filtered := False;
          dmModuloDados1.sdsPedidos.Close;
          dmModuloDados1.sdsPedidos.Open;
```

```
            dmModuloDados1.sdsPedidos.IndexFieldNames := 'Numero_Pedido';
            dmModuloDados1.sdsPedidos.FindKey([intNumeroPedido]);
            dmModuloDados1.sdsPedidos.Edit;
            dmModuloDados1.sdsPedidosValor_Total.AsFloat := dblTotalPedido;
            dmModuloDados1.sdsPedidos.Post;
            dmModuloDados1.sdsPedidos.ApplyUpdates(-1);
            dmModuloDados1.sdsPedidos.IndexFieldNames := '';
            dmModuloDados1.sdsPedidos.Close;

            dmModuloDados1.sdsItensPedido.MasterFields := 'Numero_Pedido';
            dmModuloDados1.sdsItensPedido.MasterSource := dmModuloDados1.dsPedidos;
        end;

        dmModuloDados1.sdsItensPedido.Close;
        dmModuloDados1.sdsPedidos.Close;
        strNomeArquivo := lstArquivos.Items[intArquivoPedido];
        lstArquivos.Items.Delete(intArquivoPedido);
        IdFTP1.Delete(strNomeArquivo);
        memCliente.Clear;
end;
```

Sua função (bastante similar à dos outros dois formulários de venda) é fechar o pedido e imprimir o relatório que deve ser entregue no almoxarifado.

E por fim temos o código do botão **Sair**, que se resume a chamar o método **Close** para fechar o formulário.

```
procedure TformVendasOffLine.btnSairClick(Sender: TObject);
begin
     Close;
end;
```

Note que devemos adicionar a unidade **IdFTPCommon** à cláusula **Uses** do início do código do formulário devido ao fato de termos usado a constante **ftASCII**.

É preciso ainda incluir três procedimentos ao objeto **IdFTP1**, que já são conhecidos por terem sido utilizados em formulários anteriores, mas que aqui têm pequenas alterações:

Evento OnStatus

```
procedure TformVendasOffLine.IdFTP1Status(ASender: TObject;
  const AStatus: TIdStatus; const AStatusText: string);
begin
     if AStatus = hsConnecting then
        stsMensagem.SimpleText := 'Conectando ao servidor...'
        else if AStatus = hsConnected then
                stsMensagem.SimpleText := 'Conexão efetuada com sucesso!'
        else if AStatus = hsDisconnecting then
                stsMensagem.SimpleText := 'Desconectando do servidor...'
        else if AStatus = hsDisconnected then
                stsMensagem.SimpleText := 'Desconexão efetuada com sucesso!'
        else if AStatus = ftpTransfer then
                stsMensagem.SimpleText := 'Transmitindo arquivo...';
end;
```

Evento OnWork

```
procedure TformVendasOffLine.IdFTP1Work(ASender: TObject; AWorkMode: TWorkMode;
  AWorkCount: Integer);
begin
     stsMensagem.SimpleText := 'Bytes copiados '+IntToStr(AWorkCount);
end;
```

Evento OnWorkEnd

```
procedure TformVendasOffLine.IdFTP1WorkEnd(ASender: TObject;
  AWorkMode: TWorkMode);
begin
     stsMensagem.SimpleText := '';
end;
```

Um último ajuste no código é necessário. É preciso adicionar duas declarações de variáveis logo após a diretiva de compilação **{$R *.dfm}**. O fragmento de código seguinte apresenta essas declarações:

```
implementation

uses UModuloDados1, URotinasGenericas, Global, UMDRelatorios;

{$R *.dfm}

var
   intArquivoPedido: integer;
   dblTotalPedido: double;
```

Salve esse formulário com o nome "UVendasOffLine.Pas".

27.3. Finalização e Teste

Volte ao formulário principal do projeto e vincule à unidade que acabou de ser criada. Abra o editor de menus e acrescente uma terceira opção ao item **Vendas**, cujas configurações devem ser as descritas na tabela:

Propriedade	Grupo	Valor
Caption	Visual	Off-Line
Name	Miscellaneous	opcVendaOffLine

Veja a figura 27.3.

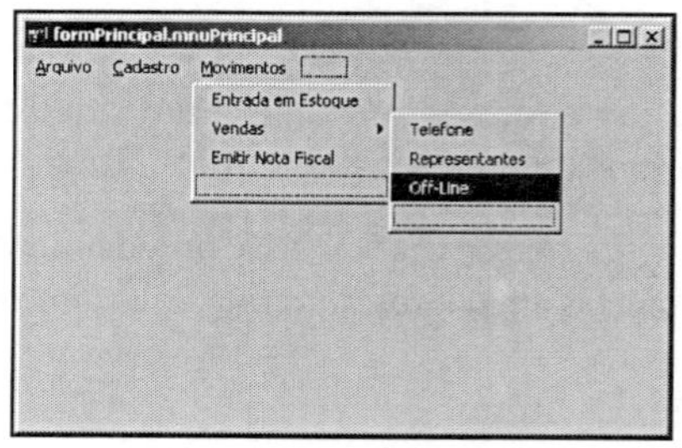

Figura 27.3

Para essa opção de menu o procedimento deve ser o seguinte:

```
procedure TformPrincipal.opcVendaOffLineClick(Sender: TObject);
begin
Application.CreateForm(TformVendasOffLine,formVendasOffLine);
      formVendasOffLine.ShowModal;
      formVendasOffLine.Destroy;
end;
```

Salve todo o projeto e compile-o. Rode o programa e selecione a opção **Movimentos → Vendas → Off-Line**. Assim a tela da figura 27.4 deve aparecer.

Selecione um dos arquivos e clique em **Selecionar**. A cópia é efetuada e logo em seguida tem início a importação dos dados do arquivo. A figura 27.5 mostra o pedido do cliente após a importação.

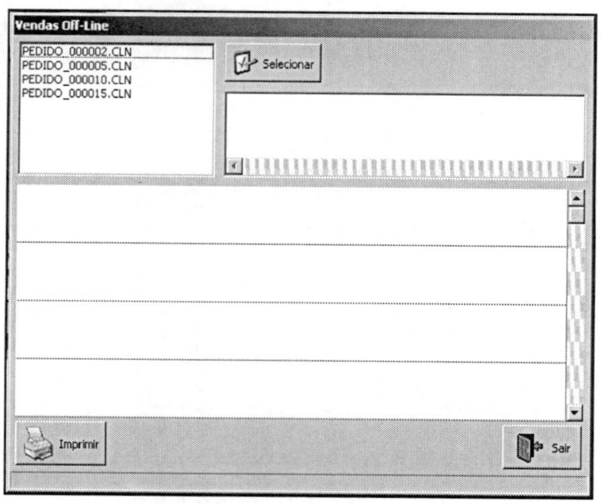

Figura 27.4

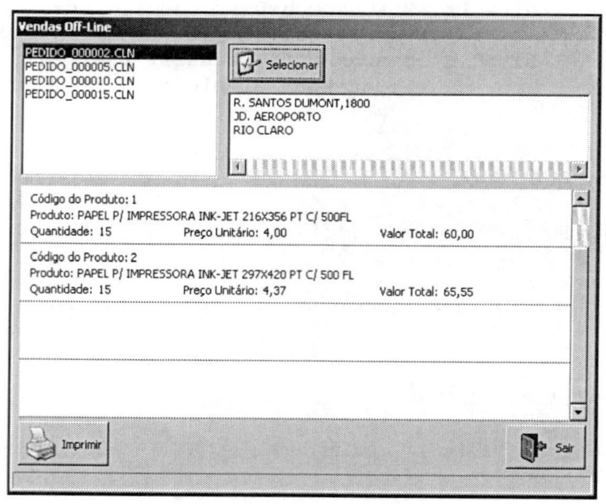

Figura 27.5

Após clicar no botão **Imprimir**, surge a tela da figura 27.6.

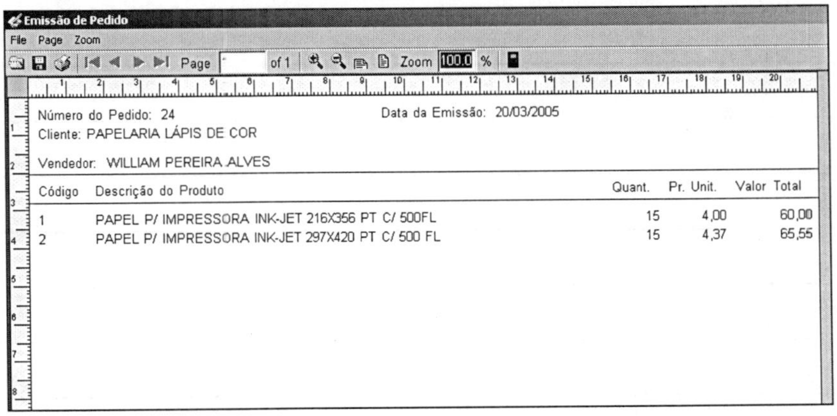

Figura 27.6

Quando o relatório for impresso e a janela fechada, a tela de pedidos é retornada (figura 27.7). Note que o arquivo que foi processado não aparece mais na lista. O arquivo também é fisicamente apagado do servidor FTP.

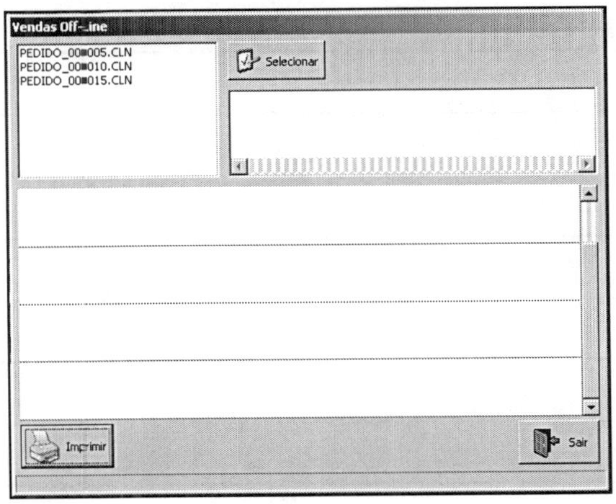

Figura 27.7

Anotações

parte 4

Finanças e Relatórios

capítulo 28

Contas a Pagar

Assuntos abordados neste capítulo

- *Adição das tabelas de Contas a Pagar*
- *Utilização do método OnGetText*
- *Formulário para gerenciamento de Contas a Pagar*
- *Uso da cláusula ORDER BY na ordenação de registros*
- *Liquidação de Contas*

28.1. Criação da Tabela de Dados

Este capítulo aborda a construção do formulário para gerenciamento das contas a pagar. Por meio dele é possível lançar as contas que devem ser pagas e também efetuar os pagamentos.

Primeiramente é preciso adicionar uma nova tabela ao banco de dados. Execute o **MySQL Control Center** e conecte-se ao banco de dados **bd_gdp**. Clique com o botão direito do mouse sobre o item **Tables** e escolha **New Table**. Especifique os seguintes campos:

Field Name	Allow NULL	Data Type	Length
Registro	Desmarcado	Int	
Data_Inclusao	Desmarcado	Date	
Codigo_Fornecedor	Desmarcado	Int	
Numero_Documento	Desmarcado	Varchar	12
Referencia	Marcado	Varchar	30
Data_Documento	Demarcado	Date	
Data_Vencimento	Desmarcado	Date	
Numero_Parcela	Marcado	Varchar	5
Valor_Documento	Desmarcado	Decimal	12,2
Data_Pagamento	Marcado	Date	
Valor_Pago	Marcado	Decimal	12,2
Liquidado	Marcado	Char	1

Defina o campo **Registro** como chave primária da tabela. A figura 28.1 mostra essa tabela com todos os campos. Salve-a com o nome "Contas_Pagar".

Outra importante tarefa é a adição de um novo campo à tabela **Controle_Sequencia**, que permitirá guardar o número de registro da tabela de contas a pagar. Sendo assim, clique com o botão direito do mouse sobre essa tabela e escolha a opção **Edit Table**. Na tela de definição de estrutura, entre com as seguintes informações:

- **Field Name**: Registro_ContasPagar
- **Allow NULL**: desmarcado
- **Data Type**: Int

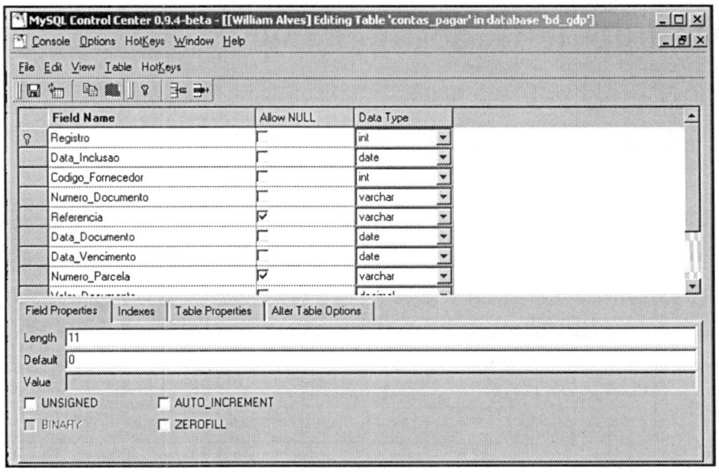

Figura 28.1

Veja a figura 28.2.

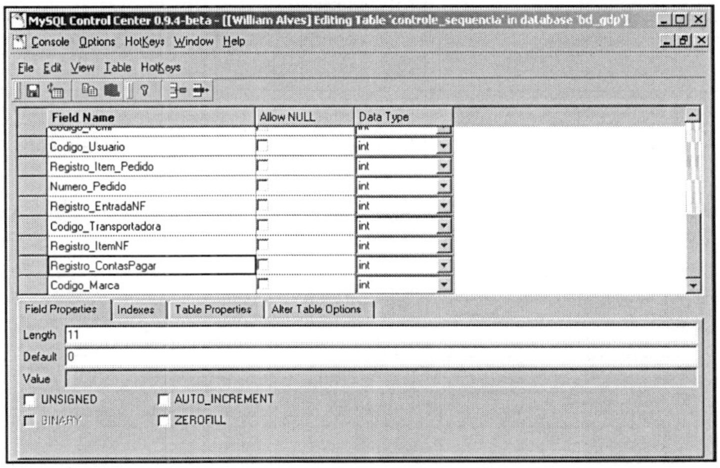

Figura 28.2

Para o banco de dados **InterBase** execute o **IBConsole** e digite o seguinte comando na janela do **Interactive SQL**:

```
CREATE TABLE CONTAS_PAGAR
(REGISTRO DMREGISTRO NOT NULL PRIMARY KEY,
  DATA_INCLUSAO DATE,
  CODIGO_FORNECEDOR DMCODIGO_FORNECEDOR,
  NUMERO_DOCUMENTO VARCHAR(12),
  REFERENCIA VARCHAR(30),
  DATA_DOCUMENTO DATE,
  DATA_VENCIMENTO DATE,
  NUMERO_PARCELA VARCHAR(5),
  VALOR_DOCUMENTO DECIMAL(12, 2),
  DATA_PAGAMENTO DATE,
  VALOR_PAGO DECIMAL(12, 2),
  LIQUIDADO CHAR(1));
```

A figura 28.3 apresenta essa tabela já devidamente criada.

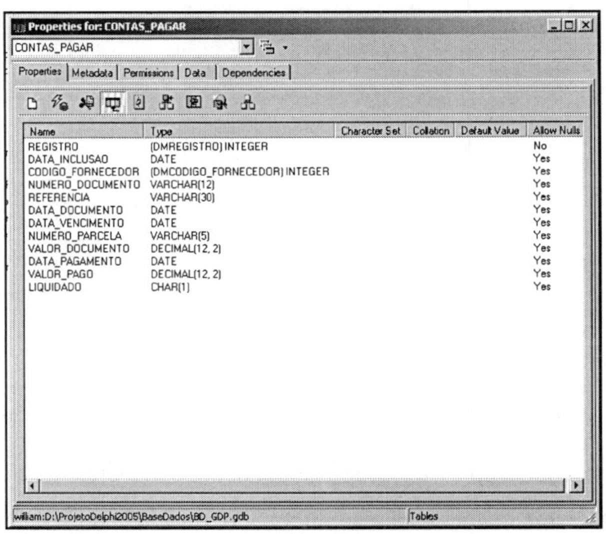

Figura 28.3

Adicione também o campo **Registro_ContasPagar**, do tipo **Integer**, à tabela **Controle_Sequencia** executando o comando **`ALTER TABLE CONTROLE_SEQUENCIA ADD REGISTRO_CONTASPAGAR INTEGER`**.

28.2. Um Novo Módulo de Dados do Projeto

Vamos adicionar um segundo módulo de dados, já que o primeiro está sobrecarregado de componentes. Clique no botão **New Items** ( ) e escolha o ícone **Data Module** do item **Delphi Files**. Digite na propriedade **Name** a cadeia de caracteres "dmModuloDados2".

Insira nesse novo módulo de dados dois componentes **TSimpleDataSet** e dois **TDataSource**, configurando suas propriedades da seguinte maneira:

Objeto	Propriedade	Grupo	Valor
SimpleDataSet1	ConnectionName	Connection	BaseDadosGDP
	CommandType	Database/DataSet	ctTable
	CommandText	Database/DataSet	contas_pagar
	Name	Miscellaneous	sdsContasPagar
SimpleDataSet2	ConnectionName	Connection	BaseDadosGDP
	CommandType	Database/DataSet	ctQuery
	CommandText	Database/DataSet	SELECT * FROM Contas_Pagar
	Name	Miscellaneous	sdsQryContasPagar
DataSource1	DataSet	Database	sdsContasPagar
	Name	Miscellaneous	dsContasPagar
DataSource2	DataSet	Database	sdsQryContasPagar
	Name	Miscellaneous	dsQryContasPagar

Adicione todos os campos da tabela **Contas_Pagar** aos dois objetos do tipo **SimpleDataSet**, configurando as propriedades **DisplayLabel**, **DisplayFormat** e **EditMask** conforme a tabela:

Campo	Propriedade	Valor
Data_Inclusao	DisplayLabel	Data Inclusão
Codigo_Fornecedor	DisplayLabel	Código Fornecedor
Numero_Documento	DisplayLabel	Número Documento
Referencia	DisplayLabel	Referência
Data_Documento	DisplayLabel	Data Documento
	EditMask	99/99/9999
Data_Vencimento	DisplayLabel	Data Vencimento
	EditMask	99/99/9999
Numero_Parcela	DisplayLabel	Número Parcela
Valor_Documento	DisplayFormat	###,##0.00
	DisplayLabel	Valor
Data_Pagamento	DisplayLabel	Data Pagamento
	EditMask	99/99/9999
Valor_Pago	DisplayFormat	###,##0.00
	DisplayLabel	Valor Pago

Veja a figura 28.4.

Para o campo **Data_Pagamento** do objeto **sdsQryContasPagar** vamos utilizar uma técnica bastante interessante para evitar um problema que pode ocorrer devido ao fato de esse campo poder ficar em branco (sem valor). Esse problema se resume a um erro que é apresentado informando a impossibilidade de converter o valor nulo no momento de abrir a consulta.

Todo campo adicionado a um objeto **SimpleDataSet** possui um evento chamado **OnGetText** (figura 28.5), que é executado no momento em que os dados do campo são recuperados da tabela.

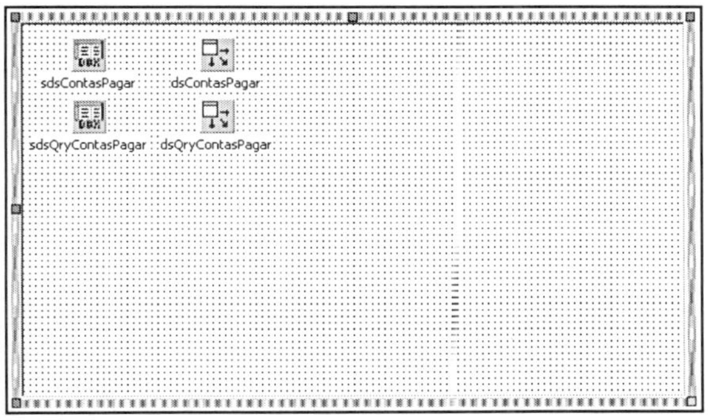

Figura 28.4

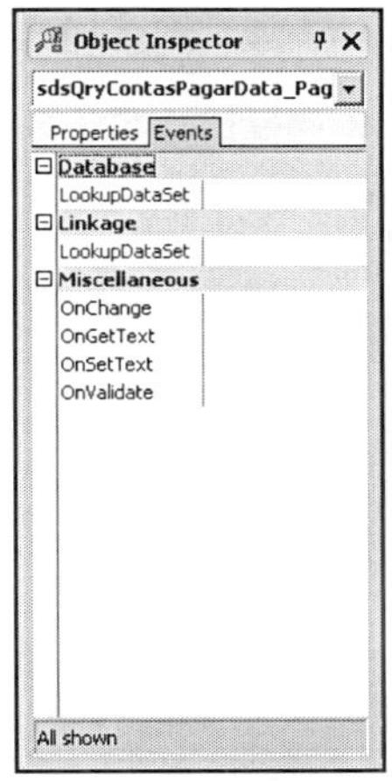

Figura 28.5

Podemos então adicionar um código que executa alguma tarefa nesse momento. Em nosso caso, vamos fazer com que o valor retornado seja vazio ("") se o campo de data de pagamento contiver o valor "01/01/1900". Veja na listagem esse procedimento:

```
procedure TdmModuloDados2.sdsQryContasPagarData_PagamentoGetText(Sender: TField;
  var Text: string; DisplayText: Boolean);
begin
     if sdsQryContasPagarData_Pagamento.AsDateTime = StrToDate('01/01/1900') then
        Text := ''
        else
            Text := DateToStr(sdsQryContasPagarData_Pagamento.AsDateTime);
end;
```

Em vez de o campo ficar sem valor, o que geraria o famigerado erro, a data de 1/1/1900 é atribuída como padrão no momento da adição de um novo registro. Veremos isso mais à frente.

Salve o módulo com o nome "UModuloDados2.Pas".

28.3. O Formulário de Contas a Pagar

Clique no botão **New Items** ( ), selecione o item **Delphi Files** e escolha o ícone **Form**. As seguintes propriedades do formulário devem ser configuradas:

Propriedade	Grupo	Valor
Caption	Visual	Contas a Pagar
FormStyle	Miscellaneous	fsMDIChild
Name	Miscellaneous	formContasPagar

Vincule a esse formulário as unidades **URotinasGenericas**, **UModuloDados1** e **UModuloDados2**.

Adicione um componente **TCoolBar**, dentro dele um **TToolBar** e um **TImageList**. Dê um duplo-clique nesse último para abrir a janela de seleção de imagens. Carregue os arquivos **Adicionar03.bmp**, **Editar03.bmp**, **Excluir02.bmp** e **Sair02.bmp**, como mostra a figura 28.6.

Crie quatro botões no objeto **ToolBar1** e configure as propriedades **AutoSize** (grupo **Visual**) e **Flat** (grupo **Miscellaneous**) com o valor **True**. Desative também a linha superior especificando o valor **False** no item **ebTop** da propriedade **EdgeBorders**. Selecione o objeto **CoolBar1** e selecione **True** na propriedade **AutoSize** (grupo **Visual**). O resultado pode ser visto na figura 28.7.

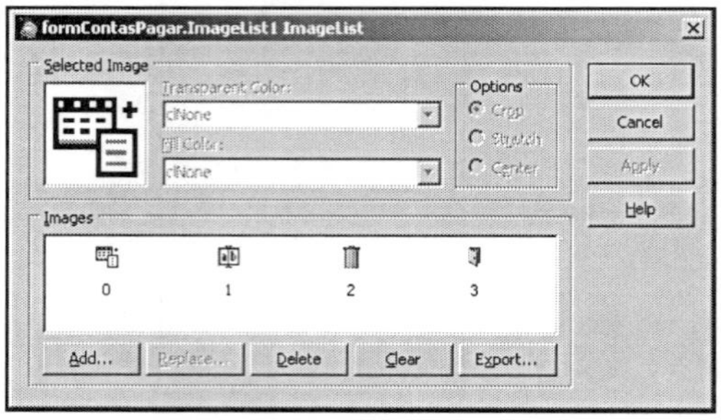

Figura 28.6

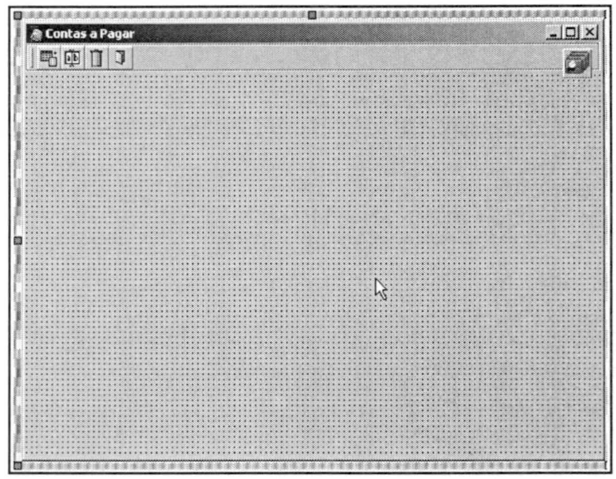

Figura 28.7

Agora insira um componente **TPanel** e dentro dele coloque cinco **TRadioButton**. Configure-os da seguinte maneira:

Objeto	Propriedade	Grupo	Valor
Panel1	Caption	Visual	(branco)
	Name	Miscellaneous	pnlSelecao
RadioButton1	Caption	Visual	Tudo
	Name	Miscellaneous	rbTudo
RadioButton2	Caption	Visual	Não Pagas
	Checked	Action	True
	Name	Miscellaneous	rbNaoPagas
RadioButton3	Caption	Visual	Vencidas
	Name	Miscellaneous	rbVencidas
RadioButton4	Caption	Visual	A Vencer
	Name	Miscellaneous	rbVencer
RadioButton5	Caption	Visual	Vencendo Hoje
	Name	Miscellaneous	rbVencerHoje

Ao lado desse grupo de botões de opção insira um **TBitBtn** assim configurado:

Objeto	Propriedade	Grupo	Valor
BitBtn1	Caption	Visual	Liquidar
	Glyph	Visual	Dinheiro03.bmp
	Name	Miscellaneous	btnLiquidar

Veja na figura 28.8 como deve ficar o formulário.

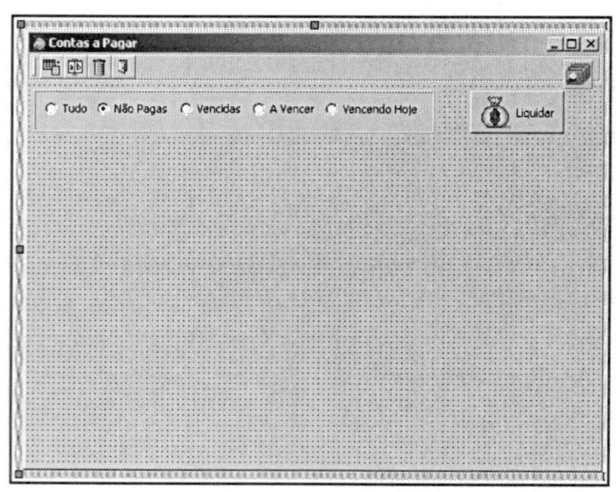

Figura 28.8

Abaixo desses objetos deve ser inserido um **TDBCtrlGrid** com as seguintes configurações:

Propriedade	Grupo	Valor
DataSource	Database	dmModuloDados2.dsQryContasPagar
AllowDelete	Miscellaneous	False
AllowInsert	Miscellaneous	False
RowCount	Miscellaneous	5
Name	Miscellaneous	grdContas
Color	Visual	clInfoBk
SelectedColor	Visual	clSkyBlue

Insira nesse objeto de grade de dados os seguintes componentes:

Objeto	Propriedade	Grupo	Valor
Label1	Caption	Visual	Data da Inclusão:
	Name	Miscellaneous	lblDataInclusao
Label2	Caption	Visual	No. Documento:
	Name	Miscellaneous	lblNumeroDoc
Label3	Caption	Visual	Data da Emissão:
	Name	Miscellaneous	lblDataEmissao
Label4	Caption	Visual	Referência:
	Name	Miscellaneous	lblReferencia
Label5	Caption	Visual	Data de Vencimento:
	Name	Miscellaneous	lblDataVencimento
Label6	Caption	Visual	No. Parcela:
	Name	Miscellaneous	lblParcela
Label7	Caption	Visual	Valor:
	Name	Miscellaneous	lblValor
Label8	Caption	Visual	Data Pagto:
	Name	Miscellaneous	lblDataPagto
Label9	Caption	Visual	Valor Pago:
	Name	Miscellaneous	lblValorPago
DBText1	DataSource	Database	dmModuloDados2.dsQryContasPagar
	DataField	Database	Data_Inclusao
	Name	Miscellaneous	fldDataInclusao
DBText2	DataSource	Database	dmModuloDados2.dsQryContasPagar
	DataField	Database	Numero_Documento
	Name	Miscellaneous	fldNumeroDoc
DBText3	DataSource	Database	dmModuloDados2.dsQryContasPagar
	DataField	Database	Data_Documento
	Name	Miscellaneous	fldDataEmissao
DBText4	DataSource	Database	dmModuloDados2.dsQryContasPagar
	DataField	Database	Referencia
	Name	Miscellaneous	fldReferencia
DBText5	DataSource	Database	dmModuloDados2.dsQryContasPagar
	DataField	Database	Data_Vencimento
	Name	Miscellaneous	fldDataVencimento
DBText6	DataSource	Database	dmModuloDados2.dsQryContasPagar
	DataField	Database	Numero_Parcela
	Name	Miscellaneous	fldParcela
DBText7	DataSource	Database	dmModuloDados2.dsQryContasPagar
	DataField	Database	Valor_Documento
	Name	Miscellaneous	fldValorDocumento

Objeto	Propriedade	Grupo	Valor
DBText8	DataSource	Database	dmModuloDados2.dsQryContasPagar
	DataField	Database	Data_Pagamento
	Name	Miscellaneous	fldDataPagto
DBText9	DataSource	Database	dmModuloDados2.dsQryContasPagar
	DataField	Database	Valor_Pago
	Name	Miscellaneous	fldValorPago

É preciso ainda adicionar dois componentes **TLabel** logo abaixo da grade de dados. As configurações para esses objetos são as seguintes:

Objeto	Propriedade	Grupo	Valor
Label1	Caption	Visual	Valor Total:
	Name	Miscellaneous	lblValorTotal
	Font/Name	Miscellaneous	Arial
	Font/Color	Miscellaneous	clBlue
	Font/Size	Miscellaneous	12
	Font/Style	Miscellaneous	fsBold
Label2	Caption	Visual	fldValorTotal
	Name	Miscellaneous	fldValorTotal
	Font/Name	Miscellaneous	Arial
	Font/Color	Miscellaneous	clBlue
	Font/Size	Miscellaneous	12
	Font/Style	Miscellaneous	fsBold

A figura 28.9 mostra a aparência final desse formulário.

Adicione a declaração de procedimento destacada na listagem:

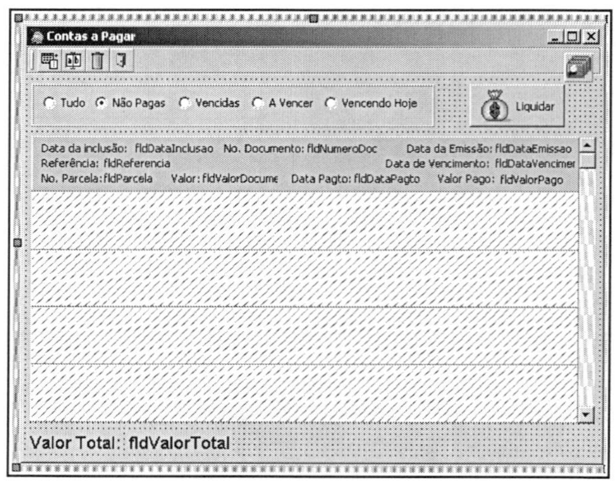

Figura 28.9

```
type
  TformContasPagar = class(TForm)
    CoolBar1: TCoolBar;
    ToolBar1: TToolBar;
    ImageList1: TImageList;
    btnAdicionar: TToolButton;
    btnEditar: TToolButton;
    btnExcluir: TToolButton;
    btnSair: TToolButton;
    pnlSelecao: TPanel;
    rbTudo: TRadioButton;
    rbVencidas: TRadioButton;
    rbVencer: TRadioButton;
    rbVencerHoje: TRadioButton;
    rbNaoPagas: TRadioButton;
    btnLiquidar: TBitBtn;
    lblValorTotal: TLabel;
    fldValorTotal: TLabel;
    grdContas: TDBCtrlGrid;
    lblDataInclusao: TLabel;
    lblNumeroDoc: TLabel;
    lblDataEmissao: TLabel;
    lblReferencia: TLabel;
    lblDataVencimento: TLabel;
    lblParcela: TLabel;
    lblValor: TLabel;
    fldDataInclusao: TDBText;
    fldNumeroDoc: TDBText;
    fldDataEmissao: TDBText;
    fldReferencia: TDBText;
    fldDataVencimento: TDBText;
    fldParcela: TDBText;
    fldValorDocumento: TDBText;
    lblDataPagto: TLabel;
    lblValorPago: TLabel;
    fldValorPago: TDBText;
```

```
    procedure CalculaTotal;
  private
    { Private declarations }
  public
    { Public declarations }
  end;
```

Após a diretiva de compilação {$R *.dfm} entre com o código:

```
procedure TformContasPagar.CalculaTotal;
var
   dblValorTotal: double;
begin
     dblValorTotal := 0;
     dmModuloDados2.sdsQryContaspagar.DisableControls;
     dmModuloDados2.sdsQryContasPagar.First;
     while not dmModuloDados2.sdsQryContasPagar.Eof do
     begin
          dblValorTotal := dblValorTotal + dmModuloDados2.sdsQryContasPagar Valor_Documento.AsFloat;
          dmModuloDados2.sdsQryContasPagar.Next;
     end;
     dmModuloDados2.sdsQryContasPagar.First;
     dmModuloDados2.sdsQryContaspagar.EnableControls;
     fldValorTotal.Caption := Format('%12.2f',[dblValorTotal]);
end;
```

Atribua aos eventos **OnShow** e **OnClose** do formulário os seguintes procedimentos:

Evento OnShow

```
procedure TformContasPagar.FormShow(Sender: TObject);
begin
     dmModuloDados2.sdsQryContasPagar.DataSet.CommandText := 'SELECT * FROM Contas_Pagar WHERE
Liquidado <> '+#39+'S'+#39+' ORDER BY Data_Vencimento,Numero_Documento';
     dmModuloDados2.sdsQryContasPagar.Open;
     CalculaTotal;
end;
```

Evento OnClose

```
procedure TformContasPagar.FormClose(Sender: TObject; var Action: TCloseAction);
begin
     Action := caFree;
end;
```

No procedimento **FormShow** a consulta é executada para que os registros sejam apresentados na grade de dados do formulário. Note que é especificada uma condição de forma que somente os registros que estão em aberto (sem pagamento) são mostrados. Outro destaque é quanto à ordenação dos registros (por data de vencimento e número de documento), obtida pela cláusula **ORDER BY** da instrução SQL.

Dê um duplo-clique no botão **btnAdicionar** e entre com o código seguinte:

```
procedure TformContasPagar.btnAdicionarClick(Sender: TObject);
begin
     Application.CreateForm(TformLancarContasPagar,formLancarContasPagar);
     formLancarContasPagar.ShowModal;
     formLancarContasPagar.Destroy;
     dmModuloDados2.sdsQryContaspagar.Refresh;
     CalculaTotal;
end;
```

O procedimento abre o formulário **formLancarContasPagar**, que criaremos no próximo tópico, e quando o usuário retornar, o cálculo do valor total é efetuado por meio da chamada ao procedimento **CalculaTotal**. O método **Refresh** também é invocado para atualizar o *cache* de dados com os valores mais recentes da tabela.

Para o botão **btnEditar** o código deve ser o seguinte:

```
procedure TformContasPagar.btnEditarClick(Sender: TObject);
var
   intRegistro: integer;
begin
     intRegistro := dmModuloDados2.sdsQryContasPagarRegistro.AsInteger;
     Application.CreateForm(TformAlterarContasPagar,formAlterarContasPagar);
     formAlterarContasPagar.intRegistro := intRegistro;
     formAlterarContasPagar.ShowModal;
     formAlterarContasPagar.Destroy;
     dmModuloDados2.sdsQryContaspagar.Refresh;
     CalculaTotal;
end;
```

O valor do campo **Registro** é salvo e passado ao formulário que permite alterações nos dados da conta. Isso é necessário para que se consiga localizar o registro a ser alterado.

O código para o botão **btnExcluir**, que permite a exclusão do registro atualmente selecionado na grade de dados, encontra--se listado a seguir:

```
procedure TformContasPagar.btnExcluirClick(Sender: TObject);
var
   intRegistro: integer;
begin
     if Confirma('Deseja excluir esse registro?') = IDYES then
     begin
          intRegistro := dmModuloDados2.sdsQryContasPagarRegistro.AsInteger;
          dmModuloDados2.sdsContasPagar.Open;
          dmModuloDados2.sdsContasPagar.IndexFieldNames := 'Registro';
          dmModuloDados2.sdsContasPagar.FindKey([intRegistro]);
          dmModuloDados2.sdsContasPagar.Delete;
          dmModuloDados2.sdsContasPagar.ApplyUpdates(-1);
          dmModuloDados2.sdsContasPagar.IndexFieldNames := '';
          dmModuloDados2.sdsContasPagar.Close;

          dmModuloDados2.sdsQryContaspagar.Refresh;
          CalculaTotal;
     end;
end;
```

Novamente o valor do campo **Registro** é preservado para que seja possível localizar na tabela de contas a pagar o registro que o usuário deseja apagar. Essa localização é efetuada pelo método **FindKey**. Para utilizá-lo, precisamos antes ativar um índice definido pelo campo com o qual se pretende trabalhar na pesquisa.

O botão **btnSair** é o que possui o código mais simples, formado por uma única linha:

```
procedure TformContasPagar.btnSairClick(Sender: TObject);
begin
     Close;
end;
```

O próximo passo é definir os procedimentos que precisamos atribuir aos botões de opção. Dê dois cliques sobre o objeto **rbTudo** e digite o seguinte:

```
procedure TformContasPagar.rbTudoClick(Sender: TObject);
var
   strComandoSQL,strData: string;
begin
     strData := DataInvertida(Date);
     strComandoSQL := 'SELECT * FROM Contas_Pagar';
     if Sender = rbNaoPagas then
     begin
          if rbNaoPagas.Checked then
             strComandoSQL := 'SELECT * FROM Contas_Pagar WHERE Liquidado <> '+#39+ 'S'+#39;
     end
     else if Sender = rbVencidas then
          begin
               if rbVencidas.Checked then
```

```
                strComandoSQL := 'SELECT * FROM Contas_Pagar WHERE Liquidado <> '+#39+ 'S'+#39+' AND
Data_Vencimento < '+#39+strData+#39;
          end
     else if Sender = rbVencer then
          begin
               if rbVencer.Checked then
                strComandoSQL := 'SELECT * FROM Contas_Pagar WHERE Liquidado <> '+#39+ 'S'+#39+' AND
Data_Vencimento > '+#39+strData+#39;
          end
     else if Sender = rbVencerHoje then
          begin
               if rbVencerHoje.Checked then
                strComandoSQL := 'SELECT * FROM Contas_Pagar WHERE Liquidado <> '+#39+ 'S'+#39+' AND
Data_Vencimento = '+#39+strData+#39;
          end;
     strComandoSQL := strComandoSQL + ' ORDER BY Data_Vencimento,Numero_Documento';
     dmModuloDados2.sdsQryContasPagar.Close;
     dmModuloDados2.sdsQryContasPagar.DataSet.CommandText := strComandoSQL;
     dmModuloDados2.sdsQryContasPagar.Open;
     CalculaTotal;
end;
```

É possível notar que o procedimento testa qual botão de opção chamou o procedimento. Isso porque ele será compartilhado entre todos eles. Conforme o botão, a instrução SQL armazenada na variável **strComandoSQL** assume uma composição diferente. É acrescentada ainda a essa instrução a expressão "ORDER BY Data_Vencimento,Numero_Documento", para que os dados sejam ordenados.

O objeto **sdsQryContasPagar** é então fechado, o novo valor da propriedade **CommandText** atribuído e depois ele é reaberto e o valor total do novo grupo de registros calculado.

Esse procedimento deve ser selecionado no evento **OnClick** dos demais objetos do tipo **RadioButton** (rbNaoPagas, rbVencidas, rbVencer e rbVencerHoje).

O último procedimento para esse formulário deve ser atribuído ao botão **Liquidar**. O código é o apresentado na listagem:

```
procedure TformContasPagar.btnLiquidarClick(Sender: TObject);
var
   intRegistro: integer;
begin
     intRegistro := dmModuloDados2.sdsQryContasPagarRegistro.AsInteger;
     Application.CreateForm(TformLiquidarConta,formLiquidarConta);
     formLiquidarConta.intRegistro := intRegistro;
     formLiquidarConta.strTipoConta := 'PAGAR';
     formLiquidarConta.lblNumeroDoc.Caption := 'Número do documento: '+dmModuloDados2.
sdsQryContaspagarNumero_Documento.AsString;
     formLiquidarConta.lblDataVencimento.Caption := 'Data Vencimento: '+dmModuloDados2.
sdsQryContaspagarData_Vencimento.AsString;
     formLiquidarConta.lblValor.Caption := 'Valor: '+Format('%12.2f',
[dmModuloDados2.sdsQryContaspagarValor_Documento.AsFloat]);
     formLiquidarConta.edtValorPago.Text := Format('%12.2f',[dmModuloDados2.
sdsQryContasPagarValor_Documento.AsFloat]);
     formLiquidarConta.ShowModal;
     formLiquidarConta.Destroy;
     dmModuloDados2.sdsQryContaspagar.Refresh;
     CalculaTotal;
end;
```

Esse procedimento abre o formulário que permite efetuar o pagamento de uma conta. Esse formulário recebe como parâmetros o número do registro da conta a ser liquidada e o tipo de conta especificado pela expressão "PAGAR". Isso foi necessário porque vamos utilizar esse mesmo formulário para dar baixa nas contas a receber.

Outros valores passados ao formulário, mas agora em seus objetos, são o número do documento, a data de vencimento e o valor total a ser pago.

Salve esse formulário com o nome "UContasPagar.Pas".

28.4. O Formulário de Lançamento de Contas a Pagar

Vamos agora criar o formulário para inclusão de novas contas a pagar. Clique no botão **New Items** (), selecione o item **Delphi Files** e escolha o ícone **Form**. Configure as seguintes propriedades do formulário:

Propriedade	Grupo	Valor
KeyPreview	Input	True
Name	Miscellaneous	formLancarContasPagar
Position	Miscellaneous	poScreenCenter
Caption	Visual	Lançamento de Contas a Pagar
BorderStyle	Visual	bsDialog
BorderIcons	Visual	(nenhum)

Vincule as unidades **URotinasGenericas**, **UModuloDados1** e **UModuloDados2** ao formulário.

Os seguintes componentes devem ser adicionados ao formulário:

Objeto	Propriedade	Grupo	Valor
Label1	Caption	Visual	Fornecedor:
	Name	Miscellaneous	lblFornecedor
Label2	Caption	Visual	No. Documento:
	Name	Miscellaneous	lblNumeroDoc
Label3	Caption	Visual	Data da Emissão:
	Name	Miscellaneous	lblDataEmissao
Label4	Caption	Visual	Referência:
	Name	Miscellaneous	lblReferencia
Label5	Caption	Visual	Data de Vencimento:
	Name	Miscellaneous	lblDataVencimento
Label6	Caption	Visual	No. Parcela:
	Name	Miscellaneous	lblParcela
Label7	Caption	Visual	Valor:
	Name	Miscellaneous	lblValor
DBLookupComboBox1	DataSource	Database	dmModuloDados2.dsContasPagar
	DataField	Database	Codigo_Fornecedor
	ListSource	Database	dmModuloDados1.dsFornecedores
	ListField	Database	Nome_Fantasia
	KeyField	Database	Codigo_Fornecedor
	Name	Miscellaneous	fldFornecedor
DBEdit1	DataSource	Database	dmModuloDados2.dsContasPagar
	DataField	Database	Numero_Documento
	Name	Miscellaneous	fldNumeroDoc
DBEdit2	DataSource	Database	dmModuloDados2.dsContasPagar
	DataField	Database	Data_Documento
	Name	Miscellaneous	fldDataEmissao
DBEdit3	DataSource	Database	dmModuloDados2.dsContasPagar
	DataField	Database	Referencia
	CharCase	Miscellaneous	ecUpperCase
	Name	Miscellaneous	fldReferencia
DBEdit4	DataSource	Database	dmModuloDados2.dsContasPagar
	DataField	Database	Data_Vencimento
	Name	Miscellaneous	fldDataVencimento

Objeto	Propriedade	Grupo	Valor
DBEdit5	DataSource	Database	dmModuloDados2.dsContasPagar
	DataField	Database	Numero_Parcela
	Name	Miscellaneous	fldParcela
DBEdit6	DataSource	Database	dmModuloDados2.dsContasPagar
	DataField	Database	Valor_Documento
	Name	Miscellaneous	fldValorDocumento
BitBtn1	Caption	Visual	Adicionar
	Glyph	Visual	Adicionar02.bmp
	Name	Miscellaneous	btnAdicionar
BitBtn2	Caption	Visual	Abortar
	Glyph	Visual	Cancela2.bmp
	Name	Miscellaneous	btnAbortar

Atribua aos eventos **OnShow**, **OnClose** e **OnKeyPress** do formulário os procedimentos:

Evento OnShow

```
procedure TformLancarContasPagar.FormShow(Sender: TObject);
begin
     dmModuloDados1.sdsFornecedores.Open;
     dmModuloDados1.sdsFornecedores.IndexFieldNames := 'Nome_Fantasia';
     dmModuloDados2.sdsContasPagar.Open;
     dmModuloDados2.sdsContasPagar.Append;
end;
```

Evento OnClose

```
procedure TformLancarContasPagar.FormClose(Sender: TObject;
  var Action: TCloseAction);
begin
     dmModuloDados1.sdsFornecedores.IndexFieldNames := '';
     dmModuloDados1.sdsFornecedores.Close;
     dmModuloDados2.sdsContasPagar.Close;
end;
```

Evento OnKeyPress

```
procedure TformLancarContasPagar.FormKeyPress(Sender: TObject; var Key: Char);
begin
     if key = #13 then
     begin
          Key:= #0;
          Perform(WM_NEXTDLGCTL,0,0);
     end;
end;
```

No procedimento **FormShow** as tabelas de fornecedores e de contas a pagar são abertas. Depois um registro é adicionado às contas. Note que, para facilitar a localização, a tabela de fornecedores é indexada pelo nome fantasia. elecione o objeto **fldNumeroDoc** e insira os procedimentos listados a seguir nos eventos **OnEnter** e **OnExit**:

Evento OnEnter

```
procedure TformLancarContasPagar.fldNumeroDocEnter(Sender: TObject);
begin
     CorEntrada(Sender);
end;
```

Evento OnExit

```
procedure TformLancarContasPagar.fldNumeroDocExit(Sender: TObject);
begin
     CorSaida(Sender);
end;
```

Esses dois procedimentos devem ser atribuídos aos demais objetos do tipo **DBEdit**.

Dê um duplo-clique no botão **btnAdicionar** e entre com o código:

```
procedure TformLancarContasPagar.btnAdicionarClick(Sender: TObject);
var
   intRegistro: integer;
begin
      dmModuloDados1.sdsControle.Open;
      dmModuloDados1.sdsControle.Edit;
      dmModuloDados1.sdsControleRegistro_ContasPagar.AsInteger := dmModuloDados1.
sdsControleRegistro_ContasPagar.AsInteger + 1;
      dmModuloDados1.sdsControle.Post;
      dmModuloDados1.sdsControle.ApplyUpdates(-1);
      intRegistro := dmModuloDados1.sdsControleRegistro_ContasPagar.AsInteger;
      dmModuloDados1.sdsControle.Close;

      dmModuloDados2.sdsContasPagarRegistro.AsInteger := intRegistro;
      dmModuloDados2.sdsContasPagarData_Inclusao.AsDateTime := Date;
      dmModuloDados2.sdsContasPagarLiquidado.AsString := 'N';
      dmModuloDados2.sdsContasPagarValor_Pago.AsFloat := 0.00;
      dmModuloDados2.sdsContasPagarData_Pagamento.AsDateTime := StrToDate('01/01/1900');
      dmModuloDados2.sdsContasPagar.Post;
      dmModuloDados2.sdsContasPagar.ApplyUpdates(-1);
      Close;
end;
```

Um valor para o novo registro de contas é obtido e então alguns valores faltantes são atribuídos aos devidos campos da tabela. Como mencionado anteriormente, o campo **Data_Pagamento** é ajustado para conter a data 1/1/1900.

O código para o botão com a legenda **Abortar** é mostrado na seguinte listagem:

```
procedure TformLancarContasPagar.btnAbortarClick(Sender: TObject);
begin
      dmModuloDados2.sdsContasPagar.CancelUpdates;
      Close;
end;
```

O método **CancelUpdates** é chamado para ignorar qualquer atualização que esteja pendente no *cache* de dados.

Veja na figura 28.10 a aparência final do formulário. Grave-o com o nome "ULancarContasPagar.Pas".

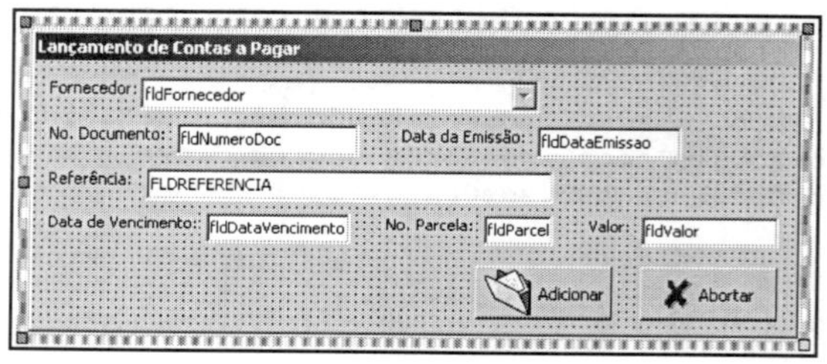

Figura 28.10

28.5. O Formulário de Alteração de Contas a Pagar

O formulário que permite alterações num registro de contas é bastante similar ao do tópico anterior. Clique no botão **New Items** ( ) e selecione o ícone **Form** do item **Delphi Files**. Configure suas propriedades conforme descrito na tabela:

Propriedade	Grupo	Valor
KeyPreview	Input	True
Name	Miscellaneous	formAlterarContasPagar
Position	Miscellaneous	poScreenCenter
Caption	Visual	Alteração de dados de Conta a Pagar
BorderStyle	Visual	bsDialog
BorderIcons	Visual	(nenhum)

Vincule as unidades **URotinasGenericas**, **UModuloDados1** e **UModuloDados2** ao formulário e adicione os componentes:

Objeto	Propriedade	Grupo	Valor
Label1	Caption	Visual	Fornecedor:
	Name	Miscellaneous	lblFornecedor
Label2	Caption	Visual	No. Documento:
	Name	Miscellaneous	lblNumeroDoc
Label3	Caption	Visual	Data da Emissão:
	Name	Miscellaneous	lblDataEmissao
Label4	Caption	Visual	Referência:
	Name	Miscellaneous	lblReferencia
Label5	Caption	Visual	Data de Vencimento:
	Name	Miscellaneous	lblDataVencimento
Label6	Caption	Visual	No. Parcela:
	Name	Miscellaneous	lblParcela
Label7	Caption	Visual	Valor:
	Name	Miscellaneous	lblValor
DBText1	DataSource	Database	dmModuloDados1.dsFornecedores
	DataField	Database	Nome_Fantasia
	Name	Miscellaneous	fldFornecedor
DBEdit1	DataSource	Database	dmModuloDados2.dsContasPagar
	DataField	Database	Numero_Documento
	Name	Miscellaneous	fldNumeroDoc
DBEdit2	DataSource	Database	dmModuloDados2.dsContasPagar
	DataField	Database	Data_Documento
	Name	Miscellaneous	fldDataEmissao
DBEdit3	DataSource	Database	dmModuloDados2.dsContasPagar
	DataField	Database	Referencia
	CharCase	Miscellaneous	ecUpperCase
	Name	Miscellaneous	fldReferencia
DBEdit4	DataSource	Database	dmModuloDados2.dsContasPagar
	DataField	Database	Data_Vencimento
	Name	Miscellaneous	fldDataVencimento
DBEdit5	DataSource	Database	dmModuloDados2.dsContasPagar
	DataField	Database	Numero_Parcela
	Name	Miscellaneous	fldParcela
DBEdit6	DataSource	Database	dmModuloDados2.dsContasPagar
	DataField	Database	Valor_Documento
	Name	Miscellaneous	fldValorDocumento
BitBtn1	Caption	Visual	Gravar
	Glyph	Visual	Salvar01.bmp
	Name	Miscellaneous	btnGravar
BitBtn2	Caption	Visual	Abortar
	Glyph	Visual	Cancela2.bmp
	Name	Miscellaneous	btnAbortar

Inclua uma declaração de variável após a palavra-chave **public**:

```
type
  TformAlterarContasPagar = class(TForm)
    lblFornecedor: TLabel;
    lblNumeroDoc: TLabel;
    lblDataEmissao: TLabel;
    lblReferencia: TLabel;
    lblDataVencimento: TLabel;
    lblParcela: TLabel;
    fldNumeroDoc: TDBEdit;
```

```
    fldDataEmissao: TDBEdit;
    fldReferencia: TDBEdit;
    fldDataVencimento: TDBEdit;
    fldParcela: TDBEdit;
    fldValor: TDBEdit;
    btnGravar: TBitBtn;
    btnAbortar: TBitBtn;
    fldFornecedor: TDBText;
  private
    { Private declarations }
  public
    { Public declarations }
    intRegistro: integer;
  end;
```

Essa variável é utilizada para receber como parâmetro o registro que deve ser localizado na tabela de contas a pagar.

Atribua aos eventos **OnShow**, **OnClose** e **OnKeyPress** do formulário os seguintes procedimentos:

Evento OnShow

```
procedure TformAlterarContasPagar.FormShow(Sender: TObject);
begin
     dmModuloDados1.sdsFornecedores.Open;
     dmModuloDados1.sdsFornecedores.IndexFieldNames := 'Codigo_Fornecedor';
     dmModuloDados2.sdsContasPagar.Open;
     dmModuloDados2.sdsContasPagar.IndexFieldNames := 'Registro';
     dmModuloDados2.sdsContasPagar.FindKey([intRegistro]);
     dmModuloDados1.sdsFornecedores.FindKey([dmModuloDados2.sdsContasPagar
Codigo_Fornecedor.AsInteger]);
     dmModuloDados2.sdsContasPagar.Edit;
end;
```

Evento OnClose

```
procedure TformAlterarContasPagar.FormClose(Sender: TObject;
  var Action: TCloseAction);
begin
     dmModuloDados1.sdsFornecedores.IndexFieldNames := '';
     dmModuloDados2.sdsContasPagar.IndexFieldNames := '';
     dmModuloDados1.sdsFornecedores.Close;
     dmModuloDados2.sdsContasPagar.Close;
end;
```

Evento OnKeyPress

```
procedure TformAlterarContasPagar.FormKeyPress(Sender: TObject; var Key: Char);
begin
     if key = #13 then
     begin
          Key:= #0;
          Perform(WM_NEXTDLGCTL,0,0);
     end;
end;
```

No procedimento **FormShow** as tabelas de fornecedores e de contas a pagar são abertas, ativando os índices necessários a cada uma delas. Então é localizado o registro da tabela de contas a pagar e de fornecedores.

Selecione o objeto **fldNumeroDoc** e insira os procedimentos listados a seguir nos eventos **OnEnter** e **OnExit**:

Evento OnEnter

```
procedure TformAlterarContasPagar.fldNumeroDocEnter(Sender: TObject);
begin
     CorEntrada(Sender);
end;
```

Evento OnExit

```
procedure TformAlterarContasPagar.fldNumeroDocExit(Sender: TObject);
begin
    CorSaida(Sender);
end;
```

Esses dois procedimentos devem ser atribuídos aos demais objetos do tipo **DBEdit**.

Dê um duplo-clique no botão **btnGravar** e digite as linhas de código:

```
procedure TformAlterarContasPagar.btnGravarClick(Sender: TObject);
begin
    dmModuloDados2.sdsContasPagar.Post;
    dmModuloDados2.sdsContasPagar.ApplyUpdates(-1);
    Close;
end;
```

O que esse procedimento faz é simplesmente gravar fisicamente os dados no *cache* na tabela.

O código para o botão com a legenda **Abortar** é mostrado na listagem:

```
procedure TformAlterarContasPagar.btnAbortarClick(Sender: TObject);
begin
    dmModuloDados2.sdsContasPagar.CancelUpdates;
    Close;
end;
```

A figura 28.11 exibe como deve ficar o formulário. Grave-o com o nome "UAlterarContasPagar.Pas".

Figura 28.11

28.6. O Formulário de Pagamento de Contas

O último formulário a ser criado neste capítulo é responsável pela liquidação das contas em aberto. Para efetuar a liquidação, o usuário precisa informar a data do pagamento e o valor pago. Escolheu-se a digitação do valor devido ao fato de poder ser diferente do registrado no ato do lançamento, como no caso de pagamento em atraso ao qual devem ser acrescidos juros e multas.

Clique no botão **New Items** ( ) e selecione o ícone **Form** do item **Delphi Files**. Configure suas propriedades conforme descrito na tabela:

Propriedade	Grupo	Valor
KeyPreview	Input	True
Name	Miscellaneous	formLiquidarConta
Position	Miscellaneous	poScreenCenter
Caption	Visual	Liquidação de Conta
BorderStyle	Visual	bsDialog
BorderIcons	Visual	(nenhum)

Vincule as unidades **URotinasGenericas**, **UModuloDados1** e **UModuloDados2** ao formulário e adicione três **TLabel** configurados da seguintes maneira:

Objeto	Propriedade	Grupo	Valor
Label1	Caption	Visual	Número do Documento:
	Name	Miscellaneous	lblNumeroDoc
Label2	Caption	Visual	Data Vencimento:
	Name	Miscellaneous	lblDataVencimento
Label3	Caption	Visual	Valor:
	Name	Miscellaneous	lblValor

Abaixo dessas legendas insira um componente **TGroupBox** e dentro dele coloque dois **TLabel**, **TEdit** e um **TMaskEdit**. As configurações desses objetos podem ser vistas na tabela:

Objeto	Propriedade	Grupo	Valor
GroupBox1	Caption	Visual	Dados do Pagamento
	Name	Miscellaneous	grpDadosPagto
Label1	Caption	Visual	Valor Pago:
	Name	Miscellaneous	lblValorPago
Label2	Caption	Visual	Data Pagto:
	Name	Miscellaneous	lblDataPagto
Edit1	Name	Miscellaneous	edtValorPago
	Text	Localizable	(deixar em branco)
MaskEdit1	EditMask	Localizable	99/99/9999
	Name	Miscellaneous	mskDataPagto

Por fim, inclua dois **TBitBtn** com estas configurações:

Objeto	Propriedade	Grupo	Valor
BitBtn1	Kind	Miscellaneous	bkOK
	Default	Miscellaneous	False
	Name	Miscellaneous	btnGravar
BitBtn2	Kind	Miscellaneous	bkCancel
	Caption	Visual	Cancelar
	Name	Miscellaneous	btnCancelar

A figura 28.12 mostra o resultado final após todas essas adições.

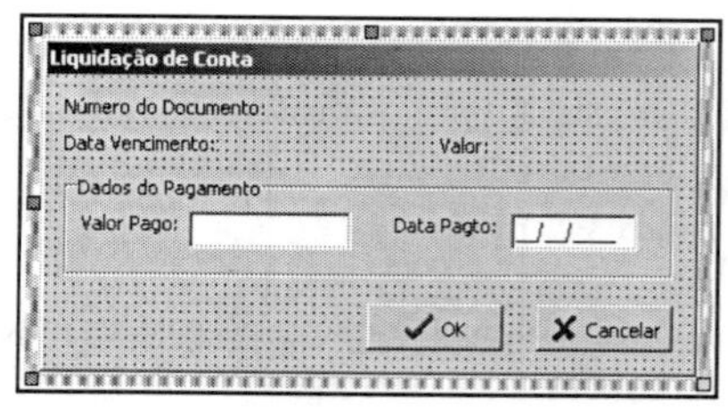

Figura 28.12

Inclua duas declarações de variáveis após a palavra-chave **public**, na definição da classe do formulário:

```
type
  TformLiquidarConta = class(TForm)
    lblNumeroDoc: TLabel;
    lblDataVencimento: TLabel;
    lblValor: TLabel;
    grpDadosPagto: TGroupBox;
    lblValorPago: TLabel;
    edtValorPago: TEdit;
    lblDataPagto: TLabel;
    mskDataPagto: TMaskEdit;
    btnOK: TBitBtn;
    btnCancelar: TBitBtn;
  private
    { Private declarations }
  public
    { Public declarations }
    intRegistro: integer;
    strTipoConta: string;
  end;
```

Para os eventos **OnShow** e **OnKeyPress** desse formulário entre com os seguintes procedimentos:

Evento OnShow

```
procedure TformLiquidarConta.FormShow(Sender: TObject);
begin
     mskDataPagto.Text := DateToStr(Date);
end;
```

Evento OnKeyPress

```
procedure TformLiquidarConta.FormKeyPress(Sender: TObject; var Key: Char);
begin
     if key = #13 then
     begin
          Key:= #0;
          Perform(WM_NEXTDLGCTL,0,0);
     end;
end;
```

No procedimento do evento **OnShow**, a caixa de digitação da data de pagamento é configurada automaticamente com a data atual, como uma forma de economizar um pouco de trabalho do usuário.

Atribua ainda aos eventos **OnEnter** e **OnExit** do objeto **edtValorPago** os códigos apresentados nas duas listagens:

Evento OnEnter

```
procedure TformLiquidarConta.edtValorPagoEnter(Sender: TObject);
begin
     CorEntrada(Sender);
end;
```

Evento OnExit

```
procedure TformLiquidarConta.edtValorPagoExit(Sender: TObject);
begin
     CorSaida(Sender);
end;
```

Esses dois procedimentos devem ser atribuídos também ao objeto **mskValorPago**.

Dê um duplo-clique no botão **OK** e digite as linhas de código:

```
procedure TformLiquidarConta.btnOKClick(Sender: TObject);
begin
     dmModuloDados2.sdsContasPagar.Open;
     dmModuloDados2.sdsContasPagar.IndexFieldNames := 'Registro';
     dmModuloDados2.sdsContasPagar.FindKey([intRegistro]);
     dmModuloDados2.sdsContasPagar.Edit;
     dmModuloDados2.sdsContasPagarData_Pagamento.AsDateTime := Date;
     dmModuloDados2.sdsContasPagarValor_Pago.AsFloat := StrToFloat(edtValorPago.Text);
     dmModuloDados2.sdsContasPagarLiquidado.AsString := 'S';
     dmModuloDados2.sdsContasPagar.Post;
     dmModuloDados2.sdsContasPagar.ApplyUpdates(-1);
     dmModuloDados2.sdsContasPagar.IndexFieldNames := '';
     dmModuloDados2.sdsContasPagar.Close;
end;
```

Esse procedimento localiza o registro da conta e entra no modo de edição com a chamada ao método **Edit**. Então grava nos campos **Data_Pagamento**, **Valor_Pago** e **Liquidado** os dados para liquidação da conta.

Salve o formulário nomeando-o como "ULiquidarContas.Pas".

Agora volte ao formulário **formContasPagar** e vincule essas três unidades que acabamos de criar.

28.7. Finalização e Teste

Selecione novamente o formulário principal do projeto e vincule a unidade do formulário **formContasPagar**. Abra o editor de menus e acrescente um novo menu com as propriedades **Caption** e **Name** ajustadas com as cadeias de caracteres "&Financeiro" e "mnuFinanceiro" respectivamente.

Dentro desse menu, coloque os três itens seguintes:

Item	Propriedade	Grupo	Valor
Contas a Pagar	Caption	Visual	Contas a Pagar
	Name	Miscellaneous	opcContasPagar
Separador	Caption	Visual	-
Gerar arquivo de boletos	Caption	Visual	Gerar arquivo de boletos
	Name	Miscellaneous	opcGerarBoletos
Contas a Receber	Caption	Visual	Contas a Receber
	Name	Miscellaneous	opcContasReceber

Esse novo menu pode ser visto na figura 28.13.

Para a primeira opção do menu entre com o procedimento:

```
procedure TformPrincipal.opcContasPagarClick(Sender: TObject);
var
   Formulario: TformContasPagar;
begin
     if (Application.FindComponent('formContasPagar') = nil) then
     begin
          Formulario := TformContasPagar.Create(Application);
          Formulario.Top := 0;
          Formulario.Left := 0;
     end;
end;
```

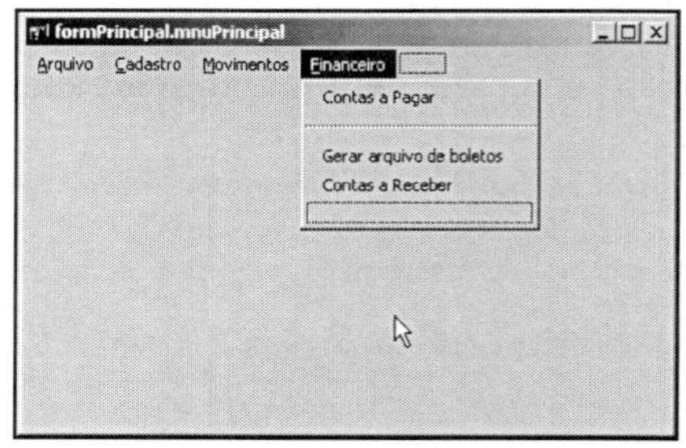

Figura 28.13

Abra a janela de opções do projeto (**Project→Options**) e mova o formulário dmModuloDados2 da lista **Available forms** para **Auto-create forms**. Salve todo o projeto e compile-o. Rode o programa e selecione a opção **Financeiro → Contas a Pagar**. Com isso deve ser mostrada uma tela similar à da figura 28.14.

Note que, para ilustrar a apresentação dos registros, na figura já constam algumas contas cadastradas.

Selecionando o botão de opção **Vencidas**, apenas as contas vencidas e não pagas são mostradas (figura 28.15).

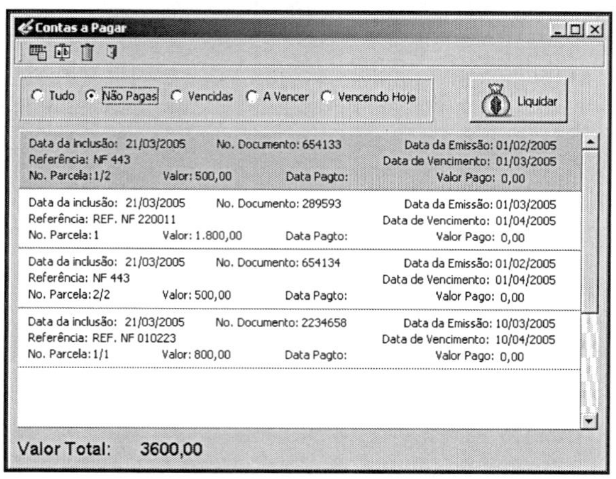

Figura 28.14

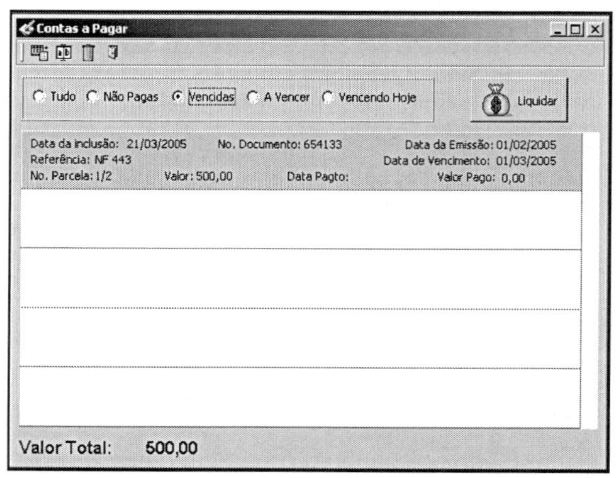

Figura 28.15

Para cadastrar uma nova conta, clique no botão de inclusão e digite os dados na tela da figura 28.16. A figura 28.17 apresenta uma tela com dados digitados.

Note pela figura 28.18 que o registro é incluído e o valor total atualizado.

Figura 28.16

Figura 28.17

Para alterar os dados de uma conta, selecione o registro correspondente e clique no botão de edição. A tela da figura 28.19 deve ser mostrada em seguida. Faça as alterações necessárias e clique no botão **Gravar**. Note que não é possível mudar o fornecedor vinculado à conta. Isso é proposital, para evitar futuros problemas.

No caso de desejar liquidar uma conta que foi paga, selecione o registro correspondente a partir da grade de dados e clique no botão **Liquidar**. Uma tela similar à da figura 28.20 é mostrada.

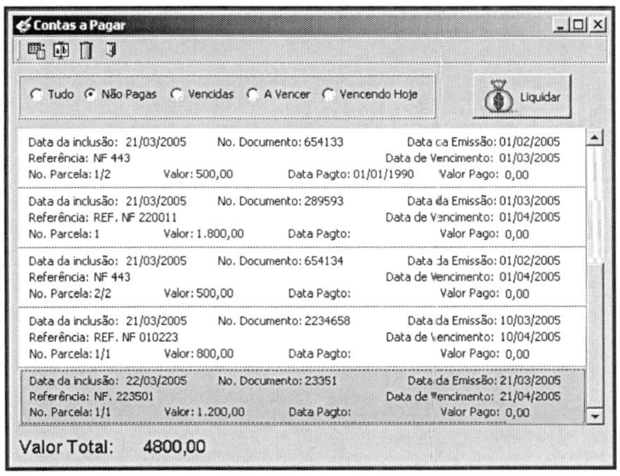

Figura 28.18

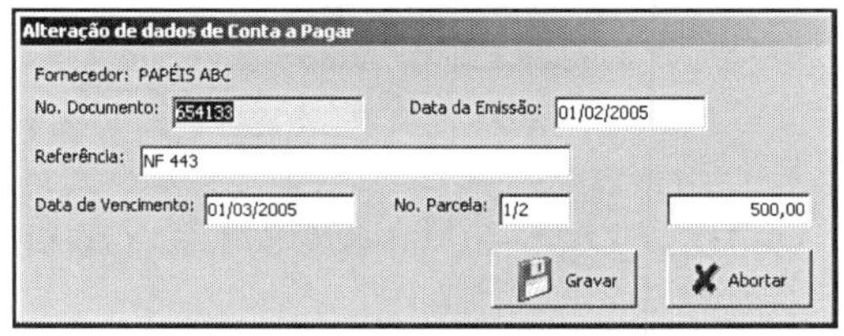

Figura 28.19

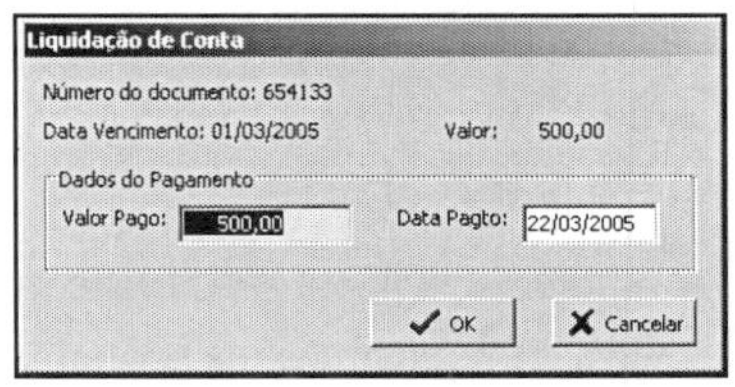

Figura 28.20

Se os dados estiverem corretos, simplesmente deve-se clicar em **OK**; caso contrário, eles devem ser digitados por cima do que foi apresentado pelo programa.

A figura 28.21 mostra o formulário de contas no qual não aparece mais a conta que foi paga. Se for selecionado o botão de opção **Tudo**, tanto as contas pagas quanto as que se encontram em aberto são listadas (figura 28.22).

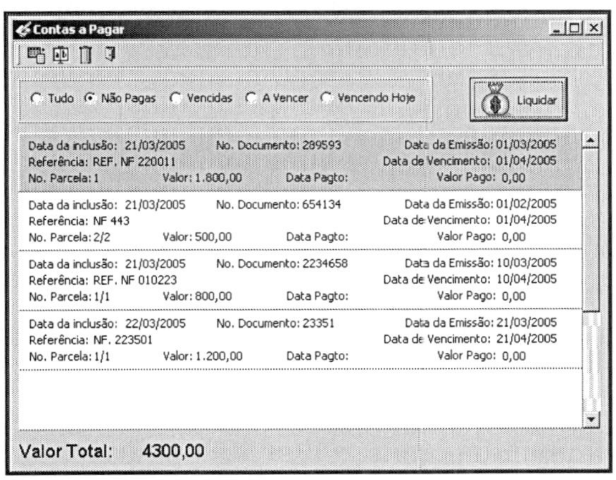

Figura 28.21

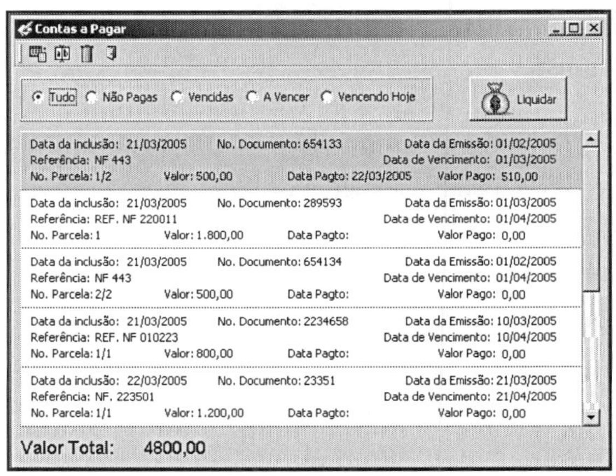

Figura 28.22

É importante deixar claro que esse gerenciamento é bastante básico, tendo em vista que para um controle mais sofisticado, seria necessária a definição de um Plano de Contas, além de uma classificação dos fornecedores. Essas são tarefas que podem ser perfeitamente implementadas pelo leitor futuramente. No próximo capítulo trataremos das contas a receber e da geração de arquivos para emissão de boletos bancários.

capítulo 29

Geração do Arquivo de Boletos

Assuntos abordados neste capítulo

- *Definição do layout de arquivo de boletos*
- *Alteração do banco de dados*
- *Criação de formulário de geração do arquivo*

29.1. Conceitos sobre os Layouts do Arquivo de Boletos

Este capítulo explica como gerar arquivo para emissão de boletos bancários. O processo todo é composto pelas seguintes etapas:

1. Seleção das notas fiscais para emissão de boleto
2. Geração do arquivo de boleto
3. Envio do arquivo para o banco
4. Impressão e entrega do boleto pelo próprio banco
5. Acompanhamento dos pagamentos por meio de relatórios e/ou arquivos retornados pelo banco

É importante destacar que existem diversas modalidades de boletos bancários, bem como a tarifa cobrada pelos bancos. O gerente da agência pode orientar sobre a melhor opção para as necessidades do usuário. Só a título de ilustração, podemos citar as seguintes opções:

- O próprio usuário imprime o boleto, mas neste caso o banco se isenta da responsabilidade de processo do título no caso de falta de pagamento.
- O usuário gera um arquivo e o envia ao banco, que se encarrega da impressão e entrega via correio (esta é a opção escolhida por nós). Neste caso, o banco pode retornar um arquivo com os dados de pagamentos.
- O usuário imprime e entrega o boleto, mas gera um arquivo para ser registrado no sistema do banco e assim poder receber o arquivo de retorno dos pagamentos.
- O banco pode fornecer bloquetos pré-impressos para o usuário fazer a impressão em impressora matricial. Neste caso, apenas o número do boleto pode ser registrado no sistema do banco.

O arquivo deve seguir o padrão definido pela FEBRABAN (Federação Brasileira de Bancos) e ser gravado como um arquivo texto sem formatação. Esse padrão tem a seguinte formação:

- Um cabeçalho de arquivo, identificado pelo código de registro 0.
- Os registros de detalhe (informações para impressão dos boletos), que são identificados pelo código 1. Esses registros podem conter informações adicionais (registros adicionais), cujo código deve ser 5.
- Um trailer de arquivo (identificado pelo código 9) que marca o fim das informações.

Nosso projeto utilizará um banco fictício, mas com as informações padronizadas pela FEBRABAN. Apenas os campos que podem ser usados livremente por cada instituição serão diferentes.

As tabelas seguintes apresentam os campos para cada uma das seções do nosso arquivo. Devemos destacar que não utilizaremos os registros adicionais, por isso seu layout não se encontra listado.

Registro Cabeçalho do Arquivo

Nome do Campo	Descrição	Formato	Conteúdo
Tipo de Registro	Identificação do registro de cabeçalho	9(1)	0
Operação	Tipo de operação - Remessa de arquivo	9(1)	1
Expressão de Remessa	Identificação do movimento	X(7)	REMESSA
Código do Serviço	Identificação do tipo de serviço	9(2)	01
Expressão de Serviço	Identificação do tipo de serviço	X(15)	COBRANCA
Número da Agência	Número da agência mantenedora da conta-corrente	9(4)	
Zeros	Complemento de registro	9(2)	00
Número da Conta	Número da conta-corrente da empresa	9(5)	
Dígito da Conta	Dígito verificador da agência/conta-corrente	9(1)	
Brancos	Complemento do registro	X(8)	
Nome da Empresa	Nome da empresa	X(30)	
Código do Banco	Número do banco definido pela FEBRABAN	9(3)	999
Nome do Banco	Nome do banco cobrador	X(15)	BANCO MONETARIO XTPO
Data de Geração	Data da geração do arquivo	9(6)	DDMMAA
Brancos	Complemento do registro	X(294)	
Número Seqüencial	Número seqüencial do registro no arquivo	9(6)	000001

Registro Detalhe do Arquivo

Nome do Campo	Descrição	Formato	Conteúdo
Tipo de Registro	Identificação do registro - Detalhe	9(1)	1
Código de Inscrição	Tipo de inscrição da empresa	9(2)	01-CPF 02-CNPJ
Número de Inscrição	Número CNPJ ou CPF do cliente	9(14)	
Número da Agência	Número da agência mantenedora da conta-corrente	9(4)	
Zeros	Complemento de registro	9(2)	00
Conta-Corrente	Número da conta-corrente da empresa	9(5)	
Dígito da Conta	Dígito verificador da agência/conta-corrente	9(1)	
Brancos	Complemento de registro	X(4)	
Instrução/Alegação	Código de instrução/alegação a ser cancelada	9(4)	
Uso da Empresa	Identificação do título dentro da empresa	X(25)	
Nosso Número	Identificação do título no banco	9(8)	
Qtde de Moeda	Quantidade de moeda variável	9(8,5)	
Número da Carteira	Número da carteira no banco	9(3)	
Uso do Banco	Identificação da operação no banco	X(21)	
Carteira	Código da carteira	X(1)	
Código de Ocorrência	Identificação da ocorrência	9(2)	
Número do Documento	Número do documento de cobrança (Dupl.,NP etc.)	X(10)	
Vencimento	Data de vencimento do título	9(6)	
Valor do Título	Valor nominal do título	9(11,2)	
Código do Banco	Número do banco na câmara de compensação	9(3)	999
Agência Cobradora	Agência onde o título será cobrado	9(5)	
Espécie	Espécie do título	X(2)	
Aceite	Identificação de título aceito ou não aceito	X(01)	A=Sim N=Não
Data de Emissão	Data da emissão do título	9(6)	DDMMAA
Instrução 1	1ª instrução de cobrança	X(2)	
Instrução 2	2ª instrução de cobrança	X(2)	
Juros de 1 dia	Valor de mora por dia de atraso	9(11,2)	
Desconto até	Data limite para concessão de desconto	9(6)	DDMMAA
Valor do Desconto	Valor do desconto a ser concedido	9(11,2)	

Nome do Campo	Descrição	Formato	Conteúdo
Valor do I.O.F.	Valor do I.O.F. recolhido p/ Notas Seguro	9(11,2)	
Abatimento	Valor do abatimento a ser concedido	9(11,2)	
Código de Inscrição	Identificação do tipo de inscrição/sacado	9(2)	01-CPF 02-CNPJ
Número de Inscrição	Número de inscrição do Sacado (CPF/CNPJ)	9(14)	
Nome	Nome do sacado	X(30)	
Brancos	Complemento de registro	X(10)	
Logradouro	Endereço (rua, número e complemento) do Sacado	X(40)	
Bairro	Bairro do sacado	X(12)	
CEP	CEP do sacado	9(8)	
Cidade	Cidade do sacado	X(15)	
Estado	UF do sacado	X(2)	
Sacador/Avalista	Nome do sacador ou avalista	X(30)	
Brancos	Complemento do registro	X(4)	
Data de Mora	Data de mora	9(6)	DDMMAA
Prazo	Quantidade de dias	9(2)	
Brancos	Complemento do registro	X(1)	
Número Seqüencial	Número seqüencial do registro no arquivo	9(6)	

Registro Trailer do Arquivo

Nome do Campo	Significado	Formato	Conteúdo
Tipo de Registro	Identificação do registro Trailer	9(01)	9
Brancos	Complemento do registro	X(393)	
Número Seqüencial	Número seqüencial do registro no arquivo	9(06)	

Vale lembrar que nos baseamos em um banco fictício. Para uma aplicação real é necessário obter as informações no banco, como manuais de orientação.

29.2. Alterando o Banco de Dados

Em primeiro lugar, vamos alterar o banco de dados (tanto MySQL quanto InterBase) acrescentando novas tabelas. Execute o **MySQL Control Center**, clique com o botão direito do mouse sobre o item **Tables** do banco de dados identificado como **BD_GDP** e escolha a opção **New Table**.

Na tela de definição de estrutura de tabelas, entre com os seguintes campos:

Field Name	Data Type	Length
Banco	Char	3
Nome_Banco	Varchar	20
Agencia	Varchar	4
Conta_Corrente	Varchar	5
Digito_Conta	Char	1
Numero_Carteira	Char	3
Carteira	Char	1
Tipo_Carteira	Char	1
Especie_Documento	Char	2

Defina o campo **Banco** como chave primária da tabela e salve-a com o nome "Configuração_Boleto". A figura 29.1 mostra a janela com a definição dessa tabela.

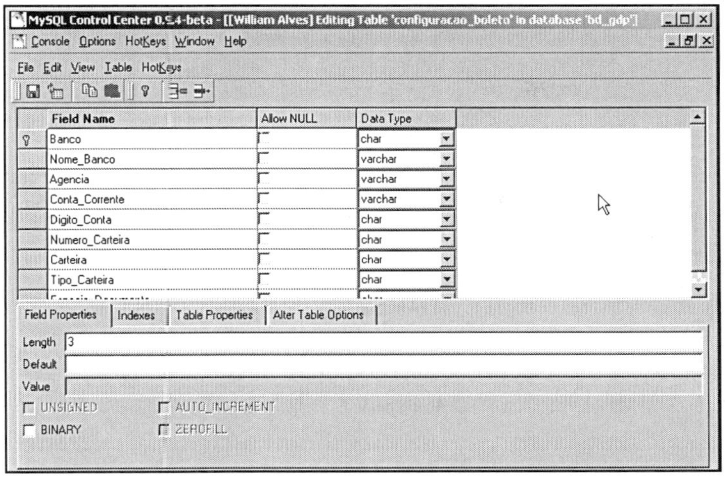

Figura 29.1

Depois de ter salvo a tabela, abra-a e entre com as seguintes informações:

- Banco: 999
- Nome_Banco: BANCO MONETARIO XPTO
- Agencia: 1234
- Conta_Corrente: 01010
- Digito_Conta: 1
- Numero_Carteira: 100
- Carteira: A
- Tipo_Carteira: 1
- Especie_Documento: DM

Novamente ressaltamos que todas essas informações são fictícias. O manual de orientações disponível pelo banco ou mesmo o gerente pode fornecê-las. Veja a figura 29.2.

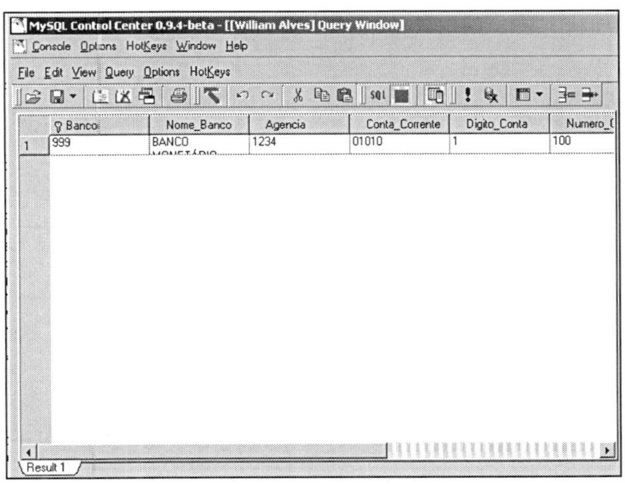

Figura 29.2

A estrutura da segunda tabela deve ser a seguinte:

Field Name	Allow NULL	Data Type	Length
Numero_Sequencia	Desmarcado	Varchar	6
Numero_Titulo_Empresa	Marcado	Varchar	25

Field Name	Allow NULL	Data Type	Length
Nosso_Numero	Marcado	Varchar	8
Numero_Documento	Marcado	Varchar	10
Data_Vencimento	Marcado	Date	
Valor_Titulo	Marcado	Decimal	12,2
Data_Emissao	Marcado	Date	
Numero_Inscricao	Marcado	Varchar	14
Codigo_Cliente	Marcado	Int	
Nome_Sacado	Marcado	Varchar	30

A chave primária dessa tabela deve ser definida pelo campo **Numero_Sequencia**. Salve-a com o nome "Remessa_Boleto". Essa tabela é utilizada na geração das informações para o arquivo de boletos. Veja a estrutura da figura 29.3.

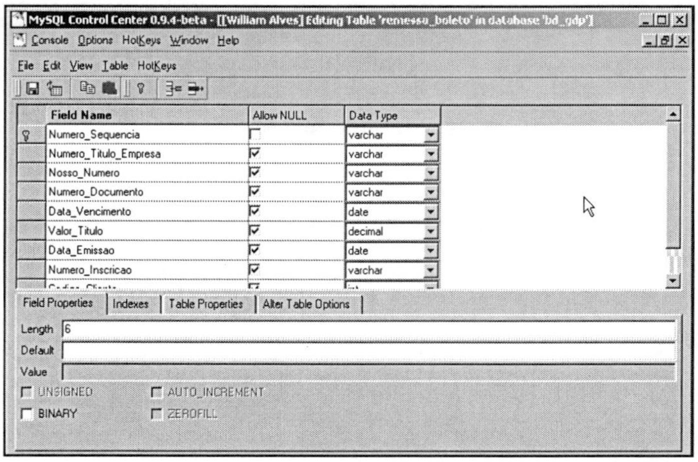

Figura 29.3

A próxima tabela tem por objetivo registrar os boletos que já foram emitidos, permitindo que posteriormente eles possam ser baixados após o pagamento. Para efetuar essa baixa, o usuário deve ter em mãos um relatório (ou o próprio extrato bancário) no qual constam os dados referentes aos boletos pagos.

A estrutura para essa tabela é a seguinte:

Field Name	Allow NULL	Data Type	Length
Registro	Desmarcado	Int	
Numero_Titulo	Desmarcado	Varchar	25
Nosso_Numero	Desmarcado	Varchar	10
Data_Vencimento	Desmarcado	Date	
Valor_Titulo	Desmarcado	Decimal	12,2
Data_Emissao	Desmarcado	Date	
Codigo_Cliente	Desmarcado	Int	
Nome_Cliente	Desmarcado	Varchar	30
Data_Pagamento	Marcado	Date	
Valor_Pago	Marcado	Decimal	12,2
Tarifa_Cobranca	Marcado	Decimal	12,2
Valor_Credito	Marcado	Decimal	12,2
Liquidado	Desmarcado	Char	1

O campo **Registro** deve ser definido como chave primária da tabela. Ao salvá-la, nomeie-a como "Boletos". Veja a figura 29.4.

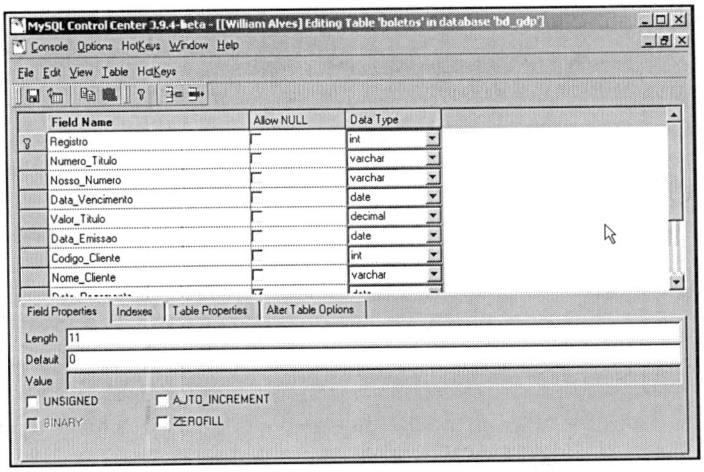

Figura 29.4

Precisamos também acrescentar mais um campo à tabela **Controle_Sequencia**. Para isso clique com o botão direito do mouse sobre ela e escolha a opção **Edit Table**. Na janela de definição de estrutura, clique no ícone **Insert Row** ( ) para inserir uma nova linha. Então digite para o nome do campo a cadeia de caracteres "Registro_Boletos" e especifique como tipo de dado o valor **Int** (figura 29.5).

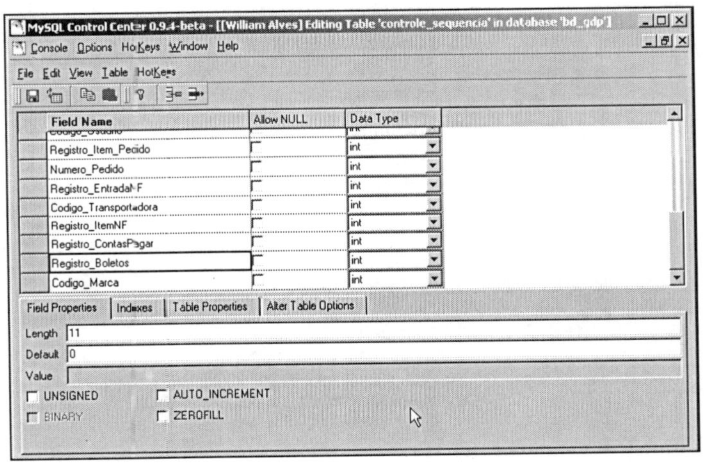

Figura 29.5

Agora vamos alterar o banco de dados InterBase. Execute o **IBConsole** e abra a janela **Interactive SQL**. Digite as linhas de comando mostradas a seguir e execute-as clicando no botão **Execute Query** ( ):

```
CREATE TABLE CONFIGURACAO_BOLETO
(BANCO    CHAR(3) NOT NULL PRIMARY KEY,
 NOMEBANCO  VARCHAR(20),
 AGENCIA VARCHAR(4),
 CONTA_CORRENTE VARCHAR(5),
 DIGITO_CONTA CHAR(1),
 NUMERO_CARTEIRA CHAR(3),
 CARTEIRA CHAR(1),
 TIPO_CARTEIRA CHAR(1),
 ESPECIE_DOCUMENTO CHAR(2));

CREATE TABLE REMESSA_BOLETO
(NUMERO_SEQUENCIA VARCHAR(6) NOT NULL PRIMARY KEY,
 NUMERO_TITULO_EMPRESA VARCHAR(25),
 NOSSO_NUMERO VARCHAR(8),
 NUMERO_DOCUMENTO VARCHAR(10),
 DATA_VENCIMENTO DATE,
 VALOR_TITULO DECIMAL(12, 2),
 DATA_EMISSAO DATE,
 NUMERO_INSCRICAO VARCHAR(14),
 CODIGO_CLIENTE INTEGER,
```

```
 NOME_SACADO VARCHAR(30));

CREATE TABLE BOLETOS
(REGISTRO INTEGER NOT NULL PRIMARY KEY,
 NUMERO_TITULO VARCHAR(25),
 NOSSO_NUMERO VARCHAR(10),
 DATA_VENCIMENTO DATE,
 VALOR_TITULO DECIMAL(12, 2),
 DATA_EMISSAO DATE,
 CODIGO_CLIENTE INTEGER,
 NOME_CLIENTE VARCHAR(30),
 DATA_PAGAMENTO DATE,
 VALOR_PAGO DECIMAL(12, 2),
 TARIFA_COBRANCA DECIMAL(12, 2),
 VALOR_CREDITO DECIMAL(12, 2),
 LIQUIDADO CHAR(1));
```

A última alteração no banco de dados InterBase está relacionada com a tabela **Controle_Sequencia**, que precisa ter mais um campo. Execute a partir da janela **Interactive SQL** o seguinte comando:

```
ALTER TABLE CONTROLE_SEQUENCIA ADD REGISTRO_BOLETOS INTEGER;
```

A figura 29.6 mostra a lista de tabelas do InterBase após essas inclusões.

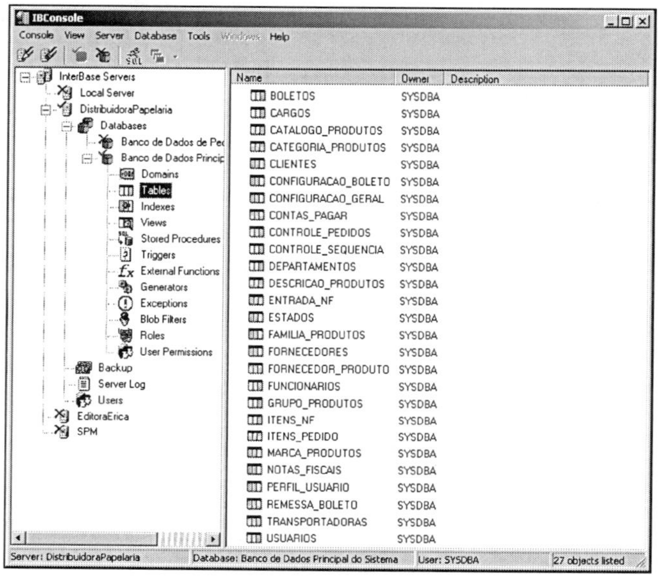

Figura 29.6

29.3. Alterando o Módulo de Dados

Se estiver com o Delphi 2005 fechado, execute-o e carregue o projeto exemplo. Selecione o módulo de dados **dmModuloDados2** a partir da janela **Project Manager** e insira quatro componentes **TSimpleDataSet** e dois **TDataSource**. Configure as propriedades desses objetos conforme a descrição da tabela:

Objeto	Propriedade	Grupo	Valor
SimpleDataSet1	ConnectionName	Connection	BaseDadosGDP
	CommandType	Database/DataSet	ctTable
	CommandText	Database/DataSet	configuracao_boleto
	Name	Miscellaneous	sdsConfiguraBoleto
SimpleDataSet2	ConnectionName	Connection	BaseDadosGDP
	CommandType	Database/DataSet	ctQuery
	CommandText	Database/DataSet	
	Name	Miscellaneous	sdsLimpaTabela

Objeto	Propriedade	Grupo	Valor
SimpleDataSet3	ConnectionName	Connection	BaseDadosGDP
	CommandType	Database/DataSet	ctTable
	CommandText	Database/DataSet	remessa_boleto
	Name	Miscellaneous	sdsRemessa
SimpleDataSet4	ConnectionName	Connection	BaseDadosGDP
	CommandType	Database/DataSet	ctTable
	CommandText	Database/DataSet	boletos
	Name	Miscellaneous	sdsBoletos
DataSource1	DataSet	Database	sdsRemessa
	Name	Miscellaneous	dsRemessa
DataSource2	DataSet	Database	sdsBoletos
	Name	Miscellaneous	dsBoletos

A propriedade **DataSet** do objeto **sdsLimptaTabela** foi deixada sem valor porque a instrução SQL que ela deve conter é atribuída em tempo de execução pelo programa.

Atribua todos os campos das tabelas dos objetos **sdsConfiguraBoleto**, **sdsRemessa** e **sdsBoletos**. Para os dois últimos as propriedades **DisplayLabel** e **DisplayFormat** dos campos devem ser configuradas da seguinte maneira:

Objeto sdsRemessa

Campo	Propriedade	Valor
Numero_Sequencia	DisplayLabel	Seqüência
Numero_Titulo_Empresa	DisplayLabel	Número Título
Nosso_Numero	DisplayLabel	Nosso Número
Numero_Documento	DisplayLabel	Número Documento
Data_Vencimento	DisplayLabel	Data Vencto
Valor_Titulo	DisplayLabel	Valor Título
	DisplayFormat	##,##0.00
Data_Emissao	DisplayLabel	Data Emissão
Codigo_Cliente	DisplayLabel	Código Cliente
Nome_Sacado	DisplayLabel	Nome Sacado
Numero_Inscricao	DisplayLabel	CNPJ

Objeto sdsBoletos

Campo	Propriedade	Valor
Numero_Titulo	DisplayLabel	Número Título
Nosso_Numero	DisplayLabel	Nosso Número
Data_Vencimento	DisplayLabel	Data Vencto
Valor_Titulo	DisplayLabel	Valor Título
	DisplayFormat	##,##0.00
Data_Emissao	DisplayLabel	Data Emissão
Codigo_Cliente	DisplayLabel	Código Cliente
Nome_Cliente	DisplayLabel	Nome Cliente
Data_Pagamento	DisplayLabel	Data Pagto
Valor_Pago	DisplayLabel	Valor Pago
	DisplayFormat	##,##0.00
Tarifa_Cobranca	DisplayLabel	Tarifa
	DisplayFormat	##,##0.00
Valor_Credito	DisplayLabel	Valor Crédito
	DisplayFormat	##,##0.00

A figura 29.7 mostra o módulo de dados após essas alterações.

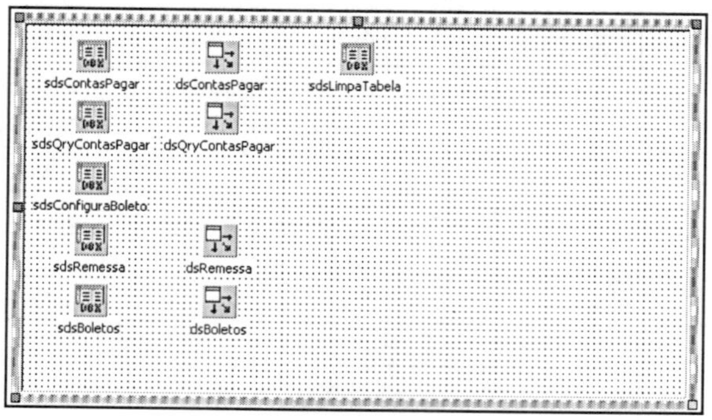

Figura 29.7

29.4. O Formulário de Geração do Arquivo de Boletos

Agora podemos iniciar a construção do formulário responsável pela criação do arquivo para emissão de boletos. Nesse formulário, o usuário precisa informar o número da nota fiscal, para que o sistema possa recuperar as informações necessárias à geração do arquivo.

Selecione a opção **File → New → Other** e escolha a opção **Delphi Files**. Então clique no ícone denominado **Form** para adicionar um novo formulário e selecione a opção **File → Use Unit**. Escolha as unidades **UModuloDados1**, **UModuloDados2** e **URotinasGenericas** para vinculá-las ao formulário. Altere as seguintes propriedades:

Propriedade	Grupo	Valor
Name	Miscellaneous	formGeraBoleto
Position	Miscellaneous	poScreenCenter
BorderIcons	Visual	(nenhuma opção)
BorderStyle	Visual	bsDialog
Caption	Visual	Geração de Arquivo de Boletos

Adicione três **TLabel**, um **TMaskEdit** e cinco **TBitBtn** assim configurados:

Objeto	Propriedade	Grupo	Valor
Label1	Caption	Visual	Nota Fiscal:
	Name	Miscellaneous	lblNotaFiscal
Label2	Caption	Visual	Cliente:
	Name	Miscellaneous	lblCliente
Label3	Caption	Visual	CNPJ:
	Name	Miscellaneous	lblCNPJ
MaskEdit1	EditMask	Visual	999999
	Name	Miscellaneous	mskNotaFiscal
BitBtn1	Caption	Visual	Localizar
	Glyph	Visual	Localizar04.bmp
	Name	Miscellaneous	btnLocalizar
BitBtn2	Caption	Visual	Adicionar
	Glyph	Visual	Adicionar03.bmp
	Name	Miscellaneous	btnAdicionar
BitBtn3	Caption	Visual	Excluir
	Glyph	Visual	Excluir02.bmp
	Name	Miscellaneous	btnExcluir

Objeto	Propriedade	Grupo	Valor
BitBtn4	Caption	Visual	Gerar Arquivo
	Glyph	Visual	Processamento03.bmp
	Height	Visual	31
	Width	Visual	111
	Name	Miscellaneous	btnGerar
BitBtn5	Caption	Visual	Sair
	Glyph	Visual	Sair02.bmp
	Name	Miscellaneous	btnSair

Veja na figura 29.8 como deve ficar o formulário.

Agora adicione na parte central do formulário um componente **TDBGrid** e configure-o da seguinte maneira:

Propriedade	Grupo	Valor
DataSource	Database	dmModuloDados2.dsRemessa
ReadOnly	Input	True
Color	Visual	clInfoBk

Insira nessa grade de dados os campos **Numero_Sequencia**, **Numero_Documento**, **Data_Vencimento**, **Valor _Titulo** e **Nome_Sacado**. Veja o resultado na figura 29.9.

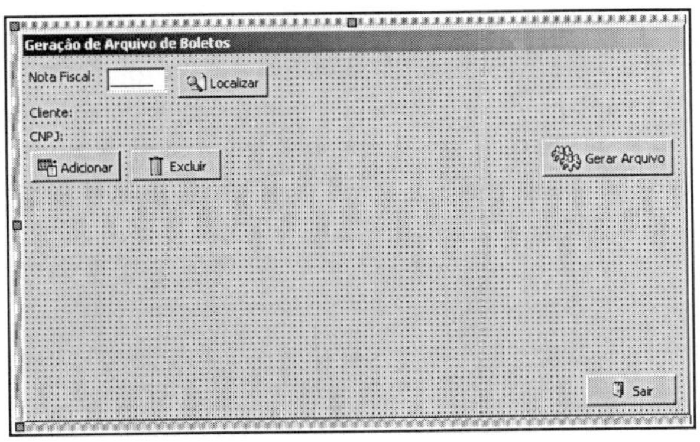

Figura 29.8

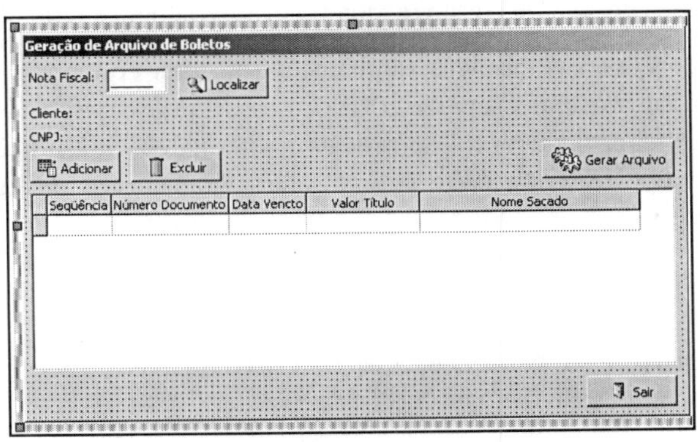

Figura 29.9

Após a diretiva de compilação **{$R *.dfm}** acrescente a declaração de variável e as funções apresentadas na listagem:

```
{$R *.dfm}

var
   intSequencia: integer;

function DataBoleto(dtDate: TDateTime): string;
var
   wrdDia,wrdMes,wrdAno: word;
   strDia,strMes,strAno: string;
begin
     DecodeDate(Date,wrdAno,wrdMes,wrdDia);
     strDia := IntToStr(wrdDia);
     strMes := IntToStr(wrdMes);
     strAno := IntToStr(wrdAno);
     strDia := StrZero(strDia,2);
     strMes := StrZero(strMes,2);
     strAno := StrZero(strAno,4);
     Result := strDia+strMes+Copy(strAno,3,2);
end;

function ValorBoleto(dblValor: double): string;
var
   strValor: string;
   intPosicao: integer;
```

```
begin
     strValor := Format('%12.2f',[dblValor]);
     intPosicao := Pos(',',strValor);
     strValor[intPosicao] := strValor[intPosicao+1];
     strValor[intPosicao+1] := strValor[intPosicao+2];
     strValor[intPosicao+2] := ' ';
     Result := StrZero(strValor,13);
end;

function SoDigito(const strParmValor: string): string;
var
   intTamanho,intContador: integer;
   strDigito,strNovoValor: string;
begin
     intTamanho := Length(strParmValor);
     strNovoValor := '';
     for intContador := 1 to intTamanho do
     begin
          strDigito := Copy(strParmValor,intContador,1);
          if (strDigito <> '-') and (strDigito <> '.') and (strDigito <> '/') then
             strNovoValor := strNovoValor + strDigito;
     end;
     Result := strNovoValor;
end;
```

A variável **intSequencia** será utilizada na numeração dos registros do boleto. A função **DataBoleto** converte uma data numa cadeia de caracteres contendo o dia, o mês e o ano (apenas os dois últimos dígitos) sem os símbolos de separação ("-" ou "/"). Essa conversão de data é necessária por causa da exigência do layout definido pela FEBRABAN. Por exemplo, a data "10/03/2004" será gravada no arquivo como sendo "100304".

A função **ValorBoleto** também efetua uma conversão, mas de um valor numérico de ponto flutuante numa cadeia de caracteres sem o separador das casas decimais (vírgula). A função também coloca zeros à esquerda da cadeia de forma a preencher o tamanho correto de treze dígitos. Seu funcionamento se resume a transformar o valor numérico numa string que o representa, considerando apenas duas casas decimais, encontrar a vírgula dentro dessa string e fazer a substituição necessária:

```
strValor := Format('%12.2f',[dblValor]);
intPosicao := Pos(',',strValor);
strValor[intPosicao] := strValor[intPosicao+1];
strValor[intPosicao+1] := strValor[intPosicao+2];
strValor[intPosicao+2] := ' ';
```

Já a função **SoDigito** elimina de uma cadeia de caracteres os símbolos "-", "." e "/". Ela será utilizada na conversão de número de CNPJ e CEP, já que o layout do arquivo de boleto não permite que esses caracteres sejam gravados.

Atribua ao evento **OnShow** desse formulário o procedimento listado a seguir:

Evento OnShow

```
procedure TformGeraBoleto.FormShow(Sender: TObject);
begin
     dmModuloDados2.sdsLimpaTabela.DataSet.CommandText := 'DELETE FROM Remessa_Boleto';
     dmModuloDados2.sdsLimpaTabela.Execute;
     dmModuloDados2.sdsRemessa.Open;
     intSequencia := 1;
end;
```

Esse procedimento monta e executa uma consulta que é responsável por eliminar todos os registros da tabela **Remessa_Boleto**, para assim ser possível gerar os novos boletos.

Dê um duplo-clique no botão **btnLocalizar** e entre com o seguinte código:

```
procedure TformGeraBoleto.btnLocalizarClick(Sender: TObject);
begin
     dmModuloDados1.sdsNotasFiscais.Open;
     dmModuloDados1.sdsNotasFiscais.IndexFieldNames := 'Numero_Nota';
     if dmModuloDados1.sdsNotasFiscais.FindKey([Trim(mskNotaFiscal.Text)]) then
     begin
          lblCliente.Caption := 'Cliente: '+dmModuloDados1. sdsNotasFiscaisCliente.AsString;
```

```
          lblCNPJ.Caption := 'CNPJ: '+dmModuloDados1.sdsNotasFiscaisCNPJ.AsString;
     end
     else
     begin
          Mensagem('Número de Nota Fiscal não encontrado!');
          mskNotaFiscal.SetFocus;
     end;
     dmModuloDados1.sdsNotasFiscais.IndexFieldNames := '';
     dmModuloDados1.sdsNotasFiscais.Close;
end;
```

Após digitar o número da nota fiscal emitida para o cliente, o usuário precisa clicar no botão de localização. O código desse botão abre a tabela de notas fiscais emitidas e procura uma nota com o número fornecido. Se for encontrada, o nome e o CNPJ do cliente são mostrados.

O usuário então deve clicar no botão com a legenda **Adicionar**, cujo código é mostrado a seguir:

```
procedure TformGeraBoleto.btnAdicicnarClick(Sender: TObject);
var
   dtDataVence: TDateTime;
   intParcelas: integer;
   dblValorTotal,dblValorParcela: double;
   strValorParcela,strSequencia: string;
begin
     dmModuloDados1.sdsNotasFiscais.Open;
     dmModuloDados1.sdsNotasFiscais.IndexFieldNames := 'Numero_Nota';
     if dmModuloDados1.sdsNotasFiscais.FindKey([Trim(mskNotaFiscal.Text)]) then
     begin
          dmModuloDados1.sdsPedidos.Open;
          dmModuloDados1.sdsPedidos.IndexFieldNames := 'Numero_Pedido';
          dmModuloDados1.sdsPedidos.FindKey([dmModuloDados1. sdsNotasFiscaisNumero_Pedido.AsString]);
          dtDataVence := dmModuloDados1.sdsNotasFiscaisData_Emissao.AsDateTime;
          dblValorTotal := dmModuloDados1.sdsNotasFiscaisValor_Total_NF.AsFloat;
          strValorParcela := Format('%12.2f',[dblValorTotal / dmModuloDados1.sdsPedidos
Condicao_Pagamento.AsInteger]);
          dblValorParcela := StrToFloat(strValorParcela);
          for intParcelas:=1 to dmModuloDados1.sdsPedidosCondicao_Pagamento.AsInteger do
          begin
               strSequencia := IntToStr(intSequencia);
               dtDataVence := dtDataVence + 30;
               dblValorTotal := dblValorTotal - dblValorParcela;

               dmModuloDados2.sdsRemessa.Append;
               dmModuloDados2.sdsRemessaNumero_Sequencia.AsString := StrZero(strSequencia,6);
               if dmModuloDados1.sdsPedidosCondicao_Pagamento.AsInteger = 1 then
               begin
                    dmModuloDados2.sdsRemessaNumero_Titulo_Empresa.AsString :=
StrZero(mskNotaFiscal.Text,6);
                    dmModuloDados2.sdsRemessaNumero_Documento.AsString :=
StrZero(mskNotaFiscal.Text,6);
                    dmModuloDados2.sdsRemessaNosso_Numero.AsString := StrZero(mskNotaFiscal.Text,6);
               end
               else
               begin
                    dmModuloDados2.sdsRemessaNumero_Titulo_Empresa.AsString :=
StrZero(mskNotaFiscal.Text,6)+'-'+IntToStr(intParcelas);
                    dmModuloDados2.sdsRemessaNumero_Documento.AsString :=
StrZero(mskNotaFiscal.Text,6)+'-'+IntToStr(intParcelas);
                    dmModuloDados2.sdsRemessaNosso_Numero.AsString :=
StrZero(mskNotaFiscal.Text,6)+IntToStr(intParcelas);
               end;
               dmModuloDados2.sdsRemessaData_Vencimento.AsDateTime := dtDataVence;
               dmModuloDados2.sdsRemessaValor_Titulo.AsFloat := dblValorParcela;
               dmModuloDados2.sdsRemessaData_Emissao.AsDateTime := Date;
               dmModuloDados2.sdsRemessaNumero_Inscricao.AsString :=
dmModuloDados1.sdsNotasFiscaisCNPJ.AsString;
               dmModuloDados2.sdsRemessaCodigo_Cliente.AsInteger :=
dmModuloDados1.sdsPedidosCodigo_Cliente.AsInteger;
               dmModuloDados2.sdsRemessaNome_Sacado.AsString :=
dmModuloDados1.sdsNotasFiscaisCliente.AsString;
               dmModuloDados2.sdsRemessa.Post;
               dmModuloDados2.sdsRemessa.ApplyUpdates(-1);
               Inc(intSequencia);
```

```
            end;
            if dblValorTotal > 0 then
            begin
                 dmModuloDados2.sdsRemessa.Edit;
                 dmModuloDados2.sdsRemessaValor_Titulo.AsFloat :=
dmModuloDados2.sdsRemessaValor_Titulo.AsFloat + dblValorTotal;
                 dmModuloDados2.sdsRemessa.Post;
                 dmModuloDados2.sdsRemessa.ApplyUpdates(-1);
            end;
            dmModuloDados1.sdsPedidos.IndexFieldNames := '';
            dmModuloDados1.sdsPedidos.Close;
       end
       else
       begin
            Mensagem('Número de Nota Fiscal não encontrado!');
            mskNotaFiscal.SetFocus;
       end;
       dmModuloDados1.sdsNotasFiscais.IndexFieldNames := '';
       dmModuloDados1.sdsNotasFiscais.Close;
       lblCliente.Caption := 'Cliente:';
       lblCNPJ.Caption := 'CNPJ:';
       mskNotaFiscal.Text := '';
       mskNotaFiscal.SetFocus;
end;
```

Esse procedimento procura na tabela de notas fiscais emitidas, o número de nota informado pelo usuário. Caso a nota seja encontrada, o pedido ao qual ela corresponde é localizado para que seja possível recuperar a informação referente ao número de parcelas em que o pagamento foi dividido (uma, duas ou três).

Com essa informação, é gerado um boleto para cada parcela, com as datas de vencimentos calculadas corretamente. Essa geração é executada dentro de um *loop*, como mostra o fragmento de código a seguir:

```
for intParcelas:=1 to dmModuloDados1.sdsPedidosCondicao_Pagamento.AsInteger do
begin
     strSequencia := IntToStr(intSequencia);
     dtDataVence := dtDataVence + 30;
     dblValorTotal := dblValorTotal - dblValorParcela;

     dmModuloDados2.sdsRemessa.Append;
     dmModuloDados2.sdsRemessaNumero_Sequencia.AsString := StrZero(strSequencia,6);
     if dmModuloDados1.sdsPedidosCondicao_Pagamento.AsInteger = 1 then
     begin
          dmModuloDados2.sdsRemessaNumero_Titulo_Empresa.AsString := StrZero(mskNotaFiscal.Text,6);
          dmModuloDados2.sdsRemessaNumero_Documento.AsString := StrZero(mskNotaFiscal.Text,6);
          dmModuloDados2.sdsRemessaNosso_Numero.AsString := StrZero(mskNotaFiscal.Text,6);
     end
     else
     begin
          dmModuloDados2.sdsRemessaNumero_Titulo_Empresa.AsString := StrZero(mskNotaFiscal.Text,6)+'-
'+IntToStr(intParcelas);
          dmModuloDados2.sdsRemessaNumero_Documento.AsString := StrZero(mskNotaFiscal.Text,6)+'-
'+IntToStr(intParcelas);
          dmModuloDados2.sdsRemessaNosso_Numero.AsString :=
StrZero(mskNotaFiscal.Text,6)+IntToStr(intParcelas);
     end;
     dmModuloDados2.sdsRemessaData_Vencimento.AsDateTime := dtDataVence;
     dmModuloDados2.sdsRemessaValor_Titulo.AsFloat := dblValorParcela;
     dmModuloDados2.sdsRemessaData_Vencimento.AsDateTime := Date;
     dmModuloDados2.sdsRemessaNumero_Inscricao.AsString := dmModuloDados1.sdsNotasFiscaisCNPJ.AsString;
     dmModuloDados2.sdsRemessaCodigo_Cliente.AsInteger :=
dmModuloDados1.sdsPedidosCodigo_Cliente.AsInteger;
     dmModuloDados2.sdsRemessaNome_Sacado.AsString := dmModuloDados1.sdsNotasFiscaisCliente.AsString;
     dmModuloDados2.sdsRemessa.Post;
     dmModuloDados2.sdsRemessa.ApplyUpdates(-1);
     Inc(intSequencia);
end;
```

Note que dentro do *loop* existe uma linha que deduz do valor total da nota o valor da parcela, calculado pelas linhas:

```
          strValorParcela := Format('%12.2f',[dblValorTotal / dmModuloDados1.sdsPedidos
Condicao_Pagamento.AsInteger]);
          dblValorParcela := StrToFloat(strValorParcela);
```

Essa operação é realizada para que possamos saber se, no final do *loop*, quando a última parcela foi gerada, ainda existe um valor remanescente na variável **dblValorTotal**. Se houver, então ele é acrescentado à última parcela. Dessa maneira solucionamos possíveis problemas de divisão não exata do valor total pelo número de parcelas.

```
if dblValorTotal > 0 then
begin
     dmModuloDados2.sdsRemessa.Edit;
     dmModuloDados2.sdsRemessaValor_Titulo.AsFloat := dmModuloDados2.sdsRemessaValor_Titulo.AsFloat +
dblValorTotal;
     dmModuloDados2.sdsRemessa.Post;
     dmModuloDados2.sdsRemessa.ApplyUpdates(-1);
end;
dmModuloDados1.sdsPedidos.IndexFieldNames := '';
dmModuloDados1.sdsPedidos.Close;
```

Agora dê um duplo-clique no botão **Excluir** e digite o código da listagem:

```
procedure TformGeraBoleto.btnExcluirClick(Sender: TObject);
var
   intSequencia: integer;
   strSequencia: string;
begin
     if Confirma('Deseja excluir esse registro?') = IDYES then
     begin
          dmModuloDados2.sdsRemessa.Delete;
          dmModuloDados2.sdsRemessa.ApplyUpdates(-1);

          intSequencia := 1;
          dmModuloDados2.sdsRemessa.DisableControls;
          dmModuloDados2.sdsRemessa.First;
          while not dmModuloDados2.sdsRemessa.Eof do
          begin
               strSequencia := IntToStr(intSequencia);
               dmModuloDados2.sdsRemessa.Edit;
               dmModuloDados2.sdsRemessaNumero_Sequencia.AsString := StrZero(strSequencia,6);
               dmModuloDados2.sdsRemessa.Post;
               dmModuloDados2.sdsRemessa.ApplyUpdates(-1);
               dmModuloDados2.sdsRemessa.Next;
               Inc(intSequencia);
          end;
          dmModuloDados2.sdsRemessa.EnableControls;
     end;
end;
```

Esse procedimento apaga o registro selecionado na grade de dados (após a confirmação do usuário) e recalcula o número da seqüência de cada registro. Note que usamos o método **DisableControls** para evitar que os registros sejam "rolados" pela grade de dados durante o processamento.

Já o código para o botão **Gerar Arquivo** se encontra em seguida:

```
procedure TformGeraBoleto.btnGerarClick(Sender: TObject);
var
   FArquivo: TextFile;
   intNumeroSequencia,intRegistro: integer;
   strArquivo,strData,strDados,strNumeroSequencia: string;
begin
     // Grava o arquivo de envio ao Banco
     if (not dmModuloDados2.sdsRemessa.IsEmpty) then
     begin
          dmModuloDados1.sdsClientes.Open;
          dmModuloDados1.sdsClientes.IndexFieldNames := 'Codigo_Cliente';
          dmModuloDados1.sdsControle.Open;
          dmModuloDados2.sdsConfiguraBoleto.Open;
          dmModuloDados2.sdsBoletos.Open;

          strData := DataBoleto(Date);
          strArquivo := 'RM'+strData+'.TXT';
          AssignFile(FArquivo,strArquivo);
          Rewrite(FArquivo);
```

```
        // Registro Header
        intNumeroSequencia := 1;
        strDados := '0';
        strDados := strDados+'1';
        strDados := strDados+'REMESSA';
        strDados := strDados+'01';
        strDados := strDados+Format('%-15s',['COBRANCA']);
        strDados := strDados+dmModuloDados2.sdsConfiguraBoletoAgencia.AsString;
        strDados := strDados+'00';
        strDados := strDados+dmModuloDados2.sdsConfiguraBoletoConta_Corrente.AsString;
        strDados := strDados+dmModuloDados2.sdsConfiguraBoletoDigito_Conta.AsString;
        strDados := strDados+'        ';
        strDados := strDados+Format('%-30s',['DISTRIBUIDORA PAPYRUS LTDA']);
        strDados := strDados+StrZero(dmModuloDados2.sdsConfiguraBoletoBanco.AsString,3);
        strDados := strDados+Format('%-
15s',[Copy(dmModuloDados2.sdsConfiguraBoletoNome_Banco.AsString,1,15)]);
        strDados := strDados+strData;
        strDados := strDados+Format('%-294s',[' ']);
        strNumeroSequencia := IntToStr(intNumeroSequencia);
        strDados := strDados+StrZero(strNumeroSequencia,6);
        WriteLn(FArquivo,strDados);
        Flush(FArquivo);
        Inc(intNumeroSequencia);

        // Registro Detalhe
        dmModuloDados2.sdsRemessa.DisableControls;
        dmModuloDados2.sdsRemessa.First;
        while (not dmModuloDados2.sdsRemessa.Eof) do
        begin
            dmModuloDados1.sdsClientes.FindKey([dmModuloDados2.sdsRemessaCodigo_Cliente.AsInteger]);
            strDados := '1';
            strDados := strDados+'02';
            strDados := strDados+'12121212121212';
            strDados := strDados+StrZero(dmModuloDados2.sdsConfiguraBoletoAgencia.AsString,4);
            strDados := strDados+'00';
            strDados := strDados+StrZero(dmModuloDados2.sdsConfiguraBoletoConta_Corrente.AsString,5);
            strDados := strDados+dmModuloDados2.sdsConfiguraBoletoDigito_Conta.AsString;
            strDados := strDados+'    ';
            strDados := strDados+'    ';
            strDados := strDados+Format('%-
25s',[dmModuloDados2.sdsRemessaNumero_Titulo_Empresa.AsString]);
            strDados := strDados+Format('%-8s',[dmModuloDados2.sdsRemessaNosso_Numero.AsString]);
            strDados := strDados+'0000000000000';
            strDados := strDados+StrZero(dmModuloDados2.sdsConfiguraBoletoNumero_Carteira.AsString,3);
            strDados := strDados+Format('%-21s',[' ']);
            strDados := strDados+dmModuloDados2.sdsConfiguraBoletoCarteira.AsString;
            strDados := strDados+'01';
            strDados := strDados+Format('%-10s',[dmModuloDados2.sdsRemessaNumero_Documento.AsString]);
            strDados := strDados+DataBoleto(dmModuloDados2.sdsRemessaData_Vencimento.AsDateTime);
            strDados := strDados+ValorBoleto(dmModuloDados2.sdsRemessaValor_Titulo.AsFloat);
            strDados := strDados+StrZero(dmModuloDados2.sdsConfiguraBoletoBanco.AsString,3);
            strDados := strDados+'00000';
            strDados := strDados+dmModuloDados2.sdsConfiguraBoletoEspecie_Documento.AsString;
            strDados := strDados+'N';
            strDados := strDados+DataBoleto(dmModuloDados2.sdsRemessaData_Emissao.AsDateTime);
            strDados := strDados+'  ';
            strDados := strDados+'  ';
            strDados := strDados+'0000000000000';
            strDados := strDados+'000000';
            strDados := strDados+'0000000000000';
            strDados := strDados+'0000000000000';
            strDados := strDados+'0000000000000';
            strDados := strDados+'02';
            strDados := strDados+Format('%-
14s',[SoDigito(dmModuloDados2.sdsRemessaNumero_Inscricao.AsString)]);
            strDados := strDados+Format('%-
30s',[Copy(dmModuloDados2.sdsRemessaNome_Sacado.AsString,1,30)]);
            strDados := strDados+Format('%-10s',[' ']);
            strDados := strDados+Format('%-40s',[Copy(Trim(dmModuloDados1.sdsClientesEndereco.
AsString)+','+Trim(dmModuloDados1.sdsClientesNumero.AsString),1,40)]);
            strDados := strDados+Format('%-
12s',[Copy(dmModuloDados1.sdsClientesBairro.AsString,1,12)]);
            strDados := strDados+SoDigito(dmModuloDados1.sdsClientesCEP.AsString);
```

```
                strDados := strDados+Format('%-
15s',[Copy(dmModuloDados1.sdsClientesCidade.AsString,1,15)]);
                strDados := strDados+dmModuloDados1.sdsClientesEstado.AsString;
                strDados := strDados+Format('%-30s',[' ']);
                strDados := strDados+'     ';
                strDados := strDados+'000000';
                strDados := strDados+'00';
                strDados := strDados+' ';
                strNumeroSequencia := IntToStr(intNumeroSequencia);
                strDados := strDados+StrZero(strNumeroSequencia,6);
                WriteLn(FArquivo,strDados);
                Flush(FArquivo);

                // Grava no controle de boletos
                dmModuloDados1.sdsControle.Edit;
                dmModuloDados1.sdsControleRegistro_Boletos.AsInteger :=
dmModuloDados1.sdsControleRegistro_Boletos.AsInteger + 1;
                dmModuloDados1.sdsControle.Post;
                dmModuloDados1.sdsControle.ApplyUpdates(-1);
                intRegistro := dmModuloDados1.sdsControleRegistro_Boletos.AsInteger;

                dmModuloDados2.sdsBoletos.Append;
                dmModuloDados2.sdsBoletosRegistro.AsInteger := intRegistro;
                dmModuloDados2.sdsBoletosNumero_Titulo.AsString :=
dmModuloDados2.sdsRemessaNumero_Titulo_Empresa.AsString;
                dmModuloDados2.sdsBoletosNosso_Numero.AsString :=
dmModuloDados2.sdsRemessaNosso_Numero.AsString;
                dmModuloDados2.sdsBoletosData_Vencimento.AsDateTime :=
dmModuloDados2.sdsRemessaData_Vencimento.AsDateTime;
                dmModuloDados2.sdsBoletosValor_Titulo.AsFloat :=
dmModuloDados2.sdsRemessaValor_Titulo.AsFloat;
                dmModuloDados2.sdsBoletosData_Emissao.AsDateTime :=
dmModuloDados2.sdsRemessaData_Emissao.AsDateTime;
                dmModuloDados2.sdsBoletosCodigo_Cliente.AsInteger :=
dmModuloDados2.sdsRemessaCodigo_Cliente.AsInteger;
                dmModuloDados2.sdsBoletosNome_Cliente.AsString :=
dmModuloDados2.sdsRemessaNome_Sacado.AsString;
                dmModuloDados2.sdsBoletosData_Pagamento.AsDateTime := StrToDate('01/01/1900');
                dmModuloDados2.sdsBoletosLiquidado.AsString := 'N';
                dmModuloDados2.sdsBoletos.Post;
                dmModuloDados2.sdsBoletos.ApplyUpdates(1);
                dmModuloDados2.sdsRemessa.Next;
                Inc(intNumeroSequencia);
            end;
            dmModuloDados2.sdsRemessa.EnableControls;

            // Registro Trailer
            strDados := '9';
            strDados := strDados+Format('%-393s',[' ']);
            strNumeroSequencia := IntToStr(intNumeroSequencia);
            strDados := strDados+StrZero(strNumeroSequencia,6);
            WriteLn(FArquivo,strDados);
            Flush(FArquivo);
            CloseFile(FArquivo);

            dmModuloDados1.sdsClientes.IndexFieldNames := '';
            dmModuloDados1.sdsClientes.Close;
            dmModuloDados1.sdsControle.Close;
            dmModuloDados2.sdsConfiguraBoleto.Close;
            dmModuloDados2.sdsBoletos.Close;
            Mensagem('Fim da geração do arquivo de boletos...');
            Close;
        end;
end;
```

Nesse procedimento, o nome do arquivo a ser gerado é formato pelas letras "RM" seguidas da data de geração. Essa data possui o formato exigido no layout do boleto, ou seja, DDMMAA.

Por ser um arquivo texto, utilizamos as rotinas de tratamento de arquivo do **ObjectPascal**. Assim, o nome do arquivo é associado à variável **FArquivo**, declarada como do tipo **TextFile**. Então o arquivo é criado pelo procedimento **Rewrite**.

Logo após, o cabeçalho do arquivo é gravado. A informação do cabeçalho é montada pelas linhas reproduzidas a seguir:

```
strDados := '0';
strDados := strDados+'1';
strDados := strDados+'REMESSA';
strDados := strDados+'01';
strDados := strDados+Format('%-15s',['COBRANCA']);
strDados := strDados+dmModuloDados2.sdsConfiguraBoletoAgencia.AsString;
strDados := strDados+'00';
strDados := strDados+dmModuloDados2.sdsConfiguraBoletoConta_Corrente.AsString;
strDados := strDados+dmModuloDados2.sdsConfiguraBoletoDigito_Conta.AsString;
strDados := strDados+'        ';
strDados := strDados+Format('%-30s',['DISTRIBUIDORA PAPYRUS LTDA']);
strDados := strDados+StrZero(dmModuloDados2.sdsConfiguraBoletoBanco.AsString,3);
strDados := strDados+Format('%-15s',[Copy(dmModuloDados2.sdsConfiguraBoletoNome_Banco. AsString,1,15)]);
strDados := strDados+strData;
strDados := strDados+Format('%-294s',[' ']);
strNumeroSequencia := IntToStr(intNumeroSequencia);
strDados := strDados+StrZero(strNumeroSequencia,6);
```

Note como usamos a função **Format** para complementar as cadeias de caracteres e deixá-las com o tamanho correto exigido pela especificação.

Em seguida temos um *loop* **While...Do** responsável pela gravação dos registros de detalhe do arquivo.

```
dmModuloDados2.sdsRemessa.DisableControls;
dmModuloDados2.sdsRemessa.First;
while (not dmModuloDados2.sdsRemessa.Eof) do
begin
     dmModuloDados1.sdsClientes.FindKey([dmModuloDados2. sdsRemessaCodigo_Cliente.AsInteger]);
     strDados := '1';
     strDados := strDados+'02';
     strDados := strDados+'12121212121212';
     strDados := strDados+StrZero(dmModuloDados2.sdsConfiguraBoletoAgencia.AsString,4);
     strDados := strDados+'00';
     strDados := strDados+StrZero(dmModuloDados2.sdsConfiguraBoleto Conta_Corrente.AsString,5);
     strDados := strDados+dmModuloDados2.sdsConfiguraBoletoDigito_Conta.AsString;
     strDados := strDados+'    ';
     strDados := strDados+'    ';
     strDados := strDados+Format('%-25s',[dmModuloDados2.sdsRemessaNumero_Titulo_Empresa. AsString]);
     strDados := strDados+Format('%-8s',[dmModuloDados2.sdsRemessaNosso_Numero. AsString]);
     strDados := strDados+'0000000000000';
     strDados := strDados+StrZero(dmModuloDados2.sdsConfiguraBoletoNumero_Carteira. AsString,3);
     strDados := strDados+Format('%-21s',[' ']);
     strDados := strDados+dmModuloDados2.sdsConfiguraBoletoCarteira.AsString;

     strDados := strDados+'01';
     strDados := strDados+Format('%-10s',[dmModuloDados2.sdsRemessaNumero_Documento. AsString]);
     strDados := strDados+DataBoleto(dmModuloDados2.sdsRemessaData_Vencimento. AsDateTime);
     strDados := strDados+ValorBoleto(dmModuloDados2.sdsRemessaValor_Titulo.AsFloat);
     strDados := strDados+StrZero(dmModuloDados2.sdsConfiguraBoletoBanco.AsString,3);
     strDados := strDados+'00000';
     strDados := strDados+dmModuloDados2.sdsConfiguraBoletoEspecie_Documento.AsString;
     strDados := strDados+'N';
     strDados := strDados+DataBoleto(dmModuloDados2.sdsRemessaData_Emissao.AsDateTime);
     strDados := strDados+'  ';
     strDados := strDados+'  ';
     strDados := strDados+'0000000000000';
     strDados := strDados+'000000';
     strDados := strDados+'0000000000000';
     strDados := strDados+'0000000000000';
     strDados := strDados+'0000000000000';
     strDados := strDados+'02';
     strDados := strDados+Format('%-14s',[SoDigito(dmModuloDados2.sdsRemessa Numero_Inscricao.AsString)]);
     strDados := strDados+Format('%-30s',[Copy(dmModuloDados2.sdsRemessaNome_Sacado. AsString,1,30)]);
     strDados := strDados+Format('%-10s',[' ']);
     strDados := strDados+Format('%-40s',[Copy(Trim(dmModuloDados1.sdsClientesEndereco.
AsString)+','+Trim(dmModuloDados1.sdsClientesNumero.AsString),1,40)]);
     strDados := strDados+Format('%-12s',[Copy(dmModuloDados1.sdsClientesBairro. AsString,1,12)]);
     strDados := strDados+SoDigito(dmModuloDados1.sdsClientesCEP.AsString);
     strDados := strDados+Format('%-15s',[Copy(dmModuloDados1.sdsClientesCidade. AsString,1,15)]);
     strDados := strDados+dmModuloDados1.sdsClientesEstado.AsString;
     strDados := strDados+Format('%-30s',[' ']);
     strDados := strDados+'    ';
     strDados := strDados+'000000';
     strDados := strDados+'00';
     strDados := strDados+' ';
```

```
     strNumeroSequencia := IntToStr(intNumeroSequencia);
     strDados := strDados+StrZero(strNumeroSequencia,6);
     WriteLn(FArquivo,strDados);
     Flush(FArquivo);

     // Grava no controle de boletos
     dmModuloDados1.sdsControle.Edit;
     dmModuloDados1.sdsControleRegistro_Boletos.AsInteger := dmModuloDados1.sdsControle
Registro_Boletos.AsInteger + 1;
     dmModuloDados1.sdsControle.Post;
     dmModuloDados1.sdsControle.ApplyUpdates(-1);
     intRegistro := dmModuloDados1.sdsControleRegistro_Boletos.AsInteger;

     dmModuloDados2.sdsBoletos.Append;
     dmModuloDados2.sdsBoletosRegistro.AsInteger := intRegistro;
     dmModuloDados2.sdsBoletosNumero_Titulo.AsString := dmModuloDados2.sdsRemessa
Numero_Titulo_Empresa.AsString;
     dmModuloDados2.sdsBoletosNosso_Numero.AsString := dmModuloDados2.sdsRemessa
Nosso_Numero.AsString;
     dmModuloDados2.sdsBoletosData_Vencimento.AsDateTime := dmModuloDados2.sdsRemessa
Data_Vencimento.AsDateTime;
     dmModuloDados2.sdsBoletosValor_Titulo.AsFloat := dmModuloDados2.sdsRemessa Valor_Titulo.AsFloat;
     dmModuloDados2.sdsBoletosData_Emissao.AsDateTime := dmModuloDados2.sdsRemessa Data_Emissao.AsDateTime;
     dmModuloDados2.sdsBoletosCodigo_Cliente.AsInteger := dmModuloDados2.sdsRemessa Codigo_Cliente.AsInteger;
     dmModuloDados2.sdsBoletosNome_Cliente.AsString := dmModuloDados2.sdsRemessa Nome_Sacado.AsString;
     dmModuloDados2.sdsBoletosData_Pagamento.AsDateTime := StrToDate('01/01/1900');
     dmModuloDados2.sdsBoletosLiquidado.AsString := 'N';
     dmModuloDados2.sdsBoletos.Post;
     dmModuloDados2.sdsBoletos.ApplyUpdates(1);
     dmModuloDados2.sdsRemessa.Next;
     Inc(intNumeroSequencia);
end;
dmModuloDados2.sdsRemessa.EnableControls;
```

As informações correspondentes aos boletos são gravadas também na tabela de dados **Boletos**, permitindo dessa forma o registro das contas que se tem a receber.

É importante notar que o campo **Data_Pagamento** é preenchido com o valor "01/01/1900" pelo mesmo motivo já descrito no capítulo anterior. O procedimento **Flush** é utilizado para garantir o esvaziamento do buffer de dados e sua efetiva gravação física em disco.

O procedimento finaliza gravando o registro de **Trailer** do arquivo:

```
strDados := '9';
strDados := strDados+Format('%-393s',[' ']);
strNumeroSequencia := IntToStr(intNumeroSequencia);
strDados := strDados+StrZero(strNumeroSequencia,6);
WriteLn(FArquivo,strDados);
Flush(FArquivo);
CloseFile(FArquivo);
```

Para fechar o arquivo, utilizamos o procedimento **CloseFile**, que recebe como parâmetro o identificador representado pela variável **FArquivo**.

O último procedimento a ser adicionado ao formulário é para o botão **btnSair**. Ele é bastante simples, formado apenas por duas linhas:

```
procedure TformGeraBoleto.btnSairClick(Sender: TObject);
begin
     dmModuloDados2.sdsRemessa.Close;
     Close;
end;
```

Salve o formulário com o nome "UGeraBoleto.Pas".

29.5. Finalização e Teste

Selecione novamente o formulário principal do projeto e vincule a unidade **UGeraBoleto**. Abra o editor de menus e dê um duplo-clique sobre a opção **Gerar arquivo de boletos**. Então digite o código:

```
procedure TformPrincipal.opcGerarBoletosClick(Sender: TObject);
begin
     Application.CreateForm(TformGeraBoleto,formGeraBoleto);
     formGeraBoleto.ShowModal;
     formGeraBoleto.Destroy;
end;
```

Salve todo o projeto e compile-o. Rode o programa e selecione a opção **Financeiro → Gerar arquivo de boletos**. Isso faz com que seja mostrada a tela da figura 29.10.

Digite o número da nota fiscal e clique no botão **Localizar**. Assim os dados referentes ao cliente são apresentados (figura 29.11).

Clique no botão **Adicionar** e surge a tela da figura 29.12.

Na figura 29.13 é possível ver uma outra nota incluída.

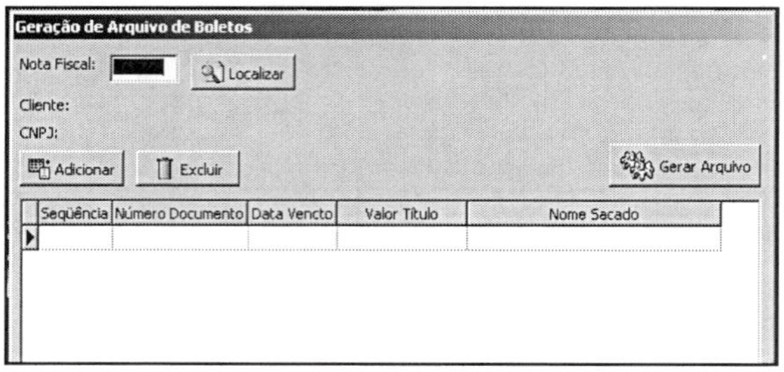

Figura 29.10

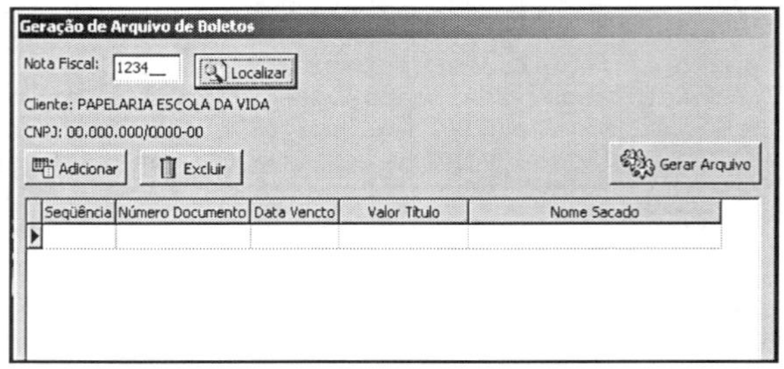

Figura 29.11

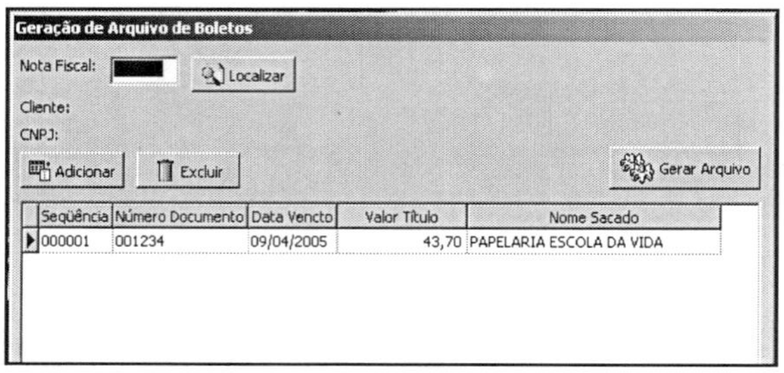

Figura 29.12

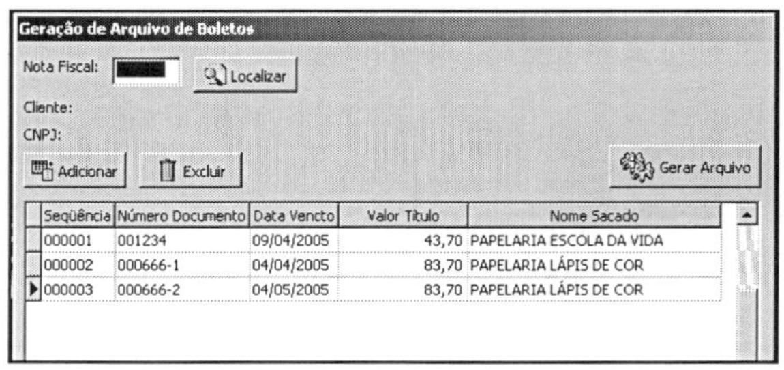

Figura 29.13

Para gerar o arquivo de envio ao banco, clique no botão **Gerar Arquivo**. Depois de alguns segundos, o programa apresenta a mensagem de conclusão do processo.

As figuras 29.14 e 29.15 exibem duas partes diferentes do arquivo aberto no **Bloco de Notas** do Windows.

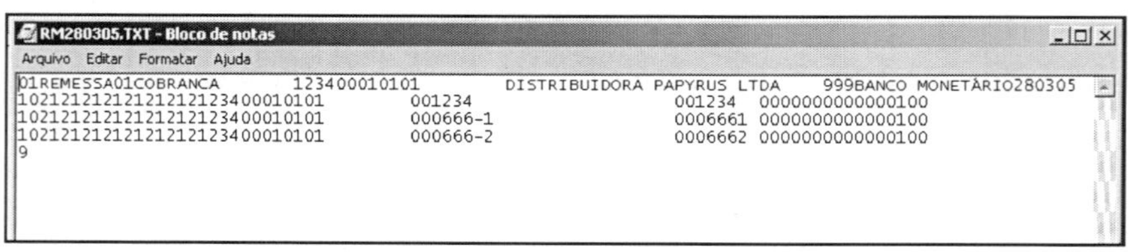

Figura 29.14

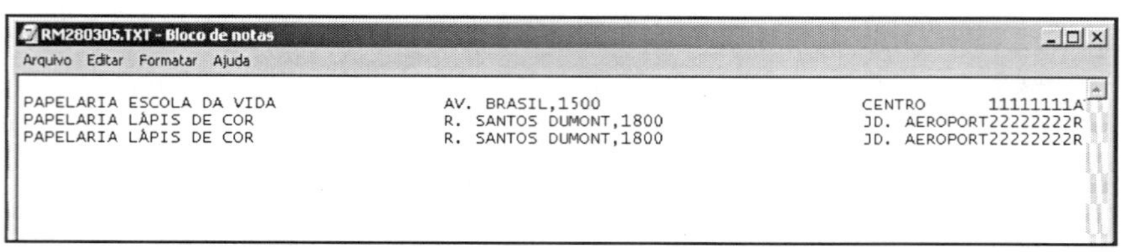

Figura 29.15

capítulo 30

Controle de Recebimentos

Assuntos abordados neste capítulo

- *Processo de baixa de boletos bancários*
- *Criação do formulário para visualização/liquidação de boletos*
- *Alteração do formulário de liquidação de contas*

30.1. Alterando a Tabela de Configurações de Boletos

Este capítulo ensina a criação do formulário que permite controlar o recebimento dos boletos dos clientes. Antes é necessária uma pequena alteração na tabela que contém as configurações para geração dos boletos. Execute o **MySQL Control Center** e depois de ter feito a conexão com o banco de dados **bd_gdp**, clique com o botão direito do mouse sobre a tabela **configuracao_boleto** e escolha a opção **Edit Table**. Adicione um campo com os seguintes atributos:

Field Name	Allow NULL	Data Type	Length
Tarifa_Cobranca	Desmarcado	Decimal	10,2

A figura 30.1 mostra esse novo campo.

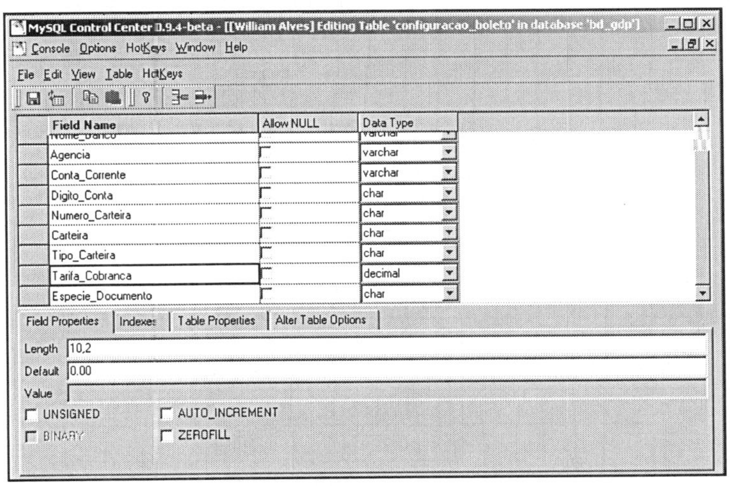

Figura 30.1

Abra essa tabela e digite um valor no campo **Tarifa_Cobranca**, conforme informação passada pelo gerente da agência bancária. Por exemplo, entre com o valor 1.20 (figura 30.2).

Para incluir esse campo na respectiva tabela do banco de dados em InterBase, execute o **IBConsole**, e digite o comando `ALTER TABLE CONFIGURACAO_BOLETO ADD TARIFA_COBRANCA DECIMAL(10,2)` na janela **Interactive SQL**.

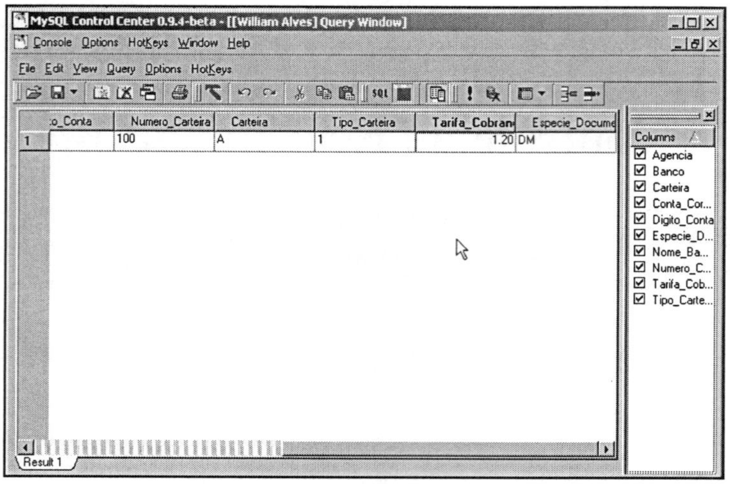

Figura 30.2

Agora que já temos o banco de dados alterado, é preciso também incluir mais um componente **TSimpleDataSet** e um **TDataSource** no módulo de dados **dmModuloDados2**. As propriedades desses dois componentes devem ser configuradas da seguinte forma:

Objeto	Propriedade	Grupo	Valor
SimpleDataSet1	ConnectionName	Connection	BaseDadosGDP
	CommandType	Database/DataSet	ctQuery
	CommandText	Database/DataSet	select * from boletos
	Name	Miscellaneous	sdsQryBoletos
DataSource1	DataSet	Database	sdsQryBoletos
	Name	Miscellaneous	dsQryBoletos

A figura 30.3 mostra a janela do editor de consultas para o objeto **sdsQryBoletos**. A seguir adicione todos os campos da tabela nesse objeto e configure as propriedades **DisplayLabel** e **DisplayFormat** conforme a seguinte tabela:

Campo	Propriedade	Valor
Numero_Titulo	DisplayLabel	Número Título
Nosso_Numero	DisplayLabel	Nosso Número
Data_Vencimento	DisplayLabel	Data Vencto
Valor_Titulo	DisplayLabel	Valor Título
	DisplayFormat	##,##0.00
Data_Emissao	DisplayLabel	Data Emissão
Codigo_Cliente	DisplayLabel	Código Cliente
Nome_Cliente	DisplayLabel	Nome Cliente
Data_Pagamento	DisplayLabel	Data Pagto
Valor_Pago	DisplayLabel	Valor Pago
	DisplayFormat	##,##0.00
Tarifa_Cobranca	DisplayLabel	Tarifa
	DisplayFormat	##,##0.00
Valor_Credito	DisplayLabel	Valor Crédito
	DisplayFormat	##,##0.00

Veja o resultado final na figura 30.4.

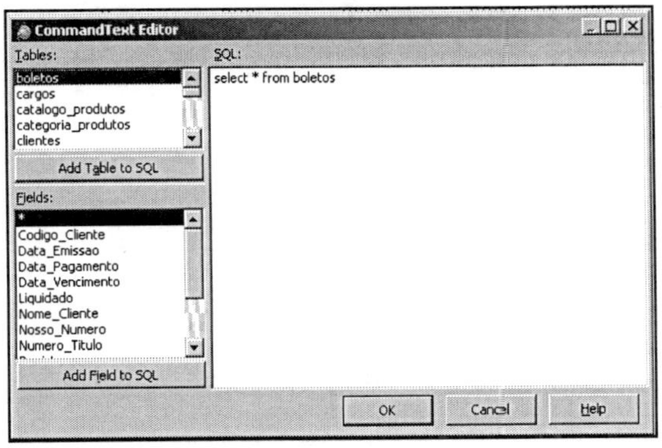

Figura 30.3

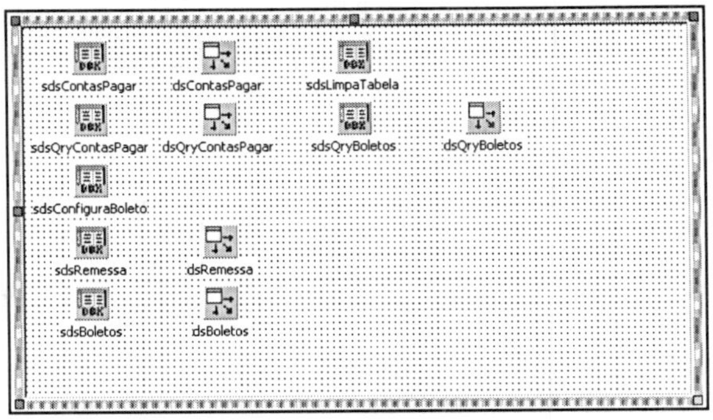

Figura 30.4

Como fizemos com a consulta para a tabela de contas a pagar, vamos adicionar um procedimento ao evento **OnGetText** do campos **Data_Pagamento** do objeto **sdsQryBoletos**. O objetivo é o mesmo, ou seja, evitar que seja apresentada uma mensagem de erro devido ao fato de o campo não possuir nenhum valor. Veja a seguir a listagem do código desse evento:

```
procedure TdmModuloDados2.sdsQryBoletosData_PagamentoGetText(Sender: TField;
  var Text: string; DisplayText: Boolean);
begin
     if sdsQryBoletosData_Pagamento.AsDateTime = StrToDate('01/01/1900') then
        Text := ''
        else
            Text := DateToStr(sdsQryBoletosData_Pagamento.AsDateTime);
end;
```

Salve o módulo novamente para podermos continuar.

30.2. O Formulário de Recebimentos

Clique no botão **New Items** (), selecione o item **Delphi Files** e escolha o ícone **Form**. As seguintes propriedades do formulário devem ser configuradas:

Propriedade	Grupo	Valor
Caption	Visual	Recebimentos
FormStyle	Miscellaneous	fsMDIChild
Name	Miscellaneous	formRecebimentos
Height	Visual	426
Width	Visual	559

Vincule as unidades **URotinasGenericas**, **UModuloDados1** e **UModuloDados2**. Adicione um componente **TCoolBar**, dentro dele coloque um **TToolBar** e um **TImageList**. Dê um duplo-clique nesse último para abrir a janela de seleção de imagens. Carregue os arquivos **Editar03.bmp**, **Excluir02.bmp** e **Sair02.bmp**.

Crie três botões no objeto **ToolBar1** e configure as propriedades **AutoSize** (grupo **Visual**) e **Flat** (grupo **Miscellaneous**) com o valor **True**. Desative também a linha superior especificando o valor **False** no item **ebTop** da propriedade **EdgeBorders**. Em seguida selecione o objeto **CoolBar1** e **True** na propriedade **AutoSize** (grupo **Visual**).

Agora insira um componente **TPanel** e coloque dentro cinco **TRadioButton**. Configure-os da seguinte maneira:

Objeto	Propriedade	Grupo	Valor
Panel1	Caption	Visual	(branco)
	Name	Miscellaneous	pnlSelecao
RadioButton1	Caption	Visual	Tudo
	Name	Miscellaneous	rbTudo

Objeto	Propriedade	Grupo	Valor
RadioButton2	Caption	Visual	Não Pagas
	Checked	Action	True
	Name	Miscellaneous	rbNaoPagas
RadioButton3	Caption	Visual	Vencidas
	Name	Miscellaneous	rbVencidas
RadioButton4	Caption	Visual	A Vencer
	Name	Miscellaneous	rbVencer
RadioButton5	Caption	Visual	Vencendo Hoje
	Name	Miscellaneous	rbVencerHoje

Ao lado desse grupo de botões de opção insira um **TBitBtn** assim configurado:

Objeto	Propriedade	Grupo	Valor
BitBtn1	Caption	Visual	Liquidar
	Glyph	Visual	Dinheiro03.bmp
	Name	Miscellaneous	btnLiquidar

Na parte inferior do formulário, à esquerda, insira ainda mais dois componentes **TLabel** assim configurados:

Objeto	Propriedade	Grupo	Valor
Label1	Caption	Visual	Valor Total:
	Name	Miscellaneous	lblValorTotal
	Font/Name	Miscellaneous	Arial
	Font/Color	Miscellaneous	clBlue
	Font/Size	Miscellaneous	12
	Font/Style	Miscellaneous	fsBold
Label2	Caption	Visual	fldValorTotal
	Name	Miscellaneous	fldValorTotal
	Font/Name	Miscellaneous	Arial
	Font/Color	Miscellaneous	clBlue
	Font/Size	Miscellaneous	12
	Font/Style	Miscellaneous	fsBold

A figura 30.5 mostra a aparência do formulário até o momento.

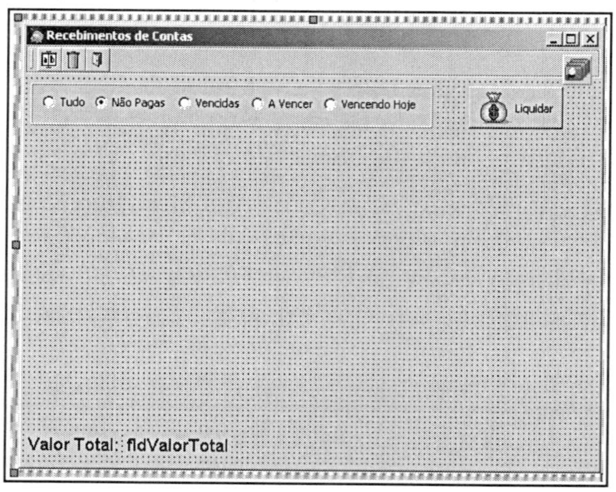

Figura 30.5

Na parte central do formulário e abaixo dos botões de opção, adicione um componente **TDBCtrlGrid** com as seguintes configurações:

Propriedade	Grupo	Valor
DataSource	Database	dmModuloDados2.dsQryBoletos
AllowDelete	Miscellaneous	False
AllowInsert	Miscellaneous	False
RowCount	Miscellaneous	5
Name	Miscellaneous	grdContas
Color	Visual	clInfoBk
SelectedColor	Visual	clSkyBlue

Insira nesse objeto de grade de dados os seguintes componentes:

Objeto	Propriedade	Grupo	Valor
Label1	Caption	Visual	Data da Emissão:
	Name	Miscellaneous	lblDataEmissao
Label2	Caption	Visual	No. Documento:
	Name	Miscellaneous	lblNumeroDoc
Label3	Caption	Visual	Cliente:
	Name	Miscellaneous	lblCliente
Label4	Caption	Visual	Vencto:
	Name	Miscellaneous	lblDataVencimento
Label5	Caption	Visual	Valor:
	Name	Miscellaneous	lblValor
Label6	Caption	Visual	Data Pagto:
	Name	Miscellaneous	lblDataPagto
Label7	Caption	Visual	Valor Pago:
	Name	Miscellaneous	lblValorPago
DBText1	DataSource	Database	dmModuloDados2.dsQryBoletos
	DataField	Database	Data_Emissao
	Name	Miscellaneous	fldDataEmissao
DBText2	DataSource	Database	dmModuloDados2. dsQryBoletos
	DataField	Database	Numero_Titulo
	Name	Miscellaneous	fldNumeroDoc
DBText3	DataSource	Database	dmModuloDados2. dsQryBoletos
	DataField	Database	Nome_Cliente
	Name	Miscellaneous	fldCliente
DBText4	DataSource	Database	dmModuloDados2. dsQryBoletos
	DataField	Database	Data_Vencimento
	Name	Miscellaneous	fldDataVencimento
DBText5	DataSource	Database	dmModuloDados2. dsQryBoletos
	DataField	Database	Valor_Titulo
	Name	Miscellaneous	fldValorDocumento
DBText6	DataSource	Database	dmModuloDados2. dsQryBoletos
	DataField	Database	Data_Pagamento
	Name	Miscellaneous	fldDataPagto
DBText7	DataSource	Database	dmModuloDados2. dsQryBoletos
	DataField	Database	Valor_Pago
	Name	Miscellaneous	fldValorPago

A figura 30.6 exibe a aparência final desse formulário.

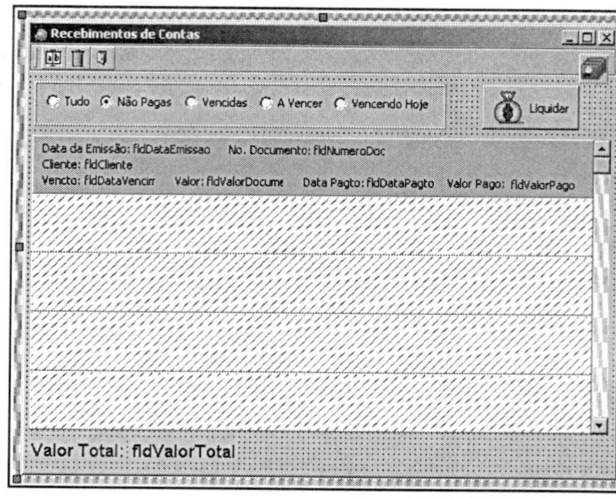

Figura 30.6

Adicione a declaração de procedimento destacada na seguinte listagem:

```
type
  TformRecebimentos = class(TForm)
    lblValorTotal: TLabel;
    fldValorTotal: TLabel;
    CoolBar1: TCoolBar;
    ToolBar1: TToolBar;
    btnEditar: TToolButton;
    btnExcluir: TToolButton;
    btnSair: TToolButton;
    pnlSelecao: TPanel;
    rbTudo: TRadioButton;
    rbVencidas: TRadioButton;
    rbVencer: TRadioButton;
    rbVencerHoje: TRadioButton;
    rbNaoPagas: TRadioButton;
    btnLiquidar: TBitBtn;
    ImageList1: TImageList;
    grdContas: TDBCtrlGrid;
    lblNumeroDoc: TLabel;
    lblDataEmissao: TLabel;
    lblDataVencimento: TLabel;
    lblValor: TLabel;
    fldNumeroDoc: TDBText;
    fldDataEmissao: TDBText;
    fldCliente: TDBText;
    fldDataVencimento: TDBText;
    fldValorDocumento: TDBText;
    lblDataPagto: TLabel;
    lblValorPago: TLabel;
    fldValorPago: TDBText;
    fldDataPagto: TDBText;
    lblCliente: TLabel;
    procedure CalculaTotal;
  private
    { Private declarations }
  public
    { Public declarations }
end;
```

Após a diretiva de compilação {$R *.dfm} entre com o seguinte código:

```
procedure TformRecebimentos.CalculaTotal;
var
   dblValorTotal: double;
begin
     dblValorTotal := 0;
     dmModuloDados2.sdsQryBoletos.DisableControls;
     dmModuloDados2.sdsQryBoletos.First;
     while not dmModuloDados2.sdsQryBoletos.Eof do
     begin
          dblValorTotal := dblValorTotal + dmModuloDados2.sdsQryBoletos Valor_Titulo.AsFloat;
          dmModuloDados2.sdsQryBoletos.Next;
     end;
     dmModuloDados2.sdsQryBoletos.First;
     dmModuloDados2.sdsQryBoletos.EnableControls;
     fldValorTotal.Caption := Format('%12.2f',[dblValorTotal]);
end;
```

Atribua aos eventos OnShow e OnClose do formulário os procedimentos listados a seguir:

Evento OnShow

```
procedure TformRecebimentos.FormShow(Sender: TObject);
begin
     dmModuloDados2.sdsQryBoletos.DataSet.CommandText := 'SELECT * FROM Boletos WHERE Liquidado <>
'+#39+'S'+#39+' ORDER BY Data_Vencimento,Numero_Titulo';
     dmModuloDados2.sdsQryBoletos.Open;
     CalculaTotal;
end;
```

Evento OnClose

```
procedure TformRecebimentos.FormClose(Sender: TObject; var Action: TCloseAction);
begin
     Action := caFree;
end;
```

No procedimento **FormShow** a consulta é executada para que os registros sejam apresentados na grade de dados do formulário. Note que é especificada uma condição de forma que somente os registros que estão em aberto (sem pagamento) são mostrados. Outro destaque é quanto à ordenação dos registros (por data de vencimento e número do boleto), obtida pela cláusula **ORDER BY** da instrução SQL.

Dê um duplo-clique no botão **btnEditar** e adicione o código seguinte:

```
procedure TformRecebimentos.btnEditarClick(Sender: TObject);
var
   intRegistro: integer;
begin
     intRegistro := dmModuloDados2.sdsQryBoletosRegistro.AsInteger;
     Application.CreateForm(TformAlterarContasReceber,formAlterarContasReceber);
     formAlterarContasReceber.intRegistro := intRegistro;
     formAlterarContasReceber.ShowModal;
     formAlterarContasReceber.Destroy;
     dmModuloDados2.sdsQryBoletos.Refresh;
     CalculaTotal;
end;
```

O valor do campo **Registro** é salvo e passado ao formulário que permite ao usuário alterar os dados da conta do cliente. Isso é necessário para que se consiga localizar o registro a ser alterado.

O código para o botão **btnExcluir**, que permite a exclusão do registro atualmente selecionado na grade de dados, encontra-se listado a seguir:

```
procedure TformRecebimentos.btnExcluirClick(Sender: TObject);
var
   intRegistro: integer;
begin
     if Confirma('Deseja excluir esse registro?') = IDYES then
     begin
          intRegistro := dmModuloDados2.sdsQryBoletosRegistro.AsInteger;
          dmModuloDados2.sdsBoletos.Open;
          dmModuloDados2.sdsBoletos.IndexFieldNames := 'Registro';
          dmModuloDados2.sdsBoletos.FindKey([intRegistro]);
          dmModuloDados2.sdsBoletos.Delete;
          dmModuloDados2.sdsBoletos.ApplyUpdates(-1);
          dmModuloDados2.sdsBoletos.IndexFieldNames := '';
          dmModuloDados2.sdsBoletos.Close;
          dmModuloDados2.sdsQryBoletos.Refresh;
          CalculaTotal;
     end;
end;
```

Novamente o valor do campo **Registro** é preservado para que posteriormente seja possível localizar o registro que o usuário deseja apagar. Essa localização é efetuada pelo método **FindKey**.

O botão **btnSair** é o que possui o código mais simples, formado apenas por uma linha:

```
procedure TformRecebimentos.btnSairClick(Sender: TObject);
begin
     Close;
end;
```

O próximo passo é definir os procedimentos que precisamos atribuir aos botões de opção. Dê dois cliques sobre o objeto **rbTudo** e digite o seguinte:

```
procedure TformRecebimentos.rbTudoClick(Sender: TObject);
var
   strComandoSQL,strData: string;
begin
```

```
    strData := DataInvertida(Date);
    strComandoSQL := 'SELECT * FROM Boletos';
    if Sender = rbNaoPagas then
    begin
         if rbNaoPagas.Checked then
            strComandoSQL := 'SELECT * FROM Boletos WHERE Liquidado <> '+#39+'S'+#39;
    end
    else if Sender = rbVencidas then
         begin
              if rbVencidas.Checked then
                 strComandoSQL := 'SELECT * FROM Boletos WHERE Liquidado <> '+#39+'S'+ #39+' AND
Data_Vencimento < '+#39+strData+#39;
         end
    else if Sender = rbVencer then
         begin
              if rbVencer.Checked then
                 strComandoSQL := 'SELECT * FROM Boletos WHERE Liquidado <> '+#39+'S'+ #39+' AND
Data_Vencimento > '+#39+strData+#39;
         end
    else if Sender = rbVencerHoje then
         begin
              if rbVencerHoje.Checked then
                 strComandoSQL := 'SELECT * FROM Boletos WHERE Liquidado <> '+#39+'S'+ #39+' AND
Data_Vencimento = '+#39+strData+#39;
         end;
    strComandoSQL := strComandoSQL + ' ORDER BY Data_Vencimento,Numero_Titulo';
    dmModuloDados2.sdsQryBoletos.Close;
    dmModuloDados2.sdsQryBoletos.DataSet.CommandText := strComandoSQL;
    dmModuloDados2.sdsQryBoletos.Open;
    CalculaTotal;
end;
```

É possível notar que o procedimento testa qual botão de opção foi clicado pelo usuário, uma vez que ele será compartilhado entre todos os botões. De acordo com o botão escolhido, a instrução SQL armazenada na variável **strComandoSQL** assume uma composição diferente. É acrescentada ainda a essa instrução a expressão "ORDER BY Data_Vencimento,Numero_Titulo", para que os dados sejam ordenados.

O objeto **sdsQryBoletos** é então fechado, o novo valor da propriedade **CommandText** atribuído e depois ele é reaberto e o valor total do novo grupo de registro calculado.

Esse procedimento deve ser selecionado no evento **OnClick** dos demais objetos do tipo **RadioButton** (**rbNaoPagas**, **rbVencidas**, **rbVencer** e **rbVencerHoje**).

O último procedimento para esse formulário deve ser atribuído ao botão **Liquidar**. O código é o apresentado na listagem:

```
procedure TformRecebimentos.btnLiquidarClick(Sender: TObject);
var
   intRegistro: integer;
begin
     intRegistro := dmModuloDados2.sdsQryBoletosRegistro.AsInteger;
     Application.CreateForm(TformLiquidarConta,formLiquidarConta);
     formLiquidarConta.intRegistro := intRegistro;
     formLiquidarConta.strTipoConta := 'RECEBER';
     formLiquidarConta.lblNumeroDoc.Caption := 'Número do documento: '+dmModuloDados2.
sdsQryBoletosNumero_Titulo.AsString;
     formLiquidarConta.lblDataVencimento.Caption := 'Data Vencimento: '+dmModuloDados2.
sdsQryBoletosData_Vencimento.AsString;
     formLiquidarConta.lblValor.Caption := 'Valor: '+Format('%12.2f',
[dmModuloDados2.sdsQryBoletosValor_Titulo.AsFloat]);
     formLiquidarConta.edtValorPago.Text := Format('%12.2f',
[dmModuloDados2.sdsQryBoletosValor_Titulo.AsFloat]);
     formLiquidarConta.ShowModal;
     formLiquidarConta.Destroy;
     dmModuloDados2.sdsQryBoletos.Refresh;
     CalculaTotal;
end;
```

Esse procedimento abre o formulário que permite efetuar o recebimento de uma conta. A esse outro formulário é passado como parâmetros o número do registro da conta a ser liquidada e o tipo de conta especificado pela expressão “RECEBER”.

Outros valores passados ao formulário, mas agora em seus objetos, são o número do boleto, a data de vencimento e o valor total a ser recebido.

Salve esse formulário com o nome "URecebimentos.Pas".

30.3. Formulários de Alteração de Contas e de Pagamento

O formulário que permite alterar um registro de contas a receber é bastante similar ao do capítulo que trata das contas a pagar. Clique no botão **New Items** ( ), selecione o ícone **Form** do item **Delphi Files**, em seguida configure suas propriedades conforme descrito na tabela:

Propriedade	Grupo	Valor
KeyPreview	Input	True
Name	Miscellaneous	formAlterarContasReceber
Position	Miscellaneous	poScreenCenter
Caption	Visual	Alteração de dados de Conta a Receber
BorderStyle	Visual	bsDialog
BorderIcons	Visual	(nenhum)

Vincule as unidades **URotinasGenericas**, **UModuloDados1** e **UModuloDados2** ao formulário e adicione os seguintes componentes:

Objeto	Propriedade	Grupo	Valor
Label1	Caption	Visual	Cliente:
	Name	Miscellaneous	lblCliente
Label2	Caption	Visual	No. Documento:
	Name	Miscellaneous	lblNumeroDoc
Label3	Caption	Visual	Data da Emissão:
	Name	Miscellaneous	lblDataEmissao
Label4	Caption	Visual	Data de Vencimento:
	Name	Miscellaneous	lblDataVencimento
Label5	Caption	Visual	Valor:
	Name	Miscellaneous	lblValor
DBText1	DataSource	Database	dmModuloDados1.dsClientes
	DataField	Database	Nome_Cliente
	Name	Miscellaneous	fldCliente
DBEdit1	DataSource	Database	dmModuloDados2.dsBoletos
	DataField	Database	Numero_Titulo
	Name	Miscellaneous	fldNumeroDoc
DBEdit2	DataSource	Database	dmModuloDados2.dsBoletos
	DataField	Database	Data_Emissao
	Name	Miscellaneous	fldDataEmissao
DBEdit3	DataSource	Database	dmModuloDados2.dsBoletos
	DataField	Database	Data_Vencimento
	Name	Miscellaneous	fldDataVencimento
DBEdit4	DataSource	Database	dmModuloDados2.dsBoletos
	DataField	Database	Valor_Titulo
	Name	Miscellaneous	fldValor
BitBtn1	Caption	Visual	Gravar
	Glyph	Visual	Salvar01.bmp
	Name	Miscellaneous	btnGravar

Objeto	Propriedade	Grupo	Valor
BitBtn2	Caption	Visual	Abortar
	Glyph	Visual	Cancela2.bmp
	Name	Miscellaneous	btnAbortar

Inclua uma declaração de variável após a palavra-chave **public**, como mostrado a seguir:

```
type
  TformAlterarContasReceber = class(TForm)
    lblCliente: TLabel;
    lblNumeroDoc: TLabel;
    lblDataEmissao: TLabel;
    lblDataVencimento: TLabel;
    fldNumeroDoc: TDBEdit;
    fldDataEmissao: TDBEdit;
    fldDataVencimento: TDBEdit;
    fldValor: TDBEdit;
    btnGravar: TBitBtn;
    btnAbortar: TBitBtn;
    fldCliente: TDBText;
    lblValor: TLabel;
  private
    { Private declarations }
  public
    { Public declarations }
    intRegistro: integer;
  end;
```

Essa variável é utilizada para receber como parâmetro o registro que deve ser localizado na tabela de boletos emitidos.

Atribua aos eventos **OnShow**, **OnClose** e **OnKeyPress** do formulário os procedimentos listados a seguir:

Evento OnShow

```
procedure TformAlterarContasReceber.FormShow(Sender: TObject);
begin
     dmModuloDados1.sdsClientes.Open;
     dmModuloDados1.sdsClientes.IndexFieldNames := 'Codigo_Cliente';
     dmModuloDados2.sdsBoletos.Open;
     dmModuloDados2.sdsBoletos.IndexFieldNames := 'Registro';
     dmModuloDados2.sdsBoletos.FindKey([intRegistro]);
     dmModuloDados1.sdsClientes.FindKey([dmModuloDados2.sdsBoletos Codigo_Cliente.AsInteger]);
     dmModuloDados2.sdsBoletos.Edit;
end;
```

Evento OnClose

```
procedure TformAlterarContasReceber.FormClose(Sender: TObject;
  var Action: TCloseAction);
begin
     dmModuloDados1.sdsClientes.IndexFieldNames := '';
     dmModuloDados2.sdsBoletos.IndexFieldNames := '';
     dmModuloDados1.sdsClientes.Close;
     dmModuloDados2.sdsBoletos.Close;
end;
```

Evento OnKeyPress

```
procedure TformAlterarContasReceber.FormKeyPress(Sender: TObject; var Key: Char);
begin
     if key = #13 then
     begin
          Key:= #0;
          Perform(WM_NEXTDLGCTL,0,0);
     end;
end;
```

No procedimento **FormShow** as tabelas de clientes e de boletos emitidos são abertas, assim como os índices necessários a cada uma delas são estabelecidos. Então são localizados o boleto e o cliente correspondente.

Selecione o objeto **fldNumeroDoc** e insira os procedimentos listados a seguir nos eventos **OnEnter** e **OnExit**:

Evento OnEnter

```
procedure TformAlterarContasReceber.fldNumeroDocEnter(Sender: TObject);
begin
     CorEntrada(Sender);
end;
```

Evento OnExit

```
procedure TformAlterarContasReceber.fldNumeroDocExit(Sender: TObject);
begin
     CorSaida(Sender);
end;
```

Esses dois procedimentos devem ser atribuídos aos demais objetos do tipo **DBEdit**.

Dê um duplo-clique no botão **btnGravar** e digite as seguintes linhas de código:

```
procedure TformAlterarContasReceber.btnGravarClick(Sender: TObject);
begin
     dmModuloDados2.sdsBoletos.Post;
     dmModuloDados2.sdsBoletos.ApplyUpdates(-1);
     Close;
end;
```

Esse procedimento simplesmente grava fisicamente os dados no cache na tabela.

O código para o botão com a legenda **Abortar** é mostrado na listagem:

```
procedure TformAlterarContasReceber.btnAbortarClick(Sender: TObject);
begin
     dmModuloDados2.sdsBoletos.CancelUpdates;
     Close;
end;
```

A figura 30.7 apresenta o formulário já finalizado. Ele deve ser gravado com o nome "UAlterarContasReceber.Pas".

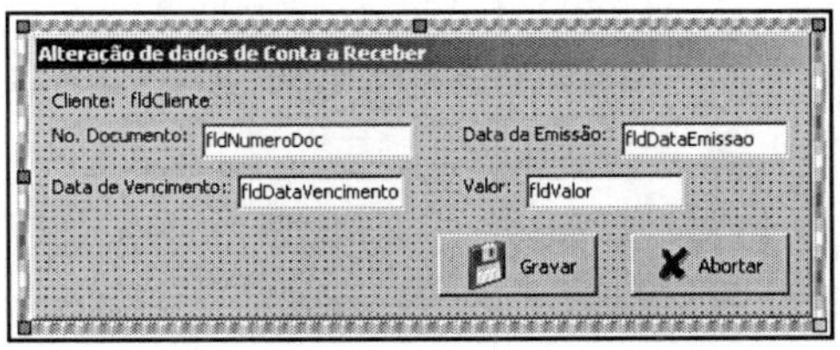

Figura 30.7

Vamos voltar ao formulário de pagamento de contas e fazer uma pequena modificação de maneira que possa ser utilizado também para liquidar um boleto que tenha sido pago pelo cliente.

Assim, abra o formulário **formLiquidarConta** e altere o código do procedimento do botão **OK** conforme demonstrado na seguinte listagem:

```
procedure TformLiquidarConta.btnOKClick(Sender: TObject);
var
   dblValorPago,dblValorCredito: double;
begin
     if strTipoConta = 'PAGAR' then
     begin
          dmModuloDados2.sdsContasPagar.Open;
          dmModuloDados2.sdsContasPagar.IndexFieldNames := 'Registro';
          dmModuloDados2.sdsContasPagar.FindKey([intRegistro]);
          dmModuloDados2.sdsContasPagar.Edit;
          dmModuloDados2.sdsContasPagarData_Pagamento.AsDateTime := Date;
          dmModuloDados2.sdsContasPagarValor_Pago.AsFloat := StrToFloat(edtValorPago.Text);
          dmModuloDados2.sdsContasPagarLiquidado.AsString := 'S';
          dmModuloDados2.sdsContasPagar.Post;
          dmModuloDados2.sdsContasPagar.ApplyUpdates(-1);
          dmModuloDados2.sdsContasPagar.IndexFieldNames := '';
          dmModuloDados2.sdsContasPagar.Close;
     end
     else
     begin
          dmModuloDados2.sdsConfiguraBoleto.Open;
          dmModuloDados2.sdsBoletos.Open;
```

```
            dmModuloDados2.sdsBoletos.IndexFieldNames := 'Registro';
            dmModuloDados2.sdsBoletos.FindKey([intRegistro]);
            dmModuloDados2.sdsBoletos.Edit;
            dmModuloDados2.sdsBoletosData_Pagamento.AsDateTime := Date;
            dblValorPago := StrToFloat(edtValorPago.Text);
            dblValorCredito := dblValorPago - dmModuloDados2.sdsConfiguraBoletoTarifa_Cobranca.AsFloat;
            dmModuloDados2.sdsBoletosValor_Pago.AsFloat := dblValorPago;
            dmModuloDados2.sdsBoletosTarifa_Cobranca.AsFloat :=
dmModuloDados2.sdsConfiguraBoletoTarifa_Cobranca.AsFloat;
            dmModuloDados2.sdsBoletosValor_Credito.AsFloat := dblValorCredito;
            dmModuloDados2.sdsBoletosLiquidado.AsString := 'S';
            dmModuloDados2.sdsBoletos.Post;
            dmModuloDados2.sdsBoletos.ApplyUpdates(-1);
            dmModuloDados2.sdsBoletos.IndexFieldNames := '';
            dmModuloDados2.sdsBoletos.Close;
            dmModuloDados2.sdsConfiguraBoleto.Close;
      end;
end;
```

O procedimento localiza o registro referente ao boleto e entra no modo de edição com a chamada ao método **Edit**. Os valores para os campos Data_Pagamento, Valor_Pago, Tarifa_Cobranca, Valor_Credito e **Liquidado** são gravados. Observe que o valor pago difere do valor creditado na conta-corrente, uma vez que há a cobrança de uma tarifa pelo serviço prestado pelo banco de emissão dos boletos.

Volte ao formulário **formRecebimentos**. Vincule as unidades **AlterarContasReceber** e **ULiquidarContaessas**.

30.4. Finalização e Teste

Selecione novamente o formulário principal do projeto e vincule a unidade do formulário **formRecebimentos**. Abra o editor de menus e dê um duplo-clique na opção **Contas a Receber**, do menu **Financeiro**. Então digite o código:

```
procedure TformPrincipal.opcContasReceberClick(Sender: TObject);
var
   Formulario: TformRecebimentos;
begin
     if (Application.FindComponent('formRecebimentos') = nil) then
     begin
          Formulario := TformRecebimentos.Create(Application);
          Formulario.Top := 0;
          Formulario.Left := 0;
     end;
end;
```

Salve todo o projeto novamente e compile-o. Rode o programa e selecione a opção **Financeiro → Contas a Receber**. Com isso deve ser mostrada uma tela similar à da figura 30.8.

Se for selecionada a opção **Tudo**, aparecem também os registros dos boletos já pagos (figura 30.9).

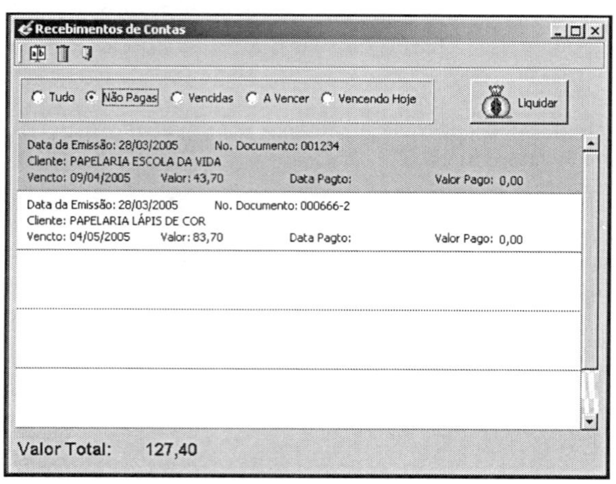

Figura 30.8

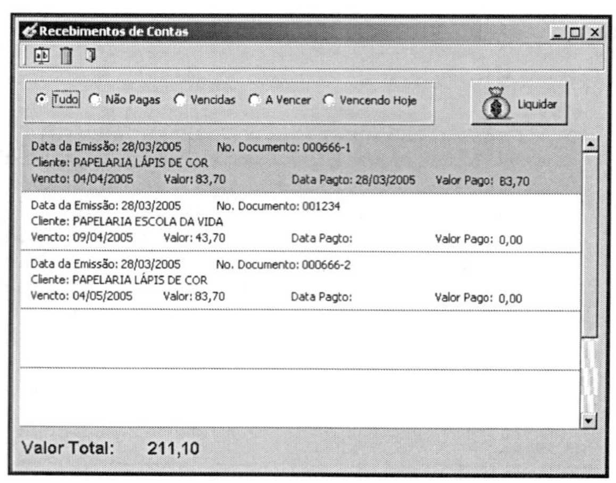

Figura 30.9

Para alterar os dados de uma conta, selecione o registro correspondente e clique no botão de edição. A tela da figura 30.10 deve ser mostrada em seguida. Faça as alterações necessárias e clique no botão **Gravar**. Não é possível mudar o cliente vinculado à conta.

No caso de desejar liquidar uma conta que foi paga, selecione o registro correspondente a partir da grade de dados e clique no botão **Liquidar**. Uma tela similar à da figura 30.11 é mostrada.

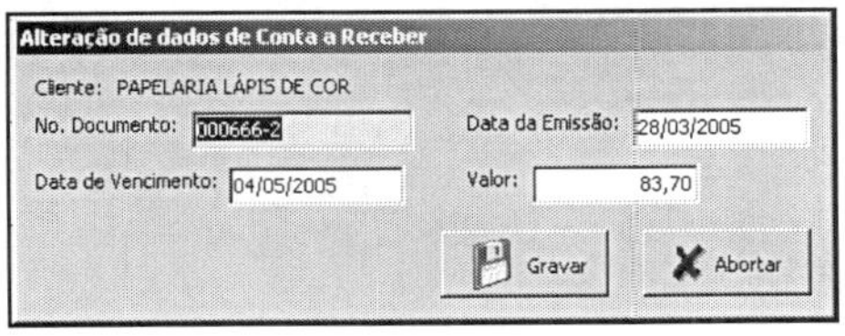

Figura 30.10

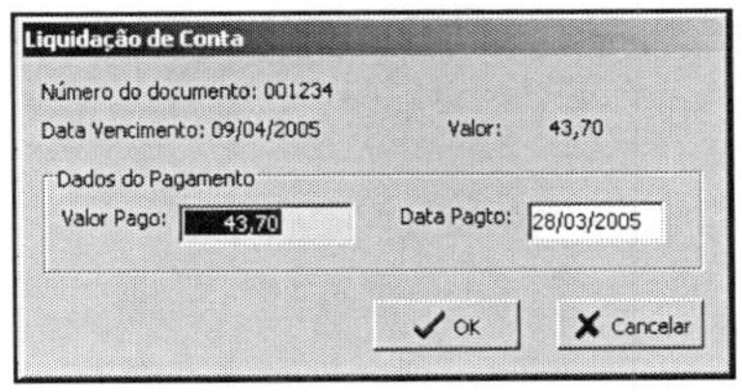

Figura 30.11

Se os dados estiverem corretos, simplesmente deve-se clicar em **OK**; caso contrário, eles devem ser digitados por cima do que foi apresentado pelo programa.

Para saber se um determinado boleto foi pago pelo cliente, o banco pode fornecer algum tipo de relatório contendo essa informação, ou mesmo pelo extrato da conta-corrente. Outra possibilidade é ser gerado um arquivo pelo banco com as informações dos boletos pagos. Neste caso, uma rotina pode ser criada para importar os dados desse arquivo e dar baixa automática. Todas essas opções devem ser tratadas diretamente com o gerente antes do desenvolvimento do sistema.

A figura 30.12 mostra o formulário após o recebimento.

Se você abrir a tabela no **MySQL Control Center** (ou **IBConsole**), poderá verificar os valores devidamente atribuídos aos campos **Valor_Pago**, **Tarifa_Cobranca** e **Valor_Credito**.

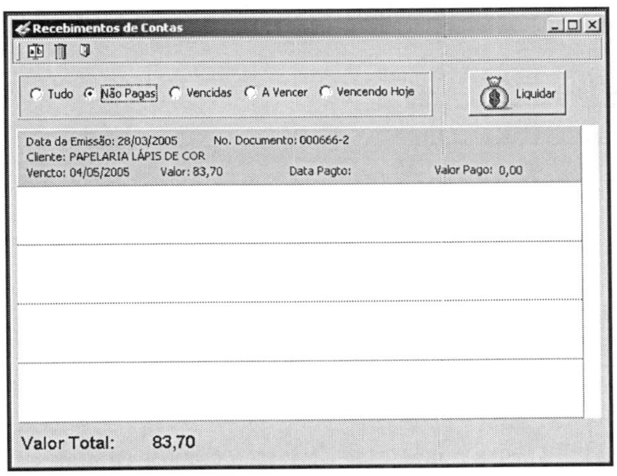

Figura 30.12

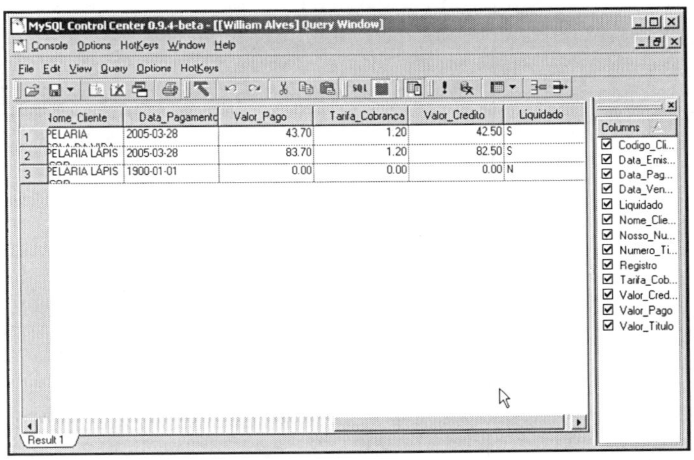

Figura 30.13

Relatórios Diversos

Assuntos abordados neste capítulo

- *Criação de relatórios de estoque e de contas*
- *Uso do componente de cálculo do Rave Reports*
- *Implementação de mais recursos de controle de acesso*
- *Adição de novos botões à barra de ferramentas*

31.1. Relatórios de Estoque

Com este capítulo finaliza-se o estudo. Nele são apresentados alguns relatórios e os ajustes finais relativos ao controle de acesso de usuários.

É preciso criar uma tabela na qual o aplicativo armazenará temporariamente os dados relativos a estoque de produtos. Execute o **MySQL Control Center** e depois de ter conectado ao banco de dados **bd_gdp**, clique com o botão direito do mouse sobre o item **Tables** e escolha a opção **New Table**. Entre com as seguintes especificações de campos:

Field Name	Allow NULL	Data Type	Length
Codigo_Produto	Desmarcado	Int	
Descricao	Desmarcado	Varchar	80
Valor_Unitario	Desmarcado	Decimal	10,2
Estoque_Atual	Desmarcado	Int	
Estoque_Minimo	Desmarcado	Int	
Consumo_Medio	Desmarcado	Int	
Cobertura	Desmarcado	Int	
Valor_Total	Desmarcado	Decimal	12,2

Defina o campo **Codigo_Produto** como a chave primária. A figura 31.1 mostra a janela de definição com os campos dessa nova tabela. Salve-a com o nome "Relatorio_Estoque".

Crie essa tabela também no InterBase e execute o seguinte comando na janela **Interactive SQL** do **IBConsole**:

```
CREATE TABLE RELATORIO_ESTOQUE
(CODIGO_PRODUTO DMCODIGO_INTERNO NOT NULL PRIMARY KEY,
 DESCRICAO VARCHAR(80),
 VALOR_UNITARIO DMVALOR,
 ESTOQUE_ATUAL DMESTOQUE,
 ESTOQUE_MINIMO DMESTOQUE,
 CONSUMO_MEDIO INTEGER,
 COBERTURA INTEGER,
 VALOR_TOTAL DECIMAL(12,2));
```

Volte ao Delphi 2005 e abra o projeto do exemplo (se ele estiver fechado). Selecione o módulo de dados **dmModuloDados2** e acrescente um componente **TSimpleDataSet** (grupo **dbExpress**) e **TDataSource** (grupo **Data Controls**). As configurações para esses objetos são as seguintes:

Objeto	Propriedade	Grupo	Valor
SimpleDataSet1	ConnectionName	Connection	BaseDadosGDP
	CommandType	Database/DataSet	ctTable
	CommandText	Database/DataSet	relatorio_estoque
	Name	Miscellaneous	sdsRelatorioEstoque
DataSource1	DataSet	Database	sdsRelatorioEstoque
	Name	Miscellaneous	dsRelatorioEstoque

Veja a figura 31.2.

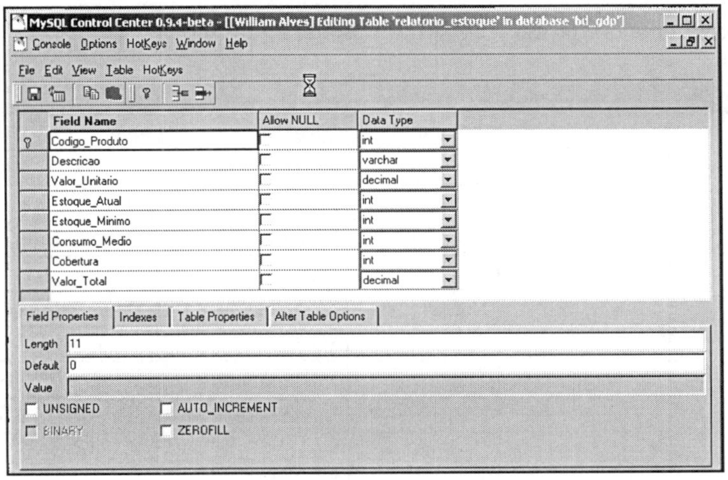

Figura 31.1

Abra o módulo de dados **dmRelatorios** e adicione outro componente **TRvDataSetConnection** (grupo **Rave**), configurando suas propriedades da seguinte forma:

Propriedade	Grupo	Valor
DataSet	DataBase	dmModuloDados2.sdsRelatorioEstoque
Name	Miscellaneous	rdsEstoque

A figura 31.3 mostra esse módulo de dados com o novo componente de acesso a dados.

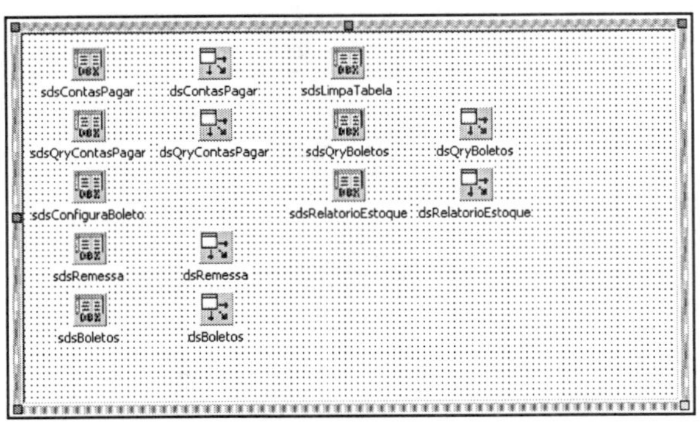

Figura 31.2

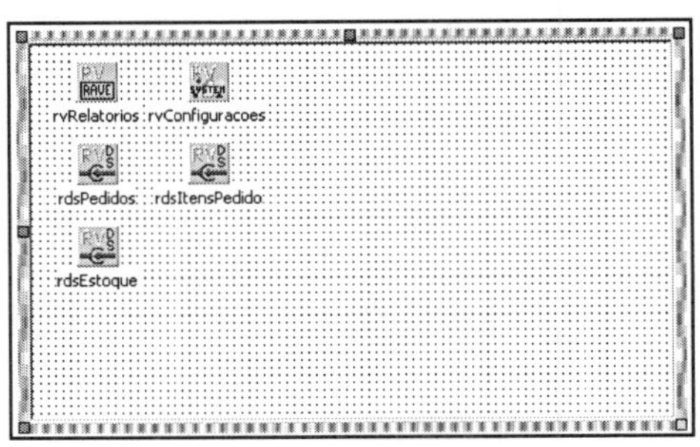

Figura 31.3

A próxima etapa consiste em adicionar um novo menu e suas respectivas opções. Abra a janela do editor de menus com um duplo-clique sobre o ícone do objeto **mnuPrincipal**. Então insira um novo menu logo após o menu denominado **Financeiro**, configurando-o da seguinte forma:

Propriedade	Grupo	Valor
Caption	Visual	Relatórios
Name	Miscellaneous	mnuRelatorios

Dentro desse menu coloque três opções com as seguintes configurações:

Opção	Propriedade	Grupo	Valor
1ª Opção	Caption	Visual	Estoque
	Name	Miscellaneous	opcRelEstoque
2ª Opção	Caption	Visual	Contas a Pagar
	Name	Miscellaneous	opcRelContasPagar
3ª Opção	Caption	Visual	Contas a Receber
	Name	Miscellaneous	opcRelContasReceber

A cada uma dessas opções acrescente outros itens, conforme descrito na tabela:

Opção	Item da Opção	Propriedade	Grupo	Valor
Estoque	1º Item	Caption	Visual	Geral
		Tag	Miscellaneous	11
		Name	Miscellaneous	opcEstoqueGeral
	2º Item	Caption	Visual	No Nível Mínimo
		Tag	Miscellaneous	12
		Name	Miscellaneous	opcNivelMinimo
	3º Item	Caption	Visual	Estoque Zerado
		Tag	Miscellaneous	13
		Name	Miscellaneous	opcEstoqueZerado
	4º Item	Caption	Visual	Consumo Médio
		Tag	Miscellaneous	14
		Name	Miscellaneous	opcConsumoMedio
Contas a Pagar	1º Item	Caption	Visual	A Vencer
		Tag	Miscellaneous	21
		Name	Miscellaneous	opcContasPagarVencer
	2º Item	Caption	Visual	Vencidas e Não Pagas
		Tag	Miscellaneous	22
		Name	Miscellaneous	opcContasPagarVencidas
	3º Item	Caption	Visual	Pagas
		Tag	Miscellaneous	23
		Name	Miscellaneous	opcContasPagarPagas
Contas a Receber	1º Item	Caption	Visual	A Vencer
		Tag	Miscellaneous	31
		Name	Miscellaneous	opcContasReceberVencer
	2º Item	Caption	Visual	Vencidas e Não Pagas
		Tag	Miscellaneous	32
		Name	Miscellaneous	opcContasReceberVencidas
	3º Item	Caption	Visual	Pagas
		Tag	Miscellaneous	33
		Name	Miscellaneous	opcContasReceberPagas

As figuras 31.4, 31.5 e 31.6 mostram essas opções do menu **Relatórios**. A seguir, dê um duplo-clique no objeto **rvRelatorios**, do módulo de dados **dmRelatorios**, para abrir o ambiente do **Rave Reports**. Clique no botão **New Data Object** () e especifique na janela apresentada na figura 31.7 o objeto de dados denominado **rdsEstoque**.

Configure a propriedade **Name** do objeto **DataView** com a expressão caractere "dvEstoque". Expanda esse objeto para que sejam mostrados os campos da tabela. Então especifique as cadeias de caracteres "##,##0.00" e "###,##0.00" na propriedade **DisplayFormat** dos campos **Valor_Unitario** e **Valor_Total** respectivamente.

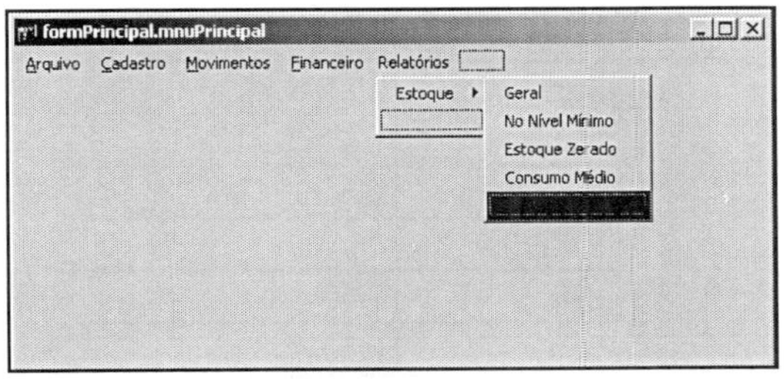

Figura 31.4

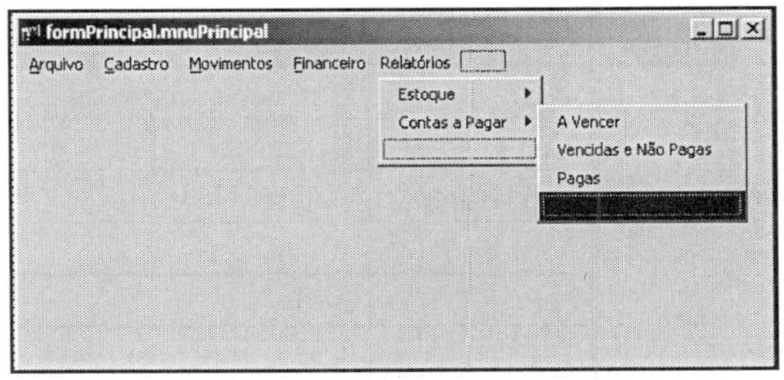

Figura 31.5

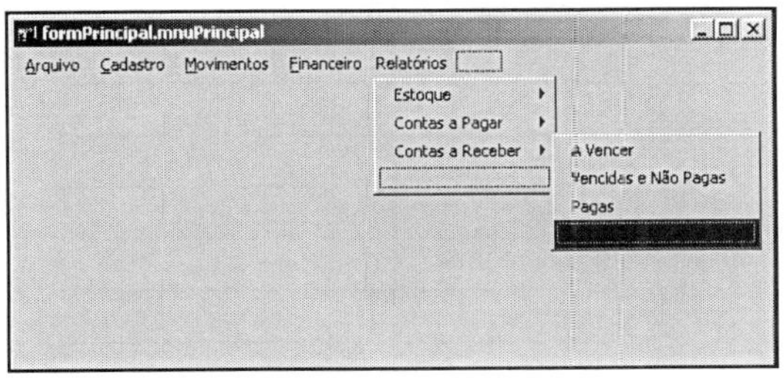

Figura 31.6

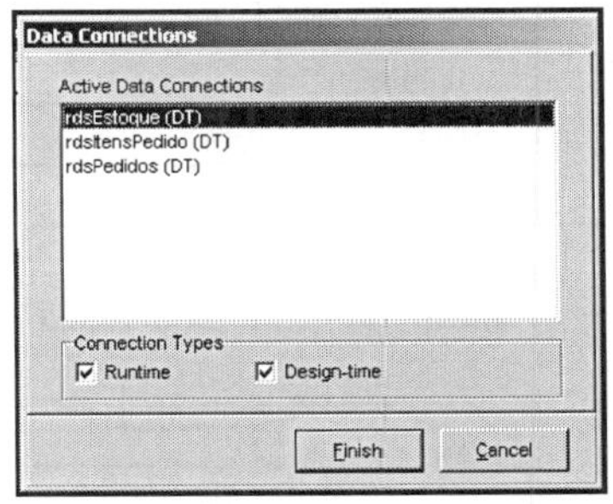

Figura 31.7

Clique no botão **New Report** () para adicionar um novo layout de relatório ao arquivo de projeto. Digite na propriedade **Name** a cadeia de caracteres "Estoque". Agora selecione o item **Page1**, clique na propriedade **PaperSize** e escolha a opção **A4 Sheet**, assim o tamanho da papel é configurado para A4. A partir das opções mostradas na propriedade **Orientation**, escolha **poLandscape**, assim o relatório será impresso em formato paisagem, ou seja, deitado na folha.

Selecione o componente **Region** (grupo **Report**) e clique na página de desenho. Ajuste o tamanho desse objeto para que ocupe toda a dimensão da folha/página.

Adicione então um objeto **Band** e digite na propriedade **Name** a expressão "Cabecalho". Clique no ícone da propriedade **BandStyle** e marque as opções **Body Header** e **New Page**. Insira nessa seção um componente **DataText** (grupo **Report**) e especifique um parâmetro de nome **Titulo**. Selecione o tamanho de caracteres 12 e o estilo **Bold** na propriedade **Font**. Por fim configure a propriedade **Name** com a expressão "Titulo". Veja a figura 31.8.

Ao lado direito da página do relatório adicione outro **DataText**, mas dessa vez deve ser especificada a cadeia de caracteres "Data:" seguida pela variável de sistema **DataShort**, conforme pode ser visto na figura 31.9.

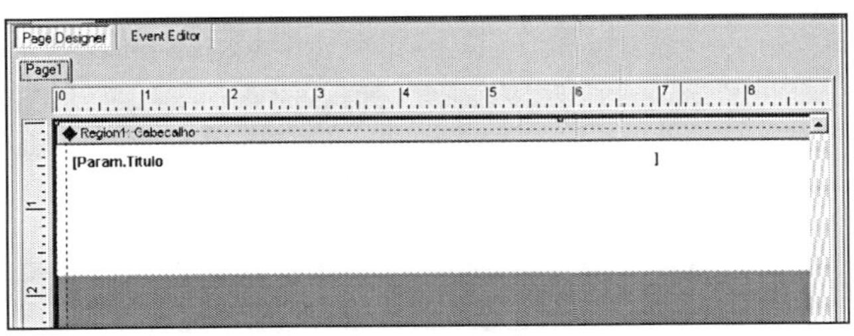

Figura 31.8

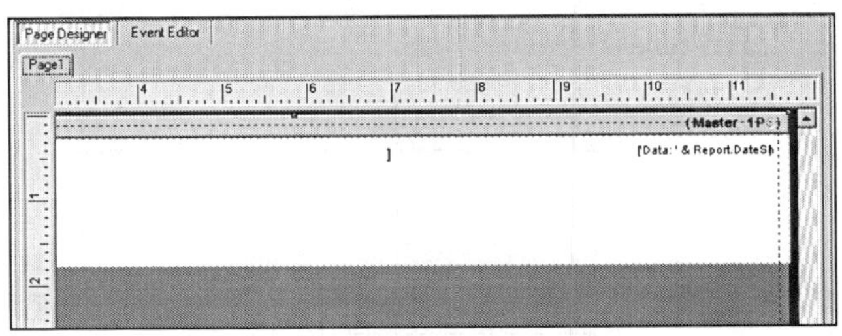

Figura 31.9

Selecione o grupo **Standard** e adicione oito componentes **Text** com as seguintes configurações:

Objeto	Propriedade	Valor
Text1	Text	Código
	Name	Codigo
	Font Name	Courier New
	Font Size	10
	Left	0,20
	Top	0,50

Objeto	Propriedade	Valor
Text5	Text	Est. Mín.
	Name	EstoqueMinimo
	Font Name	Courier New
	Font Size	10
	Left	8,50
	Top	C,50

Objeto	Propriedade	Valor
Text2	Text	Descrição do Produto
	Name	DescricaoProduto
	Font Name	Courier New
	Font Size	10
	Left	1,00
	Top	0,50
Text3	Text	Vl. Unit.
	Name	ValorUnitario
	Font Name	Courier New
	Font Size	10
	Left	6,80
	Top	0,50
Text4	Text	Est. Atual
	Name	EstoqueAtual
	Font Name	Courier New
	Font Size	10
	Left	7,60
	Top	0,50

Objeto	Propriedade	Valor
Text6	Text	Vl. Total
	Name	ValorTotal
	Font Name	Courier New
	Font Size	10
	Left	9,60
	Top	0,50
Text7	Text	C.M.
	Name	ConsumoMedio
	Font Name	Courier New
	Font Size	10
	Left	10,60
	Top	0,50
Text8	Text	I.C.
	Name	IndiceCobertura
	Font Name	Courier New
	Font Size	10
	Left	11,10
	Top	0,50

Abaixo dessas legendas insira uma linha horizontal (componente **HLine** do grupo **Drawing**). Ela deve ser estendida até ocupar toda a largura da página. Veja o resultado na figura 31.10.

Adicione ao relatório um **DataBand** configurando suas propriedades da seguinte maneira:

Propriedade	Valor
DataView	dvEstoque
Name	Detalhe

Configure a propriedade **BandStyle** com a opção **Detail**.

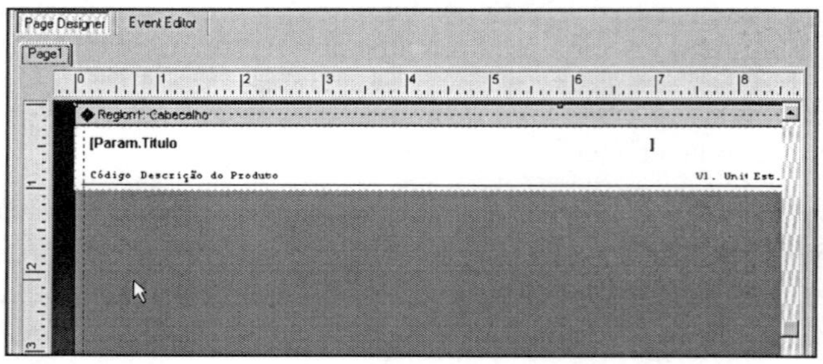

Figura 31.10

Dentro dessa banda coloque oito componentes **DataText**. As propriedades desses objetos devem ser configuradas conforme descrito na tabela seguinte:

Objeto	Propriedade	Valor
DataText1	DataView	dvEstoque
	DataField	Codigo_Produto
	Font Name	Courier New
	Font Size	10
	Name	fldCodigo
	Left	0,20
	Top	0,00
DataText2	DataView	dvEstoque
	DataField	Descricao
	Font Name	Courier New
	Font Size	10
	Name	fldDescricaoProduto
	Left	1,00
	Top	0,00

Objeto	Propriedade	Valor
DataText5	DataView	dvEstoque
	DataField	Estoque_Minimo
	Font Name	Courier New
	Font Size	10
	Name	fldEstoqueMinimo
	Left	8,50
	Top	0,00
DataText6	DataView	dvEstoque
	DataField	Valor_Total
	Font Name	Courier New
	Font Size	10
	Name	fldValorTotal
	Left	9,30
	Top	0,00

Objeto	Propriedade	Valor
DataText3	DataView	dvEstoque
	DataField	Valor_Unitario
	Font Name	Courier New
	Font Size	10
	Name	fldValorUnitario
	Left	6,60
	Top	0,00
DataText4	DataView	dvEstoque
	DataField	Estoque_Atual
	Font Name	Courier New
	Font Size	10
	Name	fldEstoqueAtual
	Left	7,70
	Top	0,00

Objeto	Propriedade	Valor
DataText7	DataView	dvEstoque
	DataField	Consumo_Medio
	Font Name	Courier New
	Font Size	10
	Name	fldCM
	Left	10,50
	Top	0,00
DataText8	DataView	dvEstoque
	DataField	Cobertura
	Font Name	Courier New
	Font Size	10
	Name	fldIC
	Left	11,10
	Top	0,00

Selecione ainda a opção **pjRight** na propriedade **FontJustify** dos objetos **fldValorUnitario**, **fldEstoqueAtual**, **fldEstoqueMinimo**, **fldValorTotal**, **fldCM** e **fldIC**.

As figuras 31.11 e 31.12 mostram como deve ficar o layout do relatório após essas inclusões.

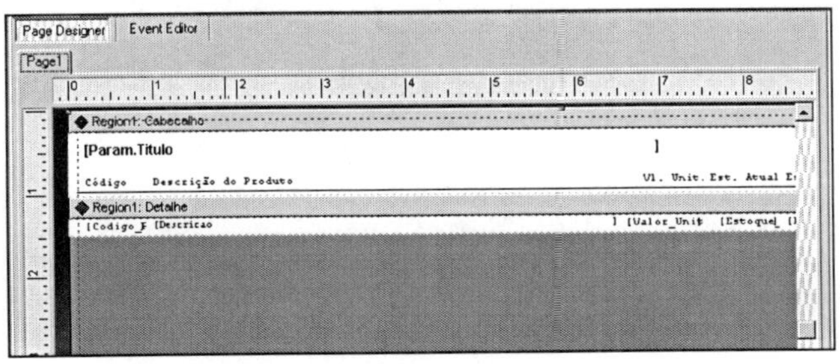

Figura 31.11

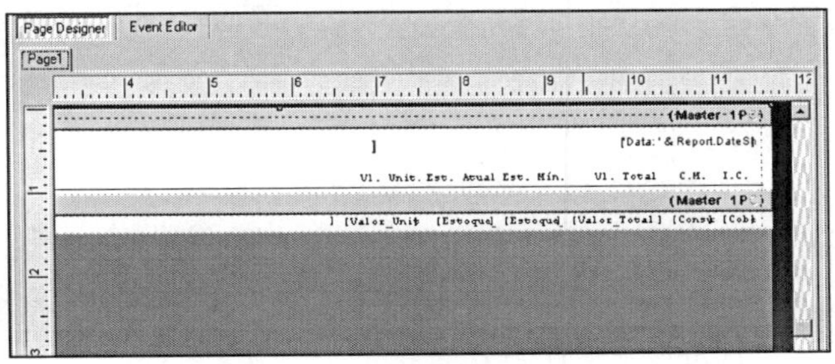

Figura 31.12

Devemos adicionar outro objeto **Band**, dessa vez configurando as propriedades da seguinte forma:

Propriedade	Valor
BandStyle	Body Footer
Name	Rodape

Acrescente uma linha horizontal, abrangendo toda a largura da página, e um **DataText**. Digite na propriedade **Name** a cadeia de caracteres "" e especifique na propriedade **DataField** um parâmetro com o nome **ValorTotal**. Você pode ver o resultado na figura 31.13.

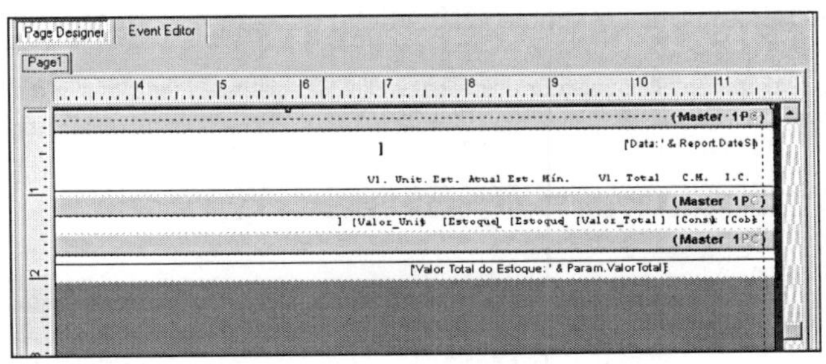

Figura 31.13

Salve o projeto de relatórios e após voltar ao Delphi, clique no botão **New items** ( ). Escolha o ícone **Form** da opção **Delphi Files**. Configure as propriedades do novo formulário da seguinte maneira:

Propriedade	Grupo	Valor
BorderIcons	Visual	Nenhuma opção
BorderStyle	Visual	bsDialog
Caption	Visual	Processamento de Relatórios
Name	Miscellaneous	formProcessaRelatorios
Position	Miscellaneous	poScreenCenter

Vincule as unidades **UModuloDados1**, **UModuloDados2**, **URotinasGenericas** e **UMDRelatorios**. Então adicione ao formulário os componentes listados na tabela:

Objeto	Propriedade	Grupo	Valor
Label1	Caption	Visual	Relatório:
	Name	Miscellaneous	lblRelatorio
Label2	Caption	Visual	Clique no botão OK para iniciar processamento...
	Name	Miscellaneous	lblMensagem
BitBtn1	Kind	Miscellaneous	bkOk
	Name	Miscellaneous	btnOK
BitBtn2	Kind	Miscellaneous	bkCancel
	Name	Miscellaneous	btnCancelar
	Caption	Visual	Cancelar
Progressbar1	Name	Miscellaneous	pgrProcessar
	Smooth	Miscellaneous	True

A figura 31.14 mostra como deve ficar o formulário. Salve-o com o nome "UProcessaRelatorios.Pas".

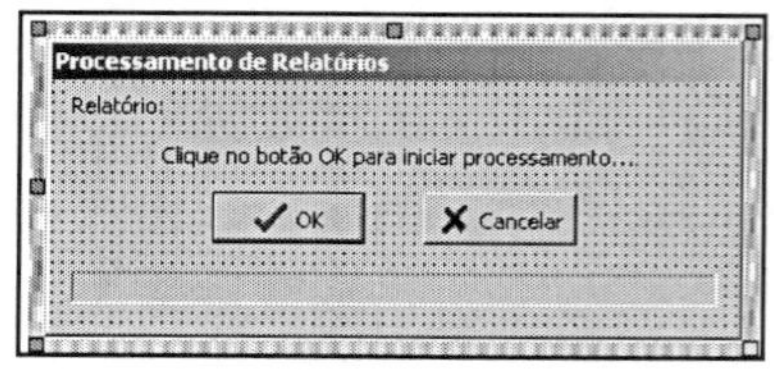

Figura 31.14

Adicione à definição da classe do formulário a declaração da variável **intOpcao**, conforme mostra o fragmento de código:

```
type
  TformProcessaRelatorios = class(TForm)
    lblRelatorio: TLabel;
    lblMensagem: TLabel;
    pgrProcessar: TProgressBar;
    btnOK: TBitBtn;
    btnCancelar: TBitBtn;
  private
    { Private declarations }
  public
    { Public declarations }
    intOpcao: integer;
  end;
```

Dê dois cliques no botão **OK** e digite o seguinte código:

```
procedure TformProcessaRelatorios.btnOKClick(Sender: TObject);
var
   dblValorTotal: double;
   strDataInicio,strDataFim: string;
   intCodigo,intQuantidade,intDias: integer;
   extDias: extended;
begin
     if intOpcao = 11 then // Relatório de Estoque Geral
     begin
          dmModuloDados2.sdsLimpaTabela.DataSet.CommandText := 'DELETE FROM Relatorio_Estoque';
          dmModuloDados2.sdsLimpaTabela.Execute;
          dmModuloDados2.sdsLimpaTabela.Close;

          dmModuloDados2.sdsRelatorioEstoque.Open;
          dmModuloDados1.sdsCatalogo.Open;
          dmModuloDados1.sdsDescricao.Open;
          dmModuloDados1.sdsDescricao.IndexFieldNames := 'Codigo_Descricao';

          dblValorTotal := 0;
          pgrProcessar.Max := dmModuloDados1.sdsCatalogo.RecordCount;
          pgrProcessar.Position := 0;
          while not dmModuloDados1.sdsCatalogo.Eof do
          begin
               dmModuloDados1.sdsDescricao.FindKey([dmModuloDados1.sdsCatalogo
Codigo_Descricao.AsInteger]);
               dmModuloDados2.sdsRelatorioEstoque.Append;
               dmModuloDados2.sdsRelatorioEstoqueCodigo_Produto.AsInteger :=
dmModuloDados1.sdsCatalogoCodigo_Interno.AsInteger;
```

```
            dmModuloDados2.sdsRelatorioEstoqueDescricao.AsString :=
Trim(dmModuloDados1.sdsDescricaoDescricao.AsString)+' ' +Trim(dmModuloDados1.
sdsCatalogoModelo.AsString);
            dmModuloDados2.sdsRelatorioEstoqueValor_Unitario.AsFloat :=
dmModuloDados1.sdsCatalogoPreco_Custo.AsFloat;
            dmModuloDados2.sdsRelatorioEstoqueEstoque_Atual.AsInteger :=
dmModuloDados1.sdsCatalogoEstoque_Atual.AsInteger;
            dmModuloDados2.sdsRelatorioEstoqueEstoque_Minimo.AsInteger :=
dmModuloDados1.sdsCatalogoEstoque_Minimo.AsInteger;
            dmModuloDados2.sdsRelatorioEstoqueConsumo_Medio.AsInteger :=
dmModuloDados1.sdsCatalogoConsumo_Medio.AsInteger;
            dmModuloDados2.sdsRelatorioEstoqueCobertura.AsInteger :=
dmModuloDados1.sdsCatalogoEstoque_Atual.AsInteger div dmModuloDados1.sdsCatalogo
Consumo_Medio.AsInteger;
            dmModuloDados2.sdsRelatorioEstoqueValor_Total.AsFloat :=
dmModuloDados1.sdsCatalogoEstoque_Atual.AsInteger * dmModuloDados1.sdsCatalogo Preco_Custo.AsFloat;
            dmModuloDados2.sdsRelatorioEstoque.Post;
            dmModuloDados2.sdsRelatorioEstoque.ApplyUpdates(-1);
            dblValorTotal := dblValorTotal + dmModuloDados2.sdsRelatorio
EstoqueValor_Total.AsFloat;

            dmModuloDados1.sdsCatalogo.Next;
            pgrProcessar.Position := pgrProcessar.Position + 1;
         end;
         dmModuloDados1.sdsDescricao.IndexFieldNames := '';
         dmModuloDados1.sdsCatalogo.Close;
         dmModuloDados1.sdsDescricao.Close;
         dmRelatorios.rvConfiguracoes.TitlePreview := 'Relatório de Estoque Geral';
         dmRelatorios.rvConfiguracoes.SystemPrinter.Title := 'Relatório de Estoque Geral';
         dmRelatorios.rvRelatorios.SelectReport('Estoque',True);
         dmRelatorios.rvRelatorios.SetParam('Titulo','Relatório de Estoque Geral');
         dmRelatorios.rvRelatorios.SetParam('ValorTotalEstoque',Format('%12.2f', [dblValorTotal]));
         dmRelatorios.rvRelatorios.Execute;
         dmModuloDados2.sdsRelatorioEstoque.Close;
      end
      else if intOpcao = 12 then // Relatório de Estoque no Nível Mínimo
         begin
            dmModuloDados2.sdsLimpaTabela.DataSet.CommandText := 'DELETE FROM Relatorio_Estoque';
            dmModuloDados2.sdsLimpaTabela.Execute;
            dmModuloDados2.sdsLimpaTabela.Close;

            dmModuloDados2.sdsRelatorioEstoque.Open;
            dmModuloDados1.sdsProdutos.DataSet.CommandText := 'SELECT * FROM Catalogo_Produtos
WHERE Estoque_Atual < Estoque_Minimo';
            dmModuloDados1.sdsProdutos.Open;
            dmModuloDados1.sdsDescricao.Open;
            dmModuloDados1.sdsDescricao.IndexFieldNames := 'Codigo_Descricao';

            dblValorTotal := 0;
            pgrProcessar.Max := dmModuloDados1.sdsProdutos.RecordCount;
            pgrProcessar.Position := 0;
            while not dmModuloDados1.sdsProdutos.Eof do
            begin
               dmModuloDados1.sdsDescricao.FindKey([dmModuloDados1.
sdsProdutosCodigo_Descricao.AsInteger]);
               dmModuloDados2.sdsRelatorioEstoque.Append;
               dmModuloDados2.sdsRelatorioEstoqueCodigo_Produto.AsInteger :=
dmModuloDados1.sdsProdutosCodigo_Interno.AsInteger;
               dmModuloDados2.sdsRelatorioEstoqueDescricao.AsString :=
Trim(dmModuloDados1.sdsDescricaoDescricao.AsString)+' '
+Trim(dmModuloDados1.sdsCatalogoModelo.AsString);
               dmModuloDados2.sdsRelatorioEstoqueValor_Unitario.AsFloat :=
dmModuloDados1.sdsProdutosPreco_Custo.AsFloat;
               dmModuloDados2.sdsRelatorioEstoqueEstoque_Atual.AsInteger :=
dmModuloDados1.sdsProdutosEstoque_Atual.AsInteger;
               dmModuloDados2.sdsRelatorioEstoqueEstoque_Minimo.AsInteger :=
dmModuloDados1.sdsProdutosEstoque_Minimo.AsInteger;
               dmModuloDados2.sdsRelatorioEstoqueConsumo_Medio.AsInteger :=
dmModuloDados1.sdsProdutosConsumo_Medio.AsInteger;
               dmModuloDados2.sdsRelatorioEstoqueCobertura.AsInteger :=
dmModuloDados1.sdsProdutosEstoque_Atual.AsInteger div dmModuloDados1.sdsCatalogo
Consumo_Medio.AsInteger;
               dmModuloDados2.sdsRelatorioEstoqueValor_Total.AsFloat :=
dmModuloDados1.sdsProdutosEstoque_Atual.AsInteger * dmModuloDados1.sdsCatalogo Preco_Custo.AsFloat;
```

```
                    dmModuloDados2.sdsRelatorioEstoque.Post;
                    dmModuloDados2.sdsRelatorioEstoque.ApplyUpdates(-1);
                    dblValorTotal := dblValorTotal + dmModuloDados2.sdsRelatorio
EstoqueValor_Total.AsFloat;

                    dmModuloDados1.sdsProdutos.Next;
                    pgrProcessar.Position := pgrProcessar.Position + 1;
               end;
               dmModuloDados1.sdsDescricao.IndexFieldNames := '';
               dmModuloDados1.sdsProdutos.Close;
               dmModuloDados1.sdsDescricao.Close;
               dmModuloDados1.sdsProdutos.DataSet.CommandText := 'SELECT * FROM Catalogo_Produtos';

               if not dmModuloDados2.sdsRelatorioEstoque.IsEmpty then
               begin
                    dmRelatorios.rvConfiguracoes.TitlePreview := 'Relatório de Estoque em Nível Mínimo';
                    dmRelatorios.rvConfiguracoes.SystemPrinter.Title := 'Relatório de Estoque em Nível
Mínimo';
                    dmRelatorios.rvRelatorios.SelectReport('Estoque',True);
                    dmRelatorios.rvRelatorios.SetParam('Titulo','Relatório de Estoque em Nível Mínimo');
                    dmRelatorios.rvRelatorios.SetParam('ValorTotalEstoque',
Format('%12.2f',[dblValorTotal]));
                    dmRelatorios.rvRelatorios.Execute;
               end;
               dmModuloDados2.sdsRelatorioEstoque.Close;
          end
     else if intOpcao = 13 then // Relatório de Estoque Zerado
          begin
               dmModuloDados2.sdsLimpaTabela.DataSet.CommandText := 'DELETE FROM Relatorio_Estoque';
               dmModuloDados2.sdsLimpaTabela.Execute;
               dmModuloDados2.sdsLimpaTabela.Close;

               dmModuloDados2.sdsRelatorioEstoque.Open;
               dmModuloDados1.sdsProdutos.DataSet.CommandText := 'SELECT * FROM Catalogo_Produtos
WHERE Estoque_Atual = 0';
               dmModuloDados1.sdsProdutos.Open;
               dmModuloDados1.sdsDescricao.Open;
               dmModuloDados1.sdsDescricao.IndexFieldNames := 'Codigo_Descricao';

               pgrProcessar.Max := dmModuloDados1.sdsProdutos.RecordCount;
               pgrProcessar.Position := 0;
               while not dmModuloDados1.sdsProdutos.Eof do
               begin
                    dmModuloDados1.sdsDescricao.FindKey([dmModuloDados1.sdsProdutos
Codigo_Descricao.AsInteger]);
                    dmModuloDados2.sdsRelatorioEstoque.Append;
                    dmModuloDados2.sdsRelatorioEstoqueCodigo_Produto.AsInteger :=
dmModuloDados1.sdsProdutosCodigo_Interno.AsInteger;
                    dmModuloDados2.sdsRelatorioEstoqueDescricao.AsString :=
Trim(dmModuloDados1.sdsDescricaoDescricao.AsString)+' ' +Trim(dmModuloDados1.
sdsCatalogoModelo.AsString);
                    dmModuloDados2.sdsRelatorioEstoqueValor_Unitario.AsFloat :=
dmModuloDados1.sdsProdutosPreco_Custo.AsFloat;
                    dmModuloDados2.sdsRelatorioEstoqueEstoque_Atual.AsInteger :=
dmModuloDados1.sdsProdutosEstoque_Atual.AsInteger;
                    dmModuloDados2.sdsRelatorioEstoqueEstoque_Minimo.AsInteger :=
dmModuloDados1.sdsProdutosEstoque_Minimo.AsInteger;
                    dmModuloDados2.sdsRelatorioEstoqueConsumo_Medio.AsInteger :=
dmModuloDados1.sdsProdutosConsumo_Medio.AsInteger;
                    dmModuloDados2.sdsRelatorioEstoqueCobertura.AsInteger :=
dmModuloDados1.sdsProdutosEstoque_Atual.AsInteger div dmModuloDados1.sdsCatalogo
Consumo_Medio.AsInteger;
                    dmModuloDados2.sdsRelatorioEstoqueValor_Total.AsFloat :=
dmModuloDados1.sdsProdutosEstoque_Atual.AsInteger * dmModuloDados1.sdsCatalogo Preco_Custo.AsFloat;
                    dmModuloDados2.sdsRelatorioEstoque.Post;
                    dmModuloDados2.sdsRelatorioEstoque.ApplyUpdates(-1);

                    dmModuloDados1.sdsProdutos.Next;
                    pgrProcessar.Position := pgrProcessar.Position + 1;
               end;
               dmModuloDados1.sdsDescricao.IndexFieldNames := '';
               dmModuloDados1.sdsProdutos.Close;
               dmModuloDados1.sdsDescricao.Close;
               dmModuloDados1.sdsProdutos.DataSet.CommandText := 'SELECT * FROM Catalogo_Produtos';
```

```
            if not dmModuloDados2.sdsRelatorioEstoque.IsEmpty then
            begin
                 dmRelatorios.rvConfiguracoes.TitlePreview := 'Relatório de Estoque Zerado';
                 dmRelatorios.rvConfiguracoes.SystemPrinter.Title := 'Relatório de Estoque Zerado';
                 dmRelatorios.rvRelatorios.SelectReport('Estoque',True);
                 dmRelatorios.rvRelatorios.SetParam('Titulo','Relatório de Estoque Zerado');
                 dmRelatorios.rvRelatorios.SetParam('ValorTotalEstoque','0,00');
                 dmRelatorios.rvRelatorios.Execute;
            end;
            dmModuloDados2.sdsRelatorioEstoque.Close;
       end
   else if intOpcao = 14 then // Relatório de Consumo Médio
       begin
            Application.CreateForm(TformPeriodo,formPeriodo);
            intOpcao := formPeriodo.ShowModal;
            strDataInicio := DataInvertida(formPeriodo.dtDataInicio);
            strDataFim := DataInvertida(formPeriodo.dtDataFim);
            extDias := formPeriodo.dtDataFim - formPeriodo.dtDataInicio;
            intDias := Trunc(extDias);
            formPeriodo.Destroy;
            if intOpcao = mrOK then
            begin
                 dmModuloDados1.sdsCatalogo.Open;
                 dmModuloDados1.sdsCatalogo.IndexFieldNames := 'Codigo_Interno';
                 dmModuloDados2.sdsQryNotasFiscais.DataSet.CommandText := 'SELECT * FROM
Notas_Fiscais WHERE Data_Emissao >= '+#39+strDataInicio+#39+' AND Data_Emissao <=
'+#39+strDataFim+#39;
                 dmModuloDados2.sdsQryNotasFiscais.Open;
                 pgrProcessar.Max := dmModuloDados2.sdsQryNotasFiscais.RecordCount;
                 pgrProcessar.Position := 0;
                 while not dmModuloDados2.sdsQryNotasFiscais.Eof do
                 begin
                      dmModuloDados2.sdsQryItensNF.DataSet.CommandText := 'SELECT * FROM Itens_NF
WHERE Numero_Nota = '+dmModuloDados2.sdsQryNotasFiscais Numero_Nota.AsString+' ORDER BY Codigo';
                      dmModuloDados2.sdsQryItensNF.Open;
                      while not dmModuloDados2.sdsQryItensNF.Eof do
                      begin
                           intCodigo := dmModuloDados2.sdsQryItensNFCodigo.AsInteger;
                           intQuantidade := 0;
                           while dmModuloDados2.sdsQryItensNFCodigo.AsInteger = intCodigo do
                           begin
                                intQuantidade := intQuantidade + dmModuloDados2.
sdsQryItensNFQuantidade.AsInteger;
                                dmModuloDados2.sdsQryItensNF.Next;
                                if dmModuloDados2.sdsQryItensNF.Eof then
                                   break;
                           end;
                           dmModuloDados1.sdsCatalogo.FindKey([intCodigo]);
                           dmModuloDados1.sdsCatalogo.Edit;
                           dmModuloDados1.sdsCatalogoConsumo_Medio.AsInteger := intQuantidade div
intDias;

                           dmModuloDados1.sdsCatalogo.Post;
                           dmModuloDados1.sdsCatalogo.ApplyUpdates(-1);
                           if dmModuloDados2.sdsQryItensNF.Eof then
                              break;
                      end;
                      dmModuloDados2.sdsQryItensNF.Close;
                      dmModuloDados2.sdsQryNotasFiscais.Next;
                      pgrProcessar.Position := pgrProcessar.Position + 1;
                 end;
                 dmModuloDados2.sdsQryNotasFiscais.Close;
                 dmModuloDados2.sdsQryNotasFiscais.DataSet.CommandText := 'SELECT * FROM
Notas_Fiscais';
                 dmModuloDados2.sdsQryItensNF.DataSet.CommandText := 'SELECT * FROM Itens_NF';

                 dmModuloDados2.sdsLimpaTabela.DataSet.CommandText := 'DELETE FROM
Relatorio_Estoque';
                 dmModuloDados2.sdsLimpaTabela.Execute;
                 dmModuloDados2.sdsLimpaTabela.Close;

                 dmModuloDados2.sdsRelatorioEstoque.Open;
                 dmModuloDados1.sdsDescricao.Open;
                 dmModuloDados1.sdsDescricao.IndexFieldNames := 'Codigo_Descricao';
```

```
                    dblValorTotal := 0;
                    dmModuloDados1.sdsCatalogo.IndexFieldNames := '';
                    dmModuloDados1.sdsCatalogo.First;
                    pgrProcessar.Max := dmModuloDados1.sdsCatalogo.RecordCount;
                    pgrProcessar.Position := 0;
                    while not dmModuloDados1.sdsCatalogo.Eof do
                    begin
                         dmModuloDados1.sdsDescricao.FindKey([dmModuloDados1.
sdsCatalogoCodigo_Descricao.AsInteger]);
                         dmModuloDados2.sdsRelatorioEstoque.Append;
                         dmModuloDados2.sdsRelatorioEstoqueCodigo_Produto.AsInteger :=
dmModuloDados1.sdsCatalogoCodigo_Interno.AsInteger;
                         dmModuloDados2.sdsRelatorioEstoqueDescricao.AsString :=
Trim(dmModuloDados1.sdsDescricaoDescricao.AsString)+' ' +Trim(dmModuloDados1.sdsCatalogo
Modelo.AsString);
                         dmModuloDados2.sdsRelatorioEstoqueValor_Unitario.AsFloat :=
dmModuloDados1.sdsCatalogoPreco_Custo.AsFloat;
                         dmModuloDados2.sdsRelatorioEstoqueEstoque_Atual.AsInteger :=
dmModuloDados1.sdsCatalogoEstoque_Atual.AsInteger;
                         dmModuloDados2.sdsRelatorioEstoqueEstoque_Minimo.AsInteger :=
dmModuloDados1.sdsCatalogoEstoque_Minimo.AsInteger;
                         dmModuloDados2.sdsRelatorioEstoqueConsumo_Medio.AsInteger :=
dmModuloDados1.sdsCatalogoConsumo_Medio.AsInteger;
                         if dmModuloDados1.sdsCatalogoConsumo_Medio.AsInteger <> 0 then
                            dmModuloDados2.sdsRelatorioEstoqueCobertura.AsInteger :=
dmModuloDados1.sdsCatalogoEstoque_Atual.AsInteger div dmModuloDados1.sdsCatalogo
Consumo_Medio.AsInteger
                            else
                                dmModuloDados2.sdsRelatorioEstoqueCobertura.AsInteger := 0;
                         dmModuloDados2.sdsRelatorioEstoqueValor_Total.AsFloat :=
dmModuloDados1.sdsCatalogoEstoque_Atual.AsInteger * dmModuloDados1.sdsCatalogo Preco_Custo.AsFloat;
                         dmModuloDados2.sdsRelatorioEstoque.Post;
                         dmModuloDados2.sdsRelatorioEstoque.ApplyUpdates(-1);
                         dblValorTotal := dblValorTotal + dmModuloDados2.sdsRelatorio
EstoqueValor_Total.AsFloat;

                         dmModuloDados1.sdsCatalogo.Next;
                         pgrProcessar.Position := pgrProcessar.Position + 1;
                    end;
                    dmModuloDados1.sdsDescricao.IndexFieldNames := '';
                    dmModuloDados1.sdsCatalogo.Close;
                    dmModuloDados1.sdsDescricao.Close;

                    dmRelatorios.rvConfiguracoes.TitlePreview := 'Relatório de Consumo Médio';
                    dmRelatorios.rvConfiguracoes.SystemPrinter.Title := 'Relatório de Consumo Médio';
                    dmRelatorios.rvRelatorios.SelectReport('Estoque',True);
                    dmRelatorios.rvRelatorios.SetParam('Titulo','Relatório de Consumo Médio');
                    dmRelatorios.rvRelatorios.SetParam('ValorTotalEstoque',
Format('%12.2f',[dblValorTotal]));
                    dmRelatorios.rvRelatorios.Execute;
                    dmModuloDados2.sdsRelatorioEstoque.Close;
               end;
          end
end;
```

É importante notar que esse procedimento testa o valor da variável **intOpcao**, que serve como um parâmetro para indicar qual opção do menu está chamando o formulário **formProcessaRelatorios**. Podemos notar também uma grande semelhança entre os códigos que processam os dados para os relatórios.

Basicamente, a tabela de dados **Relatorio_Estoque** é inicialmente limpa (todos os registros apagados) e as tabelas necessárias, de acordo com a opção selecionada pelo usuário, são abertas. Então os registros são gravados na tabela temporária (**Relatorio_Estoque**) para depois ser mostrado o relatório.

Se a opção escolhida for **Estoque Geral**, o procedimento grava na tabela temporária todos os registros da tabela de cadastro de produtos utilizando um *loop* **While...Do**. Dentro desse *loop* é também efetuada a soma do valor total.

```
dblValorTotal := 0;
pgrProcessar.Max := dmModuloDados1.sdsCatalogo.RecordCount;
pgrProcessar.Position := 0;
while not dmModuloDados1.sdsCatalogo.Eof do
begin
     dmModuloDados1.sdsDescricao.FindKey([dmModuloDados1.sdsCatalogoCodigo_Descricao. AsInteger]);
```

```
      dmModuloDados2.sdsRelatorioEstoque.Append;
      dmModuloDados2.sdsRelatorioEstoqueCodigo_Produto.AsInteger :=
dmModuloDados1.sdsCatalogoCodigo_Interno.AsInteger;
      dmModuloDados2.sdsRelatorioEstoqueDescricao.AsString :=
Trim(dmModuloDados1.sdsDescricaoDescricao.AsString)+' ' +Trim(dmModuloDados1.
sdsCatalogoModelo.AsString);
      dmModuloDados2.sdsRelatorioEstoqueValor_Unitario.AsFloat :=
dmModuloDados1.sdsCatalogoPreco_Custo.AsFloat;
      dmModuloDados2.sdsRelatorioEstoqueEstoque_Atual.AsInteger :=
dmModuloDados1.sdsCatalogoEstoque_Atual.AsInteger;
      dmModuloDados2.sdsRelatorioEstoqueEstoque_Minimo.AsInteger :=
dmModuloDados1.sdsCatalogoEstoque_Minimo.AsInteger;
      dmModuloDados2.sdsRelatorioEstoqueConsumo_Medio.AsInteger :=
dmModuloDados1.sdsCatalogoConsumo_Medio.AsInteger;
      dmModuloDados2.sdsRelatorioEstoqueCobertura.AsInteger :=
dmModuloDados1.sdsCatalogoEstoque_Atual.AsInteger div dmModuloDados1.sdsCatalogo Consumo_Medio.AsInteger;
      dmModuloDados2.sdsRelatorioEstoqueValor_Total.AsFloat :=
dmModuloDados1.sdsCatalogoEstoque_Atual.AsInteger * dmModuloDados1.sdsCatalogo Preco_Custo.AsFloat;
      dmModuloDados2.sdsRelatorioEstoque.Post;
      dmModuloDados2.sdsRelatorioEstoque.ApplyUpdates(-1);
      dblValorTotal := dblValorTotal + dmModuloDados2.sdsRelatorio EstoqueValor_Total.AsFloat;

      dmModuloDados1.sdsCatalogo.Next;
      pgrProcessar.Position := pgrProcessar.Position + 1;
end;
```

No caso das opções **No Nível Mínimo** e **Estoque Zerado**, o procedimento utiliza a consulta existente no objeto **sdsProdutos** para separar apenas os registros que interessam e posteriormente gravá-los na tabela temporária.

Antes de apresentar o relatório, o procedimento testa ainda se a tabela temporária contém registros porque pode ocorrer de não haver produto com estoque no nível mínimo ou que esteja zerado. Veja o fragmento de código que executa o relatório para essas duas opções:

```
else if intOpcao = 12 then // Relatório de Estoque no Nível Mínimo
      begin
            dmModuloDados2.sdsLimpaTabela.DataSet.CommandText := 'DELETE FROM Relatorio_Estoque';
            dmModuloDados2.sdsLimpaTabela.Execute;
            dmModuloDados2.sdsLimpaTabela.Close;

            dmModuloDados2.sdsRelatorioEstoque.Open;
            dmModuloDados1.sdsProdutos.DataSet.CommandText := 'SELECT * FROM Catalogo_Produtos WHERE
Estoque_Atual < Estoque_Minimo';
            dmModuloDados1.sdsProdutos.Open;
            dmModuloDados1.sdsDescricao.Open;
            dmModuloDados1.sdsDescricao.IndexFieldNames := 'Codigo_Descricao';

            dblValorTotal := 0;
            pgrProcessar.Max := dmModuloDados1.sdsProdutos.RecordCount;
            pgrProcessar.Position := 0;
            while not dmModuloDados1.sdsProdutos.Eof do
            begin
                  dmModuloDados1.sdsDescricao.FindKey([dmModuloDados1.
sdsProdutosCodigo_Descricao.AsInteger]);
                  dmModuloDados2.sdsRelatorioEstoque.Append;
                  dmModuloDados2.sdsRelatorioEstoqueCodigo_Produto.AsInteger :=
dmModuloDados1.sdsProdutosCodigo_Interno.AsInteger;
                  dmModuloDados2.sdsRelatorioEstoqueDescricao.AsString :=
Trim(dmModuloDados1.sdsDescricaoDescricao.AsString)+' '
+Trim(dmModuloDados1.sdsCatalogoModelo.AsString);
                  dmModuloDados2.sdsRelatorioEstoqueValor_Unitario.AsFloat :=
dmModuloDados1.sdsProdutosPreco_Custo.AsFloat;
                  dmModuloDados2.sdsRelatorioEstoqueEstoque_Atual.AsInteger :=
dmModuloDados1.sdsProdutosEstoque_Atual.AsInteger;
                  dmModuloDados2.sdsRelatorioEstoqueEstoque_Minimo.AsInteger :=
dmModuloDados1.sdsProdutosEstoque_Minimo.AsInteger;
                  dmModuloDados2.sdsRelatorioEstoqueConsumo_Medio.AsInteger :=
dmModuloDados1.sdsProdutosConsumo_Medio.AsInteger;
                  dmModuloDados2.sdsRelatorioEstoqueCobertura.AsInteger :=
dmModuloDados1.sdsProdutosEstoque_Atual.AsInteger div dmModuloDados1.sdsCatalogo
Consumo_Medio.AsInteger;
                  dmModuloDados2.sdsRelatorioEstoqueValor_Total.AsFloat :=
dmModuloDados1.sdsProdutosEstoque_Atual.AsInteger * dmModuloDados1.sdsCatalogo Preco_Custo.AsFloat;
                  dmModuloDados2.sdsRelatorioEstoque.Post;
                  dmModuloDados2.sdsRelatorioEstoque.ApplyUpdates(-1);
                  dblValorTotal := dblValorTotal + dmModuloDados2.sdsRelatorio
EstoqueValor_Total.AsFloat;
```

```
               dmModuloDados1.sdsProdutos.Next;
               pgrProcessar.Position := pgrProcessar.Position + 1;
          end;
          dmModuloDados1.sdsDescricao.IndexFieldNames := '';
          dmModuloDados1.sdsProdutos.Close;
          dmModuloDados1.sdsDescricao.Close;
          dmModuloDados1.sdsProdutos.DataSet.CommandText := 'SELECT * FROM Catalogo_Produtos';

          if not dmModuloDados2.sdsRelatorioEstoque.IsEmpty then
          begin
               dmRelatorios.rvConfiguracoes.TitlePreview := 'Relatório de Estoque em Nível Mínimo';
               dmRelatorios.rvConfiguracoes.SystemPrinter.Title := 'Relatório de Estoque em Nível
Mínimo';
               dmRelatorios.rvRelatorios.SelectReport('Estoque',True);
               dmRelatorios.rvRelatorios.SetParam('Titulo','Relatório de Estoque em Nível Mínimo');
               dmRelatorios.rvRelatorios.SetParam('ValorTotalEstoque',
Format('%12.2f',[dblValorTotal]));
               dmRelatorios.rvRelatorios.Execute;
               end;
               dmModuloDados2.sdsRelatorioEstoque.Close;
     end
else if intOpcao = 13 then // Relatório de Estoque Zerado
     begin
          dmModuloDados2.sdsLimpaTabela.DataSet.CommandText := 'DELETE FROM Relatorio_Estoque';
          dmModuloDados2.sdsLimpaTabela.Execute;
          dmModuloDados2.sdsLimpaTabela.Close;

          dmModuloDados2.sdsRelatorioEstoque.Open;
          dmModuloDados1.sdsProdutos.DataSet.CommandText := 'SELECT * FROM Catalogo_Produtos WHERE
Estoque_Atual = 0';
          dmModuloDados1.sdsProdutos.Open;
          dmModuloDados1.sdsDescricao.Open;
          dmModuloDados1.sdsDescricao.IndexFieldNames := 'Codigo_Descricao';

          pgrProcessar.Max := dmModuloDados1.sdsProdutos.RecordCount;
          pgrProcessar.Position := 0;
          while not dmModuloDados1.sdsProdutos.Eof do
          begin
               dmModuloDados1.sdsDescricao.FindKey([dmModuloDados1.sdsProdutos
Codigo_Descricao.AsInteger]);
               dmModuloDados2.sdsRelatorioEstoque.Append;
               dmModuloDados2.sdsRelatorioEstoqueCodigo_Produto.AsInteger :=
dmModuloDados1.sdsProdutosCodigo_Interno.AsInteger;
               dmModuloDados2.sdsRelatorioEstoqueDescricao.AsString :=
Trim(dmModuloDados1.sdsDescricaoDescricao.AsString)+' ' +Trim(dmModuloDados1.
sdsCatalogoModelo.AsString);
               dmModuloDados2.sdsRelatorioEstoqueValor_Unitario.AsFloat :=
dmModuloDados1.sdsProdutosPreco_Custo.AsFloat;
               dmModuloDados2.sdsRelatorioEstoqueEstoque_Atual.AsInteger :=
dmModuloDados1.sdsProdutosEstoque_Atual.AsInteger;
               dmModuloDados2.sdsRelatorioEstoqueEstoque_Minimo.AsInteger :=
dmModuloDados1.sdsProdutosEstoque_Minimo.AsInteger;
               dmModuloDados2.sdsRelatorioEstoqueConsumo_Medio.AsInteger :=
dmModuloDados1.sdsProdutosConsumo_Medio.AsInteger;
               dmModuloDados2.sdsRelatorioEstoqueCobertura.AsInteger := dmModuloDados1.
sdsProdutosEstoque_Atual.AsInteger div dmModuloDados1.sdsCatalogo Consumo_Medio.AsInteger;
               dmModuloDados2.sdsRelatorioEstoqueValor_Total.AsFloat :=
dmModuloDados1.sdsProdutosEstoque_Atual.AsInteger * dmModuloDados1.sdsCatalogo Preco_Custo.AsFloat;
               dmModuloDados2.sdsRelatorioEstoque.Post;
               dmModuloDados2.sdsRelatorioEstoque.ApplyUpdates(-1);

               dmModuloDados1.sdsProdutos.Next;
               pgrProcessar.Position := pgrProcessar.Position + 1;
          end;
          dmModuloDados1.sdsDescricao.IndexFieldNames := '';
          dmModuloDados1.sdsProdutos.Close;
          dmModuloDados1.sdsDescricao.Close;
          dmModuloDados1.sdsProdutos.DataSet.CommandText := 'SELECT * FROM Catalogo_Produtos';

          if not dmModuloDados2.sdsRelatorioEstoque.IsEmpty then
          begin
               dmRelatorios.rvConfiguracoes.TitlePreview := 'Relatório de Estoque Zerado';
               dmRelatorios.rvConfiguracoes.SystemPrinter.Title := 'Relatório de Estoque Zerado';
               dmRelatorios.rvRelatorios.SelectReport('Estoque',True);
               dmRelatorios.rvRelatorios.SetParam('Titulo','Relatório de Estoque Zerado');
               dmRelatorios.rvRelatorios.SetParam('ValorTotalEstoque','0,00');
               dmRelatorios.rvRelatorios.Execute;
          end;
          dmModuloDados2.sdsRelatorioEstoque.Close;
     end
```

A última opção (**Consumo Médio**) abre uma janela na qual o usuário deve informar a data inicial e a data final do período de vendas que deve ser considerado para o cálculo do consumo médio.

Mas antes é preciso adicionar dois componentes **TSimpleDataSet** ao módulo de dados **dmModuloDados2**. A configuração para esses objetos é apresentada na seguinte tabela:

Objeto	Propriedade	Grupo	Valor
SimpleDataSet1	ConnectionName	Connection	BaseDadosGDP
	CommandType	Database/DataSet	ctQuery
	CommandText	Database/DataSet	select * from notas_fiscais
	Name	Miscellaneous	sdsQryNotasFiscais
SimpleDataSet2	ConnectionName	Connection	BaseDadosGDP
	CommandType	Database/DataSet	ctQuery
	CommandText	Database/DataSet	select * from itens_nf
	Name	Miscellaneous	sdsQryNotasFiscais

Veja a nova aparência do módulo de dados na figura 31.15.

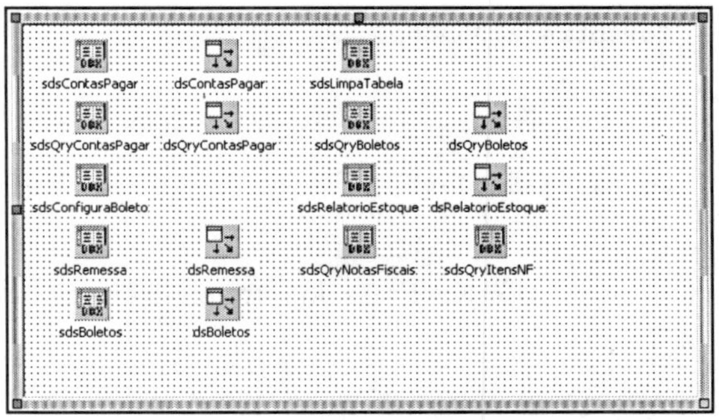

Figura 31.15

Vamos agora criar o formulário que permite ao usuário digitar o período desejado. Clique no botão **New items** ( ) e escolha o ícone **Form** da opção **Delphi Files**. Configure as propriedades do formulário conforme a seguinte tabela:

Propriedade	Grupo	Valor
KeyPreview	Input	True
BorderIcons	Visual	Nenhuma opção
BorderStyle	Visual	bsDialog
Caption	Visual	Entrada do Período
Name	Miscellaneous	formPeriodo
Position	Miscellaneous	poScreenCenter

Vincule a unidade **URotinasGenericas** e depois adicione os seguintes componentes:

Objeto	Propriedade	Grupo	Valor
Label1	Caption	Visual	Data inicial do período:
	Name	Miscellaneous	lblDataInicio
Label2	Caption	Visual	Data final do período:
	Name	Miscellaneous	lblDataFim
MaskEdit1	EditMask	Localizable	99/99/9999
	Name	Miscellaneous	mskDataInicio
MaksEdit2	EditMask	Localizable	99/99/9999
	Name	Miscellaneous	mskDataFim
BitBtn1	Kind	Miscellaneous	bkOk
	Default	Miscellaneous	False
	Name	Miscellaneous	btnOK
BitBtn2	Kind	Miscellaneous	bkCancel
	Name	Miscellaneous	btnCancelar
	Caption	Visual	Cancelar

Adicione logo após a palavra-chave **public**, na definição da classe do formulário, a declaração das variáveis conforme mostra o fragmento de código:

```
type
  TformPeriodo = class(TForm)
    lblDataInicio: TLabel;
    lblDataFim: TLabel;
    mskDataInicio: TMaskEdit;
    mskDataFim: TMaskEdit;
    btnOK: TBitBtn;
    btnCancelar: TBitBtn;
  private
    { Private declarations }
  public
    { Public declarations }
    dtDataInicio,dtDataFim: TDateTime;
  end;
```

Atribua aos eventos **OnEnter** e **OnExit** do objeto **mskDataInicio** os códigos:

```
procedure TformPeriodo.mskDataInicioEnter(Sender: TObject);
begin
     CorEntrada(Sender);
end;

procedure TformPeriodo.mskDataInicioExit(Sender: TObject);
begin
     CorSaida(Sender);
end;
```

Já para o evento **OnKeyPress** do formulário entre com o procedimento:

```
procedure TformPeriodo.FormKeyPress(Sender: TObject; var Key: Char);
begin
     if key = #13 then
     begin
          Key:= #0;
          Perform(WM_NEXTDLGCTL,0,0);
     end;
end;
```

Dê um duplo-clique no botão **OK** e digite o seguinte código:

```
procedure TformPeriodo.btnOKClick(Sender: TObject);
begin
     dtDataInicio := StrToDate(mskDataInicio.Text);
     dtDataFim := StrToDate(mskDataFim.Text);
end;
```

Esse procedimento converte os valores digitados pelo usuário em datas que são armazenadas nas variáveis declaradas na definição do formulário.

A figura 31.16 mostra o formulário completo. Salve-o com o nome "UPeriodo.Pas".

Volte ao formulário **formProcessaRelatorio** e vincule a unidade do formulário que acabamos de criar.

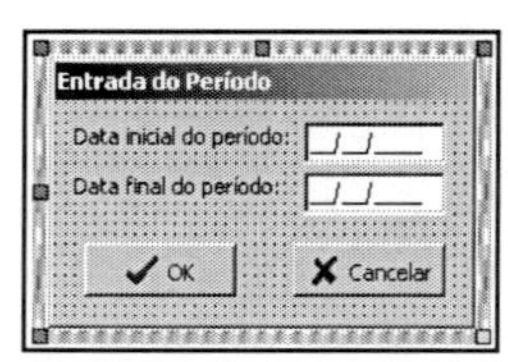

Figura 31.16

O procedimento abre o formulário e recupera os valores das datas pelas seguintes linhas:

```
Application.CreateForm(TformPeriodo,formPeriodo);
intOpcao := formPeriodo.ShowModal;
strDataInicio := DataInvertida(formPeriodo.dtDataInicio);
strDataFim := DataInvertida(formPeriodo.dtDataFim);
extDias := formPeriodo.dtDataFim - formPeriodo.dtDataInicio;
intDias := Trunc(extDias);
formPeriodo.Destroy;
```

É importante observar o número de dias passados entre as duas datas. Primeiro subtraímos a data inicial da data final. Como é necessária uma variável do tipo **Extended**, devemos converter em um número inteiro utilizando a função **Trunc** do **ObjectPascal**.

A seguir, caso o usuário tenha clicado no botão **OK**, o procedimento continua abrindo a tabela de cadastro de produtos e executando a consulta do objeto **sdsQryNotasFiscais**. Essa consulta separa as vendas compreendidas entre as datas fornecidas pelo usuário.

```
if intOpcao = mrOK then
begin
     dmModuloDados1.sdsCatalogo.Open;
     dmModuloDados1.sdsCatalogo.IndexFieldNames := 'Codigo_Interno';
     dmModuloDados2.sdsQryNotasFiscais.DataSet.CommandText := 'SELECT * FROM Notas_Fiscais WHERE
Data_Emissao >= '+#39+strDataInicio+#39+' AND Data_Emissao <= '+#39+ strDataFim+#39;
     dmModuloDados2.sdsQryNotasFiscais.Open;
     pgrProcessar.Max := dmModuloDados2.sdsQryNotasFiscais.RecordCount;
     pgrProcessar.Position := 0;
```

Através de um *loop* **While...Do**, percorremos todos os registros de notas fiscais emitidas dentro do período especificado pelo usuário. Os produtos da nota são separados por meio de uma consulta (objeto **sdsQryItensNF**) e a quantidade total de cada um deles é calculada.

```
while not dmModuloDados2.sdsQryNotasFiscais.Eof do
begin
     dmModuloDados2.sdsQryItensNF.DataSet.CommandText := 'SELECT * FROM Itens_NF WHERE Numero_Nota =
'+dmModuloDados2.sdsQryNotasFiscaisNumero_Nota.AsString+' ORDER BY Codigo';
     dmModuloDados2.sdsQryItensNF.Open;
     while not dmModuloDados2.sdsQryItensNF.Eof do
     begin
          intCodigo := dmModuloDados2.sdsQryItensNFCodigo.AsInteger;
          intQuantidade := 0;
          while dmModuloDados2.sdsQryItensNFCodigo.AsInteger = intCodigo do
          begin
               intQuantidade := intQuantidade + dmModuloDados2.sdsQryItensNFQuantidade. AsInteger;
               dmModuloDados2.sdsQryItensNF.Next;
               if dmModuloDados2.sdsQryItensNF.Eof then
                  break;
          end;
          dmModuloDados1.sdsCatalogo.FindKey([intCodigo]);
          dmModuloDados1.sdsCatalogo.Edit;
          dmModuloDados1.sdsCatalogoConsumo_Medio.AsInteger := intQuantidade div intDias;
          dmModuloDados1.sdsCatalogo.Post;
          dmModuloDados1.sdsCatalogo.ApplyUpdates(-1);
          if dmModuloDados2.sdsQryItensNF.Eof then
             break;
     end;
     dmModuloDados2.sdsQryItensNF.Close;
     dmModuloDados2.sdsQryNotasFiscais.Next;
     pgrProcessar.Position := pgrProcessar.Position + 1;
end;
```

Como podemos ver, após ter sido calculada a quantidade total de vendas, o campo **Consumo_Medio** da tabela é preenchido com o resultado da divisão entre as variáveis **intQuantidade** e **intDias**. Como as variáveis são do tipo **integer** (assim como o campo da tabela), emprega-se o operador **div**.

Depois de ter sido calculado o consumo médio dos produtos, todos os registros são gravados na tabela temporária.

```
dmModuloDados2.sdsLimpaTabela.DataSet.CommandText := 'DELETE FROM Relatorio_Estoque';
dmModuloDados2.sdsLimpaTabela.Execute;
dmModuloDados2.sdsLimpaTabela.Close;
dmModuloDados2.sdsRelatorioEstoque.Open;
dmModuloDados1.sdsDescricao.Open;
dmModuloDados1.sdsDescricao.IndexFieldNames := 'Codigo_Descricao';

dblValorTotal := 0;
dmModuloDados1.sdsCatalogo.IndexFieldNames := '';
dmModuloDados1.sdsCatalogo.First;
pgrProcessar.Max := dmModuloDados1.sdsCatalogo.RecordCount;
pgrProcessar.Position := 0;
while not dmModuloDados1.sdsCatalogo.Eof do
begin
     dmModuloDados1.sdsDescricao.FindKey([dmModuloDados1.sdsCatalogo Codigo_Descricao.AsInteger]);
     dmModuloDados2.sdsRelatorioEstoque.Append;
     dmModuloDados2.sdsRelatorioEstoqueCodigo_Produto.AsInteger := dmModuloDados1.
sdsCatalogoCodigo_Interno.AsInteger;
     dmModuloDados2.sdsRelatorioEstoqueDescricao.AsString := Trim(dmModuloDados1.
sdsDescricaoDescricao.AsString)+' ' +Trim(dmModuloDados1.sdsCatalogoModelo.AsString);
```

```
     dmModuloDados2.sdsRelatorioEstoqueValor_Unitario.AsFloat := dmModuloDados1.
sdsCatalogoPreco_Custo.AsFloat;
     dmModuloDados2.sdsRelatorioEstoqueEstoque_Atual.AsInteger := dmModuloDados1.
sdsCatalogoEstoque_Atual.AsInteger;
     dmModuloDados2.sdsRelatorioEstoqueEstoque_Minimo.AsInteger := dmModuloDados1.
sdsCatalogoEstoque_Minimo.AsInteger;
     dmModuloDados2.sdsRelatorioEstoqueConsumo_Medio.AsInteger :=
dmModuloDados1.sdsCatalogoConsumo_Medio.AsInteger;
     if dmModuloDados1.sdsCatalogoConsumo_Medio.AsInteger <> 0 then
        dmModuloDados2.sdsRelatorioEstoqueCobertura.AsInteger := dmModuloDados1.
sdsCatalogoEstoque_Atual.AsInteger div dmModuloDados1.sdsCatalogoConsumo_Medio.AsInteger
        else
            dmModuloDados2.sdsRelatorioEstoqueCobertura.AsInteger := 0;
     dmModuloDados2.sdsRelatorioEstoqueValor_Total.AsFloat := dmModuloDados1.
sdsCatalogoEstoque_Atual.AsInteger * dmModuloDados1.sdsCatalogoPreco_Custo.AsFloat;
     dmModuloDados2.sdsRelatorioEstoque.Post;
     dmModuloDados2.sdsRelatorioEstoque.ApplyUpdates(-1);
     dblValorTotal := dblValorTotal + dmModuloDados2.sdsRelatorioEstoque Valor_Total.AsFloat;

     dmModuloDados1.sdsCatalogo.Next;
     pgrProcessar.Position := pgrProcessar.Position + 1;
end;
dmModuloDados1.sdsDescricao.IndexFieldNames := '';
dmModuloDados1.sdsCatalogo.Close;
dmModuloDados1.sdsDescricao.Close;
```

Volte ao formulário principal e vincule a unidade **UProcessaRelatorios**. Atribua ao evento **OnClick** das opções do item **Estoque** os códigos seguintes:

Opção Estoque Geral

```
procedure TformPrincipal.opcEstoqueGeralClick(Sender: TObject);
begin
     Application.CreateForm(TformProcessaRelatorios,formProcessaRelatorios);
     formProcessaRelatorios.intOpcao := opcEstoqueGeral.Tag;
     formProcessaRelatorios.lblRelatorio.Caption := 'Relatório de Estoque Geral';
     formProcessaRelatorios.ShowModal;
     formProcessaRelatorios.Destroy;
end;
```

Opção No Nível Mínimo

```
procedure TformPrincipal.opcNivelMinimoClick(Sender: TObject);
begin
     Application.CreateForm(TformProcessaRelatorios,formProcessaRelatorios);
     formProcessaRelatorios.intOpcao := opcNivelMinimo.Tag;
     formProcessaRelatorios.lblRelatorio.Caption := 'Relatório de Estoque no Nível Mínimo';
     formProcessaRelatorios.ShowModal;
     formProcessaRelatorios.Destroy;
end;
```

Opção Estoque Zerado

```
procedure TformPrincipal.opcEstoqueZeradoClick(Sender: TObject);
begin
     Application.CreateForm(TformProcessaRelatorios,formProcessaRelatorios);
     formProcessaRelatorios.intOpcao := opcEstoqueZerado.Tag;
     formProcessaRelatorios.lblRelatorio.Caption := 'Relatório de Estoque Zerado';
     formProcessaRelatorios.ShowModal;
     formProcessaRelatorios.Destroy;
end;
```

Opção Consumo Médio

```
procedure TformPrincipal.opcConsumoMedioClick(Sender: TObject);
begin
     Application.CreateForm(TformProcessaRelatorios,formProcessaRelatorios);
     formProcessaRelatorios.intOpcao := opcConsumoMedio.Tag;
     formProcessaRelatorios.lblRelatorio.Caption := 'Relatório de Consumo Médio';
     formProcessaRelatorios.ShowModal;
     formProcessaRelatorios.Destroy;
end;
```

Note que utilizamos o valor da propriedade **Tag** das opções como parâmetro para o formulário.

Salve o projeto e depois de compilá-lo, rode-o.

As figuras 31.17 e 31.18 mostram dois exemplos, um de estoque geral e um de consumo médio.

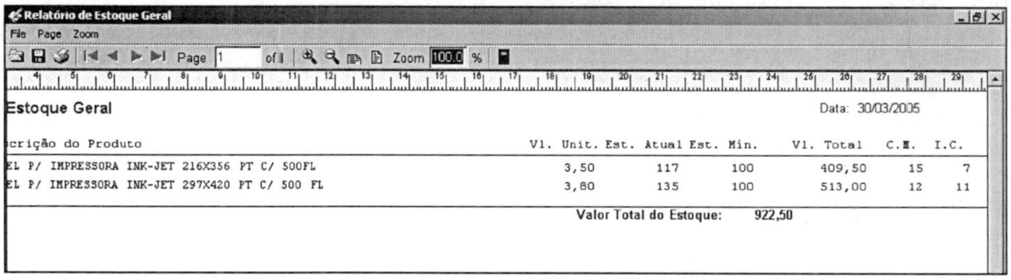

Figura 31.17

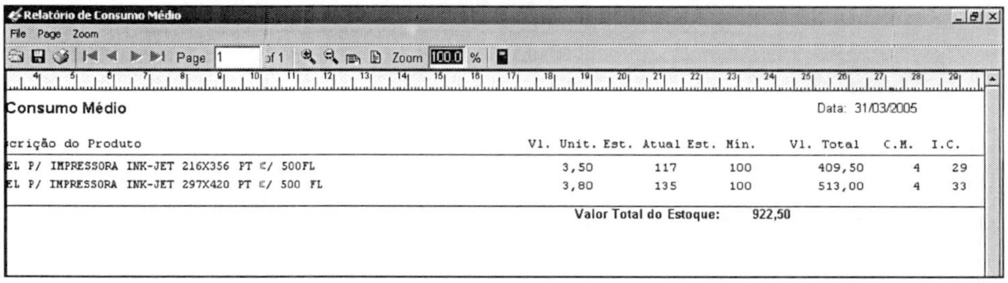

Figura 31.18

31.2. Relatórios de Contas a Pagar

Este tópico mostra a construção dos relatórios para contas a pagar. São dois relatórios, e um deles é utilizado por duas opções.

Abra o módulo de dados **dmRelatorios** e adicione o componente **TRvDataSetConnection** (grupo **Rave**) com as seguintes configurações:

Propriedade	Grupo	Valor
DataSet	Database	dmModuloDados2.sdsQryContasPagar
Name	Miscellaneous	rdsContasPagar

Na figura 31.19 é possível ver o módulo de dados com o novo componente.

A seguir, dê um duplo-clique no objeto **rvRelatorios** para abrir o ambiente do **Rave Reports**. Clique no botão **New Data Object** () e especifique na janela da figura 31.20 o objeto de dados denominado **rdsContasPagar**.

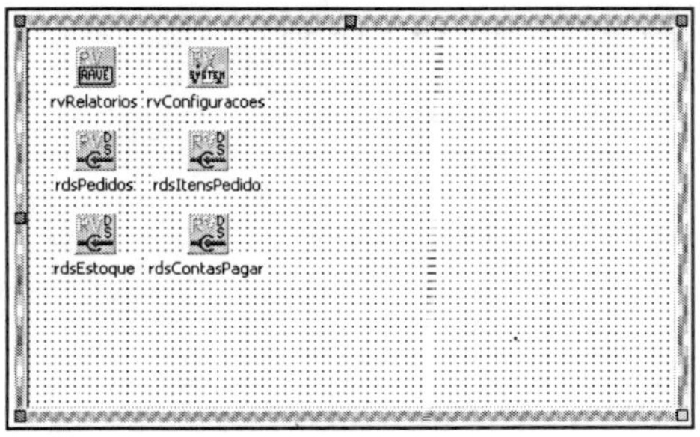

Figura 31.19

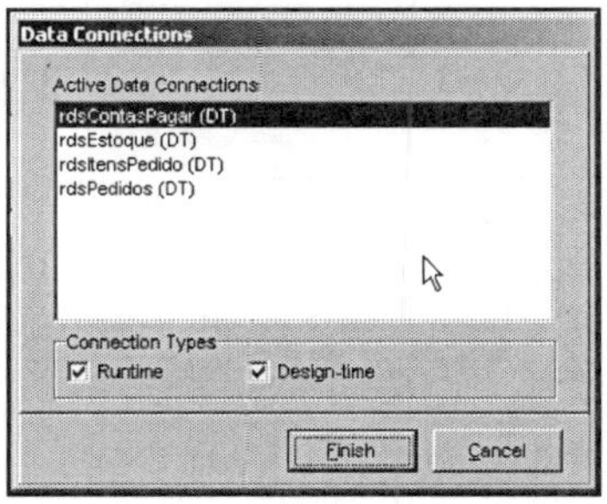

Figura 31.20

Configure a propriedade **Name** do objeto **DataView** com a expressão caractere "dvContasPagar". Expanda esse objeto para que sejam mostrados os campos da tabela. Atribua à propriedade **DisplayFormat** dos campos **Valor_Documento** e **Valor_Pago** a cadeia de caracteres "###,##0.00".

Clique no botão **New Report** ( ) para adicionar um novo relatório. Digite na propriedade **Name** a cadeia de caracteres "ContasPagar1". Agora selecione o item **Page1**, clique na propriedade **PaperSize** e escolha a opção **A4 Sheet**, assim o tamanho da papel é configurado para A4. A partir das opções mostradas na propriedade **Orientation**, escolha **poPortrait**.

Selecione o componente **Region** (grupo **Report**) e clique na página de desenho. Ajuste o tamanho desse objeto para que ocupe toda a dimensão da folha/página.

Adicione então um objeto **Band** e digite na propriedade **Name** a expressão "Cabecalho". Clique no ícone da propriedade **BandStyle** e marque as opções **Body Header** e **New Page**. Insira na seção seis componentes **Text** (grupo **Standard**) e dois **DataText** (grupo **Report**). Configure esses objetos da seguinte forma:

Objeto	Propriedade	Valor
Text1	Text	RELATÓRIO DE CONTAS A PAGAR
	Name	Titulo
	Left	0,10
	Top	0,00
Text2	Text	Dta Vencto.
	Name	DataVencimento
	Left	0,10
	Top	0,50
Text3	Text	Número Doc.
	Name	NumeroDocumento
	Left	1,10
	Top	0,50
Text4	Text	Valor
	Name	ValorDocumento
	Left	3,00
	Top	0,50
Text5	Text	Parcela
	Name	Parcela
	Left	3,50
	Top	0,50
Text6	Text	Referência
	Name	Referencia
	Left	4,20
	Top	0,50
DataText1	DataField	'Data: ' & Report.DateShort
	Name	DataRelatorio
DataText2	DataField	Param.SubTitulo
	Name	SubTitulo

Insira também uma linha horizontal que ocupa toda a largura da página do relatório.

Adicione ao relatório um **DataBand** com suas propriedades configuradas da seguinte maneira:

Propriedade	Valor
DataView	dvContasPagar
Name	Detalhe

Configure a propriedade **BandStyle** com a opção **Detail**. Dentro dessa banda coloque cinco componentes **DataText**. Configure-os de acordo com as seguintes especificações:

Objeto	Propriedade	Valor
DataText1	DataView	dvContasPagar
	DataField	Data_Vencimento
	Name	fldDataVencimento
	Left	0,10
	Top	0,00
DataText2	DataView	dvContasPagar
	DataField	Numero_Documento
	Name	fldNumeroDocumento
	Left	1,10
	Top	0,00
DataText3	DataView	dvContasPagar
	DataField	Valor_Documento
	Font Name	Courier New
	Font Size	10
	Name	fldValorDocumento
	FontJustify	pjRight
	Left	2,40
	Top	0,00

Objeto	Propriedade	Valor
DataText4	DataView	dvContasPagar
	DataField	Numero_Parcela
	Name	fldParcela
	Left	3.50
	Top	0,00
DataText5	DataView	dvContasPagar
	DataField	Referencia
	Name	fldReferencia
	Left	4,20
	Top	0,00

Um segundo objeto **Band** deve ser adicionado, configurado da seguinte forma:

Propriedade	Valor
BandStyle	Body Footer
Name	Rodape

Acrescente uma linha horizontal que abrange toda a largura da página. A seguir adicione um **Text** e um **CalcText**. Configure as propriedades **Text** e **Name** do primeiro com as cadeias de caracteres "Valor Total:" e "ValorTotal".

Configure as propriedades do segundo conforme a tabela:

Propriedade	Valor
CalcType	ctSum
Controller	Detalhe
DataField	Valor_Documento
DataView	dvContasPagar
DisplayFormat	###,##0.00
Name	fldValorTotal

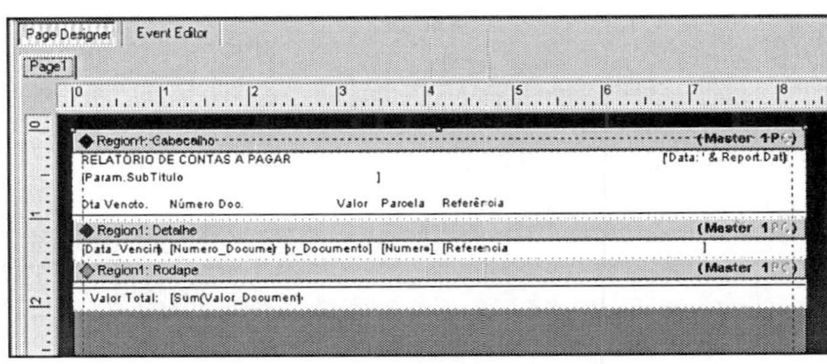

Figura 31.21

O resultado pode ser visto na figura 31.21.

O próximo relatório é bastante parecido, tendo apenas um campo a mais. Assim, clique novamente no botão **New Report** ( ) e digite na propriedade **Name** a cadeia de caracteres "ContasPagar2". Defina o tamanho da página como **A4 Sheet** e a orientação como **poPortrait**.

Insira um componente **Region** na página de desenho e ajuste seu tamanho para que ocupe toda a dimensão da folha.

Adicione então um objeto **Band** e digite na propriedade **Name** a expressão "Cabecalho". Clique no ícone da propriedade **BandStyle** e marque as opções **Body Header** e **New Page**. Insira na seção sete componentes **Text** (grupo **Standard**) e um **DataText** (grupo **Report**). Configure todos esses objetos da seguinte forma:

Objeto	Propriedade	Valor
Text1	Text	RELATÓRIO DE CONTAS A PAGAR - PAGAMENTOS EFETUADOS
	Name	Titulo
	Left	0,10
	Top	0,00
Text2	Text	Dta Vencto.
	Name	DataVencimento
	Left	0,10
	Top	0,30
Text3	Text	Número Doc.
	Name	NumeroDocumento
	Left	1,10
	Top	0,30
Text4	Text	Valor
	Name	ValorDocumento
	Left	3,00
	Top	0,30
Text5	Text	Parcela
	Name	Parcela
	Left	3,50
	Top	0,30
Text6	Text	Referência
	Name	Referencia
	Left	4,20
	Top	0,30
Text7	Text	Dta. Pagto.
	Name	DataPagamento
	Left	7,20
	Top	0,30
DataText1	DataField	'Data: ' & Report.DateShort
	Name	DataRelatorio

Insira também uma linha horizontal que ocupa toda a largura da página do relatório. Adicione um componente **DataBand** com as propriedades configuradas da seguinte maneira:

Propriedade	Valor
DataView	dvContasPagar
Name	Detalhe

Configure a propriedade **BandStyle** com a opção **Detail**. Dentro dessa banda coloque seis componentes **DataText**. Configure-os de acordo com as especificações:

Objeto	Propriedade	Valor
DataText1	DataView	dvContasPagar
	DataField	Data_Vencimento
	Name	fldDataVencimento
	Left	0,10
	Top	0,00
DataText2	DataView	dvContasPagar
	DataField	Numero_Documento
	Name	fldNumeroDocumento
	Left	1,10
	Top	0,00

Objeto	Propriedade	Valor
DataText4	DataView	dvContasPagar
	DataField	Numero_Parcela
	Name	fldParcela
	Left	3,50
	Top	0,00
DataText5	DataView	dvContasPagar
	DataField	Referencia
	Name	fldReferencia
	Left	4,20
	Top	0,00

Objeto	Propriedade	Valor
DataText3	DataView	dvContasPagar
	DataField	Valor_Documento
	Font Name	Courier New
	Font Size	10
	Name	fldValorDocumento
	FontJustify	pjRight
	Left	2,40
	Top	0,00

Objeto	Propriedade	Valor
DataText6	DataView	dvContasPagar
	DataField	Data_Pagamento
	Name	fldDataPagamento
	Left	7,20
	Top	0,00

Um segundo objeto **Band** deve ser adicionado, configurado da seguinte forma:

Propriedade	Valor
BandStyle	Body Footer
Name	Rodape

Acrescente uma linha horizontal que abrange toda a largura da página. A seguir adicione um **Text** e um **CalcText**. Configure as propriedades **Text** e **Name** do primeiro com as cadeias de caracteres "Valor Total:" e "ValorTotal".

Configure as propriedades do seguindo conforme a tabela:

Propriedade	Valor
CalcType	ctSum
Controller	Detalhe
DataField	Valor_Documento
DataView	dvContasPagar
DisplayFormat	###,##0.00
Name	fldValorTotal

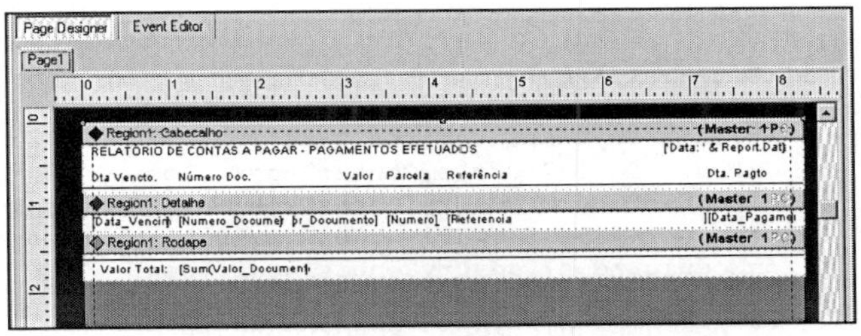

Figura 31.22

A figura 31.22 mostra o relatório completo.

Volte ao formulário principal e atribua ao evento **OnClick** das opções do item **Contas a Pagar** os códigos mostrados a seguir:

Opção a Vencer

```
procedure TformPrincipal.opcContasPagarVencerClick(Sender: TObject);
var
   strData: string;
begin
     strData := DataInvertida(Date);
     dmModuloDados2.sdsQryContasPagar.Close;
     dmModuloDados2.sdsQryContasPagar.DataSet.CommandText := 'SELECT * FROM Contas_Pagar WHERE
Liquidado <> '+#39+'S'+#39+' ORDER BY Data_Vencimento,Numero_Documento';
     dmModuloDados2.sdsQryContasPagar.Open;

     if not dmModuloDados2.sdsQryContasPagar.IsEmpty then
     begin
          dmRelatorios.rvConfiguracoes.TitlePreview := 'Relatório de Contas a Pagar';
          dmRelatorios.rvConfiguracoes.SystemPrinter.Title := 'Relatório de Contas a Pagar';
          dmRelatorios.rvRelatorios.SelectReport('ContasPagar1',True);
          dmRelatorios.rvRelatorios.SetParam('SubTitulo','Contas a Vencer');
          dmRelatorios.rvRelatorios.Execute;
     end;
     dmModuloDados2.sdsQryContasPagar.Close;
     dmModuloDados2.sdsQryContasPagar.DataSet.CommandText := 'SELECT * FROM Contas_Pagar';
end;
```

Opção Vencidas e Não Pagas

```
procedure TformPrincipal.opcContasPagarVencidasClick(Sender: TObject);
var
   strData: string;
begin
     strData := DataInvertida(Date);
     dmModuloDados2.sdsQryContasPagar.Close;
     dmModuloDados2.sdsQryContasPagar.DataSet.CommandText := 'SELECT * FROM Contas_Pagar WHERE
Liquidado <> '+#39+'S'+#39+' AND Data_Vencimento < '+#39+strData+#39+' ORDER BY
Data_Vencimento,Numero_Documento';
     dmModuloDados2.sdsQryContasPagar.Open;

     if not dmModuloDados2.sdsQryContasPagar.IsEmpty then
     begin
          dmRelatorios.rvConfiguracoes.TitlePreview := 'Relatório de Contas a Pagar';
          dmRelatorios.rvConfiguracoes.SystemPrinter.Title := 'Relatório de Contas a Pagar';
          dmRelatorios.rvRelatorios.SelectReport('ContasPagar1',True);
          dmRelatorios.rvRelatorios.SetParam('SubTitulo','Contas a Vencidas/Não Pagas');
          dmRelatorios.rvRelatorios.Execute;
     end;
     dmModuloDados2.sdsQryContasPagar.Close;
     dmModuloDados2.sdsQryContasPagar.DataSet.CommandText := 'SELECT * FROM Contas_Pagar';
end;
```

Opção Pagas

```
procedure TformPrincipal.opcContasPagarPagasClick(Sender: TObject);
var
   strData: string;
begin
     strData := DataInvertida(Date);
     dmModuloDados2.sdsQryContasPagar.Close;
     dmModuloDados2.sdsQryContasPagar.DataSet.CommandText := 'SELECT * FROM Contas_Pagar WHERE
Liquidado = '+#39+'S'+#39+' ORDER BY Data_Vencimento,Numero_Documento';
     dmModuloDados2.sdsQryContasPagar.Open;

     if not dmModuloDados2.sdsQryContasPagar.IsEmpty then
     begin
          dmRelatorios.rvConfiguracoes.TitlePreview := 'Relatório de Contas a Pagar';
          dmRelatorios.rvConfiguracoes.SystemPrinter.Title := 'Relatório de Contas a Pagar';
          dmRelatorios.rvRelatorios.SelectReport('ContasPagar2',True);
          dmRelatorios.rvRelatorios.Execute;
     end;
     dmModuloDados2.sdsQryContasPagar.Close;
     dmModuloDados2.sdsQryContasPagar.DataSet.CommandText := 'SELECT * FROM Contas_Pagar';
end;
```

Todos esses procedimentos utilizam uma instrução SQL no objeto **sdsQryContasPagar** para selecionar os registros adequadamente. Depois apresenta o relatório ao usuário, caso haja registros selecionados.

Salve o projeto, compile-o e rode-o. Nas figuras 31.23 e 31.24 podemos ver dois exemplos de relatórios.

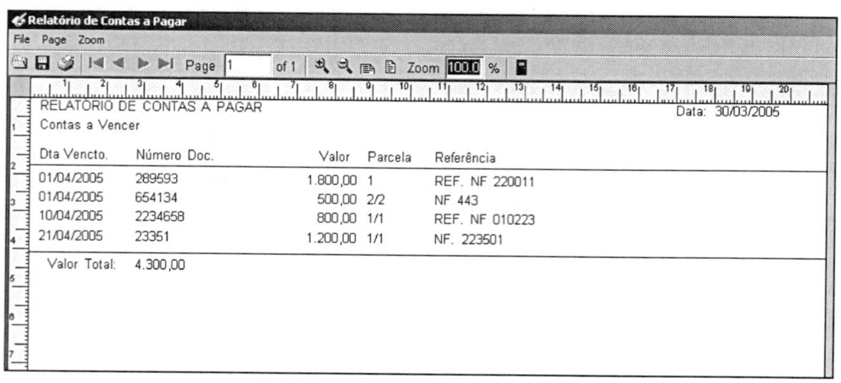

Figura 31.23

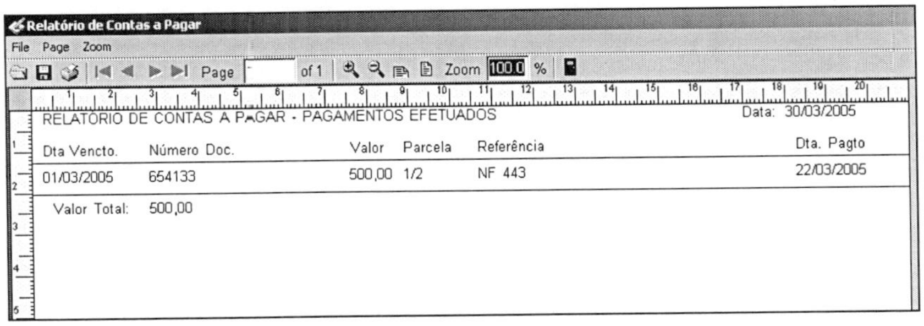

Figura 31.24

31.3. Relatórios de Contas a Receber

Os últimos relatórios a serem criados são para as contas a receber, que compreendem os boletos bancários emitidos. Como ocorreu no tópico anterior, são dois relatórios e um deles utilizado por duas opções do menu.

Abra o módulo de dados **dmRelatorios** e adicione o componente **TRvDataSetConnection** (grupo **Rave**) com as seguintes configurações:

Propriedade	Grupo	Valor
DataSet	Database	dmModuloDados2.sdsQryBoletos
Name	Miscellaneous	rdsBoletos

Na figura 31.25 podemos ver o módulo de dados.

A seguir, dê um duplo-clique no objeto **rvRelatorios** para abrir o ambiente do **Rave Reports**. Clique no botão **New Data Object** ( ) e especifique na janela da figura 31.26 o objeto de dados denominado **rdsBoletos**.

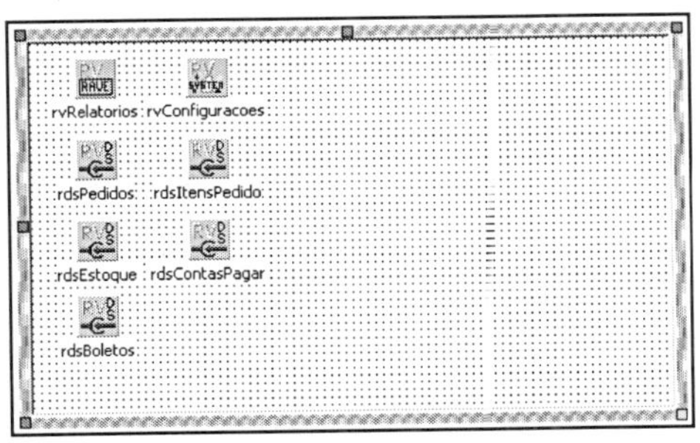

Figura 31.25

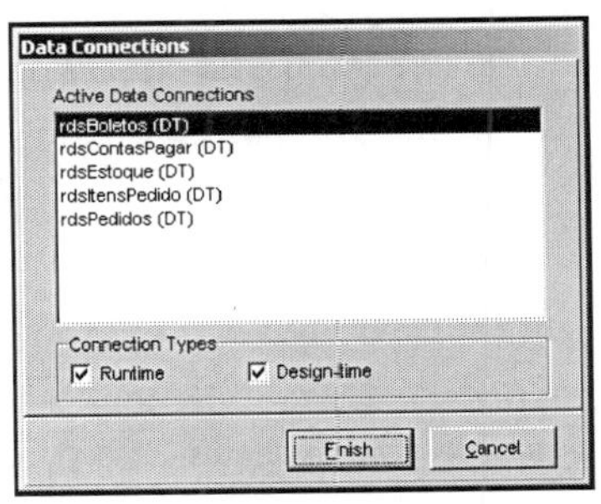

Figura 31.26

Configure a propriedade **Name** do objeto **DataView** com a expressão caractere "dvBoletos". Expanda esse objeto para que sejam mostrados os campos da tabela. Atribua à propriedade **DisplayFormat** dos campos **Valor_Titulo**, **Valor_Pago** e **Valor_Credito** a cadeia de caracteres "##,##0.00".

Clique no botão **New Report** ( ) para adicionar um novo relatório. Digite na propriedade **Name** a cadeia de caracteres "Boletos1". Selecione o item **Page1**, clique na propriedade **PaperSize** e escolha a opção **A4 Sheet**, assim o tamanho do papel é configurado para A4. A partir das opções mostradas na propriedade **Orientation** escolha **poPortrait**.

Selecione o componente **Region** (grupo **Report**) e clique na página de desenho. Ajuste o tamanho desse objeto de forma a ocupar toda a dimensão da folha/página.

Adicione então um objeto **Band** e digite na propriedade **Name** a expressão "Cabecalho". Clique no ícone da propriedade **BandStyle** e marque as opções **Body Header** e **New Page**. Insira nessa seção cinco componentes **Text** (grupo **Standard**) e dois **DataText** (grupo **Report**). Configure esses objetos da seguinte forma:

Objeto	Propriedade	Valor
Text1	Text	RELATÓRIO DE CONTAS A RECEBER
	Name	Titulo
	Left	0,10
	Top	0,00
Text2	Text	Dta Vencto.
	Name	DataVencimento
	Left	0,10
	Top	0,50
Text3	Text	Número Boleto
	Name	NumeroBoleto
	Left	1,10
	Top	0,50
Text4	Text	Valor
	Name	ValorDocumento
	Left	3,00
	Top	0,50
Text6	Text	Nome do Cliente
	Name	NomeCliente
	Left	3,50
	Top	0,50
DataText1	DataField	'Data: ' & Report.DateShort
	Name	DataRelatorio
DataText2	DataField	Param.SubTitulo
	Name	SubTitulo

Insira também uma linha horizontal que ocupa toda a largura da página do relatório.

Adicione ao relatório um **DataBand** com as propriedades configuradas da seguinte maneira:

Propriedade	Valor
DataView	dvBoletos
Name	Detalhe

Configure a propriedade **BandStyle** com a opção **Detail**. Dentro dessa banda coloque cinco componentes **DataText**. Configure-os de acordo com as seguintes especificações:

Objeto	Propriedade	Valor
DataText1	DataView	dvBoletos
	DataField	Data_Vencimento
	Name	fldDataVencimento
	Left	0,10
	Top	0,00
DataText2	DataView	dvBoletos
	DataField	Nosso_Numero
	Name	fldNumeroBoleto
	Left	1,10
	Top	0,00

Objeto	Propriedade	Valor
DataText3	DataView	dvBoletos
	DataField	Valor_Titulo
	Name	fldValorTitulo
	FontJustify	pjRight
	Left	2,40
	Top	0,00
DataText4	DataView	dvBoletos
	DataField	Nome_Cliente
	Name	fldNomeCliente
	Left	3,50
	Top	0,00

Um segundo objeto **Band** deve ser adicionado, configurado da seguinte forma:

Propriedade	Valor
BandStyle	Body Footer
Name	Rodape

Acrescente uma linha horizontal e abrange toda a largura da página. A seguir adicione um **Text** e um **CalcText**. Configure as propriedades **Text** e **Name** do primeiro com as cadeias de caracteres "Valor Total:" e "ValorTotal".

Configure as propriedades do segundo conforme a tabela:

Propriedade	Valor
CalcType	ctSum
Controller	Detalhe
DataField	Valor_Titulo
DataView	dvBoletos
DisplayFormat	###,##0.00
Name	fldValorTotal

Veja o resultado na figura 31.27.

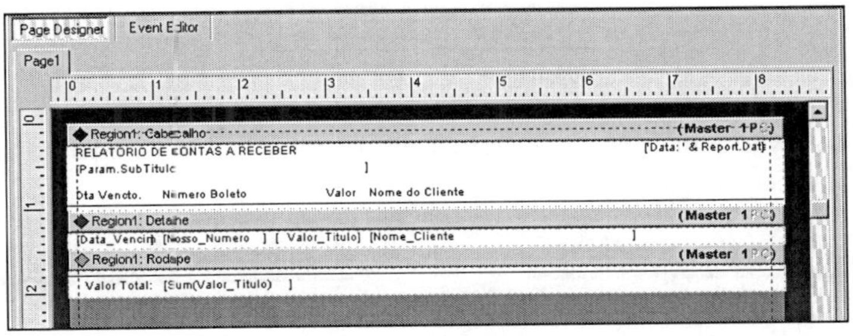

Figura 31.27

O próximo relatório difere do anterior somente por ter um campo a mais. Clique novamente no botão **New Report** () e digite na propriedade **Name** a cadeia de caracteres "Boletos2". Defina o tamanho da página como **A4 Sheet** e a orientação como **poPortrait**. Insira um componente **Region** na página de desenho e ajuste seu tamanho para que ocupe toda a dimensão da folha.

Adicione então um objeto **Band** e digite na propriedade **Name** a expressão "Cabecalho". Clique no ícone da propriedade **BandStyle** e marque as opções **Body Header** e **New Page**. Insira nessa seção sete componentes **Text** (grupo **Standard**) e um **DataText** (grupo **Report**). Configure todos esses objetos da seguinte forma:

Objeto	Propriedade	Valor
Text1	Text	RELATÓRIO DE CONTAS A RECEBER - RECEBIMENTOS EFETUADOS
	Name	Titulo
	Left	0,10
	Top	0,00
Text2	Text	Dta Vencto.
	Name	DataVencimento
	Left	0,10
	Top	0,30
Text3	Text	Número Boleto
	Name	NumeroDocumento
	Left	1,10
	Top	0,30

Objeto	Propriedade	Valor
Text4	Text	Valor
	Name	ValorDocumento
	Left	3,00
	Top	0,30
Text6	Text	Nome do Cliente
	Name	NomeCliente
	Left	3,50
	Top	0,30
Text7	Text	Dta. Receb.
	Name	DataRecebimento
	Left	6,70
	Top	0,30
DataText1	DataField	'Data: ' & Report.DateShort
	Name	DataRelatorio

Insira também uma linha horizontal que ocupa toda a largura da página do relatório. Adicione também um componente **DataBand** com as propriedades configuradas da seguinte maneira:

Propriedade	Valor
DataView	dvBoletos
Name	Detalhe

Configure a propriedade **BandStyle** com a opção **Detail**. Dentro dessa banda coloque cinco componentes **DataText**. Configure-os de acordo com as especificações:

Objeto	Propriedade	Valor
DataText1	DataView	dvBoletos
	DataField	Data_Vencimento
	Name	fldDataVencimento
	Left	0,10
	Top	0,00
DataText2	DataView	dvBoletos
	DataField	Nosso_Numero
	Name	fldNumeroBoleto
	Left	1,10
	Top	0,00
DataText3	DataView	dvBoletos
	DataField	Valor_Titulo
	Name	fldValorTitulo
	FontJustify	pjRight
	Left	2,40
	Top	0,00

Objeto	Propriedade	Valor
DataText4	DataView	dvBoletos
	DataField	Nome_Cliente
	Name	fldNomeCliente
	Left	3,50
	Top	0,00
DataText5	DataView	dvBoletos
	DataField	Data_Pagamento
	Name	fldDataRecebimento
	Left	6,70
	Top	0,00

Um segundo objeto **Band** deve ser adicionado, configurado da seguinte forma:

Propriedade	Valor
BandStyle	Body Footer
Name	Rodape

Acrescente uma linha horizontal que abrange toda a largura da página. A seguir adicione um **Text** e um **CalcText**. Configure as propriedades **Text** e **Name** do primeiro com as cadeias de caracteres "Valor Total:" e "ValorTotal".

Configure as propriedades do segundo conforme a tabela:

Propriedade	Valor
CalcType	ctSum
Controller	Detalhe
DataField	Valor_Titulo
DataView	dvBoletos
DisplayFormat	###,##0.00
Name	fldValorTotal

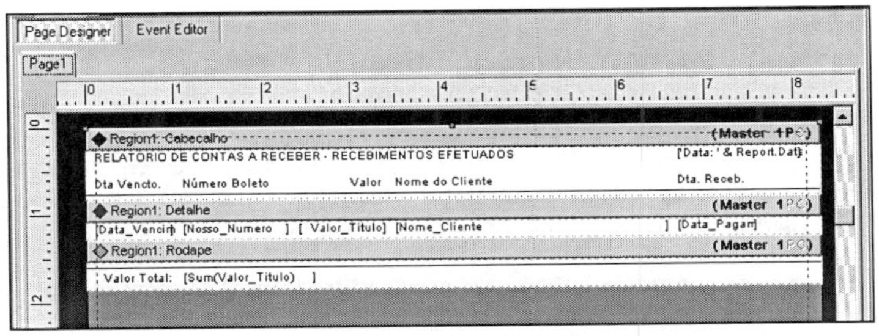

Figura 31.28

A figura 31.28 mostra o relatório completo.

Volte ao formulário principal e atribua ao evento **OnClick** das opções do item **Contas a Receber** os códigos mostrados a seguir:

Opção a Vencer

```
procedure TformPrincipal.opcContasReceberVencerClick(Sender: TObject);
var
   strData: string;
begin
      strData := DataInvertida(Date);
      dmModuloDados2.sdsQryBoletos.Close;
      dmModuloDados2.sdsQryBoletos.DataSet.CommandText := 'SELECT * FROM Boletos WHERE Liquidado <>
'+#39+'S'+#39+' ORDER BY Data_Vencimento,Numero_Titulo';
      dmModuloDados2.sdsQryBoletos.Open;

      if not dmModuloDados2.sdsQryBoletos.IsEmpty then
      begin
           dmRelatorios.rvConfiguracoes.TitlePreview := 'Relatório de Contas a Receber';
           dmRelatorios.rvConfiguracoes.SystemPrinter.Title := 'Relatório de Contas a Receber';
           dmRelatorios.rvRelatorios.SelectReport('Boletos1',True);
           dmRelatorios.rvRelatorios.SetParam('SubTitulo','Boletos em Aberto');
           dmRelatorios.rvRelatorios.Execute;
      end;
      dmModuloDados2.sdsQryBoletos.Close;
      dmModuloDados2.sdsQryBoletos.DataSet.CommandText := 'SELECT * FROM Boletos';
end;
```

Opção Vencidas e Não Pagas

```
procedure TformPrincipal.opcContasReceberVencidasClick(Sender: TObject);
var
   strData: string;
begin
      strData := DataInvertida(Date);
      dmModuloDados2.sdsQryBoletos.Close;
      dmModuloDados2.sdsQryBoletos.DataSet.CommandText := 'SELECT * FROM Boletos WHERE Liquidado <>
'+#39+'S'+#39+' AND Data_Vencimento < '+#39+strData+#39+' ORDER BY Data_Vencimento,Numero_Titulo';
      dmModuloDados2.sdsQryBoletos.Open;

      if not dmModuloDados2.sdsQryBoletos.IsEmpty then
      begin
           dmRelatorios.rvConfiguracoes.TitlePreview := 'Relatório de Contas a Receber';
           dmRelatorios.rvConfiguracoes.SystemPrinter.Title := 'Relatório de Contas a Receber';
           dmRelatorios.rvRelatorios.SelectReport('Boletos1',True);
           dmRelatorios.rvRelatorios.SetParam('SubTitulo','Boletos Vencidos/Não Pagos');
           dmRelatorios.rvRelatorios.Execute;
      end;
      dmModuloDados2.sdsQryBoletos.Close;
      dmModuloDados2.sdsQryBoletos.DataSet.CommandText := 'SELECT * FROM Boletos';
end;
```

Opção Pagas

```
procedure TformPrincipal.opcContasReceberPagasClick(Sender: TObject);
var
   strData: string;
begin
     strData := DataInvertida(Date);
     dmModuloDados2.sdsQryBoletos.Close;
     dmModuloDados2.sdsQryBoletos.DataSet.CommandText := 'SELECT * FROM Boletos WHERE Liquidado =
'+#39+'S'+#39+' ORDER BY Data_Vencimento,Numero_Titulo';
     dmModuloDados2.sdsQryBoletos.Open;

     if not dmModuloDados2.sdsQryBoletos.IsEmpty then
     begin
          dmRelatorios.rvConfiguracoes.TitlePreview := 'Relatório de Contas a Receber';
          dmRelatorios.rvConfiguracoes.SystemPrinter.Title := 'Relatório de Contas a Receber';
          dmRelatorios.rvRelatorios.SelectReport('Boletos2',True);
          dmRelatorios.rvRelatorios.Execute;
     end;
     dmModuloDados2.sdsQryBoletos.Close;
     dmModuloDados2.sdsQryBoletos.DataSet.CommandText := 'SELECT * FROM Boletos';
end;
```

Note que esses procedimentos utilizam uma instrução SQL no objeto **sdsQryBoletos** para selecionar os registros da tabela conforme a opção escolhida. Depois apresenta o relatório ao usuário, caso haja registros selecionados.

Salve o projeto, depois compile-o e rode. Nas figuras 31.23 e 31.24 podemos ver dois exemplos de relatórios.

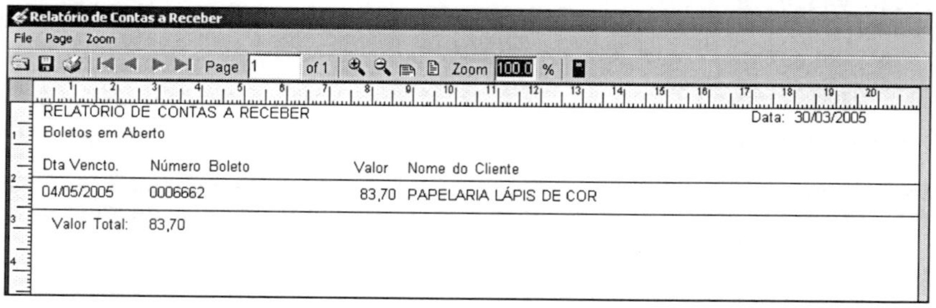

Figura 31.29

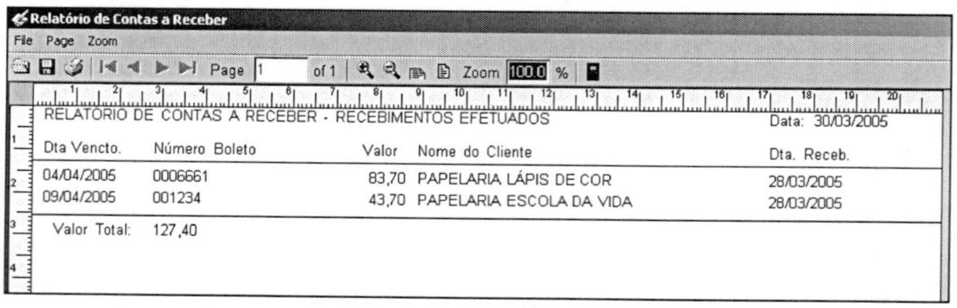

Figura 31.30

31.4. Novos Níveis de Acesso

Finalmente vamos complementar o projeto adicionando novos recursos ao controle de acesso dos usuários. Execute o **MySQL Control Center** e abra a janela de estrutura da tabela **perfil_usuario**. Adicione então dois novos campos especificando os seguintes atributos:

Field Name	Allow NULL	Data Type	Length
Contas_Pagar	Desmarcado	Char	1
Contas_Receber	Desmarcado	Char	1

Podemos ver na figura 31.31 esses campos incluídos na tabela.

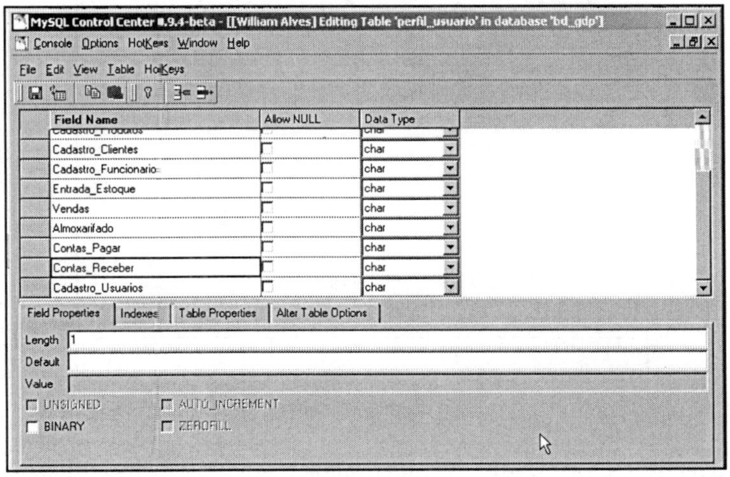

Figura 31.31

Para adicioná-los ao banco de dados InterBase, execute o comando **ALTER TABLE PERFIL_USUARIO ADD CONTAS_PAGAR CHAR(1), ADD CONTAS_RECEBER CHAR(1);** dentro da janela **Interactive SQL** do **IBConsole**.

Volte ao Delphi 2005 e abra o módulo de dados **dmModuloDados1**. Adicione ao objeto **sdsPerfilUsuario** esses dois campos que foram adicionados anteriormente. Selecione o formulário **formCadPerfilUsuario**, crie uma aba clicando com o botão direito do mouse no objeto **pgPerfil** e escolha a opção **New Page**. Defina as propriedades dessa aba da seguinte maneira:

Propriedade	Grupo	Valor
Caption	Visual	Financeiro
Name	Miscellaneous	tabFinanceiro

Na aba coloque dois componentes **TDBCheckBox**, assim configurados:

Objeto	Propriedade	Grupo	Valor
DBCheckBox1	DataSource	Database	dmModuloDados1.dsPerfilUsuario
	DataField	Database	Contas_Pagar
	Caption	Visual	Contas a Pagar
	Font/Style	Visual	fsBold
DBCheckBox2	DataSource	Database	dmModuloDados1.dsPerfilUsuario
	DataField	Database	Contas_Receber
	Caption	Visual	Contas a Receber
	Font/Style	Visual	fsBold

Veja o resultado na figura 31.32.

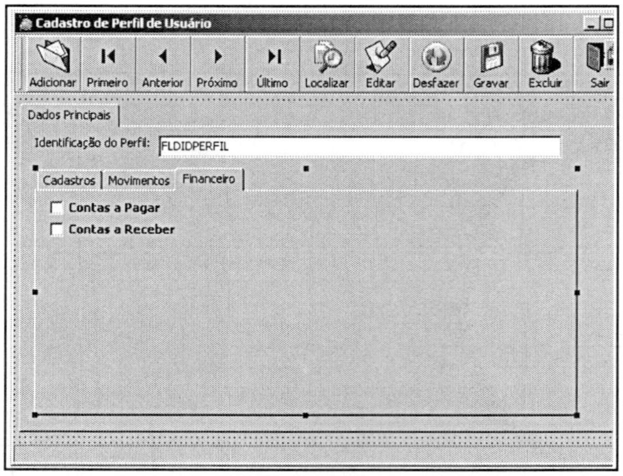

Figura 31.32

Altere os códigos dos procedimentos TformCadPerfilUsuario.FormShow e TformCadPerfilUsuario.btnAdicionarClick, incluindo as linhas destacadas nas listagens:

Procedimento do evento OnShow do formulário

```
procedure TformCadPerfilUsuario.FormShow(Sender: TObject);
begin
  inherited;
     dmModuloDados1.sdsControle.Open;
     dmModuloDados1.sdsPerfilUsuario.Open;
     if dmModuloDados1.sdsPerfilUsuario.IsEmpty then
     begin
          BloquearCampos(False);
          btnAdicionar.Enabled := False;
          btnEditar.Enabled := False;
          btnExcluir.Enabled := False;
          btnGravar.Enabled := True;
          chrModo := 'I';
          dmModuloDados1.sdsControle.Edit;
          dmModuloDados1.sdsControleCodigo_Perfil.AsInteger := 0;
          dmModuloDados1.sdsControle.Post;
          dmModuloDados1.sdsPerfilUsuario.Append;
          dmModuloDados1.sdsPerfilUsuarioCadastro_Fornecedores.AsString := 'N';
          dmModuloDados1.sdsPerfilUsuarioCadastro_Produtos.AsString := 'N';
          dmModuloDados1.sdsPerfilUsuarioCadastro_Clientes.AsString := 'N';
          dmModuloDados1.sdsPerfilUsuarioCadastro_Funcionarios.AsString := 'N';
          dmModuloDados1.sdsPerfilUsuarioCadastro_Usuarios.AsString := 'N';
          dmModuloDados1.sdsPerfilUsuarioEntrada_Estoque.AsString := 'N';
          dmModuloDados1.sdsPerfilUsuarioVendas.AsString := 'N';
          dmModuloDados1.sdsPerfilUsuarioAlmoxarifado.AsString := 'N';
          dmModuloDados1.sdsPerfilUsuarioContas_Pagar.AsString := 'N';
          dmModuloDados1.sdsPerfilUsuarioContas_Receber.AsString := 'N';
     end
     else
         chrModo := ' ';
     MoveFoco;
end;
```

Procedimento do evento OnClick do botão Adicionar

```
procedure TformCadPerfilUsuario.btnAdicionarClick(Sender: TObject);
begin
  inherited;
     if Sender = btnAdicionar then
     begin
          try
             dmModuloDados1.sdsPerfilUsuario.Append;
             dmModuloDados1.sdsPerfilUsuarioCadastro_Fornecedores.AsString := 'N';
             dmModuloDados1.sdsPerfilUsuarioCadastro_Produtos.AsString := 'N';
             dmModuloDados1.sdsPerfilUsuarioCadastro_Clientes.AsString := 'N';
             dmModuloDados1.sdsPerfilUsuarioCadastro_Funcionarios.AsString := 'N';
             dmModuloDados1.sdsPerfilUsuarioCadastro_Usuarios.AsString := 'N';
             dmModuloDados1.sdsPerfilUsuarioEntrada_Estoque.AsString := 'N';
             dmModuloDados1.sdsPerfilUsuarioVendas.AsString := 'N';
```

```
            dmModuloDados1.sdsPerfilUsuarioAlmoxarifado.AsString := 'N';
            dmModuloDados1.sdsPerfilUsuarioContas_Pagar.AsString := 'N';
            dmModuloDados1.sdsPerfilUsuarioContas_Receber.AsString := 'N';
            chrModo := 'I';
            except
                 MsgStatus('');
                 Mensagem('Impossível adicionar novo registro !');
         end;
     end
     else if Sender = btnEditar then
         begin
              try
                 dmModuloDados1.sdsPerfilUsuario.Edit;
                 chrModo := 'A';
                 except
                       MsgStatus('');
                       Mensagem('Impossível entrar no modo de edição !');
              end;
         end;
     MoveFoco;
end;
```

Altere o procedimento **ConfiguraSistema** do formulário principal conforme a listagem:

```
procedure ConfiguraSistema(intCodigoUsuario: integer);
begin
     dmModuloDados1.sdsUsuarios.Open;
     dmModuloDados1.sdsUsuarios.IndexFieldNames := 'Codigo_Usuario';
     dmModuloDados1.sdsPerfilUsuario.Open;
     dmModuloDados1.sdsPerfilUsuario.IndexFieldNames := 'Codigo_Perfil';

     dmModuloDados1.sdsUsuarios.FindKey([intCodigoUsuario]);
     dmModuloDados1.sdsPerfilUsuario.FindKey([dmModuloDados1.sdsUsuarios Codigo_Perfil.AsInteger]);

     // Configuração das opções de menus
     formPrincipal.opcCadDepartamentos.Enabled :=
(dmModuloDados1.sdsPerfilUsuarioCadastro_Funcionarios.AsString = 'S');
     formPrincipal.opcCadCargos.Enabled :=
(dmModuloDados1.sdsPerfilUsuarioCadastro_Funcionarios.AsString = 'S');
     formPrincipal.opcCadFuncionarios.Enabled :=
(dmModuloDados1.sdsPerfilUsuarioCadastro_Funcionarios.AsString = 'S');
     formPrincipal.opcCadFornecedores.Enabled :=
(dmModuloDados1.sdsPerfilUsuarioCadastro_Fornecedores.AsString = 'S');
     formPrincipal.opcProdutos.Enabled := (dmModuloDados1.sdsPerfilUsuarioCadastro_Produtos.AsString =
'S');
     formPrincipal.opcCadClientes.Enabled :=
(dmModuloDados1.sdsPerfilUsuarioCadastro_Clientes.AsString = 'S');
     formPrincipal.opcCadPerfilUsuario.Enabled :=
(dmModuloDados1.sdsPerfilUsuarioCadastro_Usuarios.AsString = 'S');
     formPrincipal.opcCadUsuarios.Enabled :=
(dmModuloDados1.sdsPerfilUsuarioCadastro_Usuarios.AsString = 'S');
     formPrincipal.opcEntradaEstoque.Enabled :=
(dmModuloDados1.sdsPerfilUsuarioEntrada_Estoque.AsString = 'S');
     formPrincipal.opcVendas.Enabled := (dmModuloDados1.sdsPerfilUsuarioVendas.AsString = 'S');
     formPrincipal.opcNotaFiscal.Enabled := (dmModuloDados1.sdsPerfilUsuarioAlmoxarifado.AsString =
'S');
     formPrincipal.opcGerarArquivoTXT.Enabled :=
(dmModuloDados1.sdsPerfilUsuarioCadastro_Produtos.AsString = 'S');
     formPrincipal.opcContasPagar.Enabled := (dmModuloDados1.sdsPerfilUsuarioContas_Pagar.AsString =
'S');
     formPrincipal.opcGerarBoletos.Enabled := (dmModuloDados1.sdsPerfilUsuarioContas_Receber.AsString
= 'S');
     formPrincipal.opcContasReceber.Enabled := (dmModuloDados1.sdsPerfilUsuarioContas_Receber.AsString
= 'S');
     formPrincipal.opcRelEstoque.Enabled := (dmModuloDados1.sdsPerfilUsuarioAlmoxarifado.AsString =
'S');
     formPrincipal.opcRelContasPagar.Enabled := (dmModuloDados1.sdsPerfilUsuarioContas_Pagar.AsString
= 'S');
     formPrincipal.opcRelContasReceber.Enabled :=
(dmModuloDados1.sdsPerfilUsuarioContas_Receber.AsString = 'S');

     // Configuração dos botões
     formPrincipal.btnClientes.Enabled := (dmModuloDados1.sdsPerfilUsuarioCadastro_Clientes.AsString =
'S');
     formPrincipal.btnFornecedores.Enabled :=
(dmModuloDados1.sdsPerfilUsuarioCadastro_Fornecedores.AsString = 'S');
```

```
      formPrincipal.btnProdutos.Enabled := (dmModuloDados1.sdsPerfilUsuarioCadastro_Produtos.AsString =
'S');
      formPrincipal.btnNotaFiscal.Enabled := (dmModuloDados1.sdsPerfilUsuarioAlmoxarifado.AsString =
'S');

      dmModuloDados1.sdsUsuarios.IndexFieldNames := '';
      dmModuloDados1.sdsPerfilUsuario.IndexFieldNames := '';
      dmModuloDados1.sdsUsuarios.Close;
      dmModuloDados1.sdsPerfilUsuario.Close;
end;
```

Dê dois cliques no objeto imagens e adicione dois arquivos (**Cheque01.bmp** e **Dinheiro02.bmp**) à lista de imagens. Veja a figura 31.33.

Acrescente uma barra separadora e dois botões à barra de ferramentas. Configure os botões da seguinte maneira:

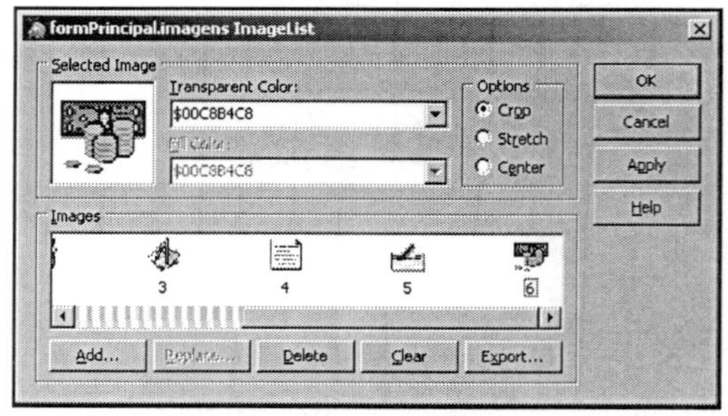

Figura 31.33

Objeto	Propriedade	Grupo	Valor
ToolButton1	Name	Miscellaneous	btnContasPagar
	ImageIndex	Action	5
ToolButton2	Name	Miscellaneous	btnContasReceber
	ImageIndex	Action	6

Posicione os botões e a barra divisória de acordo com a figura 31.34.

Selecione ainda no evento **OnClick** dos botões os procedimentos listados tabela:

Objeto	Procedimento
btnContasPagar	opcContasPagarClick
btnContasReceber	opcContasReceberClick

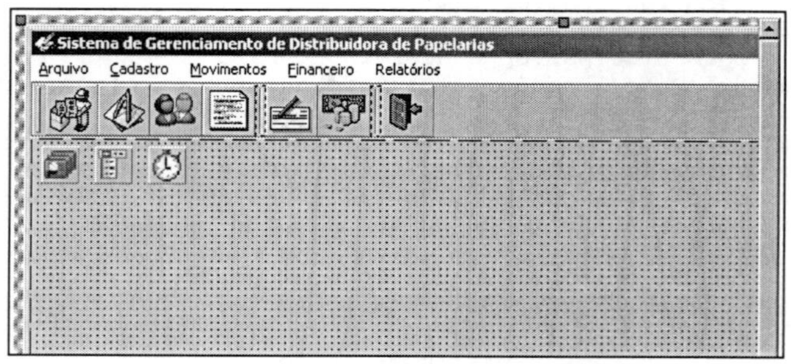

Figura 31.34

Com isso nosso sistema está finalizado. É importante que você faça experiências, acrescentando novos recursos ou melhorando os que ele já possui.

Certamente a jornada foi um pouco longa, mas acredito que tenha sido também bastante valiosa.

Que DEUS ajude-o a ter sucesso em seus novos trabalhos, logicamente programando com o Delphi.

Índice Remissivo

D

E

F

G

H

I

J

K

L

M

N

O

P

Q

R

S

T

U

V

W

Referências Bibliográficas

ALVES, W. P. **Delphi 7:** *Aplicações Avançadas de Bancos de Dados.* 1. ed. São Paulo: Érica, 2003. 302 p.

______. **Fundamentos de Bancos de Dados.** 1. ed. São Paulo: Érica, 2004. 382 p.

ALVES, W. P.; OLIVIERO, C. A. J. **Sistema Comercial Integrado com Delphi 7:** *Vendas, Contas a Pagar e a Receber.* São Paulo: Érica, 2004. 516 p.

CANTÙ, M. **Mastering Delphi 6.** 1. ed. Sybex, 2001. 1071 p.

CÔRTES, P. L. **Trabalhando com Banco de Dados Utilizando Delphi 2005:** *MySQL 4, SQL Server 2000, Oracle 9 e MS Office Access 2003.* São Paulo: Érica, 2005.

CÔRTES, P. L.; ALVES, W. P.; OLIVIERO, C. A. J. **Sistema Comercial Integrado com Delphi 7:** *Gerador de Site de Comércio Eletrônico em ASP.* 1. ed. São Paulo: Érica, 2005. 438 p.

ELMASRI, R.; NAVATHE, S. B. **Sistemas de Banco de Dados:** *Fundamentos e Aplicações.* 3. ed. Rio de Janeiro: LTC, 2002. 837 p.

FRANKLINT, K. **Delphi 5 Para Internet Com Banco de Dados.** 1. ed. São Paulo: Érica, 2000. 324 p.

LIMA, A. S. **MySQL Server:** *Soluções para Desenvolvedores e Administradores de Bancos de Dados.* 1. ed. São Paulo: Érica, 2003. 398 p.

MACHADO, F.; ABREU, M. **Projeto de Banco de Dados:** *Uma Visão Prática*, 9. ed. São Paulo: Érica, 2002. 298 p.

MANZANO, J. A. N. G. **Estudo Dirigido de SQL.** 1. ed. São Paulo: Érica, 2002. 132 p.

NETO, A. P. **InterBase:** *Técnicas Avançadas Versões Open Source 6.x.* 1. ed. São Paulo: Érica, 2002. 276 p.

OLIVIERO, C. A. J. **Faça um Aplicativo:** *Banco de Dados Cliente/Servidor com Delphi 6 Orientado por Projeto.* 1. ed. São Paulo: Érica, 2002. 332 p.

______. **Sistema Comercial Integrado com Delphi 7:** *Cadastro e Estoque.* 1. ed. São Paulo: Érica, 2003. 566 p.

______. **Sistema Comercial Integrado com Delphi 7:** *Relatórios & Ferramentas.* 1. ed. São Paulo: Érica, 2003. 380 p.

Sites:

http://delphi.about.com

http://delphi.icm.edu.pl

http://www.programmersheaven.com

http://www.fteam.com

http://www.delphi.eti.br

http://www.ramosdainformatica.com.br

http://www.torry.net

Marcas Registradas

CADASTRO PARA MALA DIRETA

Preenchendo este formulário e enviando para Editora Érica, por fax (11) 6197-4060 ou pelo correio, você receberá informações periódicas sobre os nossos lançamentos.

Desejo cadastrar-me para receber informações sobre os lançamentos

Livro: Delphi 2005 - Aplicações de Banco de Dados com InterBase 7.5 e MySQL 4.0.23
Autor: William Pereira Alves ISBN: 85-365-0062-X

Nome:

Endereço para correspondência:

Bairro:

Cidade:

Estado: **CEP:** -

Telefone: 0 X X -

Fax: 0 X X -

E-mail:

Onde este livro foi comprado?
( ) Banca
( ) Livraria
( ) Loja
( ) Outro ____________

Onde você tomou conhecimento do livro?
( ) Anúncio
( ) Catálogo
( ) Escola
( ) Outro ____________
( ) Internet
( ) Mala Direta
( ) Revista

PRT/SPM-4707/94
UP AC ÁGUA RASA
DR/SÃO PAULO

CARTÃO RESPOSTA

NÃO É NECESSÁRIO SELAR

o selo será pago por
EDITORA ÉRICA LTDA.

03399-999 SÃO PAULO - SP

recortar

GRÁFICA PAYM
Tel. (011) 4392-3344 · paym@terra.com.br